Thomas Geschwinde

Rauschdrogen

Marktformen und Wirkungsweisen

Fünfte, erweiterte und aktualisierte Auflage

Springer

Thomas Geschwinde
Katharina-Belgica-Str. 22 b
63450 Hanau
T.Geschwinde@StA-Hanau.justiz.hessen.de

ISBN 3-540-43542-5 Springer-Verlag Berlin Heidelberg New York
ISBN 3-540-63858-X 4. Auflage Springer-Verlag Berlin Heidelberg New York

Bibliografische Information Der Deutschen Bibliothek
Die Deutsche Bibliothek verzeichnet diese Publikation in der Deutschen Nationalbibliografie; detaillierte bibliografische Daten sind im Internet über <http://dnb.ddb.de> abrufbar.

Dieses Werk ist urheberrechtlich geschützt. Die dadurch begründeten Rechte, insbesondere die der Übersetzung, des Nachdrucks, des Vortrags, der Entnahme von Abbildungen und Tabellen, der Funksendung, der Mikroverfilmung oder der Vervielfältigung auf anderen Wegen und der Speicherung in Datenverarbeitungsanlagen, bleiben, auch bei nur auszugsweiser Verwertung, vorbehalten. Eine Vervielfältigung dieses Werkes oder von Teilen dieses Werkes ist auch im Einzelfall nur in den Grenzen der gesetzlichen Bestimmungen des Urheberrechtsgesetzes der Bundesrepublik Deutschland vom 9. September 1965 in der jeweils geltenden Fassung zulässig. Sie ist grundsätzlich vergütungspflichtig. Zuwiderhandlungen unterliegen den Strafbestimmungen des Urheberrechtsgesetzes.

Springer-Verlag Berlin Heidelberg New York
ein Unternehmen der BertelsmannSpringer Science+Business Media GmbH

http://www.springer.de

© Springer-Verlag Berlin Heidelberg 1985, 1990, 1996, 1998, 2003
Printed in Germany

Die Wiedergabe von Gebrauchsnamen, Handelsnamen, Warenbezeichnungen usw. in diesem Werk berechtigt auch ohne besondere Kennzeichnung nicht zu der Annahme, dass solche Namen im Sinne der Warenzeichen- und Markenschutz-Gesetzgebung als frei zu betrachten wären und daher von jedermann benutzt werden dürften.

Umschlaggestaltung: Erich Kirchner, Heidelberg

SPIN 10876801   64/3130/DK 5 4 3 2 1 0 – Gedruckt auf säurefreiem Papier

Vorwort zur 5. Auflage

Dieses Buch wendet sich wie die Vorauflagen in erster Linie an Juristen, Psychologen, Kriminalbeamte, Sozialarbeiter und andere, die in der täglichen Praxis mit Rauschdrogen und deren Folgen konfrontiert sind.

Der Schwerpunkt liegt hierbei in der Darstellung des chemischen Aufbaus, dem pharmakologischen Wirksamwerden dieser Drogen sowie den hierdurch verursachten Auswirkungen auf Körper und Psyche.

Gliederungskriterium bei der Darstellung war die aktuelle Bedeutung als Rauschdroge und deren Zuordnung zu bestimmten Wirkstoff- bzw. Wirkungsgruppen. Obwohl unter dem Begriff „Rauschdroge" im weiteren Sinn sicher auch der Trinkalkohol, Nicotin und andere, häufig allgemein als „Suchtgifte" bezeichnete Substanzen fallen, wird hierbei, abgesehen von gelegentlichen Hinweisen und stichwortartigen Erläuterungen im Anhang A, im folgenden im wesentlichen auf die Betäubungsmittel im Sinne des § 1 Abs. 1 BtMG 1994 und diesen gleichzustellende Stoffe sowie Ausweich-, Bei- und Substitutionsmittel eingegangen. Andererseits werden so weit wie möglich sämtliche in den Anlagen zum BtMG aufgeführten (und hier im Anhang B.1 wiedergegebenen) Stoffe abgehandelt, zumindest aber in dem jeweiligen Zusammenhang erwähnt, auch soweit eine Bedeutung als Rauschdroge in der Vergangenheit bestand, da gerade sog. „Naturdrogen" aktuell (wieder einmal) „neu entdeckt" werden. Hierbei wird auch auf psychotrope Stoffe eingegangen, die zwar definitionsgemäß keine „Betäubungsmittel" im Sinne des BtMG sind, die jedoch als „Schlankheitskapseln", „Designer Drugs" oder „Naturdrogen" pp. dem weiten Begriff des „Arzneimittels" nach § 2 Abs. 1 AMG unterfallen, so dass ein Verkauf (Inverkehrbringen) dieser Stoffe oder Pflanzen eine Strafbarkeit nach dem AMG begründen kann. Im Anhang B.3 wurden zudem die im Text näher beschriebenen Vorläufersubstanzen (Grundstoffe) voll- oder halbsynthetisch hergestellter Betäubungsmittel wiedergegeben und im Anhang B.4 Gruppen von nach § 6 a AMG verbotenen Doping-Wirkstoffen (die ihrerseits häufig zugleich eine Betäubungsmittel-Eigenschaft aufweisen).

Die soziale und psychosoziale Folgeproblematik stoffbezogenen Missbrauchs und Abhängigkeit konnte demgegenüber nur ansatzweise Eingang finden, da sie die Themenstellung dieses Buches sprengen würde; insoweit sei auf die zahlreiche einschlägige Fachliteratur verwiesen.

Angestrebt wurde, dass das Buch, das sich an den naturwissenschaftlichen Laien wendet, aus sich heraus verständlich ist. Dazu dienen die im Anhang A alphabetisch aufgeführten Erläuterungen häufig verwendeter Fachbegriffe, während über den Anhang C ein gezieltes Auffinden der behandelten Wirkstoffe, Arzneimittel, botanischen Bezeichnungen und Eigennamen ermöglicht wird.

Ziel dieser Darstellung ist es, Gemeinsamkeiten und Unterschiede der verschiedenen Rauschdrogen in chemischer, physiologischer und psychischer Hinsicht zu verdeutlichen und ihren Gebrauch in einem erweiterten kulturgeschichtlichen Kontext einzuordnen. Diesem Zweck sollen die zahlreichen Querverweise in Form von Fußnoten dienen. Ebenfalls der besseren Übersichtlichkeit wegen und zur Hervorhebung übereinstimmender Strukturmerkmale, die teilweise Rückschlüsse auf mögliche Struktur-Wirkungs-Beziehungen zulassen, wurde nicht von räumlichen, sondern von planaren Strukturformeln ausgegangen.

Gleichzeitig wurde angestrebt, die Hauptabschnitte inhaltlich jeweils in sich geschlossen aufzubauen, so dass die Kenntnis des vorherigen Kapitels zum Verständnis des nachfolgenden nicht erforderlich ist, sondern ein beliebiger „Quereinstieg" ermöglicht wird. Die grundlegende Darstellung des neurophysiologischen Wirkungsmechanismus wurde aus dem gleichen Grund in einer Einführung vorangestellt, auf die in den folgenden Einzeldarstellungen Bezug genommen wird. Obwohl meist in der einschlägigen Fachliteratur nachzuschlagen und auch in der „underground"-Literatur bzw. jetzt im Internet in Form von „Kochrezepten" verbreitet, wurden andererseits in den jeweiligen Unterabschnitten „Gewinnung" bei Darstellung der einzelnen Rauschdrogen mögliche Synthesewege und Pre-Precursor nur grob skizziert, um ein „Anleitungsbuch" zu vermeiden. Seitens der UN wird inzwischen versucht, darauf hinzuwirken, dass offensive Drogeninformationen aus dem Internet verbannt werden.

Der besseren Übersichtlichkeit halber sind dem Text fortlaufende Randnummern zugeordnet, auf die die Hinweise in den Fußnoten sich jeweils beziehen. Zur Hervorhebung entsprechender Textpassagen dienen auch folgende Symbole am Rand:

* chemische Zusammensetzung (hierbei werden neben den IUPAC-Bezeichnungen auch abweichende chem. Bezeichnungen verwandt, die vor allem in der älteren Literatur gebräuchlich sind),
\# physiologische Wirkungsweise,
§ rechtliche Hinweise.

Das vorliegende Buch wurde nicht von einem Pharmazeuten, sondern von einem interessierten Juristen verfasst. Damit besteht die Möglichkeit eines vielleicht besseren Eingehens auf Verständnisschwierigkeiten von Juristen und anderen Nichtnaturwissenschaftlern. Auf der anderen Seite ist damit nicht auszuschließen, dass sich Missverständnisse oder Unklarheiten eingeschlichen haben können, zumal auch in der jeweiligen Fachliteratur Ungereimtheiten und widersprüchliche

Angaben auftauchen, die dann zu entsprechenden eigenen Schlussfolgerungen bzw. Aufnahme von Erkenntnissen aus der täglichen Praxis geführt haben. Der Autor ist daher für Hinweise und Richtigstellungen dankbar.

Eine weitere Schwierigkeit ergibt sich daraus, dass es „wertfreie" Darstellungen zu dem häufig emotionsbeladenen Thema „Rauschdrogen" nicht gibt, bei Abfassung des Buches jedoch, soweit nicht eigene Erkenntnisse zugrundegelegt werden konnten, hierauf zurückgegriffen werden musste. Dies führt dazu, dass insbesondere Zahlenangaben mit Vorbehalt zu lesen sind und eher als Hinweis auf ungefähre Größenordnungen zu gelten haben; so sollten die teilweise erheblichen Divergenzien in den Angaben zu Rausch- und Letaldosen gerade bei biogenen Drogen Anlass zu äußerster Vorsicht sein. Bei vielen Darstellungen, insbesondere zu den Auswirkungen von Drogen auf Körper und Psyche, waren außerdem soziale Akzeptanz bzw. Ablehnung (allerdings kaum noch Ideologie) zu hinterfragen. Dies wurde u.a. dadurch versucht, dass die Wandlungen in der Einschätzung über die Zeiten hinweg als notwendiges Korrektiv mit aufgenommen wurden. Da andererseits eine Darstellung sine ira et studio wohl unmöglich ist, wurde hier versucht, verschiedene Ansichten und Aspekte wenigstens ansatzweise einzuarbeiten.

Die gegenwärtige Entwicklungstendenz beinhaltet u.a. eine weitergehende Akzeptanz der Drogenabhängigkeit als chronisch-rezidivierende Krankheit, verbunden mit der Bereitschaft zur medikamentösen Substitution einerseits bei gleichzeitig insgesamt zunehmend kritischer Bewertung der Pharmakotherapie andererseits, was u.a. in dem verminderten Angebot an Fertigarzneimitteln zum Ausdruck kommt, die Betäubungsmittel beinhalten bzw. bei denen es sich um Kombinationspräparate oder als Ausweichmittel missbrauchte Medikamente handelt. So wurden etwa seit den 70er Jahren des vorigen Jahrhunderts bis Mitte der 90er Jahre nach und nach sämtliche Hypnotica auf Barbitursäure- und Methaqualon-Basis in Deutschland vom Markt genommen. Teil dieser Widersprüchlichkeit ist auch der Umstand, dass die weitgehende soziale Akzeptanz neu aufkommender, vollsynthetischer Drogen mit zentral-stimulierendem Wirkungsspektrum offenbar nicht zuletzt mit der von vielen Fertigarzneimitteln her bekannten und gewohnten Tablettenform zusammenhängt, die „sauberen" Genuss versprechen und denen nicht das „Verlierer"-Stigma zentral-depressiver und zur Injektion bestimmter Drogen anhängt.

Das Manuskript wurde im Juni 2002 abgeschlossen.

Hanau, im Juni 2002   Thomas Geschwinde

Inhaltsverzeichnis

Abbildungsverzeichnis		XIII
Abkürzungsverzeichnis		XV
Einführung		1
1.	Psychodysleptica	7
1.1	Cannabis/Hanf	8
1.1.1	Gewinnung	8
1.1.2	Historische und gegenwärtige Situation	13
1.1.3	Wirkstoffe	24
1.1.4	Wirkung und Wirkungsweise	31
1.1.5	Handelsformen	47
1.1.6	Nachweis	52
1.1.7	Gefährlichkeit	57
1.2	Halluzinogene	65
1.2.1	Lysergsäureamide (LSA)	66
1.2.1.1	LSD-25	66
1.2.1.2	Windengewächse	101
1.2.2	Historische europäische Halluzinogene	106
1.2.2.1	Fliegenpilz	107
1.2.2.2	Nachtschattengewächse	114
1.2.3	Zeitgenössische außereuropäische Halluzinogene	130
1.2.3.1	Mescalin	131
1.2.3.2	Myristicin	141
1.2.3.3	Psilocybin	144
1.2.3.4	Bufotenin	153
1.2.3.5	Harmalin	157
1.2.3.6	Yohimbin	163
1.2.3.7	Ibogain	166
1.2.3.8	Cytisin	169
1.2.4	Synthetische Halluzinogene/Designer Drugs	171
1.2.4.1	DOM (STP) und verwandte Methoxy-Phenylalkylamine	173
1.2.4.2	DOB und verwandte Bromamfetamine	177
1.2.4.3	MDA und verwandte Methylendioxyamfetamine	180
1.2.4.4	DMT und verwandte Tryptamine	193
1.2.4.5	PCP und verwandte Cyclohexyl-Verbindungen	197
1.2.4.6	Ketamin	204
1.2.4.7	JB 318, JB 336 und verwandte Benzilate	205

1.2.4.8	GHB	207
Literatur.		210
2.	Narkotica.	243
2.1	Opium und Opiate.	243
2.1.1	Gewinnung	244
2.1.2	Historische und gegenwärtige Situation	247
2.1.3	Wirkstoffe.	275
2.1.4	Wirkung und Wirkungsweise	289
2.1.5	Handelsformen	303
2.1.6	Nachweis.	315
2.1.7	Gefährlichkeit	322
2.2	Kawa-Kawa.	348
Literatur.		355
3.	Stimulantia	373
3.1	Cocain.	373
3.1.1	Gewinnung	373
3.1.2	Historische und gegenwärtige Situation	377
3.1.3	Wirkstoffe.	393
3.1.4	Wirkung und Wirkungsweise	399
3.1.5	Handelsformen	412
3.1.6	Nachweis.	426
3.1.7	Gefährlichkeit	430
3.2	Aufputschmittel.	441
3.2.1	Ephedrin	442
3.2.2	Cathin/Cathinon	447
3.2.3	Arecolin.	454
3.2.4	Weckamine	457
3.2.4.1	Gewinnung	458
3.2.4.2	Historische und gegenwärtige Situation	459
3.2.4.3	Wirkstoffe.	469
3.2.4.4	Wirkung und Wirkungsweise	479
3.2.4.5	Handelsformen	486
3.2.4.6	Nachweis.	491
3.2.4.7	Gefährlichkeit	494
Literatur.		500
4.	Ausweich- und Substitutionsmittel.	511
4.1	Barbiturate.	515
4.2	Nichtbarbiturale Hypnotica.	531
4.2.1	Methaqualone	531
4.2.2	Piperidindione.	537
4.2.3	Ureide, Urethane, Alkohole	540
4.3	Psychopharmaka.	544
4.3.1	Psychomotorische Stimulantia	544

4.3.1.1	Strychnin.	545
4.3.1.2	Pemolin.	546
4.3.1.3	Aminorex/Methylaminorex.	547
4.3.1.4	Fencamfamin.	547
4.3.1.5	Modafinil.	548
4.3.2	Neuroleptica	548
4.3.3	Antidepressiva.	552
4.3.4	Tranquilizer.	555
4.4	Starkwirksame Analgetica und Antitussiva	569
4.4.1	Tilidin.	572
4.4.2	Codein, Dihydrocodein-, Dihydromorphin- und Morphinan-Derivate	575
4.4.2.1	Codein.	575
4.4.2.2	Dihydrocodein.	580
4.4.2.3	Thebacon.	581
4.4.2.4	Ethylmorphin.	582
4.4.2.5	Oxycodon.	582
4.4.2.6	Hydromorphon.	583
4.4.2.7	Hydrocodon.	584
4.4.2.8	Racemorphan/Levorphanol.	585
4.4.2.9	Buprenorphin.	586
4.4.3	Benzomorphane.	589
4.4.4	Pethidin-/Prodin-Gruppe.	595
4.4.5	Methadon-Gruppe.	600
4.4.6	Fentanyl-Gruppe.	610
4.5	Schnüffel- und Inhalationsstoffe.	617
4.5.1	Ether (Äther).	619
4.5.2	Lachgas.	620
4.5.3	Chloroform.	621
4.5.4	Lösungsmittel und Gase.	622
Literatur.		630
A.	Erläuterung der Fachbegriffe	643
B.1	Anlagen I-III zum Betäubungsmittelgesetz	735
B.2	Verschreibungsfähige Höchstmengen.	767
B.3	Grundstoffe.	771
B.4	Gruppen von Doping-Wirkstoffen	773
C.	Sachverzeichnis.	777
C.1	Alphabetisches Verzeichnis der chemischen Wirkstoffe, Reagenzien und pharmazeutischen Präparate.	777
C.2	Botanische und zoologische Bezeichnungen	809
C.3	Medizinische Bezeichnungen, Eigennamen und umgangssprachliche Ausdrücke	817
D.	Allgemeine Literaturhinweise.	895

Abbildungsverzeichnis

1.1	Sicherstellungen bei Cannabis in Deutschland und Europa 1963-2001........	21
1.2	Sicherstellungen bei LSD-25 in Deutschland 1966-2001.....	72
2.1	Sicherstellungen bei Heroin in Deutschland und Europa 1967-2001........	267
2.2	Vergleich der Sicherstellungen bei Heroin und Cocain 1981-2001........	268
2.3	Drogentote in Deutschland im Zeitraum 1969-2001	270
2.4	Erstkonsumenten „harter" Drogen vom Heroin-Typ in Deutschland 1977-2001	273
3.1	Sicherstellungen bei Cocain in Deutschland und Europa 1966-2001........	389
3.2	Erstkonsumenten von Cocain in Deutschland 1979-2001	392
3.3	Erstkonsumenten von Amfetaminen in Deutschland 1982-2001........	466
3.4	Sicherstellungen bei Amfetaminen in Deutschland 1973-2001........	467

Unter der Bezeichnung "Bundesrepublik Deutschland" wird der bis zum 3.10.1990 aus den 11 alten Bundesländern gebildete Staat verstanden, für die Folgezeit wird die Bezeichnung "Deutschland" verwandt.

Eine Umrechnung der DM-Angaben kann nach dem Kurs 1 Euro = 1,95583 DM erfolgen.

Abkürzungsverzeichnis

Außer den allgemein üblichen werden in diesem Buch folgende Abkürzungen verwendet:

a	annum (Jahr)
AM	Arzneimittel (zum Begriff "Arzneimittel" vgl. Anhang A) (s. auch FAM)
AMG	Arzneimittelgesetz in der Fassung der Bekanntmachung vom 11. Dezember 1998 (BGBl. I S. 3586), zuletzt geändert durch das 11. Gesetz zur Änderung des AMG vom 21. August 2002 (BGBl. I S. 3348)
Anl.	Anlage
ANS	autonomes (vegetatives) Nervensystem (zum Begriff vgl. Anhang A)
ArzneimittelV 1990	Neufassung der Verordnung über verschreibungspflichtige Arzneimittel vom 30. April 1990 (BGBl. I S. 1866), zuletzt geändert durch VO vom 3. Dezember 1998 (BGBl. I S. 3537)
BAK	Blutalkoholkonzentration
BD	Benzodiazepine (zum Begriff vgl. Anhang A)
BfArM/BIAM	Bundesinstitut für Arzneimittel und Medizinprodukte – Bundesopiumstelle - in Bonn
BGA	Bundesgesundheitsamt in Berlin; nach dessen Auflösung: BfArM
BKA	Bundeskriminalamt in Wiesbaden
Btm	Betäubungsmittel; ein bestimmter Stoff wird mit Aufnahme in die Anlagen I-III (Positivliste) zu § 1 Abs. 1 BtMG zum "Btm", sofern nicht eine der dort näher bezeichneten Ausnahmen vorliegt (vgl. hier Anhang B.1)
1. BtMÄndV	Erste Verordnung zur Änderung betäubungsmittelrechtlicher Vorschriften vom 6. August 1984 (BGBl. I S. 1081)
2. BtMÄndV	Zweite Verordnung zur Änderung betäubungsmittelrechtlicher Vorschriften vom 23. Juli 1986 (BGBl. I S. 1099)
3. BtMÄndV	Dritte Verordnung zur Änderung betäubungsmittelrechtlicher Vorschriften vom 28. Februar 1992 (BGBl. I S. 712)
4. BtMÄndV	Vierte Verordnung zur Änderung betäubungsmittelrechtlicher Vorschriften vom 23. Dezember 1992 (BGBl. I S. 2483)

5. BtMÄndV	Fünfte Verordnung zur Änderung betäubungsmittelrechtlicher Vorschriften vom 18. Januar 1994 (BGBl. I S. 99)
6. BtMÄndV	Sechste Verordnung zur Änderung betäubungsmittelrechtlicher Vorschriften vom 14. September 1994 (BGBl. I S. 1161)
7. BtMÄndV	Siebte Verordnung zur Änderung betäubungsmittelrechtlicher Vorschriften vom 29. März 1996 (BGBl. I S. 562)
8. BtMÄndV	Achte Verordnung zur Änderung betäubungsmittelrechtlicher Vorschriften vom 14. November 1996 (BGBl. I S. 1728)
9. BtMÄndV	Neunte Verordnung zur Änderung betäubungsmittelrechtlicher Vorschriften vom 28. Januar 1997 (BGBl. I S. 65)
10. BtMÄndV	Zehnte Verordnung zur Änderung betäubungsmittelrechtlicher Vorschriften vom 20. Januar 1998 (BGBl. I S. 74)
11. BtMÄndV	Elfte Verordnung zur Änderung betäubungsmittelrechtlicher Vorschriften vom 23. Juni 1998 (BGBl. I S. 1510)
12. BtMÄndV	Zwölfte Verordnung zur Änderung betäubungsmittelrechtlicher Vorschriften vom 7. Oktober 1998 (BGBl. I S. 3126)
13. BtMÄndV	Dreizehnte Verordnung zur Änderung betäubungsmittelrechtlicher Vorschriften vom 24. September 1999 (BGBl. I S. 1935)
14. BtMÄndV	Vierzehnte Verordnung zur Änderung betäubungsmittelrechtlicher Vorschriften vom 27. September 2000 (BGBl. I S. 1414)
15. BtMÄndV	Fünfzehnte Verordnung zur Änderung betäubungsmittelrechtlicher Vorschriften vom 19. Juni 2001 (BGBl. I S. 1180)
16. BtMÄndV	Sechzehnte Verordnung zur Änderung betäubungsmittelrechtlicher Vorschriften vom 18. November 2001 (BGBl. I S. 3338)
17. BtMÄndV	Siebzehnte Verordnung zur Änderung betäubungsmittelrechtlicher Vorschriften vom 12. Februar 2002 (BGBl. I S. 612)
BtMAHV	Betäubungsmittel-Außenhandelsverordnung (BGBl. I 1981 S. 1420; 1992 I S. 2483), zuletzt geändert durch die 15. BtMÄndV vom 19. Juni 2001 (BGBl. I S. 1180)
BtMBinHV	Betäubungsmittel-Binnenhandelsverordnung (BGBl. I 1981 S. 1425), zuletzt geändert durch die 15. BtMÄndV vom 19. Juni 2001 (BGBl. I S. 1180)
BtMG	Gesetz über den Verkehr mit Betäubungsmitteln (kurz: Betäubungsmittelgesetz) vom 18. Juli 1981 (BGBl. I S. 681) ("BtMG 1982") in der am 1. März 1994 bekannt gemachten Fassung (BGBl. I S. 358) ("BtMG 1994"), zuletzt geändert durch das Dritte BtMG-ÄndG vom 28. März 2000 (BGBl. I S. 302). Das am 1. Januar 1982 in Kraft getretene BtMG 1982 löste das Betäubungsmittelgesetz vom 22. Dezember 1972 ("BtMG 1972") ab, das seinerseits das Gesetz über den Verkehr mit Betäubungsmitteln vom 10. Dezember 1929 (kurz: Opiumgesetz) abgelöst hatte.
BtMVV	Verordnung über das Verschreiben, die Abgabe und den Nachweis des Verbleibs von Betäubungsmitteln (kurz: Betäubungsmittel-Verschreibungsverordnung) vom 16. Dezember 1981 (BGBl. I S. 1427) in der Fassung der Bekanntmachung vom 20.

	Januar 1998 (BGBl. I S. 80), zuletzt geändert durch die 15. BtMÄndV vom 19. Juni 2001 (BGBl. I S. 1180)
BVerfG	Bundesverfassungsgericht in Karlsruhe
CND	Commission on Narcotic Drugs of the United Nations' Economic and Social Council (die 1946 geschaffene Suchtstoffkommission des Wirtschafts- und Sozialrates der UN - Übereinkommen von 1971; dieser beratenden Fachkommission obliegt die Konkretisierung der erarbeiteten Richtlinien in der Suchtstoffpolitik u.a. durch Festlegung der international verbindlichen Suchtstofflisten)
CNS	Central Nervous System (Zentralnervensystem)
d	dies (Tag)
DC	Dünnschichtchromatographie (ein chromatographisches Verfahren, das der analytischen Charakterisierung von Stoffgemischen dient)
DEA	Drug Enforcement Administration (die Drogenbekämpfungsbehörde der USA)
DD	Designer Drugs (zum Begriff vgl. Anhang A)
DGDS	Deutsche Gesellschaft für Drogen- und Suchtmedizin in Hannover
DGS	Deutsche Gesellschaft für Suchtforschung und Suchttherapie in Berlin
DHS	Deutsche Hauptstelle gegen die Suchtgefahren in Hamm
DND	Devision of Narkotic Drugs (die Suchtstoffabteilung, die als selbständiges Sekretariat der CND arbeitet; eine ihrer operativen Einheiten ist das UN Narcotics Laboratory in Wien)
EBDD	Europäische Beobachtungsstelle für Drogen und Drogensucht in Lissabon (sammelt und bündelt Erkenntnisse nationaler Polizei- und Gesundheitsbebörden pp. anhand von Schlüsselindikatoren und stellt diese wiederum den nationalen Behörden zur Verfügung)
ED	Einzeldosis/effektive Dosis (s. auch LED)
EDU	EUROPOL Drugs Unit (die Drogeneinheit der Europäischen Kriminalpolizeilichen Zentralstelle)
EIA	Enzym-Immunoassays
EU	Europäische Union
FAM	Fertigarzneimittel (s. auch AM)
FDA	Food and Drug Administration (die Arzneimittelbehörde der USA)
FDR	Fachverband Drogen und Rauschmittel
FPIA	Fluoreszenz-Polarisations-Immuno-Assays
g	Gramm
G	Gesetz
GC	Gaschromatographie (ein chromatographisches Verfahren, das sowohl der qualitativen als auch der quantitativen Analyse von Stoffgemischen dient)

GÜG	Gesetz zur Überwachung des Verkehrs mit Grundstoffen, die für die unerlaubte Herstellung von Betäubungsmitteln missbraucht werden können (kurz: Grundstoffüberwachungsgesetz) vom 13. Oktober 1994 (BGBl. I S. 2835), zuletzt geändert durch das Gesetz zur Änderung des Grundstoffüberwachungsgesetzes vom 26. Juni 2002 (BGBl. I S. 2261), ergänzt durch die VO über Verstöße gegen das Grundstoffüberwachungsgesetz (GÜG-VV) vom 24. Juli 2002 (BGBl. I S. 2915). Welche Grundstoffe derzeit dem GÜG unterfallen, ergibt sich aus dem Anhang zur Verordnung (EG) Nr. 1232/2002 (hier abgedruckt in Anhang B.3)
GÜS	Gemeinsame Grundstoffüberwachungsstelle beim BKA in Wiesbaden
h	hora (Stunde)
HLPC	Hochdruckflüssigkeitschromatographie
HWZ	Halbwertszeit (biolog.)
ICAA	International Council on Alcohol and Addictions
ICD-10	International Classification of Diseases (Diagnoseschlüssel der WHO, 10. Revision, Kapitel V (F))
i.c.	intracutan
IIHD	Institute for International Health and Development in Washington/DC
i.m.	intramuskulär
IMS	Ionen-Mobilitäts-Spektrometrie
INCB	International Narcotics Control Board (Internationaler Suchtstoffkontrollrat, eine unter der Schirmherrschaft der UN in Wien arbeitende Expertenkommission, die für die Einhaltung der internationalen Anti-Drogenabkommen zuständig ist und dafür zu sorgen hat, dass die weltweit für medizinische und wissenschaftliche Zwecke benötigten Suchtstoffe/psychotropen Stoffe zur Verfügung stehen)
INN	International Nonproprietary Names for Pharmaceutical Substances; von der WHO empfohlene bzw. vorgeschlagene (INNv) Kurzbezeichnungen (generic names) pharmakologisch wirksamer Verbindungen, die international gesetzlich nicht geschützt sind. Von den jeweiligen Internationalen Freinamen sind die Kurz- oder Trivialbezeichnungen, die chemischen Bezeichnungen und die Handelsnamen (eingetragene Warenzeichen) zu unterscheiden.
IUPAC	International Union of Pure and Applied Chemistry; die IUPAC gibt u.a. die internationale Nomenklatur zur Darstellung und Schreibweise chemischer Verbindungen heraus.
i.v.	intravenös
KE	Konsumeinheit
KG	Körpergewicht
kg	Kilogramm

KW	Kohlenwasserstoffe
LD	Letaldosis
LED	Niedrigste Einzeldosis
M.	Musculus
m	Meter
mg	Milligramm (1/1000 g)
min	Minute
Mio.	Million
Mrd.	Milliarde
MS	Massenspekrometrie
mV	Millivolt
µg	Mikrogramm (1 Millonstel g: 0,001 mg oder 1 x 10^{-6} g)
NDIC	National Drug Intelligence Center des us-amerikanischen Justizministeriums
ng	Nanogramm (1 Milliardstel g: 1 x 10^{-9} g)
NIDA	National Institute on Drug Abuse (US-Dept. of Health, Education and Walfare, die zentrale Drogenforschungsstelle in Rockwille/MD), jetzt SAMSA
NIH	National Institute of Health in Bethesda/MD
NIMH	National Institute of Mental Health (USA)
nm	Nanometer (1 Milliardstel m oder 1 Millionstel mm)
NNDIS	National Narcotics Border Indication System (USA)
OGD	Observatoire géopolitique des drogues (1990 gegründetes nichtstaatliches Geopolitisches Drogen-Beobachtungszentrum in Paris)
OpiumG	Opiumgesetz (vgl. zum BtMG)
OrgKG	Gesetz zur Bekämpfung des illegalen Rauschgifthandels und anderer Erscheinungsformen der Organisierten Kriminalität vom 15. Juli 1992 (BGBl. I S. 1302)
p.c.	perkutan
p.i.	per inhalationem
PKS	Polizeiliche Kriminalstatistik
PNS	peripheres Nervensystem (zum Begriff vgl. Anhang A)
p.o.	per os
Rdnr.	Randnummer
s	Sekunde
SAMSA	Substance Abuse and Mental Health Services Administration in Rockville/MD; früher NIDA
s.c.	subkutan
s.m.	submucos
Single Convention	Einheits-Übereinkommen (vgl. Übereinkommen von 1961)
syn.	synonym
Übereinkommen von 1961	Single Convention on Narcotic Drugs (das Einheits-Übereinkommen vom 30. März 1961 über Suchtstoffe in der durch das

	Protokoll vom 25. März 1972 geänderten Fassung; ratifiziert von der BRD am 4. September 1973; BGBl. II 1973 S. 1353 und BGBl. II 1977 S. 111). Die Bestimmungen dieses Übereinkommens waren bereits bei der Neufassung des BtMG 1972 berücksichtigt worden. Die Single Convention regelt vor allem die Herstellung und den Handel mit den sog. "klassischen" Suchtstoffen.
Übereinkommen von 1971	
	Convention on Psychotropic Substances (Übereinkommen der UN vom 21. Februar 1971 über psychotrope Stoffe; BGBl. II 1976 S. 1477). Ziel dieses Übereinkommens ist die Eindämmung des Missbrauchs psychotroper Substanzen wie LSD-25, Designer Drugs, Amfetamin-Derivate, Barbiturate und Benzodiazepine.
Übereinkommen von 1988	
	Convention against Illicit Traffic in Narcotics Drugs and Psychotropic Substances (Übereinkommen der UN gegen den unerlaubten Verkehr mit Suchtstoffen und psychotropen Substanzen vom 20. Dezember 1988; dieses Übereinkommen wurde von der BRD am 19. Januar 1989 ratifiziert und mit dem Ausführungsgesetz Suchtstoffübereinkommen 1988 vom 2. August 1993 [BGBl. I S. 1407] bzw. dem GÜG, das dieses Gesetz ablöste, in innerstaatliches Recht umgesetzt). Ziel dieses Übereinkommens ist die Bekämpfung des internationalen Schmuggels mit Suchtstoffen, psychotropen Substanzen und deren Ausgangsstoffen (precursor chemicals); hierzu dienen u.a. Bestimmungen zur Einziehung der dabei gemachten Gewinne.
Übereinkommen gegen Doping	
	Das Übereinkommen gegen Doping vom 16. November 1989 wurde mit Gesetz vom 2. März 1994 (BGBl. 1994 II S. 334) umgesetzt. Nach § 6 a AMG bezieht sich das Verbot von Arzneimitteln zu Doping-Zwecken im Sport auf die hier in Anhang B.4 wiedergegebenen Gruppen von Doping-Wirkstoffen.
UNDCP	Drogenbekämpfungsbüro der UN in Wien
UNFDAC	United Nations Fund for Drug Abuse Control (Internationaler Suchtstoff-Kontrollfonds der UN; er wurde insbesondere im Hinblick auf die Ersetzung von Schlafmohn- und Cocaanpflanzungen im Rahmen sog. crop substitution programs eingerichtet)
V.	Vena
VO	Verordnung
WHO	World Health Organisation (Weltgesundheitsorganisation; 1948 als selbständige Organisation der UN mit Sitz in Genf gegründet)
ZKA	Zollkriminalamt in Köln
ZNS	Zentralnervensystem (zum Begriff vgl. Anhang A)

Erläuterung der am Textrand verwendeten Symbole:

*   chemische Zusammensetzung
#   physiologische Wirkungsweise
§   rechtliche Hinweise

Einführung

Zum besseren Verständnis der in den nachfolgenden Abschnitten näher beschriebenen Rauschdrogen sei zunächst auf Besonderheiten des **neurohormonalen Stoffwechsels** eingegangen, auf denen heutigen Erkenntnissen zufolge ihre Wirkungsweisen beruhen, indem sie in verschiedener Weise hierin eingreifen.

Maßgebend hierfür ist zunächst das Verständnis der **Ionentheorie** der **Erregungsweiterleitung im Nervensystem**, die kurz skizziert werden soll:

In der Ruhephase weist ein **Axon** einen Überschuss an negativer Ladung von ca. 70 mV auf (sog. **Ruhepotential**). Dieser Überschuss wird durch die sog. „Ionenpumpe" mit erheblichem Energieaufwand (mittels Glucose und Sauerstoff) aufrechterhalten, indem diese ein Konzentrationsgefälle zwischen der Innenseite der Membran der Nervenfaser (etwa 10mal mehr K^+) und dem Bereich außerhalb (etwa 10mal mehr Na^+) bewirkt. Aufgrund der **Konzentrationsdifferenz** versuchen die K^+-Ionen nach außen zu diffundieren, während ihre Anionen, bei denen es sich vorwiegend um Proteine handelt, ihnen nicht folgen können. Das Ruhemembranpotential wird somit durch den (begrenzten) Ausstrom von K^+-Ionen aufgebaut.

Bildung und Weiterleitung eines Signals entlang des Axons erfolgt durch Positivierung dieses Ruhepotentials über einen Schwellenwert (**Schwellenpotential**) hinaus: Infolge plötzlich geänderter **Permeabilität** der Membran strömen innerhalb von ca. 0,1 ms zunächst, örtlich begrenzt, Na^+ in die Nervenfaser ein. Dies geschieht durch selektive **Natriumionenkanäle** (wahrscheinlich Proteine) in der Membran, die u.a. infolge ihrer Abmessung von 0,3 x 0,5 nm nur hydratisierte Natriumionen und kleinere Ionen wie Lithiumionen[1] durchlassen, nicht dagegen solche mit größeren Abmessungen wie hydratisierte Kaliumionen.

Dadurch ändert sich das **Membranpotential** auf etwa + 30 mV im Inneren des Axons (**Depolarisierung**). Dieses Alles-oder-Nichts-Gesetz ist unabhängig von der Größe des auslösenden Reizes.

Ein benachbarter **Kaliumionenkanal** reagiert hierauf, indem er etwa 1 ms später K^+ aus dem Zellinneren nach außen strömen lässt, so dass das Ruhepotential in

---

[1] Zum therapeutischen Einsatz von Lithiumsalzen vgl. beim Cocain 3.1.7, Rdnr. 1677, sowie beim Amfetamin 3.2.4.4, Rdnr. 1886.

diesem Abschnitt wiederhergestellt wird. Durch Stoffwechselprozesse angetrieben stellt die „Ionenpumpe" so die anfänglichen Konzentrationsverhältnisse wieder her (**Repolarisation**).

5 # Diese De- und Repolarisation bezeichnet man als **Aktionspotential**, das demnach konstant eine Amplitude von ca. 100 mV hat. Der übermittelte Informationsgehalt ergibt sich daher aus der Frequenz der Nervenimpulse. Da Aktionspotentiale unter identischen Bedingungen gleiche Amplitude und Dauer aufweisen, vermittelt somit nicht die Art des Aktionspotentials die Information, sondern die Reizübermittlung erfolgt über die Erregung bestimmter Neuronen, wobei die **Reizintensität** der **Impulsfrequenz** entspricht.

6 # Die Erregungsweiterleitung von einer Nervenfaser zu einer anderen erfolgt demgegenüber auf **chemischem** Wege:

7 # Wesentlich hierfür ist das Verständnis der Funktion der **Neurohormone**, die entsprechend dieser Funktion als **Neurotransmitter** bezeichnet werden: Ihre (Teil-)Biosynthese erfolgt zunächst in der Nähe des Zellkerns des Neurons[2]. Sie werden in den sog. Vesikeln (synaptischen Bläschen) gespeichert, die durch das Axoplasma an das Ende der Nervenfaser (des Axons) transportiert werden, dem Ausgangspunkt der Erregungsübertragung an nachgeschaltete Nerven- und Muskelzellen.

Diese Nervenenden werden als **Synapsen** bezeichnet, wobei erregende und hemmende Synapsen sowie motorische Endplatten (an Muskelzellen) unterschieden werden.

8 # Gelangt eine Erregung in Form eines elektrischen Impulses, wie zuvor beschrieben, durch den Nervenfortsatz bis in die Synapse, werden die an der Zellmembran der Synapse in den Vesikeln gespeicherten Neurotransmitterhormone freigesetzt. Dieser Vorgang wird als **Exocytose** bezeichnet. Er wird wahrscheinlich durch Calcium-Ionen bewirkt, die in das präsynaptische Endknöpfchen einströmen.

Die freigesetzten Neurotransmitter treten durch den mit Flüssigkeit gefüllten, etwa 0,2 – 10 nm breiten **synaptischen Spalt** von der präsynaptischen Membran zur postsynaptischen Membran der nachgeschalteten Nerven- (oder Muskel-)zelle über.

9 # Hier werden die Transmittermoleküle durch bestimmte Eiweißmoleküle (Proteine), die sog. Rezeptormoleküle, gebunden (**Transmitter-Rezeptor-Interaktion**):

---

[2] Nähere Erläuterungen finden sich jeweils auch unter den entsprechenden Stichworten des Glossars (Anhang A).

Diese **Rezeptormoleküle** erleiden als Bestandteil chemischer oder spannungsgesteuerter Ionenkanäle infolge dieser Bindung wahrscheinlich Strukturveränderungen mit der Folge, dass Teile der nachgeschalteten Neuronenmembran für die elektrische Erregung durchlässig werden. Auf diese Weise wird das vom Transmitter weitergeleitete Signal von der Rezeptorstruktur an die Ionenkanäle weitergegeben und eine erneute Ionenverschiebung als **Aktionspotential** in Gang gesetzt.

Die erhöhte **Permeabilität** bei **excitatorischen** Synapsen bewirkt nämlich, dass von den durch die Zellmembran des Neurons aufgrund der beschriebenen „Ionenpumpe" getrennten K^+ innerhalb und Na^+ außerhalb der Zelle nunmehr mehr K^+ nach außen wandern als Na^+ nach innen.

Im Zusammenhang mit der Cl^-- und der HCO_3^--(Hydrogencarbonat-) Konzentration außerhalb der Nervenzelle entsteht so durch kurzfristige Positivierung des Inneren eine **Ladungsdifferenz** und somit ein weiteres Aktionspotential (**Nervenimpuls**). Die elektrische Weiterleitung der Erregung innerhalb der nachgeschalteten Nervenzelle erfolgt sodann entsprechend dem eingangs Ausgeführten.

Treten hingegen erheblich mehr K^+ aus der postsynaptischen Zelle heraus, ändert sich das Membranpotential in negativer Richtung, was die **Schließung** spannungsgesteuerter Kanäle zur Folge hat und die Bildung eines weiteren Nervensignals hemmt. In diesem Fall spricht man von hemmenden (**inhibitorischen**) Synapsen.

Die Gesamtheit der Erregungsweiterleitung in den einzelnen Neuronen ergibt ein netzwerkartiges, **neuronales Muster**, dem Bedeutung bei der Strukturierung der psychischen Vorgänge zukommt, wobei das Gehirn auf Reize mit plastischer Anpassung (aktivitätsbedingte **Neuroplastizität**) reagiert, indem es (längerfristig) zu zellulären, molekularen, synaptischen und systemischen Veränderungen kommt.

Hierbei darf die Weiterleitung der Erregung jedoch nur kurzfristig sein, d.h. es muss nach Undurchlässigwerden der Zellmembran des nachgeschalteten Neurons wieder eine Ionentrennung erfolgen, damit die Synapse für eine **erneute Reizübertragung** zur Verfügung steht. Hierzu müssen die am Rezeptormolekül gebundenen Neurotransmittermoleküle wieder unwirksam gemacht werden.

Dies geschieht vorwiegend durch **abbauende Enzyme**, die ebenfalls in der Synapse enthalten sind. So wird der wohl häufigste Transmitter, der die beschriebene Ionenverschiebung an der postsynaptischen Zellmembran bewirkt, das Acetylcholin, von dem Enzym Acetylcholin-Esterase (AChE) wieder abgebaut, indem es in seine chemischen Bestandteile zerlegt wird. Entsprechend wird u.a. das Adrenalin durch das Enzym Monoaminoxydase (MAO)[3] abgebaut.

14 Der Eingriff von außen zugeführter, nicht körpereigener Substanzen (**Fremd-**
**stoffe**) in diesen Stoffwechsel kann sehr verschiedenartig sein. Eine Gemeinsamkeit der meisten bekannten, zugleich **toxischen** und **psychotropen** Substanzen besteht hierbei jedoch darin, dass sie ihre Wirkungen entfalten, indem sie mit einem **Rezeptor** in Verbindung treten und so, da das Gehirn bestrebt ist, ein Erregungs-Hemmungs-Gleichgewicht aufrechtzuerhalten, **dysfunktionale** neuronale Netzwerke aufbauen.

15 So kommt es bei der postsynaptischen Hemmung des enzymatischen Abbaus
der Transmittermoleküle durch **Enzymblockierung**, etwa mittels des aus dem Samen der Brechnuss (Strychnos nux vomica) gewonnenen Alkaloids **Strychnin** (das als **Interneuronenblocker**[4] zu den zentral-erregenden Stimulanzien zählt[5]) oder dem Phosphorsäureester E 605 (Nitrostigmin, ein **Cholinesterase-Hemmer**[6]), zu einer extremen Steigerung der Reflexempfindlichkeit und infolge der pausenlosen Erregungsweiterleitung zu Krämpfen (neben u.a. Bradykardie und Koma)[7].

Andere toxische und psychotrope Substanzen können die Ausschüttung bzw. Wiederaufnahme des Transmitters aus bzw. in die Vesikel verhindern (**reuptake-Hemmung**)[8].

Strychnin ist außerdem in der Lage, den **Na$^+$-Kanal** von der Zytoplasmaseite, also von innen, zu blockieren, eine Eigenschaft, die auch strukturell sehr unterschiedliche Rauschdrogen und Lokalanästhetica[9] aufweisen. Wesentlich hierfür ist offenbar die gemeinsame positive Ladung und der hydrophobe Anteil.

---

[3] Pharmaka, die als MAO-Hemmer wirken, sollen also eine derartige Inaktivierung verhindern, vgl. hierzu etwa beim Harmalin 1.2.3.5, Rdnr. 724.
[4] Zu weiteren Interneuronenblockern vgl. bei den 1,4-Benzodiazepinen 4.3.4, Rdnr. 2179 und 2205.
[5] Aus der Familie der Strychnaceae. Zum Strychnin als Analepticum vgl. 4.3.1.1, Rdnr. 2118 – 2121, zum Strychnin-HCl als Heroin-Zusatz 2.1.5, Rdnr. 1193 und 1198, zur Toxizität 2.1.7, Rdnr. 1277 FN 389.
[6] Und damit ein indirektes Parasympathomimeticum. Zum Physostigmin als Cholinsterase-Hemmer und Antidot vgl. beim Amfetamin 3.2.4.7, Rdnr. 1937. Vgl. auch zu den Carbamaten 4.2.3, Rdnr. 2109. Zu den Cholinesterase-Hemmern gehören Nervenkampfstoffe.
[7] Indiziert ist als Antidot hier ebenfalls Atropinsulfat, vgl. hierzu beim Muscarin 1.2.2.1, Rdnr. 462 f.
[8] Vgl. z.B. zur Hemmung der Rückresorption von Noradrenalin und Dopamin durch Cocain 3.1.4, Rdnr. 1565 f.
[9] Vgl. insoweit auch zum THC 1.1.4, Rdnr. 164, und beim Cocain 3.1.4, Rdnr. 1575-1577.

Lagert sich hingegen der Fremdstoff am Rezeptor an und verhindert so die Erregungsübertragung durch den körpereigenen Neurotransmitter (Agonisten), wird es als „**falscher Transmitter**" bezeichnet.

Bekanntes Beispiel für ein entsprechendes Wirksamwerden sind die **β-Rezeptorenblocker**, die als **Antagonisten** ein Wirksamwerden der „Stresshormone" Adrenalin und Noradrenalin verhindern, so dass diese nicht mehr über die sog. β-Rezeptoren u.a. Herzleistung und Blutdruck zu steigern vermögen[10]. Da nicht selektive β-Rezeptorenblocker wie etwa das lipophile, verschreibungspflichtige Propranolol (INN) auch auf (nor-)adrenerge Neuronen im Gehirn einzuwirken vermögen, haben sie in hohen Dosen außer der blutdrucksenkenden auch sedierende und anxiolytische[11], also **psychotrope** Effekte. Gleichzeitig erfolgt ein u.U. tiefgehender Eingriff in den Stoffwechselhaushalt oder eine Veränderung der Rezeptorenzahl durch Gabe von β-Blockern mit der Folge einer Hypersensivität, was zur Erklärung von **Rebound-Effekten**[12] beiträgt.

Nicotin andererseits gehört offenbar zu den Substanzen, die in gewissem Umfang eine Transmitterrolle, hier des Acetylcholins, übernehmen können[13]. Gegebenenfalls kann infolge einer Gewöhnung des Körpers an diesen Ersatztransmitter sogar die Produktion des biogenen Transmitterhormons zurückgedrängt werden, so dass es nach Entzug des Ersatztransmitters zu **Ausfallerscheinungen** kommen kann[14].

---

[10] Zu einer Einsetzbarkeit etwa bei Amfetamin-Intoxikationen vgl. 3.2.4.7, Rdnr. 1938.
[11] Zu einer möglichen Einsetzbarkeit von Propranolol im Rahmen des Cocain-Entzuges vgl. 3.1.7, Rdnr. 1703.
[12] Vgl. auch zur möglichen Wirkungsweise der Opiate 2.1.4, Rdnr. 1159-1161, sowie zur sog. „Rebound-Insomnie" bei den Barbituraten 4.1, Rdnr 2029.
[13] Zu Strukturverwandtschaft vgl. 1.2.1.1.4, Rdnr. 361. In kleinen Dosen stimuliert Nicotin das ZNS, während hohe Dosen zur zentralen Lähmung führen (vgl. auch zum Cytisin 1.2.3.8, Rdnr. 784). Zum Abhängigkeitspotential dieses Solanaceen-Alkaloids vgl. 1.2.2.2, Rdnr. 530 f., sowie unter dem entspr. Stichwort in Anhang A. Zur Strukturverwandtschaft andererseits des Arecolins mit Acetylcholin vgl. 3.2.3, Rdnr. 1771 f.
[14] Vgl. etwa auch zu den „gegenregulativen" Heroin-Entzugssymptomen 2.1.7, Rdnr. 1309, sowie bei den Barbituraten 4.1, Rdnr. 2033.
Zu der sich anschließenden Frage nach der Ursache dieser Fähigkeit zum Eingriff in den Neurotransmitter-Stoffwechsel und der Rezeptorenblockade vgl. die Darstellung der einzelnen Rauschdrogen, etwa beim LSD-25 1.2.1.1.4, Rdnr. 358-385.

Kapitel 1: Psychodysleptica

Vorbemerkung: Die Zusammenfassung psychotroper Stoffe der verschiedensten chemischen Struktur und Anwendungsformen unter Oberbegriffen erfolgt in diesem Buch in erster Linie im Hinblick auf vergleichbare durch sie ausgelöste **psychische Wirkungen.**

Während bei Cannabis und den Halluzinogenen die erlebnis- und wahrnehmungsverändernde Wirkung im Vordergrund steht, ist dies bei Cocain und den Weckmitteln die psychostimulierende sowie bei den Opioiden die dämpfende und gleichzeitig euphorisierende Komponente. Da sich mehrere **Wirkungskomponenten** häufig **überschneiden**[1], haftet auch einer Einteilung nach diesem Ordnungsprinzip zwangsläufig immer etwas Willkürliches an.

Die im folgenden im Hinblick auf das vom Normalen abweichende Verhalten mit einem 1959 eingeführten Begriff als „**Psychodysleptica**" (engl. psychodysleptic agents) bezeichneten Drogen werden häufig auch unter dem Begriff „**Psychotomimetica**" zusammengefasst, da ein charakteristisches Merkmal jedenfalls bei einem Teil der Substanzen im Hervorrufen einer sog. „**Modellpsychose**" besteht. Damit wird ein beim Gesunden durch chemische Fremdstoffe hervorgerufener, schizophrenieartiger Zustand bezeichnet, der endogenen Psychosen zumindest in einigen Merkmalen gleicht. Beide Bezeichnungen bedeuten also: Psychosen imitierende bzw. Psychosen erzeugende Substanzen[2]. Im Hinblick auf eine angeblich „**bewusstseinserweiternde**" Wirkung wurde 1956 für diese Gruppe von Drogen außerdem der Begriff „**Psychedelika**" eingeführt, eine Wortschöpfung aus dem griech. ψύχη (Geist) und δῆλος (manifest), womit demnach eine die Psyche offenbarende bzw. das Bewusstsein erweiternde Wirkung bezeichnet werden soll[3].

---

[1] Etwa amfetamin-artige und halluzinogene, vgl. z.B. beim DOM 1.2.4.1, Rdnr. 801. Zur Einordnung als Psychopharmaka i.w.S. vgl. Vorbem. 4.3, Rdnr. 2114.
[2] Näher zu schizophreniformen Rauschdrogenkomponenten und entsprechenden drogeninduzierten Psychosen beim Cannabis 1.1.4, Rdnr. 132, und 1.1.7, Rdnr 263. Zu den sog. „experimentellen Psychosen" vgl. auch beim LSD-25 1.2.1.1.2, Rdnr. 287 f. Vgl. auch zu Psychotomimetica wie Psilocybin 1.2.3.3, Rdnr. 663-666 und 678, DOB 1.2.4.2, Rdnr. 819, und PCP 1.2.4.5, Rdnr. 896.
[3] Näher zur „bewusstseinserweiternden" Wirkung beim Cannabis 1.1.4, Rdnr. 136 und 140-143

1.1 Cannabis/Hanf

1.1.1 Gewinnung

20 Rohstofflieferanten sind krautartige Pflanzen der Gattung **Cannabis (Hanf)**, die nach einer Meinung zur vorwiegend tropischen Familie der Maulbeerbaumgewächse (Moraceae)[1] oder zu den Nesselgewächsen (Urticaceae) gehören, während sie von anderen mit dem Hopfen[2], einer Schlingpflanze, als ihrem nächsten Verwandten in einer eigenen Familie, den Hanfgewächsen (Cannabinaceae), vereinigt werden.

Das **Verbreitungsgebiet** der Gattung Cannabis ist groß: Es reicht (bis auf das arktische Gebiet und die tropischen Regenwälder) von den USA über Mexico und Zentralamerika, Südamerika und Afrika bis in weite Teile des eurasischen Bereichs.

21 Am bekanntesten, auch in unseren Breitengraden, ist hierbei der einjährige **Faserhanf (Cannabis sativa L.)**, eine grüne Blätterpflanze mit charakteristischen, einander gegenüberstehenden, meist siebenfingrigen, lanzettförmigen Blättern, die auf trockenen, sandigen, leicht alkalischen Böden bis 6 m hoch werden kann und ohne Beschneidung eine durchschnittliche Höhe von 2 m erreicht.

22 Daneben wird die rauschwirksamere, niedrig wachsende und eher pyramidenförmige, vor allem in Indien und im gesamten orientalischen Raum verbreitete **Cannabis sativa varia indica L. (Indischer Hanf)** genutzt. Die Inhaltsstoffe sind bei der indischen und der europäischen Varietät bei Kultivierung unter vergleichbaren Bedingungen gleich; das Vorliegen einer eigenen Varietät bei indica wird daher teilweise verneint.

23 Als weitere Spezies ist schließlich die im südlichen Sibirien beheimatete **Cannabis ruderalis Janisch** zu erwähnen, die im Gegensatz zu Cannabis sativa bzw. indica, bei denen es sich um Kulturpflanzen handelt, bei einem mittleren Gehalt an psychotropen Wirkstoffen von niedrigem Wuchs ist und nur wild vorkommt.

---

[1] Zu den Moraceae zählen viele Pflanzen, die offenbar psychotrope Wirkstoffe besitzen: So weist etwa die Rinde des heiligen Baumes „Takini" der Urwaldbewohner Guayanas (Helicostylis peduncalata und tomentosa), aus dessen rotem „Saft" ein leicht giftiges Rauschmittel bereitet wird, eine sedierende Wirkung, ähnlich Cannabis sativa, auf. Vgl. auch zum „Rapé" 1.2.3.4, Rdnr. 693 FN 128.

[2] Neben dem Hopfenbitterstoff als Bestandteil der Bierwürze enthält Hopfen (Humulus lupulus) in den Zapfenfrüchten der weiblichen Blüten einen Wirkstoff, das Lupulin, das u.a. leicht hypnotische und tonische Eigenschaften aufweist.

Nach der Begriffsbestimmung in Art. 1 Abs. 1 des Übereinkommens von 1961 bezeichnet „**Cannabis**" die Blüten oder Fruchtstände der Cannabis-Pflanze, denen das **Harz** nicht entzogen worden ist; ausgenommen sind die nicht mit solchen Ständen vermengten Samen und Blätter. Die Bezeichnung „Cannabis-Pflanze" bezeichnet danach jede Pflanze der Gattung Cannabis. **24**

Im internationalen Sprachgebrauch wird der Ausdruck „Cannabis" darüber hinaus auch auf die **psychotrop** wirksamen **Cannabis-Zubereitungen** (bzw. –Produkte) angewandt (auch als „**Rauch-**," oder „**Drogenhanf**" im Unterschied zum nicht psychotrop wirksamen **Faserhanf** und den **Hanfsamen** bezeichnet).

Die **männlichen** Blüten der diözischen Pflanze, die an der Spitze der Stengel stehen, tragen die Staubblätter. **25**

Als Kurztagspflanze beginnt die Blütezeit mit Herbstanfang, bei uns etwa im August. Nach dem Abstoßen des Blütenstaubs (Pollens), der durch den Wind zu den **weiblichen** Blüten getragen wird, geht die weniger widerstandsfähige männliche Pflanze ein. In den traditionellen Anbaugebieten, etwa den Himalaya-Regionen, ebenso aber auch in Kalifornien/USA, werden auf den Cannabis-Plantagen die männlichen Pflanzen, sobald sie als solche erkennbar sind, ausgerissen, um eine Bestäubung der weiblichen zu verhindern und so deren Blütedauer und –intensität auszudehnen.

Im Verhältnis zu den männlichen ist die **weibliche**, mit dem Stempel versehene Pflanze blattreicher und stämmiger; ihre Blütezeit beginnt später als die der männlichen. Ihre Blüten, die dichte Blütentrauben bilden, befinden sich zwischen Stengel und Blattansatz. Vorwiegend bei den weiblichen Blüten bilden sich zur Zeit der Blüte **Drüsenhaare** aus, die ein Harz absondern. Die Frucht bildet sich als Achäne aus. **26**

Die psychotropen, öligen **Wirkstoffe** sind in diesem aus kleinen, kugelförmigen Drüsenköpfen austretenden **Harz**[3] enthalten. Diese finden sich, mit oder ohne Stiel, am dichtesten auf den Kelchblättern der weiblichen, weniger der männlichen Blüten, und auf der Unterseite der Blätter, die am spätesten gebildet werden. **27**

Genutzt werden in erster Linie die harzreichen **Blütenstände** der weiblichen Pflanze, in geringerem Umfang auch die der männlichen. Die Zusammensetzung des Harzes ist in beiden Fällen gleich.

Bei der Herstellung von Cannabis-Produkten werden außerdem die Blätter, insbesondere die Triebspitzen, weniger häufig die Stengel verwandt.

Die Verarbeitung der Pflanze erfolgt zu verschiedenen **Cannabis-Produkten:** **28**
-**Cannabis-Kraut,**
-**Cannabis-Harz** und

---

[3] Zum ebenfalls als Rauschdroge verwandten Harz des Rauschpfeffers („Kawa-Kawa") vgl. 2.2, Rdnr. 1372.

-**Cannabis-Konzentrat.**

29 Die einfachste Zubereitung als Konsumform besteht darin, dass die luftgetrockneten und grob zerkleinerten, gelegentlich durch kontrolliertes Schimmeln fermentierten Blätter als **Cannabis-Kraut** mit den oberen Abschnitten der Blüten und Stengelanteilen („flower top") unter Verwendung eines Deckblattes mit Tabak zu kegelförmigen „**joints**" gerollt werden. Diese Methode ist vor allem in Nord- und Südamerika verbreitet, das Produkt als „**Marihuana**" bekannt.

Der Name ist nach einer Lesart von dem span. „Maria Juana" abgeleitet, einem mexikanischen Decknamen für Cannabis-Kraut, wohl in Anspielung auf dessen weiche, „weibliche" Wirkung; für hochwertiges mexikanisches Marihuana wurde die Bezeichnung „Acapulco Gold" bekannt. In Brasilien trägt Marihuana die Bezeichnung „Maconha", im Orient meist „**bhang**" oder „**bendsch**"[4], wobei in Indien unter diesem Begriff regelmäßig die abgeschnittenen Blatt- und Stengelspitzen der weiblichen Cannabis indica mit relativ niedrigem Harzgehalt verstanden werden, die mit Gewürzen und Früchten vermischt ein Getränk ergeben oder geraucht werden. **Hanfblüten** werden u.a. in kleinen Säckchen auch in europäischen Hanfläden vertrieben; sie können geraucht oder zu Hanftee ausgekocht werden.

30 Im Zuge der Verknappung des Angebots an importiertem Marihuana aus Mittelamerika (insbesondere Mexico)[5] erfolgten Anfang der 1970er Jahre in Kalifornien/USA eigene Züchtungsversuche, z.T. in sog. „**Indoor-Anlagen**" mit künstlicher Bewässerung, Temperatur und Beleuchtung, die zu ertragreichen **Sinsemilla-Sorten** mit ständig zunehmendem THC-Gehalt[6] führten.

„Sinsemilla" (span. „ohne Samen") bezeichnet dabei eine auch in anderen Gebieten verbreitete Sorte, bei der die Bestäubung der weiblichen Pflanze wie erwähnt unterbunden wurde, so dass es nicht zur Ausbildung von Samen kommt. Die ausschließlich für den nordamerikanischen Markt bestimmten Sinsemilla-Sorten stellen in einigen Regionen der USA, insbesondere in Kalifornien und Oregon, einen nicht unerheblichen Teil der Agrarproduktion bei zeitweilig steigenden Großhandelspreisen.

31 Bei uns gelegentlich angebotenes Marihuana stammt häufig aus Afrika, wo es u.a. als „**Dagga**" (eine Sinsemilla-Art) bezeichnet wird, insbesondere aus Ghana und Nigeria, oder es handelt sich (in zunehmendem Maße) ebenfalls um Erzeugnisse aus **heimischer** Produktion oder aus den Niederlanden.

32 Häufiger als Marihuana wird in Deutschland wie auch im übrigen Europa das als „**Haschisch**" bekannte **Cannabis-Harz** (Cannabis extracta resinae tincturae)

---

[4] Als „bendsch" wurde auch das Bilsenkraut bezeichnet, vgl. 1.2.2.2, Rdnr. 541.
[5] Vgl. zum Geschichtlichen 1.1.2, Rdnr. 64 f.
[6] Zum THC-Gehalt vgl. 1.1.5, Rdnr. 181. Anfang der 1990er Jahre wurde Schätzungen zufolge 25-50 % der Marihuana-Nachfrage in den USA aus heimischer Produktion gedeckt, ca. 50.000 t/a mit einem Marktwert von ca. 16 Mrd. US-Dollar. Auch in Kanada stammten ca. 10 % des angebotenen Cannabis aus eigener Produktion, ebenso ein Großteil des in den Niederlanden vertriebenen Marihuanas (Nederwiet).

geraucht, das im Verhältnis zu Marihuana meist 5- bis 7mal wirksamer ist. Der Name kommt aus dem arab. al-haschisch – Gras, Kraut[7].

In den Ländern des Maghreb (Nordafrika) trägt das Cannabis-Harz die Bezeichnung „**kif**", in Indien „**ganjah**" bzw. „gandscha"[8], wobei es sich hierbei vornehmlich um das Harz der weiblichen Blüten von Cannabis indica mit hohem THC-Gehalt handelt.

Das Harz wird allerdings zur Herstellung von „ganjah" nicht extrahiert, sondern die getrockneten Blütenspitzen besonders angebauter und zu bestimmter Zeit geernteter Pflanzen werden mit Wasser geknetet und sodann geraucht, gegessen oder als Tee getrunken.

Nach der Begriffsbestimmung in Art. 1 Abs. 1 des Übereinkommens von 1961 bezeichnet der Ausdruck „**Cannabis-Harz**" das abgesonderte Harz der Cannabis-Pflanze, gleichviel ob roh oder gereinigt.

Die **Gewinnung** des reinen **Harzes** erfolgt hauptsächlich nach 2 Methoden:
- Abreiben des Harzes oder
- Abschütteln des Staubes.

Vorwiegend in Nepal, Kaschmir und anderen Regionen des **Himalaya** werden die harzreichen Teile der Pflanze zwischen den Handflächen vorsichtig gerieben, wobei die das Harz enthaltenden Drüsenköpfe abbrechen und das austretende Harz auf der Handfläche kleben bleibt, wo es zu elastischen Kugeln geformt wird. Hierdurch wird ein mehrmaliges „Ernten" der lebenden Pflanze möglich. Teilweise wird auch das zur Blütezeit austretende und die Spitzen der Pflanze wie ein klebriger Film überziehende Harz mit Hilfe von Leder von den Blüten und Blattspitzen abgestreift, indem die Hanfbauern mit einer Lederschürze oder –hose durch die Felder gehen.

Bei z.T. **maschinellem Anbau** und Ernte besteht eine andere, in Marokko, dem Libanon, der Türkei, Afghanistan und Pakistan gängige Gewinnungsmethode darin, die Blütenstände der geernteten und etwa 1 Monat in geschlossenen Räumen getrockneten Pflanzen über einem feinen Seidentuch als Sieb auszuschütteln, wobei die größeren und harzreicheren Drüsenköpfe als „**Harzstaub**" („chira") anfallen und durch das Sieb von den anderen Pflanzenteilen und dem Samen getrennt werden. Da das Harz in den Drüsenköpfen bis zum Pressen luftdicht verschlossen bleibt, stellen diese zugleich eine Lagerungsform dar. Danach wird die Pflanze immer heftiger gerieben, auf Teppichen ausgeschlagen und schließlich gedroschen, um auch die kleineren und noch unreifen Drüsenköpfchen für mindere Qualitätsprodukte zu gewinnen. Im Gegensatz etwa zu Tabak verfärben sich die Hanfblätter während des Trocknens nicht.

---

[7] Nicht zu verwechseln mit türk. hashas - Opium.
[8] Zuweilen zu Kügelchen gerollt und mit Opium bzw. Datura metel versetzt, vgl. 1.1.5, Rdnr. 190-192, und 1.2.2.2, Rdnr. 499 und 547; der Kombination von Cannabis und Solanaceen werden im Orient allgemein aphrodisierende Eigenschaften zugeschrieben. Zum Rauchen von Kath-Blättern mit Cannabis vgl. 3.2.2, Rdnr. 1741, zur Kombination mit u.a. DMT-haltigen pflanzlichen Drogen vgl. 1.2.3.5, Rdnr. 723.

Bei großen Produktionsstätten in Marokko und der Türkei werden die gesamten Blütenstände und andere Pflanzenteile auch zu Pulver zerkleinert und sodann mit verschiedenen Sieben ausgesiebt, wobei es zu weitgehenden Verunreinigungen des Harzes mit Pflanzenresten u.ä. kommt. **Gepressten Hanfstaub** mit hohem THC-Gehalt, der durch das Schleudern von Hanfblüten in einer Zentrifuge (Pollinieren) gewonnen wird, enthalten auch die sog. „Hanftaler".

37   Nur gelegentlich wird das Harz auch durch **Extraktion** mit **Alkohol** und Wasser aus Marihuana gewonnen.

38   Beim Kochen des beim Trocknen der Pflanze zunächst auf Sackleinwand gesammelten Rohprodukts mit Wasser sammelt sich das Cannabis-Harz an der Oberfläche und kann abgeschöpft werden. Die entstehende bräunliche Masse wird meist als „**Kochhaschisch**" oder „charas" bezeichnet und hat einen relativ hohen Wirkstoffgehalt[9].

Neben dem Harz enthält „charas" gleichwohl noch erhebliche Pflanzenanteile: es hat vornehmlich in Indien Verbreitung gefunden.

39   Trotz der Unterschiedlichkeit der Extraktionsformen ist die weitere Verarbeitung des **Cannabis-Harzes** gleich, soweit es für den Export bestimmt ist: Die zumeist staubförmig vorliegende Rohsubstanz wird, soweit der Harzgehalt nicht hoch genug ist, bzw. um die Pressung zusammenzuhalten und das Endprodukt elastischer und geschmeidiger zu machen, nicht selten mit Bindemittel wie tierischem Fett oder flüssigen Zusatzstoffen in einem Stoff-, seltener auch in einem Zellophanbeutel zu charakteristischen, an den Ecken abgerundeten, viereckigen **Platten** gepresst. Diese weisen meist nur noch relativ geringe Verunreinigungen mit Pflanzenresten auf.

Das Gewicht der so entstehenden **Haschisch-Platten** liegt regelmäßig zwischen 200 und 500 g.

40   Durch den **Pressvorgang** entweicht außerdem die in der Haschisch-Masse vorhandene Luft, so dass der **Abbau** von THC zu **CBN**[10] vermieden wird. Der Verhinderung von Luftzutritt und gleichzeitigem Aromaverlust dient außerdem, etwa nach Portionierung, das Verschweißen in Plastikfolie.

41   Die in einem heißen und trockenen Klima aufgezogenen Hanfpflanzen liefern gegenüber den in Mitteleuropa kultivierten einen höheren **Harzanteil**, der regelmäßig an einer dunkleren **Färbung** der **Haschisch-Platte** zu erkennen ist.

42   Dementsprechend erfolgt auch die **Bezeichnung** der verschiedenen Sorten nach ihrer **Farbe**: So sind leichtere Sorten meist von heller, gelblicher oder grünlicher Farbe und spröder Struktur (z.B. „Grüner Türke" oder „Gelber Marokk"). Sie werden vorwiegend im Hochland der Türkei und Nordafrika sowie in Kolumbien angebaut, wo die Reifezeit bis

---

[9] Vgl. hierzu 1.1.5, Rdnr. 182.
[10] Näher hierzu 1.1.3, Rdnr. 95, und 1.1.5, Rdnr. 177.

zur Ernte relativ kurz ist. Stärkere Sorten sind von rötlichbrauner Farbe (z.B. „Roter Libanese") und sehr harzreiche Sorten fast schwarz und von elastischer Konsistenz (z.B. „Dunkelbrauner Pakistani", „Schwarzer Afghan")[11]. Letztere kommen aus Afghanistan, Nordwestpakistan, Nordindien und Kaschmir.

Die Herstellung von **„Haschisch-Öl"**, „Rotes Öl" oder „honey oil" genannten, sirupösen **Cannabis-Extrakten**, die sich mit zunehmendem Alter teerartig verfestigen, kann auf unterschiedlichen Wegen erfolgen: Relativ häufig wird zerkleinertes Cannabis-Kraut (seltener –Harz) in einem Destillationsapparat erhitzt, wobei das die Cannabinoide enthaltende Harz verdampft. Daneben erfolgt auch eine Extraktion mit organischen Lösungsmitteln wie Leichtbenzin. Nach Verdampfen des Lösungsmittels in einem Destillationsapparat erhält man einen meist zähflüssigen, klebrigen und rötlich-braunen Extrakt mit hohem Wirkstoffgehalt[12].   **43**

Schließlich ist noch die **Isomerisierung** des nicht psychoaktiven **CBD** zu erwähnen, das in Gegenwart bestimmter Säuren als Katalysator zum Δ^9- bzw. Δ^8-THC cyclisiert[13].   **44**

1.1.2 Historische und gegenwärtige Situation

Das wahrscheinlich ursprünglich aus **Zentralasien**, gegebenenfalls dem Pamir im Himalaya stammende Cannabis dürfte bereits seit dem 6. Jahrtausend v. Chr. bekannt sein.   **45**

Etwa 800 v.Chr. wurde es von den **Chinesen** in Indien eingeführt, wo die Pflanze die vielseitigste Verwendung fand. Über **Indien** gelangte Cannabis in den persischen und assyrischen Raum; aus dem assyrischen Wort „Qunnubum" soll sich auch unsere heutige Gattungsbezeichnung „Cannabis" herleiten. Der Stamm der männlichen Pflanze diente Chinesen, Indern und Ägyptern als Lieferant des **Faserhanfs**, daneben war Cannabis aber auch, insbesondere auf dem indischen Subkontinent, wahrscheinlich bereits recht früh als ein Mittel zur Versetzung in religiöse bzw. sexuelle Ekstase bekannt[14]. Da die Achänen sehr nahrhaft sind, dürften die proteinreichen **Hanfsamen** ebenfalls bereits seit langem trotz ihres schlechten Geschmacks zusätzlich als Nahrungsmittel gedient haben.

---

[11] Zu den Sorten vgl. auch 1.1.5, Rdnr. 173-177.
[12] Zum Wirkstoffgehalt von Cannabis-Konzentrat vgl. 1.1.5, Rdnr. 187.
[13] Vgl. auch zur Biosynthese von THC 1.1.3, Rdnr. 95. Zu weiteren Synthesemöglichkeiten von THC vgl. 1.1.3, Rdnr. 101 und 103.
[14] Einer der Mutmaßungen über die Identität des altindischen „Soma" zufolge handelt es sich hierbei um ein Cannabis-Produkt; vgl. hierzu auch beim Fliegenpilz 1.2.2.1, Rdnr. 479 mit FN 23.

46 Es gibt Anhaltspunkte dafür, dass Cannabis ebenfalls im antiken **Griechenland**, in Theben, insbesondere im Rahmen der dionysischen Mysterien zu einem berauschenden Getränk aufgegossen wurde[15].

47 Konkreter sind hier die Berichte des sonst eher mit Vorsicht zu behandelnden Historikers Herodot aus dem 5. Jahrhundert v. Chr., wonach die im Bereich der Wolga und des Kaspischen Meeres siedelnden **Skythen** in Zelten über offenem Feuer bzw. heißen Steinen den Rauch der Hanfpflanze bei Reinigungsritualen und Totenzeremonien inhalierten, bis sie in einen Rauschzustand verfielen; sie wurden weitgehend durch Ausgrabungen sowjetischer Archäologen 1953 im Wolga-Gebiet bestätigt.

48 Neben dieser Verwendung als Nahrungsmittel (Samenhanf), Faserlieferant (Faserhanf) und Rauschdroge (Drogenhanf) hatte Cannabis seit alters her auch eine **medizinische** Bedeutung: So sollen bereits vor ca. 5.000 Jahren in China u.a. die Samen der Achäne sowohl als menstruationsförderndes Mittel und als Tonicum zur Behandlung von Nachgeburtsbeschwerden als auch als Btm bei Operationen und zur Stimulierung des ZNS (in kleinen Dosen) genutzt worden sein.

49 In **therapeutischer** Dosierung wurde es später außerdem in unserem Bereich u.a. zur Linderung der Migräne und neuralgischer Schmerzen verabreicht, Hanföl außerdem zur Behandlung der Haut. In einigen Teilen Schwarzafrikas soll die Hanfpflanze noch heute zur Behandlung der verschiedensten Krankheiten eingesetzt werden, u.a. als Malariamittel. Die medizinische Verwendung ging hingegen im Europa des 20. Jahrhunderts weitestgehend zurück und wird erst seit einigen Jahren wieder intensiver diskutiert[16].

Eine demgegenüber etwas größere Bedeutung hat in Europa (zunächst u.a. in Frankreich und den Niederlanden, seit April 1996 auch in Deutschland) der Faserhanf als Nutzpflanze (**Nutzhanf**) wieder erfahren, u.a. zur Zellstoffherstellung und Speiseölgewinnung (**Hanföl**), wobei THC-arme Neuzüchtungen zum Einsatz kommen, die nur noch einen THC-Anteil von 0,1 bis max. 0,2 Gew,-%, entsprechend der Hanfmarktordnung der EU, aufweisen.

50 Ab dem 8. Jahrhundert n.Chr. verbreitete sich der Cannabis-Konsum als Rauschdroge im Zuge der islamischen Eroberungen im gesamten **Vorderen Orient** aus (ohne allerdings als Drogenhanf im europäischen Bereich Fuß fassen zu können). Von den islamisierten Gebieten aus drang er nach **Afrika** (u.a. das heutige Nigeria) vor. Dieser Vorgang dürfte im Zusammenhang mit dem im Koran niedergelegten Alkohol-Verbot zu sehen sein. Hierbei bildete sich eine weitgehende und z.T. bis heute gegebene **soziale Akzeptanz** aus, so dass der Haschisch-Konsum in diesen Ländern nur selten als Problem empfunden wurde. Die Verwendung von Cannabis als Therapeuticum trat demgegenüber zunehmend in den Hintergrund.

---

[15] Zur mutmaßlich vergleichbaren Verwendung u.a. von Fliegenpilz-Extrakten vgl. ebenfalls 1.2.2.1, Rdnr. 479.

[16] Zur Frage einer heutigen medizinischen Einsetzbarkeit vgl. 1.1.3, Rdnr. 96-101. Zur früheren Verwendung u.a. als Schmerzmittel in Kombination mit Stechapfel vgl. 1.2.2.2, Rdnr. 499.

1.1 Cannabis/Hanf

Im Zusammenhang mit der Durchsetzung politischer Ziele mittels Gewalt sei an dieser **51** Stelle auf den oft erwähnten, im 12./13. Jh. n. Chr. von Persien und Masyaf/Syrien aus operierenden Geheimbund der "**Haschaschinen**" („Nizari") eingegangen, bei dem es sich um einen Zweig der schiitischen Sekte der Ismaeliten handelte. Obwohl von ihrer Bezeichnung wahrscheinlich franz. „assassin" für „Meuchelmörder" abgeleitet worden sein dürfte, kann dieser Zusammenhang nicht als Beleg für die gelegentlich behauptete Verbindung von Haschisch-Konsum und einem daraus folgenden Hang zu Gewalttätigkeiten herhalten[17]. Denn die Verfolgung der politischen Ziele des Geheimbundes mittels Mordes geschah höchstwahrscheinlich nicht unter akutem Haschisch-Einfluss. Fanatismus und Motivierung beruhten vielmehr darauf, dass das Sektenoberhaupt Aleoddin bzw. Sinan ibn Salman in Syrien, der „Alte vom Berg", seinen Gefolgsleuten den Einzug ins Paradies versprach, sollten sie im Verlauf eines Auftrages den Tod erleiden, und ihnen dieses Paradies zuvor im Haschisch-Rausch „zeigte". Verwendung fand hierbei anscheinend mit Haschisch versetzter Wein, dem wohl auch Opium und Bilsenkraut (Hyoscyamus niger)[18], beigegeben wurde.

Wenngleich kein belegbarer Zusammenhang mit Rauschdrogen besteht, finden sich hier **52** Parallelen bis in unsere Tage bei schiitischen Selbstmordkommandos im Vorderen Orient, etwa im iranisch-irakischen Krieg oder im libanesischen Bürgerkrieg.

Seit vorgeschichtlicher Zeit ist der Faserhanf auch in **Mitteleuropa** bekannt; **53** die Kenntnis um die berauschende Wirkung der Hanfpflanze dürfte hingegen erst von den Kreuzfahrern des Mittelalters mitgebracht worden sein. Von Europa aus wurde der Hanf als Droge im Zuge der Kolonisation seit dem 16. Jahrhundert dann in **Mittel-** und **Südamerika** eingeführt.

In **Europa** erlebte die Hanfpflanze zwar als Lieferant von Fasern u.a. für Hanfseile (**Fa-** **54** **serhanf**) in der Schifffahrt bis ins 19. Jahrhundert eine Blüte, konnte sich hingegen als Drogenhanf nicht durchsetzen: Nur gelegentlich wurden im 19. Jahrhundert die Blätter unter dem Namen „Kraut" oder „Knaster" als **Tabakersatz** geraucht.

Beschreibungen über einen Cannabis-Gebrauch ausschließlich zu **Rauschzwecken** ent- **55** standen in Europa erst im Zusammenhang mit dem 1844 in Paris gegründeten „**Club des Haschischins**"[19], der von einer Bohèmien-Gruppe gebildet wurde, zu der vorwiegend Künstler und Literaten gehörten (u.a. Baudelaire und Dumas), der aber ohne Einfluss auf andere Bevölkerungsteile blieb.

Eine erste wissenschaftliche **Untersuchung** des Haschisch-Konsums erschien 1845, **56** ebenfalls in Paris, in der bereits auf Bezugspunkte zwischen dem Haschisch-Rausch und bestimmten Geisteskrankheiten hingewiesen wurde.

Umfassender ist eine andere Studie, die von der britischen Kolonialregierung in Indien in Auftrag gegeben worden war und als „Indian Hemp Drugs Commission Report" 1894 er-

---

[17] Dagegen kann es im Verlaufe eines „bad trip" durchaus zu aggressiven Reaktionen kommen, vgl. 1.1.7, Rdnr. 261.
[18] Zu diesem Nachtschattengewächs vgl. 1.2.2.2, Rdnr. 540-542 und 534; zur Verdrängung des Bilsenkrauts durch Haschisch vgl. 1.2.2.2, Rdnr. 541.
[19] Zu diesem vgl. auch bei den Opiaten 2.1.2, Rdnr. 983. Beim Cocain vgl. 3.1.2, Rdnr. 1443.

schien. Sie kam zu dem Ergebnis, dass bei mäßigem Konsum eine Suchtgefahr nicht gegeben sei und, für die damalige Kolonialregierung wichtig, die Arbeitskraft nicht beeinträchtigt werde. Zu ähnlichen Ergebnissen kam der britische „Cannabis-Report" 1968, der sich auf England selbst bezog. Hierbei ist allerdings zu beachten, dass sich diese und andere, Ende der 1960er Jahre erstellte Untersuchungen auf Haschisch bzw. Marihuana mit einem erheblich geringeren Wirkstoffgehalt[20] als die gegenwärtig angebotenen Zubereitungen bezogen.

57 Eine relative Blüte erlebten **Extrakte** und **Tinkturen** aus Cannabis indica kurz vor der Wende vom 19. zum 20. Jahrhundert in Mitteleuropa. Cannabis wurde Ausgangsstoff für zahlreiche **pharmazeutische** Präparate als Ersatz für das zu dieser Zeit bereits als suchtbildend erkannte Morphium[21].

So enthielt etwa das Schlafmittel „Somnius" eine 15 %ige Cannabis-Tinktur. Cannabis-Extrakte und -Tinkturen wurden außerdem bei Husten, Asthma, Krämpfen und epileptischen Anfällen verabreicht[22], wobei zweifelhaft bleibt, inwieweit hier tatsächlich therapeutische Effekte erzielt werden konnten. 1870 kamen unter der Bezeichnung „Simon Arzt Nr.2" Cannabis-Zigaretten mit 7 % Cannabis-Anteil auf den deutschen Markt[23].

58 Dieser **medizinische** Gebrauch von Haschisch-Zubereitungen ging um 1900 zu Ende, als das Heroin in den Handel kam; 1932 wurden sie in die britische Pharmakopöe nicht mehr aufgenommen.

59 In der Folgezeit spielte Cannabis außer als Faser- und Öllieferant in den europäischen Ländern so gut wie keine Rolle mehr. Eine Ausnahme war etwa die von aus der Westtürkei vertriebenen Griechen mitgebrachte **Rembetika**-Kultur im Griechenland der 1920er bis 40er Jahre, die u.a. das Haschisch-Rauchen zum Bestandteil hatte.

60 In Deutschland erforderte zwar die 1929 erfolgte Ratifizierung des **Internationalen**
§ **Opium-Abkommens** vom 19.2.1925[24] eine Erweiterung des OpiumG von 1920 auf den Drogenhanf, die praktische Bedeutung des bis zum 24.12.1971 gültigen OpiumG 1929 blieb jedoch bis Ende der 1960er Jahre gering.

61 Ebenfalls seit den 1930er Jahren kam demgegenüber der Gebrauch des bis dahin nur als Faserlieferant bekannten Cannabis als **Rauschdroge** in den **USA** auf.

Der bereits frühzeitig recht weit verbreitete Missbrauch führte hier zur Erstellung des 1944 erschienenen sog. La-Guardia-Berichts über „Das Marihuana-Problem in New York". Auch dieser Bericht kam zu dem Ergebnis, dass bei mäßigem Konsum keine psychischen oder physischen Schäden zu befürchten seien, betonte aber gleichzeitig die Möglichkeit ei-

---

[20] Vgl. zur Cannabis indica 1.1.1, Rdnr. 29. Zum heutigen Wirkstoffgehalt vgl. 1.1.4, Rdnr. 117.
[21] Zur therapeutischen Verwendung von Morphium vgl. 2.1.2, Rdnr. 984-986.
[22] Zum möglichen Einsatz von Cannabis u.a. als Antikonvulsivum vgl. 1.1.3, Rdnr. 96-101.
[23] Vgl. auch zu den sog. „Asthmazigaretten" 1.2.2.2, Rdnr. 513.
[24] Zum Internationalen Opium-Abkommen 1925 vgl. 2.1.2, Rdnr. 990. Ein Missbrauch des Indischen Hanfes in Deutschland zu Rauschzwecken war damals unbekannt.

1.1 Cannabis/Hanf

ner Toleranzentwicklung[25]; noch in den 1950er Jahren hatte allerdings nur etwa 2 % der US-Bevölkerung Erfahrungen mit Marihuana.

In verstärktem Umfang fanden Cannabis-Produkte, und zwar nach wie vor in erster Linie **Marihuana**, erst zu Beginn der 1960er Jahre in den USA im Zuge der „Flower-Power-Bewegung" und der damit teilweise zusammenhängenden „**Psychedelischen Bewegung**" Eingang in die Jugendszene[26].   62

Begünstigt wurde diese Entwicklung durch einen geistigen Umorientierungsprozess, der schrittweise auch die Beendigung des „Kalten Krieges" und eine **liberalere** Einstellung breiter Bevölkerungsschichten mit sich brachte.   63

Im Zuge dieses mehr auf die Beobachtung der Wirkungen auf das **eigene Erleben** gerichteten Interesses an Rauschdrogen begann in dieser Zeit eine teils wissenschaftliche, teils enthusiastisch-propagierende Beschäftigung mit pflanzlichen Drogen der verschiedensten Kulturkreise und Epochen, die, mit Unterbrechungen, unter dem Stichwort „**Naturdrogen**"[27] bis heute anhält.

Als Folge einer Ende der 1960er Jahre einsetzenden nordamerikanischen Anti-Drogen-Kampagne („**war on drugs**") begann **Mexiko** 1975 seine Marihuana- und Schlafmohn-Felder[28] mit Herbiziden zu vernichten mit der Konsequenz, dass nunmehr **kolumbianische** Anbauer die entstehenden Marktlücken nutzten: Zunächst mit Cannabis-Produkten, sodann, als deren Absatz stagnierte, zunehmend mit **Cocain**, für das in den **USA** ein neuer Absatzmarkt mit Miami als Hauptumschlagplatz aufgebaut wurde[29].   64

Südamerika blieb allerdings auch weiterhin Cannabis-Lieferant für Nordamerika: Seit Ende der 1980er Jahre wurden die Marihuana-Felder insbesondere im **brasilianischen** Bundesstaat Pernambuco derart ausgeweitet, dass sie seit 1996 mit fast 400.000 Hektar die z.Zt. größten der Welt darstellen dürften[30].   65

Mit der häufig im Verhältnis zu den USA zu beobachtenden Verspätung fand die Hanfdroge ab 1967/68 auch in **Europa** einen entsprechenden Abnehmerkreis.   66

Da mit dem Konsum von Haschisch und Marihuana die Zugehörigkeit zu einer **Subkultur** und damit Gegnerschaft zum „establishment" dokumentiert werden konnte, das ja u.a. den Cannabis-Genuss unterdrückte, waren hierbei zunächst gesellschaftskritische und emanzipatorische Aspekte durchaus als Motiv für den Konsum unter dem Motto „high sein – frei sein" mit ausschlaggebend.

Diese stehen jedoch nach Entdeckung der vorwiegend **sedierenden** und zu passivem Genuss hinführenden Cannabis-Wirkungen seit längerem nicht mehr im Vordergrund. An   67

---

[25] Näher zur Toleranzentwicklung 1.1.4, Rdnr. 147-160 und 171.
[26] Näher zur „Psychedelischen Bewegung" beim LSD-25 1.2.1.1.2, Rdnr. 290 f.
[27] Zu diesem Begriff vgl. bei den Solanaceen 1.2.2.2, Rdnr. 513 f.
[28] Vgl. hierzu auch beim Heroin 2.1.2, Rdnr. 998 f., sowie beim Cocain 3.1.2, Rdnr. 1455 f.
[29] Zur Entwicklung des Cocain-Konsums in den USA vgl. 3.1.2, Rdnr. 1450-1477.
[30] Zur Bedeutung Brasiliens im Cocain-Handel vgl. 3.1.1, Rdnr. 1406, und 3.1.2, Rdnr. 1469.

ihre Stelle trat eher ein Interesse des Cannabis-Konsumenten an fernöstlich-religiösen und mystischen Fragen. Heute erfolgt vorwiegend, u.a. auch seitens ehemaliger Heroin-Abhängiger oder in Kombination mit „Disco-Drogen"[31], ein Konsum allein um des Rausches willen, ohne jegliche „Begleitideologie".

68 Seit Anfang der 1970er Jahre schien der **Absatz** an Cannabis-Produkten in der Bundesrepublik im großen und ganzen zu **stagnieren**, während der Gebrauch sog. harter Drogen gleichzeitig zunahm[32].

69 Die Konsumhäufigkeit stabilisierte sich allerdings auf einem recht hohen Niveau, wenn die ganz überwiegende Zahl der **Gelegenheitskonsumenten**[33] mit einbezogen wird: Die Schätzungen über die derzeitige Konsumentenzahl in Deutschland schwanken zwischen 2 und 4 Mio., während der Jahresverbrauch an Cannabis-Produkten mit mehr als 100 t angesetzt wird, was einem Jahresumsatz von etwa 1,5 Mrd. DM entsprechen dürfte[34].

70 Für die **USA** wurde 1986 bei etwa 20 Mio. (1987: ca. 50 Mio.), davon etwa 10 Mio. habituellen Cannabis-Konsumenten, mit einem Jahresverbrauch von ca. 14.000 t (1987: ca. 30.000 t) der Verkaufswert des importierten und im eigenen Land produzierten Marihuanas auf etwa 24 Mrd.[35] (1987: ca. 40 Mrd.) US-Dollar bei einem Gesamtumsatz von Rauschdrogen im Wert von ca. 110 Mrd. (1987: ca. 140 Mrd.) US-Dollar geschätzt[36].

71 Ende der 1980er Jahre zeichnete sich in den USA, wie auch diese Zahlen verdeutlichen, wieder eine steigende **Konsumhäufigkeit** ab, nunmehr vor allem unter den 21jährigen und älteren.

72 Im Zuge der zeitweisen Heroin-Verknappung[37] schien 1981 auch in der BRD der Haschisch-Verbrauch zuzunehmen, wie der folgenden tabellarischen Aufstellung der Sicherstellungsmengen zu entnehmen ist, während er europaweit zurückzugehen schien. Der Eindruck einer Zunahme der Importe im Inland kann daher dadurch entstanden sein, dass sich die polizeiliche Ermittlungsaktivität mehr auf den Cannabis-Sektor verlagert hatte mit der Folge einer Verschiebung der Grenze zwischen Hell- und Dunkelfeld in der PKS, ein Vorgang, der auch für die Folgezeit zur Vorsicht bei der Interpretation derartiger Statistiken anhält. Bei wieder steigenden Sicherstellungen an Heroin sank die sichergestellte Menge an Cannabis-Produkten 1982 wieder, während sie europaweit stieg. Der Anteil von Marihuana

---

[31] Zum Haschisch-Konsum ehemaliger Heroin-Abhängiger vgl. 2.1.7, Rdnr. 1360, zur Kombination z.B. mit Disco-Drogen vgl. 1.2.4.3, Rdnr. 847 und 864.
[32] Vgl. hierzu beim Heroin 2.1.1, Rdnr. 1004-1007, 1010-1012 und 1018.
[33] 1990 gaben über die Hälfte der befragten Konsumenten eine Konsumhäufigkeit von 1- bis 5mal im letzten Jahr an, vgl. auch 1.1.7, Rdnr. 248. Innerhalb der EU wurde in der 2. Hälfte der 90er Jahre mit etwa 40 Mio. Gelegenheitskonsumenten bzw. Probierer gerechnet, was etwa ¼ der 15- bis 34jährigen entspricht.
[34] Zu Möglichkeiten, daraus resultierende Gewinne abzuschöpfen, vgl. 2.1.2, Rdnr. 1040.
[35] Davon für etwa 16 Mrd. US-Dollar aus inländischer Produktion.
[36] Zum Vergleich die entsprechenden Zahlen beim Heroin: 2.1.2, Rdnr. 1010, sowie beim Cocain: 3.1.2, Rdnr. 1471. Weltweit wird der Umsatz des illegalen Rauschdrogenhandels auf etwa 700-1.000 Mrd. DM/a oder etwa 8-10 % des gesamten Weltexportes geschätzt (vgl. auch 2.1.2, Rdnr. 1029 FN 90).
[37] Zur damaligen zeitweisen Heroin-Verknappung vgl. 2.1.2, Rdnr. 1018.

1.1 Cannabis/Hanf

(vorwiegend aus Ländern südlich der Sahara wie Ghana und Nigeria, aber auch Kolumbien) und Haschisch (vorwiegend aus Marokko, Pakistan und dem Libanon) an der Gesamtsicherstellungsmenge schwankt erheblich[38]. Aus den entsprechenden Aufstellungen lassen sich somit allenfalls langfristige Entwicklungstendenzen ableiten[39].

Tabellarisch zusammengestellt ergeben sich folgende **Sicherstellungsmengen** von Cannabis-Produkten in kg (vgl. Abb. 1.1):

	Deutschland	Europa		Deutschland	Europa
1963	38		1983	4.605	112.430
1965	45		1984	5.646	113.638
1966	135		1985	11.503	144.275
1967	167		1986	2.678	143.056
1968	381		1987	3.002	178.948
1969	2.278		1988	11.351	291.115
1970	4.332		1989	12.075	233.949
1971	6.669	8.573	1990	13.641	269.001
1972	6.114	30.463	1991	12.344	308.686
1973	4.732	36.945	1992	12.167	402.043
1974	3.913	24.975	1993	13.210	398.154
1975	6.627	30.887	1994	25.694	358.679
1976	5.325	33.469	1995	14.248	741.000
1977	5.325	70.450	1996	9.357	630.000
1978	4.723	46.539	1997	11.495	700.000
1979	6.407	58.524	1998	21.007	736.242
1980	3.200	73.743	1999	19.909	849.456
1981	6.407	82.379	2000	14.400	822.000
1982	3.189	74.316	2001	8.947	

73

---

[38] Der Anteil von Haschisch und Marihuana an der Gesamtmenge ist jeweils sehr unterschiedlich (bei gleichbleibender Sicherstellung von jeweils nur wenigen kg Konzentrat):

	Haschisch (kg)	Marihuana (kg)		Haschisch (kg)	Marihuana (kg)
1988	2.475	8.873	1995	3.809	10.436
1989	11.641	432	1996	3.246	6.108
1990	4.655	8.985	1997	7.327	4.167
1991	10.878	1.466	1998	6.109	14.897
1992	3.201	8.965	1999	4.885	15.021
1993	4.245	7.107	2000	8.525	5.870
1994	4.033	21.660	2001	6.869	2.078

[39] Bezüglich der Sicherstellungszahlen in Europa ist zudem zu berücksichtigen, dass die Zahlen aufgrund unterschiedlichen Meldeverhaltens der einzelnen Länder kein exaktes Bild wiedergeben; die tatsächlich sichergestellten Mengen dürften über den gemeldeten liegen. Die Übersicht ist überdies auch insofern nur bedingt aussagekräftig, als einzelne Großsicherstellungen und, wie erwähnt, verändertes Kontrollverhalten das Gesamtbild erheblich beeinflussen.

74 Im 19. Jahrhundert gab es weltweit schätzungsweise 200-300 Mio. **Cannabis-Konsumenten**. Diese Zahl[40] dürfte in etwa auch weiterhin zutreffen: Eine 1951 von der WHO durchgeführte Schätzung ergab ebenfalls über 200 Mio. Verbraucher, während für 1998 mit etwa 140 Mio. Konsumenten gerechnet wurde, wobei das Schwergewicht auf Afghanistan, Indien und Nordafrika lag.

75 In **Lateinamerika**, das, wie erwähnt, den Cannabis-Gebrauch seit der spanischen Conquista kennt, nehmen Cannabis-Produkte teilweise die Rolle des Kaffees im europäischen Kulturbereich ein, was als Hinweis auf die kulturelle Abhängigkeit des Wirkungserlebnisses angesehen werden kann. Die Gefahr einer psychischen Abhängigkeit vom Cannabis-Typ[41] scheint hingegen interkulturell zu sein.

76 Die **Untersagung** des Cannabis-Konsums außer zu wissenschaftlichen oder medizinischen Zwecken erfolgte seitens der WHO 1961 mit Aufnahme der Cannabis-Pflanze und ihres isolierten Wirkstoffes in die **Single Convention**. Obwohl das Übereinkommen von 1961 inzwischen von den meisten Staaten ratifiziert worden ist, wird die Konvention von einigen außereuropäischen Ländern wie Indien, Nigeria und Marokko zumindest nicht in dem erforderlichen Umfang durchgeführt. Hierfür scheinen neben anderen auch (außen-)wirtschaftliche Gründe ausschlaggebend zu sein. So wurde für 1994 davon ausgegangen, dass der Wert des in **Marokko** auf etwa 75.000 Hektar Anbaufläche (insbesondere in der Region Ketama im zentralen Rif-Gebirge) produzierten Haschischs und destillierten Cannabis-Öls etwa 2 Mrd. US-Dollar betrug und damit einen wesentlichen Anteil der Ausfuhren insgesamt darstellte. Damit dürfte Marokko jedenfalls zeitweise der weltweit größte Exporteur von Cannabis-Produkten gewesen sein.

---

[40] Zur Schätzung der weltweiten Zahl an Heroin-Konsumenten vgl. 2.1.2, Rdnr. 1044, der Opium-Konsumenten 2.1.2, Rdnr. 981 FN 29, der Cocain-Konsumenten 3.1.2, Rdnr. 1472 FN 64, der Amfetamin-Konsumenten 3.2.4.2, Rdnr. 1819.

[41] Zur spezifischen Abhängigkeit vom Cannabis-Typ vgl. 1.1.7, Rdnr. 234-237.

1.1 Cannabis/Hanf

Abb. 1.1 Sicherstellungen bei Cannabis in Deutschland und Europa 1963 – 2001

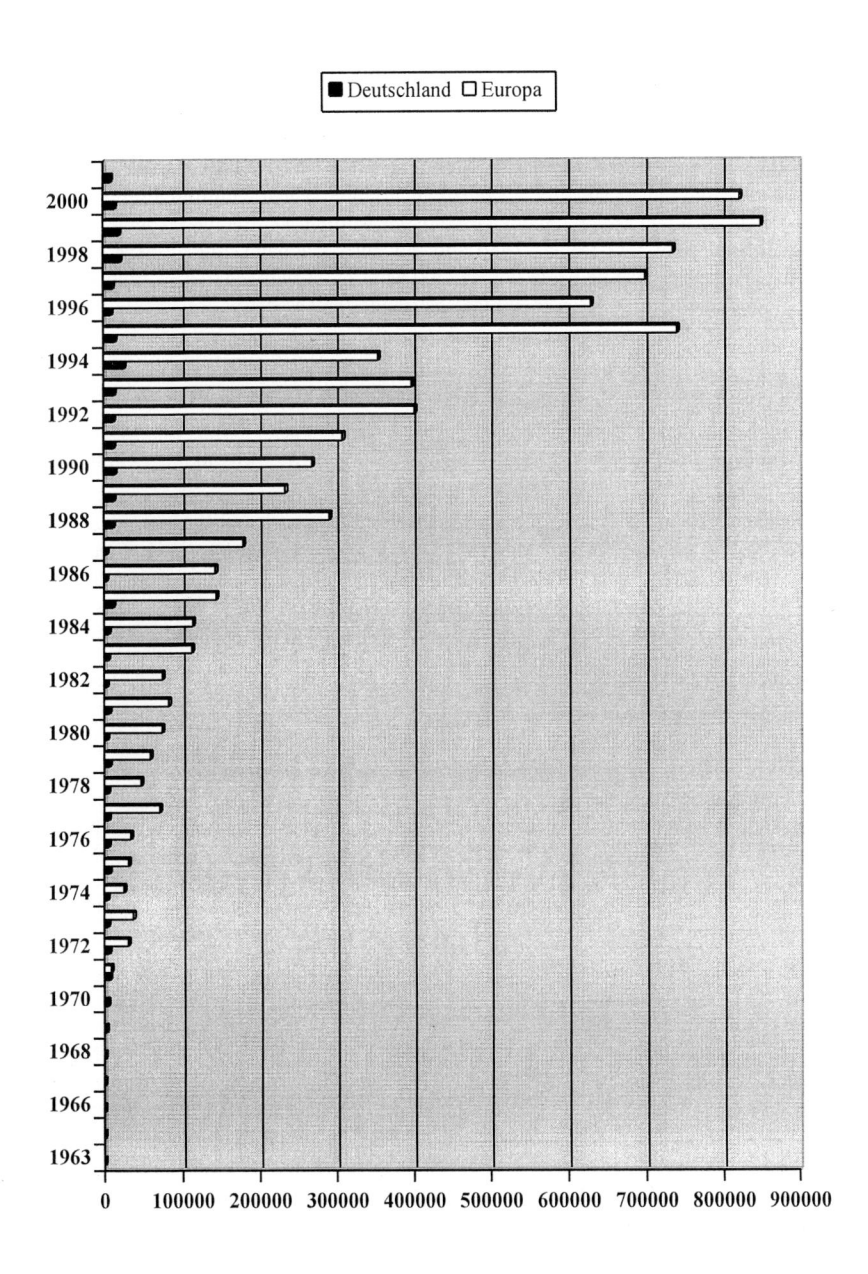

77 So entwickelte sich auch z.B. der im **Libanon** seit den 1930er Jahren dort u.a. von den christlichen, ebenso aber auch von den schiitischen Großclans der Bekaa-Hochebene betriebene Anbau von Cannabis indica[42] seit dem wirtschaftlichen Niedergang des Landes infolge des Bürgerkrieges ab April 1975 bis zu dessen Ende im Oktober 1991 zu einem der bedeutensten Devisenbringer, der den Milizen der Bürgerkriegsparteien jedenfalls teilweise auch den Ankauf der benötigten Waffen ermöglichte. Hierbei setzte sich die generelle Notwendigkeit des Haschisch-Exports auch in den Wirren eines Bürgerkriegs durch: So stammte noch 1983 der überwiegende Teil der in der BRD sichergestellten Haschisch-Mengen aus dem Libanon, bis infolge der eskalierenden militärischen Konfrontation die für den Export notwendigen Häfen des Landes geschlossen wurden. Der damit verbundene Rückgang war jedoch nicht von Dauer: 1986 soll bei einer Cannabis-Anbaufläche von etwa 14.000 bis 20.000 Hektar eine Ernte von ca. 400 Mio. DM erwirtschaftet worden sein, was der Hälfte des damaligen libanesischen Staatshaushaltes entspräche[43].

78 In Europa und Nordamerika ist der derzeitige Stand der Publikationen zu Cannabis nach wie vor, wenn auch nicht mehr mit der Lebhaftigkeit wie Ende der 1960er und Anfang der 1970er Jahre, von der **Kontroverse** hinsichtlich der **Schädlichkeit** oder Unschädlichkeit von Haschisch bzw. Marihuana gekennzeichnet[44].

79 Angesichts der „Heroin-Wellen" kam es in den 70er Jahren allgemein in Europa zu einer
§ sich als liberaler verstehenden Einschätzung in Bezug auf den Cannabis-Konsum, der als eine Form der Selbstgefährdung bei uns ohnehin nach wie vor straflos ist (strafbar ist nach dem BtMG 1994 dagegen der Besitz und der Erwerb auch sog. „weicher" Drogen, auch wenn dies zum Zweck des Eigenverbrauchs erfolgt). Bestrebungen, den Erwerb – und damit notgedrungen letztlich auch den Handel – zu **legalisieren** („entkriminalisieren") fanden sich seitdem in mehreren europäischen Ländern. So wurden entsprechende Versuche bereits 1983 in der Stadt Enschede/Niederlande unternommen. Seit dieser Zeit werden Cannabis-Produkte (bis zu 30 g, später reduziert auf bis zu 5 g) in den **Niederlanden** legal über zahlreiche „**Coffee-Shops**" vertrieben. Als Argument hierfür wird u.a. darauf hingewiesen, dass bei einem unter Strafandrohung gestellten Verbot des Cannabis-Erwerbs gerade bei Jugendlichen die Grenzen zu Formen „anderer Kriminalität" verschwimmen und somit gegebenenfalls akzeptabel würden als Ausdruck eines „Anders-seins" Die Coffee-Shops sind zwischenzeitlich jedoch überwiegend in den Händen professioneller Drogenhändler, die sie als legale Anlaufstelle zwecks Absatzes der unterschiedlichsten, auch „harten" Drogen, z.T. in Großmengen, betreiben.

80 Vor dem aktuellen Hintergrund der in verschiedenen europäischen Ländern seit 1979 gestiegenen Jugendarbeitslosigkeit erfolgte bereits 1983 in **Spanien** die Erklärung der Straffreiheit für den Besitz und den Konsum (nicht den Handel) „weicher" Drogen, da eine Eindämmung des sprunghaft gestiegenen Cannabis-Konsums unter den Jugendlichen ohnehin nicht mehr möglich schien. Zu beachten ist allerdings, dass auch hier, wie in Mittel-

---

[42] Zum Schlafmohn-Anbau im Libanon vgl. 2.1.2, Rdnr. 1009 Fn 66.
[43] Vgl. auch zur wirtschaftlichen Bedeutung des Coca-Anbaus in südamerikanischen Ländern 3.1.2, Rdnr. 1467 f.
[44] Zum Gefahrenpotential von Cannabis-Produkten näher 1.1.7, Rdnr. 227-265. Zur Diskussion um die Legalisierung auch „harter" Rauschdrogen vgl. beim Heroin 2.1.7, Rdnr. 1335-1345. Zu neueren Entwicklungstendenzen im Konsumverhalten vgl. beim Cocain 3.1.2, Rdnr. 1481-1485, und beim Amfetamin 3.2.4.2, Rdnr. 1810-1815.

1.1 Cannabis/Hanf

und Nordeuropa, der Alkohol-Missbrauch im Zuge zeitweise zunehmender Jugendarbeitslosigkeit die größte Steigerung erfahren hat.

Soweit heute eine **Legalisierung** von Rauschdrogen befürwortet wird, scheint dies, anders als bei den früheren, mehr ideologisch geprägten Diskussionen, ebenfalls eher Ausdruck einer resignativen Einschätzung der Drogentherapie- und Bekämpfungsmöglichkeiten zu sein. Angesichts der neu aufkommenden synthetischen Drogen mit erhöhtem Wirkungs- und Gefährdungspotential ist in Deutschland derzeit die Aussicht gering, dass sich eine Mehrheit für eine Legalisierung auch nur eines Teilbereiches finden könnte; eine Legalisierung allein „weicher" Drogen erscheint zudem, unabhängig von den Definitionsschwierigkeiten, angesichts der internationalen Verflechtung von Anbietern und Produkten wenig praktikabel. Insbesondere in den **USA** hat nach einer längeren Periode, in der der Liberalisierungsgedanke im Vordergrund stand, seit Ende der 80er Jahre ein erneuter Paradigmenwechsel stattgefunden, der neben einer Intensivierung des Demand Reduction Program zu einer **Stigmatisierung** auch von Marihuana führte.

81 §

In **Deutschland** entschied das BVerfG mit Beschluss vom 9.3.1994, dass es im Hinblick auf Drogen ein unbeschränktes „Recht auf Rausch" (propagiert unter dem Begriff der „**Drogenmündigkeit**") nicht gebe. Es sah keinen Verstoß gegen den Gleichheitsgrundsatz darin, dass Alkohol und Nicotin erlaubt, Cannabis-Produkte dagegen verboten seien, da das Maß der Gesundheitsgefährdung nicht das einzige Kriterium für das Verbot von Drogen sei. Allerdings kann das Maß der individuellen Schuld im strafrechtlichen Sinn diesem Beschluss zufolge gering sein, wenn Cannabis-Produkte lediglich in kleinen Mengen zum **Eigenkonsum** erworben werden[45], so dass von einer strafrechtlichen Verfolgung in diesen Fällen grundsätzlich abzusehen sei (bundeseinheitliche Maßstäbe hierzu konnten bisher allerdings nicht aufgestellt werden). In Fortführung dieses Gedankens und um eine vom illegalen Markt unabhängige Bezugsquelle zu eröffnen, wurde in Schleswig-Holstein im Rahmen eines beantragten Modellversuchs eine **kontrollierte Abgabe** von bis zu 5 g Haschisch bzw. Marihuana über Apotheken angestrebt, womit ein Cannabis-Bezug allerdings gerade der Probierer ermöglicht würde, was mit dem Gesichtspunkt des Gesundheitsschutzes nicht gerechtfertigt werden kann. Diese u.a. von der UN kritisierten Bestrebungen begegnen Bedenken im Hinblick auf eine weitgehende Verfügbarkeit und Implizierung einer Ungefährlichkeit sowie eine damit verbundene allgemeine Herabsetzung der Hemmschwelle, Drogen zu nehmen; sie stehen außerdem in Widerspruch zur generellen Suchtprävention (wozu auch Maßnahmen zur Einschränkung des Zigarettenkonsums unter Jugendlichen gehören)[46] und zur gleichzeitig zunehmend kritischeren Einstellung gegenüber psychoaktiven AM und „legalen" Rauschmitteln sowie der Forderung nach einer Einschränkung ihrer Verfügbarkeit. Wegen fehlender Maßnahmen gegen eine unkontrollierte Weitergabe von Haschisch und zum Gesundheitsschutz lehnte das BfArM im September 1997 den entsprechenden Antrag ab. Angestrebt wird derzeit in Deutschland eine Gleichrangigkeit von Prävention, Therapie und Repression.

82 §

---

[45] Näher zum Begriff der „geringen" Mengen 1.1.6, Rdnr. 214-216. Zur Legalisierung des Cannabis-Erwerbes vgl. auch 1.1.5, Rdnr. 197 f. Zu gewohnheitsbildenden Effekten vgl. 1.1.7, Rdnr. 251. Nach dem Beschluss des BVerfG scheint die Probierbereitschaft für Cannabis unter Jugendlichen in Deutschland spürbar gestiegen zu sein.

[46] Zum Konzept einer „kontrollierten Nicotin-Abgabe" vgl. aber 2.1.7, Rdnr. 1338 FN 507.

1.1.3 Wirkstoffe

83
*
Im **Harz** der Drüsenhaare der Hanfpflanze sind u.a. neben **Terpenen**, (u.a. östrogenen) **Steroiden** (tetracyclischen Terpenen), Lactonen und nicht-cannabinoiden Phenolen zu 80-90 % als **Wirkstoffe** über 60 **Cannabinoide** enthalten. Unter diesem Begriff werden verschiedene Verbindungen zusammengefasst, die dem Cannabinol (CBN) chemisch ähnlich sind. Außer den Cannabinolen (CBN) zählen u.a. Cannabidiole (CBD), Cannabitriole (CBT) und Tetrahydrocannabinole (THC) zu den Cannabinoiden. All diese Verbindungen sind im Wasser praktisch unlöslich.

84
*
Zu den **Tetrahydrocannabinolen** zählt in erster Linie das erst 1965 entschlüsselte, in Form mehrerer isomerer Verbindungen vorliegende Δ^9-Tetrahydrocannabinol (übliche Kurzbezeichnung: **Delta-9-trans-THC**; chem. Bezeichnung (IUPAC): 6,6,9-Trimethyl-3-pentyl-6a,7,8,10a-tetrahydro-6H-benzo[c]chromen-1-ol oder: Tetrahydro-6,6,9-trimethyl-3-pentylbenzo[c]chromen-1-ol; nach anderer Nomenklatur: Delta-1-trans-THC).

Δ^9-Tetrahydrocannabinol liegt meist in der Form des (-)-Δ^9-trans-Tetrahydrocannabinol vor, während die cis-Verbindung keine psychoaktive Wirksamkeit aufweist.

85
*
Δ^9-THC findet sich in der Hanfpflanze selbst ebenso wie seine Begleit-Cannabinoide zu mehr als 90 % als psychotrop inaktive **Tetrahydrocannabinolcarbonsäure** (als THCA bzw. THCS oder **THC-COOH** abgekürzt). Erst durch Decarboxylierung infolge **Hitzeeinwirkung**, wie es beim Haschisch-Rauchen der Fall ist, wandelt sich die THC-Säure in das psychoaktive THC um[47]; gleiches gilt für die anderen Cannabinoide wie die Cannabidiolsäure (CBDA bzw. CBDS).

86
*
Neben Δ^9-Tetrahydrocannabinol ist auch das (-)-Δ^8-**trans-Tetrahydrocannabinol** (das auch als Delta-6-trans-THC bezeichnet wird) psychotrop wirksam; chem. Bezeichnung (IUPAC): (6aR,10aR)-6,6,9-Trimethyl-3-pentyl-6a,7,10,10a-tetrahydro-6H-benzo[c]chromen-1-ol).

Die natürlich vorkommende Menge Δ^8-THC beträgt nur etwa 1/100 der Menge an Δ^9-THC, ist aber die chemisch stabilere Form.

87
*
Die **psychoaktiven THC-Homologe**, die unter dem gemeinsamen Begriff „THC" zusammengefasst werden, sind wasserunlöslich, aber löslich in Fetten und flüchtigen Lösungsmitteln wie Ethylalkohol und Leichtbenzin, worauf u.a. die Methoden zur Extraktion des Harzes gründen[48].

---

[47] Dies hat Folgen für die Berechnung der THC-Menge, vgl. 1.1.6, Rdnr. 212 f.
[48] Zum Cannabis-Extrakt vgl. 1.1.1, Rdnr. 37 und 43. Das Auskochen von Hanfblüten und Hanftee erfolgt daher in Verbindung mit Milch.

Als **O-Heterocyclus** setzt THC sich im wesentlichen aus einer **Benzopyran-** und einer **Phenolstruktur** zusammen (früher teilweise daher auch als Terpenophenole charakterisiert). Die Einbindung des **Chromen**-Sauerstoffs,

Strukturformel:

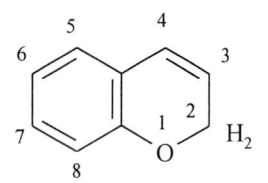

$$\begin{array}{c} \\ \end{array}$$

1,2-Chromen

gleicht hierbei der im **Phenanthren**-Skelett des Morphins[49].

Die insbesondere in nepalesischen Haschisch-Proben enthaltenen Methyl- und Propylanaloga des Δ^9-THC sind ebenfalls psychoaktiv wirksam. Hierzu zählt neben **Cannabivarin (CBV)** und **Cannabigerol (CBG)** u.a. das **Tetrahydrocannabivarin (THCBV)**, bei dem es sich um das Propyl-Homolog des THC handelt, bei dem also die Pentylkette an C_3 durch eine Propylkette ersetzt ist. Die Wirkung soll bei THCBV rascher einsetzen, aber auch rascher wieder abklingen (allgemein scheint bei THC ein Zusammenhang zwischen psychoaktiver Wirksamkeit und der Länge der **Seitenkette** zu bestehen).

Da sämtliche natürlich vorkommenden Cannabinoide weder hetero- noch exocyclisch angeordneten Stickstoff enthalten, handelt es sich hierbei definitionsgemäß um **keine Alkaloide**, worin sie sich von den meisten der in diesem Buch vorgestellten Wirkstoffen auf (biogener) pflanzlicher Basis unterscheiden.

Eine Ausnahme bildet hier, neben den im Harz des Rauschpfeffers enthaltenen, ebenfalls o-heterocyclischen **Kava-Pyronen**[50], das in der Muskatnuss enthaltene **Elemicin**[51], das mit **THC** daher der eigenständigen Gruppe der **Chromane** zugeordnet werden kann.

Zwar enthält die Hanfpflanze außer den Cannabinoiden auch Vorstufen von Alkaloiden wie **L-Prolin** und **Piperidin**[52]. Diesen dürfte zumindest der vorhandenen Mengen nach jedoch keine psychotrope Wirksamkeit zukommen.

Für den charakteristischen **Cannabis-Geruch** sind schließlich die flüchtigen, weil niedrig siedenden ätherischen Öle der Pflanze, insbesondere Caryophyllenoxid, ein Terpen[53], verantwortlich.

---

[49] Zur Morphin-Struktur vgl. 2.1.3, Rdnr. 1065 und 1076. Vgl. auch zur Einbindung des Sauerstoffs bei den α-Pyronen 2.2, Rdnr. 1374 und 1376.
[50] Zu der eigenständigen Wirkstoffgruppe der Kava-Pyrone vgl. 2.2, Rdnr. 1372-1376.
[51] Zum Elemicin vgl. 1.2.3.2, Rdnr. 634 f.
[52] Bei L-Prolin handelt es sich um eine Aminosäure, die im Peptid-Teil des Ergotamins enthalten ist, vgl. 1.2.1.1.3, Rdnr. 306. Zum Piperidin vgl. 4.2.2, Rdnr. 2094.
[53] Zu im Öl der Muskatnuss enthaltenen Terpenen vgl. 1.2.3.2, Rdnr. 632.

92 Strukturformeln:
*

	R¹	R²	R³
Δ^9-trans-THC	-CH$_3$	-H	-(CH$_2$)$_4$-CH$_3$
Δ^9-Tetrahydrocannabinolcarbonsäure A (THCS A)	-CH$_3$	-COOH	-(CH$_2$)$_4$-CH$_3$
Δ^9-Tetrahydrocannabivarin (THCBV)	-CH$_3$	-H	-(CH$_2$)$_2$-CH$_3$
Metabolit: 11-Hydroxy-Δ^9-THC (11-OH-THC)	-CH$_2$OH	-H	-(CH$_2$)$_4$-CH$_3$

	R
Cannabinol (CBN)	-H
Cannabinolsäure (CBNS bzw. CBNA)	-COOH

	R
Cannabidiol (CBD)	-H
Cannabidiolsäure (CBDS bzw. CBDA)	-COOH

Cannabidiol (CBD) ist das eine der 2 **Hauptbegleitstoffe** des THC. Es ist nicht selbst psychotrop wirksam, kann jedoch die THC-Wirkung modifizieren, indem es etwa den Wirkungseintritt verzögert und die Wirkungsdauer verlängert.

93
*

Bei **Cannabinol (CBN)**, dem 2. Hauptbegleitstoff, handelt es sich um ein Oxidationsprodukt des THC, das etwa 1/10 von dessen psychotroper Wirksamkeit aufweist. Inwieweit es ebenfalls die THC-Wirkungen beeinflusst, ist nicht geklärt.

94
*

Der mutmaßliche **Syntheseweg** in der Cannabis-Pflanze verläuft von der Cannabigerolsäure (CBGA/CBGS) über CBD zu Δ^9-THC und schließlich zu CBN als endgültiges Oxidationsprodukt. Dementsprechend wandelt sich THC auch bei Lagerung allmählich zu CBN um[54].

95
*

Das wegen seiner fehlenden psychoaktiven Eigenschaften nicht als Btm eingestufte **CBD** ist, neben THC, möglicherweise als ungiftiges **Antikonvulsivum** bei Epilepsie und anderen von unwillkürlichen Muskelkrämpfen begleiteten Krankheiten therapeutisch einsetzbar. Außerdem hemmt CBD mikrosomale abbauende Enzyme und kann hierdurch nicht nur den THC-Effekt, sondern auch die Wirkungsdauer zentral-wirksamer Pharmaka, z.B. eine Hexobarbital-Narkose[55], verlängern. Die dämpfende Wirkung auch bei **Immunzellen**[56] könnte zudem eine Einsetzbarkeit bei rheumatoider Arthritis beinhalten.

96
*

Demgegenüber werden sowohl die Cannabis-Zubereitungen als auch THC selbst (außer in synthetischer Form) aufgrund fehlender oder noch nicht erwiesener **medizinischer** Einsetzbarkeit als nicht verschreibungsfähige Btm eingestuft.

97
§

Neuere Forschungen, u.a. in den USA und der Schweiz, lassen in einigen Bereichen für **synthetisches THC** eine medizinische Verwendbarkeit etwa als **Antiepilepticum** zur Linderung von Krampfanfällen und bei Multipler Sklerose (MS)[57] wahrscheinlicher erscheinen; THC wirkt hierbei offenbar über die **CB1-Rezeptoren** im Gehirn[58] gegen den Tremor sowie spasmolytisch. Vereinzelt wurde THC auch zur Behandlung von Spasmen und Störungen der Muskelkoordination nach Rückenmarksverletzungen (Querschnittslähmung) eingesetzt[59]. An der Berliner Charité werden seit Herbst 1999 klinische Studien durchgeführt, bei denen u.a. neben Kapseln mit 2,5 mg THC auch die Verabreichung eines **Cannabis-Extraktes**, der neben THC sämtliche weiteren Cannabinoide enthält (Cannador)[60], als **Analgeticum** erprobt wird. Gegenüber synthetischem THC und Cannabis-Extrakt ist Marihuana, als Tee aufgebrüht oder in Form von „joints", zwar kostengünstiger, schneller wirk-

---

[54] Vgl. hierzu auch 1.1.1, Rdnr. 40.
[55] Zum Hexobarbital vgl. 4.1, Rdnr. 1991 f.; vgl. hierzu auch 1.2.2.1, Rdnr. 465 FN 10.
[56] Vgl. zu den Cannabinoid-Rezeptoren 1.1.4, Rdnr. 167. Zu möglichen Schädigungen des Immunsystems durch THC vgl. 1.1.7, Rdnr. 260. Zum Opioid-Einfluss auf das Immunsystem vgl. 2.1.4, Rdnr. 1149.
[57] Zum früheren medizinischen Einsatz u.a. als Antikonvulsivum vgl. 1.1.2, Rdnr. 57.
[58] Zu den Cannabinoid-Rezeptoren vgl. 1.1.4, Rdnr. 167
[59] Zu den körperlichen Cannabis-Wirkungen vgl. auch 1.1.4, Rdnr. 125 f., insbesondere zur sog. „Haschisch-Katalepsie".
[60] Vgl. hierzu auch 1.1.3, Rdnr. 104 f.

sam und offenbar auch verträglicher, jedoch nicht genau dosierbar und das Rauchen gesundheitsschädlich.

98 Da THC nicht nur das Auge trocken macht, sondern auch den Binnendruck des Auges verringert, wird außerdem eine Einsetzbarkeit bei **Glaukomen** (Grüner Star, eine krankhafte Steigerung des Augeninnendrucks) diskutiert und in den Niederlanden offenbar teilweise praktiziert, wobei die richtige Anwendungsform Probleme bereitet und hier wirksame Medikamente bereits zur Verfügung stehen. Eine therapeutische Anwendbarkeit dürfte zudem allgemein durch die (verschleierte) Toleranzbildung[61] begrenzt sein. Dies gilt insbesondere, soweit THC wegen seiner sedierenden, antidepressiven und schwach analgetischen Wirkung bei gleichzeitiger großer therapeutischer Breite[62] zur Unterdrückung des Abstinenzsyndroms bei **Opioid-Abhängigen**[63] in Frage kommen sollte. Zwar hat THC zudem eine bronchienerweiternde Wirkung, eine Aufnahme durch Rauchen bei Asthma scheidet jedoch wegen der zusätzlichen Belastung der Bronchien durch Inhalation aus. Mögliche Nebenwirkungen wie Müdigkeit, Schwindelgefühle und Erhöhung der Herzfrequenz sind im Verhältnis hierzu relativ gering.

99 Konkreter zeichnet sich demgegenüber eine Einsetzbarkeit von THC als **Schmerzmittel**[65] etwa bei diabetischen Neuropathien sowie zur Verringerung der Morphin-Dosen bei Krebspatienten und (u.a. im Hinblick auf die **appetitanregende** Wirkung)[66] bei Aids-Erkrankten ab (wegen Wechselwirkungen mit Aidsmedikamenten zweifelhaft)[67]. Bereits bisher wurde THC wegen seiner Fähigkeit, die im Verlaufe einer Chemotherapie auftretende Übelkeit und Erbrechen zu unterdrücken, verabreicht. Als **Zytostaticum**, das maligne entartete Zellen schädigen soll[68], enthielt das 1983-88 in der Bundesrepublik zugelassene, aber nie auf den Markt gebrachte Fertigarzneimittel Cesametic **Nabilon** (INN) als Wirkstoff, bei dem es sich um ein THC-Derivat handelt (chem. Bezeichnung (IUPAC): (6aRS;10RS)-1-Hydroxy-6,6-dimethyl-3-(2-methyloctan-2-yl)-6,6a,7,8,10,10a-hexahydro-9H-benzo[c]-chromen-9-on).

100 **Nabilon** wurde aufgrund der 1. BtMÄndV mit Wirkung ab dem 1.9.1984 in Anl. III
§ zum BtMG 1982 aufgenommen, bei Cesametic handelte es sich somit um ein Btm im Sinne des BtMG. Diese Einordnung gilt weiterhin; besonders ausgenommene Zubereitungen sind

---

[61] Zur Toleranzbildung vgl. 1.1.4, Rdnr. 157-160 und 171. Da die kleinste effektive Einzeldosis zur Erzielung psychotroper Effekte (vgl. 1.1.4, Rdnr. 117 und 147) und die therapeutische Einzeldosis (2,5 bis 5 mg) eng zusammenliegen, ist auch bei medizinischer Anwendung eine geringe Rauschwirkung möglich; die therapeutische Dosis ist genau zu beachten.

[62] Zur Toxizität vgl. 1.1.7, Rdnr. 229 f.

[63] Zur medikamentösen Behandlung von Heroin-Entzugssymptomen vgl. 2.1.7, Rdnr. 1316 und 1346-1353.

[65] Vgl. zum Geschichtlichen 1.1.2, Rdnr. 48 f. Zur analgesierenden Wirkung endogener Anandamide vgl. 1.1.4, Rdnr. 167.

[66] Vgl. hierzu 1.1.4, Rdnr. 125 und 163.

[67] Zu Wechselwirkungen zwischen THC und Medikamenten vgl. auch 1.1.4, Rdnr. 169-171.

[68] Zu einem entsprechenden Einsatz von Imidazol-Derivaten vgl. 1.2.2.1, Rdnr. 485 FN 36, sowie von Vinca-Alkaloiden 1.2.3.7, Rdnr. 777.

1.1 Cannabis/Hanf

nicht zugelassen. Derzeit ist Nabilon in keinem in Deutschland zugelassenen FAM enthalten, kann jedoch aus Großbritannien bezogen werden.

Als wirksamste stereoisomere Form synthetisch hergestellten Δ^9-THC's wurde in den USA **Dronabinol** (INN; chem. Bezeichnung (IUPAC): (6aR,10aR)-6,6,9-Trimethyl-3-pentyl-6a,7,8,10a-tetrahydro-6H-benzo[c]chromen) in Sesamöl gelöst unter dem Handelsnamen **Marinol** in Dosierungen von 2,5 bzw 10 mg 1986 zur Behandlung von Krebspatienten unter Zytostatica-Therapie (gegen Schwindelgefühl und Erbrechen, soweit andere **Antiemetica** nicht ausreichend wirksam sind), sowie seit 1991 auch zur Behandlung von Aids-Erkrankten (zur Gewichtszunahme bei **Anorexie**) zugelassen. Eine Einsetzbarkeit bei Spasmen wird untersucht. Auch Dronabinol weist zudem offenbar eine analgetische Wirkungskomponente auf; als Nebenwirkungen können sich u.a. eine leicht gehobene Stimmung und leichte Müdigkeit einstellen.

101 *

Aufgrund der 10. BtMÄndV wurde Dronabinol ab dem 1.2.1998 ohne Zulassung besonders ausgenommener Zubereitungen als verkehrs- und verschreibungsfähiges Btm ebenfalls Anl. III zum BtMG 1994 unterstellt. Aufgrund der gleichzeitig geänderten BtMVV darf der Arzt seitdem für einen Patienten innerhalb von 30 Tagen neben einem zweiten Btm als **Höchstmenge** bis zu 500 mg Dronabinol verschreiben. Dronabinol ist derzeit bei uns in keinem FAM enthalten, kann aber aus den USA bezogen werden und wird seit kurzem aus vor allem CBO-haltigem Faserhanf halbsynthetisch hergestellt.

§

Insgesamt wurden bisher mehr als 80 **Cannabinoide**, darunter auch stickstoffhaltige, **synthetisiert**, die fast ausnahmslos psychotrop inaktiv sind.

102 *

Seit 1966 werden neben **THC** selbst THC-Abwandlungen synthetisiert, darunter **Synhexyl** oder **Parahexyl**. Bei Synhexyl handelt es sich um ein Homolog, das anstelle der C_5H_{11}-Seitenkette des THC eine C_6H_{13}-Seitenkette aufweist.

103 *

Bei der **THC-Synthese** dient meist Olivetol (5-n-Pentylresorcinol, gelegentlich auch verwandte Verbindungen) neben anderen Chemikalien, die nicht ohne weiteres im Handel beschafft werden können und daher zumeist erst relativ aufwendig synthetisiert werden müssen, als Ausgangsstoffe für die Kondensation zu Tetrahydrocannabinolen unter Einwirkung starker Säuren. Synthetisch hergestelltes Δ^9-THC ist relativ unstabil und zerfällt rasch unter Einwirkung von Wärme und Luftzufuhr.

Durch die THC-Synthese wurden standartisierte Untersuchungen zu den Auswirkungen von THC-bedingten Rauschzuständen möglich. Der spezifische **Cannabis-Rausch** scheint jedoch sowohl hinsichtlich Intensität als auch Komplexität nur durch das Zusammenwirken der **verschiedenen pflanzlichen** Wirkstoffe erzeugt zu werden, deren Zusammensetzung und damit Wirkung je nach der regionalen Herkunft verschieden ist.

104

Möglicherweise spielen hierbei auch die im Verhältnis zu den Hauptwirkstoffen bei Cannabis an und für sich unbedeutenden **Nebenalkaloide**, die noch nicht vollständig identifiziert wurden[69], eine Rolle.

---

[69] Zu den in der Hanfpflanze vorkommenden Alkaloiden vgl. 1.1.3, Rdnr. 91.

105 Hierbei handelt es sich um ein Phänomen, das auch für andere (nicht aber alle) Rauschdrogen biogenen Ursprungs gilt[70].

106 § Aufgrund der jedenfalls derzeit bei uns nicht gegebenen medizinischen Verwendbarkeit gehört **Cannabis** in **Marihuana**-Form und als zubereitetes **Harz** nach Anl. I zum BtMG 1994 zu den nicht verkehrsfähigen Btm. Ausgenommen sind u.a. die THC-freien **Cannabis-Samen** (aus denen u.a. Speiseöl gewonnen wird) und sofern sie aus dem Anbau mit spezifiziertem Saatgut zur Gewinnung oder Verarbeitung etwa von Fasern für gewerbliche Zwecke stammen. Aufgrund der 10. BtMÄndV ist seit dem 1.2.1998 darüberhinausgehend u.a. auch der Erwerb von Cannabis-Samen untersagt, wenn diese zum unerlaubten Anbau zu Rauschzwecken bestimmt sind, was dazu geführt hat, dass sie vom einschlägigen Versandhandel etwa als „Vogelfutter" angeboten werden; ist die genannte Zweckbestimmung gegeben, handelt es sich demnach hierbei unabhängig von der Angebotsform um Btm.

Tetrahydrocannabinol (THC) unterliegt ebenfalls Anl. I; die Isomere Δ6a(10a)-THC, Δ6a-THC, Δ7-THC, Δ8-THC, Δ10-THC und Δ9(11)-THC wurden mit der 15. BtMÄndV zusätzlich aufgeführt, um Verwechslungen mit anderen Isomeren auszuschließen. Der isolierte Wirkstoff **Δ9-THC** (Delta-9-tetrahydrocannabinol) war nämlich aufgrund der 4. BtMÄndV seit dem 23.1.1993 Anl. II (verkehrsfähige, aber nicht verschreibungsfähige Btm) ohne Zulassung besonders ausgenommener Zubereitungen unterstellt worden. Damit wurde die Möglichkeit eröffnet, Forschungsvorhaben mit dem reinen Wirkstoff durchzuführen[71].

107 § Damit macht das BtMG 1994 ebensowenig wie das BtMG 1972 bzw. 1982 einen Unterschied zwischen sog. „**weichen**" Drogen wie Haschisch und Marihuana und sog. „**harten**" Drogen wie Heroin und Cocain[72], sondern überlässt die graduelle Abstufung hinsichtlich der Gefährlichkeit der jeweiligen Rauschdroge, auch im Hinblick auf Entwicklungen neuer, meist wirksamerer Zubereitungen, der tatrichterlichen Feststellung im Einzelfall. Im Hinblick auf die sich abzeichnende medizinische Einsetzbarkeit gehen die Überlegungen derzeit in Richtung auf eine Zulassung einer Verschreibungsfähigkeit des isolierten Wirkstoffs bzw. synthetischen THCs als Btm.

108 § Die Voraussetzungen des erlaubten Anbaus THC-armen **Nutzhanfs** wurden durch das 2. BtMG-ÄnderungsG mit Wirkung ab dem 16. April 1996 geregelt (BGBl. I S. 582); nach der 15. BtMÄndV sind bestimmte Cannabis-Sorten mit weniger als 0,2 % THC-Gehalt ausgenommen. Dies gilt, soweit sie etwa industriell zu Hanfseilen usw. verarbeitet werden sollen und soweit Nutzhanf etwa in Lebensmitteln zum Konsum bestimmt ist, jedoch nur,

---

[70] Vgl. z.B. zur Wirkstoffkombination des Indonesischen Rauschpfeffers 2.2, Rdnr. 1390, oder des Opiums 2.1.4, Rdnr. 1114 f. einerseits, zum Psilocybin 1.2.3.3, Rdnr. 675, andererseits.
[71] Vgl. hierzu 1.1.3, Rdnr. 97.
[72] Vgl. hierzu auch 1.1.2, Rdnr. 81; bei den Begriffen „weiche" und „harte" Drogen handelt es sich um kein medizinisches Differenzierungsmerkmal. Zu Schwierigkeiten bei derartigen generellen Einteilungen vgl. etwa beim Amfetamin 3.2.4.7, Rdnr. 1939.

1.1 Cannabis/Hanf

wenn aufgrund des geringen THC-Gehalts schädliche Wirkungen ausgeschlossen sind. Es wird angestrebt, maximal zulässige THC-Gehalte von Hanfprodukten festzulegen.

Neben den natürlichen Wirkstoffkombinationen unterliegen auch die Analoga Dimethylheptyl-Δ^3-THC oder **Dimethylheptylpyran** (**DMHP**; chemische Bezeichnung (IUPAC): 6,6,9-Trimethyl-3-(3-methyloctan-2-yl)-7,8,9,10-tetrahydro-6H-benzo[c]chromen-1-ol oder: 3-(1,2-Dimethylheptyl)-7,8,9,10-tetrahydro-6,6,7-trimethylbenzo[c]chromen-1-ol), das ein Abhängigkeitspotential aufweist, sowie **Parahexyl** (chem. Bezeichnung (IUPAC): 3-Hexyl-6,6,9-trimethyl-7,8,9,10-tetrahydro-6H-benzo[c]chromen-1-ol) Anl. I zum BtMG.

109
§

Beide Verbindungen haben jedenfalls derzeit als Rauschdrogen im europäischen Raum keine Bedeutung. Gleiches gilt für die übrigen genannten synthetisierbaren THC-Abwandlungen.

Cannabis-Extrakt bzw. -**Konzentrat** („Haschischöl") ist zwar in keiner der Anlagen zum BtMG explizit aufgeführt, es kann jedoch als abgesondertes Harz dem in Anl. I aufgeführten Haschisch zugeordnet werden.

110
§

Werden Marihuana oder andere Cannabis-Produkte im Sport zu **Doping-Zwecken** verabreicht, offenbar um im Zuge der sedierenden und zugleich enthemmenden Wirkung bei geringer Dosierung das Selbstwertgefühl und die Risikobereitschaft zu steigern, kann es sich unabhängig von einer Einordnung als Btm bzw. einer Verschreibbarkeit hierbei zugleich um seit dem 11.9.1998 gemäß § 6 a AMG verbotene Doping-Wirkstoffe handeln[73] mit der Folge einer Strafbarkeit nach § 95 Abs. 1 Nr. 2 a AMG.

1.1.4 Wirkung und Wirkweise

Während Cannabis-Produkte früher wie Opium meist **gegessen** wurden[74], wobei die Resorption über die Magen-Darm-Schleimhaut erfolgt, setzte sich mit dem Aufkommen des **Rauchens**, bei dem die Resorption des Wirkstoffes über eine Kondensation an den reich durchbluteten Lungenbläschen erfolgt, diese bei Cannabis als „**Kiffen**" bezeichnete Resorptionsart als gängige Konsumform durch[75].

111
#

Die **Inhalation** lässt sich dabei zwar gegenüber der oralen Aufnahme besser steuern, kann aber andererseits das empfindliche Gewebe reizen und schädigen, welches die Bronchien und Lungenbläschen auskleidet, zumal der Rauch im allgemeinen tiefer als der einer Zigarette eingeatmet und möglichst lange in den Lungen gehalten wird, um die im „joint" enthaltenen Wirkstoffe möglichst vollständig zu resorbieren[76].

112

---

[73] Hierzu näher 3.2.4.2, Rdnr. 1800-1806.
[74] Zum Opium-Essen vgl. 2.1.2, Rdnr. 944, zum Opium-Rauchen 2.1.5, Rdnr. 1172-1177.
[75] Vgl. auch zur Resorption über die Bronchialschleimhaut beim Rauchen etwa von Cocain-Base 3.1.5, Rdnr. 1616 und 1630.
[76] Zur möglichen Schädigung der Lunge hierdurch vgl. 1.1.7, Rdnr. 258 f.

113 Gegenüber der enteralen Resorption (etwa durch Trinken eines teeartigen Aus-
zuges) erfolgt die Aufnahme über die Lunge rascher. Während der **Wirkungseintritt** bei p.o. Aufnahme erst ca. ½-2 h später erfolgt, tritt die Cannabis-Wirkung beim Rauchen innerhalb von Minuten ein und erreicht ihr Maximum innerhalb von 15 min.

Mit der rascheren Resorption über die Lunge korrespondiert auch ein höherer maximaler **Blutspiegelwert** und damit Grad der Rauschwirkung, so dass die Wirkung bei inhalativer Aufnahme gegenüber der oralen etwa 2- bis 3mal so intensiv erlebt wird. Das Plasmamaximum wird bereits nach 10-30 min erreicht.

114 Diskutiert wird hierbei der Übergang von einem weniger starken in ein stärker wirksa-
mes Isomer des THC, um die erhöhte Wirksamkeit des Cannabis beim Rauchen erklären zu können. Der beim Rauchen durch Verbrennung entstehende Verlust – nur etwa 20-50 % des im „joint" enthaltenen „freien" Δ^9-THC werden absorbiert – dürfte dabei weitgehend durch eine vollständige Decarboxylierung der im Haschisch in großen Menge vorkommenden, psychotrop inaktiven, allenfalls beruhigend wirkenden Tetrahydrocannabinolcarbonsäure (**THC-COOH** bzw. THCS/THCA)[77] ausgeglichen werden.

Außerdem wird ein Teil des THC gleichzeitig zu **CBN** oxidiert[78]. Demgegenüber dürfte beim Rauchen das relativ stabile CBD bzw. CBDS nur in geringem Maße zu THC cyclisiert werden[79].

115 Etwa 30-60 min nach dem Rauchen beginnt die Haschisch-Wirkung wieder abzuklingen und ist nach ca. 2-3 h weitgehend **beendet**. Demgegenüber beträgt sie bei oraler Wirkstoffaufnahme etwa 3-5 h, kann je nach Dosis aber auch 10-12 h anhalten. Bei intensivem Konsum können generell noch am folgenden Tag **hangover-Effekte** (Restwirkungen) auftreten.

116 Nach Bindung an das sauerstoffhaltige, arterielle Blut gelangt der aufgenom-
mene Wirkstoff u.a. in das gut durchblutete Gehirn, wo es für sein psychotropes Wirksamwerden darauf ankommt, in welchem Ausmaße er fähig ist, die **Blut-Hirn-Schranke** zu durchdringen. Hierbei wird THC offenbar sehr schnell intrazellulär gebunden, denn aus dem Blut ist es im wesentlichen schon 30-60 min nach der Aufnahme verschwunden.

117 Beim Rauchen von Cannabis müssen ca. **15 mg Δ^9-THC** aufgenommen werden, die infolge des im Laufe der Zeit gestiegenen Wirkstoffgehalts[80] derzeit in durchschnittlich 0,1-0,4 g Haschisch oder 0,5-1 g Marihuana enthalten sind.

---

[77] Zur Strukturformel der THC-COOH (THCS) vgl. 1.1.3, Rdnr. 92; vgl. auch Rdnr. 85. Zur THC-COOH als „latent" vorhandenem Wirkstoff vgl. auch 1.1.6, Rdnr. 212 f., zur THC-COOH als Abbauprodukt vgl. 1.1.4, Rdnr. 154, und 1.1.6, Rdnr. 221.
[78] Zum CBN vgl. 1.1.3, Rdnr. 94 f.
[79] Zu einem entsprechenden Syntheseweg vgl. 1.1.1, Rdnr. 44.
[80] Vgl. zum Historischen 1.1.2, Rdnr. 56. Zur medizinischen Dosierung vgl. 1.1.3, Rdnr. 97, 98 FN 61 und 101.

Bei inhalativer Zufuhr wird von 2-20 mg als wirksamer Dosis ausgegangen, wobei 2-5 mg Δ^9-THC bei inhalativer und 10-15 mg Δ^9-THC bei oraler Aufnahme als geringste, einen fühlbaren Effekt auslösende **Einzeldosis**, zumindest bei einem bereits cannabis-gewöhnten Konsumenten, angenommen werden kann. Das Rauchen von 15 mg Δ^9-THC bewirkt meist Veränderungen von Körpergefühl und Wahrnehmung, während ab 40 mg dysphorische Wirkungen mit Übelkeit und angstbesetzten Reaktionen sowie gegebenenfalls Halluzinationen zu überwiegen scheinen.

118 Bei **geringer** bis **mittlerer** Dosis tritt bei inhalativer Aufnahme nach wenigen Zügen ein zu Entspannung und euphorischer Grundstimmung führender, **milder Rausch** ein. Infolge der sehr langsamen Metabolisierung des THC im Organismus[81] treten allerdings bei cannabis-ungewohnten Personen bei erstmaligem Konsum keinerlei Rauschwirkungen auf.

119 Während Cannabis dem Alkohol darin ähnelt, dass beide Stimmungsveränderungen bewirken, unterscheidet sich der Cannabis- jedoch vom Alkohol-Rausch darin, dass Bewusstsein und Orientierungsfähigkeit, jedenfalls bei geringer bis mittlerer Dosierung, regelmäßig erhalten bleiben (sog. „**klarer Rausch**"); es kommt allenfalls zu einer leichten Benommenheit.

120 § Dieser Umstand kann für die Beurteilung der strafrechtlichen Schuldfähigkeit von Bedeutung sein, wenn Straftaten im Cannabis-Rausch begangen werden. Zu beachten ist allerdings, dass trotz des „klaren Rausches" aufgrund einer durch den THC-Einfluss eingeschränkten Adaptationsmöglichkeit der psychomotorischen Leistungsfähigkeit und Reaktionsbereitschaft bei unvertrauten Tätigkeiten, erheblichen Beeinträchtigungen der zeitlichen und räumlichen Orientierung[82], Sehstörungen (meist eine leichte Miosis bei deutlich verzögerter Reaktion der Pupille auf Lichteinfall), ataktischen sowie Kreislaufstörungen eine **Fahrsicherheit** im akuten Rausch und der mehrstündigen Abklingphase nicht mehr gegeben ist. Infolge eines „hang over" kann dies auch noch für den folgenden Tag gelten. Eine Fahruntüchtigkeit stellt sich in besonderem Maße bei einer (nicht seltenen) Kombination mit **Alkohol** infolge einer gegenseitigen **Potenzierung** beider Stoffe ein[83], das Unfallrisiko steigt dann steil an. Demgegenüber dürfte es bei alleinigem Konsum im üblichen Umfang (1-2 „joints", 2 h Wartezeit vor Fahrtantritt) im Bereich der Leistungsminderungen liegen, die mit einer BAK von 0,5-0,8 Promille einhergeht. Das BVerfG sah es demnach als unbedenklich an, den Betroffenen einer Fahreignungsprüfung zu unterziehen, wenn der hinreichend konkretisierte Verdacht auf Teilnahme am Straßenverkehr unter Cannabis-Einfluss besteht (Beschluss vom 8.7.2002), während die einmalige oder nur gelegentliche Cannabis-

---

[81] Zur Metabolisierung vgl. 1.1.4, Rdnr. 154 f.
[82] Etwa Schätzungen von Entfernungen, Erkennen der Bedeutung von Geräuschen bei gleichzeitiger leichter Ablenkbarkeit (während es im Gegensatz zum Alkohol-Rausch kaum zur Selbstüberschätzung kommt und der unter Cannabis-Einfluss Stehende zur Kompensation der von ihm bemerkten Ausfallerscheinungen neigt); vgl. hierzu auch 1.1.4, Rdnr. 125 f. und 168-171.
[83] Vgl. hierzu auch 1.1.4, Rdnr. 168. Zu synergistischen Effekten bei Barbiturat-Alkohol- oder –Opiat-Kombination vgl. 4.1, Rdnr 2020 und 2023.

Konsum ohne Bezug zum Straßenverkehr eine solche Maßnahme nicht rechtfertigt (Beschluss vom 20.6.2002).

Ein wissenschaftlich allgemein anerkannter **Grenzwert**, ab dem eine rauschbedingte Fahruntüchtigkeit anzunehmen ist, besteht derzeit nicht, was damit zusammenhängen dürfte, dass im Vergleich zu Alkohol die Beziehung zwischen Dosis, Wirkung und Blutkonzentration bei Cannabinoiden ungleich komplizierter ist, andererseits jedoch auch bereits eine geringe THC-Aufnahme bei der recht häufigen Kombination mit Alkohol und anderen Drogen wie „ecstasy"[84] zu unberechenbaren Effekten führen kann. Ohne Festlegung auf Grenzwerte (Null-Wert-Grenze) kann das Führen eines Kraftfahrzeuges im Straßenverkehr nach Konsum von Cannabis-Produkten ab dem 1.8.1998 daher zumindest nach § 24 a StVG als Ordnungswidrigkeit mit einem Bußgeld und Fahrverbot belangt werden. Es genügt hierfür der sichere Nachweis von **THC im Blut**[85], was ab 2 ng/ml der Fall sein dürfte; Feststellungen zu einer konkreten Beeinträchtigung der Fahrsicherheit sind dann nicht erforderlich.

121 Generell kennzeichnend nicht nur für den **Cannabis-Rausch**, sondern auch für den durch andere Rauschdrogen ausgelösten ist hierbei, dass es nicht nur zu einer Veränderung der Wahrnehmung der Umwelt, sondern auch zu einer **Veränderung im Erleben** des eigenen **Ichs** kommt, auf die im folgenden näher eingegangen werden soll. Wie weit eine Droge das Bewusstsein umzuformen vermag, ist allerdings sehr unterschiedlich; oftmals wird bereits bei einem relativ milden Cannabis-Rausch der rasche Übergang von euphorischen Phasen mit gehobenem Selbstwertgefühl, dem Gefühl der Erfüllung und der inneren Gelassenheit sowie grundloser Heiterkeit bis hin zur Albernheit zu Phasen leichter Angst, Schuldgefühlen und eher depressiver Grundstimmung von dem Betroffenen als etwas Besonderes und Interesseerweckendes empfunden.

122 Allgemein kann davon ausgegangen werden, dass der **Cannabis-Rausch** (akute Cannabis-Intoxikation, ICD-10 F 12.0) in 3, allerdings nicht immer klar zu trennenden Phasen abläuft, die meist gekennzeichnet sind durch

-eine anfängliche, vorübergehende **Unruhe**[86],
-anschließende **Hochstimmung** und gegebenenfalls **Halluzinationen**,
-sowie eine kontemplative Stimmung bei **apathischer** Antriebslage.

Letztere kann gelegentlich durch eine dysphorisch-gereizte Stimmung verdrängt werden[87], wobei der Berauschte impulsiv reagieren kann. Im Gegensatz zum Alkohol-Rausch ist er jedoch selten aggressiv-gewalttätig[88].

---

[84] Vgl. hierzu bei den Methylendioxyamfetaminen 1.2.4.3, Rdnr. 847 und 863 f.
[85] Zur Nachweisbarkeit von THC und seinen Metaboliten im Blut vgl. 1.1.6, Rdnr. 221-225, und 2.1.6, Rdnr. 1260.
[86] Ähnlich dem, wenn auch jeweils unterschiedlich ausgeprägten, Excitationsstadium beim Alkohol-Rausch und anderen (zentral-depressiven) Rauschdrogen, vgl. etwa beim Lösungsmittel-Rausch 4.5.4, Rdnr. 2536-2538, Tilidin-Rausch 4.4.1, Rdnr. 2260, aber auch Kath-Rausch 3.2.2, Rdnr. 1748.
[87] Vgl. auch zum Mescalin-Rausch 1.2.3.1, Rdnr. 611.
[88] Zum Aggressionspotential vgl. auch 1.1.2, Rdnr. 51, und 1.1.7, Rdnr. 261.

Als „**high**" wird hierbei meist ein traum- und assoziationsreicher, euphorisch-ekstatischer Rauschzustand bei ausgeglichener Stimmung und allgemeinem körperlichen Wohlbefinden bezeichnet, bei dem sich die Gedanken zusammenhanglos aneinanderreihen und dessen Erreichen regelmäßig das eigentliche Motiv für den Cannabis-Konsum darstellt, während mit „**stoned**" ein eher tranceartiger Zustand nach Einnahme hoher Dosen beschrieben wird. Bei **chronischer** Cannabis-Intoxikation (**Cannabinismus**) kann es zudem zu einem abnorm verlängerten Rauschzustand, gegebenenfalls in Form von Teilräuschen, über Tage und Wochen hinweg kommen („psychedelic afterglow" – „Nachglühen"). 123

Wie erwähnt kann im Unterschied zum Alkohol-Rausch zu den abnormen Wahrnehmungen meist noch Distanz gehalten werden: Trotz gesteigerter Intensität bleiben sie subjektiv noch unter Kontrolle[89]. Sie werden daher auch als „**Pseudohalluzinationen**" bezeichnet, während echte Halluzinationen selten sind und eher bei atypischen Rauschverläufen („bad trips") bzw. sehr hohen Dosen auftreten. 124

Haschisch bewirkt aufgrund seines höheren Harz- und damit Wirkstoffgehalts[90] bei inhalativer Aufnahme einen gegenüber Marihuana etwa 5- bis 7mal **stärkeren Rausch**, wobei die Aufnahme mittels einer Wasserpfeife („Bong") eine intensive Anflutung bewirkt 125

Für diesen sind in **körperlicher** Hinsicht insbesondere charakteristisch: Eine bis zu 24 h andauernde Senkung der Körpertemperatur mit Kältegefühl neben eher parasympatholytischen (atropin-artigen) Effekten[91] wie eine wahrscheinlich durch Hemmung des Parasymphaticus bedingte Beschleunigung der Herzfrequenz sowie Steigerung des Blutdrucks, eine Verminderung des Tränenflusses und einem trockenen Gefühl in Hals und Rachen[92]. Hinzu kommt bei normaler bis verlangsamter Pupillenreaktion eine leichte **Miosis** unter akutem THC-Einfluss (eine Mydriasis tritt offenbar nur bei sehr hoher Dosierung auf), Störungen der **Psychomotorik** mit Gangunsicherheit (insbesondere die sog. „Haschisch-", oder „Pseudokatalepsie", die mit dem Cannabinoid-Rezeptorsystem zusammenhängen dürfte)[93], Tremor und gelegentlich ein gesteigertes **Hunger-** und **Durstgefühl** (u.U. infolge einer Hypoglykämie).

Äußerlich auffallend, insbesondere bei Dauerkonsumenten bzw. hoher Dosierung, sind die glasigen und **geröteten Augen** infolge einer Rötung der Bindehäute sowie eine diskrete Beeinträchtigung des Sehvermögens und der Lichtempfindlichkeit. Insgesamt sind infolge der relativ niedrig bereits psychotrop wirksamen Dosis die vegetativen Nebenwirkungen bei Cannabis wie etwa auch Schwindelgefühle und gelegentlich Brechreiz im Verhältnis zu 126

---

[89] Was auch für die Mehrzahl der sog. echten Halluzinogene zutrifft, vgl. Vorbem. 1.2, Rdnr. 267.
[90] Näher zum Wirkstoffgehalt 1.1.5, Rdnr. 178-182.
[91] Zu den Atropin-Wirkungen vgl. 1.2.2.2, Rdnr. 517-524.
[92] Mit Brennen im Hals und Reizhusten – ebenfalls ein atropin-artiger Effekt, vgl. 1.2.2.2, Rdnr. 521, der auf einen Eingriff in den Catecholamin-Haushalt hinweist.
[93] Zu den Cannabinoid-Rezeptoren vgl. 1.1.4, Rdnr. 167. Zu medizinischen Einsatzmöglichkeiten aufgrund dieser körperlichen Wirkungen vgl. 1.1.3, Rdnr. 97.

echten Halluzinogenen auf pflanzlicher Basis[94] jedoch gering, ebenso die Beeinflussung des Stoffwechsels.

127 In **psychischer** Hinsicht kommt es zu einem meist etwa 2-3, max. 4 h anhaltenden **Rauschzustand** mit einem **Wirkungsmaximum** etwa 30 min nach der Aufnahme, für den zunächst ein **Verlust des Zeitgefühls** im Sinne einer (im Gegensatz zur Alkohol-Wirkung) erheblichen Verlangsamung des subjektiv erlebten Zeitablaufs charakteristisch ist, was wohl mit zu der Einschätzung von Cannabis als „**Meditationsdroge**" beigetragen hat. Da es insoweit offenbar zu einer Toleranzbildung kommt, scheint es sich bei diesem Effekt um eine direkte Einwirkung auf Gehirnfunktionen zu handeln. Häufig wird auch von **Elevationsgefühlen** (einem Gefühl des Schwebens oder Gleitens)[95] oder umgekehrt von einem wohligen Schweregefühl des Körpers berichtet.

128 Es kommt zu einer allgemeinen **Verminderung** der **Spontaneität**, des **Antriebs** und des anteilnehmenden Interesses an der Umwelt bis hin zur Lethargie. Aktives Eingreifen in Geschehensabläufe tritt zugunsten eines mehr **passiven** Auf-sich-einwirken-lassens zurück. Der Cannabis-Berauschte zieht sich auf sich selbst zurück und gibt sich rein assoziativen, scheintiefsinnigen und ideenflüchtigen Betrachtungen sowie seinen veränderten Wahrnehmungen hin.

129 Neben Veränderungen im Zeiterleben kommt es, weniger ausgeprägt, zu scheinbar **intensiveren Sinneseindrücken**, insbesondere in Bezug auf die räumliche Wahrnehmung sowie im auditiven und optischen Bereich. Diese manifestieren sich etwa in der kräftigeren und kontrastreicheren Wahrnehmung von **Farben**, wobei bei geschlossenen Augenliedern ungegenständliche Muster auftreten[96]. Bei **höherer Dosierung** kann es zu (meist **Pseudo-)Halluzinationen** kommen, in deren Verlauf das kritische Realitätsurteil erhalten bleibt und der unter Cannabis-Einfluss Stehende somit Abstand zu den Rauschwirkungen bewahrt und die Sinnestäuschungen als unecht erlebt[97]. Hierbei zeigen jedoch die bisher durchgeführten Versuche unter kontrollierten Bedingungen eine **breite Streuung** sowohl in der physiologisch erfassbaren als auch hinsichtlich der subjektiv erlebten Wirkung, je nachdem, ob der Berauschte nur gelegentlich Haschisch rauchte, oder ob ein habitueller Konsum vorlag.

---

[94] Vgl. etwa zu den Mescalin-Nebenwirkungen 1.2.3.1, Rdnr. 601-603. Zu den körperlichen Wirkungen bei Dauerkonsum vgl. jedoch 1.1.7, Rdnr. 258-260.

[95] Zu Elevationsgefühlen nach „ecstasy"-Konsum, die zu dem Bedürfnis zu tanzen beitragen, vgl. 1.2.4.3, Rdnr. 861. Zu entsprechenden Wirkungen des Yagé-Rausches vgl. 1.2.4.5, Rdnr. 727, sowie z.B. des PCP-Rausches vgl. 1.2.4.5, Rdnr. 909. Zu vergleichbaren Hexensalben-Wirkungen vgl. 1.2.2.2, Rdnr. 538.

[96] Vgl. u.a. auch zu den Psilocybin-Wirkungen 1.2.3.3, Rdnr. 677. Allgemein steht bei Cannabis, anders als etwa bei LSD-25 (vgl. 1.2.1.1.4, Rdnr. 337), die Veränderung der auditiven Wahrnehmung im Vordergrund, während die visuelle weniger starken Veränderungen unterliegt.

[97] Echte Halluzinationen treten demgegenüber meist bei vollsynthetischen Halluzinogenen wie etwa DOB auf, vgl. 1.2.4.2, Rdnr. 819 f.

Zu den bei **höherer Dosierung** eintretenden psychischen Wirkungen zählt weiter, dass die Grenze zwischen der eigenen Persönlichkeit und der umgebenden Wirklichkeit, die das Ergebnis frühkindlichen Lernens und Voraussetzungen dafür ist, dass ein Mensch selbständig existieren und mit anderen Individuen in Kontakt treten kann, verwischt wird (sog. „**Körperschemastörungen**"). Hierdurch kann es zu, allerdings nicht gravierenden, Störungen der Ich-Identität kommen, was als „**Depersonalisierung**" bezeichnet wird. Störungen der Psychomotorik zeigen sich in einem veränderten Ausdrucksverhalten (Mimik, Gestik). 130

Der **Denkablauf** ist unter Cannabis-Einfluss gestört, was vom Berauschten jedoch nicht so empfunden wird (er selbst empfindet sein Denken vielmehr umgekehrt als besonders präzise und originell). Das Denken verliert seinen inneren Zusammenhang und seine zeitliche und vom Sinn her gegebene Kontinuität. Die Integration von Teilaspekten eines komplexen Geschehens zu einem sinnvollen Ganzen gelingt nicht mehr (die Gedanken schweifen oder reißen sogar ab), was mit dem Nachlassen der Konzentrationsfähigkeit zusammenhängen dürfte. Der Denkablauf erinnert in seinem fragmentarischen Charakter an schizophrene Erlebnisinhalte[98] und wurde z.T. als „**temporale Desintegration**" bezeichnet[99]. 131

Wie bei LSD-25[100] wurde daher auch bei Cannabis dessen Einsatz zur Erforschung **endogener** und von **Intoxikationspsychosen** in Betracht gezogen[101]. Hierbei erwies sich allerdings der Forschungsansatz, aufgrund des Serotonin-Antagonismus bei Cannabis[102] und LSD-25 sowie der z.T. gegebenen Strukturübereinstimmung eine Erklärung für die Entstehung von Psychosen gefunden zu haben, als zu kurz greifend; nach wie vor ist letztlich das Entstehen von Psychosen nicht geklärt. 132

Im Zusammenhang mit der leichten **Ablenkbarkeit** und **abnormen Reizoffenheit** unter THC-Einfluss dürfte die mehrfach beobachtete Verminderung der Lernfähigkeit und des Kurzzeitgedächtnisses stehen. Die Beeinträchtigung der Konzentrationsfähigkeit hat offenbar zur Folge, dass Informationen auch weniger gut vom Kurzzeit- in das Langzeitgedächtnis übertragen werden können, was zu einigen subjektiv erlebten Rauschwirkungen beitragen dürfte. Andererseits waren im Versuch bereits früher in das Langzeitgedächtnis übertragene Informationen ohne größere Defizite gegenüber dem Normalzustand abrufbar. 133

Außer der Fähigkeit zum Zusammenfügen von Teilaspekten ist im Cannabis-Rausch umgekehrt auch die Fähigkeit beeinträchtigt, aus der Wahrnehmung eines Gesamtgeschehens das jeweils Relevante zu erkennen und unter Zurückstellung 134

---

[98] Zur Ausbildung der Schizophrenie vgl. auch Vorbem. 4.3, Rdnr. 2115.
[99] Bemerkenswert ist, dass durch verschiedene Drogen induzierte Psychosen meist dem schizophreniformen Kreis zuzuordnen sind, vgl. hierzu beim Cocain 3.1.7, Rdnr. 1697. Vgl. auch zu den akut und subakut durch Cannabis ausgelösten Psychosen 1.1.7, Rdnr. 261-264.
[100] Zur Erzeugung von durch Psychodysleptica hervorgerufenen „experimentellen Psychosen" (syn. „Modellpsychosen") vgl. beim LSD-25 1.2.1.1.2, Rdnr. 287. Zur möglichen Beteiligung von Endorphinen vgl. 2.1.4, Rdnr. 1152.
[101] Vgl. auch zum Ausdruck „Psychotomimetica" Vorbem. 1, Rdnr. 19.
[102] Zum Eingriff in den Serotonin-Haushalt vgl. 1.1.4, Rdnr. 166 f.

von Nebenerscheinungen richtig einzuordnen[103]. Stattdessen wird häufig Nebensächliches übermäßig beachtet, der Sinn für das Wesentliche geht verloren (**abnorme Fokussierung**).

135 Neben diesen Störungen im Denkablauf und anderen psychischen Funktionen kann es unter THC-Einfluss zu Defiziten im Bereich der Selbsteinschätzung kommen: Mit **erhöhtem Selbstwertgefühl** kommt es nicht selten auch zu einer gesteigerten **Risikobereitschaft** bei gleichzeitiger Einschränkung der Kritikfähigkeit.

136 Ein weiteres, insbesondere bei häufigerem Gebrauch oder höherer Dosierung oft beobachtetes Phänomen des Cannabis-Rausches besteht darin, dass Gedachtes sofort visuell wahrnehmbar wird und alles Sinnliche, losgelöst von angelernten Wahrnehmungsmustern und deren Interpretation, bei gleichzeitigem Abbau von Hemmungen eine gesteigerte Intensität erfährt. Hierdurch scheint es dem Berauschten zu einer Erweiterung seines Bewusstseins zu kommen, was auch mit dem Auftreten von „**Evidenzerlebnissen**" umschrieben wird, die an die Stelle rational zustandegekommener Einsichten treten. Das damit einhergehende Gefühl seligen Verbundenseins mit der Umwelt erinnert an religiöse Erleuchtungen im Sinne einer „**unio mystica**"[104] und Beschreibungen ekstatischer Visionen. Die Verbindung von Rauscherlebnis und religiöser Eingebung findet sich noch heute bei einigen wenigen Naturvölkern, die ihre halluzinogenen Pflanzen daher als „göttliche Pflanzen" verehren[105].

137 Diese wahrscheinlich sehr alte Tradition wurde mehr oder weniger bewusst von der „**Psychedelischen Bewegung**" der 1960er Jahre vor allem in den USA wieder zum Leben zu erwecken versucht, indem Rauschdrogen als „Physiologie der Religion" apostrophiert wurden und es zu einem „Drogentourismus" in einige südamerikanische Länder kam. Dass es hierbei zu einem über den bloßen Drogenkonsum hinausgehenden Verständnis des jeweiligen sozio-kulturellen Hintergrundes der dortigen schamanistischen Tradition kam, darf im allgemeinen bezweifelt werden[106].

138 In diesem Zusammenhang sei darauf hingewiesen, dass u.a. tranceartige **Veränderungen** des **Wachbewusstseins** nicht nur durch von außen zugeführte, körperfremde, psychotrop wirksame Stoffe hervorgerufen werden können, sondern auch **stoffungebunden** auf psychischem Wege[107]. Dies kann etwa durch **Reizentzug** erfolgen (bereits kurze Zeit nach völliger Isolation treten Visionen auf, wie sie von Eremiten beschrieben wurden) oder umgekehrt durch **Reizüberflutung** (z.B. durch „psychedelische Musik" oder intensive

---

[103] Ebenfalls eine LSD-Wirkung, vgl. 1.2.1.1.4, Rdnr. 339.
[104] Die z.B. aber auch mit Migräneanfällen einhergehen können (vgl. hierzu 1.2.1.1.3, Rdnr. 305 FN 35). Ebenfalls ein u.a. bei LSD-25 auftretender Effekt, vgl. 1.2.1.1.4, Rdnr. 340. Vgl. auch zur schamanistischen Tradition und der neuzeitigen „New age"-Bewegung 1.2.2.2, Rdnr. 564-567.
[105] Vgl. hierzu auch Vorbem. 1.2.3, Rdnr. 571 f., sowie 1.2.2.1, Rdnr. 480.
[106] Vgl. auch zum Mescalin-Konsum 1.2.3.1, Rdnr. 600, und zum Psilocybin-Konsum 1.2.3.3, Rdnr. 663 und 667.
[107] Zu Veränderungen des Wachbewusstseins vgl. auch 2.1.4, Rdnr. 1136 und 1149.

1.1 Cannabis/Hanf

rhythmische Stimulation wie beim schamanistischen Trommeln)[108]. Unter anderem auch bei Fieber, Todesangst, akuter Lebensgefahr oder länger andauerndem Schlafentzug kann es schließlich zu Sinnestäuschungen, Wahnideen und Depersonalisierungserscheinungen kommen, so dass z.B. von einer „Schlafentzugspsychose" gesprochen wird.

Diesen psychischen Effekten dürfte ein physiologisches Korrelat entsprechen; hingewiesen sei an dieser Stelle auf die Endorphine als körpereigenes Korrelat zu den Opiaten[109]. **139** #

Aufgrund der beschriebenen Eigenschaften wird Cannabis häufig auch als „**bewusstseinserweiternde**" Droge im Sinne einer anders nicht erlebbaren Erkenntnis- und Erfahrungserweiterung bezeichnet. Dies mag in dem Sinne gelten, dass der Konsument Abstand zu den Wertvorstellungen gewinnt oder vertieft, die das Leben in den westlichen Kulturbereichen prägen, und sich eine mehr assoziative und kontemplative, für ihn neuartige und unmittelbar erfahrbare Sicht der Dinge aneignet, vermittelt durch eine als angenehm empfundene, euphorische Grundstimmung, das Fehlen von Anforderungen sowie die Einbindung in eine Gruppe Gleichgesinnter. **140**

Eine sicherlich subjektiv ebenfalls erlebte **Leistungssteigerung** und intensivere Wahrnehmung sowohl im auditiven und sensorischen Bereich als auch in Bezug auf tatsächlich neue Erlebnisinhalte lässt sich jedoch nicht belegen, sondern ist wohl eher ein Ausdruck der mit dem erhöhten Selbstwertgefühl einhergehenden Verminderung der Kritikfähigkeit, der Suche nach bedeutsamen Erfahrungen, der oben als „**Fokussierung der Aufmerksamkeit**" bezeichneten intensiveren Betrachtung „mikroskopischer" Details unter Außerachtlassung des Sinnzusammenhanges sowie unwillkürlicher Gedächtnis- und Konzentrationsmängel[110]. Der Cannabis-Rausch ist vielmehr dadurch gekennzeichnet, dass nur eine veränderte Wahrnehmung des Gegebenen auftritt, wie sie etwa auch im Alkohol-Rausch, wenn auch in anderer Ausprägung, erfolgt. Tatsächlich steht dem Gefühl erhöhter psychischer Leistungs- und Denkfähigkeit eine **objektive Minderung** dieser Funktionen gegenüber. Im künstlerischen Bereich können jedoch Spontaneität und Aufgeschlossenheit gegenüber Ungewohntem neue Ausdrucksformen entstehen lassen. **141**

Das Wesen des Cannabis-Rausches lässt sich demnach so verstehen, dass es zu einer **Verstärkung einzelner Komponenten** der bereits zuvor vorhandenen Einsichten und Einstellungen, abhängig von der jeweiligen Gestimmtheit des Konsu- **142**

---

[108] Die zu einer Dämpfung vom Gehirn her mittels eines extra-homöostatischen Mechanismus führt; vgl. auch zum „Acid-Rock" 1.2.1.1.2, Rdnr. 292, und zur „Techno-Musik" 1.2.4.3, Rdnr. 861.

[109] Vgl. etwa zur sog. Glücksspielsucht 2.1.4, Rdnr. 1151 FN 260, sowie allgemein zu den Endorphinen 2.1.4, Rdnr. 1144-1157.

[110] Wahrscheinlich bedingt durch Beeinflussung des u.a. im limbischen System gelegenen CB1-Rezeptors, vgl. 1.1.4, Rdnr. 167. Zur „abnormen Fokussierung" unter LSD-Einfluß vgl. 1.2.1.1.4, Rdnr. 339 und 346. Vgl. hierzu auch bei den Weckaminen 3.2.4.4, Rdnr. 1873 f.

menten, kommt, was im übrigen auch für die anderen sog. „bewusstseinserweiternden" Drogen[111] gilt. So kann es zwar zu einer Verknüpfung verschiedener Erlebnisqualitäten kommen (**Synästhesien**, z.B. das Hören von Musik führt zu visuellen Vorstellungen sowie dem Gefühl vertiefter Einsicht), nicht aber zu tatsächlich neuen Einsichten in Sinnzusammenhänge[112].

143 Aufgrund der Tatsache, dass einzelnen Details gegebenenfalls über Gebühr Beachtung geschenkt wird[113], kann umgekehrt eher von einer „**bewusstseinseinschränkenden**" statt von einer „bewusstseinserweiternden" Wirkung gesprochen werden. Der Cannabis-Rausch kann im übrigen durchaus eine momentan entlastende Wirkung haben, Auswirkungen auf den Alltag im Sinne einer neuen Konflikt- oder Problemlösungshaltung sind jedoch nicht verifizierbar; neue Erkenntnisse und Einsichten sind nicht erarbeitet, sondern vorhandene Einstellungen werden im passiv erlebten Rausch **angenehm besetzt** und so vertieft und gefestigt.

144 Die beschriebenen Cannabis-Wirkungen sind hierbei neben der jeweiligen **Drogenerfahrung** und der individuellen **Persönlichkeitsstruktur** in noch höherem Maße, als dies bei anderen psychotropen Wirkstoffen der Fall ist, abhängig von

145 - der momentanen psychischen **Gestimmtheit** („set")[114]. So ist eine unterschiedliche Wirkung je nach der Ausgangsstimmung zu beobachten.

Bei positiver Gestimmtheit überwiegen meist das beschriebene Gefühl des Eins-seins-mit-der-Welt und wohliger Entspannung; ebenso werden aber auch negative Empfindungen verstärkt („**down trip**"). Veränderungen der Stimmungslage erfolgen eher hin zu einer euphorischen Tönung, so dass auch eine vorhandene **aggressive** Neigung unter Cannabis-Einfluss meist **abgebaut** wird und einer verständnisvolleren Haltung Platz macht. Daneben kann es aber auch zu einem abrupten Wechsel zwischen Entspannung und Angespanntheit kommen, bzw. ein zunächst euphorischer Rauschzustand aufgrund nicht näher bestimm- und steuerbarer Faktoren, etwa einer vom Konsumenten nicht realisierten, situativen Niedergeschlagenheit, plötzlich in einen **atypischen Rauschverlauf** umschlagen[115]. Je nach der Erwartungshaltung kann die Erlebnisqualität daher völlig unterschiedlich sein, eine spezifische Cannabis-Wirkung ganz ausbleiben oder aufgrund einer psychosozialen Sensibilisierung nach häufigerem Konsum bei gleichbleibender Dosis sogar in höherem Maße auftreten[116]. So ist auch die dem Cannabis zugeschriebene **erotisierende** Wirkung wohl allein darauf zurückzuführen, dass es bei entsprechender Gestimmtheit zu einer Steigerung des sexuellen Lustempfindens kommt (in Teilen Afrikas wird mit Cannabis-Harz versetztes Marihuana unter der Bezeichnung „Khala-Kif" als Aphrodisiacum zum Rauchen angebo-

---

[111] Vgl. etwa zu psilocybin-haltigen Pilzen 1.2.2.2, Rdnr. 567, und 1.2.3.3, Rdnr. 667.
[112] Vgl. zum Geschichtlichen 1.1.2, Rdnr. 67. Zu Synästhesien etwa unter Mescalin-Einfluss vgl. 1.2.3.1, Rdnr. 607.
[113] Näher hierzu 1.1.4, Rdnr. 134 und 141.
[114] Zum folgenden vgl. auch beim LSD-25 1.2.1.1.4, Rdnr. 344-346, sowie beim Mescalin 1.2.3.1, Rdnr. 611.
[115] Näher zum atypischen Rauschverlauf bei Cannabis 1.1.7, Rdnr. 261 f.
[116] Zu Überempfindlichkeitserscheinungen vgl. auch beim Amfetamin 3.2.4.4, Rdnr. 1901.

ten; die Hippies rauchten u.a. mit Damiana-Blättern[117] und anderen „aphrodisierenden" Pflanzen[118] vermischte „**joints for sex**").

- den **Umgebungsfaktoren** („**setting**"). Um zu lernen, die auftretenden Rauschwirkungen mit positiven Gefühlen zu besetzen, ist etwa die Einstimmung des Erstkonsumenten durch eine Person oder häufiger eine **Gruppe**, der er Vertrauen entgegenbringt, wichtig.   **146**

Diese können auch paranoide Phasen und angstbesetzte Reaktionen „herunterreden" („**talk down**"). Im Gegensatz zu anderen Rauschdrogen wie den Opiaten erfolgt der Haschisch-Konsum bei uns in der ganz überwiegenden Zahl im Rahmen einer Gruppe, die zu der gelösten Grundstimmung beiträgt. Aggressives Verhalten einzelner wird hierdurch entschärft.

- der **Dosis**. Kleine Dosen haben einen **qualitativ** anderen Effekt als große Dosen[119].   **147**

So zeigt sich regelmäßig nur bei **geringen** Dosen von etwa 7-15 mg Δ^9-THC der beschriebene, erst stimulierende, dann sedierende Wirkungsablauf („social high"). Bei **höheren** Dosen von mehr als 20 mg stehen hingegen Ich-Bezogenheit und psychotomimetische Effekte im Vordergrund, deren Eintritt von der jeweiligen Ausgangsstimmung dann auch sehr viel unabhängiger ist. Bei chronischem Konsum können infolge der Toleranzbildung zur Herbeiführung der gleichen Effekte jedoch Tagesdosen von bis zu 500 mg erreicht werden.

Da aufgrund des meist unbekannten Wirkstoffgehalts eine **exakte Dosierung nicht** möglich ist, sind die jeweiligen Wirkungen letztlich weder vorhersehbar noch steuerbar, auch wenn der drogenerfahrene Haschisch-Konsument im Gegensatz zum Anfänger gelernt hat, eine Überdosierung beim Rauchen und damit unangenehme Effekte weitgehend zu vermeiden.

Obwohl Cannabis sowohl eine sedierende als auch eine stimulierende oder halluzinogene Wirkung haben kann, entzieht es sich im gleichen Maße, wie es aufgrund seiner chemischen Struktur eine **Sonderstellung** einnimmt, einer Zuordnung zu den übrigen hier behandelten Wirkungsgruppen wie Stimulantia, echte Halluzinogene, Tranquilizer oder Narkotica.   **148**

Hiermit korrespondiert, dass es auch **keine Kreuztoleranz** mit den echten Halluzinogenen wie LSD-25, Mescalin oder DMT aufweist, die ihrerseits untereinander Kreuztoleranzen zeigen und sich in ihrer Wirkung beeinflussen.   **149** #

---

[117] Der Wirkstoff der vor allem in Mexico und dem Südwesten der USA als tonisches und aphrodisierendes Mittel eingesetzten Damiana (Turnera diffusa bzw. aphrodisiaca) ist bisher nicht isoliert worden.
[118] Etwa eine Reihe von Solanaceen, vgl. 1.2.2.2, Rdnr. 532-541 und 547-560.
[119] Zur Dosierung bei inhalativer und oraler Aufnahme vgl. 1.1.4, Rdnr. 117.

150 # Zur **physiologischen Wirkungsweise** des THC liegen zahlreiche Untersuchungen vor. Danach ist davon auszugehen, dass, nachdem das THC aus dem **Plasma** recht schnell verschwunden ist[120], es zunächst zu einer Anreicherung in der Leber (neben Lunge und Milz) kommt. THC zeigt im Gegensatz zu Ethanol keine gleichmäßige Verteilung im Organismus, sondern scheint sich als **lipophile** Substanz vor allem in den Organen anzusammeln, die Lipoide enthalten (Fettgewebe). Die anschließende Abnahme der Konzentration im Gehirn erfolgt gegenüber anderen Organen langsamer[121].

Hierbei dürfte die gleichmäßige Verteilung des THC im Organismus auch durch die gefäßverengende Wirkung des meist im „joint" mitgerauchten Tabaks beeinflusst werden.

151 # Insgesamt erfolgt die **Wirkstoffausscheidung** über (vorwiegend) Stuhl und Harn relativ **langsam**.

Bei Tierversuchen mit radioaktiv markiertem THC dauerte es 5 Tage, bis etwa 75 % ausgeschieden waren. Als **HWZ** beim Menschen werden nach dem erwähnten, recht schnellen Absinken auf etwa 20-30 % des anfänglichen Blutspiegels durchschnittlich 72 h angenommen,; bei chronischen Konsumenten wurde jedoch eine Herabsetzung der HWZ auf rund 28 h festgestellt. Eine Nachweisbarkeit im Plasma ist etwa 10-21 Tage lang gegeben[122].

152 # Eine Folge dieser langsamen Ausscheidung könnte sein, dass Cannabis-Produkte im Verhältnis zum Ethanol über die akute Rauschphase hinaus in weitergehendem Maße längerfristig emotionale Verhaltensänderungen zu bewirken imstande sind, womit u.U. auch das Phänomen der „**flash back's**"[123] zusammenhängen könnte.

153 # Die Herabsetzung der HWZ bei habituellem Konsum kann damit erklärt werden, dass wie z.B. auch bei den Barbituraten[124] die Leber durch Anpassungsvorgänge bei wiederholter THC-Zufuhr offenbar in die Lage versetzt wird, wachsende THC-Mengen in abnehmender Zeit umzusetzen (**Enzyminduktion**), ein Indikator für Gewöhnung und Toleranzbildung. Die Induktion der Enzymproduktion dürfte hierbei zu einer Formierung der für die Umwandlung erforderlichen spezifischen Enzyme (hier: Oxidasen) führen.

154 # Dass erstmaliger Cannabis-Konsum häufig zu keinerlei Wirkung führt, hängt wohl ebenfalls damit zusammen, dass die Leberzellen erst bei mehrfacher THC-Zufuhr imstande sind, die Stoffwechselprozesse durchzuführen, die Vorausset-

---

[120] Vgl. hierzu 1.1.4, Rdnr. 113; wie z.B. auch das Diamorphin, vgl. 2.1.4, Rdnr. 1126.
[121] Anders als Morphin, vgl. 2.1.4, Rdnr. 1131, und LSD-25, vgl. 1.2.1.1.4, Rdnr. 357, jedoch in Übereinstimmung z.B. mit dem ebenfalls lipophilen Amfetamin, vgl. 3.2.4.4, Rdnr. 1883, und PCP, vgl. 1.2.4.5, Rdnr. 905.
[122] Näher zum immunochemischen Nachweis 1.1.5, Rdnr. 221-225.
[123] Zum Vorkommen von „flash back's" bei Cannabis vgl. 1.1.4, Rdnr. 159.
[124] Zu den Barbituraten vgl. 4.1, Rdnr. 2007. Zu vergleichbaren Stoffwechselprozessen bei Opiaten vgl. 2.1.4, Rdnr. 1171 FN 282.

zung für das psychotrope Wirksamwerden sind. Diskutiert wird hierbei, dass nach einer schnell zunehmenden **Metabolisierung** des Δ^9-THC in der Leber zu **THC-COOH** (genauer: 11-Nor-9-COOH-THC oder 9-Carboxy-THC)[125] als Hauptmetabolit sowie durch hydroxylierende Enzyme zu **THC-OH** (11-Hydroxy-Δ^9-THC)[126] sowie u.a. 8,11-Dihydroxy- Δ^9-THC es vor allem die beiden letzgenannten Stoffwechselprodukte sind, welche sodann den eigentlichen (im Vergleich zum Ethanol verzögerten) **psychotropen** Effekt auslösen[127]. Hierfür spricht auch, dass in der 1. Stunde der Blutspiegel der Metaboliten höher ist als der Ursprungssubstanz.

Dies beruht wahrscheinlich darauf, dass eine **Reabsorption** der im Vergleich zu THC besser wasserlöslichen Metaboliten über Gallenblase und Darm erfolgt. Dieser als „**enterohepatischer Kreislauf**" bezeichnete Vorgang trägt offenbar ebenfalls zu den erwähnten, auch bei chronischem Missbrauch noch vergleichsweise hohen HWZ bei, die bei THC-COOH 1-6 d betragen. **155** #

Daneben scheinen weitere, ebenfalls durch Biotransformation entstehende Stoffwechselprodukte für das Zustandekommen der spezifischen Rauschwirkung verantwortlich zu sein[128]. **156** #

Andererseits kommt es aufgrund der Speicherung von THC (bzw. den ebenfalls psychotrop wirksamen THC-Metaboliten) in verschiedenen Organsystemen zu einer **Kumulation** dieser Stoffe im Organismus, was eine notwendig werdende Dosissteigerung infolge Toleranzbildung verschleiern könnte[129]. **157** #

Die **Toleranzbildung** bei THC, die sowohl im Hinblick auf physiologische Veränderungen (insbesondere des Herzschlages) als auch in Bezug auf das subjektive Erleben des „high" mit einiger Wahrscheinlichkeit vorhanden, wenn auch nicht sicher nachweisbar ist, hält sich jedenfalls, etwa im Verhältnis zu der bei LSD-25[130], in Grenzen. Worauf eine Toleranzbildung bei THC beruhen könnte, ist letztlich noch nicht geklärt; ganz allgemein kann jedenfalls von einer verminderten Empfindlichkeit des ZNS ausgegangen werden. Nach einer gewissen Zeit der Abstinenz kehrt die Sensibilität für THC zurück.

Eine **umgekehrte Toleranz** dürfte hingegen bei Erstkonsumenten, die zunächst eine subjektive Steigerung des THC-Effektes bei gleichbleibender Dosis erleben können, nicht **158**

---

[125] Auch die im Ausgangsmaterial vorkommende THC-COOH ist demgegenüber psychotrop inaktiv, vgl. 1.1.3, Rdnr. 85.
[126] Zur Strukturformel des THC-OH vgl. 1.1.3, Rdnr. 92.
[127] Ähnlich den LSD-Metaboliten, vgl. 1.2.1.1.4, Rdnr. 381-385, aber im Gegensatz z.B. zu den Cocain-Metaboliten, vgl. 3.1.4, Rdnr. 1556 und 1561.
[128] Zu den Cannabis-Inhaltsstoffen vgl. 1.1.3, Rdnr. 91 und 104.
[129] Zur verschleierten Dosissteigerung bei Barbituraten vgl. 4.1, Rdnr. 2006, sowie bei den 1,4-Benzodiazepinen 4.3.4, Rdnr. 2197.
[130] Zur Toleranzbildung bei LSD-25 vgl. 1.2.1.1.4, Rdnr. 384 und 390.

gegeben sein, vielmehr dürfte dieses subjektive Erleben allein auf soziale Lernprozesse zurückzuführen sein[131].

159 Inwieweit es bei Cannabis überhaupt zu einem der oft beschriebenen „**flash back's**"[132] kommen kann, ist umstritten; sie scheinen jedenfalls bei Cannabis selten zu sein, wobei der erwähnte Kumulationsprozess als Ursache hierfür in Betracht kommt. Mit einem Eintritt muss demnach dann verstärkt gerechnet werden, wenn ein erneuter Konsum vor vollständigem Abbau der Wirkstoffe erfolgt. Der Verlauf eines noch mehrere Tage bis offenbar Monate nach der letzten Wirkstoffzufuhr auftretenden „Nachrausches" und die damit einhergehenden psycho-physischen Beeinträchtigungen von Wahrnehmung und Erleben scheinen dem eigentlichen Cannabis-Rausch nach THC-Zufuhr zu gleichen. Eine akzeptierte Erklärung für den möglichen Entstehungsmechanismus steht bis heute aus.

160 An diesen Effekten dürften die **THC-Metaboliten** einen höheren Anteil als die
ursprünglich zugeführten Cannabis-Wirkstoffe haben, da bei mehrfacher THC-Zufuhr ja auch eine beschleunigte Metabolisierung infolge Enzyminduktion in der Leber zu erfolgen scheint, die zu einer Herabsetzung der HWZ für die THC-Ausscheidung führt. Auf diese Weise reicht auch die verkürzte Verweilzeit des THC im Organismus bei häufigerem Missbrauch zur Kumulationsausbildung aus.

161 Die verschiedenen THC-Metaboliten können in (z.T. antagonistische) **Wech-**
**selwirkungen** treten, wodurch eine schwer berechenbare und von Mal zu Mal unterschiedliche Pharmakodynamik bedingt wird.

162 THC weist zerebale Wirkungen bereits in nanomolarer Konzentration auf. Es
tritt mit verschiedenen **Neurotransmittern** und Neuropeptiden in Interaktion, u.a. mit Acetylcholin und Dopamin. Dopamin steht in Verbindung mit dem mesolimbischen Wohlbefindlichkeits- bzw. Belohnungssystem des Gehirns und ist u.a. mitverantwortlich für das überwältigende Glücksgefühl beim Heroin-„flash"[133]. Ähnlich wie bei LSD-25 wurde zudem auch bereits bei niedrigen Cannabis-Dosen ein durch THC und seine Metaboliten verursachter Anstieg des **Serotonin**-Spiegels[134] im Gehirn beobachtet.

163 Aufgrund der Konzentration dieses biogenen Amins im Hirnstamm, dem **limbischen**
**System** (insbesondere dem Hippocampus), dem retikulären System und dem Kleinhirn, die die Steuerung u.a. von Herztätigkeit, der Darmfunktion und der Triebbefriedigung beinhal-

---

[131] Zur Bedeutung des „setting" bei Cannabis vgl. 1.1.4, Rdnr. 146, vgl. aber auch 1.1.4, Rdnr. 118.
[132] Zum Phänomen der „flash back's" näher beim LSD-25 1.2.1.1.4, Rdnr. 386-389.
[133] Dieses neuronale System wird von sehr unterschiedlichen Drogen aktiviert, die unterschiedliche Wirkungsmechanismen aufweisen - zu den Reaktionsmöglichkeiten des Körpers auf Zufuhr unterschiedlicher Fremdstoffe vgl. 3.1.7, Rdnr. 1697, und 4.5.4, Rdnr. 2562 f. Zum Eingriff in den Acetylcholin-, Dopamin- und Serotonin-Haushalt durch Opiate vgl. 2.1.4, Rdnr. 1160-1167.
[134] Zum durch Methylendioxyamfetamine bewirkten Anstieg des Serotonin-Spiegels vgl. 1.2.4.3, Rdnr. 842. Zum Eingriff in den Serotonin-Haushalt durch LSD-25 vgl. 1.2.1.1.4, Rdnr. 369 und 372-379.

1.1 Cannabis/Hanf

ten, ist zu folgern, dass es aufgrund dieses Eingriffs in den Serotonin-Haushalt zu der für Cannabis spezifischen affektiven Färbung der Sinneseindrücke und des Verhaltens (z.B. dem typischen Heißhunger des Konsumenden) kommt[135].

Außerdem zählt THC zu den die Aktivierung der **Na$^+$-Kanäle** beeinflussenden Wirkstoffen[136], indem es von der Zyptoplasmaseite her den Aktivierungsprozess des Na$^+$-Einstromes durch die Natriumkanäle der Zellmembran verlangsamt. **164 #**

Hierdurch kommt es teils zu einer Verlangsamung, teils zu einer erhöhten Aktivität der nervösen Vorgänge. Diese gleichzeitige **Dämpfung** und **Reizung** verschiedener Gehirnzentren, wodurch indirekt auch die Großhirnrinde (Cortex) mit dem Sitz des Bewusstseins und der Verstandesfunktionen beeinflusst wird, wird gleichzeitig als Ursache der **psychischen Labilität** des unter Cannabis-Einfluss Stehenden betrachtet[137]. **165 #**

Die akute THC-Wirkung kann durch das Auftreten langsamer EEG-Wellen im septalen Bereich des limbischen Systems charakterisiert werden.

Trotz unterschiedlicher molekularer Struktur greifen daher offensichtlich THC und seine Metaboliten in vergleichbarer Weise u.a. in den Stoffwechsel des Transmitterhormons **Serotonin** ein wie z.B. Methylendioxyamfetamine, LSD-25 und seine Metaboliten oder Psilocybin[138], wobei ein vergleichbares neuronales Rezeptorsystem zu postulieren war. **166 #**

Neben als **CB2** bezeichneten **Cannabinoid-Rezeptoren** auf Immunzellen[139] wurde ein als **CB1** bezeichnetes Rezeptorsystem seit 1990 u.a. im Vorderende des Hippocampus (Ammonshorn), dem Corpus striatum (einem Teil der basalen Stammganglien des Gehirns) sowie dem frontalen Cortex, vor allem aber im für Muskelkoordination, Gleichgewicht und Haltung verantwortlichen Kleinhirn (Cerebellum) gefunden[140]. Die Suche nach körpereigenen Liganden mit THC-ähnlicher Wirkung[141] führte ab 1992 zur Entdeckung der **Anandamide**[142], die wahr- **167 #**

---

[135] Zu den Folgen eines Serotonin-Mangels vgl. demgegenüber 4.3.3, Rdnr. 2163 (sowie zu dem durch Antidepressiva bewirkten Anstieg des Serotonin-Spiegels Rdnr. 2164 f.)
[136] Allgemein zu den Na$^+$-Kanälen und ihrer Blockierung: Einführung, Rdnr. 4 und 15; vgl. auch zu den lokalanästhetischen Cocain-Wirkungen 3.1.4, Rdnr. 1575-1577.
[137] Vgl. hierzu 1.1.4, Rdnr. 122 und 145. Körperliche Nebenwirkungen weisen zugleich auf Eingriffe in den Catecholamin-Haushalt hin, vgl. 1.1.4, Rdnr. 125 (vgl. auch beim Morphin 2.1.4, Rdnr. 1160 FN 269).
[138] Zum Serotonin-Antagonismus des Psilocybins vgl. 1.2.3.5, Rdnr. 651.
[139] Vgl. etwa zu den CBD-Wirkungen 1.1.3, Rdnr. 96.
[140] Zur sog. „Haschisch-Katalepsie" vgl. 1.1.4, Rdnr. 125, zu einer möglichen medizinischen Einsetzbarkeit von THC und verwandter Verbindungen als Antiepileptica vgl. 1.1.3, Rdnr. 97.
[141] Zur Suche nach körpereigenen Liganen für Morphin und seine Derivate vgl. 2.1.4, Rdnr. 1144. Vgl. auch zum Adrenochrom 1.2.1.1.4, Rdnr. 365.
[142] Der erste Namensbestandteil weist auf das Sanskritwort für Glückseligkeit hin.

scheinlich mit diesen Neurorezeptoren interagieren. Hierbei handelt es sich um Arachidonylethanolamide (Ethanolamid-Derivate der Arachidonsäure, einer vierfach ungesättigten essentiellen Fettsäure)[143], die ähnlich, aber deutlich schwächer als Δ^9-THC und nur kurzzeitig wirkt. **Endogene Anandamide** wirken offenbar **analgesierend**, werden bei starken Schmerzen ausgeschüttet[144] und hemmen wahrscheinlich wie auch Δ^9-THC, ähnlich den Opioiden[145], das membrangebundene Enzym Adenylat-Cyclase[146] und die Öffnung von Ionenkanälen, wobei die derzeitigen Befunde noch z.Zt. widersprüchlich sind. Während Opioide insbesondere die Weiterleitung des Schmerzimpulses beeinflussen, scheinen THC und die Anandamide die **Schmerzempfindlichkeit** herabzusetzen. Vergleichbar Δ^9-THC scheinen auch Anandamide zudem u.a. Auswirkungen auf das mesolimbische dopaminerge System und die körperliche Beweglichkeit (**Akinese**) zu haben.

168 Bei **gleichzeitigem** Genuss etwa von **Alkohol** und Cannabis-Produkten[147] können psychotische Störungen sowie Herz-Kreislaufstörungen die Folge sein (generell gilt: Ein Rausch ist des anderen Feind)[148]. Zudem scheint es in gewissem Umfang eine **Kreuztoleranz** zwischen Alkohol und THC zu geben, während, wie erwähnt, die Cannabinoide sonst keine Kreuztoleranz mit anderen psychotropen Substanzen aufweisen.

169 Neben einer eigenständigen analgetischen Wirksamkeit von THC kann es außerdem zu **Wechselwirkungen** zwischen Cannabinoiden und gleichzeitig im Organismus vorhandenen **Arzneimitteln** bzw. Stoffwechselprozessen, die zu deren Umsetzung in den Leberzellen führen, kommen.

170 Dies gilt insbesondere für das in vielen analgetischen und fiebersenkenden Mitteln enthaltene **Amidopyrin**[149]. Es kann hierbei zu einer Hemmung der Oxidationsprozesse oder aber auch infolge einer Erhöhung der Entgiftungskapazität der Leber zu einer erheblichen Verminderung der Halbwertszeit des THC kommen.

---

[143] N-Arachidonylethylamin soll auch – in sehr geringer Menge – einer der Inhaltsstoffe des Kakaopulvers sein; zu den Inhaltsstoffen der Kakaobohne vgl. auch Vorbem. 3.2, Rdnr. 1709 FN 2.
[144] Zu einer Einsetzbarkeit von THC als Analgeticum vgl. 1.1.3, Rdnr. 98 f.
[145] Zu den körpereigenen Opioiden vgl. 2.1.4, Rdnr. 1144-1158, zur Beeinflussung der Schmerzweiterleitung durch Opioide vgl. 2.1.4, Rdnr. 1139 und FN 241.
[146] Zur Adenylat-Cyclase vgl. 2.1.4, Rdnr. 1167-1170.
[147] Zum verbreiteten Mehrfachkonsum und Kombinationen mit Cannabis-Produkten vgl. z.B. 1.2.4.3, Rdnr. 864, und bei den Weckaminen 3.2.4.5, Rdnr. 1911, zu Cannabis-PCP-Kombinationen 1.2.4.5, Rdnr. 904 und 919.
[148] Vgl. hierzu 1.1.4, Rdnr. 120. Zu Alkohol-Kombinationen mit anderen „downers" vgl. auch bei den Barbituraten 4.1, Rdnr. 2020.
[149] Zu weiteren antipyretischen Analgetica vgl. Vorbem. 4, Rdnr. 1970 FN 15, und Vorbem. 4.4, Rdnr. 2243.

THC **potenziert** andererseits die Wirkung verschiedener **Hypnotica** und Sedativa[150], ebenso aber auch die zentral-stimulierende Wirkung der **Weckamine**. Bei chronischer THC-Zufuhr schwächt sich allerdings infolge der erwähnten Toleranzbildung der Einfluss z.B. auf die Schlafzeit nach Hexobarbital-Gabe ab, auch lässt die spasmolytische Eigenschaft nach[151].   171 #

Der Cannabis-Rausch und eventuell damit verbundene negative Sensationen, insbesondere panische Angst bei höheren Dosen ("**bad trip**"), werden durch Tranquilizer[152] und Kaffe (früher auch Barbiturate) **unterbrochen**.   172

1.1.5 Handelsformen

Außer **Marihuana** ("pot", "grass", "weed" pp.) werden vor allem mildere **Haschisch**-Sorten (häufig allgemein als "shit" bezeichnet), z.B. "Grüner Türke", neben stärkeren wie "Dunkelbrauner Pakistani" bei uns gehandelt[153].   173

Marihuana ist bei uns regelmäßig als gepreßter Ballen, früher häufiger auch in Form von gedrehten Stäbchen ("Sticks"), im Handel.   174

Cannabis-Harz wird zuweilen in Stangenform (z.B. "Stangenafghan") oder als weiche, gedrehte Haschischklumpen (z.B. "Pakistani-Fladen", "Afghani-Fladen", "gedrehter Inder", "Kaschmirrolle") gehandelt, wobei letztere meist hochwertige Sorten (etwa unter Verwendung des Pilzes Aspergillus niger fermentierter "Schimmelafghan") darstellen. Generell gilt, dass eine dunklere Färbung auf eine bessere Qualität schließen lässt (es sei denn, sie beruht auf einer Beimengung dunkler Schuhcreme).   175

Nahöstliche **Haschisch-Sorten** sind häufig olivbraun und in Baumwollbeutel abgefüllt, in denen sie, nicht selten unter Verwendung eines Prägestempels mit Markenzeichen, gepresst werden[154]. Hüllen aus Zellglasfolie können auf nordwestafrikanischen Ursprung, solche aus Kunststofffolie auf mittelasiatischen Ursprung hinweisen.   176

Bei diesen Sorten liegt der **CBD-Anteil** regelmäßig über dem THC-Anteil, wobei insbesondere der psychoaktive THC-Anteil bei längerer Lagerung, vor allem unter Einwirkung von Licht und Wärme, sich in das unwirksame Oxidationspro-   177

---

[150] Wie z.B. Mandrax und Medinox, vgl. 4.2.1, Rdnr. 2063. Zur Wirkungssteigerung bei Kombinationen mit Amfetamin vgl. 3.2.4.5, Rdnr. 1911.
[151] Zur möglichen therapeutischen Verwendbarkeit vgl. 1.1.3, Rdnr. 96-99.
[152] Vgl. bei den Tranquilizern 4.3.4, Rdnr. 2194.
[153] Näher zu den Haschisch-Sorten 1.1.1, Rdnr. 41 f. Als „grass" können jedoch auch völlig andere Rauschdrogen mit abweichendem Wirkungsspektrum angeboten werden, vgl. etwa beim PCP 1.2.4.5, Rdnr. 903.
[154] Näher zur Herstellung 1.1.1, Rdnr. 39 f.

dukt **CBN** umwandelt[155]. Innerhalb weniger Wochen halbiert sich so der **THC-Gehalt**.

178   Der **Endverkaufspreis** für Haschisch fiel, parallel zu den Preisen für andere Rauschdrogen, in den 1990er Jahren von zunächst etwa 3.500-9.000 DM/kg auf etwa 2.500-6.000 DM/kg sowie auf 6-12 DM/g bei einem durchschnittlichen THC-Gehalt von 3-5 Gew.-%/g. Die **Wirkstoffkonzentration** kann jedoch sehr unterschiedlich sein: Sie reicht von ca. 1,8 Gew,-% bei türkischem bis zu 10 und mehr Gew,-% bei nepalesischem Haschisch. Bei Cannabis-Harz von weniger als 5 Gew.-% kann von schlechter, bei 5-8 Gew.-% von mittlerer, bei 8-10 Gew.-% von guter und bei mehr als 10 Gew.-% von **sehr guter Qualität** gesprochen werden. Zum Anbau als pflanzlicher Rohstoff in Europa gezüchteter Faserhanf weist demgegenüber nur einen THC-Anteil von 0,1-0,2 Gew.-% auf[156].

179   Das schwächere **Marihuana** weist im allgemeinen nur Durchschnittswerte von 1-5 Gew.-% THC auf. Der hier sehr variable Preis ist dementsprechend geringer und schwankte Anfang der 1990er Jahre zwischen 3.000 und 6.000 DM/kg sowie 5 und 13 DM/g.

180   Bei den in **Deutschland angebauten** Hanfpflanzen, die meist zum Eigenkonsum in Marihuana-Form bestimmt sind, beträgt der THC-Gehalt bei Anpflanzung im Freien im Durchschnitt nicht mehr als 2 Gew.-% (hier muss also die Phantasie häufig die Rauschwirkung ersetzen). Günstige klimatische Bedingungen sowie Züchtungen mit importiertem Saatgut in speziellen Klimaschränken bringen jedoch zunehmend höhere THC-Gehalte von 4 Gew.-% und mehr, wobei die benötigten **Hanfsamen** zunehmend über den Internet-Handel aus den Niederlanden bezogen werden.

181   Durch Züchtungen in den **USA** konnte bei dem als hochwertige Marihuana-Art mittlerweile auch in Europa im Handel befindlichen "**Sinsemilla**"[157] der THC-Gehalt von 1 Gew.-% in den 1960er Jahren auf 3,5 Gew.-% in den 70er, etwa 8,5 Gew.-% Anfang der 80er und ca. 17-22 Gew.-% Anfang der 90er Jahre kontinuierlich gesteigert werden. Ermöglicht wurde dies durch spezielle "Indoor-Anlagen" mit automatisierter Bewässerung pp., die optimale Wachstumsbedingungen unter Glas und mehrere Ernten jährlich bei Entfernung der männlichen Pflanzen ermöglichen. Die Züchtungsmethode wurde in den **Niederlanden** übernommen, wo zwischenzeitlich sogar THC-Gehalte von etwa 27 % erreicht worden sein sollen.

182   Die importierten **Haschisch-Platten**, die in Deutschland ganz überwiegend in den Verkehr kommen, weisen als trockenes Material durchschnittlich einen **Harz-**

---

[155] Vgl. hierzu 1.1.1, Rdnr. 40, und 1.1.3, Rdnr. 95.
[156] Zum Nutzhanf vgl. 1.1.2, Rdnr. 49, und 1.1.3, Rdnr. 106.
[157] Zu den Sinsemilla-Arten näher 1.1.1, Rdnr. 30.

1.1 Cannabis/Hanf

gehalt von 18 Gew.-%, Kochhaschisch von etwa 10-15 Gew.-%[158] auf, wobei Harzgehalt und THC-Konzentration regelmäßig korrespondieren.

Für den Konsum wird ein Stückchen der Haschisch-Platte, das meist als **183** **"Rauchpiece"** bezeichnet wird, in einem Metallöffel erwärmt und zerbröselt. Etwa 0,1-0,3 g Haschisch durchschnittlicher Qualität (was etwa 15-18 mg THC entspricht)[159] werden sodann mit Tabak vermengt und zu einem "joint"[160] gedreht (eine "Tüte bauen") oder pur in einem speziellen Rauchgerät mit kleinem Tonkopf ("chillum") oder einer Wasserpfeife ("hookah" bzw. "Bong") geraucht. Behelfsmäßige Rauchgeräte werden auch aus Büchsen oder Streichholzschachteln hergestellt.

Seltener wird Cannabis-Harz **Speisen** zugefügt bzw. mit Fett oder Butter zubereitet ("space-cakes")[161]. Gleichwohl bieten einschlägige "Haschisch-Kochbücher" eine Vielzahl von Zubereitungsvarianten. **184**

Da es nicht wasserlöslich ist, eignet das **Harz** sich dagegen nicht zu **Injektionszwec-** **185** **ken.** Das Spritzen **synthetischen** THC's, das in Kapseln, Tabletten oder abgefüllten injektionsfertigen Lösungen gehandelt wird, als Reinsubstanz[162] dürfte äußerst selten sein.

Marihuana, das nach wie vor vornehmlich von in Deutschland stationierten **186** US-Soldaten bevorzugt wird, hat demgegenüber bei uns eine geringere Bedeutung.

Der Literpreis für **Cannabis-Konzentrat** mit einem **Wirkstoffgehalt** von **187** durchschnittlich 25-40 % (max. 63 %, bei noch höherer Konzentration kristallisiert THC aus)[163] beträgt bei uns z.Zt etwa 7.000-10.000 DM, der Grammpreis liegt zwischen 20 und 40 DM. Haschisch-Öl kommt relativ selten auf den Markt und dürfte eher eine **Transportform** darstellen bzw. gelegentlich zur "Aufbesserung" geringwertigen Haschischs dienen.

Jedoch ist auch ein Abfüllen in **Tablettenform** zur oralen Einnahme bekannt geworden; **188** daneben wird es in einer speziellen Glaspfeife oder auf Zigaretten bzw. schlechtem "grass",

---

[158] Zum Kochhaschisch vgl. 1.1.1, Rdnr. 38.
[159] Zur Dosierung vgl. 1.1.4, Rdnr. 117.
[160] Dessen Name auf die „verbindende" Kraft der im Kreis herumgereichten, cannabishaltigen Zigarette zurückgeht. Ein „joint" kann die unterschiedlichsten Drogenkombinationen, mit oder ohne Cannabis, enthalten, vgl. etwa beim DMT 1.2.4.4, Rdnr. 875 und 878, bzw. ein Marihuana-Joint seinerseits Trägermaterial für andere Rauschdrogen sein, vgl. etwa beim PCP 1.2.4.5, Rdnr. 904 und 919, oder beim Cocain 3.1.5, Rdnr. 1614 und 1629.
[161] Wohl wegen der schlechten Steuerbarkeit der Aufnahme und dem langsameren Wirkungseintritt, vgl. 1.1.4, Rdnr. 111-113.
[162] Zur Synthetisierung von Cannabinoiden vgl. 1.1.1, Rdnr. 44, sowie 1.1.3, Rdnr. 99-104.
[163] Zur Herstellung von Haschisch-Öl vgl. 1.1.1, Rdnr. 43.

in gelöster Form geträufelt, **geraucht**[164]. Eine **Injizierbarkeit** (genannt werden 0,6-1 mg THC) dürfte demgegenüber auch in nicht-wässriger Lösung kaum gegeben sein. Haschisch-Öl befindet sich auch unter der Bezeichnung "**Liquid-Haschisch**" bzw. "Liquid-Marihuana"[165] oder "number one" auf dem Markt.

189 Das **Strecken** von Cannabis-Produkten kann mit humosen Erden, Paprika, Oregano-Blättern, Maté (ein coffein-haltiger, südamerikanischer Tee) u.ä. erfolgen.

Meist geschieht es mit **Henna**, einem insbesondere in den arabischen Ländern häufig verwandten, rot-gelben pflanzlichen Farbstoff, der Haschisch im Aussehen weitgehend gleicht und daher auch zuweilen als Totalimitat angeboten wird. Altes und trockenes Haschisch kann mit Schuhcreme wieder geschmeidig gemacht werden. Bei Marihuana kann eine einfache Gewichts- und Volumenvermehrung dadurch erfolgen, daß es angefeuchtet wird.

190 Gelegentlich kommt auch eine **Mischung** aus Haschisch und **Amfetamin** oder aus Haschisch und **Datura-Samen**[166] in den Handel. Insgesamt hat seit Beginn der 1990er Jahre ein **Beigebrauch** von Cannabis-Produkten etwa zur Beruhigung ("come down") nach Stimulantia-Missbrauch oder als "**Disko-Droge**" in Kombination mit Amfetamin und seinen Derivaten erheblich zugenommen[167].

191 Mit **Opium** versetztes, vorwiegend afghanisches Haschisch ("gypsy")[168], wurde dagegen allenfalls früher einmal bei uns gelegentlich angeboten. Abnorme Haschisch-Wirkungen dürften eher auf besonders hochwertiges Haschisch oder auf unbeabsichtigte Überdosierungen als auf derartige Beimengungen zurückführbar sein.

192 Bei den sog. "**Thaisticks**", die bei uns in den 1970er Jahren zuweilen im Handel auftauchten, handelte es sich um Marihuana, welches mit einem Faden um ein Holzstäbchen gewickelt war und in den Herkunftsländern, wo es in dieser Form wohl nach wie vor konsumiert wird, mit Opium-Tinktur getränkt werden soll.

193 Infolge des erheblichen apparativen Aufwandes und der erforderlichen speziellen Kenntnisse kommt **synthetisches** THC[169] in Deutschland bislang nur sehr selten auf den illegalen

---

[164] Zuweilen wird „grass" auch in Verbindung mit anderen Substanzen geraucht, vgl. etwa beim Methaqualon 4.2.1, Rdnr. 2063.
[165] Zum „liquid ecstasy" vgl. 1.2.4.3, Rdnr. 845 und 855, sowie 1.2.4.8, Rdnr. 936-939; zum „flüssigen PCP" vgl. 1.2.4.5, Rdnr. 902 f. und 904.
[166] Zu mit Datura versehenem Haschisch vgl. 1.1.1, Rdnr. 33 FN 8, und 1.2.2.2, Rdnr. 547; vgl. auch 1.1.4, Rdnr. 171. Bei einer Mischung mit getrockneter Petersilie werden wahrscheinlich zusätzlich Wirkstoffe aus der Gruppe der Methylendioxyamfetamine wirksam, vgl. 1.2.3.2, Rdnr. 632 FN 55 und 635.
[167] Zum Cannabis-Beigebrauch beim Heroin vgl. 2.1.7, Rdnr. 1338, zur Kombination mit anderen Fremdstoffen als „Disko-Droge" vgl. 1.2.4.3, Rdnr. 847 und 864.
[168] Vgl. hierzu 1.1.1, Rdnr. 33 FN 8.
[169] Zum synthetischen THC vgl. 1.1.3, Rdnr. 100-104, und 1.1.5, Rdnr. 185.

1.1 Cannabis/Hanf

Drogenmarkt, wo es, vermengt mit einem Trägermaterial wie z.B. Sojamehl, zuweilen als besonders wertvolles "indisches" Haschisch angeboten wurde.

Als **Cannabis-Ersatz** werden in Jugendheimen, Gefängnissen u.ä. gelegentlich Bananenschalen getrocknet und geröstet bzw. die innere Schale gekocht und sodann mit Tabak vermengt geraucht. Hierbei werden **Tryptamin**-Verbindungen, insbesondere wohl 5-Hydroxytryptamin[170], wirksam, die zu Euphorie bei gleichzeitigem Wärmegefühl und Wechsel zwischen Hypertonie und Hypotonie führen. **194**

Demgegenüber ist der Wirkstoffgehalt anderer biogener Substanzen, die wie etwa **Riedgräser** ebenfalls als Cannabis-Ersatz geraucht werden, nicht bekannt bzw. sind psychotrope Stoffe nicht nachweisbar[171]. Wird Cannabis seiner beruhigenden Wirkung wegen konsumiert, kann es als Ersatz zu einem **Alkohol-Missbrauch** kommen.

Entsprechend der weltweiten Verbreitung der Hanfpflanze nimmt auch der illegale oder staatlich geduldete, halblegale **Anbau** als **Drogenhanf**[172], Transport und Handel mit Cannabis und seinen Zubereitungen jedenfalls dem Umfang nach einen der vordersten Plätze unter den Rauschdrogen ein. **195**

Bei uns hat hieran der **Schmuggel** für den Eigenbedarf und Weiterverkauf, z.B. aus Marokko, wo "khif" nach wie vor weitgehend frei erhältlich und etwa im Rif-Gebirge dem Reisenden geradezu aufgedrängt wird, neben der eigenen Zucht im Blumentopf oder Garten einen recht großen Anteil. Die benötigten Hanfsamen sind bei uns in "Hanfläden" oder "headshops" erhältlich bzw. werden aus den Niederlanden importiert. Obwohl sie kein Harz enthalten, ist ihr Erwerb ab dem 1.2.1998 untersagt, wenn sie zum unerlaubten Anbau von Drogenhanf bestimmt sind[173]. **196**

Soweit der **Handel** kommerziell organisiert ist, liegen Handel und Schmuggel von Haschisch und anderen Rauschdrogen wie Heroin nach wie vor meist in denselben Händen und werden identische Methoden und Vertriebsnetze eingesetzt. Seit Beginn der 1980er Jahre übernahmen Haschisch-Großhändler zunehmend Cocain, später auch "speed", in ihr Angebot. **197**

Eine **Legalisierung** des Haschisch-Erwerbs bei gleichzeitiger Abspaltung dieses Teilmarktes von dem extrem merkantilen und profitträchtigen Markt der "harten" Drogen erschien daher jedenfalls bisher illusorisch und führte zu der Überlegung eines kontrollierten Vertriebes allein geringer Mengen Haschisch etwa über **198**

---

[170] Zum Serotonin als Tryptamin-Derivat vgl. beim LSD-25 1.2.1.1.4, Rdnr. 369 f., zu halluzinogenen Tryptaminen vgl. beim DMT 1.2.4.4, Rdnr. 874, zur Kombination mit MAO-Hemmern vgl. 1.2.3.5, Rdnr. 724 FN 155.
[171] Etwa bei verschiedenen Nachtschattengewächsen, vgl. 1.2.2.2, Rdnr. 561-563, Hülsenfruchtgewächsen, vgl. 1.2.3.4, Rdnr. 712, und Malvengewächsen, vgl. 3.2.1, Rdnr. 1712 FN 3.
[172] Vgl. hierzu auch 1.1.2, Rdnr. 76 f.
[173] Zur rechtlichen Einordnung vgl. 1.1.4, Rdnr. 106.

1.1.6 Nachweis

199   Während **Haschisch** von zäher, fester **Konsistenz** ist, liegt **Marihuana** überwiegend in Form von zerkleinerten Pflanzenteilen (vor allem Stengelspitzen, Blättern und Blütenanteilen) vor und ist von krümeliger, teerartiger Konsistenz. Eine Unterscheidung nach Herkunftsgebieten ist meist bereits anhand der Konsistenz möglich: Während ausländische Produkte von klebriger Beschaffenheit sind, liegen einheimische zumeist staubig-trocken vor[175].

200   In beiden Fällen ist der **Geruch** weihrauchartig[176].

Ein aromatisch-würziger Geruch ist ein erster Hinweis auf Frische und Güte der Cannabis-Zubereitung. Die hierfür verantwortlichen ätherischen Öle verflüchtigen sich nämlich mit der Zeit. Haschisch-Käufer bevorzugen daher meist eine Schnittprobe mit einem angewärmten Messer bei einem Stück der zu erwerbenden Haschisch-Platte.

201   Als qualitativer, nicht sehr spezifischer **Vortest** kann z.B. die Farbreaktion nach Duquenois (Vanilinacetaldehyd-HCl) oder der Merck-Test (Echtblausalz) dienen[177].

Hierbei wird die Phenolstruktur der Cannabinoide[178] zur Reaktion genutzt, die zu einer Violettfärbung der Probe führt. Dieser Screeningtest spricht jedoch auch auf das häufige Imitat Henna[179] an. Weiteres Unterscheidungskriterium ist insoweit, dass Henna sich im Gegensatz zu Haschisch im Wasser völlig auflösen läßt.

202   Bereits bei einem Vergrößerungsfaktor im Lichtmikroskop von 1:50 sind die typischen dünnen, glasklaren, länglichen, oft rechtwinklig abgebogenen **Drüsenhaare** sowie die Sekretkapseln der Hanfpflanze erkennbar[180].

Charakteristisch sind außerdem die kurzen, kegelförmigen Haare der Blattoberseite, die an der Basis einen aus Mineraleinlagerungen (Calciumcarbonat) bestehenden, stabilen Zystolythen enthalten. Sie werden als Trichomen bezeichnet.

---

[174] Zur Legalisierungsdiskussion näher 1.1.2, Rdnr. 79-82.
[175] Vgl. zur Herstellung 1.1.1, Rdnr. 35-40.
[176] Vgl. zu den Inhaltsstoffen 1.1.3, Rdnr. 91.
[177] Zu den Vortestverfahren vgl. auch bei den Opiaten 2.1.6, Rdnr. 1232-1234.
[178] Zur Struktur der Cannabinoide näher 1.1.3, Rdnr. 88.
[179] Zu Henna näher 1.1.5, Rdnr. 189.
[180] Zu den Drüsenköpfen vgl. 1.1.1, Rdnr. 26 f.

1.1 Cannabis/Hanf

Bei der routinemäßigen forensisch-toxikologischen Untersuchung einer Cannabis-Probe wird demgemäß eine Bestimmung zunächst anhand der **Morphologie** vorgenommen. 203

Daneben erfolgt ein **dünnschichtchromatographischer** Nachweis[181] mittels Auftrennung (Fraktionierung) der 3 Haupt-Cannabinoide, wobei die Erfassungsgrenze bei 0,1 µg liegt. 204

Die DC ist nur bei Untersuchungen auf Cannabinoide allein als Nachweis ausreichend, da nur hier die Abfolge der aufgetrennten Stoffe so viele Charakteristika aufweist, dass sie eine sichere Schlussfolgerung zulässt.

Eine quantitative Bestimmung ist dann durch die **Gaschromatographie** möglich, gegebenenfalls in Kombination mit massenspektrometrischen Untersuchungen[182], was in der Praxis aber nur in Ausnahmefällen erfolgt. 205

Größere Bedeutung hat, nach dünnschichtchromatographischer Auftrennung, demgegenüber die **UV-spektrometrische** Untersuchung mittels eines selbstregistrierenden Spektralphotometers sowie die Hochdruckflüssigkeitschromatographie[183]. 206

Im Hinblick auf die erhöhte Strafbarkeit bei bestimmten Formen des Umganges mit "nicht geringen Mengen" Btm im Sinne des § 29 a Abs. 1 Nr. 2 BtMG 1994 bzw. der Einfuhr einer **"nicht geringen Menge"** nach § 30 Abs. 1 Nr. 4 oder bei bandenmäßiger Begehungsweise nach § 30 a Abs. 1 bzw. im Fall des Abs. 2 Nr. 2 BtMG 1994 erfolgt bei der Analyse gleichzeitig eine quantitative Bestimmung des Harz- und THC-Gehalts der erkannten Cannabis-Probe. 207 §

Kriterien zur Festlegung des Begriffs der **"nicht geringen Menge"** sind vor allem die akute und chronische Toxizität (ausgehend von der Letaldosis für den Ungewohnten), soweit diese sicher feststellbar ist, bzw. die zur Erzeugung jeweils eines Rauschzustandes bei einem Drogenunerfahrenen erforderliche durchschnittliche KE und die allgemeine Gefährlichkeit (insbesondere Suchtpotential) unter Berücksichtigung von Applikationswegen und Konsumgewohnheiten[184]. Zu beachten ist, dass es der BGH bisher abgelehnt hat, ein einziges Kriterium zum Maßstab dafür zu machen, ob von einer "nicht geringen Menge" auszugehen ist. 208 §

Unter Berücksichtigung der genannten Kriterien, insbesondere der Wirkstoffkonzentration, wird vom BGH allgemein die Menge als "nicht geringe Menge" bewertet, die den für den Eigenbedarf eines Rauschdrogenabhängigen bestimmten Vorrat in einem Maße über-

---

[181] Näher zur DC beim LSD-25 1.2.1.1.6, Rdnr. 407 f.
[182] Näher zur MS bzw. GC-MS-Koppelung beim Cocain 3.1.6, Rdnr. 1643-1647.
[183] Zur HPLC vgl. ebenfalls beim LSD-25 1.2.1.1.6, Rdnr. 408.
[184] Die jeweilige Konsumform bestimmt die Wirkungsweise und -intensität weitgehend mit; so ist generell die Wirkung beim Rauchen höher als bei enteraler Aufnahme, vgl. 1.1.4, Rdnr. 113 und 117, sowie beim Cocain 3.1.5, Rdnr. 1612-1637.

steigt, das die abstrakte Gefahr begründet, dass der nicht zum Eigenverbrauch benötigte Teil an eine Vielzahl von Menschen weitergegeben wird und ihre Gesundheit beeinträchtigt. Neben Wirkstoffgehalt und -menge ist auch die Rauschgiftmenge als solche bestimmender Strafzumessungsgrund.

Bei **Kombination** verschiedener Btm, bei der keine der Komponenten des Gemischs für sich allein genommen die Grenze zur "nicht geringen Menge" erreicht, dürfte es einem Urteil des BGH vom 9.10.1996 zufolge zulässig sein, zu bestimmen, zu welchen Bruchteilen die einzelnen Btm die jeweiligen Grenzwerte erreichen und diese Bruchteile zu addieren; überschreitet die Summe der Bruchteile 1, kann von einer "nicht geringen Menge" ausgegangen werden.

209 § Für Haschisch[185] ist die **"nicht geringe Menge"** in einem Urteil des 3. Strafsenats vom 18.7.1984 auf mindestens **500 KE** zu je 15 mg Δ^9-THC[186] festgelegt worden. Bei den Verbrechenstatbeständen der §§ 29 a, 30 und 30 a BtMG 1994 ist das Vorliegen dieses Merkmals somit bei mindestens 500 x 15 mg = 7.500 mg = **7,5 g Δ^9-THC** gegeben. Dieses Festsetzung gilt nach einem Beschluss des 3. Strafsenats vom 20.12.1995 nach wie vor.

210 § Gegenüber **Heroin**, wo der Grenzwert von 1,5 g Heroin-HCl in erster Linie unter Abstellung auf 30 äußerst gefährliche Einzeldosen zu je 50 mg Heroin-HCl (dem entsprechen 150 KE zu je 10 mg Heroin-HCl) errechnet wurde[187], erfolgte bei Haschisch allein eine Orientierung an der durchschnittlichen KE von 15 mg THC, da bei Cannabis-Produkten eine äußerst gefährliche bzw. letale Dosis kaum zu ermitteln ist[188].

211 § Die relativ hohe Zahl von 500 durchschnittlichen KE Δ^9-THC im Vergleich zu der bei **LSD-25** erfolgten Festlegung auf **120** durchschnittliche KE[189] trägt der in Verhältnis zum LSD-25 geringeren Gefährlichkeit von Cannabis-Produkten Rechnung. Die Festlegung auf **250 KE MDEA/MDE** als die am schwächsten wirksame "ecstasy"-Verbindung beinhaltet eine Einstufung ihrer Gefährlichkeit als zwischen den Cannabis-Produkten und LSD-25 liegend.

212 § Zu berücksichtigen ist hierbei, dass je nach Absorptionsform unterschiedlich große THC-Mengen bei gleicher Ausgangssubstanz aufgenommen werden. Denn beim **Rauchen** von Cannabis-Produkten erfolgt infolge der Hitzeeinwirkung unter Decarboxylierung eine zusätzliche Umwandlung der psychotrop unwirksamen Δ^9-THCS (THC-COOH) in

---

[185] Dies gilt in gleicher Weise für Marihuana und Haschisch-Öl.
[186] Zur erforderlichen Einzeldosis Δ^9-THC vgl. 1.1.4, Rdnr. 117. Da THC keine Salze bilden kann, erfolgte im Unterschied etwa zu Heroin, Morphin und Codein eine Festlegung des reinen Wirkstoffs.
[187] Zur „nicht geringen Menge" Heroin näher 2.1.6, Rdnr. 1241-1244. Vgl. auch zur Bestimmung dieses unbestimmten Rechtsbegriffs bei Cocain 3.1.6, Rdnr. 1652-1654, und Amfetamin 3.2.4.6, Rdnr. 1926-1928.
[188] Zur mutmaßlichen Letaldosis vgl. 1.1.7, Rdnr. 229 f.
[189] Zur „nicht geringen Menge" LSD-25 vgl. 1.2.1.1.6, Rdnr. 413-416, von MDEA und verwandten Verbindungen 1.2.4.3, Rdnr. 865.

1.1 Cannabis/Hanf

Δ-THC[190]. Bei Bestimmung der "nicht geringen Menge" ist daher die vorhandene **THCS-Menge** der THC-Menge hinzuzurechnen. Dies ist rechtlich möglich, da unter dem Begriff "Cannabis" bzw. "Cannabisharz" in Anl. I zum BtMG 1994 die Substanz mit sämtlichen Wirkstoffkomponenten fällt, neben dem "freien" Wirkstoff Δ^9-THC also auch der "latent" vorhandene Wirkstoff THCS.

Berücksichtigt wird das vorhandene **THC-COOH** nur bei Untersuchungsmethoden mit Hitzeeinwirkung, die eine Umwandlung zur Folge hat, etwa der GC, nicht dagegen ohne weitere Probenvorbereitung z.B. bei der HPLC. Mit Urteil vom 13.5.1987 entschied der 3. Strafsenat des BGH, dass bei Bestimmung des Wirkstoffgehalts eines Btm es auf den Wirkstoff ankommt, der bei Applikation auf den Konsumenten einwirkt. Da die Aufnahme von Cannabisharz bei uns gewöhnlich durch Rauchen erfolgt, ist somit bei Bestimmung seines Wirkstoffgehalts der in Form von THCS "latent" vorhandene Wirkstoff, aus dem infolge thermischer Belastung (die etwa auch bei Teeaufgüssen oder Backen von Haschisch-Plätzchen erfolgt) zusätzlich THC entsteht, einzubeziehen.

213 §

Andererseits eröffnen die §§ 29 Abs. 5, 31 a BtMG 1994 die Möglichkeit einer Verfahrenseinstellung, wenn nur u.a. Erwerb oder Besitz einer **"geringen Menge"** Btm zum Eigenverbrauch gegeben ist.

214 §

Diese Vorschrift soll sowohl dem bloßen Probierer und Gelegenheitskonsumenten zugute kommen als auch, was allerdings umstritten ist, dem Dauerkonsumenten und Drogenabhängigen, sofern dieser die Btm zur Befriedigung der eigenen Sucht erwirbt und das Risiko der Weitergabe und damit **Fremdgefährdung** aufgrund der Menge **gering** ist. In verbindlicher Norminterpretation hat das BVerfG mit Beschluss vom 9.2.1994[191] festgestellt, dass bei verfassungskonform restriktiver Auslegung bei nicht fremdgefährdendem Konsumverhalten aufgrund zu erstellender bundeseinheitlicher Richtlinien der Landesjustizministerien die Staatsanwaltschaft im Regelfall zur Verfahrenseinstellung verpflichtet ist.

215 §

Der Begriff der **"geringen Menge"** umfasst unter dem Aspekt der auszuschließenden Fremdgefährdung eine Reihe von Kriterien wie etwa das Alter des Drogenkonsumenten, ein Erwerb in Schulen oder Jugendzentren usw., von denen die **Grenzwertmenge** nur eines sein kann, welches in die erforderliche Gesamtwürdigung im konkreten Einzelfall einfließt. Hierbei wird regelmäßig auf das **Bruttogewicht** der Zubereitung abzustellen sein, da bei derartigen Kleinmengen eine Untersuchung der Wirkstoffkonzentration einen unverhältnismäßigen Aufwand beinhalten würde.

216 §

Nachdem die Rspr. zunächst bezüglich Haschisch von bis zu 3 KE oder etwa 3-6 g als "geringe Menge" ausgegangen war, gehen neuere Richtlinien, etwa in Hessen vom 22.10. 2001, davon aus, dass bei Gewichtsmengen bis zu 6 g grundsätzlich von der Strafverfolgung abzusehen ist, während bei Gewichtsmengen von 6-15 g von der Strafverfolgung abgesehen werden kann. Bezüglich Marihuana ist von einer Obergrenze von etwa 30 g Bruttogewicht auszugehen.

---

[190] Zur inhalativen Aufnahme von Cannabis-Produkten und zur Umwandlung des THC-COOH vgl. 1.1.4, Rdnr. 111-114.

[191] Vgl. auch zur Legalisierungsdiskussion 1.1.1, Rdnr. 80-82.

217 Die Bestimmung des **Harzgehalts**, die nach Festlegung des Wirkstoffgrenzwerts der "nicht geringen Menge" anhand des THC-Gehalts nicht mehr die frühere Bedeutung hat, erfolgt auf folgendem Wege: Nach Extraktion der Substanz und Eindampfen der Extraktionslösung im Vakuum wird der Rückstand durch Wiegen bestimmt, wobei Extraktgewicht und gaschromatographisch festgestellte Wirkstoffkonzentration Rückschlüsse auf den Herkunftsraum gestatten[192].

218 Der gewogene Rückstand kann sodann jeweils zur Hälfte ultraviolett-, infrarotspektrometrisch und dünnschicht- bzw. gaschromatographisch untersucht werden, wobei auch das Ausmaß einer etwaigen Streckung erkennbar wird bzw. häufig vorkommende **Streckmittel** identifiziert werden.

219 Europäische Marihuana-Sorten weisen meist **Extraktgewichte** zwischen 4 und 8 % auf, während tropische Arten Rückstände von 10-14 % haben. Bei Haschisch liegen diese Werte naturgemäß höher, nämlich bei etwa 18 %[193]. Schwarzer Afghan konnte aber auch einen Harzgehalt von 30 % aufweisen.

220 Mit der **GC** werden allgemein Stoffgemische getrennt, die gasförmig vorliegen oder, wie die meisten Btm, verdampft werden können. Cannabinoide verdampfen bei 200-300° C. Teilweise werden die Proben aber auch zuvor in flüchtige Derivate überführt, damit sie in der gasförmigen Phase transportiert werden können. Bei der instrumentellen Analyse wird eine hochsiedende Trennflüssigkeit auf indifferentem Trägermaterial (insbesondere Kapillarsäulen) und als mobile Phase ein indifferentes Trägergas (z.B. Helium) verwandt, mit welcher das gas- oder dampfförmige Untersuchungsmaterial transportiert wird. Nach Auftrennung der Substanzen in der Säule erfolgt eine quantitative Auswertung der Mengenanteile der Gemischkomponenten anhand des Gaschromatogramms.

221 Im Rahmen von **Screeninganalysen** gewinnen **Enzym-Immunoassays** (EIA) zunehmende Bedeutung, mittels der THC-Metaboliten (insbesondere **THC-COOH**) in Mengen von 10 ng/ml aus dem Harn bestimmbar sind[194]. THC ist im Blutplasma etwa 5-12 h nachweisbar, THC-COOH mehrere Tage lang.

222 **THC-Metaboliten** sind auch mittels der Radioimmununtersuchung (RIA) bestimmbar, für die in Schafen induzierte, radioaktiv markierte THC-Antikörper benutzt werden, die sich mit Cannabinoiden in einer Blut-, Harn- oder Haarprobe verbinden, und mittels des Fluoreszenzpolarisations-Immunoassay (FPIA).

223 Das Ergebnis muss hier bei **positivem Befund** jedoch durch andere Untersuchungsmethoden abgesichert werden; gerade bei THC ist ein endgültiger Befund nur schwer zu er-

---

[192] Zu unterschiedlichen Wirkstoffgehalten vgl. 1.1.5, Rdnr. 178 und 182.
[193] Zum Harzgehalt vgl. auch 1.1.5, Rdnr. 182.
[194] Zum enzym-immunologischen Heroin-Nachweis vgl. 2.1.6, Rdnr. 1250-1260. Zu den THC-Metaboliten vgl. 1.1.4, Rdnr. 154-157, zur Ausscheidung Rdnr. 151 f. Neben der Bestimmung der THC-Konzentration im Serum (vgl. 1.1.4, Rdnr. 120) kann daher auch die THC-COOH-Konzentration im Serum als Indikator für einen regelmäßigen Cannabis-Konsum herangezogen werden (was ab 75 ng/ml angenommen wird).

bringen, da eine positive Reaktion auch bei Vorliegen anderer Cannabinoide erfolgt. Eine quantitative Bestimmung ist zudem noch mit Schwierigkeiten verbunden.

Enzym-immunologische Befunde korrelieren weitgehend mit massenspektrometrischen, wobei sich Unterschiede daraus ergeben können, dass die MS das Vorhandensein von THC zum Gegenstand hat, während Enzym-Immunoassays auf die Metaboliten abstellen, die erst bis zu 12 h nach der Aufnahme im Urin nachweisbar sind. **224**

Mit einem **Kombi-Schnelltest** u.a. der Fa. Mahsan-Diagnostika steht inzwischen für die Polizei für einfach zugängliche Untersuchungsmaterialien wie Urin, Speichel oder Schweiß ein **Vor-Ort-Test** zur Verfügung, der den Nachweis von Cannabis-Produkten, Amfetaminen, Cocain und Opiate mit einer Nachweisdauer von ca. 10 min ermöglicht. Da § 24 a StVG einen Wirkstoffnachweis im Blut voraussetzt, kommt diesem Vortest nur **Indizcharakter** neben anderen Faktoren zu, wobei allerdings die Testergebnisse weitgehend mit späteren Laborbefunden korrelieren. **225**

In der Zukunft hofft man, in Verbindung mit den Nebenkomponenten der sehr komplexen Cannabis-Zubereitung sogar das **Ursprungsland** der jeweiligen Probe bestimmen zu können[195]. **226**

1.1.7 Gefährlichkeit

Cannabis ist diejenige von allen Rauschdrogen, die am meisten **Befürworter** hat[196]. **227**

Diese gehen davon aus, dass ein mäßiger Gebrauch nicht schädlicher als Zigarettenrauchen ist und der Zustand eines "**social high**"[197] in etwa (wenn auch nicht vom Wirkungsspektrum, so doch von der Intensität her) einem Alkohol-Rausch vergleichbar sei. Der Rauschverlauf sei im übrigen von einem erfahrenen (drogengewöhnten) Cannabis-Konsumenten **steuerbar**, insgesamt könne von einer Gefährlichkeit daher nicht die Rede sein[198].

Die Kontroverse beruht wohl darauf, dass Cannabis im Gegensatz zum Alkohol bei uns nicht sozial integriert ist und dem Cannabis-Konsumenten nach wie vor eine **Verweigerungshaltung** gegenüber den allgemein akzeptierten **Wertvorstellungen** und der **Leistungsorientierung** unterstellt wird. Unabhängig hiervon soll im folgenden versucht werden, einige weitgehend objektivierbare Fakten zusammenzustellen, wobei sich vieles einer Objektivierung entzieht, im jeweiligen **zeitlichen Kontext** zu sehen ist (Kombinationen von "Disko-Drogen" und Cannabis werden derzeit von durchaus Leistungsorientierten konsumiert; Cannabis- **228**

---

[195] Vgl. auch zum HAP 2.1.6, Rdnr. 1261. Derzeit haben derartige Vorhaben nicht mehr den gleichen Stellenwert wie früher.
[196] Zur Legalisierungsdiskussion vgl. 1.1.2, Rdnr. 81 f., und 1.1.5, Rdnr. 197 f.
[197] Zum „social high" bei Cannabis vgl. 1.1.4, Rdnr. 147, sowie beim Cocain 3.1.7, Rdnr. 1659-1661.
[198] Zu geschichtlichen Aspekten der Kontroverse vgl. 1.1.2, Rdnr. 56, 61 und 78-80.

Rauchen und eine liberale Einstellung korrespondieren nicht mehr miteinander, Konsumenten sind vielmehr auch in rechtsextremen und gewaltgeneigten Gruppen anzutreffen), und die Frage nach der Gefährlichkeit dieser Rauschdroge eher von der **psychischen Verfassung** des jeweiligen Benutzers her beantwortet werden muß.

229 Im Verhältnis zum Trinkalkohol sind Cannabis-Produkte **relativ ungiftig**, da bereits geringe THC-Mengen die erwünschte Wirkung hervorbringen und die akute Toxizität bei der biogenen Form der Droge relativ gering ist.

230 Im Tierversuch ergab sich als LD_{50} bei oraler Gabe je nach Tierart eine Dosis von 800-1.400 mg/kg KG. Hieraus wird geschlussfolgert, dass die tödliche Dosis bei oraler Gabe beim Menschen bei etwa 30-60 g Haschisch liegen dürfte. Bei i.v. Injektion[199] liegt die tödliche Dosis allerdings erheblich niedriger: in Tierversuchen lag sie bei 20-40 mg/kg KG.

Todesfälle infolge Atemdepression als Vergiftungsfolge sind demgemäß auch nicht bekannt geworden. Gegenüber dem "Kiffen"[200] dürfte die Toxizität von über den Magen-Darm-Trakt aufgenommenem THC noch geringer sein.

231 Dass regelmäßiger Cannabis-Konsum zu **physischer Abhängigkeit** führt, dürfte kaum anzunehmen sein. Die Tendenz zu einer dafür erforderlichen Dosissteigerung ist höchstens in geringem Umfang erkennbar[201], was allerdings mit der beschriebenen "Depotwirkung" zusammenhängen dürfte.

232 Nur gelegentlich wird bei einem Absetzen von Drogenhanf nach chronischem Missbrauch und hoher Dosierung von einer relativ milden, ggfs. aber auch starken **Entzugssymptomatik** berichtet, die sich in Nervosität, Schlaflosigkeit und anderen vegetativen Störungen ausdrückt. Hierbei dürfte es sich allerdings weniger um Symptome handeln, die durch das Absetzen des THC selbst ausgelöst werden, als vielmehr um psychosomatische Folgeerscheinungen.

233 Allerdings beinhaltet diese Situation die Gefahr, dass zu **antriebssteigernden** Substanzen wie Weckaminen[202] gegriffen wird.

234 Dagegen scheint die Ausbildung einer spezifischen **psychischen Abhängigkeit**[203] vom **Cannabis-Typ (Cannabinismus;** ICD-10 F 12.2) für eine Minderheit von Cannabis-Konsumenten bei hohem (etwa 70 mg THC/d) und langandauerndem Missbrauch mit hinreichender Sicherheit nachgewiesen.

---

[199] Zur Injizierbarkeit von Cannabis-Produkten vgl. 1.1.5, Rdnr. 185 und 188.
[200] Näher zum Rauchen von Cannabis: 1.1.4, Rdnr. 111-118.
[201] Vgl. zur Enzyminduktion und Kumulation 1.1.4, Rdnr. 153-160.
[202] Wenn auch nicht so ausgeprägt, wie z.B. beim Missbrauch von Tranquilizern, vgl. 3.2.4.4, Rdnr. 1881. Umgekehrt kann ein Weckmittel-Missbrauch zu einem Beigebrauch von Cannabis führen, vgl. 1.1.4, Rdnr. 171, und 3.2.4.5, Rdnr. 1911; gleiches gilt für den „ecstasy"-Missbrauch: 1.2.4.3, Rdnr. 864.
[203] Die auch bei echten Halluzinogenen wie LSD-25 (vgl. 1.2.1.1.7, Rdnr. 422 f.), sonst eher bei Stimulantia gegeben ist.

1.1 Cannabis/Hanf

Symptomatisch hierfür ist u.a. eine **Toleranzbildung** gegenüber wesentlichen Cannabis-Wirkungen sowie innere Unruhe und Leere, die in das nur schwer beherrschbare **Verlangen**, nicht aber den unwiderstehlichen Zwang nach erneuter Wirkstoffzufuhr münden kann. Die psychische Abhängigkeit, die sich herausbilden kann, kann daher als mäßig bis stark, jedoch unterhalb der mit einer Abhängigkeit vom Opioid-Typ[204] verbundenen bleibend charakterisiert werden; die abhängigkeitserzeugende Potenz wurde z.T. auch mit der des Trinkalkohols verglichen. Eine derartige Abhängigkeit wird von dem Betroffenen allerdings nur selten realisiert, da ein entsprechender "**Leidensdruck**" häufig **fehlt** und er umgekehrt seine Abhängigkeit als Selbstverwirklichung und Freisein von realitätsverpflichteten Bindungen erlebt.   235

Die Merkmale der hiermit verbundenen spezifischen Wesensveränderungen werden z.T. unter dem Begriff "**amotivationales Syndrom**"[205] zusammengefasst. Dieses äußert sich in Teilnahmslosigkeit, Problemverdrängung und allgemeinem Antriebsverlust, was, wie erwähnt, von den Betroffenen jedoch durchaus nicht als quälend, sondern eher positiv als ein "**drop out**" und Ausdruck eines eigenen Lebensstils empfunden wird. Die gleichen Merkmale werden von der WHO gebraucht, um die Symptome einer spezifischen Abhängigkeit vom Cannabis-Typ zu beschreiben.   236

Die allgemeine **Antriebsarmut** kann noch lange über die akute Drogenwirkung hinaus bestehen bleiben. Auffallend soll hierbei die Tendenz zu infantiler Regression und die Reduzierung sozialer Bindungen auf oberflächliche Beziehungen der Drogenkonsumenten untereinander sein, was aber eher auf die Gebraucher "harter" Drogen zutrifft.   237

Entsprechende Verhaltensweisen treten außerdem bei sozial benachteiligten oder nicht integrierten Bevölkerungsgruppen auf, bei denen Cannabis-Konsum nicht üblich bzw. der Alkohol-Missbrauch überwiegend ist, so dass derartige Verhaltensweisen im allgemeinen **kaum** als **cannabis-spezifisch** angesehen werden können.   238

Größere Einigkeit besteht, soweit die Untersuchungen sich mit den Auswirkungen speziell auf **jugendliche** Cannabis-Konsumenten befassen, da die Cannabis-Wirkungen auf das ZNS pränatal und während der Wachstumsphase, wenn sich neuroendokrine, kognitive und affektive Gehirnfunktionen und -strukturen im Prozess der Integration befinden bzw. während der Pubertät v.a. im Stirnhirn neu strukturiert werden, offenbar ausgeprägter sind und zu bleibenden Schäden führen können.   239

Soweit hier allerdings versucht wurde, mit Hilfe von bei jugendlichen bzw. heranwachsenden Cannabis-Konsumenten angetroffenen Persönlichkeitsdimensionen wie "hohe emo-   240

---

[204] Zur Ausprägung der psychischen und physischen Abhängigkeit vom Opioid-Typ vgl. 2.1.7, Rdnr. 1287-1294. Zur – gegebenenfalls starken – psychischen Abhängigkeit vom Cocain-Typ vgl. 3.1.7, Rdnr. 1691. Zum Versuch einer Gewichtung des Abhängigkeitspotentials von Cannabis in Relation zu anderen Drogen bzw. Medikamenten vgl. 3.1.7, Rdnr. 1685 f.
[205] Umstr.; zu entsprechenden akuten psychischen Cannabis-Wirkungen vgl. 1.1.4, Rdnr. 128.

tionale Sensibilität und Labilität"[206], "geringe Frustrationstoleranz", "ungebremstes Leben im Augenblick" u.ä. Charakteristika für diese Gruppe zu finden, ist zu bedenken, dass es sich hierbei sowohl um **auslösende** Faktoren für den Drogenkonsum als auch um dessen **Folgen** handeln kann.

241 Allgemein steht jedenfalls eine kritische bis ablehnende Einstellung gegenüber der Leistungs- und Konsumgesellschaft und stattdesen die Betonung des **emotionalen** Bereichs und sozialer Bindungen aber auch eine hedonistische Grundhaltung im Vordergrund, die sicher nicht "drogeninduziert" sind[207].

242 Dass es sich hierbei um keine isoliert zu betrachtende Konfliktsituation heutiger Jugendlicher handelt, wird durch die Tatsache erhellt, dass seit Beginn der Industrialisierung, besonders aber seit dem 2. Weltkrieg, neben dem Alkohol der Konsum von Psychopharmaka mit ebenfalls zentralnervösen Wirkungen erheblich zugenommen hat und jedenfalls lange Zeit als **sozialadäquates** Verhalten weitgehend akzeptiert wurde bzw. weiterhin wird[208].

243 Als weitere **auslösende Faktoren** für den Drogenkonsum gerade **Jugendlicher** können Gruppenzwänge, die familiäre Situation (Verwahrlosung, broken-home-Situation, emotional steriler Erziehungsstil pp.), sowie schulische Überforderung beispielhaft angeführt werden.

244 Im Bereich der Eltern-Kind-Beziehung soll als Beispiel die Situation angeführt werden, dass ein Elternteil sich in einer die Generationenschranke missachtenden Koalition auf die Seite des Drogenkonsumenten bzw. -abhängigen stellt, unter dem Vorwand, ihm helfen zu wollen. Ein zwischen den Eltern bestehender Konflikt kann so von ihnen auf die Ebene des Abhängigen und seiner Suchtproblematik verlagert werden, wodurch sie der Notwendigkeit enthoben sind, es zu einer als bedrohlich empfundenen Auseinandersetzung zwischen ihnen selbst kommen zu lassen.

245 Allgemein hat sich die Erkenntnis durchgesetzt, dass Hinweise aufgrund von **Verhaltensauffälligkeiten** bei später suchtdisponierten Heranwachsenden sich bereits im Kindesalter ergeben und wohl eine Hauptursache in gestörten familiären Beziehungen haben[209].

246 Kommt ein Jugendlicher oder Heranwachsender mit Cannabis-Produkten in Berührung, so erfolgt dies häufig in einer schwierigen Phase seiner Entwicklung mit labilem Selbstwertgefühl und Identitätskrisen. Infolge der durch Cannabis erfolgenden Beeinflussung des zerebralen **Reifungsprozesses** bei herabgesetzter Belastbarkeit, Kritikfähigkeit und Eigeninitiative besteht dann die Gefahr einer **Wesensveränderung** durch Realitätsverlust, Problemverdrängung, Konzentrati-

---

[206] Zur Labilität des Cannabis-Konsumenten vgl. 1.1.4, Rdnr. 165.
[207] Zu geschichtlichen Aspekten dieser (nicht fixierten, sondern sich zumindest in Teilbereichen in einem fortwährenden Wandel befindlichen) Einstellungen vgl. 1.1.2, Rdnr. 62 f.
[208] Vgl. hierzu bei den Tranquilizern 4.3.4, Rdnr. 2206-2210.
[209] Zur Frage der Suchtdisposition vgl. auch beim Heroin 2.1.7, Rdnr. 1286, sowie beim LSD-25 1.2.1.1.7, Rdnr. 423.

onsmängel und Verlust der Antriebsmotivation zugunsten eines allein auf die eigene Person bezogenen, unmittelbaren Lustgewinns. Hierdurch kann es zu Störungen des Sozialisationsprozesses und **Reifungsdefiziten** kommen. Dies kann dazu führen, dass der Jugendliche bei erneuten Belastungen, wie sie im Verlaufe der Pubertät auftreten, infolge der durch den Cannabis-Konsum gebahnten oder verfestigten Verhaltensweisen glaubt, diesen nicht gewachsen zu sein und ihnen nur mit Hilfe von Medikamenten, Alkohol und gegebenenfalls auch "harten" Drogen ausweichen und sie so erträgbar machen zu können.

247 Aber auch ohne dass es zu einer derart schweren **Störung** in der **Persönlichkeitsentwicklung** kommen muss, kann allgemein wohl davon ausgegangen werden, dass die Entwicklung auf einer eher lustbetonten und weniger zielorientierten, also als "kindlich" zu bezeichnenden Stufe verharrt. Aufgaben, die Ausdauer und Konzentration erfordern, werden möglichst gemieden oder oberflächlich erledigt. Die Intensivierung des in der Pubertät oft abrupten Wechsels von Stimmung, Antrieb und Befindlichkeit im Cannabis-Rausch[210] kann unerträglich wirken und zur Resignation führen.

248 1972 hatten in der BRD etwa 22 % der 14- bis 25-Jährigen Erfahrungen mit Rauschdrogen, 18 % mit Haschisch gemacht. Diese Zahlen haben in etwa auch für die Folgezeit Gültigkeit behalten: Ende der 80er/Anfang der 90er Jahre lag die Zahl der Personen mit **Konsumerfahrung** in dieser Altersgruppe (12- bis 25-Jährige) bei ca. 26 %, im Jahr 2001 bei ca. 27 %; hiervon hatten etwa 2/3 Cannabis genommen[211]. Mehr als die Hälfte setzte den Gebrauch über ein "**Probierstadium**" (etwa 5maliger Konsum) hinaus jedoch spontan nicht fort.

249 Insgesamt, so wurde 1990 geschätzt, steigen nur ca. 2,5 % aller Jugendlichen mit Konsumerfahrung auf "härtere" Drogen, bisher meist vom Opiat-Typ[212] um, wobei die Zahl der **Umsteiger** unter den habituellen Cannabis-Konsumenten höher ist als bei den Gelegenheitskonsumenten.

250 Nach einer Untersuchung des NIDA-Instituts 1982 nahmen von den Personen, die niemals Marihuana geraucht hatten, weniger als 1 % Cocain und/oder Heroin, während von denen, die 1.000 Mal und öfter Marihuana geraucht hatten, 73 % zu Cocain und 23 % zu Heroin übergingen. Derartige Ergebnisse sind zwar nur mit Vorsicht auf europäische Verhältnisse übertragbar, jedoch kann davon ausgegangen werden, dass auch bei uns ein (im Laufe der Zeit größer gewordener) Teil der Cannabis-Konsumenten auf andere Rauschdrogen (in erster Linie echte Halluzinogene, Heroin und Cocain) umsteigt bzw. (überwiegend) diese Stoffe zusätzlich zu Cannabis konsumiert (**Mehrfachkonsum**)[213].

---

[210] Zum Wechsel von euphorischer und dysphorischer Stimmungslage vgl. 1.1.4, Rdnr. 145 und 165.
[211] Zur Entwicklung des Cannabis-Konsums vgl. auch 1.1.2, Rdnr. 66-71. Auch der „ecstasy"-Konsum scheint überwiegend entwicklungsphasentypisch zu sein, vgl. 1.2.4.3, Rdnr. 860 und 863.
[212] Vgl. hierzu auch beim Heroin 2.1.7, Rdnr. 1360.
[213] Als Beispiel eines zunehmenden multiblen Substanzgebrauchs vgl. zum Amfetamin-Missbrauch seitens Cannabis-Konsumenten 3.2.4.4, Rdnr. 1911, sowie beim „ecstasy" 1.2.4.3, Rdnr. 831.

251   Obwohl die dem Cannabis früher oft zugesprochene "**Schrittmacherfunktion**" ("Umsteigeeffekt") als Automatismus demnach nicht angenommen werden kann, ist andererseits doch evident, dass viele, wenn nicht sogar die ganz überwiegende Zahl (etwa 70 %), insbesondere der späteren weiblichen Heroin-Konsumenten, ihre ersten Drogenerfahrungen in Deutschland mit Haschisch gemacht haben, länger andauernder Haschisch-Missbrauch bei entsprechender Prädisposition somit **gewohnheitsbildend** wirken und die Hemmung, auch "harte" Drogen zu nehmen, herabsetzen dürfte. Damit es zur Eröffnung einer "Drogenkarriere" bis hin zur Opioid- oder Cocain-Abhängigkeit kommt, müssen jedoch weitere individuelle Faktoren hinzutreten.

252   Die Zahl der, vorwiegend männlichen, "**Direkteinsteiger**" scheint seit Ende der 1980er Jahre demgegenüber zuzunehmen und bereits einen nicht unerheblichen Teil der Heroin-Abhängigen auszumachen. Nach wie vor scheinen hierbei in Deutschland unter den Haschisch-Konsumenten, jedenfalls unter den bloßen Probierern, Jugendliche aus gehobenen und Mittelschichten leicht überrepräsentiert zu sein, während unter den Heroin-Abhängigen Jugendliche aus sozial benachteiligten Schichten und Ungelernte überproportional vertreten sind[214].

253   Bei diesem Verständnis des Schlagwortes von der "**Einstiegsdroge**", als ein Mittel nämlich, das zur Disposition für den Konsum von Rauschdrogen mit einem erhöhten Abhängigkeitspotential führt, ist somit auch der Trinkalkohol und eine Reihe von FAM (etwa Benzodiazepine) als solche anzusehen[215].

254   So wurde in letzter Zeit bei uns als "**Vorlaufdroge**" wiederum zu Haschisch zunehmend bei Mädchen ein Tabletten- und bei Jungen ein Alkohol-Missbrauch beobachtet. Ende der 90er Jahre wählten etwa 7 % Alkohol und etwa 1 % Cocain als "Einstiegsdroge"; das Einstiegsalter lag im Schnitt zwischen dem 18. und 19. Lebensjahr[216].

Der noch aus den 70er Jahren stammende Slogan "Heroin hält, was Haschisch nur verspricht" ist daher **zeitbezogen** zu sehen und spiegelt nur noch zum Teil eine gültige Einstellung wieder.

255   Andererseits ergeben sich hinsichtlich der psychischen Wirkungen, soweit es nicht um eine Beeinträchtigung der Fahrsicherheit geht[217], nur als relativ gering einzustufende Gefahren für ältere und bereits in ihrer **Persönlichkeit gefestigte** Cannabis-Konsumenten, soweit nicht gerade ein extensiver Haschisch-Missbrauch erfolgt und das gesamte Handeln und Denken nur noch um Cannabis-Konsum und -Beschaffung kreist, sondern die Cannabis-Produkte eher die Funktion von "recreational drugs" ("**Freizeitdrogen**") haben[218].

---

[214]   Zu Veränderungen im Konsumverhalten vgl. auch beim Heroin 2.1.2, Rdnr. 1028.
[215]   Zum AM-Missbrauch seitens Jugendlicher vgl. Vorbem. 4, Rdnr. 1973-1976.
[216]   Zum erheblich geringeren Einstiegsalter beim Heroin vgl. 2.1.2, Rdnr. 1054. Zum Medikamentenmissbrauch unter Schülern vgl. auch 4.3.4, Rdnr. 2221.
[217]   Zur Beeinträchtigung der Fahrsicherheit durch Cannabis vgl. 1.1.4, Rdnr. 120.
[218]   Vgl. auch zum – situativen – Cocain-Konsum 3.1.7, Rdnr. 1659-1661, sowie zum – passageren – „ecstasy"-Konsum 1.2.4.3, Rdnr. 870 f.

1.1 Cannabis/Hanf

Generell gilt hierbei jedoch, dass keine Substanz, die in den Stoffwechsel der **256** Gehirnzellen eingreift, unbedenklich ist, zumal gerade bei Cannabis z.Zt. noch sehr divergierende Untersuchungen über mögliche **Langzeitschäden** vorliegen, so dass umgekehrt keinesfalls, wie von den Befürwortern propagiert, von einer erwiesenen Risikolosigkeit für Erwachsene ausgegangen werden kann.

Die bei langfristigem habituellen Gebrauch möglichen **gesundheitlichen Spätschäden** **257** sind aufgrund von Studien, die nur einen relativ kurzfristigen Konsum zum Beobachtungsgegenstand haben, nicht abschätzbar. Angesichts des Beginns des verbreiteten Haschisch-Konsums bei uns Ende der 1960er Jahre werden langfristige Auswirkungen erst in den kommenden Jahren beurteilt werden können.

Bereits jetzt kann jedoch gesagt werden, dass es bei länger andauerndem Kon- **258** sum außer zu Herz-Kreislauf-Störungen und Leberschäden u.a. zu einer chronischen Schädigung der **Atemwege**[219], Asthma und chronischer Bronchitis infolge des gegenüber Tabak erhöhten Teergehalts bei gleichzeitig üblicher tiefer Inhalation kommen kann.

Außerdem sind im Verhältnis zu Zigaretten im ungefiltert inhalierten Haschisch-Kon- **259** densat mehr **Karzinogene** (etwa 70 % Benzopyrene)[220] enthalten und können sich die kardiovaskulären Wirkungen[221] bei Menschen mit Herzschäden bemerkbar machen. Es kann zu endokrinen und sexuellen Störungen kommen.

Anhaltspunkte liegen aufgrund von immunologischen Blutreaktionen auch für eine **260** Schädigung des **Immunsystems** für THC vor[222] bei gleichzeitig erhöhter Anfälligkeit der Lungen für Infektionen. Demgegenüber sind Schädigungen des Gehirns (zerebrale Atrophien)[223] auch bei langandauerndem Konsum bisher nicht mit der erforderlichen Sicherheit nachgewiesen worden; gleiches gilt für die seit langem behauptete chromosomale Schädigung. Ebenso haben sich keine Änderungen der Hirnfunktionen aufgrund der EEG-Befunde ergeben, die auf eine zerebrale Dysfunktion hinweisen würden; zu einem Intelligenzabbau wie beim Alkoholismus kommt es offenbar nicht. Insgesamt kann somit die **Neurotoxizität** derzeit als gering eingeschätzt werden.

Da Haschisch auch bei inhalativer Aufnahme nicht sicher dosierbar[224], Rein- **261** heitsgrad und THC-Gehalt schwankend und die Wirkung von vielerlei Faktoren abhängig, der Rauschverlauf somit letztlich weder prognostizier- noch steuerbar

---

[219] Zum „Kiffen" vgl. 1.1.4, Rdnr. 111-114. Zu entsprechenden Langzeitfolgen etwa bei „Crack"-Rauchern vgl. 3.1.5, Rdnr. 1634.

[220] Ein aromatischer KW mit ankondensiertem Benzolkern ($C_{20}H_{12}$), der sich u.a. bei der Pyrolyse cellulose-haltiger Materialien, so auch im Zigarettenrauch, findet und wahrscheinlich an der Entstehung des Lungenkarzinoms beteiligt ist. Bei Mischung von Cannabis und Tabak werden die schädigenden Effekte verstärkt.

[221] Zu den körperlichen Wirkungen des Cannabis-Rauchens vgl. 1.1.4, Rdnr. 125 f.

[222] Zu Einwirkungen auf das Immunsystem über CB2-Rezeptoren vgl. 1.1.3, Rdnr. 96, und 1.1.4, Rdnr. 167.

[223] Zu entsprechenden Folgen z.B. des Lösungsmittel-Schnüffelns vgl. 4.5.4, Rdnr. 2547.

[224] Zu den den Rauschverlauf und -intensität beeinflussenden Faktoren vgl. 1.1.4, Rdnr. 144-147.

ist, kann es (mit höherem Risiko noch bei oraler Aufnahme) außer zu verzögert über Tage hinweg anhaltenden Rauschzuständen ("**psychedelic afterglow**") zu **atypischen Rauschverläufen** kommen. Diese können mit Angst und Entfremdungsgefühl, innerer Unruhe, Verwirrtheit, Wahnideen, der Befürchtung, "verrückt zu werden", Misstrauen, illusionären Verkennungen, aber auch mit (vorwiegend akustischen) Halluzinationen mit Horrorvisionen, Panik und schizophrenen Erlebnisinhalten (temporale Desintegration)[225] sowie depressiver Verstimmung mit erhöhter Suizidgefahr einhergehen. Nach außen gerichtet können zudem völlig **unkontrollierte Reaktionen**, Aggressivität und Gewalttätigkeit auch gegenüber anderen[226] hinzutreten. Diese Gefahr besteht auch bei nur gelegentlichem Konsum.

262 Derartige meist **paranoid-halluzinatorische**, cannabis-induzierte Episoden klingen zwar regelmäßig mit dem Nachlassen des Rausches wieder ab, können in einigen Fällen aber auch zu persistenten psychiatrischen Symptomen führen, die eigengesetzlich weiterlaufen.

263 Neben dieser akuten (exogenen) Intoxikationspsychose kann chronischer Cannabis-Gebrauch bei einigen wenigen offenbar (umstr.) aber auch **subakut** (länger als 2 Wochen nach letztmaliger Zufuhr der Substanz) bei entsprechender Prädisposition zur Auslösung ("getriggerter") bereits latent vorhandener endogener und endoformer **Psychosen** führen. Diese sind in den meisten Fällen dann chronisch, laufen eigengesetzlich ab, und zeichnen sich neben Denk- und Merkfähigkeitsstörungen, paranoiden Wahnerlebnissen (etwa Verfolgungsgefühlen und Beeinträchtigungswahn) sowie schwerer Antriebsarmut u.a. durch suizidale Tendenzen aus.

264 In ihrer Mehrheit erinnern sie an prozesshaft ablaufende **Schizophrenien**, von denen nach der Symptomatik kaum ein Unterschied festgestellt werden kann.

Dies könnte damit zusammenhängen, dass es sich bei der **Ich-Identitätsstörung**, die ein Charakteristikum des Cannabis-Rausches ist[227], zugleich um eine Basisstörung der Schizophrenie handelt, so dass sich hier psychopathologische Parallelen ergeben. Cannabis-spezifisch scheint hier zwar insbesondere die Antriebsverminderung und eine Verlangsamung des Denkablaufes zu sein. Eine **"Cannabis-Psychose"** als eigenständiges Krankheitsbild ist jedoch nicht nachweisbar, vielmehr gehört Cannabis wie erwähnt offenbar zu den Stoffgruppen[228], die ein vorzeitiges Ausklinken bereits latent vorhandener schizophreniformer Psychosen bewirken können. Wie dieses Ausklinken zustande kommt, ist nicht bekannt. U.a. der mittelfristige Behandlungsverlauf und die Compliance mit antipsychotischen Mitteln werden durch den Cannabis-Missbrauch ungünstig beeinflusst.

---

[225] Zur temporalen Desintegration vgl. 1.1.4, Rdnr. 131.
[226] Zum normalerweise gegebenen (geringen) Aggressionspotential vgl. 1.1.2, Rdnr. 51, und 1.1.4, Rdnr. 145.
[227] Zur Depersonalisierung als Cannabis-Wirkung vgl. 1.1.4, Rdnr. 130. Zur Ausbildung der Schizophrenie vgl. Vorbem. 4.3, Rdnr. 2115.
[228] So vermögen echte Halluzinogene (vgl. etwa beim PCP 1.2.4.5, Rdnr. 918, oder beim LSD-25 1.2.1.1.7, Rdnr. 426 f.), Cocain und Weckamine ebenfalls Psychosen auszulösen, die sich von den sog. „Cannabis-Psychosen" nur geringfügig unterscheiden, vgl. beim Cocain 3.1.7, Rdnr. 1695-1697.

Dieser Zusammenhang von Cannabis-Konsum und erhöhtem Risiko psychotischer Erkrankungen erscheint hinreichend belegt, auch unter Berücksichtigung der Tatsache, dass in den entsprechenden Fällen häufig neben Cannabis echte Halluzinogene, Methylendioxyamfetamine wie MDMA[229], Weckamine und Alkoholika genommen wurden ("**Mehrfachkonsum**"), die ebenfalls zum Auslösen psychotischer Zustände führen können. **265**

1.2 Halluzinogene

Vorbemerkung: Unter "Halluzinogene" (ein 1954 eingeführtes Kunstwort von lat. (h)al(1)ucinatio - gedankenloses Reden), womit Sinneseindrücke verändernde oder **Sinnestäuschungen** hervorrufende Substanzen bezeichnet werden, werden Rauschdrogen sehr verschiedener Herkunft und Struktur begrifflich zusammengefasst. Zu Beginn des 20. Jahrhunderts wurden sie auch mit dem Synonym "Phantastica" bezeichnet, dieser Ausdruck ist jedoch ungebräuchlich geworden. **266**

Gemeinsam ist dieser Gruppe von Rauschdrogen, dass die Wirkung nicht auf eine Beeinflussung der Stimmungslage beschränkt ist, sondern es zu **tiefgreifenden psychischen Veränderungen** kommt, ohne dass dem ein adäquater Außenreiz zugrundeliegt. Charakteristisch ist hierbei, dass bei der Mehrzahl der Halluzinogene trotz des veränderten Erlebens von Raum und Zeit und der Auflösung der Grenzen der Wahrnehmung sowie des erlebten Realitätscharakters der Sinnestäuschungen gleichwohl im Unterschied insbesondere zu den Hypnoanalgetica und Alkohol[1] das **Bewusstsein** und das Erinnerungsvermögen regelmäßig **erhalten** bleiben. Kommt es zu einem psychotischen Wirklichkeitsverlust, spricht man demgegenüber teilweise von **Halluzinosen**. Bei vergleichbarer Symptomatik bestehen jedoch hinsichtlich der zur Auslösung dieser Effekte erforderlichen Dosen erhebliche Unterschiede. **267**

In **chemischer** Hinsicht ist als übereinstimmendes Merkmal festzuhalten, dass die Halluzinogene fast ausnahmslos molekular gebundenen Stickstoff enthalten. Hierbei zeichnen sich in erster Linie 3 große **Wirkstoffgruppen** ab: Neben den **Lysergsäureamiden** (bekanntester Vertreter: LSD-25) die **Phenethylamine** (etwa DOM) und die **Tryptamin-Derivate**, die vor allem in halluzinogenen Pflanzen zu finden sind. Hierbei kann es sich sowohl um pflanzliche (**biogene**) Drogen handeln als auch um **halbsynthetisch** aus pflanzlichen Vorprodukten gewonnene **268** *

---

[229] Zum Ausklinken von Psychosen nach „ecstasy"-Gebrauch vgl. 1.2.4.3, Rdnr. 856. Zu Amfetamin-Cannabis-Kombinationen vgl. 1.1.4, Rdnr. 171, und 3.2.4.5, Rdnr. 1911.

[1] Narkotica wie z.B. organische Lösungsmittel, die als Schnüffelstoffe missbraucht werden, führen in der Rauschphase zwar ebenfalls z.T. zu Halluzinationen, jedoch bei eingeschränktem Bewusstsein, vgl. 4.5.4, Rdnr. 2538 f. Dies kann aber auch für echte Halluzinogene gelten: vgl. bei den Nachtschattengewächsen 1.2.2.2, Rdnr. 523 und 527, oder zu den bewusstseinseinschränkenden PCP-Wirkungen 1.2.4.5, Rdnr. 910.

Drogen oder um **Vollsynthetica** (auf letztere wird im Abschnitt 1.2.4 näher eingegangen).

1.2.1 Lysergsäureamide (LSA)

1.2.1.1 LSD-25

1.2.1.1.1 Gewinnung

269 **LSD-25** wird gewöhnlich **halbsynthetisch** aus den **Indol-Alkaloiden** des **Mutterkorns** gewonnen.

270 Die ebenfalls mögliche, 1954 erstmals durchgeführte **vollsynthetische** Herstellung ist kostspielig, soll aber wieder vorkommen. Die Extraktion der Ausgangsalkaloide aus den Samen der **Himmelblauen Trichterwinde**[2] ist schwierig, wurde jedoch in illegalen "Labs" aufgrund des frei zugänglichen Ausgangsprodukts vorgenommen.

271 Als Ausgangsstoff werden **Lysergsäure-Alkaloide** verwandt, welche sich in den niederen, schmarotzenden **Schlauchpilzen** des Spezies Claviceps purpurea finden. Diese parasitieren in ganz Europa auf Roggenähren (Secale cereale) aber auch auf Wildgräsern.

272 Die jungen Fruchtknoten der **Roggenähren** werden durch die Pollen dieses Pilzes infiziert, ein fädenartiger Fungus, der nach Überwintern sich in Form halbmondförmig gekrümmter, schwarz-violett gefärbter Sklerotien (Dauermyzel) von 1-6 cm Länge an den Ähren findet. Diese Sporenkapseln entwickeln sich anstelle des jeweiligen Getreidekorns und werden als "**Mutterkorn**" (Secale cornutum) bezeichnet.

273 Die dunklen Scheinkörner, die den Samen der Ähren vernichten, enthalten **Mykotoxine**, u.a. die Alkaloide Ergotin und Cornutin. Die aus dem Mutter- oder Tollkorn gewonnenen Lysergsäure-Alkaloide werden daher auch als "**Mutterkorn-Alkaloide**" bezeichnet. Im Frühjahr entsprießen den zu Boden gefallenen Sklerotien kugelförmige Pilzköpfchen, deren Sporen nach Bersten der Sklerotien mit dem Wind weitergetragen werden.

274 Mutterkorn-Alkaloide sind außerdem in niederen Pilzen der Gattungen Aspergillus und Rhizopus gefunden worden.

275 Um die Mutterkorn-Alkaloide der **Ergotamin-Gruppe** von den anderen, insbe-
*   sondere den der Ergotoxin-Gruppe, zu trennen, werden säulenchromatographische Verfahren angewandt. Als **Zwischenprodukt** wird schließlich **Ergotamintartrat (ET)** gewonnen.

---

[2] Zu diesem Windengewächs näher 1.2.1.2, Rdnr. 432, 434 und 438-443.

Die weitere Synthese erfolgt über das Indol-Derivat **L-Lysergsäure**[3] und das Diethylamid zu **D-Lysergsäurediethylamidtartrat** oder N,N-Diethyl-D-lysergamid (INN-Bezeichnung: **Lysergid**; Kurzbezeichnung: **LSD-25** oder LSD; chem. Bezeichnung (IUPAC): N,N-Diethyl-6-methyl-9,10-didehydroergolin-8β-carboxamid oder: D-7-Methyl-4,6,6a,7,8,9-hexahydroindolo[4,3-f,g]chinolin-9-carbonsäurediethylamid).

Der jeweils verwandte Wortstamm "ergo(t)" leitet sich von der französischen Bezeichnung für "Mutterkorn" ab. **276**

Da die Mutterkorn-Alkaloide vom **Ergometrin-** und vom **Peptid-Typ** in der **Medizin** eine erhebliche Bedeutung erlangt haben, werden allein in den USA jährlich etwa 1/2 Mio. kg Mutterkornpilze gezielt infizierter Roggen geerntet, aus denen vor allem **Ergometrin** isoliert wird, das in der Geburtshilfe Verwendung findet[4]. **277**

1.2.1.1.2 Historische und gegenwärtige Situation

Obwohl die gezielte Einnahme von Mutterkorn zur Erzeugung von Halluzinationen nicht belegt ist, werden auch sie mit den bei den **Eleusinischen Mysterien** verwandten psychotropen Getränken[5] in Verbindung gebracht. **278**

Dies ist insofern nicht fernliegend, als es in den Eleusinischen Mysterien um den jahreszeitlichen Wechsel von der Aussaat des Korns, der Ernte und der Zeit des Winters, letztlich also um **Tod** und **Wiederauferstehung** ging. Symbolisiert wurde dies durch die zeitweilige Rückkehr Persephones (eine der 3 Gestalten der prähellenischen Dreifaltigen Göttin) aus der Unterwelt, wo sie die übrige Zeit als Gattin des Hades verbrachte. Die Benutzung von Claviceps purpurea könnte neben der psychotropen Wirkung hierbei auch aufgrund seiner Farbe erfolgt sein, da die scharlachrote Farbe die Auferstehung nach dem Tod versprach[6]. Rohstoff könnten auf Wildgräsern parasitierende Claviceps-Arten gewesen sein[7]. **279**

In erster Linie war das **Mutterkorn** im Altertum jedoch als **Gift** bekant. **280**

Im 10. und 13. Jahrhundert n.Chr., teilweise bis in das 20. Jahrhundert hinein, kam es in Europa gelegentlich zu **Epidemien** von "St.Antonius-Feuer" ("**Ignis sacer**"). **281**

---

[3] Zur Lysergsäure vgl. auch 1.2.1.1.3, Rdnr. 300 f., zur Strukturformel Rdnr. 370.
[4] Zur medizinischen Verwendung u.a. des Ergotamins vgl. 1.2.1.1.3, Rdnr. 304.
[5] Zum Mischen des Weines mit halluzinogenen Pflanzen vgl. 1.2.2.2, Rdnr. 534, zur Verwendung von Pilz-Extrakten vgl. 1.2.2.1, Rdnr. 479.
[6] Vgl. auch zum roten Fliegenpilz 1.2.2.1, Rdnr. 477, und zum Bilsenkraut 1.2.2.2, Rdnr. 540.
[7] Vgl. hierzu 1.2.1.1.1, Rdnr. 271 und 274.

282 Diese Massenvergiftungen wurden als "Brandseuche" bezeichnet, da der Betroffene ein brennendes Gefühl in Händen und Füßen verspürte (brandiger Gliederverlust). Hierbei handelte es sich um Fälle von **Mutterkornvergiftungen,** die durch unvorsichtiges Ernten und anschließendes Verbacken von Mutterkorn auf den Roggenähren verursacht wurden. Bei der auch **"Ergotismus"** genannten Kriebelkrankheit verfielen die Betroffenen bisweilen in eine Art "Veitstanz" (Chorea), ein extrapyramidales Syndrom mit unkontrollierten Körperbewegungen, Sprachstörungen und epilepsie-ähnlichen Anfällen. Sie erlebten zentralnervöse Symptome mit Bewusstseinsstörungen und ekstatische Zustände, bevor ihre Extremitäten sich bei gleichzeitigem Erbrechen und Fieber schwarz verfärbten (Zyanose) und abstarben oder Lähmungen sich einstellten.

283 Als **Antidot** sollen hier Papaverin[8] und Atropin[9] indiziert sein.

Der Ergotismus konnte durch verbesserte Erntemethoden stark zurückgedrängt werden: Da die Fruchtkörper des Mutterkorns größer als die Getreidekörner sind, lassen sie sich vor dem Mahlen aussieben.

284 Andere Eigenschaften des Mutterkorns waren bereits im 16. Jahrhundert den Hebammen bekannt: Sie benützten geringe zermahlene Mengen, um mit Hilfe von durch **Ergometrin** (syn. Ergobasin) bewirkte **Uteruskontraktionen** die Geburt zu erleichtern und Gebärmutterblutungen zu verringern[10].

285 Der Versuch einer halbsynthetischen Herstellung von Varianten dieses oxytocischen (wehenerregenden) Mutterkorn-Alkaloids Ergometrin und die konkrete Suche nach einem Analepticum führten Dr. Hofmann bei der Fa. Sandoz/Basel 1938 bei der Verbindung von Diethylamid mit der natürlichen Lysergsäure zum **Lysergsäurediethylamidtartrat.**

Die **psychotropen** Eigenschaften dieser Verbindung mit der Laborbezeichnung **LSD-25** entdeckte Dr. Hofmann jedoch erst 1943 durch einen Zufall, wobei er in einem Selbstversuch 0,25 mg, das 5- bis 10fache der üblichen Dosis[11] oral einnahm; denn bis zu diesem Zeitpunkt kannte man nur Mescalin als die stärkste psychotrope Substanz mit einer Einzeldosis von etwa 200 mg[12]. Dementsprechend litt der Entdecker bei seinem ersten "trip" unter leichten Vergiftungserscheinungen.

286 In der Folgezeit wurden **weitere Verbindungen** synthetisiert, die gegenüber LSD-25 nur geringe strukturelle Unterschiede aufweisen, ohne jedoch dessen halluzinogene Wirksamkeit zu erreichen.

---

[8] Zum Papaverin vgl. 2.1.3, Rdnr. 1069.
[9] Zum Atropin vgl. 1.2.2.2, Rdnr. 510 f.
[10] Zur heutigen medizinischen Verwendbarkeit vgl. 1.2.1.1.3, Rdnr. 304 f. Vgl. auch zur überadditiven Wirkung etwa des Yagé-Trankes 1.2.3.5, Rdnr. 729.
[11] Zur Dosierung von LSD-25 vgl. 1.2.1.1.4, Rdnr. 316 f.
[12] Zur Dosierung von Mescalin vgl. 1.2.3.1, Rdnr. 585.

1.2 Halluzinogene

Um 1949 wurde LSD-25 in den USA eingeführt und in der Folgezeit unter dem pharmazeutischen Warenzeichen **Delysid** der Fa. Sandoz bis etwa 1966 zur Erzeugung sog. **"experimenteller Psychosen"** benutzt[13] sowie im Rahmen **psychotherapeutischer** Sitzungen[14]. **287**

Über die Erzeugung von "Modellpsychosen" erhoffte man sich nähere Erkenntnisse über die Entstehung der Schizophrenie, was sich im wesentlichen nicht bestätigt hat.

Nachdem noch 1959 eine erste internationale Konferenz über die **psychotomimetischen** Anwendungsmöglichkeiten von LSD-25 abgehalten worden war, verringerte sich in den 60er Jahren der therapeutische Einsatz, insbesondere im Rahmen der Psychoanalyse. In der Folgezeit fand LSD-25 so gut wie keine **medizinische** Verwendung mehr. So weit überhaupt noch vereinzelt Halluzinogene zu psychotherapeutischen Zwecken eingesetzt wurden, traten an seine Stelle andere, weniger starke, insbesondere auf dem Psilocybin beruhende Präparate[15]. Seit 1988 wurde die Psycholyse unter Einsatz von LSD-25, MDMA oder Psilocybin bei Neurosekranken u.a. in Deutschland jedoch erneut diskutiert und in der Schweiz im Rahmen eines Forschungsprogramms bis 1993 (erneut) erprobt. Hierbei wird z.T. vertreten, dass "Horrortrips" bewusst in Kauf genommen werden sollen, um Zugang zu verdrängten Konflikten zu erhalten. Hiermit in Zusammenhang steht die z.T. erhobene Forderung, das LSD-Verbot von 1967 für den therapeutischen Einsatz durch Ärzte und Psychoanalytiker bei sonst schwer behandelbaren Patienten wieder aufzuheben. **288**

Parallel zur therapeutischen Nutzung setzte in den 50er Jahren in Nordamerika ein starkes Interesse von Armee und CIA an LSD-25 unter dem Aspekt einer "psycho-chemischen Kriegsführung" ein (Psychokampfstoffe). **289**

Soweit gegenwärtig noch Forschungsvorhaben in diesem Bereich psychotroper Substanzen durchgeführt werden, dürfte es sich, abgesehen von den erwähnten Forschungen auf dem Gebiet der psycholytischen Therapie, in erster Linie um diese Stellen handeln.

Ausgehend von der LSD-Psychotherapie propagierte die **"Psychedelische Bewegung"**[16] ab 1962 in den USA den LSD-Genuss als Mittel zu einer allgemeinen, unspezifischen "Bewusstseinserweiterung"[17]. **290**

Promotor war u.a. Timothy Leary, bis zu seiner Entlassung 1966 Professor für Psychologie an der Harvard-University, und der Religionsphilosoph Alan Watts, der LSD-25 den sakralen Drogen der amerikanischen Ureinwohner[18] gleichstellte. **291**

---

[13] Vgl. auch zum Begriff „Psychotomimetica" Vorbem. 1, Rdnr. 19, sowie beim Cannabis 1.1.4, Rdnr. 132.

[14] Näher zur psycholytischen Therapie 1.2.1.1.4, Rdnr. 350-353.

[15] Etwa CEY-19 und Indocyn, vgl. hierzu beim Psilocybin 1.2.3.3, Rdnr. 663-666. Zu Therapieformen unter MDMA-Einfluss vgl. 1.2.4.3, Rdnr. 844.

[16] Zur Bezeichnung „psychedelisch" vgl. Vorbem. 1, Rdnr. 19. Zu „bewusstseinserweiternden" Drogeneigenschaften vgl. beim Cannabis 1.1.4, Rdnr. 140-143.

[17] Zur „Bewusstseinserweiterung" speziell unter LSD-Einfluss vgl. 1.2.1.1.4, Rdnr. 336-340.

292 "Turn on, tune in, drop out", wurde ein geflügeltes Wort der **Hippie-** und **Flower-Power-Bewegung** der 1960er Jahre[19]. Überall machten "Head-Shops" für "acid head's" ("Säureköpfe", da LSD-25 auch als "**acid**" bezeichnet wird) auf. Hier konnten "freaks" und "drop-outs" die Mittel zum Entfliehen der rational-materialistischen Umwelt erwerben, die unfähig war, sich aus den Verstrickungen eines zunehmenden Engagements im Vietnam-Krieg zu lösen. Häufig wurden daher die sich bildende Drogensubkultur und die politische Protestbewegung (insbesondere gegen den Vietnam-Krieg) in dieser Zeit ohne weiteres gleichgesetzt ("the only hope is dope"). Die Popmusik (u.a. Jimi Hendrix) bildete hierbei ein wesentliches Element, etwa als "**acid rock**" bis Ende der 60er Jahre, welches zur allgemein zunehmenden sozialen **Akzeptanz** des Drogengebrauchs innerhalb der Jugendkultur beitrug[20].

293 Im Gegenzug wurde LSD-25 in den **USA** 1967 **verboten** und sein Gebrauch außer für therapeutische Zwecke unter Strafe gestellt, woraufhin die "**Psychedelische Bewegung**" mit anderen Halluzinogenen wie Windensamen[21] und Mescalin, aber auch Designer Drugs wie MDA[22] zu experimentieren begann.

294 In **Deutschland** hat LSD-25, obwohl es zu keiner Zeit in Cannabis vergleichbaren Größenordnungen konsumiert wurde, seit Beginn der 1970er Jahre unter den Halluzinogenen eine führende Position inne, wobei der **Absatzmarkt** seitdem in etwa **konstant** geblieben zu sein scheint.

---

[18] Wie z.B. Mescalin, vgl. hierzu 1.2.3.1, Rdnr. 600, sowie beim Cannabis 1.1.4, Rdnr. 136 f. Auch die derzeitige „New age"-Bewegung knüpft u.a. an schamanistische Praktiken an, vgl. 1.2.2.2, Rdnr. 566.

[19] Vgl. hierzu auch beim Cannabis 1.1.2, Rdnr. 66.

[20] Allgemein zur „psychedelischen Musik": 1.1.4, Rdnr. 138 f. Zur heutigen Verbindung von Drogenkonsum und „Techno-Musik" vgl. 1.2.4.3, Rdnr. 861.

[21] Z.B. mit Morning-Glory-Samen, vgl. 1.2.1.2, Rdnr. 452. In der BRD wurde LSD-25 durch die 4. Btm-GleichstellungsV vom 21.2.1967 ebenfalls dem OpiumG unterstellt; vgl. hierzu auch beim Psilocybin 1.2.3.3, Rdnr. 663.

[22] Vgl. hierzu bei den Methylendioxyamfetaminen 1.2.4.3, Rdnr. 831 und 843.

Hierauf deuten die **Sicherstellungszahlen** von **LSD-Trips** in Deutschland hin **295**
(in KE):

1966	0	1980	28.881	1994	29.627
1967	10	1981	31.167	1995	71.069
1968	30	1982	42.170	1996	67.082
1969	5.861	1983	71.848	1997	78.430
1970	178.925	1984	40.951	1998	32.250
1971	89.281	1985	30.536	1999	22.965
1972	52.272	1986	22.237	2000	43.924
1973	68.566	1987	19.487	2001	11.441
1974	61.407	1988	18.831		
1975	50.952	1989	10.574		
1976	60.952	1990	14.332		
1977	14.300	1991	13.887		
1978	33.328	1992	29.571		
1979	38.132	1993	23.442		

Abb. 1.2 Sicherstellungen bei LSD in Deutschland 1966 - 2001

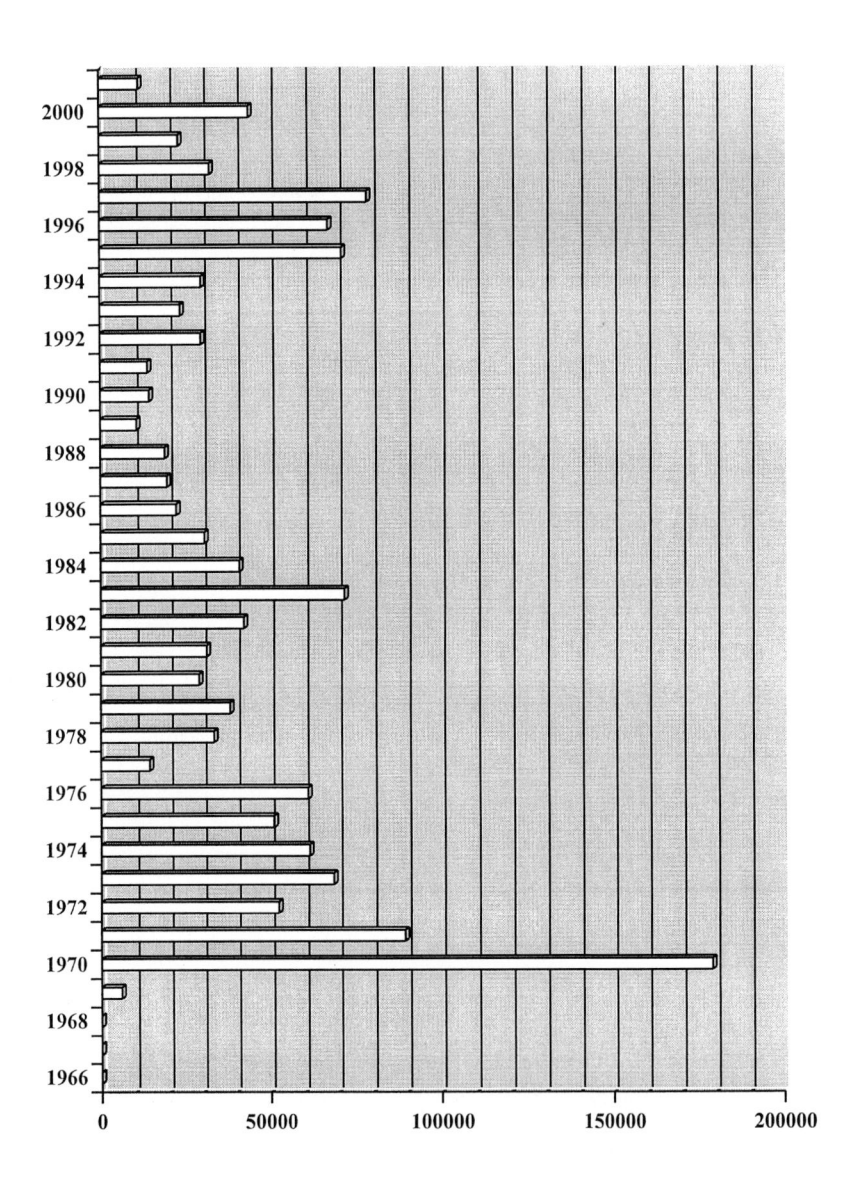

1.2 Halluzinogene

Einen Rückschluss auf die tatsächlich konsumierten Mengen lassen diese stark schwankenden Zahlen nicht zu. Der **tatsächliche Umsatz** in der damaligen BRD wurde 1988 auf mehrere 100.000 LSD-Trips/a geschätzt. 296

Immerhin dürfte diese Stagnation aber ein Hinweis darauf sein, dass die Zu- oder Abnahme bestimmter Formen des Drogenkonsums allgemein Ausdruck **langfristiger Wandlungen** in Lebensauffassung und Wertvorstellungen ist, abgesehen von äußeren Einflüssen, die etwa Kriege oder Änderungen des Preisgefüges auf das Angebot haben[23]. Nachdem in den 1960er und 70er Jahren im Zeichen relativer materieller Sicherheit bei gleichzeitig verbreiteter Infragestellung von Autorität ein Bedürfnis nach Beschäftigung vornehmlich mit dem **eigenen Erleben** und den eigenen Emotionen, gegebenenfalls unter Zuhilfenahme von Halluzinogenen, entstanden war, schwächte sich dieser Trend seit Beginn der 1980er Jahre wieder ab und machte erneut mehr auf die **Außenwelt bezogenen** Wertvorstellungen Platz. Hiermit dürfte die seitdem zunehmende Bedeutung u.a. von Cocain als einer Droge korrespondieren, die den Kontakt zu den Mitmenschen verbessern und die Leistungsfähigkeit stimulieren sollte[24]. Dem weiterhin bestehenden Bedürfnis einer Reihe Jugendlicher und Heranwachsender nach intensiver Beschäftigung mit dem eigenen Ich bei gleichzeitigem Angebot "letzter Wahrheiten" schienen seit Ende der 70er Jahre zu einem großen Teil Jugendsekten entgegenzukommen. Seit Mitte der 90er Jahre zeichnete sich dann im Zuge eines zunehmenden Gebrauchs **vollsynthetischer** Drogen auf **Amfetamin-Basis**[25] erneut ein Trend zum **vermehrten LSD-Konsum** ab, z.T. in **Kombination** mit "Disko-Drogen". 1997 wurde in Deutschland mit ca. 150.000 **LSD-Konsumenten** gerechnet bzw. im Jahre 2000 davon ausgegangen, dass etwa 2,3 % der 18- bis 34-Jährigen in Westdeutschland und ca. 2,4 % in Ostdeutschland mindestens einmal im Leben Erfahrungen mit LSD-25 gemacht hatten. 297

LSD-25 wird in **Deutschland** nach wie vor gelegentlich "vor Ort", meist jedoch in Nachbarländern wie den **Niederlanden** in "underground"-Labors, in sehr unterschiedlicher Reinheit aus **Ergotamintartrat** als Ausgangsstoff[26] hergestellt. Seit 1982 werden LSD-Trips vornehmlich auf "**Beschaffungsfahrten**" in den Niederlanden aufgrund des dortigen relativ niedrigen Einkaufspreises erworben und der nicht zum Eigenverbrauch bestimmte Teil zur Begleichung der Fahrtkosten sodann im Inland weiterverkauft. 298

Da auf dem illegalen Drogenmarkt die Bezeichnung "LSD" ganz allgemein für vollsynthetische **echte Halluzinogene** steht, werden oft "trips" ganz anderer Zusammensetzung, insbesondere Amfetamin-Derivate mit halluzinogenen Wirkungskomponenten, fälschlicherweise als "LSD" oder eine Art "**Super-LSD**" angebo- 299

---

[23] Vgl. etwa zu den Wandlungen des Heroin-Marktes 2.1.2, Rdnr. 1018, sowie zum Einfluss der jeweiligen „Drogenpolitik" 2.1.7, Rdnr. 1322.
[24] Vgl. beim Cocain 3.1.2, Rdnr. 1482-1485, und 3.1.4, Rdnr. 1529.
[25] Sog. „Desinger-Amfetamine", vgl. hierzu Vorbem. 1.2.4, Rdnr. 795 f. Zum Mischkonsum von LSD-25 mit u.a. „ecstasy" vgl. 1.2.4.3, Rdnr. 863, sowie beim Amfetamin 3.2.4.2, Rdnr. 1812.
[26] Zum ET vgl. 1.2.1.1.1, Rdnr. 275.

ten, deren Wirkungsspektrum und -intensität für den Erwerber völlig **unkalkulierbar** sind[27].

1.2.1.1.3 Wirkstoffe

300
*
Von den zahlreichen Mutterkorn-Alkaloiden[28] sind nur die **Lysergsäure-Derivate** pharmakologisch von Bedeutung, die als Alkaloide vom
- **Ergometrin-Typ** mit einem Aminoalkohol und vom
- **Peptid-Typ** mit einem tricyclischen Peptid-Rest verknüpft sind.

301
*
Ausgangsverbindung ist jeweils die natürlich vorkommende **L-Lysergsäure**[29], die dem chemischen Aufbau nach im wesentlichen aus einer **Indol-** und **Benzopyridin-Verbindung** besteht, mit der in Stellung 9 eine **Carbonsäure** verknüpft ist[30]. Letztere ist bei den Lysergsäure-Derivaten in vielfältiger Weise abgewandelt. Die L-Lysergsäure selbst ist ohne Rauschwirkung.

302
*
Auf die **Strukturformeln** der **Lysergsäure-Derivate** soll im Unterschied zu den anderen Kapiteln in diesem Buch erst im Zusammenhang mit der Behandlung ihrer α-sympatholytischen Eigenschaften eingegangen werden[31].

303
Die erste wissenschaftliche Abhandlung zum Einsatz des **Ergometrins** zur Uteruskontraktion in der **Geburtshilfe** erschien bereits 1808. Heute erfolgt die Verwendung von Ergometrin und Methylergometrin (Methergin) vorwiegend zur Stillung von Nachgeburtsblutungen.

304
Der α-sympatholytischen Eigenschaften der Mutterkorn-Alkaloide vom **Peptid-Typ**, insbesondere der **Ergotamin-Gruppe**, bedient man sich u.a. zur Bekämpfung der **Migräne** (durch indirekte Erweiterung kontrahierter Gefäße) in Form des Ergotamins (etwa Ergo-Kranit mono 2 mg) und des Dihydroergotamins (INN; etwa DET MS retard Kapseln)[33]. Dihydroergotoxin seinerseits ist Bestandteil zahlreicher rezeptpflichtiger Antidementiva[34] wie Circanol.

---

[27] Vgl. u.a. zum PCP 1.2.4.5, Rdnr. 920.
[28] Zur Herkunft der Bezeichnung vgl. 1.2.1.1.1, Rdnr. 273. Zuweilen auch als Ergolin-Alkaloide bezeichnet, vgl. zu den Mutterkorn-Alkaloiden in Windensamen 1.2.1.2, Rdnr. 438-444.
[29] LS oder LA (lysergic acid); zur Gewinnung vgl. 1.2.1.1.1, Rdnr. 275.
[30] Zur Strukturformel der L-Lysergsäure vgl. 1.2.1.1.4, Rdnr. 370.
[31] Vgl. 1.2.1.1.4, Rdnr. 372, insbesondere zur serotoninantagonistischen Wirkung, die neben einer zentralen Erregung der Dopamin-Rezeptoren für die Ergotamine charakteristisch ist.
[33] Mutterkornextrakte fanden sich früher in zahlreichen Kombinationspräparaten, vgl. etwa zum Optalidon 4.1, Rdnr. 1993.
[34] Syn. Nootropica, die (wie etwa auch Piracetam, vgl. 3.2.4.2, Rdnr. 1723 FN 21) u.a. durch Steigerung der zerebralen Durchblutung zu einer Verbesserung der Hirnleistung im Alter führen sollen. Vgl. auch zu den Geriatrica auf Kavain-Basis 2.2, Rdnr. 1395-1397.

1.2 Halluzinogene

Dihydroergotamin kann bei langandauernder Migränetherapie zu einem ebenfalls **Ergo-** tismus[35] genannten Syndrom mit entzugsbedingten Kopfschmerzen führen, die zu erneuter Einnahme des Medikaments zwingen.

305

Das 1918 isolierte Alkaloid **Ergotamin** enthält als cyclisches Tripeptid die Aminosäuren α-Hydroxy-L-alanin, L-Phenylalanin[36] und L-Prolin[37] im Peptid-Teil.

306 *

Das **Diethylamid** der L-Lysergsäure hat demgegenüber, wie erwähnt, heute keine medizinische Bedeutung mehr; die chemische Bezeichnung lautet (IUPAC): N,N-Diethyl-6-methyl-9,10-didehydroergolin-8-β-carboxamid oder: D-7-Methyl-4,6,6a,7,8,9-hexahydroindolo-[4,3-f,g]-chinolin-9-carbonsäurediethylamid (INN: **Lysergid**; syn. N,N-Diethyl-D-lysergamid; Kurzbezeichnung: **LSD-25** oder LSD).

307 *

Neben Dialkylamiden sind auch **Monoalkylamide** der Lysergsäure als Psychodysleptica herstellbar, etwa D-Lysergsäuremonoethylamid (LAE) und 1-Acetyllysergsäuremonoethylamid (ALA-10).

Als **Salzverbindung** liegt LSD-25 in Form von D-Lysergsäurediethylamidtartrat, ein Salz der Weinsäure, vor. In dieser Form ist es ein weißes bis beigefarbenes, geschmackloses, kristallines, wasserlösliches Pulver.

308 *

Wie die natürliche Lysergsäure selbst, die asymmetrisch ist, liegt auch LSD-25 in Form von **4 Stereoisomeren** vor, von denen aber nur eines, das **D-(+)-Lysergsäurediethylamid**, halluzinogene Wirksamkeit zeigt, während das Levo-LSD psychotrop völlig inaktiv ist. Offenbar ist der menschliche Organismus besonders empfänglich für die Verbindung, die der natürlich vorkommenden entspricht[38].

309 *

Als weiteres Halbsyntheticum wurde neben D-LSD-25 das **N-Acetyl-D-lysergsäurediethylamid** (**ALD-52**; "Acetyl-LSD") entwickelt[39], das etwa 90 % der Wirksamkeit des LSD-25 aufweist. ALD-52 wandelt sich bei Verbindung mit Wasser in LSD-25 um, der folgende "trip" soll aber sanfter sein.

310 *

---

[35] Zu diesem Begriff vgl. auch 1.2.1.1.2, Rdnr. 282. Dihydroergotamin wurde in Kombination mit Alkohol auch zur Erzeugung rauschartiger Zustände missbraucht. Migräne scheint ihrerseits auf einem abrupten Serotonin-Überschuss (mit Verengung der Gefäße im Gehirn) und Serotonin-Abbau (mit Erweiterung der Arterien) zurückführbar zu sein; zum Eingriff in den Haushalt dieser Transmitter durch LSD-25 vgl. 1.2.1.1.4, Rdnr. 369-378. Vgl. auch beim Cannabis 1.1.4, Rdnr. 136 FN 104.

[36] Eine essentielle Aminosäure, Vorstufe der Opium-Alkaloide, vgl. 2.1.3, Rdnr. 1063 f. Indolylalanin (Tryptophan), das aus einem Indolring und Alanin zusammengesetzt ist, ist Grundbaustein der Indol-Alkylamine, vgl. auch 1.2.1.1.4, Rdnr. 369 f.

[37] Pyrrolidinalphacarbonsäure, ein wichtiger Eiweißbaustein und eine auch im Cannabis vorkommende Alkaloid-Vorstufe, vgl. 1.1.3, Rdnr. 91.

[38] So ist von den Morphin-Verwandten beispielsweise das linksdrehende, dem (-)-Morphin entsprechende Isomer analgetisch wirksamer, vgl. 2.1.3, Rdnr. 1066.

[39] Zur Strukturformel des ALD-52 vgl. 1.2.1.1.4, Rdnr. 370, vgl. auch Rdnr. 376.

311 Die Hinzufügung eines Brom-Atoms führt demgegenüber wie beim **3-Brom-D-**
*   **lysergsäurediethylamid (BOL-148)** zur psychotropen Inaktivität der Verbindung[40].

312 **Lysergid** (D-LSD-25) zählt nach Anl. I zum BtMG 1994 zu den nicht ver-
§   kehrsfähigen Btm. Bei **Pilzmycelien**, Sporen oder Zellkulturen, die zur Gewinnung von Organismen mit Lysergid geeignet sind, handelt es sich zudem aufgrund der 15. BtMÄndV seit dem 1.7.2001 ebenfalls um Btm nach Anl. I, wenn ein Missbrauch zu Rauschzwecken vorgesehen ist. Der Handel mit anderen Lysergsäure-Derivaten, die nicht dem BtMG unterstellt worden sind, zu **Rauschzwecken**, kann, ohne dass es auf eine Verschreibungsfähigkeit und -pflichtigkeit bzw. Zulassung ankommt, als Inverkehrbringen bedenklicher AM gemäß § 95 Abs. 1 Nr. 1 AMG strafbar sein.

313 **Ergotamintartrat**[41] und **D-Lysergsäure**, die heute (neben Dihydroergotamin)
§   fast ausschließlich für illegal erfolgende halbsynthetische Herstellungsprozesse benötigt werden, wurden ebenso wie eine Reihe anderer Ausgangsverbindungen[42] nicht als Btm eingestuft.

Sie wurden daher als frei verkäufliche **Grundstoffe** auf dem illegalen Drogenmarkt zu hohen Preisen gehandelt.

314 **Ergometrin, Ergotamin** und **Lysergsäure** sowie deren Salze wurden als im wesentli-
§   chen für die Arzneimittel-, damit aber auch für die Btm-Herstellung verwandte **Grundstoffe** in die Anl. Tab I zu Art. 12 des Übereinkommens von 1988 aufgenommen. In Umsetzung dieses Übereinkommens erfolgte seit dem 28.2.1994 zunächst durch ein entsprechendes AusführungsG in § 18 a BtMG und seit dem 1.2. 1995 in § 29 GÜG die Aufnahme eines strafbewehrten Verbotes des Umgangs mit diesen Grundstoffen, wenn sie zur unerlaubten Btm-Herstellung verwendet werden sollen. Da es sich um unmittelbare Ausgangsstoffe für die Btm-Herstellung handelt, wurde im Rahmen der Grundstoffüberwachung über eine Anzeigepflicht im Verdachtsfall hinaus insoweit durch Aufnahme in die Kategorie 1 eine Erlaubnispflicht normiert.

315 Bei **Secale cornutum** und seinen Zubereitungen sowie den **Secale-Alkaloiden** handelt
§   es sich ebenso wie bei Dihydroergotamin sowie Methylergometrin und ihren Salzen aufgrund der Neufassung der VO über verschreibungspflichtige Arzneimittel vom 30.8.1990 um **verschreibungspflichtige** Stoffe. Ihr Vertrieb außerhalb einer Apotheke kann eine Strafbarkeit nach § 95 Abs. 1 Nr. 4 AMG begründen.

1.2.1.1.4 Wirkung und Wirkungsweise

316 **LSD-25** ist das **wirksamste** der bekannten Halluzinogene; die wirksame **Dosis** beträgt p.o. etwa 20-50 µg (= 0,02-0,05 mg).

---

[40] Zur Strukturformel des BOL-148 vgl. 1.2.1.1.4, Rdnr. 370, vgl. auch Rdnr. 379.
[41] Zum ET vgl. 1.2.1.1.1, Rdnr. 275.
[42] Allgemein zu den Grundstoffen: 2.1.3, Rdnr. 1096-1099.

1.2 Halluzinogene

Hierbei vermögen 20 μg als geringste noch wirksame Rauschdosis bei entsprechend disponierten Personen psychotrope Effekte auszulösen, während 50 μg als die in der Regel zur Hervorrufung eines Rauschzustandes erforderliche Einzeldosis (**KE**) angesehen wird. Bei dem verwandten Mescalin ist eine etwa 5.000 bis 10.000mal höhere Dosis[43] erforderlich, während im Verhältnis zum Psilocybin LSD-25 immer noch 150- bis 300mal so wirksam ist[44].

Bei Alkoholikern und an Rauschdrogen Gewöhnten dürfte die wirksame Einzeldosis etwa doppelt so hoch anzusetzen sein.

Kleinere LSD-Mengen produzieren eine Wirkung, die einem Hasch-"high" vergleichbar sind, während die übliche **Rauschdosis** bei 75-170 μg liegt. Etwa 70 μg gelten andererseits aber auch als Höchstmaß für den ersten Versuch mit LSD-25[45]. 317

Dem entspricht die Annahme einer psychoaktiven Wirksamkeit bei einer Wirkstoffmenge von 0,5-2 μg /kg KG.

Bei **hohen** LSD-Dosen von über 250 μg (gelegentlich bis zu 1.700 μg) ist die psychedelische Erfahrung fast nur noch auf das Innenleben konzentriert und bricht die Beziehung zum Normalerleben völlig ab, wobei eher eine Intensivierung als zeitliche Ausdehung des LSD-"trips" erfolgt. 318

Die **letale** Dosis (LD_{50}) dürfte bei etwa 150 mg liegen, also etwa dem 3.000fachen der normalen Rauschdosis[46]. 319

Bei **oraler** Einnahme sind die ersten Wirkungen in **körperlicher** Hinsicht infolge der relativ langen Resorptionszeit nach etwa 20-60 min (bei i.v. Injektion hingegen bereits nach wenigen min) zu spüren. 320 #

Dieses **Initialstadium** mit dominierenden **vegetativen Nebenwirkungen** ist gekennzeichnet durch eine anfängliche Herzschlagbeschleunigung, später -verlangsamung, Blut- 321

---

[43] Vgl. beim Mescalin 1.2.3.1, Rdnr. 585.
[44] Vgl. beim Psilocybin 1.2.3.3, Rdnr. 671. Das bedeutet, dass bei Zugrundelegung einer Einzeldosis von 50 μg 1 g LSD-25 ausreicht, um etwa 20.000 Personen in einen mehrstündigen halluzinogenen Rauschzustand zu versetzen. Noch geringere Wirkstoffmengen als bei LSD-25 sind bei bestimmten Fentanyl-Derivaten erforderlich, vgl. 4.4.6, Rdnr. 2466, 2475 und 2487.
[45] Bei therapeutischen Applikationen im Rahmen der Behandlung neurotischer Störungen (näher hierzu 1.2.1.1.4, Rdnr. 350-353) wurde für Delysid eine Anfangsdosis von 25 μg (als Tartat, entsprechend 20 μg LSD-25) angegeben, die je nach Bedarf um je 25 μg bis zur wirksamen Dosis von 50-200 μg in etwa wöchentlichen Abständen erhöht werden konnte. Bei experimentellen Untersuchungen etwa im Rahmen von „Modellpsychosen" wurde bei psychisch Gesunden eine Dosis von 25-75 μg, im Durchschnitt 1 μg/kg KG bzw. 2-4 μg/kg KG bei Psychotikern und chronisch Alkoholkranken angegeben (vgl. auch 1.2.1.1.5, Rdnr. 404).
[46] Zur Toxizität vgl. auch 1.2.1.1.7, Rdnr. 404. Zum durchschnittlichen Wirkstoffgehalt der zum Verkauf gelangenden LSD-„trips" vgl. 1.2.1.1.5, Rdnr. 402 f.

druckabfall, eine leichte Erhöhung der Körpertemperatur mit Schweißausbruch, gegebenenfalls aber auch Hyperthermie (Wärmestau)[47], Ohrensausen, Schwächegefühl sowie besonders in der ersten Rauschphase motorische Überaktivität[48], unsicheren Gang sowie andere motorische Störungen, Parästhesien und ein unbestimmtes körperliches Unbehagen, das sich auf Muskulatur oder Kehle konzentriert (Kältegefühl, Brechreiz), mit der Zeit aber wieder verschwindet.

322 Die **Hauptphase** des **LSD-Rausches** ist hingegen durch zunehmende psychomotorische Ruhe und traumhafte Versunkenheit gekennzeichnet[49]. Die Sprache wird undeutlich und verwaschen.

323 Die erweiterten Pupillen (**Mydriasis**; nach oraler Einnahme deutlicher als nach Injektion) können dazu führen, dass helles Licht als unerträglich empfunden wird[50].

324 # Sowohl bei oraler Aufnahme als auch bei i.v. Applikation hat die Konzentration von LSD-25 in den Organen bereits nach 10-15 min ihr Maximum erreicht und fällt dann rasch ab[51]; nur im Dünndarm wird der **Konzentrationshöchstwert** erst nach ca. 2 h erreicht.

325 # Etwa 2 h nach der Einnahme sind über 90 % der LSD-Gabe in der Leber zu den wasserlöslichen Abbauprodukten des LSD-25, etwa dem 2-Oxo-2,3-dihydro-LSD, **metabolisiert**[52], die zum größten Teil über Leber, Galle und Darmtrakt und zu einem geringen Teil über den Urin ausgeschieden werden. Nur noch 1-10 % unverwandeltes LSD-25 befindet sich dann noch im Körper.

326 # Die **psychotropen** Effekte des LSD-25 treten dagegen erst 1-3 h nach der Einnahme auf, zu einem Zeitpunkt also, in dem der gesamte Wirkstoff aus den Organen, einschließlich des Gehirn, eliminiert ist.

327 Der Zustand der **Depersonalisierung** hält dann im allgemeinen 5-12 h an mit einer sich anschließenden **Nachphase**, in der wellenförmig Phasen abnormen Erlebens sich mit geordneter Wahrnehmung ablösen. Infolgedessen verursacht LSD-25 einen relativ langen, gleichbleibenden psychedelischen Zustand und dann ein allmähliches Nachlassen der psychotropen Wirkungen[53].

---

[47] Zu den Gefahren bei einem Mischkonsum von LSD-25 etwa mit Methylendioxyamfetaminen („ecstasy") vgl. 1.2.4.3, Rdnr. 855, oder mit Cocain vgl. 3.1.7, Rdnr. 1667.
[48] Zum Excitationsstadium bei Cannabis vgl. 1.1.4, Rdnr. 122.
[49] Insoweit dem Cannabis-Rausch vergleichbar: 1.1.4, Rdnr. 123.
[50] Vgl. hierzu auch beim Mescalin 1.2.3.1, Rdnr. 604. Eine Fahrsicherheit ist nicht mehr gegeben, vgl. 1.2.1.1.7, Rdnr. 428.
[51] Anders als etwa beim Psilocybin, vgl. 1.2.3.3, Rdnr. 650.
[52] Zu den Auswirkungen dieses Metabolisierungsvorganges vgl. 1.2.1.1.4, Rdnr. 381-385. Vgl. auch zum Mescalin 1.2.3.1, Rdnr. 588.
[53] Im Gegensatz zum relativ abrupten Wirkungsende insbesondere der sog. kurzwirkenden Tryptamine; vgl. beim DMT 1.2.4.4, Rdnr. 875-877. Zu Wirkungseintritt und –dauer beim Cannabis vgl. 1.1.4, Rdnr. 113 und 115 f.

1.2 Halluzinogene

Die im Zuge einer **akuten Halluzinogenintoxikation** (ICD-10 F 16.0) auftre- 328
tenden **psychischen** LSD-Wirkungen bestehen nach einer Anfangsphase von etwa
15-45, im Durchschnitt 30 min Dauer bei oraler Aufnahme mit den beschriebenen
vegetativen Nebenwirkungen, gegebenenfalls aber auch Angstzuständen, in einer
tiefgreifenden Veränderung der visuellen, auditiven, taktilen, der olfaktorischen,
der Geschmacks- und der kinästhetischen[54] **Sinneswahrnehmungen** sowie in einer Veränderung der **Raum-Zeit-Wahrnehmung**, ohne dass diesen Vorgängen
ein entsprechender Außenreiz zugrunde läge (zuweilen mit dem engl. Ausdruck
imprinting - Prägung bezeichnet).

Die **Haut** wird gegenüber bereits geringen Reizen hochempfindlich und die Steigerung 329
des Tast- und Berührungsempfindens kann bei gleichzeitigem Abbau von Hemmungen zu
einer Steigerung des sexuellen Erlebens beitragen.

Als Anfangssymptome zeigen sich oft stark verlängerte **Nachbilder**, insbesondere beim 330
Betrachten bewegter Objekte oder bei Bewegungen des Kopfes; die Brillanz von **Farben**
ist gesteigert und wird intensiver erlebt, es kommt zu kaleidoskopartigen, plastischen Farbvisionen ("**optics**")[55]. Bei höheren Dosierungen kann es zu sog. elementaren Trugwahrnehmungen (**Photopsien** wie Lichtblitze und Strahlenerscheinungen) kommen; auch der Körper scheint von Strom durchflossen zu sein und zu strahlen ("**Aurawahrnehmungen**").

Die einzelnen Sinne verschwimmen (**Synästhesie**)[56]: Klänge werden als Farbmuster 331
wahrgenommen und fast körperlich empfunden (**Hyperakusis**). Ein wellenartiges Zeitgefühl kann sich einstellen, in dem Sekunden unendlich lang erscheinen; das Bewusstsein eines **Zeitkontinuums** erlischt zuweilen vollständig.

Innerhalb von Minuten baut sich eine innere Spannung auf, es kann zu einem 332
charakteristischen **Wechsel** zwischen euphorischen und dysphorischen Stimmungslagen kommen[57].

Infolge der sich wandelnden Sinneseindrücke und Stimmungslagen sowie der für den 333
LSD-Rausch charakteristischen Wirkung, dass der Berauschte häufig das Gefühl hat, seinen
Körper zu verlassen, sich gleichsam von außen zu beobachten und durch Raum und Zeit zu
"reisen", wird der Rauschverlauf als "Reise" erlebt und daher als "**trip**" bzw. "**acid-trip**"
bezeichnet.

Narzisstische Tendenzen dominieren bei gleichzeitigem Gefühl einer Bedroht- 334
heit der **Ich-Instanz**. Das Interesse für philosophische und religiöse Fragen nimmt

---

[54] In Bezug auf die Empfindung der Körperbewegung.
[55] Vgl. auch zu den psychischen Wirkungen des Mescalins 1.2.3.1, Rdnr. 607, des DMT 1.2.4.4, Rdnr. 879, und des Psilocybins 1.2.3.3, Rdnr. 677. Zu Halluzinationen beim Lösungsmittel-Schnüffeln vgl. 4.5.4, Rdnr. 2539. Zu den „snow lights" beim Cocain vgl. 3.1.4, Rdnr. 1541.
[56] Zu Synästhesien unter Cannabis-Einfluss vgl. 1.1.4, Rdnr. 142.
[57] Zum Wechsel der Stimmungslagen vgl. ebenfalls beim Cannabis 1.1.4, Rdnr. 145 und 165.

zu, ebenso das Gefühl, mit non-verbalen Mitteln besser kommunizieren zu können.

335 Allgemein kommt es zu einer **Depersonalisierung** und **Körperschemastörungen**[58], zu dem Gefühl eines Verschmelzens von Körper und Gegenständen. Das Erlebnis, dass die Grenzen zwischen dem Ich und der Außenwelt verschwinden und die Bedeutung von Umwelteindrücken fundamental verändert ist, wird meist als etwas Beglückendes dargestellt, kann aber auch Entsetzen auslösen.

336 Der unter LSD-Einfluss Stehende glaubt sich häufig schöpferischer, ein häufiger Effekt der sog. "**bewusstseinserweiternden**" Drogen[59], was aber einer objektiven Nachprüfung nicht standhält. Demgegenüber wurde bei Versuchen mit LSD-25 eine Abnahme der **Konzentrationsfähigkeit** und der Gedächtnisleistung, jedenfalls des **Kurzzeitgedächtnisses**, beobachtet. Die höhere und abstrakte Denkfähigkeit ist herabgesetzt. An ihre Stelle tritt ein mehr **assoziatives** Denken, dessen Reihe durch Gefühle verbunden wird und das dem LSD-Berauschten das Gefühl vermittelt, ungebundener in seinem Denken und schöpferischer zu sein[60].

337 Während, anders als im Cannabis-Rausch, die akustischen Wahrnehmungen meist keinen weitgehenden Veränderungen unterliegen[61], kommt es zu meist in der 2.-3. h des "trips" auftretenden visuellen **Halluzinationen** ("Echo").

338 Hierbei handelt es sich jedoch regelmäßig um keine echten, sondern um **Pseudohalluzinationen**[62], da das Bewusstsein für die Rauschsituation erhalten bleibt und die Sinnestäuschungen meist noch mit kritischer Distanz betrachtet werden. Die Verknüpfung mit Erinnerungen erfolgt hierbei unkoordiniert und führt zu einer ungewohnten Wahrnehmung des Gegebenen, dessen Sinngehalt verändert ist: Alle Sinneseindrücke werden als neu und einzigartig empfunden und erhalten einen neuen, häufig mystisch gefärbten Sinn.

339 Der LSD-Berauschte meint, schärfer die "Filtrierung" der Sinneseindrücke infolge von Selbstkontrolle einer erlernten Wahrnehmungsbeschränkung auf das in der sozialen Realität Erwünschte und Verwendbare zu erkennen. Die Fähigkeit zu selektiver Wahrnehmung von Innen- und Außenwelt sowie zur Konzentration auf das Wesentliche, die erforderlich ist, um die unendliche Flut optischer, akustischer und sonstiger Sinneseindrücke durch Vergleich mit vorhandenen Informationen bewerten und interpretieren zu können, wird parallel hierzu abgebaut. Es entsteht so ein Zustand erhöhter **Suggestibilität** und der **Reizoffenheit**,

---

[58] Näher zu den Körperschemastörungen: 1.1.4, Rdnr. 130.
[59] Zur „Bewusstseinserweiterung" unter Cannabis-Einfluss vgl. 1.1.4, Rdnr. 140-143.
[60] Vgl. insoweit etwa auch zum Cocain-Rausch 3.1.4, Rdnr. 1528 f.
[61] Vgl. hierzu beim Cannabis 1.1.4, Rdnr. 129 FN 96.
[62] Zu Pseudohalluzinationen im Cannabis-Rausch vgl. 1.1.4, Rdnr. 124 und 129.

1.2 Halluzinogene

der zu den schizophrenen Basisstörungen gezählt wird[63]. Schlafentzug erhöht hierbei die Beeinflussbarkeit in Bezug auf diese LSD-Wirkungen[64].

Zwei Verbindungen drängen sich in diesem Zusammenhang auf: Einmal die Verwandtschaft des LSD-Rausches bei generell **introversivem** Wirkungsbild (auf innere Erlebnisse und Erscheinungen gerichtete Aufmerksamkeit) mit überlieferten mystisch-ekstatischen Erfahrungen (insbesondere religiösen "**Erleuchtungen**")[65] sowie andererseits die Beschreibbarkeit eines LSD-"trips" als **Regression** in einen kindlichen Zustand der Bewusstseinsorganisation und Denkform. 340

Der Berauschte befindet sich in einem Zustand "**desorganisierten Fließens**" und kann seine **Affekte** nur schwer kontrollieren. Seine Stimmungslage ist **labil** und wie ein Kind ist er wieder von seiner Umwelt abhängig: Im Gegensatz zum meist "einsamen" Opiat-Konsumenten ist er, auch zur Vorbeugung von "bad trips", auf eine wohlwollend-unterstützende Gruppe angewiesen[66]. 341

Derartige "**Horrortrips**" mit angstbetonten Erlebnissen, die gelegentlich auch in äußerer motorischer Unruhe ihren Ausdruck finden, scheinen außer im Falle von Hochdosierungen insbesondere durch gefühlsmäßig belastende Erlebnisse vor oder bei Konsum der Droge ausgelöst zu werden; auch können bereits vergessene bzw. verdrängte unangenehme Erlebnisse unter LSD-Einfluss in das Gedächtnis zurückkehren und bei dem Berauschten zu Angst- und Panikreaktionen führen. 342

Aber auch ohne dass es zu einem "Horrortrip" kommen muss, können konfliktbeladene Situationen unter LSD-Einfluss **Übersteigerungen** erfahren, die den "auf den trip mitgenommenen" Konflikt als nicht mehr beherrschbar erscheinen lassen. 343

Generell hängt, wie etwa auch bei den Cannabis-Produkten, die jeweilige LSD-Wirkung neben der **Drogenerfahrung** und der **Dosierung** in hohem Maße von der spezifischen emotionalen Gestimmtheit und der Art der Umgebung ab, was mit den amerikan. Begriffen "**set**" (Erwartungshaltung) und "**setting**" (Umwelteinflüsse) ausgedrückt wird[67]. Durch LSD-25 wird jeweils ein **verstärktes Erleben** dieser Faktoren bewirkt, wobei u.a. **autosuggestive** Einflüsse eine Rolle spielen. So erleben eher phantasiebegabte und auf den "trip" positiv eingestimmte Menschen die beschriebenen Erfahrungen eines häufig mystisch geprägten Entrücktseins oder einer als beglückend empfundenen Veränderung der eigenen Person und der Umwelt. 344

---

[63] Vgl. hierzu auch beim Cannabis 1.1.4, Rdnr. 131-133. Zur Fokussierung der Aufmerksamkeit unter Psilocybin-Einfluss vgl. 1.2.3.3, Rdnr. 676, unter Cannabis-Einfluss 1.1.4, Rdnr. 141, und unter DOB-Einfluss 1.2.4.2, Rdnr. 819.
[64] Ohne dass konkrete Auswirkungen des LSD-25, etwa auf den REM-Schlaf, bekannt sind. Zu entsprechenden AM-Wirkungen vgl. 4.1, Rdnr. 2003.
[65] Zu „Evidenzerlebnissen" unter Cannabis-Einfluss vgl. 1.1.4, Rdnr. 136.
[66] Wie etwa auch der Cannabis-Konsument, vgl. 1.1.4, Rdnr. 146.
[67] Zu „set" und „setting" vgl. auch beim Cannabis 1.1.4, Rdnr. 145 f.

345 Hierbei kann der **Wirkungsverlauf** aber nicht im voraus geplant werden: Obwohl der Rauschverlauf generell von der jeweiligen Erwartungshaltung geprägt wird, kann es beispielsweise trotz positiver Erwartungshaltung etwa bei psychisch labilen Konsumenten[68] bereits im Verlauf des "trips" und nicht erst nach dessen Abklingen zu erheblichen Depressionen kommen.

346 Abschließend ist hierbei festzuhalten, dass die LSD-Wirkungen allgemein infolge autosuggestiver Faktoren, ererbten Variationen der Enzymaktivität und unterschiedlicher Resorption des Wirkstoffes von Person zu Person und bei der gleichen Person von Mal zu Mal **verschieden** sind[69]. Der LSD-Rausch wird dabei meist in seiner Symptomatik als Fieberträumen oder Bilderlebnissen im Halbschlaf ähnelnd beschrieben, wenn ein Bezug zum Erlebnishorizont des Nichtkonsumenten hergestellt werden soll. Den LSD-Effekten ist sicher gemeinsam, dass hier Gefühle, Bilder und Gedanken in den Vordergrund treten, die sonst zugunsten einer stabilen Realitätsorientierung unterdrückt werden, was mit der beschriebenen Teilausblendung afferenter Sinnesreize im LSD-Rausch (**abnorme Fokussierung**) zusammenhängen dürfte.

347 Die **Unterbrechung** ("bring down") eines **"bad trip"** und gegebenenfalls die Bewahrung vor einem "Ausflippen" in (meist zuvor bereits latent vorhandene) psychotische Zustände mit den erwähnten Angst- und Panikanfällen kann in erster Linie durch Sedierung mit Hilfe von (früher) Barbituraten, jetzt Tranquilizern (etwa durch Injektion von 10 mg Valium), gegebenenfalls auch Chlorpromazin[70] oder eines anderen Neurolepticums erfolgen.

348 Hat der auf LSD Behandelte jedoch ein anderes, äußerlich ähnliches Präparat wie z.B. **DOB** in "trip"-Form eingenommen, so kann dies zu schwersten **Komplikationen** führen, was vorher schwer abschätzbar ist[71].

349 Mit **Abklingen** des **Rausches** tritt nach etwa 10-12 h eine Erholungsphase ein, in der abnormes Erleben mit Stadien geordneter Wahrnehmung wechseln; gegenüber der eher sedierenden Wirkung bei Abklingen eines THC-induzierten Rausches kommt es hierbei jedoch generell mehr zu Phasen überdrehten Wachseins. Erst ganz zum Schluss treten vermehrt Zeichen von Müdigkeit und Bedrücktheit, u.U. aber auch Spannung und Angst auf[72].

---

[68] Zu „bad trips" unter Psilocybin-Einfluss vgl. 1.2.3.3, Rdnr. 680.
[69] Schwankungen des Dosis-Wirkungs-Verhältnisses gibt es bei allen Rauschdrogen, ausgeprägt etwa beim Heroin: 2.1.7, Rdnr. 1272 und 1279.
[70] Megaphen, vgl. 4.3.2, Rdnr. 2140 und 2146.
[71] Vgl. beim DOB 1.2.4.2, Rdnr. 824.
[72] Zum Wirkungsende beim Psilocybin-Rausch vgl. demgegenüber 1.2.3.3, Rdnr. 681.

1.2 Halluzinogene

Ausgehend von der **tiefenpsychologischen** Technik des katathymen Bilderlebens[73] und dem Verständnis der LSD-Erfahrung als einer Manifestation des **Unbewussten**, wurde vor allem Ende der 1950er und zu Beginn der 60er Jahre im Rahmen **psychoanalytischer Therapien** LSD-25 u.a. von Stanislav Grof gezielt zur Behandlung psychopathologischer Zustände, aber auch von Alkoholikern und Heroin-Abhängigen sowie bei Sexualstörungen und psychosomatischen Störungen wie Migräne eingesetzt[74]. 350

In **Europa** erfolgte dies unter der Bezeichnung "**psycholytische Therapie**" meist in mehreren niedrigen Dosen von 20-30 μg oral über 1 Jahr hinweg. Dahinter stand der Gedanke, dass durch den Wegfall sozialer Kontrollmechanismen verinnerlichter Normen der Patient seine unbewusste Konfliktsituation und die zugrundeliegenden verdrängten traumatischen Erlebnisse aktualisieren und mit ihnen konfrontiert werden soll. Gleichzeitig sollte eine intensive "Übertragung" unbewusster Wünsche gegenüber dem Therapeuten ermöglicht werden. Dies sollte vorwiegend bei **Neurotikern** möglich sein und allgemein bei Patienten, die in einem ich-bezogenen Problemkreis befangen sind, weniger bei Psychotikern, da im LSD-Rausch ein Rest des reflektierenden und beobachtenden Ichs erhalten bleiben muss (was etwa bei Schizophrenen, denen das Bewusstsein für ihren Zustand fehlt, nicht gegeben ist). Demgemäß wurde und wird eine Einsetzbarkeit u.a. bei chronifizierten, schwer behandelbaren Neurosen, Depressionen sowie Alkohol- und Medikamenten-Abhängigkeit gesehen. 351

Der Vorteil einer **psycholytischen Therapie** gegenüber den sonst häufig eingesetzten Psychopharmaka wie Tranquilizern[75] besteht darin, dass LSD-25 katalytisch hilft, Probleme aufzudecken, statt sie zu unterdrücken. Neben unerwarteten psychotischen Reaktionen wie "Horrortrips" mit von Vernichtungsängsten begleiteter "Ich-Auflösung" besteht jedoch andererseits die Gefahr, dass der Patient von der Droge alles erwartet, ohne selbst etwas leisten zu müssen und so in eine psychische Abhängigkeit gerät. Ein weiterer Kritikpunkt ist, dass das relativ abrupte Bewusstwerden verdrängter traumatischer Erlebnisse nicht genügend Zeit für die anschließende schrittweise psychoanalytische Aufarbeitung lässt. 352

Während im Rahmen der "psycholytischen Therapie" der Einsatz von LSD-25 nur ein Hilfsmittel war, sollte das Halluzinogen bei der in den **USA** verbreiteten **"psychedelischen Therapie"** demgegenüber einen ekstatischen Zustand auslösen, der als Ansatzpunkt für eine Neustrukturierung der Persönlichkeit dienen sollte. Hierzu wurde dem Patienten eine einmalige, aber sehr hohe LSD-Dosis verabreicht. 353

Nach wie vor diskutiert und in den angloamerikanischen Ländern teilweise praktiziert wurde der Einsatz von LSD-25 zur **Sterbehilfe** bei Krebspatienten im Endstadium, wobei 354

---

[73] Eine Form des Psychotherapie, bei der der Patient aufgefordert wird, sich nach Vorgabe bestimmte Bilder vorzustellen und seine Empfindungen hierbei zu verbalisieren; vgl. auch zu den „archetypischen Bildern" C.G. Jungs 1.2.2.2, Rdnr. 566. Zum Aufkommen verdrängter Erlebnisinhalte unter LSD-Einfluss vgl. 1.2.1.1.4, Rdnr. 342.
[74] Zur Aktualität dieser Behandlungsmethode vgl. 1.2.1.1.2, Rdnr. 287 f. Näher zur therapeutischen LSD-Dosierung 1.2.1.1.4, Rdnr. 317 FN 45. Zur Psycholyse unter Psilocybin-Einsatz vgl. 1.2.3.3, Rdnr. 663-666, unter MDMA-Einsatz 1.2.4.3, Rdnr. 844.
[75] Zu deren konflikt- und problemverdrängenden Eigenschaften vgl. 4.3.4, Rdnr. 2172 und 2208-2210.

eine bessere Wirkung als mit hier sonst häufig verwendeten Präparaten etwa auf der Basis von Dihydromorphin[76] erzielt worden sein soll. Die Wirkung dürfte bei LSD-25 weniger auf einer Analgesie als vielmehr darauf beruhen, dass der Schmerz nicht mehr in das Bewusstsein des Sterbenden dringt und er mit seinem Schicksal versöhnt dem Tod gegenübertritt.

355 # LSD-25 beeinflusst das Stamm- und Zwischenhirn (u.a. den Thalamus), insbesondere das **limbische** und **retikuläre System**, wo die Sinnesreize aufgeschlüsselt und verarbeitet sowie jene Informationen ausgewählt werden, die (über eine **Rückkoppelungsschleife** zum **Thalamus**) vom Gehirn als jeweils relevant angesehen werden. Eine Anreicherung von LSD-25 konnte u.a. im **Hypothalamus** nachgewiesen werden, der als Teil des limbischen Systems die weitergeleiteten Sinneseindrücke und Informationen mit Lust- und Unlustgefühlen wie Glück, Angst, Trauer und Wut belädt, also als emotionales Zentrum angesprochen werden kann[77].

356 # Daneben liegen Hinweise dafür vor, dass unter dem Einfluss von Halluzinogenen die **Informationsverarbeitung** vorzugsweise von der analytischen linken auf die rechte, mehr visuell-räumlich ausgerichtete Hemisphäre des Gehirns verschoben wird.

357 # Im Tierversuch wurden die höchsten **LSD-Konzentrationen** allerdings in der Galle, dem Plasma, der Leber und der Niere gefunden, während der LSD-Gehalt in Gehirn[78] relativ gering war. Die Konzentrationsdifferenz Plasma : Gehirn wurde mit etwa 100 : 1 ermittelt.

358 # Da spezifische **LSD-Rezeptoren** bisher nicht gefunden wurden[79], ein tryptaminerges System ist hypothetisch, geht man davon aus, dass es infolge einer Besetzung unterschiedlicher Rezeptoren[80] durch LSD-25 zu ungeordneten Verknüpfungen verschiedener Informationen und Erlebnisinhalte im Gehirn kommt, welche als Halluzinationen bzw. Visionen erlebt werden. Diese Wirkungsweise des LSD-Moleküls beruht nach den derzeitigen Erkenntnissen auf Besonderheiten des

---

[76] Zum Dihydromorphinon (Hydromorphon) vgl. 4.4.2.6, Rdnr. 2321-2325. Zur Wirkungsweise der Opioide vgl. 2.1.4, Rdnr. 1149, zu Morphin-Gaben im Rahmen der Krebsbehandlung vgl. 2.1.4, Rdnr. 1139 FN 241.

[77] Zur Beeinflussung des mesolimbischen dopaminergen Systems durch THC vgl. 1.1.4, Rdnr. 163 und 167, durch Morphin 2.1.4, Rdnr. 1135 f., sowie durch Cocain 3.1.4, Rdnr. 1548; vgl. hierzu auch unten 1.2.1.1.4, Rdnr. 377 f.

[78] Offenbar anders als beim lipophilen THC, vgl. 1.1.4, Rdnr. 150.

[79] Anders als etwa bei den Opioiden, vgl. 2.1.4, Rdnr. 1142. Neuere Erkenntnisse deuten hingegen auf ein eigenes Rezeptorsystem hin, vgl. bei den Cannabinoid-Rezeptoren 1.1.4, Rdnr. 166 f., und beim DOB 1.2.4.2, Rdnr. 818.

[80] Zur antagonistischen Einwirkung auf α_2-Rezeptoren vgl. 1.2.1.1.4, Rdnr. 372, sowie beim MDMA 1.2.3.4, Rdnr. 842.

1.2 Halluzinogene

neurohormonalen Stoffwechsels, der in seinen Grundzügen eingangs bereits kurz skizziert worden ist[81].

Bei den in diesem Kapitel behandelten Rauschdrogen-Wirkstoffen scheint vornehmlich eine **Besetzung** des **(postsynaptischen) Rezeptormoleküls** des nachgeordneten Neurons zu erfolgen, so dass es zu einer erhöhten K^+-Permeabilität der Zellmembran und damit zu einer vorgeblichen "**Reizweiterleitung**" kommt, ohne dass ein entsprechender Außenreiz vorhanden ist, der sich in eine sinnvolle Gesamtheit des neuronalen Erregungsmusters integrieren lassen könnte. Gleichzeitig dürfte hierdurch die von einem nicht-psychoaktiven exogenen Wirkstoff oder Einwirkung ausgehende Reizübertragung bei der entsprechend blockierten Synapse verhindert werden, so dass entsprechende Außeninformationen nicht an das sie verarbeitende Gehirnareal weitergeleitet werden.

Die Ursache dieser Fähigkeit verschiedener Alkaloid-Moleküle sowie synthetischer Fremdstoffe zur Rezeptorenbesetzung und damit -blockade scheint vornehmlich in ihrer verschiedenen Neurohormonen entsprechenden chemischen Struktur und damit Wirkungsweise zu liegen (sog. **Struktur-Wirkungs-Beziehung**):

So ist etwa mit dem **Acetylcholin** außer dem **Nicotin**[82] auch das Parasympathomimeticum **Muscarin**[83] und in gewisser Hinsicht auch das **Morphin**[84] strukturverwandt.

Mit den Transmitterhormonen im **sympatho-adrenalen** (adrenergen) System Noradrenalin, Adrenalin und Dopamin (wobei das letztere dieser sog. **Catecholamine** eine Zwischenstufe der Biosynthese von Adrenalin und Noradrenalin darstellt) sind hingegen verschiedene **Halluzinogene** und **amfetamin-artige** Aufputschmittel (ATS) strukturverwandt: hierzu zählen etwa Mescalin, MDMA ("ecstasy")[85] und DOM[86], bedingt auch Amfetamin und Metamfetamin[87].

359 #

360 #

361 #

362 #

---

[81] Vgl. Einführung, Rdnr. 1-17; vgl. zum folgenden auch die entsprechenden Stichwörter des Glossars (Anhang A).
[82] Zum Nicotin vgl. Einführung, Rdnr. 17, und 1.2.2.2, Rdnr. 530 f. Zum verwandten Cytisin vgl. 1.2.3.7, Rdnr. 784. Zur Strukturverwandtschaft von Arecolin und Acetylcholin vgl. 3.2.3, Rdnr. 1771 f.
[83] Zu diesem Fliegenpilz-Wirkstoff vgl. 1.2.2.1, Rdnr. 461 f., auch zu den Strukturformeln.
[84] Zum Morphin vgl. 2.1.4, Rdnr. 1159 f.
[85] Zum Mescalin vgl. 1.2.3.1, Rdnr. 580 und 585, zu den Methylendioxyamfetaminen MDMA und MDEA vgl. 1.2.4.3, Rdnr. 835 f.
[86] Zum DOM vgl. 1.2.4.1, Rdnr. 800 f.
[87] Zu den Phenylaminopropanen vgl. 3.2.4.2, Rdnr. 1822, sowie 3.2.4.4, Rdnr. 1895 f. Zur Struktur des Amfetamins im Vergleich zum Ephedrin vgl. 3.2.1, Rdnr. 1715.

363 Formal ist diese Gruppe vom zentral-wirksamen Phenylethylamin (**Phenethy-**
**lamin, PEA**) als **Grundstruktur** herleitbar, das seinerseits als körpereigenes Amin am Entstehen einer Hochstimmung beteiligt zu sein scheint[88]. Die Verbindungen dieser Gruppe werden daher auch als **β-Phenethylamine** bezeichnet;

Strukturformeln:

Phenylethylamin (Phenethylamin)

	R
Amfetamin	-H
Metamfetamin	-CH$_3$

	R
Adrenalin	-CH$_3$
Noradrenalin	-H

---

[88] Zweifelhaft, zum PEA vgl. auch 3.2.4.3, Rdnr. 1822 FN 67. Ein Gemisch aus 1-Phenethylamin und Coffein sowie Mannit wird aber auf dem Markt für Amfetamine als „ecstasy" vertrieben (vgl. auch 1.2.4.3, Rdnr. 835 FN 51 und 861 FN 97).

1.2 Halluzinogene

Dopamin

	R
MDMA	-CH$_3$
MDEA	-CH$_2$-CH$_3$

	R
Mescalin	-H
TMA	-CH$_3$

	R^1	R^2
DOM (STP)	-CH$_3$	-CH$_3$
DOET	-C$_2$H$_5$	-CH$_3$
DOB	-Br	-CH$_3$
BDMPEA	-Br	-H

Adrenochrom

364 Hierbei erfolgt eine Steigerung der **Affinität** zu **adrenergen** Rezeptoren durch
\# Einführung einer alkoholischen Hydroxylgruppe in Stellung β bzw. durch eine zu-
* sätzliche Substitution mit phenolischen Hydroxylgruppen wie beim Adrenalin
(5,6-Dihydroxyphenylethanolmethylamin)[89].

365 Als **körpereigenes Korrelat** zu den Psychotomimetica[90] ist das vasokonstriktorisch
\# wirksame o-Chinon **Adrenochrom**[91] anzusehen, das durch Oxidation aus Adrenalin ent-
* steht und bei dem die Seitenkette des Adrenalins zu einer tryptamin-artigen Indolstruktur
geschlossen ist. Die Beteiligung körpereigenen Adrenochroms an der Entstehung von Geisteskrankheiten wird diskutiert. Synthetisches Adrenochrom (AC-17) ruft in Dosen von 5-50
mg s.c. oder i.v. LSD-ähnliche Wirkungen mit Halluzinationen hervor, bei denen jedoch die
Einsicht in das Abnorme der psychischen Veränderungen verlorengeht.

366 Die **Wirkungsweise** dieser Wirkstoffe ist unterschiedlich, je nachdem ob sie
\# wie etwa Amfetamin und Metamfetamin **sympathomimetisch** wirken, d.h. jedenfalls zum Teil durch Freisetzung von Noradrenalin aus den Speichervesikeln der
noradrenergen Nervenenden (präsynaptischer Angriffspunkt)[92] oder als **Sympatholytica**.

367 Im letzteren Fall wird die Erregung der adrenergen α- bzw. β-Rezeptoren am
\# Erfolgsorgan, also postsynaptisch verhindert[93]. Daher wird diese Gruppe "**Rezep-
torenblocker**" genannt; zu ihr gehören als **α-Sympatholytica** die Alkaloide der
Ergotamin-(Secale-)Gruppe[94].

368 Schreibt man die Strukturformeln wie oben beim **Dopamin**, **Mescalin** und
\# **DOM**, so ergibt sich neben dem Phenolring ein **zweites**, unvollständiges **Ringsys-
* tem**[95]. Es gibt Hinweise, dass die **Wirkungssteigerung** von **Mescalin** über **DOM**

---

[89] Vgl. hierzu auch beim Ephedrin 3.2.1, Rdnr. 1715, sowie beim Amfetamin 3.2.4.4, Rdnr. 1895-1897.
[90] Vgl. auch zu den Anandamiden 1.1.4, Rdnr. 166 f.
[91] Als Monosemicarbazon-Verbindung (Carbazochrom; INN) wird es unter dem Warenzei- chen Adrenoxyl bei Blutungen injiziert.
[92] Näher hierzu beim Amfetamin 3.2.4.4, Rdnr. 1889-1895.
[93] Zu den sog. β-Rezeptorenblockern vgl. Einführung, Rdnr. 16.
[94] Näher hierzu 1.2.1.1.4, Rdnr. 372-375.
[95] Das bei den Indolen geschlossen ist.

1.2 Halluzinogene

und **DOB** zu **LSD-25** in halluzinogener Hinsicht mit der Fähigkeit zur Ausbildung einer unvollständigen bzw. vollständigen **Indolringstruktur** zusammenhängt.

Damit ergibt sich der Übergang zur **zweiten** großen **Wirkstoffgruppe** innerhalb der Halluzinogene:

369
#
*

Die **strukturelle** Ähnlichkeit von **LSD-25**, **Psilocybin**[96] und **DMT**[97] mit dem Transmitterhormon **Serotonin** (5-Hydroxytryptamin; Kurzbezeichnung: 5-HT)[98] beruht auf der Tatsache, dass diesen Verbindungen ein **Tryptamin-Rest** gemeinsam ist. Das Indolringsystem kehrt außerdem in einer Reihe weiterer halluzinogener Substanzen wie z.B. dem **Bufotenin**[99] wieder.

Insgesamt wird die Zahl der **Indol-Alkaloide** auf ca. 1.100 geschätzt; nicht alle Indole wirken jedoch halluzinogen.

Als **Ausgangsverbindung** dieser Gruppe kann daher das **Tryptamin** angesehen werden, dessen eigene Rezeptoraffinität infolge fehlender 5-OH-Gruppe jedoch vermindert ist;

370
*
#

Strukturformeln:

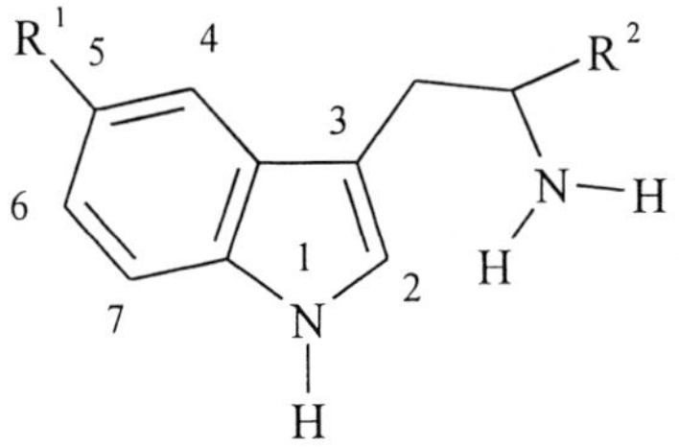

	R^1	R^2
Tryptamin	-H	-H
Etryptamin	-H	$-C_2H_5$
Serotonin	-OH	-H

---

[96] Zum Eingriff in den Serotonin-Stoffwechsel durch Psilocybin vgl. 1.2.3.3, Rdnr. 651.
[97] Zum DMT als sog. kurzwirkendes Tryptamin vgl. 1.2.4.4, Rdnr. 870-874.
[98] Aber auch Wirkstoffe, die keine Tryptamin-Struktur aufweisen wie THC (vgl. 1.1.4, Rdnr. 132, 163 f. und 166 f.) oder wie die Methylendioxyamfetamine zu den β-Phenethylaminen gehören (vgl. beim MDMA 1.2.4.3, Rdnr. 842), greifen in den Serotonin-Haushalt ein. Zum Rauchen serotonin-haltiger Substanzen zu Rauschzwecken vgl. auch 1.1.5, Rdnr. 194.
[99] Zum Bufotenin vgl. 1.2.3.4, Rdnr. 688.

	R¹	R²
DMT	-H	-H
DET	-H	-CH$_2$-CH$_3$
DPT	-H	-CH$_2$-CH$_2$-CH$_3$
Bufotenin	-OH	-CH$_3$
5-MeO-DMT	-OCH$_3$	-CH$_3$

	R
Psilocin	-CH$_3$
Ethylpsilocin	-C$_2$H$_5$

	R
Psilocybin	-CH$_3$
Baeocystin	-H

1.2 Halluzinogene

	R^1	R^2	R^3
Lysergsäure	-OH	-H	-H
LSD-25 (Lysergid)	$-N(C_2H_5)_2$	-H	-H
ALD-52	$-N(C_2H_5)_2$	$-COCH_3$	-H
BOL-148	$-N(C_2H_5)_2$	-H	-Br
LA-111 (D-Lysergsäureamid; Ergin)	$-NH_2$	-H	-H

Bei **DMT**, **Bufotenin** und Psilocin wurde hier wiederum eine Schreibweise gewählt, die neben dem **Indolring** ein **weiteres**, unvollständiges Ringsystem erkennen lässt. Im Falle der **Carbolin-Alkaloide** ist es geschlossen[100]. 371 *

LSD-25 wie auch die übrigen Mutterkorn-Alkaloide vom **Peptid-Typ**[101] scheinen, zumindest in einer späteren Phase ihres Wirksamwerdens, infolge einer erhöhten Bindungsfähigkeit **kompetitive Serotonin-Antagonisten** zu sein[102]. 372 #

Sie können dabei als α-**Sympatholytica** (syn. α-Rezeptorenblocker) charakterisiert werden, da ihr Wirkungsmechanismus überwiegend aus einer antagonistischen Wirkung an sympathischen α-Rezeptoren besteht.

---

[100] Vgl. zu den Carbolin-Alkaloiden beim Harmalin 1.2.3.5, Rdnr. 714.
[101] Zu diesen vgl. 1.2.1.1.3, Rdnr. 300-315.
[102] Allgemein zu den „falschen Transmittern": Einführung, Rdnr. 16. Zum Eingriff in den Serotonin-Stoffwechsel durch Cannabis vgl. 1.1.4, Rdnr. 162 f., durch Methylendioxyamfetamine vgl. 1.2.4.3, Rdnr. 842, durch PCP vgl. 1.2.4.5, Rdnr. 915. Zum Morphin als weiteren Serotonin-Antagonisten vgl. 2.1.4, Rdnr. 1160, zu den Harmala-Alkaloiden 1.2.3.5, Rdnr. 717.

373 Neben der antagonistischen Wirkung hinsichtlich der Serotonin-Rezeptoren in
verschiedenen Teilen des Gehirns, über die wahrscheinlich neben u.a. Schlafbedürfnis und Appetit die Emotionalität beeinflusst wird, scheint auch ein Eingriff in den **Catecholamin-Haushalt** wahrscheinlich.

374 Hierbei dürfte für das Zustandekommen dieses **Antagonismus** wesentlich sein,
dass 2 N- und 1 O-Atom jeweils (räumlich gesehen) miteinander ein Dreieck bilden, wobei die Abstände dieser 3 Atome bei den bisher untersuchten halluzinatorisch wirksamen **Indol**-Derivaten und dem **Serotonin**-Molekül sehr ähnlich sind, was auf einen entsprechenden Struktur-Wirkungs-Zusammenhang schließen lässt, für den es allerdings nach wie vor keinen sicheren Nachweis gibt.

375 Diese Wirkung hat allerdings, wie erwähnt, nur das rechtsdrehende **D-(+)-**
LSD[103], nicht jedoch das spiegelbildlich aufgebaute, linksdrehende Molekül.
*

376 Für die hohe halluzinogene Wirksamkeit scheint weiter der unsubstituierte In-
dolring sowie insbesondere die **Diethylamidsubstituente** der Lysergsäure verant-
* wortlich zu sein[104].

377 Auf eine erhöhte Bindungsfähigkeit von **Serotonin** an die Vesikel deuten Tier-
versuche hin, bei denen nach LSD-Gabe ein erhöhter Serotonin-Gehalt festgestellt wurde bei gleichzeitig erniedrigtem Gehalt an 5-HIES (5-Hydroxyindolylessigsäure), dem Metaboliten von Serotonin. Dieser Befund scheint darauf hinzuweisen, dass es außer zu einer Besetzung des nachgeschalteten Neurons zu einer Enzym-Rezeptoren-Besetzung kommt. In beiden Fällen besteht die Wirkung u.a. jedenfalls darin, dass afferente Reize blockiert bzw. im Thalamus nicht mehr geordnet verarbeitet werden, sondern der **Thalamus** infolge der Serotonin-Aktivität seine **Filterfunktion** für die Großhirnrinde (Cortex) **verliert**[105].

378 Die Folge ist eine Überflutung des Gehirns mit **ungeordneten Sinnesreizen**,
was zu den beschriebenen Veränderungen u.a. im Erleben des eigenen Ichs und der Wahrnehmung der Umwelt beitragen kann.

379 Offenbar beruht die Wirkung des LSD-25, wie erwähnt, jedoch nicht allein auf
einer selektiven Hemmung des Serotonin-Stoffwechsels, sondern kommt es zusätzlich zu Veränderungen auch anderer Neurotransmitter, insbesondere der **Catecholamine**[106], indem insbesondere das Noradrenalin-System, das offenbar an der Integration verschiedener Sinnesreize beteiligt ist, gehemmt wird. Dafür spricht,

---

[103] Vgl. hierzu 1.2.1.1.3, Rdnr. 309.
[104] Zur halluzinogenen Wirksamkeit der Indolring-Substituenten ALD-52 und BOL-148 vgl. 1.2.1.1.3, Rdnr. 310 f.
[105] Vgl. hierzu auch oben 1.2.1.1.4, Rdnr. 355. Zur Beeinflussung u.a. des Thalamus durch PCP vgl. 1.2.4.5, Rdnr. 914.
[106] Vgl. hierzu 1.2.1.1.4, Rdnr. 366; vgl. auch zur Wirkung der Antidepressiva 4.3.3, Rdnr. 2164 f.

1.2 Halluzinogene

dass es Lysergsäure-Derivate und Substanzen mit indol-ähnlicher Struktur gibt, die trotz starker Anti-Serotonin-Aktivität wie **BOL-148**[107] oder das als Migränemittel verwandte, verschreibungspflichtige **Methysergid** (INN; Deseril)[108], keine halluzinogene Wirkungen entfalten.

Andererseits gibt es **Halluzinogene**, die den Serotonin-Stoffwechsel nicht hemmen wie das Parasympathomimeticum **Muscarin**[109]. 380 #

Eine wichtige Funktion beim Zustandekommen der psychotropen Wirkung dürfte auch dem **Metabolisierungs-** und Ausscheidungsvorgang zukommen. 381 #

Denn nur ein geringer Teil einer LSD-Gabe passiert die **Blut-Hirn-Schranke**: Nur 0,01 % der verabreichten Dosis findet sich im Gehirn wieder. Der überwiegende Teil wird zunächst in Leber und Niere transportiert und dort innerhalb von 8-12 h ausgeschieden[110]. Die **HWZ** scheint bei 30-180 min zu liegen.

Da die Metabolisierung innerhalb weniger Stunden abgeschlossen ist, die psychotrope Wirkung von LSD-25 (mit Nachphase) aber bis zu 24 h anhalten kann, ist davon auszugehen, dass wie bei den Cannabis-Produkten[111] die **LSD-Metaboliten** ihre Wirkung über einen längeren Zeitraum im Körper entfalten. 382 #

Dies kann damit zusammenhängen, dass infolge Hydroxylierung des LSD-Moleküls durch Enzyme in der Leber zwecks besserer Wasserlöslichkeit und damit Harnfähigkeit[112] die **Metaboliten** fähig sind, sich sodann an Organeiweiß anzuhängen und auf diese Weise im Körper zu verharren, bis das sie bindende Eiweißmolekül abgebaut ist. Gleichzeitig dürfte ein **enterohepatischer Kreislauf**[113] bestehen. 383 #

Bei länger andauerndem Konsum kann es hierbei zu einer **Kumulation** solcher Bindungen kommen, da ein Ausscheiden über die Niere, die voll mit dem Ausscheiden physiologisch eingeplanter Stoffe beschäftigt ist, nur sehr langsam erfolgt[114]. 384 #

Andererseits kann es bei sehr häufigem LSD-Missbrauch auch zu einer vermehrten Enzymproduktion kommen mit der Folge eines schnelleren Wirkstoffabbaus und damit dem Erfordernis einer **Dosiserhöhung** zur Rauscherzeugung. Da 385 #

---

[107] Zum BOL-148 vgl. 1.2.1.1.3, Rdnr. 311.
[108] Vgl. hierzu auch 1.2.1.1.3, Rdnr. 304.
[109] Zum Muscarin näher 1.2.2.1, Rdnr. 462-464, aber auch 472.
[110] Zur Wirkungsdauer vgl. 1.2.1.1.4, Rdnr. 325-327.
[111] Vgl. beim Cannabis 1.1.4, Rdnr. 154-156 und 160.
[112] Vgl. zum 2-Oxo-2,3-dihydro-LSD 1.2.1.1.4, Rdnr. 325.
[113] Vgl. hierzu beim Cannabis 1.1.4, Rdnr. 155.
[114] Zur Kumulation bei Cannabis vgl. 1.1.4, Rdnr. 157.

diese beim LSD-25 im Gegensatz zum THC ausgeprägt ist[115], kann hieraus der Schluss gezogen werden, dass die Kumulation von LSD-25 bzw. seinen Metaboliten nicht so ausgeprägt ist wie beim THC, oder dass die LSD-Metaboliten nicht im gleichen Umfang wie die THC-Metaboliten am Zustandekommen der psychedelischen Wirkungen beteiligt sind.

386 Zu erwähnen ist in diesem Zusammenhang der offenbar in erster Linie für LSD-25 charakteristische "**Nachrausch**" (syn. "Nachhallzustände", "flash back's", "Echo-Effekt" bzw. "-Rausch")[116], bei dem es sich um eine verzögert auftretende psychotische Störung handelt.

387 Dieser rausch-ähnliche Zustand soll bei LSD-25 u.U. noch Monate nach der letzten Wirkstoffzufuhr völlig unvermittelt auftreten und von Sekunden oder Minuten bis zu mehreren Stunden anhalten können mit Wiederholung früherer Erlebnisse unter Substanzeinfluss. Die Möglichkeit eines Auftretens scheint hierbei verstärkt gegeben zu sein, so lange der Wirkstoff im Körper noch nicht vollständig abgebaut ist. Der **Nachrausch** ist meist von intensiven Angstgefühlen, Verwirrtheit und Desorientiertheit bestimmt und hinterlässt nach seinem Abklingen eine Amnesie. Eine befriedigende Erklärung hierfür gibt es noch nicht, der Nachrausch kann aber allgemein wohl als durch Bahnung abnormer Wahrnehmungsmuster durch längerandauernde Einwirkung psychotroper Substanzen auf bestimmte Gehirnareale bedingt angesehen werden.

388 Betroffen sollen vor allem Menschen sein, die zu gewissenhafter Selbstbeobachtung und neurotischer Erlebnisverarbeitung neigen. Die Abgrenzung, ob eine **endogene Psychose**[117] vorliegt, oder ob es sich um die Folgewirkung des Halluzinogens handelt, dürfte daher auch in den meisten Fällen kaum möglich sein. Bei länger andauernden flash-back-ähnlichen Zuständen mit schließlich eigengesetzlichem Verlauf dürfte an eine eigenständige Psychose nach Halluzinogen-Konsum bzw. an eine psychotische Episode zu denken sein.

389 Es wurde bereits darauf hingewiesen, dass bei LSD-25 im Unterschied zu Cannabis eine **Toleranzbildung** ausgeprägt ist. So lässt bei täglicher LSD-Einnahme die Wirkung nach etwa 3-4 d stark nach und ist auch bei Einnahme hoher Dosen (bis zu 1.700 µg) nicht mehr zu steigern.

390 Eine **Resensibilisierung** setzt ein zeitweiliges Absetzen der Droge voraus, geht dann allerdings recht schnell vonstatten. Bereits nach einer Pause von wenigen Tagen hat sich die Toleranz zurückgebildet[118].

391 Um es erst gar nicht zu einer Toleranzbildung kommen zu lassen, erfolgt der LSD-Konsum daher meist nur in Form eines **Gelegenheitskonsums** mit einer Einnahmefrequenz von

---

[115] Vgl. beim Cannabis 1.1.4, Rdnr. 153 und 157.
[116] Zum Auftreten von „flash back's" beim Cannabis vgl. 1.1.4, Rdnr. 159, sowie beim PCP 1.2.4.5, Rdnr. 912.
[117] Zu LSD-induzierten Psychosen vgl. 1.2.1.1.7, Rdnr. 426 f.
[118] Was etwa auch für Psilocybin gilt, vgl. 1.2.3.3, Rdnr. 642, nicht aber für die Methylendioxyamfetamine, vgl. 1.2.4.3, Rdnr. 853.

nicht mehr als 2 KE/Woche. Eine Tendenz zur Dosissteigerung ist daher in der Regel auch bei gewohnheitsmäßigem Konsum nicht anzutreffen.

Bei LSD-25 ist wie bei den Opiaten das Bestehen von **Kreuztoleranzen** bekannt. Diese liegen mit pharmakologisch verwandten echten Halluzinogenen wie Psilocybin, daneben aber auch mit Mescalin und sogar mit chemisch völlig anders strukturierten Verbindungen wie z.B. dem vollsynthetischen Anticholinergicum Ditran[119] vor.

Dagegen bestehen keine Kreuztoleranzen mit Opiaten und Weckaminen. Obwohl es sich auch bei THC um einen Serotonin-Antagonisten handeln dürfte, bestehen ebenfalls keine mit den Cannabis-Produkten[120].

Andererseits bewirkt das seinerseits nicht halluzinogene **Brom-LSD (BOL-148)**[121] die Ausbildung einer Toleranz für LSD-25, welches nach vorheriger Gabe von BOL-148 kaum noch psychotrope Wirkung zeigt.

Abschließend bleibt darauf hinzuweisen, dass trotz teilweise erheblich **abweichender chemischer Struktur** demgegenüber die psychische Wirkung von LSD-25 der anderer Psychodysleptica im großen und ganzen sehr ähnlich ist, was als ein Hinweis darauf gewertet werden kann, dass der Körper trotz gegebenenfalls unterschiedlicher Rezeptorenbesetzung (infolge verschiedener Struktur-Wirkungs-Beziehungen) offenbar nur mit einer bestimmten Palette von **Reaktionsweisen** hierauf antworten kann[122].

1.2.1.1.5 Handelsformen

Aufgrund seiner außerordentlichen Wirksamkeit wird LSD-25 (häufig als "acid" - "Säure" bezeichnet) regelmäßig p.o. und zwar mit **Trägersubstanzen** ("stickers", "Fahrkarte") eingenommen, meist in Form LSD-getränkten und durch Perforation in einzelne quadratische "trips" unterteilten Löschpapiers oder dünnen Kartons ("Pappen"). Im Hinblick auf die Schwierigkeit einer exakten Dosierung wird eine bequem wägbare Menge des kristallinen Pulvers in einem bestimmten Flüssigkeitsvolumen aufgelöst. Durch Zählen der Tropfen pro Stückchen Würfelzucker (kaum noch gebräuchlich) oder des erwähnten Löschpapiers erfolgt dann die Dosierung.

Diese erfolgt nicht selten (und ungenau) mit Hilfe eines Augentropfers, mit dem etwa das Papier beträufelt wird. Je nach den aufgedruckten **Symbolen** ("Bildchen") der "trips" wird nach Sorten ("Ying-Yang", "Grateful Death" usw.) unterschieden, wobei populäre Co-

---

[119] Zum Ditran vgl. 1.2.2.2, Rdnr. 516.
[120] Zu Kreuztoleranzen beim THC vgl. 1.1.4, Rdnr. 168.
[121] Zum BOL-148 vgl. 1.2.1.1.4, Rdnr. 379.
[122] Zu diesem Phänomen vgl. auch beim Cocain 3.1.7, Rdnr. 1697, und im Anschluss an die Schnüffelstoffe 4.5.4, Rdnr. 2562 f.

mic-Figuren, die offenbar etwas Spielerisches, Jugendhaftes vermitteln sollen, häufiger anzutreffen sind ("Comic-Trips").

398   Daneben wird LSD-25 auch mit Gelantine, auf Filz oder Zuckerstückchen geträufelt, auf Klarsichtfolie geklebt oder in (meist stecknadelkopfgroßer) Tablettenform angeboten. "**Microtrips**" ("Microdots") werden so häufig auf Tesafilm geklebt, welches anschließend wieder aufgerollt wird.

399   Die einzelnen "trips" werden entweder auf die Zunge gelegt und ausgesaugt oder auf der Zunge angefeuchtet und dann **geschluckt** bzw. gegessen (beides wird als "einen trip werfen bzw. schmeißen" bezeichnet), gelegentlich auch durch Eintauchen in Kaffee oder anderen Getränken gelöst[123].

400   Im Gegensatz zu Heroin und anderen halbsynthetischen Produkten ist LSD-25 auch in illegalen Privat-"Labs" verhältnismäßig leicht herzustellen, so dass die meisten "**Küchenlaboratorien**", die den europäischen und damit auch den deutschen Markt versorgen, wohl in Mittel- bzw. Westeuropa liegen dürften. Der internationale Handel auf diesem Teilmarkt ist dementsprechend unbedeutend[124].

401   Meist wird der **Kleindealer** LSD-25 hierbei in Form von Koppelungsgeschäften angeboten erhalten, d.h. er kauft die gängigsten Rauschdrogen wie Haschisch ein und muss darüberhinaus weitere Stoffe, die ebenfalls abgesetzt werden sollen (etwa um das Bestehen eines ausreichend großen Marktes hierfür "anzutesten"[125]), beziehen.

402   Der **Endverkaufspreis** für einen Papier-"trip" LSD-25 liegt relativ stabil bei 5-18 DM bei wenigstens 20-40, nicht selten aber auch 60-150 µg Wirkstoffgehalt; gelegentlich werden sogar "trips" mit bis zu 300 µg angeboten[126].

403   Der **Reinheitsgrad** dieser illegal hergestellten LSD-Trips ist allerdings in der Regel gering: Neben "speed"-Beimengungen[127] sollen u.a. auch (verschreibungspflichtiges) Arsen sowie Tollkirschen-Extrakte[128] als **Streckmittel** oder **Wirkstoffkombinationen** aufgetaucht sein. Es müssen daher, insbesondere bei häufigerem Konsum, meist mehrere "trips" geworfen werden, um den LSD-spezifischen

---

[123] Vgl. auch zum „flüssigen ecstasy" 1.2.4.3, Rdnr. 845. Zu DOB-Trips vgl. 1.2.4.2, Rdnr. 822.
[124] Zur Herstellung vgl. 1.2.1.1.1, Rdnr. 269 f. und 275, zu den Grundstoffen vgl. Rdnr. 313 f.
[125] Vgl. etwa zum zeitweiligen „Antesten" des Absatzmarktes von Cocain 3.1.2, Rdnr. 1482.
[126] Zur Dosierung vgl. 1.2.1.1.4, Rdnr. 316 f.
[127] Zum Mischkonsum von u.a. LSD-25, Amfetamin und Amfetamin-Derivaten vgl. etwa beim „ecstasy" 1.2.4.3, Rdnr. 863 f. Zum Ausdruck „speed-trips" vgl. Vorbem. 1.2.4, Rdnr. 766, sowie zu den Gefahren 1.2.1.1.4, Rdnr. 321.
[128] Zur Kombination mit Nachtschattengewächsen als „Naturdrogen" vgl. 1.2.2.2, Rdnr. 513 f. Zur Kombination LSD-Alkylnitrite als „Disko-Drogen" vgl. 4.5.4, Rdnr. 2561.

1.2 Halluzinogene 97

Effekt zu erzielen, was angesichts der bei LSD-25 gegebenen relativ großen therapeutischen Breite[129] meist auch ohne Vergiftungsgefahr möglich ist.

Da **Delysid**, wie erwähnt, seit 1966 nicht mehr im Handel ist[130], spielt es auch **404** auf dem illegalen Rauschdrogenmarkt keine Rolle.

Die Verabreichung dieses FAM erfolgte in Dragee- oder Ampullenform zu therapeutischen Zwecken ohnehin meist nur in kleinen Dosen von etwa 1/2-2 µg/kg KG[131].

Neben LSD-25 tauchte vor allem in den USA auch das diesem verwandte **ALD-52**[132] **405** wie LSD-25 unter der Bezeichnung "acid" oder unter dem spezifischeren Namen "sunshine" zeitweilig auf dem illegalen Drogenmarkt auf; in Deutschland wird es nicht vertrieben.

1.2.1.1.6 Nachweis

Nach Extraktion des Wirkstoffes mit organischen Lösungsmitteln ist der Nach- **406** weis von LSD-25 mikroanalytisch relativ einfach durch **Dünnschichtchromatographie** sowie quantitativ photometrisch mit einer Erfassungsgrenze von 0,01-0,4 µg.

Bei der **DC** wird das Substanzgemisch am unteren Rand einer mit einer Trägerschicht **407** (meist Kieselgel) als stationäre Phase dünn beschichteten (daher der Name) Glasplatte punkt- oder strichförmig aufgetragen und in einem mit einem geeigneten Fließmittel (ein Gemisch verschiedener Lösungsmittel) als mobile Phase versehenen Glastrog gestellt. Das Fließmittel wird von der Trägerschicht aufgesaugt und durchläuft innerhalb von 20-60 min eine Trennstrecke von etwa 10 cm, wobei das zu untersuchende Substanzgemisch mit dem Fließmittel, aber mit unterschiedlicher Geschwindigkeit und Einfärbung ebenfalls in die Höhe wandert. Dies beruht darauf, dass einige Stoffe an den Hydroxylgruppen des Kieselgels haften, während andere leichter wandern.

Die einzelnen Wirkstoffe können nach dieser Auftrennung anhand ihrer Färbung (gegebenenfalls mit Hilfe eines Farbreagens) und Entfernung vom Ausgangspunkt identifiziert werden, es handelt sich also um eine **qualitative** Nachweismethode. Jedoch ist auch eine direkte Auswertung der Chromatogramme zur quantitativen Bestimmung der Substanzen mit Spektralphotometern möglich.

Außer bei Cannabinoiden[133] bedarf die DC der Absicherung durch **gaschromato- 408 tographische** bzw., wenn das Substanzgemisch sich bei höherer Temperatur zersetzt oder nicht verdampfbar ist (was z.B. bei LSD-25 der Fall ist), durch **hoch-**

---

[129] Zur therapeutischen Breite vgl. 1.2.1.1.7, Rdnr. 418.
[130] Zur früheren Verwendung von Delysid vgl. 1.2.1.1.4, Rdnr. 287.
[131] Vgl. zur psycholytischen Therapie 1.2.1.1.4, Rdnr. 351.
[132] Zum ALD-52 vgl. 1.2.1.1.3, Rdnr. 310, und 1.2.1.1.4, Rdnr. 370.
[133] Vgl. hierzu 1.1.6, Rdnr. 204; näher zur GC ebenfalls 1.1.6, Rdnr. 220.

druckflüssigkeitschromatographische[134] Untersuchungen. Bei letzteren ist durch Einsatz von Hochdruckpumpen die Analysezeit besonders kurz.

409 Die Tatsache einer **Isomerie** des LSD-Moleküls[135] kann dazu genutzt werden, dass im Wege der Protonenresonanz-Spektroskopie eine Analyse auch kleinerer Probenmengen erfolgen kann, da auch noch kleinste Strukturunterschiede im Molekülaufbau nachgewiesen werden.

410 Der LSD-Nachweis mit Hilfe von **Immunoassays** im Harn[136] ist dagegen aufgrund der geringen Wirkstoffmengen und starken Metabolisierung schwierig. Neben dem Radioimmunoassay (RIA) stehen enzymimmunologische Verfahren (EIA) und andere nicht-radioaktive immunchemische Verfahren (z.B. der Cloned-Enzyme-Donor-Immuno-Assay, EDIA) zur Verfügung. Die Nachweisbarkeitsdauer im Blut beträgt wenige Stunden, im Harn (stark dosisabhängig) etwa 1-2 d.

411 Zu berücksichtigen ist hierbei, dass der Nachweis von Lysergsäure im Urin sowohl das Ergebnis der Umwandlung von LSD-25 sein kann als auch medikamentöse Ursachen (Einnahme von Ergotamin-Präparaten[137]) haben kann. Ebenso spricht ein verbreiteter immunologischer Test auf LSD-25 nach der Einnahme des schleimlösenden Hustenmittels Ambroxol (INN) "falsch-positiv" an. Eine **Bestätigungsanalyse** mittels MS oder HPLC ist daher auch bei einem LSD-Nachweis forensisch unumgänglich.

412 Mit der **massenspektrometrischen** Untersuchungsmethode[138] ist ein Nachweis von LSD-25 in unbekannten Substanzgemischen möglich, während für die meistens durchgeführte gaschromatographische Untersuchung relativ große Probemengen benötigt werden.

413 Nachdem die Frage, ab welcher Anzahl von LSD-Trips vom Vorliegen einer
§ **"nicht geringen Menge"** im Sinne u.a. der §§ 29 a Abs. 1 Nr. 2, 30 Abs. 1 Nr. 4, 30 a Abs. 1 BtMG 1994 auszugehen sei, längere Zeit umstritten gewesen war, hat der 1. Strafsenat des BGH mit Urteil vom 1.9.1987 diese Grenzmenge mit **6 mg** reinen LSD-25 oder mindestens **300 LSD-Trips** festgelegt[139].

414 Der BGH orientierte sich hierbei unter Berücksichtigung eines Vorschlages der toxikologischen Sachverständigen der Landeskriminalämter und des BKA unter Beachtung der damals bereits erfolgten Festlegung der entsprechenden Grenzwerte insbesondere für Cannabis-Produkte und Amfetamin-Base an der zur Erzeugung eines Rauschzustandes in der

---

[134] Zur HPLC näher beim Heroin 2.1.6, Rdnr. 1238 f., sowie beim Cocain 3.1.6, Rdnr. 1642.
[135] Zur Stereoisomerie bei LSD-25 vgl. 1.2.1.1.3, Rdnr. 309.
[136] Näher zu immunologischen Screeningverfahren bei den Opiaten 2.1.6, Rdnr. 1250-1257.
[137] Zu den Mutterkorn-Alkaloiden vom Ergotamin-Typ vgl. 1.2.1.1.3, Rdnr. 304.
[138] Näher zur MS beim Cocain 3.1.6, Rdnr. 1643-1647.
[139] Zum Begriff der „nicht geringen Menge" vgl. 1.1.6, Rdnr. 208.

1.2 Halluzinogene

Regel erforderlichen **Einzeldosis** von 50 μg reinen LSD-25[140]. Da eine letale Einzeldosis bei LSD-25 kaum feststellbar ist[141], stellte der BGH nicht wie bei Heroin-HCl auf die äußerst gefährliche Dosis, sondern wie bei den Cannabis-Produkten auf die durchschnittliche KE ab.

Im Verhältnis zu der relativ hohen Zahl von **500 KE** zu je 15 mg **THC** bei den Cannabis-Produkten[142] sowie von **250 KE MDEA**[143] ging der BGH jedoch im Hinblick auf die demgegenüber höhere Gefährlichkeit von LSD-25 davon aus, dass hier die Grenze zur "nicht geringen Menge" bereits bei **120 KE** erreicht sei und kam so zu dem Grenzwert von 6 mg (120 x 50 μg = 6.000 μg = 6 mg). **415**

Hinsichtlich der Fälle, in denen eine chemische Untersuchung der "trips" nicht oder nur unter unverhältnismäßig großem Aufwand möglich ist, stellte der BGH fest, dass angesichts des in der Praxis gegebenen Mindestgehalts von 20 μg reinen LSD-25 (also ohne streckende Zusätze)[144] die Grenze zur "nicht geringen Menge" bei **300 LSD-Trips** vorliege, da diese Anzahl ebenfalls der Grenzmenge von 6 mg reinen LSD-25 entspricht (300 x 20 μg = 6.000 μg = 6 mg). **416**

Umgekehrt dürfte die "**geringe Menge**" im Sinne der §§ 29 Abs. 5, 31 a BtMG 1994[145] bei 6-12 LSD-Trips liegen, was bei einem Mindestwirkstoffgehalt von 20-40 μg 6 durchschnittlichen KE entspricht. **417 §**

1.2.1.1.7 Gefährlichkeit

Da die **Letaldosis** bei LSD-25 nicht bekannt ist - als LD_{50} wurden 150 mg bzw. > 2,2 mg/kg KG angegeben[146], Todesfälle als direkte Folge einer LSD-Intoxikation sind jedoch nicht bekannt geworden - kann auch eine äußerst gefährliche Dosis nicht bestimmt werden. **418**

---

[140] Zur durchschnittlichen Rauschdosis LSD-25 vgl. 1.2.1.1.4, Rdnr. 316 f.
[141] Zur mutmaßlichen Letaldosis vgl. 1.2.1.1.7, Rdnr. 418.
[142] Zur „nicht geringen Menge" Haschisch vgl. 1.1.6, Rdnr. 209. Auch bei einem Vergleich mit dem Grenzwert von 10 mg Amfetamin-Base, die unter Zugrundelegung von 200 KE zu je 50 mg als für den nicht Amfetamin-Gewöhnten hohe Dosis ermittelt wurde (zur „nicht geringen Menge" Amfetamin vgl. 3.2.4.6, Rdnr. 1928), bedeutet dies, dass die Grenzmenge von 120 KE LSD-25 auch unter dem für Amfetamin festgesetzten Wert bleibt. Vgl. auch zu den entsprechenden Grenzwerten für Heroin 2.1.6, Rdnr. 1241 f., und Cocain 3.1.6, Rdnr. 1652 f.
[143] Zur „nicht geringen Menge" MDEA vgl. 1.2.4.3, Rdnr. 865; auch im Verhältnis zu „ecstasy" wird LSD-25 demnach als gefährlicher eingeschätzt.
[144] Zum Wirkstoffgehalt der einzelnen LSD-Trips vgl. 1.2.1.1.5, Rdnr. 402 f.
[145] Zum Begriff der „geringen Menge" vgl. 1.1.6, Rdnr. 214-216.
[146] Zur Hoch- und Letaldosierung vgl. auch 1.2.1.1.4, Rdnr. 318 f.

Die Wahrscheinlichkeit, dass es zu tödlich verlaufenden akuten Intoxikationen kommen kann, dürfte jedoch etwas höher als bei den Cannabis-Produkten anzusetzen sein[147].

419   Beim Absetzen von LSD-25 kommt es auch nach häufigerem Konsum **nicht** zu **physischen Entzugserscheinungen**. LSD-25 kann daher ebensowenig wie die anderen psychedelischen Drogen als "suchtbildend" im Sinne einer physischen Abhängigkeit bezeichnet werden.

420   Obwohl LSD-25 teilweise als ein chemisches **Mutagen** angesehen wird, gibt es z.Zt. keine eindeutigen Indizien für chromosomale Schädigungen[148]. Zumindest scheint das Risiko für Chromosomenbrüche und Strukturveränderungen der Chromosomen nur leicht erhöht zu sein.

421   Was andere **körperliche Auswirkungen** betrifft, so scheint nur bei erheblicher Überdosierung, die jedoch wie erwähnt infolge der relativ großen therapeutischen Breite von LSD-25 selten sein dürfte, die Gefahr einer Atemlähmung zu bestehen. Diese soll allerdings dann nur schwer beeinflussbar sein und künstliche Beatmung erforderlich machen.

422   Es kann jedoch zur Ausbildung einer spezifischen **psychischen Abhängigkeit** vom **Halluzinogen-Typ** (ICD-10 F 16.2) kommen[149], die sich u.a. in ängstlicher Unruhe und dem Drang nach erneutem Konsum ausdrückt und u.U. erst nach Wochen abklingt.

423   Besonders bei psychisch noch nicht gefestigten Jugendlichen und Heranwachsenden besteht die Gefahr eines **Verlustes** der **Realitätsbezogenheit** und damit einhergehender Ausbildung einer psychischen Abhängigkeit[150].

So ergaben Studien über LSD-Konsumenten, dass diese fast ausnahmslos berufliche und/oder familiäre Probleme sowie erhebliche Kontaktschwierigkeiten hatten. In einem gegenüber Cannabis verstärktem Maße gilt für LSD-25, dass durch das damit verbundene und u.U. bezweckte **"dropping out"** keine psychischen Probleme gelöst und tatsächlich neue Einsichten gewonnen werden, die Fähigkeit zu einer Auseinandersetzung mit Umwelt und sozialen Gegebenheiten dagegen infolge Regression des LSD-Konsumenten abnimmt.

424   Während LSD-25 nicht als "Umsteige-Droge"[151] bezeichnet werden kann, kommt es zunehmend zu einem **Beigebrauch** anderer Rauschdrogen, insbesondere Cannabis-Produkte, aber auch **Alkohol** und zuweilen **Heroin** werden konsumiert, etwa um sich nach einem LSD-Trip zu "entspannen" oder zur Intensivie-

---

[147] Zur mutmaßlichen Letaldosis bei Cannabis vgl. 1.1.7, Rdnr. 229 f.
[148] Zur Frage chromosomaler Schädigungen bei Cannabis vgl. 1.1.7, Rdnr. 260.
[149] Vgl. auch zur spezifischen psychischen Abhängigkeit vom Cannabis-Typ 1.1.7, Rdnr. 234-238.
[150] Zu cannabis-induzierten Störungen in der Persönlichkeitsentwicklung vgl. 1.1.7, Rdnr. 239-247.
[151] Zur Diskussion um eine „Schrittmacherfunktion" vgl. beim Cannabis 1.1.7, Rdnr. 248-254.

rung des Rauscherlebnisses: So soll etwa eine kombinierte Aufnahme von LSD-25 und Heroin zu intensiven kaleidoskopartigen Farbhalluzinationen führen[152]. Relativ häufig findet man daher bei LSD-Konsumenten eine **Mehrfachabhängigkeit** vor.

Bei bereits **latent** vorhandenen **endogenen Psychosen** wie Paranoia, aber auch bei Depressionen, droht in einem ebenfalls im Verhältnis zum Cannabis-Konsum verstärkten Maße deren Ausbruch unter LSD-Einwirkung, u.U. mit suizidaler Gefährdung[153]. **425**

Daneben wurden **akute drogeninduzierte Psychosen** von u.U. monatelanger Dauer mit paranoid-halluzinatorischem und schizophreniformem Zustandsbild beschrieben, die sich u.a. in ängstlicher Verstimmung, Verwirrtheit, Antriebsarmut, Beeinträchtigungswahn und Verfolgungserlebnissen äußern und in ihrer Symptomatik Ähnlichkeiten mit Weckmittel-Psychosen[154] aufweisen sollen. **426**

Hervorzuheben sind hierbei motorische Unruhe, Halluzinationen und Panikerlebnisse bei z.T. nicht mehr kontrollierbarer, vollständiger Verkennung der realen Situation. Im Rahmen der Behandlung werden **Neuroleptica**[155] eingesetzt, unter deren Einfluss die Psychosen innerhalb von Tagen oder Wochen abklingen. **427**

Aber auch ohne dass ihnen bereits ein Krankheitswert beizumessen ist, können sich Gefährdungen aufgrund von Verkennungen der Situation oder Selbstüberschätzung des unter LSD-Einfluss Stehenden ergeben; dies gilt auch für das von ihm nicht kontrollierbare Phänomen des "flash back"[156], Zusammen mit der Mydriasis und den anderen Rauschwirkungen führt dies dazu, dass ein adäquates Reagieren auf veränderte Situationen im Straßenverkehr nicht mehr möglich und eine **Fahrsicherheit** damit nicht gegeben ist. **428**

Bekannt werden immer wieder **Fehlverhalten** wie der Sprung aus dem Fenster, deren tatsächliches Vorkommen und Häufigkeit jedoch nur schwer zu verifizieren ist.

1.2.1.2 Windengewächse

Von den mehr als 500 Arten der Windengewächse (**Convolvulaceae**), die über die gesamt Erde verstreut sind, sind viele als psychoaktiv erkannt worden. **429**

---

[152] Zum Mehrfachkonsum von LSD-25 in Kombination mit anderen Rauschdrogen vgl. etwa beim „ecstasy" 1.2.4.3, Rdnr. 863 f., beim Cocain 3.1.5, Rdnr. 1606, sowie oben 1.2.1.1.5, Rdnr. 403.
[153] Vgl. auch zum therapeutischen LSD-Einsatz 1.2.1.1.4, Rdnr. 352.
[154] Zu den Weckmittel-Psychosen vgl. 3.2.4.7, Rdnr. 1950-1955. Vgl. auch zu den cannabis-induzierten Psychosen 1.1.7, Rdnr. 263-265, sowie beim Cocain 3.1.7, Rdnr. 1967.
[155] Zu den Neuroleptica vgl. 4.3.2, Rdnr. 2146.
[156] Näher zum Nachrausch 1.2.1.1.4, Rdnr. 386-388. Näher zur Fahrtauglichkeit unter Drogeneinfluss: 1.1.4, Rdnr. 120.

430 Zu nennen ist hier vor allem die "**mexikanische Zauberwinde**" **Turbina corymbosa**.

Hierbei handelt es sich um eine große, verholzte Schlingpflanze mit pfeilförmigen Blättern, die lange Zeit unter der botanischen Bezeichnung Rivea corymbosa Linné Hall. geführt wurde. In letzter Zeit hat sich jedoch die Klassifikation Turbina corymbosa ("Mexikanische Trichterwinde") durchgesetzt.

431 Turbina corymbosa ist in der ganzen Karibik verbreitet, wird jedoch nur im Süden Mexikos, im Teilstaat Oaxaca, von verschiedenen Indianerstämmen (u.a. Zapoteken, Mazateken und Mixteken) als Halluzinogen genutzt.

Sie hat weiße Blüten, die trockene Achäne enthält einen einzigen, harten Samen.

432 Als Wildkraut kommt eine andere Windenart in Mittel- und Südamerika (insbesondere im Süden und Westen Mexikos sowie in Guatemala) und den Westindischen Inseln vor: die einjährige Schlingpflanze **Ipomea violaceae Linné** (syn. Ipomea rubrocaerulea).

Diese Windenart wird wegen ihrer dekorativen, weißen bis violetten oder purpurfarbenen Blüten als "**Himmelblaue Trichterwinde**" oder "**Purpurwinde**" in vielen Gärten als Kletterpflanze gezüchtet, in den USA häufig unter dem Namen "**Morning Glory**" ("Morgenpreis").

433 Zu nennen sind in diesem Zusammenhang auch die Trichterwinden Ipomea sidaefolia und Ipomea tuberosa ("**Woodrose**").

434 Die psychotropen **Wirkstoffe** sind bei den genannten Windenarten in deren **Samen** enthalten, die bei Turbina corymbosa rund und braun, bei Ipomea violaceae dagegen länglich und schwarz sind[157].

435 Daneben haben die Samen der "**Baby Hawaiian Woodrose**" (**Argyreia nervosa**) ihren
* Abnehmerkreis. Hierbei handelt es sich um eine in Asien und Hawaii beheimatete kleine Schlingpflanze, die neben anderen Alkaloiden **Alkylamine** der **Lysergsäure**[158] enthält. Außer als sexuelles Tonicum wird die Einahme von 3-4 Samen zur Erreichung eines euphorischen Zustandes benutzt, dem bald ein angenehmes, mehrere Stunden anhaltendes Kribbeln[159] im ganzen Körper folgen soll.

436 Gleiches gilt für die Samen der **Herremia tuberosa**, bei der es sich ebenfalls um eine tropische Kletterpflanze mit psychedelischen und aphrodisierenden Eigenschaften handeln soll.

---

[157] Vgl. auch zur Gewinnung von LSD-25 1.2.1.1.1, Rdnr. 270.
[158] Zu den Di- und Monoalkylamiden der L-Lysergsäure vgl. 1.2.1.1.3, Rdnr. 307.
[159] Zu einem entsprechenden Gefühl etwa unter Methaqualon-Einfluss vgl. 4.2.1, Rdnr. 2060.

1.2 Halluzinogene

Die halluzinogenen Eigenschaften **heimischer**, früher als Heilpflanzen genutzter Windengewächse wie der **Zaun-** und der **Ackerwinde** (Calystegia sepium; Convulvulus arrensis, deren Blätter u.a. Herz-Glycoside enthalten und abführend wirken) sind dagegen seit der Neuzeit auch in ländlichen Gebieten nicht mehr bekannt. **437**

1959 erhielt Dr. Albert Hofmann Samenkörner einer kultivierten **Morning-Glory-Art** geschickt, deren Konstituenten er 1960 analysierte. Überraschenderweise enthielten die linsenförmigen Samen **Mutterkorn-(Ergolin-)Alkaloide**. **438**

Erstmals fanden sich entsprechende **Lysergsäureamide** damit nicht nur in den niederen Pilzen u.a. des Genus Claviceps[160], sondern auch in höheren Pflanzen.

Turbina corymbosa weist einen **Alkaloidgehalt** von 0,01 %, Ipomea violacea von 0,06 % auf, wobei das Alkaloidgemisch weitgehend identisch ist. **439**

Als **Hauptalkaloid** mit einem Anteil von etwa 45 % wurde das **D-Lysergsäureamid (LSA; Ergin)** isoliert, das in der Pflanze als labiles Addukt mit Acetaldehyd, nämlich als D-Lysergsäure-α-hydroxyethylamid, vorliegt. Ergin war zuvor bereits als Abwandlungsprodukt des **LSD-25** im Labor synthetisiert worden und hatte die Bezeichnung LA-111 (chem. Bezeichnung: D-7-Methyl-4,6,6a,7,8,9,-hexahydroindolo[4,3-f,g]chinolin-9-carboxamid) erhalten[161]. **440 ***

Ergin wurde außerdem in auf Wildgräsern parasitierendem Mutterkorn gefunden[162]. **441**

Bei den ebenfalls psychoaktiven **Nebenalkaloiden** handelt es sich vor allem um das **D-Isolysergsäureamid (Isoergid)** mit einem Anteil von 25 %, das D-Lysergol mit einem von 5 % sowie das Chanoclavin neben geringen Mengen an Elymoclavin. **442 ***

Bei Ipomea violacea ist das Lysergol durch **Ergometrin**[163] ersetzt. **443 ***

Während auf die Strukturformeln der Lysergsäure, des Lysergids und des Lysergsäureamids bereits beim LSD-25 eingegangen wurde[164], werden im folgenden die **Strukturformeln** einiger **Nebenalkaloide** wiedergegeben: **444 ***

---

[160] Zu diesem Schlauchpilz vgl. 1.2.1.1.1, Rdnr. 271.
[161] Zur Strukturformel vgl. 1.2.1.1.4, Rdnr. 370.
[162] Vgl. hierzu auch 1.2.1.1.2, Rdnr. 279.
[163] Zum Mutterkorn-Alkaloid Ergometrin vgl. LSD-25 1.2.1.1.3, Rdnr. 300 und 303.
[164] Zu deren Strukturformeln vgl. 1.2.1.1.4, Rdnr. 370.

Lysergol

Elymoclavin

Chanoclavin

1.2 Halluzinogene

Die Samen der **Turbina corymbosa** waren spanischen Chronisten des 16. Jahrhunderts zufolge unter dem Namen „**Ololiuqui**" („rund") bereits den **Azteken** als zeremonielle Rauschdroge und Aphrodisiacum bekannt: Sie wurden u.a. als Mittel der Wahrsagung und als Medizin bei Geschlechtskrankheiten eingesetzt. **445**

Die schwarzen Samen von **Ipomea violaceae** benutzten die Azteken demzufolge unter der Bezeichnung "Tlilitzin" in gleicher Weise wie das bekanntere "Ololiuqui". Sie ersetzen in armen Berggegenden Süd-Mexikos noch heute den indianischen Bauern den teureren Alkohol, bei den Chinateken und Mazateken unter dem Namen "Piule", bei den Zapoteken unter der Bezeichnung "badoh negro". **446**

Die harten **Windensamen** werden zu diesem Zweck zerrieben oder zu einem feinen Mehl gemahlen, in Agavenbier ("pulque") oder einem Ananasgetränk mit Zucker ("tepache") fermentiert und die **Flüssigkeit** nach Filtration getrunken. Die Angaben zur **Dosierung** schwanken erheblich: Die übliche Dosierung soll bei etwa 30 g Windensamen oder 10-20 Holzrosensamen liegen (es werden auch erheblich höhere Mengen genannt), was etwa 2-5 mg des Alkaloidgemisches entsprechen dürfte; LSD-25 ist damit etwa 100mal wirksamer[165]. **447**

Der Genuss des Getränkes führt zu einer Art **Trunkenheit** mit kurz andauernder **Erregung**[166] und nachfolgendem **Halbschlaf**, der als "hypnotischer Schlaf" bezeichnet wird, in dem der Berauschte ansprechbar bleibt. Wie bei anderen echten Halluzinogenen kann es zu Herzklopfen und Schwindelgefühlen kommen. **448**

Wie Versuche mit 2-8 mg der verschiedenen isolierten Alkaloide zeigten, stimmt das Erleben in seinem **phasenhaften** Verlauf zwar mit dem Psilocybin-Rausch[167] überein, führt jedoch in weitergehendem Maße, jedenfalls zu Beginn des Rausches, zu einem apathisch-bewusstseinsgetrübten **Dämmerzustand**, in dem der Berauschte zwar noch über Orientierungs- und Denkfähigkeit verfügt[168], aber völlig willenlos ist. Halluzinationen fehlen hingegen fast vollständig. Ololiuqui wird daher gelegentlich auch zu den **Sedativa** gezählt. **449**

Die Rauschwirkung hält je nach Dosierung 4-8 h an.

Die Samen von **Ipomea sidaefolia** sollen hingegen Sinnestäuschungen bewirken, wie sie im Haschisch-Rausch auftreten, und abnorm verlängerte Nachbilder des Gesehenen[169]. **450**

8 mg des Gesamtalkaloidgemisches von **Turbina corymbosa** sollen demgegenüber eine **schwere Intoxikation** mit Todesangst bewirken; trifft dies zu, wäre die therapeutische Breite wesentlich geringer als beim LSD-25[170]. Genauere Untersuchungen zur Dosierung sind allerdings seit dem Höhepunkt der "psychedelischen Bewegung" in den 1960er Jahren nicht mehr erfolgt, so dass sämtlichen **Dosierungsangaben**, etwa in der "underground"-Literatur, mit Skepsis zu begegnen ist. Dies trifft ebenso auf andere "psychedelische Drogen" **451**

---

[165] Zur LSD-Dosierung vgl. 1.2.1.1.4, Rdnr. 316-318.
[166] Zu dem häufig auftretenden (meist anfänglichen) Excitationsstadium vgl. etwa beim Cannabis 1.1.4, Rdnr. 122.
[167] Zum Psilocybin-Rausch vgl. 1.2.3.3, Rdnr. 675-682.
[168] Vgl. zum sog. „klaren" LSD-Rausch 1.2.1.1.4, Rdnr. 338.
[169] U.a. auch ein LSD-Effekt, vgl. 1.2.1.1.4, Rdnr. 330.
[170] Zur therapeutischen Breite bei LSD-25 vgl. 1.2.1.1.7, Rdnr. 418.

biogenen Ursprungs zu, die heute bei uns allenfalls gelegentlich noch einmal probiert werden.

452 Nach der Einordnung von **LSD-25** als **Btm** in den **USA**[171] wichen viele aus der "psychedelischen Bewegung" u.a. auf die dort frei verkäuflichen **Morning-Glory-Samen**[172] aus. Mittlerweile scheint der Gebrauch bestimmter Windensamen als Rauschdrogen aber auch in den USA, nicht zuletzt wegen der unangenehmen vegetativen Nebenwirkungen wie Brechreiz, keine größere Bedeutung mehr zu haben.

453 In **Deutschland** haben Windensamen bisher in der Drogenszene keine nennenswerte Rolle gespielt. Allenfalls gelegentlich wird eine Einnahme im Zusammenhang mit auffälligen Verhaltensweisen (Verwirrtheitszustände) bekannt.

454 Die **Mutterkorn-Alkaloide** der genannten **Winden-** bzw. **Holzrosengewächse**
§ fallen nicht unter die Bestimmungen des BtMG 1994. Soweit Windenarten **Lysergid** enthalten, unterliegen sie jedoch aufgrund der 10. BtMÄndV seit dem 1.2. 1998 Anl. I zum BtMG, wenn sie wie Btm missbräuchlich verwendet werden sollen[173]; dies gilt aufgrund der 15. BtMÄndV ab dem 1.7.2001 ebenso für **Samen** und Zellkulturen, die zur Gewinnung von Pflanzen mit diesem Wirkstoff geeignet sind, wenn ein Missbrauch zu Rauschzwecken vorgesehen ist. Unabhängig hiervon kann der Handel mit den genannten Pflanzenarten und Teilen hiervon bzw. isolierten Wirkstoffen zu **Rauschzwecken**, auch wenn es sich nicht um Btm handelt, ohne dass es auf eine Verschreibungsfähigkeit und -pflichtigkeit bzw. Zulassung ankommt, als Inverkehrbringen bedenklicher AM gemäß § 95 Abs. 1 Nr. 1 AMG strafbar sein.

1.2.2 Historische europäische Halluzinogene

455 Vorbemerkung: Um eine Einordnung von LSD-25 in den erforderlichen historischen und ethnologischen Kontext zu ermöglichen, soll ergänzend auf einige Rauschdrogen eingegangen werden, die bei uns bis Ende der 1980er Jahre in erster Linie nur noch historische Bedeutung hatten: Trotz vereinzelter Versuche in den 60er und 70er Jahren, halluzinogene Rauschzustände insbesondere mittels einheimischer Pilze zu erzielen, blieb ein **Missbrauch** nicht zuletzt wegen der meist erheblichen **vegetativen** und **toxischen Nebenwirkungen sporadisch**, zumal auch das Wissen um einen entsprechenden Gebrauch bei der Mehrheit der Bevölkerung sich nicht erhalten hatte.

456 Seit Beginn der 90er Jahre werden jedoch, wie etwa Vergiftungsfälle nahelegen, **zunehmend** auch Halluzinogene pflanzlichen Ursprungs (insbesondere psi-

---

[171] Vgl. hierzu 1.2.1.1.2, Rdnr. 293.
[172] Zum gleichzeitigen Missbrauch psilocybin-haltiger Pilze vgl. 1.2.3.3, Rdnr. 663.
[173] Zur rechtlichen Einordnung vgl. auch 1.2.1.1.3, Rdnr. 312.

locybin-haltige Pilze, aber etwa auch Stechapfel-Samen)¹ als sog. **"Naturdrogen"** bei uns missbraucht, wobei die Samen zahlreicher psychogener Pflanzen über einen entsprechend spezialisierten Versandhandel bezogen werden können. Da der Wirkstoffgehalt wild wachsender biogener Drogen stark schwankend ist, ist der Rauschverlauf hierbei auch im Hinblick auf die Intensität der Nebenwirkungen und die Gefahr akzidenteller **Vergiftungen** kaum steuerbar.

Demgegenüber haben verschiedene Inhaltsstoffe der hier vorgestellten Gruppe nach wie vor eine kaum zu überschätzende **medizinische Bedeutung**. 457

1.2.2.1 Fliegenpilz

Bereits in sehr früher Zeit und in den verschiedensten Erdteilen wurde die Erfahrung gemacht, dass eine Reihe von **Pilzen** (Mycophyta, eine Abteilung des Pflanzenreiches) **halluzinogen** wirksam sind. Hierbei handelt es sich im wesentlichen um die Gattung **Stropharia**, zu der die psilocybin-haltigen Pilze zählen², und um die Gattung **Amanita** (Knollenblätterpilze) aus der Familie der **Agaricaceae** (Blätter- oder Lamellenpilze). 458

In unseren Breiten hat insoweit die größte Bedeutung der rote **Fliegenpilz** (**Amanita muscaria**) erlangt, der in den nördlich-gemäßigten Klimazonen der ganzen Welt heimisch ist. 459

Zu den **Amanita-Arten** gehören tödlich **giftige** Pilze wie der Grüne Knollenblätterpilz (Amanita phalloides), der ebenfalls stark **halluzinogene Pantherpilz** (Amanita pantherina), der Spitz- bzw. Flachhütige weiße Knollenblätterpilz (Amanita virosa und verna) sowie eine samtschwarze Varietät (Amanita mexicana). 460

Umstritten war bis vor kurzem, durch welche **Wirkstoffe** der **psychotomimetische** Effekt des Fliegenpilzes hervorgerufen wird. 461
*

Zunächst ging man davon aus, dass hierfür neben Scopolamin³ und bufoteninhaltigen⁴ Substanzen sowie einer Reihe nicht genau definierter Stoffe das bereits 1869 entdeckte und u.a. im Pantherpilz enthaltene Alkaloid **Muscarin** (chem. Bezeichnung: Trimethyl-(4-hydroxy-5-methyltetrahydrofurfuryl-2)ammoniumsalz) verantwortlich sei, das als das eigentliche Pilzgift (**Mykotoxin**)⁵ angesehen wurde. Muscarin weist als quartäre Ammoniumbase strukturelle Verwandtschaft mit dem Transmitterhormon **Acetylcholin** und dem Arekanuss-Alkaloid **Arecolin**⁶ auf;

---

[1] Zum erneuten Missbrauch von Stechapfel-Samen vgl. bei den Nachtschattengewächsen 1.2.2.2, Rdnr. 499 und 513 f.
[2] Vgl. zum Psilocybin 1.2.2.2, Rdnr. 642 und 654 f.
[3] Vgl. zu den Solanaceen-Alkaloiden 1.2.2.2, Rdnr. 525-528.
[4] Zum Bufotenin vgl. 1.2.3.4, Rdnr. 688-713.
[5] Vgl. z.B. auch zu den Mutterkorn-Alkaloiden 1.2.1.1.1, Rdnr. 273.
[6] Zum Arecolin vgl. 3.2.3, Rdnr. 1771.

Strukturformeln:

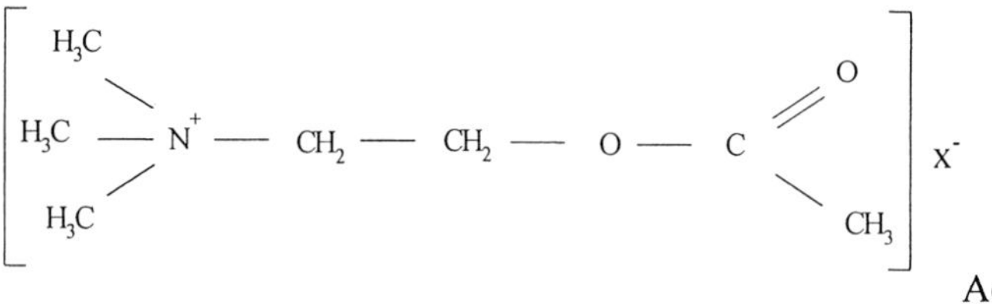

$$\left[\begin{array}{c} H_3C \\ H_3C - N^+ - CH_2 - CH_2 - O - C \overset{\displaystyle O}{\underset{\displaystyle CH_3}{\diagdown}} \\ H_3C \end{array} \right] X^-$$

Acetylcholin

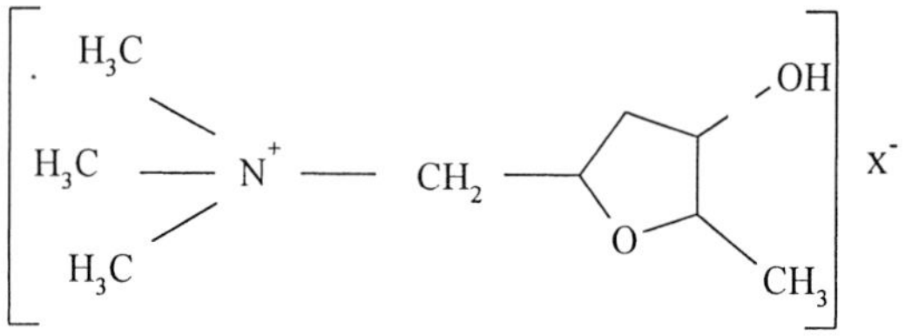

$$\left[\begin{array}{c} H_3C \\ H_3C - N^+ - CH_2 - \text{(Tetrahydrofuran-OH, CH}_3\text{)} \\ H_3C \end{array} \right] X^-$$

Muscarin

$$\left[\begin{array}{c} H \\ H_3C - N^+ \text{(Tetrahydropyridin)} - C \overset{\displaystyle O}{\underset{\displaystyle OCH_3}{\diagdown}} \end{array} \right] X^-$$

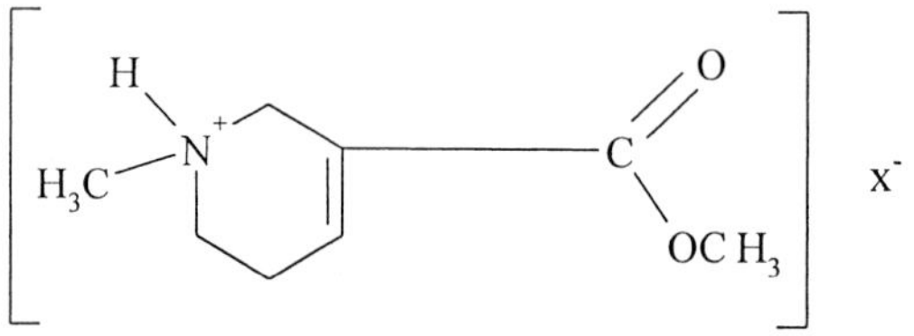

Arecolin

462 Die strukturelle Verwandtschaft des Muscarins mit dem Acetylcholin steht of-
\# fenbar im Zusammenhang mit der Tatsache, dass es sich beim Muscarin (wie auch beim Arecolin) um ein **Parasympathomimeticum** handelt[7]:

Muscarin erregt über postganglionäre **cholinerge Rezeptoren** den parasympathischen Teil des vegetativen Nervensystems[8], ruft eine Pulsverlangsamung hervor, erhöht den Tonus des Magen-Darm-Trakts, führt zu einer Miosis mit Sehstörungen sowie infolge einer Gefäßerweiterung zu geröteter Hautfarbe.

463 Die Wirkung des Muscarins wird durch **Atropin**[9] als **Antidot** kompensiert, das den
\# dämpfenden Einfluss des Parasympathomimeticums hemmt, wodurch es u.a. zu Mydriasis,

---

[7] Vgl. hierzu auch beim LSD-25 1.2.1.1.4, Rdnr. 361. Vgl. auch zur Strukturformel des Betel-Wirkstoffes Arecaidin 3.2.3, Rdnr. 1773.

[8] Parasympathomimetica werden daher auch als Muscarin-Rezeptoragonisten bezeichnet bzw. Parasympatholytica als Muscarin-Rezeptorantagonisten. Die überwiegend in den vegetativ innervierten Erfolgsorganen verbreiteten Rezeptoren, die durch Muscarin aktiviert werden können, werden als muscarinerg bezeichnet, vgl. etwa beim MDMA 1.2.4.3, Rdnr. 842.

[9] Zur anticholinergen Atropin-Wirkung näher 1.2.2.2, Rdnr. 511 und 517 f. „User" sollen daher Tollkirschen-Blätter rauchen (vgl. hierzu 1.2.2.2, Rdnr. 513 f.), um Vergiftungsfolgen zu kompensieren.

1.2 Halluzinogene

zu einer Lähmung der Muskeln, die das Auge akkommodieren (mit der Folge des Doppeltsehens) und zu einem rascheren Herzschlag kommt.

Da im Amanita-Rausch jedoch außer den beschriebenen Muscarin-Wirkungen Gleichgewichtsstörungen und Sinnestäuschungen charakteristisch sind, dürfte das **Muscarin** (und das ihm verwandte Muscaridin) nur zu einem geringen Teil für die spezifische Rauschwirkung des Fliegenpilzes verantwortlich sein. **464 #**

Seit den 1960er Jahren steht aufgrund von Narkosepotenzierungsversuchen[10] fest, dass neben dem nur in Spuren vorhandenen Muscarin (0,0002 Gew.-%) sowohl im Fliegen- als auch im Pantherpilz[11] vor allem die stark neurotoxische **Ibotensäure** (chem. Bezeichnung: α-Amino-(3-hydroxy-5-isoxazol)essigsäure) und das hieraus durch Decarboxylierung entstehende **Muscimol** (chem. Bezeichnung: 3-Hydroxy-5-aminoethylisoxazol) für die toxische und psychotrope Wirkung verantwortlich sind[12]. Sie kommen in Konzentrationen von 0,1-1,2 % der Trockensubstanz vor (1 g getrocknete Amanita muscaria enthält ca. 1-5 mg Ibotensäure und 3-10 mg Muscimol). **465 ***

Beide weisen übereinstimmend eine **1,2-Oxazol-Struktur** (Isoxazol) auf; **466 ***

Strukturformeln:

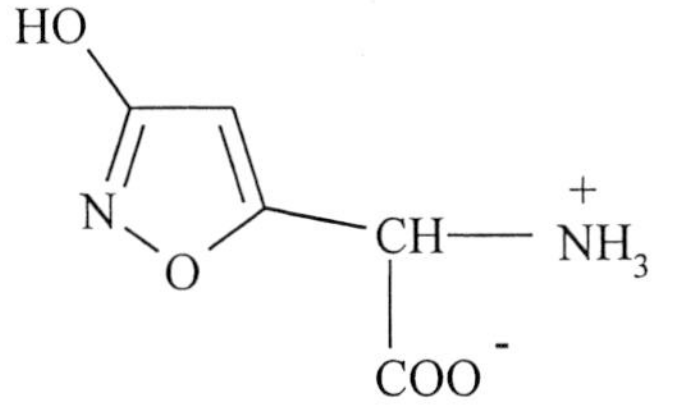

[Strukturformel Ibotensäure: Isoxazolring mit HO an Position 3, verbunden mit CH(COO$^-$)–NH$_3^+$]

Ibotensäure

[Strukturformel Muscimol: Isoxazolring mit O$^-$ an Position 3, verbunden mit CH$_2$–NH$_3^+$]

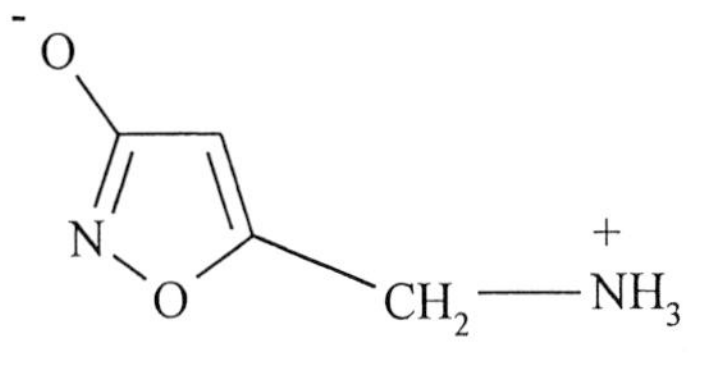

Muscimol

Als weiteres **Isoxazol** dürfte **Muscazon** psychotrope Wirksamkeit zu besitzen; **467 ***

---

[10] Beeinflussung der Schlafdauer eines Kurznarkoticums; vgl. etwa auch 1.1.3, Rdnr. 96 und 171.

[11] Im europäischen Pantherpilz soll anstelle von Ibotensäure, Muscimol und Muscazon das der Ibotensäure ähnliche Pantherin enthalten sein.

[12] In anderen Amanita-Arten (Amanita phalloides, virosa und var. verna) kommen als hochtoxische Verbindungen u.a. Amanitin und Phalloidin hinzu, die u.a. auf Leber (hoher Wasserverlust, Tod infolge Nierenversagens) und Gehirn einwirken; ein Pilz kann bereits tödlich wirken, vgl. auch Rdnr. 476.

Strukturformel:

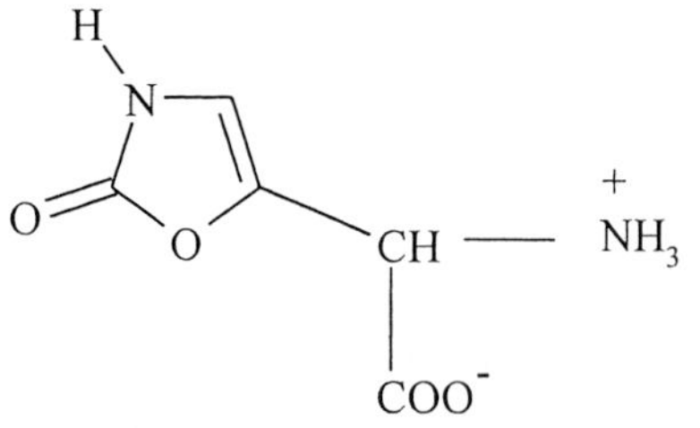

```
    H
    |
    N
   / \\
  /   \
 O     CH — NH₃⁺
 ‖    /
 O   CH
      |
      COO⁻
```

Muscazon

468 Hierbei scheint die (auch als Premuscimol bezeichnete) **Ibotensäure** während
* des Trockenvorganges in das etwa 5mal so starke und stabilere, zugleich aber auch weniger giftige **Muscimol** überzugehen und nach einer Latenz von 1-3 h zu **Erregungszuständen**, Tobsuchtsanfällen, Verwirrtheit und **Halluzinationen** zu führen.

469 Dies deckt sich mit Berichten über die Konsumgewohnheiten finnisch-ugrischer Stämme (u.a. Samojeden, Ostjacken, Turgusen, Kamtschadalen) in **Ostsibirien**, die vornehmlich die an der Sonne getrockneten oder über einem Feuer gerösteten Pilze gebrauchen.

Diese wurden gekaut oder mit Wasser überkocht und der Sud anschließend getrunken; auch Auszüge mit Rentiermilch wurden hergestellt.

470 Die **mittlere orale Dosis** dürfte 1-3 hitzegetrocknete[13] Pilze betragen, entsprechend et-
\# wa 70 mg Ibotensäure oder 8,5 mg Muscimol, wobei die Wirkstoffkombination den menschlichen Organismus weitgehend **unverändert** passiert. Dies soll zur Folge gehabt haben, dass Fliegenpilz-Berauschte ihren eigenen bzw. fremden Urin tranken, wenn die Wirkung nachließ; auf diese Weise sollen auch weniger Begüterte, an der Türe wartend, an den Festen der Oberschicht teilgehabt haben.

471 Dieser Umstand dürfte als Hinweis darauf anzusehen sein, dass für die psycho-
\# trope Amanita-Wirkung ein ähnlicher Mechanismus mit verantwortlich ist, der bei THC und LSD-25 dazu führt, dass die **Wirkstoff-Metaboliten** eine entsprechende Aktivität entfalten[14]. Der **Wirkungsverlauf** ist hierbei **kaum steuerbar**, da die Ibotensäure nebst Muscimol und Muscazon eine dem Muscarin entgegengesetzte, **atropin-artige** Wirkung entfaltet und das Verhältnis der Wirkstoffe zueinander stark schwankend ist.

472 Trotz abweichender chemischer Struktur verursacht die Wirkstoffkombination
\# des Fliegenpilzes (bzw. des Pantherpilzes) einen dem **LSD-Rausch** in einigen Merkmalen, insbesondere dem halluzinogenen Wirkungsbild, **vergleichbaren** Zu-

---

[13] Zum Hitzetrocknen von Pilzen vgl. auch beim Psilocybin 1.2.3.3, Rdnr. 669, zur Dosierung Rdnr. 671.
[14] Vgl. hierzu beim Cannabis 1.1.4, Rdnr. 154-160.

1.2 Halluzinogene

stand, der offenbar mit entsprechenden Veränderungen des **Serotonin-Spiegels** im Gehirn zusammenhängen dürfte[15].

Aus den wenigen hierzu vorliegenden Berichten lässt sich entnehmen, dass der Fliegenpilz-Konsument frühestens ca. 1 h nach der Einnahme zunächst in eine Art **Halbschlaf** mit farbigen Visionen verfällt, der durch eine Phase gesteigerter **Aktivität** abgelöst wird, in der das Gefühl der **Leichtigkeit** und **Euphorie** vorherrscht, häufig mit einem starken Drang zu tanzen[16]. Diese meist auch mit farbenprächtigen **Halluzinationen, Makropsie** und gelegentlich religiösen Verzückungen neben **Realitätsverlust** aber auch **Verwirrtheitszuständen** und **Desorientierung** einhergehenden Wirkungen sollen etwa 8 h anhalten und von **starken vegetativen Nebenwirkungen** infolge der beschriebenen erregenden Wirkung auf das parasympathische Nervensystem wie Übelkeit sowie Gleichgewichts- und Koordinationsschwierigkeiten begleitet sein. 473

Wohl vor allem im Hinblick auf seine euphorisierende Wirkung wird der Fliegenpilz auch als "**Glückspilz**" bezeichnet. 474

Dem Pantherpilz werden zudem **aphrodisierende** Eigenschaften zugeschrieben, obwohl es auch hier zu atypischen Rauschverläufen mit Erregungszuständen kommt. 475

Von den 22 bekannten **Amanita-Spezies** sind zwar 8 mit Sicherheit **hochgiftig**, u.a. der Grüne Knollenblätterpilz (Amanita phalloides) und der Pantherpilz (Amanita pantherina), wobei etwa 1/2-1 h nach dem Verzehr erweiterte Pupillen, Sehstörungen, Übelkeit, Erbrechen, Herzklopfen und Bewusstlosigkeit bis hin zu Koma und Tod[17] als Intoxikationsfolgen zu nennen sind. Die Giftigkeit des **Fliegenpilzes** selbst scheint jedoch stark übertrieben zu werden: Als LD_{50} werden 2,7 g Ibotensäure (40 mg/kg KG) und 3,0 g Muscimol (45 mg/kg KG) gennant. 476

Letzteres könnte mit einem **Tabu** zusammenhängen, den Fliegenpilz, der in der Antike als "**Speise der Götter**" galt[18], zu essen, was auf dessen scharlachroter Farbe beruhen könnte, da im antiken **Griechenland** alle roten Speisen, u.a. mit Ausnahme bei Festen zu Ehren der Toten, tabu waren[19]. Die übertriebene Giftigkeit des Fliegenpilzes könnte zudem eine Folge des Zurückdrängens mit dem Fliegenpilzgebrauch verbundener **archaischer Kulte** durch das aufkommende Christentum sein. Hierauf weist etwa sein volkstümlicher Name hin, da Fliegen als Symbol des **Wahnsinns** angesehen wurden[20]. Nach einer anderen Lesart ist die Bezeichnung "Fliegenpilz" hingegen auf den Brauch zurückzuführen, den Pilz auf einen flachen Teller zu legen, um, in Milch eingelegt, damit Fliegen anzulocken und zu töten. 477

---

[15] Zum Serotonin-Antagonismus des LSD-25 vgl. 1.2.1.1.4, Rdnr. 372-377, insbes. 380.

[16] Vgl. zu diesem Effekt auch beim Harmalin 1.2.3.5, Rdnr. 728. Zu vergleichbaren Phasen im Psilocybin-Rausch vgl. 1.2.3.3, Rdnr. 676 f.

[17] Zur Giftigkeit vgl. auch oben 1.2.2.1, Rdnr. 465 FN 12. Vgl. auch zu den zentralen Symptomen einer Atropin-Vergiftung 1.2.2.2, Rdnr. 523.

[18] Zu anderen „göttlichen" Pilzen vgl. beim Psilocybin 1.2.3.3, Rdnr. 658 und 661.

[19] Spätestens seit der Bronzezeit war u.a. in Griechenland Rot die Farbe des Todes, vgl. hierzu auch beim Mutterkorn 1.2.1.1.2, Rdnr. 279.

[20] Vgl. etwa Sartre, „Les mouches"; der syrisch-phönizische Gott Baal (i.e. „Beelzebub") wurde als „Herr der Fliegen" apostrophiert.

478   Die noch heute sprichwörtliche "**Berserkerwut**" der alten **Skandinavier** kann gegebenenfalls mit auf das tobsüchtig machende und gleichzeitig unbändige Kraft verleihende Muscarin zurückgeführt werden.

479   Daneben spielten Fliegenpilz-Extrakte bzw. mit Fliegenpilz vermischter Wein offenbar als "göttlicher" Trunk ("**Ambrosia**", "**Nektar**") neben Panaeolus-Arten[21] in der Antike im Rahmen der Eleusischen, Orphischen und anderen ausschweifenden, "**dionysischen**" Mysterien eine Rolle[22] und dürfte es sich auch bei dem "**Soma**" der Hinduschriften (den Hymnen der "Rg-Veda") um das gleiche, etwa um 1500 v.Chr. von den Ariern aus dem Nordwesten nach Indien mitgebrachte Rauschmittel handeln[23].

480   Zwar sind derartige Beziehungen meist mehr oder weniger spekulativer Art, nicht von der Hand zu weisen ist aber die Vermutung, dass frühe, auf Rauschdrogeneinfluss beruhende "**Offenbarungserfahrungen**"[24] einen prägenden Einfluss auf bis heute überlieferte religiöse Inhalte und Vorstellungen ausgeübt haben dürften[25]. In diesem Zusammenhang ist gegebenenfalls das Ergebnis der Untersuchung der im September 1991 in den Ötztaler Alpen entdeckten, mumifizierten Leiche eines Mannes zu sehen, der zur Zeit des Chalkolithikums, etwa zwischen 3300 und 3400 v.Chr. lebte: Dieser hatte bei seinem Aufstieg in die Hochalpen Stücke halluzinogener Baumschwämme (Lärchen- und Birkenporling) mit sich geführt, die auch heute noch von Schamanen zu Rauschzwecken gebraucht werden[26].

481   In **Europa** war der Missbrauch von Fliegenpilzen zu Rauschzwecken seit dem Mittelalter so gut wie vollständig in Vergessenheit geraten[27], wozu auch der sehr stark schwanken-

---

[21] Panaeolus papilionaceus, der mescalin-ähnliche, aber harmlose und erfreuliche Halluzinationen hervorrufen soll; zu den Panaeolus-Arten vgl. beim Psilocybin 1.2.3.3, Rdnr. 657. Das Benutzen anderer Rauschdrogen war hingegen in historischer Zeit offenbar bestimmten Priesterinnen vorbehalten, etwa das Kauen von Lorbeerblättern der prophetischen Pythia in Delphi; vgl. auch zum Stechapfel 1.2.2.2, Rdnr. 534 und 545.

[22] Zum eventuellen Gebrauch von Mutterkorn vgl. beim LSD-25 1.2.1.1.2, Rdnr. 278 f.

[23] Gegebenenfalls handelte es sich bei dem altindischen „Soma", dem die altiranische heilige Pflanze „Hoama" entsprechen dürfte, auch um die Steppenraute Peganum harmala (vgl. zu dieser beim Harmalin 1.2.3.5, Rdnr. 735-739) oder um ein Cannabis-Produkt (vgl. zu letzterem 1.1.2, Rdnr. 45 FN 14); wieder andere vermuten, dass es sich bei „Soma" um den – im Unterschied zum Fliegenpilz – in der Himalaya-Region vorkommenden Stropharia cubensis handelt (zu den psilocybin-haltigen Stropharia-Arten vgl. 1.2.3.3, Rdnr. 654 f.).

[24] Vgl. hierzu auch beim Cannabis 1.1.4, Rdnr. 136 f., sowie Vorbem. 1.2.3, Rdnr. 571 f.

[25] In diesem Zusammenhang sei darauf hingewiesen, dass nach neueren rechtsmedizinischen Untersuchungen beim Fäulnisprozess einer Leiche u.a. auch Muscarin und Muscaridin als Giftstoffe entstehen sollen. Dies könnte, wenn man überhaupt davon ausgeht, dass Kannabilismus als Phänomen existiert, die von Völkerkundlern gelegentlich berichtete Gier nach Menschenfleisch als eine Form toxischer Ekstase im Rahmen kannibalistischer Riten erklären; vgl. hierzu auch beim Amfetamin 3.2.4.6, Rdnr. 1924.

[26] Vgl. auch zum schamanistischen Gebrauch u.a. des „Heiligen Pilzes" Psilocybe mexicana 1.2.3.3, Rdnr. 658 und 661.

[27] Wie etwa auch die Kenntnis um die berauschende Wirkung von Windengewächsen, vgl. 1.2.1.2, Rdnr. 427, oder von Nachtschattengewächsen, vgl. 1.2.2.2, Rdnr. 532-539.

1.2 Halluzinogene

de, kaum berechenbare Wirkstoffgehalt der Pilze beitragen dürfte[28]. Regelmäßig dürfte er derzeit nur noch von einigen **sibirischen Schamanen** (genannt werden etwa die Volksgruppen der Kamtschadalen, Korjaken und Tschuktschen)[29], gegebenenfalls auch roh, zu rituellen Anlässen konsumiert werden; sein Gebrauch soll vom Staat bekämpft werden und dürfte wohl langfristig durch Wodka ersetzt werden. Ein entsprechender Fliegenpilz-Gebrauch soll zudem einigen indianischen Stämmen bekannt sein.

In **Nordamerika** wurde seine Verwendbarkeit als Rauschdroge zumindest zeitweilig, insbesondere zur Zeit der "Hippies", in der "scene" erprobt, wobei bei einer Dosierung von 2-3 getrockneten Pilzen[30] Vergiftungen relativ selten sein und meist harmlos verlaufen sollen. Seit Beginn der 90er Jahre wird der Fliegenpilz auch bei uns, zusammen mit anderen biogenen Rauschdrogen[31], insbesondere psilocybin-haltigen Pilzen[32], "**wiederentdeckt**", zusätzlich aber mit dem Pantherpilz und selbst Zubereitungen des Knollenblätterpilzes experimentiert. **482**

Die Gattungen **Clitocybe** (**Trichterling**)[33] und insbesondere **Inocybe** (**Risspilze**, **Faserköpfe**) sollen an dieser Stelle weniger wegen ihrer psychotropen Eigenschaften als vielmehr wegen ihrer **muscarin-artigen Vergiftungsfolgen** (etwa 15-40 min nach dem Verzehr u.a. starke Pupillenverengung[34] mit Sehstörungen, starkes Schwitzen, Schüttelfrost, Herzschlagbeschleunigung, Atemnot, eventuell Krämpfe, Schock und Lungenödem) erwähnt werden. **483**

Hierzu zählen Inocybe patouillardi (Ziegelroter Risspilz) und Inocybe geophylla (Erdblättriger Faserkopf) sowie Inocybe lacera, die **Pilocarpin**, ein starkes, wie Muscarin wirkendes Mykotoxin, enthalten. Indiziert ist hier als **Antidot** ebenfalls **Atropin** (5-10 mg Atropinsulfat i.v.)[35]. **484**

Die Arten Inocybe decipiens, Inocybe infelix und Inocybe infida enthalten zudem außer Muscarin **halluzinogene Alkaloide**: Neben dem erwähnten Pilocarpin weitere **Imidazol-Derivate**[36] und z.T. auch **Arecolin**[37]. Die Wirkung dieser Inocybe-Arten soll angeblich leicht halluzinogen und sexuell stimulierend sein. Einige in Europa heimische Inocybe-Ar- **485**

---

[28] Vgl. hierzu oben 1.2.2.1, Rdnr. 471.
[29] Vgl. zum Geschichtlichen 1.2.2.1, Rdnr. 469 f.
[30] Zur Dosierung und Überdosierung vgl. 1.2.2.1, Rdnr. 470 und 476. Allgemein zu Dosierungsangaben: 1.2.1.2, Rdnr. 451.
[31] Vgl. etwa zum Missbrauch von Stechapfel-Samen 1.2.2.2, Rdnr. 499 und 513 f., sowie beim Cannabis 1.1.2, Rdnr. 63.
[32] Zum Missbrauch insbesondere von Stropharia-Arten vgl. 1.2.3.3, Rdnr. 667-669.
[33] Etwa Clitocybe dealbata (Feldtrichterling) und Clitocybe rivulosa (Giftiger Wiesentrichterling).
[34] Zur Miosis als Muscarin-Effekt vgl. 1.2.2.1, Rdnr. 462.
[35] Zu dessen die Muscarin-Wirkung kompensierenden Effekten vgl. oben 1.2.2.1, Rdnr. 463, sowie 1.2.2.2, Rdnr. 511.
[36] Vom Imidazol werden verschiedene Chemotherapeutica abgeleitet; vgl. auch zum Zolpidem 4.3.4, Rdnr. 2238.
[37] Zum Arecolin vgl. bei den Stimulantia 3.2.3, Rdnr. 1771.

ten wie Inocybe haemacta (Grünroter Risspilz) und Inocybe coelestium (Himmelblauer Risspilz) enthalten zudem, wenn auch in geringer Menge, **Psilocybin**[38].

486 Abschließend ist darauf hinzuweisen, dass **Amanita-Wirkstoffe** auch in mehreren **Russula-(Täubling-)Arten** gefunden worden sind.

So können Ibotensäure und Muscimol als Wirkstoff mehrerer auf Neuguinea vorkommender Varietäten gegebenenfalls für die dort vorkommende "**Pilz-Verrücktheit**" verantwortlich sein, von der Angehörige des "Kuma"-Stammes gruppenweise befallen werden und die sich in kollektiver Raserei äußern soll[39].

487 Ein **Schnelltest** auf **Amanitatoxine** erfolgt, indem ein Tropfen Pilzsaft auf unbedrucktes Zeitungspapier gegeben wird. Nach Eintrocknen wird die Stelle mit konzentrierter Salzsäure befeuchtet. Tritt nach 5-10 min eine intensive Blaufärbung auf, waren Amanitatoxine enthalten. Die Reaktion entwickelt sich zwischen den Bestandteilen, die durch Säure aus Liguin entstehen, und dem indol-artigen Anteil der Amanita-Wirkstoffe.

488 § Die genannten psychotropen Wirkstoffe der **Amanita-** und **Inocybe-Arten** unterliegen ebensowenig wie die entsprechenden Pilze selbst den Bestimmungen des BtMG 1994. Unabhängig von einer Btm-Eigenschaft und unabhängig von einer Verschreibungsfähigkeit und -pflichtigkeit der Wirkstoffe bzw. einer Zulassung kann jedoch der Handel mit den genannten Pilzen, Teilen hiervon sowie isolierten Wirkstoffen gemäß § 95 Abs. 1 Nr. 1 AMG als Inverkehrbringen bedenklicher AM strafbar sein, soweit sie **Rauschzwecken** dienen.

489 § Bei **Pilocarpin** und seinen Salzen handelt es sich zudem nach der ArzneimittelV 1990 um **verschreibungspflichtige** Stoffe. Pilocarpin wird als direkt wirkendes **Parasympathomimeticum** (Mioticum) in der Augenheilkunde, u.a. in der Glaukomtherapie (Pilocarpin Augentropfen)[40], eingesetzt. Ein Missbrauch von Pilocarpin ist nicht bekannt geworden.

1.2.2.2 Nachtschattengewächse

490 Zu der aus ca. 2.400 Arten gebildeten Familie der **Nachtschattengewächse (Solanaceae)**, die sich über alle 5 Erdteile ausgebreitet hat, gehören u.a. die Aubergine, die Kartoffel und die Tomate, der Tabak und der Paprika sowie die verschiedenen Petunia-Arten, die als Hybriden gezüchtet werden.

491 Die wichtigsten in **Europa** anzutreffenden Solanaceen mit **psychotropen** Wirkstoffen sind:

---

[38] Zu den psilocybin-haltigen Pilz-Arten vgl. 1.2.3.3, Rdnr. 654.
[39] Teilweise wird in diesem Zusammenhang auch die ebenfalls zu den Agaricaceae zählende Gattung Boletus (Röhrlinge) genannt, etwa Boletus manicus und Boletus reay, gemeinsam mit der ebenfalls zu den Röhrlingen zu rechnenden Heimiella angrieformis, deren Inhaltsstoffe jedoch noch unbekannt sind.
[40] Zum Einsatz von THC in der Glaukomtherapie vgl. 1.1.3, Rdnr. 98.

1.2 Halluzinogene

- **Alraune (Mandragora)**,
- **Bilsenkraut (Hyoscyamus)**,
- **Nachtschatten (Solanum)**,
- **Stechapfel (Datura)**,
- **Tollkirsche (Atropa)** und
- **Tollkraut (Scopolia)**.

Deren psychoaktive Substanzen werden als **Solanaceen-Alkaloide** (syn. Tropan-Alkaloide) bezeichnet; es handelt sich hierbei in erster Linie um das

- **Atropin**,
- **Scopolamin** und
- **Hyoscyamin**.

Andere **Basen** wie etwa N-Methylpyrrolin sind regelmäßig nur in **Spuren** vorhanden.

Eine Reihe der genannten Pflanzen gedeiht wild auch in Mitteleuropa, u.a. in **Deutschland**:

Hierzu gehört die recht häufig an Wegrändern und Waldlichtungen anzutreffende **Schwarze Tollkirsche (Atropa belladonna)**, dessen mehrjähriger, bis zu 1 m hoher Strauch im Juni und Juli braune Blüten trägt. Diese entwickeln sich zu weichen, schwarzglänzenden **Beeren**, deren **Giftigkeit** allgemein bekannt ist (etwa 10-20 wirken beim Erwachsenen, 3-4 bei Kindern tödlich).

Die Tollkirsche wurde als **Spasmolyticum** im Bereich des Magen-Darm-Traktes, der Gallenblase und der Harnwege sowie bei Asthma bronchiale therapeutisch genutzt. Während bei anderen Nachtschattengewächsen meist das psychotrop wirksame Scopolamin vorherrscht, sind die wichtigsten Alkaloide der Tollkirsche **Hyoscyamin** und **Atropin**. Hinzu kommen kleinere Mengen von Scopolamin und Spuren von Tropan-Nebenalkaloiden. Der Gesamtalkaloidgehalt beträgt in den Blättern 0,4 %, in den Wurzeln 0,5 % und in den Beeren 0,8 %.

Verbreitet ist auch das ebenfalls **stark giftige Schwarze Bilsenkraut (Hyoscyamus niger)**, eine ein- oder zweijährige, klebrig-behaarte, bis zu 76 cm hohe und einen penetranten Geruch verbreitende Pflanze, die u.a. in Wildkrautbeständen auf Schuttplätzen sowie an Wegen und Mauern vorkommt. Die Blüten sind gelb mit violetten Äderchen; eine Kapselfrucht bildet sich aus.

Hauptalkaloid des u.a. ebenfalls als **Spasmolyticum** medizinisch verwandten Schwarzen Bilsenkrautes ist das **Scopolamin**, außerdem wurde Atropin nachgewiesen.

Der Name des niedrigbuschig wachsenden, einjährigen **Weißen Stechapfels (Datura stramonium)** leitet sich von der für die Datura-Arten charakteristischen, mit weichen Stacheln versehenen **Kapselfrucht** ab, die sich im Herbst aus der meist weißen, trichterförmigen Blüte entwickelt.

Die betäubend duftenden **Blüten** des Weißen Stechapfels öffnen sich erst in der Dämmerung und werden von Nachtschmetterlingen bestäubt[41]. Sämtliche Teile der Pflanze, insbesondere aber **Samen** und Wurzeln, sind **stark giftig**.

499 Auch der Stechapfel wurde seit der Antike als **Analgeticum**, meist in Kombination mit Cannabis[42] und Wein, sowie als **Spasmolyticum** bei Asthma bronchiale und Krampfhusten eingesetzt. Hinsichtlich ihrer medizinischen und halluzinogenen Verwendbarkeit historisch wichtiger dürfte hingegen die ebenfalls bei uns vorkommende krautartige **Datura metel** sein. **L-Scopolamin (Hyoscin)** ist ebenfalls das Hauptalkaloid der Datura-Arten, die neben L-Hyoscyamin, Cuscohygrin, Tropin und Atropin außerdem u.a. Meteloidin (Datura meteloides) als Nebenalkaloide[43] aufweisen. Datura stramonium wird zur Gewinnung der Reinalkaloide (insbesondere Atropin) in den USA und anderen Ländern in großen Plantagen angebaut; er lässt sich ohne weiteres aus **Samen** ziehen, die ihrerseits zu Rauschzwecken missbraucht werden[44].

500 Unter den in Deutschland heimischen Solanaceen ist schließlich noch der **Schwarze Nachtschatten (Solanum nigrum)** und der **Bittersüße Nachtschatten (Solanum dulcamara)** anzuführen, die in Wildkrautbeständen anzutreffen sind. Alle Teile sind stark giftig, einschließlich der scharzen bzw. roten Beeren.

501 Die **Alraune (Mandragora officinarum)**, von der es 6 verschiedene Arten gibt, gedeiht dagegen nur in den Mittelmeerländern; im außereuropäischen Bereich ist sie in Nordafrika und in Westasien bis zum Himalaya verbreitet.

Die ausdauernde, stengellose Pflanze zeichnet sich durch eine dicke, meist gegabelte **Wurzel**[45] als charakteristisches Merkmal aus.

502 Bei einem Gesamtalkaloidgehalt dieser Wurzel von 0,4 % ist auch hier das **Scopolamin** das wichtigste Alkaloid, während Hyoscyamin und Atropin neben Mandragonin und Cuscohygrin hier nur als Nebenalkaloide auftreten.

503 **Atropin** kommt schließlich auch in **unreifen** (grünen) **Tomaten** und **Kartoffeln** vor.

504 * Die genannten **Solanaceen-Alkaloide** variieren also in ihrer quantitativen Zusammensetzung von Gattung zu Gattung.

Gleichwohl lassen sich alle bedeutenden vom **Tropan-3-α-ol** herleiten, das seinerseits durch einen abgewandelten **Piperidin-Ring**[46] gekennzeichnet ist. Aus die-

---

[41] Vgl. auch zu den bei hereinbrechender Dunkelheit stark duftenden Blüten vieler Brugmansia-(Baumdatura-)Arten 1.2.2.2, Rdnr. 554.
[42] Zu einer Verwendung von Cannabis als Schmerzmittel vgl. 1.1.2, Rdnr. 49, und 1.1.3, Rdnr. 98.
[43] Zu den Strukturformeln dieser Solanaceen-Alkaloide vgl. unten 1.2.2.2, Rdnr. 506-509.
[44] Zur aktuellen Bedeutung als Rauschdroge vgl. 1.2.2.2, Rdnr. 513 f.
[45] Vgl. auch zur wirkstoffhaltigen Kawa-Kawa-Wurzel 2.2, Rdnr. 1372.
[46] Zum Piperidin als häufiger Ausgangsverbingung vgl. 4.2.2, Rdnr. 2094, sowie beim PCP 1.2.4.5, Rdnr. 894.

1.2 Halluzinogene

sem Grunde wird diese Gruppe von **Piperidin-Alkaloiden** auch unter der Bezeichnung "**Tropan-Alkaloide**" ("Tropane") begrifflich zusammengefasst.

Das bereits 1833 isolierte **Esteralkaloid Atropin** (chem. Bezeichnung: 3-Hydroxy-2-phenylpropionsäure-3α-(8-methyl-8-azabicyclo[3.2.1]octyl)ester) entsteht bei der Aufbereitung von Tollkirschenextrakten. Es handelt sich hierbei um ein aus dem genuin vorliegenden D- und L-Hyoscyamin entstehendes **Racemat**, eine bitter schmeckende, in Wasser schwer, in Chloroform leicht lösliche Substanz, die in Prismen kristallisiert und bei 115-116° C schmilzt.

505 *

Auch beim **L-Scopolamin** (syn. **Hyoscin**), einem **Epoxid** des L-Hyoscyamins, handelt es sich um einen **Ester** der **Tropasäure** (α-Phenylhydroxyhydacrylsäure), charakterisiert durch den Rest:

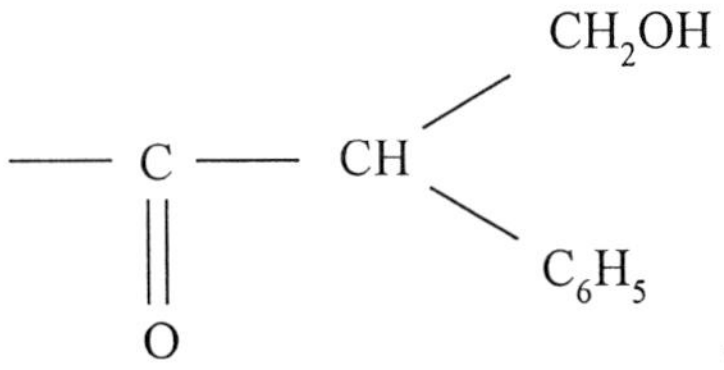

506 *

$$\begin{array}{c} \quad\quad\quad CH_2OH \\ \quad\quad\quad / \\ -C-CH \\ \parallel \quad\quad\quad \backslash \\ O \quad\quad\quad\quad C_6H_5 \end{array}$$

Tropoyl

Bei **Meteloidin** handelt es sich um einen Ester der Base Teloidin mit der Tiglinsäure.

507 *

Im weiteren Sinne zu den Tropanen ist daneben das **Esteralkaloid** des **Cocastrauches** zu rechnen, das sich vom Hyoscyamin, Atropin und Scopolamin hauptsächlich durch den Benzoyl-Rest (-OCOC$_6$H$_5$) an der alkoholischen OH-Gruppe unterscheidet[47].

508 *

Zur Verdeutlichung dieser Zusammenhänge soll von folgender, vereinfachter **Grundstruktur** ausgegangen werden:

509 *

---

[47] Zur Chemie des Cocains und Ecgonins, auch zu den Strukturformeln, vgl. 3.1.3, Rdnr. 1487-1489.

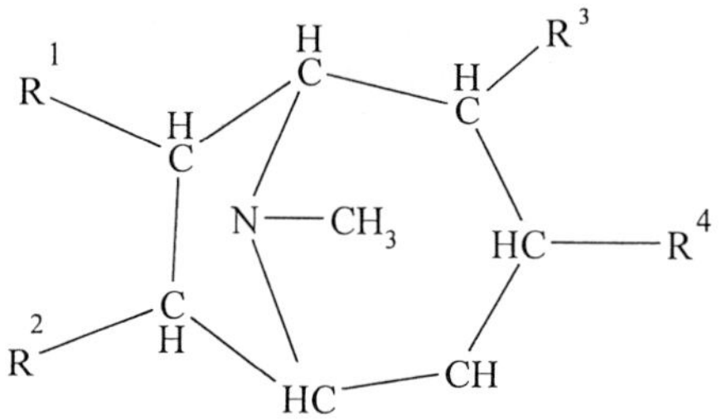

Tropanalkaloid	R^1	R^2	R^3	R^4
Tropinon	-H	-H	-H	=O
Hyoscyamin	-H	-H	-H	-O-(+)-Tropoyl
Scopolamin	-Oxido (=O)	-H	-H	-O-(±)-Tropoyl
Atropin	-H	-H	-H	-O-(±)-Tropoyl
Meteloidin	-OH	-OH	-H	-O-CO-C(CH$_3$)=CH-CH
Ecgonin	-H	-H	-COOH	-OH
Cocain	-H	-H	-COOCH$_3$	-O-Benzoyl

510 **Atropin** und **Scopolamin** sind toxisch[48]. Beide sind jedoch nach wie vor unentbehrliche Bestandteile einer Reihe von **Pharmaka**:

§ Diese sind **rezeptpflichtig**, als scopolamin-haltiges Btm (s.c. als Basis- und Zusatznarkoticum für geburtshilfliche Zwecke) war aber allein das nicht mehr im Handel befindliche Analgeticum Scophedal(-forte), eine Kombination von Scopolamin und Oxycodon[49], eingestuft. Heute wird Scopolamin u.a. in dem rezeptpflichtigen Scopolaminum hydrobromicum etwa (in Verbindung mit Morphin-HCl) als **Basisnarkoticum** eingesetzt, außerdem kann die dämpfende Wirkung von Scopolamin auf das **Brechzentrum** zur Behandlung von Reisekrankheiten genutzt werden. Soweit Atropin in fester Kombination mit Morphin und Hydromorphon in Schmerzmitteln eingesetzt wird[50], handelt es sich aufgrund des Opiat-Anteils um **Btm**.

511 Weitere **therapeutische** Einsatzmöglichkeiten der Solanaceen-Alkaloide bestehen in Form der **Gesamtalkaloidkombination** (etwa das rezeptpflichtige Belladonnysat Bürger) oder z.B. als Atropinsulfat in Ampullenform u.a. zur **Lösung** von **Spasmen** im Magen-Darm-Bereich und zur **Prämedikation** vor Narkosen, als **Mydriaticum**, als **Antidot** bei Vergiftungen (Atropinsulfat - 100 mg Injektionslösung) und als anticholinergisch wirksame, krampflösende **Antiparkinsonmittel**[51].

---

[48] Daher erhielt Atropin den Namen einer der 3 griechischen Schicksalsgöttinnen (Moiren): Atropos = „Unerbittlich".

[49] Ein Dihydromorphin-Derivat, näher hierzu 4.4.2.5, Rdnr. 2315 und 2317. Injektionsgemische aus Morphin und Scopolamin wurden auch zur Ruhigstellung bei schweren Erregungszuständen in der Psychatrie verabreicht (Herbeiführung eines Dämmerschlafes; „chemische Zwangsjacke").

[50] Vgl. zum Morphin-Atropin Merck 2.1.3, Rdnr. 1084 FN 167, und zum Dilaudid-Atropin 4.4.2.6, Rdnr. 2321 f.

[51] Eine hohe Dosierung, 5-10 mg Atropin oder Scopolamin, hat allerdings erhebliche vegetative Nebeneffekte und die Gefahr einer Gewöhnung zur Folge. Zur Gabe von L-Dopa vgl. 3.1.7, Rdnr. 1697 FN 378.

1.2 Halluzinogene

Die mittlere **therapeutische Einzeldosis** beträgt bei **Atropin** 0,5-1 mg, mehr als 10 mg dürften bereits als toxisch anzusehen sein. Die **therapeutische Breite** ist jedoch wie bei LSD-25 relativ groß[52]: Bereits mehr als die 200fache Einzeldosis soll überlebt worden sein.

512

Als **Rauschdrogen** hatten die natürlichen Solanaceen-Alkaloide in der Neuzeit[53] wegen der starken peripheren, anticholinergen **Nebenwirkungen** demgegenüber in Europa und Nordamerika keine Bedeutung. Nur selten wurde etwa über den Missbrauch sog. "Asthmazigaretten" berichtet, die u.a. Datura-Extrakte enthielten und bis Mitte der 1970er Jahre in der BRD, danach noch in der DDR erhältlich waren. Seit Beginn der 1990er Jahre scheint sich dies zu ändern, indem in zunehmendem Maße mit in Botanischen Gärten entwendeten oder etwa aus Samen gezogenen Nachtschattengewächsen als "**Naturdrogen**" insbesondere in der Techno-Szene, häufig in **Kombination** mit "ecstasy", zu Rauschzwecken experimentiert wird[54].

513

So wurden, häufig infolge behandlungsbedürftiger **Vergiftungen**, zunehmend Fälle bekannt, in denen etwa **Stechapfelblüten** und vor allem **-samen**[55] missbraucht oder atropin-haltige Gewächse wie die **Engelstrompete**[56], deren sämtliche Pflanzenbestandteile giftig sind, als **Pflanzenabkochung** bzw. Tee-Aufguss getrunken oder als **Streckmittel** für Heroin[57] oder LSD-25[58] verwandt werden. Infolge der unsicheren Dosierbarkeit und der stark schwankenden Wirkstoffkonzentration, die häufig unterschätzt wird, ist eine Vergiftungsgefahr hier groß. Zudem werden gelegentlich scopolamin-haltige **Spasmolytica** wie das rezeptpflichtige Buscopan plus i.v. zu Rauschzwecken injiziert.

514

Eine **Fahrsicherheit** ist unter Einwirkung von Solanaceen-Alkaloiden infolge ihrer erheblichen zentralen und peripheren Wirkungen regelmäßig nicht mehr gegeben.

Diese **starken vegetativen Nebenwirkungen** hängen damit zusammen, dass die Hauptalkaloide der Nachtschattengewächse als **Parasympatholytica** das vegetative Nervensystem beeinflussen, indem sie (im Gegensatz zu den Parasympathomimetica) die Erregungsübertragung an den parasympathischen Nervenendigun-

515
#

---

[52] Zur therapeutischen Breite von LSD-25 vgl. 1.2.1.1.7, Rdnr. 418.
[53] Zu ihrer historischen Bedeutung vgl. 1.2.2.2, Rdnr. 532-547.
[54] Wobei der Begriff „Naturdroge" wohl eine geringere Gefährlichkeit als synthetische Drogen nahelegen soll. Vgl. zu dieser Entwicklung auch beim Cannabis 1.1.2, Rdnr. 63, und Vorbem. 1.2.2, Rdnr. 455 f., sowie zum Missbrauch von Fliegenpilzen 1.2.2.1, Rdnr. 481 f. Zu zunehmend häufigeren „ecstasy"-Kombinationen u.a. mit biogenen Drogen vgl. 1.2.4.3, Rdnr. 831 und 863 f.
[55] Vgl. hierzu auch 1.2.2.2, Rdnr. 499, 555 und 564-567.
[56] Zur Engelstrompete näher 1.2.2.2, Rdnr. 553-556.
[57] Zu den Heroin-Streckmitteln vgl. 2.1.5, Rdnr. 1193 und 1198.
[58] Zu LSD-Tollkirschen-Kombinationen vgl. 1.2.1.1.5, Rdnr. 403. Zum Rauchen von atropin-haltigen Tollkirschen-Blättern als Antidot bei Muscarin-Vergiftungen vgl. 1.2.2.1, Rdnr. 463 FN 9.

gen durch kompetitive Verdrängung (**Antagonisierung**) des **Acetylcholins** hemmen[59].

Sie **verhindern** so die muscarin-ähnliche[60] Wirkung des Acetylcholins an den Rezeptoren der postsynaptischen Membran.

516 Dem entspricht die Wirkung **synthetischer Anticholinergica**: So insbesondere von **Ditran**[61] und **Sernyl**[62] (wobei Ditran die psychotropen, in höherem Maße als bei LSD-25 schizophrenie-ähnlichen Effekte allerdings bereits unterhalb der Dosis bewirkt, die die anticholinergen Nebenwirkungen auslöst)[63].

517 **Atropin** wird nach **oraler** Applikation und s.c. **Injektion** schnell und vollständig **resorbiert**. Es beeinflusst das parasympathische (**cholinerge**) Nervensystem, indem es als **kompetitiver Antagonist** das im parasympathischen und motorischen System als Transmitterhormon fungierende **Acetylcholin** hemmt. Durch diese **Rezeptorenblockade** wird die durch das parasympathische System geregelte Verdauung, Speichelsekretion, Herzschlag und Pupillenkontraktion beeinflusst (mit der Folge einer verschwommenen Sicht), indem durch die Hemmung des parasympathischen Systems dessen dämpfender Einfluss eingeschränkt wird und die Reizweiterleitung im sympathischen (**adrenergen**) mittels **Noradrenalin** überwiegt.

518 Dementsprechend kann andererseits die gegenüber Acetylcholin antagonistische Wirkung des Atropins durch hohe Dosen eines **Parasympathomimeticums aufgehoben** werden[64].

519 Wie alle **Ester** wird Atropin schnell hydrolytisch gespalten und dann weiter **metabolisiert**; ein Teil wird über die Niere unverändert wieder ausgeschieden.

520 Die **anticholinerge** Wirkung des **Atropins** zeigt sich in einer Erweiterung und Starrheit der Pupillen, z.B. wenn Tollkirschen-Extrakt ins Auge geträufelt wird: Indem Atropin u.a. den für die Pupillenkontraktion verantwortlichen M. sphincter pupillae lähmt, wird die **Pupille erweitert**, was zu träumerisch-berauschten "schönen Augen"[65] (Akkommodationslähmung mit erhöhter Lichtempfindlichkeit) führt.

---

[59] Vgl. hierzu auch die allgemeinen Ausführungen in der Einführung Rdnr. 14 f., sowie z.B. beim Ibogain 1.2.3.7, Rdnr. 765.

[60] Zu diesem Parasympathomimeticum vgl. beim Fliegenpilz 1.2.2.1, Rdnr. 461-463, auch zur Strukturformel des Acetylcholins.

[61] Ethylisobutrazin, ein Phenothiazin; vgl. zu den Neuroleptica 4.3.2, Rdnr. 2140. Zur Kreuztoleranz mit LSD-25 vgl. 1.2.1.1.4, Rdnr. 392.

[62] Vgl. beim Phencyclidin 1.2.4.5, Rdnr. 893 und 896.

[63] Vgl. hierzu auch bei den synthetischen Piperidylestern 1.2.4.7, Rdnr. 932-934.

[64] Vgl. hierzu auch beim Muscarin 1.2.2.1, Rdnr. 463.

[65] Auf dieser besonders in der Renaissance geschätzten Eigenschaft beruht das Epitheton „belladonna" für die Schwarze Tollkirsche. Vgl. hierzu z.B. auch beim LSD-25 1.2.1.1.4, Rdnr. 323.

1.2 Halluzinogene

In **höheren Dosen** (1-2 mg s.c. oder i.v.) hat **Atropin** nicotin-ähnliche, **ganglienblo-** **521** ckierende und curare-ähnliche, **muskelrelaxierende** Wirkungen[66]. So kommt es zu einer # ausgeprägten Kreislaufwirkung, indem Atropin über den Wegfall des parasympathisch-hemmenden Einflusses das Herz sehr schnell, etwa 150mal/min, schlagen lässt (was u.a. bei Koronarsklerose gefährlich werden kann). Außerdem wird die Speichelsekretion, wie die **Drüsensekretion** überhaupt, **gehemmt**, was zu einem trockenen Gefühl im Mund mit Schluck- und Sprechstörungen führt. Infolge einer Abnahme der Schweißsekretion kommt es zu starker Hautrötung mit trockener und heißer Haut sowie zur Ausbildung eines **Wärmestaus**, der u.U. lebensbedrohlich werden kann[67]. Spannungszustände im Magen-Darm-Bereich klingen hingegen, wie erwähnt, ab, die Bronchien werden erweitert[68].

Aufgrund der chemischen Verwandtschaft zum **Cocain** hat **Atropin** schließlich auch ei- **522** ne **lokalanästhetische** Wirkung[69]. Die Körperbewegungen werden hingegen, jedenfalls bei # nicht überhöhter Dosierung, nicht gehemmt.

Neben den erwähnten Sehstörungen[70] äußern sich die vor allem zentralen Symp- **523** tome einer **Atropin-Vergiftung** in einer anfänglichen allgemeinen Erregung[71] mit # Gesprächigkeit und zentral-motorischer Unruhe, die sich von allgemeiner Ruhelo-sigkeit bis zu Tobsuchtsanfällen[72] steigern kann, sowie in **psychischer** Hinsicht in Desorientiertheit, **Bewusstseinstrübung**[73], Verwirrtheitszuständen, **Halluzinationen** und schizophrenie-ähnlichen **Psychosen**. Dem Stadium einer tiefen Be-wusstlosigkeit (Somnolenz bis **Koma**) kann schließlich der Tod durch **Atemlähmung** folgen, insbesondere wenn, wie bei einigen überlieferten "Hexensalben"[74], eine **Kombination** mit **Opiaten** erfolgt.

Hierbei wirkt Atropin allerdings auf jeden Menschen unterschiedlich; so wird der **Alko- 524 holiker** nach dem Alkohol-Schlaf durch Atropin beruhigt, während es im Delirium tremens # die Erregung verstärkt.

---

[66] Zu den Nicotin-Wirkungen vgl. Einführung Rdnr. 17, zu den Strychnin-Wirkungen vgl. Einführung Rdnr. 15 und 4.3.1.1, Rdnr. 2118-2120.
[67] Insbesondere bei Kombination von Nachtschattengewächsen etwa mit „ecstasy", vgl. 1.2.4.3, Rdnr. 855.
[68] Vgl. auch zu den „Asthmazigaretten" 1.2.2.2, Rdnr. 513.
[69] Zu dieser vgl. beim Cocain 3.1.3, Rdnr. 1499-1501.
[70] Es kann zudem zu Adaptationsstörungen und Doppelsehen sowie zu vorübergehender Blindheit kommen.
[71] Zum häufigen anfänglichen Excitationsstadium bei Btm vgl. etwa beim Lösungsmittel-schnüffeln 4.5.4, Rdnr. 2536-2538.
[72] Vgl. auch zu den Folgen einer Amanita-Vergiftung 1.2.2.1, Rdnr. 468 und 478, oder Co-cain-Vergiftung 3.1.7, Rdnr. 1665, sowie hier zu den Baumdatura-Arten 1.2.2.2, Rdnr. 555 f.
[73] Im Gegensatz zu anderen echten Halluzinogenen wie etwa LSD-25, vgl. Vorbem. 1.2, Rdnr. 267, und 1.2.1.1.4, Rdnr. 338, insoweit jedoch vergleichbar dem PCP-Rausch 1.2.4.5, Rdnr. 910, oder synthetischen Piperidylestern: 1.2.4.7, Rdnr. 933.
[74] Näher zu den „Hexensalben" 1.2.2.2, Rdnr. 538 f.

525 Scopolamin hat gegenüber Atropin eine mehr **dämpfende** als erregende Wir-
kung auf das ZNS, obwohl es qualitativ - wie Atropin - als **Parasympatholyticum** durch Herabsetzung des Parasympathicustonus wirkt. Diese zentral-dämpfende Wirkung des Scopolamins in **kleinen Dosen** wird vor allem therapeutisch genutzt, während die mehr erregende Wirkung des Atropins auf das ZNS bei höherer Dosierung nur toxikologische Bedeutung hat.

526 Scopolamin hat wie Atropin (im Gegensatz zu vielen anderen Halluzinogenen
wie etwa LSD-25)[75] in erster Linie **periphere** Wirkungen, indem es u.a. die motorischen Zentren angreift, was eine **Erschlaffung** der **Muskulatur** bei erhalten bleibendem **Bewusstsein** zur Folge hat. Es kommt auch hier u.a. zu einer Pulsbeschleunigung und trockenen Schleimhäuten. Die **Wirkungsdauer** variiert zwischen einigen Stunden und Tagen, letzteres insbesondere hinsichtlich der Sehstörungen.

527 Da **Scopolamin** in **höherer Dosierung** andererseits hauptsächlich für die **halluzinogene** Wirksamkeit der Solanaceen verantwortlich ist, ergibt sich hieraus ein Charakteristikum dieses Rausches im Unterschied zu anderen Halluzinogenen:

Bei Dosen von 1-3 mg ergeben sich neben **Elevationsgefühlen**[76] zwar (vorwiegend visuelle) **Sinnestäuschungen**, verbunden mit dem Verlust des **Realitätsgefühls**. Im Unterschied zum sog. "klaren Rausch" der Cannabis-Produkte[77] und des LSD-25 überwiegen jedoch auch hinsichtlich der psychotropen Effekte die mehr **dämpfenden** Komponenten. Der Berauschte fällt in einen **deliriums-ähnlichen** Schlaf[78] und erinnert sich später kaum an die Rauscherlebnisse (**amnestisches** Syndrom mit ausgeprägter chronischer Störung des Kurzzeitgedächtnisses). Dieser dämpfende Einfluss kann bis hin zu einem **Trancezustand** mit **Willenlosigkeit** gehen; mit hierauf beruhte wohl früher die Berühmtheit der Scopolamin enthaltenden Pflanzen als **Aphrodisiaca** und als "**Wahrheitssera**"[79].

528 **Höhere Dosen** können außer zu Seh- auch zu Koordinationsstörungen führen, die zeitlichen Abläufe werden verzerrt erlebt[80]. Eine Überdosierung kann u.U. zu dauernder **Geistesgestörtheit** führen oder eine tödliche zentrale **Atemlähmung** bewirken.

529 Da das in Atropa belladonna als Haupt-, sonst als Nebenalkaloid vorkommende **Hyoscyamin** spontan und durch Wärmeeinwirkung in das Racemat Atropin über-

---

[75] Vgl. beim LSD-25 1.2.1.1.4, Rdnr. 321-323.
[76] Vgl. auch zu den „Flugsalben" 1.2.2.2, Rdnr. 538, sowie beim Cannabis 1.1.4, Rdnr. 127.
[77] Zum „klaren Rausch" vgl. beim Cannabis 1.1.4, Rdnr. 119 f. und 129.
[78] Zum deliranten Syndrom beim Muskatnuss-Rausch vgl. 1.2.3.2, Rdnr. 636.
[79] Zum jetzt gelegentlich als „Wahrheitsdroge" eingesetzten Thiopental-Natrium vgl. 4.1, Rdnr. 1985 FN 12 und 1987.
[80] Zu Störungen des Raum-Zeit-Kontinuums vgl. auch beim LSD-25 1.2.1.1.4, Rdnr. 333.

1.2 Halluzinogene

geht[81], liegen bei einer entsprechenden Vergiftung die Symptome einer **Atropin-Intoxikation** vor.

Außer bei **Tabak** (Nicotiana tabacum; ICD-10 F 17.2: Abhängigkeit von Tabak) ist bei den Solanaceen-Alkaloiden die Ausbildung einer **Abhängigkeit** (in Betracht käme eine vom Halluzinogen-Typ[82]) nicht belegt.   530

Die Ausprägung des Abhängigkeitspotentials des Tabakblatt-Alkaloids **Nicotin**[83] war ebenfalls lange umstritten (so hat etwa die i.v. Injektion von Nicotin nur wenig Einfluss auf den Zigarettenkonsum). Zwischenzeitlich sind Abhängigkeitssymptome wie hang-over-Effekte, die sich in einem "**Nicotin-Kater**" äußern, anerkannt. Der Anteil der "**Suchtraucher**" an der deutschen Gesamtbevölkerung beträgt schätzungsweise ca. 5 %, ähnlich dem Anteil der Alkoholiker, wobei starke Raucher häufig auch exzessiv Alkohol trinken und umgekehrt. Bei Ausbildung einer auch physischen Abhängigkeit soll es zu quälenden Entzugserscheinungen kommen können.   531

Die **historische** Bedeutung der Solanaceen-Alkaloide im europäischen Raum hängt wahrscheinlich zumindest teilweise mit den bereits seit der Altsteinzeit nachweisbaren **Fruchtbarkeitskulten** zusammen.   532

Noch der Kalender der mittelalterlichen Hexen entsprach nicht dem des Ackerbaus, sondern dem des Fortpflanzungsrhythmus wilder Tiere[84]. Wegen ihrer aphrodisierenden Wirksamkeit wurde so z.B. auch **Mandragora**[85] im 2. Jahrtausend v.Chr. in Mesopotamien verwandt. Die griechische Göttin **Aphrodite**, die von Zypern ausgehend die Tradition der altorientalischen Großen Göttin fortsetzte, führte u.a. den Beinamen Mandragoritis. Neben einer entsprechenden erotischen (Auto-)Suggestion dürfte hierbei eine Rolle gespielt haben, dass die **spasmolytischen** Eigenschaften des Atropins psychosomatisch bedingte Verkrampfungen kinderloser Frauen beseitigen und gegebenenfalls die ausbleibende Regelblutung (Amenorrhö) herbeizuführen half.   533

Außer in den Aphrodisien wurden auch in den **Dionysien**, in dessen ekstatischem Kult eine mystische Vereinigung gesucht wurde, halluzinogene Pflanzen dem mit Wasser gemischten Wein zugesetzt, u.a. Mandragora officinalis, Hyoscyamus niger und Datura stramonium[86].   534

In der **islamischen** Welt wurden Mandragora-Früchte als "**Liebesäpfel**" gegessen, die getrockneten Blätter geraucht und die Wurzel in Essig getrunken.   535

---

[81] Vgl. hierzu 1.2.2.2, Rdnr. 505, sowie zur Strukturformel Rdnr. 509.
[82] Zur Abhängigkeit vom Halluzinogen-Typ vgl. beim LSD-25 1.2.1.1.7, Rdnr. 422 f.
[83] Nicotin wirkt gleichsinnig wie Acetylcholin, vgl. Einführung, Rdnr. 17, und 1.2.1.1.4, Rdnr. 361, sowie beim Cytisin 1.2.3.8, Rdnr. 784, und dürfte vergleichbar den Rauschdrogen in den Dopamin- und Noradrenalin-Stoffwechsel eingreifen (zum mesolimbischen Belohnungssystem vgl. etwa 2.1.4, Rdnr. 1160).
[84] Vgl. hierzu auch Vorbem. 1.2.3, Rdnr. 571.
[85] Iranisch: „Zauber wirkend"; ursprünglich wurde der Name „Mandragora" für eine ganze Reihe verschiedener, sich in ihrer Wirkung jedoch gleichender Pflanzen verwandt.
[86] Zur Verwendung von Pilz-Extrakten vgl. 1.2.2.1, Rdnr. 479. Zur Verwendung von Mutterkorn vgl. 1.2.1.1.2, Rdnr. 278 f.

536   Im deutschsprachigen Raum wurde Mandragora als zauberkräftiges Männchen ("**Alraun**") gehandelt. Ausschlaggebend dürfte hierbei die Tatsache gewesen sein, dass die stengellose Staude eine dicke, meist gegabelte Wurzel besitzt, deren Form entfernt an eine menschliche Gestalt erinnert, und die im Volksglauben als aus dem Samen Gehängter entsprossen angesehen wurde ("Galgenmännlein"). Wegen seiner stark betäubenden Wirkung wurde der Saft bereits zu Plinius' Zeiten und im mittelalterlichen Deutschland außer als Aphrodisiacum auch als **Anästheticum** bei chirurgischen Eingriffen u.a. in Verbindung mit Bilsenkraut und Opium genutzt.

537   Elemente der erwähnten vorchristlichen Kulte überlebten in Europa im **Fruchtbarkeitszauber** der weißen und **Unfruchtbarkeitszauber** der schwarzen Magie. Auf der enthemmenden Wirkung des Atropins beruhte wohl im europäischen Mittelalter seine Verwendung in Hexenkulten, da es die vom Christentum in Verbindung mit der Zurückdrängung heidnischer, die Fortpflanzung in den Mittelpunkt stellender Riten geforderte Triebverdrängung der Frauen aufzuheben half. Dementsprechend wurden auch die Fruchtbarkeitskulte durch die Kirche unterdrückt (Satan ist wie Pan bocksfüßig). Nicht verwunderlich ist daher, dass orgiastische Elemente archaischer Kulte in den "Schwarzen Messen" auftauchten.

538   Hierbei dienten Nachtschattengewächse, insbesondere die **Alraunen-Wurzel** neben **Stechapfel**, **Tollkirsche**, dem **Schwarzen** oder dem **Bittersüßen Nachtschatten** sowie **Bilsenkraut** unter Verwendung von Fetten oder Öl zur Zubereitung von "**Hexen-**" oder "**Flugsalben**". Daneben waren offenbar auch morphin-haltige Ingredienzen wie Opium, aber auch die schwach giftige Weiße Seerose (Nymphea alba, Nymphaeceae)[87] neben dem giftigen Gefleckten Schierling (Conium maculatum, Umbelliferae)[88] und dem ebenfalls stark giftigen Blauen bzw. Wolfs-Eisenhut (Aconitum napellus bzw. vulparia, Ranunculaceae)[89] sowie "Spanische Fliege" ("Kantharide")[90] nebst fiktiven wie dem "Fett Neugeborener" gelegentlich Bestandteil derartiger Salben.

---

[87] Ein Teichrosengewächs, das 1-Benzylisochinolin-Alkaloide enthält; zur apomorphinhaltigen Nymphea ampla vgl. Vorbem. 4.4, Rdnr. 2251.

[88] Ein Doldengewächs mit dem (verschreibungspflichtigen) Wirkstoff (-)-Coniin, ebenfalls einem Piperidin-Alkaloid; Schierling enthielt der Sokrates gereichte Giftbecher.

[89] Hahnenfußgewächse, die 0,1-0,3 % Diterpen-Alkaloide (u.a. Aconitin, das etwa bei Migräne und Trigeminusneuralgie [Aconitum Truw] verwandt wird und bei innerer Anwendung ein starkes Nervengift sein kann - nebst seinen Salzen und Derivaten gehört es zu den verschreibungspflichtigen Stoffen) und 1-Benzylisochinolin-Alkaloide enthalten. Der seit der Antike bekannte Wolfs-Eisenhut, der bei p.o. Aufnahme u.a. zu Lähmungen der Zunge und der Extremitäten, zuletzt zu Atem- und Kreislauflähmung führt, wurde auch in Mitteleuropa zur Herstellung von Pfeilgiften und zum Vergiften von Ködern für Raubwild benutzt.

[90] Ein u.a. aus den Flügeln des südeuropäischen Blasenkäfers (Lytta vesicatoria) gewonnenes, vor allem im 17. und 18. Jahrhundert beliebtes, stark toxisches Insektenaphrodisiacum mit dem (in Deutschland verschreibungspflichtigen) Wirkstoff Cantharidin, einem Säureanhydrid, das heute noch u.a. in Nordafrika vertrieben wird. Schon geringe Mengen sind nephrotoxisch; als Dosis letalis werden 60 mg angegeben. Die bei uns heute noch in homöopathischer Dosierung unter der Bezeichnung „Spanische Fliege" angebotenen angeblichen sexuellen Stimulantia sollen kein Cantharidin mehr enthalten.

1.2 Halluzinogene

Unter deren halluzinatorischem Einfluss glaubten die Berauschten, zum Blocksberg zu fliegen und mit Satan zu verkehren. Wie bei anderen Halluzinogenen spielten hier wohl neben **Haut- und Körperveränderungsgefühlen** (Auto-)**Suggestion** und **Erwartungshaltung** für diese spezifische Rauschwirkung eine bedeutende Rolle.

Da die Injektionsspritze erst im 19. Jahrhundert entwickelt wurde[91], diente die Resorption der Wirkstoffe durch die Haut bei Verwendung einer **Salbe** dazu, eine gegenüber der oralen Zufuhr erhöhte **Steuerbarkeit** der gewünschten Wirkstoffmenge zu erreichen. Außerdem war es so möglich, bei Zubereitungen mit stark toxischen Beimengungen von geringer therapeutischer Breite sich vor unerwünschten **Vergiftungen zu schützen**. 539

Bereits in der **Antike** war die **spasmolytische** und **schmerzstillende** Eigenschaft des **Bilsenkrautes** bekannt. So wurde in **Griechenland** der Samen der Subspecies Hyoscyamus albus (Helles Bilsenkraut) mit Wein bei Fieber und Frauenkrankheiten verabreicht, z.B. wenn nach einer Geburt Lähmungen auftraten. Mythischen Darstellungen zufolge wurden die Toten nach Eingang in die Unterwelt mit einem Kranz aus Bilsenkraut gekrönt[92]. Gleichzeitig waren aber auch seine halluzinogenen und betäubenden Eigenschaften bekannt: So war das mit dem Hades in Verbindung gebrachte Hyoscyamus niger bereits im antiken Griechenland und Rom Bestandteil von "**Zaubertränken**" bzw. im Mittelalter von Hexensalben und -tränken. Seiner berauschenden Wirkung wegen war das Bilsenkraut im Hochmittelalter daneben Teil der Geißlerprozessionen: Durch seinen Gebrauch, bei gleichzeitiger analgetischer Wirksamkeit, versetzten sich die Flagellanten in Ekstase. Einer entsprechenden "Aufbesserung" des Bieres im Mittelalter soll zudem die Stadt Pilsen ihren Namen verdanken. 540

Im **Orient** war das **Ägyptische Bilsenkraut** (Hyoscyamus muticus) ebenfalls weit verbreitet und wurde vermutlich im alten Ägypten zusammen mit Extrakten aus Mandragora, Schlafmohn und Stechapfel zur Narkose bei Operationen eingesetzt. Erst später wurde das Ägyptische Bilsenkraut durch das **Haschisch** verdrängt[93], wobei der Name "**bendsch**" für Bilsenkraut auf das Cannabis-Produkt offenbar überging[94]. Während das ursprüngliche "bendsch" zur Besinnungslosigkeit führte, diente Haschisch der Fröhlichkeit und erhöhten Liebesfähigkeit. 541

Bestimmte Hyoscyamus-Arten werden noch heute gelegentlich in **Afrika** zusammen mit Cannabis, meist in Marihuana-Form[95], geraucht. 542

Die betäubenden Eigenschaften der **Stechapfel- (Datura-)Arten** waren ebenfalls seit der **Antike** in **Europa** bekannt. 543

Hier ist in erster Linie die wahrscheinlich aus den Gebirgsregionen Afghanistans oder Pakistans stammende **Datura metel** zu nennen, die meist als bodenbedeckendes Kraut mit 544

---

[91] Zur Bedeutung dieser Entwicklung vgl. auch beim Opium 2.1.2, Rdnr. 985.
[92] Zur Verbindung verschiedener Rauschdrogen in der antiken Mythologie mit Tod und Auferstehung vgl. bei den Mutterkorn-Alkaloiden 1.2.1.1.2, Rdnr. 279, beim Opium 2.1.2, Rdnr. 969 f., sowie zur Petersilie 1.2.3.2, Rdnr. 632 FN 55.
[93] Vgl. zur Geschichte des Cannabis 1.1.2, Rdnr. 51.
[94] Zur Bezeichnung „bendsch" vgl. beim Cannabis 1.1.1, Rdnr. 29.
[95] Vgl. auch zum „dagga" 1.1.1, Rdnr. 31.

einzeln stehenden Blüten wächst und als halluzinogene Pflanze in frühen sanskritischen und chinesischen Schriften erwähnt wird.

545   Ungeklärt ist, ob die heute in beiden Hemisphären verbreitete, weißblühende **Datura stramonium (Weißer Stechapfel)** in der Alten oder der Neuen Welt ihren Ursprung hat. Es gibt Vermutungen, dass bereits die Apollopriester **Delphis** Datura stramonium bei Befragung des Orakels einnahmen bzw. die Orakelpriesterin u.a. den Rauch verbrennender Stechapfelblätter und -samen auf ihrem Dreifuß sitzend einatmete[96], bevor sie das Orakel verkündete. Wiederum anderen Vermutungen zufolge wurde der ursprünglich jedenfalls in Mitteleuropa nicht heimische Weiße Stechapfel hier erst im Mittelalter durch die Zigeuner eingeführt, die bis in die Neuzeit Stechapfelsamen als magische Mittel (Abwehrzauber) benutzten. **Medizinisch** fanden alle Teile dieser Stechapfel-Art, insbesondere die Samen, bei uns im Mittelalter Verwendung; aus den Wurzeln bereitete man analgesierende und narkotisierende Tränke[97].

546   Auch in **China** wurden, ebenso wie bei nordamerikanischen **Indianerstämmen**, Stechapfel-Extrakte, u.a. aus **Datura alba**, bereits sehr früh medizinisch als **Anästhetica** genutzt.

547   Heute werden einige Datura-Arten in der Alten Welt nur noch vereinzelt als Rauschdrogen konsumiert.

Datura metel ist in **Indien** noch als aphrodisierendes Mittel in Gebrauch und wird mit Haschisch als "**ganjah**"[98] geraucht oder die zu Pulver zerriebenen Samen werden mit alkoholischen Getränken vermischt. An der afrikanischen Suaheliküste wird Datura fastuoso im Rahmen magischer Rituale (Reise ins Geisterreich) gebraucht.

548   Wie es auch bei anderen biogenen Rauschdrogen der Fall ist, ist die vielfältigste Nutzung von Datura-Arten, etwa im Rahmen von **Pubertäts-** oder **Wahrsageriten**, vielmehr im südwestlichen Nordamerika sowie in **Mittel-** und **Südamerika** gegeben.

549   Neben Datura stramonium und tatula wurde so in **Mexiko** bereits in aztekischer Zeit unter der Bezeichnung "**Toloache**" die krautartige, bis 1 m hohe **Datura inoxia** (auch als Datura meteloides bekannt) gebraucht, die durch süß duftende Blüten von 10-20 cm Länge auffällt. Die Samen und Blüten der auch im Südwesten der USA wachsenden Pflanze werden heute in Mexiko meist gekaut oder geraucht, wo sie, da sie starke Visionen erotischen Inhalts erzeugen sollen, das bekannteste **Aphrodisiacum** sind.

550   Die im mexikanischen Teilstaat Chihuahua ansässigen Tarahumara-Indianer fügen dem aus Mais bereiteten zeremoniellen Getränk "tesquino" die Wurzeln, Samen und Blätter der

---

[96] Möglicherweise wurde der Trancezustand der Pythia (zudem ?) durch aus Gesteinsrissen austretende Gase (Methan, Ethan und Ethylen, das in geringer Menge euphorisierend und in größerer narkotisierend wirkt) hervorgerufen; vgl. auch zum heutigen „Gasschnüffeln" 4.5.4, Rdnr. 2533. Zum Kauen von Lorbeerblättern vgl. 1.2.2.1, Rdnr. 479 FN 21.

[97] Zur medizinischen Verwendung des Stechapfels vgl. auch 1.2.2.2, Rdnr. 499.

[98] Zur Bezeichnung „ganjah" vgl. beim Cannabis 1.1.1, Rdnr. 33; vgl. auch 1.1.5, Rdnr. 190. Zur Datura metel als Bestandteil des Betelbissens vgl. 3.2.3, Rdnr. 1778, zu einer Kombination mit Cactaceae vgl. 1.2.3.1, Rdnr. 621.

Datura inoxia bei. In geringer Dosierung soll sexuelle Erregung sich einstellen, bei höherer hingegen ein schwerer Rausch mit Alteration der Sinneswahrnehmungen. Bei gewohnheitsmäßigem Konsum sind Apathie und Verblödung die Folge.

Ebenfalls in Mexiko wurde von den Azteken eine Wasserpflanze, **Datura ceratocaula**, unter der Bezeichnung "Schwester von Ololiuqui"[99] als heilige Medizin geschätzt, welche stark betäubende Eigenschaften aufweist. **551**

Von den in Südamerika als Halluzinogene gebrauchten Datura-Arten ist die an den Ufern des Amazonas wachsende, vor allem Scopolamin enthaltende **Datura insigna** unter dem Namen "Toé" als Aphrodisiacum und psychedelisches Mittel bekannt. Ihre getrockneten Blätter werden geraucht. **552**

Bekannter als diese krautartigen Datura-Arten ist eine Reihe von ebenfalls zu den Solanaceae gehörenden, mit Datura nahe verwandten **Brugmansia-Arten** von baumartigen, bis 9 m hohem Wuchs (u.a. Datura bzw. Brugmansia arborea, aurea, candida und suaveolens), die meist in Höhen von über 1.800 m in den südamerikanischen Anden wachsen ("Peruanische Stechapfelbäume"). **553**

Da auch diese **Baumdatura-Arten** sich durch große, trichter- oder trompetenförmige, meist hängende Blüten (bei Brugmansia aurea gelb oder weiß) auszeichnen, die in der Abenddämmerung einen süßen Duft verströmen[100], werden sie als "angel's trumpet" bzw. **"Engelstrompeten"** (Datura bzw. **Brugmansia suaveolens**) als Kübelpflanzen u.a. auch bei uns in vielen Gärten gezüchtet. **554**

In Übereinstimmung mit den Stechapfel-Arten weisen auch die Brugmansia-Arten einen hohen **Scopolamin**-Anteil am Gesamtalkaloidgehalt auf, daneben wurden Hyoscyamin, Atropin und weitere Tropan-Alkaloide wie Meteloidin und Norscopolamin festgestellt. **555**

Bei uns werden in zunehmendem Maße zu **Rauschzwecken Teezubereitungen** aus allen Pflanzenteilen, insbesondere aus Blüten und Blättern, seltener auch aus den Staubblättern, getrunken oder im getrockneten Zustand geraucht. Die gegebenenfalls lang anhaltenden Rauschwirkungen bis hin zur **Bewusstlosigkeit** ähneln denen des Stechapfels[101], die **Vergiftungsgefahr** ist auch hier hoch (u.U. soll bereits ein großes Blatt oder eine Blüte reichen).

Verschiedene Indianerstämme, hauptsächlich im westlichen **Amazonasgebiet**, aber auch in Chile, Kolumbien und Peru, verwenden zerstampfte **Baumdatura** als Zusatz zu ihrem Maisbier ("Chicha"), um mit ihren Ahnen in Kontakt zu treten. Andere weichen die Rinde in Wasser auf, fügen die pulverisierten Samen vergorenen Getränken bei oder bereiten aus den Blättern einen Tee. Es kommt zu einem **schweren Rausch** mit Phasen höchster **Erregung**, bis eine tiefe, mit Halluzinationen verbundene **Benommenheit** bei späterer kompletter Amnesie eintritt. Brugmansia-Arten werden daher meist nur dann verwendet, wenn **556**

---

[99] Zu „Ololiuqui" vgl. bei den Windenarten 1.2.1.2, Rdnr. 445.
[100] Vgl. auch zum Weißen Stechapfel 1.2.2.2, Rdnr. 498.
[101] Zum gegenwärtigen Missbrauch von Nachtschattengewächsen als Rauschdrogen vgl. auch 1.2.2.2, Rdnr. 513 f.

leichtere und sicherer zu handhabende Halluzinogene wie die Yagé-Liane[102] nicht zur Verfügung stehen oder nicht den gewünschten Effekt bringen. Im Andenraum werden den Samen darüber hinaus sexuell erregende Kräfte zugeschrieben. In Peru und Kolumbien wird von den Eingeborenen aus den Blättern und Samen der rotblühenden Datura bzw. Brugmansia sanguinea der "Tongá-Trank" zubereitet, der den Schamanen zur Kontaktaufnahme mit den Ahnen dienen soll, um Kranke zu heilen.

557   Den Brugmansia-Arten ähnelt die ebenfalls zu den Nachtschattengewächsen zählende Gattung **Solandra**, kleine Sträucher mit großen, gelblichen Blüten, die im mexikanischen Teilstaat Guerrero als Rauschdrogen bekannt sind. Ein aus dem Saft der Triebe u.a. von Solandra guerrensis zubereiteter Tee besitzt offenbar berauschende Eigenschaften.

Solandra-Arten enthalten neben **Hyoscyamin** und **Scopolamin** u.a. Nortropin, Tropin, Cuscohygrin[103] und Scopin.

558   Bis auf die Brugmansia- und Solandra-Arten sind die bisher behandelten Solanaceae auch in Europa heimisch. Im **außereuropäischen** Bereich kommen zahlreiche, bei uns meist weitgehend unbekannte **Nachtschattengewächse** hinzu, die psychotrope Eigenschaften aufweisen.

559   Zu erwähnen ist die Gattung **Iochroma** in andinen Lagen **Kolumbiens** und Ecuadors sowie die Gattung **Latua** in **Chile**, deren Blätter und Früchte Tropin-Alkaloide aufweisen (bei Latua publiflora 0,15 % Hyoscyamin und 0,08 % Scopolamin).

560   Größere Bekanntheit hat die Gattung **Duboisia** in **Australien** erlangt: Von den australischen Ureinwohnern wird der Korkholzbaum (Duboisia myoporoides) angebohrt, eine Flüssigkeit in die Öffnung gegossen und der Saft am nächsten Morgen getrunken. Psychoaktiver Wirkstoff dürfte hier das dem Hyoscyamin verwandte **Duboisin** sein. Die Wirkung ist rauschartig mit erotischen Empfindungen, eine bereits nur leicht überhöhte Dosis soll jedoch tödlich sein. Die Blätter einer anderen Duboisia-Art (Duboisia hopwoodii) sollen von ihnen unter dem Namen "Pituri" gekaut und geraucht werden.

561   Bei anderen heute genutzten **Nachtschattengewächsen** ist nicht nachvollziehbar, warum sie offenbar als Rauschmittel eingenommen werden.

562   So soll in den Küstengebieten Südbrasiliens eine **Caestrum-Art** (Caestrum laevigatum) unter der Bezeichnung "Dama de Noite" als Marihuana-Ersatz geraucht werden, obwohl psychoaktive Inhaltsstoffe nicht nachgewiesen wurden[104].

563   Im Amazonasgebiet scheinen mehrere **Brunfelsia-Arten** als Halluzinogene Bedeutung erlangt zu haben, obwohl psychoaktive Wirkungen des in dieser Gattung nachgewiesenen Skopoletin nicht bekannt sind.

---

[102] Vgl. zum Harmalin 1.2.3.5, Rdnr. 718-729. Zu den Symptomen einer Atropin- bzw. Scopolamin-Vergiftung vgl. auch oben 1.2.2.2, Rdnr. 523 und 527 f.
[103] Vgl. insoweit auch zur Alraune 1.2.2.2, Rdnr. 502, und zum Stechapfel, Rdnr. 499.
[104] Zum Marihuana-Ersatz vgl. auch beim Cannabis 1.1.5, Rdnr. 194.

1.2 Halluzinogene

Zum Abschluss sei nochmals hervorgehoben, dass, soweit Solanaceae heute noch als Rauschdrogen Verwendung finden, dies bislang in Übereinstimmung mit der **schamanistischen Tradition** meist weniger aus hedonistischen als vielmehr aus religiösen oder spirituellen Gründen erfolgte. Dies hat sich in Europa mit Aufkommen der "Disco-Scene" gewandelt: Nachtschattengewächse werden nunmehr auch allein um des Rausches willen konsumiert. Die euphemistische Bezeichnung als **"Naturdrogen"** dürfte hierbei mit eine Rolle spielen, wobei letztlich die Größe des Konsumkreises offen ist.

564

Hierfür spricht bereits, dass die Solanaceen-Alkaloide infolge ihres erheblichen Einflusses auf das vegetative Nervensystem meist sehr heftige und unangenehme **Nebenwirkungen** haben. Dementsprechend haben sich auch Versuche einer (Wieder-)Entdeckung seitens nordamerikanischer und europäischer Drogenkonsumenten bisher in Grenzen gehalten[105].

565

In der derzeitigen **"New age"**-Bewegung wird, mit oder ohne psychedelische Drogen, in den westlichen Ländern unter Einbeziehung von Schamanenpraktiken eine neue spirituelle und politische Sicht der Welt angestrebt, die an Erfahrungen anknüpfen soll, die in früheren Jahrhunderten auch in der Alten Welt u.a. mit Hilfe von Rauschdrogen gesammelt wurden und in der Neuen Welt teilweise noch lebendig sind[106]. Diese Bewegung bezieht sich u.a. auf die Arbeiten des schweizer Psychoanalytikers C.G. Jung, der von einem "kollektiven Unbewussten" ausging; Anlass hierfür war die Beobachtung, dass Wahnvorstellungen Schizophrener häufig Bilder hervorbringen, die er **"archetypisch"** nannte und die Visionen mittelalterlicher Mystiker, Träumen, alten Mythen und Trancezuständen gleichen, die etwa durch Atemübungen, Fasten oder auch verschiedene "Psychotechniken" wie Yoga hervorgerufen werden können[107]. Es lag daher nahe, dass Psychoanalytiker seiner Schule auch Halluzinogene mit in die Therapie einbezogen[108].

566

Zu einer vermehrten Einbeziehung gerade von Nachtschattengewächsen ist es hierbei offenbar bisher nicht gekommen, während zunehmend unter dem Einfluss psilocybin-haltiger Pilze spirituelle Erlebnisse im Sinne einer Bewusstseinserweiterung gesucht werden[109].

567

Die psychotropen **Solanaceen-(Tropan-)Alkaloide** der genannten Nachtschattengewächse sind ebensowenig wie diese selbst in den Anlagen zum BtMG 1994 § aufgeführt. Unabhängig von einer Btm-Eigenschaft, und ohne dass es auf eine Verschreibungsfähigkeit und -pflichtigkeit der Wirkstoffe bzw. eine Zulassung ankommt, kann jedoch der Handel mit den genannten Pflanzenarten und Teilen hiervon oder isolierten Wirkstoffen, soweit sie **Rauschzwecken** dienen, als Inverkehr-

568

---

[105] Vgl. hierzu auch beim Fliegenpilz 1.2.2.1, Rdnr. 481 f., sowie bei den Nachtschattengewächsen 1.2.2.2, Rdnr. 513 f.
[106] Zur spiritistischen und religionsphilosophischen Ideologie des Halluzinogen-Konsums vgl. beim LSD-25 1.2.1.1.2, Rdnr. 290-292, sowie zum „katathymen Bilderleben" 1.2.1.1.4, Rdnr. 350.
[107] Zu diesen Zusammenhängen vgl. auch beim Cannabis 1.1.4, Rdnr. 136-138, sowie beim Heroin zur „Fasteneuphorie" 2.1.4, Rdnr. 1151 und 1151 FN 260.
[108] Vgl. etwa beim Psilocybin 1.2.3.3, Rdnr. 664-666.
[109] Vgl. hierzu 1.2.3.3, Rdnr. 667.

bringen bedenklicher AM eine Strafbarkeit nach § 95 Abs. 1 Nr. 1 AMG begründen.

569 Atropin, Benzatropin, Duboisin, Hyoscyamin, N-Methylscopolaminium-Salze, Scopo§ lamin und Tropinbenzylat sowie ihre jeweiligen Salze gehören zudem wie u.a. **Folia Belladonnae**, Stramonii und Hyoscami (ausgenommen zum äußeren Gebrauch) aufgrund der ArzneimittelV 1990 zu den **verschreibungspflichtigen** Stoffen. Werden sie außerhalb einer Apotheke vertrieben, kann dies eine Strafbarkeit nach § 95 Abs. 1 Nr. 4 AMG zur Folge haben, unabhängig davon, ob dies zu Rauschzwecken erfolgt oder nicht.

1.2.3 Zeitgenössische außereuropäische Halluzinogene

570 Vorbemerkung: Hierbei handelt es sich um Rauschdrogen, die so gut wie ausschließlich in bestimmten ethnischen Gruppen eng umgrenzter Kulturräume überwiegend aus religiösen Gründen im Rahmen festgelegter **Rituale** konsumiert wurden bzw. werden. Teilweise ist deren Benutzung noch allein dem Schamanen vorbehalten. Aber auch dessen divinatorische und therapeutische Fähigkeiten beruhen darauf, dass er die **Aufhebung** der **Persönlichkeitsschranken** unter dem Einfluss des Halluzinogens zu vermitteln vermag.

571 Auffallend ist auch die nicht seltene Annahme erotisierender bzw. **aphrodisierender** Eigenschaften halluzinogener Pflanzen, was mit zu deren Einsatz im Rahmen von Initiations- und Pubertätsriten beigetragen haben dürfte. Inwieweit es tatsächlich zu aphrodisierenden Effekten kommen kann, ist umstritten, sie können jedoch teilweise mit Veränderungen der taktilen Sinneswahrnehmungen im Rauschzustand oder vermehrtem Blutandrang in den Genitalien erklärt werden. Jedenfalls ist die Verbindung religiös-ritueller und sexuell stimulierender Eigenschaften, die den entsprechenden Pflanzen zugeschrieben werden, evident, was damit zusammenhängen dürfte, dass für viele Naturvölker eine "mystische Vereinigung" (**unio mystica**) gleichzeitig eine Teilhabe am göttlichen Ursprung des Lebens bedeutete[1]. Während der Gebrauch von etwa 20 halluzinogenen Pflanzen in der Alten Welt bekannt ist, wurden etwa 130 beschrieben, die in Mittel- und Südamerika nach wie vor als Heil- und Rauschmittel genutzt werden. Hierbei fällt der Zusammenhang zwischen den in unserer Zeit vor allem in Südamerika noch anzutreffenden Jägerkulturen und dem Bedürfnis nach persönlicher mystischer Erfahrung auf, während das Wissen um die halluzinogene Wirksamkeit von Pflanzen in den eurasischen Ackerbaukulturen offenbar nicht mehr benötigt wurde und weitgehend verloren gingt[2].

---

[1] Vgl. hierzu z.B. beim Cannabis 1.1.4, Rdnr. 136 f., beim Fliegenpilz 1.2.2.1, Rdnr. 480, bei den Nachtschattengewächsen 1.2.2.2, Rdnr. 532 f. und 564, beim Psilocybin 1.2.3.3, Rdnr. 658, oder beim Yagé-Trank 1.2.3.5, Rdnr. 725.
[2] Im Zuge des kontinuierlich zunehmenden Drogenmissbrauchs nach dem 2. Weltkrieg kam es jedoch in letzter Zeit zu einem ebenfalls zunehmenden Experimentieren mit bio-

Da das durch die Integration in die jeweilige Kultgemeinschaft gegebene Regu- **572** lativ, das einen übermäßigen Gebrauch zumeist verhindert und eine weitgehend gleichmäßige Wirkung auf den einzelnen Konsumenten sichert, in den westlichen Zivilisationen fehlt, greift hier ein staatliches Verbot bzw. bei therapeutischer Nutzbarkeit eine Verschreibungspflichtigkeit und damit das Erfordernis einer **medizinischen Indikation** ein. Eine Reihe der pflanzlichen Wirkstoffe konnte hierbei isoliert und in pharmazeutischen Präparaten nutzbar gemacht werden.

1.2.3.1 Mescalin

Vor allem im südwestlichen Nordamerika und in Mexiko sind eine Reihe von **573** **Kaktusgewächsen** (Familie der Cactaceae) heimisch, die psychotrope Wirkstoffe, * in erster Linie **β-Phenethylamine**, daneben aber auch **Tryptamin-Derivate**[3] und **Tetrahydroisochinoline**[4] enthalten.

Hierzu zählen verschiedene Gattungen wie Trichocerus und Coryphanta, die bei einigen Indianerstämmen als "Falsche" oder "Wilde Peyote" ("Peyote cimarron") in Gebrauch sind, von denen hier aber nur die bedeutenderen dargestellt werden sollen.

Am bekanntesten und am weitesten verbreitet sind die beiden Arten der Gat- **574** tung **Lophophora**[5]: Lophophora williamsii und Lophophora diffusa.

Bei **Lophophora williamsii** (syn. Anhalonium lewinii) handelt es sich um den "mexikanischen Zauberkaktus" **Peyote**, der von den Azteken Peyotl ("Seidengespinst") genannt wurde.

Der **Peyote-Kaktus** ist eines der wenigen stachellosen Exemplare unter den ca. **575** 2.000 Kakteenarten. Man findet ihn entlang des Rio-Grande-Mündungsgebietes sowie im steinigen und trockenen Zentralplateau **Nordmexikos** und **Texas**, wäh-

---

genen (pflanzlichen) Drogen unter der Bezeichnung „Naturdrogen", vgl. etwa Vorbem. 1.2.2, Rdnr. 455 f., und 1.2.2.2, Rdnr. 513 f.

[3] Tryptamin-Derivate finden sich vorwiegend in halluzinogenen Pilzen, vgl. 1.2.3.3, Rdnr. 642. Ein Tryptamin-Derivat enthält aber auch z.B. das Kaktusgewächs Echinocerus triglochidiatus, der bei den Tarahumara als „Falsche Peyote" in Gebrauch ist.

[4] Isochinolin-Alkaloide sind weit verbreitet; zu den 1-Benzylisochinolin-Alkaloiden, die in vielen Pflanzenfamilien, u.a. Araceae, Convolvulaceae, Euphorbiaceae, Leguminosae, Nymphaeceae, Ranunculaceae und Papaveraceae isoliert wurden, gehören u.a. auch Papaverin und die Morphin-Alkaloide, vgl. bei den Opiaten 2.1.3, Rdnr. 1062, sowie zum Apomorphin Vorbem. 4.4, Rdnr. 2247.

[5] Mit Lophophora verwandt ist die Gattung Ariocarpus, deren kleine Kakteen (u.a. Ariocarpus fissuratus) oft als „lebende Felsen" bezeichnet werden. Diese in Mexiko und Texas verbreitete Gattung enthält ebenfalls Phenethylamine (u.a. Hordenin) und wird von den Tarahumara-Indianern als eine der zahlreichen „Falsche Peyote"-Arten gebraucht.

rend er in Kalifornien nicht mehr vorkommt. Er ist eine der am langsamsten wachsenden Pflanzen und braucht bis zur ersten Blüte 13 a.

576 Wie bei den meisten der in Mexiko und Texas heimischen Cactaceae, handelt es sich bei dem **Hauptwirkstoff** des Peyote-Kaktus um ein bereits 1896 von Heffter isoliertes und nach den getrockneten "mescal buttons" "**Mescalin**" genanntes Alkaloid, dessen chemische Struktur 1919 durch Spaeth geklärt werden konnte.

577 Daneben enthält Peyote mindestens 40 **weitere Alkaloide**, die jedoch nicht alle
*   psychotrop wirksam sein dürften, basische Derivate des Phenethylamins und vor allem einfache Isochinoline, u.a. bis zu 30 Tetrahydroisochinoline.

578 Zu nennen sind in erster Linie das bereits 1880 von Lewin als Inhaltsstoff beschriebene Anhalonin (heute dem Mescalin gleichgesetzt) sowie Anhalamin, Anhalidin, Peyotin, das spasmogene Pellotin und das strychnin-ähnliche, atemstimulierende Lophophorin[6].

579 Hinzu kommen Derivate des Mescalins wie das **N-Methylmescalin**.

580 Als β-**Phenethylamin** ähnelt **Mescalin** (chem. Bezeichnung (IUPAC): 3,4,5-
*   Trimethoxyphenethylazan, abgekürzt: **TMPEA**, oder: 1-[3',4',5'-Trimethoxyphenyl]-2-aminethan) seiner Struktur nach sowohl den Nebennierenhormonen **Adrenalin** und Noradrenalin[7], als auch (und zwar in weitergehendem Maße) dem selbst nicht psychotrop wirksamen 3,4-Dimethoxydopamin oder 3,4-Dimethoxyphenethylamin (**DMPEA**)[8].

581 Von den genannten **Nebenalkaloiden** ähneln Anhalidin und Pellotin strukturell dem
*   vollsynthetischen Halluzinogen DOM[9], während bei anderen Begleitalkaloiden in der stickstoffhaltigen Seitenkette ein Ringschluss eingetreten ist[10], anstelle zweier Methoxylgruppen eine Dioxymethylgruppe vorliegt[11], einzelne Methoxylgruppen durch freie phenolische Hydroxyle ersetzt oder Methylgruppen am Stickstoff substituiert sind.

582 Neben dem bereits erwähnten DOM besitzt auch das halbsynthetisch oder voll-
*   synthetisch herstellbare **3,4,5-Trimethoxyamfetamin (TMA)**[12], das hinsichtlich seiner Wirkung in Rauschdosen ab 2,8 - 3,5 mg/kg KG Amfetamin- und Mescalin-Eigenschaften miteinander verbindet, eine strukturelle Verwandtschaft zum Mes-

---

[6] Zu den Strychnin-Wirkungen vgl. 4.3.1.1, Rdnr. 2118.
[7] Zu den Strukturformeln von Mescalin und (Nor-)Adrenalin vgl. 1.2.1.1.4, Rdnr. 363. Vgl. auch zum Ephedrin 3.2.1, Rdnr. 1713, und zum Amfetamin 3.2.4.3, Rdnr. 1822.
[8] DMPEA wurde u.a. im San-Pedro-Kaktus nachgewiesen, vgl. 1.2.3.1, Rdnr. 618; zum verwandten BDMPEA vgl. 1.2.4.2, Rdnr. 817.
[9] Zur Strukturformel des DOM vgl. 1.2.1.1.4, Rdnr. 363, sowie 1.2.4.1, Rdnr. 800.
[10] Vgl. hierzu 1.2.1.1.4, Rdnr. 368.
[11] Wie etwa beim verwandten Myristicin; zur strukturellen Verwandtschaft des Mescalins mit dem – allerdings stickstofffreien – Elemicin vgl. 1.2.3.2, Rdnr. 633 f.
[12] Zum TMA vgl. auch 1.2.4.3, Rdnr. 838; zur Strukturformel des TMA vgl. ebenfalls 1.2.1.1.4, Rdnr. 363.

calin: Obwohl TMA aus dem stickstofffreien **Elemicin** als Ausgangsverbindung[13] synthetisiert werden kann, unterscheidet es sich nur durch eine Methylgruppe in der Seitenkette, die hinzutritt, vom Mescalin und wird daher auch als **α-Methylmescalin (AMM)** bezeichnet.

Um die Jahrhundertwende wurde Mescalin in Deutschland erstmals synthetisiert. Bei dem **vollsynthetischen** Produkt handelt es sich um eine ölige Substanz von bitterem Geschmack, die sich in Wasser und Alkohol löst. Mittels Säure wird es in eines seiner Salze umgewandelt und als **Mescalinsulfat** (früher ein Produkt der Fa. Merck), meist aber, wie etwa auch Heroin, in Hydrochloridform angeboten. Hierbei handelt es sich um ein weißes Pulver mit charakteristischen, deutlich strukturierten, nadelförmigen Kristallen von ca. 1 cm Länge. Synthetische Abwandlungen sind etwa das Mescalin-(eth) (**α-Ethylmescalin**). 583

Synthetisches Mescalin kann **oral** aufgenommen oder in erwärmter physiologischer Salzlösung oder warmen Wasser gelöst i.m. **injiziert** werden. Der Schmelzpunkt von Mescalin-HCl liegt bei 35-36° C. 584

Anders als das kaum toxische LSD-25[14] ist Mescalin auch in geringen Mengen schwach **giftig**. Die normale, noch kaum toxische **Dosis** liegt bei **oraler** Aufnahme zwischen 200 und 700, im Durchschnitt 300 mg (gegenüber 0,02-0,05 mg beim LSD-25[15]). **Höhere Dosen**, maximal 1,5 g, können zu Leberschäden und bei **akuter Intoxikation** u.a. zu Tremor, Schock, Krampfanfällen und u.U. zum Tod durch Atemlähmung führen. 585

Der **Wirkungsmechanismus** ist nicht näher bekannt. Jedoch scheint Mescalin im Gegensatz zu LSD-25 nicht über eine Beeinflussung des Serotonin-Stoffwechsels und Blockade postsynaptischer Rezeptoren auf das ZNS einzuwirken[16]. Möglicherweise kommt Mescalin jedoch als **Sympathomimeticum** aufgrund seiner Strukturverwandtschaft mit Noradrenalin an den gleichen Orten zur Wirkung[17]. 586 #

Gesichert ist hingegen, dass die **halluzinogene** Wirkung vornehmlich nach Verbindung des Mescalin-Moleküls mit körpereigenen Proteinen, also nach **Metabolisierung**[18] erfolgt. Hierfür spricht, dass in Tierversuchen die höchste Mescalin-Konzentration in Leber und Niere nachgewiesen wurde, die geringste im Gehirn 587 #

---

[13] Zum Elemicin vgl. 1.2.3.2, Rdnr. 633. Unter der Bezeichnung TMA-2 bis TMA-6 existieren 2,4,5- bis 2,4,6-Analoga mit z.T. LSD-ähnlichen Wirkungen und hohem Abhängigkeitspotential, vgl. auch 1.2.4.3, Rdnr. 838 FN 53.
[14] Zur Letaldosis bei LSD-25 vgl. 1.2.1.1.7, Rdnr. 418.
[15] Zur wirksamen Einzeldosis LSD-25 vgl. 1.2.1.1.4, Rdnr. 316-318.
[16] Zum Serotonin-Antagonismus des LSD-25 vgl. 1.2.1.1.4, Rdnr. 372-378.
[17] Vgl. hierzu auch 1.2.1.1.4, Rdnr. 362-364, sowie beim Amfetamin 3.2.4.4, Rdnr. 1895-1897.
[18] Insoweit dem LSD-25 vergleichbar: 1.2.1.1.4, Rdnr. 381-385.

und Rückenmark, wo es bereits nach 30 min verschwunden und in der sich erst anschließenden Rauschphase also nicht mehr präsent ist.

588 Es ist davon auszugehen, dass nicht mehr als 2 % des aufgenommenen Mesca-
lins die **Blut-Hirn-Schranke** zu durchdringen vermag. Wie bei LSD-25 wird etwas mehr als die Hälfte des Peyote-Wirkstoffes innerhalb von 6-8 h unverändert **ausgeschieden**, der restliche Wirkstoff infolge oxidativer Desaminierung (wie u.a. auch Noradrenalin) oder O-Desalkylierung metabolisiert. Als **Metaboliten** kommen zu etwa 30 % 3,4,5-Trimethoxyphenylessigsäure, zu etwa 5 % N-Acetyl-(3,4-dimethoxy-5-hydroxyphenyl)ethylamin und zu weniger als 0,1 % N-Methylmescalin vor. Nach 48 h sind etwa 92 % des ursprünglich zugeführten Mescalins über den Harn ausgeschieden.

589 Zwischen Mescalin, Psilocybin und LSD-25 besteht **Kreuztoleranz**, nicht je-
doch mit Cannabis-Produkten.

590 Die körperlichen Symptome der Mescalin-Wirkung treten innerhalb von 15-30 min ein[19], die **Wirkungsdauer** liegt meist zwischen 8 und 12 h.

591 Da vollsynthetisch hergestelltes Mescalin als Rauschdroge kaum noch Bedeutung hat, ist **Wirkstofflieferant** nach wie vor in erster Linie der **Peyote-Kaktus**.

592 Die rübenförmige Wurzel der Pflanze enthält nur wenig Mescalin. Daher wird der knollenförmige, grau-grüne, mit weißlichen Wollhaaren bedeckte **Kopf** des Kaktus, der nie größer als 10 cm im Durchmesser wird und nur wenige cm über den Boden ragt, mit einem Messer abgeschnitten. Oft treibt der Peyote-Kaktus dann neue Köpfe.

Das Mittelstück des Kopfes wird sodann von den Wollhaaren befreit, in Scheiben geschnitten und als "**peyote button**"[20] oder "**mescal button**"[21] in getrockneter Form gehandelt. Da die Wirkstoffe sich nicht verflüchtigen, ist diese Aufbewahrungsmöglichkeit durch **Trocknung** gegeben.

593 Geerntet wird bei den Huichol-Indianern nach dem Ende der Regenzeit im Oktober oder November bis zum März im Rahmen einer rituellen "**Hirschjagd**", wobei der Peyote-Kaktus den zu jagenden Hirschen symbolisiert.

Inzwischen ist sein Vorkommen durch kommerzielle Sammler, vor allem aus den USA, gefährdet.

---

[19] Auch insoweit dem LSD-25 vergleichbar: 1.2.1.1.4, Rdnr. 320 und 327.

[20] Unter dem Begriff „Peyotl" werden in einigen Gegenden Mexikos allerdings auch zur Familie der Korbblütler (Compositae) zählende Kletterpflanzen der Gattung Cacalia verstanden, die früher möglicherweise als Halluzinogene und derzeit weiterhin als Aphrodisiaca in Gebrauch sind, obwohl in Pflanzen dieser Familie bisher keine Verbindungen mit eindeutig halluzinogenen Eigenschaften isoliert worden sind.

[21] Demgegenüber haben die roten „mescal beans" nichts mit den „mescal buttons" zu tun; vgl. zum Cytisin 1.2.3.8, Rdnr. 787 und 789.

Die "**buttons**" enthalten zwischen 4,5 und 7 Gew.-% Mescalin, wobei die Mescalin- **594**
Konzentration bei älteren Pflanzen höher ist als bei jüngeren. Trotz des fauligen und bitteren Geschmacks besteht die gebräuchlichste Konsumform unter den Indianern darin, zwischen 4 und 30 dieser "Knospen" zu **essen**. Sie werden aber auch in pulverisierter Form eingenommen oder zu einem teeartigen Getränk ausgekocht. Eine **Extraktion** des Mescalins kann u.a. mittels Methanol erfolgen[22].

In den **USA** soll importierter Peyote zusammen mit Marihuana vorwiegend **geraucht** **595**
oder mit Whiskey getrunken werden, soweit es sich bei den Konsumenten um - in erster Linie weiße - Großstädter handelt.

In **Europa** wurde der **Peyote-Kaktus** bislang eher selten als Import aus Mexi- **596**
ko oder aus einheimischer Zucht auf Blumenmärkten angeboten. Seit Beginn der 1990er Jahre in zunehmenden Maße, wenn auch nach wie vor nicht sehr häufig, taucht er auch in "button"-Form auf dem illegalen Rauschdrogenmarkt auf.

Wie groß der Abnehmerkreis vollsynthetischen Mescalins derzeit ist, lässt sich demgegenüber nicht schätzen.

Außer zu medizinischen Zwecken soll der "Heilige Kaktus" Peyotl auch als Rauschdro- **597**
ge bereits vor der Zeitenwende von den **Azteken** als ein Mittel zu persönlicher Begegnung mit dem Übernatürlichen in ekstatischer Form (**Besessenheitstrance**) verwandt worden sein; es gibt Hinweise, dass seine Verwendung in Mittelamerika bereits vor ca. 3000 Jahren bekannt war. Von den **Spaniern** wurde der Peyote-Kult unterdrückt, das Wissen um die psychoaktiven Eigenschaften des Kaktus ging jedoch nie verloren[23]. Die Abhaltung der heimlichen Riten scheint sich in die Berge verlagert zu haben, wo sich der Brauch in erster Linie bis heute hat erhalten können.

Hierbei fand eine Verschmelzung der überlieferten kulturellen und religiösen Vorstel- **598**
lungen mit christlichen Inhalten und Symbolen statt, die dazu führte, dass der Peyote-Kaktus heute häufig mit dem Heiligen Antonius, mit Christus oder der Jungfrau Maria identifiziert wird. Er wurde und wird als Medizin eingesetzt, als erotisches Stimulanz genutzt und von **Schamanen** zusammen mit ihren Patienten gegessen, um im Verlaufe gemeinsamer, ritualisierter Sitzungen die Krankheitsursache erkennen und angehen zu können.

Während der passiv-ekstatische **Peyote-Kult** in späterer Zeit jedoch in Mexiko selbst **599**
(etwa bei den Huichol und Tarahumara) ständig an Bedeutung verlor und durch den billigen Agaven-Schnaps ("**mescal**" genannt) ersetzt wurde[24], begann er sich seit etwa 1870 unter den nordamerikanischen Prärie-Indianern vom Südosten der USA bis zum Südwesten Kanadas (u.a. unter den Kiowa und Mescalero) auszubreiten. Der Grund hierfür dürfte wohl darin zu sehen sein, dass der Kult als synkretistischer Ersatz für den Verlust ihres kulturellen Erbes und der verlorenen Eigenständigkeit auch im mentalen Bereich dient. 1918 institutionalisierte er sich dort in der "Native American Church" ("**Christian Peyote Church**") und soll heute etwa die Hälfte der verbliebenen Indianer der USA und Kanadas, etwa 1/4 Mio. Menschen, umfassen. In einigen Staaten der USA wird der Peyote-Konsum daher aufgrund bundesrichterlichen Beschlusses weiterhin für rituelle Zwecke gestattet, mit der Fol-

---

[22] Vgl. etwa auch zur Extraktion des Cannabis-Harzes 1.1.1, Rdnr. 37.
[23] Vgl. auch zur Geschichte des „Heiligen Pilzes" Teonanácatl 1.2.3.3, Rdnr. 661 f.
[24] Vgl. hierzu auch beim Cytisin 1.2.3.8, Rdnr. 792.

ge, dass der verbreitete Alkoholabusus unter den Indianern zurückging, teilweise aber auch beide Rauschmittel nebeneinander genommen werden. Die Peyote-Zeremonien werden meist in speziell errichteten Zelten ("Tipis") abgehalten und dauern die ganze Nacht.

600   Nachdem bereits um die Wende vom 19. zum 20. Jahrhundert mit Peyote und später mit vollsynthetischem Mescalin experimentiert worden war, verwendete 1952 **Aldous Huxley** seine Mescalin-Erfahrungen erstmals literarisch. 1967 stellte ein Teil der **Hippie-Bewegung** u.a. unter dem Einfluss Alan Watts[25] vor allem durch Äußerliches Beziehungen zu den Indianern Nordamerikas her in der Meinung, damit auch an deren visionäre Traditionen anknüpfen zu können.

601   Unter Peyote-Einfluss kann es nach etwa 15-30 min in **körperlicher** Hinsicht neben motorischen Störungen, u.a. Gangstörungen und ataktischen Symptomen, zu wechselnder Pulsfrequenz, Atemfrequenzanstieg, Herzschlagbeschleunigung und -verlangsamung, Atemnot[26], Druckgefühl über der Brust und gelegentlich, nach Abklingen des Rausches, wie bei Cannabis zu einem Heißhunger auf Süßes kommen[27].

602   Zu Beginn des **Rausches** verursachen wahrscheinlich vor allem die strychninartigen **Nebenalkaloide**[28] bei Resorption der natürlichen Wirkstoffkombination durch Essen der "buttons" eine **vegetative Symptomatik** mit Hitze- und Kältewallungen, erhöhter Transpiration, häufig Schwindelgefühle und Übelkeit bis hin zum Erbrechen[29].

603   Beim Peyote-Konsum kommt also "der Kater vor dem Rausch". Aber auch bei Einnahme normaler Dosen **synthetischen** Mescalins können die unangenehmen Nebenwirkungen das erstrebte Rauscherlebnis erheblich beeinträchtigen, worauf wohl nicht zuletzt die nach wie vor relativ geringe Bedeutung jedenfalls in Europa zurückführbar sein dürfte.

604   Wie bei LSD-25 erweitern sich unter Mescalin-Einfluss die Pupillen[30] und verengen sich unter Lichteinfall nicht mehr (**Mydriasis**).

Dies dürfte wohl mit ein Grund dafür sein, dass die Indianer ihre Peyote-Zeremonien durchweg **nachts** ausführen.

605   Nach rund 1-2 h tritt dann der eigentlich angestrebte, traumartige Zustand ein, wobei sich die **psychische** Wirkung des vollsynthetischen Mescalins von der natürlichen Wirkstoffkombination des Peyote-Kaktus unterscheidet, was ja auch für

---

[25] Vgl. hierzu beim LSD-25 1.2.1.1.2, Rdnr. 291 f., sowie beim Cannabis 1.1.4, Rdnr. 137.
[26] Vgl. zu der Kombination verschiedener Alkaloide im Peyote-Kaktus 1.2.3.1, Rdnr. 577-581.
[27] Gegebenenfalls als Folge einer Hypoglykämie, vgl. 1.1.4, Rdnr. 125.
[28] Vgl. zum Lophophorin 1.2.3.1, Rdnr. 578.
[29] Was auch bei einer Reihe anderer biogener Halluzinogene der Fall ist, vgl. etwa beim Myristicin 1.2.3.2, Rdnr. 638, oder zum Yagé-Trank 1.2.3.5, Rdnr. 727.
[30] Zu den LSD-Wirkungen in körperlicher Hinsicht vgl. 1.2.1.1.4, Rdnr. 320 f. und 323. Zur Einschränkung der Fahrsicherheit vgl. 1.2.1.1.7, Rdnr. 428.

andere biogene Rauschdrogen zutrifft³¹. Der **Rauschverlauf** scheint bei synthetisch hergestelltem Mescalin allgemein heftiger, kürzer und somit schockartiger zu sein.

Die psychotrope Wirkung des Mescalins kann, mit beeinflusst von Gestimmtheit, Drogenerfahrung und situativen Gegebenheiten³², von der des LSD-25 in der euphorischen Grundstimmung mit Gelöstheit, z.T. ausgelassener Albernheit, und auch was die Erfahrung "mystischer Offenbarungen" betrifft, meist nicht unterschieden werden. Die Klarheit des **erhalten** bleibenden **Bewusstseins** scheint unter Mescalin-Einfluss jedoch größer zu sein als im LSD-Rausch³³. **606**

Hervorstechend sind beim Mescalin-Rausch zudem die nicht willkürlich beeinflussbaren, ständig wechselnden, meist hell leuchtend-farbenprächtigen (**Pseudo-**)**Halluzinationen**³⁴ (Photopsien), die von akustischen (z.B. Stimmenhören) sowie Tast-, Geschmacks- und Geruchshalluzinationen begleitet sein können. **607**

Mehrere Sinnesfunktionen können also gleichzeitig verändert sein; es kann zu akustisch-optischen, optisch-taktilen sowie anderen **Synästhesien**³⁵, etwa in Bezug auf die Empfindung der eigenen Körperlichkeit (Körperschemastörungen) sowie Hautsinn und Temperaturempfinden kommen.

Üblicherweise tritt auch ein Gefühl der **Schwerelosigkeit**, der **Depersonalisierung**³⁶, einer Veränderung im Erleben der **Zeit** und der **Makropsie** auf, fast immer jedoch bei erhalten bleibender Möglichkeit kritischer **Selbstbeobachtung**, d.h. der Rausch wird meist auch als Rausch erlebt. Die Fähigkeit zu abstrakten Denken ist jedoch auch bei erhalten bleibender Orientierung und Bewusstsein vermindert, es kommt zu **Gedankenflucht** und Konzentrationsschwierigkeiten. **608**

Andererseits können, einhergehend mit einem **Verlust** der "**Ich-Kontrolle**", bedeutungslose Geräusche Angst auslösen und Farben veränderte Stimmungen. Dass diese Effekte äußerst variabel sind (**Stimmungsschwankungen**), wird durch die Überlegung bestätigt, dass umgekehrt Hemmungen und Angstzustände unter Mescalin-Einfluss auch abgebaut werden können, worauf, neben einer verstärkten Durchblutung der erogenen Körperzonen, verbunden mit dem Gefühl einer besonderen körperlichen Elastizität, sein Ruf als Aphrodisiacum beruhen dürfte. **609**

In einer **zweiten Phase** folgt, bei nachlassender Aufmerksamkeit gegenüber Außenreizen, eine mehr **meditative** Konzentration auf das Innenleben bei gleichzeitigem Gefühl tiefen Seelenfriedens, welche mit einer Erschlaffung der Musku- **610**

---

[31] Vgl. etwa beim Cannabis 1.1.3, Rdnr. 104 f.
[32] Zu „set" und „setting" vgl. 1.2.1.1.4, Rdnr. 344 f.
[33] Zum „klaren Rausch" vgl. auch 1.1.4, Rdnr. 119 f.
[34] Zum Auftreten von Pseudohalluzinationen unter LSD-Einfluss vgl. 1.2.1.1.4, Rdnr. 338, zu den „optics" Rdnr. 330.
[35] Zu Synästhesien bei Cannabis vgl. 1.1.4, Rdnr. 142.
[36] Zu Depersonalisierungserscheinungen unter Cannabis-Einfluss vgl. 1.1.4, Rdnr. 130.

latur einhergehen. Auch insoweit sind die psychotropen Mescalin-Effekte mit dem Wirkungsverlauf anderer Psychodysleptica vergleichbar[37].

611   Trotz des stützenden religiösen Kontextes berichten auch Indianer über akute, quälende Angstpsychosen und Panikattacken, die als "**bad trips**" (oder "bum trips") bezeichnet werden, was die These bestätigt, dass der Rauschverlauf in erster Linie von der jeweiligen individuellen Gestimmtheit abhängig ist[38].

612   Ein als unangenehm erlebter Mescalin-"trip" mit depressiver Verstimmung und u.U. Suizidimpulsen, kann durch Glutaminsäure (Monoaminodicarbonsäure, ein Stoffwechselagens)[39] **unterbrochen** werden.

613   Erschöpfungszustände und Überdrehtheiten wie nach LSD-"trips" sind bei Mescalin selten. **Suchtsymptome** sind bei Mescalin-Konsumenten ebensowenig bekannt geworden wie bei anderen Halluzinogenen; jedoch dürfte auch Mescalin zu einer spezifischen **psychischen Abhängigkeit** vom **Halluzinogen-Typ** bei Dauerkonsum führen[40]. Es besteht die Gefahr chronischer psychopathologischer Zustände mit u.a. Apathie, Realitätsverlust, Gedächtnisstörungen, Depressionen, suizidalen Tendenzen sowie plötzlich auftretenden psychotischen Episoden ("**flash back's**")[41].

614   Durch häufigeren Mescalin-Konsum verursachte **körperliche Schäden** sind bei Untersuchungen mexikanischer Indianer hingegen nicht entdeckt worden.

615   Im Verhältnis zum Psilocybin[42] erfolgt die **Toleranzentwicklung** gegenüber den Mescalin-Wirkungen langsamer, ist dafür aber länger andauernd.

616   Erst 1960 wurde erkannt, dass Mescalin neben etwa 30 weiteren Alkaloiden auch der Hauptwirkstoff des **San-Pedro-Kaktus** (Trichocerus bzw. Echinopsis pachanoi) ist[43].

---

[37] Vgl. z.B. den Rauschverlauf bei Cannabis 1.1.4, Rdnr. 122.
[38] Vgl. zum „set" beim Cannabis 1.1.4, Rdnr. 145. Vgl. auch zum Harmin 1.2.3.5, Rdnr. 743.
[39] Dem auch Neurotransmitterfunktion zukommt.
[40] Zur Abhängigkeit vom Halluzinogen-Typ vgl. 1.2.1.1.7, Rdnr. 422 f.
[41] Zu diesem Phänomen vgl. 1.2.1.1.4, Rdnr. 386-388.
[42] Vgl. beim Psilocybin 1.2.3.3, Rdnr. 683.
[43] Mescalin-ähnliche Wirkstoffe finden sich jedoch nicht nur in Cactaceae. Strukturelle Übereinstimmung mit Mescalin weist etwa das α- und β-Asaron aus, das ebenfalls je nach der eingenommenen Dosis sedierend, stimulierend, psychotrop oder sexuell anregend wirken kann; hohe Dosen sollen einen LSD-ähnlichen Rausch bewirken. Asaron findet sich in u.a. auch Aporphin- (1-Benzylisochinolin-)Alkaloide enthaltenden Aaronstabgewächsen (Araceae). Bei Acorus calamus (Kalmus) handelt es sich um eine u.a. cholin-haltige Teich- und Sumpfpflanze, deren getrockneter Rhizom gegebenenfalls von den Kri-Indianern im Nordwesten Kanadas wegen seiner halluzinogenen Wirkstoffe, die ein momentanes Wohlbefinden hervorrufen, gekaut, aber auch als schwangerschaftsunterbrechendes Mittel genutzt wurde. Die Kalmuswurzel wurde von den Prärie-Indianern

1.2 Halluzinogene

Diese Kaktusart ist vor allem im zentralen Andengebiet Nordperus heimisch, aber auch in Ecuador und Bolivien anzutreffen und wird hier teilweise auch als Hecke angebaut. Die umgangssprachliche Bezeichnung als **San-Pedro-Kaktus** deutet auf die bereits erwähnte, auch in Südamerika häufige Verschmelzung heidnischer und christlicher Kulturelemente hin[44]. **617**

Mit etwa 2 %/kg Trockenmasse entspricht die **Mescalin**-Konzentration in etwa der des Peyote-Kaktus; bei einigen Trichocerus-Arten soll sie sogar noch darüber liegen. Als wichtigste **Nebenalkaloide** wurden 3,4-Dimethoxyphenethylamin[45] und 3-Methoxytyramin, ebenfalls ein PEA-Derivat, neben Spuren anderer Basen nachgewiesen. **618**

Eine verwandte Trichocerus-Art (Trichocerus terscheckii) enthält **N,N-Dimethyltryptamin (DMT)**[46]. **619**

Der säulenförmige San-Pedro-Kaktus wird bis zu 6 m hoch und gedeiht meist in Regionen, die zwischen 1.800 und 2.700 m hoch gelegen sind. Auffällig sind die großen, trichterförmigen, duftenden Blüten, die sich nachts entfalten[47]. **620**

Der **Stamm** wird längs oder in Scheiben geschnitten und mit Wasser, teilweise unter Zusatz anderer Pflanzen wie etwa **Datura-Arten**[48], mehrere Stunden lang zu einem "cimora" genannten **Getränk** verkocht. Dieser Absud soll wie Peyote vor allem visuelle **Halluzinationen** hervorrufen und in kleinen Mengen ebenfalls **aphrodisierend** wirken. **621**

Auch andere **Säulenkakteen** wie der in der Sonora-Wüste von Arizona und in Mexiko wachsende, inzwischen vom Aussterben bedrohte **Saguaro-Kaktus** (Carnigea giganta) enthalten den Peyote-Alkaloiden verwandte psychotrope Wirkstoffe wie das Carnegin. Mit einer Höhe von bis zu 12 m und einem Durchmesser des Stammes von 30-75 cm ist der Saguaro-Kaktus der größte der Säulenkakteen; charakteristisch sind die armleuchterförmig gebogenen Arme. **622**

Neben **Carnegin** wurden im Stamm dieses Kaktus auch **Dopamin**[49] und das **Chinolin-Alkaloid** Arizonin, eine Tetrahydroisochinolin-Base[50], isoliert.

---

außerdem getrocknet und zerrieben zur Steigerung der sexuellen Kräfte eingenommen und ist auch in dem indischen Aphrodisiacum „Cachunde" enthalten. Aus dem südlichen Mittelmeerraum stammend hat sich Kalmus auch bei uns seit dem 16. Jahrhundert als „Magenwurz" („Deutscher Ingwer") eingebürgert und wird z.Z. als Unkrautmittel eingesetzt. Asaron kann als Precursor für die Herstellung von Methylendioxyamfetaminen genutzt werden, vgl. 1.2.4.3, Rdnr. 832.

[44] Vgl. hierzu beim Peyote-Kaktus 1.2.3.1, Rdnr. 598.
[45] Zum DMPEA vgl. auch 1.2.3.1, Rdnr. 580.
[46] Zum DMT vgl. 1.2.4.4, Rdnr. 871.
[47] Insoweit Brugmansia-Arten vergleichbar: 1.2.2.1, Rdnr. 554.
[48] Datura-Arten werden in den verschiedensten Kombinationen zu Rauschzwecken verwandt, vgl. z.B. 1.2.2.2, Rdnr. 547 und 550.
[49] Zu dieser auch als Transmitterhormon vorkommenden Substanz vgl. 1.2.1.1.4, Rdnr. 362 f.
[50] Zu den Isocholin-Alkaloiden vgl. 1.2.3.1, Rdnr. 573 FN 4, und 2.1.3, Rdnr. 1062.

623 *	Vergleichbares gilt für den baumähnlichen, ebenfalls in **Mexiko** heimischen Säulenkaktus Pachycereus pecten-aboriginum, der 4-Hydroxy-3-methoxyphenethylamin neben 4 Tetrahydroisochinolin-Alkaloiden enthält. Aus dem Saft der jungen Triebe soll von den Tarahumara ein narkotisches Getränk bereitet werden, das visuelle Halluzinationen hervorruft.
624	Ob sämtliche genannten **Säulenkakteen** als Rauschdrogen in Gebrauch waren bzw. sind, ist hingegen nicht bekannt.
625 *	Eine Verwendung als berauschendes Aphrodisiacum wird demgegenüber von dem in Nordmexiko und dem südlichen Texas beheimateten, zur Gattung **Coryphanta (Warzenkakteen)** gehörenden **Donana-Kaktus** (Coryphanta macromeris und ranyonii) berichtet. Der kleine, stachlige Kaktus enthält ebenfalls ein dem Mescalin verwandtes Alkaloid, das **Macromerin**, ein halluzinogen wirkender 3,4-Dimethoxy-(dimethylaminoethyl)benzylalkohol, das etwa 1/5 der Wirkkraft des Mescalins aufweisen soll. 5-10 frische oder getrocknete Donana-Kakteen werden auf leeren Magen gekaut oder ausgekocht.
626	Auch aus mehreren anderen Arten der Gattung **Coryphanta** wurden verschiedene Alkaloide isoliert; Coryphanta compacta, der höchstens einen Durchmesser von 8 cm erreicht und bevorzugt auf sandigen Böden in trockenen Hügel- oder Berggebieten Mexikos und des südwestlichen Teils der USA wächst, wird von den Tarahumara als eine Art Peyote betrachtet[51].
627 *	Gleiches gilt u.a. für das mit Lophophora williamsii verwandte Kaktusgewächs **Ariocarpus retusus**, das als typische Wüstenpflanze in sandigen oder felsigen Gebieten Nord- und Zentralmexikos heimisch ist, und für verschiedene Arten der Gattung **Mammarilla**, runde, mit kräftigen Stacheln versehene Kakteen. Aus Mammarilla heyderii wurde N-Methyl-3,4-dimethoxyphenethylamin[52] isoliert. Mammarilla-Arten erzeugen vornehmlich visuelle Halluzinationen.
628 §	**Mescalin** und **DMT** gehören nach Anl. I zum BtMG 1994 zu den nicht verkehrsfähigen Btm, während die übrigen genannten Cactaceae-Wirkstoffe ebensowenig wie die Pflanzen selbst in einer der Anlagen aufgeführt sind. Soweit die **Kakteenarten** jedoch Mescalin oder DMT enthalten, unterliegen sie aufgrund der 10. BtMÄndV seit dem 1.2.1998 ebenfalls Anl. I, wenn ein Missbrauch zu **Rauschzwecken** vorgesehen ist. Dies gilt aufgrund der 15. BtMÄndV ebenso für Früchte, Samen und Zellkulturen, die zur Gewinnung von Pflanzen mit diesen Wirkstoffen geeignet sind, wenn ein Missbrauch zu Rauschzwecken vorgesehen ist. Zudem kann der Handel mit Pflanzen und Teilen hiervon, die keine als Btm eingestufte Wirkstoffe enthalten, sowie mit diesen Inhaltsstoffen unabhängig von einer Verschreibungsfähigkeit und -pflichtigkeit sowie Zulassung nach § 95 Abs. 1 Nr. 1 AMG als Inverkehrbringen bedenklicher AM strafbar sein, wenn sie Rauschzwecken dienen.

---

[51] Zu den „Falsche Peyote"-Arten vgl. auch 1.2.3.1, Rdnr. 573 FN 3 und 574 FN 5.
[52] Zu dem verwandten DMPEA vgl. 1.2.3.1, Rdnr. 580.

1.2.3.2 Myristicin

Im Anschluss an die Darstellung des Mescalins soll aufgrund der strukturellen Ähnlichkeit dieses Alkaloids mit den in den ätherischen Ölen der Muskatnussblüte und vor allem der **Muskatnuss** enthaltenen halluzinogenen Wirkstoffen auch auf diese eingegangen werden: Es handelt sich hierbei um das **Myristicin**, das **Elemicin** und das **Safrol**. 629

Rohstofflieferant ist die seit dem 2. Jahrhundert v.Chr. im Orient als Gewürz- und Heilmittel kultivierte, getrocknete Muskatnuss. 630

Hierbei handelt es sich um die **Frucht** des immergrünen, zur Familie der Muskatnussbaumgewächse (Myristicaceae)[53] gehörenden **Muskatnussbaumes (Myristica fragans)**, der auf den Ostindischen Inseln (vor allem den Molukken) als Kulturpflanze beheimatet ist, aber auch in den tropischen bzw. warmen Zonen Europas, Afrikas und Asiens vorkommt.

In der mit Myristica fragans verwandten **Myristica fatua** fanden sich ebenfalls leicht psychotrope Wirkstoffe. 631

Durch Destillation lässt sich ein **flüchtiges Öl** aus der Muskatnuss gewinnen, das neben aromatischen Ethersubstanzen und Terpenkohlenwasserstoffen[54] mit etwa 4 Gew.-% als wichtigen psychotropen Wirkstoff **Myristicin**[55] enthält. 10 g Muskatnuss enthalten nach dem Trocknen etwa 210 mg Myristicin, 70 mg Elemicin und 39 mg Safrol. 632

Bei diesen Muskatnuss-Wirkstoffen handelt es sich um Phenylallylkörper (**Phenylpropane**) wie das 4,5-Methylendioxyallylbenzen (**Safrol**), die ähnlich DOM[56] und dem Transmitterhormon **Dopamin**[57] unvollständigen Indolen gleichen[58]; 633 *

---

[53] Unter den Myristicaceae finden sich mehrere Pflanzen mit halluzinogenen Wirkstoffen, vgl. etwa beim Bufotenin die Virola-Arten (1.2.3.4, Rdnr. 695-698 und 702; Myristicin ist offenbar auch hier einer der Wirkstoffe).

[54] Zu Terpenen als Cannabis-Inhaltsstoffe vgl. 1.1.3, Rdnr. 83, 88 und 91.

[55] Das auch im Petersilienöl vorkommt. Das Öl der Petersilie (Carum petroselinum) ist jedoch aufgrund des in ihren Wurzeln, Samen und Blättern vorkommenden Wirkstoffes Apiol vor allem als menstruationsförderndes Mittel bekannt. Seit dem antiken Griechenland ist die Assoziation von Petersilie mit dem Tod überliefert. Offenbar weil der Petersilie zudem leicht psychotrope Eigenschaften zugeschrieben werden, wird sie zuweilen als Trägermaterial für Rauchmixturen benutzt, vgl. hierzu etwa beim DMT 1.2.4.4, Rdnr. 875, mit der Folge erhöhter Vergiftungsgefahr, vgl. beim DOB 1.2.4.2, Rdnr. 822.

[56] Zur Strukturformel des DOM vgl. 1.2.1.1.4, Rdnr. 363.

[57] Zur Strukturformel des Dopamins vgl. ebenfalls 1.2.1.1.4, Rdnr. 363.

[58] Vgl. hierzu beim LSD-25 1.2.1.1.4, Rdnr. 368.

Strukturformeln:

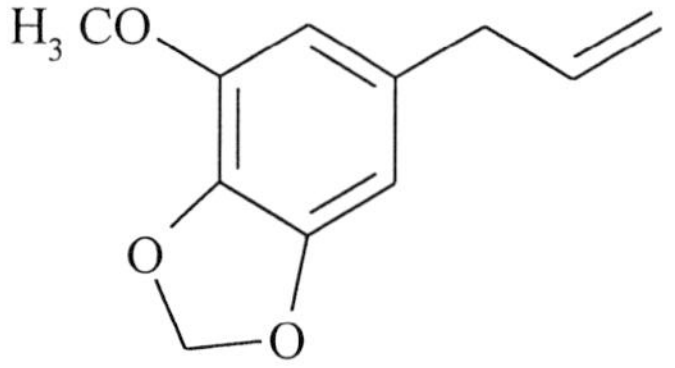

Myristicin

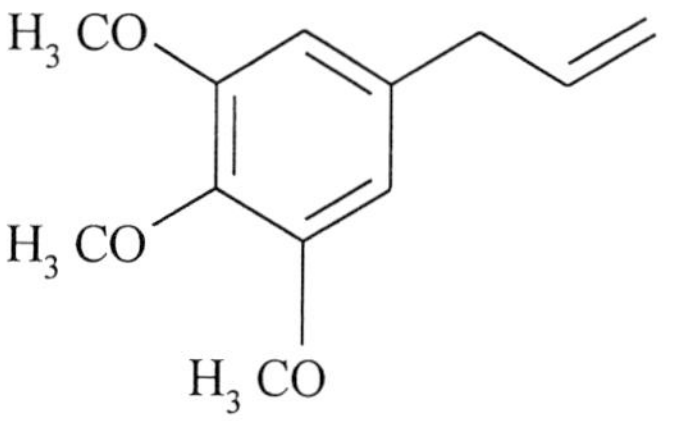

Elemicin

634 Sowohl beim Myristicin als auch beim Elemicin handelt es sich somit um
* **stickstofffreie** Ausgangsverbindungen trotz der sonst mit **Mescalin** gegebenen **Strukturverwandtschaft**[59].

Elemicin wird nebst verwandter Verbindungen daher auch mit THC zur eigenständigen Gruppe der **Chromane** zusammengefasst[60].

635 Allerdings dürfte erst die **Biotransformation** durch Umlagerung, Oxidation
* und Transaminierung zu **Phenethylaminen** vom **Mescalin-Typ** die eigentliche
\# **halluzinogene** Wirkung entfalten. Diese entsprechen offenbar den aus den Muskatnuss-Wirkstoffen halbsynthetisch herstellbaren Aminformen MDA bzw. MMDA und TMA[61]. Myristicin wirkt zudem als **MAO-Hemmer**[62].

636 Dementsprechend soll auch die **Rauschwirkung** als eine Kombination von Psychodysleptica und Aufputschmitteln beschrieben werden können[63]. Während selbst die tägliche Einnahme kleinerer Mengen, bis etwa 1 g Muskatnuss, keine merkbaren körperlichen Schäden mit sich bringen soll, führt die Einnahme von mehr als etwa 5-6 g zu einem Rauschzustand mit erheblichen Nebenwirkungen.

---

[59] Zu den Strukturformeln von Mescalin und (Met-)Amfetamin vgl. 1.2.1.1.4, Rdnr. 363.
[60] Vgl. hierzu näher bei den Cannabinoiden 1.1.3, Rdnr. 90.
[61] Zu den synthetischen Methylendioxyamfetaminen (MDA) vgl. 1.2.3.4, Rdnr. 832-838, insbesondere zur Strukturformel des MMDA im Vergleich zum Myristicin, Rdnr. 839, sowie zur Strukturformel des TMA im Vergleich zum Elemicin: 1.2.1.1.4, Rdnr. 363.
[62] Zu anderen MAO-Hemmern vgl. etwa beim Harmalin 1.2.3.5, Rdnr. 724, sowie beim Amfetamin 3.2.4.4, Rdnr. 1892.
[63] Zur Rauschwirkung der Methylendioxyamfetamine („ecstasy") vgl. 1.2.4.3, Rdnr. 841. Vgl. auch zum Begriff „speed-trip" Vorbem. 1.2.4, Rdnr. 796.

1.2 Halluzinogene

Die in **hohen Dosen** zudem **toxischen** Komponenten des Muskatnussöls führen hierbei zu einem mit **Halluzinationen** verbundenen **Delirium**, in dessen Verlauf es zu Verzerrungen des Raum- und Zeitgefühls, Elevationsgefühlen sowie zu Sinnestäuschungen u.a. im auditiven Bereich kommt. Die Beziehung zur Außenwelt ist beeinträchtigt[64]. Dieser Zustand kann bis zu 2 d andauern.

Die Muskatnuss soll in **Indien** nach wie vor gekaut oder mit Tabak zusammen geraucht und in **Ägypten** gelegentlich als Ersatz für Haschisch geraucht werden. Im **Jemen** soll die Muskatnuss von den Männern als potenzförderndes Mittel gekaut werden. Die Araber, die die Muskatnuss in erster Linie jedoch als **Heilmittel** nutzen - sie wird wie die Petersilie seit alters als menstruationsförderndes Mittel gebraucht -, brachten sie im 1. Jahrhundert n.Chr. nach Europa. Die **berauschende** und halluzinogene Wirkung frisch geriebener Muskatnüsse ist hier zumindest seit dem 16. Jahrhundert bekannt. 637

Nach dem 2. Weltkrieg wurde pulverisierte Muskatnuss vor allem in nordamerikanischen Gefängnissen zu **Rauschzwecken oral** eingenommen oder geschnupft, wobei die erhebliche Dosis, die meist zur Erzeugung eines Rauschzustandes eingenommen wird (etwa 20-30 g, eine Streichholzschachtel voll), und die erheblichen **vegetativen Nebenwirkungen**[65] wie Schwindelgefühle, starke Übelkeit und Kopfschmerzen, Verdauungsprobleme mit Magenschmerzen und rasendes Herzklopfen während der ersten 24 min sowie die Gefahr von Nierenbeschwerden und Leberschäden eine weitere Verbreitung eines Missbrauchs als Droge verhindert haben. **Akute Vergiftungsfolgen** können sich u.a. in Stupor, Krämpfen, mehrtägiger Bewusstlosigkeit sowie Atemlähmung äußern. 638

In **Deutschland** ist eine Verwendung der Muskatnuss als Rauschdroge so gut wie unbekannt. Da jedoch 1/2-1 Muskatnuss abhängig von der Metabolisierung in der Leber schwere bis tödliche Intoxikationen auslösen kann, werden immer wieder Vergiftungserscheinungen bei Kindern nach dem Verzehr von Muskatnüssen bekannt. 639

Die **Muskatnuss** ist bei uns als Gewürzmittel frei erhältlich, sie unterliegt ebensowenig wie ihre Inhaltsstoffe den Bestimmungen des BtMG 1994. Unabhängig hiervon bzw. einer Zulassung und ohne dass eine Verschreibungsfähigkeit und –pflichtigkeit gegeben sein muss, kann jedoch der Handel hiermit oder den Wirkstoffen zu **Rauschzwecken** als Inverkehrbringen bedenklicher AM gemäß § 95 Abs. 1 Nr. 1 AMG strafbar sein. 640 §

Als **Grundstoff** für die Synthese von Methylendioxyamfetaminen wie MDMA unterliegen zudem **Safrol** und **Isosafrol** als zur Kategorie 1 zählende Stoffe einer Erlaubnispflicht nach dem GÜG. Gleiches gilt für Safrol in Form von **Sassafrasöl** (Kampferöl)[66], des ätherischen Öls der Sassafras-Staude, aus dem es durch Destillation gewonnen werden kann. 641 §

---

[64] Vergleichbar etwa dem scopolamin-induzierten Rausch: 1.2.2.2, Rdnr. 527.
[65] Vgl. auch zu den Mescalin-Nebenwirkungen 1.2.3.1, Rdnr. 601-603, sowie den vegetativen Nebenwirkungen der Tropan-Alkaloide 1.2.2.2, Rdnr. 515-526.
[66] Zum Kampferöl als Dopingmittel vgl. 3.2.4.2, Rdnr. 1803. Vgl. hierzu auch 1.2.4.3, Rdnr. 869.

1.2.3.3 Psilocybin

642   Von den annähernd bekannten 5.000 **Pilzarten** haben sich etwa 80-90 als psychoaktiv herausgestellt. Diese gehören alle zur Familie der Lamellen- oder Blätterpilze (**Agaricaceae**).

Neben der bereits behandelten Gattung **Amanita**[67] gehören hierzu insbesondere die Gattungen **Psilocybe, Conocybe** und **Panaeolus**. Als vierte große der dargestellten halluzinogenen Wirkstoffgruppen enthalten diese Pilzgattungen vor allem **Tryptamin-Derivate**.

643   **Hauptwirkstoff** ist ein Phosphorsäureester mit der INN-Bezeichnung **Psilocybin**; die gelegentlich verwandten Bezeichnungen Indocybin oder CY-39 bei synthetischer Herstellung sind hiermit identisch. Die chemische Bezeichnung lautet: 4-Phosphoryloxy-N,N-dimethyltryptamin oder: [3-(2-Dimethylaminoethyl)indol-4-yl]dihydrogenphosphat (IUPAC). Die farblosen Psilocybin-Kristalle sind wasserlöslich (weniger gut in Alkohol, unlöslich in Chloroform und Benzol), der Schmelzpunkt liegt bei 185-195° C. Daneben existiert ein Diethylaminoethyl-Homolog: Ethylpsilocybin oder **Psilocybin-(eth)** (CEY-19)[68].

644   **Zweiter Hauptwirkstoff** ist das dephosphorylierte **Psilocin** (syn. Psilotsin; CX-59 bei synthetischer Herstellung) mit der chem. Bezeichnung: 4-Hydroxy-N,N-dimethyltryptamin oder: 3-(2-Dimethylaminoethyl)indol-4-ol (IUPAC). Auch hier existiert das entsprechende Homolog **Psilocin-(eth)** (CZ-74).

645   Daneben sind als **Begleitalkaloide** das ebenfalls psychotrope Mono-N-methyl-Homolog **Baeocystin** und das entmethylierte Psilocin-Homolog **Norbaeocystin** enthalten.

646   Aufgrund ihrer gemeinsamen **Indol-Struktur** werden die Strukturformeln von Psilocybin, Psilocin, Ethylpsilocin und Baeocystin im Vergleich mit anderen Tryptamin-Derivaten beim **LSD-25** dargestellt[69].

647   Der **Phosphorhydroxyrest** des **Psilocybins** und des Baeocystins ist einzigartig unter den **natürlichen Indolbasen**. Er trägt jedoch nicht zur Wirkung bei, sondern verleiht dem Molekül nur eine gegenüber Psilocin höhere Stabilität.

---

[67] Zu den verschiedenen Amanita-Arten vgl. beim Fliegenpilz 1.2.1.1, Rdnr. 459 f.
[68] Zur therapeutischen Verwendung von Psilocybin-(eth) und Psilocin-(eth) vgl. 1.2.3.3, Rdnr. 666.
[69] Zu den Strukturformeln der genannten Wirkstoffe vgl. daher 1.2.1.1.4, Rdnr. 370 f. Zu den sog. kurzwirkenden Tryptaminen vgl. beim DMT 1.2.4.4, Rdnr. 870-874. Vgl. auch beim Bufotenin 1.2.3.4, Rdnr. 688.

1.2 Halluzinogene

Psilocin, das stattdessen einen **Hydroxyrest** aufweist (Hydrolyse) und damit eine große Verwandtschaft zum vollsynthetischen **DMT**[70], ist demgegenüber durch Oxidation bei Verbindung mit dem Luftsauerstoff und zunehmender Temperatur rascher zerstörbar, so dass der Psilocin-Anteil beim Trocknen der Pilze rasch **abnimmt**. Unter Luftabschluss und bei kühler Lagerung hält sich diese Wirkstoffkombination jedoch relativ lange.   648 *

Die **getrockneten Pilze** enthalten durchschnittlich einen **Wirkstoffanteil** von 0,1 bis max. 2 Gew.-% (Psilocybe azurenscens), entsprechend dem etwa 10fachen der frischen Pilze, wovon Psilocybin regelmäßig den Hauptanteil stellt, während das aufgrund seines geringeren Molekulargewichts etwa 1,4mal so wirksame Psilocin meist nur in Spuren vorkommt[71]. Wahrscheinlich wandelt sich Psilocybin im Körper unter Phosphorsäureabspaltung in das leichter oxidierbare und hydrophobe **Psilocin** um, das damit als die eigentlich psychotrop wirksame Substanz angesehen werden kann; etwa 1/4 wird unverändert über die Niere wieder ausgeschieden. Beide Alkaloide wirken in gleicher Weise.   649 #

Anders als LSD-25[72] scheint Psilocybin sich im Körper gleichmäßig zu verteilen, wobei nach Passieren der **Blut-Hirn-Schranke** die Konzentration im Gehirn etwa 1/2 h nach der Einnahme ihr Maximum erreicht bei lokaler Anreicherung im Neocortex, Hippocampus und Thalamus. Etwa nach 8-24 h sind 80-90 % der **metabolisierten** Substanz im Urin wieder ausgeschieden, der unveränderte Rest, nach Speicherung im Fettgewebe, aber erst nach 1 Woche.   650 #

Da beide Alkaloide **Tryptamin-Derivate** wie das im Warmblüterorganismus vorkommende Transmitterhormon **Serotonin** sind, dürfte der **Wirkungsmechanismus** ebenfalls auf einer Beeinflussung der Serotonin-Ausschüttung sowie einer **reuptake-Hemmung** wie bei den Amfetaminen und damit u.a. der Filterfunktion des **Thalamus** für afferente Sinnesreize beruhen, wie dies u.a. bei LSD-25 der Fall ist[73].   651 #

Ungewöhnlich an Psilocybin und Psilocin ist hierbei die Lage der **OH-Gruppe** in 4-Stellung, während alle anderen **Indol-Alkaloide** die Hydroxy-Gruppe in Stellung 5 wie Serotonin, 6 oder 7 tragen.   652 * #

---

[70] Zur Strukturformel des DMT vgl. 1.2.1.1.4, Rdnr. 370. Zur Verwandtschaft von DMT und Psilocin vgl. auch 1.2.4.4, Rdnr. 873 f.
[71] Der höchste Alkaloidgehalt mit bis zu 1,2 % Psilocin und 0,6 % Psilocybin wurde in dem zu den Coprinaceae zählenden kleinen Pilz Copelandia cyanescens gefunden, der von Inselbewohnern auf Bali gezüchtet, bei Festen eingenommen und an Fremde als Halluzinogen verkauft wird.
[72] Vgl. hierzu beim LSD-25 1.2.1.1.4, Rdnr. 324-326, 357 und 381.
[73] Vgl. hierzu beim LSD-25 1.2.1.1.4, Rdnr. 355 und 369-377. Zur reuptake-Hemmung bei Amfetaminen vgl. 3.2.4.4, Rdnr. 1892.

653 Hinzu kommt, dass sämtliche **Tryptamin-Derivate** wie etwa **DMT**[74] und Bu-
\#   fotenin, wiederum bis auf Psilocybin und Psilocin, **oral unwirksam** sind und da-
*   her meist geschnupft werden[75]; die 5-Hydroxy- und 5-Methoxy-Verbindungen[76]
     dieser Reihe scheinen dabei im allgemeinen wirksamer zu sein.

654 Eine Reihe psilocybin-haltiger Pilze gedeiht auch in **Mitteleuropa**: Neben der
     Gattung **Inocybe (Risspilze)**[77], **Gymnopilus (Flämmlinge)**, **Hyphaloma (Schwe-
     felköpfe)**[78] v.a. die Gattung **Psilocybe (Kahlköpfe)**, die mit etwa 81 halluzinogen
     wirkenden Arten die größte Gruppe darstellt, und die Gattung **Stropharia
     (Täuschlinge)**[79].

655 Am bedeutendsten ist hier die Spezies **Stropharia** (bzw. Psilocybe) **cubensis Earle**, die
     auch aus Sporen zuhause kultivierbar ist, mit einem Wirkstoffgehalt von bis zu 0,5 % des
     Trockengewichts. Der meist 4-8 cm hohe Pilz wächst auf gut gedüngten Böden, ist außer in
     Südeuropa in Mittelamerika und der Äquatorialzone Südamerikas verbreitet und wird vor
     allem im mexikanischen Teilstaat Oaxaca unter dem Namen "Hongo de San Isidro"[80] von
     einigen Schamanen benutzt. Außerdem ist dieser Blätterpilz im südöstlichen Asien (Thai-
     land und Kambodscha) verbreitet, wo seine Verwendung zu Rauschzwecken jedoch unbe-
     kannt zu sein scheint[81].

656 Generell erfolgt die häufigste Verwendung von "Rauschpilzen" in **Mittelamerika**, von
     wo als weitere bedeutendere Art die weltweit verbreitete, aber nur in Mexiko als Rausch-
     pilz genutzte, zur Gattung **Conocybe (Samthäubchen)** zählende Conocybe siligineoidis er-
     wähnt werden soll. Obwohl entsprechende Pilzarten auch in Südamerika vorkommen,
     scheint ihr Gebrauch zu Rauschzwecken dort nicht bekannt oder zumindest nicht üblich zu
     sein. Vergleichbares gilt für die in Europa von dieser Gattung allein heimische Conocybe
     cyanopus (Blaufüßiges Samthäubchen).

657 Demgegenüber ist die Gattung **Panaeolus (Düngerlinge)** in **Europa** häufiger und wird
     offenbar auch zu Rauschzwecken gesammelt; sie ist hier u.a. durch Panaeolus papiliona-
     ceus oder campanulatus (Glockendüngerling)[82], Panaeolus ater (Schwarzer Düngerling),

---

[74] Zum DMT näher 1.2.4.4, Rdnr. 871 f. und 875 f.
[75] Vgl. hierzu bei den Harmala-Alkaloiden 1.2.3.5, Rdnr. 724.
[76] Vgl. etwa zum 5-Hydroxy- und 5-MeO-DMT: 1.2.3.4, Rdnr. 699 f.
[77] Näher zur Gattung Inocybe: 1.2.2.1, Rdnr. 483-485 und 483 FN 34.
[78] Insbesondere der auf Baumstämmen und im feuchten Gras wachsende, mit Psilocybe cyanescens verwandte Hyphaloma cyanescens mit 0,5-0,6 % Psilocybin und Psilocin nebst Baeocystin und Norbaeocystin in der Trockensubstanz. Hyphaloma fasciculare (Grünblättriger Schwefelkopf) enthält die Mykotoxine Phalloidin und Amanitin, vgl. zu diesen 1.2.2.1, Rdnr. 465 FN 12.
[79] Vgl. zudem zum Lärchen- und Birken-Porling 1.2.2.1, Rdnr. 480.
[80] Zur Verbindung hergebrachter und christlicher Kulte vgl. etwa beim Mescalin 1.2.3.1, Rdnr. 598.
[81] Zu der Vermutung, bei dem altindischen „Soma" könnte es sich um Stropharia cubensis gehandelt haben, vgl. jedoch 1.2.2.1, Rdnr. 479 FN 23.
[82] Zum Gebrauch von Panaeolus-Arten wie Panaeolus papilionaceus in der europäischen Antike vgl. 1.2.2.1, Rdnr. 479 und 479 FN 21.

Panaeolus cyanescens (Falterdüngerling) und Panaeolus subbalteatus (Gezonter Düngerling) vertreten. Der Glockendüngerling enthält neben Psilocybin und Psilocin auch andere Tryptamin-Derivate, u.a. Ibotonin. Andere Arten der Gattung Panaeolus wie Panaeolus sphinctrinus werden von mazatekischen und chinatekischen Schamanen im Gebiet von Oaxaca bei Wahrsage- und anderen Ritualen verwendet.

Den größten Bekanntheits- und wohl auch Verbreitungsgrad hat hingegen der schwärzliche "Heilige Pilz" **Teonanácatl** (Nanacatl) der **Azteken**, dessen Name so viel wie "Gottesfleisch" bedeutet, da er jeden, der ihn einnahm, in einem visionären Zustand in direkten Kontakt mit dem Gott treten lasse[83]. Die botanische Bezeichnung lautet **Psilocybe mexicana Heim**. **658**

Daneben kommen als weniger bekannte Arten u.a. in Nordamerika Psilocybe caerulips und caerulescens vor sowie ca. 30 weitere, in Südamerika heimische Spezies. In Mitteleuropa sind **Psilocybe semilanceata** (Spitzkegeliger Kahlkopf) mit einem Wirkstoffgehalt von durchschnittlich etwa 1 %, Psilocybe cyanescens (Blaufärbender Kahlkopf)[84] und Psilocybe coprophila (Mistkahlkopf) zu erwähnen. **659**

Psilocybe mexicana, der als einer der kleinsten halluzinogenen Pilze nur 2,5-10 cm groß wird, ist vor allem im **südmexikanischen** Hochland der Sierra madre beheimatet, wo er in Höhen zwischen 1350 und 1700 m vorwiegend in Kalksteingebieten wächst. **660**

Er war den Ureinwohnern wahrscheinlich bereits seit dem 2. Jahrtausend v.Chr. bekannt. Wie der "Heilige Kaktus" Peyote stand er bei den Azteken[85] im Mittelpunkt religiöser **Riten** und wurde sein Gebrauch von den christlichen Conquistadores daher ebenfalls unterdrückt. Die Kenntnis um seine Wirksamkeit lebte jedoch in abgelegenen Gebieten unter den Indios und ihren Schamanen fort. Der **christliche** Einfluss zeigt sich darin, dass der "Heilige Pilz" nunmehr den Göttern auf einem christlichen Altar dargebracht wird. **661**

Ähnlich wie der Peyote-Kult[86] dauert auch die **Pilz-Zeremonie** eine ganze Nacht lang und schließt gelegentlich ein Heilungsritual ein. **662**

1955 wurde seine psychotrope Wirksamkeit von dem Ehepaar Pavlovna/Wasson bei einem Pilzritual in Mittelamerika beschrieben, 1957 die Wirkstoffe von Dr. Hofmann aus Psilocybe mexicana isoliert, ihre Struktur geklärt und auch **synthetisiert**. Unter dem Warenzeichen **Indocyn** brachte die Fa. Sandoz in Basel diesen Wirkstoff als 2. Halluzinogen neben LSD-25[87] auf den Markt. **663**

1960 kam **Timothy Leary** mit Psilocybin, das zu diesem Zeitpunkt bereits weltweit von einer Reihe von Psychotherapeuten angewandt wurde, in Berührung und machte es in der aufkommenden **Hippie-** und **Protestbewegung** der USA als Halluzinogen populär, bevor

---

[83] Auch im antiken Europa war die Verbindung psychotroper Pflanzen mit dem Göttlichen häufig, vgl. etwa zum Fliegenpilz als „Speise der Götter" 1.2.2.1, Rdnr. 477 und 479.
[84] Auch die anderen halluzinogenen Psilocybe-Arten verfärben sich auf Druck blau.
[85] Zur Geschichte des Peyote-Kaktus vgl. 1.2.3.1, Rdnr. 597 f.
[86] Zu den Peyote-Zeremonien vgl. 1.2.3.1, Rdnr. 599.
[87] Vgl. zum Delysid 1.2.1.1.2, Rdnr. 287.

er auf LSD-25 stieß[88]. Zusammen mit Mescalin und LSD-25 wurde Psilocybin 1966/67 schließlich in den USA und 1971 auch in der BRD dem Betäubungsmittelrecht unterstellt.

664   Psilocybin wurde relativ häufig **therapeutisch** als **Psychotomimeticum** eingesetzt, da es sich hierfür besser als LSD-25 eignete, da die Wirkungsdauer mit 4-6 h kürzer und somit leichter kontrollierbar ist und die Nachwirkungen geringer als bei LSD-25 sind[89].

665   Neben sog. "**archetypischen**" Erinnerungsbildern im Sinne Carl Gustav Jungs[90], die sich dem Patienten aufdrängen sollen, scheint hierfür wohl die Tatsache ausschlaggebend gewesen zu sein, dass Psilocybin vor allem Introvertiertheit und das Erlebnis einer **Bedrohtheit** der **Ich-Instanz** auslöst (wenn auch sanfter als unter LSD-Einfluss), da das gewohnte Bezugssystem zur Realität zusammenbricht, was bei psychotischen und ich-schwachen Patienten Angst auslöst[91]. Da die Fähigkeit zur Differenzierung und Integration des Erlebten jedoch erhalten bleibt, bleibt auch die ausgelöste Angst noch beherrschbar. Der Einsatz der Droge im Rahmen der sog. **Psycholyse** erfolgte daher vorwiegend bei neurotischen Störungen, etwa Angstneurosen.

666   Besonders in der **europäischen Psychotherapie** wurden außerdem die vollsynthetischen, schwächer wirksamen **Psilocybin-Homologe** CEY-19 (chem. Bezeichnung: 4-Phosphoryloxy-N,N-diethyltryptamin)[92] und CZ-74 (chem. Bezeichnung: 4-Hydroxy-N,N-diethyltryptamin; abgekürzt: 4-HDT) eingesetzt. Bei nur 3 1/2-stündiger Wirkungsdauer gleichen diese in ihrer Wirkung weitgehend dem natürlichen Alkaloid. Ihr Einsatz ist in Deutschland heute untersagt.

667   Bis zu Beginn der 1990er Jahre kam es in **Deutschland** allenfalls gelegentlich vor, dass psilocybin-haltige Pilze (von den Hippies als "Psilos" oder "**magic mushrooms**" bezeichnet) zu **Rauschzwecken** missbraucht wurden. Seitdem wird sich aber offenbar zunehmend die Tatsache zunutze gemacht, dass die erwähnten Gattungen z.T. wild auch in Mitteleuropa gedeihen bzw. aus Sporen gezüchtet werden können. Hierzu dürfte v.a. die sich seit Mitte der 90er Jahre entwickelnde "**Techno-Scene**" beigetragen haben, indem hier neben "ecstasy", Cocain und "speed" erneut mit "**Naturdrogen**" wie psilocybin-haltigen Pilzen in den verschiedensten Zubereitungen und **Kombinationen** experimentiert wird[93].

---

[88] Zur „Psychedelischen Bewegung" vgl. beim LSD-25 1.2.1.1.2, Rdnr. 290-293.
[89] Zum therapeutischen Einsatz von LSD-25 vgl. 1.2.1.1.4, Rdnr. 350-353. Vgl. auch zu dem Begriff „Psychotomimetica" Vorbem. 1, Rdnr. 19.
[90] Zu diesem Begriff vgl. 1.2.2.2, Rdnr. 566.
[91] Zu „Horrorvisionen" vgl. auch 1.2.3.3, Rdnr. 680.
[92] Vgl. zum Psilocybin-(eth) und zum Psilocin-(eth) 1.2.3.3, Rdnr. 643 f. Vgl. auch zur Ethyl-Form DOET 1.2.4.1, Rdnr. 812.
[93] Zur „Techno-Scene" vgl. 1.2.4.3, Rdnr. 831 und 863. Vgl. auch zur Kombination mit „speed" 3.2.4.2, Rdnr. 1812. Zur „Wiederentdeckung" biogener Rauschdrogen vgl. z.B. auch beim Fliegenpilz 1.2.2.1, Rdnr. 482, und bei den Solanaceen 1.2.2.2, Rdnr. 513 f. 1999 wurden in Deutschland ca. 42,9 kg psilocybin-haltige Pilze sichergestellt, im Jahr 2000 35,5 kg und 2001 21,9 kg.

1.2 Halluzinogene

Außerdem werden in "neo-schamanistischen" Gruppen[94] in Anlehnung an religiöse Rituale von Naturvölkern psychedelische Erfahrungen u.a. mit Hilfe psilocybin-haltiger Pilze gesucht.

Seit Beginn der 1990er Jahre wird neben **Stropharia** (Psilocybe) **cubensis** als "magic mushroom" insbesondere der bis zu 8 cm hohe, im Herbst bei uns u.a. auf Weiden zu findende Spitzkegelige Kahlkopf (**Psilocybe semilanceata**)[95] zunehmend in "Indoor"-Anlagen in den Niederlanden kommerziell gezüchtet, über "Smart Shops" oder "Head Shops" in den unterschiedlichsten Zubereitungsformen mit äußerst variablen Wirkstoffmengen vermarktet und u.a. bei uns als **"Disko-Drogen"** konsumiert. **668**

Neben einem Import von etwa in Honig eingelegten psilocybin- oder psilocin-haltigen Pilzen aus den Niederlanden erfolgt in Deutschland der **Verkauf** im Backofen getrockneter[96], in Frischhaltebeuteln eingeschweißter und gekühlt aufbewahrter Pilze, die aus heimischer Zucht stammen (es werden fertige Anzuchtkits vertrieben), zu Preisen von 10-30 DM/g, wobei 1 g regelmäßig mit einem **"trip"** gleichgesetzt wird[97]. Diese werden u.a. in pulverisierter Form eingenommen oder etwa zu einem teeartigen Aufguss verwandt. **669**

Der isolierte, **vollsynthetisch** hergestellte Wirkstoff **CY-39** ist demgegenüber auf dem einheimischen illegalen Drogenmarkt nach wie vor ohne Bedeutung. Kapseln mit synthetischem Psilocybin in Form farbloser, wasserlöslicher Kristalle, sollen etwa 20 mg des Wirkstoffs im Durchschnitt enthalten. **670**

Gelegentlich wird Psilocybin und Psilocin auch mit Hilfe von Lösungsmitteln aus Pilzen **extrahiert** und im Vakuum **aufkonzentriert**[98]. Das Konzentrat kann wie LSD-25 auf Löschblätter geträufelt oder in Tabletten- oder Tropfenform vertrieben werden.

Psilocybin und Psilocin sind nach dem mit ihnen strukturell verwandten LSD-25 die **stärksten Halluzinogene**, indem sie etwa den 200. Teil von dessen Wirkkraft besitzen[99]. **671**

Die geringste wirksame **Dosis** beträgt etwa 3-6 mg der Reinsubstanz[100]. Die mittlere Dosis mit halluzinogenen und antriebsteigernden Wirkungen beträgt etwa 10 mg (0,14 mg/kg KG, enthalten in z.B. 0,5 g getrockneter Psilocybe cyanescens oder 2 g getrockneter bzw. 20 g frischer Stropharia cubensis). Ab 10 mg verstärken sich die Sinnestäuschungen und ab etwa 20 mg kommt es zu erheblichen, im folgenden näher beschriebenen **Bewusstseinsveränderungen**.

---

[94] Näher hierzu bei den Nachtschattengewächsen 1.2.2.2, Rdnr. 564-567.
[95] Näher zu Stropharia cubensis 1.2.3.3, Rdnr. 655, sowie zur Gattung Psilocybe 1.2.3.3, Rdnr. 658-660.
[96] Zum Hitzetrocknen von Amanita-Arten vgl. 1.2.2.1, Rdnr. 468-470.
[97] Zur Dosierung näher 1.2.3.3, Rdnr. 671.
[98] Vgl. z.B. auch zur Extraktion von Cannabis-Harz 1.1.1, Rdnr. 37.
[99] Zur LSD-Dosierung vgl. 1.2.1.1.4, Rdnr. 316-318.
[100] Zur Mescalin-Dosierung vgl. 1.2.3.1, Rdnr. 585.

672   Auch im Hinblick auf ihre relativ **geringe Giftigkeit** sind diese Alkaloide mit den Lysergsäureamiden vergleichbar[101].

Die **letale Wirkstoffdosis** liegt nämlich bei etwa 20 g, was etwa 20 kg Frischpilzen entsprechen dürfte, eine Konsummenge, die auch angesichts der Tatsache, dass die Pilze jedenfalls z.T. einen unangenehmen, scharfen Geruch haben und schlecht schmecken, kaum erreicht werden dürfte; insbesondere im Vergleich mit den meist hochgiftigen Amanita-Arten sind psilocybin-haltige Pilze somit als so gut wie ungiftig zu bezeichnen.

673   In **physischer** Hinsicht bewirkt Psilocybin etwa 15 min nach der Aufnahme zunächst eine Art Schläfrigkeit und leichten Blutdruckabfall bei peroraler bzw. stärkeren bei parenteraler, meist s.c. Applikation. Es kann aber auch zu Atembeschwerden, Herzrasen und gegebenenfalls **Hyperthermie** kommen, was bei Kombination mit Methylendioxyamfetaminen wie MDMA oder Cocain[102] zu gesundheitsbedrohlichen Zuständen führen kann.

674   Allgemein ist eine **Mydriasis**[103] gegeben, gelegentlich kann es u.a. auch zu Schwindelgefühlen, Übelkeit, Parästhesien und Magenkrämpfen kommen. Bei **hohen Dosen** von 20 mg und mehr können ataktische Störungen auftreten. Als charakteristische pharmakologische Wirkung wird die regelmäßig zu beobachtende Steigerung monosynaptischer Spinalreflexe angesehen.

675   Bei **oraler** Einnahme des **synthetischen** Wirkstoffes in Form in Wasser aufgelöster Nadelkristalle oder Tabletten sollen keine Unterschiede zur natürlichen Wirkstoffkombination feststellbar sein[104], deren Aufnahme durch Essen der Pilze erfolgt. Dies soll auch hinsichtlich des Rauscherlebnisses mit Veränderungen der Wahrnehmung und Stimmungslage gelten.

676   Letztere sind am ehesten den **psychotropen** Effekten des LSD-25 vergleichbar, allerdings stellt sich die psychische Wirkung des Psilocybins **rascher** ein (bei einer mittleren Dosis von etwa 10 mg nach ca. 20-30 min, bei parenteraler Anwendung bereits nach 5-15 min) und ist bei wellenförmigem Verlauf leichter steuerbar.

Es folgt eine Phase der **Antriebsverminderung**, verbunden mit dem Gefühl des Schwebens[105] sowie allgemeiner Entspannung, nach innen gerichteter "Versenkung" und passiver Aufmerksamkeit, die sich in übermäßiger Beachtung von Nebenreizen verliert[106].

---

[101] Zur Letaldosis LSD-25 vgl. 1.2.1.1.7, Rdnr. 418.
[102] Zur Gefahr durch Hyperthermie vgl. etwa auch beim LSD-25 1.2.1.1.4, Rdnr. 321, oder beim Cocain 3.1.7, Rdnr. 1667.
[103] Wie regelmäßig bei den Halluzinogenen, vgl. etwa beim Mescalin 1.2.3.1, Rdnr. 604.
[104] Was eher untypisch ist, vgl. beim Cannabis 1.1.3, Rdnr. 104 f.
[105] Zu einem weitergehenden anfänglichen Dämmerzustand nach Einnahme von Windensamen vgl. 1.2.1.2, Rdnr. 449. Zu den häufigen Elevationsgefühlen bei Psychodysleptica vgl. beim Cannabis 1.1.4, Rdnr. 127.
[106] Zur Fokussierung der Aufmerksamkeit unter LSD-Einfluss vgl. 1.2.1.1.4, Rdnr. 339 und 346. Zum zeitlichen Ablauf des LSD-Rausches vgl. 1.2.1.1.4, Rdnr. 326 f.

1.2 Halluzinogene

Hieran schließt sich eine **zweite Phase** mit zeitweiser **Antriebsvermehrung** 677 bei völliger Wachheit an[107], die meist durch eine stabile euphorische Grundstimmung gekennzeichnet ist. Abrupte Stimmungsveränderungen sind gegenüber dem LSD-Rausch seltener. Etwa 2-3 h nach der Einnahme ist der **wachtraumartige Höhepunkt** des "trips" erreicht mit ggfs. ausgeprägten auditiven Halluzinationen und lebhaften abstrakten **Farbvisionen** in Form von Nebelschleiern oder in kaleidoskopartiger, schnellfließender Bewegung und mit sprühenden Lichtern (**Photopsie**)[108], besonders bei geschlossenen Augen, die aber noch als unwirklich erkannt werden[109]. Hinzu kommen häufig mystisch gefärbte Erlebnisinhalte, begleitet von einem Gefühl des Eins-seins-mit-dem-Ganzen[110].

Die **Erlebnisintensität** ist neben Gestimmtheit, Drogenerfahrung und situativen Gegebenheiten stark **dosisabhängig**[111], jedoch scheinen wie bei Mescalin visuelle, gegebenenfalls erotische **Halluzinationen** generell vorzuherrschen und besonders intensiv zu sein. Der eigene Körper wird gelegentlich verzerrt erlebt, das Erleben von Raum und Zeit ist, meist in Form einer Dehnung, tiefgreifend verändert (der Berauschte glaubt sich häufig an einem anderen Ort bzw. in einer anderen Zeit zu befinden)[112]. Bei **höheren Dosen** von etwa 20 mg der Reinsubstanz sind Gleichgewichts-, Orientierungs-, Körperschema- und Raum/Zeiterlebnisstörungen ausgeprägter, es kommt zum Gefühl der **Persönlichkeitsspaltung**. Die ausgeprägten visuellen und taktilen Halluzinationen werden nunmehr als wirklich und eher als unheimlich erlebt. 678

Während bei geringer bis mittlerer Dosierung es demnach zwar u.a. zu Konzentrationsstörungen kommen kann, aber das Bewusstsein regelmäßig erhalten bleibt und ähnlich Cannabis dem Psilocybin eine "**bewusstseinserweiternde**" Wirkung[113] zugeschrieben wird, kommt es bei höheren Dosen zu den erwähnten erheblichen Bewusstseinsveränderungen und -einschränkungen. Dies gilt ebenso bei einer **Kombination mit Alkoholika**. 679

Bei Personen mit psychischen Störungen bzw. **latenten Psychosen** kann es vermehrt zu "**Horrorvisionen**" mit Wahnvorstellungen und Suizidimpulsen kommen[114]. Aber auch ohne dass von einer psychotischen Episode auszugehen ist, können die erheblichen psychotropen Wirkungen, u.U. in Verbindung mit den neurovegetativen Nebenwirkungen, bei ichschwachen und in ihrer Persönlichkeit nicht gefestigten Menschen zu Angst und **panikartigen Reaktionen** führen. Insgesamt scheint die Gefahr von "**bad trips**" im Verhältnis zum LSD-Rausch jedoch geringer zu sein. 680

---

[107] Anders als nach Cannabis-Konsum ist ein Einschlafen nicht möglich, ggfs. treten Lachanfälle auf; hierauf dürfte der Einsatz als „Partydroge" beruhen, vgl. 1.2.4.3, Rdnr. 861. Zu vergleichbaren Phasen des Amanita-Rausches vgl. 1.2.2.1, Rdnr. 473.
[108] Vgl. zu elementaren Halluzinationen im LSD-Rausch 1.2.1.1.4, Rdnr. 330, im Mescalin-Rausch 1.2.3.1, Rdnr. 607 f., sowie im DMT-Rausch 1.2.4.4, Rdnr. 879.
[109] Zum „klaren Rausch" vgl. beim Cannabis 1.1.4, Rdnr. 119 und 124.
[110] Zu „Evidenzerlebnissen" vgl. auch 1.1.4, Rdnr. 136.
[111] Allgemein zu „set" und „setting": 1.1.4, Rdnr. 144-147.
[112] Zu Körperschemastörungen unter LSD-Einfluss vgl. 1.2.1.1.4, Rdnr. 335, zum Gefühl der Zeitdehnung im Iboga-Rausch vgl. 1.2.3.7, Rdnr. 772, sowie im DMT-Rausch 1.2.4.4, Rdnr. 877.
[113] Zur „Bewusstseinserweiterung" vgl. 1.1.4, Rdnr. 140.
[114] Zu „bad trips" unter LSD-Einfluss vgl. 1.2.1.1.4, Rdnr. 342-345.

681 Bei "Horrortrips" dienten früher Barbiturate, jetzt Tranquilizer und Neuroleptica wie Chlorpromazin (50-200 mg p.o.)[115] als **Unterbrecher**.

682 Im Gegensatz zu dem länger andauernden und langsam ausklingenden LSD-Rausch **klingt** der Psilocybin-Rausch meist relativ **abrupt** etwa 4-6, max. 8 h nach der Aufnahme, je nach Dosierung, **ab**[116] und mündet in einen traumlosen **Schlaf**. Nachwirkungen wie Kopfschmerzen sind selten, gelegentlich kann es aber zu verzögerten Reaktionen noch nach Tagen mit gesteigerter motorischer Aktivität und ängstlich gespannter Stimmung kommen.

683 Wird Psilocybin häufiger als 1- bis 2mal innerhalb von 1-2 d genommen, kann es rasch zu einer erheblichen **Toleranzwirkung** kommen (Tachyphylaxie). Wie bei LSD-25 ist dann jeweils die doppelt so hohe Dosis zur Auslösung des gleichen Effektes erforderlich[117]. Bei Absetzen der Droge kommt es, ebenfalls wie bei LSD-25, allerdings zu einem ebenso schnellen Verschwinden der Toleranzwirkung, etwa nach 1 Woche Abstinenz.

684 **Kreuztoleranz** besteht zu Halluzinogenen, die ebenfalls einen Indol-Ring aufweisen, also vor allem mit LSD-25, dessen Dosis nach häufigerer Einnahme von Psilocybin ebenfalls erhöht werden muss[118], gegebenenfalls auch mit Mescalin, nicht aber mit THC.

685 Eine körperliche Suchtbildung ist bei Psilocybin und Psilocin ebensowenig wie bei anderen Halluzinogenen bekannt, jedoch kann es zu einer **psychischen Abhängigkeit** vom **Halluzinogen-Typ** kommen[119].

686 **Organschäden** sind nicht bekannt geworden. Außer den erwähnten **psychotischen** Reaktionen während des Rausches können jedoch paranoide Zustände wie Sprachverwirrtheit auch nach dem Rausch auftreten[120] und endogene latente Psychosen ausgeklinkt werden. Erstere können mit Neuroleptica wie dem Thioridazin enthaltenden Melleril[121] behandelt werden.

687
§   Von den hier behandelten Pilz-Wirkstoffen gehören allein **Psilocybin** und **Psilocin** sowie **Psilocybin-(eth)** und **Psilocin-(eth)** nach Anl. I zum BtMG 1994 zu den nicht verkehrsfähigen Betäubungsmitteln. Soweit **Pilze** diese Stoffe enthalten, unterfallen auch sie selbst, in bearbeitetem oder unbearbeitetem Zustand, aufgrund der 10. BtMÄndV seit dem 1.2.1998 Anl. I zum BtMG, wenn sie wie Btm miss-

---

[115] Propaphenin, vgl. 4.3.2, Rdnr. 2140 und 2146.
[116] Eine Gemeinsamkeit von Psilocybin mit kurzwirkenden Tryptamin-Derivaten wie DMT, vgl. 1.2.4.4, Rdnr. 877.
[117] Zur Toleranzbildung bei LSD-25 vgl. 1.2.1.1.4, Rdnr. 389 f., bei Mescalin 1.2.3.1, Rdnr. 615.
[118] Zur Kreuztoleranz bei LSD-25 vgl. 1.2.1.1.4, Rdnr. 392.
[119] Zur Abhängigkeit vom Halluzinogen-Typ vgl. 1.2.1.1.7, Rdnr. 422 f.
[120] Zur Ausbildung von Psychosen unter LSD-Einfluss vgl. 1.2.1.1.7, Rdnr. 425-427.
[121] Ein Phenothiazin-Derivat, vgl. bei den Neuroleptica 4.3.2, Rdnr. 2141.

bräuchlich verwendet werden sollen, und zwar unabhängig von der Angebotsform (als "Duftkissen" pp.). Gleiches gilt aufgrund der 15. BtMÄndV ab dem 1.7.2001 für **Pilzmycelien**, **Sporen** und **Zellkulturen**, die selbst noch keine als Btm eingestufte Wirkstoffe enthalten, aber zur Gewinnung von Pilzen mit den genannten Wirkstoffen geeignet sind, wenn ein Missbrauch zu **Rauschzwecken** vorgesehen ist. Aber auch der Handel mit Pilzen, die keine als Btm eingestufte Wirkstoffe enthalten bzw. mit diesen Wirkstoffen selbst, kann unabhängig von einer Zulassung und ohne dass es auf eine Verschreibungsfähigkeit und -pflichtigkeit ankommt, nach § 95 Abs. 1 Nr. 1 AMG als Inverkehrbringen bedenklicher AM strafbar sein, wenn sie zu Rauschzwecken bestimmt sind.

1.2.3.4 Bufotenin

Als **Tryptamin-Derivat** weist das Alkaloid **Bufotenin** (**5-Hydroxy-DMT**; chem. Bezeichnung: 5-Hydroxy-N,N-dimethyltryptamin oder 5-Hydroxy-3-(2-dimethylaminoethyl)indol) außer zum **Dimethyltryptamin (DMT)**[122] eine chemische Verwandtschaft zum **Psilocin** (4-Hydroxy-N,N-dimethyltryptamin)[123] und damit gleichzeitig (als Dimethylserotonin) zum **Serotonin**[124] auf.

688 *

In Übereinstimmung mit **Serotonin** trägt Bufotenin hierbei die OH-Gruppe in Stellung 5 des Tryptamin-Gerüstes[125]; Bufotenin wird offenbar wie Serotonin auch vom menschlichen Körper produziert.

689 *

Bufotenin wurde im Sekret der **Hautdrüsen** giftiger **Krötenarten** (Bufo vulgaris und Bufo marinus, der großen Meeres- oder Agakröte), von denen der Name abgeleitet wurde[126], sowie im "Dream Fish" (Kyphosus fuscus) gefunden.

690

Bufo marinus war in vorspanischer Zeit den Olmeken und Maya heilig, denen sie offenbar durch Auskochen als Bestandteil rituell gebrauchter Getränke diente. Noch heute sollen sich südamerikanische Indianerstämme durch den Genuss giftiger Hautsekrete, die sie entweder oral oder nach Trocknung und Pulverisierung in rauchfähiger Form aufnehmen, in einen mehrstündigen tranceartigen Rauschzustand versetzen.

1954 wurde Bufotenin erstmals aus den **Samen** des mimosenartigen, in **Mittel-** und **Südamerika** heimischen **Yopo-Baumes** isoliert.

691

---

[122] Vgl. beim DMT 1.2.4.4, Rdnr. 870 f.
[123] Vgl. beim Psilocin 1.2.3.3, Rdnr. 644.
[124] Zur Strukturformel des Bufotenins im Vergleich mit diesen Stoffen vgl. daher 1.2.1.1.4, Rdnr. 369 f. Dies lässt auf einen Psilocin und DMT vergleichbaren Wirkungsmechanismus schließen, vgl. hierzu beim Psilocin 1.2.3.3, Rdnr. 651.
[125] Vgl. hierzu beim Psilocybin 1.2.3.3, Rdnr. 652.
[126] Im Sekret der in Arizona beheimateten Krötenart Bufo alvarius wurde außerdem 5-MeO-DMT (zu diesem vgl. 1.2.3.4, Rdnr. 700 und 713) als weiteres Tryptamin-Derivat gefunden.

Bereits 1496 hatten spanische Chronisten von Eingeborenen auf Hispanola berichtet, die "**Cohoba**" einatmeten, um mit der Geisterwelt in Verbindung zu treten (heute auf den Westindischen Inseln ein nicht mehr gebräuchliches Rauschmittel). Über die Yopo-Zubereitung durch die am Zusammenfluss des Ocamo mit dem Orinoco in Venezuela wohnenden Guaica-Indianer berichtete 1801 Alexander von Humboldt. 1916 konnte in ethnobotanischen Untersuchungen schließlich das "Cohoba"-Pulver als zerriebene Bohnen des Yopo-Baumes identifiziert werden.

692   Der zur sehr großen Familie der **Schmetterlingsblütengewächse (Leguminosae)**[127] gehörende **Yopo-Baum (Anandenanthera** oder Piptadenia **peregrina**) ist heute in der Karibik, den offenen Grassteppen des nördlichen Amazonas-Gebietes und im Orinoco-Becken im kolumbianisch-venezuelanischen Grenzgebiet anzutreffen. Er erreicht eine Höhe von 8-20 m und hat charakteristische Blätter, die denen der Mimose ähneln und in 15-20 Fiederpaare mit zahlreichen kleinen, behaarten Blättchen unterteilt sind.

693   Von Indianerstämmen im nördlichen Argentinien werden die Blätter und die flachen, schwarz-glänzenden **Samen** der langen Schoten, die die psychotropen Wirkstoffe enthalten, als Rauschdroge genutzt, indem sie nach Fermentierung und Röstung zu einem graugrünen **Pulver** ("**Rapé**")[128] unter Hinzufügung von Kalk, kalkhaltigen pulverisierten Schneckenschalen oder Asche[129] zerrieben werden. Wie früher auf den Westindischen Inseln wird dieses Pulver heute noch im Bereich des Orinoco von Ureinwohnern unter Zuhilfenahme eines Blasrohres unter der Bezeichnung "**Yopo**" (oder "Niope") bzw. "**Cohoba**" geschnupft. Diese parenterale Form der Zufuhr als **Schnupfpulver** ist erforderlich, da die Magen-Darm-Passage die Tryptamine unwirksam machen würde[130].

694   In vergleichbarer Weise werden die zubereiteten **Vilca-Samen** der Anandenanthera peregrina ähnelnden **Anandenanthera colubrina** von den Mashco-Indianern Südamazoniens, den Calluhnaya-Indianern Boliviens sowie in Argentinien und im südlichen Peru unter der Bezeichnung "Vilca", "Huilca" oder "Sebil" als allgemeines Körpertonicum und wie bereits in vorkolonialer Zeit als psychedelisches Stimulanz geschnupft.

695   Bufotenin wurde außerdem im Harz der inneren Rindenschicht mehrerer, zur Familie der **Muskatnussgewächse (Myristicaceae)** gehörender Bäume[131] gefunden, die etwa 60 Arten umfasst. In erster Linie ist hier Virola theiodora zu nennen, außerdem Virola calophylla und calophylloidea.

696   Diese **Virola-Arten** kommen in den feuchten Tropenwäldern Brasiliens, Kolumbiens, Venezuelas und Perus vor. Ihre Rinde wird u.a. von den Waika-Indianern des westlichen

---

[127] Zu Genista-Arten als weiteren Schmetterlingsblütlern vgl. beim Cytisin 1.2.3.8, Rdnr. 780-782.
[128] Als „Rapé" wurde auch ein von Indianern des Pariana-Gebietes (im brasilianischen Amazonas-Bereich) aus der Frucht des zu den Maulbeergewächsen (Moraceae) zählenden Urwaldbaumes Maquira sclerophylla hergestelltes Schnupfpulver bezeichnet. Zu weiteren psychoaktiven Moraceae vgl. 1.1.1, Rdnr. 19 FN 1.
[129] Zu einer entsprechenden Zubereitung der Cocablätter vgl. 3.1.5, Rdnr. 1583.
[130] Vgl. hierzu beim Psilocybin 1.2.3.3, Rdnr. 653. Vgl. auch zur nasalen Aufnahme etwa von Cocain-HCl in Pulverform 3.1.5, Rdnr. 1586 f.
[131] Vgl. auch zum Muskatnussbaum beim Myristicin 1.2.3.2, Rdnr. 630.

Amazonas-Beckens, insbesondere des oberen Rio Negro, unter der Bezeichnung **"Epéna"**, in Kolumbien von Ureinwohnern unter dem Namen **"Yakee"**, geschnupft[132].

Teilweise wird die **Rinde** hierzu abgeschält und in Wasser geknetet; die Flüssigkeit wird anschließend zu einem Sud verkocht, der geröstet und pulverisiert wird. Teilweise wird auch der Baum gefällt, das Harz aufgefangen und zu einem Teig verkocht, der ebenfalls getrocknet und zerstampft wird.   **697**

Während das **Schnupfpulver** in Kolumbien fast ausschließlich von Medizinmännern im Rahmen ritueller Heilungen verwandt wird, unterliegt es in Brasilien und Venezuela auch dem Gebrauch durch andere Stammesmitglieder. Das "Epéna"-Pulver wird hierbei, u.U. ebenfalls mit **alkalischer Asche** (etwa der Rinde von Kakaobäumen oder Leguminosae zur besseren Freisetzung des Wirkstoffes) versetzt, mit einem Blasrohr wie das "Yopo"-Pulver in die Nase des Gegenübersitzenden geblasen, wobei Teile des Schnupfpulvers auch in die Lungen dringen.   **698**

Die gesamte **Alkaloidkombination** beider Baumgattungen ist nahezu identisch und recht hoch. Es handelt sich hierbei, neben dem bereits erwähnten **5-Hydroxy-DMT (Bufotenin)**, um weitere **Tryptamin-Derivate**, die ebenfalls psychotrope Wirksamkeit aufweisen.   **699 ***

Bei den **Anandenanthera-Arten** handelt es sich vor allem um das offenkettige **N,N-Dimethyltryptamin (DMT)**[133] und um das **5-Methoxy-DMT (5-MeO-DMT**; 5-Methoxy-N,N-dimethyltryptamin oder 5-Methoxybufotenin)[134].   **700 ***

Außerdem sind, wenn auch in geringerer Konzentration, **β-Carboline**[135] enthalten, nämlich 2-Methyl- und 1,2-Dimethyl-6-methoxytetrahydro-β-carbolin.   **701 ***

In den **Virola-Arten** wurde ebenfalls DMT und 5-MeO-DMT, außerdem 6-MeO-DMT und ebenfalls halluzinogene **Monomethyltryptamine (MMT)** wie das 5-MeO-MMT (5-Methoxymonomethyltryptamin) isoliert. Die β-Carboline sind die gleichen wie in den Anandenanthera-Arten. Außerdem wurde noch **Myristicin**[136] festgestellt, dessen Metaboliten Vergiftungserscheinungen hervorrufen können.   **702 ***

Da bei **oraler** Aufnahme der **Abbau** der **Tryptamine** über die Magen-Darm-Passage, wie erwähnt, zu schnell erfolgen würde, setzen kolumbianische Indianer ihrem "Yakee" **harmin-** und **harmalin-haltige** Pflanzen wie "Yagé", die als   **703 #**

---

[132] Daneben ist unter den Amazonas-Indianern das Yagé-Trinken verbreitet; zum Yagé vgl. beim Harmalin 1.2.3.5, Rdnr. 718-729.
[133] Zum DMT als vollsynthetisches Halluzinogen vgl. 1.2.4.4, Rdnr. 870.
[134] Zu den Strukturformeln von DMT und 5-MeO-DMT vgl. 1.2.1.1.4, Rdnr. 370, zur Wirksamkeit von 5-MeO-DMT vgl. 1.2.3.3, Rdnr. 653. 5-MeO-DMT wurde zudem in einer Krötenart gefunden: 1.2.3.4, Rdnr. 689 FN 126.
[135] Zu den β-Carbolin-Alkaloiden vgl. beim Harmalin 1.2.3.5, Rdnr. 715 und 742.
[136] Zu diesem Muskatnuss-Wirkstoff vgl. 1.2.3.2, Rdnr. 633 f.

MAO-Hemmer fungieren, hinzu, wodurch sich der Rausch von wenigen Minuten auf bis zu 2 h **ausdehnt**[137].

704   Beim "Yopo"- und "Epéna"-Schnupfen, das wegen der **abortativen** Wirkung bei Frauen[138] meist nur den Männern gestattet ist und im Rahmen religiöser Riten erfolgt, vollzieht sich der enthemmende und mitunter **halluzinogene** Wirkungseintritt **rasch**, wird aber von heftigen vegetativen Symptomen begleitet.

705   Wenige Minuten nach dem Schnupfen kommt es zu einer gesteigerten Reizbarkeit, die von einer Gefühllosigkeit in den Gliedern gefolgt ist. Charakteristisch ist neben einer **Pupillenerweiterung**[139] und Nystagmus das baldige Aufkommen von **Brechreiz** und Schwindelgefühl.

706   Wird das Pulver, wie es in tagelang währenden Zeremonien zuweilen geschieht, mehrmals und in erheblichen Mengen geschnupft, kann es außer zu Muskelzittern auch zu schwerwiegenden **Begleiterscheinungen** wie konvulsivische Zuckungen, einer Verzerrung der Gesichts- und Körpermuskulatur und schließlich dem Verlust der Kontrolle über die Gliedmaßen kommen[140]. Daneben wird dem Bufotenin eine aphrodisierende Wirkung (sexuelle Erregung und verlängerte Erektion) zugeschrieben.

707   Der **Rausch endet**, nach relativ kurzfristigen und meist einfachen (**elementaren**) **Halluzinationen** wie Flammenhuschen[141], in einem tiefen, unruhigen Erschöpfungsschlaf.

708   Die durchschnittliche **Dosis** des leicht halluzinogen wirkenden Bufotenins soll bei 16 mg i.v. liegen.

709   In einer Reihe weiterer, insbesondere in den tropischen Zonen **Südamerikas** gedeihender, wie der Yopo-Baum zu den **Leguminosae**[142] zählenden Pflanzengattungen konnten psychotrope Wirkstoffe, insbesondere ebenfalls **Tryptamin-Derivate**, festgestellt werden.

710   In erster Linie ist hier die mit Anandenanthera verwandte Gattung **Mimosa** zu nennen, von der verschiedene Arten im Osten Brasiliens "Jurema" genannt werden. So stellen die Pancaru-Indianer im ostbrasilianischen Bundesstaat Pernambuco aus den Wurzeln[143] von Mimosa hostilis, einem strauchartigen, spärlich mit Dornen besetzten, oft als "Jurema Prêta" ("Schwarze Jurema") bezeichneten Bäumchen, ein **Dekokt** her, welches als "Wein von

---

[137]   Vgl. hierzu auch beim Harmalin 1.2.3.5, Rdnr. 724, sowie beim DMT 1.2.4.4, Rdnr. 875 f.
[138]   Vgl. auch zum Yagé-Trank 1.2.3.5, Rdnr. 729.
[139]   Bei verschiedenen Halluzinogenen zu beobachten, vgl. z.B. beim LSD-25 1.2.1.1.4, Rdnr. 323.
[140]   Ähnlich den erheblichen Wirkungen mehrerer Solanaceen, vgl. z.B. zu den Baumdatura-Arten 1.2.2.2, Rdnr. 556, aber auch des vollsynthetischen DMT: 1.2.4.4, Rdnr. 881.
[141]   Vgl. demgegenüber die komplexen visuellen Halluzinationen z.B. im Mescalin-Rausch: 1.2.3.1, Rdnr. 607.
[142]   Zu weiteren halluzinogenen Legumiosae vgl. beim Cytisin 1.2.3.8, Rdnr. 780 f.
[143]   Vgl. auch zu den alkaloidhaltigen Wurzeln der Alraune 1.2.2.2, Rdnr. 502, oder der Kawa-Kawa-Wurzel 2.2, Rdnr. 1372.

1.2 Halluzinogene

Jurema" bekannt ist. Es soll Visionen und sexuelle Erregungszustände herbeiführen. Aus der Rinde der verwandten, unter dem Namen "Jurema Branca" ("Weiße Jurema") bekannten Mimosa verrucosa soll ebenfalls eine Rauschdroge gewonnen werden. Die Eingeborenen der Amazonas-Mündung weichen schließlich die Blätter der Mimosa pudica in ihrem Wurzelsaft ein und wickeln dann die Blätter um die Fußsohlen und den Brustkorb, eine Absorptionstechnik, die in ähnlicher Form auch in anderen Ländern bekannt ist. Auch hier soll die Folge u.a. eine Steigerung der sexuellen Erregbarkeit sein.

Die Wurzeln von Mimosa hostilis enthalten als Alkaloid wie u.a. die Anandenanthera-Arten **DMT**[144], ebenso die von Mimosa pudica. **711**

Daneben werden verschiedene zu den Leguminosae gehörende Pflanzen als (**Ersatz-**) **Rauschdrogen** konsumiert, deren Inhaltsstoffe nicht bestimmt bzw. als nicht psychotrop erkannt sind[145]. So wurde L-Betonicin als Canavalia maritima, eine charakteristische, zu den Leguminosae zählende Strandpflanze der Küsten von Mexiko bis Brasilien, isoliert. Canavalia maritima soll an der Golfküste als Marihuana-Ersatz geraucht werden. **712**

Bis auf **DMT**, das nach Anl. I zum BtMG 1994 zu den nicht verkehrsfähigen Btm gehört, sind die übrigen genannten **Tryptamin-Derivate** keine Btm im Sinne des BtMG. Soweit Kröten bzw. ihre Drüsensekrete und die genannten Pflanzenarten DMT enthalten, unterfallen auch sie, gleich ob in bearbeitetem oder unbearbeitetem Zustand, aufgrund der 10. BtMÄndV ab dem 1.2.1998 ebenfalls Anl. I, wenn ein Missbrauch zu **Rauschzwecken** vorgesehen ist. Gleiches gilt aufgrund der 15. BtMÄndV ab dem 1.7.2001 für Früchte, Samen und Zellkulturen, die zur Gewinnung von **Organismen**, die DMT oder einen anderen als Btm eingestuften Stoff enthalten, geeignet sind. Aber auch soweit keine Btm-Eigenschaft der Wirkstoffe gegeben ist und unabhängig von einer Zulassung kann der Handel mit diesen Organismen zu Rauschzwecken, ohne dass es auf eine Verschreibungsfähigkeit und -pflichtigkeit ankommt, nach § 95 Abs. 1 Nr. 1 AMG als Inverkehrbringen bedenklicher AM strafbar sein. **713 §**

1.2.3.5 Harmalin

Eine weitere, ebenso wie die Tryptamine vom **Indol** formal ableitbare, weit verbreitete Wirkstoffgruppe bilden die **Carbolin-Alkaloide**, die durch einen ankondensierten **Pyridin-Ring** charakterisiert sind. Im Gegensatz zu den offenkettigen Tryptamin-Derivaten ist hier also das **Ringsystem geschlossen**[146]: **714 ***

---

[144] DMT wurde außerdem in zu den Malphighiaceae gehörenden Banisteria-Arten gefunden, vgl. beim Harmalin 1.2.3.5, Rdnr. 724. Zum DMT-Rausch vgl. 1.2.4.4, Rdnr. 879.

[145] Gleiches gilt u.a. für verschiedene Nachtschattengewächse, vgl. 1.2.2.2, Rdnr. 561-563, und Malvengewächse, vgl. beim Ephedrin 3.2.1, Rdnr. 1712 FN 3. Vgl. auch beim Cannabis 1.1.5, Rdnr. 194.

[146] Vgl. hierzu auch beim LSD-25 1.2.1.1.4, Rdnr. 371. Zur 3-Pyridinsäure vgl. 3.2.4.2, Rdnr. 1800 FN 26. Zu Pyridin-Alkaloiden vgl. 3.2.3, Rdnr. 1771.

β-Carbolin   und   γ-Carbolin

715
* Zu den **β-Carbolin-Alkaloiden**, die in mindestens 8 Familien höherer Pflanzen vorkommen, gehören **Harmalin** und **Harmin** (syn. Telepathin). Neben dem D-1,2,3,4-Tetrahydroharmin, einem Reduktionsprodukt des Harmalin, wurden beide 1923 von Lewin als Hauptwirkstoffe der Yagé-Liane isoliert und 1927 **synthetisch** hergestellt. Strukturformeln des Harmalin und **Harman** (syn. Aribin), das sich vom Harmalin nur durch das Fehlen der Methoxy-Gruppe in Position 7 unterscheidet:

	R
Harmalin	-OCH₃
Harman	-H

716 Harmalin kristallisiert plättchenförmig, das chemisch weitgehend identische **Harmin** (syn. Banisterin) nadelförmig aus. Letzeres hat eine etwa doppelt so hohe Wirksamkeit und dürfte der eigentliche **Hauptwirkstoff** der Yagé-Liane sein. Die farblosen Harmin-Kristalle sind löslich in Alkohol, Ether und Chloroform, nicht dagegen in Wasser. Sie schmelzen bei 256-257° C und sind optisch inaktiv.

717
\# Die **β-Carboline** wirken als **Serotonin-Antagonisten**[147], wobei bemerkenswert ist, dass Harmala-Alkaloide auch in der Zirbeldrüse von Menschen und Tieren enthalten sind. Bei Inkubation von Serotoninmethylether auf Gewebe der **Epiphyse** bildete sich 6-Methoxy-1,2,3,4-tetrahydroharman, das ähnlich wie Harmalin wirkt. Eine entsprechende **Biogenese** wird daher vermutet.

718 Das natürliche Verbreitungsgebiet der zu den **Malphighiengewächsen (Malphighiaceae)** gehörende **Yagé-Waldliane (Banisteria** oder Banisteriopsis **caapi Spruce)**, von der mehrere Arten u.a. auch in Mexiko existieren, ist in **Südamerika** vor allem das westliche

---

[147] Zum Serotonin-Antagonismus des LSD-25 vgl. 1.2.1.1.4, Rdnr. 372-379.

1.2 Halluzinogene

Einzugsgebiet des Amazonas und des Orinoco in **Brasilien**. Sie ist aber auch entlang der Andenhänge, die zur Pazifikküste hin abfallen, von Kolumbien bis Peru sowie auf den Westindischen Inseln zu finden und wird z.T. kultiviert.

Neben Banisteriopsis caapi sind u.a. auch Banisteriopsis inebrians und die **"Oco-Yaje"** genannte Banisteriopsis rusbyana als halluzinogene Schlingpflanzen bekannt. **719**

Um 1850 wurde von Forschungsreisenden erstmals auf die halluzinogenen Eigenschaften südamerikanischer Banisterien hingewiesen, deren Gebrauch als Rauschdroge bis 1986 auf die traditionellen Gebiete beschränkt war. Seitdem ist der Gebrauch im Rahmen religiöser **Rituale** in **Brasilien** allgemein gestattet und hat dort seitdem einen Konsumentenkreis auch unter weißen Mittelschichtsangehörigen, die sich etwa in der Religionsgemeinschaft **"União do Vegetal"** zusammengeschlossen haben, mit Ablegern auch im europäischen Raum. **720**

Die frisch geschälte **Rinde** der unscheinbaren und nur schwer zu erkennenden **Yagé-Liane** wird von den Indianern der westlichen Hälfte des Amazonas-Gebietes, vereinzelt auch in Kolumbien und Ecuador, zerstampft und mit Wasser getrunken. Neben der gelegentlichen Gewinnung von **Schnupfpulver** aus getrockneten Pflanzen besteht eine andere Zubereitungsart darin, dass ein Stück des unteren Teils der Liane in etwa handgroße Scheiben geschnitten, 6-8 h in einem Kessel zu einem zähflüssigen, dunklen und übelriechenden **Pflanzenabsud** verkocht und die gefilterte Flüssigkeit sodann getrunken wird. **721**

Das entsprechende tee-artige **Getränk** wird meist als **"Yagé"**, "Caapi", "Hoasca" ("Geisterliane") oder "Ayahuasca" bezeichnet, wobei letzteres die Bedeutung von "sich durch Träume bereichern" hat.

Die **orale Dosis** beträgt etwa 250-500 mg der kaum toxischen Substanz[148]. In seiner Hydrochlorid-Form kann Harmalin auch **geschnupft** werden. Die i.v. **Injektionsdosis** liegt bei 10-30 mg. Kleinere Dosen sollen allgemein aphrodisierend, größere halluzinogen wirken. **722**

Zur Steigerung der halluzinogenen Wirkung werden in manchen Gebieten **Datura-Arten**[149] oder Pflanzen hinzugefügt, die Alkaloide vom **Tryptamin-Typ**[150] enthalten, etwa in Brasilien die DMT-haltigen Blätter der Chacrona, der Kaffeestaude Psychotria viridis, die zusammen mit den hier auch "Mariri" genannten Lianenfasern zu dem beschriebenen Absud verkocht werden, der teilweise in **Kombination** mit **Cannabis** eingenommen wird. **723**

Außerdem enthalten verschiedene Banisteria-Arten neben β-**Carbolinen** selber **Tryptamine**, etwa Banisteriopsis rusbyana Bufotenin und **DMT**[151], wobei letztere bei oraler Aufnahme infolge schnellen Abbaus durch das Enzym Monoaminoxydase eigentlich unwirksam sind[152], wenn nicht gleichzeitig **MAO-Hemmer**[153] zugeführt werden. Sowohl bei den **724 #**

---

[148] Vgl. zur Dosierung von Mescalin 1.2.3.1, Rdnr. 585.
[149] Etwa Baumdatura, vgl. bei den Solanaceen 1.2.2.2, Rdnr. 556.
[150] Vgl. zum Bufotenin und verwandte Tryptamine 1.2.3.4, Rdnr. 688, 699-702.
[151] Vgl. auch zu den Mimosen-Arten 1.2.3.4, Rdnr. 711.
[152] Vgl. hierzu beim Psilocybin 1.2.3.3, Rdnr. 653, und zum „Cohoba" 1.2.3.4, Rdnr. 693.
[153] Vgl. hierzu beim Bufotenin 1.2.3.4, Rdnr. 703, und beim DMT 1.2.4.4, Rdnr. 876. Zu weiteren MAO-Hemmern vgl. beim Myristicin 1.2.3.2, Rdnr. 635, beim Dopamin

Harmala- als auch bei den **Iboga-Alkaloiden**[154] handelt es sich um derartige MAO-Hemmer, so dass erst durch die **Kombination** beider Wirkstoffarten die spezifische **Rauschwirkung** sich hier ergibt[155].

725 Der **Yagé-Trank** wird vor allem in **Brasilien** und Peru außer von Schamanen als ekstaseinduzierendes Mittel auch im Rahmen gemeinsamer ritueller Feste, begleitet von Trommeln oder anderen Musikinstrumenten gereicht, die einen Zustand der Erregung und der erhöhten Bereitschaft des Körpers zur Aufnahme der Droge hervorrufen sollen. Der Trank soll dann vornehmlich der Kontaktaufnahme mit den Vorfahren und Rückkehr zum Beginn aller Dinge, dem mystisch-orgiastischen Ursprung[156] dienen. Dies gilt auch, soweit die Droge im Rahmen religiöser **Rituale** von Angehörigen der städtischen brasilianischen Mittelschicht eingenommen wird: Auch hier geht es um die Erfahrung der Unendlichkeit, aber auch existenzieller Einsamkeit, eingebettet in eine wohlwollend-unterstützende Gruppe.

726 Der **Wirkungseintritt** erfolgt nach Einnahme des Yagé-Tranks sehr **rasch**, etwa nach 5
min[157]; Yagé dürfte von allen biogenen Rauschdrogen mit am schnellsten den Magen passieren.

727 Die **physische** Wirkung besteht sodann in einem starken Erbrechen mit nachfolgendem Schwindelgefühl[158].

Hieran schließen sich vor allem visuelle **Halluzinationen** mit ständig wiederkehrenden Bildern, farbigen Visionen (charakteristisch soll eine intensive Blaufärbung aller optischen Eindrücke sein), Flammenhuschen und Verzerrungen der Perspektive[159] an, begleitet von einem Gefühl des Schwebens und Fliegens[160]. Bei geringer Dosierung bleibt das **Bewusstsein** jedenfalls zeitweise erhalten.

728 Die **Wirkungsdauer** beträgt etwa 4 bis zu 6 h. Das Trinken mit erneutem Erbrechen wird im Verlaufe der Nacht mehrmals wiederholt, wobei die u.a. auch

---

3.1.4, Rdnr. 1572, und beim Amfetamin 3.2.4.4, Rdnr. 1892. Zu den Monoaminoxydasen vgl. auch Einführung Rdnr. 13.

[154] Zu den Iboga-Alkaloiden vgl. 1.2.3.7, Rdnr. 761-774.

[155] Vgl. auch zum Yohimbin als weiterem MAO-Hemmer 1.2.3.6, Rdnr. 757. Infolge ihrer zentral-stimulierenden und stimmungsaufhellenden Wirkung werden MAO-Hemmer als Antidepressiva medizinisch eingesetzt, vgl. 4.3.3, Rdnr. 2158, sowie zum Etryptamin 1.2.4.4, Rdnr. 887. Bei gleichzeitiger Aufnahme serotonin-haltiger Lebensmittel wie Bananen (vgl. 1.1.5, Rdnr. 194) und MAO-Hemmer wie Yagé können diese im Körper nicht durch die MAO in eine verwertbare Form überführt werden mit der Folge erheblicher gesundheitlicher Gefahren.

[156] Vgl. hierzu auch den Hinweis auf die Eleusinischen Mysterien beim LSD-25 1.2.1.1.2, Rdnr. 278 f., sowie Vorbem. 1.2.3, Rdnr. 570 f.

[157] Vgl. zum Wirkungseintritt des Psilocybins 1.2.3.3, Rdnr. 676.

[158] Zu den entsprechenden Symptomen des Mescalin-Rausches vgl. 1.2.3.1, Rdnr. 602.

[159] Insgesamt kommt es zu komplexeren Halluzinationen als etwa beim Bufotenin, vgl. zu letzterem 1.2.3.4, Rdnr. 707.

[160] Vgl. zu entsprechenden Wirkungen der Hexensalben 1.2.2.2, Rdnr. 538, und zu Elevationsgefühlen im Cannabis-Rausch 1.1.4, Rdnr. 127.

erotisch gefärbten Sinnestäuschungen sich verstärken, verbunden mit **motorischer Unruhe**, die zum Singen und Tanzen führt[161].

Später können sich Durchfall und Magenkrämpfe einstellen. Der Rausch endet in einem tiefen **Schlaf**, der oft von lebhaften Träumen begleitet ist. Das **Abhängigkeitspotential** scheint jedenfalls bei mäßigem Konsum gering zu sein, ebenso körperliche Langzeitwirkungen, auch dieses Halluzinogen vermag jedoch **latente Psychosen** auszuklinken.

Die Wirkung als sexuelles Stimulanz bei kleinerer Dosierung kann mit der Verwendung von Yagé bei **Initiationsriten** etwa der Tukanoau-Indianer Kolumbiens in Zusammenhang stehen; zudem werden aber unter Yagé-Einfluss auch Schmerz und Schock erträglicher. Bei Frauen soll Yagé kräftige Gebärmutterkontraktionen einleiten und **abortativ** wirken; der Trank ist in traditionellen Gruppen daher meist nur den Männern gestattet[162]. **729**

Die Tatsache, dass Harmalin und Harmin neben einer Pulsverlangsamung und Atemdepression[163] wie Atropin[164] und Strychnin das **extrapyramidal-motorische** System beeinflusst und damit auch eine Erregung der Muskulatur bewirkt[165], benutzte Louis Lewin Ende der 1920er Jahre dazu, an **Encephalitis lethargica**[166] erkrankten Patienten **synthetisches Harmalin** zu verabreichen, um die mit dieser Krankheit verbundene Muskelstarre abzubauen. **730 #**

Ebenso wurde Harmin bei **Parkinsonkranken** zur Verminderung des Rigor der Muskulatur eingesetzt, wobei allerdings, wie sich herausstellte, die Wirkung auf das extrapyramidal-motorische System rein symptomatisch und von kurzer Dauer ist. **731**

Demgegenüber wurden in jüngerer Zeit, ausgehend vom Ethyl-β-carbolin-3-carboxylat, das eine Estergruppe in Position 3 des Heterocyclus aufweist[167], eine Reihe von **Abwandlungen** erprobt, welche eine hohe Affinität hinsichtlich des BD-Rezeptors[168] und damit ein **BD-Wirkungsprofil** etwa hinsichtlich der anxiolytischen und muskelrelaxierenden Wirkungen aufweisen, jedoch ohne die bei Einnahme von 1,4-Benzodiazepinen auftretenden etwa sedierenden Nebenwirkungen, insbesondere ohne deren Abhängigkeitspotential. **732 * #**

---

[161] Vgl. auch zum Missbrauch psilocybin-haltiger Pilze als „Disko-Drogen" 1.2.3.3, Rdnr. 677, sowie zum Fliegenpilz 1.2.2.1, Rdnr. 473.
[162] Zu entsprechenden Bufotenin-Wirkungen vgl. 1.2.3.4, Rdnr. 704. Vgl. auch zum Mutterkorn 1.2.1.1.2, Rdnr. 284.
[163] Wobei es sich um cholinerge, muscarin-artige Wirkungen handelt, vgl. 1.2.2.1, Rdnr. 462.
[164] Zu den anticholinergen Atropin-Wirkungen vgl. 1.2.2.2, Rdnr. 517.
[165] Zu den zentral-erregenden Strychnin-Wirkungen vgl. 4.3.1.1, Rdnr. 2118. Zu entsprechenden Ibogain-Wirkungen vgl. 1.2.3.7, Rdnr. 770.
[166] Vgl. hierzu beim Amfetamin 3.2.4.2, Rdnr. 1792.
[167] Ethyl-9H-pyrido[3,4b]indol-3-carboxylat; vgl. zur Strukturformel des Harmalins 1.2.3.5, Rdnr. 715.
[168] Zum Vorhandensein eines speziellen BD-Rezeptors im ZNS vgl. 4.3.4, Rdnr. 2203. Zum Einsatz von Pharmaka mit BD-Wirkungsprofil ohne deren Nebenwirkungen vgl. auch 4.3.2, Rdnr. 2138.

733   Harmalin wurde zudem im Rahmen **psychotherapeutischer** Sitzungen appliziert[169], wobei die Patienten häufig erotisch gefärbte Visionen gehabt haben sollen. Derzeit wird eine Einsetzbarkeit im Rahmen der Therapie des Alkoholismus erörtert.

734   Als Rauschdroge kam bei uns **Harmin-HCl** zur Anwendung, wobei konstatiert wurde, dass eine Kombination mit Alkohol u.U. tödliche Vergiftungserscheinungen zur Folge haben kann.

735   Überraschend war die Entdeckung, dass der **Yagé-Wirkstoff (Banisterin)** mit dem der **Syrischen Steppenraute (Peganum harmala L.) (Harmin)** identisch ist.

736   Diese bis 1 m hohe, zur (vorwiegend tropischen) Familie der **Jochblattgewächse (Zygophyllaceae)** gehörende und in Wüstengebieten beheimatete Staude wächst wild entlang den Mittelmeerküsten Europas, Afrikas und des Nahen Ostens. Sie kommt aber auch in Südrussland, in der Mongolei und Mandschurei sowie bis in den Tibet hinein vor.

737   Harmala-Wirkstoffe enthält auch die im Westen der USA heimische Zygophyllum fabago.

738   In der Volkskunde war das **Samenöl** der Steppenraute seit der Antike als Heilmittel bekannt; gegebenenfalls handelt es sich hierbei um das von lateinischen Autoren wegen seiner kräftigenden Wirkung gerühmte Aphrodisiacum "Moly" (bei dem es sich allerdings wohl eher um eine mythologische Erfindung handeln dürfte)[170]. Die Samen wurden auch im Orient u.a. als harntreibendes und als Brechmittel sowie bei Asthma, als Narkoticum, aber auch als halluzinogene Rauschdroge verwendet. In Ägypten soll das Harmala-Samenöl insbesondere seiner aphrodisierenden Eigenschaften wegen als "Zit-el-harmel" weiterhin verkauft werden.

739   Neben weiteren β-Carbolinen (u.a. Yagein und Harmalol) wurden Harmalin, Harmin und Tetrahydroharmin in **Peganum harmala** isoliert, von der die am häufigsten benutzte Bezeichnung der entsprechenden Alkaloide abgeleitet wurde.

       Auch die Gesamtalkaloidkombination der Steppenraute bewirkt neben ihren **halluzinogenen** Eigenschaften eine **Stimulierung** des motorischen Cortex und des gesamten ZNS.

740   Von den niedermolekularen β-Carbolin-Derivaten haben vornehmlich die **Har-**
*   **min-Basen** weite Verbreitung in der Natur gefunden.

741   Außer in den erwähnten Pflanzenfamilien (Malphighiaceae und Zygophyllaceae) wurden Harmin und Harman (syn. auch Passiflorin) u.a. in **Passiflora** (aus der Familie der Passifloraceae), etwa in der in Westindien, den südlichen Teilen der USA und Südamerika gedeihenden Passionsblume (Passiflora incarnata) isoliert, die als Beruhigungs- und leichtes Rauschmittel genutzt wird, sowie in Pflanzen der zur Familie der Symplocaceae gehörenden Gattung **Symplocos**, etwa der Lotusrinde (Symplocos racemosa), wobei das hier vorkommende Loturin wiederum mit Harman identisch ist.

---

[169]   Zu einem entsprechenden Einsatz u.a. von Psilocybin vgl. 1.2.3.3, Rdnr. 664-666.
[170]   Vgl. auch zum altindischen „Soma" 1.2.2.1, Rdnr. 479 FN 23.

β-Carboline fanden sich außerdem in der Rinde des wie die Yagé-Waldliane im Amazonas-Gebiet heimischen **Yopo-Baumes** und verschiedener **Virola-Arten**[171]. **742**

Harmalin und die übrigen genannten β-Carboline sind bei uns praktisch bedeutungslos; **743** 1983 wurde einmal von einer Einnahme von Harmin als Reinsubstanz mit anschließendem "Horror-Trip" berichtet, die im illegalen Handel als "Mescalin" angeboten worden war. Sporadisch schient es zudem auch in **Deutschland** zu einem Konsum des Yagé-Trankes durch Angehörige der genannten Religionsgemeinschaften zu kommen

Entsprechend der geringen Bedeutung in Deutschland handelt es sich weder bei **744** **Harmalin** und den erwähnten **Begleitalkaloiden**, noch bei den beschriebenen, § diese Wirkstoffe enthaltenden Pflanzen um Btm im Sinne des BtMG 1994. Dies gilt aufgrund der 10. BtMÄndV ab dem 1.2.1998 jedoch nicht, soweit sie **DMT** enthalten und wie Btm missbräuchlich verwendet werden sollen; ebenfalls fallen Früchte, Samen und Zellkulturen aufgrund der 15. BtMÄndV ab dem 1.7.2001 unter Anl. I zum BtMG, die zur Gewinnung von Pflanzen mit DMT oder einen anderen als Btm eingestuften Wirkstoff geeignet sind, wenn ein Missbrauch zu **Rauschzwecken** vorgesehen ist. Aber auch unabhängig von einer Btm-Eigenschaft kann der Handel mit derartigen Pflanzen und Pflanzenteilen zu Rauschzwecken, ohne dass eine Verschreibungsfähigkeit und -pflichtigkeit gegeben sein muss oder es auf eine Zulassung ankommt, als Inverkehrbringen bedenklicher AM gemäß § 95 Abs. 1 Nr. 1 AMG strafbar sein.

1.2.3.6 Yohimbin

Als **Antihypertonicum**, Sympatholyticum (α_2-**Rezeptorenblocker**)[172] und **745** **Aphrodisiacum** ist Yohimbin auch bei uns nicht unbekannt. Weniger bekannt ist demgegenüber seine **psychoaktive** Wirksamkeit.

Vom chemischen Aufbau her lässt sich **Yohimbin** (früher Quebrachin genannt; **746** chem. Bezeichnung (IUPAC): Methyl-[(+)-17α-hydroxy3α,15α,20β-yohimban- * 16α-carboxylat] oder: 16-Hydroxyyohimban-16-carbonsäuremethylester) als **Indol-Alkaloid**, genauer als ein solches mit **β-Carbolin-Grundskelett**[173], einordnen. (+)-Yohimbin, von dem verschiedene Stereoisomere, Stellungsisomere und andere Derivate vorkommen, wird u.a. mit dem Rauwolfia-Alkaloid **(-)-Reserpin**[174] der eigenständigen Gruppe der **Yohimban-Alkaloide** zugeordnet.

---

[171] Vgl. hierzu beim Bufotenin 1.2.3.4, Rdnr. 710 f.
[172] Entsprechend Nicotin. Vgl. auch zum LSD als α-Sympatholyticum 1.2.1.1.4, Rdnr. 367 und 372, sowie zum MDMA 1.2.4.3, Rdnr. 842; im Gegensatz etwa zum Clonidin (vgl. 2.1.7, Rdnr. 1351), einem α_2-Agonisten.
[173] Zu den β-Carbolinen vgl. beim Harmalin 1.2.3.5, Rdnr. 714 f.
[174] Zu diesem Antihypertonicum und Neurolepticum vgl. 4.3.2, Rdnr. 2142.

747 Strukturformel:

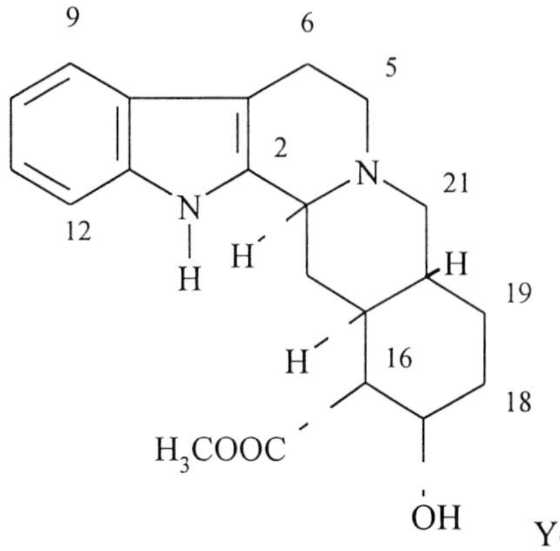

Yohimbin

748 Yohimbin ist u.a. in den der Familie der **Apocynaceae**[175] zuzuordnenden Pflanzen der Genera Rauwolfia, Vinca (Immergrün) und Catharanthus enthalten.

749 So findet sich Yohimbin in der in den USA heimischen Catharanthus lanceus[176], die ihrer euphorisierenden, psychedelischen und aphrodisierenden Wirkung wegen dort bekannt ist.

750 Yohimbin-haltig ist außerdem die Wurzelrinde des in Westafrika heimischen, immergrünen, zur Familie der **Rubiaceae (Rötegewächse)** zählenden Pausinystalia yohimbe- oder **Corynanthe yohimbe-Baumes**. Diese wird als "**Potenzholz**" in die ganze Welt exportiert.

751 Yohimbin ist schließlich auch in der Rinde der ebenfalls in Afrika beheimateten, zur großen Familie der **Euphorbien (Wolfsmilchgewächse)** zählenden Alchornea floribunda enthalten, die gleichfalls als psychotrope Pflanze bekannt ist, sowie in Aspidosperma quebrancho-blanco und Mitragyna stipulosa. Mitragyna speciosa wird als stimulierendes Mittel u.a. auf den Philippinen und in Thailand gebraucht.

752 Die **Zubereitung** erfolgt allgemein durch Zerkochen einzelner **Rinden**stücke.

753 Die **Yohimbin-Wirkungen** treten bei einer **ED** von etwa 0,03 g innerhalb von 45-60 min nach der Einnahme des entsprechenden Getränkes auf. Es kommt zu milden Wahrnehmungsveränderungen bzw. leichten **Halluzinationen**, begleitet von Kopfschmerzen, Hypertonie, Schwindelgefühlen und **Erbrechen**, die ca. 2 h lang anhalten und meist in einen Schlaf münden.

754 Die psychotrope, erregende und sexuell stimulierende Wirkung ist unter Eingeborenen
Westafrikas und Südamerikas seit längerem bekannt, wobei die **aphrodisierende** Wirkung außer auf der rauschbedingten, zentralen Erregbarkeit[177] und gegebenenfalls Stimulierung

---

[175] Zu Iboga- und Vinca-Alkaloide enthaltenden Hundsgiftgewächsen (Apocynaceae) vgl. beim Ibogain 1.2.3.7, Rdnr. 763 und 776.
[176] Zu der verwandten Catharanthus roseus vgl. beim Ibogain 1.2.3.7, Rdnr. 776.
[177] Vgl. hierzu auch beim Cytisin 1.2.3.8, Rdnr. 784 und 792.

der spinalen Zentren der Genitalorgane im Sakralmark vor allem auf einer Gefäßerweiterung und verstärkten Durchblutung der Genitalien selbst beruhen dürfte.

In den USA wird Yohimbin-HCl als adrenerger Hemmer dementsprechend als **Aphrodisiacum** vertrieben und oral geschnupft. Medizinisch dürften allein beim Yohimbin die vielen Pflanzen nachgesagten aphrodisierenden Eigenschaften[178] hinreichend belegbar sein. 755

Daneben besitzt Yohimbin **lokalanästhetische** Eigenschaften. In **Kombination** mit **Cocain**, etwa als Streckmittel[179], führt es zu einer Verstärkung der blutdruck- und herzfrequenzsteigernden Cocain-Wirkung, neben einer Erhöhung der muskulären Hyperaktivität, was eine Erhöhung der Toxizität beinhaltet. 756

In **höherer Dosierung** kann Yohimbin **Erregungszustände**, eine Erhöhung des Blutdruckes und Gereiztheit bewirken mit nachfolgender Depression. 757

Die **DL** liegt bei etwa 1 g und mehr; es kann zu **epileptoformen** Krämpfen, Koma und Schock kommen.

Habitueller Missbrauch kann zu psychischen und körperlichen Schäden führen. Eine weitere Gefahr soll darin bestehen, dass Yohimbin als **MAO-Hemmer** Nebennieren- und andere Stoffwechselfunktionen verändern können soll[180].

Extrakte des **Corynanthe yohimbe-Baumes** werden - in homöopathischer Verdünnung - auch bei uns, frei verkäuflich, als Mittel zur sexuellen Stimulanz vertrieben oder als Yohimbin-HCl à 5 mg/Tablette (Yohimbin "Spiegel") bei Impotenz verschrieben. Daneben bestehen in niedriger Dosierung Einsatzmöglichkeiten u.a. als Antihypertonicum (Gefäßerweiterung und Blutdrucksenkung) sowie bei vegetativer Dystonie, Angst- und Erschöpfungszuständen. 758

Yohimbin unterliegt ebensowenig wie die diesen Wirkstoff enthaltenden Pflanzen den Bestimmungen des BtMG 1994. 759 §

Yohimbin und seine Salze sind jedoch wie auch Rauwolfia selbst und ihre Alkaloide aufgrund der ArzneimittelV 1990 **verschreibungspflichtige** Stoffe; werden sie außerhalb einer Apotheke vertrieben, kann dies eine Straftat nach § 95 Abs. 1 Nr. 4 AMG beinhalten. Aber auch ohne dass eine Verschreibungsfähigkeit und -pflichtigkeit gegeben ist sowie unabhängig von einer Zulassung, kann der Handel mit yohimbin-haltigen Pflanzen und Pflanzenteilen bzw. den isolierten Wirkstoffen zu **Rauschzwecken** als Inverkehrbringen bedenklicher AM gemäß § 95 Abs. 1 Nr. 1 AMG strafbar sein. 760 §

---

[178] Vgl. z.B. zu verschiedenen Datura-Arten 1.2.2.2, Rdnr. 549.
[179] Vgl. hierzu beim Cocain 3.1.3, Rdnr. 1499-1505, und 3.1.5, Rdnr. 1601.
[180] Vgl. hierzu auch u.a. bei den Harmala-Alkaloiden 1.2.3.5, Rdnr. 724.

1.2.3.7 Ibogain

761 Das **(-)-Ibogain** (syn. Ibogamin) gleicht in gewisser Hinsicht dem γ-**Carbolin**[181],
* jedoch ist der mit dem **Indol-Ring** verbundene zweite Ring, der das weitere Stickstoffatom enthält, nicht 6- sondern 7-gliedrig. Das Ibogain bildet daher mit einer Reihe verwandter Alkaloide die eigenständige Gruppe der **Iboga-Alkaloide**.

762 Strukturformeln:
*

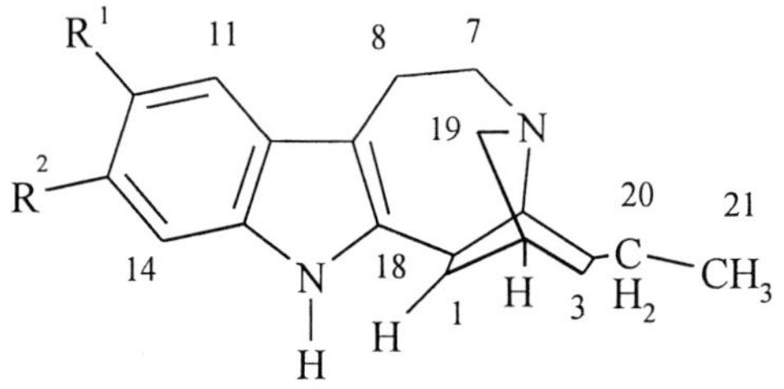

	R^1	R^2
Ibogain	-OCH$_3$	-H
Ibogalin	-OCH$_3$	-OCH$_3$

763 Ibogain ist als psychotroper **Hauptwirkstoff** neben 12 weiteren Alkaloiden vor allem in der Rinde der gelblichen **Wurzel** des **Tabernanthe iboga-Strauches** enthalten. Bei diesem 1-1,5 m hohen Strauch handelt es sich um ein **Hundsgiftgewächs (Apocynaceae)**[182], das wild im Unterholz des äquatorial- und westafrikanischen Urwaldes vorkommt.

Teilweise wird der Strauch auch kultiviert. Neben Cannabis[183] handelt es sich hierbei um eine der wenigen aus **Afrika** bekannten psychotropen Pflanzen.

764 1901 wurde Ibogain erstmals aus der Wurzelrinde **extrahiert**, konnte aber erst 1966 **synthetisiert** werden.

765 Die **psychedelische** und **zentral-stimulierende** Wirkung[184] des Ibogains
\# scheint auf einen Eingriff in den Acetylcholin-Haushalt des **parasympathischen** Nervensystems wie bei den Tropan-Alkaloiden[185] zu beruhen. Hinzu kommt eine spezifische und revisible **Hemmung** einiger **Monoaminoxydasen**[186].

---

[181] Zur γ-Carbolin-Grundstruktur vgl. 1.2.3.5, Rdnr. 714.
[182] Zu yohimbin-haltigen Apocynaceae vgl. 1.2.3.6, Rdnr. 748 f.
[183] Vgl. zum „Dagga" 1.1.1, Rdnr. 31.
[184] Vgl. hierzu auch beim Yohimbin 1.2.3.6, Rdnr. 754, und Cytisin 1.2.3.8, Rdnr. 784.
[185] Vgl. bei den Solanaceen 1.2.2.2, Rdnr. 515 und 517.
[186] Vgl. hierzu auch beim Harmalin 1.2.3.5, Rdnr. 724. Zur stimmungsaufhellenden und antriebssteigernden Wirkung von MAO-Hemmern vgl. auch bei den Antidepressiva 4.3.3, Rdnr. 2158.

1.2 Halluzinogene

Als **Indol-Derivat** scheint der Wirkort des Ibogains ebenfalls im Bereich der **Formatio reticularis** zu liegen[187]. **766**

Im Gegensatz zu den bisher besprochenen Halluzinogenen dürfte hier die Stellung der **Methoxy-Gruppe** für die **psychotrope** Wirkung ausschlaggebend sein: Das isomere Begleitalkaloid Tabernanthin, das im Gegensatz zum Ibogain die CH_3O-Gruppe in Stellung 13 trägt, hat bereits keine psychotrope Wirkung mehr, sondern nur noch eine lokalanästhetische[188]. **767**

Zu Beginn des 19. Jahrhunderts verkauften die Franzosen den Extrakt der Iboga-Wurzelrinde[189] unter dem Namen "**Lambarene**" als Allheilmittel. Die deutschen Kolonialherren setzten die Droge zur Steigerung der Arbeitsfähigkeit ihrer afrikanischen Arbeiter ein. **768**

Die getrocknete und **pulverisierte Iboga-Rinde**, vor allem die der Wurzel, wird noch heute in animistischen schwarzafrikanischen Kulturen des Kongos und Westafrikas (in erster Linie Gabuns) verwandt ("Bwitikult"), im Kongo teilweise in Verbindung mit einem Rindenextrakt des Yohimbe-Baumes[190]. **769**

In **Dosen** von 3-5 Teelöffeln dient die Iboga-Rinde als **Aphrodisiacum**, zur Überwindung von Müdigkeit und zur **Erhöhung** der motorischen **Aktivität**; große körperliche Strapazen können ohne Anzeichen von Ermüdung ausgehalten[191], gegebenenfalls aber auch auf der Jagd nach größeren Tieren diesen stundenlang bewegungslos aufgelauert werden. **770**

Höhere Dosen, die auch **halluzinogen** wirken können, werden im Rahmen von Initiationsriten[192] eingenommen, um Verbindung mit den Ahnen aufzunehmen. Hierin liegt gleichzeitig die sozio-kulturelle Bedeutung der Iboga-Droge: Sie ermöglicht es einer animistisch-afrikanischen Gesellschaft, mit ihrer Tradition und ihren Vorfahren "in Verbindung zu bleiben" angesichts zunehmender christlich-europäischer Überfremdung ihrer Umwelt. **771**

Im Verlauf des **Iboga-Rausches** kommt es zu Visionen und dem Gefühl der Zeitdehnung[193], u.U. mit gefährlichen Nebenwirkungen wie Wahnvorstellungen, Übererregbarkeit, epileptischen Krämpfen und Koma. In **toxischer** Dosierung kann Iboga zum Tode durch Atemstillstand führen. **772**

---

[187] Vgl. hierzu beim LSD-25 1.2.1.1.4, Rdnr. 355. Zur Verstärkerwirkung des Cocains über das retikuläre System vgl. 3.1.4, Rdnr. 1548.
[188] Vgl. hierzu auch beim Yohimbin 1.2.3.6, Rdnr. 756, und beim Kavain 2.2, Rdnr. 1377.
[189] Vgl. auch zur alkaloid-haltigen Wurzel der Alraune 1.2.2.2, Rdnr. 502, oder zur Kawa-Kawa-Wurzel 2.2, Rdnr. 1372.
[190] Zum Corynanthe yohimba-Baum vgl. 1.2.3.6, Rdnr. 750.
[191] Zu entsprechenden Cocain-Effekten vgl. 3.1.4, Rdnr. 1514-1518. Zu entsprechenden Harmala-Wirkungen vgl. 1.2.3.5, Rdnr. 728 und 730.
[192] Zu einer entsprechenden Verwendung des Yagé-Trankes vgl. beim Harmalin 1.2.3.5, Rdnr. 729.
[193] Zum Gefühl der Zeitdehnung im Psilocybin-Rausch vgl. 1.2.3.3, Rdnr. 678, im DMT-Rausch 1.2.4.4, Rdnr. 877.

773 In der Wirkung und im Wirkungsverlauf zeigen sich viele Parallelen zu dem β-Carbolin-Alkaloid Harmalin[194], wozu in körperlicher Hinsicht das häufige **Erbrechen**[195] gehört. Jedoch scheinen vergleichsweise weniger visuell-symbolische Erfahrungen zu erfolgen.

774 Hingegen haben, vor allem zeitweise in den USA und der Schweiz durchgeführte, Ibogain-Applikationen im Rahmen **psychotherapeutischer** Sitzungen[196] angeblich eine starke Konzentration der Patienten auf Kindheitserinnerungen und frühe Phantasien bewirkt.

775
* Die ebenfalls **psychotrop** wirksamen ca. 60 **Vinca-Alkaloide**, bei denen es sich um **Bisindol-Alkaloide** handelt, scheinen aus einem Iboga- und einem Aspidospermidin-Alkaloid in der Pflanze synthetisiert zu werden, wozu eine funktionelle Gruppe im Iboga-Teil abgespalten wird.

776
* Die bekannteste, teilweise auch Vinca-Alkaloide mit einer β-Carbolin-Grundstruktur enthaltende Pflanze, dürfte das ebenfalls zu den Apocynaceae zu rechnende **Madagaskar-Immergrün** (Catharanthus roseus oder Vinca rosea bzw. major)[197] sein. Es enthält u.a. die Indole Akuamin und Catharosin neben den (verschreibungspflichtigen) **Vinblastin** (INN) und **Vincristin** (INN). Das Rauchen der getrockneten Blätter des Madagaskar-Immergrüns soll vor allem erotisch gefärbte **Halluzinationen** erzeugen.

777 Bekannter ist die Verwendung von Vinblastin und Vincristin aufgrund ihrer Fähigkeit, die Zellteilung in der Metaphase zu hemmen, u.a. in der **Chemotherapie** maligner Tumore[198], insbesondere bei Leukämie im Kindesalter. Das ebenfalls verschreibungspflichtige (+)-Vincamin (INN) aus Vinca minor, dem auch bei uns angebauten Kleinen Immergrün, ist ebenfalls pharmakologisch von Bedeutung, da es die zerebrale Durchblutung fördert.

778
§ Die hier vorgestellten **Iboga-** und **Vinca-Alkaloide** sind, ebenso wie die sie enthaltenden Pflanzen, keine Btm im Sinne des BtMG 1994. Der Handel mit Pflanzen oder Pflanzenteilen, die diese Wirkstoffe enthalten bzw. den entsprechenden Wirkstoffen selbst zu **Rauschzwecken**, kann jedoch unabhängig von einer Verschreibungsfähigkeit und -pflichtigkeit sowie einer Zulassung als Inverkehrbringen bedenklicher AM nach § 95 Abs. 1 Nr. 1 AMG strafbar sein.

---

[194] Zu den Harmalin-Wirkungen vgl. 1.2.3.5, Rdnr. 725-729.
[195] Zu vergleichbaren vegetativen Nebenwirkungen s. auch u.a. bei den Amanita-Wirkstoffen 1.2.2.1, Rdnr. 473, und dem Arecolin 3.2.3, Rdnr. 1777.
[196] Zum Einsatz von Halluzinogenen im Rahmen der Psychotherapie vgl. u.a. beim Harmalin 1.2.3.5, Rdnr. 733, sowie beim MDMA 1.2.4.3, Rdnr. 844.
[197] Zur yohimbin-haltigen Catharanthus lanceus vgl. 1.2.3.6, Rdnr. 749.
[198] Zu einem entsprechenden Einsatz von THC-Derivaten als Zytostatica vgl. 1.1.3, Rdnr. 99. Vgl. in diesem Zusammenhang auch zum Colchicin 3.1.5, Rdnr. 1601 FN 221.

1.2.3.8 Cytisin

Eine weitere als Rauschdrogen kaum noch bekannte Pflanzengruppe enthält vor allem das stark toxische, tricyclische, zu den **Chinolizidin-Alkaloiden**[199] zählende Lupinen-Alkaloid **(-)-Cytisin**, das in vielen **Schmetterlingsblütlern** enthalten ist;

Strukturformel:

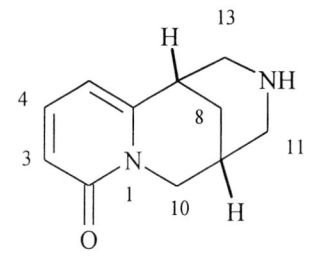

(-)-Cytisin

Cytisin ist, etwa neben dem ihm verwandten Spartein, der Wirkstoff verschiedener, zu den Leguminosae[200] zählender **Ginster-Arten**.

Hierzu zählt etwa der zur Gattung **Cytisus (Geißklee)** gehörende, bei uns als Heilpflanze genutzte Gemeine Besenginster (Cytisus scoparius), der Kanarische Ginster (Cytisus oder Genista canariensis) sowie der Spanische Ginster oder Pfriemenginster (Spartium junceum, der gelben Farbstoff liefert und über ein harntreibendes, Brechreiz verursachendes Alkaloid verfügt), die besonders häufig in den **Mittelmeerländern** anzutreffen sind. Cytisus canariensis ist ein immergrüner, reichverzweigter, bis zu 1,8 m hoher Strauch, dessen Blätter in längliche oder eiförmige, behaarte Blättchen unterteilt ist.

Die **getrockneten Blüten** des **Besenginsters**, der, wie alle Ginster-Arten, in der Alten Welt aller Wahrscheinlichkeit nach nicht als Rauschdroge bekannt war, werden in Nordamerika gelegentlich geraucht, während die des **Kanarischen Ginsters** nach dem Trocknen überbrüht, gefiltert und der Sud getrunken wird.

Cytisus canariensis etwa hatte bei den im nördlichen Mexiko lebenden Yaqui-Indianern magische Bedeutung, seine Samen waren als Halluzinogen in Gebrauch.

---

[199] Chinolizidin-Alkaloide, die als Izidine dadurch charakterisiert sind, daß das N-Atom Teil von 2 oder 3 Ringen des Grundgerüstes ist, und zwar u.a. Cyrogenin (Vertin) und Lythrin, wurden auch aus dem zur Familie der Lythraceae gehörenden Baum Heimia salicifolia isoliert. Aus dessen fermentierten Blättern stellen die Eingeborenen im mexikanischen Hochland unter der Bezeichnung „Sinicuichi" ein Getränk her, das u.a. auditive Halluzinationen und das Gefühl, die Umgebung verfinstere sich und schrumpfe zusammen, bewirken soll.

[200] Zum Yopo-Baum als weiterem Schmetterlingsblütengewächs (Leguminosae) vgl. beim Bufotenin 1.2.3.4, Rdnr. 692.

783   Die Wirkung soll stark **euphorisierend**, leicht **psychotrop**, bei gleichzeitiger Gelassenheit die Wahrnehmung intensivierend und erheblich **aphrodisierend** sein.

784   (-)-**Cytisin** ist eine in ihren Wirkungen dem (-)-**Nicotin**[201] weitgehend gleichen-
\#   de Substanz und gehört der gleichen pharmakologischen Gruppe an[202]: In kleineren **Dosen erregt** es die Neuronen des vegetativen Nervensystems und ruft einen leichten Rausch hervor, während es in höheren Dosen sie **lähmt**. Da sich erregende und lähmende Effekte überschneiden, je nachdem ob sympathische oder parasympathische Bahnen betroffen sind, ist es therapeutisch ebenso unbrauchbar wie Nicotin.

785   Das Cytisin selbst dürfte hierbei kaum halluzinogene Wirkungen haben. Jedoch hat der starke, durch diesen Wirkstoff bei höherer Dosierung hervorgerufene Rauschzustand, der mit einer Art Delirium einhergeht, vermutlich einen **Trancezustand** mit **Halluzinationen** zur Folge.

786   Cytisin kann **Übelkeit** und **Krämpfe** erzeugen und in Dosierungen von ca. 50 mg zum Tod durch **Atemlähmung** führen.

787   Außer den genannten Genista-Arten enthalten auch die roten "**mescal beans**"[203], bei denen es sich um die Samen von **Sophora secundiflora** handelt, neben (+)-Matrin das mit Cytisin identische **Sophorin**.

788   Sophora secundiflora, eine **Bohnensorte** ebenfalls aus der Familie der **Leguminosae**[204], kommt im südwestlichen Nordamerika und Mexiko vor. Es handelt sich hierbei um einen bis 10,5 m hohen Strauch oder Baum mit immergrünen Blättern und duftenden, violettblauen Blüten, die ca. 10 cm lange Trauben bilden.

---

[201] Zur Wirkungsweise dieses Solanaceen-Alkaloids vgl. Einführung, Rdnr. 17. Zum Abhängigkeitspotential des Nicotins vgl. 1.2.2.2, Rdnr. 530 f. Zur Strukturverwandtschaft des Nicotins mit dem Neurotransmitter Acetylcholin vgl. 1.2.1.1.4, Rdnr. 361.

[202] Zu nicotin-artigen Effekten vgl. auch beim Arecolin 3.2.3, Rdnr. 1775 und 1777.

[203] Nicht zu verwechseln mit den „mescal buttons", vgl. 1.2.3.1, Rdnr. 592-596.

[204] Die dunkelroten Bohnen verschiedener Erythrina-Arten (Leguminosae), die ebenfalls als „Colorines" bezeichnet werden, werden teilweise mit Sophora secundiflora vermischt. Sie enthalten Isochinolin-Alkaloide vom Erythrina-Typ und sollen eine ähnliche Wirkung wie die muskelrelaxierenden, als Pfeilgift bekannt gewordenen Cucare-Alkaloide (u.a. Curarin; zum „Curare" vgl. auch 4.3.1.1, Rdnr. 2120) haben. Erythrina americana und flabelliformis wachsen als Strauch oder kleiner Baum mit dornigen Ästen in heißen und trockenen Gebieten des südwestlichen Teils der USA sowie in Nord- und Zentralmexiko. Sie gelten bei den Tarahumara-Indianern als Medizin und dienen in Guatemala der Wahrsagekunst. Erythrina mexicana dürfte mit dem aztekischen „Tzompanquahuitl" identisch und früher als Heilmittel und Halluzinogen verwandt worden sein. Gleiches gilt wohl auch für die roten und schwarzen Bohnen einiger Rhynchodia-Arten (Leguminosae) in Mexiko.

1.2 Halluzinogene

Der **Kult** der "**mescal beans**" ist heute weitgehend von dem Peyote-Kult[205] verdrängt worden, wobei jedoch der Name in der Bezeichnung "**mescal buttons**" übernommen wurde.   789

Im Rio-Grande-Becken lässt sich der Gebrauch von **Meskalbohnen** bis in prähistorische Zeit zurückverfolgen. Im nördlichen Mexiko und im südlichen Texas wurden sie im Rahmen von Tanzzeremonien als Vermittler von Orakelsprüchen und Weissagungen sowie zur Erzeugung von Halluzinationen eingenommen.   790

Heute werden Meskalbohnen ("**Colorines**", "Coral beans") nur noch gelegentlich von Prärie-Indianern innerhalb der Peyote-Zeremonie zu deren Abschluss verwendet: Nach ihrem Kochen in einem großen Topf trinkt jeder der Anwesenden hiervon einen Schluck, erbricht[206], und wird so "gereinigt".   791

Die "**Roten Bohnen**" sind ähnlich Mescalin in Mexiko außerdem seit langem als **Aphrodisiacum** bekannt, was neben der durch sie bewirkten Erregung und Euphorie auf einen verstärkten Blutandrang in den Genitalien[207] zurückzuführen sein dürfte; die Prostituierten sollen früher Colorines-Ketten um den Hals getragen haben. Sophora-Bohnen sollen in Mexiko schließlich auch dem Agavenbier ("pulque") bzw. dem Agavenschnaps ("mescal")[208] gelegentlich noch beigemischt werden.   792

Cytisin (bzw. Sophorin) und seine **Begleitalkaloide** unterliegen ebenso wie die genannten, sie enthaltenden Pflanzen, nicht den Bestimmungen des BtMG 1994. Unabhängig von einer Btm-Eigenschaft kann jedoch der Handel etwa mit den entsprechenden Pflanzen und Teilen hiervon bzw. isolierten Wirkstoffen zu **Rauschzwecken**, unabhängig von einer Verschreibungsfähigkeit und –pflichtigkeit bzw. Zulassung, als Inverkehrbringen bedenklicher AM gemäß § 95 Abs. 1 Nr. 1 AMG strafbar sein.   793 §

1.2.4 Synthetische Halluzinogene/Designer Drugs

Vorbemerkung: Zu dieser Gruppe von Rauschdrogen gehören neben **halbsynthetischen** Produkten wie LSD-25, deren Ausgangsstoffe meist pflanzliche Alkaloide sind, **vollsynthetische** Produkte wie DOB. Wegen seines relativ häufigen Gebrauchs und exemplarischen Bedeutung wurde LSD-25 gesondert in Abschn. 1.2.1.1 dargestellt. Soweit nicht in den übrigen Abschnitten im Zusammenhang mit der Beschreibung der pflanzlichen Wirkstoffe auf deren synthetische Varianten wie z.B. CY-39 als synthetisch hergestelltes Psilocybin eingegangen wurde, soll im folgenden Abschnitt eine Zusammenstellung der bekannteren und z.T. häufiger konsumierten **Vollsynthetica** (syn. Totalsynthetica) erfolgen.   794

---

[205] Zum Peyote-Kult vgl. 1.2.3.1, Rdnr. 597-599.
[206] Zu entsprechenden Nebenwirkungen vgl. z.B. beim Mescalin 1.2.3.1, Rdnr. 602.
[207] Vgl. hierzu auch beim Yohimbin 1.2.3.6, Rdnr. 754.
[208] Zum „mescal" vgl. auch 1.2.3.1, Rdnr. 599, zum „pulque" 1.2.1.2, Rdnr. 447.

795 Zunächst in den USA, dann auch in Europa zeichnete sich bereits seit längerem die Tendenz ab, dass **biogene** ("natürliche") oder halbsynthetisch gewonnene Rauschdrogen durch **vollsynthetisch** hergestellte abgelöst wurden, die im Hinblick auf systematische Abwandlungen der Molekularstruktur zwecks Veränderung des Wirkungsspektrums und Umgehung staatlicher Drogenbekämpfungsmaßnahmen als **"designer drugs"** (abgekürzt: "DD"; "Syndrugs"; "Simili-Drogen") bezeichnet werden. Hierbei handelt es sich sowohl um Halluzinogene und amfetamin-artige Aufputschmittel (ATS) als auch um Narkotica[1] mit häufig unberechenbaren Wirkungen. Seit Beginn der 1990er Jahre lässt sich bei uns eine **Trendwende** beobachten: weg von zentral-dämpfenden und hin zu **zentral-stimulierenden**, vollsynthetischen Drogen[2], ab Ende der 90er Jahre zunehmend in Form eines **Mischkonsums** mit sog. **"Naturdrogen"**, einhergehend mit **riskanteren** Konsummustern.

796 Hiermit zusammenhängen dürfte, dass die Wirkstoffe häufig in **Tablettenform** angeboten werden (etwa "ecstasy"), womit eine Nähe zum "üblichen", sozial akzeptierten Medikamentenkonsum, etwa zur Leistungssteigerung und bei Konzentrationsmängeln in der Schule, hergestellt und zugleich eine professionelle, "saubere" Produktion und gleichbleibende Wirkstoffzusammensetzung suggeriert wird, verbunden mit einer angenehmen und unkomplizierten Form der Wirkstoffzufuhr.

Hierbei zeichnet sich insbesondere eine Tendenz ab, Halluzinogen-("trip"-)Wirkungen mit Stimulanz-("speed"-)Wirkungen zu kombinieren, so dass insoweit auch von "**speed-trips**" gesprochen werden kann.

797 Angesichts der Tatsache, dass bei vollsynthetisch hergestellten Halluzinogenen
§ und Narkotica bereits geringfügige **Abänderungen** der molekularen **Struktur** dazu führen, dass die betreffende Substanz nicht mehr unter die Bestimmungen des BtMG fällt[3], wurden immer neue Varianten eines bereits als Btm eingestuften

---

[1] Mit und ohne halluzinogene Wirkung; vgl. z.B. zu den morphin-ähnlich wirkenden Fentanyl-Derivaten 4.4.6, Rdnr. 2479-2487, und Pethidin-Derivaten wie MPPP 4.4.4, Rdnr. 2401-2404. Zum Barbital als erstem „drug design" vgl. 4.1, Rdnr. 1980 f. Weltweit wurde 1997 von der UN die Zahl der Konsumenten synthetischer Drogen auf etwa 30 Millionen geschätzt. Seit Ende der 1990er Jahre scheint generell wieder der Konsum sog. „Naturdrogen" zuzunehmen, vgl. 1.2.2.2, Rdnr. 513 FN 54.

[2] Insbesondere Amfetamin und Amfetamin-Derivate wie Methylendioxyamfetamine erlebten einen überproportionalen Zuwachs, vgl. 1.2.4.3, Rdnr. 858, und bei den Weckaminen 3.2.4.2, Rdnr. 1810-1814. Zu Änderungen im Konsumverhalten vgl. auch beim LSD-25 1.2.1.1.2, Rdnr. 297, sowie beim Cocain 3.1.5, Rdnr. 1638.

[3] Vgl. hierzu etwa beim PCP 1.2.4.5, Rdnr. 922, sowie bei den Amfetaminen 3.2.4.2, Rdnr. 1821. Der illegale Status einer Droge scheint allerdings kaum abschreckend zu wirken, eher führt die Sorge vor kurz- oder langfristigen Gesundheitsgefahren zu dem Entschluss, abstinent zu bleiben, vgl. etwa 1.2.4.3, Rdnr. 831. Andererseits beinhaltet ein restriktiver Zugang die Möglichkeit eines Hinausschiebens des Erstkonsums in ei-

Wirkstoffes entwickelt, auf die das BtMG nicht mehr anwendbar ist (daher die Bezeichnung: "**umkonstruierte Drogen**" bzw. "controlled substances analogues"). Handelt es sich bei einem (noch) nicht dem BtMG unterliegenden Stoff oder Zubereitung nach seiner Zweckbestimmung - psychotropes Wirksamwerden - um "**desinger drugs**", so unterfällt er jedoch nach einem Urteil des 2. Strafsenats des BGH vom 3.12.1997 als **Arzneimittel** den Bestimmungen des AMG. Ohne dass es auf eine therapeutische Verwendbarkeit ankommt, kann der Handel damit als Inverkehrbringen bedenklicher Arzneimittel gemäß § 95 Abs. 1 Nr. 1 in Verbindung mit § 5 AMG strafbar sein.

Um unabhängig hiervon schneller auf das Auftauchen neuer, noch "legaler" Abwandlungen bereits dem BtMG 1994 unterstellter Verbindungen reagieren zu können, wurde aufgrund des OrgKG mit Wirkung ab dem 15.9.1992 § 1 Abs. 3 in das BtMG eingefügt. Danach kann der Bundesminister für Gesundheit in "dringenden Fällen" (sog. "**Notunterstellung**") im Verordnungswege für die Dauer von 1 Jahr neue Stoffe und Zubereitungen in die Anl. I-III (sog. "**Positivliste**") zum BtMG aufnehmen. Dieses Verfahren begegnet einem Beschluss des BVerfG vom 4.5.1997 zufolge keinen verfassungsrechtlichen Bedenken.

798 §

Es ist jedoch zu fragen, ob die Btm-Eigenschaft eines Stoffes statt über die Aufnahme dieses Stoffes in eine enumerative und damit abschließende "Positivliste" nicht besser über eine Stoffgruppe mit **generellen** chemischen Merkmalen (sog. "**Generik-Klausel**", "**generic definition**", etwa für die Stammsubstanzen Phenethylamin[4], Tryptamin, Phencyclidin, Methaqualon oder Fentanyl) künftig definiert werden sollte (was bereits Gegenstand der Beratungen zum OrgKG gewesen war).

799 §

1.2.4.1 DOM (STP) und verwandte Methoxy-Phenylalkylamine

Dimethoxymethylamfetamin (**DOM**; chem. Bezeichnung (IUPAC): (RS)-1-(2,5-Dimethoxy-4-methylphenyl)propan-2-ylazan oder: 2,5-Dimethoxy-4,α-dimethylphenethylamin) hat aufgrund seiner **β-Phenethylamin-Struktur**[5] ein dem **Amfetamin** gleichendes Kohlenstoffgerüst[6]. Damit liegt bei DOM ebenso wie bei dem mit ihm verwandten **Mescalin** sowie dessen psychotrop inaktiven Nebenalkaloi-

800 *

---

ne spätere, stabilere Entwicklungsphase mit der Chance eines zumindest kontrollierten Umgangs, vgl. auch zur Diskussion beim Heroin 2.1.7, Rdnr. 1342.

[4] Vgl. etwa beim PEA 1.2.1.1.4, Rdnr. 363, sowie zu den Tryptaminen Rdnr. 370. Vergleichbares ist bereits bei den Gruppen von Doping-Wirkstoffen (hier wiedergegeben in Anhang B.4) der Fall, die jeweils neben den explizit aufgeführten auch „verwandte Verbindungen" mit einschließen.

[5] Vgl. hierzu 1.2.1.1.4, Rdnr. 363 f. und 368, auch zur Strukturformel des DOM. Verwandt ist hiermit das DMMPEA (2,5-Dimethoxy-4-methylphenethylamin) und die entsprechende Bromverbindung BDMPEA; zu letzterer vgl. 1.2.4.2, Rdnr. 817.

[6] Näher hierzu bei den Weckaminen 3.2.4.2, Rdnr. 1820 f., und 3.2.4.3, Rdnr. 1822.

den Anhalidin und Pellotin[7] eine Strukturverwandtschaft mit den Transmitterhormonen **Noradrenalin** und **Dopamin** vor, was einen verwandten **Wirkungsmechanismus** nahelegt[8].

801 DOM gehört damit zu der recht großen Gruppe der Amfetamin-Derivate mit ei-
*   ner **Methoxy-Phenylalkylamin-Struktur**[9], die trotz teilweise nur geringfügigen Abwandlungen des Amfetamin-Grundgerüstes (Ringsubstitution) recht unterschiedliche Wirkungsspektren aufweisen können. Wegen ihrer vor allem **halluzinogenen** Eigenschaften sollen die entsprechenden Derivate im Rahmen der Psychodysleptica besprochen werden.

802 DOM wurde durch Molekülabwandlung 1967 für Dow Chemical Co. in den **USA** als experimental compound synthetisiert und bei der Behandlung von Geisteskrankheiten erprobt[10].

803 Bald danach erschien es in **Tablettenform** als eine Art "Super-LSD" unter der Abkürzung "**STP**" ("Serenity, Tranquility, Peace")[11] auch auf dem illegalen Drogenmarkt, zuerst, wie auch eine Reihe anderer Rauschdrogen[12], in dem in dieser Hinsicht besonders experimentierfreudigen Kalifornien/USA.

Gelegentlich wird DOM in den USA aber auch als "**speed**"[13] bezeichnet, wohl wegen seiner auch anregenden Wirkungskomponente infolge seiner Verbindung von Wirkungselementen des Amfetamins und des Mescalins.

804 DOM ist etwa 80mal wirksamer als das ihm verwandte Mescalin, für einen Rauschzustand werden ca. 5 mg benötigt. Im Vergleich zu LSD-25 wird jedoch

---

[7] Vgl. zur Chemie des Mescalins 1.2.3.1, Rdnr. 580 f.
[8] Vgl. hierzu beim Mescalin 1.2.3.1, Rdnr. 586, und beim Amfetamin 3.2.4.4, Rdnr. 1895-1897. Auch beim Amfetamin kann es zu drogeninduzierten halluzinatorischen Zuständen kommen (vgl. 3.2.4.4, Rdnr. 1878 und 1880), wie allgemein eher bei Substanzen mit zentral-erregenden Wirkungskomponenten (vgl. auch Vorbem. 3.2, Rdnr. 1706), während es bei zentral-depressiven Substanzen vornehmlich umgekehrt zu nicht-drogeninduzierten Halluzinationen als Entzugserscheinungen kommen kann (vgl. etwa bei den Barbituraten 4.1, Rdnr. 2034 f.).
[9] Zu dieser Gruppe gehören u.a. auch das DOB, vgl. 1.2.4.2, Rdnr. 816, sowie PMA und TMA, vgl. 1.2.4.1, Rdnr. 810, und 1.2.4.3, Rdnr. 838 f.
[10] Vgl. hierzu auch beim JB 318 1.2.4.7, Rdnr. 930, und MDA 1.2.4.3, Rdnr. 830.
[11] Wohl abgeleitet aus der ursprünglichen Deckbezeichnung „Scientifically Treated Petroleum".
[12] So z.B. die Cocain-Zubereitung „Crack", vgl. 3.1.5, Rdnr. 1624.
[13] Vgl. auch zu der Bezeichnung „speed-trip" Vorbem. 1.2.4, Rdnr. 796, sowie beim Cocain 3.1.5, Rdnr. 1607.

1.2 Halluzinogene

zur Hervorrufung vergleichbarer Rauschzustände die etwa 100fache **Dosis** benötigt[14].

Der durch DOM hervorgerufene "trip" hat viele **LSD-typische** Aspekte, wobei häufig von einem Gefühl der Zeitlosigkeit, nicht aber der Desorientiertheit berichtet wird. Der völlig **unkalkulierbare Rauschverlauf** dauert mehr als 24 h, offenbar z.T. auch bis zu 72 h (umstr.)[15], mit nachklingender Euphorie, wobei Verwirrtheitszustände und akute Angstpsychosen neben anderen **psychotischen** Reaktionen wie **Tobsuchtsanfällen** nicht selten aufzutreten scheinen[16].   805

Auch bei Versuchen im Rahmen **neuroleptischer Therapie**[17] kam es unter DOM-Einfluss zu Angstzuständen, ataktischen Störungen und anderen Nebenwirkungen.   806

Der DOM-Rausch ist außerdem gelegentlich von Muskel-, Bauch- und **Magenkrämpfen** sowie Übelkeit und **extrapyramidalen Symptomen** begleitet, was wie bei vergleichbaren Drogen auf eine zentral-erregende Wirkungsweise über das Stammhirn hinweist[18]. Aus diesem Grunde wurde DOM wissenschaftlich kaum eingehender untersucht und gibt es auch kaum Veröffentlichungen mit genauen **Dosierungsangaben**. Es kann jedoch, wie bereits erwähnt, davon ausgegangen werden, dass DOM erst in Gaben von mehr als 3 mg halluzinogen wirksam ist, während 20 mg bereits eine **Überdosierung** darstellen.   807 #

Neuroleptische Medikamente wie **Chlorpromazin** (Propaphenin)[19], die einen LSD- oder Psilocybin-Rausch sofort zu unterbrechen vermögen[20], verlängern und **intensivieren** den **DOM-Rausch** eher[21] und können zu Atemlähmung und Krämpfen führen.   808

Indiziert ist demgegenüber die, gegebenenfalls mehrfache, orale oder i.m. Gabe von **Valium**[22].

---

14   Zur LSD-Dosierung vgl. 1.2.1.1.4, Rdnr. 316-318. Zur Wirkungssteigerung von Mescalin über DOM zu LSD-25 vgl. 1.2.1.1.4, Rdnr. 368. Zur Dosierung vgl. auch beim DOB 1.2.4.2, Rdnr. 823.
15   Zur Dauer des LSD-Rausches vgl. 1.2.1.1.4, Rdnr. 326-328.
16   Vgl. auch zu LSD-induzierten Psychosen 1.2.1.1.7, Rdnr. 425-427, sowie beim PCP 1.2.4.5, Rdnr. 910.
17   Vgl. zu den Neuroleptica 4.3.2, Rdnr. 2136-2138.
18   Vgl. hierzu bei den Amfetaminen 3.2.4.4, Rdnr. 1884, sowie beim DMT 1.2.4.4, Rdnr. 882.
19   Vgl. hierzu bei den Neuroleptica 4.3.2, Rdnr. 2140 und 2146.
20   Vgl. hierzu beim Psilocybin 1.2.3.3, Rdnr. 681.
21   Was auch auf den DOB-Rausch zutrifft, vgl. 1.2.4.2, Rdnr. 824.
22   Vgl. bei den Tranquilizern 4.3.4, Rdnr. 2194.

809   DOM wurde in den **USA** insbesondere in den 1970er Jahren immer wieder als "**LSD**" angeboten, teilweise in Kapselform mit 10 mg Wirkstoffgehalt oder in Tablettenform in **Kombination** mit **Atropin**; dies kann gelegentlich auch jetzt noch der Fall sein. In **Deutschland** ist DOM bislang nur vereinzelt aufgetaucht.

810   DOM hat mehrere, **mescalin-ähnlich** wirkende **Homologe** von bislang eher
*   untergeordneter Bedeutung, die seit den 1970er Jahren gelegentlich auf dem illegalen Drogenmarkt gehandelt werden. Hiervon sind in erster Linie halluzinogen wirkende **Dimethoxyamfetamine (DMA)** wie das

- **2,5-DMA** (chem. Bezeichnung (IUPAC): 1-(2,5-Dimethoxyphenyl)propan-2-ylazan oder: 2,5-Dimethoxy-α-methylphenethylamin), die Analoga 2,4- und 3,4-DMA, sowie das verwandte
- **Paramethoxyamfetamin** (p-Methoxyamfetamin, **PMA**; chem. Bezeichnung (IUPAC): 1-(4-Methoxyphenyl)propan-2-ylazan oder: 4-Methoxy-α-methylphenethylamin, 4-MA), und dessen N-Methyl-Analogon
- **Paramethoxymetamfetamin** (p-Methoxymetamfetamin, **PMMA**; chem. Bezeichnung (IUPAC): [1-(4-Methoxyphenylpropan-2-yl](methyl)azan oder: 4-Methoxy-α-methylamfetamin) zu nennen.

DMA weist die etwa 8fache, PMA die etwa 5fache Wirksamkeit von Mescalin auf (die niedrigste effektive **Dosis** beträgt etwa 50 mg PMA). Wegen seiner hohen **Toxizität** mit Symptomen, die denen einer Amfetamin-Vergiftung gleichen[23], wird **PMA** als Halluzinogen um seiner selbst willen kaum konsumiert ("death drug"). Werden PMA und PMMA unter der Bezeichnung "**ecstasy**" angeboten, besteht wegen des im Verhältnis zu MDMA späteren Wirkungseintritts zudem die Gefahr, dass mehrere PMA- bzw. PMMA-Tabletten "geworfen" werden, bis die **letale** Dosis erreicht ist.

811   Außerdem hat DOM in **Dimethoxyethylamfetamin (DOET)**; chem. Bezeichnung
*   (IUPAC): 1-(4-Ethyl-2,5-dimethoxyphenyl)propan-2-ylazan oder: 4-Ethyl-2,5-dimethoxy-α-methylphenethylamin) ein weiteres Homolog[24], das bei geringer **Dosierung**, etwa 1,5 mg oral, eine sehr schwache Euphorie erzeugt und das Bewusstsein unterstützen soll, ohne die Beziehungen zur Umwelt zu verzerren, in etwa den Cannabis-Wirkungen vergleichbar.

812   Wie bei den Psilocybin-Abwandlungen scheint auch hier die **Ethyl-Form** eine weniger ausgeprägte psychotrope Wirksamkeit aufzuweisen[25]. Eine therapeutische Einsetzbarkeit von DOET in der **Psychotherapie**[26] wurde daher zumindest in Erwägung gezogen.

813   Einer Empfehlung der Toxikologen der kriminaltechnischen Institute von Bund und
§   Ländern zufolge sollte die "**nicht geringe Menge**"[27] mit 600 mg DOM (als Base, Racemat, entsprechend 120 KE zu je 5 mg bei p.o. Einnahme) festgelegt werden.

---

[23] U.a. Herzrhythmusstörungen und Nierenversagen. Zur Amfetamin-Intoxikation vgl. 3.2.4.7, Rdnr. 1935-1938.
[24] Zur Strukturformel des DOET vgl. 1.2.1.1.4, Rdnr. 363.
[25] Vgl. zum CEY-19 und CZ-74 1.2.3.3, Rdnr. 666, sowie zum DET 1.2.4.4, Rdnr. 888.
[26] Zu einem entsprechenden MDMA-Einsatz vgl. 1.2.4.3, Rdnr. 844.

DOM gehört seit Inkrafttreten des BtMG 1982, **PMA** aufgrund der 1. BtM-ÄndV mit Wirkung ab dem 1.9.1984 nach Anl. I zu den nicht verkehrsfähigen Btm. **2,5-DMA** und **DOET** fanden aufgrund der 2. BtMÄndV mit Wirkung ab dem 1.8.1986 ebenfalls Aufnahme in Anl. I.

814 §

Im Wege der Notunterstellung wurden sodann zunächst für die Dauer von jeweils 1 Jahr, aufgrund der 10. BtMÄndV ab dem 1.2. 1998 bzw. aufgrund der 15. BtMÄndV ab dem 1.7.2001 sodann ohne zeitliche Beschränkung, folgende **Phenethylamine** zusätzlich in Anl. I aufgenommen (jeweils IUPAC-Bezeichnung):

815 §

- aufgrund der 6. BtMÄndV ab dem 15.9.1995 4-Allyloxy-3,5-dimethoxyphenethylazan, 3,5-Dimethoxy-4-(2-methylallyloxy)phenethylazan (**MAL**) und 2,5-Dimethoxy-4-(propylsulfanyl)phenethylazan (**2 C-T-7**);
- aufgrund der 9. BtMÄndV ab dem 1.2.1997 1-(4-Chlor-2,5-dimethoxyphenyl)propan-2-ylazan (**DOC**);
- aufgrund der 12. BtMÄndV ab dem 8.10.1998 4-Ethylsulfanyl-2,5-dimethoxyphenethylazan (**2 C-T-2**);
- aufgrund der 13. BtMÄndV ab dem 10.10.1999 4-Iod-2,5-dimethoxyphenethylazan (**2 CI**) und
- aufgrund der 14. BtMÄndV ab dem 10.10.2000 Paramethoxyamfetamin (**PMMA**).

Der Handel mit weiteren synthetisierbaren Phenethylaminen kann, unabhängig von einer Verschreibungsfähigkeit und -pflichtigkeit bzw. Zulassung der entsprechenden Stoffe, als Inverkehrbringen bedenklicher AM gemäß § 95 Abs. 1 Nr. 1 AMG strafbar sein.

1.2.4.2 DOB und verwandte Bromamfetamine

Das 1971 erstmals synthetisierte **Brolamfetamin** (INN) oder **Dimethoxybromamfetamin** (**DOB**; chem. Bezeichnung (IUPAC): (RS)-1-(4-Brom-2,5-dimethoxyphenyl)propan-2-ylazan oder: 2,5-Dimethoxy-4-bromamfetamin bzw. 4-Brom-2,5-dimethoxy-α-methylphenethylamin, abgekürzt 4-BR) gehört chemisch gesehen ebenfalls zum Teil zu den Stimulantia, indem es, darin DOM vergleichbar, Grundstrukturen des **Amfetamins** (α-Methylgruppe) und des **Mescalins** (Methoxygruppe) verbindet[28]; aus diesem Grund wird DOB gelegentlich auch als "Brom-DOM" bzw. "Brom-STP" bezeichnet[29].

816 *

Neben DOB werden **verwandte Amfetamin-Abkömmlinge** wie das erstmals 1985 aufgetretene

817 *

- **Bromdimethoxyphenethylamin**[30] (**BDMPEA**; chem. Bezeichnung (IUPAC): 4-Brom-2,5-dimethoxyphenethylazan, 2-CB), das halluzinogene und stimulierende Wirkungskomponenten vereint, das

---

[27] Zu diesem Begriff vgl. 1.1.6, Rdnr. 208. Vgl. hierzu auch beim DOB 1.2.4.2, Rdnr. 827. Zur „nicht geringen Menge" MDEA vgl. 1.2.4.3, Rdnr. 865.
[28] Vgl. hierzu beim DOM 1.2.4.1, Rdnr. 800.
[29] Zur Strukturformel des DOB vgl. daher ebenfalls 1.2.1.1.4, Rdnr. 363 f. und 368.
[30] Zur Strukturformel des BDMPEA vgl. ebenfalls 1.2.1.1.4, Rdnr. 363. Zum verwandten DMPEA und zum Mescalin als TMPEA vgl. 1.2.3.1, Rdnr. 580.

- **Diethoxybromamfetamin** (chem. Bezeichnung (IUPAC): 1-(4-Brom-2,5-diethoxyphenyl)propan-2-ylazan oder: 4-Brom-2,5-diethoxy-α-methylphenethylamin), das
- 1977 in "trip"-Form auf den illegalen Markt gebrachte, hochwirksame **p-Bromomethylamfetamin** (V 111), aber auch das
- **DOJ** (chem. Bezeichnung: 4-Iodo-2,5-dimethoxyphenylisopropylamin) illegal synthetisiert.

Eine größere Verbreitung haben diese **halluzinogen** wirkenden Amfetamin-Derivate bislang bei uns nicht gefunden.

818 # Hinsichtlich der **Wirkungsweise** ist zu vermuten, dass sich bei dem ebenfalls vollsynthetisch hergestellten DOB wie beim DOM die Seitenkette der Phenethylamin-Gruppe so zu falten vermag, dass es den zu postulierenden LSD-empfindlichen **Rezeptor**[31] zu besetzen vermag.

819 Neben einer Erhöhung der **Aufmerksamkeit** und Beredsamkeit ist DOB als ein sehr starkes **Halluzinogen** mit erheblicher **psychotomimetischer** Wirksamkeit[32] einzuordnen, die u.a. zu Veränderungen im Farbsehen und im räumlichen Sehen sowie zu abnormer Fokussierung der Aufmerksamkeit auf (gegebenenfalls belanglose) Details führt[33].

820 Nach einer **Reaktionszeit** von ca. 30-60 min kommt es zu Halluzinationen, die, auch hierin dem DOM vergleichbar, etwa 24-36 h, aber gegebenenfalls auch bis zu 72 h (umstr.) anhalten können. Auffallend ist hierbei, dass es neben dieser u.a. von Omnipotenzgefühlen begleiteten psychedelischen Wirkung im Gegensatz zu LSD-25, jedoch auch hierin wiederum DOM und PCP[34] vergleichbar, zu einem **unkontrollierten** bis **tobsüchtigen** Verhalten kommen kann.

821 DOB ist in den **USA** seit 1972 bekannt. In **Deutschland** tauchte es 1977 auf und scheint sich seitdem einen nennenswerten Abnehmerkreis erschlossen zu haben, wobei offenbar meist DOB oder verwandte Verbindungen aus heimischer Produktion angeboten werden.

822 Es wird meist wie LSD-25 als Papier-"trip" mit Auftropfungen[35] oder in Form von **Mikrotabletten** (meist dunkelbraune oder schwarze "Microdots" mit 1-2 mg DOB und u.a. Gips als Trägersubstanz) als "**Super-LSD**" verkauft. DOB dürfte auch in erster Linie als LSD-Ersatz und weniger als ein um seiner spezifischen Wirkung willen konsumiertes Rauschmittel anzusehen sein. Gelegentlich wird es zudem in **Kombination** mit getrockne-

---

[31] Zum LSD-Rezeptor vgl. 1.2.1.1.4, Rdnr. 358 f.
[32] Allgemein zu den Psychotomimetica: Vorbem. 1, Rdnr. 19.
[33] Vgl. hierzu beim LSD-25 1.2.1.1.4, Rdnr. 346.
[34] Vgl. hierzu beim PCP 1.2.4.5, Rdnr. 912. Gleiches gilt etwa auch für Alkohol-Amfetamin-Kombinationen, vgl. 3.2.4.7, Rdnr. 1956 f.
[35] Zu den LSD-Konsumformen vgl. 1.2.1.1.5, Rdnr. 396-399.

1.2 Halluzinogene

ten Pfefferminzblättern oder **Haschisch** geraucht. Wie beim Rauchen mit myristicin-haltiger Petersilie[36] als Trägermaterial besteht hier eine erhöhte Vergiftungsgefahr.

Ähnlich wie beim DOM sind auch die genaue **Dosierung** und **Toxizität** des DOB nicht bekannt; die wirksame Dosis dürfte bei 0,5-2 mg liegen. 30-35 mg dürften bereits tödlich wirken[37]. Damit wäre DOB etwa 2- bis 10mal wirksamer als DOM[38]. **823**

Wie beim DOM-Rausch[39] **verschlechtert** sich der Zustand des unter DOB-Einfluss Stehenden, wenn er, etwa bei Tobsuchtsanfällen, auf einen vermeintlichen LSD-Rausch **behandelt** wird. **824**

Die **abhängigkeitserzeugende** Potenz kann in etwa mit der des Amfetamins[40] verglichen werden, wobei es zur Ausbildung einer (psychischen) Abhängigkeit vom **Halluzinogen-Typ**[41] kommt. **825**

Spezifische dünnschicht- und gaschromatographische **Nachweisverfahren**, die denen zum Amfetamin-Nachweis gleichen[42], sind entwickelt worden. **826**

Einer Empfehlung der Toxikologen des Bundes und der Länder von 1990 zufolge sollte die **"nicht geringe Menge"**[43] DOB mit 300 mg (als Base, Racemat), entsprechend 120 KE zu je 2,5 mg bei p.o. Einnahme, festgelegt werden. **827 §**

Nachdem **DOB** bei Inkrafttreten des BtMG 1982 zunächst nicht in eine der Anlagen aufgenommen worden war, wurde dies mit der 1. BtMÄndV nachgeholt: Mit Wirkung ab dem 1.9.1984 handelt es sich bei DOB seitdem nach Anl. I um ein nicht verkehrsfähiges Btm. **828 §**

Von den zwischenzeitlich entwickelten Amfetamin-Abkömmlingen mit einer DOB-ähnlichen Struktur wurden aufgrund der 4. BtMÄndV mit Wirkung ab dem 23.1.1993 **Bromdimethoxyphenethylamin (BDMPEA)** und **Diethoxybromamfetamin** der Anl. I unterstellt. Wird mit anderen Abwandlungen zu Rauschzwecken gehandelt, kann dies, unabhängig von einer Verschreibungsfähigkeit und -pflichtigkeit bzw. Zulassung der entsprechenden Stoffe, als Inverkehrbringen bedenklicher AM nach § 95 Abs. 1 Nr. 1 AMG strafbar sein. **829 §**

---

[36] Zum Petersilienöl vgl. 1.2.3.2, Rdnr. 632 FN 55. Zum Rauchen von PCP auf entsprechendem Trägermaterial vgl. 1.2.4.5, Rdnr. 904, von pulverisierten methaqualon-haltigen Tabletten 4.2.1, Rdnr. 2063.
[37] Zur möglichen Letaldosis LSD-25 vgl. 1.2.1.1.7, Rdnr. 418.
[38] Zur DOM-Dosierung vgl. 1.2.4.1, Rdnr. 804 und 807.
[39] Vgl. hierzu beim DOM 1.2.4.1, Rdnr. 808.
[40] Vgl. hierzu bei den Weckaminen 3.2.4.7, Rdnr. 1939-1944.
[41] Zur spezifischen Abhängigkeit vom Halluzinogen-Typ vgl. 1.2.1.1.7, Rdnr. 422 f.
[42] Vgl. bei den Weckaminen 3.2.4.6, Rdnr. 1921-1924.
[43] Zu diesem Begriff vgl. 1.1.6, Rdnr. 208. Vgl. auch zur „nicht geringen Menge" DOM 1.2.4.1, Rdnr. 813.

1.2.4.3 MDA und verwandte Methylendioxyamfetamine

830 Die ebenfalls **amfetamin-** und **mescalin-artige** Effekte verknüpfenden Verbindungen dieser Gruppe von "sanften" Halluzinogenen waren, auch darin DOM gleichend[44], zunächst rein zu Forschungszwecken u.a. im Rahmen der Schizophrenieforschung synthetisiert worden, MDA 1910 und MDMA 1912 von der Fa. Merck in Darmstadt. Erwogen wurde u.a. ein Einsatz als Appetitzügler[45], ohne dass es allerdings entsprechende Verwendung gefunden hätte.

831 Ende der 1960er und vermehrt seit Ende der 70er Jahre fanden sie dann in den **USA**, zusammen mit anderen Amfetamin-Abkömmlingen (als sog. "**Designer-Amfetamine**") wie **DOM** und **PMA**, ihren Abnehmerkreis vor allem als "**Disko-Drogen**"[46], teilweise bereits in **Kombination** mit "speed"[47]. Ohne Einfluss blieb hierbei die Einstufung dieser Gruppe amfetamin-artiger Aufputschmittel (ATS) als verbotene Btm ab 1970 in den USA, ab 1984 sukzessive auch in der Bundesrepublik. Ab Mitte der 80er Jahre etablierte sich über **England** und die **Niederlande** ein zunehmender Missbrauch in den übrigen europäischen Ländern, deren Labs schließlich begannen, auch den US-amerikanischen Markt zu versorgen. Ab Ende der 90er Jahre kam u.a. in Deutschland im Zuge zunehmend **riskanten** Konsumverhaltens ein verbreiteter **Mischkonsum** von Methylendioxyamfetaminen u.a. mit sog. "**Naturdrogen**" auf.

832 Bei den **Wirkstoffen** dieser Gruppe handelt es sich um voll- oder halbsynthe-
* tisch herstellbare **β-Phenethylamine (PEA)**[48], die bei (seltener) halbsynthetischer Herstellung aus den Inhaltsstoffen u.a. der **Muskatnuss**, Sassafras-Staude oder Petersilie[49] gewonnen werden können:

833 - **Tenamfetamin (INN)** oder **3,4-Methylendioxyamfetamin (MDA)**; chem.
* Bezeichnung (IUPAC): (RS)-(1,3-Benzodioxol-5-yl)propan-2-ylazan oder: α-Methyl-3,4-methylendioxyphenethylamin; "love pills", "Liebesdroge") kann durch Aminisierung des **Safrol** oder durch Umsetzung des verwandten, im Petersilien- und Dillöl vorkommenden **Apiol**[50] hergestellt werden, ebenso

---

44 Vgl. hierzu beim DOM 1.2.4.1, Rdnr. 802.
45 Zu anderen Appetitzüglern auf Amfetamin-Basis vgl. 3.2.4.3, Rdnr. 1841.
46 Näher hierzu unter 1.2.4.3, Rdnr. 860 f. Zum Lachgas als Beispiel für die Variationsbreite der „Disko-Drogen" vgl. 4.5.2, Rdnr. 2515 f.
47 Zum diesbezüglichen Begriff „speed-trips" vgl. Vorbem 1.2.4, Rdnr. 796.
48 Zu den Strukturformeln von MDMA und MDEA im Vergleich mit PEA und u.a. (Met-)Amfetamin vgl. 1.2.1.1.4, Rdnr. 362 f.
49 U.a. zu den Muskatnuss-Wirkstoffen vgl. beim Myristicin 1.2.3.2, Rdnr. 629, 633-635 und 641. Vgl. auch zum Asaron der Kalmuswurzel 1.2.3.1, Rdnr. 616 FN 43.
50 Näher zum (verschreibungspflichtigen) Apiol 1.2.3.2, Rdnr. 632 FN 55. Zur Strukturformel des MDA vgl. im folgenden Rdnr. 839.

1.2 Halluzinogene

- **Hydroxymethylendioxyamfetamin** (N-Hydroxy-MDA oder **MDOH**; chem. Bezeichnung (IUPAC): N-[1-(1,3-Benzodioxol-5-yl)propan-2-yl]hydroxylamin oder: N-[α-Methyl-3,4-(methylendioxy)phenethyl]hydroxylamin) und **834** *
- **3,4-Methylendioxy-N-metamfetamin** (**MDMA**; chem. Bezeichnung (IUPAC): [1-(1,3-Benzodioxol-5-yl)propan-2-yl](methyl)azan oder: N,α-Dimethyl-3,4-methylendioxyphenethylamin; "XTC", "**ecstasy**"[51] bzw. "E", "Adam", "happy pills", "Golden Eagle", "Cadillac"), ein bitter schmeckendes, weiß-gelbliches Pulver, das aus **Isosafrol** herstellbar ist; bei Vollsynthetisierung ist u.a. das nicht als Btm eingestufte **Piperonylmethylketon** (**PMK**)[52] Ausgangsverbindung; sowie dessen N-Ethyl-Analogon **835** *
- **3,4-Methylendioxy-N-ethylamfetamin** (**MDEA** oder **MDE** bzw. N-Ethyl-MDA; chem. Bezeichnung (IUPAC): [1-(1,3-Benzodioxol-5-yl)propan-2-yl](ethyl)azan oder: N-Ethyl-α-methyl-3,4-methylendioxyphenethylamin; "Eve"), das als Designerdroge der sog. 2. Generation aus der Gruppe der Phenylalkylamine erst 1980 synthetisiert wurde und Mitte der 80er Jahre in den USA das 1985 verbotene MDMA ersetzte. **836** *
- **Methoxymethylendioxyamfetamin** (**MMDA**; chem. Bezeichnung (IUPAC): 1-(7-Methoxy-1,3-benzodioxol-5-yl)propan-2-ylazan oder: 3-Methoxy-α-methyl-4,5-methylendioxyphenethylamin) ist demgegenüber das Amin des Muskatnuss-Wirkstoffes **Myristicin** (homolog ist hierzu das 2,3-Dimethoxy-4,5-methylendioxyphenethylamin - **DMMDA-2**), während **837** *
- **Trimethoxyamfetamin** (**TMA**; chem. Bezeichnung (IUPAC): 1-(3,4,5-Trimethoxyphenyl)propan-2-ylazan oder: 3,4,5-Trimethoxy-α-methylphenethylamin), das eine große strukturelle Verwandtschaft mit **Mescalin**[53] aufweist, aus dem Muskatnuss-Wirkstoff **Elemicin**[54] als Ausgangsverbindung synthetisiert werden kann (bei Vollsynthetisierung ist die ebenfalls nicht als Btm eingestufte[55] Trimethoxybenzolsäure Ausgangsverbindung). **838** *

---

[51] Als „ecstasy" wurde Ende der 1970er Jahre MDMA, später auch verwandte Methylendioxyamfetamine und andere β-Phenethylamine wie Amfetamin und Metamfetamin (vgl. 3.2.4.2, Rdnr. 1816 und 1913) bezeichnet, schließlich auch „Party-Drogen" in Tablettenform, die völlig andere (z.B. Coffein und Ephedrin enthaltende „herbal ecstasy", etwa auf der Basis von Guaraná) – oder überhaupt keine – psychotropen Wirkstoffe enthalten (vgl. unten 1.2.4.3, Rdnr. 861 FN 97. Vgl. hierzu auch beim Ephedrin 3.2.1, Rdnr. 1724, beim Ketamin 1.2.4.6, Rdnr, 927, und bei den Amfetaminen 3.2.4.5, Rdnr. 1906 mit FN 180).

[52] Zum PMK als Grundstoff vgl. 1.2.4.3, Rdnr. 869 (1 kg PMK reicht für etwa 8.000 MDMA-Tabletten). Zum verwandten BMK als Grundstoff für die Amfetamin-Synthese vgl. 3.2.4.1, Rdnr. 1787.

[53] Hier ergibt sich der Übergang von den Methylendioxyamfetaminen zu den Methoxy-Phenylalkylaminen – zur strukturellen Verwandtschaft von TMA, DOM und Mescalin vgl. 1.2.3.1, Rdnr. 582. Neu ist die TMA-Abwandlung TMA-2 (1-(2,4,5-Trimethoxyphenyl)propan-2-ylazan (IUPAC)), vgl. auch 1.2.3.1, Rdnr. 582 FN 13.

[54] Zur Strukturformel von MDMA, MDEA sowie von TMA und Mescalin einerseits vgl. 1.2.1.1.4, Rdnr. 363, sowie des Elemicin andererseits vgl. 1.2.3.2, Rdnr. 633.

[55] Zur Grundstoffüberwachung vgl. unten 1.2.4.3, Rdnr. 869, sowie allgemein beim EA 2.1.3, Rdnr. 1092-1099.

839
*
Allgemein ergibt sich bei Ableitung dieser Substanzgruppe vom Amfetamin bzw. Metamfetamin (im Falle des MDMA) infolge ihrer **Ringsubstitution** eine **strukturelle Verwandtschaft** u.a. mit Mescalin, der die Wirkung z.T. (bei höherer Dosierung) auch entspricht. Während auf die strukturelle Verwandtschaft von **MDMA, MDEA** und **TMA** u.a. im Vergleich mit Amfetamin, Mescalin und DOM bereits hingewiesen worden ist, seien hier noch die Strukturformeln der Aminformen **MDA, MMDA** und **DMMDA-2** der (stickstofffreien) Ausgangsverbindungen Safrol und Myristicin[56] wiedergegeben:

	R^1	R^2
MDA	-H	-H
MMDA	$-OCH_3$	-H
DMMDA-2	$-OCH_3$	$-OCH_3$

840 Die **Wirkung** von MDA und verwandter Methylendioxyamfetamine wie MDMA ist stark **dosisabhängig**[57]: Während bei **niedriger** Dosis die **anregende** bis stimulierende Wirkungskomponente im Vordergrund steht, tritt sie bei **hohen** Dosen hinter der u.U. ausgeprägt **halluzinogenen** zurück. Hierbei sind die einzelnen Verbindungen dieser Stoffgruppe weitgehend vergleichbar; am schwächsten ausgeprägt sind die Wirkungen bei MDEA, das insgesamt milder und kürzer wirkt.

841 Entsprechend ihrer chemischen Konstitution als Übergang von den Halluzinogenen zu den Weckaminen kann die psychische Wirkung allgemein auch als eine Kombination von **Entspannung** und **Konzentration** (von "acid" und "speed") beschrieben werden[58].

842
#
MDMA und verwandte substituierte Amfetamine wirken hierbei außer mittels **verminderter** Aktivität der **MAO** sowie Interaktionen mit **Histamin-1-Rezeptoren** und **muscarin-artigen** Rezeptoren (M1 und M2) ähnlich LSD-25 dosisabhän-

---

[56] Zur Strukturformel des Myristicin als Ausgangsverbindung des MMDA vgl. 1.2.3.3, Rdnr. 633.
[57] Vgl. hierzu auch bei den Cannabinoiden 1.1.4, Rdnr. 147.
[58] Was auf eine Reihe von Rauschdrogen u.a. mit einer Phenylallyl-Grundstruktur zutrifft, vgl. bei den Muskatnuss-Wirkstoffen 1.2.3.2, Rdnr. 636.

1.2 Halluzinogene

gig durch einen **antagonistischen** Effekt am präsynaptischen α_2-**Rezeptor**[59] etwa 20-40 min nach der Einnahme über eine **vermehrte Serotonin-Ausschüttung**[60]; zugleich kommt es zu einer **Serotonin-reuptake-Hemmung**. Gegebenenfalls weisen die mit **Dopamin** strukturell vergleichbaren Verbindungen auch eine entsprechende dopaminerge Wirksamkeit auf (umstr.)[61]. Die Primärwirkung dürfte auf die im Hirnstamm liegenden Bildungszentren dieser aminergen Neurotransmitter erfolgen; es kommt über die Wirkorte in aufsteigenden Feldern des limbischen und präfrontalen Systems zu Dysfunktionen im **limbischen System**, insbesondere im Hippocampus und präfrontalen Cortex. Bei **habituellem** Missbrauch scheint der Serotonin-Spiegel abzufallen und sich nach Absetzen der Droge erst langsam zu erholen, verbunden u.a. mit Schlafstörungen[62]. Die nachlassende Wirkung (**Toleranzbildung**) dürfte auch mit der gleichzeitigen **Hemmung** der Aktivität der **Tryptophanhydroxylase**[63] zusammenhängen mit der Folge einer verminderten Serotonin-Bildung. Aufgrund adaptiver **Neuroplastizität** in der Entwicklungsphase scheint es längerfristig zu dauerhaften strukturellen Veränderungen im Gehirn zu kommen.

Entsprechend der geringeren Wirksamkeit ist auch die biologische **HWZ** von **MDEA** wesentlich kürzer als die von MDMA. Die **Metabolisierung** von **MDMA** erfolgt mit einer Rate von etwa 28 % u.a. durch N-Demethylierung (wobei der entstehende Metabolit **MDA** seinerseits psychotrop wirksam ist) und Desaminierung.

Im Hinblick auf ihre die jeweilige **emotionale** Verfassung steigernde Wirkung[64], verbunden mit einem "In-sich-hineinschauen" und vertiefter Selbsterkenntnis bei gleichzeitiger "**Öffnung**" der Person und Verbalisierung unterdrückter Gefühle, wird diese Stoffgruppe auch als "**Entactogene**"[65] bzw. als "Emphatogene" bezeichnet. **843**

Es lag daher nahe, dass MDA und MDMA ab 1965, MDEA ab 1980, ebenfalls, insbesondere nach dem Verbot von LSD-25[66], in Dosen von durchschnittlich 150 mg oral im **844**

---

[59] Zum THC-bedingten Anstieg des Serotonin-Spiegels vgl. 1.1.4, Rdnr. 162 f.. Zum Serotonin-Antagonismus des LSD-25 vgl. 1.2.1.1.4, Rdnr. 369 und 372-379.
[60] Zum Yohimbin als weiteren α_2-Rezeptorenblocker vgl. 1.2.3.6, Rdnr. 745.
[61] Was dem Wirksamwerden anderer Amfetamine entspräche, vgl. 3.2.4.4, Rdnr. 1891-1893.
[62] Näher zu den Langzeitwirkungen: 1.2.4.3, Rdnr. 854 und 856.
[63] Vermittels dieses Enzyms entsteht Serotonin aus der Aminosäure L-Tryptophan über die Zwischenstufe 5-HTP (5-Hydroxytryptophan).
[64] Vgl. zum „set" beim Cannabis 1.1.4, Rdnr. 145.
[65] Von lat. tactus – berührt, also eine „innere Rührung verursachend". Zu vergleichbaren Mescalin-Wirkungen: 1.2.3.1, Rdnr. 610. Als „Entactogene" werden in erster Linie die Methylendioxybutanamine MBDB und BDB bezeichnet, zu diesen vgl. unten Rdnr. 867.
[66] Vgl. zum Geschichtlichen 1.2.1.1.2, Rdnr. 293.

Rahmen der **psycholytischen Therapie**[67] bei neurotisch veranlagten Patienten eingesetzt wurden, um über die dadurch bedingte Regression bei gleichzeitigem Zulassen sonst abgewehrter Gefühle Zugang zu verdrängten Erlebnisinhalten bei erhalten bleibender Fähigkeit zur Reflexion zu gewinnen. 1988-94 wurde in einem schweizer Forschungsprogramm erneut u.a. die antidepressive und anxiolytische Einsetzbarkeit von MDMA und MDEA neben LSD-25[68] im therapeutischen Bereich erprobt.

845 Methylendioxyamfetamine werden zu Rauschzwecken meist in **Tablettenform** konsumiert, seltener auch in Pulverform nasal aufgenommen ("gesnifft") oder in Saft aufgelöst als "**liquid (flüssiges) ecstasy**" getrunken[69].

Die effektive **Einzeldosis** bei **oraler** Einnahme, auch in der HCl-Form, liegt etwa zwischen 50 und 150 mg (ca. 1,0 bis 2,0 mg/kg KG) MDA bzw. zwischen 100 und 160 mg MDMA-HCl (im Durchschnitt 80 mg MDMA-Base bzw. 120 mg MDEA-Base), was in etwa auch für MMDA gilt, sowie etwa 180 mg TMA (2,8-3,5 mg/kg KG), womit diese Verbindungen etwa 3- bis 5fach so wirksam wie das verwandte Mescalin sind[70]. **Höhere Dosen** von 200-300 mg, die mescalin- oder psilocybin-ähnliche Rauschzustände bewirken, sind allerdings kaum gebräuchlich.

846 Die **orale** Einnahme in üblicher Dosierung bewirkt nach etwa 15 - 30 min sowohl bei Einnahme in Tablettenform als auch in flüssiger Form wie bei anderen Amfetaminen **sympathomimetische** Effekte[71] mit Agitiertheit, Mydriasis, Übelkeit, Kribbeln im ganzen Körper, starken Kopfschmerzen, **Hypertonie** und rasendem Herzklopfen[72]; der Mund trocknet aus, das Hungergefühl wird herabgesetzt. Als **Serotonin-Effekt** kommt es zu einer **motorischen Hyperaktivität** bis hin zu plötzlichen unkontrollierten Bewegungen der Extremitäten (**Ataxie**) und der Ausbildung einer **Krampfbereitschaft**, die der strychnin-bedingten ähnelt. Die serotonin-bedingte Einwirkung auf den u.a. die Körpertemperatur steuernden Hypothalamus (**Homöostase**) führt zu einer starken Erhöhung der Körpertemperatur (**Hyperthermie**) mit langanhaltendem Schwitzen und Hitzegefühlen. Daneben kann es zur Ausbildung einer sog. "**Drogen-Akne**"[73] kommen.

847 Die **Fahrsicherheit** ist u.a. infolge der mit einer verlangsamten Pupillenreaktion einhergehenden **Mydriasis**, die bewirkt, dass der Konsument nachts im Straßenverkehr von entgegenkommenden Fahrzeugen geblendet wird, eingeschränkt. Seit Anfang der 1990er Jahre

---

[67] Zur psycholytischen Therapie vgl. beim LSD-25 1.2.1.1.4, Rdnr. 350-353, sowie beim Psilocybin 1.2.3.3, Rdnr. 664-666.
[68] Vgl. hierzu auch 1.2.1.1.2, Rdnr. 287 f.
[69] Vergleichbar den Aufnahmeformen von Amfetamin: 3.2.4.5, Rdnr. 1905-1913. Als „liquid ecstasy" wird nunmehr allerdings allein das chemisch völlig anders aufgebaute GHB bezeichnet, vgl. hierzu 1.2.4.8, Rdnr. 936 f. Zum „liquid Haschisch" vgl. 1.1.5, Rdnr. 188, zum Auflösen von LSD-25 1.2.1.1.5, Rdnr. 399.
[70] Zur Mescalin-Dosierung vgl. 1.2.3.1, Rdnr. 585.
[71] Zu den sympathomimetischen Amfetamin-Wirkungen vgl. 3.2.4.4, Rdnr. 1865-1869.
[72] Vgl. z.B. auch zu den Muskatnuss-Wirkungen 1.2.3.2, Rdnr. 635 und 638. Zu den körperlichen Wirkungen bei Hochdosierung vgl. unten 1.2.4.3, Rdnr. 855.
[73] Vgl. auch z.B. zur Bromakne 4.2.3, Rdnr. 2102, sowie zur Chlorakne.

wurde eine Zunahme auffälliger Verkehrsteilnehmer mit z.T. erheblichen **Ausfallerscheinungen** festgestellt, die, bei meist nur geringen BAK-Werten, vorwiegend Cannabis, "ecstasy" und Stimulantia, nicht selten in **Kombination**, eingenommen hatten. Ohne Festlegung von Grenzwerten genügt daher seit dem 1.8.1998 allein der Nachweis von MDE oder MDMA im Blut, um zumindest nach § 24 a StVG wegen einer Ordnungswidrigkeit mit einem Bußgeld und Fahrverbot belangt werden zu können[74], wobei ein "ecstasy"-Konsum mit immunchemischen Screeningmethoden relativ schnell und einfach nachweisbar ist.

848 Nach etwa 30-60 min kommt es bei üblicher Dosierung, abhängig von Drogenerfahrung, "set" und "setting", zu einem meist leicht **kontrollierbaren**, als wohlig empfundenen **Rauschzustand** mit gesteigerter Sinneswahrnehmung, Aktivität, Offenheit und **Emotionalität** sowie Gesprächigkeit bei leicht **euphorischer** Grundstimmung und erhalten bleibendem **Bewusstsein**[75], welcher nach etwa 1-3 h wieder abzuklingen beginnt und von u.U. starker **Erschöpfung** abgelöst wird. Im Verhältnis zu den eher überpersönlichen und ungewohnten LSD-, PCP- und Mescalin-Erfahrungen[76] wird dieser Rauschzustand als **persönlichkeitsbezogener** und "**sanfter**" in seinem Verlauf empfunden.

849 Die Wirkungen der einzelnen Methylendoxyamfetamine und von TMA weisen hierbei eher marginale Unterschiede auf. Sie sind, wenn auch mit Einschränkungen, bei üblicher Dosierung am ehesten den **Amfetamin-Wirkungen** vergleichbar.

850 So verhilft die in den 90er Jahren am häufigsten auf dem illegalen Markt angebotene "**Harmoniedroge**" **MDMA** in erster Linie zu einer stundenlangen milden Euphorie und psychischen Ausgeglichenheit, verbunden mit dem Gefühl, alle zu lieben und zu verstehen (**emotionale Offenheit** und **Enthemmung**), ohne das Gefühl einer Bedrohung der (labilen) Ich-Identität, zu der auch eine spannungslösende, zugleich aber auch **antriebssteigernde** Komponente bis hin zur Ruhelosigkeit beiträgt.

Letztere ist bei **MDEA**, bei insgesamt **schwächerer** Wirkung als MDMA, noch **verstärkt**; das Selbstwertgefühl ist gesteigert, die Selbstsicherheit nimmt zu. Gleichzeitig nimmt das Verantwortungsbewusstsein ab und die **Risikobereitschaft** zu. Akustische, taktile und visuelle Sinneswahrnehmungen werden verstärkt, es kommt wie erwähnt jedoch regelmäßig nicht zu Halluzinationen.

Der **MDA-Rausch** unterscheidet sich vom alltäglichen Erleben demgegenüber vor allem durch seine intensive **Verzerrung** des **Raum-** und **Zeiterlebnisses**, daneben kommt es ebenfalls zu **Sinnestäuschungen** (etwa eine "Dreidimensionalität" von Musik)[77], die jedoch

---

[74] Vgl. hierzu auch beim Cannabis 1.1.4, Rdnr. 120. Zu Immunoassays zum Nachweis von Amfetamin und seinen Derivaten vgl. 3.2.4.6, Rdnr. 1924.
[75] Zum sog. „klaren Rausch" vgl. Vorbem. 1.2, Rdnr. 267, und z.B. beim Cannabis 1.1.4, Rdnr. 124 und 129.
[76] Besonders ausgeprägt beim PCP, vgl. 1.2.4.5, Rdnr. 911.
[77] Zu Synästhesien vgl. etwa auch beim Cannabis-Rausch 1.1.4, Rdnr. 142. Auch beim Amfetamin kann es zu einer Herabsetzung der Empfindungsschwelle für Reize und halluzinatorische Zustände kommen, vgl. 3.2.4.4, Rdnr. 1878 und 1880.

verschwimmen, sobald der Betreffende sich darauf konzentriert. Die Wahrnehmung ist gestört; insgesamt ist die Wirkung hier **LSD-ähnlicher**. Der **stärkeren** Wirksamkeit entspricht eine höhere Toxizität.

851 Bei dem weniger gebräuchlichen **TMA** kann es demgegenüber bei Dosen ab 2,8-3,5 mg/kg KG zu erheblichen **Rauschzuständen** mit visuellen (etwa Farbvisionen) und akustischen Wahrnehmungsveränderungen kommen, die auch zu einer **halluzinogenartigen** überdimensionalen und verzerrten Wahrnehmung des Raumes führen und nach 3-5 h ihren Höhepunkt erreichen.

852 Insgesamt ist der psychische und physische Normalzustand nach etwa 6-8 h wieder hergestellt, wobei das Erlebte bildhaft in Erinnerung bleiben kann. Es kann jedoch zu Erschöpfungszuständen kommen, die u.U. bis zu 2 d anhalten, verbunden mit Angst, dem Gefühl der **Bedrohtheit** und **Selbstwertverlust**.

853 Erst nach etwa 6 Wochen **Abstinenz** verspürt der Konsument wieder die volle Wirkung[78], was vielfach dazu führt, bei wiederholter Einnahme zusätzlich "**speed**" oder **Alkohol** mit nicht abschätzbaren Effekten einzunehmen.

854 Im Verhältnis zu den **Weckaminen**[79] scheint es bei diesen (Met-)Amfetamin-Abkömmlingen zwar zu keiner ausgeprägten **Toleranzentwicklung** zu kommen. Auf einen (revisiblen) Toleranzeffekt nach etwa 7-10 Wochen weist aber die anzutreffende Einnahme von gegebenenfalls mehreren KE täglich hin; andererseits tritt bei **Hoch-** und **Überdosierung** von etwa 200 mg MDMA- bzw. MDEA-HCl oder 300 mg MDA-HCl keine Steigerung des Rauschzustandes mehr ein[80], sondern neben einer verstärkten körperlichen Symptomatik nur eine zeitliche Ausdehnung des anschließenden Erschöpfungszustandes. Mit zunehmender Dauer exzessiven "ecstasy"-Missbrauchs besteht dann die Gefahr, dass dieser zunehmend durch **Cocain** ersetzt wird.

855 Bei **hohen Dosen** von mehr als 200 mg bzw. Aufnahme in **flüssiger** Form[81] kann es zudem verstärkt zu **dysphorisch** erlebten Nebenwirkungen mit Denk- und Wahrnehmungsstörungen sowie Depressionen und Angstzuständen, außerdem zu u.U. heftigen visuellen, akustischen und taktilen **Halluzinationen** mit **psychotischen** Reaktionen und Verwirrtheit kommen, neben innerer Unruhe, Brechreiz, Seh- und Hörstörungen, Muskelkrämpfen sowie Störungen des Bewegungsablaufs. Ausgeprägt ist die Erhöhung von Herzfrequenz und Blutdruck mit Hitze- und Kältewallungen bei gleichzeitiger Verringerung des Körperwassers (**Dehydratation**) als drogenbedingte systemische Reaktion (erhöhter Harndrang), zu der die körperliche Anstrengung durch das gleichzeitige Tanzen, die ebenfalls zu einem Flüssigkeitsverlust des Körpers führt, sowie die nicht seltene **Kombination**

---

[78] Zur Resensibilisierung bei LSD-25 vgl. demgegenüber 1.2.1.1.4, Rdnr. 390.
[79] Zur Toleranzausbildung bei den Weckaminen vgl. 3.2.4.4, Rdnr. 1898-1900.
[80] Vergleichbar echten Halluzinogenen wie LSD-25: 1.2.1.1.4, Rdnr. 389.
[81] Zum „flüssigen ecstasy" vgl. 1.2.4.3, Rdnr. 845. Zu den Gesundheitsgefahren bei Amfetamin in flüssiger Form vgl. 3.2.4.7, Rdnr. 1934.

1.2 Halluzinogene

mit **Alkohol**, beiträgt. Die Folge ist die Gefahr einer **Hyperthermie**[82] neben **sympathomimetischen** Effekten mit schweren zentralen Kreislaufstörungen, Herzrhythmusstörungen und -infarkt; außerdem kann es zu akutem Nierenversagen kommen. **Zerebrale Krampfanfälle** sind offenbar hierbei die häufigste neurologische Komplikation. **Todesfälle** nach MDMA-Konsum, insbesondere bei **Kombination** mit anderen Rauschdrogen und Fertigarzneimitteln wie Barbituraten[83], traten mehrfach auf. 1998 dürften in Deutschland 17 Menschen im Zusammenhang mit dem Konsum von "ecstasy" gestorben sein, wobei es sich überwiegend um Mischintoxikationen handelte. Die **letale Dosis** liegt bei 500 mg (7,5 mg/kg KG), die therapeutische Breite ist somit als gering anzusehen.

Als **Langzeitwirkungen** kann es u.a. zu Kopfschmerzen, Schlafstörungen, Appetitlosigkeit, Parkinson-Symptomen wie Ruhetremor und Grimassieren, Nieren- und Leberschädigungen (gegebenenfalls Leberversagen) sowie dem Ausklinken latenter **Psychosen**[84] kommen. Neben rauschbedingten akuten psychiatrischen Syndromen kann es infolge der langfristigen **Reduzierung** des **Serotonin-Spiegels** bei Dauergebrauch vermehrt zu anhaltenden drogeninduzierten psychiatrischen Folgeerkrankungen mit u.a. Depressionen, Depersonalisierungserscheinungen und psychomotorischen Verhaltensstörungen neben Halluzinationen und Wahnideen kommen. **856**

Die **neuronale** Aktivität ist **vermindert**, betroffen ist u.a. der mit dem Gedächtnis in Verbindung zu bringende **Hippocampus**. Bei Dauergebrauch sind schwere **neurotoxische** Schäden möglich, etwa irreversible Zerstörungen von Nervenendigungen des **serotonergen** Neurotransmittersystems im ZNS[85] sowie Beeinträchtigungen von Konzentrationsfähigkeit und Kurzzeitgedächtnis, die gegebenenfalls z.T. ebenfalls nicht wieder rückgängig gemacht werden können.

Auch bei dieser Substanzgruppe kann es bei mehrmaligem wöchentlichen Konsum über etwa ein halbes Jahr hinweg zur Ausbildung einer ausgeprägten **psychi-** **857**

---

[82] Die Wahrnehmung für die einsetzende Hyperthermie und Austrocknung ist herabgesetzt. Zu einer u.U. lebensbedrohlichen Hyperthermie kann es insbesondere bei einer Kombination mit Amfetaminen (vgl. 3.2.4.7, Rdnr. 1935), Cocain (vgl. 3.1.7, Rdnr. 1667), Psilocybin (vgl. 1.2.3.3, Rdnr. 673), LSD-25 (vgl. 1.2.1.1.4, Rdnr. 321), oder auch Solanaceen (vgl. 1.2.2.2, Rdnr. 521) kommen. Zu zerebralen Krampfanfällen nach Cocain-Missbrauch vgl. 3.1.7, Rdnr. 1667.

[83] Zur Kombination von Barbituraten mit Rauschdrogen vgl. 4.1, Rdnr. 2020-2023. Zum Mischkonsum von „ecstasy" und „downers" vgl. auch unten 1.2.4.3, Rdnr. 864.

[84] Vgl. hierzu etwa beim Cannabis 1.1.4, Rdnr. 263-265.

[85] Infolge Aufnahme von MDMA in die synaptischen Speicher sowie Überforderung enzymatischer abbauender Prozesse mit der Folge einer teilweisen Umwandlung der Transmitter in neurotoxische Metaboliten, die, in die Präsynapse aufgenommen, zu deren Zerstörung führen. Zur zerebralen Atrophie als Folge des Lösungsmittel-Schnüffelns vgl. 4.5.4, Rdnr. 2547.

schen **Abhängigkeit** vom **Halluzinogen-Typ**[86] sowie zum Auftreten sog. **"flash back's"**[87] kommen. Das Abhängigkeitspotential dürfte in etwa dem des Amfetamins (bei oraler Aufnahme) vergleichbar sein[88], höher bei MDMA, geringer bei MDEA; Symptome einer auch physischen Abhängigkeit wurden hingegen nicht festgestellt.

858 Außer in den USA tauchten seit Beginn der 1980er Jahre MDA und verwandte Amfetamin-Abkömmlinge wie etwa auch **PMA**[89] in der **Bundesrepublik** gelegentlich auf. Im Zuge des sich bei uns seit Mitte der 80er Jahre dann verstärkenden Weckamin-Missbrauchs[90] kam es auch insoweit zu erheblichen Steigerungen, wofür die Zahl der festgestellten **Erstkonsumenten** ein Indiz ist[91]:

Erstkonsumenten	1995	2.371	1998	2.830	2001	6.097
	1996	3.609	1999	3.170		
	1997	3.799	2000	5.495		

859 Ebenso war ein nicht unerheblicher Teil der wachsenden **Sicherstellungsmengen** von Weckaminen[92] auf Amfetamin-Derivate wie MDMA und MDEA zurückzuführen:

Sicherstellungsmengen von "ecstasy" (in KE):

1991	4.061	1995	380.858	1999	1.470.507
1992	18.245	1996	692.397	2000	1.634.683
1993	77.922	1997	694.281	2001	4.576.504
1994	239.051	1998	419.329		

860 Hierbei kamen bisher in erster Linie MDMA und MDEA, vorwiegend in Form von **Monopräparaten**, unter der Bezeichnung "ecstasy"[93] als "Wohlstandsdrogen" bei uns auf den Markt, während der MDA-Konsum in den 1990er Jahren rückläufig war. Insgesamt kam es seit 1990 im Verhältnis zu anderen Rauschdrogen[94] zu überproportionalen Steigerungen; Ende der 90er Jahre wurde mit mindestens 1/2 bis 1 Mio. **Konsumenten** in **Deutschland** gerechnet, die bei meist weitgehender Integration in Ausbildung und Beruf sowie generell sozialer Leistungsorientierung als **"Raver"**[95] am Wochende oder anlässlich von Veranstal-

---

[86] Zur spezifischen Abhängigkeit vom Halluzinogen-Typ vgl. beim LSD-25 1.2.1.1.7, Rdnr. 422 f.
[87] Näher zum „Echo-Rausch" 1.2.1.1.4, Rdnr. 386-389.
[88] Zu Einordnungsversuchen vgl. beim Cocain 3.1.7, Rdnr. 1685.
[89] Zum PMA vgl. beim DOM 1.2.4.1, Rdnr. 810.
[90] Vgl. zum Geschichtlichen 3.2.4.2, Rdnr. 1810-1812.
[91] Zu den Erstkonsumenten von Weckaminen vgl. 3.2.4.2, Rdnr. 1813. Ende der 1990er Jahre schien der „ecstasy"-Missbrauch bei uns zu stagnieren, während in anderen europäischen Ländern wie etwa Italien deutliche Steigerungsraten zu verzeichnen waren.
[92] Zu den Amfetamin-Sicherstellungsmengen vgl. 3.2.4.2, Rdnr. 1814.
[93] Zu der ursprünglichen Bezeichnung „ecstasy" vgl. aber 1.2.4.3, Rdnr. 835 und 835 FN 51, sowie unten Rdnr. 868.
[94] Vgl. etwa zum weitgehend stagnierenden Heroin-Missbrauch 2.1.2, Rdnr. 1049-1957.
[95] Von engl. to rave = rasen/toben. In den Jahren 1996-2001 hatten in Deutschland jeweils etwa 4 % der (jüngeren) männlichen und 2,3 % der weiblichen Bevölkerung Erfahrungen mit „ecstasy" gemacht; EU-weit wurde 2001 etwa mit 6 % gerechnet.

1.2 Halluzinogene

tungen wie der "Love-Parade" in Berlin vor allem "ecstasy" als "saubere" und vermeintlich eher harmlose **Freizeit-Stimulanz**[96] "einwarfen", um sich in Partylaune zu bringen oder Selbstwertprobleme wie Hemmungen und Schüchternheit zu überwinden.

Außer im Rotlichtmilieu wird insbesondere MDMA auf sog. **"Techno-Partys"** („trance") neben u.a. MDEA, MDA, **Coffein-Präparaten**[97] und **Ephedrin-Kombinationen**[98] eingenommen, um das exzessive Dauertanzen durchzustehen und in Verbindung mit der monotonen, dröhnenden elektronischen Musik die angestrebte **Reizüberflutung**[99] herbeizuführen. Hierbei wird meist über das Wochenende hinweg bei überlauter Musik ekstatisch und wie in Trance getanzt[100], wozu das Gefühl des **"Schwebens"**[101] beiträgt. **861**

Die Ende der 1990er Jahre überwiegend aus niederländischen, in geringerem Umfang aus polnischen, neuerdings u.a. auch aus ukrainischen **"Amfetamin-Küchen"**[102], teilweise aber auch in Deutschland im industriellen Maßstab synthetisierten Methylendioxyamfetamine (Fa. Imhausen) wurden bei uns meist in Kapselform oder als **Tablette** mit 80-120 mg **Wirkstoffgehalt** bei guter Qualität auf der Straße für zunächst etwa 25-60 DM/KE gehandelt, MDMA auch bereits für etwa 8-50 DM/Kapsel oder Tablette bei insgesamt fallenden Preisen, die Ende der 1990er Jahre bei etwa 10-15 DM/KE lagen. Die eingenommenen Mengen liegen bei 1-4 Tabletten/Nacht, können aber auch darüber hinausgehen, indem eine Tablette nach der anderen eingenommen wird, sobald die Wirkung nachlässt ("Booster" - "Verstärker") **862**

In den meisten Fällen dürfte der Konsum hierbei **episodenhaft** und an eine bestimmte Entwicklungsphase gebunden bleiben[103]. Neuere Entwicklungstendenzen deuten jedoch darüber hinaus auf eine zunehmende Verbreitung unter Schülern und einen täglichen, nicht mehr auf Partys oder das Wochenende beschränkten Konsum hin. Hinzu kommt ein allge- **863**

---

[96] Vgl. etwa auch zum Cocain als „Freizeitdroge" 3.1.7, Rdnr. 1659 f. Zur Akzeptanz trug sicherlich die im Medikamentenbereich weit verbreitete Tablettenform bei, die „sauberen", richtig dosierten Wirkstoff suggeriert, vgl. auch Vorbem. 1.2.4, Rdnr. 796.

[97] Unter der Bezeichnung „ecstasy" werden zudem Totalimitate wie reine Coffein-Präparate, etwa das rezeptfrei erhältliche Analepticum Percoffedrinol N, vertrieben, die keinen Anteil an Methylendioxyamfetaminen mehr enthalten (zum Percoffedrinol vgl. 3.2.1, Rdnr. 1723, vgl. auch zu Coffein-PEA-Kombinationen 1.2.1.1.4, Rdnr. 363 FN 88). Als „ecstasy" sind außerdem u.a. LSD-Amfetamin-Kombinationen auf dem illegalen Markt.

[98] Zum verbreiteten Ephedrin-Missbrauch in der „Techno-Szene" vgl. 3.2.1, Rdnr. 1724.

[99] Zur Reizüberflutung durch „psychedelische Musik" vgl. 1.1.4, Rdnr. 138. Vgl. auch zum „Acid-Rock" 1.2.1.1.2, Rdnr. 292.

[100] Zum Tanzen etwa im Yagé-Rausch vgl. beim Harmalin 1.2.3.5, Rdnr. 728, zur motorischen Unruhe im Amanita-Rausch 1.2.2.1, Rdnr. 473, zum Bedürfnis nach körperlicher Bewegung (Hyperkinese) als Cocain-Wirkung 3.1.4, Rdnr. 1521.

[101] Zu den häufig vorkommenden Elevationsgefühlen vgl. z.B. beim Cannabis 1.1.4, Rdnr. 127.

[102] Zu den entsprechenden „Labs" vgl. 3.2.4.2, Rdnr. 1809 und 1815. Die Herstellungskosten liegen bei weniger als 0,20 DM/Tablette. Ende der 1990er Jahre nahm der „ecstasy"-Missbrauch seinerseits in Osteuropa, u.a. in Russland, auf sog. „House-Partys" oder in „Tranceclubs" zu, deren Versorgung inländische „Labs" übernehmen.

[103] Entsprechend dem Haschisch-Rauchen, vgl. 1.1.7, Rdnr. 248.

mein bei Stimulantia verbreitetes **polytoxikomanes** Verhalten, indem ein Mischkonsum insbesondere mit **Alkohol**[104], **Amfetaminen**, zunehmend mit **Cocain**[105] und **echten Halluzinogenen**, hier vor allem "Naturdrogen" wie **Psilocybin**[106], aber auch LSD-25[107], zur Wirkungssteigerung erfolgt. Der die Libido dämpfenden Nebenwirkung von "ecstasy" wird teilweise durch die Einnahme von Viagra begegnet, die Kombination wird als „sextasy" bezeichnet. Etwa 90 % der "ecstasy"-Konsumenten dürften derzeit **Mehrfachkonsumenten** sein.

864 Erfolgt ein derartiger Mischkonsum, etwa wegen der nachlassenden "ecstasy"-Wirkung, kann es zu vom Konsumenten nicht mehr steuerbaren, u.U. **synergistischen** Effekten kommen, zumal auch die von ihm als "ecstasy" erworbenen Kapseln oder Tabletten (u.a. zwecks Senkung der Herstellungskosten) ihm unbekannte Stoffe wie **PMA**, **DMT**[108], Anticholinergica wie **Atropin**[109], gegebenenfalls aber auch **Strychnin**[110] enthalten können. Teilweise werden "ecstasy"-Tabletten auch vom Hersteller bereits in fester Kombination mit "**speed**"[111], **Ephedrin**, dem u.a. ebenfalls stimmungsaufhellend wirkenden **Coffein**, **Phentermin**[112] oder **α-Methylbenzylamin**[113] auf den Markt gebracht bzw. beinhalten als "ecstasy" angebotene Tabletten eine reine Amfetamin/Metamfetamin-Kombination.

Um sich zum Abschluss längerer Rauschphasen wieder "herunterzubringen" und zu beruhigen (sog. "**chill out**")[114] werden ebenfalls **Alkoholika** konsumiert und **Cannabis-Produkte**[115] geraucht, zunehmend aber auch "harte" Drogen wie **Heroin** konsumiert[116].

---

[104] Eine der gängigsten Rauschdrogen-Kombinationen ist die mit Alkoholika, vgl. etwa bei den Tranquilizern 4.3.4, Rdnr. 2220 und 2223.
[105] Zur Kombination etwa von „ecstasy" und „speed" als „Disko-Drogen" vgl. beim Amfetamin 3.2.4.2, Rdnr. 1812. Vgl. auch beim Cocain 3.1.2, Rdnr. 1482-1485, einhergehend mit einem erheblichen Preisverfall.
[106] Zur entsprechenden Verwendung psilocybin-haltiger Pilze vgl. 1.2.3.3, Rdnr. 667 und 677, 677 FN 107.
[107] Zur (erneuten) Zunahme des LSD-Konsums vgl. 1.2.1.1.2, Rdnr. 297, zu weiteren Inhaltsstoffen 1.2.1.1.5, Rdnr. 403. Zur Kombination mit sexualstimulierenden Alkylnitriten vgl. 4.5.4, Rdnr. 2561.
[108] Vgl. zum PMA 1.2.4.1, Rdnr. 810; vgl. etwa auch zum Etryptamin 1.2.4.4, Rdnr. 887.
[109] Zum Missbrauch u.a. atropin-haltiger Nachtschattengewächse zu Rauschzwecken vgl. 1.2.2.2, Rdnr. 513 f. „Ecstasy"-Kombinationen mit einem Engelstrompeten-Auszug sind bekannt geworden, offenbar im Zuge des Trends zu „Naturdrogen".
[110] Zu Zusätzen von Strychnin als psychomotorisches Stimulanz vgl. 4.3.1.1, Rdnr. 2121. Derartige Zusätze führten in Amsterdam zu der Überlegung, „sauberes ecstasy" über legale Stellen zu verkaufen, entsprechend den „Coffee-Shops" (vgl. 1.1.2, Rdnr. 79); strychnin-ähnliche Krampfanfälle können aber auch durch Methylendioxyamfetamine selbst ausgelöst werden, ohne Strychnin-Zusätze, vgl. oben 1.2.4.3, Rdnr. 846 und 855.
[111] In erster Linie MDMA und MDEA in Kombination mit Metamfetamin. Umgekehrt kann die unter der Bezeichnung „speed" (worunter meist eine Metamfetamin-Zubereitung verstanden wird) erworbene Rauschdroge mit den verschiedensten Stoffen kombiniert oder gestreckt worden sein, vgl. 3.2.4.5, Rdnr. 1907.
[112] Näher zum Phentermin bei den Weckaminen 3.2.4.2, Rdnr. 1829.
[113] Zur Kombination von α-Methylbenzylaminsulfat und „ecstasy" vgl. auch 3.2.4.3, Rdnr. 1822 FN 67.
[114] Vgl. auch zum Beigebrauch von „Crack" 3.1.5, Rdnr. 1630.

1.2 Halluzinogene

Mit Urteil vom 9.10.1996 hat der 3. Strafsenat des BGH die "**nicht geringe Menge**"[117] **MDEA/MDE** mit **250 KE**[118] zu je 120 mg MDEA-Base (entsprechend 140 mg MDEA-HCl) und dementsprechend mit **30 g MDEA-Base** (entsprechend 35 g MDEA-HCl) angenommen. Hierbei orientierte sich der BGH an der Grenzwertfeststellung beim Amfetamin[119], wobei er die Gefährlichkeit von MDMA, MDEA und MDA annähernd der des Amfetamins entsprechend einstufte. Mit Beschluss vom 15.3.2001 übernahm der 3. Strafsenat diesen Grenzwert auch für **MDMA-Base**. Es ist daher davon auszugehen, dass trotz Unterschiede in Wirkungsintensität und Dosierung der Grenzwert für MDEA/MDE als dem Wirkstoff dieser Gruppe mit der geringsten Intensität aus Gründen der praktischen Handhabbarkeit und im Hinblick auf die Gleichartigkeit der Wirkungsweise auch für MDA als weiteres Amfetamin-Derivat dieser Gruppe gilt, zumal die genannten Wirkstoffe in "ecstasy"-Tabletten in Kombination vorkommen[120].

865 §

Die "**geringe Menge**"[121] dürfte mit max. 10 bzw. 20 "ecstasy"-Tabletten anzusetzen sein.

Aufgrund der 1. BtMÄndV wurden von den genannten Amfetamin-Derivaten mit Wirkung ab dem 1.9.1984 **MDA**, **MMDA** und **TMA** in Anl. I zum damaligen BtMG 1982 aufgenommen. Im Zuge der 2. BtMÄndV wurde ab dem 1.8.1986 auch **MDMA** der Anl. I unterstellt, im Zuge der 3. BtMÄndV ab dem 15.4.1991 zudem **MDEA/MDE** und **Hydroxymethylendioxyamfetamin**[122].

866 §

Als weitere synthetisierbare Verbindungen aus dieser Gruppe sind **N,N-Dimethyl-MDA** sowie die 1986 homolog zu den Propanaminen MDA und MDMA durch Erweiterung der

867 *

---

[115] Entsprechend dem Beigebrauch von Cannabis seitens „speed"-Konsumenten. Zum „come down" nach Amfetamin-Missbrauch vgl. 3.2.4.5, Rdnr. 1911.
[116] Zum Beigebrauch von „downer" wie z.B. Barbituraten vgl. oben 1.2.4.3, Rdnr. 855. Zur Kombinationen von „liquid ecstasy" und Alkohol vgl. 1.2.4.8, Rdnr. 937.
[117] Zum Begriff der „nicht geringen Menge" vgl. 1.1.6, Rdnr. 207-211.
[118] Bei einem Vergleich der zum Erreichen der „nicht geringen Menge" erforderlichen KE (500 KE beim THC, vgl. 1.1.6, Rdnr. 209; 120 KE beim LSD-25, vgl. 1.2.1.1.6, Rdnr. 413-416) beinhaltet dies, dass MDEA als das am schwächsten wirkende Methylendioxyamfetamin hinsichtlich seines Gefährdungspotentials zwischen Cannabis und LSD-25 liegend eingestuft wird.
[119] Zur „nicht geringen Menge" Amfetamin vgl. 3.2.4.6, Rdnr. 1925-1929, insbesondere Rdnr. 1928 (200 KE zu je 50 mg). Dieser Grenzwert von 30 g soll auch für andere Amfetamin-Derivate gelten, vgl. 3.2.4.6, Rdnr. 1929.
[120] U.a. auch Methylendioxybutanamine, vgl. 1.2.3.4, Rdnr. 867 f. Bleiben die einzelnen Komponenten eines Btm-Gemischs unter den jeweiligen Grenzwerten, kann gleichwohl eine „nicht geringe Menge" vorliegen, wenn die Summe der Bruchteile der einzelnen Komponenten von den jeweiligen Grenzwerten 1 überschreitet; vgl. auch 1.1.6, Rdnr. 208.
[121] Zum Begriff der „geringen Menge" vgl. 1.1.6, Rdnr. 214-216.
[122] Zu Molekül-Abwandlungen als Btm eingestufter Stoffe vgl. Vorbem. 1.2.4, Rdnr. 797-799.

Alkylseitenkette um eine CH$_3$-Gruppe synthetisierten **Methylendioxybutanamine BDB** (chem. Bezeichnung (IUPAC): 1-(1,3-Benzodioxol-5-yl)butan-2-ylazan) und **MBDB** (chem. Bezeichnung (IUPAC): [1-(1,3-Benzodioxol-5-yl]methylazan oder: N-Methyl-[1-(1,3-benzodioxol-5-yl)-2-butanamin]) hervorzuheben, die seit ihrem ersten Auftreten auf dem illegalen Drogenmarkt 1994 weite Verbreitung gefunden haben. BDB und MBDB haben offenbar fast gar keine halluzinogenen, sondern nur noch eine MDA und den Amfetaminen vergleichbare stimulierende, zugleich aber auch entspannende sowie Wahrnehmung und Emotionaliät steigernde Wirkung. Im Hinblick auf das Öffnen der Persönlichkeit sowie vertiefte Selbsterkenntnis sollen sie als "**Entactogene**" psychotherapeutisch nutzbar sein[123].

868 § Von diesen Verbindungen wurden seit der 6. BtMÄndV ab dem 15.9.1995 zunächst jeweils für die Dauer von 1 Jahr, mit Inkrafttreten der 10. bzw. 15 BtMÄndV dann ohne zeitliche Begrenzung zuerst **MBDB** der Anl. I unterstellt[124], sodann (jeweils IUPAC-Bezeichnung):

- aufgrund der 9. BtMÄndV seit dem 1.2.1997 **BDB** sowie N-[1-(1,3Benzodioxol-5-yl)-propan-2-yl]-N-methylhydroxylamin (**FLEA**) und 1-(1,3-Benzodioxol-5-yl)-2-(pyrrolidin-1-yl)propan-l-on;
- aufgrund der 10. BtMÄndV seit dem 1.2.1998 **N-Hydroxyamfetamin** (**NOHA**; N-(1-Phenylpropan-2-yl)hydroxylamin) und (Methyl)(3-phenylpropyl)azan (**1M-3PP**);
- aufgrund der 12. BtMÄndV seit dem 8.10.1998 [1-(6-Chlor-1,3-benzodioxol-5-yl)propan-2-yl](methyl)azan (**6-Cl-MDMA**) sowie 4-Methylthioamfetamin (**4-MTA**; 1-[4-(Methylsulfanyl)phenyl]propan-2-ylazan) und 1-Phenyl-2-(pyrrolidin-1-yl)propan-l-on (**PPP**);
- aufgrund der 13. BtMÄndV seit dem 10.10.1999 1-(2,4,5-Trimethoxyphenyl)propan-2-ylazan (**TMA-2**) und 2-(Pyrrolidin-1-yl)-1-(-ptolyl)propan-l-on.

Sämtliche Substanzen werden unter der Bezeichnung "ecstasy" gehandelt und dürften eine der jeweiligen Ausgangssubstanz vergleichbare Struktur-Wirkungs-Beziehung aufweisen bei allerdings zumindest teilweise erhöhter Wirksamkeit. Werden andere, (noch) nicht dem BtMG unterstellte, synthetisierbare Abwandlungen zu Rauschzwecken gehandelt, kann dies, unabhängig von einer Verschreibungsfähigkeit und -pflichtigkeit bzw. Zulassung, als Inverkehrbringen bedenklicher AM gemäß § 95 Abs. 1 Nr. 1 AMG strafbar sein.

869 § Von den für die MDMA-, MDEA- und MDA-Synthese verwandten **Grundstoffen** wurde mit Wirkung ab dem 1.3.1995 3,4-Methylendioxyphenylpropan-2-on (**Piperonylmethylketon; PMK**)[125] dem GÜG unterstellt und in Kategorie 1 aufgenommen mit der Folge einer Erlaubnispflicht in Verdachtsfällen, während **Methylethylketon** (**MEK**; Butanon)[126] wie etwa auch Salzsäure zur Kategorie 3 zählt. Hinsichtlich der ebenfalls unmittelbar zur "ecstasy"-Synthese verwandten **Piperonal, Safrol**[127] und **Isosafrol** (das als Syntheserückstand in "ecstasy"-Tabletten festgestellt wurde), die zu ringsubstituierten Phenylketonen wie PMK umgesetzt werden können, besteht nach Kategorie 1 ebenfalls eine Erlaubnispflicht. Andere Basischemikalien, insbesondere **Monomethylamin** (**MMA**; CH$_3$-NH$_2$), wurden als sog. Pre-Precursor hingegen (noch) nicht dem GÜG unterstellt. Angesichts der

---

[123] Zum Einsatz von Methylendioxyamfetaminen in der psycholytischen Therapie vgl. 1.2.3.4, Rdnr. 843 f.
[124] Zur sog. „Notunterstellung" vgl. Vorbem 1.2.4, Rdnr. 798.
[125] Zum PMK und anderen hier relevanten Grundstoffen vgl. 1.2.3.4, Rdnr. 835 und 838.
[126] Zum MEK als Grundstoff für die Amfetamin-Synthese vgl. 3.2.4.3, Rdnr. 1852 f.
[127] Zum Muskatnuss-Wirkstoff Safrol vgl. 1.2.3.2, Rdnr. 632 und 641, sowie 1.2.4.3, Rdnr. 833.

zunehmenden Schwierigkeiten der illegalen Produzenten, Grundstoffe in Europa zu beschaffen, weichen die Hersteller z.T. auf asiatische Chemikalienanbieter aus.

1.2.4.4 DMT und verwandte Tryptamine

Dimethyltryptamin (**DMT**; chem. Bezeichnung (IUPAC): [2-(Indol-3-yl)-ethyl]dimethylazan oder: 2-(3-Indolyl)-N,N-dimethylethylamin), das als 3-Hydroxy-DMT in sehr geringen Mengen auch im menschlichen Gehirn ausgeschüttet wird, ist ein 1931 erstmals synthetisiertes Halluzinogen vom Typ der sog. **kurzwirkenden Tryptamine**.

In natürlicher **Wirkstoffkombination** mit **Bufotenin**, von dem es sich nur durch eine OH-Gruppe am **Indol-Ring** unterscheidet[128], kommt DMT als **Alkaloid** in verschiedenen südamerikanischen Anandenanthera-, Mimosa-, Virola- und Banisteria-Arten vor[129], außerdem in einigen Kaktus-Arten[130].

Da unter den Tryptaminen im allgemeinen die **5-Hydroxy-Verbindungen** wirksamer sind[131], ist anzunehmen, dass auch DMT erst durch Oxidation in vivo psychotrop wirksam wird.

Neben Bufotenin besteht unter den **Tryptaminen** vor allem auch eine Verwandtschaft zum **Psilocin**: Mit Hilfe eines spezifischen Enzyms kann ein Sauerstoffatom in Stellung 4 eingefügt werden, wodurch DMT zu Psilocin umgewandelt wird[132].

Gemeinsam mit Bufotenin und Psilocin ist auch DMT die Strukturverwandtschaft zum **Serotonin**, was auf einen vergleichbaren **Hemmungsmechanismus** schließen lässt[133].

In **Dosen** von etwa 0,7-1,0 mg/kg KG **i.m. injiziert** führt DMT bereits nach 3-5 min zu einem schlagartig einsetzenden **Rausch**[134] von allerdings nur maximal 1-2 h **Dauer**[135]. Noch schneller entfaltet DMT seine Wirkung, wenn es in kristalliner

---

[128] Zur Strukturformel des DMT vgl. 1.2.1.1.4, Rdnr. 369 f., auch zum Indol-Ring. Zum 5-Hydroxy-DMT (Bufotenin) vgl. 1.2.3.4, Rdnr. 688.
[129] Vgl. hierzu beim Bufotenin 1.2.3.4, Rdnr. 700, 702 und 711, sowie beim Harmalin 1.2.3.5, Rdnr. 724.
[130] Vgl. zum San-Pedro-Kaktus beim Mescalin 1.2.3.1, Rdnr. 619.
[131] Vgl. hierzu auch beim Psilocybin 1.2.3.3, Rdnr. 653.
[132] Zum Psilocin vgl. 1.2.3.3, Rdnr. 644 und 648, zur Strukturformel 1.2.1.1.4, Rdnr. 370.
[133] Vgl. hierzu beim LSD-25 1.2.1.1.4, Rdnr. 369 und 372-379, sowie beim Psilocybin 1.2.3.3, Rdnr. 651.
[134] Vgl. hierzu beim Bufotenin 1.2.3.4, Rdnr. 703.
[135] Vgl. demgegenüber zur Dauer des DOM-Rausches 1.2.4.1, Rdnr. 805.

Form oder als Öl in Dosen von etwa 20-100 mg mit Tabak, Petersilie oder Marihuana als **Trägersubstanz** in einem "joint" **geraucht** wird[136].

Eine **i.v.** Injektion soll genauso schnell wirken wie das Rauchen von DMT, der Effekt jedoch erheblich stärker sein.

876 # Bei Einnahme mit **MAO-Inhibitoren** wie **Yagé** oder **Iboga**[137] soll DMT auch bei **oraler** Applikation wirksam werden.

877 Bei **parenteraler** Applikation ist nach einer etwa 5 min währenden Hochstimmung die **Wirkungsdauer** im allgemeinen auf etwa 15-20 min begrenzt mit einem relativ **unvermittelten** "come down". Da einer der "Hauptflashes" beim DMT eine massive **Störung** des **Zeitgefühls** ist, wird der "trip" jedoch subjektiv als recht langwährend erlebt[138].

878 Um den Rausch möglichst **lange andauern** zu lassen, werden DMT-"joints" auch über Stunden hinweg geraucht; charakteristisch soll hierbei ein an verschmortes Plastik erinnernder Geruch sein.

879 Wie bei einem "acid-trip"[139] dürften auch im **DMT-Rausch** vergleichbare **Halluzinationen** und andere visuelle Effekte, die als "Netzhaut-Zirkus"[140] beschrieben werden, vorherrschen. Die Leuchtkraft der auftretenden Farbvisionen und die Eindringlichkeit der optischen Täuschungen sollen jedoch im Verhältnis zum LSD-Rausch intensiver sein. DMT soll darüberhinaus den unter dem Einfluss dieses Halluzinogen Stehenden auch für sexuelle Erregung zugänglicher machen[141]. **Euphorische** und **dysphorische** Phasen wechseln einander ab.

880 Wegen der **kurzen Wirkungsdauer** dürfte die psychotrope Wirkung insgesamt aber als **geringfügiger** anzusehen sein, als dies bei anderen Halluzinogenen der Fall ist, so dass vor allem diejenigen, die Angst haben, einen "trip", der über 1/2 h hinausgeht, nicht mehr im Griff zu haben, zu DMT greifen. In den USA wurde es dementsprechend auch als „Spezialmittel des Businessman" bezeichnet, da der Rausch auf die Mittagspause begrenzt werden kann.

---

[136] Vgl. auch zum Rauchen mit PCP 1.2.4.5, Rdnr. 904 FN 163. Zur Petersilie, die als Trägermaterial Verwendung findet, vgl. beim Myristicin 1.2.3.2, Rdnr. 632 FN 55.
[137] Vgl. hierzu beim Harmalin 1.2.3.5, Rdnr. 724.
[138] Zur erlebten Zeitdehnung etwa auch im Psilocybin-Rausch vgl. 1.2.3.3, Rdnr. 678.
[139] Zu der unspezifischen Bezeichnung „trip" vgl. 1.2.1.1.4, Rdnr. 333, zu den „optics" im LSD-Rausch Rdnr. 330.
[140] Zu Photopsien im Psilocybin-Rausch vgl. 1.2.3.3, Rdnr. 677.
[141] Vgl. auch z.B. die Bezeichnung „love pills" für MDA 1.2.4.3, Rdnr. 833, andererseits beim Yohimbin 1.2.3.6, Rdnr. 755. Vgl. auch zum DMT-Rausch bei natürlicher Alkaloid-Kombination 1.2.3.4, Rdnr. 710 f.

1.2 Halluzinogene

Im Gegensatz zu LSD-25 sind bei DMT erhebliche **vegetative Begleiterschei-** 881
nungen beobachtbar, und zwar sowohl bei der natürlichen Wirkstoffkombination
u.a. mit Bufotenin[142], als auch bei dem vollsynthetischen Produkt.

Hierzu zählen massive Steigerungen des Blutdrucks und extrapyramidale **Bewegungs-**
störungen, die denen der Parkinson-Krankheit ähneln (Grimassieren, Zuckungen der Glieder, tonische Krämpfe, langsam-gespreizte Bewegungen)[143].

Diese beruhen darauf, dass DMT (wie auch DOM)[144] offenbar die **basalen** 882
Stammganglien angreift, die im Zwischen- und Mittelhirn liegen und die unwill- #
kürliche Körperhaltung sowie die unwillkürliche Mitbewegung der Glieder, etwa
beim Gehen, regeln.

Der **Abbau** von DMT im Körper erfolgt rasch durch Demethylierung und Des- 883
aminierung bis zur Indolessigsäure[145].

Aufgrund innerer und äußerer Vorgegebenheiten kann der Rauschverlauf auch 884
beim DMT relativ schnell in einen atypischen umschlagen ("**bad trip**"). Es kann
zu Desorientiertheit, Selbstüberschätzung und Aggressivität kommen.

Bei häufigerem Konsum besteht die Möglichkeit einer **Toleranzbildung**. Zu 885
Mescalin, Psilocybin und LSD-25 besteht möglicherweise keine **Kreuztoleranz**.

DMT wurde Mitte der 1960er Jahre vor allem in den **USA** häufiger als kurzwirkendes 886
Halluzinogen verwandt, der Gebrauch und dementsprechend das Angebot auf dem dortigen
illegalen Drogenmarkt ging jedoch seit Mitte der 1970er Jahre zurück. In **Deutschland** hat
DMT zu keiner Zeit größere Bedeutung erlangt.

Ausgehend vom DMT wurden **5-MeO-, 3-MeO- und 2-MeO-Tryptamine**, 887
etwa das 5-Methoxy-DMT (chem. Bezeichnung (IUPAC): [2-(5-Methoxyindol-3- *
yl)ethyl]dimethylazan), synthetisiert[146]. Zudem wurden neben Methoxytryptaminen eine Reihe weiterer Abwandlungen, u.a. Ethyltryptamine, synthetisiert. Hierzu
gehört das

- **α-Methyltryptamin** (α-MT; chem. Bezeichnung (IUPAC): 1-(Indol-3-yl)
  propan-2-ylazan oder: 1-(3-Indolylmethyl)ethylamin) und

---

[142] Vgl. hierzu beim Bufotenin 1.2.3.4, Rdnr. 705 f.
[143] Vgl. demgegenüber zu den spasmolytischen Eigenschaften einiger Solanaceen-Alkaloide 1.2.2.2, Rdnr. 511.
[144] Vgl. hierzu beim DOM 1.2.4.1, Rdnr. 882, sowie beim THC 1.1.4, Rdnr. 167.
[145] Vgl. auch zur 5-HIES und den LSD-Metaboliten 1.2.1.1.4, Rdnr. 377-385.
[146] 5-Methoxy-DMT wurde auch in natürlicher Wirkstoffkombination mit 6-MeO-DMT und 5-Hydroxy-DMT (Bufotenin) gefunden, vgl. 1.2.3.4, Rdnr. 700 und 702.

- das in "love pills"[147] oder "high trips" enthaltene α-Ethyltryptamin (INN: **Etryptamin**; chem. Bezeichnung (IUPAC): 1-(Indol-3-yl)butan-2-ylazan oder: 1-(3-Indolylmethyl)propylamin) bzw. N-Ethyltryptamin. Das in Hartgelatinekapseln (180-340 mg) enthaltene Etryptamin, ein **MAO-Hemmer**, war 1960-62 in dem Antidepressivum Monase enthalten und wurde zur psychomotorischen Stimulation[148] eingesetzt. In geringer **Dosierung** (30-40 mg/d) wirkt Etryptamin stimmungsaufhellend bis euphorisierend, hohe Dosen (u.U. mehrere 100 mg/d) wirken hingegen halluzinogen[149],es kommt zu Unruhe und einer verstärkten Reaktion auf Alkohole und Barbiturate sowie amin-haltige Lebensmittel. Die Einnahme hoher Dosen kann u.a. zu sehr starkem Schwitzen, Tremor und Krämpfen mit Todesfolge führen.

888   Auch **Diethyltryptamin** (**DET**; chem. Bezeichnung (IUPAC): Diethyl-[2-(indol-3-yl)-
*   ethyl]azan oder: 2-(3-Indolyl)triethylamin ist chemisch homolog zu DMT strukturiert: DET trägt am Ende der Seitenkette 2 Ethyl- statt 2 Methylgruppen[150]. Die Wirkungsdauer ist mit 3-4 h erheblich länger als die des DMT.

Entsprechendes gilt für das **Dipropyltryptamin** (**DPT**) mit 2 CH_2-CH_2-CH_3-Gruppen. Beide Verbindungen sind in Dosierung und Wirkungsbild dem DMT ähnlich, jedoch zunehmend **längerwirkend** (bis zu 2 1/2 h) und weniger psychoaktiv[151]. Aber auch hier kann der erwünschte Rauschzustand sehr schnell in einen atypischen umschlagen und mit Angst- und Panikreaktionen einhergehen.

889   Entsprechend DET, DPT und **5-MeO-DIPT** (5-Methoxy-N,N-diisopropyltryptamin;
*   chem. Bezeichnung (IUPAC): Diisopropyl-[2-(5-methoxyindol-3-yl)ethyl]azan) sind weitere, durch Ersetzen äquimolarer Aminmengen ableitbare Tryptamine konstruierbar.

890   Die Gefahr einer spezifischen **Abhängigkeit** vom **Halluzinogen-Typ**[152] dürfte bei allen genannten Verbindungen bestehen. Bei Langzeitkonsum soll es zu **schizophreniformen** Zustandsbildern kommen können[153].

891   **DMT** und **DET** gehören seit Inkrafttreten des BtMG 1982 nach Anl. I zu den
§   nicht verkehrsfähigen Btm. Aufgrund der 4. BtMÄndV wurden mit Wirkung ab dem 23.1.1993 zudem **Etryptamin** und **α-Methyltryptamin** der gleichen Anlage unterstellt. **5-MeO-DMT** wurde mit der 13. BtMÄndV ab dem 10.10.1999, jeweils für 1 Jahr, und **5-MeO-DIPT** mit der 14. BtMÄndV ab dem 10.10.2000 in

---

[147] Zu dieser Bezeichnung für MDA vgl. 1.2.4.3, Rdnr. 833. Zu Kombinationen von Methylendioxyamfetaminen und Tryptaminen vgl. 1.2.4.3, Rdnr. 864. Zur Strukturformel des Etryptamins vgl. 1.2.1.1.4, Rdnr. 370.
[148] Zu weiteren psychomotorischen Stimulantia vgl. 4.3.1, Rdnr. 2116-2134. Zu natürlichen MAO-Hemmern vgl. etwa beim Harmalin 1.2.3.5, Rdnr. 724.
[149] Ähnlich den Methylendioxyamfetaminen, vgl. 1.2.4.3, Rdnr. 855.
[150] Zu den Strukturformeln von DET und DPT vgl. 1.2.1.1.4, Rdnr. 370.
[151] Vgl. insofern auch zum DOET 1.2.4.1, Rdnr. 811 f.
[152] Zur spezifischen Abhängigkeit vom Halluzinogen-Typ vgl. 1.2.1.1.7, Rdnr. 422 f.
[153] Zu LSD-induzierten Psychosen vgl. 1.2.1.1.7, Rdnr. 425-427.

Anl. I aufgenommen, beide aufgrund der 15. BtMÄndV nunmehr ohne zeitliche Beschränkung.

Andere synthetisierbare Tryptamin-Derivate wie **DPT** und **3-MeO-DMT** sind dagegen nicht dem BtMG 1994 unterstellt worden[154]. Da es sich hierbei jedoch, werden sie zu Rauschzwecken vertrieben, nach ihrer Zweckbestimmung um AM handelt, kann der Handel hiermit, ohne dass es auf eine Verschreibungsfähigkeit und -pflichtigkeit bzw. Zulassung ankommt, als Inverkehrbringen bedenklicher AM gemäß § 95 Abs. 1 Nr. 1 AMG strafbar sein.

892
§

1.2.4.5 PCP und verwandte Cyclohexyl-Verbindungen

Bei **Phencyclidin** (INN; **PCP**; chem. Bezeichnung (IUPAC): 1-(1-Phenylcyclohexyl)piperidin) handelt es sich in Abweichung von den bisher beschriebenen vollsynthetischen Halluzinogenen um ein 1926 erstmals synthetisiertes und in den USA in den 1940er Jahren zunächst als **Ultrakurznarkoticum** entwickeltes Präparat, das 1957 als intravenöses Anästheticum unter dem Warenzeichen **Sernyl** in seiner HCl-Form auf den pharmazeutischen Markt kam.

893
*

Als **Piperidin-Derivat**[155] ist PCP ebensogut als Hypnoticum bzw. **Narkoticum** einzuordnen, wie es aufgrund seiner teilweisen Amfetamin-Struktur, nämlich als Derivat des 1-Amino-l-phenylcyclohexans, unter die Stimulantia fällt[156]. Wegen seiner gleichfalls vorhandenen **LSD-ähnlichen** Eigenschaften soll PCP hier jedoch im Zusammenhang mit den synthetischen Halluzinogenen besprochen werden.

894
*

Strukturformel des Phencyclidins:

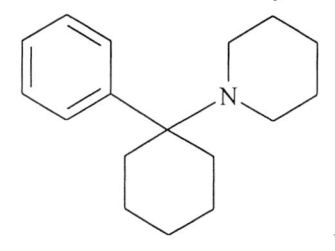

895
*

Phencyclidin (PCP)

---

[154] Es handelt sich hierbei um „desinger drugs". Zu den gesetzgeberischen Möglichkeiten vgl. Vorbem. 1.2.4, Rdnr. 797-799.
[155] Zum verwandten Kurznarkoticum Ketamin vgl. 1.2.4.6, Rdnr. 924-928, sowie zum Narkosemittel GHB 1.2.4.8, Rdnr. 936 f. Vgl. auch zu den Strukturformeln der morphin-ähnlich wirkenden Piperidin-Abkömmlinge der Pethidin-Gruppe 4.4.4, Rdnr. 2380. Zu den Piperidindionen als nichtbarbiturale Hypnotica vgl. außerdem 4.2.2, Rdnr. 2081 f. und 2093 f.
[156] Vgl. hierzu beim Propylhexedrin 3.2.4.3, Rdnr. 1829.

896 Wegen der starken **psychotomimetischen**, schizophrenieähnlichen Nebenwirkungen des Phencyclidins mit starken postnarkotischen **Halluzinationen**, die die von Ditran[157] noch übertreffen, war das FAM Sernyl nur 1963-65 zur Anwendung beim Menschen zugelassen, wurde sodann vom Markt genommen und war unter der Bezeichnung Sernylan in den USA bis Ende der 1970er Jahre nur noch für Zwecke der **Veterinärmedizin** zugelassen, bis infolge des ab 1974 sich steigernden PCP-Missbrauchs auch diese Anwendung untersagt wurde. Mit dem Einsatz in Narkosegeschossen für Tiere dürfte die damals entstandene Bezeichnung "elephant bzw. monkey tranquilizer" als Slangausdruck für PCP zusammenhängen, die jedoch auch im Hinblick auf die Wirkung beim Menschen charakterisierend ist.

897 In **Deutschland** befindet sich Phencyclidin nicht mehr unter den zugelassenen Anästhetica[158].

898 Eine gemeinsame **Cyclohexyl-Struktur** ist u.a. außerdem bei
*
- **Tenocyclidin** (INN; **TCP**; chem. Bezeichnung (IUPAC): 1-[1-(2-Thienyl) cyclohexyl]piperidin) sowie dessen N-Ethyl-Analogon
- **Eticyclidin** (INN; **PCE**; chem. Bezeichnung (IUPAC): (Ethyl)(1-phenylcyclohexyl)azan), das in der Veterinärmedizin genutzt genutzt wird und im Verhältnis zu PCP etwa 5mal so wirksam ist, sowie bei
- **Rolicyclidin** (INN; **PHP** bzw. **PCPy**; chem. Bezeichnung (IUPAC): 1-(1-Phenylcyclohexyl)pyrrolidin) gegeben, wobei PCPy bei sonst gleicher Struktur wie PCP statt eines Piperidin- einen Pyrrol-Rest aufweist. Entsprechend wird das
- **TCPy** (1-[1-(2-Thienyl)cyclohexyl]pyrrolidin) gebildet.

899 Die labortechnische **Synthetisierung** von PCP und etwa 120 verwandten Ver-
* bindungen, neben TCP, TCPy, PCE und PHP etwa

- **TCM** (1-[1-(2-Thienyl)cyclohexyl]morpholin),
- **PCM** (1-(1-Phenylcyclohexyl)morpholin) und
- **PPC** (4-Phenyl-4-piperidinocyclohexanol, cis- und trans-Form),

die heute daher illegal über die Zwischenstufe **PCC** (1-Piperidinocyclohexancarbonitril) erfolgt, ist mit nicht ganz unerheblichem Aufwand verbunden, jedoch billig.

900 Die Ausgangssubstanzen, u.a. **Cyclohexanon** und **Piperidin**[159], sind meist ohne weiteres im Chemikalienhandel zu beschaffen. Soweit Cyclohexanon, wie in den USA, im Hin-

---

[157] Zum Ditran als weiterem synthetischen Anticholinergicum neben dem hier behandelten Sernyl vgl. im Zusammenhang mit den Tropan-Alkaloiden 1.2.2.1, Rdnr. 516. Zum Begriff „Psychotomimetica" vgl. Vorbem. 1, Rdnr. 19.
[158] Zum Missbrauch des ebenfalls eine Piperidyl-Teilstruktur aufweisenden Anästheticums Fentanyl und seiner Derivate vgl. 4.4.6, Rdnr. 2464 und 2479.

1.2 Halluzinogene

blick auf seine Verwendbarkeit bei der Rauschdrogenherstellung einer besonderen Überwachung unterliegt, bestehen weitere Synthetisierungsmöglichkeiten, etwa über Cyclohexanoncarbonitril.

Liegt PCP als weißes, kristallines, in organischen Lösungsmitteln lösliches **Pulver** vor, kann es **geraucht**, **oral** eingenommen oder **geschnupft** werden. Seltener wird es als reine **Base** in Ampullen oder Kapseln gehandelt und i.v. **injiziert**; als **HCl-Salz** in Wasser gelöstes (**"flüssiges"**) PCP kann auch zum Benetzen von Zigaretten verwandt werden. Gelegentlich kommt es auch gasförmig oder in Tablettenform mit etwa 5 mg PCP/Einheit auf den Markt. **901**

In den **USA** wird PCP seit 1967 meist unter der Bezeichnung "peace pill", "crystal"[160], "hog" (von "high as a dog"), "dust" oder "green" auf dem illegalen Drogenmarkt als puderförmige oder kristalline Substanz von weißer bis bräunlicher Farbe angeboten, ab Mitte der 70er Jahre auch in flüssiger Form[161], wobei der Konsumentenkreis der preiswerten "**Slum-**" oder "**Street-Droge**" dort vorwiegend auf soziale Unterschichten beschränkt ist. **902**

Als **Rauchmixtur** auf Trägermaterial[162] trägt PCP meist die Bezeichnung "**angel's dust**" und ist von eher **cocain-artiger** Wirkung. In der Bundesrepublik wurde Phencyclidin ab 1977 in dieser Form als "Wahnsinnsdroge" oder, entsprechend der amerikanischen Bezeichnung, als "Engelsstaub" bekannt, das stärker wirksame PCE als "Raketenbrennstoff". **903**

Die Möglichkeit, mit PCP in **pulverisierter** oder **flüssiger** Form jede blattförmige Substanz wie Marihuana, Petersilie[163], Pfefferminze oder Tabak bestäuben oder beträufeln zu können, führte Ende der 1960er Jahre in den USA dazu, dass Halluzinogene als "grass"[164], "Mescalin" oder "Cocain" angeboten wurden, deren wesentlicher Wirkstoff tatsächlich (billigeres) PCP war. Inzwischen hat sich Phencyclidin in den USA zu einer der verbreitetsten Drogen entwickelt: Mitte der 80er Jahre sollen dort ebensoviele Menschen an PCP- wie an Heroin-Intoxikationen gestorben sein. Seit 1986 ist u.a. unter farbigen Jugendlichen dort die **kombinierte** Einnahme von **PCP** und "**Crack**"[165] unter der Bezeichnung "space base"[166] aufgekommen, wobei PCP das Omnipotenzgefühl[167] und das bedenkenlose Drauf- **904**

---

[159] Zur Überwachung von Piperidin als Grundstoff vgl. unten 1.2.4.5, Rdnr. 923, sowie 4.2.2, Rdnr. 2093 f.
[160] Unter „crystal" kann jedoch auch eine Metamfetamin-Zubereitung verstanden werden, vgl. 3.2.4.5, Rdnr. 1913.
[161] Vgl. etwa auch zum „liquid ecstasy" 1.2.4.3, Rdnr. 845, oder zum „liquid Haschisch" 1.1.5, Rdnr. 188, jeweils mit einem erhöhten Gefährdungspotential.
[162] Vgl. auch zum Rauchen von DMT-joints 1.2.4.4, Rdnr. 875, von Cocain-Zubereitungen wie „Crack" 3.1.5, Rdnr. 1612, 1616 und 1624, oder von pulverisierten, methaqualon-haltigen Tabletten 4.2.1, Rdnr. 2063.
[163] Näher zur Petersilie als Trägermaterial 1.2.3.2, Rdnr. 632 FN 55. Da Petersilie ihrerseits Myristicin enthält, kann es vermehrt zu Vergiftungserscheinungen kommen.
[164] Zu dieser Bezeichnung vgl. beim Cannabis 1.1.5, Rdnr. 173.
[165] Zum „Crack" näher 3.1.5, Rdnr. 1624-1638.
[166] Als „space base" kann aber auch eine „Crack"-„speed"-Kombination bezeichnet werden, vgl. 3.2.4.5, Rdnr. 1910.
[167] Zu Allmachtsgefühlen Jugendlicher im Lösungsmittel-Rausch vgl. 4.5.4, Rdnr. 2537.

gängertum, "Crack" hingegen die aufputschende Wirkung bringen soll; es kann hier zu völlig unberechenbaren **synergistischen** Effekten kommen[168].

905   In **Deutschland** hat sich PCP seit seinem ersten Auftreten offenbar nicht in weitergehendem Maße auf dem illegalen Drogenmarkt zu etablieren vermocht. Nur gelegentlich scheint es in Verbindung mit **Cocain** bzw. **Alkohol** eingenommen zu werden. Bei Grammpreisen zwischen 10 und 30 DM, was für etwa 25 "trips" reichen soll, dürfte es im übrigen bei uns auch in erster Linie nicht unter seinem eigenen Namen, sondern als "LSD" oder eine Art "**Super-LSD**"[169] angeboten werden. Der Konsum von verwandten Verbindungen wie TCP scheint ebenfalls auf vereinzelte Fälle beschränkt zu sein.

906 #   PCP wird offenbar schnell und vollständig **resorbiert**. Nach Inhalation oder i.v. bzw. i.m. Injektion tritt die Wirkung innerhalb von 2-3 min, nach oraler Gabe dosisabhängig nach etwa 15-30 min ein.

Das **Wirkungsmaximum** beim **Rauchen** stellt sich nach etwa 30 min ein, hält 4-6 h an und klingt meist im Laufe eines Tages wieder ab; die **Wirkungsdauer** kann aber auch bis zu 48 h reichen.

907 #   Die lange PCP-Wirkung korrespondiert hierbei mit einer langen **Plasmahalbwertszeit** von ca. 11 h[170]. PCP weist eine hohe Affinität zum **Fettgewebe** auf; auch nachdem es aus dem Blut verschwunden war, konnten im Gehirn, nach Überwindung der **Blut-Hirn-Schranke**, noch Spuren nachgewiesen werden[171]. Wird PCP mehrfach in regelmäßigen Abständen eingenommen, sind **Nachwirkungen** bis zu 30 Tagen feststellbar.

908 #   In der Leber wird PCP rasch oxidativ hydrolysiert; die **Hauptmetaboliten**, u.a. 4-OH-Cyclophencyclidin, sind nierengängig. Innerhalb von 8-10 Tagen werden etwa 3/4 des zugeführten Wirkstoffs ausgeschieden.

909   Die **psychische** Wirkung von Phencyclidin ist teilweise der des **LSD-25** vergleichbar, der "psychedelische Wert" unter den "users" jedoch umstritten.

In **niedrigen Dosen** von 1-5 mg[172], entsprechend dem Rauchen eines PCP-Joints oder Ingestion einer "street"-Dosis, führt PCP zu **Euphorie**, **Enthemmung**, einem Gefühl des Schwebens[173] bei gleichzeitigen Gangalterationen, Unruhe und **Antriebssteigerung** sowie Entfremdung; dieser Zustand kann in Dysphorie und Depression umschlagen. Die Erscheinung beginnt ausdruckslos und starr zu werden.

---

[168] Vgl. etwa auch zu „speed"-Alkohol-Kombinationen 3.2.4.7, Rdnr. 1956 f., sowie zu barbiturat-haltigen „gorilla pills" 4.1, Rdnr. 2019.
[169] Entsprechend etwa DOM, vgl. 1.2.3.1, Rdnr. 803.
[170] Vgl. demgegenüber zur HWZ von LSD-25 1.2.1.1.4, Rdnr. 381.
[171] Zur Lipophilie von Cannabinoiden vgl. 1.1.4, Rdnr. 150.
[172] Zur LSD-Dosierung vgl. 1.2.1.1.4, Rdnr. 316-318.
[173] Zu den verbreiteten Elevationsgefühlen vgl. etwa beim Cannabis 1.1.4, Rdnr. 127.

Bei **mittlerer Dosierung** von bis zu 10 mg i.v. oder etwa 10 mg p.o. tritt eine **910** **analgetische** und allgemein **anästhesierende** Wirksamkeit hinzu. Arme und Beine werden taub. Es kann zu **Agitiertheit**, Verminderung des Konzentrationsvermögens, Realitätsverlust, somatischen und visuellen **Halluzinationen**, Aufhebung des Raum-Zeit-Kontinuums, Orientierungslosigkeit und allgemeiner Reizbarkeit bei Einschränkung der Wahrnehmung und weitgehender **Reizabschirmung**[174] kommen. Ein Sinnzusammenhang besteht nicht mehr.

Insgesamt kann die **akute**, etwa 10-minütige **Halluzinogenintoxikation** (ICD- **911** 10 F 16.0) bei mittlerer Dosierung als kalt, unpersönlich[175] und eher **dysphorisch** charakterisiert werden. Die Betroffenen sind nicht mehr ansprechbar. Schizophreniforme Zustandsbilder ("**PCP-Psychose**") können auftreten.

Es schließt sich eine 12- bis 96-stündige **Erholungsphase** an, die jedoch von Affektlabilität, **Verwirrtheit**, Depersonalisierungserscheinungen[176], Verfolgungsideen und Depressionen begleitet sein kann.

Eine **Hochdosierung** von 10-20 mg und mehr führt in weitergehendem Maße **912** zu substanzinduzierten **psychotischen** Schüben mit Hyperaktivität bis hin zu **Tobsuchtsanfällen** mit einem Hang zu Selbst- und **Fremdgefährdung** bei gleichzeitigem Fehlen jeglichen Schmerzempfindens[177] infolge der **PCP-Analgesie**. Es kann zu mehrstündigen Halluzinationen kommen.

Daneben bestimmen aber auch Schläfrigkeit, **Apathie** und ein u.U. tagelanges konfuses Verhalten als Restzustand ebenfalls den PCP-Rausch. **Echo-Effekte**[178] oder "**Horror-Trips**" können noch bis zu 2 Jahre nach der letzten Einnahme auftreten.

Die Rauschwirkung kann dosisabhängig von **vegetativen Nebenwirkungen** wie **913** Schwindelgefühlen, wiederholtes Erbrechen, **Miosis** sowie von **sympathomimetischen** Effekten mit hohem Blutdruck, Pulsbeschleunigung und Ataxie begleitet sein. Starke Intoxikationen resultieren in Schüttelkrämpfen, **kataleptiformen** motorischen Zustandsbildern sowie katatonem **Stupor** und **Koma**, wobei die Augen geöffnet bleiben können.

---

[174] Im Gegensatz zu den meist bewusstseinsklaren Wirkungen der meisten anderen echten Halluzinogene, vgl. Vorbem. 1.2, Rdnr. 267, insoweit vergleichbar etwa den Solanaceen-Wirkungen (zu letzteren vgl. 1.2.2.2, Rdnr. 523 und 527).
[175] Zu den demgegenüber persönlichkeitsbezogenen und „sanften" MDMA-Wirkungen vgl. 1.2.4.3, Rdnr. 848.
[176] Vgl. hierzu näher beim Cannabis 1.1.4, Rdnr. 130.
[177] Ähnlich u.a. den DOB-Wirkungen, vgl. 1.2.4.2, Rdnr. 820, und wohl mit ein Grund für den Konsum durch Mitglieder von „street-gang's".
[178] Zum flash-back-Phänomen näher beim LSD-25 1.2.1.1.4, Rdnr. 386-388.

914 PCP scheint demnach sowohl eine **stimulierende** (die Amfetamin-Wirkung
wird verstärkt) als auch **hemmende** (die narkotische Pentobarbital-Wirkung[179] wird verstärkt) Wirkung auf das ZNS, insbesondere **sensorischer Cortex, Thalamus**[180] und **Mittelhirn**, zu haben, die je nach Dosierung sehr unterschiedlich ausgeprägt sein kann. Auf die **anticholinerge** Wirksamkeit war bereits im Zusammenhang mit Ditran[181] hingewiesen worden.

915 Es wird z.T. vermutet, dass **PCC** als **kompetitiver Acetylcholin-Antagonist** infolge
ähnlicher Molekülstruktur und Bindung an denselben Rezeptorstellen der **cholinergen Rezeptoren** wirkt[182], während andere Untersuchungen u.a. auf die **Freisetzung** bzw. **reuptake-Hemmung** von **Dopamin, Noradrenalin**[183] bzw. **5-Hydroxytryptamin**[184] hinweisen. Gegebenenfalls wirkt PCP auch direkt auf **α-adrenerge Rezeptoren**[185] und vermag den synapsen-modulierenden Neurotransmitter **N-Methyl-D-aspartat (NMDA)**, der beim Zustandekommen von Bewusstsein eine Rolle spielt, zu blockieren.

916 Bei **Langzeitkonsum** kann es neben einer **Depotbildung** wie bei anderen Halluzinogenen[186] zu schweren Depressionen, Desorientiertheit und Angstzuständen sowie zu **schizophreniformen** Zustandsbildern bei gleichzeitigem Verlust der **Realitätsbezogenheit**, Verwirrtheit und Halluzinationen auch ohne erneute Drogenzufuhr **(Nachhallzustände)** kommen neben anderen **verzögert** auftretenden psychotischen Störungen (was wohl ebenfalls unter dem Begriff "**PCP-Psychose**" zusammengefasst werden kann). **Aggressives** und **autoaggressives** Verhalten können bis hin zu Totschlag und Selbstmord gehen.

917 Eine **Entgiftung** des Körpers soll etwa 1 Jahr in Anspruch nehmen. Die möglichen **Spätfolgen**, u.a. Gedächtnisverlust und das Gefühl, isoliert und ausgebrannt zu sein ("**burn out**"), sind gravierend.

918 Die **Behandlung** der **psychotischen** Zustandsbilder erfolgt meist mit stark wirkenden Neuroleptica wie Chlorpromazin und Haloperidol (Haldol-Janssen)[187] oder Tranquilizern wie Valium[188]. Derartige drogeninduzierte Symptome können jedoch auch Erstmanifestationen einer Psychose aus dem schizophrenen Formenkreis sein, die sich eigengesetzlich

---

[179] Zu diesem Barbiturat vgl. 4.1, Rdnr. 1991. Zu gleichzeitig erregenden und lähmenden Wirkungen vgl. etwa auch beim Cytisin 1.2.3.8, Rdnr. 784, oder beim verwandten Ketamin 1.2.4.6, Rdnr. 925.
[180] Zur Einwirkung von LSD-25 auf den Thalamus vgl. 1.2.1.1.4, Rdnr. 355 und 377.
[181] Vgl. hierzu oben 1.2.4.5, Rdnr. 896 FN 157.
[182] Zur anticholinergen Atropin-Wirkung vgl. 1.2.2.2, Rdnr. 517-520.
[183] Vgl. zur Amfetamin-Wirkungsweise 3.2.4.4, Rdnr. 1891 f.
[184] Zu einem möglichen Eingriff in den Serotonin-Stoffwechsel vgl. etwa auch beim MDMA 1.2.4.3, Rdnr. 842.
[185] Vgl. zur LSD-Wirkungsweise 1.2.1.1.4, Rdnr. 367 und 372.
[186] Vgl. auch beim THC 1.1.4, Rdnr. 157.
[187] Zum Chlorpromazin und Haloperidol vgl. 4.3.2, Rdnr. 2140 und 2142 f. Vgl. auch beim Psilocybin 1.2.3.3, Rdnr. 681.
[188] Zum Einsatz von Tranquilizern vgl. 4.3.4, Rdnr. 2194.

1.2 Halluzinogene

entwickeln und die durch die Droge nur ausgelöst[189] wurden, bzw. kann PCP ein Wiederausbrechen von Schizophrenie bewirken.

Eine akute **PCP-Intoxikation**, die einer **Cocain-Vergiftung** ähnelt[190], kann zu Krampfanfällen, Kreislaufzusammenbruch nach anfänglicher starker Stimulation, blutigem Erbrechen, Koma und Tod durch Atemlähmung führen. Hierbei scheint das Zwischenprodukt **PCC**, das infolge ähnlicher Lösungseigenschaften wie das Endprodukt PCP als **Syntheserückstand**[191] meist noch in erheblichen Mengen in der Droge vorhanden ist, durch Abspaltung von Cyanwasserstoff (HC≡N, Blausäure) toxischer als PCP selbst zu wirken. Gleiches gilt für PCP-Abkömmlinge wie **PCM**, dessen Vorstufe **MCC** (1-Morpholinocyclohexancarbonitril) als Synthetisierungsrückstand ebenfalls im Organismus durch Abspaltung von Cyanwasserstoff giftig wirkt. 919

Ein spezieller gaschromatographischer PCP-Nachweis ist gegeben, ebenso die Möglichkeit einer GC/MS-Koppelung[192]. Wie bei den Amfetaminen ist mit Hilfe immunchemischer **Schnelltestverfahren** darüberhinaus ein Nachweis von PCP in Körperflüssigkeiten möglich[193], mittels des RIA-Tests[194] auch in Haarproben. Die **Nachweisbarkeitsdauer** beträgt (jeweils dosisabhängig) im Blut mehrere h, im Urin mehrere h bis d. 920

Phencyclidin (PCP) gehört seit Inkrafttreten des BtMG 1982 nach Anl. I zu den nicht verkehrsfähigen Btm. Gleiches gilt für die verwandten Verbindungen Eticyclidin (**PCE**), Rolicyclidin (**PHP**) und Tenocyclidin (**TCP**). 921 §

Wie erwähnt wurden bereits zahlreiche **Abwandlungen** der PCP-Grundstruktur mit "legalem Design", die also noch nicht als Btm eingestuft waren bzw. sind[195], inzwischen synthetisiert und kamen als PCP-Ersatz oder Bestandteil von PCP-Drogen auf den illegalen Markt; sie scheinen bei uns aber nur in geringem Umfang "angetestet" zu werden. Mehrere PCP-Abwandlungen wurden daher zunächst für die Dauer 1 Jahres und aufgrund der 10. bzw. 15. BtMÄndV ohne zeitliche Begrenzung der Anl. I unterstellt (jeweils IUPAC-Bezeichnung): 922 §

- mit der 9. BtMÄndV ab dem 1.2.1997 zunächst (1-Phenylcyclohexyl)(propan)azan (**PCPr**)[196],
- mit der 12. BtMÄndV ab dem 8.10.1998 zusätzlich (2-Methoxyethyl)(1-phenylcyclohexyl)azan und
- mit der 13. BtMÄndV ab dem 10.10.1999 (3-Methoxypropyl)(1-phenylcyclohexyl)azan.

---

[189] Zum Ausbrechen latenter Psychosen unter Drogeneinfluss vgl. auch 1.1.7, Rdnr. 263 f.
[190] Als LD_{50} wird von 135 mg/kg KG ausgegangen. Zur Symptomatik der Cocain-Vergiftung vgl. 3.1.7, Rdnr. 1665. Vgl. hierzu auch beim GHB 1.2.4.8, Rdnr. 936 f.
[191] Vgl. auch zu den toxischen Rückständen der Amfetamin-Synthese 3.2.4.2, Rdnr. 1809.
[192] Vgl. hierzu beim Cocain 3.1.6, Rdnr. 1643-1647.
[193] Zu immunologischen Screeningmethoden vgl. 2.1.6, Rdnr. 1248-1260.
[194] Zum Radioimmuno-Assay vgl. 2.1.6, Rdnr. 1258 f.
[195] Vgl. hierzu allgemein Vorbem. 1.2.4, Rdnr. 797-799.
[196] Vgl. auch zum Rolicyclidin (1-(1-Phenylcyclohexyl)pyrrolidin) oben 1.2.4.5, Rdnr. 898.

Da es sich bei anderen PCP-Abwandlungen, werden sie zu Rauschzwecken vertrieben, der Zweckbestimmung nach um Arzneimittel handelt, kann der Handel hiermit, ohne dass es auf eine Verschreibungsfähigkeit und -pflichtigkeit bzw. Zulassung ankommt, als Inverkehrbringen bedenklicher AM nach § 95 Abs. 1 Nr. 1 AMG strafbar sein.

923 § Das als **Grundstoff** für die illegale Herstellung von PCP und verwandten Verbindungen benötigte **Piperidin** wurde in Anl. II zum Übereinkommen von 1988 aufgenommen. In Umsetzung dieses Übereinkommens wurde mit Wirkung ab dem 1.3.1995 Piperidin als Grundstoff der Kategorie 2 der Grundstoffüberwachung nach dem GÜG unterstellt[197].

1.2.4.6 Ketamin

924 * Bei dem bereits 1961 entwickelten und noch heute u.a. in der Notfallmedizin vor allem bei traumatisierten Patienten als Analgeticum und **intravenöses Anästheticum**[198] zur **Kurz-** und **Einleitungsnarkose**[199] verwandten **Ketamin** (INN; chem. Bezeichnung (IUPAC): (RS)-2-(2-Chlorphenyl)-2-(methylamino)cyclohexanon; Ketamin Curamed, Ketamin-ratiopharm, Ketanest, Ketalar, Velonarcon) handelt es sich ebenfalls um ein **PCP-Analogon**[200], das PCP in der Humanmedizin ersetzt hat.

925 # Wie PCP verbindet auch Ketamin als zentrales und auch peripheres Sympathomimeticum neben **halluzinogenen** das ZNS **stimulierende** (u.a. Herzfrequenz- und Blutdruckanstieg) und zugleich **lähmende** Eigenschaften[201], zusätzlich zu seiner **kataleptisch-narkotischen** Wirkung (oberflächliche Bewusstlosigkeit). Der Vorteil ist, dass trotz Beseitigung von Angst und Schmerz das Herz-Kreislauf-System nicht negativ beeinflusst wird; die Atemdepression ist bei **analgetischer Dosierung** nicht nennenswert. Bei Dosierung von 0,25-0,5 mg/kg KG (Ketanest) tritt die Wirkung nach ca. 2-3 min ein und erreicht ihr Maximum nach ca. 5 min. Die Wirkungsdauer beträgt etwa 15 min. Seit kurzem steht das Isomer S-(+)-Ketamin (Ketamin S) zur Verfügung, das in einer Dosis von 0,125-0,5 mg/kg i.v. oder ggfs. i.m. appliziert wird.

926 Bei **Überdosierung** von Ketamin wurde von einer vorwiegend beruhigenden und **entspannenden** Wirkung sowie **traumartigen**, eher als angenehm, denn beklemmend erlebten Zuständen und Abgelöstheit von der Realität bis hin zu akustischen, optischen und taktilen **Halluzinationen**, aber auch von alptraumartigen und **deliranten** Zuständen und Verwirrtheit berichtet. Der halluzinative Rausch ist von Beeinträchtigungen u.a. des Sprach- und Konzentrationsvermögens begleitet.

---

[197] Allgemein zur Grundstoffüberwachung: vgl. beim EA 2.1.3, Rdnr. 1096-1099.
[198] Vgl. zur ursprünglichen PCP-Verwendung 1.2.4.5, Rdnr. 893.
[199] Ggfs. in Kombination mit BD. Vgl auch zum Thiopental-Natrium und Evipan-Natrium 4.1, Rdnr. 1985 FN 12 und 1982.
[200] Zu weiteren PCP-Analoga vgl. 1.2.4.5, Rdnr. 898 f.
[201] Vgl. hierzu beim Phencyclidin 1.2.4.5, Rdnr. 914.

Es soll postnarkotisch zu **Gedächtnislücken**, aber auch zu **"flash back's"** mit Halluzinationen[202] kommen können.

Die **suchterzeugende** Potenz wird in etwa der des PCP gleichzusetzen sein; es kann zu **Toleranzbildung** und **Atemlähmung** kommen.

Illegal hergestelltes oder abgezweigtes **Ketamin-HCl** ("K", "Vitamin K", "Special-K", "New Ecstasy", "Synthetisches Kokain") wird in **Pulverform** oder als **Injektionslösung** zu **Rauschzwecken** in **Dosen** von 20-150 mg gesnifft, geraucht oder in einer die übliche Dosis von 1-2 mg/kg übersteigenden Menge parenteral (i.v. oder i.m.) injiziert. Der **Wirkungseintritt** erfolgt innerhalb von etwa 30-60 s, die **Wirkungsdauer** beträgt einige h. Ab Ende der 1990er Jahre scheint die bis dahin in Deutschland ziemlich bedeutungslose Droge, wie auch im übrigen **Europa**, vermehrt missbraucht zu werden und u.a. als Totalimitat für Cocain auf den Markt zu kommen. Teilweise soll das geruchs- und geschmacksneutrale Ketamin bei Rock-Konzerten auch heimlich alkoholischen Getränken beigegeben werden, um die resultierende **Bewusstlosigkeit** ("k.o.-Tropfen")[203] zur Vergewaltigung des betreffenden Mädchens auszunutzen.

927

Ketamin unterliegt nicht den Bestimmungen des BtMG 1994. Bei Ketamin und seinen Salzen handelt es sich jedoch aufgrund der ArzneimittelV 1990 um **verschreibungspflichtige** Stoffe. Werden sie außerhalb einer Apotheke vertrieben, kann dies eine Strafbarkeit nach § 95 Abs. 1 Nr. 4 AMG begründen.

928 §

1.2.4.7 JB 318, JB 336 und verwandte Benzilate

Bei diesen in Deutschland ebenfalls bisher kaum bekannten und sehr selten als "**BZ**"[204] auf dem illegalen Rauschdrogenmarkt gehandelten **Benzilsäureestern** handelt es sich zugleich um synthetische **Piperidylester**[205], die eine entfernte Verwandtschaft mit Piperidin-Alkaloiden wie den **Tropanen**[206] aufweisen.

929 *

Es handelt sich hierbei insbesondere um das in den 1960er Jahren in den Abbott Laboratories untersuchte

930 *

- **Ethylpiperidylbenzilat** (**JB 318**; chem. Bezeichnung (IUPAC): (1Ethyl-3-piperidyl)benzilat oder Benzilsäure-N-ethyl-3-piperidylester) und das
- **Methylpiperidylbenzilat** (**JB 336**; chem. Bezeichnung (IUPAC): (1-Methyl-3-piperidyl)benzilat oder Benzilsäure-N-methyl-3-piperidylester).

---

[202] Zu Nachhallzuständen vgl. beim LSD-25 1.2.1.1.4, Rdnr. 386-388.
[203] Zu anderen „k.o.-Tropfen"-Varianten vgl. etwa beim Methyprylon 4.2.2, Rdnr. 2086 FN 34, oder beim GHB 1.2.4.8, Rdnr. 937.
[204] Aufgrund der von der Benzilsäure ableitbaren Grundstruktur; unter „BZ" wird meist das 3-Chinuclidinylbenzilat verstanden.
[205] Zum Phencyclidin (PCP) als weiterem Halluzinogen mit Piperidin-Teilstruktur vgl. 1.2.4.5, Rdnr. 893 f.
[206] Zu den Solanaceen-Alkaloiden vgl. 1.2.2.2, Rdnr. 504-506. Zu weiteren synthetischen Piperidin-Abkömmlingen vgl. bei den Piperidindionen 4.2.2, Rdnr. 2094.

Daneben ist das **JB 329** (chem. Bezeichnung: Cyclopentylphenylglykolsäure-N-ethyl-2-piperidylester) zu erwähnen.

931 Strukturformeln:
*

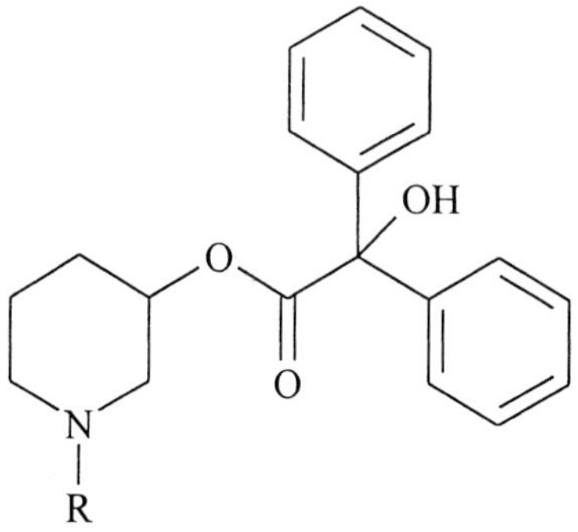

	R
JB 318	-C$_2$H$_5$
JB 336	-CH$_3$

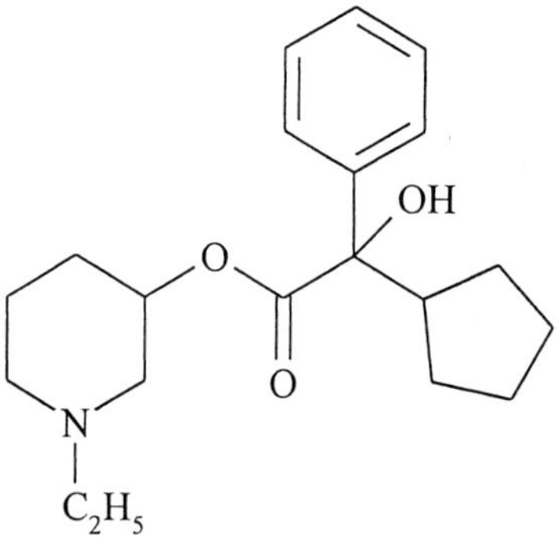

JB 329

932 Gemeinsam ist diesen synthetischen Piperidylestern mit den Tropanen, und bis
\# zu einem gewissen Grad auch dem Phencyclidin, ein dem Atropin verwandtes, **anticholinerges** Wirkungsbild[207] bei relativ raschem Wirkungseintritt.

933 Bereits bei geringen **Dosen** von 2,5-3 mg[208] kommt es, bei gleichzeitiger geringer therapeutischer Breite, zu **Halluzinationen**, die mit **Bewusstseinstrübungen** und anschließender **Amnesie**, die noch stärker als bei den Solanaceen-Alkaloiden[209] ausgeprägt ist, einhergehen. Dosierungen von 15-20 mg bewirken eine fast vollständige **Bewusstlosigkeit**, worauf sich eine Einsetzbarkeit als Psychokampfstoff gründet.

---

[207] U.a. Herzrasen, Sehstörungen und Mundtrockenheit. Vgl. hierzu beim PCP 1.2.4.5, Rdnr. 914. Zu den anticholinergen Atropin-Wirkungen vgl. 1.2.2.2, Rdnr. 517-520.
[208] Vgl. auch zur PCP-Dosierung 1.2.4.5, Rdnr. 909-912.
[209] Vgl. zum Solanaceen-Rausch 1.2.2.2, Rdnr. 523 und 527.

1.2 Halluzinogene

Nicht in allen Fällen scheinen anticholinerge und halluzinogene Effekte jedoch miteinander gekoppelt zu sein; so gibt es zu dieser Gruppe zu zählende **Piperidylester**, die, ohne anticholinerge Wirkungen aufzuweisen, Sinnestäuschungen hervorrufen[210]. **934**

Aufgrund der 1. BtMÄndV wurden mit Wirkung ab dem 1.9.1984 **Ethylpiperidylbenzilat (JB 318)** und **Methylpiperidylbenzilat (JB 336)** in die Anl. I zum BtMG aufgenommen. JB 329 wurde hingegen nicht dem BtMG unterstellt; insoweit kann jedoch eine Strafbarkeit nach § 95 Abs. 1 Nr. 1 AMG gegeben sein, soweit dieser Stoff zu Rauschzwecken gehandelt und somit als bedenkliches AM in Verkehr gebracht wird. **935 §**

1.2.4.8 GHB

Die aus **Gammabutyrolaceton (GBL)**[211] herstellbare, u.a. unter den Bezeichnungen **"liquid ecstasy"** bzw. "flüssiges ecstasy" oder "soap" in den **USA** und mehreren **europäischen** Ländern (u.a. Schweden, Italien, Großbritannien und Deutschland) zunehmend auf den illegalen Markt gebrachte **Gammahydroxybuttersäure**, als Salz Gammahydroxybutyrat (**GHB**; chem. Bezeichnung: γ-Hydroxybuttersäure oder 4-Hydroxybutansäure (IUPAC)[212]) weist trotz der sich auf „ecstasy"[213] beziehenden umgangssprachlichen Bezeichnung chemisch keinerlei Beziehungen zu den Methylendioxyamfetaminen auf; Strukturformel: **936 * #**

$$HO-CH_2-CH_2-CH_2-COOH.$$

In Form seines Natriumsalzes (**Natrium-4-hydroxybutyrat**) wird das zunächst als Antidepressivum entwickelte GHB seit 1961, bei uns unter dem Warenzeichen **Somsanit**, als rezeptpflichtiges, in Dosen von 4-6g/70kg (entspr. 60-90 mg/kg KG) zur **i.v. Injektion** vorgesehenes **Narkosemittel**[214] vertrieben. GHB hat **hypnotische** und **narkotische** (Langzeitruhigstellung), jedoch keine analgetischen Eigenschaften.

---

[210] Dies ist auch bei anderen synthetischen Anticholinergica wie Ditran der Fall, vgl. 1.2.2.2, Rdnr. 516.
[211] Das u.a. auch als Lösungsmittel verwandte GBL wird seinerseits gelegentlich als Btm missbraucht, wobei schwere Intoxikationszustände die Folge sein können; im Körper wird GBL zu GHB metabolisiert.
[212] Vgl. auch zur γ-Aminobuttersäure (GABA) und den GABA-Rezeptoren bei den Barbituraten 4.1, Rdnr. 1999.
[213] Zur unspezifischen Bezeichnung „ecstasy" vgl. 1.2.4.3, Rdnr. 835 FN 51. Als „liquid ecstasy" wurden zeitweilig auch in wässriger Lösung vorliegende Amfetamin-Derivate wie MDMA bezeichnet, vgl. 1.2.4.3, Rdnr. 845 und 855.
[214] Zu weiteren Narkotica, die als Psychodysleptica eingeordnet werden können, vgl. beim PCP 1.2.4.5, Rdnr. 893.

Die Wirkung dürfte wie beim **Cocain** auf einer vermehrten **Dopamin-Ausschüttung**[215] neben einem Eingriff in den **Serotonin**-Haushalt beruhen. Die **Elimination** erfolgt über die Niere und den Urin, wobei GHB ohne Bildung von Metaboliten weitgehend zu CO_2 und Wasser abgebaut wird.

937 Das auch illegal anhand von „Kochrezepten" einfach herstellbare, bei Zimmertemperatur flüssige, durchsichtige, geruchlose und salzig schmeckende GHB wird meist in dieser Form in KE von ca. 5 ml/Phiole verkauft und mit Wasser (aber auch mit Alkohol) vermischt oder als helles Pulver in Wasser aufgelöst **getrunken**[216] und oral schnell **resorbiert**. Es hat vornehmlich in der **Techno-** und **Disco-Scene** Eingang gefunden[217], in **Kombination** mit **Alkohol** kann GHB aber auch in Form einen plötzlichen **Tiefschlaf** auslösender "**k.o.-Tropfen**"[218] verabreicht werden; ebenso besteht ein **Wirkungssynergismus** mit **BD**.

Obwohl GHB eigentlich ein Narkoticum ist und in Dosen von 0,5-1 g zu einem dem **Alkohol-Rausch** vergleichbaren Zustand (mit Fahrunsicherheit[219]) führt, beruht die Bezeichnung als "flüssiges ecstasy" offenbar auf einem bei Einnahme von etwa 1-2,5 g sowohl den **MDMA-Wirkungen**[220] als auch den **Cocain-Wirkungen**[221] vergleichbaren stimulierenden sowie (u.a. sexuell) **enthemmenden** Rausch[222], der nach ca. 15-30 min eintritt.

Bei **höheren Dosen** als 2,5 g überwiegen stark **euphorisierende**, wahrnehmungsintensivierende und **entactogene** GHB-Wirkungskomponenten sowie zum Tanzen drängende **motorische Unruhe**[223], verbunden mit einem **tranceartigen** Schwebezustand und Schläfrigkeit (u.U. auch einem plötzlichen Einschlafen) neben Sprachstörungen[224]. Die **Wirkungsdauer** beträgt etwa 2-8 h, gefolgt von einem "**GHB-Crash**" mit Übelkeit, Schwindel und einem dem "**Cocain-Kater**"[225] vergleichbaren Zustand, gegebenenfalls auch Krampfanfällen und Amnesie.

938 **Hochdosierungen** von mehr als 10 mg/kg KG können zu Gleichgewichtsstörungen mit Schwindel und Schwitzen neben Tachykardie sowie von mehr als 50

---

[215] Zum Eingriff in den Dopamin-Haushalt durch Cocain vgl. 3.1.4, Rdnr. 1567-1572.
[216] Zum Trinken von Amfetamin in flüssiger Form vgl. 3.2.4.5, Rdnr. 1913, und 3.2.4.7, Rdnr. 1934.
[217] Zuvor bestand bereits ein GHB-Missbrauch als leistungssteigerndes Doping-Mittel im Sport, vgl. 3.2.4.2, Rdnr. 1805.
[218] Vgl. etwa auch zu entsprechenden BD-Alkohol-Kombinationen 4.3.4, Rdnr. 2231, sowie beim Ketamin 1.2.4.6, Rdnr. 927.
[219] Zur Fahruntauglichkeit vgl. allgemein beim Cannabis 1.1.4, Rdnr. 120.
[220] Zum MDMA-Rausch vgl. 1.2.4.3, Rdnr. 848-852.
[221] Zum Cocain-Rausch vgl. 3.1.4, Rdnr. 1525-1542. Vgl. auch zur akuten PCP-Intoxikation 1.2.4.5, Rdnr. 919.
[222] Vgl. auch zum „downer high" bei den Benzodiazepinen 4.3.4, Rdnr. 2219.
[223] Zu dieser Wirkung vgl. auch bei den Methylendioxyamfetaminen 1.2.4.3, Rdnr. 861. Zum Begriff „Entactogene" vgl. 1.2.4.3, Rdnr. 843.
[224] Ebenfalls ein Zeichen zentraler Hemmung, vgl. etwa bei den Barbituraten 4.1, Rdnr. 2016.
[225] Zum „post-coke-blues" vgl. 3.1.4, Rdnr. 1543-1545.

1.2 Halluzinogene

mg/kg KG u.a. zu Tremor, **Krämpfen** (gegebenenfalls auch epileptoformen Anfällen) und unregelmäßiger Atmung bis hin zu **Atemdepression** und Atemlähmung (die atemdepressiven Wirkungen werden bei Kombination mit Opiaten verstärkt), Bewusstlosigkeit, Koma und Tod[226] führen. Insbesondere bei **Kombination mit Alkohol** kann es auch bei niedrigerer Dosierung zu erheblichen Nebenwirkungen wie Übelkeit mit Erbrechen, Atemnot bis zu schweren Atembeschwerden, Anfällen und Koma sowie der Gefahr eines **Kreislaufkollapses** kommen[227]. Ein spezifisches Antidot fehlt.

Langzeitmissbrauch führt zur Ausbildung einer **physischen Abhängigkeit** mit Toleranzbildung und Entzugssymptomatik (u.a. gegenregulative Symptome wie Schlaflosigkeit neben Zittern, Muskelkrämpfen und Angstzuständen)[228].

Mit derzeitigen **Screening-Tests**[229] ist ein GHB-Konsum nicht nachweisbar (mangels Bildung von Metaboliten und fast vollständigem Abbau). Mittels GC/MS[230] ist ein Nachweis aus dem Urin möglich, aus Zubereitungen sowohl mittels GC/MS als auch HPLC. Die Nachweisgrenze soll bei 50 ng liegen.

Das in den USA bereits seit 1990 als Btm eingeordnete **GHB** wurde in Deutschland aufgrund der 16. in Verbindung mit der 17. BtMÄndV mit Wirkung ab dem 1.3.2002 in Anl. II zum BtMG, unter Zulassung besonders ausgenommener Zubereitungen zur Injektion, aufgenommen. Soweit eine besonders ausgenommene Zubereitung vorliegt, kann der Vertrieb außerhalb einer Apotheke gleichwohl eine Strafbarkeit nach § 95 Abs. 1 Nr. 4 AMG begründen. Da es sich bei **GBL** als dem inneren Ester des GBH um eine weit verbreitete Basischemikalie handelt, wurden aufgrund der 17. BtMÄndV zudem die Ester und Ether der GHB von der betäubungsmittelrechtlichen Einordnung ausgenommen Der Handel mit **GBL** und verwandten Verbindungen, die (noch) nicht als Btm eingeordnet worden sind, zu **Rauschzwecken** kann jedoch unabhängig von einer Verschreibungsfähigkeit und –pflichtigkeit bzw. einer Zulassung als Inverkehrbringen bedenklicher AM gemäß § 95 Abs. 1 Nr. 1 AMG strafbar sein[231].

939 §

---

[226] Als Antidot gilt Physostigmin (vgl. auch zur Cocain-Intoxikation 3.1.7, Rdnr. 1937), wobei die Herztätigkeit möglichst permanent zu beobachten ist.

[227] Was auch für andere Kombinationen von Alkohol mit zentral-depressiven Stoffen gilt, vgl. etwa bei den Barbituraten 4.1, Rdnr. 2020-2023. Vgl. auch zum Mischkonsum von „ecstasy" und „downers" 1.2.4.3, Rdnr. 855 und 864.

[228] Vgl. zur Benzodiazepin-Abhängigkeit 4.3.4, Rdnr. 2212-2217.

[229] Zu Screening-Analysen bei BD-Missbrauch vgl. 4.3.4, Rdnr. 2234.

[230] Zur Analyse mittels GC/MS vgl. 3.1.6, Rdnr. 1643-1647.

[231] Vgl. hierzu auch Vorbem. 1.2.4, Rdnr. 797.

Literatur

Abel EL (1971) Marihuana and memory: acquisition or retrieval ? Science 173:1038-1040

Abel EL (1976) The scientific study of marihuana. Hall, Chikago

Abelson PH (1968) LSD and marihuana. Science 159:89-97

Aberle D (1966) The Peyote religion among the Navaho. Aldine, Chikago

Ablon SL, Goodwin FK (1974) High frequency of dysphoric reactions to tetrahydrocannabinol among depressed patients. Am J Psychiatry 131:448-453

Abood LG, Biel JH (1962) Anticholinerge Psychotomimetica. Int Rev Neurobiol 4:217-273

Adams AJ et al. (1975) Alcohol and marihuana effects on static visual acuity. Am J Ophthalmol 52:729-735

Agurell S et al. (1971) Metabolism of 7-hydroxy-delta-1-(16)-THC and CBN. Acta Pharm Suec 8

Agurell S, Gustafson B, Holmstedt B (1973) Quantitation of Δ^1-tetrahydrocannabinol in plasma from cannabis smokers. J Pharm Pharmacol 25:448-554

Agurell S, Dewey WL, Willette RE (eds) (1984) The cannabinoids: chemical, pharmacologic and therapeutic aspects. Academic Press, New York

Akinloye BA, Court WE (1981) The alkaloids of Rauwolfia volsinii. J Etnopharmacol 4:99-109

Algeier-Föll R (1991) Cannabis und Verkehrstauglichkeit (Literaturüberblick). Zentralbl Rechtsmed 35:614-623

Alpert R (1969) Psychedelics and sexual behavior. J Sex Res 5:50-54

Alt A, Reinhardt G (1996) Speiseöle auf Hanfbasis und ihr Einfluß auf die Ergebnisse von Urin- und Blutanalysen. Blutalkohol 33:347-356

Alt A, Reinhardt G (1997) Nahrungsmittel auf Hanfbasis und deren forensische Bedeutung. Blutalkohol 34: 286-293

Amendt G (1974) Haschisch und Sexualität. Enke, Stuttgart

Anderson EF (1969) The biogeography, ecology, and taxonomy of lophophora (cactacea). Brittonia 21/4:229-310

Andersson PG (1975) Ergotamine headache. Headache 15:118-121

Andréasson S, Engström A, Allebeck P, Rydberg U (1988) Cannabis and schizophrenia. A longitudinal study of Swedish conscripts. Lancet 11:1483-1486

Andrews G, Vinkenoog S (eds) (1968) The book of grass. Grove, New York

Angst J (1970) Halluzinogen-Abusus. Schweiz Med Wochenschr 100:710-715

Angst J, Dittrich A, Woggon B (1972) Psychologische und klinische Aspekte des Cannabismißbrauchs. Z Allgemeinmed 48:94-99

Bachmann EW, Hoffmann AA, Waser PG (1979) Identification of Δ^9-tetrahydrocannabinol in human plasma by gas chromatography. J Chrom 178:320-323

Bailey DN (1979) Phencyclidine abuse. Am Clin Pathol 72:759

Baker AA, Lukas EG (1969) Some hospital admissions associated with cannabis. Lancet 1:148-160

Balster RL, Chait LD (1976) The behavioral pharmakology of phencyclidine. Clin Toxicol 9/4:573-578

Barnes C, Fried PA (1974) Tolerance to delta-9-THC in adult rats with differential delta-9-THC exposure with immature or during early adulthood. Psychopharmacology (Berlin) 34:181-190

Battegay R, Bäumler J, Gnirss F, Ladewig D (1969) Zur Drogenabhängigkeit vom Typ Cannabis (Haschisch, Marihuana). Schweiz Med Wochenschr 99:965-971

Battersby AR (1963) Recent researches on indole alkaloids. Pure Appl Chem 6:471-488

Bauer W (Hrsg) (1980) Fliegenpilz - Fleisch der Götter. Schamanistische Ekstasekulte in Europa. Trikont, München.

Baumgartner AM, Jones PF, Black CT (1981) Detection of phencyclidine in hair. J Forensic Sci 26:576-581

Baumgartner WA (1986) Analysis of tetrahydrocannabinol (THC) in hair. US Navy Rehabilitation Center Study, Final Report, pp 1-16

Beaubrun MH, Knight F (1973) Psychiatric assessment of 30 chronic users of cannabis and 30 matched controls. Am J Psychiatry 130: 309-311

Behr H-G (oJ) Haschisch-Kochbuch. Volksverlag, Linden

Behr H-G (1982) Von Hanf ist die Rede. Sphinx, Basel

Benecke M (1997) TECHNO - Eine verwirrende Partykultur. Kriminalistik 7:475-479

Benitez F (1968) En la tierra màgica del peyote. Biblioteca Era, Serie Popular, Mexiko

Berghaus G, Krüger H-P (Hrsg) (1998) Cannabis im Straßenverkehr. Gustav-Fischer, Stuttgart, Jena, Lübeck, Ulm

Berhardson G, Gunne LM (1972) 46 cases of psychoses in cannabis abusers. Int J Addict 7:9-16

Beringer K (1927) Der Meskalinrausch. Springer, Berlin (Neudruck 1969)

Beringer K (1932) Zur Klinik des Haschischrausches. Nervenarzt 5: 30-41

Berkefeldt K, Löhrer F (1998) Biogene Drogen. Kriminalistik 8-9: 563-566

Betz P, Janzen J, Roider G et al (1991) Psychopathologische Befunde nach Aufnahme von Inhaltsstoffen heimischer Nachtschattengewächse. Archiv f Kriminol 188:175-182

Bialos DS (1970) Adverse marijuana reactions: A critical examination of the literature with selected cas material. Am J Psychiatry 127:819-823

Binder MA (1981) Haschisch und Marihuana - was der Arzt über Cannabinoide wissen sollte. Dtsch Ärztebl 78:117-120

Bischoff WH (1966) The exstasy drugs. Univ Circle Press, Delray Beach

Blaine JD, Meacham MP, Janowsky DS, Schoor M, Bozetti LP (1976) Pharmacology of marijuana. Raven, New York

Blevins D, Regan JD (1976) Delta-9-THC. Effect an macromolecular synthesis in human and other mammalian cells. In: Nahas GG, Paton WOM, Idänpää-Heikkilä JF (eds) Marihuana: Chemistry, biochemistry, and cellular effects. Springer, New York, pp 32-68

Boettcher C (1866) Über die Anwendung des indischen Hanfes in der Psychiatrie. Berl Klin Wochenschr 3

Bonnie RJ, Whitebread CH (1978) The marihuana conviction. Univ Press of Virginia, Charlottesville

Bogusz M, Schmidt G (1990) Forensisch-toxikologische Aspekte des Cannabis-Missbrauchs. Zbl Rechtsmed 33:383-398

Borg J, Gershon S, Alpert M (1975) Dose effects of smoked marihuana on human cognitive and motor function. Psychopharmacologia 42:211-218

Boroffca A (1978) Cannabis und Psychiatrie. Suchtgefahren 24:28-37

Bost RO (1988) 3,4-Methylendioxymethamphetamine (MDMA) and other Amphetamine Derivats. J Forensic Sci 33/2:576-587

Bové FJ (1970) The story of Ergot. Karger, Basel

Bowman M, Pihl R (1973) Cannabis: Psychiological effects of chronic heavy use. Psychopharmacology (Berlin) 29:159-170

Bram S, Bracet P (1976) Inhibition of proliferation and differentation of D. dicoideum amoebae by THC and cannabinol. In: Nahas GG, Paton WOM, Idänpää-Heikkilä JF (eds) Marihuna: Chemistry, biochemistry, and cellular effects. Springer, New York, pp 116-138

Bratzke H, Klug E (1985) Gewaltdelikte und LSD-Rausch. Beitr gerichtl Med 43:179-186

Braude MC, Szara S (eds) (1976) Pharmacology of marihuana. Raven, New York

Brawley P et al. (1972) Pharmacology of hallucinogens. Pharmacol Rev 24

Bremkamp S (1980) PCP: Learning to like a dangerous drug. J Psychedelic Drugs 12/2: 171-172

Brickenstein R (1971) Gefahren der Cannabisdrogen für Heranwachsende. Z Allgemeinmed 47:846-851

Bromberg W (1934) Marihuana intoxication. Am J Psychiatry 91:303-340

Bromberger A, Goerke R, Weinmann W (1999) Bestimmungsgrenzen für den Nachweis von Cannabinoiden im Serum. Rechtsmed 9:131-137

Bron B (1979) Psychopathologisches Erscheinungsbild und klinische Bedeutung des Horror-Trips. Suchtgefahren 25/4:167-176

Bron B (1987) Drogeninduzierte Intoxikationen und Psychosen. Fortschr Med 4:73-76 und 5:94-96

Brown FC (1972) Halluzinogenic drugs. Thomas, Springfield/Il

Brunner TF (1977) Marijuana in Ancient Greece and Rome ? J Psychedelic Drugs 9/3:221-225

Bschor F (1950) Marihuana. Kriminalistik 4:19-24

Bull J (1971) Cerebral atrophy in young Cannabis smokers. Lancet 11: 1420-1448

Burns RS, Lerner SE (1976) Phencyclidine: An emerging drug problem. Clin Toxicol 9/4:473-475

Burns RS et al. (1978) Cause of PCP-related death. Clin Toxicol 12/4: 463

Burroughs W, Ginsberg A (1964) Auf der Suche nach Yagé. Limes, Wiesbaden

Burstein S, Kupfer D (1971) Hydroxylation of trans-delta-l-THC by hepatic microsomal oxygenase. Ann NY Acad Sci 191:32-37

Butler JL, Gaines LS, Lenox JR (1976) Effects of marijuana expectation and suggestibility an cognitive functioning. Percept Mot Skills 42:1059-1065

Bye RA jr (1979) Hallucinogenic plants of the tarahumara. J Ethnopharmacol 1:23-48

Caldwelle DF et al. (1969) Auditory and visual threshold effects of marihuana in man. Percept Mot Skills 29:755-759

Campbell AMG, Evans M, Thomson JLG, Williams MJ (1971) Cerebral atrophy in young cannabis smokers. Leancet 11:1219-1224

Campbell AMG, Evans M, Thomson JLG, Williams MJ (1972) Cerebral atrophy in young cannabis smokers. Lancet 1:202 ff

Carlin AS, Post RD (1971) Patterns of Drug Use Among Marihuna Smokers. JAMA 218:867-868

Carlin AS, Trupin EW (1977) The effect of long-term chronic marijuana use on neuropsychological functioning. Int J Addict 12:36-48

Carlin AS et al. (1972) Social facilitation of marihuana intoxication. J Abnorm Psychol 80:132-140

Carlson KA (1979) PCP from the other side. J Psychedelic Drugs 11/3: 231-238

Cashman J (1968) LSD, die Wunderdroge. Ullstein, Frankfurt am Main

Casswell M (1975) Cannabis and temporal desintegration on experienced and naive subjects. Science 179:803-805

Casto D (1970) Marijuana and the assassins, an etymological investigation. Br J Addict 65:219-225

Chait LD, Fischman MW, Schuster CR (1985) "Hangover" effects the morning after marijuana smoking. Drug Alcohol Depend 15:229-238

Chatterjee A (1953) Rauwolfia alkaloids. Fortschr Chem Organ Naturst 10:390-394

Chavalampous KD, Walker KE, Kinross-Wright J (1966) Metabolic fate of mescaline in man. Psychopharm 9:48-63

Cherniak L (1979) The great books of hashish. And/Or Press, Berkeley

Chiang C-W, Barnett G (1984) Marijuana effect and delta-9-tetrahydrocannabinol plasma level. Clin Pharmacol Ther 36:234-238

Childers SR et al. (1994) Effects of Amandamide on Cannabinoid Receptors in Rat Brain Membrane. Biochem Pharmacol 47:711-714

Chopra GS (1973) Studies an psycho-clinical aspects of long-term marihuana use in 124 cases. Int J Addict 8:1015-1026

Clark LD, Nakashima EN (1968) Experimental stufies of marihuana. Am J Psychiatry 125:379-384

Claussen U, Korte F (1966) Herkunft, Wirkung und Synthese der Inhaltsstoffe des Haschisch. Naturwissenschaften 21:541-546

Co BT, Goodwin DW, Gado M, Mikhael M, Hill SY (1977) Absence of cerebral atrophy in chronic cannabis users. JAMA 237/12:1229-1230

Cohen S (1965) The beyond within - The LSD story. Atheneum, New York

Cohen S (1966) A classification of LSD complications. Psychosomatics 7:182-186

Cohen S (1967) Psychotomimetics agents. Ann Rev Pharm 7:301-318

Cohen S (1982) Cannabis and sex: Multifacted paradoxes. J Psychedelic Drugs 14/1-2:55-58

Colbach E (1971) Marijuana use by GI's in Vietnam. Am J Psychiatry 128:204-207

Coleman JH, Tacker HL, Evans WE, Lemmi H, Britton EL (1976) Neurological manifestations of chronic marihuana intoxication. Part 1: Paresis of the fourth cranial nerve. Dis Nerv Syst 37:29-38

O'Connor JE, Rejent TA (1981) EMIT cannabinoid assay: confirmation by RIA und GC/MS. J Anal Tox 6:168-173

Consroe PF, Man DP (1973) Effects of Δ^8- and Δ^9-tetrahydrocannabinol on experimental induced seizures. Life Sci 13:429-439

Cooper R (1978) A guide to British psilocybin mushrooms. Hassle Free Press

Crawford WJ, Merritt JC (1979) Effects of tetrahydrocannabinol on arterial and intraocular hypertension. Int J Clin Pharmacol Biopharm 17:191-196

DalCason TA (1989) The characterization of some 3,4-methylendioxyphenylisopropylamine (MDA) analogs. J Forensic Sci 34/4:928-961

Daltrup T (1995) Bestimmung von Cannabinoiden. Toxichem u Krimtech 62:21-27

Daltrup T, Reudenbach G, Kimm K (1987) Cannabis und Alkohol im Straßenverkehr. Blutalkohol 24:144-155

Daltrup T, Käferstein H, Köhler H et al. (2000) Entscheidung zwischen einmaligem/gelegentlichem und regelmäßigem Cannabiskonsum. Blutalkohol 37:39-47

Dalterio S, Bartke A (1979) Perinatal exposure to cannabinoids alters male reproductive function in mice. Science 205:1420-1422

Darley CF, Tinklenberg JR, Hollister TE et al. (1973) Marihuana and retrieval from short term memory. Psychopharmacol (Berlin) 29: 231-238

Daunderer M (1979) Therapie einer Atropa-belladonna-Vergiftung mit dem Antidot Physostigmin. Med Welt 30:1743

Davenport J (1966) Aphrodisiacs and love stimulants. Lyle Stuart, New York

Demisch L, Kaczmarczyk P, Seiler N (1978) 3,4,5-Trimethoxybenzoic acid. A new mescaline metabolite in humans. Drug Met Disp 6: 507-509

Devane WA et al. (1992) Isolation and Structure of a Brain Constituent that Binds to the Cannabinoid Receptor. Science 258: 1946-1947

Diaz JL (1979) Ethnopharmacology and Taxonomy of Mexican psychodysleptic plants. J Psychedelic Drugs 11/1-2:71-101

Dieckhöfer K, Goenchea S (1972) Zur Toxizität von Cannabis. 1. Mitteilung. Med Welt 23:779-782

Dittrich A, Hofmann A, Leuner M (Hrsg) (1994) Welten des Bewußtseins. Wissenschaft und Bildung, Berlin

Domino EF (1981) Cannabinoids and the cholinergic system. J Clin Pharmacol Suppl 21:149S-255S

Don Castro III (1970) Marihuana and the assassins. Br J Addict 65: 35-39

Doorenbos NJ et al. (1971) Cultivation, extraction and analysis of cannabis. Ann NY Acad Sci 191:90-95

Dornbusch RL, Abrams R, Fink M (1971) Marijuana, memory and perception. Am J Psychiatry 128:194-197

Dowling GP, McDonough ET, Bost RO (1987) "Eve" and "Ectasy". A report of five deaths associated with the use of MDEA and MDMA. JAMA 257/12:1615-1617

Eastman JW, Cohen SN (1975) Hypertensive Crisis and Death Associated with Phencyclidine Poisoning. JAMA 231/12:1270-1271

Edery H, Soroko D, Kunberg W (1971) Structural requirements for cannabinoid activity. Ann NY Acad Sci 191:139-145

Efron DH (1970) Psychotomimetic drugs. Raven. New York

Efron D, Holmstedt B, Kline NS (eds) (1967) Ethnopharmacological search for psychoactive drugs. Public Health Serv Publ 1645: 211-216

Eliade M (1956) Schamanismus und archaische Ekstasetechnik. Rascher, Zürich Stuttgart

Ellis GM Jr et al. (1985) Excretion patterns of cannabinoid metabolites after last use in a group of chronic users. Clin Pharmacol Therap 38:572-578

Enßlin HK et al. (1990) Trennung von MDA, MDE, MDMA: Verbindung von AMD-Technik und DC/IR-Koppelung. Toxichem/Krimtech 6/57:164-168

Estrada A (1980) Maria Sabina. Botin der heiligen Pilze. Trikont, München

Eugster CH (1968) Wirkstoffe aus dem Fliegenpilz. Naturwissenschaften 55:305-313

Farfel GM et al. (1995) Role of hypothermia in the mechanism of protection against serotonergic toxicity. J Pharmacol Exp Ther 272/2,1:860-867, 11:868-875

Farnsworth NR (1968) Halluzinogenic plants. Science 162:96-105

Feldman HW et al. (eds)(1979) Angel dust: An ethnographic study of PCP users. Lexington Books, Lexington/MA

Feuerlein W (Hrsg.) (1980) Cannabis heute. Bestandsaufnahme zum Haschischproblem. Akademische Verlagsgesellschaft, Wiesbaden

Fink DJ, Ashworth B, Brewer C (1972) Cerebral atrophy in young cannabis smokers. Lancet 1:143-147

Fischer C, Hatzidimitrion G, Wios J, Kath J, Recautre G (1995) Reorganization of Ascending 5-HT Axon Projections in Animal Previously Exposed to the Recreational Drug MDMA ('Ecstasy'). J of Neuroscience 8:5476-5485

Fischer J, Täschner K-L (1991) Flash back nach Cannabis-Konsum - eine Übersicht. Fortschr Neurol Psychiatr 59:437-446

Fisher G, Steckler A (1974) Psychological effects, personality and behavioral changes attributed to marihuana use. Int J Addict 9:101-126

Fligiel SEG, Venkat H, Gong H, Tashkin DP (1988) Bronchial pathology in chronic marijuana smokers: a light and electron microscopic study. J Psychoactive Drugs 20:33-42

Flom MC, Adams AJ, Jones RT (1975) Marijuana smoking and reduced pressure in human eyes: drug action or epiphenomenon ? Invest Ophthalm 14:52-55

Forstenhäusler D (1993) Synthetische Drogen. Kriminalistik 8-9: 533-558

Frank M, Rosenthal E (1974) Marijuana Grower's Guide. And/Or Press, San Francisco

Franks HM, Starmer GA, Chesher GB, Jackson DM, Hensley VR, Hensley WJ (1975) The interaction of alcohol and delta-9-tetrahydrocannabinol in man. Effects on psychomotor skills related to driving. Add Res Fond of Ontario, Toronto

Frederick DL et al. (1985) Comparison of six cannabinoid metabolite assays. J Anal Tox 9:116-120

Frederking W (1955) LSD-25 and mescaline in psychotherapy. J Ment Dis 121:70-77

Freedman DX (1963) Psychotomimetic drugs and brain biogenic amines. Am J Psychiatry 119:843-850

Fried PA (1977) Behavioral and electroencephalographic correlates of the chronic use of marihuana - a review. Bull Narc 29/2:29-34

Friedberg C (1965) Des Banisteriopsis utilisés comme drogue en Ameriqué du sud. J Agric Trop Bot Appl 12:403-437, 550-594, 729-780

Furst PT (1971) Ariocarpus retusus, the "false peyote" of Huichol tradition. Econ Bot 25/1:182-187

Furst PT (ed) (1972) Flesh of the gods: The ritual use of hallucinogens. Prager, New York

Furst PT (1976) Hallucinogens and culture. Chandler & Sharp, San Francisco

Galanter M, Wyatt R, Lemberger L et al. (1972) Marijuana intocication: Interaction between physiologic effects and subjektive experience. Sciene 176:934-936

Gale EN, Guenther G (1971) Motivational factors associated with the use of Cannabis. Br J Addict 13:30-36

Gaoni Y, Mechoulam R (1964) Isolation, structure and partial synthesis of an active constituent of hashish. J Am Chem Sci 86:136-147

Garrett ER, Hunt CA (1977) Separation and analysis of Δ^1-tetrahydrocannabinol in biological fluids by high-pressure liquid chromatopgraphy and GLC. J Pharm Sci 66:20-26

Gautier T (1846) Le club des hachichins. Revue des Deux Mondes

Gerlach D, Schüling S (1984) Phencyclidin, Hinweise zur Erkennung und Behandlung von PCP-Intoxikationen. Suchtgefahren 30:273-279

Gielsdorf W, Klug E (1981) Neues Rauschmittel auf dem Drogenmarkt: 2,5-Dimethoxy-4-bromamphetamin (DOB). Dtsch ApothZ 20:1003-1005

Gilmour DG, Bloom AD, Kusum PL, Robbins ES, Maximilian C (1971) Chromosomal aberrations in users of psychoactive drugs. Arch Gen Psychiatry 24:268-272

Goenchea S, Dieckhöfer K (1972) Zur Toxizität von Cannabis. 2. Mitteilung. Med Welt 23:1148-1151

Goodall CR, Basteyns BJ (1995) A reliable method for the detection, confirmation, and quantitation of cannabinoids in blood. J Anal Toxicol 19:419-426

Goode E (1970) The marijuana smokers. Basic, New York

Gorman M, Neuss N, Cone NJ (1965) Vinca alkaloids, XVII. Chemistry of catharanthine. J Am Chem Soc 87:93-98

Gostomzyk JG, Gewecke M, Eisele G (1971) Vergleichende Untersuchungen zur Verkehrstauglichkeit nach Haschischkonsum und nach einer Kurznarkose. Med Welt 22:1785

Gostomzyk JG, Parade P, Gewecke H (1973) Rauschmittelgenuss und Leistungsfähigkeit (Untersuchungen zur Energiebildung unter Haschisch). Z Rechtsmed 73:131-136

Granier M (1962) Native halluzinogene Arzneimittel aus Piptadenia. Bull an Narcotics 17:29

Green KS (1984) Discussion of the use of marihuana, ethanol, and other drugs among drivers killed in single vehicle crashes. J Forensic Sci 29:16-21

Green K (1975) Marihuana and the eye. Invest Ophthalm 14:261-263

Grenn K, Podos SM (1974) Antagonism of arachidonic acid induced ocular effects by delta-tetrahydrocannabinol. Invest Ophthalm 13: 422-429

Green AR, Gross AJ, Goodwin GM (1995) Review of the pharmacology of MDMA. Psychopharmacol 119:247-260

Green AR, Goodwin GM (1996) Ecstasy and neurodegeneration. Brain Med J 312:1493

Green K, Kim K (1976) Interaction of adrenergic antagonists with prostaglandin E2 and tetrahydrocannabinol in the eye. Invest Ophthalm 15:102-112

Grinker RR (1964) Bootlegged ecstasy. JAMA 187:768

Grinspoon L. Bakalar JB (1981) Psychedelic drugs reconsidered. Basic, New York

Grof S (1983) LSD-Psychotherapie. Klett-Cotta, Stuttgart

Gröger D (1966) Fortschritte der Chemie und Biochemie der Mutterkornalkaloide. Fortschr Chem Forsch 6:159-164

Gross D (1971) Vorkommen, Struktur und Biosynthese natürlicher Piperidinverbindungen. Fortschr Chem Org Naturstoffe 29:1-8

Grotenhermen F, Huppertz R (1997) Hanf als Medizin. Hang/Hüthig, Heidelberg

Gruenwaldt G (1971) Haschisch, Marihuana, LSD - Eigenschaften, Bedeutung, Gefahren. Saarl Ärztebl 24:33-37

Grupp SE (1972) Multiple drug use in a sample of experienced smokers. Int J Addict 7:481-491

Gudelsky GA, Yamamoto BK, Nash JF (1994) Potentiation of 3,4-methylendioxymethamphetamine-induced dopamine release and sorotonin neurotoxicity by 5-HT2 agonists. Eur J Pharmacol 264:325-330

Haan J, Binder M (1980) Psychotrope Drogen: Halluzinogene und Psychostimulantien. Intern Welt 5:153-160

Haenel TA (1970) Kulturgeschichte und heutige Problematik des Haschischs. Pharmakopsychiat Neuropsychopharmakol 3:89-115

Hänsel W (1979) Struktur und Wirkung von Halluzinogenen. Chem in unserer Zeit 13:147

Hai H (1984) Das Hanfhandbuch. Piper, Löhrbach (Der grüne Zweig, Bd. 73)

Halikas JA, Goodwin DW, Guze SB (1972) Marihuana use and psychiatric illness. Arch Gen Psychiatry 27:162-165

Hallucinogenic and Psychedelic Drug Synthesis. Manual (1976) Salt and Pepper Syndicate. Lawrence/KS

Hansjakob T (1999) Hanfshops - Gesundheitszentren oder Drogenumschlagplätze ? Kriminalistik 4:273-277

Harding R, Knight F (1973) Marihuana-modified mania. Arch Gen Psychiatry 29:635-637

Harner MJ (ed) (1973) Hallucinogens and shamanism. Oxford Univ Press, London

Harvey DJ (1985) Marihuana 1984. IRL Press, Oxford

Harzer K (1982) Nachweis von LSD in Körperflüssigkeiten mit Hochdruckflüssigkeitschromatographie. J Chromatogr 249:205-211

Hashimoto K et al. (1992) Effects of benzylpiperazine derivatives on the neurotoxicity of MDMA in rat brain. Brain Res 590/1-2: 341-344

Hasse HE, Waldmann H (1971) "Flashback": Spontane psychotische Episoden als Folgeerscheinung des Phantasticagebrauchs Jugendlicher. Arch Psychiatr Nervenkr 214:399-439

Hawkes JG et al. (eds) (1979) The biology and taxonomy of the solanaceae. Academic Press, London

Hawks RL (1982) The constituentes of cannabis and the disposition and metabolism of cannabinoids. Nat Int Drug Abuse Res Monogr Ser 42:125-137

Heath RG (1976) Marihuana and delta 9 tetrahydrocannabinol: Acute and chronic effects an brain function of monkeys. In: Braude MC, Szara S (eds) Pharmacology of marihuana. Raven, New York, pp 345-356

Heath RG, Fitzjarrell AT, Garey RE, Myers WA (1979) Chronic marihuana smoking: Its effects on function and structure of the primate brain. In: Nahas GG, Paton WDM (eds) Marihuana: Biological effects. Pergamon, New York, pp 713-730

Heim ME (1982) Cannabis und Cannabinoide. Fortschr Med 9:343-346

Heim R (1967) Nouvelles investigations sur les champignons hallucinogènes. Editions des Musées Nationaux Histoire, Paris

Heim R, Wasson RG (1958) Les champignons hallucinogènes du Mexique. Editions des Musées Nationaux Histoire, Paris

Heimann H (1961) Ausdrucksphänomenologie der Modellpsychosen (Psilocybin). Psychiat Neurol 141:69-100

Heinemann C (1971) Klinisch beobachtete Folgeerscheinungen nach Haschischkonsum. Med Klin (Munich) 66:1648-1653

Heinemann C (1973) Nachlassende Wirkung initialer Rauscherlebnisse und Dosissteigerung beim Haschischkonsumenten. Med Klin 68: 826-830

Helmer R, Wunder R, Zellmann K, Haesen D (1972) Experimentelle Untersuchungen zur Fahrtüchtigkeit nach Einnahme von Haschisch. Blutalkohol 4:213-220

Henderson GL (1988) Designer drugs, past history and future prospects. J Forensic Sci 33/2:569-575

Henderson RL, Tennant FS, Guerry R (1972) Respiratory manifestations of hashish smoking. Arch Otolarnygol 95:248-251

Henry JA (1999) Ecstasy and the dance of death. Brit Med J 305/7: 5-6

Hepler RS, Frank IM (1971) Marihuana smoking and intraocular Pressure. JAMA 217:1392

Herer J (1993) Die Wiederentdeckung der Nutzpflanze Hanf-Cannabis-Marihuana. 2000, Frankfurt am Main

Herha J (1974) Haschisch und Marihuana - eine Übersicht. Naturwissenschaften 61:90-94

Herning RI, Jones RT, Peltzmann DJ (1979) Changes in human event relate potentials with prolonged delta-9-tetrahydrocannabinol (THC) use. Electroencephalogr Clin Neurophysiol 47:556-570

Hesse M (1964/1968) Indolalkaloide in Tabellen. Springer, Berlin Heidelberg New York

Hesse M (1974) Progress in mass spectrometry, vol 1: Indolalkaloide. Verlag Chemie, Weinheim

Hingson R, Alpert JS, Day N et a. (1982) Effects of maternal drinking and marihuana use on fetal growth and development. Pediatrics 70:539-546

Hirschhorn K, Cohen MM (1968) Drug-induced chromosomal aberrations. Ann NY Acad Sci 151:977-987

Hochman JS, Brill NQ (1973) Chronic marijuana use and psychosocial adaption. Am J Psychiatr 130:132-139

Hoffer A, Osmond H (1967) The hallucinogens. Academic Press, New York

Hoffmann D, Brunnemann KD, Gori GB, Wynder EL (1975) On the carcinogenicity of marijuana smoke. Res Adv Phytochem 9:63-81

Hofmann A (1954) Die Isolierung weiterer Alkaloide aus Rauwolfia serpentina Benth. Helv Chim Acta 37:849-865

Hofmann A et al. (1958) Psilocybin, ein psychotroper Wirkstoff aus dem mexikanischen Rauschpilz Psilocybe mexicana Heim. Experimentia XIV 3:107-112

Hofmann A (1960 a) Psychotomimetica, eine Übersicht. Svensk Kem Tidskr 72:79-88

Hofmann A (1960 b) Die psychotropen Wirkstoffe der mexikanischen Zauberpilze. Chimia 14:309-318

Hofmann A (1960 c) Isolierung von Lysergsäurealkaloiden aus der mexikanischen Zauberdroge Ololiuqui. Experimentia 16:414-420

Hofmann A (1961) Die Wirkstoffe der mexikanischen Zauberdroge Ololiuqui. Planta Med 9:354-367

Hofmann A (1964) Die Mutterkornalkaloide. Enke, Stuttgart

Hofmann A (1967) Psychoaktive Stoffe der Pflanzen. Therapiewoche 35: 40-47

Hofmann A (1979) LSD - mein Sorgenkind. Klett-Cotta. Stuttgart.

Hofmann A (1981) LSD ist eine sakrale Droge (Interview mit Dr. Hofmann). Psychol Heute 4:55-61

Hofmannn A, Tscherter H (1960) Isolierung von Lysergsäurealkaloiden aus der mexikanischen Zauberdroge Ololiuqui. Experimantia XVI/9

Hokkanen E, Waltimo O, Kallauranta J (1978) Toxic effects of ergotamine used for migraine. Headache 18:95-98

Hole G (1967) LSD und verwandte Halluzinogene. Geschichte - Wirkung - Gebrauch und Gefahren. MMW 109:1389-1397

Hollister LE (1968) Chemical psychoses. LSD and related drugs. Thomas, Springfield/IL

Hollister LE (1986) Health Aspects of Cannabis. Pharmacol Rev 38: 1-20

Hollister LE, Gillespie HK, Ohlsson A (1981) Do plasma concentrations of Δ^9-tetrahydrocannabinol reflect the degree of intoxication ? J Clin Pharm 21:171s-177s

Hollister LE, Richards RK, Gillspie HK (1986) Comparison of Δ^9-tetrahydrocannabinol and synhexyl in man. Clin Pharmacol Ther 9: 783-791

Honecker HC, Coper C (1970) Dünnschichtchromatographische Nachweismethode von Opium als Beimengung in Haschisch-Proben. Dtsch Med Wochenschr 42:441-443

Horowitz MJ (1969) Flashbacks: recurrent intrusive images after the use of LSD. Am J Psychiatry 126:147-151

Huestis MA, Henningfield JE, Lone EJ (1992) Blood Cannabinoids. I. Absorption of THC and formation of 11-OH-THC and THCCOOH during and after smoking Marihuana. J Anal Toxikol 16:276-282

Hunt CA, Jones RT (1980) Tolerance and disposition of tetrahydrocannabinbol in man. J Pharm Exp Ther 215:35-44

Huxley A (1972) The doors of perception (dtsch Übers: Die Pforten der Wahrnehmung. Piper, München)

Isbell H, Gorodetzky CW, Jasinsky D, Claussen U. Spulak F, Korte F (1967) Effects of (-)-delta-9-transtetrahydrocannabinol in man. Psychopharmacologia (Berlin) 11:184-188

Jacobson CB, Berlin CM (1972) Possible reproductive detriment in LSD users. JAMA 222:1367-1373

Jakubovic A, McGeer D (1972) Inhibition of rat brain protein by cannabinoids in vitro. Can J Biochem 50:654-660

Janowsky DS, Meacham MP, Blaine JD, Schoor M, Bozetti LP (1976 a) Simulated flying performance after marihuana intoxication. Aviat Space Environ Med 47:124-128

Janowsky DS et al. (1976 b) Marijuana effects an simulated flying ability. Am J Psychiatry 133:384-388

Johnson S, Domino EF (1971) Some cardiovascular effects of marihuana smoking in normal volunteers. Therapeutics 12:762-768

Johnstone RE (1973) A Ketamine trip. Anesthesiol 39:460-461

Jones AB, ElSohly HN et al. (1984) Analysis of the Major Metabolite of Delta-9-tetrahydrocannabinol in Urine. An Comparison of Five Methods. J Anal Toxikol 8:249-251

Jones H, Jones HC (1977) Sensual drugs. Cambrigde Univ Press, Cambridge

Jones HC, Lovinger PW (1985) The marihuana question. Mead, New York

Jones R (1977) Human effects. NIDA Res Monogr 14:128-178

Joyce CRB, Currv SH (1970) The botany and chemistry of cannabis. Churchill, London

Kang S et al. (1970) Correlation between activity and electronic state of hallucinogenic amphetamines. Nature 226:645-647

Kanter SL, Hollister LE (1977) Marihuana metabolites in urine of man. Res Commun Chem Pathol Pharmacol 17:421-431

Kaiser C, Gold R (1974) Perception, psychedelics and social change. J Psychedelic Drugs 6:30-35

Kaplan HS (1971) Psychosis associated with marijuana. NY State J Med 71:433-435

Karler R (1977) Toxicological and pharmacological effects. NIDA Res Monogr 14:55-66

Karler R, Cely W, Turkanis SA (1974 a) Anticonvulsant properties of Δ^9-tetrahydrocannabinol and other cannabinoids. Life Sci 15:931-947

Karler R, Cely W, Turkanis SA (1974 b) A study of the development of tolerance to an anticonvulsant effect of delta-9-THC and cannabidiol. Res Commun Chem Pathol Pharmacol 9:23-29

Katzung W (1990) Drogen: Informationen in Übersichten IV. Abhängigkeit vom Cannabis-Typ. Leitdroge THC. Medizin aktuell 16: 568-570

Katzung W et al. (1991) Psilocybe-Pilze-Drogen vor der Haustür ? Medizin aktuell 17:654-655

Katzung W, Harfst G (2001) Synthetische Amphetamin-Drogen. Holger Harfst Verlag, Würzburg

Kaymakcalan S (1975) Potential dangers of cannabis. Int J Addict 10:721-735

Keller K, Stahl E (1982) Kalmus: Inhaltsstoffe und Asarongehalt bei verschiedenen Herkünften. Dtsch Apoth Z 122/48:2463-2466

Kelly P, Jones RT (1992) Metabolism of tetrahydrocannabinol in frequent and infrequent marijuana users. J Anal Toxicol 16:228-235

Kemali M, Kemali D (1980) Lysergic acid diethylamide: Morphological study of its effects on synapsis. Psychopharmacol 69:315-317

Kemp PM, Abukhalaf JE, Manno BR et al. (1995) Cannabinoids in humans. I. Analysis of delta-9-tetrahydrocannabinol and six metabolits in urine using GC-MS. J Anal Toxicol 19:285-291

Kennedy AB, Rätsch C (1985) Datura: Aphrodisiac ? High Frontiers, Berkeley

Keup W (1967) Psychotic symptoms due the cannabis abuse (a survey of newly admitted mental patients). Dis Nerv Syst 31:119-126

Keup W (1990) Analoga kontrollierter Substanzen - Entwicklung des Missbrauchs in der BRD. Suchtgefahren 36:251-259

Kielholz P, Hobi V, Ladewig D, Miest P, Richter R (1973) An experimental investigation about the effect of cannabis on car absorption. Pharmakopsychiatry 6:91-103

Kintz P, Cirimele V (1997) Testing human blood for cannabis by GC/MS. Biomed Chromatogr 11:371-373

Kintz P, Cirimele V, Ludes B (2000) Testing for cannabis in saliva of impaired drivers. Blutalkohol 37:89-92

Kintz P, Girond C (1997) Immunoassay responses of MBDB. J Anal Toxicol 21:589-590

Kleiner D (1992) Eine psychotische Episode mit Verkehrsunfall nach Cannabis-Konsum. Sucht 5:345-346

Kleiner D, Stosberg K, Täschner K-L (1993) Erfahrungen mit Cannabiskonsumenten – Ergebnisse einer Umfrage bei Kliniken und Drogenberatungsstellen. Sucht 1:33-45

Klonoff H (1974) Marihuana and driving in real-life situations. Science 32:317-323

Klonoff H (1983) Acute psychological effects of marihuana in man, including acute cognitive psychomotor and perceptual effects in driving. In: Fehr O'Brien K, Kalant H (eds) Cannabis and health hazards. Addiction Research Foundation, Toronto, pp 88-96

Knapp H (1991) GABA ist an allem schuld. Suchtreport 5/2:28

Knecht S (1962) Magische Pilze. Über die mexikanische Pilzzeremonie. Med Welt 35:1853-1859

Kniesel M (1994) Nach der Entscheidung des BVerfG zur Strafbarkeit weicher Drogen. Anfang vom Ende der Drogenpolitik durch Strafrecht. ZRP 9:352-358

Koch CAL (1864) Der Hanf. Allg Z Psychiatr 21:13-19

Kolansky H, Moore WT (1971) Effects of marihuana on adolescents and young addults. JAMA 216:486-492

Konzett H (1981) Halluzinogene: LSD, Psilocybin und Mescalin. Dtsch Ärztebl 78:283-288

Korte F et al. (1965) THC-Carbonsäure, ein neuer Haschisch-Inhaltsstoff. Angew Chem 77:33-35

Kovar K-A (1989) Designer-Drugs - Synthetische Suchtstoffe der 2. Generation. In: Kath. Sozialethische Arbeitsstelle (Hrsg) Designer Drogen. Zum Gefährdungs- und Suchtpotential synthetischer Drogen. Hoheneck, Hamm

Kovar K-A, Rösch C, Rupp A (1990) Synthetische Suchtstoffe der 2. Generation. 1. Mitt.: Amphetamine und andere Arylalkylamine. Pharm in unserer Zeit 19/3:99-107

Krumsiek L (1975) Haschischöl. Kriminalistik 3:124-128

Kuehne ME (1964) The total synthesis of vincamine. J Am Chem Soc 86: 2946-2973

Kuehnle J, Mendelson JH, Davis DR, New PFJ (1977) Computer tomographic examination of heavy marihuana smokers. JAMA 237/12: 1231-1232

Kumar S, Kunwar KB (1972) Chromosome abnormalities in cannabis addicts. J Assoc Phys India 19:193-195

Kuntz M (1997) Du liebst alle und alle lieben Dich. Die Suchtarbeit mit Ecstasykonsumenten. Suchtreport 1:47-51

Kutney JP, Brown RT, Piers E (1966) The absolute configuration of the Iboga alkaloids. Can J Chem 44:637-645

Kvalseth TO (1977) Effects of marihuana on human reaction time and motor control. Percept Mot Skills 45:935-939

LaBarre W (1960) Twenty years of peyote studies. Curr Anthropol 1: 45-60

LaBarre W (1972) Hallucinogens and the shamanic origin of religion. In: Furst P T (ed) Flesh of the Gods: The ritual use of hallucinogens. Praeger, New York, pp 36-49

La Valle S (1984) Hashish. Quarter Books, London New York Melbourne

Law B (1984) Confirmation of cannabis use by the analysis of Δ^9-THC metabolits in blood and urine by combined HPLC and RIA. J Anal Toxicol 8:19-22

Law B, Mason PA, Moffat AC et al. (1984) Forensic Aspects of the Metabolism and Excretion of Cannabinoids Following Oral Ingestion of Cannabis Resin. J Pharm Pharmacol 36:289-294

Law FCP (1980) Metabolic disposition and potential toxicity of PCC in rats. Res Comm in Subst of Abuse 1/3:273

Leaf RC, De Bold RC (1967) LSD, man and society. Wesleyan Univ Press, Connecticut

Leary T (1962) How to change behaviour. (Proceedings of XIV. International Congress on Applied Psychology, Copenhagen)

Leary T (1964) The religious experience. Psychedelic Rev 3:30-42

Leary T (1970) Politik der Ekstase. Wegner, Hamburg

Leistenfels H von (oJ) Pilze: Speisepilz-Zucht Rauschpilz-Erkennung. Pieper & Die Grüne Kraft, Löhrbach (Grüner Zweig, Bd 65)

Lemberger L, Rubin A (1975) The physiologic disposition of marihuana in man. Life Sci 17:1637-1642

Leonhardt RW (1970) Haschischreport. Piper, München

Leuenburger H (1969) Zauberdrogen. Goverts, Stuttgart

Leuner H (1971) Halluzinogene in der Psychotherapie. Pharmakopsychiatry 4:333-351

Leuner H (1981) Halluzinogene. Huber, Bern

Levy JA, Munson AE, Harris LS, Dwewey WL (1975) Effects of delta-9-THC on the immune response of mice. Fed Proc 34:782-789

Lewin L (1927) Phantastica - Die betäubenden und erregenden Genußmittel (Nachdruck 1981). Volksverlag, Linden

Lewin L (1929) Banisteria Caapi. Stilke, Berlin

Lewis EG, Peters BA, Dustman RE, Straight RC, Beck EC (1976) Sensory, perceptual, motor and cognitive functioning and subjective reports following oral admimistration of delta-9-THC. Psychopharmacologia (Berlin) 47:141-148

Liden CB, Lovejoy FH, Castello CE (1975) Phencyclidine - 9 Cases of Poisoning. JAMA 234/5:513-516

Lidz T, Rothenberg A (1970) Psychedelismus: Die Wiedergeburt des Dionysos. Psyche 24:359-374

Linszen H et al. (1994) Cannabis Abuse and the Course of Recent-Onset Schizophrenic Disorders. Arch Gen Psychiatry 51:273-279

Lockwood TE (1979) The ethnobotany of brugmansia. J Ethnopharmacol 1:147-164

Löhrer F (1997) Biogene Suchtmittel. Ariadne, Aachen

Ludlow FH (1981) Der Haschisch-Esser. Sphinx, Basel

Luisada PV, Brown BJ (1976) Clinical Management of Phencyclidine Psychosis. Clin Toxicol 9/4:539-545

Lundberg GD, Gupta RC, Montgomery SH (1976) Phencyclidine: Patterns Seen in "Street Drug" Analysis. Clin Toxicol 9/4:503-511

Lyon RA et al. (1986) MDMA Stereoselective interactions at brain 5-HT1 and 5-HT2 receptors. Psychopharmacol 88:525-526

Madsen W (1955) Shamanism in Mexico. Southwest J Anthropol 2/1:48-57

Manden M, Skopp G, Mattern R, Aderjan R (2000) GC/MS-Bestimmung von THCCOOH im Serum: Vergleich verschiedener Aufarbeitungsmethoden und Einfluß von THCCOOH-Glucuronid. Blutalkohol 37:48-56

Manno JE, Kiplinger GF, Haine SE, Bennett IF, Forney RB (1970) Comparative effects of smoking marihuana or placebo on human motor and mental performance. Clin Pharmacol Ther 11:808-815

Margolis JS, Clorfene R (1979) Der Grassgarten. Volksverlag, Linden

Marijuana and Health (1980) 8th Annual Report to the US Congress from the Secretary of Health, Education and Welfare, Washington/DC

Marzell H (1964) Zauberpflanzen - Hexengetränke. Kosmos 241:47-55

Mason AP, McBay AJ (1984) Ethanol, marijuana and other drugs in 600 drivers killed in single-vehicle crashes in North-Carolina 1978-1981. J Fornsic Sci 29:987-1026

Mason AP, McBay AJ (1985) Cannabis. Pharmacology and Interpretation of effects. J Forensic Sci 30:615-631

McBay AJ (1985) Marijuana testing and litigation. J Forensic Sci 30: 987-994

McBay AJ (1988) Interpretation of Blood and Urine Cannabinoid Concentrations. J Forensic Sci 33:875-883

McBurney LJ, Bobbie BA, Sepp LA (1986) GC/MS and EMIT Analyses for Delta-9-Tetrahydrocannabinol Metabolites in Plasma and Urine of Human Subjects. J Anal Toxicol 10:55-64

McCann UB, Ridenour A, Graham Y, Ricaurte G (1994) Serotonin Neurotoxicity after MDMA ('Ecstasy'): A controlled Study in Humans. Am Coll of Neuropsychopharmacol 2:129-138 9

McCullum NK, Shaw SM (1981) Chromatographic analysis for Δ^9-tetrahydrocannabinol in blood and brain. J Anal Toxicol 5:148-149

McDonald PA, Martin CF, Woods DJ, Baker PB, Gough TA (1984) An analytical study of illicit lysergide. J Forensic Sci 29:120-130

McGlothlin WS, Cohen S, McGlothlin M (1964) Short-term effects of LSD on anxiety, attitudes and performance. J Nerv Ment Dis 139: 266-273

McGlothlin WS, Cohen S, McGlothlin M (1970) Long lasting effects of LSD on normals. J Psychedelic Drugs 3:20-31

McLeary JA, Sypherd PS, Walkington DJ (1960) Antibiotic activity of an extract of peyote Lophophora williamsii (Lemaire) Coulter. Econ Bot 14:247-249

Meatherall RC, Warren RJ (1993) High urinary cannabinoids from a hashish body packer. J Anal Toxicol 17:439-440

Mechoulam R (1970) Marihuana chemistry. Science 168:1159-1166

Mechoulam R (1973) Marihuana-Chemistry, pharmacology, metabolism and clinical effects. Academic Press, London

Mechoulam R, Gaoni Y (1965) A total synthesis of d,1-delta-tetrahydrocannabinol, the active constituent of hashish. J Am Chem Soc 87:3273-3275

Mechoulam R et al. (1994) Search for endogenous ligands of the cannabinol receptor. Biochem Pharmacol 48:1537-1540

Meck B (1981) Die Assassinen. Econ, Düsseldorf Wien

Melges FT, Tinklenberg JR, Hollister LE, Gillespie HK (1970) Marihuana and temporal disintegration. Science 6:1118-1120

Mendelsohn JH (ed) (1974) The use of marihuana. Plenum, New York

Mendelsohn JH (1987) Marijuana. In: Meltzer HY (ed) Psychopharmakology, Raven, New York, pp 60-67

Merkus F et al. (1971) TLC, GLC, MS of cannabidivarin, tetrahydrocannabivarin and cannabivarin. Acta Pharm Suec 8

Miller LL (ed) (1974) Marijuana - effects on human behavior. Academic Press, New York San Francisco London

Miller LT, Cornett T, McFarland D (1978) Marijuana: an analysis of storage and retrieval deficits in memory with the technique of restricted reminding. Pharmacol Biochem Behav 8:327-332

Miller RA (1983) The magical and ritual use of herbs. Destiny, New York

Moeller MR, Doerr G, Watts S (1992) Simultaneous quantitation of delta-9-tetrahydrocannabinol (THC) and 11-nor-9-carboxy-delta-9-tetrahydrocannabinol (THC-COOH) in serum by GC/MS using deuterated internal standards and its application to a smoking stydy and forensic cases. J Forensic Sci 37:969-983

Möller-Nehring E, Luderer H-J (1997) Ist die Angst vor Ecstasy berechtigt ? Fortschr Med 7:28-34

Morton JF (1981) Atlas of medical plants of middel america. Thomas, Springfield/IL

Moskowitz H, Sharma S, McGlothlin WS (1972) Effetcs of marihuana upon peripheral vision as a function of the information processing demand in central vision. Percept Mot Skills 35:876-882

Moskowitz H, McGlothlin WS (1974) Effects of marihuana on auditory signal detection. Psychopharmacologia (Berlin) 48:137-145

Munch JC (1974) Phencyclidine: Pharmakology and Toxicology. Bull Narc 26/4:9-17

Murray JB (1985) Marihuana's Effects on Human Cognitive Functions, Psychomotor Functions, and Personality. J Gen Psychol 113:23-55

Myerhoff BG (1980) Der Peyote Kult. Trikont, München

Nahas GG (1972) Toxicology and pharmacology of cannabis sativa with special reference to delta-9-THC. Bull Narc 24:11-27

Nahas GG (1974) Effects of cannabis and cannabinoids on cell replication and replication and DNA synthesis in man. J Pharmacol 5: 71-78

Nahas GG (1975) Marihuana - Deceptive Weed. Raven Press, New York

Nahas GG (1979) Keep off the grass. Pergamon, Oxford New York

Nahas GG (1982) Hashish in Islam, 9th to 18th century. Bull NY Acad Med 58/9:814-831

Nahas GG (ed)(1984) Marihuana in science and medicine. Raven, New York

Nahas GG (1986) Cannabis: toxicological properties and epidemiological aspects. Med J Anst 145:82-87

Nahas GG (1991) Es ist doch nur Marihuana. Suchtreport 5/2:18-27

Nahas GG, Patton WDM (eds) (1979) Marihuana. Biological effects analysis, metabolism, cellular responses, reproduction and brain. Pergamon, Oxford

Nahas GG, Sucia-Foca N, Armand J-P, Morishima A (1974) Inhibition of cellular mediated immunity in marihuana smokers. Science 183: 419-420

Nahas GG, Desoize B, Hsu J, Morishima A, Srinvasan PR (1975) Inhibition of nucleic acid and poteins synthesis by natural cannabinoids and olivetol. (Abstract, IV. Int. Congress of Pharmacology, Helsinki, p 495)

Nahas GG, Patton WDM, Idänpään Heikkilä JE (eds)(1976) Marihuana: chemistry, biochemistry and cellular effects. Springer, New York

Nahas GG, Latour Z (1992) The human toxicity of marihuana. Med J Anst 156/7:495-497

Nakamura GR, Meeks RD, Stall WJ (1990) Solid-Phase Extraction, Identification and Quantitation of 11-nor-Delta-9-Tetrahydrocannabinol-9-carboxylic Acid. J Forensic Sci 35:792-796

Negrete JC (1973) Psychological adverse effects of cannabis smoking. A tentative classification. Can Med Assoc J 108:195-196

Neu RL, Powes HO, King S, Gardner LI (1969) Cannabis and chromosomes. Lancet I:675

Neumeyer JL, Shagoury L (1971) Chemistry and pharmacology of marijuana. J Pharm Sci 60:1433-1451

Neuninger H (1988) Zur Bewertung von inländischen Cannabis-Produkten. Österr RichterZ 66:127-130

Nichols DE et al. (1986) Derivats of 1-(1,3-Benzodioxol-5-yl-butanamine): Representatives of a Novel Therapeutic Class. J Med Chem 29:2009-2015

Nichols WW, Miller RC, Heneen W, Bradt C, Hollister L, Kanter S (1974) Cytogenetic studies on human subjects receiving marihuana and delta-9-tetrahydrocannabinol. Mutat Res 26:413-417

Nolte F (2002) Cannabis im Straßenverkehr - Zur Inszenierung und Dramaturgie eines gesellschaftlichen "Problems". Blutalkohol 39 (Suppl. 1) :17-20

Novotny M, Lee MC, Keast D (1976) A possible chemical basis for the higher mutagenicity of marihuana smoke as compared to tobacco smoke. Experientia 32:280-282

Nowlan R, Cohen S (1977) Tolerance to marihuana: heart rate and subjective "high". Clin Pharmacol Ther 22:550-555

O'Hearn E, Battaglia G, De Souza EB, Kuhar MJ, Molliver ME (1988) Methylendioxyamphetamine (MDA) and methylenedioxymethamphetamine (MDMA) cause selective ablation of serotonergic axon terminals in forebrain: immunocytochemical evidence for neurotoxicity. J Neurosci 8:2788-2803

Ohlsson A, Lindgren JE, Wahlen A et al. (1980) Plasma delta-9-tetrahydrocannabinol concentrations and clinic effects after oral and intravenous administration and smoking. Clin Pharmacol Ther 28: 409-416

Olvedi U (1972) LSD-Report. Suhrkamp, Frankfurt am Main

Orzechowski G (1969) Halluzinogene Drogen, Med Welt 16:955-963

Oss OT, Oeric ON (1976) Psilocybin, magic mushrooms grower's guide. And/Or Press, Berkeley

Ott J (1976) Hallucinogenic plants of North America. Wingbow, Berkeley/CA

Ott J, Bigwood J (eds)(1978) Teonanacatl: Hallucinogenic mushroom of North America. Madrona, Seattle/WA

Pace HD, Davis A, Borgen LA (1971) Teratogenesia and marihuana. Ann NY Acad Sci 191:123-128

Pahnke W (1963) Drugs and mysticism: An analysis of the relationship between psychedelic drugs and the mystical consciousness. Master's thesis Univ of Harvard

Payne RJ, Brand SN (1975) The toxicity of intravenously used marihuana. JAMA 233:351-354

Peeke SC, Jones RT, Stone GC (1976) Effects of practice an marihuana - induced changes in reaction time. Psychopharmacol 48: 159-163

Peel HW, Perrigo BJ (1981) Detection of cannabinoids in blood using EMIT. J Anal Toxicol 5:165-167

Perez-Reyes M, Owens SM, DiGuiseppe S (1981) The clinical pharmacology and dynamics of marihuana cigarette smoking. J Clin Pharmacol 21:201s-207s

Perez-Reyes M, DiGuiseppe S, Davis KH et al. (1982) Comparisation of effects of marihuana cigarettes of three different potencies. Clin Pharmacol Ther 31:617-624

Peronka S, Newman M, Harris H (1988) Subjective Effects of DOM in Recreational Users. Neuropsychopharmacol 1:273-277

Perontka SJ (ed)(1990) Ecstasy, the clinical, pharmacological and neurotoxicological effects of the drug MDMA. Khiver Academic Publishers, Boston

Petersen BH, Graham J, Lembeger L (1976) Marihuana, tetrahydrocannabinol and T-cell function. Life Sci 19:395-400

Petersen RC (ed)(1977) Marihuana research findings. NIDA Res Monogr 14:205-218

Petersen RC (ed) (1980) Marijuana research findings. NIDA Res Monogr 31:69-85

Petersen RC, Stillman RC (1978) Phencyclidine (PCP) abuse: An appraisal. NIDA Res Monogr 21:168-175

Petrzilka T (1971) Chemie synthetischer Hanf-Derivate. Bull Schweiz Akad Med Wiss 27:22-27

Petrzilka T, Haefliger W, Sikemeier G, Ohloff G, Eschenmoser A (1967) Synthese und Chiralität des (-)-Cannabidiols. Helv Chim Acta 50: 719-723

Peuckert W-E (1960) Hexensalben. Med Monatsspiegel 9:169-174

Poehlke T (1995) MDMA - Droge oder Medikament ? Westfäl Ärztebl 8: 16-19

Pope HH Jr (1969) Tabernanthe iboga - an African narcotic plant of social importance. Econ Bot 23:174-184

Priemer F, Grappmaier A, Ruby M et al. (1999) Pupillenverhalten unter akutem THC-Einfluß. Blutalkohol 32:84-98

Rabes M, Harm W (Hrsg)(1997) XTC und XXL: Ecstasy-Wirkungen, Risiken, Vorbeugungsmöglichkeiten und Jugendkultur. Rowohlt, Reinbek

Raffauf RF, Flagler MB (1960) Alkaloids of the apocynaceae. Econ Bot 14:37-46

Rakete G, Flüsmeier U (1997) Der Konsum von Ecstasy. Eine empirische Studie zu Mustern und psychosozialen Effekten des Ecstasykonsums. Bundeszentrale für gesundheitliche Aufklärung, Köln.

Randall T (1992) "Rave" Scene, Ecstasy Use, Leap Atlantic. JAMA 268: 1506-1509

Ranke-Graves R von (1985) Griechische Mythologie. Rowohlt, Reinbek

Ray R, Prabhu GG, Mohan D, Nath LM, Neki JS (1978) Cannabis use. The association between chronic abuse and cognitive functions. Drug Alcohol Depend 3:365-368

Rayner R (1979) Pilze erkennen - leicht gemacht. Franck'sche Verlagsbuchhandlung, Stuttgart

Reed A, Kane W (1972) Phencyclidine (PCP). J Psychedelic Drugs 5/1: 8-12

Reeve VC, Grant JD, Robertson W et al. (1983 a) Plasma concentration of delta-9-tetrahydrocannabinol and impaired motor function. Drug Alcohol Depend 11:176-175

Reeve VC, Robertson WB, Grant J (1983 b) Hemolyzed blood and serum levels of Δ^9-THC: Effects on the performance of roadside sobriety tests. J Fornesic Sci 28:963-971

Remschmidt H (1972) Haschisch und LSD. Physische und psychische Wirkungen. Med Klin 67:706-716, 781-786

Renault PF, Schuster CR, Heinrich R, Freeman DX (1971) Marihuana: Standartized smoking administration and dose effects on heart rate in humans. Science 174:589-591

Reynolds PC (1976) Clinical and Forensic Experiences with Phencyclidine. Clin Toxicol 9/4:547-552

Ricklin F (1989) Cannabis: harmloses Rauschgift ? Schweiz Med Wochenschr 119:1173-1176

Rivier L, Lindgren J-E (1972) Ayahuasca - South American hallucinogenic drink: ethnobotanical and chemical investigations. Econ Bot 24:100-129

Rösch C et al (1990) Synthetische Suchtstoffe der 2. Generation. 2. Mitt.: Analytik der Arylalkylamine. Pharm in unserer Zeit 19/5: 211-221

Rodin E, Domino E, Porzak J (1970) The marijuana induced social high - Neurological and electroencephalographic concomitants. JAMA 213:1300-1202

Rosenthal E (1984) Marijuana beer. And/Or Press, Berkeley

Safford WE (1916) Identity of cohoba, the narcotic snuff of ancient Haiti. J Wash Acad Sci 6:548-562

Sahihi A (1989) Designer-Drogen: die neue Gefahr. Beltz, Weinheim Basel

Sahihi A (1991) Designer-Drogen: Zwischen Hölle und Paradies. Suchtreport 5/1:42-47

Sallan SE, Zinberg NE, Frei E (1975) Antiemetic effect of delta-9-THC in patients receiving cancer chemotherapy. N Eng J Med 293: 795-797

Sankar DVS (1975) LSD - A total study. PJD Publications, Westbury/NY

Sankar DVS, Roszy PW, Geisler A (1969) Chromosome breakage in children treated with LSD-25 und UML-491. Compr Psychiatry 10: 406-410

Saunders N (1994) "Ecstasy". Bilger, Zürich

Saxton JE (1956) The indole alkaloids excluding harmine and strychnine. Q Rev 10:108-112

Scherer S (1996) Cannabis als Genußmittel ? ZRP 5:187-191

Schleifer H (1973) Sacred narcotic plants of the New World Indians. Hafner, New York

Schmidt D (1970) Halluzinogene aus Pflanzen. Naturwiss Rundschau 23:5

Schmidt P, Scheer N, Berghaus G (1995) Cannabiskonsum und Fahrtüchtigkeit. Kriminalistik 4:241-246

Schmiechen R et al. (1986) Carbolines - A new class of compounds with high affinity for benzodiazepine receptors. Sonderdruck: IXth Int. Symposium on Medicinal Chemistry, Berlin

Schmitt G, Herbold M, Aderjan R (1999) Berechung der Nachweis-, der Erfassungs- und der Bestimmungsgrenze von Tetrahydrocannabinol (THC) im Serum. Blutalkohol 36:362-370

Schönhofer PS (1973) Die Pharmakologie der Cannabis-Wirkstoffe. Arzneimittelforsch 23:50-55

Schreiber LH (1997) Das Urteil des BGH zu Ecstasy. NJW 12:777-779

Schrenk T von (1999) Internistische Komplikationen nach Ecstasy. Dtsch Ärztebl 96:A-347-352

Schultes RE (1941) A contribution to our knowledge of rivea corymbosa, the narcotic ololiuqui of the Aztecs. Harvard Botanical Museum, Cambrigde/MA

Schultes RE (1965) Ein halbes Jahrhundert amerikanischer Ethnobotanik der Halluzinogene. Planta med 13:125-129

Schultes RE (1969) Hallucinogens of plant origin. Science 163: 245-254

Schultes RE (1969/70) The plant kingdom and hallucinogens. Bull Narc 21:3-16, 22:25-53

Schultes RE (1970 a) The botanical and chemical distribution of hallucinogens. Ann Rec Plant Physiol 21:571-590

Schultes RE (1970 b) Botany and chemistry of cannabis. Churchill, London

Schultes RE (1972) An overview of hallucinogens in the western hemisphere. In: Furst P T (ed) Flesh of the Gods: The ritual uses of hallucinogens. Praeger, New York, pp 3-54

Schultes RE (1976) Hallucinogenic plants. Golden Press, New York

Schultes RE, Hofmann A (1980) The botany and chemistry of hallucinogens. Thomas, Springfield/IL

Schultes RE, Hofmann A (1995) Pflanzen der Götter. Die magischen Kräfte der Rausch- und Giftgewächse. AT, Aarau

Schultz OE, Haffner C (1958) Zur Kenntnis eines sedativen Wirkstoffes aus dem deutschen Faserhanf. Arch Pharm (Berlin) 291:20-24

Schulz V (1984) Behandlung des Ergotismus. Fortschr Med 8:189-190

Schurz J (1970) Vom Bilsenkraut zum LSD. Frank'sche Verlagsbuchhandlung, Stuttgart

Schuster P, Wittchen H-N (1996) Ecstasy- und Halluzinogengebrauch bei Jugendlichen. Gibt es eine Zunahme ? Verhaltenstherapie 6:222-223

Schwarz CJ (1968) The complications of LSD: a review of the literature. J Nerv Ment Dis 146:174-186

Sharma S, Moskowitz H (1972) Effect of marihuana on the visual autokinetic phenomenon. Percept Mot Skills 35:891-894

Shulgin AT, MacLean DE (1976) Illicit Synthesis of Phencyclidine (PCP) and several of its Analogs. Clin Toxicol 9/4:553-560

Sigrist T, Germann U, Sutter K (1998) Intoxikation mit Stechapfelgift (Scopolamin). Kriminalistik 3:219-221

Silverman J (1968) Shamans and acute schizophrenia. Am Anthropol 69: 21-31

Smith MV (1981) Psychedelic chemistry. Loompanics Unlimited Mason/USA (Nachdruck des 1973 in Rip Off Press erschienenen Werkes)

Smith PB et al. (1994) The Pharmacological Activity of Anandamide, a Putative Endogenous Cannabinoid, in Mice. J of Pharmacol 270: 219-220

Smith RN, Robinson K (1985) Body fluid levels of lysergide (LSD). Forensic Sci Int 28:229-237

Snyder SH (1967) STP: a new halluzinogenic drug. Science 158:669-712

Soueif MI (1976) Differential association between chronic cannabis use and brain function deficits. Ann NY Acad Sci 282:323-343

de Souza E, Battaglia G, Insel T (1990) Neurotoxic Effects of MDMA on Brain Serotonin Neurons: Evidence from Neurochemical and Radioligand Binding Studies. Ann NY Acad Sci 6:682-698

Soyka M et al. (1993) Zur Phänomenologie einer ketamininduzierten Psychose. Sucht 39/5:327-331

Spanos LJ, Yamamoto BK (1989) Acute and subchronic effects of methylenedioxymethamphetamine (MDMA) on locomotion and serotonin Syndrome behaviour in rat. Pharmacol Biochem Behav 32:835-840

Stafford P (1980) Enzyklopädie der psychedelischen Drogen. Volksverlag, Linden

Stahl E et al. (1978) Rauschgiftpilze mit LSD ? Arch Krim 162(1/2):23

Stanton MD, Mintz J, Franklin RM (1976) Drug flashbacks. II: Some additional findings. Int J Addict 11:53-69

Starks M (1979) Marijuana potency. And/Or Press, Berkeley

Steckel R (oJ) Bewußtseinserweiternde Drogen. Haschisch - Marihuana - LSD - Meskalin - STP(DOM) - Psilocybin - Ololiuqui. Edition Voltaire

Stefanis C, Dornbush R, Fink M (1977) Hashish-studies of long-term use. Raven, New York

Stenchever MA, Kunysz TJ, Allen MA (1974) Chromosome breakage in users of marihuana. Am J Obstet Gynecol 118:106-113

Stoll WA (1947) Lysergsäureamid, ein Phantastikum aus der Mutterkorngruppe. Schweiz Arch Neurol Psychiatr 60:279-323

Stoll WA (1952) Recent investigations on ergot alkaloids. Fortschr Chem Org Naturst 9:114-119

Stosberg K, Lösch H (1987) Haschisch-Spätfolgen. Suchtreport 5:13-16

Stowe BB (1959) Occurence and metabolism of simple indoles in plants. Fortschr Chem Org Naturst 17:248-252

Stringaris MG (1972) Die Haschischsucht. Springer, Berlin Heidelberg New York

Stromberg VL (1954) The Isolation of bufotenin from Piptadenia peregrina. J Am Chem Soc 76:170-171

Sullivan AT, Twitchett PJ, Fletcher SM, Moffat AC (1978) The fate of LSD in the body: forensic considerations. J Forensic Sci 18: 89-98

Svrcek M (1979) Der Kosmos-Pilzführer. Frank'sche Verlagsbuchhandlung, Stuttgart

Swatek R (1984) Marijuana use: Persistence and urinary elimination. J Substance Abuse Treatment 1:265-270

Täschner K-L (1980) Haschisch für alle ? Hess Ärztebl 7 (Sonderdruck)

Täschner K-L (1981) Das Haschischproblem aus klinischer Sicht. Dtsch Ärztebl 78:126-129

Täschner K-L (1983) Zur Psychopathologie und Differentialprognose sogenannter Cannabispsychosen. Fortschr Neurol Psychiatr 51: 235-248

Täschner K-L (1986) Das Cannabisproblem - Haschisch und seine Wirkungen. Deutscher Ärzte-Verlag, Köln

Täschner K-L, Wanke K (1975) Zur Frage der toxischen Psychose am Beispiel der sog. LSD-Psychose. Fortschr Med 31:1515-1518, 1542

Täschner K-L, Frießen DH (1989) Verkehrstauglichkeit bei Rauschgiftkonsumenten unter besonderer Berücksichtigung des Cannabismißbrauchs. Suchtgefahren 35:253-262 (Sonderdruck)

Tarshis MS (1972) The LSD controversy - an overview. Thomas, Springfield/ IL

Tashkin DP (1987) Marijuana-Bronchitis. Am Rev Resp Dis 135:209

Tashkin DP, Simmons M, Clark V (1988) Effect of habitual smoking of marijuana alone and with tobacco on nonspecific airways hyperreacticity. J Psychoactive Drugs 20:21-25

Taylor FM (1988) Marijuana as a potential respiratory tract carcinogen: a retrospective analysis of a community hospital population. South Med J 81:1213-1216

Taylor WI (1966) Indole alkaloids, an introduction to the enamine chemistry of natural products. Pergamon, New York

Teitelbaum DT, Wingeleth DC (1977) Diagnosis and management of recreational mescaline poising. J Anal Toxicol 1:36-37

Tennant FS, Groesbeck CJ (1972) Psychiatric effects of Hashish. Arch Gen Psychiatry 27:133-136

Tennant FS, Preble M, Prendergast TJ, Ventry P (1971) Medical manifestations associated with Hashish. JAMA 216:1965-1969

Tenscher E, Lindenquist U (1994) Biogene Gifte. Gustav-Fischer

Teuchert-Noodt G, Bagorda F (2002) Drogen-induzierte Destabilisierung psycho-kognitiver Leistungen als Gefahr für den Straßenverkehr - Wie sich Ecstasy und andere Drogen in das Gehirn einschreiben, und die Frage nach den Chancen einer Therapie. Blutalkohol 39 (Suppl. 1) :21-31

Thamm BG (1987 a) Alltagsdroge Haschisch. Suchtreport 1/4:2-7

Thamm BG (1987 b) Synthetische Drogen. Suchtreport 1/3:52-54

Thamm BG (1990) Pflanzen der Götter. Suchtreport 4/3:48-57

Theale JD, Forman EF, King LJ (1975) The development of a radioimmunassay for cannabinoids in blood and in urine. J Pharm Pharmacol 27:465-472

Thomas WR, Holt PG, Keast D (1974) Recovery of immune system after cigarette smoking. Nature 248:358-359

Thomasius R (Hrsg.)(1998) Ecstasy-Wirkungen, Risiken, Interventionen. Ein Leitfaden für Klinik und Praxis. Enke, Stuttgart

Thomasius R (Hrsg.)(2000) Ecstasy. Eine Studie zu gesundheitlichen und psychosozialen Folgen des Missbrauchs. Wiss Verlagsges, Stuttgart

Thomasius R et al. (1997) MDMA ("Ecstasy")-Konsum - ein Überblick zu psychiatrischen und medizinischen Folgen. Fortschr Neurol Psychiatr 65:49-61 (Sonderdruck)

Thomasius R, Jarchow C (1997) "Ecstasy": Psychotrope Effecte, Komplikationen, Folgewirkungen. Dtsch Ärztebl 94A:372-376 (Sonderdruck)

Tong TG, Benowitz NL, Becker CE, Forni PJ, Boerner U (1975) Phencyclidine Poisoning. JAMA 234/5:572-573

Tossmann HP (1997) Ecstasykonsummuster, Konsumkontexte und Komplikationen. Ergebnisse der Ecstasy-Infoline. Sucht 43:121-129

Treffert DA (1978) Marihuana use in schizophrenia: a clear hazard. Am J Psychiatry 135:1213-1215

Ungerleider JT et al. (1968) The "bad trip" - the etiology of the adverse LSD reaction. Am J Psychiatry 124:1483-1490

Vierth G (1967) Psycho-pathologische Syndrome nach Haschischgenuß. MMW 1:522-528

Vogel R, Matthiessen W, Bruckner O, Alexander M (1981) Lungenkomplikationen bei Rauschgiftsucht. Prax Pneumol 35:988-991

Van Peteghen C, Heyndrickx A, Van Zelle W (1980) GLC-mass spectral determination of mescaline in plasma of rabbits after intravenous injection. J Pharm Sci 69:118-120

Völger G (Hrsg.)(1982) Rausch und Realität, Drogen im Kulturvergleich, Bde 1-3. Rowolth, Reinbek (Materialienband zur Ausstellung des Rautenstrauch-Joest-Museums für Völkerkunde der Stadt Köln 1981, Teil 1 und 2)

Wall ME, Perez-Reyes M (1981) The metabolism of delta-9-tetrahydrocannabinol and related cannabinoids in man. J Clin Pharmacol 21: 178s-189s

Wall ME, Sadler BM, Brine D et al. (1983) Metabolism, disposition, and kinetics of delta-9-tetrahydrocannabinol in men and women. Clin Pharmacol Ther 34:352-363

Waser P (1971) Pharmakologische Wirkungsspektren von Halluzinogenen. Bull Schweiz Akad Med Wiss 27:39-57

Wasson RG (1959) The hallucinogenic mushrooms of Mexiko. Academy of Science, New York

Wasson RG (1962) The hallucinogenic mushrooms of Mexiko and psilocybin: a bibliography. Bot Mus Leafl Harv Univ 20:20-73

Wasson RG (1968) Soma. Divine mushroom of immortality. Harcourt Brace Jovanovich, New York

Wasson RG, Hofman A, Ruck CAP (1978) The road to Eleusis: Unveiling the secrets of the mysteries. Harcourt Brace Jovanovich, New York

Wasson VP, Wasson RG (1957) Mushrooms. Russia and history. Pantheon, New York

Wax RH, Wax ML (1962) The magical world view. J Sci Study Rel 1: 179-188

Weidmann H, Taeschler M, Konzett H (1958) Zur Pharmakologie von Psilocybin, einem Wirkstoff aus Psilocybe mexicana Heim. Experentia 14:378-379

Wells B (1974) Psychedelic drugs. Penguin, Baltimore

Whites SC, Brin SC, Janicki BW (1975) Mitogen-induced blastogenic responses of lymphocytes from marihuana smokers. Science 188: 71-72

Whiting JD, Manders WW (1982) Confirmation of Tetrahydrocannabinol Metabolite in Urine by Gas Chromatography. J Anal Toxicol 6:49-52

Widmann M, Agurell S, Ehrnbo M, Jones G (1974) Binding of (+)-Δ1-and (-)- Δ1-tetrahydrocannabinols and (-)-7-hydroxytetrahydrocannabinol in blood cells and plasma proteins in man. J Pharm Pharmacol 26:914-916

Williams EG, Himmelsbach CK, Wikler A, Ruble D C, Lloyd BJ Jr (1964) Studies on marijuana and parahexyl compund. Public Health Rep 61:1059-1084

Williams PL, Moffat AC (1980) Identification in human urine of delta-9-tetrahydrocannabinol-11-oc acid glucuronide: a tetrahydrocannabinol metabolite. J Pharm Pharmacol 32:445-448

Winterfeldt E (1971) Neuere Aspekte in der Chemie der Indolalkaloide. Chimia 25:394-396

Winterfeldt E (1974) Stereoselektive Totalsynthese von Indolalkaloiden. Fortschr Chem Org Naturst 31:469-472

Woggon B (1974) Haschisch - Konsum und Wirkung. Springer, Berlin Heidelberg New York

Yago KB, Pitts FN Jr, Burgoyne RW et al. (1981) The urban epidemie of phencyclidine (PCP) use. J Clin Psychiatry 42:193-196

Yesavage JA et al. (1985) Carry-over effects of marihuana intoxication on aircraft pilot performance. Am J Psychiatry 142: 1325-1329

Zellweger H, McDonald JS, Abbo G (1967) Is isoergicacid diethylamide a teratogen ? Lancet 7525:1066-1068

Zimmermann AM, Ray AY (1980) Influence of cannabinoids on somatic cells in vivo. Pharmacol 21:277-287

Zimmermann S, Zimmermann AM, Cameron IL, Laurence HL (1977) Delta-9-tetrahydrocannabinol, cannabidiol and cannabinol effects on the immune response of mice. Pharmacol 15:10-23

Zinck R, Möller D (Hrsg.)(1998) Designer-Drogen vom Amphetamin-Typ "Ecstasy". Abbott, Wiesbaden

Zingg C, Bovens M (2000) "Ecstasy"-Tabletten und deren kriminalpolizeiliches Auswertungspotenzial. Kriminalistik 12:833-838

Züger V (1974) Eine neue Form von Haschisch. Haschisch-Öl. Kriminalistik 18/3:129

Zschockelt A (1986) Die "nicht geringe Menge" Cannabis - Problematik der THC-Bestimmung. MDR 6:457-459

Kapitel 2: Narkotica

Vorbemerkung: Die Bezeichnung "Narkotica" wurde bereits im 16. Jahrhundert 940
aus griech. ναρκωτικός (erstarren machend, betäubend) gebildet. Aufgrund ihrer sedierenden und betäubenden Eigenschaften handelt es sich bei den im folgenden behandelten Stoffen um "**Betäubungsmittel**" im eigentlichen Sinn[1].

Aufgrund ihrer gleichzeitig gegebenen **euphorisierenden** Eigenschaften, die 941
bei einer Verwendung der entsprechenden Substanzen als Rauschdrogen regelmäßig im Vordergrund stehen[2], ist es jedoch ebenso angebracht, diese Stoffe der Lewin'schen Einteilung der psychotropen Drogen entsprechend unter dem Begriff "**Euphorica**" zusammenzufassen.

Zu den engl. als **Narcotic Analgesics** bezeichneten Drogen gehören neben **He- 942
roin** u.a. auch **Codein** und **Methadon**. Hiervon wird meist die Gruppe der **CNS Depressants** im internationalen Sprachgebrauch unterschieden, zu der u.a. **Trinkalkohol**, **Barbiturate** und **Tranquilizer** wie Benzodiazepine[3] zählen.

2.1 Opium und Opiate

Vorbemerkung: **Morphin**, der Grundwirkstoff dieser Gruppe, lässt sich pharma- 943
kologisch in die Gruppe der **starkwirksamen Analgetica** (syn. Hypnoanalgetica) einreihen, auf die in Abschn. 4.4 näher eingegangen wird. Wegen seiner herausragenden Bedeutung als Rauschdroge soll Morphin ebenso wie seine Derivate und bestimmte **Morphin-Antagonisten** neben **Opium** selbst zunächst in einem eigenen Abschnitt dargestellt werden.

---

[1] Vgl. zu dem Begriff „Btm" auch bei den Schnüffel- und Inhalationsstoffen Vorbem. 4.5, Rdnr. 2498.
[2] Vgl. auch zu der allgemeinen Bezeichnung „downer high" bei zentral-dämpfenden Stoffen wie Barbiturate 4.1, Rdnr. 2016. Zu Narcotica, die als Psychodysleptica eingeordnet werden können, vgl. etwa beim Ketamin 1.2.4.7, Rdnr. 924, oder beim GHB 1.2.4.8, Rdnr. 938.
[3] Auf Barbiturate wird in Abschn. 4.1, und auf Tranquilizer (insbes. BD) in Abschn. 4.3.4, gesondert eingegangen.

2.1.1 Gewinnung

944 Nach wie vor ist die **halbsynthetische** Morphin-Gewinnung[4] auf die **Alkaloide** bestimmter Mohnarten der Gattung **Papaver** angewiesen, die insgesamt etwa 100 Arten umfasst.

945 Nach der Begriffsbestimmung in Art. 1 Abs. 1 der Single Convention von 1961 bezeichnet der Ausdruck "**Opium**" den geronnenen Saft des Opiummohns und "**Opiummohn**" seinerseits die Pflanzenart Papaver somniferum.

Der Ausdruck "**Mohnstroh**" bezeichnet nach dieser Definition alle Teile (außer den Samen) des Opiummohns nach dem Mähen, während es sich beim "**Mohnstrohkonzentrat**" um die bei der Behandlung von Mohnstroh zwecks Konzentrierung seiner Alkaloide anfallende Substanz handelt.

946 **Rohopium**, der Ausgangsstoff für die illegale **Heroin-Herstellung**, ist der eingetrocknete Milchsaft (**Latex**) des einjährigen **Schlafmohns (Papaver somniferum L.)** aus der Familie der **Mohnpflanzen (Papaveraceae)**.

947 Papaver somniferum kommt in 2 Subspezies vor: Als leuchtend rot oder violett blühender **Schüttmohn** mit schwarzen Samen, dessen Kapseln aufspringen und den Samen ausschütten, oder als weiß blühender **Schließmohn** mit weißen Samen und geschlossenen Mohnkapseln.

948 Wichtigstes **Alkaloid** des Papaver somniferum ist das **Morphin** (u.a. hierin unterscheidet er sich von dem ihm sonst äußerlich weitgehend gleichenden P. glaucum).

949 Die Heimat des Schlafmohns, der nur in gemäßigten Klimazonen gedeiht, jedoch mit relativ wenig Wasser auskommt, ist der **Mittelmeerraum** (wahrscheinlich Italien und Spanien), von wo aus er über Indien bis nach China Verbreitung fand[5].

Die bedeutensten **Anbaugebiete** liegen heute in einer über 7.000 km langen Gebirgszone am Rand der **asiatischen** Landmasse[6]: Von der anatolischen Hochebene in der Türkei über den Norden des indischen Subkontinents bis zu Gebirgslagen von mehr als 1.000 m Höhe in Nord-Thailand.

---

[4] Auch Cocain wird nach wie vor halbsynthetisch gewonnen, vgl. 3.1.1, Rdnr. 1427 und 1429, im Gegensatz zu Vollsynthetica wie Amfetamin und seinen Derivaten, vgl. 3.2.4.1, Rdnr. 1786.
[5] Vgl. auch zum Geschichtlichen 2.1.2, Rdnr. 968-973.
[6] Zu den heutigen Hauptanbaugebieten näher 2.1.2, Rdnr. 1001 und 1008 f.

2.1 Opium und Opiate

Zunehmende Bedeutung haben daneben wieder Anbaugebiete in **Südamerika**, u.a. in Mexiko und Kolumbien[7]. 950

Gelegentlich wird auch bei uns P. somniferum angebaut. Dies geschieht jedoch fast ausschließlich zu Zierzwecken bzw. zur Gewinnung der sehr ölhaltigen **Samen** des Schließmohns als **Lebensmittel** ("Mohnkuchen") . 951

In **Polen** wurde allerdings eine dort seit Jahrhunderten als Gewürz für Backwaren angebaute Blaumohnsorte nach der Ernte ausgekocht und das als "**Polskikompott**" oder "Polnische Suppe" bezeichnete, dunkelbraune Rohprodukt mit **Monoacetylmorphin**-Verbindungen[8] unter Acetylierung zu 60-70 %igen Heroin weiter aufbereitet, das als äußerst gefährlich und ein hohes Suchtpotential beinhaltend angesehen wird ("**Danziger Heroin**")[9]. "Polskikompott" wurde gebrauchsfertig in Spritzen aufgezogen angeboten. Die polnischen Behörden sind daher bestrebt, die Mohnanbaufläche zu reduzieren und einer Kontrolle zu unterwerfen. 952

Der im Herbst oder zu Frühlingsbeginn gepflanzte, bis 1,5 m hohe Schlafmohn blüht, wie erwähnt, rot oder weiß. Nach dem Abfall der Blütenblätter wird im Frühsommer die noch unreife, grüne, etwa walnussgroße **Mohnkapsel** ("poppy heads"), die den Samen enthält und in deren Kapselwand der alkaloidhaltige Milchsaft zirkuliert, von den Opium-Bauern mit einem speziellen, mehrklingigen Messer teilweise zwei- bis dreimal abends angeritzt, um eine Oxidation des Saftes unter Einwirkung des Sonnenlichts möglichst zu vermeiden. 953

Über Nacht tritt aus den Kapselwänden der klebrige, weiße **Milchsaft** aus und oxidiert zu einer bräunlich-klebrigen Masse. 954

Dieses jeweils etwa erbsengroße und ca. 0,05 g schwere Stück **Rohopium** (Opiumbase) wird am nächsten Morgen mit einem "Opium-Messer" abgeschabt. Die einzelnen kleinen Rohopiumkugeln werden sodann während des Trocknens zu braun-schwarzen, betäubend riechenden und bitter schmeckenden "**Broten**" von meist teigartiger Konsistenz und durchschnittlich 0,3-3 kg Gewicht geformt, die lange haltbar und lagerungsfähig sind.

Für 1 kg **Rohopium** wird bei dieser Produktionsart der Opium-Saft von ca. 20.000 Mohnkapseln benötigt, die ein Mohnfeld von etwa 400 m^2 darstellen. Die Produktion ist daher sehr arbeitsintensiv und kann nur in Ländern mit niedrigem Lohnkostenniveau Gewinn bringen. 955

Türkisches Rohopium hat meist einen **Morphin-Gehalt** von 10-12 % und wird in der erwähnten Brotform gehandelt, südwestasiatisches einen von ca. 8,5 %, wobei eine mehr kugelförmige Gestalt vorherrscht; außerdem kommt Rohopium in 956

---

[7] Zur Opium-Gewinnung in Südamerika vgl. 1.1.2, Rdnr. 64, und 2.1.2, Rdnr. 998 f.
[8] Zum Monoacetylmorphin (MAM) vgl. 2.1.3, Rdnr. 1074, sowie 2.1.4, Rdnr. 1132 f. und 1196.
[9] Zur Heroin-Produktion in den osteuropäischen Ländern vgl. auch 2.1.2, Rdnr. 1024.

Stäbchenform in den Handel. In Indien sollen inzwischen ertragreichere Mohnpflanzen mit einem Morphin-Gehalt von 15-18 %[10] im Rohopium gezüchtet worden sein.

957   Im Durchschnitt wird aus 10 kg **Rohopium** ca. 1 kg **Morphin-Base** gewonnen, moderne Labors erreichen etwa die doppelte Menge.

958   Die **vollsynthetische** Herstellung von Morphin ist zwar ebenfalls möglich, spielt aus Kostengründen demgegenüber aber praktisch keine Rolle.

959   Um den Rohstoff für die legale Morphin-Produktion ohne Gefahr eines illegalen "Abzweigens" anbauen lassen zu können, wird insbesondere in der Türkei in geringerem Umfang auch sog. **"Mohnstroh"** ("poppy strow") geerntet. Hierbei handelt es sich um ungeritzte, vorzeitig geerntete Kapseln, denen das Morphin durch eine aufwendige Prozedur industriell entzogen wird. Der entsprechende **"Mohnstrohextrakt"** hat einen Morphin-Gehalt von etwa 85 %. In Russland und anderen Teilen der GUS wird allerdings auch eine schwach morphin-haltige Aufkochung aus dem verbleibenden Mohnstroh unter der Bezeichnung "Koknar" ("Mohnstrohsuppe") injiziert.

960   In der ehem. DDR soll es darüber hinaus 1985 gelungen sein, aus einer bisher nur im Kaukasus und dem Iran vorkommenden Wildmohnart (Unterart von Papaver bracteatum) eine industriell anbaubare Mohnart zu züchten, die zwar **codein-**, nicht jedoch auch morphin-haltig ist.

Seit Februar 1996 steht eine **morphin-arme** Schlafmohnsorte zur Verfügung, deren geringer Morphin-Gehalt eine missbräuchliche Verwendung nicht befürchten lässt.

961   Der in Mitteleuropa als Ackerwildkraut bekannte **Klatschmohn** (Papaver rhoeas)[11] ist ebenfalls morphin-frei, andere Mohnarten enthalten Morphin nur in äußerst geringen Mengen.

So enthält der in der Türkei wild vorkommende **Papaver orientale L. (Türkenmohn)** bzw. **Papaver bracteatum Lindl.** als Hauptalkaloid **Thebain**[12]. Türkenmohn wird bei uns in Gärten als Zierstrauch kultiviert.

962   **Heroin** wird nach wie vor vorwiegend halbsynthetisch durch **Acetylierung** der aus Rohopium gewonnenen **Morphin-Base** hergestellt, was außer in modernen auch in äußerst primitiv eingerichteten sog. "Badewannen-Labors" erfolgen kann: Nach Einweichung und Filterung des Rohopiums unter Hinzufügung von Löschkalk und Ammoniumchlorid (NH_4Cl, Salmiak) besteht der wichtigste Produkti-

---

[10]   Zum Gesamtalkaloidgehalt vgl. 2.1.3, Rdnr. 1061 f., zum Morphin-Gehalt auch Rdnr. 1065.
[11]   Insbesondere dessen Milchsaft jedoch ein schwach giftiges Alkaloid enthält; seine getrockneten Blütenblätter galten im antiken Griechenland als leicht sedierendes und schleimlösendes Mittel.
[12]   Zum Thebain vgl. 2.1.3, Rdnr. 1068.

onsschritt in einer Acetylierung der so entstandenen **Morphin-Base**[13] (bzw. Morphinhydrochlorid, **Heroin Nr. 1**)[14].

Dieser wird meist durch Verkochen der Morphin-Base mit **Essigsäureanhydrid** (**EA**; chem. Bezeichnung: Acetanhydrid)[15] erreicht. EA wird hierbei meist im Verhältnis von 2:1 oder 4:1 der Morphin-Base zugesetzt[16]. Seltener werden für diesen Herstellungsschritt auch andere acetylierte Vorprodukte wie **Acetylchlorid** eingesetzt; das entsprechende Verfahren ist jedoch aufwendiger und teurer. 963

Das nach Acetylierung erhaltene Zwischenprodukt wird als Heroin-Base (**Heroin Nr. 2**) bezeichnet. 964

Zur Herstellung des bei uns gebräuchlichsten **Heroin Nr. 4** wird dem verkochten und erkalteten Sud anschließend Wasser hinzugegeben und die entstandene Flüssigkeit gefiltert, um die Reste der Morphin-Base zu entfernen. 965

Der Ausfällung des **Diacetylmorphins** (**Heroins**) dient sodann die Beigabe von **Natriumcarbonat** (Na_2CO_3, Soda) als weiterem wichtigen Reagens neben EA, bis sich das Diamorphin am Boden und am Rand des Kessels absetzt. Zur Trennung des Heroins vom Carbonat wird dieser Bodensatz mit heißem Wasser gelöst, durchgesiebt und schließlich getrocknet. Die Lösung der Heroin-Base kann auch mit Alkohol erfolgen, wobei in diesem Fall zur Ausfällung des Diamorphins **Salzsäure** und **Ether** verwendet werden. 966

Der letzte Produktionsschritt besteht im Hinzufügen von Salzsäure zur Salzbildung (**Heroin-HCl**, abgekürzt: **HHC**) und von Kalk[17] während des Trocknens. 967

2.1.2 Historische und gegenwärtige Situation

Bei **Papaver somniferum** dürfte es sich um eine bereits seit vorgeschichtlicher Zeit genutzte Pflanze handeln[18]. 968

---

[13] Zur Extraktion des Alkaloidgemisches bei der Cocain-Herstellung vgl. 3.1.1, Rdnr. 1412-1425.
[14] Zur Bezeichnung der Heroin-Arten näher 2.1.5, Rdnr. 1184-1195.
[15] Engl. acetic anhydride (CH_3CO-CO-CH_3), eine stechend nach Säure riechende, farblose Flüssigkeit; vgl. auch zum Geschichtlichen 2.1.2, Rdnr. 989. Zur Einordnung der erforderlichen Basischemikalien als Grundstoffe vgl. 2.1.3, Rdnr. 1096-1099.
[16] D.h. etwa 2 kg EA sind für die Herstellung von ca. 1 kg Heroin erforderlich. Zur Verarbeitung von Rohopium zu Heroin Nr. 4 vgl. auch 2.1.2, Rdnr. 1037.
[17] Zu weiteren Heroin-Zusätzen vgl. 2.1.5, Rdnr. 1193 und 1198 f. Vgl. auch zum Cocain-HCl 3.1.1, Rdnr. 1424 mit FN 15.
[18] Vgl. auch zur Geschichte des Cannabis 1.1.2, Rdnr. 45 f.

Schriftliche Zeugnisse von der Verwendung des Schlafmohns als Heilpflanze gibt es seit dem 4. Jahrtausend v.Chr. aus Sumerien und **Ägypten**. In der **chinesischen** Kräuterheilkunde wurde er zur Behandlung verschiedener Krankheiten wie Husten, Durchfall, Ruhr und allgemein als Schmerzmittel genutzt[19]. In **Mitteleuropa** scheint der Schlafmohn seit etwa dem 2. Jahrtausend v. Chr. in erster Linie seiner ölhaltigen **Samen** wegen angebaut worden zu sein.

969 Über Ägypten dürfte die Kenntnis von der **betäubenden** Wirkung des Schlafmohns bereits sehr früh nach **Griechenland** gelangt sein: Die Mohnkapsel taucht bereits in **minoischen** Darstellungen auf und die psychotrope Wirkung ihres Milchsaftes war Homer bekannt. Im antiken Griechenland war sie das Symbol des Schlafgottes Μορφεύς (von dessen Namen die Bezeichnung "**Morphium**" bzw. "Morphin" für den extrahierten Wirkstoff abgeleitet wurde) sowie des Todesgottes Thanatos.

970 Möglicherweise trug zu dieser Assoziation auch die **rote** Farbe der Mohnblume bei, da Rot in der griechischen Mythologie mit der Unterwelt und der Auferstehung in Verbindung gebracht wurde[20].

971 Der dickflüssige Milchsaft des Schlafmohns[21], der von Zypern aus exportiert wurde, wurde von Hippokrates empfohlen und diente in Epidauros zur Herbeiführung des **Heilschlafes** u.a. in Fällen von Hysterie und bei Magenkrämpfen[22]. Für seine damalige Bedeutung spricht, dass noch unsere Bezeichnung "Opium" sich von griech. ὀπός (dim. ὄπιον) = "Pflanzensaft" herleitet.

972 Im **antiken Rom** war Schlafmohn Bestandteil der Wundermedizin und des Gegengiftes "Theriak", das als opiumhaltiges Getränk aber auch Rauschzwecken diente.

973 In den **orientalischen** Ländern war zudem eine **Kombination** von Opium, Cannabis und Nachtschattengewächsen[23] verbreitet, der Gewürze hinzugesetzt wurden.

974 In Fortsetzung dieser antiken Tradition hatten Opium und seine Zubereitungen als **Schmerzmittel** auch in der **mittelalterlichen** europäischen Medizin ihren festen Platz. Weite Verbreitung fand insbesondere das "**Laudanum**" des Paracelsus (auch als "Arcanum" oder "Thebaicum" bezeichnet), eine bis ins 19. Jahrhundert hinein frei verkäufliche Lösung von Opium in Alkohol (**Opium-Tinktur**), teil-

---

[19] Auch die analgesierenden und narkotisierenden Eigenschaften vieler Nachtschattengewächse sind seit langem bekannt und wurden medizinisch genutzt, vgl. z.B. zum Stechapfel 1.2.2.2, Rdnr. 499 und 545 f., oder zum Bilsenkraut 1.2.2.2, Rdnr. 540.
[20] Vgl. hierzu auch die Geschichte des Mutterkorns 1.2.1.1.2, Rdnr. 278 f.
[21] Das Rohopium, vgl. 2.1.1, Rdnr. 954.
[22] Zu Spasmolytica auf Opium-Basis vgl. auch 2.1.3, Rdnr. 1080 f. (etwa Pantopon, Euponal).
[23] Zu entsprechenden Cannabis-Zubereitungen vgl. 1.1.1, Rdnr. 33 FN 8, sowie 1.1.2, Rdnr. 51.

2.1 Opium und Opiate

weise auch in Kombination mit Solanaceen-Alkaloiden[24], während unter "Meconium" qualitativ geringwertiges Opium verstanden wurde.

Früher wurden sowohl die jungen Pflanzen als auch die **Samen** bzw. das **Mohnsamenöl** als Mittel u.a. gegen Übelkeit, Erbrechen und Fieber genutzt. **Opium-Zubereitungen** wurden zudem nicht nur als **Analgetica**, sondern gegen die verschiedensten Krankheiten verschrieben, etwa als AM gegen Seuchen sowie u.a. bei Asthma und Durchfall. Als **Schlaf-** und **Hustenmittel** waren bis ins 19. Jahrhundert in Europa und auch Deutschland leichtere Opium-Zubereitungen im Handel wie die nach dem gleichnamigen Frankfurter Arzt benannten "Hoffmann's-Tropfen" mit 5 %igem Opium-Anteil[25]. Opium-Tinktur wurde zudem als **Antidepressivum** eingesetzt.   975

Vom 6. Jahrhundert n. Chr. an drang die Kenntnis um die Aufbereitung und Wirkung des Opiums von Arabien aus, den Wegen arabischer Eroberer und Händler folgend, unter dem Namen "afyun[26] über **Persien** und **Indien** nach **Ostasien** vor[27].   976

Während in der arabischen und der übrigen moslemischen Welt bis auf Persien und die Türkei, wo das **Opium-Essen** (Opiophagie) um 1500 in Gebrauch kam, Opium und seine Zubereitungen kaum eine Rolle spielten, gelangte es ab dem Mittelalter in **China** zu einiger Bedeutung, wo es zunächst ebenfalls gegessen wurde. Eine Zunahme des Missbrauchs ging ab 1644 mit dem Verbot des Tabak-Rauchens einher, an dessen Stelle es **geraucht** wurde, nachdem die Umwandlung des Rohopiums in **Rauchopium**[28] gelungen war. Bereits 1729 wurde erstmals der Versuch unternommen, das Opium-Rauchen und den Opium-Verkauf zu untersagen.   977

Entscheidend für die weite Verbreitung des **Opium-Missbrauchs** als Rauschdroge in der **chinesischen** Bevölkerung (im 19. Jahrhundert wurde mit etwa 100 Mio. Opium-Konsumenten in China gerechnet) waren jedoch erst die 2 "**Opium-Kriege**" 1840-42 und 1858, in denen die englische Regierung den chinesischen Kaiser zwang, den durch die British East Indian Company von **Indien** aus nach China organisierten Opium-Export nicht länger zu behindern.   978

Die Kronkolonie **Hong Kong** wurde als Opium-Umschlaghafen gegründet. Der Opium-Umsatz der British East Indian Company soll 1880 etwa 5.000 t/a betragen haben. Trotz späterer Einschränkungen dieses Handels erzielten europäische Kolonialregierungen noch bis 1950 einen Großteil ihrer Steuereinnahmen aus dem dortigen legalen Opium-Handel.   979

---

[24] U.a. mit Bilsenkraut, vgl. 1.2.2.2, Rdnr. 540. Zur Verwendung von Opium als Rauschdroge in „Hexensalben" vgl. ebenfalls 1.2.2.2, Rdnr. 538. Zur heutigen medizinischen Verwendung von Opium-Tinkturen vgl. 2.1.3, Rdnr. 1080.
[25] Zum Ethylether als weiterem Bestandteil vgl. 4.5.1, Rdnr. 2507.
[26] Diesen Namen trägt noch heute die türkische Stadt Afyon (oder Afyonkarahisar – Opiumschwarzburg), die inmitten eines ausgedehnten Schlafmohn-Anbaugebietes liegt; vgl. auch zur türkischen Opium-Produktion 2.1.2, Rdnr. 1006.
[27] Zur geographischen Ausbreitung des Schlafmohns vgl. auch 2.1.1, Rdnr. 949.
[28] Näher zum „Chandoo" 2.1.5, Rdnr. 1172-1176. Zum Opium-Essen vgl. 2.1.5, Rdnr. 1177.

980   Organisierte Kriminalität und Korruption ließen um die Wende vom 19. zum 20. Jahrhundert in China und dem damaligen Indochina zahllose "**Opium-Höhlen**" entstehen. Erst 1906 wurde der Mohnanbau eingeschränkt und der englische Opium-Import offiziell eingestellt. 1909 fand auf Veranlassung der USA die erste internationale **Antidrogenkonferenz** ("Konferenz zur Unterdrückung des Opium-Missbrauchs") in Shanghai statt, deren Beschlüsse jedoch kaum durchgeführt wurden.

981   Bei Machtübernahme der chinesischen Kommunisten 1949 gab es allein in **China** noch schätzungsweise 10-20 Mio. **Opium-Süchtige**[29]. Während in der Volksrepublik China die Mohnfelder, die einen erheblichen Teil der landwirtschaftlich nutzbaren Fläche eingenommen hatten, niedergebrannt und in einer dreijährigen Kampagne die Abhängigkeit u.a. durch Arbeitsdienst und rigorose Strafen ebenso wie der Opium-Handel mit Erfolg bekämpft wurden, gelang es Resten der im Chinesischen Bürgerkrieg 1949 geschlagenen **Kuomintang-Armee** und dem aus Shanghai geflohenen Syndikat der **Chin Chan** seit Beginn der 50er Jahre sich in anderen Staaten Südostasiens, insbesondere **Burma**, festzusetzen und die Kontrolle über die dortige illegale Opium-Produktion zumindest teilweise zu übernehmen. Diese chinesischen "**Opium-Barone**", die teilweise in Dschungelfestungen lebten, wurden seit Ende der 80er Jahre zunehmend durch neue Kräfte ersetzt, die die Kontrolle von Anbau und Vertrieb übernommen haben[30].

982   In **Mitteleuropa** wurde Opium als Rauschdroge im 19. Jahrhundert sowohl in Intellektuellenkreisen als auch von einem Teil der Arbeiterschaft in Frankreich und England konsumiert, der sich den teureren Alkohol nicht leisten konnte[31].

983   Als Mittel zur künstlerischen Inspiration scheint erstmals zu Beginn des 19. Jahrhunderts **Laudanum** in größerem Umfang von Dichtern der Romantik wie E.T.A. Hoffmann, Novalis und Edgar Allen Poe verwandt worden zu sein. Mitte des 19. Jahrhunderts gelangte sodann der "**Club des Haschischins**" in Paris[32] zu überregionaler Bekanntheit, dessen Mitglieder u.a. auch mit Opium ihren Erfahrungsbereich zu erweitern suchten.

984   1804 wurde in Deutschland von dem Apotheker Friedrich Wilhelm Sertürner das "**Morphium**" (i.e. die Morphin-Base)[33] als "schlafmachender" **Hauptwirkstoff** des Opiums isoliert. Ab 1828 wurde es von der Darmstädter Fa. Merck kommerziell als Medikament unter der Bezeichnung "**Merck's Morphine**" verwertet.

---

[29]   Weltweit wurde Mitte des 19. Jahrhunderts die Zahl der Opium-Konsumenten auf ca. 400 Mio. Menschen geschätzt; diese Schätzung dürfte heute erheblich geringer anzusetzen sein: der WHO zufolge war 1986 weltweit von 7,76 Mio. Opium-Konsumenten auszugehen. Zur Zahl der Heroinisten vgl. 2.1.2, Rdnr. 1044.
[30]   Vgl. zu Burma 2.1.2, Rdnr. 1002.
[31]   Zu einer entsprechenden Verwendung des Ethers vgl. 4.5.1, Rdnr. 2505.
[32]   Zum „Club des Haschischins" vgl. auch beim Cannabis 1.1.2, Rdnr. 55.
[33]   Zur Gewinnung der Morphin-Base vgl. 2.1.1, Rdnr. 957 und 962.

2.1 Opium und Opiate

Wesentlich für die genauere **Dosierbarkeit**[34] und damit Verbreitung war aber erst die um 1860 erfolgende Erfindung der **Injektionsspritze**. Hatte man bis dahin allerdings geglaubt, die Morphin-Abhängigkeit stelle sich nur bei oraler Aufnahme ein ("**Opium-Hunger**"), so musste man nunmehr feststellen, dass sie sich in sogar verstärktem Maße bei Injektion von Morphium ausbilden konnte.

985

Erstmals im großen Maßstab wurde Morphium im deutsch-französischen Krieg 1870/71 eingesetzt mit der Folge, dass viele Verwundete **morphin-abhängig** wurden und diese Gefahr auch einer breiteren Öffentlichkeit bewusst wurde.

986

1879 wurde die **suchtbildende** Eigenschaft des Morphins von Louis Lewin nachgewiesen[35].

Codein, der Monomethylether des Morphins, wurde 1832 aus dem Opium isoliert[36] und ist nach wie vor wesentlicher Bestandteil vor allem zahlreicher **Hustenmittel**[37].

987

Bei dem Versuch, aus dem stark atemdepressiven und abhängigkeitserzeugenden Morphium ein analgetisch wirksames AM ohne Suchtpotential zu entwickeln[38], stieß C.R.A. Wright 1874 bei der Molekularanalyse des Morphins auf das auch als **Diamorphin** bezeichnete 3,6-Diacetylmorphin[39].

988

1897 wurde es in Deutschland von den bei der Fa. Bayer beschäftigten Pharmakologen Dr. Felix Hoffmann und Dr. Heinrich Dreser in größerem Maßstab durch Kochen von Morphin mit Essigsäureanhydrid gewonnen[40] und ab 1898 von der Fa. Bayer im Hinblick auf die hohe Wirksamkeit unter dem Handelsnamen "**Heroin**" (abgeleitet von griech. ἥρως- Held) auf den Markt gebracht. In der Folgezeit wurde Heroin in erheblichem Umfang zunächst als **Entzugsmittel**[41] zur Bekämpfung der Morphin-Abhängigkeit und später vor allem als ungiftiges und "nicht süchtig" machendes[42] **Analgeticum** und Sedativum zur symptomatischen Behand-

989

---

[34] Zur Dosierung der Wirkstoffzufuhr mittels Verwendung von Salben vgl. bei den „Hexensalben" 1.2.2.2, Rdnr. 539.
[35] Zum damaligen Aufkommen u.a. cannabis-haltiger Schlafmittel anstelle des Morphins vgl. 1.1.2, Rdnr. 57 f. Zur Entwicklung des morphin-artigen L-Methadon im 2. Weltkrieg vgl. 4.4.5, Rdnr. 2419.
[36] Zu diesem Opium-Alkaloid näher 2.1.3, Rdnr. 1068 und 1075 f.
[37] Zu den codein-haltigen Ausweichmitteln vgl. 4.4.2.1, Rdnr. 2272-2305.
[38] Zur Verbindung analgetischer, euphorisierender und abhängigkeitserzeugender Eigenschaften vgl. z.B. 2.1.3, Rdnr. 1077.
[39] Zum Diacetylmorphin näher 2.1.3, Rdnr. 1073 f.
[40] Zur Gewinnung des Diacetylmorphins vgl. 2.1.1, Rdnr. 962-967.
[41] Zur damaligen Verwendung von Cocain im Rahmen des Morphin-Entzuges vgl. 3.1.2, Rdnr. 1440.
[42] Zur ständigen Suche nach „nicht süchtig machenden" Opioiden vgl. etwa beim Tilidin 4.4.1, Rdnr. 2263. Da Heroin damals in Dosen von 5-6 mg oral eingenommen und

lung von Atemwegserkrankungen (insbesondere als **Hustenmittel**), aber u.a. auch als **Antidepressivum**, in Form u.a. von Tabletten und Pulver vertrieben.

990 Obwohl sein gegenüber Morphium erhöhtes **Abhängigkeitspotential** erstmals 1904 er-
§ kannt wurde und es ab 1910 in den USA zu Fällen von **Heroinismus** ("Amerikanische Krankheit") infolge der weiten Verbreitung von Heroin als Husten- und Schmerzmittel kam, erfolgte erst aufgrund einer Verpflichtung des Versailler Friedensvertrages 1920 eine Ratifizierung des **Ersten Internationalen Opiumabkommens** vom 23.1.1912 (Haager Abkommen) durch die deutsche Reichsregierung. Mit dem ersten deutschen **OpiumG** vom 30.12.1920 wurde Heroin zum verschreibungspflichtigen Btm. Da dieses Gesetz unklare und mangelhafte Vorschriften enthielt, wurde es in der Fassung von 1924 zum neuen "Gesetz über den Verkehr mit Betäubungsmitteln" ausgestaltet. Grundlage für die weitere Gesetzgebung wurde die am 19.2.1925 vom Völkerbund in Genf beschlossene **Limitation Convention** (Internationales Abkommen/Genfer Abkommen), in der eine einschränkende Regelung der Heroin-Verwendung vereinbart und die von Deutschland ratifiziert worden war. Deren Umsetzung in innerstaatliches Recht erfolgte schließlich mit dem am 1.1.1930 in Kraft getretenen **OpiumG 1929** ("Gesetz über den Verkehr mit Betäubungsmitteln"), das bis zum Inkrafttreten des BtMG 1972 gültig blieb[43].

991 Nachdem es als Hustenmittel durch **Codein** ersetzt worden war, kam der Heroin-Vertrieb seitens der Fa. Bayer und anderer Produzenten 1931 fast gänzlich zum Erliegen. In **Deutschland** ist Heroin als FAM seit 1958 nicht mehr erhältlich, während es u.a. in **England** z.Zt. noch bei Krebspatienten im Endstadium zur Erleichterung des Sterbens[44] oder im Rahmen von Drogenentwöhnungstherapien[45] verabreicht wird.

992 Parallel zum Rückgang der legalen Heroin-Herstellung wurden Produktion und Handel von **kriminellen** Gruppen aufgebaut, insbesondere nachdem Heroin 1924 in den USA verboten worden war.

993 Während des **2. Weltkrieges** übernahm die **Mafia** in den USA den Vertrieb des (angeblich z.T. sogar aus deutscher Produktion stammenden) Heroins. Dies erfolgte wahrscheinlich mit stillschweigender Einwilligung der Behörden; Gegenleistung soll die Einwirkung der Gangster auf streikgeneigte amerikanische Hafenarbeitergewerkschaften gewesen sein.

994 Ähnliche Folgen hatte die Zusammenarbeit der CIA mit den Opium anbauenden **Meo**-Bergstämmen in **Nord-Thailand** während des **Vietnam-Krieges**, da diese (neben anderen Produzenten) über die Chin Chan-Syndikate[46], aber auch über südvietnamesische Mittelsmänner, die **amerikanischen Soldaten** in Vietnam mit Heroin belieferten: Nach vorsichti-

---

nicht injiziert wurde, kam es allenfalls zu einer milden Euphorie und blieben Suchtsymptome zunächst weitgehend aus. Vgl. auch 2.1.3, Rdnr. 1082.

[43] Zur Einbeziehung des Drogenhanfs in das OpiumG 1929 vgl. 1.1.2, Rdnr. 60, zur Einbeziehung der Cocablätter vgl. 3.1.2, Rdnr. 1444.

[44] Zum Drogeneinsatz im Rahmen der Sterbehilfe vgl. auch beim LSD-25 1.2.1.1.4, Rdnr. 354.

[45] Zur kontrollierten Heroin-Abgabe an Schwerstabhängige vgl. 2.1.7, Rdnr. 1318 und 1335-1340.

[46] Zu den Chin Chan vgl. 2.1.2, Rdn. 981; zu den Meo vgl. 2.1.2, Rdnr. 1002.

2.1 Opium und Opiate

gen Schätzungen wurde etwa jeder 10. von ihnen süchtig, wenn auch überwiegend nicht hochgradig[47].

Ab 1968 tauchte über in der **Bundesrepublik** stationierte US-Soldaten Heroin erstmals auch hier auf, wobei ein Großteil des sowohl für den nordamerikanischen als auch den europäischen Raum aus türkischem Opium produzierten Heroins aus den illegalen Labs der sog. "**French Connection**" im Raume Marseille stammte, bis diese 1972 zerschlagen werden konnte. 995

Hierbei zeigte sich erstmals die Wirksamkeit des "Gesetzes der kommunizierenden Märkte" auch in diesem merkantilen Bereich: Waren in einem Land Erfolge bei der **Heroin-Bekämpfung** zu verzeichnen, grassierte das Problem in einem anderen bzw. wurden in einem anderen neue Produktionsstätten eingerichtet[48]. Voraussetzung ist hierbei jeweils, dass die potentielle Kundschaft genügend zahlungskräftig ist, um den Investitionsaufwand zur Schaffung des **neuen Absatzmarktes** und der neuen Infrastruktur zu lohnen[49]. Dies scheint inzwischen nicht mehr allein bei den zentraleuropäischen und nordamerikanischen Ländern, sondern neben Osteuropa auch in den sog. **Schwellenländern** und einigen Staaten der sog. **Dritten Welt** der Fall zu sein. 996

So wurde auch nach dem Ausfall von Marseille Mitte der 70er Jahre Palermo auf **Sizilien** der neue Umschlagplatz für überwiegend aus Afghanistan, Pakistan und dem Iran stammendes, hauptsächlich für die USA bestimmtes Rohopium, das in sizilianischen Labors zu Heroin weiterverarbeitet wurde[50]. 997

Auch die auf Betreiben des damaligen Präsidenten Richard Nixon 1972 erfolgte Einschränkung des Schlafmohnanbaus in der **Türkei**[51] blieb längerfristig ohne Erfolg, da **mexikanische** Händler die entstandene Marktlücke nutzten und den nordamerikanischen Markt in den 70er Jahren mit Heroin versorgten, das aus in Kolumbien und Mexiko angelegten Schlafmohnfeldern gewonnen wurde. 998

Mit Unterstützung der US-Regierung wurden Ende der 70er Jahre vor allem die in Mexiko gelegenen Anbauflächen zwar weitgehend mit Herbiziden zerstört[52], Mitte der 80er Jahre häuften sich jedoch wieder Berichte, dass im Zeichen erheblicher wirtschaftlicher Schwierigkeiten **Mexikos** der Anbau von Schlafmohn wieder aufgenommen wurde. Neben einer Zunahme der Coca-Plantagen wurden ebenfalls die Mohnanbauflächen in **Kolumbien** ausgeweitet bis auf ca. 20.000 Hektar Mitte der 90er Jahre. 999

---

[47] Zu deren „Herauswachsen aus der Sucht" vgl. 2.1.7, Rdnr. 1359.
[48] Zum jetzigen Heroin-Problem in südostasiatischen Ländern vgl. 2.1.2, Rdnr. 1042 f.
[49] Zu ökonomischen Überlegungen zur Heroin-Freigabe vgl. 2.1.7, Rdnr. 1340 und 1343.
[50] Zur „Sicilian Connection" vgl. auch 2.1.2, Rdnr. 1016. Daneben existieren auch lokale Märkte, die sich wie zeitweise in Polen (vgl. 2.1.1, Rdnr. 952), aus eigener Produktion versorgen und zusätzlich exportieren.
[51] Zum Schlafmohnanbau in der Türkei vgl. auch 2.1.2, Rdnr. 1008.
[52] Mit dem Erfolg, dass stattdessen der Cocain-Export in die USA sprunghaft gesteigert wurde, vgl. 3.1.2, Rdnr. 1471, sowie 1.1.2, Rdnr. 64. Zum Herbizideinsatz gegen Coca-Plantagen vgl. 3.1.2, Rdnr. 1455.

1000 Nach dem endgültigen Abzug der amerikanischen Truppen aus Saigon im Mai 1975 mussten ebenfalls für das im sog. **"Goldenen Dreieck"** aufgebaute Produktionspotential **neue Absatzmärkte** erschlossen werden, die u.a. in **Mitteleuropa** gefunden wurden.

1001 Das **"Goldenes Dreieck"** genannte Gebiet umfasst das Hochland[53] im Nordosten Myanmars (Burma/Birma), den Westen von Laos und den Nordwesten Thailands mit einer Fläche von fast 400.000 qkm, wobei allerdings das Fortbestehen von Anbauflächen in Laos nach der kommunistischen Machtübernahme 1975 teils infrage gestellt wurde, während teils behauptet wurde, die Opium-Produktion würde dort aus Devisengründen sogar staatlich gefördert[54].

1002 Neben den erwähnten **Meo**[55] haben in diesem Gebiet die **Akha, Karen** und **Yao**, insbesondere aber die **Shan** in **Myanmar** ihre Existenzgrundlage in der Opium-Produktion, insgesamt etwa 1 Mio. Menschen. Die Shan-Völker im Nordosten des Landes finanzierten hierdurch außerdem ihren Unabhängigkeitskampf gegen die Zentralregierung in Rangun[56]. Die Opium-Produktion in diesem Gebiet wurde bis Ende der 80er Jahre ganz überwiegend von Privatarmeen verschiedener, 1949 nach Burma ausgewichener, **exilchinesischer** Syndikate kontrolliert[57], die oft wie Kapitalkonsortien strukturiert waren und sich dem staatlichen Zugriff entzogen. Nach Vereinbarung eines Waffenstillstandes zwischen kommunistischen Untergrundkämpfern und der Regierung in Rangun wurden die chinesischen **"Drogenbarone"** jedoch in der Folgezeit zunehmend durch frühere kommunistische KP-Funktionäre vertrieben, denen im Gegenzug seitens der Regierung Freiheit bei der Opium-Produktion eingeräumt worden war. Nachdem die us-amerikanische Regierung ab Sommer 1988 die finanzielle Unterstützung der Drogenabwehrprogramme in Myanmar und Laos aus politischen Gründen bzw. Ineffizienz eingestellt hat, findet gegenwärtig nur noch in **Thailand**, wo seit 1959 der Schlafmohnanbau staatlich untersagt ist, eine koordinierte Bekämpfung von Drogenanbau und -schmuggel statt.

1003 Die Weiterverarbeitung des gleichwohl in **Thailand** produzierten Rohopiums bzw. der Morphin-Base erfolgt teils in Fabriken entlang der thailändisch-chinesischen Grenze, teils in und um Bangkok selbst. Neben Bangkok wurde auch von Kuala Lumpur in **Malaysia** aus der Heroin-Export organisiert[58], sowie zunehmend über Phnom Penh/**Kambodscha**.

---

[53] Zum Anbaubereich des Schlafmohns vgl. 2.1.1, Rdnr. 949.
[54] Vgl. auch zum Einfluss der südamerikanischen Cocain-Kartelle 3.1.2, Rdnr. 1466-1469.
[55] Vgl. zum Vietnam-Krieg 2.1.2, Rdnr. 994.
[56] Vgl. auch zur Heroin-Produktion Afghanistans nach der sowjetischen Invasion 2.1.2, Rdnr. 1020, und zur südamerikanischen „Narko-Guerilla" 3.1.2, Rdnr. 1458.
[57] Vgl. hierzu auch 2.1.2, Rdnr. 981 und 1034-1038. Seit 1984 bis Ende 1995 wurde das Anbaugebiet entlang der chinesischen Grenze und die Heroin-Produktion von der Muang Thai Army des Khun Sa als Nachfolgerin der Kuomintang-Armee beherrscht. Seitdem werden die Geschäfte von einem Drogensyndikat unter Leitung des neuen „Drogenbarons" Wei Hueh-kang fortgeführt, nachdem Khun Sa sich 1996 mit der Militärjunta arrangiert hat. Mit der Amfetamin-Herstellung soll sich Wei seitdem einen weiteren Markt in Südostasien erschlossen haben, vgl. 3.2.4.2, Rdnr. 1816.
[58] Zu der in mehreren südostasiatischen Ländern seit Mitte der 1980er Jahre zunehmenden eigenen Heroin-Produktion vgl. 2.1.2, Rdnr. 1042 f.

2.1 Opium und Opiate

Außerdem erschienen (zunächst als "Peking Ente" dementierte) Berichte, wonach sich auch in den Provinzen **Yünnan** und **Guangxi**, an der Grenze zum "Goldenen Dreieck", chinesische Heroin-Labors befinden. Inzwischen wird die Existenz von Transitstrecken für Heroin aus Myanmar und eine (wieder) in Yünnan und den nördlichen Nachbarprovinzen um sich greifende Heroin-Abhängigkeit seitens der **chinesischen** Regierung nicht mehr bestritten.

Die verstärkte Zufuhr **südostasiatischen** Heroins ab 1975 machte sich auch auf dem illegalen Drogenmarkt der Bundesrepublik bald bemerkbar, indem **Heroin Nr. 3** (bekannt wurden in dieser Zeit die "**Hong-Kong-Rocks**")[59] immer erschwinglicher wurde, während gleichzeitig eine, möglicherweise gesteuerte, **Verknappung** von **Haschisch** eintrat[60]. 1004

Die Einfuhr erfolgte über die internationalen **europäischen Großflughäfen**, die Verteilung lag insoweit fast ausschließlich in der Hand der in **Amsterdam** ansässigen "**Triaden**" ("**Singapur-Gruppe**"). 1005

Hierbei handelte es sich um Geheimgesellschaften, die im 17. Jahrhundert in **China** entstanden sind und nunmehr als straff organisierte kriminelle Vereinigungen von Singapur[61] und Hong Kong aus gelenkt werden. Die niederländischen Behörden reagierten seinerzeit hierauf mit der Abschiebung von etwa 1.800 illegal eingewanderten Chinesen.

Anfang 1977 zeigte die intensive Bekämpfung des Heroin-Schmuggels über die Großflughäfen einen (zeitweiligen) Erfolg: Die Einfuhr oder Durchfuhr südostasiatischen Heroins nach Europa ging zurück und es entstand eine **Marktlücke**. 1006

Seit 1978 wurden die fernöstlichen Importe daher zu einem Großteil durch das schwerer herzustellende, aber qualitativ höherwertige **Heroin Nr. 4**[62] verdrängt, das bis Ende der 80er Jahre überwiegend aus der **Türkei** sowie dem **Nahen** und **Mittleren Osten** kam. 1007

Das erwähnte, auf Betreiben der USA 1972 erlassene Verbot des Schlafmohnanbaus[63] war 1974 von der türkischen Regierung angesichts der wirtschaftlichen Schwierigkeiten im Gebiet von **Afyon**[64], das das ertragreichste und qualitativ beste Opium lieferte, wieder aufgehoben worden. Seitdem wird wie seit ca. 2 Jahrtausenden auch offiziell wieder Schlafmohn in dem anatolischen Hinterlandstreifen angebaut, der sich parallel zur Mittelmeer- 1008

---

[59] Zum Heroin Nr. 3 näher 2.1.5, Rdnr. 1191-1193. Vergleichbar hiermit scheint gegenwärtig auf Teilmärkten bei uns eine gesteuerte Heroin-Verknappung zu erfolgen, um den „Crack"-Absatz zu fördern, vgl. 3.1.4, Rdnr. 1637.
[60] Zur Stagnation des Haschisch-Verbrauchs vgl. 1.1.2, Rdnr. 68.
[61] Singapur selbst gab zu Beginn der 90er Jahre seine Rolle als Drehscheibe des internationalen Heroin-Handels an andere südostasiatische Staaten ab; vgl. aber auch 2.1.2, Rdnr. 1029.
[62] Zum Heroin Nr. 4 und zum „Türken-Heroin" näher 2.1.5, Rdnr. 1194-1199.
[63] Vgl. hierzu 2.1.2, Rdnr. 998.
[64] Zum Namen „Afyon" vgl. 2.1.2, Rdnr. 976 FN 26.

küste erstreckt, allerdings nunmehr weitgehend unter staatlicher Kontrolle und Untersagung des Anritzens der Mohnkapsel⁶⁵.

1009 Nimmt man den **Libanon**⁶⁶ hinzu, beginnt hier der u.a. für die Versorgung des deutschen Marktes wichtige Streifen von Anbaugebieten u.a. am Fuße des Hindukusch-Gebirges⁶⁷, der über den **Iran**, **Afghanistan** und **Pakistan** (häufig als "fruchtbarer" bzw. "**Goldener Halbmond**" bezeichnet) bis zum Gebiet des "Goldenen Dreiecks" reicht.

1010 Ende der 1970er Jahre wurden in der Bundesrepublik verstärkt Maßnahmen zur Eindämmung der damals so bezeichneten "**Heroin-Welle**" diskutiert.

1979 betrug der **Heroin-Umsatz** in der BRD noch ca. 730 Mio. DM 1980/81 lag der geschätzte Jahresverbrauch von etwa 50.000 bis 150.000 Heroin-Konsumenten, hiervon ca. 60.000 Abhängigen, bei 10-30 t Heroin Nr. 4 jährlich. Bei Zugrundelegung durchschnittlicher Endverbrauchspreise in diesen Jahren repräsentierte diese Heroin-Menge einen geschätzten Wert zwischen 2 und 8 Mrd. DM⁶⁸. Sichergestellt werden konnten hiervon damals wie heute nur ca. 5 %⁶⁹.

1011 Diesen Markt teilten sich etwa ab 1978 bis Ende der 80er Jahre hauptsächlich **türkische** Großhändler, während auf dem europäischen Markt außerhalb Deutschlands nach wie vor u.a. **Chinesen** wichtige Händlerfunktionen innehaben.

1012 Die türkischen Händler schlossen sich meist zu einem Pool zusammen, um **Großtransporte** von bis zu 100 kg hochreinen Heroins zu finanzieren und gleichzeitig damit auch das Risiko eines Verlustes unter sich zu teilen; bei Unregelmäßigkeiten in der Abwicklung kam es z.T. zu Femegerichtsverfahren.

1013 Auf einer mittleren Verteilerebene fanden sich ab Beginn der 80er Jahre zunächst Israelis und Araber, während der **Klein-** und **Straßenhandel** durch meist selbst drogenabhängige deutsche, aber auch junge türkische, und ab etwa 1985 zunehmend u.a. durch jugoslawische (serbische) und schwarzafrikanische "**pusher**", u.a. Asylbewerber aus Senegal, Ghana und Gambia, abgewickelt wurde, die jeweils das größte Risiko eines Entdecktwerdens trugen und seitens der Organisatoren des Kleinhandels jeweils für mehrere Monate zu diesem

---

⁶⁵ Vgl. zum Mohnstroh 2.1.1, Rdnr. 945 und 959.
⁶⁶ Wo ab etwa 1983 neben dem traditionellen Cannabis-Anbau (vgl. 1.1.2, Rdnr. 77) in der Bekaa-Ebene unter der Kontrolle der Hisbollah-("Partei Gottes"-)Verbände und der syrischen Armee auf etwa 1.800 Hektar zusätzlich Schlafmohn angebaut und ca. 600 t Opium jährlich zu Heroin-Pulver raffiniert wird.
⁶⁷ Zum Verbreitungsgebiet des Schlafmohns vgl. auch 2.1.1, Rdnr. 949.
⁶⁸ Die ganz erheblich divergierenden Zahlen verdeutlichen die Schwierigkeit, in diesem Bereich zu einigermaßen verlässlichen Daten zu gelangen, können aber als Anhaltspunkt zur Einschätzung der volkswirtschaftlichen Bedeutung dienen (zum Vergleich: Der jährliche Kosmetikaumsatz in der BRD in dieser Zeit wurde auf etwa 11 Mrd. DM geschätzt). Zu entsprechenden Schätzungen bei Cannabis vgl. 1.1.2, Rdnr. 69, beim Cocain 3.1.2, Rdnr. 1471; vgl. auch 2.1.2, Rdnr. 1040.
⁶⁹ Zu den Sicherstellungszahlen vgl. 2.1.2, Rdnr. 1049.

2.1 Opium und Opiate

Zweck nach Deutschland gebracht wurden. Die Schwarzafrikaner gingen dazu über, meist nur 1 oder 2 "**Heroin-Bömbchen**" mit jeweils 0,2-0,8 g Heroin-Zubereitung bei sich zu haben, die im Mund aufbewahrt und bei einem polizeilichen Zugriff verschluckt werden konnten[70]. Sie wurden in den 90er Jahren teilweise u.a. durch marokkanische Kleindealer abgelöst[71].

Hierbei zeigten insbesondere türkische Jugendliche der sog. "2. und 3. Generation" teilweise ein Kleindealer- und Konsumentenverhalten, das denen ihrer deutschen Altersgenossen glich, wenn sie den hergebrachten türkischen Familienverband verließen. **1014**

Bekannt wurde in diesem Zusammenhang ab Ende der 70er Jahre die Transitstrecke für Gastarbeiter von der Türkei über Bulgarien und Jugoslawien in die Bundesrepublik, über die in Pkw's verstecktes "Material" in Mengen bis zu 1 kg eingeführt wurde ("**Ameisenverkehr**"). Auch noch Anfang der 90er Jahre hatte diese "**Balkanroute**" für die Versorgung des deutschen Heroin-Marktes eine, wenn auch wechselnde, Bedeutung, bis die Strecke durch Jugoslawien im Zuge des Krieges ab Sommer 1991 jedenfalls zeitweilig unpassierbar wurde. **1015**

Bereits zuvor liefen nach zeitweiser Verschärfung der Grenzkontrollen auf dieser Strecke zusätzliche Transportrouten teils wieder über die europäischen Großflughäfen[72], teils unter Einbeziehung der Seewege zunehmend über **Griechenland** und **Italien**, wobei letztere von der sizilianischen Mafia bzw. ihrem nordamerikanischen Ableger[73] kontrolliert wurden ("**Sicilian Connection**")[74]. In Sizilien und Neapel wurden, vornehmlich für den US-Markt bestimmte, Heroin-Produktionsstätten aufgebaut. Nach Erfolgen der Strafverfolgungsbehörden in den USA und Italien kam ab 1985 auch das für die USA bestimmte Heroin zu einem großen Teil aus Südwestasien auf dem Luftwege; gleichwohl dürfte die Mafia am weltweiten Vertrieb weiterhin maßgeblich beteiligt sein. **1016**

Immer wieder gab und gibt es hierbei Hinweise auf die Verknüpfung des Heroin-Marktes mit dem internationalen Waffenhandel und Beschaffungsmaßnahmen politisch motivierter Gewalttäter[75], wobei direkte Kompensationsgeschäfte Waffen gegen Btm vorkommen, aber seltener sind. Vorwiegend werden die Erlöse aus dem Drogenhandel ("**Narco-Dollars**"), die gegebenenfalls zuvor etwa über eine Offshore-Bank oder eine legale Holding-Firma "gewaschen" worden sind, für Waffenkäufe verwendet. Dies scheint mit ein Grund dafür zu sein, dass eine Überwachung, geschweige denn eine wirksame Bekämpfung, durch die Strafverfolgungsbehörden der betroffenen Länder kaum möglich erscheint und ohne übergreifende Kooperation nur regional zuweilen Erfolge aufweist[76]. **1017**

---

[70] Zum Heroin-Schmuggel durch „Schlucker" vgl. 2.1.2, Rdnr. 1047. Zur Vergiftungsgefahr vgl. beim Cocain 3.1.7, Rdnr. 1672.
[71] Zu den sog. „Frontdealern" vgl. auch 2.1.5, Rdnr. 1214-1217.
[72] Hierzu näher 2.1.2, Rdnr. 1047.
[73] Zur amerikanischen Mafia vgl. auch 2.1.2, Rdnr. 993.
[74] Zur Versorgung des US-Marktes in den 1970er Jahren vgl. 2.1.2, Rdnr. 995-999, zur Verquickung mit dem Cocain-Handel vgl. 3.1.2, Rdnr. 1465.
[75] Vgl. hierzu 2.1.2, Rdnr. 981, 994, 1002, 1009 FN 66 und 1020.
[76] Zur „Dritten Dimension" der Drogenbekämpfung vgl. 2.1.2, Rdnr. 1040.

1018 Der "**Konjunktureinbruch**" in der Bundesrepublik um die Jahreswende 1981/ 82, der u.a. durch einen erheblichen Rückgang der sichergestellten Heroin-Mengen signalisiert wurde[77], ging dementsprechend wohl auch weniger auf Fahndungs- bzw. Therapieerfolge, Aufklärungsarbeit, Erntevernichtungsmaßnahmen oder von der UN geförderte alternative Anbauprogramme (Substitutionsprogramme) in den Produktionsgebieten zurück. Vielmehr scheinen hier wie auch in der Folgezeit **Faktoren** wirksam geworden zu sein, die **außerhalb** des Einflussbereiches nationaler wie internationaler Institutionen liegen[78].

1019 So scheint im Frühjahr 1979 nach dem Sturz des Schah die **iranische** Produktion jedenfalls vorübergehend stark zurückgegangen zu sein. Trotz des offiziellen Verbotes und Todesurteilen gegen Drogenhändler in der Folgezeit erholte sie sich jedoch wieder und wurde bereits 1984/85 auf etwa 400-600 t/a geschätzt; kleinere Anteile Heroin Nr. 4 iranischer Provinienz gelangten auch bei uns auf dem Markt. Gleichzeitig entwickelte sich der Iran zum Transitland für afghanisches Heroin. Neben dem traditionellen Opium-Rauchen etablierte sich ein Markt für einheimische Heroin-Konsumenten: Ende der 1990er Jahre wurde in der Islamischen Republik Iran mit etwa 1,25 Mio Opium- bzw. Heroin-Konsumenten gerechnet.

1020 Gleiches gilt für die Produktion im **afghanisch/pakistanischen** Grenzgebiet, die Ende der 1970er Jahre auf ca. 600 t/a geschätzt wurde und im Zuge der sowjetischen Invasion Afghanistans im Dezember 1979 zunächst weitgehend zum Erliegen kam. Seit Anfang 1983 mehrten sich die Hinweise auf ein Wiederaufleben des vor allem seitens der pathanischen Widerstandskämpfer (Mudjaheddin) betriebenen Opium-Anbaus entlang der Grenze zu Pakistan, wo auch derzeit seitens der dortigen "Drogenbarone" die lukrative Verarbeitung erfolgt: Wurde die Produktion 1984 noch auf ca. 160 t Rohopium geschätzt, so wurde sie für 1986 bereits von der DEA wieder mit ca. 600 t angegeben und 1992 auf ca. 2.000 t/a, 1995 auf ca. 2.400 t/a sowie 1999 auf ca. 4.500 bis 4.600 t/a auf einer Fläche von nunmehr etwa 91.000 ha (2000 ca. 82.000 ha) geschätzt, was eines der größten Anbaugebiete der Welt beinhaltete. Diese Entwicklung deutete darauf hin, dass nach dem Abzug der sowjetischen Truppen Anfang 1989 die in Pakistan erworbenen Kenntnisse der Heroin-Herstellung von den nach Afghanistan zurückkehrenden Flüchtlingen zum Aufbau einer eigenen Heroin-Produktion verwandt wurden, neben der Weiterverarbeitung des afghanischen Opiums in "Labs" in Pakistan und Indien. Ab Mitte der 1990er Jahre wurde die Produktion "weißen" Heroins hoher Reinheit von den islamistischen **Taliban-Milizen** zur Finanzierung von Waffenkäufen weitergeführt (während der Hanfanbau untersagt wurde), wobei die Ausfuhr u.a. über die schwer zu kontrollierenden Grenzen in Tadschikistan und Usbekistan durch **Zentralasien** nach Europa erfolgte[79]. Nach einer Verringerung der Anbaufläche in Afghanistan im Sommer 2001 und einem Zurückgang der Opium-Produktion auf nur noch ca. 170 t, erfolgte ab September 2001 angesichts der bevorstehenden amerikanischen Angriffe eine Wiederaufnahme des Mohnanbaus. Dieser wird offenbar, begünstigt durch eine schwache staatliche Zentralgewalt, nach dem Ende der Taliban-Herrschaft im Dezember

---

[77] 1980: 267 kg, 1981: 93 Kg; entsprechend in Europa: 1980: 1.296 kg, 1981: 884 kg; vgl. 2.1.2, Rdnr. 1049.
[78] Zu langfristigen Änderungen im Konsumverhalten vgl. 2.1.2, Rdnr. 1028, sowie beim LSD-25 1.2.1.1.2, Rdnr. 297. Zum meist eher marginalen Einfluss der jeweiligen staatlichen „Drogenpolitik" vgl. auch 2.1.2, Rdnr. 1051, und 2.1.7, Rdnr. 1344.
[79] Näher zu den Transportwegen durch Zentralasien 2.1.2, Rdnr. 1024.

2.1 Opium und Opiate

2001 fortgeführt: Für 2002 rechnet die UNDCP wieder mit einer Anbaufläche von 45.000-65.000 ha und einen Ertrag von 1.900-2.700 t Rohopium.

Bereits Anfang bis Mitte der 1990er Jahre stammten etwa 1/3 des weltweit verbrauchten Heroins aus dem "**Goldenen Halbmond**"; dieser Anteil erhöhte sich zu Beginn des 21. Jahrhunderts auf etwa 3/4. Dem entsprechend stammten Mitte der 90er Jahre etwa 80 % des in Westeuropa einschließlich Deutschland konsumierten Heroins aus dieser Region und Ende der 90er Jahre etwa 90 %.

Pakistan seinerseits, dessen Opium-Produktion 1979 noch mit ca. 800 t angesetzt worden war, soll nach einem Rückgang der Produktion 1984 auf ca. 50 t 1986 mit ca. 145 t und 1992 mit ca. 180 t wieder am Markt teilhaben. Der Drogen- und Waffenschmuggel wird hier von den im Nordwesten des Landes, an der Grenze zu Afghanistan lebenden Pathanen kontrolliert; in Paschtunistan, in der Nähe des **Khyber-Passes**, liegen auch die Heroin-Raffinerien. Von hier aus gelangt ein Teil des Heroins über den Iran und die Türkei nach Westeuropa. **1021**

Eine unmittelbare Auswirkung auf die Versorgung des deutschen Heroin-Marktes dürfte auch der Militärputsch in der **Türkei** im Sommer 1980 gehabt haben, durch den zumindest zeitweilig Transportmöglichkeiten der türkischen Händlergruppen und ihre Einflussmöglichkeit mittels Korruption weitgehend unterbunden wurden, bis neue Verbindungen geknüpft waren und ab 1984 ein erneuter Anstieg des "Direktimportes" über die "Balkanroute" erfolgte[80]. **1022**

Evident war hierbei bis in die Mitte der 1990er Jahre, dass der Heroin-Absatz vor allem in Ländern mit guter Finanz- und Wirtschaftslage erfolgte, so dass sich andererseits konjunkturelle Schwankungen wie z.B. im Zuge von Ölpreiserhöhungen in diesen Ländern auch auf diesem Teilmarkt bemerkbar machten[81], wenn auch in abgeschwächter Form, da der Abnehmerkreis relativ stabil ist. Im Zuge der sich ausweitenden Opium-Produktion scheinen jedoch neben den etablierten Märkten Absatzgebiete in Ländern der **ehemaligen Sowjetunion** ebenso wie in **Südostasien** erschlossen worden zu sein, in denen ein Absatz trotz niedriger Preise aufgrund der verfügbaren Mengen gewinnbringend ist. So wies etwa der sich in Russland etablierende Absatzmarkt für Heroin sprunghafte Steigerungsraten auf. **1023**

Bis zur Auflösung der Sowjetunion existierten zwar in den **mittelasiatischen** Teilrepubliken Schlafmohnfelder, jedoch in erster Linie für die Pharmaindustrie; ein Anbau zur Opium- bzw. Heroin-Produktion erreichte erst Ende der 1980er Jahre erwähnenswerte Ausmaße. Dies hat sich seit dem Untergang der UdSSR im Dezember 1991 erheblich geändert: In den **südlichen GUS-Staaten** wurden u.a. im gebirgigen **Kasachstan** und **Turkmenistan**, aber auch in **Tadschikistan** bis zur russischen Intervention im Dezember 1994 neue Gebiete für den Schlafmohnanbau erschlossen. Zugleich haben sich, begünstigt durch den Zerfall ehemals zentral gelenkter Sicherheitsbehörden, neue Transportrouten für die Versorgung des west- und osteuropäischen Heroin-Marktes ergeben: Opium und vor allem Heroin vorwiegend afghanisch/pakistanischer Herkunft wird auf der alten "**Seidenroute**" über Turk- **1024**

---

[80] Zum türkischen Opium-Anbau und Heroin-Export vgl. auch 2.1.2, Rdnr. 1008 und 1011-1015.
[81] Vgl. hierzu auch 2.1.2, Rdnr. 996.

menistan, Usbekistan, Tadschikistan, Kirgisien (Kirgistan) und Kasachstan mit Lastwagen schließlich über Russland und Polen, teilweise auch über die Kaukasus-Staaten, das Schwarze Meer und über die "Balkanroute" nach Mitteleuropa ausgeführt. Ende der 1990er Jahre traten die zentralasiatischen Länder zudem zunehmend als Opium-Produzenten auf, außerdem die Kaukasus-Republiken, insbesondere Tschetschenien, wo **"war-lords"** offenbar mit dem Erlös ihren Krieg 1994-96 und ab September 1999 gegen russische Truppen mit finanzierten.

1025 Nach einem raschen Anstieg der **Abhängigenzahl** in der **Bundesrepublik** im Zuge der damals so genannten "Heroin-Welle" Ende der 1970er Jahre[82] stabilisierte sich die Zahl der von "harten" Drogen Abhängigen seit 1982/83, wenngleich auf hohem Niveau.

Die meisten Schätzungen gingen 1982/83 von etwa 50.000 bis 60.000 Heroin-Abhängigen aus. Ende der 1980er Jahre erfolgte eine weitere Zunahme: Für 1989 gingen auch konservative Schätzungen von etwa 80.000 Abhängigen aus[83]. Seit Anfang der 1990er wird die Gesamtzahl der Heroin-Abhängigen in Deutschland von der DHS mit etwa 120.000 bis 150.000 (für 2001) angegeben (andere Schätzungen gehen bis 200.000); hiervon gilt etwa 1/3 als **langzeitabhängig** mit mehr als 10jähriger "**Drogenkarriere**".

1026 In den **USA** wird demgegenüber seit etwa 1981 mit einer konstant gebliebenen Zahl von etwa 490.000 Heroin-Abhängigen gerechnet; 1988 wurde für die USA zwar auch die Zahl von mehreren Mio. "Fixern" genannt[84], festzuhalten bleibt jedoch, dass wesentliche Zunahmen in diesem Teilbereich, im Gegensatz zum expandierenden Cocain-Markt[85], nicht mehr erfolgten.

1027 In den **westeuropäischen** Ländern ist die Zahl der Heroin-Abhängigen seit Ende der 1980er/Anfang der 1990er Jahre offenbar ebenfalls keinen allzu starken Schwankungen mehr unterworfen[86]. Demgegenüber werden in **Osteuropa** erhebliche Zuwächse verzeichnet: So ging Polen bereits 1986 von ca. 300.000 Abhängigen aus, während die UdSSR bzw. jetzt Russland eine sprunghafte Steigerung von 1986 46.000 und 1990 140.000 auf 1995 1,5 Mio. und 1999 2 Mio. Abhängige, meist von Heroin, hiervon etwa 1/2 Mio. Schwerstabhängige, angab.

1028 Über die Gründe der seit den 1980er Jahren zu konstatierenden **Stagnation** von Heroin-Konsum und -Abhängigkeit jedenfalls in den "klassischen" Absatzländern **Westeuropas**

---

[82] Vgl. hierzu 2.1.2, Rdnr. 1010.
[83] Zum Heroin-Verbrauch vgl. 2.1.5, Rdnr. 1213. Nach dem Drogenbericht 2000 der Bundesregierung ist der Opiatkonsum in der Bevölkerung nach wie vor wenig verbreitet: Nur etwa 1,4 % der 18- bis 34-Jährigen hat im Laufe ihres Lebens Erfahrung mit Opiaten gemacht; vgl. auch 2.1.2, Rdnr. 1054-1060. Zur Zahl der Medikamentenabhängigen vgl. Vorbem. 4, Rdnr. 1967.
[84] Infolge unterschiedlicher Erfassung können die wiedergegebenen Zahlen untereinander nicht verglichen werden, sondern geben allenfalls Trends und Größenordnungen wieder.
[85] Zur Zunahme des Cocain-Konsums in den USA vgl. 3.1.2, Rdnr. 1470-1474.
[86] Schweiz ca. 30.000, Italien ca. 10.000, England ca. 60.000-80.000, Spanien ca. 80.000-125.000, Frankreich ca. 150.000, die Niederlande ca. 25.000.

und **Nordamerikas** lässt sich trotz der genannten Faktoren, die auch kaum zu gewichten sind, nur spekulieren. Mit ausschlaggebend dürfte jedenfalls auch die erwähnte Veränderung im Konsumverhalten sein, die speziell in Bezug auf Heroin zu einem teilweisen **Tabuisierungseffekt** beigetragen hat ("Heroin für die Kaputten, Cocain für die Bosse"; Heroin als "**Looser-Droge**") bei gleichzeitigem Aufkommen neuer, "**akzeptierter**" Drogen wie den „**Disko-Drogen**" in West- und später auch Südeuropa oder "**Crack**" zunächst in den USA, wobei gegenwärtig offenbar z.T. in Deutschland versucht wird, durch eine gesteuerte **Heroin-Verknappung** Abhängige zum „Crack"-Konsum zu bringen[87].

Im Zuge der Zerschlagung großangelegter Produzenten- und Händlerringe wie der "French Connection"[88] und der "Sicilian Connection"[89] in den USA und Europa verlagerte sich die Verarbeitung des Rohopiums ab 1984/85 ebenso wie Anbauschwerpunkte vom nahöstlichen Raum und der Türkei außer nach Südwestasien in die verstärkt als Opium-Produzenten auftretenden Länder **Thailand**, **Laos**, **Myanmar** und **Indien**, wo Karatschi, Bombay, Kuala Lumpur und Hong Kong sich als Hauptumschlagplätze herausgebildet haben, aber auch Singapur in diesem Zusammenhang wieder genannt wird. Die bei der Verarbeitung des Rohopiums zu Heroin und dessen Verteilung zu erzielenden, außergewöhnlich hohen Gewinnspannen stellen für einzelne dieser Länder dabei einen wesentlichen **Wirtschaftsfaktor** dar[90]. **1029**

Die durch den **Rückgang** des "**türkischen**" Heroins ab 1982/83 in der Bundesrepublik entstandene **Marktlücke** ist Mitte der 80er Jahre wieder geschlossen worden, wobei sich die Herkunft des nach wie vor importierten Heroins auf den **südwest-** und den **südostasiatischen** Raum konzentriert. **1030**

Die Versorgung des us-amerikanischen Marktes seinerseits mit etwa 12 t/a erfolgte seit Mitte der 80er Jahre vorwiegend mit **südostasiatischem** (u.a. indischem), aber auch pakistanischem Heroin, das u.a. über Lagos/Nigeria und Accra/Ghana eingeschleust wurde (wobei ein zunehmender Anteil in den Transitländern selbst verbraucht wird und eine Konsumstruktur wie in Südostasien sich herauszubilden scheint[91]) . Hinzu kommen Neuanlagen von Mohnfeldern in **Südamerika**, u.a. Mexiko und Guatemala, die seit Beginn der 90er Jahre an der Versorgung des US-Marktes teilhaben. Seit 1992 hat sich hier vor allem Kolumbien als eines der weltweit größten Anbaugebiete für Schlafmohn etabliert[92]. **1031**

Andererseits kommt das auf dem (west-)**deutschen** illegalen Drogenmarkt gehandelte Heroin seit Mitte der 80er Jahre neben dem Nahen Osten ganz überwiegend aus dem **Mitt-** **1032**

---

[87] Vgl. hierzu auch 2.1.4, Rdnr. 1339, sowie beim Cocain 3.1.4, Rdnr. 1637, und bei den Amfetaminen 3.2.4.2, Rdnr. 1810-1814.
[88] Zur „French Connection" vgl. 2.1.2, Rdnr. 995-997.
[89] Zur „Sicilian Connection" vgl. 2.1.2, Rdnr. 997 und 1016.
[90] So soll der Verkaufswert allein der in den USA konsumierten Rauschdrogen ca. 120 Mrd. DM betragen (vgl. hierzu auch beim Cocain 3.1.2, Rdnr. 1471-1473). Bereits für 1984 wurde geschätzt, dass etwa 8-9 % des gesamten Welthandels auf Rauschdrogen basiert (vgl. hierzu auch beim Cannabis 1.1.2, Rdnr. 69 f.)
[91] Zum Heroin-Missbrauch in südostasiatischen Ländern vgl. 2.1.2, Rdnr. 1042 f.
[92] Vgl. zu dieser Entwicklung auch 2.1.2, Rdnr. 998 f.

leren Osten (insbesondere Afghanistan, Pakistan, Indien, gelegentlich auch aus der Türkei) und wird auf den beschriebenen Transportrouten, teilweise in Form von **Heroin-Base**, nach Europa eingeführt. Hochwertiges Heroin Nr. 4 südostasiatischer Provinienz wird demgegenüber bei uns nach wie vor seltener angeboten.

1033 Diese Entwicklung begann damit, dass ab Mitte 1981 **pakistanisches** bzw. indisches Heroin das türkische vom Markt zu drängen begann, teilweise mit Dumpingpreisen: Während 1982 nahöstliches Heroin z.T. noch mit 120.000-200.000 DM/kg gehandelt wurde, wurde hochreines pakistanisches Heroin auch schon für 30.000 DM/kg angeboten.

Bei relativ unbeweglichem Markt insoweit lag der **kg-Preis** seit Mitte der 1980er Jahre ziemlich einheitlich wieder bei 40.000-100.000 DM, während die Einkaufpreise sich in den Herkunftsländern bei 20.000 DM/kg bewegten. Seit Mitte der 1990er Jahre gaben auch diese Großhandelspreise nach, sie liegen zur Zeit bei uns im Bereich von 30.000 DM mit fallender Tendenz[93].

1034 Diese Entwicklung wurde jedenfalls zeitweilig davon beeinflusst, dass sich die Produktion von Rohopium nach einer Dürreperiode ab 1981 im "Goldenen Dreieck"[94] kontinuierlich wieder erhöhte. In der Folgezeit wechselten sich das **afghanisch/pakistanische** Grenzgebiet[95] und das Gebiet des "Goldenen Dreiecks" in der Rolle des führenden Opium- und Heroin-Produzenten immer wieder ab, wobei die Rohopium-Produktion im "Goldenen Dreieck" kontinuierlich von 1948 ca. 30 t auf 1986/87 ca. 800-1.000 t/a, 1989 ca. 1.800-2.500 t/a, 1990 ca. 3.000 t/a und auf 1994 ca. 4.000 t/a von damals weltweit schätzungsweise 6.000 t/a zunahm.

1035 Hiervon entfiel auf **Myanmar** (Burma/Birma)[96] als dem zeitweilig weltweit wohl größten Opium-Produzenten ca. 2.600 t/a. 1999 wurden demgegenüber nur noch ca. 1.200 t hergestellt und Myanmar gab seine führende Rolle als Opium-Produzent an Afghanistan ab. Die Verarbeitung dieses Rohopiums zu Heroin Nr. 4 höchster Reinheit erfolgte teilweise in Westburma, nahe der indischen Grenze, teilweise in der thailändischen Hauptstadt Bangkok, von wo es u.a. nach Malaysia gebracht und vor dessen Küste weiter verschifft wurde, sowie an der thailändisch-burmesischen Grenze und in Laos.

1036 In **Laos** selbst, wo wie in Myanmar mit geringerem Risiko als in Thailand produziert werden kann[97], wurde die Rohopium-Produktion 1984 mit ca. 30 t, 1986 mit ca. 120 t, 1990 mit ca. 300 und 1994 mit ca. 360 t/a angesetzt, während für **Thailand** die DEA nach einem Rückgang der Produktion von etwa 42 t 1984 auf etwa 20 t 1989 für 1990 mit etwa 30 t/a und für 1994 mit etwa 40 t/a rechnete. Ende der 1990er Jahre verringerte sich diese Menge, offenbar auch infolge erfolgreicher Substitutionsprogramme, auf etwa 20 t jährlich.

---

[93] Dem entspricht ein Preisverfall im Straßenhandel, vgl. 2.1.5, Rdnr. 1212.
[94] Zu dem damit umschriebenen geographischen Gebiet vgl. 2.1.2, Rdnr. 1001. Zur dortigen Opium-Produktion im Jahre 1880 vgl. 2.1.2, Rdnr. 979.
[95] Zur für die Versorgung des europäischen Marktes derzeit wichtigeren Opium-Produktion im „Goldenen Halbmond" vgl. 2.1.2, Rdnr. 1019-1024.
[96] Zum politischen Hintergrund der Opium-Produktion in Myanmar vgl. 2.1.2, Rdnr. 1002.
[97] Zur Opium-Produktion in Laos und Thailand vgl. auch 2.1.2, Rdnr. 1001 und 1003.

2.1 Opium und Opiate

Die für 1994 weltweit geschätzten ca. 6.000 t **Rohopium** ergeben rund 600 t **Heroin Nr. 1037 4**, wenn man davon ausgeht, dass 1 kg Rohopium im Durchschnitt für die Raffinierung von 100 g reinen Heroins benötigt werden[98]; dementsprechend wurde die weltweite Heroin-Produktion bereits 1989 auf etwa 545 t geschätzt, was einen Gegenwert von mehr als 400 Mrd. DM repräsentierte. Insgesamt schien die weltweite Heroin-Produktion in den 1990er Jahren auf dem erreichten Niveau zu verharren und ab Ende der 90er Jahre sogar rückläufig zu sein.

Daran gemessen erscheint der Verdienst der **Opium-Bauern** nach wie vor als relativ gering: 1982 erhielt ein südostasiatischer Bauer von den meist chinesischen Zwischenhändlern für 1 kg Rohopium etwa 600 DM. Nach Raffinierung zu ca. 100 g Heroin Nr. 4 hatte dieses in Bangkok bereits einen Wert von umgerechnet etwa 2.000 DM. Im europäischen Großhandel repräsentierten diese 100 g sodann einen Wert von durchschnittlich 15.000 DM, nach Streckung auf eine 5-8 %ige Zubereitung im Straßenhandel schließlich einen Wert von 30.000-50.000 DM, je nach veräußerter Menge[99]. Diese Gewinnspanne blieb bei insgesamt fallenden Preisen in der Folgezeit im wesentlichen unverändert. So wurde Ende der 1990er Jahre geschätzt, dass ein Opium-Bauer an ca. 7 kg Rohopium etwa 330 US-Dollar verdiente. Zu 700 g Heroin raffiniert war dieses ab Labor 4.250 US-Dollar wert, im Zwischenhandel in Bangkok 10.000 und in New York 80.000 US-Dollar. Nach Portionierung in 28.000 "Packs" Heroin-Zubereitung repräsentierte diese Menge schließlich einen Wert von ca. 280.000 US-Dollar. **1038**

Inwieweit dieser Entwicklung durch langfristige, mit Geldern des UNFDAC-Haushalts **1039** geförderten **Substitutionsprogrammen**[100] in den traditionellen Anbaugebieten insbesondere des "Goldenen Dreiecks" begegnet werden kann, ist nicht abzuschätzen, die bisherigen Erfahrungen jedenfalls lassen keine baldigen Erfolge erwarten. Denn außer dem Ersatz des Schlafmohnanbaus durch andere Kulturen sind Maßnahmen im Bereich der Infrastruktur und die Schaffung von Absatzmärkten, etwa im Bereich der EU, erforderlich.

Ein anderer Weg besteht in der **Konfiszierung** von **Gewinnen** aus illegalen Drogengeschäften[101]. Die Forderung, die Verwendung oder das "Waschen" ("money-laundering", etwa durch den Erwerb von Investitionsgütern) von Einnahmen aus Drogengeschäften ("Narco-Dollars") unter Strafe zu stellen, führte zu dem Übereinkommen von 1988 und in dessen Umsetzung in innerstaatliches Recht zur Aufnahme entsprechender Bestimmungen in das StGB durch das OrgKG 1992 sowie in einem Geldwäschegesetz. Unter anderem durch die Einführung einer "Vermögensstrafe" sollte ein staatlicher Zugriff auf das gesamte Tätervermögen ermöglicht werden, um dem Großhändler das "Betriebskapital" für weitere Straftaten sowie Einflussmöglichkeiten auf staatliche Stellen durch Korruption und auf internationale Kapitalmärkte zu nehmen. Mit dieser "Dritten Dimension" der Drogenbekämpfung[102] soll die empfindlichste Stelle der im Hintergrund sich haltenden Großhändler, nämlich ihre Profiterwartung bei kalkulierbarem Risiko, getroffen werden. Während in Deutschland in diesem Bereich jedoch bisher allenfalls mäßige Erfolge zu verzeichnen waren, besteht in **1040 §**

---

[98] Zur Heroin-Herstellung vgl. 2.1.1, Rdnr. 957 und 962-967.
[99] Zu entsprechenden Wertsteigerungen im Cocain-Handel vgl. 3.1.2, Rdnr. 1476.
[100] Zu Substitutionsprogrammen zur Einschränkung des Coca-Anbaus vgl. 3.1.2, Rdnr. 1454. Vgl. hier auch 2.1.2, Rdnr. 1036.
[101] Diese wurden 1989 für die BRD mit ca. 40-60 % des geschätzten Gesamtumsatzes im Drogenhandel in Höhe von ca. 5. Mrd DM angesetzt; vgl. 2.1.2, Rdnr. 1010.
[102] Zur Alternative der Freigabe des Heroin-Marktes vgl. 2.1.7, Rdnr. 1343 f.

den USA und anderen Ländern hier ein Bekämpfungsschwerpunkt und konnten beachtliche Erfolge erzielt werden: 1990 bereits konnte die DEA über 1,1 Mrd. US-Dollar abschöpfen; hinzu kommen kriminaltaktische und beweiserhebliche Aspekte.

1041 Hierbei ist zu berücksichtigen, dass entscheidende Produktionsvoraussetzungen für die illegale Heroin-Herstellung bisher häufig aus den Abnehmerländern selbst kamen: So war ein wichtiger Grund für die Erhöhung der weltweiten illegalen Heroin-Produktion die freie Verfügbarkeit von **Essigsäureanhydrid** (EA)[103]. Noch Mitte der 1980er Jahre sollen etwa 90 % aller beschlagnahmten, für Heroin-"Labs" in den Ursprungs- oder Drittländern bestimmten Mengen dieses Reagens von der Darmstädter Fa. Merck gestammt haben[104].

1042 Im Zuge der Verlagerung der Heroin-Produktionsstätten in den Bereich der **südostasiatischen** Anbauländer von Schlafmohn hat sich neben dem lukrativen Heroin-Export der **Konsum** von Heroin örtlicher Provinienz in einer Reihe dieser Staaten, etwa Malaysia und Thailand, ungeachtet teilweise drakonischer Strafen seit Mitte der 1980er Jahre als erhebliches Problem zunehmend etabliert, wobei die Ausmaße der "Durchseuchung" europäischen und nordamerikanischen Gegebenheiten entsprechen oder sie sogar noch übertreffen dürften[105]. Infolge des Fehlens langer Transportwege und des niedrigen Kostenniveaus sind hier die Endverbrauchspreise erheblich niedriger als in Europa[106]: 1 g Heroin kostete in den 90er Jahren in Hauptumschlagplätzen wie Bangkok nur 9 US-Dollar, 1 "Schuss" Heroin-Zubereitung (etwa der Marke "Cobra" oder "Afghan 707") weniger als umgerechnet 2 DM.

1043 Entsprechend dieser teilweisen **Verlagerung** bzw. Ausweitung des **Heroin-Marktes**, jedenfalls soweit hier noch größere Steigerungsraten zu verzeichnen sind, von Europa und Nordamerika u.a. nach Südostasien, erfolgte in mehreren dieser Länder eine sprunghafte Steigerung der **Heroin-Konsumenten** bzw. -**Abhängigenzahlen**[107]: Diese wurden bereits 1986 für Pakistan mit 450.000, Thailand 200.000 (1990 1/2, 1999 1,8 Mio.), Malaysia 110.000-400.000 und Australien 30.000 angegeben; ein entsprechender Trend soll u.a. auch in Indien und Vietnam bestehen. Im Zuge der erheblichen Steigerung der Opium-Produktion und des Heroin-Exportes in Myanmar hat sich offensichtlich auch dort eine entsprechende Inlandsnachfrage entwickelt: 1998 wurde hier von etwa 1/2 Mio. Abhängigen ausgegangen.

1044 Insgesamt wurde die Zahl der **Heroin-Konsumenten** bzw. -Abhängigen in der EU in den 1990er Jahren auf weniger als 1 % der Erwachsenen oder etwa 0,5-1,5 Mio. Menschen geschätzt, **weltweit** auf mehr als 50 Mio. (bei insgesamt ca. 180 Mio. Drogenkonsumenten insgesamt Ende der 90er Jahre, entsprechend etwa 4,2 % der über 15 a alten Personen).

---

[103] Zu dieser für die Heroin-Herstellung benötigten Basischemikalie vgl. 2.1.1, Rdnr. 963.
[104] Zur Einordnung von EA als Grundstoff mit der Folge einer Vertriebskontrolle vgl. 2.1.3, Rdnr. 1096-1099.
[105] Zur Rohopium- und Heroin-Produktion in diesen Ländern vgl. 2.1.2, Rdnr. 1034-1038. Gleichzeitig hat der Amfetamin-Missbrauch in diesen Ländern zugenommen, vgl. 3.2.4.2, Rdnr. 1816 f.
[106] Zu den früheren und gegenwärtigen Endverbrauchspreisen in Europa vgl. 2.1.5, Rdnr. 1203 f.
[107] Zu den Abhängigkeitszahlen in Europa und den USA vgl. 2.1.2, Rdnr. 1025-1027. Zur geschätzten Zahl der Opium-Konsumenten vgl. 2.1.2, Rdnr. 981 FN 29, der Cannabis-Konsumenten 1.1.2, Rdnr. 69 f. und 74, der Cocain-Konsumenten 3.1.2, Rdnr. 1472 und 1482, sowie der Amfetamin-Konsumenten 3.2.4.2, Rdnr. 1810 und 1817.

2.1 Opium und Opiate

Bezüglich der Heroin-Verbraucher in **Deutschland** übernahm ab 1982 mit dem **1045**
Rückgang der Direkteinfuhren und der teilweisen Zerschlagung der hiesigen "offenen Rauschgiftszene" **Amsterdam** wieder weitgehend die Funktion einer Verteilerzentrale für den deutschen Heroin-Markt, den es seitdem im wesentlichen beibehalten hat.

Wie vor der Welle des "Türken-Heroins" fuhren ab 1982/83 viele deutsche "Fixer" im **1046**
Rahmen von sog. **"Beschaffungsfahrten"** wieder in die Niederlande, um dort Heroin für den Eigenbedarf und den teilweisen Weiterverkauf in Deutschland zu erwerben. Mit dem vermehrten Zustrom auch südostasiatischen Heroins Nr. 4 von sehr hoher Reinheit belebte sich dort die Tätigkeit der "Triaden"[108] wieder, die u.a. neben türkischen Großhändlern von den Niederlanden aus die Versorgung des deutschen Marktes organisieren.

Ein Teil des von den Niederlanden aus zur Verteilung gelangenden Heroins wird durch **1047**
Deutschland geschleust, Heroin aus der Türkei meist per Lkw, südostasiatisches Heroin teilweise über den Frankfurter **Flughafen**, da angesichts der großen Entfernungen zwischen Herstellern und Verbrauchern der Transport mit dem Flugzeug nach wie vor kostengünstig und mit geringem Aufwand verbunden ist. Andererseits scheint es aufgrund des in Deutschland bestehenden "Fahndungsdrucks" für Transporteure risikoärmer, das Heroin zunächst durch Deutschland durchzuschleusen und erst vom Ausland, insbesondere den Niederlanden, aus zur Verteilung zu bringen; dementsprechend ist ein Großteil der "im Transit" auf den deutschen Flughäfen beschlagnahmten Rauschdrogen für das europäische Ausland bestimmt. Zeitweilig schleusten insbesondere schwarzafrikanische Kuriere hierbei als **"Schlucker"** hochreines, in verknoteten Präservativen oder vergleichbarem, widerstandsfähigen Material verpacktes Heroin ("Bubbles") in ihrem Darm versteckt ein[109].

Außerdem etablierte sich neben der traditionellen "Balkanroute"[110] von der Türkei über **1048**
Bulgarien und Österreich ab etwa Sommer 1991 im Zuge des innerjugoslawischen Krieges neben einer von der Türkei über Griechenland und Italien führenden "**Südroute**" eine zweite, **nordöstlich** hiervon verlaufende Route, auf der über Bulgarien, Rumänien, Ungarn, die Slowakei und Tschechien bzw. die Ukraine und Polen vorwiegend mit Lkw's Heroin nach Deutschland gelangt. Obwohl dieses Heroin über die Grenzen zu den neuen Bundesländern eingeführt wird, ist es bisher mangels dortiger Nachfrage ganz überwiegend für die Abnehmer in den alten Bundesländern bestimmt[111].

Nach dem erwähnten "Konjunktureinbruch" 1981/82 und dem folgenden Wie- **1049**
deranstieg der Heroin-Einfuhren u.a. aus der Türkei, aber auch direkt aus Pakistan, Afghanistan und Indien nach Deutschland[112], wiesen die **Sicherstellungszahlen** zunächst auf eine Stagnation auf dem erreichten Niveau, etwa 30 t/a, hin. Ab 1987 war in den alten Bundesländern jedoch wieder eine Erhöhung der Sicherstellungs-

---

[108] Zu den „Triaden" vgl. 2.1.2, Rdnr. 1005.
[109] Diese als „bodypacking" bezeichnete Methode wurde offenbar erstmals in Amerika im Zuge des dortigen Cocain-Schmuggels entwickelt, vgl. 3.1.2, Rdnr. 1463. Zum Schlucken von Heroin-„Bömbchen" vgl. 2.1.2, Rdnr. 1013.
[110] Zur „Balkanroute" vgl. 2.1.2, Rdnr. 1015 und 1022.
[111] Zur Entwicklung der Zahl der Erstkonsumenten vgl. 2.1.2, Rdnr. 1055.
[112] Vgl. hierzu näher 2.1.2, Rdnr. 1018 und 1025.

zahlen[113] zu konstatieren, was auf Tendenzen auf dem deutschen Heroin-Markt hinweist, nicht mehr nur die Versorgung der vorhandenen, "überalterten" Abhängigen sicherzustellen, sondern **neue Bedürfnisse** auch auf diesem seit längerem etablierten Markt zu schaffen. Hiermit korrespondierte das in den 80er Jahren ständig sinkende "Einstiegsalter" vor allem der weiblichen späteren Abhängigen; auch zu Beginn des 21. Jahrhunderts verursacht die Heroin-Abhängigkeit nach wie vor die meisten mit einer Drogenabhängigkeit verbundenen Probleme. Sicherstellung von Heroin in kg (vgl. Abb. 2.1 und 2.2):

Deutschland		Europa	Deutschland		Europa
1967	0		1986	157	2.036
1968	0,001		1987	319	3.693
1969	0,6		1988	537	4.022
1970	0,5		1989	727	4.909
1971	2,9	277	1990	847	6.084
1972	3,7	793	1991	1.595	7.696
1973	15	125	1992	1.438	5.224
1974	33	146	1993	1.095	8.084
1975	30	283	1994	1.590	7.700
1976	167	639	1995	933	10.100
1977	61	529	1996	898	11.200
1978	187	576	1997	722	9.765
1979	207	666	1998	686	11.280
1980	267	1.097	1999	796	12.763
1981	93	885	2000	796	16.666
1982	183	1.131	2001	835	
1983	258	1.608			
1984	253	1.770			
1985	207	1.837			

---

[113] Die Sicherstellungszahlen beziehen sich ab 1992 auf das gesamte Bundesgebiet, wobei zu berücksichtigen ist, dass generell verändertes Kontrollverhalten und einzelne Großsicherstellungen zu erheblichen Veränderungen im Lagebild führen können, sich daher allenfalls langfristige Trends ablesen lassen. Zu den entsprechenden Sicherstellungszahlen von Cannabis-Produkten vgl. 1.1.2, Rdnr. 73, von Cocain 3.1.2, Rdnr. 1480, von Amfetamin 3.2.4.2, Rdnr. 1814, sowie von „ecstasy"-Tabletten 1.2.4.3, Rdnr. 859.

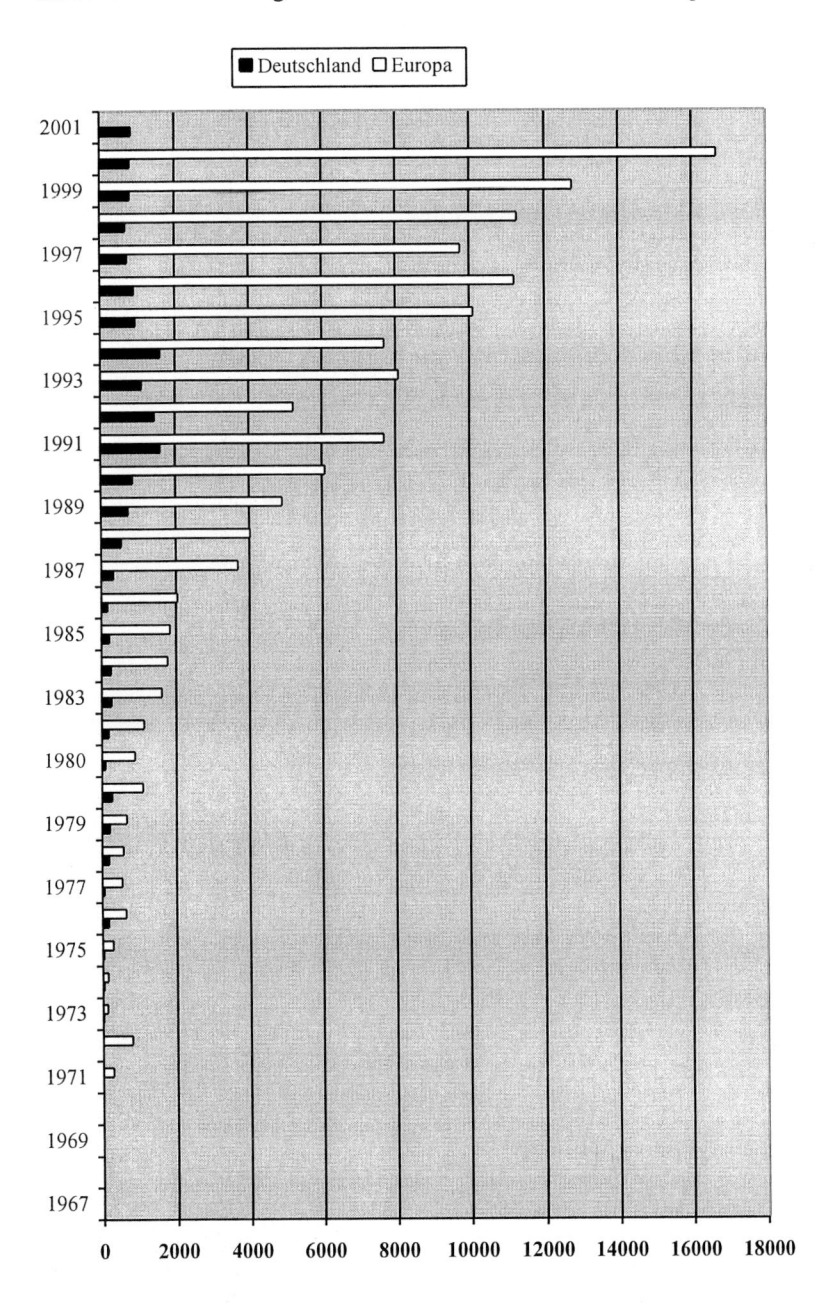

2.1 Opium und Opiate

Abb. 2.1 Sicherstellungen bei Heroin in Deutschland und Europa 1967-2001

Abb. 2.2 Vergleich der Sicherstellungen bei Heroin und Cocain 1981-2001 in Deutschland

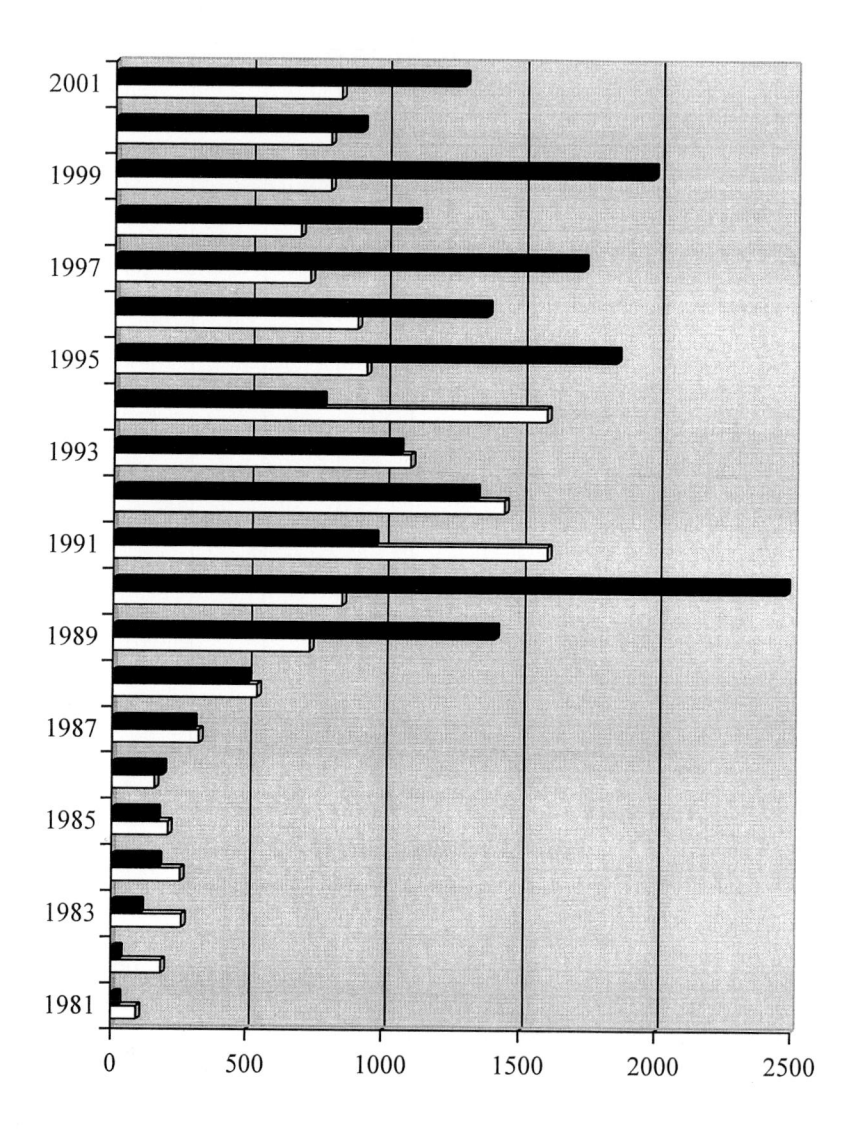

2.1 Opium und Opiate

Ein vergleichbares Bild ergibt die Zahl der sog. **"Drogentoten"**[114] in Deutschland, die nach wie vor in etwa 80 % der Fälle infolge einer **Heroin-Intoxikation** nach im Durchschnitt neunjähriger Abhängigkeit gestorben sind[115] (vgl. Abb. 2.3): **1050**

1969	0	1980	494	1989	991	1998	1.674
1970	29	1981	360	1990	1.491	1999	1.812
1973	106	1982	383	1991	2.125	2000	2.030
1974	139	1983	472	1992	2.099	2001	1.835
1975	195	1984	361	1993	1.738		
1976	344	1985	324	1994	1.624		
1977	290	1986	348	1995	1.565		
1978	430	1987	442	1996	1.712		
1979	623	1988	670	1997	1.501		

---

[114] Meldepflichtig sind hier alle Todesfälle, die in einem kausalen Zusammenhang mit dem missbräuchlichen Konsum von Betäubungs- und Ausweichmitteln stehen, insbesondere Todesfälle in beabsichtigter und unbeabsichtigter Überdosierung, infolge Langzeitmissbrauch, Suizid aus Verzweiflung über die Lebensumstände oder unter Einwirkung von Entzugserscheinungen (vgl. hierzu auch 2.1.7, Rdnr. 1278-1281 und 1306 f.). Vgl. auch zu den sog. „Schnüffeltoten" 4.5.3, Rdnr. 2543, sowie zu den sog. „Alkoholtoten" Vorbem. 4, Rdnr. 1967 FN 12.

[115] Entsprechende Steigerungen der Todesfälle waren auch im europäischen Ausland zu verzeichnen, etwa in Italien von 237 1981 auf 257 1983 und 527 1987, in der Schweiz von 6 1974 auf 144 1983, 196 1987, 419 1992 (1998 erfolgte ein Rückgang auf 209), sowie in Spanien von 271 1988 auf 597 1989, während in den USA die Zahl der Todesfälle im gleichen Zeitraum rückläufig war. Insgesamt lag die Zahl der Todesfälle innerhalb der EU dann Mitte bis Ende der 90er Jahre relativ konstant bei etwa 6.000-7.000/a sowie seit Ende der 90er Jahre bei etwa 7.000-8.000/a.

Abb. 2.3 Drogentote in Deutschland im Zeitraum 1969-2001

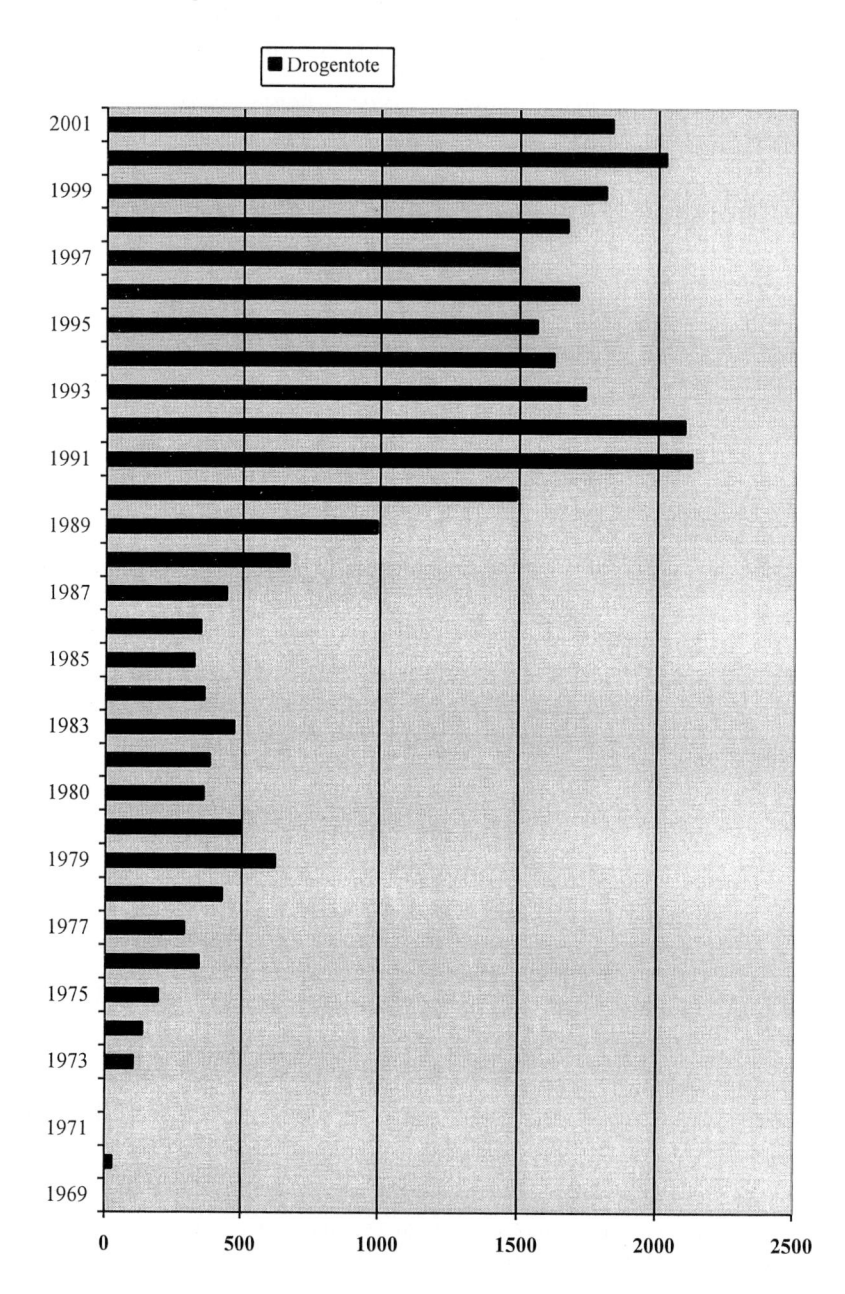

2.1 Opium und Opiate

Die Aussagekraft dieser Statistik, die im übrigen kein Maßstab für die Entwicklung des **1051**
Btm-Missbrauchs ist, ist u.a. dadurch begrenzt, dass infolge **verbesserter** ärztlicher **Notfallmaßnahmen**[116] Heroin-Konsumenten heute häufiger gerettet werden können, als dies in den 70er Jahren der Fall war. Ein jedenfalls zeitweiliger Rückgang der Zahl der Drogenopfer seit 1992 kann weiter mit dem Ausbau des Methadon-Programms[117] sowie der Therapieplätze, dem konstanteren Heroin-Anteil der im Straßenhandel angebotenen Zubereitungen und der Unterbindung "offener Drogenszenen" in Zusammenhang gebracht werden, ohne dass die einzelnen Faktoren gewichtet werden könnten; zu konstatieren ist, dass derartige Trends offenbar bundesweit sind, unabhängig von der jeweiligen "Drogenpolitik" der einzelnen Bundesländer[118]. Im übrigen dürfte nach wie vor eine hohe Dunkelziffer bestehen, d.h. Todesfälle, etwa im Straßenverkehr, die nicht auf Drogenkonsum zurückgeführt werden - teilweise wird mit mindestens einer dreimal höheren tatsächlichen Zahl an Drogenopfern gerechnet. Nachdem im Zuge zunehmender Überalterung der Konsumenten auch das durchschnittliche **Alter** der "**Drogentoten**" Mitte der 1980er Jahre auf über 30 Jahre gestiegen war, fiel es im Zusammenhang mit der Erschließung jugendlicher Konsumentenkreise vor allem bei Mädchen Anfang der 90er Jahre auf etwa 23-25 Jahre, um 2000 wieder auf 33 (Männer) bzw. 32 (Frauen) Jahre zu steigen.

Hierbei kann davon ausgegangen werden, dass in etwa 2/3 der Fälle ein **Mehrfachkon-** **1052**
sum vorlag, insbesondere in Verbindung mit Ausweichmitteln wie Rohypnol[119], während ein erheblich geringerer Anteil allein Heroin konsumierte bzw. Cocain oder Amfetamine. Insbesondere unter Spätaussiedlern aus Gebieten der ehem. Sowjetunion scheinen "**Turbo-Karrieren**" in Verbindung mit einem exzessiven Alkohol- und Medikamentenmissbrauch häufiger vorzukommen mit entsprechenden letalen Folgen.

Umstritten ist hierbei u.a. die Frage, welchen Einfluss der unterschiedliche **Wirkstoffge-** **1053**
halt der Heroin-Zubereitung in Verbindung mit dem körperlichen Verfall des Langzeitabhängigen auf die Zu- bzw. Abnahme der Zahl der "**Drogentoten**" hat. So wurde einerseits etwa die Zunahme der Todesfälle 1982/83 und Ende der 1980er Jahre mit einer temporären Erhöhung der Heroin-Konzentration der zum Verkauf gelangten Heroin-"Hits" bei stabil bleibenden Endverkaufspreisen in Verbindung gebracht, während andererseits der zeitweilige Rückgang der Zahl der "Drogentoten" ab 1992 umgekehrt mit der höheren Reinheit des im Straßenhandel angebotenen Heroins (mit) begründet wurde[120]. Ob diese Interpretation haltbar ist, ist fraglich angesichts des erneuten Anstiegs der Zahl der "Drogentoten" Ende

---

[116] Vgl. hierzu 2.1.3, Rdnr. 1107, und 2.1.7, Rdnr. 1282 f.
[117] Zum Methadon-Programm vgl. 2.1.7, Rdnr. 1217-1331. Andererseits war Ende der 1990er Jahre der Beikonsum von Methadon bzw. alleiniger Methadon-Missbrauch für einen Teil der Todesfälle verantwortlich, vgl. 4.4.5, Rdnr. 2432.
[118] Zum wohl eher marginalen Einfluss der unterschiedlichen „Drogenpolitik" vgl. 2.1.7, Rdnr. 1344, und 2.1.2, Rdnr. 1018-1022 (zum „Konjunktureinbruch" Anfang der 1980er Jahre).
[119] Zu diesem Tranquilizer vgl. 4.3.4, Rdnr. 2191 und 2222, insbesondere Rdnr. 2226 f. Vgl. auch zu Barbiturat/Heroin-Kombinationen (teilweise in Verbindung mit Alkohol) 4.1, Rdnr. 2023. Zu Mischintoxikationen vgl. auch 2.1.7, Rdnr. 1280.
[120] Es wurde hierbei vertreten, dass nicht der Heroin-Anteil, sondern die unkalkulierbaren Streckmittel der Zubereitung in erster Linie für die Todesfälle verantwortlich und „Drogentote" mithin „Prohibitionstote" seien (vgl. hierzu auch 2.1.5, Rdnr. 1201). Zur geringen therapeutischen Breite von Heroin selbst vgl. in diesem Zusammenhang 2.1.7, Rdnr. 1274-1279.

der 1990er Jahre, der mit einer zunehmenden Reinheit der Heroin-Importe aus dem "Goldenen Halbmond" einherging. Hinzu kommt der zunehmende Missbrauch vollsynthetischer Drogen mit der Folge häufigerer **Mischintoxikationen**, wobei die **Heroin-Vergiftung** aber nach wie vor im Vordergrund steht. Letztlich weisen die erheblichen Divergenzien in der Beurteilung der Ursachen der Entwicklung darauf hin, dass nach wie vor ungeklärt ist, welche Faktoren in welchem Ausmaß für die Schwankungen der (statistisch erfassten) Zahl der Todesfälle bestimmend sind. Auffallend ist jedoch ab 1992 der zeitliche Zusammenhang zwischen der Einrichtung sog. 'Druckräume", dem Anlaufen der Methadon-Programme bzw. der Substitution mit Codein und dem zeitweisen Rückgang der Zahl der "Drogentoten".

1054 Demgegenüber ist als sicher davon auszugehen, dass die Zahl der "Drogentoten" keinen Rückschluss auf die Zahl der Konsumenten "harter" Drogen vom Heroin-Typ zulässt. Zwar war ab 1978 parallel zur Abnahme der Todesfälle zunächst auch eine Abnahme der Zahl der Personen zu verzeichnen gewesen, die erstmals als Heroin-Verbraucher polizeilich bekannt wurden (sog. **Erstkonsumenten**)[121]. Seit 1983 schien die Zahl der Erstkonsumenten dann unter Schwankungen zu stagnieren; hierfür sprach auch die deutlich wahrnehmbare "Überalterung" der Heroin-Szene (die im übrigen in dieser Zeit in den Großstädten konzentriert war). Ab Ende der 80er Jahre zeichnete sich dann eine erneute Zunahme der Erstkonsumenten ab, unabhängig vom späteren (zeitweisen) Rückgang der Zahl der "Drogentoten", wobei sie bei generell sinkendem **Einstiegsalter** zudem häufig bereits als 10- bis 14jährige erstmals Kontakt mit "harten" Drogen vom Heroin-Typ haben (vgl. Abb. 2.4):

1977	6.669	1984	2.770	1991	9.371	1998	8.659
1978	7.160	1985	2.254	1992	10.452	1999	7.877
1979	5.138	1986	2.561	1993	8.377	2000	7.914
1980	6.091	1987	3.232	1994	8.501	2001	7.868
1981	3.961	1988	4.788	1995	6.970		
1982	3.702	1989	6.473	1996	7.421		
1983	2.357	1990	7.252	1997	8.771		

---

[121] Während die Zahl der Cocain-Verbraucher gleichzeitig zunahm, vgl. 3.1.2, Rdnr. 1483, gleiches gilt für die Zahl der Erstkonsumenten von Amfetamin, vgl. 3.2.4.2, Rdnr. 1812 f. Erstkonsumenten, zu denen auch Probierer und Gelegenheitskonsumenten zählen, werden seit Anfang 1988 beim Vorhandensein mehrerer „harter" Drogen nicht mehr nur bei der am höchsten eingestuften Droge, sondern bei jeder einzelnen „harten" Droge gesondert registriert.

2.1 Opium und Opiate

Abb. 2.4 Erstkonsumenten „harter" Drogen vom Heroin-Typ in Deutschland 1977-2001

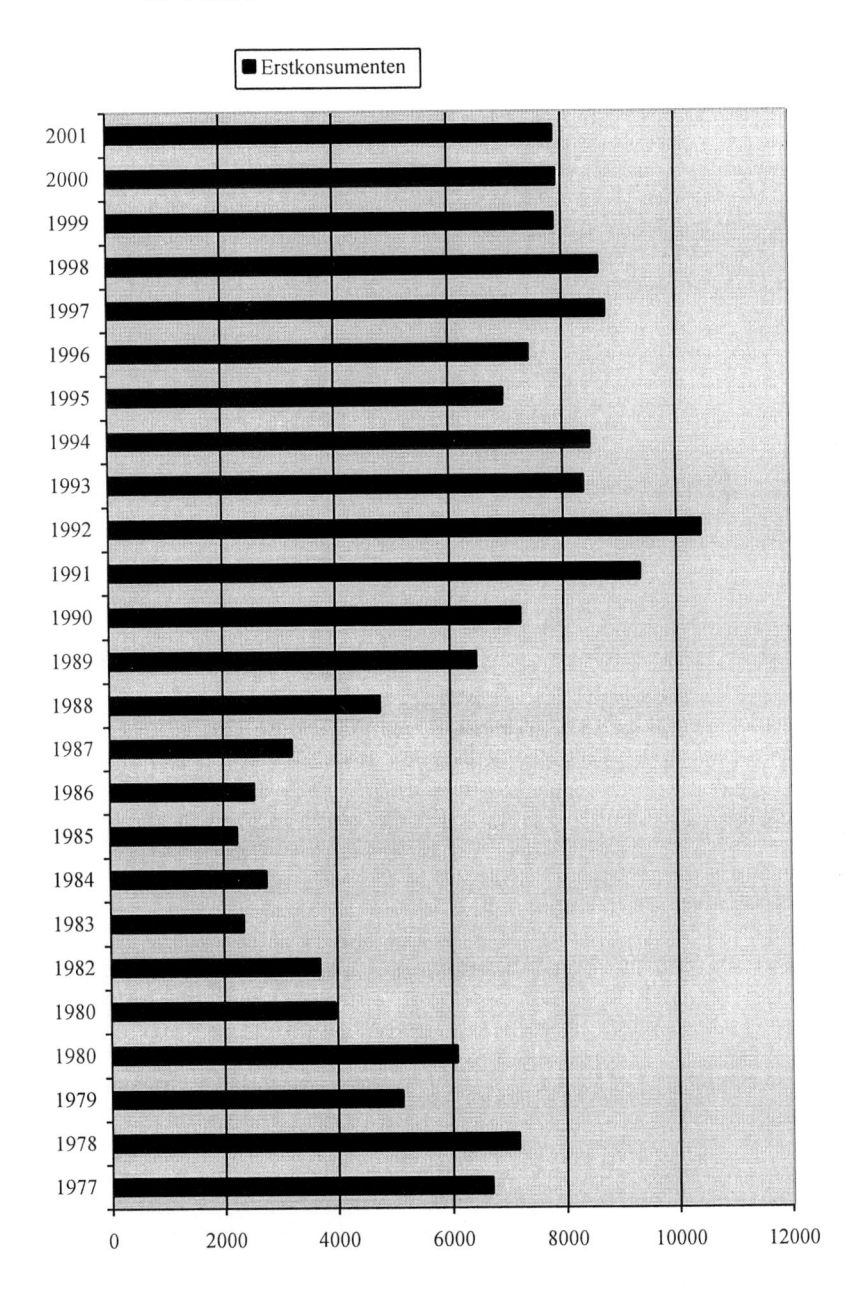

1055 Hierbei werden seit 1992 auch die Erstkonsumenten in den **neuen Bundesländern** erfasst. War hier nach der Währungsunion mit der ehem. DDR im Juli 1991 teilweise ein massenhafter Drogenkonsum in den dortigen Ländern erwartet worden, so zeigte sich, dass trotz der Versuche westdeutscher und ausländischer Händler, sich auch in den neuen Bundesländern zu etablieren, die dortigen Jugendlichen sich zunächst abwartend bis ablehnend verhielten; der sich seit Mitte der 1990er Jahre erst langsam, dann stärker ausweitende Handel war fast ausschließlich von "weichen" Drogen, insbesondere Cannabis, geprägt. Ab Ende der 90er Jahre zeichnete sich jedoch auch bei "harten" Drogen eine zunehmende Missbrauchshäufigkeit ab, nunmehr nicht mehr aufs bloße Ausprobieren beschränkt.

1056 Zusammenfassend lässt sich konstatieren, dass nach einer Phase der **Stagnation** Ende der 1980er Jahre auf dem europäischen, einschließlich dem bundesdeutschen Drogenmarkt - bei gleichzeitiger Erschließung neuer Heroin-Absatzmärkte in mehreren südostasiatischen Ländern - der Heroin-Absatz erneut **anstieg**, seit Mitte der 90er Jahre insbesondere in **osteuropäischen** Ländern (ohne dass jedoch wieder von einer "Heroin-Welle"[122] gesprochen wurde), was mit der zunehmenden Bedeutung organisierter Kriminalität in Europa in Verbindung gebracht werden kann[123].

1057 Wie bereits zuvor in den USA scheint der Heroin-Missbrauch seit Anfang der 1990er Jahre in Deutschland mit Schwankungen auf dem erreichten Niveau zu verharren[124] bei gleichzeitiger Zunahme des Missbrauchs von Cocain sowie von Amfetamin und seinen Derivaten, wobei sich der seit der Heroin-Verknappung 1981/82 zu beobachtende Trend zu **vollsynthetischen** (Ersatz-)Stoffen[125] offenbar fortsetzt, wenn auch nicht in dem zunächst teilweise prognostizierten Umfang.

1058 Die Bemühungen, **Vollsynthetica** in immer neuen Abwandlungen herzustellen, erstreckt sich auch auf die Synthese von **heroin-artigen** Rauschdrogen[126], die nicht mehr auf Rohopium als Ausgangssubstanz angewiesen sind[127] und sich daher gegebenenfalls auch vom chemischen Aufbau her von den Opiaten unterscheiden[128] bzw. Grundstrukturen bekannter starkwirksamer Analgetica und Narkotica weiterentwickeln[129].

1059 Neben einer kostengünstigen Produktion **starkwirksamer** und damit nur in verhältnismäßig geringer Stückzahl benötigter, einfach herzustellender und zu vertreibender Drogen

---

[122] Zur „Heroin-Welle" Ende der 1970er Jahre vgl. 2.1.2, Rdnr. 1010.
[123] Ein Indikator waren die im Verhältnis zu den USA doppelt so hohen Sicherstellungsmengen bei international mit am höchsten Heroin-Preisen.
[124] Bei kontinuierlich sinkenden Endverkaufspreisen und steigendem Heroin-Anteil der Zubereitung, vgl. 2.1.5, Rdnr. 1212. Zum zunehmenden „Crack"-Missbrauch vgl. 3.1.2, Rdnr. 1485.
[125] Vgl. auch zu den „designer drugs" Vorbem. 1.2.4, Rdnr. 795.
[126] Vgl. zu den Fentanyl-Abkömmlingen 4.4.6, Rdnr. 2479-2487, zu Pentazocin-Kombinationen 4.4.3, Rdnr. 2367, sowie zu Pethidin-Abkömmlingen 4.4.4, Rdnr. 2401-2404.
[127] Hierzu dürften auch als Ausweich- oder Zusatzmittel missbrauchte Hypnoanalgetica zu rechnen sein.
[128] Im folgenden als „Opioide" („Opiatartige") bezeichnet. Zu diesem Begriff vgl. auch 2.1.4, Rdnr. 1146, sowie Vorbem. 4.4, Rdnr. 2241.
[129] Vgl. hierzu auch beim DOB 1.2.4.2, Rdnr. 817, sowie beim Cocain 3.1.5, Rdnr. 1638.

liegt der Vorteil vor allem darin, dass "vor Ort" entsprechende Labors eingerichtet werden können[130] und so die ebenfalls kostenträchtigen und riskanten langen Transportwege in die Verbraucherländer entfallen. Die **Schwierigkeiten** liegen neben langfristigen Bindungen an die Rohstoffproduzenten offenbar darin, dass geeignete Verfahren entwickelt werden müssen, die eine billige und unauffällige Herstellung in den erforderlichen Mengen ermöglichen.

Seit Beginn der 1980er Jahre scheinen in dieser Beziehung besonders experimentierfreudig die Nordamerikaner zu sein. Entsprechende, inzwischen durch vollausgebildete Chemiker durchgeführte Versuche in "underground"-Labors wurden dort zumeist erst dann publik, wenn Betroffene mit akuten Vergiftungserscheinungen als Folge misslungener **Synthetisierungsversuche** u.a. dem Diamorphin verwandter Verbindungen in einer Klinik eingeliefert werden mussten[131]. In den USA wurde bereits für 1985 geschätzt, daß dort etwa 1/5 der "Heroin"-Produktion auf vollsynthetische Morphin-Derivate und vergleichbare Verbindungen, die teilweise (noch) nicht dem Betäubungsmittelrecht unterlagen, entfielen, welche aus z.T. bereits professionell arbeitenden "Labs" kamen.

1060

2.1.3 Wirkstoffe

Gutes asiatisches **Rohopium** enthält meist 21-29 Gew.-% Alkaloide in über 25 Arten, die damit im Durchschnitt etwa 1/4 der gesamten Opium-Masse ausmachen.

1061
*

Diese **Opium-Alkaloide** gehören zu der großen Gruppe der **Isochinolin-Alkaloide**[132]; sie werden meist unterteilt in die Gruppe der

1062
*

- **Phenanthren-Derivate**[133], die auf das ZNS einwirken und zu denen insbesondere die Morphin-Alkaloide gehören, sowie die der

- **Benzylisochinolin-Alkaloide**[134], welche vor allem eine Entspannung der glatten Muskulatur bewirken.

---

[130] Zu illegalen „Labs" zur Herstellung von Amfetamin vgl. 3.2.4.2, Rdnr. 1809.
[131] Vgl. zum Pethidin-Derivat MPPP 4.4.4, Rdnr. 2401-2403.
[132] Zu den in verschiedenen Cactaceae und anderen Pflanzenfamilien enthaltenen Isochinolin-Alkaloiden vgl. beim Mescalin 1.2.3.1, Rdnr. 573 und 623.
[133] Eine chemische Verwandtschaft zu den Opium-Alkaloiden weisen u.a. die im Kanadischen Blutkraut (Sanguinaria canadensis, Papaveraceae) gefundenen Benzophenanthridin-Alkaloide Sanguinarin und Chelerythrin auf. Der stark toxische Wurzelinfus des Kanadischen Blutkrautes soll gelegentlich zur sexuellen Stimulanz genommen werden; unsicher ist, ob diese Pflanze auch Morphin enthält. Auch das ebenfalls zu den Papaveraceae zählende, als Spasmolyticum und schwaches Analgeticum therapeutisch verwandte, bei uns in Wildkrautbeständen vorkommende Große Schöllkraut (Chelidonium majus) enthält vor allem im Milchsaft Isochinolin-Alkaloide, insbesondere Chelidonin, Sanguinarin und Chelerythrin.

1063 Ausgangsverbindung für beide Gruppen ist die im Milchsaft vorkommende es-
*   sentielle Aminosäure Phenylalanin[135] bzw. die Aminosäure **Tyrosin**[136].

Bei experimenteller Gabe von Tyrosin ergab sich, dass 2 Moleküle Tyrosin sowohl zum Aufbau des 1-Benzylisochinolin-Alkaloids Papaverin als auch des Morphin-Alkaloids Morphin verwendet werden.

1064 Diese Verbindung von Alanin ((S)-2-Aminopropionsäure) mit einem Aromaten oder
*   Amin findet sich als Ausgangsverbindung einer weiteren wichtigen Gruppe von Alkaloiden wieder, nämlich dem **Indolylalanin** (Tryptophan)[137].

1065 Wichtigstes Opium-Alkaloid aus der Gruppe der **Phenanthren-Derivate** ist
*   mit einem Anteil von 6,8 bis etwa 20 Gew.-%[138] das Morphin-Alkaloid **Morphin**, das auf einem partiell hydrierten Phenanthrenskelett mit exocyclisch angeordnetem Sauerstoff aufbaut[139].

Aufgrund der Stellung dieses einzelnen O-Atoms kann die Verbindung weiter in die Klasse der **cyclischen Ether** eingeordnet werden[140]. Die chemische Bezeichnung des Morphins lautet daher: (5R,6S)-4,5-Epoxy-17-methylmorphin-7-en-3,6-diol (IUPAC).

1066 Das Molekül des Morphins ist, ebenso wie die seiner Derivate, optisch aktiv,
*   wobei im allgemeinen das **linksdrehende** Isomer wie beim (-)-Morphin analgetisch am wirksamsten ist (Stereoselektivität)[141].

1067 **Morphin-Base** ist löslich in Chloroform und Amylalkohol, weniger in Ether, kaum in Wasser; der Schmelzpunkt liegt bei 230° C.

Morphin-HCl, eine bitter schmeckende, geruchslose, weiße, kristalline Substanz, löst sich in 24 Teilen Wasser und schmilzt bei 200° C. Morphin-HCl kristallisiert besser als Morphinsulfat, während die Wasserlöslichkeit bei beiden weitgehend gleich ist. Infolge des

---

[134] Zu weiteren 1-Benzylisochinolin-Alkaloiden vgl. 1.2.3.1, Rdnr. 573 FN 4 und 616 FN 43, sowie 1.2.2.2, Rdnr. 538 FN 89.
[135] Vgl. auch zum Ergotamin 1.2.1.1.3, Rdnr. 306.
[136] Phenylalanin wird durch Hydroxylierung zu Tyrosin.
[137] Vgl. zu den Indol-Alkaloiden beim LSD-25 1.2.1.1.4, Rdnr. 269 f.
[138] Auch im europäischen Rohopium können sich hohe Morphin-Gehalte finden: in Opium aus österreichischem Mohnanbau z.B. 7-18 Gew.-%. Zum Morphin-Gehalt des Rohopiums vgl. auch 2.1.1, Rdnr. 956.
[139] Zur Strukturformel des Morphins vgl. 2.1.3, Rdnr. 1076. Vgl. auch zur Einbindung des Sauerstoffs beim THC 1.1.3, Rdnr. 88.
[140] Vgl. auch u.a. zum Kavain als Pyron-Derivat 2.2, Rdnr. 1376.
[141] In der Regel ist bei den Hypnoanalgetica das linksdrehende Isomer wirksamer, vgl. z.B. beim Levorphanol 4.4.2.8, Rdnr. 2333 und 2336, sowie beim Levomethadon 4.4.5, Rdnr. 2421. Anders beim Dextromoramid 4.4.5, Rdnr. 2449.

gegenüber Morphinsulfat geringeren Molekulargewichts wirkt die gleiche Menge Morphin-HCl stärker als Morphinsulfat[142].

Neben dem stark analgetisch wirksamen und abhängigkeitserzeugenden Morphin gehört mit einem Anteil von 0,5-3,5 Gew.-% zur Gruppe der Phenanthren-Derivate weiter das antitussive, ein wesentlich geringeres Abhängigkeitspotential aufweisende **Codein** (3-Methylmorphin; chem. Bezeichnung (IUPAC): 4,5α-Epoxy-3-methoxy-17-methylmorphin-7-en-6α-ol), das vor allem als Hustenmittel, aber auch als Analgeticum eingesetzt wird[143]. Dies gilt auch für das spasmolytische, kaum noch analgetisch wirksame **Thebain** (chem. Bezeichnung (IUPAC): 4,5α-Epoxy-3,6-dimethoxy-17-methylmorphina-6,8-dien)[144], das im Gegensatz zu Morphin kein physisches Abhängigkeitspotential mehr aufweist und in hoher Dosierung zentral-erregend und spasmogen wirkt.

1068 *

Zur Gruppe der 1-Benzylisochinolin-Alkaloide gehört vor allem mit einem Gewichtsanteil von 0,1-2 % der Opium-Masse das stark spasmolytisch wirkende **Papaverin** (chem. Bezeichnung (IUPAC): 6,6-Dimethoxy-1-(3,4-dimethoxybenzyl)-isochinolin)[145], das erschlaffend auf die gesamte glatte Muskulatur wirkt und daher als muskulotrop wirkendes Spasmolyticum bei Spasmen u.a. des Magen-Darm-Traktes eingesetzt wird. Das heute vorwiegend synthetisch hergestellte Papaverin weist in therapeutischer Dosierung nur periphere Wirkungen auf.

1069 *

Als weitere Opium-Alkaloide der Isochinolin-Reihe, die zum Teil in der Medizin, jedoch kaum als Rauschdrogen Bedeutung haben, seien noch das **Narcotin** (syn. Noscapin, INN)[146] mit einem Anteil von 6 Gew.-% der Opium-Masse, das wie Codein hustenstillend wirkt und u.a. in dem rezeptpflichtigen Antitussivum Capval enthalten ist, das **Narcein** sowie, neben Basen unbekannter Konstitution, das Laudanin und das dem Papaverin verwandte Laudanosin erwähnt.

1070

Das Vorkommen von Alkaloiden ähnlicher Struktur in einer Pflanzenart ist ein Hinweis auf eine verwandte **Biosynthese**, die beim Schlafmohn damit zu beginnen scheint, dass sich bereits bald nach der Keimung zunächst Narcotin als erste stickstoffhaltige Base bildet, gefolgt von Codein, Morphin, Papaverin, Thebain sowie den übrigen Opium-Alkaloiden. Hin-

1071

---

[142] Zum Missbrauch von Morphin-HCl und –sulfat als Ausweichmittel vgl. 2.1.5, Rdnr. 1182 f.
[143] Zur Geschichte des Codeins vgl. 2.1.2, Rdnr. 987, zur Strukturformel vgl. 2.1.3, Rdnr. 1076, zum Missbrauch von Codein und verwandten Verbindungen als Ausweichmittel vgl. 4.4.2.1, Rdnr. 2273-2309.
[144] Zur Strukturformel des Thebains vgl. ebenfalls 2.1.3, Rdnr. 1076. Thebain ist Ausgangssubstanz für die Synthese mehrerer Opioide. Zum Missbrauch von Abkömmlingen des Thebains als Ausweichmittel vgl. 4.4.2.3, Rdnr. 2315-2320; vgl. auch zum Buprenorphin 4.4.2.9, Rdnr. 2341.
[145] Zur Strukturformel des Papaverins vgl. 2.1.3, Rdnr. 1076. Papaverin ist ohne Einwirkung auf die Opiatrezeptoren. Zum therapeutischen Einsatz vgl. 1.2.1.1.2, Rdnr. 282 f.
[146] Zum Noscapin vgl. 4.4.2.1, Rdnr. 2295 FN 58, sowie 2.1.3, Rdnr. 1079 FN 158.

sichtlich der Phenanthren-Abkömmlinge wird auch davon ausgegangen, dass sich zunächst Thebain bildet, gefolgt von Codein, welches zu Morphin entmethyliert wird[147].

1072 Die 1952 erstmals von Gates und Tschudi mit einem Hexahydrophenanthren-Derivat als
* Ausgangsverbindung durchgeführte **Totalsynthese** ist demgegenüber nur von wissenschaftlichem Interesse; nach wie vor wird Morphin auch für die therapeutische Verwendung aus Opium gewonnen[148].

1073 Aus Morphin mit der Summenformel $C_{17}H_{19}NO_3$ + H_2O wird mittels **Acetylie-**
* **rung**[149] als dessen Derivat das **3,6-Diacetylmorphin** (syn. **Diamorphin**; abgekürzt: **DAM**) mit der Summenformel $C_{17}H_{19}ON(OCOCH_3)_2$ synthetisiert, das unter dem Warenzeichen "**Heroin**" bekannt geworden ist[150] (chem. Bezeichnung (IUPAC): [(5R,6S)-4,5-Epoxy-17-methylmorphin-7-en-3,6-diyl]diacetat). 2 Wasserstoffreste des Morphins werden also durch jeweils eine CH_3CO-Gruppe ersetzt. Reines Diamorphin in Form des Chlorhydrats (**Heroin-HCl**, abgekürzt: **HHC**) liegt als weißes, kristallines, geruchsloses Pulver von bitterem Geschmack vor.

1074 Der **Aufbau** des **Diacetylmorphins** erfolgt stufenweise über das O_3**-Monoace-**
* **tylmorphin**, der **Abbau** entsprechend über den Ester O_6**-Monoacetylmorphin (6-MAM)** wieder zu **Morphin**[151]; beides sind Isomere.

1075 Die Ersetzung des Wasserstoffrestes in Position 3 des Morphin-Gerüstes durch
* eine CH_3-Gruppe (**Methylierung**) führt demgegenüber zum **Codein**, das ebenfalls als weiteres **Abbauprodukt** nach vorheriger Heroin- oder Morphin-Zufuhr gebildet werden kann[152].

1076 Zur Verdeutlichung dieser Zusammenhänge soll von folgenden **Strukturfor-**
* **meln** ausgegangen werden:

---

[147] Vgl. auch zum Codein als Abbauprodukt des Morphins 2.1.3, Rdnr. 1077, sowie 4.4.2.1, Rdnr. 2273 und 2282.
[148] Zur Morphin-Gewinnung vgl. 2.1.1, Rdnr. 957.
[149] Zur Heroin-Herstellung vgl. 2.1.1, Rdnr. 962-967.
[150] Zur Geschichte des Heroins vgl. 2.1.2, Rdnr. 988-1060, zur Strukturformel vgl. 2.1.3, Rdnr. 1076.
[151] Zur Strukturformel des Monoacetylmorphins vgl. ebenfalls 2.1.3, Rdnr. 1076. Vgl. auch zur Metabolisierung des Heroins 2.1.4, Rdnr. 1132, sowie 2.1.1, Rdnr. 952, und 2.1.6, Rdnr. 1264.
[152] Zu Nachweisschwierigkeiten aufgrund enzym-immunologischer Reaktionen vgl. 2.1.6, Rdnr. 1254. Zur teilweisen Metabolisierung des Codeins vgl. auch 4.4.2.1, Rdnr. 2282.

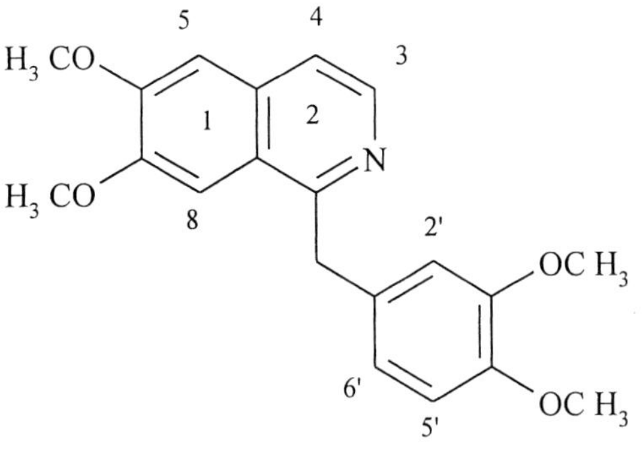

2.1 Opium und Opiate

Papaverin

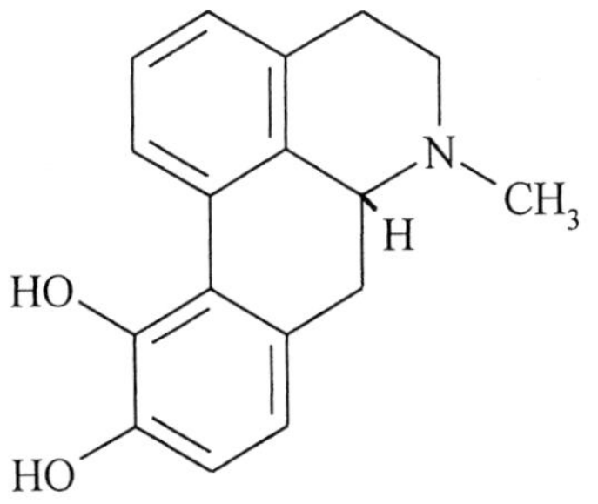

Apomorphin

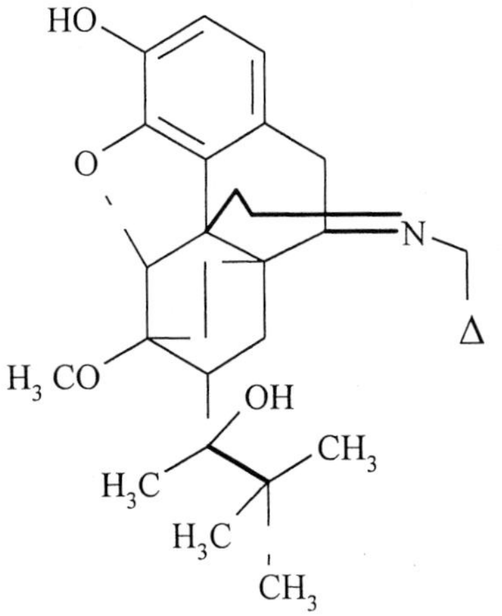

Buprenorphin

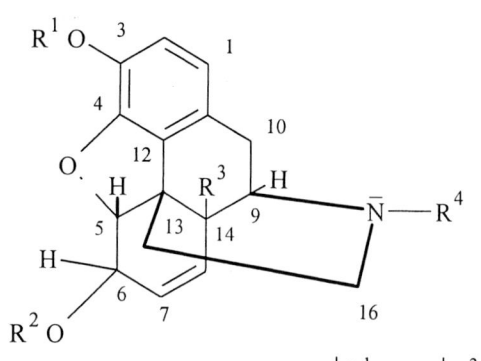

	R^1	R^2	R^3	R^4
Morphin	-H	-H	-H	-CH$_3$
Normorphin (Metabolit)	-H	-H	-H	-H
Morphin-Derivate:				
3-Methylmorphin (Codein)	-CH$_3$	-H	-H	-CH$_3$
3,6-Diacetylmorphin (Heroin)	-COCH$_3$	-COCH$_3$	-H	-CH$_3$
6-Monoacetylmorphin (6-MAM) (Metabolit)	-H	-COCH$_3$	-H	-CH$_3$
3-O-Ethylmorphin (Dionin)	-C$_2$H$_5$	-H	-H	-CH$_3$
Thebain	-CH$_3$	-CH$_3$	-H	-CH$_3$
Thebacon	-CH$_3$	-COCH$_3$	-H	-CH$_3$
Opiatantagonisten:				
Nalorphin	-H	-H	-H	-CH$_2$CH=CH$_2$

	R^1	R^2	R^3	R^4
Dihydromorphin-Derivate:				
Oxycodon	-CH$_3$	=O	-OH	-CH$_3$
Hydromorphon	-H	=O	-H	-CH$_3$
Hydrocodon	-CH$_3$	=O	-H	-CH$_3$
Opiatantagonisten:				
Naloxon	-H	=O	-OH	-CH$_2$-CH=CH$_2$
Naltrexon	-H	=O	-OH	—CH$_2$—CH(—CH$_2$—CH$_2$—) (cyclopropyl)

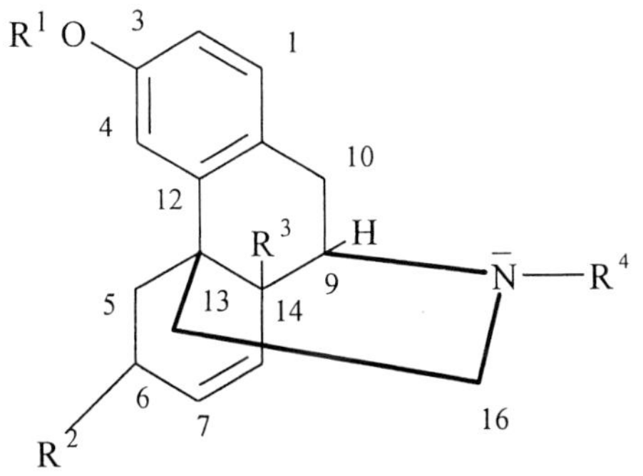

	R^1	R^2	R^3	R^4
Morphinan-Derivate:				
Levorphanol	-H	-H_2	-H	-CH_3
Opiatantagonisten:				
Levallorphan	-H	-H_2	-H	-CH_2-CH=CH_2

Die phenolische OH-Gruppe des Morphin-Grundgerüstes (an C_3) scheint hierbei mit wesentlich für die analgetische Wirkungsstärke zu sein[153]: Bei Verätherung zu **Methylmorphin** nimmt die Wirkung ab, während eine Veresterung zu **Diamorphin** (zusammen mit der alkoholischen OH-Gruppe) sowohl eine **analgetische** als auch **addiktive** Wirkungssteigerung zur Folge hat. Schmerzstillende und abhängigkeitserzeugende Potenz scheinen bisherigen Erkenntnissen zufolge hierbei gekoppelt zu sein[154].

1077
*

Neben Morphin und seinen Derivaten weisen auch andere zentralwirksame Verbindungen stark **analgesierende** Eigenschaften auf, die, wenn überhaupt, nur noch bedingte **strukturelle** Vergleichbarkeit mit Morphin aufweisen[155].

1078
*

Wesentlich scheint hier das allen gemeinsame quartäre C-Atom zu sein, das mit dem tertiären N-Atom über 2 weitere C-Atome verbunden ist[156].

In der **Medizin** wird die **gesamte Alkaloidkombination** des Opiums, die es mit sich bringt, dass die spasmogene Morphin-Wirkung durch die krampflösenden

1079

---

[153] Zu Änderungen in der pharmakologischen Aktivität vgl. auch beim 3-Ethylmorphin 4.4.2.4, Rdnr. 2310-2313.
[154] Ein offenbar generelles Phänomen, vgl. etwa zum Oxycodon 4.4.2.5, Rdnr. 2316. Bei Trennung der analgetischen und der euphorischen Wirkungskomponenten lässt sich allerdings das Abhängigkeitspotential verringern, vgl. zum Naltrexon 2.1.3, Rdnr. 1109 f.
[155] Vgl. zu Opioiden wie etwa Tilidin 4.4.1, Rdnr. 2253-2255.
[156] Vgl. auch zur Pethidin-Gruppe 4.4.4, Rdnr. 2382, sowie zu Strukturmerkmalen des Methadons 4.4.5, Rdnr. 2416 f.

Nebenalkaloide[157] gemildert wird, während Narcein die analgetische und Narcotin[158] die toxische Wirkungskomponente potenziert, nur noch selten eingesetzt, etwa bei Krankheiten des Verdauungstraktes.

1080 So wird z.B. **Opium-Tinktur** (Tinctura Opii, eine schwarz-braune, bittere, aus pulverisiertem Opium durch Verdünnen mit Wasser und Weingeist hergestellte Flüssigkeit mit 0,05-1 % Morphin) als Antidiarrhoicum zur Ruhigstellung des Darmes verwendet (Morphin-Obstipation), während sie früher u.a. auch gegen Cholera, Typhus sowie bei manisch-depressiven Zuständen genutzt wurde[159]. Daneben sind **Opium** selbst mit einem Morphin-Gehalt von 12 %, **Pulvis Opii** mit 10 % Morphin und **Extractum Opii**, eine wässrige, rotbraun-trübe Lösung mit 20 % Morphin für die ärztliche Verschreibung zugelassen. In kleineren Dosen wirkt Opium erregend, dann beruhigend, in mittleren Dosen betäubend[160].

1081 Als **Fertigarzneimittel** wurden bei uns bis Ende der 1980er Jahre nur noch wenige Vollpräparate mit den gesamten Opium-Alkaloiden vertrieben: unter dem Warenzeichen Pantopon[161] handelte es sich hierbei um ein wasserlösliches, injizierbares Medikament mit einem Morphin-Gehalt von 50 %, das in Ampullenform bei schweren Schmerzzuständen nach Verletzungen, Entzündungen, bei Tumoren, Koliken und Spasmen sowie prä- und postoperativ anwendbar war; als Spasmolyticum in Tropfenform wurde außerdem Paverysat Bürger angeboten. Beide Medikamente, bei denen es sich um Btm im Sinne des BtMG handelte, sind vom Markt genommen worden.

1082 Da **Morphin** bei **oraler** Gabe nicht rasch genugt absorbiert wird[162], wird es meist in Form eines seiner Salze[163] in wässriger Lösung z.B. bei Gallen- oder Nierenkoliken parenteral (sowohl s.c. als auch i.m. oder i.v.) **gespritzt**.

1083 Bei **therapeutischer** Verabreichung von Morphin (**oral**) kommt es bei einer Dosierung ab 2 mg zu einer Unterdrückung des Hustenreflexes, bei Dosen von 10-20 mg[164] tritt die analgesierende Wirkung innerhalb von 20 min ein; die Wirkungsdauer beträgt 2-3 h. Höhere Tagesdosen von 50-100 mg rufen narkoseartige Zustände hervor. Bei **i.v.** Gabe einer analgetischen Dosis von 10 mg beginnt die Wirkung nach 5-10 min und erreicht ihr Wirkungsmaximum nach etwa 25 min. Die Wirkungsdauer beträgt etwa 4 h.

---

[157] Wie das Papaverin, vgl. 2.1.3, Rdnr. 1069.
[158] Als Morphin-Narcotin-Doppelsalz war früher das Btm Narcophin auf dem Markt, das wie Morphin eingesetzt wurde, wobei die narkotische Wirkung durch das Narcotin erhöht wurde; zur Morphin-Narcein-Kombination vgl. 2.1.4, Rdnr. 1115.
[159] Zur historischen Bedeutung vgl. 2.1.2, Rdnr. 971-975.
[160] Näher zu den Wirkungen 2.1.4, Rdnr. 1114 f. Zu den verschreibungsfähigen Höchstmengen vgl. 2.1.3, Rdnr. 1090.
[161] Dem vergleichbar war das aus dem Rohopium gewonnene und die gesamte Alkaloidkombination enthaltende Btm Euponal mit einem eingestellten Morphin-Gehalt von ca. 50 %.
[162] Vgl. aber zur oralen Gabe von Morphin-Tabletten 2.1.4, Rdnr. 1139 FN 242. Zur guten Resorption von Barbituraten bei oraler Gabe vgl. demgegenüber 4.1, Rdnr. 1996.
[163] Zu diesen vgl. 2.1.3, Rdnr. 1067.
[164] Zu den verschreibungsfähigen Höchstmengen vgl. 2.1.3, Rdnr. 1090.

Als niedrigste ED_{50} werden bei Morphin auch 3,2 mg/kg KG angegeben[165].

Zur **therapeutischen** Anwendung bestimmtes **Morphin** wird außer bei Tumoren u.a. in der Notfallmedizin und bei entzündlichen Gewebserkrankungen (Arthrosen), schweren Nervenschmerzen und schwerem Rheuma, Phantomschmerzen und starken Rückenschmerzen nach erfolglosen Wirbelsäulenoperationen eingesetzt[166]. In Form von Morphin-HCl-Ampullen mit 10 oder 20 mg Wirkstoff ist es u.a. unter dem Warenzeichen Morphin Merck 10/20 bzw. als Injektionslösung als Morphin Merck 100 auf dem Markt[167]. In Form von Morphinsulfat wird es als Retardkapseln unter dem Warenzeichen Capros 10/30/60/100, M-long 10/30/60/100, MST Continus 30/60 und MST 10/-30/-60/-100/-200, in Form von Suppositorien unter dem Warenzeichen MSR 10/-20/-30, als Injektionslösung unter dem Warenzeichen MSI 10/20/100/200 und in Form von Filmtabletten unter dem Warenzeichen Sevredol 10mg/-20mg vertrieben.

1084

Bei sämtlichen genannten FAM handelt es sich um **Btm** im Sinne des BtMG 1994.

Die sedativen, hypnotischen und atemdepressiven **Wirkungen** des Morphins werden (ebenso wie die der morphin-artigen Analgetica)[168] u.a. durch Barbiturate und **Tranquilizer verstärkt**[169].

1085

Eine **therapeutische** Verwendung von **Diacetylmorphin** ist in Deutschland demgegenüber nicht mehr gegeben[170].

1086

Aufgrund der Neufassung im Zuge der 2. BtMÄndV unterliegen mit Wirkung ab dem 1.8.1986 nach Anl. II zum BtMG grundsätzlich die zur Art **Papaver orientale** (= P. bracteatum) gehörenden Pflanzen und Pflanzenteile (ausgenommen die Samen bzw. zu Zierzwecken) ebenso wie das **Mohnstrohkonzentrat**[171] diesem Gesetz, während **Opium** (der geronnene Saft der zur Art P. somniferum gehörenden Pflanze, ungeachtet des Morphin-Gehalts) nach Anl. III unter die ver-

1087
§

---

[165] Zur ED_{50} bei Pethidin und anderen Narkoanalgetica vgl. 4.4.4, Rdnr. 2383, bei Fentanyl 4.4.6, Rdnr. 2475.
[166] Vgl. auch zur spinalen Opiatanalgesie 2.1.4, Rdnr. 1139 FN 241. Der morphin-bedingte Bradykardie kann hierbei mit Atropin begegnet werden, im Hinblick auf die auftretende Übelkeit und Erbrechen wird Morphin häufig mit Neuroleptica wie Psyquil kombiniert, die als Antiemetica wirken (vgl. auch 4.4.4, Rdnr. 2389).
[167] Früher auch in Kombination mit Atropinsulfat als Morphin-Atropin Merck 10/-20; vgl. auch beim Atropin 1.2.2.2, Rdnr. 510.
[168] Vgl. allgemein Vorbem. 4.4, Rdnr. 2245-2247.
[169] Vgl. hierzu bei den Barbituraten 4.1, Rdnr. 2018-2033, und beim Methadon 4.4.5, Rdnr. 2435.
[170] Zum Geschichtlichen vgl. 2.1.2, Rdnr. 991. Zur Verabreichung von Heroin im Rahmen eines Modellversuchs an Schwerstabhängige ab März 2002 auch in Deutschland vgl. aber 2.1.7, Rdnr. 1339.
[171] Zum Mohnstrohkonzentrat vgl. 2.1.1, Rdnr. 945 und 959.

kehrs- und verschreibungsfähigen Btm fällt (außer in homöopathischer Zubereitung).

1088
§ Aufgrund der 1. BtMÄndV wurden ab dem 1.9.1984 außerdem die zur Art **Papaver somniferum** (jetzt einschließlich der Unterart setigerum) gehörenden Pflanzen und Pflanzenteile aus Anl. II heraus- und in Anl. III aufgenommen (mit Einschränkungen in der Fassung der 4. BtMÄndV u.a. bezüglich Pflanzen, die zu Zierzwecken verwendet werden, nachdem ihnen das Morphin entzogen worden ist; letzteres wurde vorgeschrieben, da teilweise in Blumengeschäften erworbene Kolben zu "**Mohntee**" aufgekocht wurden, um das Morphin zu extrahieren[172]). Aufgrund der 15. BtMÄndV sind ab dem 1.7.2001 auch die **Samen** der genannten Papaver-Arten, auch wenn sie noch keine als Btm eingestuften Wirkstoffe enthalten, der Anl. I unterstellt worden, wenn ein Missbrauch zu **Rauschzwecken** vorgesehen ist.

1089
§ **Morphin** zählt seit Inkrafttreten des BtMG 1982 nach Anl. III ebenso wie Opium zu den verkehrs- und verschreibungsfähigen Btm, wobei aufgrund der 10. BtMÄndV ab dem 1.2.1998 nur noch bezüglich Opium bestimmte homöopathische Zubereitungen besonders ausgenommen sind.

1090
§ Nach der neugefassten BtMVV darf der Arzt für seinen Praxisbedarf seit dem 1.2.1998 pro Patient innerhalb von 30 Tagen neben einem zweiten Btm folgende **Höchstmengen** verschreiben: Morphin 20.000 mg, Opium (eingestelltes) 4.000 mg, Opium-Extrakt 2.000 mg und Opium-Tinktur 40.000 mg.

1091
§ Wird Morphin (und Diamorphin) allerdings zu **Doping-Zwecken** im Sport verabreicht, handelt es sich hierbei unabhängig von der Btm-Eigenschaft und einer Verschreibungsfähigkeit seit dem 11.9. 1998 um gemäß § 6 a AMG verbotene Doping-Wirkstoffe[173] mit der Folge einer Strafbarkeit nach § 95 Abs. 1 Nr. 2 a AMG.

1092
§ Das therapeutisch bei uns nicht mehr eingesetzte **Diamorphin** (Heroin) ist nach Anl. I zum BtMG ein weder verkehrs- noch verschreibungsfähiges Btm, ebenso die früher teilweise in der Medizin verwandten, heute jedoch bedeutungslosen Abwandlungen **Benzylmorphin** (chem. Bezeichnung (IUPAC): 3-Benzyloxy-4,5α-epoxy-17-methylmorphin-7-en-6α-ol; früher Peronin), **Morphin-N-oxid** (chem. Bezeichnung (IUPAC): (5R,6S)-4,5-Epoxy-3,6-dihydro-17-methylmorphin-7-en-17-oxid; früher Genomorphin), Methyldesorphin (INN), Methyldihydromorphin (INN), Myrophin (INN), Nicomorphin (INN) und **Normorphin** (INN, also N-demethyliertes Morphin[174]).

---

[172] Bei Ein- und Ausfuhr von Pflanzenteilen von P. somniferum ist unabhängig davon, ob ihnen das Morphin nach einem zugelassenen Verfahren entzogen wurde, § 11 BtMG sowie die Vorschriften der BtMAHV zu beachten. Bei Erwerb bzw. Abgabe von Pflanzenteilen, denen das Morphin nicht entzogen wurde, ist § 12 BtMG und die Vorschriften der BtMBinHV zu beachten. Nur bei Entzug des Morphins ist danach eine Abgabe auch an Personen zulässig, die keine Erlaubnis nach § 3 BtMG haben. Vgl. zum „O-Tee" 2.1.5, Rdnr. 1180.
[173] Zu den Doping-Wirkstoffen näher 3.2.4.2, Rdnr. 1800-1806.
[174] Zur Strukturformel des Normorphin vgl. 2.1.3, Rdnr. 1076.

Das Zwischenprodukt **Monoacetylmorphin** ist dagegen in keiner der Anlagen zum BtMG 1994 erfasst. Wird es zu Rauschzwecken gehandelt, kann gleichwohl, unabhängig von einer Verschreibungsfähigkeit und -pflichtigkeit, eine Strafbarkeit nach § 95 Abs. 1 Nr. 1 AMG gegeben sein.

1093 §

Was die anderen genannten **Opium-Alkaloide** betrifft, so handelt es sich bei **Thebain** nach Anl. II um ein verkehrs-, jedoch nicht verschreibungsfähiges Btm (ohne Zulassung besonders ausgenommener Zubereitungen), während **Codein** als verschreibungsfähiges Btm (unter Zulassung besonders ausgenommener Zubereitungen) seit dem 1.2.1998 Anl. III zum BtMG unterfällt. Die übrigen Opium-Alkaloide sind nicht dem BtMG 1994 unterstellt.

1094 §

Aufgrund der ArzneimittelV 1990 zählen bis zu 10 Gew.-% eingestelltes Opium sowie die **Opium-Alkaloide** und ihre Salze, soweit ihre Verschreibung und Abgabe nicht durch die BtMVV geregelt ist, insbesondere **Noscapin** und **Papaverin**, teilweise unter weiteren Voraussetzungen, jedoch zu den **verschreibungspflichtigen** Stoffen. Werden sie außerhalb einer Apotheke vertrieben, so kann dies, auch wenn keine Btm-Eigenschaft gegeben ist, eine Strafbarkeit nach § 95 Abs. 1 Nr. 4 AMG begründen.

1095 §

Ebensowenig handelt es sich bei dem für die Heroin-Produktion benötigten **Essigsäureanhydrid (EA)**[175], das zeitweise vornehmlich aus Deutschland stammte, bei uns um ein Btm, obwohl eine Unterstellung unter das Betäubungsmittelrecht von verschiedenen Stellen (u.a. der CND) gefordert worden war. Bereits in den 1980er Jahren begannen gleichwohl verschiedene Länder (u.a. Hong Kong) acetylierende Substanzen allgemein staatlicher Kontrolle zu unterstellen.

1096 §

Wegen der weiten Verbreitung und Verwendung von Basischemikalien (**Precursors**) wie sie EA darstellt[176], erschien dies jedoch nur schwer in dem erforderlichen Umfang bei uns realisierbar, zumal die Kontrolle sich auch auf relativ geringe Mengen erstrecken muss und EA seinerseits ohne weiteres u.a. aus Essigsäure herstellbar ist; es gibt bereits mehrere Herstellungsverfahren aus wenig auffälligen Ausgangsstoffen. Hier wie bei anderen Grundstoffen[177] wurde auf eine freiwillige Selbstkontrolle der entsprechenden Produzenten gesetzt, gleichzeitig jedoch auch in der BRD die Überwachung entsprechender Chemikalien und Lösungsmittel verschärft.

1097 §

1986 wurde seitens der CND u.a. eine freiwillige oder gesetzliche Kontrolle von Chemikalien, Lösungsmitteln oder Ausgangsstoffen vorgeschlagen, die bei der illegalen Btm-Herstellung benötigt werden. Auf diesem und anderen Vorschlägen beruht das Übereinkommen von 1988, in dem u.a. Essigsäureanhydrid und Phenylessigsäure als **Grundstoffe** in Anl.

1098 §

---

[175] Zur Bedeutung der EA bei der Heroin-Herstellung vgl. 2.1.1, Rdnr. 963, sowie 2.1.2, Rdnr. 1041.
[176] Von den weltweit etwa für die Sulfonamid-Herstellung produzierten ca. 1,5 Mio t/a werden für die illegale Heroin-Herstellung nur wenige 100 t abgezweigt.
[177] Wie z.B. Ether und Aceton, vgl. zur Herstellung des Cocains 3.1.1, Rdnr. 1422, und des Amfetamins 3.2.4.1, Rdnr. 1787. Zum Aceton als Lösungsmittelbestandteil vgl. 4.5.4, Rdnr. 2532. Zum Ether als Rauschmittel vgl. 4.5.1, Rdnr. 2504.

Tab. II aufgenommen wurden[178]. In Umsetzung dieses Übereinkommens erfolgte eine entsprechende Aufnahme der genannten Grundstoffe in Kategorie II der EWG-Ratsverordnung Nr. 3677/90, sowie unter Bezugnahme auf diese Verordnung mit Wirkung ab dem 28.2. 1994 durch ein innerstaatliches Ausführungsgesetz die Aufnahme eines strafbewehrten Umgangsverbotes in § 18 a BtMG.

1099 Diese Bestimmung ist mit Wirkung ab dem 1.3.1995 durch das nach § 29 GÜG strafbe-
§ wehrte Verbot nach § 3 GÜG ersetzt worden. Danach ist es untersagt, **Grundstoffe** im Sinne der Kategorien 1-3 der genannten EWG-Ratsverordnung u.a. herzustellen und mit ihnen Handel zu treiben, wenn sie zur unerlaubten Btm-Herstellung verwendet werden sollen (es kommt demnach auf den Nachweis der jeweiligen Zweckbestimmung an). Für Grundstoffe der Kategorie 1 wurde eine Erlaubnispflicht normiert, für Grundstoffe der Kategorie 2, zu der u.a. **EA** und **Phenylessigsäure** gehören, eine Anzeigepflicht. Die weit verbreiteten Basischemikalien Schwefelsäure, Salzsäure, Aceton und Ethylether gehören demgegenüber zu den Grundstoffen der Kategorie 3.

1100 Aufgrund der Tatsache, dass sie in den meisten Fällen vergleichbar Morphin ei-
* ne eigenständige analgetische Wirkungskomponente aufweisen, sei an dieser Stelle ergänzend auf Verbindungen eingegangen, die der Gruppe der **Opiatantagonisten** (syn. Opioidantagonisten, Morphinantagonisten/MA) zuzurechnen sind, ohne jedoch als Ausweichmittel Bedeutung zu haben.

Hierbei handelt es sich vorwiegend um Verbindungen aus der Reihe der **Morphinane**[179] und der **Benzomorphane**[180], auf die im übrigen, soweit sie als Ausweichmittel in Betracht kommen, im Abschn. 4.4 näher eingegangen wird.

1101 Aus der Morphinan-Reihe ist das 1951 als erster Opiatantagonist entwickelte
* und 1969 auch in die Therapie des Heroinismus eingeführte **Nalorphin** (INN; N-Allylnormorphin) unter dem Warenzeichen Lethidrone bekannt geworden. Wegen seiner starken halluzinogenen Eigenschaften wird es medizinisch aber nicht mehr eingesetzt.

1102 Außerdem wurde das dualistisch, vorwiegend jedoch antagonistisch wirkende
* **Levallorphan** (INN; N-Allyl-3-morphinanol; Lorfan) entwickelt, das wegen seiner atemdepressiven Wirkung in Deutschland inzwischen durch das rein antagonistisch wirkende **Naloxon** (INN; chem. Bezeichnung (IUPAC): N-17-Allyl-4,5α-epoxy-3,14-dihydroxy-6-morphinanon; Naloxon 0,4 mg Curamed; Narcanti; in der Pädiatrie Narcanti neonatal; Naloselect 0,4 mg Injektionslösung) ersetzt wurde.

---

[178] Bei Stoffen nach Anl. I, die unmittelbare Vorprodukte zur Btm-Herstellung sind, erfolgt demnach eine Ausfuhrkontrolle. Die Grundstoffarten sind hier in Anhang B.3 wiedergegeben.
[179] Zur Substanzgruppe der Morphinan-Reihe näher 4.4.2, Rdnr. 2331-2340.
[180] Insbesondere Pentazocin und Cyclazocin, vgl. 4.4.3, Rdnr. 2356 und 2370.

2.1 Opium und Opiate

Der Name "**Opiatantagonisten**" für diese Stoffgruppe leitet sich von der Tatsache ab, dass diese Verbindungen eine Rezeptorenblockade aufgrund ihrer Strukturähnlichkeit mit Substanzen der Morphin-Gruppe[181] bewirken. Indem sie so die Wirkung der Opiate und anderer Hypnoanalgetica aufheben, zeigen sie neben der erwähnten agonistisch-analgetischen eine **kompetitiv-antagonistische** Wirkung.

Charakteristisch für diese Gruppe von Opiatantagonisten ist hierbei die Ersetzung der N-Methylgruppe des Morphins bei sonst gleicher Strukturformel durch einen Allylrest (-CH$_2$-CH=CH; Veresterung des Allylalkohols CH$_2$-CHCH$_2$OH), daneben aber auch durch einen anderen ungesättigten Substituenten[182].

Naloxon, das von allen bisher bekannten Antagonisten mit die höchste Affinität zum Morphin-Rezeptor aufweist, wird teilweise in der Anästhesie verwandt, um postoperativ die Wirkung starker Betäubungs- und Schmerzmittel, insbesondere die Atemdepression, zu regulieren; auch können durch starke Alkohol-Vergiftungen verursachte Atemlähmungen hierdurch beseitigt werden[183].

Aufgrund ihrer opiatantagonistischen Eigenschaften liegt es nahe, Substanzen dieser Gruppe außerdem **diagnostisch** zum Nachweis einer Abhängigkeit vom Opioid-Typ bzw. im Rahmen der **Therapie** und von Programmen zur Nachfragereduzierung (demand reduction) zur Kontrolle vorherigen Opiat-Konsums einzusetzen: Denn während beim Nicht-Konsumenten Naloxon-Injektionen eine Verengung der Pupillen bewirken, ist beim Morphin- oder Heroin-Konsumenten, der sich einen "Schuss" gesetzt hat, umgekehrt eine Pupillenerweiterung die Folge[184].

In erster Linie erfolgt heute ein Naloxon-Einsatz jedoch als **Antidot** bei einer **akuten Heroin-Intoxikation**[185], wodurch teilweise die Todesrate gesenkt werden konnte[186]. Da die Wirkungsdauer von Naloxon mit 15-90 min allerdings regelmäßig kürzer als die der aufgenommenen Opioide ist, muss hierbei zur Vermeidung einer erneut auftretenden Atemdepression Naloxon häufig nachinjiziert werden.

Demgegenüber hat sich eine Dauermedikation mit Naloxon zur Verhinderung des Rückfalls in den Heroin-Missbrauch[187] nicht durchsetzen können.

1103 #

1104 *

1105 #

1106

1107

---

[181] Zu den Strukturformeln von Nalorphin, Naloxon und Levallorphan vgl. 2.1.3, Rdnr. 1076. Zu den µ-Rezeptoren vgl. 2.1.4, Rdnr. 1141 und 1165. Vgl. auch zum Buprenorphin 4.4.2.9, Rdnr. 2342.

[182] Vgl. hierzu bei den Benzomorphanen 4.4.3, Rdnr. 2357.

[183] Dagegen hat die Untersuchung der Möglichkeit einer Beseitigung des alkohol-bedingten Rausches durch Naloxon-Gabe im Wege des Doppelblindversuches kein eindeutiges Ergebnis erbracht.

[184] Naloxon hat bei Nicht-Opioidabhängigen keine nennenswerten Einwirkungen auf das ZNS. Es wird daher in Kombinationspräparaten wie Valoron-N eingesetzt, zu letzterem vgl. 4.4.1, Rdnr. 2268 f.

[185] Zum Einsatz bei Morphin- und Heroin-Vergiftungen vgl. 2.1.7, Rdnr. 1283 f.

[186] Zur Entwicklung der Zahl der „Drogentoten" vgl. 2.1.2, Rdnr. 1050 f.

[187] Zur Rückfallprophylaxe ist Naltrexon-HCl einsetzbar, vgl. anschließend 2.1.3, Rdnr. 1110.

1108 Da Nalorphin, Naloxon und Levallorphan im Gegensatz zu den morphin-artigen Analgetica weniger euphorisierend wirken, sondern eher unangenehme psychische Wirkungen mit sich bringen, ist das **Missbrauchspotential** hier als gering anzusehen.

1109 Seit Anfang der 70er Jahre konzentriert sich die Entwicklung auf die Synthetisierung nicht abhängigkeitserzeugender Opioidantagonisten[188], bei denen die analgetische und die euphorisierende Wirkungskomponente getrennt sind (wobei die Fähigkeit eines neu entwickelten Analgeticums, im Tierversuch das Morphin-Entzugssyndrom zu verhindern[189], ein Indiz dafür ist, dass es selbst abhängig macht[190]). Hierzu gehört das im Auftrag der amerikanischen Regierung 1965 entwickelte, strukturell zwischen Naloxon und Cyclazocin stehende **Naltrexon** (INN; chem. Bezeichnung (IUPAC): (-)-N-(Cyclopropylmethyl)-4,5α-epoxy-3,14-dihydro-6-morphinanon)[191], das als fast reiner kompetitiver µ-Rezeptorantagonist die Vorzüge beider Substanzen wenigstens partiell in sich vereint und fast ohne Eigenwirkung, insbesondere nicht euphorisierend ist; damit weist Naltrexon auch keine Toleranzbildung und kein Abhängigkeitspotential auf.

1110 Seit 1989 ist **Naltrexon-HCl** unter dem Handelsnamen Nemexin in Tablettenform auch in Deutschland im Handel und wird u.a. zur **Rückfallprophylaxe** (Nüchternheitshilfe) zur Unterstützung der psychotherapeutisch/psychologischen Entwöhnungsbehandlung nach erfolgter Opioidentgiftung eingesetzt[192]. Bei vorangegangenem Opioidmissbrauch führt es wie Naloxon zur schlagartigen Auslösung des Opioidentzugssyndroms[193] und wird als **Antidot** bei schwerer Heroin-Intoxikation verabreicht. Ebenso wie Naloxon besetzt Naltrexon Opioidrezeptoren, so dass Heroin und Opioide wie Methadon, DHC, aber auch Tilidin oder Tramadol[194] sich nicht mit dem µ-Rezeptor verbinden und heroin-artige Wirkungen entfalten können (außer in ganz ungewöhnlich hohen Dosen oder bei hoher eigener Rezeptoraffinität wie bei Fentanyl und seinen Abkömmlingen[195]), dies gilt sogar für endogene Opioide

---

[188] Zur Gefahr einer spezifischen Abhängigkeit vom Opiatantagonisten-Typ bei anderen Opioidantagonisten vgl. bei den Benzomorphanen 4.4.3, Rdnr. 2368.

[189] Zur Auslösung der Entzugssymptome vgl. 2.1.5, Rdnr. 1155.

[190] Bisherigen Erkenntnissen zufolge scheinen u.a. analgetische und abhängigkeitserzeugende Eigenschaften gekoppelt zu sein: vgl. 2.1.4, Rdnr. 1160, und Vorbem. 4.4, Rdnr. 2244.

[191] Zur Strukturformel des Naltrexon vgl. 2.1.3, Rdnr. 1076. Zur Strukturformel des Cyclazocin vgl. 4.4.3, Rdnr. 2343. Zwischenzeitlich ist mit Nalmefene ein noch wirksamerer µ-Opioidrezeptor-Antagonist entwickelt worden, der ggfs. wie Naltrexon auch bei Opioiden mit hoher µ-Rezeptoraffinität wie Fentanyl und seinen Derivaten (vgl. etwa beim Lofentanil 4.4.6, Rdnr. 2474) einsetzbar ist.

[192] Hierzu näher 2.1.7, Rdnr. 1331 f.

[193] Zum Einsatz ohne vorhergehenden Opioidentzug im Rahmen eines sog. „Turbo-Entzugs" vgl. 2.1.7, Rdnr. 1349 f. Da Naltrexon auch die nach Alkohol-Konsum einsetzende Euphorie und das Verlangen nach Alkohol dämpft, wurde es in den USA von der FDA Anfang 1995 auch für die Therapie von Alkoholkranken freigegeben.

[194] Zum Tilidin und Tramadol vgl. 4.4.1, Rdnr. 2253 f. und 2254 FN 15. Näher zur Rezeptorbesetzung durch Opioidantagonisten: 2.1.4, Rdnr. 1165 f.

[195] Vgl. hierzu beim Fentanyl 4.4.6, Rdnr. 2474 und 2477.

wie β-Endorphine[196]. Wegen dieser hohen Rezeptoraffinität genügen hierfür bereits minimale Dosen um 0,1 mg Naltrexon. Wirkungen an anderen Opioidrezeptoren (δ- und κ-Rezeptor) werden hingegen kaum antagonisiert.

Nach **oraler** Gabe wird Naltrexon innerhalb von min resorbiert; innerhalb 1/2 h ist die maximale Plasmakonzentration erreicht, die Plasmahalbwertszeit beträgt ca. 8 h. Im Gegensatz zur 4stündigen Wirkungsdauer des Naloxon weist Naltrexon bzw. sein Metabolit 6-β-Naltrexon eine **Wirkungsdauer** von 48-72 h auf. Naltrexon bewirkt hierbei eine Stimulierung des noradrenergen Systems mit Herzfrequenz- und Blutdruckerhöhung. Im Gegensatz zu anderen Opioidantagonisten tritt auch im Hinblick auf die antagonistischen Effekte **keine Gewöhnung** auf[197]. 1111 #

Aufgrund ihres fehlenden Missbrauchspotentials unterliegen **Nalorphin, Naloxon, Levallorphan** und **Naltrexon** nicht den Bestimmungen des BtMG 1994. 1112 §

Aufgrund der ArzneimittelV 1990 handelt es sich jedoch bei Diacetylnalorphin, Levallorphan, Nalorphin, Naloxon sowie Naltrexon und ihren Salzen um **verschreibungspflichtige** Stoffe. Werden sie außerhalb einer Apotheke vertrieben, kann dies eine Strafbarkeit nach § 95 Abs. 1 Nr. 4 AMG beinhalten. 1113 §

2.1.4 Wirkung und Wirkungsweise

Opium selbst hat aufgrund des Zusammenwirkens der gesamten Alkaloidkombination bei teils synergistischer, teils antagonistischer **Wirkung** zum Morphin[198] von der isolierten Morphin-Wirkung in Teilbereichen abweichende Effekte[199], was auch von anderen halbsynthetisch gewonnenen Rauschdrogen her bekannt ist[200]. 1114

So besitzt, wie erwähnt, Morphin von allen Opium-Alkaloiden die ausgeprägteste **analgetische** Wirkung, Narcein und Thebain bei minimaler Analgesie die größten **spasmolytischen** Eigenschaften. 1115

Die Kombination von Morphin und Narcein erhöht hingegen den analgetischen Effekt um das 4- bis 6fache der Morphin-Wirkung[201]. Daneben hat Opium eine antidiarrhoische Wirkung[202].

Die **Rauschwirkung** des isolierten **Morphins** im Zuge einer **akuten Opioidintoxikation** (ICD-10 F 11.0) ist etwa 10mal stärker als die des Opiums. 1116

---

[196] Zu den Endoopioiden vgl. 2.1.4, Rdnr. 1144-1158.
[197] Zur Toleranzausbildung bei Opiatantagonisten vgl. 4.4.3, Rdnr. 2368.
[198] Vgl. auch zum medizinischen Opium-Einsatz 2.1.3, Rdnr. 1080.
[199] Vgl. auch zum „Chandoo"-Rauchen 2.1.5, Rdnr. 1176.
[200] Etwa von Cocain, vgl. 3.1.4, Rdnr. 1518.
[201] Vgl. hierzu auch 2.1.3, Rdnr. 1079, und Vorbem. 4.4, Rdnr. 2246 f.
[202] Vgl. auch zur sog. Morphin-Obstipation 2.1.4, Rdnr. 1137.

Hierbei bewirkt eine einzelne **Morphin-Injektion**[203] bei einem psychisch gesunden Menschen außer der als wohltuend empfundenen Schmerzfreiheit jedoch noch keine weiteren Empfindungen; bestehen die Schmerzen nicht fort, besteht auch kein Bedürfnis nach erneuter Morphin-Applikation.

1117 Nur bei wenigen Konsumenten stellt sich bereits bei therapeutischer Dosierung **Euphorie** ein, bei anderen hingegen Dysphorie. Erst bei mehrfacher Morphin-Injektion tritt die euphorisierende Wirkungskomponente in den Vordergrund und kann es, insbesondere bei psychisch labilen Menschen, zur Ausprägung des **Morphinismus** kommen[204].

1118 Die durch **Injektion** von **Morphin** ausgelöste Euphorie ist gekennzeichnet durch eine ausgeglichene, ruhige, unbeschwerte und ohne konkrete Ursache glückliche Stimmungslage, die Schwierigkeiten als unbedeutend erscheinen lässt: Bei erhalten bleibender **Verstandestätigkeit** wird das Belastende zwar noch registriert, der Morphin-Konsument wird jedoch gegenüber den Anforderungen, Konflikten und Problemen des Alltags **gleichgültig**, ihre belastende und quälende Komponente wird "ausgeblendet" und es besteht kein Bedürfnis mehr für eine Änderung der Situation.

1119 Das **Selbstvertrauen** nimmt gleichzeitig zu, die Gedanken fließen scheinbar leichter, die Wahrnehmungen sind scheinbar intensiver, Ängstlichkeit und Anspannung verfliegen; gegebenenfalls stellen sich auch sexuell gefärbte Phantasien und Visionen ein. Der Morphinist ist hellwach und selbst bei habituellem abusus noch lange Zeit **arbeitsfähig**.

1120 # Neben der analgetischen und der sedativ-narkotischen Wirkung übt Morphin somit auch eine als **erregend** anzusehende Wirkung auf das ZNS aus, wobei die Erregung bei einheitlich **zentral-hemmender** Wirkung[205] auf die Aktivität der Neuronen durch die Beseitigung dämpfender Einflüsse erklärbar ist.

1121 Infolge gleichzeitig herabgesetzter Sinneswahrnehmungen kommt es aber auch zu einer Dämpfung der geistigen Aktivität (**Reizabschirmung**), was mit zu dem beschriebenen Gefühl einer scheinbar umfassenden Befriedigung der Bedürfnisse beitragen dürfte.

1122 Diese **Dämpfung** der Bewusstseinslage führt allerdings nicht zu einer Einschränkung der **Wahrnehmungsfähigkeit**[206]; diese wird vielmehr dahingehend beeinflusst, dass sie

---

[203] Zum Erfordernis der parenteralen Zufuhr von Morphin zu Rauschzwecken vgl. 2.1.3, Rdnr. 1082.
[204] Zum Morphinismus näher 2.1.7, Rdnr. 1285. Vgl. auch zur Morphin-Verwendung im 19. Jahrhundert 2.1.2, Rdnr. 986.
[205] Zur Wirkungsweise näher 2.1.4, Rdnr. 1154-1171. Allgemein zu „paradoxen" Effekten zentral-dämpfender Stoffe („downer high") bei den Barbituraten 4.1, Rdnr. 1997 und 2016, sowie beim Ether 4.5.1, Rdnr. 2510 (Excitationsstadium).
[206] Wie etwa bei den Tropan-Alkaloiden, vgl. 1.2.2.2, Rdnr. 523 und 527.

2.1 Opium und Opiate

sich bei klarem Bewusstsein weniger auf Einzelheiten und mehr auf deutliche Sinnesreize konzentriert.

Selbst bei erheblicher Einschränkung der Wahrnehmungsfähigkeit und Bewusstseinsveränderungen im Falle von **Hochdosierungen** mit extremen Intoxikations- bzw. Entzugserscheinungen, kommt es nicht wie etwa bei den echten Halluzinogenen zu einer ungewohnten selektiven Wahrnehmung (Fokussierung) mit Sinnestäuschungen[207], es wird vielmehr nur insgesamt **weniger, nicht** aber etwas **qualitativ** anderes wahrgenommen.

Die **Kurz-** und **Langzeitwirkungen** des **Heroins** gleichen hierbei weitgehend denen des Morphins, jedoch wird beim Heroin infolge seiner im Verhältnis zu Morphin etwa 5-bis 10mal stärkeren Wirksamkeit eine entsprechend geringere **Dosis**[208] zur Herbeiführung der gleichen Effekte benötigt[209]. 1123

Dementsprechend ist auch eine **Heroin-** nicht von einer **Morphin-Intoxikation** zu unterscheiden[210]. Dies gilt weitgehend auch für die vollsynthetischen Opioide[211]. 1124

Ein Unterschied besteht jedoch in der durchschnittlichen **Wirkungsdauer:** Diese ist beim Morphin mit bis zu 6 h anzusetzen, beim Heroin hingegen nur mit 1-4 h[212]. 1125

Wie beim Morphin ist auch beim Heroin eine **Resorption** über den Magen-Darm-Trakt zwar grundsätzlich möglich[213], jedoch erfolgt sie so langsam[214], dass auch Heroin in den meisten Fällen i.v. konsumiert und dabei relativ **schnell gespritzt** wird[215]. Charakteristisch für die **Kurzzeitwirkung** von Heroin ist daher 1126
#

---

[207] Wie etwa beim LSD-25, vgl. 1.2.1.1.4, Rdnr. 339, und bei den Stimulantia, vgl. Vorbem. 3.2, Rdnr. 1706. Zum Fehlen eines deliranten Zustandes bei einer Morphin/Heroin-Intoxikation vgl. 2.1.7, Rdnr. 1315. Hingegen kann es als (gegenregulatives) Entzugssymptom auch bei einigen (nicht allen) zentral-depressiven Substanzen zu u.U. ausgeprägten (aber nicht drogeninduzierten) Halluzinationen kommen, vgl. etwa bei den Barbituraten 4.1, Rdnr. 2034 f.
[208] Zur Morphin- und Heroin-Dosierung vgl. 2.1.5, Rdnr. 1207-1209.
[209] Zur Wirkungssteigerung beim Diamorphin vgl. auch 2.1.3, Rdnr. 1077.
[210] Zur akuten Heroin-Intoxikation näher 2.1.7, Rdnr. 1270-1279.
[211] Zur Steigerung morphin-artiger Wirkungen vgl. etwa beim Methadon 4.4.5, Rdnr. 2421.
[212] Ausnahmsweise kann die Heroin-Wirkung auch bis zu 7 h anhalten. Vgl. auch zur Wirkungsdauer des Levomethadons einerseits 4.4.5, Rdnr. 2429, und des Fentanyls andererseits 4.4.6, Rdnr. 2478.
[213] Vgl. demgegenüber zum Opium-Essen 2.1.2, Rdnr. 977 und 985.
[214] Zur Unwirksamkeit von Tryptaminen bei oraler Absorption vgl. beim Psilocybin 1.2.3.3, Rdnr. 653.
[215] Zu einer inhalativen bzw. nasalen Aufnahme vgl. 2.1.5, Rdnr. 1222-1226.

der "**flash**", "kick" oder "hit"[216], d.h. die unmittelbar nach der Injektion und Lösung der Abbindung[217] erfolgende schlagartige **Anflutung** des Wirkstoffes in konzentrierter Form über die Blutbahn ins Gehirn, die eine ebenso plötzlich einsetzende, überwältigende **Euphorie** mit orgiastischem Gefühl im Unterleib, verbunden mit Wärme und Wohlbehagen, zur Folge hat[218]. Dieser akute Intoxikationszustand kann einige Minuten anhalten.

Nach der Resorption verschwindet der Wirkstoff rasch wieder aus der Blutbahn[219].

1127 Die nach dem "kick" einsetzende, gelegentlich als "subjektiver Normalzustand" bezeichnete Phase gleicht dem beim Morphin beschriebenen Zustand des allgemeinen **Wohlbefindens** und der **Gleichgültigkeit** gegenüber Außenreizen (Reizabschirmung) und wird meist mit dem wenig spezifischen Ausdruck "**high**" bezeichnet[220].

1128 § Ist dieses organisch-psychische **Gleichgewicht** erreicht, wirken Heroin-Abhängige dem äußeren Bild nach unauffällig, sind hellwach und **leistungsfähig** und handeln meist folgerichtig. Eine strafrechtliche Verantwortlichkeit kann im Hinblick auf das innere Motivationsgefüge und die eingeschränkte Willensfreiheit des Abhängigen auch in dieser Phase gleichwohl nur eingeschränkt gegeben sein.

1129 § Eine heroin-bedingte absolute **Fahrunsicherheit**, zu der neben der allgemeinen Gleichgültigkeit und apathischen Antriebslage, der verlängerten Reaktionszeit, Konzentrationsschwäche und mangelndem sozialen Verantwortungsbewusstsein auch die u.U. ausgeprägte **Miosis** (dosisabhängig bis Stecknadelkopfgröße) bei kaum feststellbarer Pupillenreaktion beiträgt, dürfte für die Zeit der Nachweisbarkeit im Blut, also bis zu 6 h nach dem Konsum, gegeben sein. Zu beachten ist hierbei, dass die auch in der Dunkelheit erhalten bleibende Miosis als erregende Heroin-Wirkung grundsätzlich keiner Toleranzbildung[221] unterliegt und die hierdurch bedingte verminderte Sehleistung subjektiv nicht realisiert wird. Insgesamt scheint der Heroin-Konsument überproportional häufig in (besonders schwere) Verkehrsunfälle verwickelt zu sein. Aber auch ohne dass er verkehrsauffällig geworden ist, kann ab dem 1.8.1998 ohne Festlegung von Grenzwerten allein der **Morphin-Nachweis** im

---

[216] Zur entsprechenden Bezeichnung „rush" vgl. beim Cocain 3.1.5, Rdnr. 1604, sowie beim Amfetamin 3.2.4.5, Rdnr. 1912, und bei den Alkylnitriten 4.5.4, Rdnr. 2559.
[217] Zur Injektion von Heroin näher 2.1.5, Rdnr. 1218-1221. Zur Gefahr bei zu hastiger Injektion vgl. 2.1.7, Rdnr. 1270.
[218] Ein vergleichbarer Effekt kann auch durch Resorption über die Lunge erreicht werden, wie es z.B. beim „Crack"-Rauchen der Fall ist, vgl. 3.1.5, Rdnr. 1630. Zum Heroin-Rauchen vgl. 2.1.5, Rdnr. 1190 und 1226.
[219] Im Gegensatz z.B. von Cocain, vgl. 3.1.4, Rdnr. 1559 f.
[220] Vgl. etwa zum „Hasch-High" 1.1.4, Rdnr. 123, zum „runner high" 2.1.4, Rdnr. 1151, sowie allgemein zum „downer-high" bei zentral-dämpfenden Wirkstoffen 4.1, Rdnr. 2016, und 4.2.1, Rdnr. 2060 f.
[221] Zur Toleranzausbildung vgl. 2.1.5, Rdnr. 1171. Die miotische Wirkung tritt somit auch bei häufiger Heroin-Zufuhr auf, unabhängig von der Applikationsart.

2.1 Opium und Opiate

Blut[222] nach § 24 a StVG als Ordungswidrigkeit mit Bußgeld und Fahrverbot belangt werden. Langzeitabhängige sind allerdings häufig bereits aufgrund ihres allgemein schlechten Gesundheitszustandes nicht mehr in der Lage Auto zu fahren.

Zu berücksichtigen ist hierbei zudem, dass es den reinen Heroin-Abhängigen bei uns so gut wie nicht mehr gibt[223]. Bei dem üblichen **Mehrfachkonsum** einschließlich **Alkoholika** und verschreibungsfähigen Medikamenten wie BD kann es zu **gegenläufigen** Wirkungen oder zu schwer kalkulierbaren **Summierungseffekten** der verschiedenen zentral-wirksamen Fremdstoffe mit völlig unvorhersehbaren Reaktionen kommen[224], was sich auch im Wirkungsbild bemerkbar macht, das dann eher auf eine **Bewusstseinstrübung** (Somnolenz) schließen lässt, verbunden mit verlangsamter Motorik und verwaschener Sprache. 1130

Zwar haben Morphin und seine Derivate, etwa im Vergleich zum THC[225], eine relativ **geringe Lipophilie**, findet sich Morphin daher insgesamt gesehen im Verhältnis zu Leber und Niere nur in relativ niedriger Konzentration im Gehirn. 1131 #

Diacetylmorphin passiert jedoch aufgrund höherer Lipidlöslichkeit die **Blut-Hirn-Schranke** im Vergleich zu Morphin leichter und wird u.a. im Gehirn sehr schnell zu O_6-**Monoacetylmorphin**[226] (**HWZ** ca. 9 min) und dieses enzymatisch weiter zu **Morphin** hydrolysiert (**HWZ** ca. 38 min)[227], welches wegen seiner geringen Fettlöslichkeit dann seinerseits über die Blut-Hirn-Schranke nur noch in geringem Maße wieder ins Blut überzutreten vermag. 1132 #

Inwieweit der Heroin-Metabolit **Monoacetylmorphin** (**MAM**) seinerseits als Träger **psychotroper** Eigenschaften in Frage kommt, ist noch nicht sicher geklärt. Der hohe MAM-Anteil im "Polskikompott"[228] spricht eher für ein psychotropes Wirksamwerden. 1133

Heroin ist daher eigentlich nur die bessere "**Transportform**" des Morphins im Gehirn, indem bei Applikation von Heroin mehr Morphin schneller den Wirkort erreicht: Heroin wirkt so **rascher**, **heftiger**, aber auch, wie erwähnt, **kürzer** als 1134 #

---

[222] Zum Morphin-Nachweis im Blut bzw. Urin vgl. 2.1.6, Rdnr. 1248-1260. Berücksichtigt werden sollte hierbei der ebenfalls pharmakologisch aktive Heroin-Metabolit M-6-G (zu diesem vgl. 2.1.4, Rdnr. 1138). Zur verminderten Fahrsicherheit vgl. auch 1.1.4, Rdnr. 120.
[223] Vgl. etwa zum häufigen Mischkonsum mit Cocain 3.1.4, Rdnr. 1530 f., sowie zur Mischintoxikation 2.1.2, Rdnr. 1052.
[224] Vgl. z.B. beim Methadon 4.4.5, Rdnr. 2435.
[225] Vgl. beim THC 1.1.4, Rdnr. 150, sowie beim Amfetamin 3.2.4.4, Rdnr. 1883.
[226] Zur Strukturformel des 6-Monoacetylmorphins (6-MAM) vgl. 2.1.3, Rdnr. 1076, sowie Rdnr. 1093.
[227] Zum Abbau des Diamorphins (DAM) vgl. auch 2.1.3, Rdnr. 1074.
[228] Vgl. hierzu 2.1.1, Rdnr. 952, und 2.1.5, Rdnr. 1238. Zur KE vgl. 2.1.5, Rdnr. 1209. Zu entsprechenden Eigenschaften z.B. der LSD-Metaboliten vgl. 1.2.1.1.4, Rdnr. 381-383, sowie zum Morphin-Metabolit M-6-G unten 2.1.4, Rdnr. 1138.

Morphin[229]. Zur Aufrechterhaltung einer gleichbleibenden Wirkstoffkonzentration im Blut sind daher mehrere Injektionen pro Tag erforderlich[230].

1135 Soweit Morphin sich in Teilen des ZNS ablagert, findet es sich vor allem im
**Thalamus** und im **medialen Vorderhirnbündel**, im seitlichen **Hypothalamus**, wo Sinneseindrücke, Lust- und Schmerzempfindungen zusammenlaufen[231], und in dem für höhere Bewusstseinsfunktionen zuständigen Teil der **Großhirnrinde**.

1136 Hierbei ist zu berücksichtigen, dass allgemein von außen kommende Sinneseindrücke
emotional beladen werden und erst so ein individuelles, durch frühere Erfahrungen mitbestimmtes Bild von der Außenwelt entsteht, das jeweils unterschiedlich, zu eher positiven oder negativen Empfindungen und Reaktionen führt. Hierdurch kann aber auch **ohne** jeden **Außenreiz** eine eigenständige "**Wirklichkeit**" zustande kommen[232]: So konnte experimentell durch elektrische Reizung bestimmter Hirnareale ein "Glücksgefühl" hervorgerufen werden, ohne dass ein realer Bezug gegeben war[233].

1137 Weitere zentrale **Morphin-Wirkungen** bestehen (dosisabhängig) außer in einer
gegebenenfalls ausgeprägten **Miosis** (stecknadelkopfgroße Pupillen auch bei Dunkelheit)[234] bei hängenden Augenlidern in einer **Hemmung** des im Hirnstamm befindlichen **Atemregulations-** und **Hustenzentrums**[235], was eine **Atemdepression** zur Folge hat[236]. Weitere **vegetative Nebenwirkungen** bestehen u.a. in einer Tonusvermehrung der glatten Muskulatur[237] und der "**Morphin-Obstipation**". Die Kontrolle der Blasenfüllung und der Harndrang sind gedämpft, es besteht die Gefahr des Harnverhalts.

1138 Nach **Metabolisierung** des Morphins zu **Normorphin**[238], also nach Demethy-
lierung des Stickstoffs, erfolgt schließlich die Ausscheidung in unveränderter

---

[229] Diese Beziehung von Wirkungsdauer und –intensität gilt auch für eine Reihe anderer Rauschdrogen, z.B. im Verhältnis DMT/DET, vgl. 1.2.4.4, Rdnr. 888.
[230] Näher zur Applikationshäufigkeit 2.1.5, Rdnr. 1210.
[231] Vgl. etwa auch zur LSD-Wirkung 1.2.1.1.4, Rdnr. 355, sowie beim Cocain 3.1.4, Rdnr. 1548 f.
[232] Vgl. hierzu auch allgemein bei den Halluzinogenen Vorbem. 1.2, Rdnr. 267.
[233] Zur Veränderung des Wachbewusstseins auf psychischem Wege vgl. beim Cannabis 1.1.4, Rdnr. 128 f., sowie 1.2.2.2, Rdnr. 566, sowie hier 2.1.4, Rdnr. 1150.
[234] Vgl. auch zur Naloxon-Wirkung 2.1.3, Rdnr. 1106. Die Miosis beruht wahrscheinlich auf einer Reaktion des Opiats mit dem κ-Rezeptor, vgl. 2.1.4, Rdnr. 1158; bei hoher Opiatdosis kann es zu einer spastischen Miosis kommen. Zur Pupillenerweiterung unter Halluzinogen-Einfluss vgl. demgegenüber beim LSD-25 1.2.1.1.4, Rdnr. 323.
[235] Zur Verwendung des Heroins als Hustenmittel vgl. 2.1.2, Rdnr. 989. Zur Verwendung des Methylmorphins (Codeins) als Hustenmittel vgl. 4.4.2.1, Rdnr. 2272-2274.
[236] Zur akuten Heroin-Intoxikation vgl. 2.1.7, Rdnr. 1270-1274.
[237] U.a. die glatte Muskulatur von Gallenblase und Gallenwegen zieht sich zusammen. Vgl. demgegenüber zur Wirkung der Benzylisochinolin-Alkaloide 2.1.3, Rdnr. 1062 und 1069 f.
[238] Zur Strukturformel des Normorphins vgl. 2.1.3, Rdnr. 1076.

2.1 Opium und Opiate

Form bzw. als **Morphin-6-Glucuronid** (**M-6-G**, das seinerseits eine agonistische Wirkung auf den µ-Rezeptor aufweist), Normorphin oder **Codein**[239] über die Niere, aber auch über die Galle. Auch hierbei dürfte die **Rückresorption** im Darm eine Rolle spielen[240].

Die **HWZ** liegt für Morphin bei 6-8 h, für Diamorphin hingegen bei nur wenigen min.

Was die **Wirkungsweise** betrifft, so ist davon auszugehen, dass hierfür 2 Komponenten verantwortlich sind:

- Außer zu einer **Reduzierung** der Übertragung von **Schmerzimpulsen** auf das Rückenmark[241] und von hier zum Mittelhirn kommt es zu
- einer qualitativen **Veränderung** des subjektiven **Schmerzempfindens**, d.h. ähnlich wie die psychisch belastenden Außenreize wird auch der Schmerz zwar noch wahrgenommen, jedoch nicht mehr als bedrohlich empfunden[242]. Erst bei einer nicht mehr therapeutisch induzierten Dosishöhe kommt es zu einer Beeinflussung auch der allgemeinen Rindenaktivität mit der Folge einer Dämpfung der Bewusstseinslage, bei **Hochdosierung** auch mit der Folge von **Bewusstseinsveränderungen** und Wahrnehmungsstörungen[243].

Sowohl die **analgetische** als auch die **sedativ-narkotische, euphorisierende** und gegebenenfalls auch **stimulierende** Wirkungskomponente beruht auf einem Eingriff in den **Neurotransmitterhaushalt**[244].

---

[239] Vgl. auch zum Morphin-Nachweis im Harn 2.1.6, Rdnr. 1254.
[240] Zum enterohepatischen Kreislauf vgl. beim Cannabis 1.1.4, Rdnr. 155, sowie unten 2.1.4, Rdnr. 1171.
[241] Die Schmerzweiterleitung selbst erfolgt u.a. mittels Prostaglandinen und Bradykinen als Neurotransmitter. Vgl. auch zur analgetischen Fentanyl-Wirkung 4.4.6, Rdnr. 2476, sowie zur narkotischen Ether-Wirkung 4.5.1, Rdnr. 2508. Bei der „spinalen Opiatanalgesie" wird das Opiat, vorzugsweise Morphin, über einen Tubus direkt zum Rückenmark gebracht, wo es den Einfluss der Schmerzimpulse von den Nociceptoren zu den Neuronen hemmt. Vgl. auch zur Leitungsanästhesie durch Cocain 3.1.3, Rdnr. 1501.
[242] Ähnlich THC, vgl. 1.1.4, Rdnr. 167 FN 118. Zu einem Einsatz von Opioiden im Rahmen der Sterbehilfe vgl. 1.2.1.1.4, Rdnr. 354. Eine weitgehende Vermeidung u.a. der sedierenden Nebenwirkungen sowie einer Abhängigkeitsausbildung kann bei oraler Gabe von Morphin-Tabletten oder in Kapselform etwa im Rahmen der Krebsbekämpfung erzielt werden. Vgl. auch beim Buprenorphin 4.4.2.9, Rdnr. 2343.
[243] Zur Dämpfung des Bewusstseins bei Missbrauch als Rauschdroge vgl. auch 2.1.4, Rdnr. 1121 f. und 1130. Zur Ausschaltung des Bewusstseins bei hoher Dosierung von Analgetica vgl. auch beim Tilidin 4.4.1, Rdnr. 2258-2260.
[244] Vgl. hierzu auch allgemein Einführung, Rdnr. 14-17.

1141 Morphin wirkt nämlich, wie auch die anderen Opiate und Opioide, den bisheri-
\# gen Erkenntnissen zufolge in **unveränderter** Form[245], als voller **Antagonist** auf
Nervenzellen mit eigenen Bindungsstellen[246], die als **Opioid-**, Morphin- oder kurz
µ-Rezeptoren bezeichnet werden, ein.

Hierfür spricht bereits, dass Morphin und verwandte Opiate ihre analgetische Wirkung ohne nennenswerte Beeinflussung von Sinneswahrnehmungen und in **geringer Dosis** entfalten, was darauf hinweist, dass sie nicht ubiquitär auf die Zellmembran einwirken, wie es für einige andere zentral-dämpfende Substanzen anzunehmen ist[247], sondern vielmehr mit den Rezeptoren als **speziellen Wirkorten** in Verbindung treten.

1142 Diese 1973 nachgewiesenen **Morphin-Rezeptoren** sind im ZNS nicht gleich-
\# mäßig verteilt, sondern finden sich vornehmlich in bestimmten Rückenmarkhinterhornabschnitten und in den Teilen des Mittelhirns, die als entscheidend für die Schmerzübertragung angesehen werden, sowie im **limbischen System**[248], was im Zusammenhang mit der veränderten Stimmungslage und weiteren **psychischen** Beeinflussungen stehen dürfte. Weitere Rezeptoren finden sich im Frontalcortex und in Gebieten, die für die Regulierung endokriner Funktionen oder für die Steuerung der unwillkürlichen Motorik verantwortlich sind. Außerhalb des ZNS werden zudem Organsysteme wie der Magen-Darm-Trakt durch µ-Rezeptoren beeinflusst.

1143 Aufgrund von Tierversuchen konnten bisher 5 verschiedene **Rezeptortypen**
\# klassifiziert werden, die im zentralen und/oder peripheren Nervensystem lokalisiert werden konnten und für die eine erhöhte Aktivierung durch **Opiate** aber auch vergleichbar wirkende Stoffe wie **Piperidine**[249] charakteristisch ist.

1144 Da Morphin und seine Derivate keine eigenen, spezifischen Rezeptoren haben
\# können, da sie als Fremdstoffe ja physiologischerweise nicht im Körper vorkommen, wurde nach körpereigenen **(endogenen) Liganden** gesucht, die mit diesen Bindungsstellen interagieren.

Auf deren Existenz hatte bereits das Phänomen hingewiesen, dass Schmerzen, z.B. infolge von Verletzungen nach einem Verkehrsunfall, zunächst nicht bemerkt werden, sondern erst nach Abklingen der Stresssituation wahrgenommen werden.

---

[245] Dies ist fraglich geworden, vgl. 2.1.4, Rdnr. 1133. Vgl. auch beim Cocain 3.1.4, Rdnr. 1556 und 1561.
[246] Wie es z.B. auch für die BD angenommen wird, vgl. 4.3.4, Rdnr. 2203 f.
[247] Wie z.B. Ethanol und die Barbiturate, die jedoch über GABA-Rezeptoren wirksam zu werden scheinen, vgl. 4.1, Rdnr. 1999. Auch beim LSD-25 wurde bisher kein spezifisches Rezeptorsystem gefunden, vgl. 1.2.1.1.4, Rdnr. 358.
[248] Vgl. auch 2.1.4, Rdnr. 1135. Zur Einwirkung etwa von Tranquilizern auf das limbische System vgl. 4.3.4, Rdnr. 2200.
[249] Vgl. etwa zu den Opioiden der Pethidin-Gruppe 4.4.4, Rdnr. 2381.

2.1 Opium und Opiate

1975 fand man sie in **Poly-** und **Oligopeptiden** verschiedener Kettenlänge, die chemisch zumindest teilweise Bruchstücke eines aus 91 Aminosäuren bestehenden **Hypophysenhormons**[250], des **Lipotropins** (**β-LPH**), das selbst keine morphin-artigen Wirkungen hat, darstellen.

Diese durch enzymatische Spaltung aus dem β-Lipotropin entstehenden **Peptide** werden als "**Endorphine**"[251] (aus 31 Aminosäuren bestehend) und als "**Enkephaline**"[252] (aus 5 Aminosäuren bestehend) bezeichnet. Aufgrund ihrer **morphinartigen** Wirkungen können sie zusammen mit den nicht endogen vorkommenden morphin-artigen Narkoanalgetica unter dem weiteren Begriff "**Opioide**"[253] oder spezieller "**Endoopioide**" eingeordnet werden.

Das **β-Endorphin-System** ist vom **Enkephalin-System** unabhängig. Obwohl beide sich vorwiegend im Hirnstamm, im Zwischenhirn, der Hypophyse und im Peraquaeductalen Grau, einer Zone, durch die die Schmerzbahnen verlaufen, finden, weisen sie auch unterschiedliche Verteilungsmuster auf. Hierbei haben die bisher entdeckten 12 Endorphine (etwa das β-LPH 61-91), auf die im folgenden näher eingegangen werden soll, gegenüber den Pentapeptiden Methionin- und Leucin-Enkephalin eine längere Wirkungszeit; sie sind auch stärker wirksam als die Enkephaline und selbst als Heroin.

Als weitere Endoopioide wurden **Dynorphine** entdeckt, die ebenfalls in ihrer Wirkung den stärksten Opiaten vergleichbar sind.

Wahrscheinlich vermag der Körper sogar in geringen Mengen **Morphin** zu produzieren.

Die höchste **Endorphin-Konzentration** und zugleich eine Häufung von **μ-Rezeptoren** findet sich im mittleren Teil des **limbischen Systems** (u.a. im Hippocampus sowie Amygdala)[254] und somit in Hirnzentren für Emotionalität und affektives Verhalten, die auch für die Steigerung des allgemeinen **Wohlbefindens** unter Opiateinfluss sowie deren weitere psychische Wirkungen verantwortlich sind[255], außerdem im **Thalamus**, **Hypothalamus**[256], Corpus striatum, Mittelhirn und Rückenmark. Die **Morphin-Rezeptoren** dienen somit als von der Natur vorgesehene

1145 #

1146 #

1147 #

1148 #

1149 #

---

[250] Zu Epiphysenhormonen vgl. bei den Harmala-Wirkstoffen 1.2.3.5, Rdnr. 717.
[251] Eine Wortbildung aus „endogen" (von innen her stammend) und „Morphine", meist eingeteilt in α-, β- und γ-Endorphine. Neben der Steuerung von Antrieb und Verhalten sind sie u.a. auch an der Regulation der Körpertemperatur beteiligt.
[252] Eine entsprechende Wortbildung mit griech. κεφαλή (Kopf).
[253] Zu dem Begriff „Opioide" vgl. 2.1.2, Rdnr. 1058 FN 128.
[254] Vgl. auch zum Serotonin-Stoffwechsel beim Cannabis 1.1.4, Rdnr. 163.
[255] Wahrscheinlich greift auch Ethylalkohol in dieses Belohnungssystem des Gehirns ein und bewirkt die Ausschüttung von Endorphinen neben Dopamin und Serotonin. Im Rahmen der Alkohol-Abhängigkeit kommt es offenbar zur Bildung komplexer Verbindungen, die strukturelle Ähnlichkeit mit Morphin aufweisen und ähnlich MPTP (vgl. hierzu 4.4.4, Rdnr. 2402-2404) neurotoxisch wirken.
[256] Also dort, wo auch Morphin-Konzentrationen im Gehirn festgestellt wurden, vgl. 2.1.4, Rdnr. 1135.

Interaktionsstellen für **körpereigene** (Endo-)Opioide in besonderen **Stresssituationen** wie bei Zufügung von Schmerzen sowie allgemein bei physischen oder psychischen Angriffen. Sie haben u.a. Einfluss auf das **Immunsystem** und spielen eine Rolle bei **hormonellen** Vorgängen insbesondere im Zusammenhang mit Reproduktion, Geburt und Tod[257]. Sie werden dann in kleinsten Mengen kurzfristig zu **protektiven** Zwecken aus der Hypophyse ausgeschüttet und gelangen über die Blutbahn ins limbische System, wo sie mit den µ-Rezeptoren interagieren und u.a. (je nach individuellen Gegebenheiten unterschiedlich intensiv) **schmerzstillend** und **beruhigend** wirken.

1150   Dies führte zu der Überlegung, dass die Rezeptorbesetzung allgemein aufgrund **psycho-**
**somatischer** Vorgänge erfolgen kann, wie sie etwa dem "Placebo-Effekt" zugrunde liegen (umstr.). Hierfür spricht, dass die analgetische Wirkung eines Placebos durch eine Naloxon-Gabe[258] aufgehoben werden kann.

1151   Somit bietet sich ein Erklärungsansatz für das Phänomen der **Schmerzunter-**
**drückung** durch **Akupunktur** einerseits und der Stimulation durch masochistische Schmerzen andererseits sowie darüber hinaus sowohl hinsichtlich der analgetischen Effekte als auch der Euphorisierung und Veränderung des Wachbewusstseins aufgrund **mentaler** Techniken (etwa Trance-Rituale) und **ekstatischer** Zustände[259]. Ebenso beruhen die rauschhaften und euphorischen Zustände im Verlauf einer **nicht-stoffgebundenen** "Glücksspielsucht" und die seit alters bekannte "**Fasteneuphorie**" bei Nahrungsentzug etwa im Rahmen religiöser und spiritueller Rituale ebenso wie das unter extremen Langstreckenläufern bekannte, tranceartige "**runner's high**" gegebenenfalls auf einer vermehrten **Endorphin**-Ausschüttung (möglicherweise auch von **Corticosteroiden**)[260]. Es gibt Berichte, wo-

---

[257]   Zur Opioid-Verabreichung im Rahmen der Sterbehilfe vgl. 1.2.1.1.4, Rdnr. 354.
[258]   Zur opioid-antagonistischen Naloxon-Wirkung vgl. 2.1.3, Rdnr. 1103 und 1105.
[259]   Zur Veränderung des Wachbewusstseins auf mentalem Wege vgl. etwa beim Cannabis 1.1.4, Rdnr. 138, zur „New age"-Bewegung 1.2.2.2, Rdnr. 566, sowie 2.1.4, Rdnr. 1136. Vgl. auch zu tranceartigen Zuständen als Folge von „Techno-Musik" 1.2.4.3, Rdnr. 861.
[260]   Das 1981 entdeckte Corticotropin releasing hormon (CRH) wird bei Angriffs- und Fluchtreaktionen ausgeschüttet und führt u.a. zu einer Verminderung anderer Interessen wie Hunger oder sexuelle Bedürfnisse. Eine Blockade der CRH-Ausschüttung verhindert die Verstärkerwirkung von Stressoren auf die Morphin-Effekte; in höherer Dosierung ist es angsterhöhend. Auch die psychotropen Effekte des Fastens scheinen auf einer vermehrten Serotonin-Ausschüttung bzw. einer entsprechenden reuptake-Hemmung zu beruhen (vgl. auch 1.2.2.2, Rdnr. 566). Ebenso hängt offenbar nicht-stoffgebundenes Suchtverhalten wie die (Glücks-)Spielsucht mit einer Stimulation u.a. des Nucleus accumbens und der Amygdala sowie mit einem Eingriff u.a. in den Endorphin-, Dopamin-, und Noradrenalin-Haushalt zusammen, während die erhöhte Ausschüttung des „Stresshormons" Cortisol (INN: Hydrocortison) auf die stimulierende Wirkung des Glücksspiels hindeutet. Dementsprechend scheint eine medikamentöse Behandlung der Spielsucht etwa mit selektiven Serotonin-Wiederaufnahmehemmern (zu diesen vgl. 4.3.3, Rdnr. 2164) möglich.

2.1 Opium und Opiate

nach bei nordamerikanischen Indianerstämmen Visionen im Rahmen von **Mannbarkeitsriten**[261] dadurch angestrebt wurden, dass der Aspirant nach längerem Fasten sich ein Glied des kleinen Fingers abschnitt; dem vergleichbar überstehen offenbar teilweise Folteropfer die Tortur, indem sie einen entrückten Zustand erleben.

Weiter spielen Endorphine offenbar bei bestimmten Geisteskrankheiten wie der **Schizophrenie** eine Rolle, was für das Auftreten ähnlicher Erlebnisinhalte unter Drogeneinfluss einen gemeinsamen Bezugspunkt darstellt[262]. 1152 #

Werden Endorphine im Tierversuch direkt in das Gehirn injiziert, unter Umgehung der Blut-Hirn-Schranke und enzymatischer Inaktivierung, können weiter neben Opiateffekten wie Euphorie und Unterdrückung des Hungerreizes, Charakteristika wie Toleranz- und Abhängigkeitsausbildung beobachtet werden. 1153 #

Dass Endorphine beim Menschen eine eindeutige **Euphorie** erzeugen, ist hingegen nicht nachgewiesen worden.

Aufgrund der Beobachtung, dass Endorphine die elektrische Aktivität von Nervenzellen mit µ-Rezeptoren hemmen, wird hinsichtlich ihrer **Wirkungsweise** davon ausgegangen, dass sie u.a. durch **präsynaptischen** Angriff die **Freisetzung** anderer **Neurotransmitter**[263], die u.a. auch für die synaptische Weiterleitung der Schmerzimpulse sorgen, **verringern** und dadurch die Zahl der weitergeleiteten Impulse herabsetzen[264]. 1154 #

Andererseits sind die Morphin-Rezeptoren normalerweise nicht mit Endorphinen besetzt und reicht ihre **Grundaktivität** nicht aus, morphin-artige Wirkungen hervorzubringen: So bleibt etwa eine Naloxon-Gabe bei einem nicht zuvor Opiaten ausgesetzten Organismus ohne Wirkung, insbesondere werden hierdurch keine Entzugssymptome ausgelöst[265]. 1155 #

Daraus kann gefolgert werden, dass die Endorphine nur die Übertragung allzu **heftiger** und **unangenehmer Reize** (z.B. während der Agonie[266]) hemmen (in Form der absteigenden Hemmung). Für den Schock als extreme Stresssituation konnte eine Beteiligung endorphiner Einflüsse demonstriert werden: Naloxon-Gabe normalisierte im Tierversuch in kürzester Zeit den schockbedingten Blutdruckabfall. 1156 #

Infolge einer **kurzen HWZ** von nur wenigen min wirken sie allerdings nur kurzfristig und werden schnell wieder hydrolysiert. Zur Ausbildung von Abhängigkeitssymptomen kommt es daher bei normaler Ausschüttung nicht. **Dynorphine** scheinen sogar eine eher gegenteilige, dysphorische und somit **regulative** Wirkung zu haben. 1157 #

---

261 Zur Rauschdrogenverabreichung im Rahmen von Initiationsriten vgl. etwa beim Ibogain 1.2.3.7, Rdnr. 771.
262 Zu derartigen Zusammenhängen vgl. auch beim Cannabis 1.1.4, Rdnr. 131 f.
263 Zum Morphin als „falschen Neurotransmitter" vgl. 2.1.4, Rdnr. 1159.
264 Vgl. auch allgemein zur Wirkungsweise des Morphins 2.1.4, Rdnr. 1120.
265 Zu den antagonistischen Naloxon-Wirkungen vgl. 2.1.4, Rdnr. 1106 f.
266 Vgl. hierzu auch 2.1.4, Rdnr. 1149.

1158 Die genannten **Neuropeptide** besitzen daher die gleichen pharmakodynami-
schen Eigenschaften wie die Opiate und greifen an den gleichen µ-Rezeptoren an wie die starkwirksamen Analgetica mit morphin-ähnlicher Wirkung (Opioide); gegebenenfalls handelt es sich bei ihnen um eine weitere, eigenständige Gruppe von **hemmenden Neurotransmittern.** Neben Morphin und Heroin interagieren so verschiedene **β-Endorphine** mit dem **µ-Rezeptor**, während **Enkephaline**, aber auch β-Endorphine, Haftstellen an **δ-Rezeptoren** haben. **Dynorphine** haben ihre Bindungsstellen an κ-Rezeptoren.

1159 Der **Wirkungsmechanismus** des **Morphins** seinerseits und der morphin-arti-
gen Analgetica beruht demnach offenbar vor allem darauf, dass sie als sog. "**falsche Neurotransmitter**" den endogenen Opioiden trotz deren Peptid-Eigenschaft chemisch so weitgehend **gleichen**, dass sie das Rezeptorenmuster des Neurons bzw. Teile hiervon ebenfalls besetzen und **blockieren** - ohne jedoch deren Funktion auszuüben - mit der Folge einer **Unterfunktion** des **endorphinergen** Systems[267].

1160 Somit greifen die **exogenen Opiate** und **Opioide**, ähnlich den körpereigenen
**Endoopioiden**, in den Neurotransmitter-Haushalt wahrscheinlich u.a. des **Acetylcholins**[268] ein, indem sie einerseits dessen Freisetzung vermindern, andererseits aber zugleich die Depolarisierung von Neuronen hemmen, die durch excitatorische Transmitter wie Acetylcholin aktiviert werden, bzw. wirken sie als **Serotonin-Rezeptorenblocker**[269]. Zudem wird wahrscheinlich durch das eher dämpfend wirkende Morphin und vergleichbare Opioide, wie etwa auch durch so unterschiedliche Wirkstoffe wie **Ethanol** und **THC**[270], ähnlich **Cocain** und **Amfetamin**[271], vergleichbar wiederum der Wirkung endogener Opioide, im Nucleus accumbens des **mesolimbischen-mesocortikalen Belohnungssystems** vor allem das Wirksamwerden von **Dopamin** über einen Rückkoppelungsmechanismus begünstigt, indem es in der Konsequenz vermehrt **freigesetzt** wird, was dann zu den euphorisierenden und zugleich suchttypischen Erscheinungen beiträgt. Dopamin erzeugt dabei offenbar nicht selbst Glücksgefühle, sondern steigert die Empfäng-

---

[267] Allgemein zur Rezeptorenblockade durch einen „falschen" Neurotransmitter: Einführung, Rdnr. 16; zu langfristigen Folgen vgl. 2.1.7, Rdnr. 1314.
[268] Zur partiellen Strukturverwandtschaft mit Morphin vgl. 1.2.1.1.4, Rdnr. 361.
[269] Hingegen dürfte Noradrenalin beim Zustandekommen von Morphin-Abhängigkeit und –Toleranzausbildung keine Rolle spielen, sondern nur im Rahmen des Morphin-Entzugsyndroms. Zum LSD-25 als weiterem Serotonin-Antagonisten vgl. 1.2.1.1.4, Rdnr. 369-385.
[270] Zum Trinkalkohol vgl. 2.1.4, Rdnr. 1149 FN 255, zum THC-bedingten Eingriff in den Acetylcholin-, Dopamin- und Serotonin-Haushalt vgl. 1.1.4, Rdnr. 162 f. und 166 f.
[271] Zur cocain-bedingten Dopamin-Ausschüttung und v.a. reuptake-Hemmung vgl. 3.1.4, Rdnr. 1567-1572, sowie beim Amfetamin 3.2.4.4, Rdnr. 1891-1897. Unterschiedliche Fremdstoffe führen somit letztlich zu vergleichbaren, abhängigkeitsfördernden Effekten, vgl. auch 4.5.4, Rdnr. 2562 f.

lichkeit für bestimmte Reize, die verstärkt und dadurch als attraktiver empfunden werden. **Dynorphin** verhindert demgegenüber die Aktivierung von Dopamin.

Die Empfängerzelle reagiert hierauf offenbar teilweise mit einer Vermehrung der **Transmitter-Neusynthese** oder deren verminderten Abbau bzw. einer Vermehrung der für die entsprechenden Neurotransmitter spezifischen Rezeptoren, während die für Dopamin spezifischen **D2-Rezeptoren** sich zurückbilden. Durch Morphin und vergleichbare Opioide werden somit **neuroadaptive** Prozesse in Gang gesetzt und aufrechterhalten; es kommt zu einer Veränderung der Stoffwechselaktivität, der Verfügbarkeit von Rezeptoren pp.

1161 #

Dies wiederum bedingt insoweit ein **Nachlassen** des hemmenden und zugleich stimulierenden Opiateffektes: Es kommt zu einer **Toleranzausbildung**. Bei einem plötzlichen **Absetzen** der Opiat- bzw. Opioidzufuhr kommt es hingegen infolge Wegfalls des hemmenden Effekts zu einer übermäßigen **Noradrenalin-Ausschüttung** und damit zu einer unvermittelt einsetzenden Überreaktion der Zellen, was sich in **Entzugserscheinungen** manifestiert bei gleichzeitiger **Verminderung** der **Dopamin**-Abgabe sowie der **Serotonin**-Konzentration, was den Betroffenen anfällig macht für **Depressionen**, Stresssymptome und Antriebslosigkeit[272]. Die meisten Entzugssymptome[273] können hierbei als eine **Umkehr** der **Opiatwirkung** aufgefasst werden, was mit diesem verstärkten Einsetzen gegenregulatorischer Mechanismen erklärt werden kann. Die zelluläre Anpassungsfähigkeit an diese Änderungen ihres Stoffwechsels (**zelluläre Toleranz**) ist allerdings, wenn auch individuell unterschiedlich, insgesamt begrenzt

1162 #

Die **Entkoppelung** neuronaler Prozesse kann den mit der Abhängigkeitsausbildung einhergehenden **Kontrollverlust** bedingen, wobei das Abgleiten in die Abhängigkeit und der Rückfall im Verlaufe von Abstinenztherapien demnach mit einem "**Gedächtnis**" des Körpers für die positive Verstärkung durch die erlebten "highs" im Zusammenhang mit der zuvor erhöhten Dopamin-Freisetzung und dem jetzigen **Transmitterdefizit** erklärt werden kann ("**drug craving**" - "Hunger" nach der Droge). Die Linderung von Entzugsbeschwerden spielt diesem Erklärungsmodell zufolge demgegenüber nur eine untergeordnete Rolle.

1163 #

Hiermit könnte die Feststellung korrespondieren, dass Heroin-Abhängige ebenso wie Alkoholiker bei einem **Mangel** auch an **Endorphinen** zugleich eine vermehrte Zahl an Rezeptoren aufweisen.

1164 #

---

[272] Vgl. hierzu ebenfalls beim Cocain 3.1.4, Rdnr. 1569. Die Degeneration dopamin-haltiger Neuronen führt zu einem Übergewicht des antagonistischen Acetylcholins mit Muskelstarre und Ruhezittern, vgl. auch 2.1.6, Rdnr. 1289, zu den Langzeitfolgen.
[273] Zu den Opioid-Entzugssymptomen näher 2.1.7, Rdnr. 1308-1314, zum „drug craving" auch Rdnr. 1288.

1165 Molekularpharmakologisch weist die **Rezeptoroberfläche** bestimmte Wirkorte auf, an
denen der **aromatische Ring**, der allen Opioiden eigen ist[274], gebunden wird. Gleiches gilt für eine **anionische** (negative) Stelle, die mit dem vorwiegend **kationisch** vorliegenden (protonisierten) N-Atom des Morphin-Moleküls reagiert. Da eine hohe Wirksamkeit meist nur die **(-)-Isomere** aufweisen[275], dürfte die sterische Anordnung der -CH_2-CH_2-Kette zwischen C_{13}-Atom und N-Atom sowie die Verbindung des C_{13}-Atoms seinerseits mit dem Phenylring und einem elektrophilen C-Atom als funktionell wichtige Bestandteile des Moleküls[276] hierbei entscheidend sein. Diese **Bindungsareale** werden als T-, P- bzw. N-site bezeichnet. **Opiatagonisten-Moleküle**, die eine Schmerzdämpfung, aber u.a. auch Atemdepression bewirken, werden im **T- und N-Areal** gebunden, während **reine Opiatantagonisten** im T- und P-Areal gebunden werden, ohne dass das **N-Atom** des Moleküls die **N-Bindungsstelle** besetzen kann, da der zwischen P- und N-Areal liegende "sterische Buckel" dies verhindert. Die Besetzung der N-Bindungsstelle scheint demnach wesentlich für die Wirkungsintensität etwa in analgetischer Hinsicht eines Morphin-Agonisten verantwortlich zu sein.

1166 Indem die zugrundeliegenden Agonisten sich jeweils als "falsche Neurotrans-
mitter" wie z.B. **Heroin** und **Methadon**[277] gegenseitig zu **blockieren** vermögen, was auch auf die opiatantagonistische Wirkung u.a. von Naloxon zutrifft, korrespondiert hiermit das Phänomen der **Kreuztoleranz** und **-abhängigkeit**.

1167 Die Ausbildung von **Opiattoleranz** und **-abhängigkeit** kann demgegenüber
aber nicht allein mit **adaptiven** Vorgängen an den **Bindungsstellen** der Rezeptoren selbst erklärt werden, sondern dürfte wohl sogar vorwiegend in **Veränderungen** im **nachgeschalteten Effektorsystem** zu suchen sein, indem die Bindung des Opioids am Rezeptor zu einer Kette von Folgereaktionen führt, die als "**intrazelluläre Signaltransduktionskaskade**" bezeichnet wird.

1168 Nach einer bereits 1971 aufgestellten Hypothese sind die Rezeptoren für **Noradrenalin**
und auch **Dopamin**[278] in der Membran **postsynaptischer** Neurone im Gehirn an das Enzym **Adenylat-Cyclase** (syn. Adenylcyclase) gekoppelt, das die Umwandlung des für die Energieversorgung des Organismus wichtigen Speicherstoffes Adenosintriphosphat (ATP) in den intrazellulären Signalstoff **cyclisches 3',5'-Adenosinmonophosphat (cAMP)** katalysiert. Durch Noradrenalin wird die Adenylat-Cyclase aktiviert, was wiederum zu vermehrter Bildung von cAMP-Molekülen, die als "zweite Messenger (Botenstoffe)" innerhalb der nachgeschalteten Nervenzelle fungieren, führt.

---

[274] Vgl. bei der Pethidin-Gruppe 4.4.4, Rdnr. 2382, sowie der Methadon-Gruppe 4.4.5, Rdnr. 2416.
[275] Vgl. hierzu 2.1.3, Rdnr. 1066.
[276] Zur Strukturformel des Morphins vgl. 2.1.3, Rdnr. 1076. Vgl. auch zur Strukturformel von Opioiden beim Methadon 4.4.5, Rdnr. 2415 f.
[277] Zur Blockade des „Heroin-Hungers" durch Methadon vgl. 2.1.7, Rdnr. 1320-1325.
[278] Zur Hemmung u.a. der Noradrenalin-Ausschüttung durch Endorphine vgl. 2.1.4, Rdnr. 1154 und 1162. Zum Eingriff u.a. in den Dopamin-Haushalt durch Morphin vgl. 2.1.4, Rdnr. 1159-1162.

2.1 Opium und Opiate

Aufgrund von Versuchen an Zellkulturen lässt sich nun folgern, dass die Opiate als weitere Wirkung[279] das Enzym Adenylat-Cyclase zu hemmen vermögen. Infolge **Abnahme** der **cAMP-Menge** wird damit die neuronale **Aktivität** der postsynaptischen Zelle **vermindert**. **1169** #

Aufgrund adaptiver bzw. kompensatorischer Prozesse vermag die Nervenzelle andererseits bei **chronischer** Opiatzufuhr Adenylat-Cyclase und damit **cAMP** wieder in normalem Umfang zu bilden (**Toleranz**). Die Zelle ist dann jedoch auf weitere Opiatzufuhr angewiesen (**Abhängigkeit**) und zeigt nach Unterbrechung der Zufuhr (oder der Gabe von Opiatantagonisten) infolge nunmehr **überhöhter** Adenylat-Cyclase-Aktivität und damit überschießender Bildung von cAMP eine stark übersteigerte Reaktionsfähigkeit (**Entzug**)[280]. **1170** #

Zahlreiche Bemühungen, die gleichen Vorgänge wie im Experiment auch im Gehirn nachzuweisen, blieben bisher ohne Erfolg, was u.a. damit zusammenhängen dürfte, dass außer Adenylat-Cyclase hier noch weitere Systeme beteiligt sind.

Die **Toleranzbildung** erfolgt hierbei sowohl hinsichtlich der **zentral-dämpfenden** und analgesierenden als auch hinsichtlich der euphorisierenden Wirkungskomponente sowie den atemdepressiven Effekten[281]. Der Grundstruktur nach entspricht dieser Vorgang der einer Toleranzbildung infolge **Enzyminduktion** bei den Cannabinoiden[282]. Die zu einer **Erregung** und damit zu einer latenten Krampfbereitschaft führende Wirkungskomponente ist hingegen **nicht** von der Toleranzbildung betroffen, somit auch nicht die heroin-bedingte **Miosis**. **1171** #

2.1.5 Handelsformen

Rauchopium ("**Chandoo**" oder "Chandu", in Russland unter der Bezeichnung "Chanka" als Folge des Afghanistan-Krieges in den Jahren 1983-89 gebräuchlich geworden) wird in Asien durch **Extraktion** des **Rohopiums** gewonnen, das sich wegen seines unangenehmen Geruchs und mangelnden Knetbarkeit selbst nicht **1172**

---

[279] Zur Wirkungsweise der Opiate als Rezeptorenblocker vgl. 2.1.4, Rdnr. 1159 f. Zur Hemmung der Adenylat-Cyclase durch Δ^9-THC und seine endogenen Liganden vgl. 1.1.4, Rdnr. 167.
[280] Vgl. auch zur Toleranz- und Abhängigkeitsausbildung bei Nicotin, Einführung, Rdnr. 17.
[281] Zu den Morphin-Wirkungen näher 2.1.4, Rdnr. 1118-1123 und 1137. Zur Atemdepression vgl. 2.1.7, Rdnr. 1272 f. Vergleichbares gilt auch für andere zentral-depressive Substanzen wie Barbiturate: 4.1, Rdnr. 2016.
[282] Vgl. hierzu 1.1.4, Rdnr. 153-157. Gegebenenfalls beruht die Tendenz zur Dosissteigerung auch bei Morphin, Heroin und verwandten Analgetica zusätzlich auf einer Ausweitung fermentativer Stoffwechselprozesse in der Leber, die zu einer schnelleren Umsetzung des Wirkstoffes führen, vgl. auch 2.1.4, Rdnr. 1138. Zur Dosissteigerung näher 2.1.5, Rdnr. 1210 f.

zum Rauchen eignet[283]. Das Rohopium wird hierzu geknetet und geröstet, wobei die Nebenalkaloide Codein, Papaverin und Narcotin weitgehend zerstört werden bei gleichzeitiger Erhöhung des Morphin-Gehaltes; insgesamt enthält Rauchopium etwa 12 Gew.-% Opium-Alkaloide[284].

1173 Nach Auszug des Röstkuchens mit Wasser und 4- bis 6-monatiger Fermentierung der filtrierten Masse in Wasser unter Einfluss von Pilzen (Aspergillus niger) wird die entstandene Rauchopium-Masse in Form von plastischen, aromatischen **Opium-Kügelchen** in einen heißen Pfeifenkopf gelegt und der **Rauch** tief in die Lungen eingezogen[285].

1174 Infolge des rückgängigen Gebrauchs und damit des Angebots von Chandoo muß es der Opium-Raucher sich heute meist selbst zubereiten. Er kocht das Rohopium hierzu in destilliertem Wasser und filtert dann ab, bis es sirupähnlich wird. Um den Morphin-Gehalt zu erhöhen, wird "**Dross**" (Reste von extrahiertem Rohopium) hinzugefügt.

1175 **Konsumiert** werden täglich bis zu **10 g**, in Ausnahmefällen bis zu 50 g Chandoo. In China soll man im 19. Jahrhundert etwa 20-40 Pfeifen pro Tag, was einer Dosis von 6-7 g entspricht, teilweise aber auch bis zu 100 geraucht haben. Da trotz Erhöhung des Morphin-Gehalts bei der Zubereitung der **Morphin-Anteil** des Chandoo relativ **gering** ist, die Füllung einer Opium-Pfeife enthält im Durchschnitt nur ca. 3 mg Morphin[286], wird davon ausgegangen, dass andere Basen wie das ebenfalls hypnotisch wirkende **Mekonin**, das bei der Herstellung aus **Narcotin** entsteht, am Zustandekommen des Chandoo-Rausches beteiligt ist.

1176 Der Raucher verfällt in einen tiefen **Schlaf** mit oft erotischen Träumen. Das Erwachen ist, wie allgemein bei den Opiaten, meist von erheblichen **Depressionen** begleitet. Eine anfänglich zuweilen erhöhte sexuelle Erregbarkeit macht bei Dauergebrauch sexuellem Desinteresse und Impotenz Platz[287] bei gleichzeitiger allgemeiner körperlicher **Ruinierung**. **Entzugserscheinungen** äußern sich u.a. in Naselaufen, Händezittern und ununterbrochenem Gähnen.

1177 Aufbereitetes Rohopium wird außerdem in Form von **Opium-Stäbchen** in Zigarettenform **geraucht**, seltener in Dosen von 0,1-1 g Opium nach Kochen oder Gärung **gegessen**[288] oder als Aufguss **getrunken**. Die heute sehr seltene orale Aufnahme wird als äußerst gefährlich eingeschätzt.

---

[283] Zur Gewinnung des Rohopiums vgl. 2.1.1, Rdnr. 953-955. Zum Geschichtlichen vgl. 2.1.2, Rdnr. 976-981, zum Afghanistankrieg Rdnr. 1020.
[284] Zum Morphin-Gehalt des Rohopiums vgl. 2.1.1, Rdnr. 956, und 2.1.3, Rdnr. 1065.
[285] Vgl. auch zum Rauchen von Cannabis 1.1.4, Rdnr. 111-113. Zum Heroin-Rauchen vgl. demgegenüber 2.1.5, Rdnr. 1190 und 1226.
[286] Zur durchschnittlichen Konsumeinheit beim Morphin vgl. 2.1.5, Rdnr. 1208.
[287] Vgl. auch zu den Folgen chronischen Kawa-Kawa-Missbrauchs 2.2, Rdnr. 1394. Zur Opium-Sucht vgl. auch 2.1.7, Rdnr. 1292.
[288] Zur geschichtlichen Bedeutung der Opiophagie vgl. 2.1.2, Rdnr. 977 und 985.

2.1 Opium und Opiate

Heute wird auch in den südostasiatischen Ländern, die seit langem das Rauchen oder Kauen von aufbereitetem Opium kennen, der Rohstoff mehr und mehr von dort produziertem **Heroin** abgelöst[289].   **1178**

In **Europa** und **Nordamerika** spielt Opium selbst auf dem illegalen Drogenmarkt so gut wie keine Rolle. Soweit in Deutschland ein Opium-Missbrauch vorkommt, ist er weitgehend auf exiliranische Kreise beschränkt.   **1179**

Bei der ganz selten einmal auch bei uns zubereiteten "**O-Tinke**" handelt es sich um mit Wasser aufgekochtes Rohopium, das, obwohl es nicht wasserlöslich ist, in dieser "verwässerten" Form **injizierbar** ist. Die Gefahr einer Fixerhepatitis[290] oder Tetanusinfektion soll hierbei besonders groß sein   **1180**

Ein Aufguss getrockneter Mohnkapseln[291] ergibt den "**O-Tee**" (Opium-Tee); etwa 4 Kapseln ergeben so ein Getränk mit ca. 15 mg Morphin-Base, früher gelegentlich als **Ersatzdroge** zubereitet.

Nur sehr selten kommt es auch bei uns nach Medikamentation von Opium, etwa in Form von **Tinctura Opii**[292], zu einem Missbrauch.   **1181**

Morphin ist seit dem Aufkommen des Heroins auf dem illegalen Drogenmarkt ebenfalls nur noch von **untergeordneter** Bedeutung[293]. Nur selten noch werden "klassische" Fälle einer Morphin-Abhängigkeit von in Krankenhäusern beschäftigten Personen, die Zugang zu morphin-haltigen Präparaten haben, bekannt.   **1182**

Auf den illegalen Drogenmarkt gelangen allenfalls gelegentlich zur therapeutischen Anwendung bestimmte Morphinhydrochlorid-Ampullen[294], die zeitweise meist aus Apothekeneinbrüchen stammten, oder illegal produziertes **Morphinsulfat** in Tablettenform. Außerdem scheinen zuweilen aus legaler Herstellung stammende, morphin-haltige Präparate "abgezweigt" worden zu sein[295].   **1183**

---

[289] Zur Opium- und Heroin-Produktion in Südostasien näher 2.1.2, Rdnr. 1033-1037 und 1042 f. Ein nennenswerter Opium-Konsum hat sich hingegen im Iran erhalten, vgl. 2.1.2, Rdnr. 1019.
[290] Zu Sekundärkrankheiten vgl. 2.1.7, Rdnr. 1299-1302.
[291] Zur rechtlichen Situation beim Erwerb von Mohnkapseln vgl. 2.1.3, Rdnr. 1088.
[292] Zur medizinischen Bedeutung von Opium vgl. 2.1.3, Rdnr. 1079-1081 und 1090. Zur historischen Bedeutung der Opium-Tinktur vgl. 2.1.2, Rdnr. 974. Zeitweise waren auch Kombinationen von Opium-Tinktur und u.a. Tripelenamin (vgl. auch 4.4.3, Rdnr. 2367) unter der Bezeichnung „blue velvet" auf dem illegalen Markt.
[293] Zur historischen Bedeutung des Morphins vgl. 2.1.2, Rdnr. 984-988.
[294] Zur medizinischen Morphin-Verwendung vgl. 2.1.3, Rdnr. 1067, 1081-1085 und 1090.
[295] Was auch für andere verschreibungspflichtige Btm sowie weitere Medikamente gilt, vgl. z.B. zum Psychoanalepticum Pemolin 4.3.1.2, Rdnr. 2123 f.

1184   Bei dem den illegalen Drogenmarkt bei uns weitgehend nach wie vor beherrschenden Heroin[296] wird im internationalen Sprachgebrauch nach Herkunftsbereichen und **Heroin-Arten** unterschieden:

1185   **Heroin Nr. 1** ist eine weiße oder braune, pulvrige Substanz; es handelt sich hierbei um die aus Rohopium gewonnene **Morphin-Base**[297] (zuweilen auch als Rohmorphin bezeichnet) mit einem Wirkstoffgehalt von 60-80 % nebst Verunreinigungen.

1186   Heroin Nr. 1 ist in erster Linie eine **Transportform**, die als Salzverbindung, meist als Morphin-HCl, in gepressten Blöcken, welche häufig mit Markenzeichen versehen sind (bekannt wurde etwa "999"), gehandelt wird.

1187   In Zitronen- oder Essigsäure gelöste Morphin-Base wurde und wird bei uns unter der Bezeichnung "**M-Tinke**" nur sehr selten injiziert.

   Bei der in den "heroischen Zeiten" zu Beginn der 1970er Jahre, als importiertes Heroin noch selten in der BRD auf den Drogenmarkt kam, häufiger hergestellten "**Berliner Tinke**" bzw. "Berliner Tinktur" handelte es sich um einen injizierbaren Heroin-Ersatz aus Morphincarbonat und Essigsäure, der nicht mehr in Gebrauch ist.

1188   **Heroin Nr. 2 (Heroin-Base)** ist ein graues bis weißes Pulver, das aus Morphin-Base u.a. unter Zusatz von Essigsäureanhydrid hergestellt wird.

1189   Es handelt sich hierbei um **ungereinigtes** Diacetylmorphin als **Zwischenprodukt**, das als wasserunlösliche, graue oder braune feste Substanz nur unter Verwendung von Essig-, Wein- oder Zitronensäure und Erhitzen bedingt zum "Fixen" geeignet ist.

1190   Wegen seiner schlechten Qualität kam Heroin Nr. 2 Anfang der 80er Jahre kaum noch auf den für den Endverbraucher bestimmten Markt. In den 90er Jahren zog Heroin-Base jedoch, den sichergestellten Mengen nach zu urteilen, offenbar mit der Einfuhr von Heroin-HCl zumindest gleich. Mit ursächlich für diesen Wandel schien in Deutschland das aus Furcht vor Aids infolge unsteriler Injektionsnadeln zunehmende **Rauchen** der leicht in einen gasförmigen Zustand überführbaren Heroin-Base[298] zu sein.

1191   **Heroin Nr. 3**, eine grau-braune, körnige und krümelige Substanz (Granulat)[299], ist demgegenüber bereits gereinigtes, wasserlösliches **Heroin-HCl**[300].

---

[296] Zur historischen und gegenwärtigen Bedeutung des Heroins vgl. 2.1.2, Rdnr. 988-1060.
[297] Vgl. zur Heroin-Herstellung 2.1.1, Rdnr. 962.
[298] Näher zum Rauchen von Heroin-Base 2.1.5, Rdnr. 1226. Zur analytischen Bestimmung des Anteils an Heroin-Base vgl. 2.1.6, Rdnr. 1240-1242.
[299] Zum grobkörnigen „Rock-Cocain" vgl. 3.1.1, Rdnr. 1423.
[300] Zur letzten Stufe der Heroin-Herstellung vgl. 2.1.1, Rdnr. 967.

2.1 Opium und Opiate

Bis etwa 1977 war es, vor allem aus südostasiatischen Labors stammend, als "**Hong-Kong-Rocks**" oder "brown sugar" mit einem durchschnittlichen Diacetylmorphin-Gehalt von 20-40 % auf dem bundesdeutschen Markt beherrschend[301]. Es wurde noch in der Folgezeit in einigen europäischen Nachbarländern vertrieben. **1192**

In den Herkunftsländern wurde Heroin Nr. 3 meist geraucht, in Europa hingegen mit Wasser in einem "Fixerlöffel" erwärmt und die Lösung anschließend **injiziert**.

Charakteristische **Zusätze** für Heroin Nr. 3 sind vor allem Coffein zur Gewichtsauffüllung, Chinin, Scopolamin[302] und **Strychnin-HCl**[303]. Das Verschneiden mit Strychnin erfolgt dabei meist in den Erzeugerländern, u.a. um die Flüchtigkeit des Materials bei dem dort bevorzugten Rauchen zu erhöhen. Bei dem rot eingefärbten "red chicken" wurde das Coffein der Zubereitung durch Barbital[304] ersetzt. **1193**

Heroin Nr. 4, ein braun-beigefarbenes oder weißes kristallines Pulver, ist ebenfalls **Heroinhydrochlorid**, jedoch von erhöhter **Reinheit** infolge relativ aufwendiger Reinigungsprozesse bei der Herstellung[305]. Die Färbung resultiert meist aus Unzulänglichkeiten bei der Herstellung und den beigefügten Verschnittstoffen, ohne dass in der Regel daraus Rückschlüsse auf die Qualität gezogen werden können (anders beim "weißen" Heroin). **1194**

Wegen seiner hohen Wirkstoffkonzentration bei nur noch geringen Spuren von Synthese- und Zerfallsprodukten sowie Verunreinigungen ist Heroin Nr. 4 seit Mitte der 70er Jahre das bei uns dominierende und zeitweise völlig marktbeherrschende Opiat[306]: Die höchstmögliche **Konzentration** (Reinheit) beträgt, vornehmlich bei südwest- und südostasiatischem Heroin, 92 %, bezogen auf die Base, also bei Außerachtlassung des HCl-Anteils. **1195**

Die verplompte Importware aus der Türkei, die meist in **kg-Mengen** eingeführt und im Großhandel der BRD weitervertrieben wurde[307], hatte im Durchschnitt einen **Anteil** reinen **diacetylierten Morphins** von ca. 60-80 %. Dies gilt in etwa auch für die in der Folgezeit in Großmengen eingeführte Ware unterschiedlicher, zumeist aber südwest- oder südostasiatischer Provienz.

---

[301] Zur historischen Situation vgl. 2.1.2, Rdnr. 1004 f.
[302] Zu diesem Solanaceen-Alkaloid vgl. 1.2.2.2, Rdnr. 514 und 525-527.
[303] Zu diesem Strychnos-Alkaloid vgl. 4.3.1.1, Rdnr. 2118-2121. Zum Strychnin-Einsatz der atemstimulierenden Wirkung wegen vgl. 2.1.5, Rdnr. 1198.
[304] Zum Barbital vgl. 4.1, Rdnr. 1986. Zur Verstärkung der Heroin-Wirkungen durch Barbital vgl. 2.1.3, Rdnr. 1085.
[305] Zur gegenüber Morphin erhöhten Rauschwirkung vgl. 2.1.4, Rdnr. 1123. Zum hochreinen, u.a. aus Afghanistan stammenden „weißen" Heroin vgl. 2.1.6, Rdnr. 1238 FN 367.
[306] Zur Bedeutung als Rauschdroge vgl. 2.1.2, Rdnr. 1010 und 1049.
[307] Zur historischen Situation beim „Türken-Heroin" vgl. 2.1.2, Rdnr. 1011-1015, 1029-1033 und 1046-1049.

1196 Das bei uns bis etwa 1983 marktbeherrschende und weiterhin auf dem illegalen Drogenmarkt auftauchende **"Türken-Heroin"** ("H", "Äitsch", "Harry", "Junk", "Cat", "Snow", häufig einfach "Stoff"), ein Gemisch aus **Heroin-HCl** und **Heroin-Base**, enthält daneben meist noch geringe Anteile u.a. von Papaverin und Narcotin[308]. Hinzu kommen Derivate, die wie das Morphin infolge der Lagerung chemisch verändert wurden, insbesondere O_6-Monoacetylmorphin (**6-MAM**)[309], Acetylcodein und Acetylthebanol. Türkisches Heroin enthält außerdem regelmäßig anorganische Bestandteile wie Calciumcarbonat ($CaCO_3$), das als Säurefänger wirkt, da das Salz sich bei Wärme und Feuchtigkeit infolge Säurehydrolyse sonst zersetzen würde. Auch diese Abbau- und Begleitprodukte finden sich bei in der Folgezeit auf den Markt drängenden Heroin-Lieferungen anderer Herkunft.

1197 Das in **hochkonzentrierter** Form importierte **Heroin Nr. 4** wird im Inland teils mit pharmakologisch inaktiven (Diluents), teils pharmakologisch aktiven (Adulterants) Stoffen **gestreckt**, um die so entstandene **Heroin-Zubereitung** im Straßenhandel sodann gewinnbringender absetzen zu können. Heroin mit einem Reinheitsgrad von durchschnittlich 40-60 % stellt daher vornehmlich die **Transportform** dar und kommt meist nur in Mengen von mehreren 100 g in den **Zwischenhandel**. Je geringer hingegen die gehandelte Menge ist, um so geringer ist auch der Anteil an reiner Heroin-Base, bis hinunter zu **"Briefchen"**, häufig aus gefaltetem Stanniol, mit 15 oder nur noch 5 %iger Zubereitung im **Endhandel** ("Schore")[310].

1198 Häufige **Streckmittel**, die meist als Lösungsmittel beigefügt werden bzw. im Verhältnis von durchschnittlich 1:4, um eine größere Menge vorzutäuschen, sind **Ascorbinsäure** bzw. Ascorbat als Bestandteil von Vitaminpräparaten (Vitamin C), Zitronentee und Mehl (die dem Heroin Nr. 4 äußerlich ähneln), Glucose (Traubenzucker), Lactose (Milchzucker)[311], aber auch **Strychnin**[312]. Letzteres wird wahrscheinlich hinzugefügt, um den Kreislauf zu stimulieren und um die durch das Heroin verursachte Atemdepression[313], die die bei Abhängigkeit erforderliche Dosiserhöhung begrenzt, auszugleichen. Außerdem wird Heroin aus dem Nahen und **Mittleren Osten** zuweilen mit **Barbituraten** wie Phenobarbital, **Acetylsalicylsäure** (ASS; Aspirin)[314] oder 4'-Hydroxyacetanilid (INN: **Paracetamol**)[315], **Pro-**

---

[308] Zu diesem Opium-Alkaloid vgl. 2.1.3, Rdnr. 1069 f.

[309] Zu diesem Abbauprodukt vgl. 2.1.3, Rdnr. 1074 und 1076, sowie 2.1.1, Rdnr. 952.

[310] Näher zu den im Straßenhandel vertriebenen Zubereitungen 2.1.5, Rdnr. 1202-1217.

[311] Vgl. auch zu den beim Verschneiden des Cocains benutzten Streckmitteln 3.1.5, Rdnr. 1599-1601.

[312] Zum Strychnin als Heroin-Nr.3-Zusatz vgl. 2.1.5, Rdnr. 1193; vgl. auch zum Scopolamin oder Atropin als Heroin-Streckmittel 1.2.2.2, Rdnr. 514.

[313] Zu dieser Heroin-Nebenwirkung vgl. 2.1.4, Rdnr. 1137, und 2.1.7, Rdnr. 1272, sowie zu den Strychnin-Wirkungen 4.3.1.1, Rdnr. 2118.

[314] Salicylsäure und ihre Derivate vermögen in Dosen von über 10 g (DL etwa 10-40 g) rauschartige delirante Zustände mit Halluzinationen auszulösen („Salicylrausch") mit der Gefahr einer subjektiven Gewöhnung. Salicylate wie ASS sind wegen ihres häufigen Vorkommens in Kombinationspräparaten ein Marker für Medikamentenmissbrauch.

[315] Bei Paracetamol (Acetaminophen) handelt es sich um ein fiebersenkendes Analgeticum (vgl. auch Vorbem. 4, Rdnr. 1970 FN 14), das seit etwa 1949 in rezeptfreien Fer-

2.1 Opium und Opiate

cain[316], Nicotinsäureamid (INN: **Nicotinamid**)[317] und anderen AM sowie relativ häufig mit Ethylidenacetat, **Coffein**[318], **Cocain**[319] und Amfetaminen verschnitten. Mittelöstliche Sorten können gelegentlich auch mit **Methaqualon**[320] versetzt sein. Auch soweit nicht verschreibungspflichtige AM wie Paracetamol als Streckmittel verwandt werden, kann neben einer Beihilfe zum Handeltreiben mit Btm eine Strafbarkeit nach § 96 AMG in Betracht kommen.

Da u.a. das "Türken-Heroin" neben **Heroin-HCl** auch noch Anteile wasserunlöslicher **Heroin-Base** enthält, die während des Transports und Lagerung neben dem Calciumcarbonat[321] offenbar eine Rückumwandlung zu Morphin[322] infolge Wärme und Feuchtigkeitseinwirkung verhindern soll, dient die beim Aufteilen in verbrauchsfertige Portionen hinzugefügte **Ascorbinsäure** wohl außer zum Strecken des Heroins auch zur besseren **Löslichkeit** des Endprodukts. Letztlich wird jedoch alles zum Strecken verwendet, was, wie etwa Haushaltsreinigungsmittel oder Gips, billig, problemlos zu beschaffen und von pulvriger Konsistenz ist bzw. sich pulverisieren lässt, wenn es nur äußerlich dem Heroin ähnelt. **1199**

Hierbei können wegen der durch unterschiedliche Produktionsverfahren bedingten unterschiedlichen **Wirkstoffkombinationen** und **-konzentrationen** unkontrollierte **synergistische** Effekte auftreten[323]. **1200**

Wie jedoch der zeitweise Rückgang der statistisch erfassten sog. "**Drogentoten**" bzw. "Herointoten" infolge einer schwächeren Wirkstoffkonzentration der auf den Markt gelangten Heroin-Zubereitung bei Lieferengpässen (mit entsprechend höherem Streckmittelan- **1201**

---

tigarzneimitteln enthalten ist. Häufig wird ein weißes Coffein-Paracetamol-Gemisch verwandt, das durch Erhitzen bzw. zugesetzte Farbstoffe eine bräunliche Färbung annimmt („Kakti", vgl. 2.1.6, Rdnr. 1234). Außer als Streckmittel ist Paracetamol aufgrund seiner großen Verbreitung in Kombinationspräparaten (vgl. auch zur Verwendung mit Ephedrin 3.2.1, Rdnr. 1724) ein Marker für einen chronischen Medikamentenabusus und zeichnet sich bei Einnahme in letaler Dosis (20-25 g) durch eine fehlende Initialsymptomatik aus (d.h. in den ersten h nach Applikation gibt es keine Symptome, die auf den lebensbedrohlichen Zustand hinweisen).

[316] Zu diesem Lokalanästheticum vgl. 3.1.3, Rdnr. 1502 f., als Cocain-Streckmittel 3.1.5, Rdnr. 1599-1601.
[317] Chem. Bezeichnung: 3-Pyridincarboxamid (Vitamin PP); die Wirkung erfolgt über die Freisetzung von Nicotinsäure im Organismus. Zu Nicotinsäure-Derivaten als Doping-Mittel vgl. 3.2.4.2, Rdnr. 1800.
[318] Die Coffein-Wirkung ist ebenso wie die des Strychnins, wenn auch erheblich schwächer, der des Heroins entgegengesetzt. Zum Coffein als eigenständiges Rauschmittel vgl. 1.2.4.3, Rdnr. 835 FN 51 und 864.
[319] Zu Cocain-Heroin-Kombinationen vgl. 3.1.4, Rdnr. 1530, und 3.1.5, Rdnr. 1606, 1608 und 1630.
[320] Zu diesem starkwirksamen Schlafmittel vgl. 4.2.1, Rdnr. 2048 und 2063. Zur Wirkungssteigerung u.a. durch Methaqualon vgl. 2.1.3, Rdnr. 1085.
[321] Vgl. hierzu 2.1.5, Rdnr. 1196.
[322] Zum Heroin-Abbau vgl. 2.1.3, Rdnr. 1074.
[323] Bei zugleich schwankendem Dosis-Wirkungs-Verhältnis. Näher hierzu 2.1.7, Rdnr. 1277.

teil)³²⁴ oder umgekehrt der Anstieg von Todesfällen bei "sauberem" Heroin auf dem Markt zeigt, kann in der Regel davon ausgegangen werden, dass die **Verschnittstoffe** (Streckmittel) weniger toxisch sind als das Heroin selbst³²⁵. Von Befürwortern einer Heroin-Freigabe wird demgegenüber eingewandt, dass Heroin in guter Qualität und angemessener Dosierung keine gesundheitlichen Schäden verursache und weit weniger schädlich sei als Trinkalkohol. Belastbare Untersuchungen, die diese These stützen würden, stehen aus. Als gesichert kann lediglich gelten, dass **Diamorphin** in hoher Dosierung infolge schwankender individueller Verträglich bei **geringer therapeutischer Breite** in nicht vorhersehbarer Weise **toxisch** wirkt, zugefügte **Streckmittel zusätzliche** gesundheitliche Schäden bewirken können, und dass die kombinierte Einnahme von Heroin mit Trinkalkohol, Rohypnol pp. (früher auch Barbituraten) eine wesentliche Todesursache darstellt. Dass der verbreitete und bei uns beherrschend gewordene **Mischkonsum** bei einem Angebot ungestreckten Heroins aufhören könnte, ist nicht ersichtlich.

1202   In Bezug auf den **Wirkstoffanteil** der im Straßenhandel angebotenen Heroin-Zubereitungen zeigte sich umgekehrt eine **Sättigung** des Heroin-Marktes etwa 1979/80³²⁶ und wieder ab Mitte der 80er Jahre weniger an einem Preisverfall als vielmehr an der zunehmenden **Reinheit** der von den Kleindealern im Straßenhandel verkauften Papier-"Briefchen". Derzeit kann von einem durchschnittlichen Wirkstoffanteil von bis zu 35 % ausgegangen werden.

1203   So betrug bei einem stark schwankenden Großhandelspreis von 35.000 bis 120.000 DM/kg der Endverkaufspreis pro gewogenes Gramm Heroin-Zubereitung mit einem durchschnittlichen Anteil an **reiner Heroin-Base** von 20 % im Jahre 1980 etwa 120 DM. 1982 zeigte sich die Verknappung des Heroin-Angebots in einem Absinken dieses Anteils auf durchschnittlich nicht mehr als 5 % bei Preisen zwischen 200 und 300 DM. Ab 1983 bewegte sich der Preis demgegenüber meist wieder zwischen 80 und 200 DM/g, konnte aber auch bis zu 300 DM/g gehen, bei gleichzeitig stetig zunehmender Wirkstoffkonzentration. Dieser Mechanismus zeigte sich auch in der Folgezeit.

1204   Aufgrund des seit etwa 1983 quantitativ wie qualitativ konkurrenzlosen Heroin-Angebots in **Amsterdam**³²⁷ betrug der Grammpreis dort andererseits konstant nur 100 bis 180 DM bei erheblich höheren Konzentrationen an reiner Heroin-Base (bis zu 70 %).

1205   Da demnach vor allem die **Heroin-Konzentration** der im Straßenhandel angebotenen Zubereitungen starken **Schwankungen** unterliegt, kann eine **unvermutete Erhöhung** der Konzentration infolge steigenden Angebots dazu führen, dass auch erfahrene "Fixer" (die infolge Alterung der Heroin-Scene heute einen erheblichen Anteil stellen)³²⁸, die sich an die geringe Konzentration der erworbenen

---

³²⁴ Vgl. zum Geschichtlichen 2.1.2, Rdnr. 1018 und 1050.
³²⁵ Vgl. hierzu auch 2.1.2, Rdnr. 1053. Zur neurotoxischen Wirkung des reinen Heroins vgl. auch 2.1.7, Rdnr. 1270-1279 (sowie zur Diskussion um eine Heroin-Freigabe 2.1.7, Rdnr. 1335-1345). Vergleichbares gilt für die Cocain-Streckmittel: 3.1.5, Rdnr. 1601.
³²⁶ Vgl. zum Geschichtlichen 2.1.2, Rdnr. 1010 f.
³²⁷ Vgl. zum Geschichtlichen 2.1.2, Rdnr. 1045 f.
³²⁸ Näher zu dieser, jedenfalls zeitweiligen, „Überalterung" 2.1.2, Rdnr. 1054.

2.1 Opium und Opiate

"hits" gewöhnt hatten, die erhöhte Reinheit der neuen Zubereitung unterschätzen und sich eine zu hohe Dosis injizieren[329].

Dieses Phänomen trat beispielsweise 1982/83 auf, als bei nach wie vor knappem Angebot türkischen Heroins plötzlich erheblich höher konzentriertes pakistanisches Heroin auf den Markt drängte[330]. Hierin ist demnach eine der Ursachen für den zeitweisen Anstieg der Zahl akuter **Heroin-Vergiftungen** und Todesfälle infolge eines ungewollten sog. "Goldenen Schusses" zu sehen[331]. **1206**

Bei dem auch in seiner im Straßenhandel auftauchenden Form noch wirksamen Heroin Nr. 4 beträgt die **KE** etwa 0,03-0,5 g Heroin-Zubereitung, je nach Reinheitsgrad. Für 1 i.v. Injektion (1 "Schuss") wird hierbei mindestens **10 mg reines** Heroin-HCl benötigt, eine Dosis, die beim Konsumungewohnten bereits schwere Vergiftungserscheinungen hervorrufen kann[332]. **1207**

Beim **Heroin-Rauchen** kann von einer benötigten Mindestmenge von 25 mg ausgegangen werden. **1208**

Bei 6-MAM[333] beträgt die durchschnittliche **KE** 15 mg i.v., bei Morphin 30 mg i.v.; die Tageshöchstdosis **Morphin** dürfte bei 100-200 mg liegen. **1209**

Bei einem nicht an Heroin Gewöhnten dürfte die **letale Dosis** bei etwa 0,1 g einer guten Zubereitung beginnen. Infolge der bei Heroin erheblichen **Toleranzbildung**[334] dürfte demgegenüber etwa 0,5 g Zubereitung täglich die durchschnittliche Menge sein, die ein Heroin-Abhängiger benötigt. Bei längerer Abhängigkeit mit der Folge, dass im Durchschnitt 3 "Schüsse" am Tag erforderlich werden, u.U. aber auch alle 4 h eine Injektion, kann die insgesamt benötigte Menge auf 1-2 g Heroin-Zubereitung/d steigen[335]. **1210**

Von einem erfahrenen "Fixer" kann hierbei auch eine gelegentliche **Überdosierung** oder gegebenenfalls sogar eine eigentlich letale Dosis bis zu einem gewissen Grad **verkraftet** werden[336]. **1211**

---

[329] Zur Entwicklung der Zahl der sog. „Drogentoten" vgl. 2.1.2, Rdnr. 1050-1053.
[330] Zum Geschichtlichen vgl. 2.1.2, Rdnr. 1033.
[331] Zu weiteren Ursachen akuter Vergiftungsfälle vgl. 2.1.7, Rdnr. 1270-1272, 1278 f. und 1306. Zu Vergiftungen bei Kombinationen mit Barbituraten und anderen Arzneimitteln vgl. 4.1, Rdnr. 2020.
[332] Näher zur toxischen und äußerst gefährlichen Dosis 2.1.7, Rdnr. 1274-1276. Zur ED Cocain vgl. 3.1.5, Rdnr. 1596-1598.
[333] Zum 6-MAM vgl. 2.1.3, Rdnr. 1132 f. Zur therapeutischen Morphin-Dosis vgl. 2.1.3, Rdnr. 1083, zur Höchstdosis vgl. 2.1.3, Rdnr. 1090.
[334] Zur Toleranzbildung vgl. 2.1.4, Rdnr. 1171.
[335] Es handelt sich hierbei um Mengen im Bereich des 100- bis 1.000fachen der ursprünglichen therapeutischen Dosis von 1-10 mg; zur therapeutischen Heroin-Verwendung vgl. 2.1.3, Rdnr. 1092.
[336] Zur Intoxikation als Folge einer Überdosierung vgl. auch 2.1.7, Rdnr. 1270-1280.

1212 Für die in einem **fortgeschrittenen** Stadium der **Abhängigkeit** erforderlichen Mengen an Heroin-Zubereitung waren bis Anfang der 1990er Jahre durchschnittlich etwa 300-400 DM/d, gelegentlich aber auch bis zu 1.000 DM/d aufzuwenden[337]. Im Zuge der seitdem gestiegenen Opium- und Heroin-Produktion in den Herstellungsländern hat jedoch, bei gleichzeitiger Zunahme des Reinheitsgrades, ein **Preisverfall** nicht nur bei den Großhandels-, sondern auch bei den Straßenverkaufspreisen[338] eingesetzt, der anhält, so dass die zur "Beschaffung" benötigten Beträge geringer geworden sind; Mitte bis Ende der 90er Jahre lagen sie bei etwa 150 DM/d (ca. 50 DM/"Schuss"). Vergleichbares gilt für Nachbarländer wie die Schweiz.

1213 Bei Zugrundelegung einer Zahl von etwa 60.000 Heroin-Abhängigen Mitte der 1980er Jahre in der BRD[339] konnte von einem Tagesbedarf von insgesamt etwa 50 kg bzw. von einem **Jahresbedarf** von ca. 18.000 kg Zubereitung mit einem Marktwert (1986) von etwa 1,5 Mrd. DM ausgegangen werden; diese Zahlen verdoppelten sich in der Folgezeit.

1214 Der **Reinheitsgrad** der **Heroin-Zubereitung**[340] nimmt infolge des "**Schneeballsystems**" bei Vertrieb im Wege der Kleindealerei kontinuierlich ab.

1215 Regelmäßig erwirbt der "**Kleindealer**" („Frontdealer"), der häufig gleichzeitig Heroin-Konsument ("junkie"; "hard-drug-user") und abhängig ist, jeweils etwa 10 g in Kunststoffolie (zum Schutz vor Feuchtigkeit) abgepackte Heroin-Zubereitung von dem halbprofessionellen "pusher" auf sog. "**Kommissionsbasis**", d.h. ohne sofort den Kaufpreis entrichten zu müssen oder gegen eine kleine Anzahlung, je nach Vertrauensverhältnis. Von dieser Menge zweigt er etwa die Hälfte für den Eigenverbrauch ab, den Rest streckt er, bis etwa 10 g Gesamtgewicht wieder erreicht sind. Diese Menge portioniert er in "Briefchen" ("packs", "hits", "Schuss") und verkauft sie auf der Straße an andere Abhängige weiter, um als "Kommi-Dealer" mit dem Erlös die ursprünglich erhaltenen 10 g bezahlen zu können. Insbesondere bei Bestehen einer sog. "offenen Szene" nimmt der „Frontdealer" hierbei das größte Risiko eines Entdecktwerdens auf sich[341].

1216 Auf einer eher noch niedrigeren Stufe in der Vertriebshierarchie steht der bloße "**Vermittler**", ebenfalls ein, meist hochgradig, Abhängiger, der Kaufinteressenten dem häufig unerkannt im Hintergrund bleibenden "Dealer" zuführt und hierbei den Hin- und Hertransport von Geld und "Ware" übernimmt, um als Lohn eine geringe Menge Heroin-Zubereitung für den Eigenverbrauch zu erhalten.

1217 Aus 1 g Heroin werden meist 10-20 "**Päckchen**" gemacht, die für durchschnittlich 50 DM/"hit" gehandelt werden[342]. Mit regionalen Unterschieden kommen auch "Quarter", die angeblich 1/4 g Heroin-Zubereitung enthalten und für mehrere "Schüsse" reichen sollen, zum Verkauf. Bei den ebenfalls angebotenen "Straßengrämmern" handelt es sich meist um abgewogene Papierbriefchen mit ca. 0,5 g Heroin-Zubereitung.

---

[337] Zur hierdurch induzierten Folgekriminalität vgl. 2.1.7, Rdnr. 1303-1306.
[338] Zu den Großhandelspreisen vgl. 2.1.2, Rdnr. 1033 und 1038. Ende der 1990er Jahre lag der Grammpreis bei 50-110 DM, der Preis pro KE bei nur noch 10-20 DM. Zum parallelen Preisverfall bei Cocain vgl. 3.1.5, Rdnr. 1594.
[339] Zur gegenwärtigen Zahl vgl. 2.1.2, Rdnr. 1010 und 1025.
[340] Zum Heroin-Anteil („Reinheitsgrad") vgl. 2.1.5, Rdnr. 1195, 1197 und 1202.
[341] Vgl. auch zum Geschichtlichen 2.1.2, Rdnr. 1012-1014.
[342] Zur Entwicklung der Endverbrauchspreise vgl. 2.1.5, Rdnr. 1203 f. und 1212.

2.1 Opium und Opiate

Das in kristalliner Form gehandelte Heroin Nr. 4 muss zu **Injektionszwecken** **1218** erst in eine wässrige **Lösung** überführt werden. Häufig unter Hinzufügung des Saftes einer **Zitrone**, damit die Zubereitung sich schneller löst[343], erfolgt dies durch **Aufkochen** mit Leitungswasser in einem Teelöffel, der über ein Feuerzeug gehalten wird. Anschließend wird die Lösung durch Watte, Baumwolle oder ähnliches Material filtriert und in einer Injektionsspritze ("Pumpe", meist in Apotheken gekaufte oder anderweitig erhaltene **Einwegspritzen**[344]) aufgezogen.

Nach Abbinden des Armes mit einem Gummischlauch oder Gürtel erfolgt die **1219** **Injektion** in eine der **Armvenen** ("drücken").

Beim sog. "**Stereoschuss**" in die Venen z.B. beider Arme gleichzeitig wird nach Lösung **1220** der Abbindung ein verstärkter, blitzartiger "flash" (und damit ein schwerer Intoxikationszustand) erreicht[345].

Außer i.v. wird auch s.c. injiziert, außerdem in die Ellenbeugen sowie Fuß- und, relativ **1221** häufig, **Handvenen** (auf dem Handrücken). Im Verlauf der Heroin-Abhängigkeit kann es zu den verschiedensten Injektionsorten kommen, z.B. unter der Zunge und in die Achseln, gelegentlich auch in die **Halsvenen**, letzteres mit der Gefahr, dass die etwas tiefer, aber dicht daneben liegende gemeinsame Kopfarterie getroffen wird und das Heroin unter Wegfall des Verdünnungseffektes direkt im Gehirn anflutet mit der Folge einer u.U. tödlichen Atemdepression auch bei üblicher Dosierung. Dies hängt z.T. damit zusammen, dass so bei oberflächlicher Kontrolle die Heroin-Abhängigkeit verschleiert werden soll, z.T. liegt der Grund auch darin, daß die Armvenen "erschöpft" sind (sog. "Schießleiste").

Eine andere, nach wie vor seltenere und teurere Absorptionsform ist bei uns das **1222** **Erhitzen** der **Heroin-Base** auf Stanniolpapier und **Inhalieren** der entstehenden Dämpfe ("chinesen", "ein Blech durchziehen"). Hierbei handelt es sich um eine mehr in fernöstlichen Ländern[346] unter der Bezeichnung "chasing the dragon" bevorzugte Konsumform. Teilweise wurde Heroin auch mit Barbituraten vermischt (etwa 1/3 zu 2/3), erhitzt und eingeatmet[347]. Die hierzu benötigten **Heroin-Mengen** sind regelmäßig größer als die bei i.v. Injektion zur Herbeiführung eines vergleichbaren Effektes benötigten Mengen.

Beim "**Sniffen**" (Schnupfen) von Heroin wird dieses, ähnlich dem Cocain- **1223** Schnupfen[348], mittels eines zusammengerollten Geldscheines oder Papiers tief in

---

[343] Zur vergleichbaren Funktion der als Streckmittel beigemengten Ascorbinsäure vgl. 2.1.5, Rdnr. 1199.
[344] Zur kostenlosen Abgabe durch staatliche Stellen vgl. 2.1.7, Rdnr. 1302 FN 431.
[345] Zu dem mit Wärme- und Glücksgefühlen verbundenen Heroin-„flash" näher 2.1.4, Rdnr. 1118 f. und 1126 f. Die Gefahr einer Atemlähmung (vgl. 2.1.7, Rdnr. 1270) ist hierbei erhöht. Zur gleichzeitigen Heroin- und Cocain-Injektion vgl. 3.1.5, Rdnr. 1608. Zur Kombination von Heroin und LSD-25 vgl. 1.2.1.1.7, Rdnr. 424.
[346] Zur Heroin-Situation in fernöstlichen Ländern vgl. 2.1.2, Rdnr. 1042 f.
[347] Zum Inhalieren von Cocain vgl. 3.1.5, Rdnr. 1610 und 1616-1623.
[348] Zu dieser besonders bei Cocain-HCl verbreiteten Konsumform vgl. 2.1.5, Rdnr. 1586-1590.

die Nase gezogen. Bei Dauerkonsumenten kann auch hier eine Entzündung der Nasenschleimhaut die Folge sein, allerdings kommt bei uns das "Sniffen" von Heroin seltener vor und stellt nach wie vor eher eine Einstiegsform in den Heroin-Konsum dar.

1224 Dass das "**Sniffen**" von Heroin nicht zur Abhängigkeit führe, ist hierbei ein in "Fixer"-Kreisen verbreiteter Irrtum, der auch den "pushern" zur Heranführung neuer Kunden an Heroin dient. Da für das "Sniffen" wie beim Inhalieren gegenüber der i.v. Injektion größere Heroin-Mengen zur Erzielung des gleichen Effektes benötigt werden, ohne dass es allerdings hierbei zu dem der i.v. Heroin-Injektion folgenden "flash" kommt, gehen die meisten über kurz oder lang zwecks Wirkungssteigerung oder bereits aus Geldmangel zur nach wie vor üblichen Heroin-Injektion über.

1225 Wenngleich das Schnupfen von Heroin eine sicherlich ungefährlichere Konsumform im Verhältnis zur i.v. Injektion ist, kann es gleichwohl zum Tod durch **Atemlähmung** auch nach dem "Sniffen" von, allerdings erheblichen, Heroin-Mengen kommen.

1226 Ende der 1980er Jahre zeichnete sich demgegenüber eine Zunahme des **Heroin-Rauchens**[349] bei uns ab. Hierbei wird die **Heroin-Base**[350] in eine Zigarette gegeben, die häufig steil nach oben gehalten wird (was z.T. als "ack-ack" bezeichnet wird), oder durch ein Röhrchen geraucht ("**blowen**"). Das Heroin-Rauchen wird offenbar in erster Linie von Einsteigern praktiziert, die das beim "Fixen" gegebene Infektions-Risiko vermeiden wollen.

1227 Im Zuge einer Heroin-Verknappung oder zur Vermeidung von Entzugssymptomen erfolgt durch Abhängige regelmäßig der Erwerb oder die sonstige Beschaffung von **Ausweichmitteln** anstelle oder zusätzlich ("**Beigebrauch**") zu Heroin[351].

1228 So wurden etwa **codein**-haltige Tabletten und Hustensäfte[352] auf dem illegalen Drogenmarkt verstärkt angeboten, als es ab der Jahreswende 1981/82[353] zu einem zeitweiligen Rückgang des Heroin-Angebotes kam. Aber auch unabhängig von derartigen Schwankungen des Heroin-Angebots ist für Abhängige ständig ein relativ leicht zu erlangendes Angebot an Ausweichmitteln, etwa FAM wie frei rezeptierbare **Benzodiazepine**[354], verfügbar, die konsumiert werden, wenn die Geldmittel für den Erwerb des teureren Heroins nicht aus-

---

[349] Zum vergleichbaren Rauchen von Methaqualon auf Trägermaterial vgl. 4.2.1, Rdnr. 2061-2063. Zum Cocain- (insbesondere „Crack"-)Rauchen vgl. 3.1.5, Rdnr. 1612-1637. Zum Amfetamin-(„Ice"-)Rauchen vgl. 3.2.4.5, Rdnr. 1912-1918. Das „blowing" hat in diesen Fällen gegenüber der nasalen bzw. oralen Aufnahme ein erhöhtes Gefährdungspotential.

[350] Zum Heroin Nr. 2 vgl. 2.1.5, Rdnr. 1188-1190, zur erforderlichen Mindestmenge vgl. Rdnr. 1208. Zum Rauchen von Heroin Nr. 3 vgl. 2.1.5, Rdnr. 1192 f. Zu Gesundheitsgefahren vgl. 2.1.7, Rdnr. 1297-1302.

[351] Näher zu den Ausweichmitteln: Kap. 4, Rdnr. 1959-2495; vgl. etwa zum Captagon 3.2.4.5, Rdnr. 1904.

[352] Zum Codein und seinen Derivaten vgl. 4.4.2.1, Rdnr. 2272-2309.

[353] Zum Geschichtlichen vgl. 2.1.2, Rdnr. 1018-1022.

[354] Zur Verwendung von BD als Ausweichmittel vgl. 4.3.4, Rdnr. 2219-2226 und 2232 f.

reichen oder eine Heroin-Beschaffung vorübergehend nicht möglich ist. Das bedeutet, dass die Konsumenten "harter" Drogen sich in ihrem Konsumverhalten u.a. von den verfügbaren Bar- oder Tauschmitteln leiten lassen: Nach einem "schlechten" Tag mit wenig Einkünften[355] erfolgt eine Beschränkung auf billige Ausweichmittel, nach einem "guten" Tag erfolgt der Erwerb teureren Heroins oder Cocains.

Ab Ende der 80er Jahre verstärkte sich in Deutschland zudem der Trend, zusätzlich zu Heroin mehr oder minder **wahllos** Medikamente und Alkoholika zu konsumieren, um eine **größtmögliche Wirkung** zu erzielen[356]. Derzeit kann davon ausgegangen werden, dass die Mehrzahl der Langzeitabhängigen **polytoxikoman** ist und mehrere Suchtmittel täglich neben Heroin konsumiert, insbesondere Alkoholika, Benzodiazepine, Cannabis-Produkte und Cocain bzw. "Crack". **1229**

2.1.6 Nachweis

Eine erste grobe Abklärung, ob es sich um "guten Stoff" handelt, der nicht zu alt bzw. zu sehr gestreckt ist, kann aufgrund des charakteristischen, leicht säuerlichen **Essiggeruchs** erfolgen. **1230**

Denn bei dem zur Heroin-Herstellung verwandten Essigsäureanhydrid[357] erfolgt eine ständige Abspaltung und Verlust des Acetyls. Jedoch werden aus diesem Grund auch Imitate mit Essig versetzt.

"Junkies" oder Zwischenhändler bevorzugen daher meist die "**Brennprobe**": Eine in Stanniolpapier abgepackte Probe der zu erwerbenden Heroin-Zubereitung wird über die Flamme eines Feuerzeuges gehalten. Wird die Substanz hierbei schwarz, kann der Betreffende davon ausgehen, dass sie in hohem Maße aus Zucker als Verschnittstoff besteht[358]. **1231**

Recht zuverlässig sind bei Opiaten die verschiedenen **Vortests** (z.B. Merck-Rauschgifttest 11850, NIK-Test, TWK-Test)[359], die jeweils für eine bestimmte Substanzklasse entwickelt wurden und bei positivem Befund eine Verfärbung des Reagens bewirken. **1232**

---

[355] Zur „Beschaffungskriminalität" vgl. 2.1.7, Rdnr. 1303-1305.
[356] Vgl. hierzu auch Vorbem. 4, Rdnr. 1975 f., sowie beim Cocain 3.1.4, Rdnr. 1530 f., und 3.1.5, Rdnr. 1609. Ethanol wirkt hierbei u.a. als Resorptionsbeschleuniger.
[357] Zur Verwendung von EA bei der Heroin-Herstellung vgl. 2.1.1, Rdnr. 963.
[358] Zu den Streckmitteln näher 2.1.5, Rdnr. 1198 f.
[359] Zu den Vortests vgl. auch beim Cannabis 1.1.6, Rdnr. 201. Screeningverfahren ermöglichen zwar, eine hohe Probenzahl in kurzer Zeit in „negative" und „positive" Befunde einzuteilen, bedürfen jedoch im forensischen Bereich einer zweiten, hiervon unabhängigen Bestätigungsanalyse (conforming analysis), etwa massenspektrometrisch.

1233 Diese Schnelltestverfahren sind jedoch **unspezifisch** und gelten nur als indirekte Nachweismethoden. Obwohl Beeinflussungen der Testreaktion durch andere Stoffe, die keine Btm sind, möglich sind, stimmt in der ganz überwiegenden Zahl der Fälle das Testergebnis mit dem späteren Laborbefund überein. Gleichwohl sollte generell zur Kontrolle des erzielten Ergebnisses ein zweites Vortestverfahren eines anderen Herstellers verwendet werden. Die hierbei benötigten Probenmengen sind gering (maximal Stecknadelkopfgröße).

1234 Da dieses Vortests (**screening tests**) im Handel frei erhältlich sind, werden sie auch im illegalen Heroin-Groß- und -Zwischenhandel eingesetzt, um sicher zu gehen, beim Ankauf einer größeren Heroin-Menge nicht "gelinkt" zu werden. Im Hinblick auf seine heroingleiche Reaktion bei Schnelltestverfahren wird im illegalen Großhandel aber u.a. auch ein **Paracetamol-Coffein-Gemisch**[360] als Streckmittel bei Herstellung einer verkaufsfertigen Zubereitung eingesetzt.

1235 Die chemische Untersuchung beginnt meist mit einer **Löslichkeitsprüfung**[361], wobei, wenn sich die Substanz im Wasser löst, Anionen wie Chlorid oder Sulfate nachgewiesen werden können und sich ein Hinweis ergibt, ob das Heroin als Base oder in Form eines seiner Salze vorliegt.

1236 In den deutschen Landeskriminalämtern erfolgt dann regelmäßig eine **Auftrennung** der in der übersandten Heroin-Probe enthaltenen **Opium-Alkaloide**[362] unter Verwendung von Referenzsubstanzen im Wege der **DC**[363] bzw. der **GC**[364].

1237 Seltener wird die **UV-Spektroskopie** angewandt. Außer den Wirkstoffen sind hierdurch grundsätzlich auch die in Körperflüssigkeiten, insbesondere dem Harn, auftretenden charakteristischen Metaboliten[365] nachweisbar.

1238 Wird der Gehalt an Heroin-Base hochdruckflüssigkeitschromatographisch (**HPLC**)[366] bestimmt, so erfolgt gleichzeitig eine Bestimmung der typischen **Begleitalkaloide** Papaverin und Narcotin[367] sowie des Zersetzungsprodukts O_6-Monoacetylmorphin[368], dessen prozentualer Anteil an der Zubereitung bei Ermittlung

---

[360] Zum Paracetamol als Streckmittel vgl. auch 2.1.4, Rdnr. 1198, zum „Katki" Rdnr. 1198 FN 315.
[361] Zur Löslichkeit vgl. 2.1.3, Rdnr. 1067, und 2.1.5, Rdnr. 1189 und 1191.
[362] Zur üblichen Zusammensetzung etwa des „Türken-Heroins" vgl. 2.1.4, Rdnr. 1196.
[363] Näher zur Dünnschichtchromatopraphie: 1.2.1.1.6, Rdnr. 406-408.
[364] Näher zur Gaschromatographie: 1.1.6, Rdnr. 220.
[365] Zu den Heroin-Metaboliten vgl. 2.1.4, Rdnr. 1138.
[366] Zu dieser Untersuchungsmethode vgl. ebenfalls 1.2.1.1.6, Rdnr. 408, sowie 3.1.6, Rdnr. 1642.
[367] Zu den Opium-Alkaloiden der Isochinolin-Reihe vgl. 2.1.3, Rdnr. 1069 f. Hochreines Heroin, das diese Begleitalkaloide nicht enthält, wird z.T. als „weißes Heroin" bezeichnet.
[368] Zu diesem Abbauprodukt des Diamorphins vgl. 2.1.3, Rdnr. 1074.

des Wirkstoffgehalts zu berücksichtigen und eventuell zum Anteil an reiner Heroin-Base hinzuzurechnen ist[369].

Während mit der GC vornehmlich leichter flüchtige Substanzen aufgetrennt werden, erfolgt dies bei schwerflüchtigen und thermisch nicht beständigen Verbindungen mittels der **HPLC** (high pressure bzw. high performance liquid chromatography - Hochdruck- bzw. Hochleistungsflüssigkeitschromatographie). Als mobile Phase (Elutionsmittel) wird bei dieser anstelle eines Gases eine Flüssigkeit (ein Gemisch organischer Lösungsmittel) eingesetzt, welches eine Säule mit einem körnigen Sorptionsmittel (etwa Kieselgel) als stationäre Phase unter hohem Druck durchfließt. Die Auftrennung erfolgt durch verschieden langes Verweilen der Substanzen an der Oberfläche des porösen Sorptionsmittels mit der Folge, dass verschiedene Substanzen die Säule unterschiedlich schnell durchlaufen. Der Substanzaustritt aus der Trennsäule wird mittels eines UV-Detektors festgestellt und auf einem Schreiber als Peak registriert. **1239**

Bei Heroin-Mischproben (**Zubereitungen**) kann nach Wiegen der Gesamtmenge aufgrund des in % angegebenen Anteils an Heroin-Base die minimale Menge an reiner Heroin-Base errechnet werden, was für die Frage des Vorliegens einer "**nicht geringen Menge**" im Sinne der §§ 29 a Abs. 1 Nr. 2, 30 Abs. 1 Nr. 4, 30 a Abs. 1 und Abs. 2 Nr. 2 BtMG 1994 von Bedeutung ist[370]. **1240 §**

Hinsichtlich dieses Tatbestandsmerkmals hat der 1. Strafsenat des BGH mit Beschluss vom 7.11.1983 festgelegt, dass es bei Vorliegen von mindestens **1,5 g reinen Heroin-HCl** (also in wasserlöslicher Form und ohne streckende Zusätze)[371] erfüllt sei. **1241 §**

Begründet wird die Festlegung dieses Grenzwertes damit, dass sich aus dieser Menge mindestens 30 injizierbare äußerst gefährliche Einzeldosen zu je 50 mg Heroin-HCl (bzw. **150 KE** zu je 10 mg) gewinnen ließen[372]. Beträgt daher z.B. das Gesamtgewicht einer Mischprobe (Heroin-Zubereitung) 50 g bei einem nur 4 %igen Anteil reiner Heroin-Base[373], so ergibt sich eine minimale Menge reinen Heroins von 2,5 g; die Grenze zur "nicht geringen Menge" ist überschritten. **1242**

Das Abstellen auf den reinen **Wirkstoffgehalt** als Maßstab für die Gefährlichkeit einer Rauschdroge ist im Hinblick darauf in Zweifel zu ziehen, dass häufig gerade die unter- **1243**

---

[369] Vgl. etwa zum „Polskikompott" 2.1.1, Rdnr. 952, sowie 2.1.3, Rdnr. 1132 f., und 2.1.5, Rdnr. 1209.
[370] Allgemein zum Begriff der „nicht geringen Menge": 1.1.6, Rdnr. 208.
[371] Liegt das sichergestellte Heroin als Base vor (vgl. 2.1.5, Rdnr. 1188-1190), muss es demnach als HCl berechnet werden. Zur Wirkstoffkonzentration des Heroins Nr. 4 vgl. 2.1.5, Rdnr. 1195, 1197 und 1202.
[372] Zur geringsten wirksamen Rauschdosis vgl. 2.1.5, Rdnr. 1207. KE von 50 mg können beim Heroin-Ungewöhnten bereits letal wirken, vgl. 2.1.7, Rdnr. 1275-1279. Zur „nicht geringen Menge" bei Cannabis-Produkten vgl. 1.1.6, Rdnr. 209-213, bei LSD-25 1.2.1.1.6, Rdnr. 413-416, bei Methylendioxyamfetaminen 1.2.4.3, Rdnr. 865, bei Cocain 3.1.6, Rdnr. 1652-1654, und bei Amfetaminen 3.2.4.6, Rdnr. 1926-1928.
[373] Zur Heroin-Konzentration im Straßenhandel vgl. 2.1.5, Rdnr. 1197 und 1202.

schiedliche Zubereitung die eigentliche Gefahr darstellen kann, da der Konsument sich auf schwankende Reinheitsgrade und unterschiedliche Streckmittel nur schwer einstellen kann[374] und gerade Mischintoxikationen eine häufige Todesursache darstellen[375]. Demnach müsste die Gefährlichkeit einer Rauschdroge nicht nur nach der Wirkstoffkonzentration, sondern auch nach den verwandten Streckmitteln bzw. der jeweiligen Drogenkombination und damit verbundenen synergistischen Effekten beurteilt werden[376].

1244 Bezüglich **Morphin** hat ebenfalls der 1. Strafsenat des BGH mit Urteil vom
§ 22.12.1987 unter Berücksichtigung der im Vergleich mit Heroin schwächeren Wirksamkeit[377] den Grenzwert zur "nicht geringen Menge" Morphin bei Vorliegen einer Wirkstoffmenge festgesetzt, die 45 injizierbare äußerst gefährliche Einzeldosen zu je 100 mg Morphin-HCl ergibt (bzw. 150 KE[378] zu je 30 mg), was **4,5 g Morphin-HCl** entspricht.

1245 Die Festlegung der "nicht geringen Menge" **Opium** ist noch nicht erfolgt, sie dürfte je-
§ doch eine im Vergleich zu Heroin und Morphin höhere Wirkstoffmenge beinhalten.

1246 Hinsichtlich der Bestimmung der "**geringen Menge**" im Sinne der §§ 29 Abs. 5, 31 a
§ BtMG 1994[379] ist unter Berücksichtigung des Selbstgefährdungscharakters des Besitzes pp. kleiner Mengen Btm zum Eigenverbrauch davon auszugehen, dass der eine verbindliche Norminterpretation beinhaltende Beschluss des BVerfG vom 9.3.1994 u.a. auch für Heroin gilt.

1247 Da bei einzelnen "hits" eine Bestimmung der Wirkstoffkonzentration regelmäßig nicht
§ erfolgt, ist insoweit ebenfalls auf das Bruttogewicht der äußerst variierenden Zubereitungen abzustellen. Bisherige Richtlinien bzw. Vorschläge hierzu gehen von 0,5-1 g Heroin- bzw. Morphin-Zubereitung und 3 g Opium aus. Ein Teil der Rspr stellt demgegenüber auch insoweit auf den Heroin-HCl-Anteil ab, der somit festgestellt werden muss. Wird 1 KE mit 10 mg Heroin-HCl angesetzt und die "geringe Menge" mit max. 3 KE, ergeben sich so 30 mg bzw. 0,03 g Heroin-HCl; andere Richtlinien stellen demgegenüber auf 0,15 g Heroin-HCl bzw. 0,45 g Morphin-HCl ab.

1248 Neben der Bestimmung der Wirkstoffe oder des Wirkstoffgehalts einer Probe kann es erforderlich sein, etwa im Rahmen einer Abhängigkeitsüberwachung, zur Kontrolle eines Beigebrauchs im Rahmen einer Substitution mit Methadon oder zur Klärung der Fahrsicherheit nach § 24 a StVG einen vorausgegangenen Drogenkonsum durch **Nachweis** der **Abbauprodukte** im **Urin** zu verifizieren oder auszuschließen.

---

[374] Zur Toxizität der Streckmittel vgl. 2.1.5, Rdnr. 1200 f.
[375] Vgl. zu den sog. „Drogentoten" 2.1.2, Rdnr. 1052 f.
[376] Vgl. etwa zu Heroin-Barbiturat-Kombinationen 4.1, Rdnr. 2018-2020, sowie 2.1.7, Rdnr. 1280.
[377] Zur Rauschwirkung des Morphins im Vergleich zum Heroin vgl. 2.1.4, Rdnr. 1123.
[378] Zur Konsumeinheit bei Morphin vgl. 2.1.5, Rdnr. 1209.
[379] Näher zum Begriff der „geringen Menge": 1.1.6, Rdnr. 214-216.

Urin als Untersuchungsmaterial wird hierbei meist bevorzugt, da eine größere Menge 1249
hiervon regelmäßig zur Untersuchung zur Verfügung steht, die Konzentration der Fremdstoffe oder Abbauprodukte hier oft höher ist und die Nachweisdauer gegenüber der im Blut (ca. 3, max. 4 d) etwas länger ist. Zudem können die im Harn enthaltenen Metaboliten eine zusätzliche Interpretationshilfe sein.

Blut bzw. **Serum** als Untersuchungsmaterial ist demgegenüber vorzuziehen, wenn es um die Frage der Wirkstoffkonzentration in zeitlicher Nähe zu einem rechtserheblichen Ereignis geht. Soweit möglich sollten beide Körperflüssigkeiten asserviert werden; eine Entscheidung, ob beide oder nur eine von beiden zu untersuchen ist, kann anschließend getroffen werden.

Insbesondere zum Nachweis von Abbauprodukten sind **Immunoassays** einsetz- 1250
bar, die auf der immunologischen Grundlage der Antigen-Antikörper-Reaktion beruhen (syn. **immunchemische Methoden**)[380], so z.B. die Enzym-Immunoassays (EIA) wie das EMIT-Verfahren.

Die bereits im Vietnamkrieg entwickelte EMIT-Methode wurde 1982 als Schnelltestver- 1251
fahren für Urin- und Blutproben bei den Landeskriminalämtern in der Bundesrepublik eingeführt.

Nach Eichung beträgt die Untersuchungsdauer durchschnittlich 60-90 s. Als frühester Nachweiszeitpunkt nach oraler Aufnahme werden 3 h im Harn und 30 min im Blut angegeben, nach i.v. Injektion ca. 30 min im Urin und wenige min im Blut.

Die durchschnittliche **Nachweiszeit** (diagnostisches Fenster) bei immunologischen Verfahren beträgt dann bei Heroin und Morphin 24-16 h im Urin und ca. 12 h (Morphin) im Blut. Anhand von Haarproben ist eine Heroin-Aufnahme noch nach Monaten nachweisbar.

Immunologische Testverfahren spielten demgegenüber bei der Untersuchung von Btm, 1252
die als Substanz vorliegen, eine geringe Rolle, da sie in ihrer Spezifität den chromatographischen und spektroskopischen Verfahren nachstanden. Ein erstes praktikables Verfahren ist der auf einer immunologischen Reaktion beruhende, seit Juli 1995 im Drogen-Screening etwa auf Flughäfen zum Erkennen kleinster Btm-Mengen einsetzbare "Drugwipe"-**Wischtest** mit einer unteren Nachweisgrenze von etwa 10-100 ng Heroin- bzw. Cocain-HCl, der auch zum Medikamenten- oder Drogennachweis im Schweiß verwendbar ist.

Mittels der **Ionenmobilitätsspektrometrie** (IMS) können z.B. im Rahmen von Fahrzeug- und Personenkontrollen ebenfalls durch Wischtests Btm-Rückstände an der Oberfläche von Gegenständen pp. im ng-Bereich nachgewiesen werden.

Der Nachteil **immunologischer Reaktionen** ist jedoch, dass sie nicht substanz-, 1253
sondern **gruppenspezifisch** erfolgen; ein positives Ergebnis kann somit durch Substanzen ähnlicher Struktur, bei denen es sich um keine Btm handelt, vorgetäuscht werden (**Kreuzreaktivität**), auf die die Antikörper ebenfalls reagieren. Opioide, die zwar wie Methadon, Tilidin, Dextropropoxyphen, Nefopam usw. opiatähnliche Wirkungen haben, jedoch strukturell völlig andersartig sind, werden

---

[380] Vgl. auch zum Reaktionsablauf bei Cocain-Metaboliten 3.1.6, Rdnr. 1657.

von den Opiat-Immunoassays nicht erfasst (für einige wie Methadon und Dextropropoxyphen stehen spezielle Immunoassays zur Verfügung). Hingegen kann aufgrund eines immunchemischen Opiatnachweises nicht zwischen verschiedenen Opiaten differenziert werden; so können bei positivem Opiatergebnis keine Unterschiede zwischen Metaboliten des Morphins und des Codeins erkannt werden[381]. Insoweit sind immunologische Tests daher als Vortests einzustufen, die bei positivem Screeningbefund einer hiervon unabhängigen Bestätigungsanalyse (confirming methods) bedürfen.

1254 Da durch Demethylierung ein Abbau des Codeins zu Morphin möglich ist[382], kann bei Vorliegen eines nicht unerheblichen **Codein-Anteils** nicht mit der erforderlichen Sicherheit ein Rückschluss auf Diamorphin als Ausgangssubstanz des Probenbefundes gezogen werden. Vielmehr ist trotz positiven Morphin-Nachweises nicht auszuschließen, dass nur Codein oder Acetylcodein[383], nicht aber Morphin oder Heroin konsumiert worden ist; dies gilt selbst dann, wenn der Morphin- den Codein-Anteil übersteigt. Möglichst bei der Urinentnahme ist daher die Frage einer eventuellen Medikamenteneinnahme zu klären. Ein sicherer Heroin-Nachweis etwa mittels GC/MS ist nur über das **6-Monoacetylmorphin** (6-MAM) möglich, da dieses nur aus Heroin, nicht aber aus Codein oder anderen gebräuchlichen Opiaten entstehen kann.

1255 Aber nicht nur im Urin, sondern auch bei sehr **alten** Heroin-Proben kann eine fast vollständige Zersetzung zu O_6-Monoacetylmorphin, seltener allerdings auch weiter zu Morphin, gegeben sein[384].

1256 Umgekehrt ist die Einlassung, es habe sich bei der eingenommenen Substanz nicht um Heroin, sondern um ein frei rezeptierbares codein-haltiges AM gehandelt, dann widerlegt, wenn sich in der Urinprobe **nur Morphin**, nicht aber auch eine Teilmenge Codein nachweisen lässt. Findet sich 6-MAM im Urin, lässt dies ebenfalls den Schluss zu, dass Heroin aufgenommen wurde.

1257 Allgemein gilt, dass mit immunchemischen Verfahren gewonnene Ergebnisse daher **falsch positiv** oder **falsch negativ** sein können (für das EMIT-Verfahren wird z.B. von der Herstellerfirma eine Quote von 5 % angegeben). Wie bei Blutalkohol-Untersuchungen ist daher jedenfalls bei einem **positiven** immunologischen Ergebnis ein **zweites**, unabhängiges (meist aber auch aufwendigeres und teureres) Verfahren, etwa MS oder GC, zur Erhärtung oder Widerlegung des Hin-

---

[381] Vgl. auch zum THC-Nachweis mit enzym-immunologischen Methoden 1.1.6, Rdnr. 222-224; nur Befunde auf Cannabinoide und Cocain bzw. seine Metaboliten sind eindeutig (zu letzteren vgl. 3.1.6, Rdnr. 1658). Falsch-positive Ergebnisse bei Opiat-Immunoassays können auch bei Einnahme größerer Mengen u.a. von Cyclazocin, Levallorphan, Nalorphin und Promethiazin auftreten.

[382] Zur Codein-Metabolisierung vgl. 4.4.2.1, Rdnr. 2282, und 2.1.3, Rdnr. 1075.

[383] Zur Bedeutung codein-haltiger Fertigarzneimittel vgl. 4.4.2.1, Rdnr. 2274-2280, sowie zur Einordnung als Btm 4.4.2.1, Rdnr. 2293. Vergleichbares gilt etwa auch für den Barbiturat-Nachweis: 4.1, Rdnr. 2037; zum 6-MAM vgl. 2.1.3, Rdnr. 1074.

[384] Zum Heroin-Abbau vgl. 2.1.3, Rdnr. 1074, sowie 2.1.6, Rdnr. 1238. Vgl. auch zu den Cocain-Abbauprodukten 3.1.6, Rdnr. 1648.

weises und damit einer forensischen Verwertbarkeit zu fordern. Falsch negative Ergebnisse sind hingegen angesichts des Aufwandes in Kauf zu nehmen.

Gleiches gilt grundsätzlich auch für den **Radioimmunassay (RIA)** und den **Haemagglutination-inhibition-assay (HI-Assay)**. Ein neuer RIA-Test ist jedoch als Standardverfahren seit etwa 1985 im Einsatz, der allein für Morphin spezifisch ist. **1258**

Außer in Körperflüssigkeiten ist der Morphin-Nachweis mittels RIA und GC/MS auch aufgrund von **Haarproben**, die zerkleinert und aufgelöst werden, möglich. Haare stellen aufgrund der Einlagerung von Btm-Molekülen einen Langzeitspeicher dar, durch den auch noch Zeiträume erfassbar sind, die durch Urin- oder Blutproben nicht mehr erfasst werden können. Hierbei ist in gewissem Umfang auch eine Aussage über Häufigkeit und Intensität eines bereits mehr als 6 Monate zurückliegenden Morphin- bzw. Heroin-Konsums möglich, wobei allerdings keine Aussage über den Konsum zu einem bestimmten Zeitpunkt erfolgen kann, sondern nur Zeitintervalle erfassbar sind. Ein positiver RIA-Befund muss hierbei durch massenspektrometrische Untersuchungen bestätigt werden. Die Untersuchungsmethode ist u.a. auch für THC, Cocain, Amfetamine und Benzodiazepine anwendbar[385]. **1259**

Mittels der **GC/MS** ist auch eine **Bestätigungsanalyse** von immunologischen Schnelltestergebnissen zum Drogennachweis im Blut im Rahmen etwa des § 24 a StVG[386] simultan für Amfetamin, Benzoylecgonin, Codein und Morphin (nicht aber für THC und seine Metaboliten) bereits für sehr kleine Serumvolumina möglich. **1260**

Im Rahmen des **Heroin-Analyseprogramm (HAP)** erfolgt die Untersuchung auf das Vorliegen weiterer Nebenalkaloide auch für Fahndungszwecke, um eine Zuordnung der Proben zu ermöglichen. **1261**

Dies kann z.B. dann sinnvoll sein, wenn festgestellt werden soll, ob 2 Heroin-Proben vor dem Verschneiden mit Zusatzstoffen aus der gleichen Grundmenge stammten. Mittels der GC entsteht für jede Probe ein charakteristisches Spurenbild, das, unterstützt durch authentische Proben aus den jeweiligen Produktionsgebieten, eine Zuordnung zu gewissen geographischen Großräumen zulässt. Die Entscheidung über die Fortführung des HAP erfolgt jeweils neu. **1262**

Da bei **chromatographischen** Verfahren das Verhalten der Zielsubstanz im jeweiligen System bekannt sein muss, werden **spektroskopische** Verfahren eingesetzt, wenn die Zusammensetzung des Substanzgemisches **nicht bekannt** ist. Umfangreiche Spektrenbibliotheken erleichtern hierbei EDV-gestützt die Interpretation der Ergebnisse und die Identifizierung des unbekannten Stoffes. **1263**

---

[385] Zum THC-Nachweis mittels des RIA-Tests vgl. 1.1.6, Rdnr. 222 f.
[386] Immuchemische Screeningbefunde können bei einem Einsatz etwa zur Entscheidung über eine mögliche Fahrunsicherheit im Straßenverkehr (vgl. zur heroin-bedingten Fahrunsicherheit allein aufgrund Morphin-Nachweises im Blut 2.1.4, Rdnr. 1129) immer nur einen Hinweis auf einen Konsum, nicht auf eine bestimmte Wirkung geben.

1264 Die Möglichkeit der Darstellung von Spiegelbildisomeren im Wege der **Protonenresonanz-Spektroskopie**[387] kann hierbei ebenfalls dazu benutzt werden, im Zusammenhang mit einer Differenzierung der im Heroin herstellungsbedingt vorkommenden Isomere O_3-Monoacetylmorphin und O_6-Monoacetylmorphin[388] Rückschlüsse auf die Herkunft der jeweiligen Heroin-Probe zuzulassen.

1265 Die **Infrarotspektroskopie**, bei der die Wellenlänge des emittierten infraroten Lichts durch die zu untersuchende Probe kontinuierlich verändert und die sich so ergebende Kurve mit Vergleichsspektren verglichen wird, ist dagegen nur bei **Reinsubstanzen** ohne Beimischungen anwendbar, was bei Heroin, das meist mehr oder weniger mit Streckmitteln versetzt ist, nur äußerst selten der Fall ist.

Der Vorteil dieser Untersuchungsmethode ist, dass eine vorherige Auftrennung, etwa im Wege der DC, entfällt. Auch bei der Infrarotspektroskopie werden die Spektren der Reverenzsubstanzen, die ständig auf dem neuesten Stand zu halten sind, in digitalisierter Form gespeichert und sind so abrufbar.

1266 Seit den 1980er Jahren wird beim BKA und den Landeskriminalämtern vermehrt die **Massenspektroskopie (MS)**[389] in Verbindung mit der GC zur Charakterisierung von Opioid-Wirkstoffen und deren Metaboliten eingesetzt, wobei weniger als 1 µg Probensubstanz und weniger als 1 s Messzeit für die Aufnahme eines Massenspektrums benötigt werden.

1267 Das Stoffgemisch wird hierzu mittels eines Trägergases und unterschiedlicher Wanderungsgeschwindigkeit zunächst aufgetrennt, wobei sich für jede Komponente ein charakteristischer Peak ergibt[390]. Die ausgedruckte Kurve wird sodann mit der Kurve der bekannten Reverenzsubstanzen verglichen.

1268 Anschließend wird die Säule in die Ionenquelle des Massenspektrometers geleitet und eine Ionisierung der Moleküle herbeigeführt. Die charakteristischen Spektren werden wiederum rechnerunterstützt mit Vergleichspektren auf Übereinstimmung überprüft.

2.1.7 Gefährlichkeit

1269 Vorab ist festzuhalten, dass die erstrebte Folge des "Dope"-Konsums, dass der Betreffende "zu" ist, der Eintritt der **Rauschwirkung** also, zwar mit einer **akuten Vergiftung** einhergeht[391], von den eigentlichen **Intoxikationszuständen** mit einer

---

[387] Vgl. hierzu auch beim LSD-25 1.2.1.1.6, Rdnr. 409.
[388] Zum MAM vgl. 2.1.3, Rdnr. 1074.
[389] Zur massenspektrometrischen Untersuchungsmethode näher beim Cocain 3.1.6, Rdnr. 1643-1647.
[390] Zur Auftrennung von Heroin-Mischproben vgl. 2.1.6, Rdnr. 1236-1239.
[391] Als akute Drogenintoxikation (zur Rauschwirkung einer akuten Opioidintoxikation vgl. 2.1.4, Rdnr. 1116-1130) verbunden mit Euphorisierung, einer teilweisen Realitäts-

2.1 Opium und Opiate

über das Rauscherlebnis hinausgehenden Bewusstseinsstörung jedoch zu unterscheiden ist. Bei letzteren ist wiederum zwischen **akuten** Intoxikationen, die auch bei einmaligem Drogenkonsum auftreten können, und den Langzeitwirkungen infolge **chronischen** Missbrauchs zu unterscheiden[392].

In Fällen individueller Überempfindlichkeit, bei Unterschätzung des Reinheitsgrades der erworbenen Heroin-Zubereitung[393] oder zu hastiger Injektion kann es nach Lösung der Abbindung und dem dadurch bedingten blitzartigen Übertritt des Wirkstoffes in die Blutbahn[394] und Anflutung zum verlängerten Rückenmark (Medulla oblongata) zu einer Beeinträchtigung des Zentrums für die Regulierung des **Herz-Kreislaufsystems** und zu einer **Lähmung** des **Atemregulationszentrums**[395] mit plötzlichem Atemstillstand kommen (sog. "**Spritzenschock**")[396]; Injektionsfolgen können außerdem u.a. Endokarditis, Embolien oder ein Lungenödem mit hochgradiger Atemnot infolge der eingeschränkten Lungenfunktion und akutem Herzversagen sein. 1270

Diese **akuten Intoxikationsfolgen** sind Wirkungen des reinen **Heroins** als **Hauptnoxe**[397], zusätzliche Komplikationen können sich als Folge der streckenden **Zusätze** wie Coffein, Procain oder Paracetamol[398] ergeben. Die Opfer werden in diesen Fällen oft noch mit der Nadel in der Vene aufgefunden. Wie bei den meisten auf das ZNS wirkenden Giften lautet der wenig spezifische Befund bei der anschließenden Obduktion dann zumeist auf akutes Herz-Kreislaufversagen mit Lungen- und Hirnödem bzw. Atemstillstand. 1271

Ateminsuffizienz als akute Vergiftungsfolge scheint damit zusammenzuhängen, dass bei geringen Heroin-Dosen die Rezeptoren des Schmerzzentrums zwar eher besetzt werden als die des Atemregulationszentrums im Hirnstamm[399], bei hohen Dosen hingegen offenbar auch zunehmend respiratorische Rezeptoren be- 1272

---

ausblendung und der Beendigung von Entzugserscheinungen (die die alleinige Wirkung darstellen kann, vgl. 2.1.7, Rdnr. 1295).
[392] Dies gilt auch für andere Rauschdrogen, vgl. z.B. beim Cocain 3.1.7, Rdnr. 1662-1694.
[393] Zu marktbedingten Schwankungen der Heroin-Konzentration vgl. 2.1.5, Rdnr. 1200 f. und 1205 f. Vgl. unten 2.1.7, Rdnr. 1287 f.
[394] Vgl. zum „flash" 2.1.4, Rdnr. 1126. Bei nicht allzu hastiger Injektion wird das Heroin mit dem venösen Blut vermischt und erreicht in weniger konzentrierter Form das Gehirn. Vgl. auch zur erhöhten Gefahr einer Atemlähmung beim sog. „Stereo-Schuss" bzw. bei Injektion in die Halsvene 2.1.5, Rdnr. 1220 f.
[395] Vgl. zu den zentralen Morphin-Wirkungen 2.1.4, Rdnr. 1137.
[396] Vgl. auch zum sog. „Cocain-Schock" 3.1.7, Rdnr. 1672 und 1665 f.
[397] Zur Diskussion um die Toxizität reinen Heroins und der Verschnittstoffe vgl. 2.1.5, Rdnr. 1200 f.
[398] Zu häufigen Streckmitteln vgl. 2.1.5, Rdnr. 1198 f.
[399] Die atemdepressive Wirkungsdosis liegt 4-5 mal höher als die analgetische. Vgl. auch zum Zusatz von Strychnin 2.1.5, Rdnr. 1198. Vgl. auch zur Hypoxie als Folge des Lösungsmittel-Schnüffelns 4.5.4, Rdnr. 2542.

setzt werden. Der **Sauerstoffmangel** kann zu einem Blutdruckabfall führen, der gegebenenfalls so schnell erfolgt, dass infolge Herzversagens der Tod eintritt.

1273 **Symptome** einer **akuten Opiatvergiftung** sind: Wärmegefühl, Rötung des Gesichts infolge Gefäßerweiterung und Schweißausbruch. Infolge der lähmenden Wirkung auf das ZNS bei Überdosierung treten hinzu: Erschlaffung der Muskulatur, Reflexlosigkeit, unregelmäßige, flache Atmung (Atemdepression mit Schnappatmung, ca. 2-4 Atemzüge pro min), Untertemperatur, maximal verengte Pupillen (Miosis)[400], tiefes Koma. Aufgrund der abfallenden Kreislauffunktion und damit Unterversorgung des Gewebes mit Sauerstoff kommt es zu einer Blaufärbung der Haut (Zyanose).

Der Tod kann schließlich durch Lähmung des Atemregulationszentrums eintreten.

1274 Infolge der außerordentlich **geringen therapeutischen Breite** wird die **toxische Dosis** für den Ungewohnten bei Heroin mit 5 mg, bei Morphin mit 50 mg bei i.v. Zufuhr angegeben[401].

1275 Als in jedem Fall **äußerst gefährliche**, bei einem Drogenungewohnten ggfs. bereits letale Dosis sind bei Heroin 50 mg und bei Morphin 100 mg i.v. anzusetzen.

1276 Die **Dosis letalis** wird bei Morphin mit 0,1 g bei parenteraler und 0,3-1,5 g bei peroraler Applikation angegeben (als LD_{50} werden auch 223 mg/kg KG genannt), die akute Toxizität mit 4.000 µg/kg KG[402].

1277 Da die Empfindlichkeit des ZNS gegenüber den Morphin- bzw. Heroin-Wirkungen abgenommen hat[403], kann ein **Abhängiger** zwar im allgemeinen Einzeldosen vertragen, die beim Erstkonsumenten zum Tode führen würden[404]. Das **Dosis-Wirkungsverhältnis** ist jedoch nicht konstant, die Aussage, dass langjährige und erfahrene Heroin-"Fixer" auch überhöhte Einzeldosen verkraften können, kann somit keine generelle Gültigkeit haben.

1278 Gegebenenfalls tödliche Komplikationen können sich etwa einstellen, wenn der "Junkie" nicht beachtet, dass z.B. nach kurzfristigem körperlichen Entzug[405] oder verändertem körperlichen Befinden infolge **Toleranzverlustes** die früher übliche Dosis auch bei gleichbleibendem Reinheitsgrad der Zubereitung nunmehr eine relative Überdosis für ihn darstellen

---

[400] Vgl. auch 2.1.4, Rdnr. 1171. Im Gegensatz zur Pethidin-Vergiftung, vgl. 4.4.4, Rdnr. 2393.

[401] Zur üblichen Dosis vgl. 2.1.5, Rdnr. 1207-1209. Zur äußerst gefährlichen Dosis vgl. auch 2.1.6, Rdnr. 1242 und 1244.

[402] Zum Vergleich: Die akute Toxizität von Strychnin (näher hierzu 4.3.1.1, Rdnr. 2120) wird mit 200 µg/kg, die von TCDD („Dioxin") mit 1 µg/kg Körpergewicht angegeben.

[403] Zur Toleranzausbildung vgl. 2.1.4, Rdnr. 1162 und 1170 f.

[404] Zu den von einem Abhängigen benötigten Heroin-Mengen vgl. 2.1.5, Rdnr. 1210-1212.

[405] Zur Detoxikation vgl. 2.1.7, Rdnr. 1316 und 1346-1353.

2.1 Opium und Opiate

kann. Fast 2/3 aller "Drogentoten"[406] dürften an einer **unbeabsichtigten Überdosierung**[407] sterben; die Todesrate scheint insgesamt bei etwa 15 % der Abhängigen innerhalb von 10 a zu liegen.

Außer im Falle eines Toleranzverlustes kann eine auch nur leicht **erhöhte** Heroin-Dosis, etwa infolge größerer Reinheit der erworbenen Zubereitung als erwartet, bei langjährigen Heroin-Abhängigen mit angegriffenem allgemeinen Gesundheitszustand, Erkrankung der Nieren und **geschwächtem Immunsystem**[408] bei gleichzeitig verlorengegangenem Schmerzempfinden[409] und Krankheitsgefühl für sich allein bereits zum Tode führen. 1279

Seit Beginn der 80er Jahre mehrten sich zudem die Fälle, in denen bei relativ niedrigen Heroin-Konzentrationen eine Alkohol- und/oder Medikamenteneinnahme für den Tod mit ursächlich geworden war (sog. **"Mischintoxikation"**)[410], wahrscheinlich aufgrund eines **Kombinationseffektes** der zentralen Wirkungen[411]. Seit Ende der 80er Jahre scheint dieser Kombinationseffekt für die Mehrzahl der an zentralem Herz-Kreislaufversagen verstorbenen Heroin-Abhängigen ursächlich geworden zu sein. Auch bei einer klinischen Entgiftung können aus dem **Beigebrauch** von u.a. Alkohol, Cocain oder Benzodiazepinen[412] lebensbedrohliche Komplikationen wie **zerebrale Krampfanfälle** und **Delirien** resultieren[413]. 1280

Aber nicht nur bei einer akuten Intoxikation ist der Todeseintritt durch Herz-Kreislaufversagen und Atemstillstand möglich. Vergleichbare Symptome können ohne ersichtlichen äußeren Anlass auch bei früheren Heroin-Abhängigen infolge körperlicher Veränderungen aufgrund des **Langzeitmissbrauchs** auftreten, also unabhängig von einer aktuellen Drogenzufuhr. 1281

So können etwa eine erworbene Herzschwäche, chronische Bronchitis[414] und Schädigungen der Leber[415] zusammenwirken. Zudem scheint sich bei Langzeitabhängigen trotz des Gewöhnungseffektes[416] die Zahl der Atemzüge/min in Ruhe unbemerkt um 1-3 Atemzüge zu verringern, wodurch es infolge der verringerten Sauerstoffzufuhr langfristig zu **Organschäden** kommen kann. Da in diesen Todesfällen ein unmittelbarer Zusammenhang mit dem Konsum von Rauschdrogen oder Ausweichmitteln nicht gegeben ist, werden sie häufig statistisch nicht als sog. "Drogentote" erfasst; meist wird ein natürlicher Tod infolge Herz-Kreislaufversagens durch den herbeigerufenen Arzt bescheinigt. 1282

---

[406] Zum Begriff der „Drogentoten" vgl. 2.1.2, Rdnr. 1050-1053.
[407] Zum „Goldenen Schuss" in Selbstmordabsicht vgl. 2.1.7, Rdnr. 1307.
[408] Zur HIV-Infektion bei „Fixern" vgl. 2.1.7, Rdnr. 1301 f.
[409] Zu Auswirkungen der Analgesie vgl. auch 2.1.7, Rdnr. 1298.
[410] Vgl. zu den „Drogentoten" 2.1.2, Rdnr. 1052.
[411] Zur Verstärkung der Morphin-Wirkungen vgl. etwa 2.1.3, Rdnr. 1085, sowie bei den Barbituraten 4.1, Rdnr. 2018-2033.
[412] Näher zum Beigebrauch u.a. von Cocain 2.1.7, Rdnr. 1322 f. Zu Barbiturat-Cocain-Kombinationen vgl. 3.1.7, Rdnr. 1663 f. Zu BD-Heroin-Kombinationen vgl. 4.3.4, Rdnr. 2225 f.
[413] Zu den Gefahren eines Mehrfachentzugs vgl. etwa 2.1.7, Rdnr. 1349.
[414] Vgl. hierzu etwa beim Codein 4.4.2.1, Rdnr. 2289.
[415] Näher zu den Sekundärkrankheiten 2.1.7, Rdnr. 1298 f.
[416] Zur Toleranzbildung insoweit vgl. 2.1.4, Rdnr. 1171.

1283 Die **therapeutischen Maßnahmen** im Falle einer Heroin- bzw. Morphin-Vergiftung mit Komastadium und massiv herabgesetzter Atemfrequenz bestehen in der Gabe von z.B. Narcanti/-Neonatal in langsamer, u.U. mehrfacher Verabreichung von 0,4-2 mg i.v., i.m. oder s.c.[417], begleitet von Sauerstoffbeatmung und Infusion, gegebenenfalls auch Intubation und künstlicher Beatmung sowie Maßnahmen zur Vermeidung eines Lungen- bzw. Hirnödems (etwa durch Cortison-Gaben).

1284 **Naloxon** beseitigt bei einer akuten Opioid-Vergiftung die Heroin-Wirkungen, insbesondere die Atemdepression, abrupt, führt dazu, dass der Patient das Bewusstsein wiedererlangt und löst zugleich das **Heroin-Entzugssyndrom**[418] aus. Die Entzugssymptome können hierbei gegebenenfalls lebensbedrohlich werden, insbesondere besteht die Gefahr eines Kreislaufversagens und Schockzustandes. Da Naloxon doppelt so schnell wie Heroin abgebaut wird, muss der Abhängige, auch nachdem er das Bewusstsein wiedererlangt hat, längere Zeit unter Beobachtung bleiben.

1285 Durch die gleichzeitige Gabe **zentral-dämpfender** Medikamente sowie von Alkohol werden dagegen die Nebenwirkungen der Opiate verstärkt[419].

1286 Die durch Opiate bzw. Opioide ausgelöste Euphorie und psychische Unbeschwertheit führt bei dazu veranlagten Personen schnell über ein bloßes Missbrauchsstadium und eine anfängliche psychische Abhängigkeit zu einer **chronischen Heroin-Vergiftung** und auch **physischen Abhängigkeit** vom **Opioid-Typ** (syn. Morphin-, Opiat-Typ, Morphinismus bzw. Heroinismus)[420]. Unter der ICD-10 F 12.2 wird hierunter die Abhängigkeit von Heroin, Methadon, Opium und seinen Alkaloiden sowie ihren Derivaten ebenso wie von synthetischen Substanzen mit morphin-ähnlichen Wirkungen verstanden.

1287 Für die **Entstehung** von **Sucht**, bei dem es sich um einen **hirnphysiologischen** Vorgang handeln dürfte, ist bis heute kein allgemein anerkanntes Erklärungsmodell vorhanden. Auffällig ist nur eine häufig wiederkehrende Symptomatik, die u.a. auf sog. "**Frühstörungen**" zurückgeführt werden kann[421]; suchtgefährdet dürften demnach vor allem aufmerksamkeits- und kontaktgestörte sowie stark motorisch unruhige, hyperaktive Kinder sein. Bereits vor Beginn des Btm-Konsums sind häufig Merkmale einer sozialen und psychischen Vereinsamung gegeben, die durch den späteren Missbrauch und Abhängigkeit verstärkt werden (**Sozialisationsdefizite**) neben u.a. Angststörungen, Depressionen sowie einer **genetischen** Disposition (genetisch bedingten Störungen im Neurotransmittersystem mit der Folge einer

---

[417] Zu dessen morphin-antagonistischen Wirkungen vgl. 2.1.3, Rdnr. 1102 und 1105-1107.
[418] Näher zu den verschiedenen Entzugssymptomen: 2.1.7, Rdnr. 1308-1312. Zur Gefahr eines ambulant durchgeführten „Turbo-Entzuges" vgl. 2.1.7, Rdnr. 1349.
[419] Vgl. hierzu auch 2.1.3, Rdnr. 1085 m.w.N.
[420] Vgl. auch zum Cocainismus 3.1.7, Rdnr. 1681-1694.
[421] Vgl. hierzu auch beim Cannabis 1.1.7, Rdnr. 243-245, sowie 2.1.7, Rdnr. 1358. Zu hyperkinetischen Verhaltensstörungen und ihrer Behandlung vgl. 3.2.4.3, Rdnr. 1833-1835. Zur medikamentösen Ruhigstellung bei Verhaltensstörungen vgl. auch Vorbem. 4, Rdnr. 1974.

2.1 Opium und Opiate

erhöhten Empfänglichkeit für Reize, die zu einer Aktivierung des Belohnungssystems führen; suchtbedingtes Verhalten scheint in bestimmten Familien gehäuft vorzukommen). Suchtgefährdet scheinen zudem Menschen zu sein, die empfindlich auf Stress reagieren. Hierbei gibt es häufig keine gradlinige Entwicklung, sondern einen Wechsel zwischen unterschiedlich langen drogenfreien Phasen und solchen mit Btm-Missbrauch.

Charakteristisch für die Abhängigkeit vom Opioid-Typ ist der sog. "**Opiathunger**" ("Stoffhunger", "**craving**")[422], ein zwanghaftes Verlangen nach stets erneuter Zufuhr von Heroin, anderen Opioiden oder ähnlich wirkenden Ausweichmitteln, die mit diesem eine Kreuztoleranz aufweisen oder zumindest das Heroin-Entzugssyndrom verhindern[423]. Das gesamte Denken kreist in diesem Stadium einer starken psychischen und regelmäßig auch physischen **Hochdosis-Abhängigkeit**[424] nur noch um die Möglichkeit einer erneuten Opiat-Beschaffung ("**Suchtdruck**"); soziale Kontakte, soweit sie nicht aufgegeben worden sind, beschränken sich auf die Nützlichkeit, an Heroin heranzukommen (etwa Hehler, die Diebesgut gegen Heroin eintauschen oder für die Vermittlungsgeschäfte vorgenommen werden können)[425]. Es kommt zu einem suchtbedingten Persönlichkeitsabbau (**Depravation**) mit u.a. Kritik- und Urteilsschwäche sowie einer massiven Nivellierung des Wertgefüges. **1288**

Zwar ist das Interesse an der Umwelt für den Heroin-Abhängigen ausschließlich auf die Belange des eigenen Körpers reduziert. Da er im Vergleich zu Cocainisten[426] und Alkoholikern jedoch relativ lange seine **geistige Leistungsfähigkeit** behält[427], kann er, wenn es um die Beschaffung neuen "Dopes" und das "Linken" anderer Abhängiger, auch von Freunden, geht, außerordentlich erfinderisch sein. Gleichwohl kann eine Verminderung der Steuerungsfähigkeit infolge schwerster Persönlichkeitsveränderungen nach langjährigem Btm-Missbrauch oder starken Entzugserscheinungen gegeben sein, gegebenenfalls kann auch die Angst des Heroin-Abhängigen vor nahenden Entzugserscheinungen seine Hemmungsfähigkeit erheblich beeinträchtigen, so dass eine **verminderte Schuldfähigkeit** anzunehmen ist. **1289 §**

Die Ausbildung einer spezifischen **Abhängigkeit vom Opioid-Typ** erfolgt beim **Heroin** im Verhältnis zum **Morphin** rascher[428] und die Tendenz zur Dosissteigerung ist sowohl hinsichtlich der Steigerung von Injektionshäufigkeit als auch -menge stärker ausgeprägt. **1290**

Bei Heroin können **Symptome** einer **physischen Abhängigkeit** bei entsprechender Prädisposition (insbesondere psychische Labilität) bereits nach **wenigen Injektionen** (genannt werden etwa 7-10 innerhalb von 1-2 Wochen) auftreten[429]. Generell kann davon ausgegangen werden, dass etwa 2 1/2 bis 3 Monate nach dem ersten "Fixen" (bzw. "Anfixen" durch einen anderen) das Suchtstadium erreicht ist. Die durchschnittliche **Lebenserwartung** betrug nach einer 1991 im Frankfurter Raum durchgeführten Untersuchung dann noch etwa 8 **1291**

---

[422] Zu diesem Begriff vgl. auch 2.1.2, Rdnr. 985, und 2.1.4, Rdnr. 1163.
[423] Vgl. allgemein zu den Ausweichmitteln 2.1.5, Rdnr. 1227-1229.
[424] Zur low-dose-Abhängigkeit vgl. demgegenüber Vorbem. 4, Rdnr. 1968.
[425] Zum selbst abhängigen Kleindealer vgl. 2.1.5, Rdnr. 1214-1216.
[426] Vgl. beim Cocain 3.1.7, Rdnr. 1681-1684.
[427] Vgl. zum Heroin-Rausch 2.1.4, Rdnr. 1128.
[428] Zur Heroin- im Verhältnis zur Morphin-Wirkung vgl. 2.1.4, Rdnr. 1123 f.
[429] Vgl. auch zum Eintritt des Abhängigkeitsstadiums beim Cocain-HCl 3.1.7, Rdnr. 1681, und beim „Crack" 3.1.5, Rdnr. 1632.

Jahre; es gibt jedoch Abhängige, die auch bereits 20 Jahre und mehr - mit Unterbrechungen - abhängig sind[430].

1292 Da u.a. auch das "**Sniffen**" von Heroin zur Abhängigkeit führen kann, steigen regelmäßig auch die "Sniffer" unter dem Druck einer erforderlich werdenden Wirksamkeits- und Dosissteigerung nach etwa 1/2 Jahr auf das "Fixen" ("Drücken") um[431].

1293 Teilweise wurde behauptet, dass **Opium**, anders als der isolierte Wirkstoff, nicht unbedingt zur Abhängigkeit führe, wenn es in Maßen eingenommen und nicht gespritzt[432] werde. Allerdings ist ein körperlicher Verfall und sind Suchtsymptome auch unter asiatischen Opium-Rauchern weit verbreitet[433]; generell kann davon ausgegangen werden, dass allen **stark euphorisierenden** Stoffen ein **Abhängigkeitspotential** innewohnt, wenn auch in unterschiedlich starker Ausprägung[434].

1294 Infolge der erheblichen **Toleranzbildung** beim Heroin[435] benötigt der "Fixer" im Endstadium mehrmals am Tage einen "Schuss"[436]. Da davon ausgegangen werden muss, dass die **toxische** Heroin-Wirkung gegenüber der **euphorisierenden** Wirkungskomponente im Quadrat wächst, ergibt die doppelte Heroin-Menge hierbei allenfalls eine Verdopplung der euphorisierenden, jedoch eine Vervierfachung der toxischen Wirkung.

1295 Bei **Ausbleiben** der euphorisierenden Heroin-Wirkung im **Spätstadium** der Sucht "fixt" der Abhängige nur noch, um Entzugserscheinungen zu entgehen, die etwa 5-15 h nach der letzten Heroin-Zufuhr einsetzen; diese ist daher erforderlich, damit der Abhängige sich in einer erträglichen psychischen und körperlichen Verfassung halten und sich um die erneute Heroin-Beschaffung kümmern kann[437].

1296 **Äußerlich** auffallend sind bei Heroin-Abhängigen häufig eine labile Stimmungslage, **Apathie**, fahlgelbes Aussehen sowie blau-rote **Einstichstellen** mit Hämatomen und Injektionsnekrosen auf den Venen beider Arme oder den Handrücken[438]. Der Puls ist verlangsamt, der Blutdruck niedrig, die Pupillen eng.

1297 Heroin-Abhängige leiden zudem unter Schlaflosigkeit und anderen **Schlafstörungen** (oberflächlicher Schlaf, Unterdrückung der REM-Phase[439]), die gegebenenfalls mit Hypno-

---

[430] Also u.U. seit Beginn der 1. „Heroin-Welle". Vgl. auch zur zeitweisen „Überalterung" der Heroin-Szene 2.1.2, Rdnr. 1054, sowie 2.1.7, Rdnr. 1278.
[431] Näher zum Heroin-„Sniffen" und -Rauchen 2.1.5, Rdnr. 1223-1226.
[432] Zur Injizierbarkeit von Opium-Zubereitungen vgl. 2.1.5, Rdnr. 1180.
[433] Zu Dosissteigerungen als Folge habituellen Opium-Rauchens vgl. 2.1.5, Rdnr. 1175 f.
[434] Vgl. hierzu 2.1.3, Rdnr. 1077 FN 154.
[435] Zum pharmakologischen Erklärungsansatz von Toleranz- und Abhängigkeitsausbildung vgl. 2.1.4, Rdnr. 1161 f. und 1170 f.
[436] Zur Dosissteigerung näher 2.1.5, Rdnr. 1210-1212.
[437] Vgl. auch zum sog. „subjektiven Normalzustand" 2.1.4, Rdnr. 1127.
[438] Zur sog. „Schießleiste" näher 2.1.5, Rdnr. 1221.
[439] Zu entsprechenden Folgen eines Barbiturat-Missbrauchs vgl. 4.1, Rdnr. 2029, aber auch Rdnr. 2035.

2.1 Opium und Opiate

tica bekämpft werden, Impotenz, **Tremor**, Reflexanomalien, gelegentlichen **zerebralen Krampfanfällen** sowie Bewegungs- und Koordinationsstörungen. Sie **verfallen** physisch und psychisch; so kann es trotz meist erhalten bleibender intellektueller Einsichtsfähigkeit bei Schuldgefühlen und Gereiztheit zu einer Verminderung der Intelligenz, **depressiven** Verstimmungen und Wahnideen kommen. Rückenmarks- und **Hirnschäden** u.a. in Form von Zellabnahmen[440] infolge direkter toxischer Wirkung des Heroins auf die Gewebezellen oder als Folge einer Leberfunktionsstörung mit Sehschäden, Hirnblutungen sowie eines diffusen Hirnödems können auch zu z.T. hirnorganisch bedingten Wesensveränderungen führen bis hin zu einer "**Entkernung der Persönlichkeit**". Immer wieder treten zudem u.a. Polyneuritis sowie Hautausschläge, Geschlechtskrankheiten, Parasitenbefall, Angina-pectoris-Anfälle und epileptische Anfälle auf. Hierbei kann es sich z.T. um Folgen der erwähnten **verminderten Sauerstoffzufuhr** handeln[441].

Häufig zu beobachten ist daneben ein **Zahnverfall** bis auf bloße Zahnstummel, der durch die Analgesie des Mundraumes infolge der Heroin-Zufuhr begünstigt wird und durch veränderte Ernährungsgewohnheiten (vielfach ausschließlicher Konsum von Süßigkeiten, Eis und sog. "junk food") bedingt ist. Auf die mangelhafte Ernährung als Folge der opiatbedingten allgemeinen Dämpfung, psychischen Reizabschirmung und Gleichgültigkeit sowie einer Verlagerung der Bedürfnisse sind auch die erhöhte **Infektanfälligkeit** und antivitaminotische Zustände zurückzuführen. Nicht selten kommt es zudem zur Bewegungsarmut (**Akinese**) bis hin zur Muskelstarre, zu einer ständigen Gewichtsabnahme bis zur Auszehrung (**Kachexie**) und zu einem Kraftverfall infolge weitgehender Reduzierung der Muskulatur (sog. Crush-Syndrom), dessen Ursache ungekärt ist. 1298

Das **Heroin-Rauchen** ist ebenfalls mit erheblichen Gesundheitsrisiken behaftet: Außer zu Asthmaanfällen und eosinophiler Pneumonie scheint es zu bleibenden Ausfällen wie einem Verlust der Muskelkoordination oder des Sprechvermögens kommen zu können. 1299

Die Heroin-Abhängigkeit ist in sehr vielen Fällen von **Sekundärkrankheiten** begleitet: Insbesondere die Infektanfälligkeit ist erhöht, wobei es infolge der Verwendung unsteriler Nadeln bzw. verunreinigter Heroin-Zubereitungen[442] und bereits mehrfach benutzter Einwegspritzen leicht zu einer Sepsis, Endokarditis (Entzündung der Herzinnenhaut), einem Pilzbefall der Haut und innerer Organe (Leber, Lunge, Gefäßsystem, Schleimhäute pp.), zu Osteomyelitis (bakterielle Infizierung und Abszendierung von Knochen), vor allem aber zu infektiösen Leberentzündungen ("Fixergelbsucht", "**Spritzen-Hepatitis**") mit Leberveränderungen wie Zirrhose (verhärtete Schrumpfleber) kommen kann. Die Durchseuchung der Drogenszene mit dem Hepatitis-C-Virus wird bis auf 90 % geschätzt. 1300

Seit Mitte der 1980er Jahre ist zusätzlich die Viruskrankheit **Aids** (nach engl. acquired immune deficency syndrome – erworbene Immunschwäche) auch unter europäischen "Fixern" verbreitet[443]. 1301

---

[440] Zu Hirnschäden als Folge habituellen Lösungsmittel-Schnüffelns vgl. 4.5.4, Rdnr. 2547.
[441] Zum Sauerstoffmangel vgl. 2.1.7, Rdnr. 1282. Zur etwa amylnitrit-bedingten Hypoxie vgl. 4.5.4, Rdnr. 2558.
[442] Zur Ursächlichkeit der Streckmittel vgl. 2.1.5, Rdnr. 1200 f.
[443] Während die WHO den Anteil der Drogenabhängigen an der Gesamtzahl der Aids-Fälle für 1986 auf ca. 36 % schätzte, wurde in Deutschland der „Durchseuchungsgrad" bei

1302 Die pandemisch sich ausbreitende Aids-Krankheit wird vor allem auf sexuellem Wege und durch gemeinsame Benutzung eines infizierten "Fixerbestecks" oder auch nur der "noch warmen" Kanüle ("**needle-sharing**"), die immer Blutanhaftungen aufweist[444], in diesem Bereich übertragen. Bei weiblichen Heroin-Abhängigen, die sich weitgehend das für die Heroin-Beschaffung notwendige Geld durch **Beschaffungsprostitution** verdienen, stellt diese eine wesentliche Infektionsquelle dar wie sie ihrerseits zur Verbreitung von Aids beiträgt. Die Infektionsrate bei prostitutionserfahrenen "Fixerinnen" dürfte bei 30 % liegen. Infolge der Schwächung des Immunsystems unterscheidet sich auch eine akute oder chronische Virushepatitis C von anderen Verlaufsformen.

1303 Auswirkungen hat chronischer Heroin-Missbrauch auch auf den **Fetus**[445]: Gelegentlich müssen Neugeborene heroin-abhängiger Mütter zunächst weiter Opiate erhalten, um abrupte Entzugserscheinungen wie Reflexsteigerungen, Hyperaktivität, gesteigerter Muskeltonus, Atemnot und Krämpfe, die meist 12-48 h nach der Geburt auftreten, zu vermeiden. Ein **neonatales Abstinenzsyndrom** tritt v.a. bei polytoxikomanen Müttern auf. Bisweilen kommt es zu Missbildungen, zunehmend sind auch hier die HIV-Infektionen. Aber auch bei einmaliger Heroin-Überdosierung besteht die Gefahr extrem starker Bewegungen des Fetus mit erhöhtem Sauerstoffbedarf und der Folge des Erstickungstodes in der Gebärmutter. Kinder drogenabhängiger Mütter sind eher unaufmerksam und hyperaktiv und zeigen Verhaltensstörungen.

1304 Der erhebliche **Geldbedarf** des Heroin-Abhängigen[446] hat in sehr vielen Fällen ein Abgleiten in **kriminelles** Verhalten zur Folge.

1305 Soweit die Opiate nicht durch sog. "**direkte Beschaffungskriminalität**" wie Apothekeneinbrüche erlangt werden, was nur noch selten der Fall ist, wird das für den Heroin-Erwerb benötigte Geld z.T. durch sog. "**indirekte Beschaffungskriminalität**" wie Straßenraub oder Einbruchsdiebstähle in Wohnungen sowie (primär) durch eigene Kleindealerei mit Heroin[447] besorgt. Weibliche Abhängige verschaffen sich hingegen überwiegend (Schätzungen gehen von 50 bis 75 % der Frauen, darunter auch die minderjährigen, aus) die benötigten Barmittel durch "Beschaffungsprostitution" auf dem sog. "**Heroinstrich**" resp. "**Babystrich**".

„Fixern" 1988-1993 gleichbleibend auf etwa 20 % geschätzt – an der Gesamtzahl der gemeldeten Aids-Fälle hatten die Drogenabhängigen 1989 einen Anteil von 15,6 %.

[444] Ab 1986, zuerst u.a. in Kopenhagen/Dänemark, ging die Verwaltung daher in Europa dazu über, Einwegspritzen und -kanülen unentgeltlich an Heroin-„Fixer" abzugeben. Durch Einfügung des § 29 Abs. 1 S. 2 BtMG mit ÄnderungsG vom 9.9.1992 wurde klargestellt, dass die Abgabe von sterilen Einmalspritzen an Btm-Abhängige nicht strafbar ist. Zum etwa gleichzeitig aufkommenden Rauchen der Cocain-Zubereitung „Crack" in Europa vgl. 3.1.5, Rdnr. 1636 f.

[445] Zu den erheblichen Auswirkungen des Cocain-Missbrauchs auf den Fetus vgl. 3.1.7, Rdnr. 1668.

[446] Zum (als Folge des Preisverfalls auf dem Drogenmarkt derzeit allerdings verminderten) Geldbedarf infolge der Dosissteigerung vgl. 2.1.5, Rdnr. 1212.

[447] Zum selbst abhängigen Kleindealer vgl. 2.1.5, Rdnr. 1215 f.; vgl. hierzu auch Vorbem. 4, Rdnr. 1963.

2.1 Opium und Opiate

Andererseits gibt es keine Belege für die verbreitete Ansicht, dass die Kriminalität Btm-Abhängiger ausschließlich oder doch ganz überwiegend eine Folge des Konsums "harter" Drogen sei; vielmehr scheint ein nicht unerheblicher Teil dieses Konsumentenkreises bereits vor Beginn des Drogenmissbrauchs **dissozial** und strafrechtlich auffällig geworden zu sein. Zudem wird offenbar die Sucht nicht (mehr) überwiegend durch indirekte Beschaffungskriminalität finanziert, sondern durch Geldmittel, die außerhalb der Drogenszene von Angehörigen pp. zur Verfügung gestellt werden. **1306**

Die **Verzweiflung** darüber, ein Leben für die Heroin-Beschaffung führen zu müssen, ohne Hoffnung auf eine Verbesserung der Situation, führt immer wieder, insbesondere bei "**Altfixern**", dazu, dass der Abhängige sich in der Endphase seiner Sucht bewusst eine Überdosis Heroin in Selbstmordabsicht injiziert (sog. "**Goldener Schuss**")[448]. Teilweise wurde geschätzt, dass jeder 5. "Drogentote" in Selbstmordabsicht starb. **1307**

Zu dem charakteristischen Morphin- bzw. Heroin-Entzugssyndrom (syn. **Abstinenzsyndrom**) kommt es, wenn dem Abhängigen das Opiat abrupt entzogen wird (sog. "**kalter Entzug**"). **1308**

Es ist gekennzeichnet durch zunächst relativ milde **gegenregulative** Symptome **zentraler Erregung**[449] wie lang anhaltende Schlaflosigkeit, die auch nach dem eigentlichen Entzug andauert, und motorische Unruhe neben schwersten depressiven und Angstzuständen[450] sowie vegetativen Erscheinungen wie Zittern, Schwindelgefühlen, tagelangem quälenden Husten mit Erbrechen, Durchfall, Naselaufen, Nierenschmerzen, Anstieg von Körpertemperatur, Atemfrequenz und Blutdruck nebst u.U. äußerst schmerzhaften, kolikartigen Unterleibs- und Muskelkrämpfen. Dabei ist der Heroin-Entzug (im Gegensatz etwa zum Alkohol-Delir) jedoch regelmäßig nicht lebensbedrohlich und verläuft nicht selten unspektakulär. **1309**

Die Schwere des Entzuges wird teilweise in **Abstinenzgraden** gemessen, wobei im Abstinenzgrad 1 (etwa 8 h nach der letzten Heroin-Zufuhr) es u.a. zu Schwitzen und Schlafstörungen, im Abstinenzgrad 2 (nach etwa 12 h) zusätzlich zu Tremor, Mydriasis, Glieder- und Muskelschmerzen sowie Anorexie, im Abstinenzgrad 3 (nach etwa 18-24 h) darüberhinaus zu einem Anstieg von Puls, Blutdruck und Temperatur, abdomidalen Krämpfen sowie Übelkeit und im Abstinenzgrad 4 (ca. 24-26 h nach der letzten Heroin-Zufuhr) es schließlich u.a. zu Schock, Hyperglykämie, Muskelkrämpfen, Erbrechen und Leukozytose (Vermehrung der weißen Blutzellen) kommen kann. Das Entzugssyndrom erreicht etwa 36-72 h nach der letzten Injektion seinen Höhepunkt. **1310**

---

[448] Zu Fällen unfreiwilliger Heroin-Überdosierung vgl. 2.1.5, Rdnr. 1205 f., und 2.1.7, Rdnr. 1270 f. sowie 1277-1280. Zur jedenfalls zeitweiligen „Überalterung" und den „Drogentoten" vgl. 2.1.7, Rdnr. 1050-1053.

[449] Zur Erklärung der Entzugssymptome als „umgekehrte" Opioid-Wirkungen vgl. 2.1.4, Rdnr. 1162 und 1170. Zum „Rebound-Syndrom" vgl. auch bei den Schlaf- und Beruhigungsmitteln 4.1, Rdnr. 2029 und 2032-2035, sowie 4.3.4, Rdnr. 2217; zu dessem weitgehenden Fehlen bei zentral-stimulierenden Fremdstoffen vgl. 3.2.4.7, Rdnr. 1949.

[450] Vgl. auch zu den Cocain-Entzugserscheinungen 3.1.7, Rdnr. 1687-1693.

1311 Ein plötzlicher Heroin-Entzug ohne medikamentöse Überbrückung, der gegebenenfalls mit zerebralen Krampfanfällen einhergeht und 1 - 1 1/2 Wochen andauert, wird häufig mit der amerikan. Bezeichnung "**cold turkey**", die sich auch bei uns in der Umgangssprache eingebürgert hat, beschrieben. Diese Bezeichnung bezieht sich auf die "Gänsehaut" des unter Entzugserscheinungen Leidenden, dessen Aussehen an einen gerupften Truthahn erinnert.

1312 In schweren Fällen kann es zu einem **Kreislaufkollaps** mit der Gefahr des Todes kommen[451].

Zu berücksichtigen ist daneben, dass die Entzugserscheinungen in **psychischer** Hinsicht meist ebenso quälend sind wie in physischer.

1313 Erst nach ca. 10 Tagen, u.U. aber auch erst nach ca. 3 Wochen, kann der **klinische Entzug** als gelungen gelten. Jedoch besteht dann weiterhin eine erhebliche Gefährdung des "ex-users" aufgrund der fortbestehenden **Suchtdisposition** ("Suchtgedächtnis"; Konditionierungszyklus der Suchterhaltung)[452], insbesondere bei Rückkehr des Entzogenen in das gleiche (Drogen-)Milieu.

1314 Ein Erklärungsansatz für diese große Anfälligkeit kann in **Stoffwechselstörungen** des
**Gehirns** gesehen werden, die im Zusammenhang u.a. mit dem Endorphin-System[453] stehen: Durch lang andauernde Zufuhr von Opiaten könnte die Endorphin-Synthese langfristig vermindert werden, so dass auch nach Durchführung der Entzugsbehandlung der ehemals Abhängige dazu tendiert, diesen Mangel durch erneuten Opiatkonsum auszugleichen.

1315 Hingegen kommt es weder im Verlauf des Morphin/Heroin-Entzuges, noch bei akuter Intoxikation zu **deliranten** Episoden bei den Abhängigen[454]. Ebenso sind **keine** morphin-spezifischen und auf den Opiatmissbrauch zurückführbare **Psychosen** bekannt geworden, wie sie bei Missbrauch u.a. von Psychodysleptica[455] und Stimulantia auftreten können. Schizophreniforme Krankheitsbilder bei Polytoxi-

---

[451] Zur Auslösung des Heroin-Entzugssyndroms bei Einsatz von Opiatantagonisten vgl. 2.1.7, Rdnr. 1284 und 1349.
[452] Vgl. zum „drug craving" 2.1.7, Rdnr. 1288. Wird der plötzliche Übergang von einem kontrollierten Drogenkonsum zu einem unkontrollierten Missbrauch als Prägung verstanden, besteht ein Therapieansatz in einer dem entsprechenden „Rückprägung" mit dem Ziel einer Löschung des „Suchtgedächtnisses", indem das Gehirn mit Corticoid-Gaben für ein Umlernen sensibilisiert wird und der Abhängige dann Opiate auf einem als unangenehm empfundenen Niveau erhält.
[453] Näher zum Eingriff in das Endorphin-System 2.1.4, Rdnr. 1159-1164.
[454] Vgl. auch zur Einschränkung der Wahrnehmungsfähigkeit 2.1.4, Rdnr. 1121 f. Zu dem ausgeprägt deliranten Syndrom bei akuter Cocain-Vergiftung vgl. demgegenüber 3.1.7, Rdnr. 1696, sowie zu den Erscheinungen bei abruptem Entzug von Tranquilizer-Abhängigen 4.3.4, Rdnr. 2217, oder bei Barbiturat-Abhängigkeit 4.1, Rdnr. 2034 f. – als Entzugssymptom kann es demnach auch bei zentral-depressiven Substanzen zu (nicht drogeninduzierten) Halluzinationen kommen.
[455] Vgl. etwa beim LSD-25 1.2.1.1.7, Rdnr. 425-428.

komanie dürften nicht auf den Heroin-Missbrauch, sondern auf andere Substanzen zurückführbar sein[456].

Zur **Linderung** der im Zuge der (sonst "kalten") klinischen Entgiftung (**Detoxikation**) einsetzenden Entzugssymptome ("turkey", "Affen schieben") werden heute häufig **Medikamente** eingesetzt (sog. **"warmer Entzug"** mit ausschleichendem Verfahren). Das hierbei bestehenbleibende Ziel einer Entzugsbehandlung muss von einer Substitutionsbehandlung mit Hilfe von AM unterschieden werden. **1316**

Veranlasst durch den ständig steigenden Anteil bereits seit Jahren vom Heroin Abhängiger[457] mit mehreren **abgebrochenen** Versuchen einer **Abstinenztherapie** sowie der jedenfalls zeitweise Steigerungsraten aufweisenden Zahl HIV-Infizierter insbesondere unter den weiblichen Heroin-"Fixern", erfolgt (neben der Verabreichung etwa von Codein und Dihydrocodein[458]) seit 1991 als bekannteste **Opioid-Substitutionstherapie** in Form einer **Erhaltungssubstitution** auch in Deutschland eine Behandlung mit dem Narkoanalgeticum **Levomethadon** (Polamidon)[459], seit 1994 auch mit **D,L-Methadon**, zuerst in Erprobungsprogrammen, dann flächendeckend, zur "harm reduction". **1317**

Praktiziert wird sie bereits seit längerem in verschiedenen Ländern, so z.B. seit 1968 in **England**, wo im Rahmen der Substitutionsbehandlung auch **Heroin** kontrolliert verabreicht wird[460], seit 1975 in der **Schweiz** und seit 1977 in den **Niederlanden**. Nachdem Methadon 1963 erstmals in den **USA** zur Umstellung Heroin-Abhängiger eingesetzt und bereits ab 1965 verschiedene Modellversuche durchgeführt worden waren, initiierte 1972 die Nixon-Administration das "**Methadon-Maintenance-Programme**" (MMP) hauptsächlich aus politischen Gründen, um Handlungsfähigkeit angesichts der steigenden Anzahl Heroin-Abhängiger[461] zu demonstrieren und auch aus wirtschaftlichen Gründen: Methadon ist vergleichsweise preiswert. **1318**

Verwendet wurde bzw. wird hier in fast allen Fällen das schwächer wirksame, racemische **D,L-Methadon**[462], das wie erwähnt seit 1994 auch bei uns verschreibungsfähig ist, im Rahmen überwachter Programme.

Der **Behandlungseffekt** beruht u.a. darauf, dass Methadon die euphorisierende **Heroin-Wirkung verhindert**, wenn der unter Methadon-Einfluss Stehende zusätzlich Heroin injiziert. Daneben vermag Methadon in Tagesdosen von 40-100 mg bei relativ konstantem Me- **1319 #**

---

[456] Etwa auf den Beigebrauch von Medikamenten, vgl. 2.1.2, Rdnr. 1280, und 3.1.7, Rdnr. 1697.
[457] Zur „Überalterung" der Heroin-Szene vgl. 2.1.2, Rdnr. 1049 und 1054, sowie 2.1.5, Rdnr. 1205.
[458] Zur Heroin-Substitution mit Codein vgl. 4.4.2.1, Rdnr. 2288-2292, mit DHC 4.4.2.2, Rdnr. 2297-2302.
[459] Näher zur Methadon-Gruppe 4.4.5, Rdnr. 2414-2446. Eine gesicherte epidemiologische Erkenntnisgrundlage hierfür gibt es bisher nicht.
[460] Näher zur kontrollierten Abgabe von Heroin: 2.1.7, Rdnr. 1335-1339.
[461] Vgl. zum Vietnam-Krieg 2.1.2, Rdnr. 994 und 1000.
[462] Näher zum D,L-Methadon 4.4.5, Rdnr. 2421 und 2424-2427.

thadon-Spiegel **Abstinenzerscheinungen** beim **Heroin-Entzug** zu **unterdrücken**, indem die μ-Rezeptoren durch die Substitution über 24 h besetzt werden[463], wobei Methadon selbst kaum zu einem eigenständigen Rausch verhilft[464].

1320 Ziel der oralen, auf dem Prinzip der Freiwilligkeit basierenden, **niedrigschwelligen Substitutionstherapie** mit Methadon ist es, Drogenfreiheit durch einen allmählichen Abbau der Methadon-Dosierung und damit einen langsamen Entzug herbeizuführen (sog. **"ausschleichendes Verfahren"**). Dies soll mit psychotherapeutischen Maßnahmen und einer sozialen (Re-)Integration bei späterer Entwöhnung auch von Methadon gekoppelt sein. Nach einem weniger anspruchsvoll formulierten Ziel soll der Abhängige mit Hilfe der Substitution wenigstens von einem unkontrollierten auf einen **kontrollierten Opioid-Gebrauch** umgestellt werden bei gleichzeitiger Verbesserung seiner allgemeinen gesundheitlichen Situation und Minderung des Risikos komplizierender Krankheiten wie Aids, Thrombosen, Hepatitis und Endokarditis[465]. Damit wird zugleich die Möglichkeit einer Überwindung einer Periode der Abhängigkeit im Falle einer späteren **"spontanen Genesung"** (sog. **"Selbstheilung"**)[466] eröffnet, die bei hochgradiger Abhängigkeit jedoch seltener vorzukommen scheint. Zudem besteht die Gefahr, dass die Motivation des Abhängigen für ein drogenfreies Programm im Sinne einer Abstinenztherapie geschwächt wird.

1321 Die Erfahrungen, insbesondere in den USA, wo die Substitution mit Methadon nur bei **monotoxikomaner** Abhängigkeit zur Anwendung kam, haben gezeigt, dass das angestrebte Stadium der eigentlichen Entzugsbehandlung meist nicht erreicht wird. Angesichts der relativ kurzen HWZ muss die Behandlung in einem **24-h-Rhythmus** bei individuell eingestellter Dosierung erfolgen, was die Bereitschaft voraussetzt, sich dem mit einem Methadon-Programm verbundenen Zwang zur Regelmäßigkeit und planerischer Lebensführung zu unterwerfen. Gelingt dies, kann die Zielsetzung der Opioid-Substitution, eine **Blockade** des "Heroin-Hungers"[467] herbeizuführen, in vielen Fällen offenbar nicht erreicht werden, da Methadon, das die euphorisierende Heroin-Wirkung ohnehin nur bei hoher Dosierung hemmt[468], angesichts von **Wirkungsschwankungen** im Tagesverlauf auch bei stabiler Dosis das süchtige Verlangen nach Heroin **nicht vollständig** zu unterdrücken imstande ist. Die Folge ist, dass teilweise **Methadon selbst**, da eine orale Methadon-Aufnahme nicht den angestrebten "kick" mit sich bringt, auf dem illegalen Drogenmarkt erworben und **i.v. injiziert** wird[469]. Wenn möglich wird auch Heroin in diesen Fällen wieder "gefixt", wobei die **Kombination** von Methadon und Heroin lebensgefährliche Wirkungen haben kann[470]. Ein offenbar ganz erheblicher Teil der Substituierten konsumiert zudem neben dem verordne-

---

[463] Zur Absättigung vgl. auch 2.1.4, Rdnr. 1166.
[464] Zum Methadon-Rausch näher 4.4.5, Rdnr. 2430-2433. Gerade das „flash"-Gefühl wird vom Abhängigen jedoch häufig vermisst.
[465] Zu den Folgekrankheiten vgl. 2.1.7, Rdnr. 1300-1302. Zur Frage, ob der zeitweilige Rückgang der Zahl der „Drogentoten" ab 1992 in Deutschland auf die Methadon-Programme zurückzuführen ist, vgl. 2.1.2, Rdnr. 1051.
[466] Zur „Selbstheilung" vgl. 2.1.7, Rdnr. 1357-1360. Positive Ergebnisse können somit als Projektwirkung gedeutet werden, obwohl sie tatsächlich Folge eines therapieunabhängigen „Herauswachsens aus der Sucht" sind.
[467] Zum „drug craving" vgl. 2.1.7, Rdnr. 1288.
[468] Zur Dosierung und Wirkungsdauer des Methadons näher 4.4.5, Rdnr. 2428 f.
[469] Zur Injektion von Methadon vgl. 4.4.5, Rdnr. 2430. Bei i.v. Methadon-Applikation ist zudem die bezweckte Aids-Prophylaxe nicht mehr gegeben.
[470] Zur Toxizität des Methadons vgl. 4.4.5, Rdnr. 2434 f.

2.1 Opium und Opiate

ten, oral einzunehmenden Methadon weiterhin **Alkohol**, **Cannabinoide**, sowie andere Rausch- bzw. Ausweichmittel[471] mit u.U., wie bei verschiedenen Tranquilizern, sehr gefährlichen Summierungseffekten[472], z.T. i.v. ("**Beigebrauch**", "Nebenkonsum", "Dreinfixen"), womit polytoxikomanes Verhalten gefördert wird.

Der Beigebrauch von **Cocain**[473] ist ebenfalls nicht selten, wofür in erster Linie psychische Gründe (Ausgleich des als psychovegetativ dämpfend empfundenen Methadons) ausschlaggebend sein dürften. In diesen Fällen sollte die Opioid-Substitution mit Methadon abgebrochen werden, da der Abhängige offenbar nur eine Möglichkeit sucht, seinen Btm-Konsum zu finanzieren, und eine angestrebte Reduktion des Substitutionsmittels kaum noch realisierbar ist. Da Cocain einen Abfall des Methadon-Spiegels im Serum bewirkt, erhöht sich zudem die Wahrscheinlichkeit eines Beigebrauchs weiterer Drogen. 1322

Ein erheblicher Teil der Abhängigen leidet unter **Nebenwirkungen** des Methadons wie starkes Schwitzen, Obstipation, Lethargie pp., die die Möglichkeit einer Methadon-Behandlung **begrenzen**[474]. Methadon hat zudem eine eigenständige abhängigmachende Potenz[475], was Entzugsbehandlungen langwieriger und im Vergleich zum Heroin-Entzug schmerzhafter und belastender macht. In dieser "**Methadon-Falle**" befindlich, eröffnet sich für viele Abhängige kein akzeptabler Weg zu einem drogenfreien Leben; eine Integration der Abhängigen in die Gesellschaft ist nicht gelungen. Wird Heroin substituiert, ändert dies schließlich bei der bei uns seit längerem vorwiegend anzutreffenden **Mehrfachabhängigkeit** nichts am Suchtverhalten des Abhängigen gegenüber anderen Stoffen. 1323

Angesichts des verbreiteten polytoxikomanen Verhaltens methadon-substituierter Heroin-Abhängiger und der unerwünschten Nebenwirkungen sowie den Grenzen einer Substitution mit Methadon wird derzeit nach **anderen Möglichkeiten** sowohl einer medikamentös unterstützten ("warmen") Entgiftung als auch einer längerfristigen Opioid-Substitution, etwa mit **LAAM** oder **Buprenorphin**[476], gesucht. 1324

Soweit nach **Modellversuchen** 1971-73 in verschiedenen Bundesländern ab 1988 in Deutschland ein Methadon-Einsatz erneut diskutiert und erprobt wurde, wurde er bislang auf HIV-Infizierte oder (umstrittener) als "letzte Möglichkeit" auf langjährige Heroin-"Fixer" beschränkt, die trotz wiederholter Therapieversuche rückfällig geworden sind (sog. 1325

---

[471] Häufig sind Kombinationen mit 2, gegebenenfalls aber auch mit bis zu 5 Mitteln gegeben. Zum Beigebrauch bei einer Opioidsubstitution mit Methadon vgl. auch 4.4.5, Rdnr. 2430-2433. Allgemein zu den Ausweichmitteln: Vorbem. 4, Rdnr. 1962-1965.

[472] Etwa bei Kombination von Opioiden wie Methadon mit BD wie Rohypnol, vgl. 4.3.4, Rdnr. 2226, sowie 4.4.5, Rdnr. 2435.

[473] Zum Cocain als Ausweich- bzw. Zusatzmittel für Heroin-Abhängige vgl. 3.1.4, Rdnr. 1530 f. sowie beim „Crack" 3.1.5, Rdnr. 1630 und 1637. Zu Methadon-Cocain-Kombinationen vgl. auch 4.4.5, Rdnr. 2430, zum Morphio-Cocainmissbrauch 3.1.2, Rdnr. 1440. Zu einem entspr. „speed"-Missbrauch vgl. 3.2.4.5, Rdnr. 1905, sowie 3.2.2, Rdnr. 1755.

[474] Zu den morphin-ähnlichen Methadon-Nebenwirkungen vgl. auch 4.4.5, Rdnr. 2422. Zur alternativen Substitutionsbehandlung mit DHC vgl. 4.4.2.1, Rdnr. 2292.

[475] Zum Abhängigkeitspotential des Methadons vgl. 4.4.5, Rdnr. 2436.

[476] Zur medikamentösen Substitutionsbehandlung mit dem zur Methadon-Gruppe zählenden LAAM vgl. 4.4.5, Rdnr. 2439, zum Buprenorphin vgl. 4.4.2.9, Rdnr. 2341-2351.

"**therapieresistente Endzustände**"). Probleme ergaben sich bisher u.a. im Hinblick auf die Kontrolle eines Beigebrauchs u.a. von Sedativa und die einer sozialen Reintegration entgegenwirkende fortbestehende Fahruntüchtigkeit. Seit 1991 ist die **Levomethadon-Substitution** bei Heroin-Abhängigen unter in Richtlinien zusammengefassten Bedingungen Bestandteil der kassenärztlichen Versorgung und kann seit Okt. 1992 auch über niedergelassene Ärzte erfolgen.

1326 1994 wurden etwa 20 %, seit 1995 etwa 30 % der Opioid-Abhängen medikamentös substituiert, wobei etwa 20.000 (im Jahre 2000 etwa 33.000 und 2001 etwa 55.000) an **Methadon-Programmen** teilnahmen[477] und 1995 etwa 25.000 **Codein-Präparate**[478] erhielten. Insgesamt konnte hiermit bisherigen Erfahrungen zufolge jedenfalls eine Verbesserung des allgemeinen Gesundheitszustandes und der sozialen Bindungen erreicht werden. Die "**Haltequote**" scheint längerfristig bei etwa 50 % zu liegen, wobei jedoch zu berücksichtigen ist, dass sich viele Schwerstabhängige erst gar nicht auf ein Methadon-Programm einlassen (**Selektionseffekt**). Bedenklich ist zudem, dass bei einem Teil der Methadon-Substituierten die Indikation Opiatmissbrauch offensichtlich nicht vorliegt, sondern ein **Alkohol-** oder **Medikamenten-Missbrauch** gegeben ist.

1327 Gerade "ex-user" sahen die Methadon-Programme bisher häufig als ein billiges Mittel der Gesellschaft, sich vor Heroin-Abhängigen und der sie begleitenden Kriminalität[479] zu schützen, ohne sie von ihrer Sucht wirklich zu befreien, da **Suchtfreiheit** als Therapieziel damit de facto **aufgegeben** werde.

Demgegenüber hat sich die bis etwa 1988 mehrheitlich, u.a. von den Drogenbeauftragten des Bundes vertretene Meinung, eine **Überbrückungsbehandlung** mit Methadon sei **nicht** zu begründen[480], sondern kontraindiziert, und auch eine stationäre Entzugsbehandlung bedürfe nicht der medikamentösen Unterstützung durch Polamidon, **sukzessive geändert**.

1328 Bis Anfang der 90er Jahre wurde die Verschreibung von Levomethadon und anderen starkwirksamen Analgetica wie z.B. Buprenorphin (Temgesic)[481] zur **Entzugsbehandlung** von Heroin-Abhängigen und Polytoxikomanen jedenfalls dann regelmäßig als ärztlicher Kunstfehler angesehen, wenn sie zur freien Verfügung des Opioid-Abhängigen und ohne begleitende ärztliche Kontrolle erfolgte. Den von der Bundesärztekammer 1988 beispielhaft aufgeführten Indikatoren zufolge war die Verschreibung u.a. nur bei lebensbedrohlichen Zuständen im Entzug und bei drogenabhängigen Aids-Kranken mit fortgeschrittener manifester Erkrankung begründet; eine ambulante Verabreichung ohne Einbindung in ein übergreifendes therapeutisches Programm war danach nicht zu begründen.

1329 § In Abkehr zum bis dahin geltenden Begriff der ärztlichen "**Begründetheit**" entschied der 3. Strafsenat des BGH mit Beschluss vom 17.5.1991, dass in Ausnahmefällen auch in Abweichung zu dieser strengen Indikationenliste **Ersatzdrogen** im Rahmen einer ambulan-

---

[477] Gegenüber etwa 10.000 Abhängigen in Entwöhnungstherapien.
[478] Zur derzeitigen Möglichkeit einer Substitution mit Codein bzw. DHC vgl. 4.4.2.1, Rdnr. 2292. Innerhalb der EU wurden 1999 etwa 300.000 Opioidabhängige substituiert, hiervon etwa 40.000 in Deutschland, vorwiegend mit Methadon.
[479] Zur Begleitkriminalität vgl. 2.1.7, Rdnr. 1304-1306.
[480] Zur medikamentösen Linderung von Entzugssymptomen vgl. 2.1.7, Rdnr. 1346-1354.
[481] Zum Buprenorphin vgl. 4.4.2.9, Rdnr. 2341-2349.

ten Behandlung verschrieben werden können, wenn eine strenge Kontrolle der Einnahme durch den Arzt gewährleistet ist. Im Sinne dieser Rechtsprechung zur ärztlichen Therapiefreiheit erfolgte mit ÄnderungsG zum BtMG vom 9.9.1992 (BGBl. I S. 1593) die Einfügung des § 13 Abs. 1 S. 1 BtMG, worin klargestellt wurde, dass die Behandlung im Sinne dieser Vorschrift die ärztliche Behandlung einer Btm-Abhängigkeit mit den in der Anl. III zum BtMG genannten Btm umfasst[482]. Nach § 13 Abs. 1 S. 2 BtMG ist die Behandlung gleichwohl nach wie vor dann nicht "begründet", wenn der beabsichtigte Zweck "auf andere Weise erreicht werden kann": Substitution als ultima ratio, d.h. nur in schweren Fällen, da das Risiko einer zusätzlichen iatrogenen Abhängigkeit vom Substitutionsmittel besteht. Eine **reine "Opiaterhaltungstherapie"** unter Verzicht auf das Ziel einer Wiederherstellung der Abstinenz ist demnach weiterhin nicht zulässig und entspricht nicht dem Begriff der **"Substitution"** nach § 5 Abs. 1 BtMVV in der aufgrund der 15. BtMÄndV geänderten Fassung; sozialmedizinische Indikatoren etwa im Hinblick auf Beschaffungskriminalität und -prostitution vermögen danach ebenfalls nicht die Voraussetzungen einer Opioidsubstitution zu begründen. Die gesetzlichen Krankenkassen übernehmen die Kosten der Substitutionsbehandlung bisher nur bei Abhängigen mit einer Begleiterkrankung.

In der im Sept. 1991 erarbeiteten neuen **Richtlinie** wurde eine "**soziale Indikation**" (etwa bei Verwahrlosung) ebenfalls nicht vorgesehen, ebensowenig eine generelle (Levo-)Methadon-Vergabe. Diese war u.a. nur unter ärztlicher Aufsicht sowie unter Ausschluss eines Beigebrauchs möglich. In Fortführung dieser Richtlinie wurde die Verschreibung von Substitutionsmitteln aufgrund der 4. BtMÄndV mit Wirkung ab dem 23.1.1993 in dem neu eingefügten § 2 a BtMVV geregelt. Seit dem 1.7.2001 bestimmen sich die **Voraussetzungen** einer **Verschreibung** von **Substitutionsmitteln** nach § 5 Abs. 2 BtMVV in der durch die 15. BtMÄndV geänderten Fassung in Verbindung mit den Richtlinien der Bundesärztekammer vom 22. März 2002. Danach ist eine Verschreibung von **Btm** (Levomethadon, Methadon, Levacetylmethadol, Buprenorphin und in Ausnahmefällen Codein oder Dihydrocodein) zur **ambulanten Substitution Opiatabhängiger** u.a. nur dann zulässig, wenn

1330
§

- der Patient den behandelnden Arzt in der Regel wöchentlich konsultiert,
- die Behandlung über die bloße Stoffabgabe hinausgehend etwa erforderliche psychosoziale (**suchttherapeutische**) oder psychotherapeutische Behandlungsmaßnahmen einbezieht,
- der Arzt keine Erkenntnisse hat, dass der Abhängige von einem anderen Arzt Substitutionsmittel erhält (**Mehrfachsubstitution**, "doc tour"[483]) bzw. die Substitutionsmittel weiterveräußert oder weitere Stoffe zusätzlich gebrauch (**Beikonsum**); um dies zu gewährleisten, führt das BfArM nach § 5 a BtMVV ein **Substitutionsregister**.

Nach § 5 Abs. 8 BtMVV besteht nach abgeschlossener **Dosiseinstellung** die Möglichkeit der Aushändigung einer 7-Tage-Ration zur eigenverantwortlichen Einnahme durch den Patienten (sog. "**Take-home-Dosen**"; Übergang von der fremd- zur selbstbestimmten Applikation). Hierbei ist die Gefahr zu berücksichtigen, dass die ausgehändigten Substitutionsmittel auf dem illegalen Drogenmarkt gehandelt werden bzw. es zu akzidentiellen Vergiftungen kommt[484].

---

[482] Diese Restriktionen gelten nicht für Präparate, bei denen es sich nicht um Btm infolge Vorliegens etwa einer besonders ausgenommenen Zubereitung handelt; vgl. hierzu beim Codein 4.4.2.1, Rdnr. 2292 f., sowie beim Flunitrazepam 4.3.4, Rdnr. 2225.
[483] Zur „doc tour" vgl. etwa beim Codein 4.4.2.1, Rdnr. 2291, sowie allgemein Vorbem. 4, Rdnr. 1963.
[484] Näher hierzu beim Methadon 4.4.5, Rdnr. 2432.

1331 Neben den Methadon-Programmen wird bei uns seit 1989 die orale Gabe des **Opiatantagonisten Naltrexon** (Nemexin)[485] in Tablettenform, mit dem im Gegensatz zur Opioidsubstitution mittels L- bzw. D,L-Methadon eine Opioidabstinenz angestrebt wird, als Nüchternheitshilfe (**Rückfallprophylaxe**) nach vorangegangenem klinischen Entzug eingesetzt, wenn, etwa bei Codein- und Methadon-Abhängigen[486], ein Opioidentzug vor Ersteinnahme nicht möglich ist, aber auch zur Verkürzung der Opiatentgiftung (sog. "Turbo-Entzug")[487].

Wesentlich hierbei ist, dass Naltrexon im Unterschied zum (Levo-)Methadon **keine opioide Eigenwirkung** aufweist, insbesondere keine euphorisierende Wirkung, so dass hier der beim Methadon beschriebene negative Effekt einer dauerhaften Aufrechterhaltung der Btm-Abhängigkeit[488] entfällt, es offenbar auch nicht, wiederum im Gegensatz zum L- bzw. D,L-Methadon, zu einem Beigebrauch etwa von Cocain kommt, und die Gefahr der Herausbildung einer weiteren, eigenständigen Abhängigkeit (hier vom Morphinantagonisten-Typ[489]) nicht besteht.

1332 Infolge des **fehlenden** Euphorisierungspotentials scheint andererseits die **Akzeptanz** von Naltrexon, für das keine andere Indikation als der Einsatz bei Opioid- und Alkoholabhängigen bekannt ist, seitens der Btm-Abhängigen noch geringer als bei den Methadon-Programmen zu sein (in den USA wird die Behandlungsmöglichkeit auf etwa 5 % der Abhängigen geschätzt). Eine Naltrexon-Medikamentation dürfte vor allem für voll motivierte und sozial integrierte Abhängige in Betracht kommen, um unter ärztlicher Kontrolle als **Anti-craving-Medikament** die Rückfallgefahr zu vermindern, wobei aber zu berücksichtigen ist, dass bei der verbreiteten Mehrfachabhängigkeit das süchtige Verlangen hinsichtlich anderer Stoffe fortbestehen kann.

1333 Im Rahmen von Programmen zur Opioidsubstitution wird in den USA außerdem der Einsatz des morphin-ähnlichen, zentralwirkenden **Analgeticums Propoxyphen-Napsylat** (Darvon-N)[490] untersucht, das allerdings nicht alle Heroin-Entzugssymptome zu unterdrücken imstande ist. Die orale tägliche Dosis von etwa 200-600 mg kann bei der Heroin-Substitution 800-1.400 mg erreichen.

1334 Wird **Abstinenz** als **Therapieziel aufgegeben**, liegt es nahe, etwa wenn die Teilnahme an einem Methadon-Programm wegen starken Beigebrauchs nicht erfolgversprechend ist, gleich Morphin oder **Heroin kontrolliert** und über staatliche Stellen abzugeben, was teilweise unter dem Leitbild einer sog. "**Drogenmündigkeit**"[491] propagiert wird.

---

[485] Zur fast rein antagonistischen Naltrexon-Wirkung näher 2.1.3, Rdnr. 1110-1112.

[486] Zur Codein-Abhängigkeit vgl. 4.4.2.1, Rdnr. 2288, zur Methadon-Abhängigkeit vgl. 4.4.5, Rdnr. 2436. Etwa 100 mg Naltrexon verhindern etwa 2-3 d lang die Wirkung von 25 mg Heroin i.v.

[487] Zum „Turbo-Entzug" näher 2.1.7, Rdnr. 1349 f.

[488] Zur sog. „Methadonfalle" vgl. 2.1.7, Rdnr. 1323.

[489] Zur Abhängigkeit vom Opiatantagonisten-Typ vgl. bei den Benzomorphanen 4.4.3, Rdnr. 2368 f.

[490] Bei dem leicht narkotisch wirkenden Propoxyphen und seinen Salzen handelt es sich bei uns um verschreibungspflichtige Stoffe, entspr. Fertigarzneimittel sind nicht im Handel. Zum Dextropropoxyphen vgl. 4.4.5, Rdnr. 2456-2462.

[491] Vgl. auch zum „Recht auf Rausch" 1.1.2, Rdnr. 82.

2.1 Opium und Opiate

Dies hat bei geringen Kosten den **Vorteil** hoher **Reinheit** und gleichbleibender, berechenbarer Konzentration[492]. Reines Heroin hat zudem trotz geringer therapeutischer Breite[493] weniger Nebenwirkungen als das derzeit weiterhin vorwiegend in der Substitutionstherapie verwandte (Levo-)Methadon[494]. Durch staatlich kontrollierte Abgabe von Heroin könnte die Verbreitung von Aids eingedämmt, Mortalität und **Sekundärkrankheiten**[495] vermindert werden. Hierzu trägt der Übergang von der i.v. Heroin-Injektion zum Rauchen heroin-getränkter Zigaretten[496] bzw. eine orale Einnahme bei. **1335**

In **Großbritannien** wird die staatlich überwachte **Heroin-Abgabe** an Abhängige seit längerem praktiziert[497]; im Hinblick auf eine zunehmende missbräuchliche Verwendung auf der Drogen-Szene wurde die früher großzügige Verschreibungspraxis allerdings inzwischen erheblich eingeschränkt. Soweit sich seit 1990 mehrere europäische Städte wie Amsterdam, Rotterdam, Hamburg, Zürich und Frankfurt/Main (z.T. erneut) neben verschiedenen Verbänden und Parteien für eine kontrollierte Abgabe von Heroin an hochgradig Opioidabhängige und sog. "Altfixer" eingesetzt haben, standen häufig weniger gesundheitspolitische Überlegungen im Vordergrund, sondern im Hinblick auf die durch die Repressions- und Prohibitionspolitik sowie die Begleitkriminalität verursachten **Kosten**[498] und die sozial unerwünschten Folgen der Abhängigkeit vorwiegend ökonomische Überlegungen. Der **schweizer** Modellversuch erfolgte vor dem Hintergrund einer zunehmenden Brutalisierung des Absatzgeschäftes seitens konkurrierender Dealergruppen und einer steigenden Bereitschaft, hiervon mittelbar betroffener Bevölkerungsteile, nicht polizeiliche Maßnahmen abzuwarten, sondern selbst einzuschreiten[499]. **1336**

Nachdem zunächst "**Fixerstuben**"[500] eingerichtet worden waren, in denen Btm-Abhängige sich die selbst mitgebrachte Heroin-Zubereitung in hygienischer Umgebung injizieren können, wird seit 1993 in mehreren **schweizer** Städten, u.a. Zürich, Heroin, Morphin oder zur i.v. Injektion vorgesehenes Methadon an körperlich und sozial verwahrloste **Schwerst-** **1337**

---

[492] Vgl. jedoch zum individuell schwankenden Dosis-Wirkungs-Verhältnis 2.1.7, Rdnr. 1277-1279, und den sich aus dem verbreiteten Mehrfachkonsum ergebenden Gefahren: Rdnr. 1280.

[493] Vgl. hierzu 2.1.7, Rdnr. 1274; zur Diskussion um die Toxizität der Streckmittel im Verhältnis zum Heroin vgl. 2.1.5, Rdnr. 1200 f., und 2.1.7, Rdnr. 1271.

[494] Zu Nebenwirkungen bei Substitution mit Methadon vgl. 2.1.7, Rdnr. 1323 f.

[495] Zur HIV-Infektion und Folgekrankheiten vgl. 2.1.7, Rdnr. 1297-1303.

[496] Zum „Heroin-Rauchen" vgl. 2.1.5, Rdnr. 1226.

[497] U.a. in Form von Zigaretten, deren Tabak mit 60 mg einer Heroin/Chloroform-Lösung getränkt ist, vgl. hierzu auch 2.1.7, Rdnr. 1318. Z.Z. scheint hier das Problem der „Crack"-Abhängigkeit virulenter, vgl. 3.1.5, Rdnr. 1637.

[498] Zu den Kosten einer – drogenfreien – Langzeittherapie vgl. 2.1.7, Rdnr. 1363.

[499] In Spanien führte zu Beginn der 90er Jahre die weitgehende staatliche Duldung von Drogenkonsum und –kleinhandel zeitweise zu lynchjustizartigen Ausschreitungen.

[500] Wie seit 1994 auch in Frankfurt/Main für „Fixer", die an keinem Methadon-Programm teilnehmen („Druckräume"), was vom INCB generell abgelehnt wird. Aufgrund des mit dem 3. BtMG-ÄndG vom 28.3.2000 neu eingeführten § 10 a BtMG sind die Bundesländer nunmehr ermächtigt, unter Beachtung von Mindeststandarts per Rechtsverordnung die Voraussetzungen für die Erteilung einer Erlaubnis zum Bertrieb von Drogenkonsumräumen zu regeln. Für die zunehmende Zahl von „Crack"-Konsumenten sind dementsprechend u.a. in Hamburg und Zürich „Rauchräume" eingerichtet worden.

abhängige[501] unter staatlicher Aufsicht ausgegeben, die durch ein Methadon-Programm nicht mehr erreichbar waren (etwa 1/4 der Schwerstabhängigen wird hierzu gezählt). Da die Verabreichung von **Heroin-Zigaretten** sich als ungeeignet herausstellte, wird z.Zt in erster Linie Heroin zur **Injektion** in Tagesdosen von durchschnittlich 40 mg abgegeben, weniger häufig in rauchbarer Form in Tagesdosen von durchschnittlich 200 mg[502]. Die Überlassung von Morphin bzw. Methadon in injizierbarer Form ist im Hinblick auf die Nebenwirkungen demgegenüber zurückgegangen. In Amsterdam wird Heroin in Tablettenform (1 g/Tag) zur Erhitzung und Inhalation der Dämpfe[503] an nicht mehr therapierbare Schwerstabhängige abgegeben.

1338 Der derzeitigen Einschätzung zufolge ist es zu **Verbesserungen** der **gesundheitlichen** und psychosozialen Situation und Missbrauchshäufigkeit gekommen mit der Folge weniger Intoxikationsfälle und einer sinkenden Mortalität. Verelendungsprozesse konnten offenbar gestoppt, "Scene"-Kontakte und die Beschaffungskriminalität vermindert werden. Da viele Abhängige zugleich Kleindealer[504] waren, scheint durch das Fernhalten dieser Gruppe von der "Scene" das für die Rekrutierung neuer Heroin-Konsumenten wichtige Verteilernetz auszudünnen mit der Folge eines Rückganges der Neueinsteiger trotz rückläufiger Straßenhandelspreise[505]. Insgesamt wird der Rückgang der Zahl der "Drogentoten" 1998 in der Schweiz[506] mit dem Heroin-Abgabeprogramm begründet. Fast 1/3 wechselte in eine Entzugstherapie oder ein Methadon-Programm. Auch die polytoxikomane Verhaltensweise scheint insgesamt zurückgegangen zu sein, wenngleich ein hoher **Beigebrauch** insbesondere von Cocain[507], neben Cannabis und BD, weiterhin erfolgt, was zu der Überlegung geführt hat, **Cocain-Zigaretten abzugeben**, um einem unkontrollierten Beigebrauch zu begegnen, womit die ursprüngliche Intension jedoch aufgegeben werden würde.

1339 Bei gleichzeitiger **Abhängigkeit** von Opioiden und Psychopharmaka wie insbesondere **Rohypnol**[508] scheint demgegenüber nicht die erforderliche Disziplin zum Durchstehen des Programmes aufgebracht werden zu können. Auch konnten nicht die "**Straßenjunkies**" erreicht werden, die keinerlei Kontakt zu Hilfseinrichtungen halten. Die **Aussagekraft** des im Dezember 1998 veröffentlichten **Abschlussberichts** der schweizer Begleitforschung ist etwa im Hinblick auf das Fehlen einer Kontrollgruppe, die keine Btm erhielt und der Abschichtung, welches der einzelnen Behandlungselemente (wie Heroin-Abgabe, medizinische und psychosoziale Betreuung) in welchem Umfang zu dem Ergebnis beigetragen hat, in Frage gestellt worden. Nach Auffassung des INCB handelt es sich um eine **Beobachtungsstudie**, die keinen Vergleich zwischen Behandlungsoptionen zulässt. Nach Abschluss

---

[501] Ob diese Aufnahmekriterien eingehalten wurden, wird inzwischen angezweifelt. In Deutschland wurde Ende der 90er Jahre mit ca. 3.000 Schwerstabhängigen gerechnet; zur Zahl der Langzeitabhängigen vgl. 2.1.2, Rdnr. 1025.
[502] Zu den benötigten Mindestmengen vgl. 2.1.5, Rdnr. 1207 f.
[503] Zur inhalativen Heroin-Aufnahme vgl. 2.1.5, Rdnr. 1222.
[504] Zum selbst abhängigen Kleindealer vgl. 2.1.5, Rdnr. 1214-1216.
[505] Zum Verfall der Preise im Endhandel vgl. 2.1.5, Rdnr. 1212.
[506] Von 399 1994 auf 204 1998, vgl. 2.1.2, Rdnr. 1050 FN 115. Zum Einfluss der jeweiligen „Drogenpolitik" auf diese Entwicklungen vgl. 2.1.2, Rdnr. 1051.
[507] Zum Beigebrauch von Cocain bei Methadon-Programmen vgl. 2.1.7, Rdnr. 1322. Im Zuge der liberalen schweizer Drogenpolitik wird teilweise auch eine „kontrollierte Nicotin-Abgabe" an Schulen für minderjährige Suchtraucher propagiert.
[508] Zur Kombination von Opioiden mit Rohypnol vgl. 4.3.4, Rdnr. 2222 und 2226; zum „Crack"-Konsum vgl. 3.1.5, Rdnr. 1636 f.

des Modellversuchs wird in der Schweiz die Heroin-Abgabe bei gesundheitlich geschädigten Therapieabbrechern fortgesetzt. In **Deutschland** ist seitens des Bundesgesundheitsministeriums als auf 3 a befristeter Modellversuch (Projekt "**Heroingestützte Behandlung Opiatabhängiger**") in 7 Großstädten, u.a. in Hamburg und Frankfurt/Main, eine kontrollierte Vergabe von aus der Schweiz importiertem Heroin ("**Staatsdope**") vorgesehen, die ab Ende Februar 2002 in einzelnen Städten angelaufen ist. Von 1.120 **Schwerstabhängigen**, die mindestens 23 Jahre alt und seit mehr als 5 Jahren abhängig sind, mehrere erfolglose Therapieversuche unternommen haben und gesundheitlich verelendet sind, sollen sich 560 bis zu max. 400 mg Heroin unter ärztlicher Aufsicht 3mal täglich selbst spritzen können, begleitet von einer psychosozialen Unterstützung. Eine dezentrale Vergabe und eine Take-home-Regelung sind nicht vorgesehen. Eine gleich große **Kontrollgruppe** soll **Methadon** erhalten, das Ergebnis in einer klinischen Begleitstudie ausgewertet werden. Ob das Projekt eine Antwort auf die heute ganz überwiegende **polytoxikomane** Missbrauchsform und den häufigeren Misch- bzw. offenbar zunehmenden ausschließlichen „Crack"-Konsum sein kann, bleibt abzuwarten.

Ausgehend von der Annahme, dass das "Btm-Problem" nicht im Btm-Konsum, **1340** sondern in der Btm-Beschaffung liege, wird weitergehend z.T. das Konzept einer **Totalfreigabe**[509] vertreten.

Auch bei diesem Konzept spielen u.a. **ökonomische** und **kriminalpolitische** Überlegungen eine Rolle: Indem die Versorgung der Abhängigen durch Schaffung eines staatlichen Monopols kontrolliert wird, soll die **Nachfrage** nach illegalem Heroin **vermindert** werden bzw. entfällt bei einer völligen Freigabe das Preisdiktat bei extrem hohen Gewinnspannen seitens weniger organisierter Anbieter[510]; die Hoffnung ist, dass die existierenden illegalen Drogenmärkte zerstört würden bei gleichzeitigem Rückgang der Zahl der "Drogentoten".

Die auf eine generelle Heroin-Freigabe abzielenden Konzepte haben derzeit **wenig 1341 Aussicht** auf **Realisierung**.

Dies beruht z.T. darauf, dass die Voraussetzungen für einen **kontrollierten Umgang** mit Heroin (keine Dosissteigerung infolge Toleranzbildung, keine polyvalente Abhängigkeit, individuelle Kontrolle einer Abhängigkeitsausbildung und Vermeidung allein heroin-bedingter Folgeschäden) von den meisten "Fixern" bis auf diejenigen, meist nicht hochgradig Abhängigen, die gelernt haben, auch mit Heroin kontrolliert umzugehen, kaum zu erbringen sind.

Eine **generelle Verfügbarkeit** von Heroin dürfte eher einem unkontrollierten Miss- **1342** brauch Vorschub leisten und Einsteiger, denen eine Ungefährlichkeit der Droge infolge ihrer "Legalisierung" ("Entkriminalisierung") oder zumindest staatlichen Duldung suggeriert wird, durch **Abbau** der "**Schwellenangst**" leichter an Heroin und andere "harte" Drogen heranführen. Je früher der **Erstkontakt** mit Rauschdrogen erfolgt, um so höher scheint hierbei das Risiko eines späteren **unkontrollierten Missbrauchs** zu sein. Ein Verbot bein-

---

[509] Zur Legalisierungsdiskussion vgl. auch beim Cannabis 1.1.2, Rdnr. 81 f.
[510] Zu einem anderen Ansatz zur Bekämpfung der organisierten Kriminalität vgl. 2.1.2, Rdnr. 1040. Seit Beginn der 90er Jahre hat, auch ohne Freigabe, ohnehin ein Preisverfall nicht nur bei Heroin eingesetzt, vgl. 2.1.5, Rdnr. 1212.

haltet somit die Möglichkeit zumindest eines Hinausschiebens des Erstkonsums[511] in eine spätere, stabilere Entwicklungsphase[512]. Ob die Propagierung einer Heroin-"Legalisierung" durch eine de-facto-Freigabe zudem für neu oder weiter entwickelte Rauschdrogen wie "**Crack**" oder Fentanyl-Derivate[513], die sich generell durch ein erhöhtes Wirkungs- und damit auch Gefährdungspotential auszeichnen und von den meist polytoxikomanen Btm-Abhängigen neben oder zusammen mit Heroin konsumiert werden, gelten soll, wird in der Diskussion meist offengelassen.

1343 Der bei den ökonomisch ausgerichteten Überlegungen vorausgesetzte direkte Zusammenhang zwischen Kriminalität und Abhängigkeit ist zudem nicht gesichert[514], das "Verschwinden" organisierter Drogenmärkte mit Freigabe von Btm-Konsum und damit auch -Handel eine Vermutung. Hinsichtlich der herkömmlichen, halbsynthetischen Herstellungsweise jedenfalls ist den **Herstellerländern** von Rohopium und Cocain eine seitens der Abnehmerländer geforderte repressive Drogenpolitik zur Verminderung des **Anbaus**[515] bzw. die Umstellung auf alternative Produkte[516] unter solchen Umständen nicht mehr zu vermitteln.

1344 Mangels belastbarer Erkenntnisse zur Entstehung von Sucht[517] sowie zu den Voraussetzungen und zur Wirksamkeit der verschiedenen Therapiekonzepte[518] und damit dem wirkungsvollsten Bekämpfungsansatz dürfte andererseits das Konzept einer staatlich **kontrollierten Btm-Abgabe** letztlich seine Grenze nur im - Schwankungen unterworfenen - Grad der Bereitschaft der Gesellschaft finden, es zu ertragen, abhängigen Mitbürgern ihre Sucht zu lassen. Bei einer staatlich kontrollierten Abgabe stellt sich zudem das Problem, ob diese nur an bereits Abhängige (in welchem Stadium?[519]) erfolgen soll mit der Konsequenz, dass die Repression gegenüber den Erstkonsumenten, die dann notgedrungen "illegale" Drogen erwerben müssen, beibehalten wird, oder ob eine Abgabe an jeden, der "harte" Drogen haben will, erfolgen soll mit der Konsequenz einer de-facto-Teilfreigabe.

1345 Zu berücksichtigen ist hierbei, dass Langzeitbeobachtungen epidemiologischer **Trends** vermuten lassen, dass die unterschiedlichen Strategien letztlich wenig **Einfluss** auf das tatsächliche Konsumverhalten von Teilen der Bevölkerung haben[520]. Gleichwohl geht die

---

[511] Zur Entwicklung der Zahl der Erstkonsumenten vgl. 2.1.2, Rdnr. 1054 f. Zur Suchtdisposition vgl. 2.1.7, Rdnr. 1287.
[512] Vgl. hierzu auch Vorbem. 1.2, Rdnr. 797 FN 3.
[513] Zu den illegalen Fentanyl-Abkömmlingen vgl. 4.4.6, Rdnr. 2479-2487.
[514] Vgl. hierzu auch 2.1.7, Rdnr. 1306.
[515] Zum „war on drugs" vgl. 3.1.2, Rdnr. 1455 f.
[516] Zur Schwierigkeit der Umsetzung von UNFDAC-Substitutionsprogrammen vgl. 2.1.2, Rdnr. 1039, und 3.1.2, Rdnr. 1454.
[517] Vgl. hierzu 2.1.7, Rdnr. 1287.
[518] Zur Wirksamkeitskontrolle bei – drogenfreien – Langzeittherapien vgl. 2.1.7, Rdnr. 1364.
[519] Zum Selektionseffekt vgl. auch 2.1.7, Rdnr. 1326.
[520] Zur Frage des Einflusses der jeweiligen „Drogenpolitik" auf Veränderungen im Konsumverhalten und -häufigkeit vgl. auch 2.1.2, Rdnr. 1018 und 1051. Vgl. ebenfalls zur Zu- und Abnahme der Zahl der „Drogentoten" 2.1.2, Rdnr. 1051, sowie beim LSD-25 1.2.1.1.2, Rdnr. 297.

2.1 Opium und Opiate

Tendenz derzeit in Richtung einer jedenfalls partiellen, staatlich kontrollierten Heroin-Vergabe im Einzelfall aufgrund der individuellen Krankheitsgeschichte des Abhängigen.

Zur vorübergehenden Linderung schwerer **Heroin-Entzugssymptome** im Rahmen der **klinischen Entgiftungsbehandlung**[521] kommen verschiedene Medikamente, in der Regel **Psychopharmaka**, zum Einsatz bzw. wird eine entsprechende Verwendbarkeit derzeit untersucht. **1346**

So wurde neben **Neuroleptica** wie Haloperidol[522] etwa der Einsatz des Opiatantagonisten **Apomorphin**[523] erwogen. Wegen der unangenehmen Nebenwirkungen (u.a. Erbrechen) und der kurzen HWZ, die häufige Injektionen bedingt, hat man hiervon aber wieder Abstand genommen. **1347**

Der Einsatz starkwirksamer Analgetica wie **Fortral**[524] ist wegen der bei bestimmter Dosierung nicht selten gegebenen morphin-antagonistischen Wirkung, die zu einer Verstärkung der Heroin-Entzugssymptome führt, sowie der eigenständigen euphorisierenden und abhängigkeitserzeugenden Wirkungskomponente[525] nicht angezeigt. Gleiches gilt für den Opiatantagonisten **Cyclazocin**[526]. **1348**

Bessere Voraussetzungen soll auch hier der Einsatz des Opiatantagonisten **Naltrexon**[527] bieten: Eine Anwendbarkeit zur Verkürzung der Opioidentgiftung (sog. "**Turbo-Entzug**") ist bei Abhängigen angezeigt, die bisher keine stationäre "kalte" Detoxikation erfolgreich beenden konnten, um einen vorzeitigen Behandlungsabbruch zu vermeiden, bzw. bei **Methadon- oder DHC-Abhängigen**[528], bei denen ein vorhergehender Opioidentzug besonders schwierig und langwierig ist. Hier ist allerdings das infolge der hohen µ-Rezeptoraffinität[529] von Naltrexon schlagartig einsetzende **Entzugssyndrom** so heftig, dass der Entzug in **Narkose** erfolgt. Nach Prämedikation mit **Clonidin** (Catapresan)[530] und ausreichender Dämpfung, etwa mit **Lorazepam** (Tavor)[531] oder dem Kurzhypnoticum **Midazolam** (Dormicum) in hohen Dosen soll das durch die Naltrexon-Gabe verursachte akute Opioidentzugssyndrom beherrschbar sein. Eine klinische Einsetzbarkeit dieser innerhalb von etwa 24 h auf **1349**

---

[521] Was nicht mit einer medikamentösen Opioidsubstitution zu verwechseln ist, vgl. 2.1.7, Rdnr. 1316.
[522] Näher zum Haloperiodol 4.3.2, Rdnr. 2142 und 2145.
[523] Zum Apomorphin vgl. Vorbem. 4.4, Rdnr. 2248-2252.
[524] Vgl. beim Pentazocin 4.4.3, Rdnr. 2360-2366.
[525] Zur Abhängigkeit vom Opiatantagonisten-Typ bei Benzomorphanen vgl. 4.4.3, Rdnr. 2368 f.
[526] Zu diesem Benzomorphan-Abkömmling vgl. 4.4.3, Rdnr. 2370-2373. Weitere Stoffe wurden auf ihre Verwendbarkeit im Rahmen der Entzugsbehandlung untersucht wie etwa THC, vgl. 1.1.3, Rdnr. 98.
[527] Zum Einsatz von Naltrexon bei Heroin-Intoxikationen vgl. 2.1.3, Rdnr. 1110, zum Einsatz als Nüchternheitshilfe vgl. 2.1.7, Rdnr. 1331 f.
[528] Zur Methadon-Abhängigkeit vgl. 4.4.5, Rdnr. 2436, zur Codein-Abhängigkeit vgl. 4.4.2.2, Rdnr. 2300.
[529] Vgl. hierzu 2.1.3, Rdnr. 1109 f. Zu den einsetzenden, u.U. lebensbedrohlichen Entzugssymptomen vgl. 2.1.7, Rdnr. 1284.
[530] Zum Clonidin vgl. unten 2.1.7, Rdnr. 1351.
[531] Zum Lorazepam vgl. 4.3.4, Rdnr. 2187.

einer **Intensivstation** durchführbaren Methode ist noch in der Erprobung; eine **ambulante** Verabreichung kann demgegenüber zu schwersten Komplikationen führen, etwa zum **Entzugsdelirium**, das ohne intensivmedizinische Überwachung zum Tode führen kann. Gesundheitliche Stabilität ist erforderlich; bei zusätzlicher Aufnahme weiterer Opioide kann die durch Nemexin bewirkte Opioidblockade aufgehoben werden. Um einen gefährlichen **Mehrfachentzug** zu vermeiden, wird die Naltrexon-Behandlung vornehmlich bei monotoxikomaner Abhängigkeit[532] eingesetzt. Insbesondere im Hinblick auf den verbreiteten **Beigebrauch** von **Cocain** ist daher ein vorheriges **Drogenscreening** erforderlich. Die langandauernden Postentzugserscheinungen und die psychische Suchtdisposition bleiben erhalten.

1350   Auch die niedrigschwellige **Entzugstherapie** "Urod" (Ultra rapid opiate detoxification) basiert, nach Prämedikation mit Clonidin (Catapresan), auf der Verabreichung u.a. von Naltrexon bzw. Naloxon unter Vollnarkose (z.B. das Kurzhypnoticum Propofol, INN), wobei das im Zusammenhang mit der **Noradrenalin-Ausschüttung**[533] sofort einsetzende und gerade in den ersten Stunden sehr heftige **Entzugssyndrom** infolge der **Narkose** nicht spürbar ist, bis es nach etwa 6-8 h abklingt. Nach seiner Entlassung aus der Klinik muss der Patient noch 3-4 Monate lang täglich Naltrexon einnehmen, um dem Postentzugssyndrom mit u.a. Schlaflosigkeit, Muskelschmerzen, Unruhe und Dysphorie standzuhalten[534].

1351   Ab Mitte der 90er Jahre rückte außerdem die Einsetzbarkeit des α-sympathomimetisch (**alpha$_2$-agonistisch**[535]) wirksamen, nebst seinen Salzen verschreibungspflichtigen **Blutdruckmittels Clonidin** (INN; chem. Bezeichnung (IUPAC): 2-[(2,6-Dichlorphenyl)imino]-imidazolidin oder: 2,6-Dichlor-N-(2-imidazolidinyliden)anilin; u.a. Catapresan) in den Vordergrund, das selbst, im Gegensatz etwa zum Methadon, keine Abhängigkeit hervorruft.

In der Therapie des Opioidentzugsssyndroms eingesetzt bewirkt dieses Antihypertonicum in relativ hohen Dosen von 600-2.400 mg/d (in 4 Einzeldosen) eine Besserung insbesondere der körperlichen Entzugserscheinungen, aber auch von Angst und Erregbarkeit, bereits nach ca. 1/2 h, während die depressiven Zustände und Schlafstörungen während der Entzugsphase unbeeinflusst bleiben. Problematisch hierbei ist, dass Clonidin erheblich auf den Kreislauf einwirkt (**Blutdruckabfall**), zu Bradykardie, Muskelschwäche, Sedierung, Schlafstörungen, sehr selten auch Verwirrtheitszuständen (diese können auch bei gleichzeitiger Gabe von Neuroleptica vom Phenothiazin-Typ wie Chlorpromazin resultieren), Halluzinationen und depressiven Verstimmungen führen kann. Clonidin ist bereits ebenfalls als **Ausweichmittel** auf dem illegalen Drogenmarkt aufgetaucht, wo es ohne ärztliche Überwachung infolgedessen zu erheblichen Gesundheitsschäden (**Kollaps**) führen kann. Neben Nemexin wurde Clonidin in Tablettenform (mit 0,1 g Wirkstoffgehalt) unter dem Warenzeichen Paracefan 1987 zur Behandlung des **akuten Opioidentzugssyndroms** zugelassen. Nach dem Absetzen kann es hier zu Rebound-Phänomenen kommen.

---

[532]   Demgegenüber scheint eine buprenorphin-unterstützte Detoxikation (vgl. hierzu beim Buprenorphin 4.4.2.9, Rdnr. 2341-2348) den Vorteil zu haben, dass sie auch bei polytoxikomanen Heroin-Abhängigen zur Linderung der Entzugssymptome in Betracht kommt, die methadon-substituiert sind und etwa Alkohol oder BD beigebrauchen (vgl. hierzu 2.1.7, Rdnr. 1321 f.), nicht aber bei Cocain (vgl. 3.1.7, Rdnr. 1703 f.)

[533]   Zur Noradrenalin-Ausschüttung vgl. 2.1.4, Rdnr. 1162.

[534]   Zu den dann bestehenden Gefahren bei erneuter Heroin-Zufuhr infolge Toleranzverlustes vgl. 2.1.7, Rdnr. 1278.

[535]   Im Gegensatz etwa zum α$_2$-antagonistisch wirksamen Yohimbin, vgl. 1.2.3.6, Rdnr. 745.

2.1 Opium und Opiate

In der Praxis werden zur Linderung von einsetzenden Entzugssymptomen zudem häufig **Diazepam** (Valium)[536], das kein eigenständiges Abhängigkeitspotential beinhaltende **Antidepressivum Doxepin** (Aponal)[537], das psychotrop wirksame **Carbamazepin**[538] oder **Clomethiazol** (Distraneurin)[539] sowie als Antihyperkineticum Tiapridex verabreicht. **1352**

Zusammenfassend ist festzuhalten, dass durch Medikamente, die nur relativ unspezifisch eingesetzt werden können, da der genaue Wirkungsmechanismus meist noch nicht bekannt ist, in der Therapie der Abhängigkeit vom Opioidtyp grundsätzlich nur **Symptome** beseitigt oder gelindert werden können, etwa in der akuten Entzugsphase oder zur Rückfallprophylaxe. **1353**

Einen **Rückfall** können sie nicht verhindern, wenn therapeutische Maßnahmen und die psychosoziale Rehabilitation erfolglos bleiben, da generell fragwürdig erscheint, ob bei Bestehen medikamentöser Ausweichmöglichkeiten eine tragfähige **Eigenmotivation** als Voraussetzung für eine - drogenfreie - **Langzeittherapie** erreicht werden kann oder nicht vielmehr das bisherige problemfliehende Verhalten des Btm-Abhängigen perpetuiert wird. Eine ambulante Therapie hat bei Opioidabhängigen im Sinne einer dauerhaften Abstinenz zudem kaum Aussicht auf Erfolg. **1354**

Soweit Heroin-Abhängige behaupten, "sich selbst entzogen" zu haben, ergibt eine Nachprüfung in vielen Fällen, dass nur eine weitere Abhängigkeit, meist vom Alkohol- und/oder Sedativa/Hypnotica-Typ[540], hinzugetreten ist. **1355**

Da die **Suchtdisposition** unverändert fortbesteht[541], wird bei sich bietender Gelegenheit, etwa einem Preisverfall und damit meist einhergehender erhöhter Verfügbarkeit, in diesen Fällen auch wieder zum Heroin gegriffen. **1356**

Offenbar nicht nur gelegentlich kann es aus innerem Antrieb heraus aber auch zu einer sog. "**Selbstheilung**"[542] kommen, wenn aufgrund besonderer Umstände eine positive Lebensgestaltung ohne Opiate und andere Rauschdrogen in einem bestimmten Lebensabschnitt nicht nur möglich, sondern für die eigene Weiterent- **1357**

---

536 Näher zum Diazepam 4.3.4, Rdnr. 2184 und 2194.
537 Vgl. bei den Antidepressiva 4.3.3, Rdnr. 2161, aber auch Rdnr. 2166. Die Dosis beträgt hier 150-450 mg/d in 4 Einzeldosen, was zu Nebenwirkungen wie Tachykardie führen kann.
538 Zum Antiepilepticum Carbamazepin vgl. ebenfalls 4.3.3, Rdnr. 2162. Erfolgversprechend scheint eine Buprenorphin-Carbamazepin-Kombination zur Detoxification bei Polytoxikomanie zu sein, vgl. auch oben 2.1.7, Rdnr. 1351 FN 532.
539 Näher zum Clomethiazol 4.3.2, Rdnr. 2150-2154.
540 Zur spezifischen Abhängigkeit vom Sedativa/Hynotica-Typ, die der vom Alkohol-Typ vergleichbar ist, vgl. 4.1, Rdnr. 2024-2036. Vgl. auch zur Codein-Abhängigkeit 4.4.2.1, Rdnr. 2289.
541 Vgl. auch zum „drug craving" als Folge eines Neurotransmitterdefizits 2.1.4, Rdnr. 1163, sowie 2.1.7, Rdnr. 1288.
542 Zur „Selbstheilung" („spontanen Genesung") vgl. auch 2.1.7, Rdnr. 1320. Zum Einfluss der unterschiedlichen „Drogenpolitik" und Therapiekonzepte auf das tatsächliche Konsumverhalten vgl. 2.1.7, Rdnr. 1345.

wicklung sogar unabdingbar erscheint (passagere Drogenabhängigkeit, "maturing out", **"Herauswachsen aus der Sucht"**).

1358   Hierzu scheint es vornehmlich nach etwa 5-20 Jahren Abhängigkeit, in der Phase zwischen dem 35. und 45. Lebensjahr, zu kommen, was mutmaßlich mit einem **Ausgleich** von **Entwicklungsdefiziten** und dem problemverdrängenden Verhalten, welche zum Drogenkonsum beigetragen hatten, mit zunehmendem Alter zusammenhängt[543]. Dies gilt in erster Linie für Heroin-Konsumenten, bei denen sich keine hochgradige Abhängigkeit herausgebildet hat, ebenso aber auch für "therapieresistente" Abhängige mit einer langjährigen "Drogenkarriere"[544].

1359   In wie vielen Fällen einer Heroin-Abhängigkeit es hierzu kommt, ist umstritten. Ausländischen Studien zufolge soll der Anteil bei etwa 1/3 bis zu 2/3 aller Heroin-Abhängigen liegen, womit diese Zahl über der "Heilungsquote" infolge erfolgreicher Therapieabschlüsse läge. Von den im **Vietnam-Krieg** heroin-abhängig gewordenen US-Soldaten[545] sind bis Ende der 90er Jahre etwa 95 % aus der Sucht "herausgewachsen", ein nur geringer Teil hiervon mit therapeutischer Unterstützung. Demgegenüber kam eine deutsche Studie 1991 zwar auf ca. 1/3 **"Aussteiger"**, von denen die weitaus meisten jedoch keine "Selbstheiler" gewesen, sondern auf die Angebote der Drogenhilfe angewiesen gewesen seien. Etwa die Hälfte der Btm-Abhängigen hat sich demnach im Untersuchungszeitraum 1985/86-1991 nicht aus dem Suchtkreislauf lösen können, jeder 10. sei in dieser Zeit gestorben. Repräsentative Untersuchungen liegen allerdings nicht vor.

1360   In den meisten Fällen dürfte es bereits als ein relativer "Erfolg" zu werten sein, wenn der ehemals Heroin-Abhängige nur noch gelegentlich **Haschisch** raucht oder zu Alkoholika greift.

1361   Als am relativ erfolgversprechensten gegenüber der persistierenden **Rückfallgefahr** nach Abschluss des Entzuges wird nach wie vor das Konzept einer zunächst **klinischen Entgiftung**[546] anzusehen sein, an die sich eine 6- bis 9-monatige **Motivationsphase** in einer Entziehungsanstalt (meist entsprechend eingerichtete Psychiatrische Krankenhäuser) anschließt, die die Voraussetzung für die sich anschließende **Langzeittherapie** in einer offenen Einrichtung schafft. Ob die hierbei erforderliche - zeitweilige - Fremdbestimmung mit strafrechtlichen Sanktionsmitteln erreicht werden sollte, wird teilweise in Frage gestellt. Für Abhängige, die eine entsprechende **Abstinenztherapie** voraussichtlich nicht mit Erfolg durchlaufen werden, sind seit Ende der 80er Jahre **"niedrigschwellige"** Therapieangebote wie das Methadon-Programm[547] zunehmend aufgebaut worden. Hierdurch gelang es, in der drogenfreien Therapie die Zahl der Therapieabbrüche zu vermindern und damit die sog. **"Haltequote"** zu erhöhen.

---

[543]   Vgl. zu möglichen Faktoren für Suchtverhalten 2.1.7, Rdnr. 1287.
[544]   Zu den Langzeitabhängigen vgl. auch 2.1.2, Rdnr. 1025.
[545]   Zu deren geschätzter Zahl vgl. 2.1.2, Rdnr. 994.
[546]   Näher zur Detoxikation 2.1.7, Rdnr. 1324, 1331 und 1346-1354.
[547]   Zur Substitutionsbehandlung mit (Levo-)Methadon vgl. 2.1.7, Rdnr. 1317-1330.

2.1 Opium und Opiate

Nach dem Vorbild der Anonymen Alkoholiker wurden als **Langzeittherapieeinrichtungen** etwa die Synanon-Gruppen in den USA und seit Beginn der 1970er Jahre die Release-Zentren in der BRD gebildet. Inzwischen besteht eine Reihe derartiger Einrichtungen meist freier Träger mit den unterschiedlichsten Therapiekonzepten, teilweise auch mit ideologischer oder religiöser Ausrichtung. 1362

Zur Ermittlung des erforderlichen Therapieplatzangebots geht die Gesundheitsministerkonferenz von einem "**Deckungsstandard**" von 5 % der geschätzten Zahl "harter Konsumenten"[548] aus.

Wird eine Langzeittherapie durchlaufen, entstehen Kosten von etwa 20.000 bis 60.000 DM bei 6-monatiger Aufenthaltsdauer. Zunehmend werden aber auch kostengünstigere **ambulante** Behandlungsmöglichkeiten und **therapeutische Wohngemeinschaften** genutzt. 1363

Etwa 2/3 der Klienten wird **rückfällig**, mehrmalige Therapieversuche sind nicht selten. Infolge zunehmender "Überalterung" der Heroin-Scene nimmt auch die Zahl der sog. "**Mehrfachentzieher**" zu, die meist seit mehreren Jahren "fixen" und bei denen sich "Cleanphasen" mit Abhängigkeitsphasen abwechseln; sie werden häufig als "**therapieresistent**" eingestuft[549]. Gleichwohl wird, unter Einschluss von Wiederholungsbehandlungen nach Therapieabbrüchen und alternativen Therapieformen, derzeit mit einer durchschnittlichen "**Heilungsquote**" von 25-40 % gerechnet[550], nachdem 1970 noch bei der damals üblichen allein psychiatrischen Behandlung eine **Rückfallquote** von 98 % angenommen worden war. 1364

Wichtig ist in jedem Fall eine **ambulante psycho-soziale Nachbetreuung**, wenn der ehemals Heroin-Abhängige in sein früheres soziales Umfeld zurückkehrt und sich in den meisten Fällen bei fortbestehender "**Drogensensibilität**" Problemen gegenübersieht wie Arbeitslosigkeit, hohen Schulden aus der Zeit der Abhängigkeit, abgerissenen sozialen Kontakten pp., die u.U. größer sind als die Schwierigkeiten, die einer der auslösenden Faktoren für seine "Drogenkarriere" waren. 1365

Die **Mortalität** ehemaliger Heroin-Abhängiger ist um ein Mehrfaches höher als die der Durchschnittsbevölkerung[551], ebenso die Zahl der Frührenter. 1366

---

[548] Zur aktuellen Zahl der Btm-Abhängigen vgl. 2.1.2, Rdnr. 1025; vgl. auch 2.1.7, Rdnr. 1326 FN 477. Derzeit gibt es ca. 5.000 Plätze für eine stationäre Behandlung.

[549] Dies war einer der Gründe für das Angebot einer Heroin-Substitution mit (Levo-)Methadon, vgl. 2.1.7, Rdnr. 1325.

[550] Bei Nachuntersuchung 2 Jahre nach Behandlungsende. Andere Schätzungen gehen unter Berücksichtigung längerer Zeiträume davon aus, dass bei mehr als 85 % der Suchtkranken die Heilbehandlung letztlich erfolglos ist, vgl. hierzu auch 2.1.7, Rdnr. 1359; danach wäre kaum noch unterscheidbar, in welchen Fällen eine Heilung als Therapieerfolg anzusehen ist und in welchen sie auf einer spontanen Genesung beruht. Zu den entsprechenden Zahlen bei Alkoholikern vgl. Vorbem. 4, Rdnr. 1972.

[551] Vgl. hierzu auch 2.1.7, Rdnr. 1281 f.

2.2 Kawa-Kawa

1367 Aufgrund seiner Verwendung als Schlafmittel und **leichtes Narkoticum** auf pflanzlicher Basis sei im Anschluss an das Opium trotz der heute nur noch geringen Bedeutung auf den **Polynesischen Rauschpfeffer (Kawa-Kawa)** eingegangen. Hierbei handelte es sich früher um das so gut wie einzige Genuss- und Arzneimittel der Völker **Ozeaniens**.

1368 Die Droge wird aus dem **Rhizom**, und zwar den stärksten, ca. 10 cm dicken, Wurzeltrieben des **Rauschpfeffers (Piper methysticum Forster)** gewonnen, der ebenso wie der Betelpfeffer[1] zur Familie der etwa 1.000 Arten umfassenden **Pfeffergewächse** (Piperaceae) gehört. Er wird in mehreren Varietäten, z.T. unter verschiedenen Namen (Ava bzw. Awa-Moh auf Tahiti, Kawa auf den Hawaii-Inseln, Yangona), kultiviert.

1369 Der Rauschpfeffer wächst, meist in niedrigen Höhenlagen (bis zu 300 m), als kräftiger, bis zu 6 m hoher **Strauch** in dichten Gebüschen und wird z.T. auch als Kawa-Kawa-Baum bezeichnet.

Sein Verbreitungsgebiet liegt in den Tropen und umfasst die **pazifischen Inseln** zwischen beiden Wendekreisen. Teilweise mischt sich hier der **Kawa-** und der **Betel-Gebrauch**[2].

1370 Kawa-Kawa erscheint erstmals in dem Bericht eines schwedischen Botanikers, der James Cook 1768-1771 auf dessen erster Reise zu den **Hawaii-Inseln** begleitete. Die Pflanze wurde jedoch erst 1886 eingehender von Louis Lewin untersucht.

Bereits zu Beginn des 19. Jahrhunderts begann im Zuge missionarischer Bestrebungen die Verdrängung des Kawa-Trinkens zugunsten des **Alkohol-Konsums**, parallel zur Auflösung der hergebrachten Stammesstrukturen[3].

1371 Kawa-Kawa war insbesondere auf Neu-Guinea, fast überall in Polynesien sowie in Mikronesien, Melanesien und einigen kleineren Inselgruppen des Stillen Ozeans heimisch. Auf den **Fidschi-Inseln** und **Samoa** soll der Rauschpfeffer weiterhin kommerziell angebaut und exportiert werden, während er auf den Philippinen und Tahiti fast ausgestorben ist. Heute soll Kawa nur noch in Samoa, Tonga, den benachbarten Fidschi-Inseln sowie Teilen Neu-Guineas getrunken werden.

---

[1] Zum Betelpfeffer vgl. 3.2.3, Rdnr. 1767.
[2] Vgl. beim Arecolin 3.2.3, Rdnr. 1764.
[3] Wie auch in anderen Teilen der Welt traditionelle biogene Rauschdrogen durch den Alkohol ersetzt wurden; vgl. etwa zum Fliegenpilz 1.2.2.1, Rdnr. 481, oder zum Mescalin 1.2.3.1, Rdnr. 599.

2.2 Kawa-Kawa

Die bitter und scharf schmeckenden, etwa l-2 kg schweren Wurzeltriebe (Rhizoma Piperis Methystici)[4] enthalten ein stickstoffhaltiges **Harz** mit Glykosiden. Insgesamt wurden bisher 14 Inhaltsstoffe mittels der DC aufgetrennt. Hierbei handelt es sich neben 2 Pyrrolidin-Alkaloiden vor allem um **Kava-Pyrone**, die etwa 3-4 g/100 g des getrockneten Kava-Rhizoms ausmachen. Bekanntester **Wirkstoff** ist das **(+)-Kavain** (syn. Kawain; chem. Bezeichnung (IUPAC): (+)-5,6-Dihydro-4-methoxy-6-styryl-2-pyron).

1372
*

Mit dem (+)-Kavain verwandt sind die anderen bisher isolierten **Wirkstoffe** des Rauschpfeffers: (+)-Dihydrokavain, (+)-Methysticin, (+)-Dihydromethysticin, Yangonin und Desmethoxyyangonin (5,6-Dehydrokavain), die seit den 1960er Jahren auch **synthetisiert** werden.

1373
*

Es handelt sich hierbei um 6-gliedrige **Lactone**, die zugleich als in C_6 styryl- oder phenylethyl-substituierte 4-Methoxy-α-pyron- oder 4-Methoxy-5,6-dihydro-α-pyron-Ringe aufgefasst werden können (die sich von den **Pyran**-Derivaten durch ein 2., exocyclisch angeordnetes O-Atom unterscheiden). Der Benzol-Ring trägt, wie dies bei den Inhaltsstoffen der Piperaceae häufig der Fall ist, auch **Dioxymethyl-Gruppen** als Substituenten (so beim Methysticin);

1374
*

Strukturformeln:

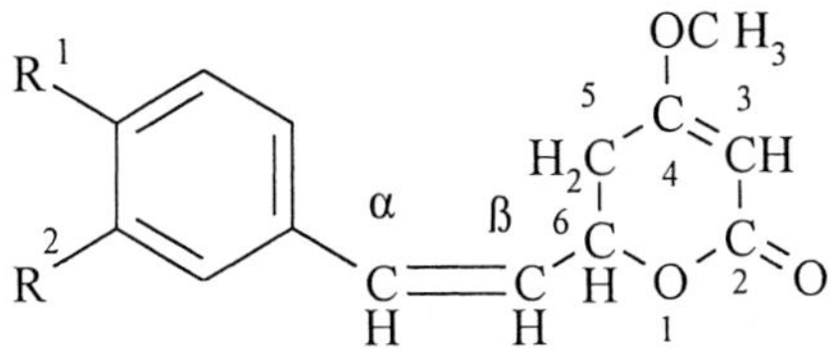

	R^1	R^2
Kavain	-H	-H
Methysticin	-O-CH$_2$-O-	

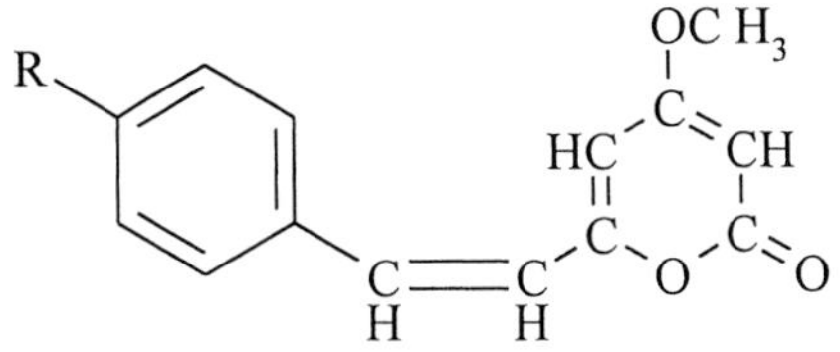

	R
Yangonin	-OCH$_3$
Desmethoxyyangonin	-H

---

[4] Vgl. auch zur alkaloidhaltigen Wurzel der Alraune 1.2.2.2, Rdnr. 502, von Mimosen-Arten 1.2.3.4, Rdnr. 710, oder der Iboga-Wurzel 1.2.3.7, Rdnr. 764 und 768.

1375 Die Kava-Pyrone sind schwer wasserlöslich und gut **lipidlöslich** (deshalb er-
* folgt vor der Einnahme ein Emulgieren in Wasser oder Kokosmilch[5]). Mit Aus-
\# nahme des Yangonin und Desmethoxy-Yangonin sind sie **optisch aktiv**. Das Wirkungsbild der biologisch aktiven 5,6-Dihydro-4-methoxy-α-pyrone ist weitgehend gleich, Unterschiede gibt es nur in quantitativer Hinsicht, wobei Dihydrokavain vorwiegend lokalanästhetische und Dihydromethysticin vorwiegend **sedierende** Eigenschaften aufweist, was in Resorptions- und Eliminationsunterschieden begründet sein dürfte.

1376 Eine **strukturelle** Verwandtschaft zu anderen bekannten Rauschdrogen mit vergleichba-
* rem Wirkungsbild besteht nicht; allenfalls zum **THC** und zum **Morphin** ergibt sie sich bei den α-Pyronen dadurch, daß auch α-Pyron und seine Derivate als **O-Heterocyclen** die Einbindung von Sauerstoff in Position 1 aufweist, die sich im 2H- bzw. 4H-Pyran[6] und Morphin[7] als **cyclische Ether** wiederfindet.

1377 Die Inhaltsstoffe der Kawa-Kawa-Wurzel wirken **anästhesierend** auf Schleim-
\# häute, etwa die des Auges, gegebenenfalls wirken sie wie die Opiate aber auch **zentral**[8].

1378 Hierbei weist Kavain einen sog. **endoanästhetischen Effekt** auf[9], indem es auf sensible
\# Rezeptoren bzw. Rezeptorenfelder im Inneren des Organismus einwirkt. Ähnlich synthetischen Lokalanästhetica[10] treten Kava-Pyrone offenbar mit zellulären Ionenkanälen in Wechselwirkung und beeinflussen so die Erregbarkeit der Neuronen.

1379 Die Kava-Pyrone wirken in niedriger Dosierung außerdem zentral **muskelrela-**
\# **xierend**[11], den Tonus der Skelettmuskulatur herabsetzend und krampflösend, womit insoweit eine Parallele zu Tranquilizern vom BD-Typ gegeben ist.

So sind etwa gegen **Strychnin-Krämpfe**[12] Methysticin und Dihydromethysticin am wirksamsten, weniger Kavain und Dihydrokavain, während Yangonin und Desmethoxy-Yangonin in gleicher und höherer Dosierung die Krämpfe nicht zu unterdrücken vermögen. Mit steigender Dosierung treten zudem zentralnervöse Lähmungserscheinungen und Koordinationsstörungen auf.

---

[5] Näher zur Kawa-Kawa-Zubereitung 2.2, Rdnr. 1383-1385.
[6] Vgl. auch zur Einbindung des Chromen-Sauerstoffs beim THC 1.1.3, Rdnr. 88 und 92. Infolge des fehlenden Stickstoffs sind die Kava-Pyrone zudem wie die Cannabinoide (vgl. 1.1.3, Rdnr. 90) nicht als Alkaloide einzuordnen.
[7] Vgl. hierzu beim Morphin 2.1.3, Rdnr. 1065.
[8] Zu deren zentraler Wirkungsweise vgl. 2.1.4, Rdnr. 1139-1171.
[9] Vgl. auch zum Zustandekommen des lokalanästhetischen Effektes beim Cocain 3.1.4, Rdnr. 1573 f.
[10] Vgl. zu den Lokalanästhetica 3.1.4, Rdnr. 1575-1577.
[11] Wahrscheinlich über einen Eingriff in der Formatio reticularis, ähnlich den 1,4-Benzodiazepinen, vgl. 4.3.4, Rdnr. 2203-2205.
[12] Zum Strychnin-Krampf vgl. Einführung, Rdnr. 15, und 4.3.1.1, Rdnr. 2118.

Im Zusammenhang mit der Verwendung als Rauschdroge ist die **euphorisie-** 1380
rende und **leicht narkotisierende** Wirkungskomponente der Kava-Pyrone hervorzuheben.

Auch hier bestehen unter den einzelnen Pyronen Unterschiede. So vermag Dihydromethysticin - wie andere zentralwirksame Muskelrelaxantien auch - eine Barbiturat- oder
Ether-Narkose[13] zu verlängern, weniger ausgeprägt hingegen Methysticin, Kavain und die
anderen Kava-Pyrone.

Es ist davon auszugehen, dass die Kava-Pyrone ähnlich Meprobamat und den 1381
BD am **limbischen System** angreifen im Sinne einer **Hemmung** der Aktivität[14] #
und somit einer Dämpfung der emotionalen Erregbarkeit und einer Steigerung der
Stimmungslage. Hierbei dürfte Yangonin die zentralnervös wirksamste Verbindung sein.

Als **Rauschdroge** wird Kawa-Kawa in erster Linie seiner euphorisierenden 1382
Wirkung wegen konsumiert.

Hierbei spielen jedoch auch die narkotisierenden, sedierenden, sogar stimulierenden und psychedelischen Effekte eine Rolle, wobei die Leistungsfähigkeit der
Muskulatur sogar zeitweise erhöht werden kann.

Die **Zubereitung** erfolgt, indem frische Kawa-Kawa-Wurzeln, teilweise unter 1383
Hinzusetzung getrockneter oder pulverisierter Wurzeln, wodurch die Wirksamkeit
erhöht werden soll, zu einem **Trank** aufgegossen wird, der die wesentlichen Kava-Pyrone enthält. Durch vorheriges Kauen oder bei Verwendung eines **emulgie-**
renden Mittels wie Öl oder Milch wird hierbei die **narkotisierende** Wirkungskomponente (gegebenenfalls u.a. durch Glykosid-Spaltung) verstärkt.

Die Oberhaut der Kawa-Kawa-Wurzel wird hierzu abgeschabt, die Wurzel sodann zer- 1384
kleinert und die einzelnen Stücke von Jungen, Mädchen und Frauen zerkaut, was bereits
Bestandteil der "Kawa-Zeremonie" ist. Durch den Speichel im **Kaumazerat** wird die Wirkung des Harzes, wahrscheinlich aufgrund eines relativ rasch ablaufenden **Fermentie-**
rungsprozesses, gesteigert[15]. Der Saft wird nicht runtergeschluckt, sondern der fasrige Brei
mazeriert, indem er in einer Schale mit Wasser stehengelassen und eingeweicht wird, bis
sich die ausgelaugte Pflanzenmasse abgesetzt hat. Es entsteht eine grau-braune, seifig-fade
bis bitter oder auch beißend schmeckende Flüssigkeit, je nach Harzgehalt, die anschließend
getrunken wird.

Die Zubereitung durch **Zerreiben** der Wurzel in einem Mörser und Aufschwemmung 1385
mit Wasser soll ein gegenüber dem Zerkauen schwächer wirksames Getränk ergeben.

---

[13] Vgl. hierzu beim Morphin 2.1.3, Rdnr. 1085, aber auch beim Cannabis 1.1.3, Rdnr. 96,
und 1.1.4, Rdnr. 171.
[14] Zur Einwirkung der 1,4-Benzodiazepine auf das limbische System vgl. 4.3.4, Rdnr.
2199 f. Vgl. hierzu auch beim Morphin 2.1.4, Rdnr. 1149.
[15] Vgl. den ähnlichen Vorgang beim Kauen von Cocablättern 3.1.5, Rdnr. 1583, oder von
Kathblättern 3.2.2, Rdnr. 1738-1740.

1386 In **kleineren Mengen** getrunken, meist von Männern im Rahmen gemeinschaftlicher Gelage[16], hat Kawa-Kawa eine vor allem **stimulierende** Wirkung[17]. Sie führt zu einem Gefühl der Wiederherstellung schwindender Kräfte, der Frische und der erhöhten Leistungsfähigkeit; der Appetit wird angeregt, die Muskulatur der Extremitäten entspannt.

Es entsteht ein Gefühl fröhlicher **Unbekümmertheit**, ohne geistige oder körperliche Überanspannung.

1387 Nach Aufnahme **größerer Mengen** tritt neben einem Verlust der Kontrolle über die Körperbewegungen (**Ataxie**, schwankender Gang wie bei Betrunkenen)[18] ein ausgesprochen **euphorischer** Zustand bei gleichzeitiger Ruhigstellung und großer Gelassenheit[19] ein. Es kommt nicht zu Aggressivität oder Halluzinationen, im Unterschied etwa zum Alkohol-Rausch bleibt bis zum Eintritt des Schlafstadiums auch das **Bewusstsein** erhalten.

Bei Gabe darüberhinausgehender Mengen kann dieser Zustand allerdings in einen **stuporösen** übergehen; die **Pupillen** erweitern sich.

1388 Nach etwa 1 h stellt sich ein **Schlafbedürfnis** ein, das zu einem 2- bis 8-stündigen, gelegentlich von erotischen Träumen begleiteten Schlaf[20] führt, der als erfrischend und ohne Nachwirkungen beschrieben wurde.

1389 **Somatische Nebenwirkungen** wie Unwohlsein und Erbrechen sind selten, ein Katergefühl nach dem Erwachen stellt sich meist nicht ein.

1390 Diese **sedativ-ataraktischen** Wirkungen werden in vollem Umfang offensichtlich nur bei Zufuhr der **gesamten Wirkstoffkombination**, einschließlich der psychotrop inaktiven Inhaltsstoffe, erreicht[21].

1391 Die ursprüngliche Verbindung mit **religiösen** Vorstellungen und der Gebrauch als Meditationsdroge hat beim Kawa-Trinken so gut wie überall, soweit es heute noch vorkommt, dem alleinigen Genuss um des Rausches willen Platz gemacht.

1392 Neben der Verwendung als Rauschdroge hat der Rauschpfeffer vor allem wegen seiner **sedierenden** und **schmerzbetäubenden** Eigenschaften einen Gebrauch als **Heilmittel** oder hatte ihn zumindest.

---

[16] Das Versetzen in einen Rauschzustand ist nicht selten den Männern vorbehalten, vgl. etwa zum Yagé-Trank 1.2.3.5, Rdnr. 729.
[17] Zum „downer high" bei zentral-dämpfenden Stoffen vgl. z.B. bei den Barbituraten 4.1, Rdnr. 2016, oder beim GHB 1.2.4.8, Rdnr. 937.
[18] Vgl. hierzu ebenfalls bei den Barbituraten 4.1, Rdnr. 2030.
[19] Vgl. auch zu den Morphin-Wirkungen 2.1.4, Rdnr. 1118-1122.
[20] Vgl. auch zu den Wirkungen des Opium-Rauchens 2.1.5, Rdnr. 1176.
[21] Dies gilt für viele natürliche Rauschdrogen; vgl. beim Cannabis 1.1.3, Rdnr. 104.

2.2 Kawa-Kawa

So wurde Kawa-Kawa z.B. in Polynesien gegen Nieren- und Blasenerkrankungen, als Abführmittel und bei Erkrankungen der Atemwege eingesetzt. Das Getränk soll auch Kranken und Genesenden Ruhe verschaffen und bei Frauen zur Linderung der Geburtsschmerzen sowie zur Anregung des Milchflusses führen.

Chronischer Kawa-Kawa-Missbrauch führt zu gegebenenfalls auch **physischer Abhängigkeit** wie beim Morphinismus[22] oder Alkoholismus mit körperlichen Begleiterscheinungen wie Abmagerung, Konjunktivitis (Augenbindehautentzündung), Herabsetzung des Sehvermögens, Tremor der Hände sowie psychischen Alterationen. **1393**

Die anfänglich aphrodisierende Wirkung, deren Eintritt ohnehin ungewiss ist[23], kehrt sich bei häufigerer Einnahme in eine Dämpfung des Geschlechtstriebes um[24]. **1394**

D,L-Kavain wurde bisher außer als entzündungshemmendes und desinfizierendes AM in Deutschland in **Psychopharmaka** und **Geriatrica**[25] wie Kavaform N[26] sowie als Trockenextrakt aus dem Kawa-Kawa-Wurzelstock (z.B. Kava-ratiofarm/-forte, ein Anxiolyticum, und Kavain Harras Plus, ein Sedativum) in FAM eingesetzt. **1395**

Kavain sollte die Psyche **anregen, antidepressiv** wirksam sein und bei **Konzentrations-** und **Gedächtnisstörungen** indiziert sein; die therapeutische Wirksamkeit wurde jedoch angezweifelt. Als Nebenwirkungen wurden zunächst u.a. eine Verminderung des Sehvermögens und des Reaktionsvermögens angegeben. 2001 kamen Berichte über Leberschäden (etwa Leberzirrhose, Hepatitis und Leberversagen) nach Einnahme von kavain-haltigen Präparaten hinzu. **1396**

D,L-Kavain war ebenso Wirkstoff des **Psychotonicums** Neuronika, dessen Anwendungsbereich in Kapselform mit je 200 mg Kavain u.a. Antriebsarmut, Dysphorie, Konzentrationsschwäche, Angst- und Spannungszustände sowie (angezweifelt) das Entzugssyndrom nach Alkohol-Missbrauch[27] umfasste. **1397**

Die Wirkung dieser Medikamente konnte durch andere zentralwirksame Stoffe wie Alkohol, Barbiturate und andere Psychopharmaka verstärkt werden. Sie waren frei rezeptierbar; im Hinblick auf die genannte Hepatotoxizität, der keine hinreichend belegte therapeutische Wirksamkeit gegenüberstehe, widerrief jedoch das BfArM im Juni 2002, die Zulassung für Kava-Kava- und kavain-haltige AM.

---

[22] Zur spezifischen Abhängigkeit vom Opioid-Typ vgl. 2.1.7, Rdnr. 1286-1293.
[23] Vgl. hierzu beim Yohimbin 1.2.3.6, Rdnr. 755.
[24] Vgl. auch zu den Auswirkungen habituellen Rauchopium-Missbrauchs 2.1.5, Rdnr. 1176.
[25] Zu weiteren Analeptica bei altersbedingtem Konzentrations- und Gedächtnisschwund vgl. 4.3.1, Rdnr. 2123 und 2133. Zu Nootroptica auf Dihydroergotoxin-Basis vgl. 1.2.1.1.3, Rdnr. 304.
[26] Zuvor als Kavaform in Kombination mit Orotsäure.
[27] Vgl. hierzu beim Distraneurin 4.3.2, Rdnr. 2151 f.

1398 Weder die Wurzel noch isolierte Kawa-Wirkstoffe werden, zumindest derzeit, im europäischen und nordamerikanischen Bereich als **Rauschdrogen** missbraucht.

Als **Aphrodisiacum** soll jedoch die Wurzel in den USA teilweise über Kräuterversandhäuser bezogen oder in Pulverform in Gelatinekapseln eingenommen werden.

1399 Die **Wirkstoffe** der **Kawa-Kawa-Wurzel** unterliegen ebenso wie die sie ent§ haltende Pflanze nicht den Bestimmungen des BtMG 1994. Unabhängig von einer Btm-Eigenschaft bzw. Zulassung und ohne dass eine Verschreibungsfähigkeit und -pflichtigkeit der Pflanze, ihrer Wirkstoffe oder diese enthaltender Präparate gegeben sein muss, kann jedoch der Handel hiermit zu **Rauschzwecken** als Inverkehrbringen bedenklicher AM gemäß § 95 Abs. 1 Nr. 1 AMG strafbar sein.

Literatur

Adams M (1994) Heroin an Süchtige - Kollektiver Wahnsinn oder das gesuchte Konzept zur Zerstörung des Drogenmarktes ? ZRP 3:106-111

Adams M (1997) Heroin an Süchtige. ZRP 2:52-60

Aderjan R, Holmann S, Schmitt G, Skopp G (1995) Morphine and morphine glucuronides in serum of heroin consumers and in heroin-related deaths determined by HPLC with native fluorescence detection. J Anal Toxicol 19:163-168

Ambrozi L (1979) Der Einfluß von D,L-Kavain (Neuronika) auf Konzentrationsfähigkeit, Kurzzeitgedächtnis, Reaktionssicherheit und Reaktionsgeschwindigkeit. Therapiewoche 29:5967-5970 (Sonderdruck)

Amelung K (1996) Zur Verantwortlichkeit Drogenabhängiger für Selbstschädigungen durch den Gebrauch von Suchtstoffen. NJW 37: 2393-2398

Andres G (1998) Die Balkanroute. Kriminalistik 5:326-330

Andres G (2001) Streckmittel bei Heroin. Kriminalistik 4:260-263

Anglin MD, Speckart G (1988) Narcotics Use and Crime: A Multisample, Multimethod Analysis. Criminology 26:197-183

Argyle M (1991) The Psychology of Happiness. Methnen, London New York

Arnold W (1982) Radioimmunologische Untersuchungen im Rahmen der Drogenszene. In: Müller K (Hrsg.) Beiträge zur Diagnose und Therapie akuter Intoxikationen. Universitätsdruck, Leipzig, S. 163-164

Arvidson U, Dado RJ, Riedl M et al. (1995) Delta-opioid receptor immunreactivity: Distribution in brainstem and spinal cord, and relationship to biogenic amines and enkephalin. J Neurosci 15: 1215-1235

Arvidson U, Riedl M, Chakrabarti S et al. (1995) Distribution and targeting of a mu-opioid receptor (MOR 1) in brain and spinal cord. J Neurosci 15:3328-3341

Bacotti AV (1980) Effects of cocaine and morphine an concurrent schedule-controlled performances. J Pharm Exp Ther 212:280-286

Baden MM (1972) Homicide, sucide, and accidental death among narcotic addicts. Human Pathol 3:91-95

Ball JC, Ross A (1991) The Effectiveness of the Methadone Maintenance Treatment. Springer, New York

Barth L (1972) Behandlung von akuten Zwischenfällen bei Rauschmittelmissbrauch. Nervenarzt 43:266-267

Barton DHR, Kirby GW, Steglich W, Thomas GW (1963) The biosynthesis and synthesis of morphine alkaloids. Chem Soc 33:203-206

Bathsteen M, Legge J (2001) Substitutionsprogramme mit Methadon. Kriminalistik 4:236-241

Baumgartner AM, Jones PF, Baumgartner WA, Black CT (1979) Radioimmunassay of hair for determining opiate-abuse histories. J Nucl Med 23:790-792

Beckett AH, Casy AF (1965) Analgesics and their antagonists. Biochemical aspects and structure-activity relationships. Prog Med Chem 4:171-178

Beil H (1976) Die Behandlung der Drogen- und Alkoholabhängigkeit mit Apomorphin. Neue Autoren und Autogr Edition, Hamburg

Bentley KW (1954) The chemistry of the morphine alkaloids. Oxford Univ Press, London

Bernhauer K, Fuchs B (1982) 4-o-Acetyl-3,6-Dimethoxyphenanthren (Acetylthebanol) im illegalen Heroin (Heroinvergleichsuntersuchungen). Arch Kriminol 168:73-76

Bewley TH (1967) Drug addiction. Br Med J 2265:603-605

Biniek E (1978) Drogenabhängigkeit - Therapie und Rehabilitation. Wissenschaftliche Buchgesellschaft, Darmstadt

Blanke J, Kömpf D (1995) Ischämischer Infarkt nach Heroininjektion. Sucht 1:4-6

Bodd E, Jacobsen D, Lund E et al. (1990) Morphine-6-glucuronide may mediate the prolonged opioid effect of morphine in acute renal failure. Hum Exp Toxicol 9:317-321

Böcker FM (1989) AIDS und die Freigabe von "Ersatzdrogen". Fundamenta psychiat 3:109-126

Bölter H (1998) Ist der Betrieb von Fixerstuben wirklich straflos ? NStZ 5:224-227

Bogusz MJ, Früchtnicht WAB, Maier RD (1999) Heroinmetaboliten im Blut von Verkehrsdelinquenten und andere Straftätern. Blutalkohol 36: 276-283

Bogusz MJ, Maier RD, Driessen S (1997) Morphine, morphine-3-glucuronide, morphine-6-glucuronide, and 6-monoacetylmorphine determined by means of atmospheric pressure chemical ionisation mass spectrometry-liquid chromatography in body fluids of heroin victims. J Anal Toxicol 21:346-355

Bogusz MJ, Maier RD, Erkens M, Driessen S (1997) Determination of morphine and its 3- and 6-glucuronides, codeine, codeine-6-glucuronide and 6-monoacetylmorphine in body fluids by liquid chromatography atmospheric pressure chemical ionisation mass spectrometry. J Chromatogr Biomed Appl 703:115-127

Bovill JG, Sebel PS, Stanley TH (1984) Opioid analgesica in anesthesia: with special reference to their use in cardiovascular anesthesia. Anesthesiol 61:731-755

Braconnier A, Ferrari P, Olievenstein C, Reymond JM (1975) Conduites alimentaires des toxicomanes. Cah Nutr Diet 10:59-65

Brahen LS, Capone TJ, Capone DM (1988) Naltrexone: lack of effect on hepatic enzymes. J Clin Pharmacol 28:64-70

Brander PE et al. (1993) Acute eosinophilic pneumonia in a heroin smoker. Europ Resp J 3:750-757

Bratzke H (1983) Drogeninjektion am Hals - ein ungewöhnlicher Applikationsort. Kriminalistik 8-9:415-416

Braucht GN, Kirby MW, Berry GJ (1978) Psychosocial correlates of empirical types of multiple drug abusers. J Consult Clin Psychol 46:1463-1475

Braun KH, Gekeler G (1983) Psychische Verelendung, Heroinabhängigkeit, Subjektentwicklung. Pahl-Rugenstein, Köln

Brewer C (1988) Opiatantagonisten in der Behandlung der Opiatabhängigkeit. Zschr Allgemeinmed 9:53-55

Brewer C, Rezae M, Bailey C (1988) Opioid withdrawel and naltrexone induction in 48-72 hours with minimal dropout, using a modification of the naltrexone-clonidine technique. Brit J Psychiat 153:340-343

Brunk SF, Delle M (1972) Effect of route of administration on morphine metabolism in man. Clin Res 20:721

Buchert R (1991) Wiederholt nicht unsere Fehler, Einblicke in die Rauschgiftbekämpfung in den USA. Kriminalistik 8-9:523-527

Bühringer G, Simon R, Vollmer H (1988) Urinkontrollanalysen in der Therapie von Drogenabhängigen. In: Arnold W, Poser W, Möller M (Hrsg.) Suchtkrankheiten. Springer, Berlin Heidelberg New York Tokyo, S. 108-125

Bülow A von (1990) Ansätze und Perspektiven bundesdeutscher Drogentherapie. ZRP 1:21-25

Bundesärztekammer (Hrsg.)(1997) Leitlinien zur Substitutionstherapie Opiatabhängiger vom 13. Dezember 1996. Dtsch Ärztebl 94: A401-A403

Burchard JM (1972) Die Behandlung Opiatsüchtiger mit Opiaten und ihren Antagonisten, Nervenarzt 43/10:501

Buzas B, Cox BM (1997) Quantitative analysis of mu and delta opioid receptor geme expression in the rat brain and peripherical ganglia using competitive polymerase chain reduction. Neurosci 76: 479-489

Cameron R, Feuer G, de la Iglesia FA (1996) Drug-Induced Hepatotoxicity. Springer, Berlin Heidelberg New York Tokoyo

Caplehorn JR, Ross MW (1995) Methadone maintenance and the likelihood of risky needle-sharing. Int J Addict 46/6:685-698

Carder B (1975) Blockade of morphine abstinence by delta-9-THC. Science 190:590-591

Carlin AS, Stauss FF (1977) Descriptive and functional classification of drug abusers. J Consult Clin Psychol 45/2:222-227

De Castro J, Water A van de, Wouters L, Xhonneux R, Renernan R, Kay B (1979) Comparative study of cardiovascular neurological and metabolic side-effects of eight narcotica in dogs. Acta Anaesthesiol Belg 30:5-99

De Chaffoy de Courcelles D, Leysen JE, Roevens P, Belle H van (1986) The serotonin-S_2 receptor. A receptor-transducer coupling model to explain insurmountable antagonist effects. Drug Dev Res 8: 173-178

Chan SHH, Fung S (1976) The effects of morphine and nalorphine an the jaw opening reflex in rabbits. Exp Neurol 53:363-370

Chesher GB (1989) Unterstanding the opioid analgesics and their effects on skills performance. Alc, Drugs and Driving 5:111-138

Ching CN, Hollister LE, Kishimoto A et al. (1984) Kinetics of a naltrexone substained-release preparation. Clin Pharmacol Ther 36:704-708

Clarmann M von (1972 a) Die akute klinische Toxikologie nach Einnahme von Suchtstoffen und Halluzinogenen. Z Allgemeinmed 48:199-206

Clarmann M von (1972 b) Der Drogennotfall als diagnostisches und therapeutisches Problem. In: Deutsche Hauptstelle gegen die Suchtgefahren (Hrsg.) Drogen und Rauschmittelmissbrauch. Hoheneck, Hamm, S. 73-80

Clouet DR (1971) Narcotic drugs, biochemical pharmacology. Plenum, New York London

Cooper JR (1989) Methadone treatment and aquired immunodefiency Syndrome. JAMA 262:1664-1668

Crawford GA, Washington MC, Senay EC (1983) Careers with Heroin. Int J Addict 18:701-715

Demel I, Kryspin-Exner K (1973) Persönlichkeitsveränderungen bei Alkohol- und Drogenabhängigkeit. Fortschr Med 91:1379-1381

Denk R, Raff J, Sachs H (1992) Haaranalysen bei Betäubungsmittelkonsum. Kriminalistik 4:253-255

Deutscher Bundestag - 10. Wahlperiode (1986) Methadon-Behandlung Drogenabhängiger. Antwort der Bundesregierung auf eine Kleine Anfrage der Abgeordneten Schlottmann et al., Drucksache 10/5307

DiChiara G, Imperato A (1988) Opposite effects of mu and kappa opiate agonists an dopamine release in the nucleus accumbens and in the dorsal candate of freely moving rats. J Pharmacol Exp Ther 244/3: 1067-1080

Dieckhöfer K (1974) Verhaltensmuster jugendlicher Opiatabhängiger im Vergleich zum Morphinisten klassischer Prägung. Nervenarzt 45: 142-146

Dixon R, Howes J, Gentile J et al. (1986) Nalmefeme: Intravenous safety and kinetics of a new opioid antagonist. Clin Pharmacol Ther 39:49-53

Dole WP, Nyswander M (1965) A medical treatment for diacetylmorphine (heroin) addiction. A clinic trial with methadone hydrochloride. JAMA 193:80-84

Drechsler F, Schrappe O, Böning J (1973) Elektrophysiologische Studie bei Drogenabhängigen. MMW 115:691-695

Dryer KR, White JM (1997) Patterns of symptom complaints in methadone maintenance patients. Addiction 92/11:1445-1455

Eddy NB et al. (1965) Drug dependence: its significance and characteristics. Bull WHO 32:721

Egg R (Hrsg.) (1988) Drogentherapie und Strafe. Kriminologie und Praxis, Bd 3. Eigenverlag Kriminologische Zentralstelle, Wiesbaden

Ehrenthal W, Pfleger K, Stübing G (1977) The use of exact mass measurement with a GC-MS-instrument in Toxicological analysis. Acta Pharmacol Toxicol [Suppl II] 41:199-207

Emboden WA Jr (1979) Narcotic plants of the world. Macmillan, New York

Falk B (1981) Auflösung einer offenen Rauschgiftszene - eine sinnvolle Entscheidung ? Kriminalistik 6:256-258

De Faubert Maunder F (1975) Praktische und Laboruntersuchungen über Roh- und zubereitetes Opium. Bull Narc 27/1:71-76

Faura CC, Moore A, Horga JF et al. (1996) Morphine and morphine-6-glucuronide plasma concentrations and effect in cancer pain. J Pain Symptom Manage 11:95-102

Flacke JW, Bloor BC, Kripke BJ et al. (1985) Comparision of morphine, meperidine, fentanyl and sufentanil in balanced anesthesia: A double blind study. Anesth Analg 64:897-910

Fram DH, Marmo J, Holden R (1989) Naltrexon treatment - the problem of patient acceptance. J Subst Abuse Treat 6:119-122

Freye E (1991) Opioide in der Medizin. Springer, Berlin Heidelberg New York Tokyo

Friedländer A (1913) Über Morphinismus und Cocainismus. Med Klin 9: 1577-1581

Frießen DH, Täschner K-L (1991) Codein und Dihydrocodein als Ausweich- und Ersatzdrogen. Fortschr Neurol Psychiatr 59:164-169

Fritschi G, Megges G, Rübsamen K, Steinke W (1991) Empfehlungen zur "nicht geringen Menge" einiger Betäubungsmittel und Cannabisharz. NStZ 10:470-471

Gabilonder AM, Meana JJ, Barturen F et al. (1994) Mu-opioid receptor and -adrenoceptor antagonist binding sites in the postmortem brain of heroin addicts. Psychopharmacol 115:135-140

Gal JT, DiFabrizio CA, Dixon R (1986) Prolonged blockade of opioid effect with oral nalmefeme. Clin Pharmacol Ther 40:537-542

Gekeller G (1983) Heroinsucht: Selbstheilung ist möglich. Psychol Heute 6:28

Gerchow J, Webs D, Raudonat HW et al. (1983) Zwischenfälle bei Drogenkurieren: das Body-Packer-Syndrom. Dtsch Med Wochenschr 108: 1001-1002

Gerhard U, Ladewig D, Hobi V (1989) Die kognitiv-psychomotorische Funktionstüchtigkeit von Heroinabhängigen. Neurol Psychiatr 3: 489-496

Gerlach D, Wolters HD (1977) Zahn- und Mundschleimhautbefunde bei Rauschmittelkonsumenten. Dtsch Zahnärztl Z 32:400-404

Gerra G, Marcato A, Caccavari R et al. (1995) Clonidine and opiate receptor antagonists in the treatment of heroin addiction. J Subst Abuse Treat 12:35-41

Giensven GJP van, Tielman RAP, Goudsmit J et al. (1987) Risk factors and prevalence of HIV antibodies in homosexual men in the Nederlands. Am J Epidemiol 125:1048-1057

Ginsberg D (1962) The opium alkaloids. Interscience Publishers, New York

Glass L, Evans HE (1979) Perinatal drug abuse. Pediat Ann 8:84-92

Görlich HD (1982) Clonidin beim akuten Opiatentzugssyndrom wirksam ? Psychiatr Neurol 8:17-21

Gold MS, Redmond DE, Kleber HD (1978) Clonidine blocks acute opiate-withdrawel symptoms. Lancet I:599-601

Goldblatt P (1974) Biosystematic studies in papaver section oxytona. Ann Missouri Bot Garden 61:10-15

Gonzalez JP, Brogden RN (1988) Naltrexone. A review of the pharmacokinetic properties and the therapeutic effiacy in the management of opioid dependence. Drugs 35:192-213

Gossop M (1990) The development of a short opiate withdrawel scale (SOWS). Addict Behav 15:487-490

Gossop M, Strang J (1991) A Comparison of the Withdrawel Responses of Heroin and Methadone Addicts during Detoxification. JAMA 158: 697-699

Grant I, Adams KM, Carlin AS, Rennick PM (1977) Neuropsychological deficit in polydrug users. Drug Alcohol Depend 2:91-108

Greene BT (1981) An Examination of the Relationship between Crime and Substance Use in a Drug/Alcohol Treatment Population. Int J Addict 16:627-645

Grimm G, Sievert B (1987) Drogen gegen Drogen ? Wien Z Suchtforsch 10:67-74

Günther KF, Böhm H (1968) Kritische Bemerkungen zu Papaver bracteatum (Lindl.). Österr Bot Z 115:1-5

Guth W (1981) Akutentgiftung bei körperlicher Abhängigkeit. Z Allg Med 57:551-554

Haan J (1981) Drogenabhängigkeit. Eine Übersicht über betäubende und halluzinogen wirkende Drogen. Med Monatsschr Pharm 4:129-137

Hänsel R (1964) Piper methysticum, der Rauschpfeffer - Geschichte und gegenwärtiger Stand der Wirkstoff-Forschung. Dtsch Apoth Z 15: 459-464, 16:496-501 (Sonderdruck)

Hammersley R, Forsyth A, Morrison V, Davis JB (1989) The Relationship Between Crime and Opioid Use. Br J Addict 84:1029-1043

Harrison LM, Kastin AJ, Zadina JE (1998) Opiate tolerance and dependence: receptors, G-proteins and antiopiats. Peptides 19:1603-1630

Harzer K (1983) Suchtkontrolle mit immunochemischen Tests. NJW 37: 2060-2061

Heckmann W (Hrsg.)(1985) Berliner Methadon Colloquium. Beltz, Weinheim Basel (Beltz Forschungsberichte, Bd 11)

Hein PM, Schulz (1992) Drogenevaluations- und -klassifizierungsprogramme in den USA - auch ein Modell für Deutschland. Blutalkohol 29:225-241

Hellebrand J (1991) Wende im Methadon-Glaubenskrieg ? ZRP 11:414-417

Herz A (1991) Multiple Opiatrezeptoren und ihre Liganden. Leopoldina 34:159-162

Herz A (1992) Neurobiologische Aspekte der Sucht. Schweiz Apothek Z 19:555-556

Herz A (ed) (1993) Handbook of experimental pharmacology. Opioids I. Vol. 104/I. Springer, Berlin Heidelberg New York Tokyo

Herz A, Bläsig J (1979) Die Opiatsucht: Neue Forschungsperspektiven. Nervenarzt 50:205-211

Hippius H (1989) Stellungnahme zu den sogenannten Methadon-Programmen. Spektrum Psychiatr Nervenheilkd 2 (Sonderdruck)

Hoffmann G (1983) Neuordnung des Betäubungsmittelrechts. Kontrolle der Grundstoffe, z.B. Essigsäureanhydrid. MDR 6:444-447

Inhülsen D (1984) Bestimmung von Mohnkapseln anhand der Mikrostruktur ihrer Samen. Arch Kriminol 174:73-75

Jacob JJC, Michaud GM, Tremblay EC (1979) Mixed agonist-antagonist opiates and physical dependence. Br J Clin Pharmacol 7:291-296

Jain NC, Budd R, Olson B, Sueth T (1977) Patterns of drug abuse analog methadone maintenance patients in Los Angeles country. Bull Narcot 29:45-53

Janssen PAJ (1985) Pharmacology of potent and selective S_2-serotonergic antagonists. J Cardiovasc Pharmacol 7:S2-S11

Janz H-W (1981) Zur Frage der "ärztlichen Begründetheit" ambulanter Verschreibungen von L-Polamidon zum kontrollierten Heroin-Entzug. Suchtgefahren 27/2:116

De Jong R, Bühringer G (Hrsg.)(1978) Ein verhaltenstherapeutisches Stufenprogramm zur stationären Behandlung von Drogenabhängigen. Röttiger, München

Judson BA, Carney TM, Goldstein A (1981) Naltrexone treatment of heroin addiction: efficacy and safety in a double-blind dosage comparison. Drug Alcohol Depend 7:325-346

Karting T, Branter-Gruber A (1989) Opium aus österreichischem Mohnanbau (Ertrag, Morphin- und Codeingehalt). Sci Pharm 57:423-430

Kasvikis Y, Bradley B, Gossop M et al. (1990) Clonidine versus long and shortterm methadone-aided withdrawel from opiats. An uncontrolled comparison. Int J Addict 25:1168-1178

Katzung W (1990) Drogen: Informationen in Übersichten III. Abhängigkeit vom Morphin-Typ. Leitdroge Heroin. Medizin aktuell 16: 430-432

Kelly D, Welch R, McKnelley W (1978) Methadone maintenance: an assessement of potential fluctuation behavior between dosis. Int J Addict 13:1061-1068

Keup W (1975) Pharmakotherapie bei Suchterkrankungen. Deutscher Caritasverband, Freiburg; Hoheneck, Hamm

Keup W (1980 a) Methadon-(Polamidon-)Verschreibung bei Heroin-Abhängigkeit. Suchtgefahren 26/2:78-80

Keup W (1980 b) Folgen der Sucht. Thieme, Stuttgart New York

Keup W (1982) Arzneimittelsucht, Substanzen, Überbrückungshilfen, Ersatzdrogen, Suchtpotential und Bindekraft. Apothek J 5:64-69

Keup W (1983) Clonidin - seine Möglichkeiten in der Pharmakotherapie der Heroinabhängigkeit. Dtsch Ärztebl 80/3:25-27

Keup W (Hrsg.)(1985) Biologie der Sucht. Springer, Berlin Heidelberg New York Tokyo

Keup W (1990) Naltrexon als Nüchternheitshilfe bei Opiatabhängigkeit. Hess Ärztebl 4:116-119

Keup W (1991) Naltrexon Einsatz für Opiatabhängige. Arzneimitteltherap 9:129-132

Khantzian EJ, McKenna GJ (1979) Acute toxic and withdrawel reactions associated with drug use and abuse. Ann Intern Med 90:361-372

Killias M (1999) Dichtung und Wahrheit zur schweizerischen Drogenpolitik. Kriminalistik 5:311-312

Kintz P, Mangin P, Luguier A, Chaumont AJ (1998) Toxicological Data after Heroin Overdose. Human Toxicol 8:487-489

Kleiner D (1987) Heilung ohne Staatsanwalt. Suchtreport 3:38-42

Klug E (1980) Chemische Befunde bei Todesfällen durch Heroin. Arch Kriminol 166:33-43

Knecht T (1995) Der Opiatabhängige. Kriminalistik 6:443-445

Koch MG (1999) Dichtung und Wahrheit zur schweizerischen Drogenpolitik. Kriminalistik 8:543-545

Körkel J (1989) Der Rückfall des Suchtkranken - Flucht in die Sucht ? Springer, Berlin Heidelberg New York Tokyo

Kohler HP (1994) Wie lautet Ihre Diagnose ? Unilaterales Lungenödem nach Heroinintoxikation. Schweiz Rundschr Med Prax 7:991-992

Krauss GM (1984) Konfliktberatung und Drogenkonsumenten. Beltz, Weinheim Basel

Krauthan G (1980) Einführung von Methadon-Erhaltungsprogrammen in der Bundesrepublik Deutschland ? Eine kritische Literaturübersicht. DHS-Informationsdienst 33-34/4:1-20

Kretschmer W (1970) Kavain als Psychopharmakon. MMW 4:154-158 (Sonderdruck)

Kretschmer W (1974) Psychische Wirkungen von Kavain. MMW 14:741-742 (Sonderdruck)

Kretschmer W (1983) Stimmungsaufheller individuell dosieren ! Spezifischer Wirkstoff des Kava-Strauches bessert Konzentration, Antrieb und emotionale Stabilität. Ärztl Prax 78:2324-2325 (Sonderdruck)

Kretzschmar P, Teschendorf H-J (1975) Pharmakologische Untersuchungen zur sedativ-tranquilizierenden Wirkung des Rauschpfeffers (Piper methysticum Forst.).In: Mass K (Hrsg.) Themen zur Chemie, Toxikologie und Analytik der Rauschgifte. Hüthig, Heidelberg, S. 101-114

Kreutel M (1987) Die Opiumsucht. Deutscher Apotheker Verlag, Stuttgart (Quellen und Studien zur Geschichte der Pharmazie, hrsg von R. Schmitz, Bd 41)

Kruse G (1986) Bei der Rezeptierung von Ausweichdrogen ist Vorsicht geboten. Häufig keine Ersatzmittel, sondern Begleitmedikation. Westfäl Ärztebl 40:36-38

Kryspin-Exner K (1974) Wirkung von Kavain bei Alkoholkranken in der Entziehungsphase. MMW 36:1557-1560 (Sonderdruck)

Kühne H-H (1989) Methadon: Letzte Hilfe im Drogenelend ? ZRP 1:1-4

Kühne H-H (1992) Kein Ende der Methadon-Debatte ! NJW 24:1547-1548

Kurland AA (1978) Psychiatric aspects of opiate dependence. CRC Press West, Palm Beach/FL

Kuchinsky K (1977) Opiate dependence. Prog Pharmacol 1/2:76-81

Kuchinsky K (1981) Zur Pharmakologie von Opiaten. Dtsch Ärztebl 78: 225-228

LaBarre W (1970) Old and New World narcotics: a statistical question and an ethnological reply. Econ Bot 24:73-80

Lange KL (1986) Zur Verlässlichkeit bisheriger Befunde zum Thema "Herauswachsen aus der Opiatabhängigkeit" - ein Nachtrag. Mschr Krim 69:372-373

Lasagna L (1964) The clinical evaluation of morphine and its substituts as analgesics. Pharmacol Rev 16:47-83

Lefkowitz SS, Yang C (1975) Drug induced immunosuppression of the plaque forming cell response. (75th Meeting, Am Soc Microbiol)

Legarda JJ, Gossop M (1994) An 24-h inpatient detoxification treatment for heroin addicts: a preliminary investigation. Drug Alcohol Depend 35:91-93

Lewis JW, Bentley KW, Cowan A (1971) Narcotic analgesics and antagonists. Ann Rev Pharmacol 11:241-250

Leysen JE, Gommeren W (1986) Drug-receptor dissociation time, new tool for drug research: Receptor binding affinity and drug-receptor dissociation profiles of serotonin-S_2, dopamine-D_2, histamine-H_1 antagonists, and opiates. Drug Dev Res 8:119-131

Leysen JE, Tolerance JP, Koch MHJ, Ladouron PM (1977) Differentiation of opiate and neuroleptic receptor binding in rat brain. Eur J Pharmacol 43:253-267

Loimer N, Lenz K, Presslich O, Schmid R (1988) Rapid transition from Methadone maintenance to Naltrexone. Lancet 335:111

Lora-Tamayo C, Tena T, Tena G (1987) Concentration of free and conjugated morphin in blood in 20 cases of heroin-related death. J Chromatogr 4/2:267-273

Maldonado R, Stinus L, Koob GF (1996) Neurobiological Mechanisms of Opiate Withdrawel. Springer, Berlin Heidelberg New York Tokyo

Martin WR, Eades CG, Thompson JA et al. (1976) The effects of morphine and nalorphine-like drugs in nondependent and morphine-dependent chronic spinal dog. J Pharmacol Exp Ther 197:517-532

McDermont RW, Stanley TH (1974) The cardiovascular effects of low concentrations of nitrous oxide during morphine anaesthesia. Anesthesiol 41:89-92

Mette D et al. (1979) Akute tödliche Vergiftung durch Schnupfen von Heroin. Arch Kriminol 163/3,4:94

Meyer MC, Straughu AB, Lo MW et al. (1994) Bioequivalence, doseproportionality and pharmacokinetics of naltrexone after oral administration, in a new approach to the management of opioid degendence. J Clin Psychiatr 45:15-19

Miller RJ, Jolles C, Rapoport H (1973) Morphine metabolism and normorphine in Papaver somniferum. Phytochemistry 12:597-599

Mirin SM et al. (1980) Opiate use and sexual function. Am J Psychiatry 137/8:909-915

Moebius M (1980) Pro und contra Methadon. Eine Dokumentation zur Therapie der Heroinsucht. Psychol Heute 11:45-50

Müller H, Graul EH (1974) Diagnostik mit Radioimmunassays. Dtsch Ärztebi 12:854-856

Munzinger M (1980) Vergiftungen durch Rauschmittel, Opiate, Halluzinogene, Weckamine. Klinikarzt 9:29-35

O'Connor PG, Kosten TH (1998) Rapid and ultrarapid opioid detoxification techniques. JAMA 279:229-234

Oellrich M, Külpmann WR, Haeckel R (1977) Drug screening by immunoassay (EMIT) and thin-layer chromatography (drug skreen). J Clin Chem Clin Biochem 15:275-283

Offermeier J, van Rooyen JM (1984) Opioide drugs and their receptors. S Afr Med J 66:299-305

Ornoy A, Michailevskaya V, Lukashov I, Bar-Hamburger R, Harel S (1996) The developmental outcome of children born to heroin-dependent mothers, raised at home or adopted. Child Abuse Negl 20/5: 385-396

Pinsky MF et al. (1978) Narcotic smuggling: The double condim sign. J Can Assoc Radiol 11:78-81

Platt JJ, Labate C (1982) Heroinsucht - Theorie, Forschung, Behandlung. Steinkopff, Darmstadt

Platz W, Bartsch H (1982) Heroin-Abhängigkeit: Klinisches Erscheinungsbild. Tempo Med 22 (Sonderdruck)

Platz W, Bartsch (1983 a) Heroin-Abhängigkeit: Entgiftung und Entwöhnung. Tempo Med 1 (Sonderdruck)

Platz W, Bartsch H (1983 b) Heroin-Abhängigkeit: Aspekte zur Behandlung Heroinabhängiger in der Praxis. Tempo Med 2 (Sonderdruck)

Pommerehne W, Hart A (1991) Drogenpolitik unter anderen Aspekten. Das Problem harter Drogen aus ökonomischer Sicht. Kriminalistik 8-9: 515-523

Poser W, Ehrenreich H (1996) Naltrexon - Rückfallprophylaxe bei Opioidabhängigkeit und Alkoholismus. Internist 37:1061-1067

Presslich O, Loimer N, Aschauer G, Fodor G, Pfersmann D, Müller K (1989) Fraktionierter Opiatentzug mit Triaprid und Naloxon, ein neuer Therapieansatz. Psychiat Prax 16:176-181

Püschel K et al. (1980) Todesfälle nach nasaler Applikation von Heroin. Z Rechtsmed 84:279

Püschel K, Thomas P, Arnold W (1983) Opiate levels in hair. Forensic Sci Int 21:181-186

Rabinowitz J, Cohen H, Tarrasch R et al. (1997) Compliance to naltrexone treatment after ultra-rapid detoxification: an open label naturalistic study. Drug Alcohol Depend 47:77-86

Ramsey NF, van Ree JM (1992) Reward and abuse of opiates. Pharmacol Toxicol 71/2:81-94

Raschke P (1994) Substitutionstherapie. Ergebnisse langfristiger Behandlung von Opiatabhängigen. Lambertus, Freiburg

Rawson RA, Tennant FS (1981) Propoxyphene napsylate maintenance treatment for narcotic dependence: a non-methadone-model. Drug Alcohol Depend 8:79-83

Reisine T (1995) Opiate receptors. Neuropharmacol 34:463-472

Reuband KH (1979) Drogengebrauch und soziale Merkmale von Fixern in der Bundesrepublik. Neue Prax 1:85-108

Rheinberger P, Sander G (2000) Methadon-Substitution - Steigende Akzeptanz. Dtsch Ärztebl 97/36:B1947-1948

de Ridder M (2000) Heroin - vom Arzneimittel zur Droge. Campus, Frankfurt am Main

Robins LN (1993) Vietnam veteran's rapid recovery from heroin addiction: a fluke or normal expectation. Addiction 88/8:1041-1054

Röhm E (1985) Zur Taxonomie betäubungsmittelrechtlich relevanter Mohnkapseln. Kriminalistik 3:150-152

Rösinger C, Gastpar M (1991) Methadon-Substitution in der Behandlung schwerkranker Opiatabhängiger. Dtsch Ärztebl 88:B-2462

Ronald PJ, Robertson JR, Elton RA (1994) Continued drug use and other cofactors for progression to AIDS among injecting drug users. AIDS 8/3:339-343

Russi EW (1986) Opiatmissbrauch. Medizinische Komplikationen. Gustav Fischer, Stuttgart New York

Sachs H, Arnold W (1989) Ergebnisse vergleichender Bestimmungen von Morphin in menschlichen Kopfhaaren mittels RIA und GC/MS. J Clin Chem Clin Biochem 27:873-877

Schied W, Heimann H (1986) Ersatzbehandlung von Drogenabhängigen mit Methadon ? Dtsch Ärztebl 83:2765-2771

Schirrmacher G (1997) Heroinabgabe an Strafgefangene - eine Chance ? ZRP 6:242-2456

Schmidt P, Schmolk C, Musshoff et al. (2000) Numerical density of delta-opioid receptor expressing neurons in the frontal cortex of drug related fatalities. Forensic Sci Int 113:423-433, 115: 219-229

Schmidt V, Klug E, Gutewort R (1998) Zum "Bunkern" in Haftanstalten. Ein Fall des Bodypacking von Rauschmitteln. Kriminalistik 8-9: 595-597

Schmitz H-P (1981) Die intravenöse Injektion von Rauschmitteln. Eine Untersuchung von Verhaltensweisen junger Berliner Heroinabhängiger im Umgang mit Drogen. Med Dissertation, Universität Berlin

Schneider V, Klug E (1979) Tödlicher Heroinschmuggel. Dtsch Med Wochenschr 104/36:1282-1283

Scholing WD, Clausen HD (1977) Über die Wirkung von D,L-Kavain. Med Klin 72:1301-1306

Scholz H (1973) Über die Wirkung von "Rauschmitteln" unter pharmakologischen Gesichtspunkten. Intern Prax 13:201-210

Schreiber LH (1993) Zur Problematik der Schuldfähigkeit unter besonderer Berücksichtigung der körpereigenen Opioide. Kriminalistik 7:469-474

Schreiber LH (1995) Heroin- (k)eine gefährliche Substanz ? Kriminalistik 8-9:534-536

Schreiber LH (1996) Der Heroinkonsum und seine gesundheitlichen Folgen. ZRP 11:425-426

Schreiber LH (1998) Das Problem Heroin aus medizinischer Sicht. D Allgem Arzt 11:1004-1012

Schulz R (1978) Körpereigene Opiate - Endorphine. Dtsch Ärztebl 75/40: 2255-2262

Seoane A, Carrasco G, Cabre L et al. (1997) Efficacy and safety of two new methods of rapid intravenous detoxification in heroin addicts previously treated without success. Brit J Psychiat 171:340-345

Servais D (1999) Die Opiat-Substitution mit Methadon. Kriminalistik 2:124-128

Shamma M (1972) The isoquinoline alkaloids - chemistry and pharmacology. Academic Press, New York; Verlag Chemie, Weinheim

Sigrist T (1996) Drogenschnelltests im Straßenverkehr. Kriminalistik 10:675-677

Snatzke G, Hänsel R (1968) Die Absolutkonfiguration der Kawa-Lactone. Tetrahedron Lett 15:1797-1799

Spiehler VR et al. (1976) Comparison of results for quantitative determination of morphine by radioimmunassay, enzyme immunoassay and spectrofluorometry. J Forensic Sci 20:647-655

Spiehler VR, Brown R (1987) Unconjugated morphine in blood by radioimmunassay and gaschromatography/mass spectrometry. J Forensic Sci 32:909-916

Standifier PD, Inturrisi KM, Pasternak GW (1989) Pharmacological charakterization of morphin-6β-glucuronide, a very potent morphine metabolite. J Pharmacol Exp Ther 251:477-483

Stark K, Kleiber D (1991) AIDS und HIV-Infektion bei intravenös Drogenabhängigen in der Bundesrepublik Deutschland. Dtsch Med Wochenschr 116:863-869

Steinmetz EF (1973) Kava Kava. Level, San Francisco

Sticht G, Käferstein H, Schmidt P (1994) Zwei Verkehrsunfälle nach Heroin-Konsum mit tödlichem Ausgang. Blutalkohol 31:233-237

Sticht G, Käferstein H (1995) Bestimmung von Opiaten. Toxichem Krimtech 62:31-33

Stilksrud HA, Süllwold L (1972) Objektive und subjektive Aufmerksamkeitsstörungen nach polyvalentem Drogenabusus. Arch Psychiatr Nervenkr 216:287-300

Strack F, Argyle M, Schwarz N (1992) Subjektive Well-Being - An interdisciplinary perspective. Pergamon Press, Oxford New York

Stübing G (1984) Drogenmissbrauch und Drogenabhängigkeit. Deutscher Ärzte-Verlag, Köln

Täschner K-L (1983) Therapie der Drogenabhängigkeit. Ein Handbuch. Kohlhammer, Stuttgart

Täschner K-L (1986) An controlled comparison of clonidine and doxepin in the treatment of the opiate withdrawel syndrome. Pharmacopsychiatry 19:91-95

Täschner K-L (1989) Methadon und kein Ende. Bad-Württ Ärztebl 44: 360-365

Täschner K-L (1993) Probleme der Aussagetüchtigkeit bei Drogenabhängigen. NStZ 7:322-325

Täschner K-L et al. (1991 a) Heroinsucht I. Verbreitung, pharmakol. Grundlagen, Wirkungen. Dtsch Med Wochenschr 116:1603

Täschner K-L et al. (1991 b) Heroinsucht II. Therapie und Prävention. Dtsch Med Wochenschr 116:1640

Temple DL (ed)(1980) Drugs affecting the respiratory System. Am Chem Soc Symp Ser 118

Uchtenhagen A (1988) Zur Behandlung Drogenabhängiger mit Methadon: Zürcherische Richtlinien und Auswertung der Therapieresultate. Schweiz Rundsch Med (Praxis) 77:351-353

Velapoldi RA et al. (1974) The use of chemical spot kits for the presumptive identification of narcotics and drugs of abuse. J Forensic Sci 19:636-639

Vining E, Kosten TR, Kleber HD (1988) Clinical utility of rapid clonidine-naltrexone detoxification for opioid abusers. Br J Addict 83:567-575

Wagstaff S (1989) Economic Aspects of Illicit Drug Markets and Drug Enforcement Policies. Br J Addict 84:1173-1182

Weber NH et. al. (1988) Polnisches Heroin. Der Flash zum Selbermachen. Suchtreport 2/2:44-47

Winkler NH et al. (1998) Der Modellversuch für eine ärztliche Verabreichung von Heroin und anderen Betäubungsmitteln in der Schweiz. Blutalkohol 35/6:393-404

Wynn RL, Ford RD, McCourt PJ, Ramkumar V, Bermann SA, Fudo FG (1989) Rabbit tooth pulp compared to 55° C mouse hot plate assay for detection of antinociceptive activity of opiate and nonopiate central analgesics. Drug Dev Res 9:233-239

Yamaguchi K, Anderson JM (1992) Biocompatibility studies of naltrexone sustained release formulations. J Controlled Release 19: 299-314

Ziegler B, Schneider E (1974) Behandlung des Entzugssyndroms mit Apomorphin. Arzneimittelforsch 24/8:1117

Zimet PO, Wynn RL, Fudo FG (1986) Effect of hot plate temperature on the antinociceptive activity of mixed agonist-antagonist compounds. Drug Dev Res 7:277-280

Zimmermann AM, McClean DK (1973) Action of narcotic and hallucinogenic agents an the cell cycle. In: Zimmermann AM, Padilla GM, Cameron IL (eds) Drugs and the cell cycle. Academic Press, New York, pp. 67-74

Kapitel 3: Stimulantia

Vorbemerkung: Die Zusammenfassung verschiedener Wirkstoffe unter diesem, von lat. stimulus (Stachel, Antrieb, Reiz) abgeleiteten Begriff stellt auf die charakteristische **anregende** und **leistungssteigernde** Wirkungskomponente dieser Gruppe von Rauschdrogen ab (engl. CNS Stimulants). Synonym wird der ältere, von Lewin geprägte, heute weniger gebräuchliche Begriff "Excitantia" verwandt. **1400**

3.1 Cocain

Vorbemerkung: In Übereinstimmung mit einem international üblichen und auch in den Anlagen zum BtMG 1994 verwandten Sprachgebrauch soll im folgenden die Schreibweise "**Cocain**" sowohl für die natürliche Blattdroge als auch für das isolierte Alkaloid verwandt werden; ebenso gebräuchlich ist bei uns die Schreibweise "Kokain". **1401**

Da die herkömmliche "**Cocain-Scene**" sich nach wie vor weitgehend abschottet und weniger, als dies bei anderen Rauschdrogen der Fall ist, auf den Straßenhandel angewiesen ist, ist sie auch schwerer durchschaubar, so dass die im folgenden wiedergegebenen Zahlen weitestgehend nur Anhaltspunkte für Größenordnungen bieten können. **1402**

3.1.1 Gewinnung

Nach den Begriffsbestimmungen in Art. 1 Abs. 1 der Single Convention von 1961 und des Übereinkommens von 1988, die im folgenden auch hier zugrundegelegt werden, bezeichnet der Ausdruck "**Cocastrauch**" jede Pflanzenart der Gattung Erythroxylon und der Ausdruck "**Cocablatt**" das Blatt des Cocastrauches, sofern ihm nicht alle Ecgonin-Alkaloide entzogen sind. **1403**

In erster Linie ist von den etwa 200-300 Arten der Gattung **Erythroxylon** (aus der Familie der Erythroxylaceae) der mit seiner roten Rinde und Holz[1] charakteristische **Bolivianische Cocastrauch (Erythroxylon coca Lam. var. bolivianum)** **1404**

---

[1] Von denen die Gattungsbezeichnung abgeleitet wird.

anzuführen. Gleichfalls von Bedeutung ist die **kolumbianische Varietät** Erythroxylon novogranatense sowie die Varietät spruceanum.

1405 Wild wachsend kann der robuste, weiß blühende Cocastrauch eine Höhe von über 5 m erreichen. Um die Ernte zu erleichtern, wird die **kultivierte** Pflanze, die allein nennenswerte Wirkstoffmengen enthält, aber meist auf eine Höhe von 1/2 bis 1 1/2 m zurückgeschnitten.

1406 Die Heimat des Cocastrauches sind die **Ostabhänge** der **Anden**. Auch heute wird er vornehmlich an geschützten Berghängen auf künstlichen Terrassen in **Peru** und **Bolivien**[2], daneben aber auch in **Ecuador, Kolumbien** und zunehmend in **Brasilien** angebaut.

1407 Eine speziell gezüchtete, "Epadu" genannte Varietät von Erythroxylon coca, die offenbar zunehmend an Bedeutung gewinnt, gedeiht im Tiefland des **Amazonasbeckens**, wo sie in großen Plantagen angebaut und trotz ihres um ca. 60 % geringeren Wirkstoffanteils kostengünstig geerntet und im großindustriellen Maßstab verwertet werden kann. In Kolumbien werden ebenfalls Versuche zur Züchtung praktisch überall anpflanzbarer Cocapflanzen unternommen.

1408 Anbauversuche erfolgten auch in Indien sowie für medizinische Zwecke auf **Java (Erythroxylon javanense)** und Sumatra, den Kulturzonen des Teestrauches, haben jedoch gegenwärtig keine größere Bedeutung mehr.

1409 Wie beim Drogenhanf[3] hängt die Konzentration des Wirkstoffes in den Cocablättern stark von der mittleren **Tagestemperatur** während der Reifezeit ab.

Optimal ist eine gleichmäßige Temperatur zwischen 15 und 20° C. Daher gedeiht der im übrigen keiner intensiven Pflege bedürftige Cocastrauch in Südamerika am besten in feucht-warmen **Gebirgslagen** zwischen 600 und 1.000, aber auch bis zu 2.500 m Höhe mit regelmäßigen Niederschlägen bei intensiver Sonneneinwirkung. Hierbei werden oft schnellwachsende Nutzpflanzen wie Mais, aber auch Kaffee, zwischen den Cocasträuchern angepflanzt, die als Schattenspender die Cocasetzlinge vor dem Austrocknen bewahren.

1410 Die ca. 6 cm langen, lanzettförmigen, dunkelgrünen **Cocablätter** werden meist 3mal, je nach Anbaugebiet aber auch 4- bis 6mal jährlich **geerntet**, wenn der Strauch 3-4 Jahre alt geworden ist.

1411 Der geringere Teil hiervon ist für medizinische Zwecke, der weitaus größere als "Grünes Gold" für den Konsum als Rauschdroge bestimmt. Bei 3-4 Ernten/a, wobei die erste im März, nach der Regenzeit, die alkaloidreichsten Blätter liefert, können von einem Cocastrauch ca. 300 g frische Blätter gewonnen werden. Der **Jahreshektarertrag** liegt bei 1.000 kg.

---

[2] Zu den Anbaugebieten näher 3.1.2, Rdnr. 1457-1461.
[3] Vgl. hierzu beim Cannabis 1.1.1, Rdnr. 41.

3.1 Cocain

Die zur **legalen Cocain-Gewinnung** bestimmten, getrockneten und pulverisierten Coca- **1412** blätter werden mit Methanol extrahiert (**Rohcocain**).

Das so gewonnene **Gesamtalkaloidgemisch** wird mit Salzsäure zu **Ecgonin**[4] abgebaut **1413** und mittels Methanol/Bortrichlorid oder Methanol/Schwefelsäure zu Methylecgonin verestert. Nach Filtrierung und Alkalisierung erhält man mit Benzol schließlich **Cocain-Base**.

Bei den für medizinische Zwecke verwandten **asiatischen** Cocablättern ist **Ecgonin** vorherrschend, aus dem erst sekundär Cocain gewonnen wird.

Es folgt eine aufwendige Reinigung und Versetzung mit Fällungsreagenzien, um die Ne- **1414** benalkaloide zu eliminieren. Die Cocain-Base wird schließlich in **Cocain-HCl** ("Muriate") überführt, welches nochmals durch Umkristallieren aus Methanol gereinigt wird ("Columbian Spirit Crystals").

Die für den **illegalen** Markt bestimmten **Cocablätter** werden sofort nach der **1415** Ernte an der Sonne **getrocknet**, wobei sie ihre kräftige grüne Farbe behalten ("Coca del Dia")[5].

Später werden sie dann wie Tabak in Säcken oder Ballen verschnürt. Teilweise wird **1416** durch Hinzufügen von Wasser und Dieselöl sowie 18- bis 20stündiges Stampfen mit den Füßen auch zunächst eine **Fermentierung**[6] erreicht, bevor die Blätter getrocknet werden. Diese als "Coca picade" bezeichneten Blätter zeichnen sich durch eine längere Haltbarkeit aus.

Soweit sie nicht direkt konsumiert werden, was für nur ca. 5 % der Ernte zu- **1417** trifft[7], werden die rohen Cocablätter sodann, meist noch in den (etwa bolivianischen) Anbaugebieten, in Wasser sowie Soda oder Kalk **eingeweicht**.

Mit Mineralölen (Dieselöl) bzw. Kerosin wird sodann das **Alkaloidgemisch extrahiert** **1418** und mittels verdünnter Schwefelsäure unter ständigem Treten, oft durch Halbwüchsige und Schulkinder, die Alkaloide wieder rückextrahiert. Der schwefelsauren Lösung werden, ähnlich wie bei der legalen Herstellung, Fällungsreagenzien (Soda, Natriumbicarbonat oder Calciumcarbonat) beigegeben, um das **Hauptalkaloid** präzipitieren zu können[8].

Hat sich als weißlich-graues, klebriges Halbfertigprodukt das **Rohcocain** **1419** ("**pasta básica**") abgesetzt, wird es durch Tücher zu einer schlammartigen, graubräunlichen "**Coca-Paste**" ("**Coca bruta**") abgeseit, die aus Cocainsulfat, Neben-

---

[4] Zum Ecgonin vgl. 3.1.3, Rdnr. 1487 und 1493.
[5] Zum Kath als weitere Blattdroge vgl. 3.2.2, Rdnr. 1738-1740.
[6] Also Gärung; zu diesem bei vielen biogenen Rauschdrogen vorhandenen Herstellungsschritt vgl. etwa beim Kawa-Kawa 2.2, Rdnr. 1383 f. Früher wurden die Blätter von den „Cocaleros" barfuß zerstampft, das Produkt wird als „Agua rica" („reiches Wasser") bezeichnet.
[7] Zum Cocakauen näher 3.1.2, Rdnr. 1445-1449, und 3.1.4, Rdnr. 1514-1520.
[8] Zu den zur illegalen Cocain-Gewinnung benötigten Basischemikalien vgl. auch 3.1.3, Rdnr. 1510. Vgl. auch zur Extraktion der „freien Base" mittels Backnatron 3.1.5, Rdnr. 1619 und 1625.

alkaloiden, Methanol, Benzol und einer Reihe von weiteren Verunreinigungen besteht[9].

1.000 kg Cocablätter ergeben so etwa 5 kg "Coca-Paste".

1420　Diese "Coca-Paste" wird zur **Reinigung** mit verdünnter Schwefelsäure gelöst und geklärt, das vorhandene Cinnamoylecgonin mit Kaliumpermanganat (KmNO$_4$) zu Benzaldehyd und **Methylecgonin** umgewandelt. Die Lösung wird mit konzentriertem Ammoniak versetzt, wobei das **Cocain** als **Base** ausfällt ("**Pasta levada**" - gewaschene Cocain-Base).

Hierbei handelt es sich um eine schmutzig-weiße, fast geruchslose Substanz mit einem Wirkstoffanteil von ca. 40 % bei anorganischen Bestandteilen. Die **Cocain-Base** ist, wie auch die Heroin-Base[10], noch wasserunlöslich und damit regelmäßig nicht konsumierbar.

1421　Nach dem Trocknen der Cocain-Base erfolgt der Weitertransport zu den meist in **Kolumbien**, z.T. aber auch in **Mexiko** und neuerdings, wegen der leichteren Beschaffbarkeit der benötigten Chemikalien, in **Brasilien** gelegenen Laboratorien[11], wo die weitere Raffination erfolgt.

1422　Die als feste Substanz vorliegende Cocain-Base wird hierzu in Ether[12] gelöst und durch Zugabe einer Lösung von Salzsäure in Aceton oder Alkohol wird **Cocain-HCl** ausgefällt[13].

1423　Das so gewonnene, gelb-bräunliche, grobkörnige und wasserlösliche "**Rock-Cocain**" oder "**Stein**" (etwa das hochwertige "Bolivian Rock")[14] mit einem Wirkstoffgehalt zwischen 70 und 85 Gew.-% kann sodann weiter bis hin zu dem bekannten, geruchslosen, kristallinen, bitter schmeckenden, flockig-weißen "**Schnee**" ("**Pulver-Cocain**"; "Peruvian powder"; "Peruvian flakes") aufbereitet werden.

1424　Dieser "Schnee" ("snow") weist als weitgehend reines **Cocain-HCl** einen **Wirkstoffanteil** von bis zu 95 % auf neben geringen Anteilen von Begleitalkaloiden. Die Überführung in die Hydrochloridform ist hierbei auch deshalb erforderlich, weil die Reinsubstanz wenig stabil ist[15]. Zum Teil wird diese letzte Produkti-

---

[9]　U.a. Mangancarbonat. Zum Rauchen der "Coca-Paste" mit Tabak vgl. 3.1.5, Rdnr. 1613-1615.
[10]　Vgl. zum Heroin Nr. 2 2.1.5, Rdnr. 1188 f. Zum Rauchen von Cocain-Base vgl. 3.1.5, Rdnr. 1612-1637.
[11]　Zur Cocain-Weiterverarbeitung und –Transport vgl. auch 3.1.2, Rdnr. 1460-1468.
[12]　Zum Ether (Ethylether) als nicht dem BtMG unterstellten Grundstoff vgl. 3.1.3, Rdnr. 1496 f. und 1510, sowie 4.5.1, Rdnr. 2512.
[13]　Vgl. auch zur Herstellung des Heroin-HCl 2.1.1, Rdnr. 967.
[14]　Zum granulatförmigen Heroin Nr. 3 vgl. 2.1.5, Rdnr. 1191-1193.
[15]　Vgl. insoweit auch zum Heroin-HCl 2.1.5, Rdnr. 1199, sowie zum „Crack" 3.1.5, Rdnr. 1627. Die Salzform ist daher nach wie vor für Transport und Lagerung erforderlich, eine Änderung der psychotropen Eigenschaften ist hiermit nicht verbunden.

onsstufe zum hochreinen "Schnee" auch bereits in nordamerikanischen "Labs" vorgenommen.

Bei dieser **halbsynthetischen** Produktionsweise werden ca. 1.000 kg Cocablätter zur Herstellung von ca. 5 kg "Coca-Paste" benötigt, aus der schließlich ca. 2 kg reines Cocain gewonnen wird. Nach Zusatz von Streckmitteln ergeben sich hieraus ca. 8 kg Cocain-Zubereitung. **1425**

Für die Cocablätter erlöst der Cocabauer ca. 4.000 DM; demgegenüber betrug der **Großhandelspreis** für das gewonnene reine Cocain in Deutschland zeitweise ca. 90.000 DM/kg[16]. **1426**

Die ebenfalls mögliche **vollsynthetische** Herstellung von Cocain, die durch Veresterung und Benzoylierung des Ecgonins erreicht werden kann, wobei sich 2 isomere Cocain-Reihen (Cocain und Tropacocain[17]) ergeben, ist demgegenüber nach wie vor unrentabel. **1427**

Hinzu kommt, dass das vollsynthetische Produkt neben der psychotrop wirksamen, **linksdrehenden** Form des L-Cocains, die in der natürlichen Wirkstoffzusammensetzung meist allein vorkommt[18], auch Anteile der psychotrop unwirksamen D-Form hat, so dass die Wirksamkeit gegenüber der halbsynthetisch gewonnenen Droge, zumindest was die anregende Wirkungskomponente betrifft, geringer ist. **1428**

Auch die **legale** Cocain-Produktion ist nach wie vor auf Cocablätter als Rohstoff angewiesen[19]. **1429**

Als **Lokalanästheticum** hat Cocain heute jedoch in der Medizin an Bedeutung verloren[20] und ist in keinem der z.Zt. in Deutschland vertriebenen Fertigarzneimittel mehr enthalten[21]. **1430**

3.1.2 Historische und gegenwärtige Situation

Bereits in präkolumbianischer Zeit, eventuell schon vor 5.000 a, wurde der Cocastrauch in der Andenregion, insbesondere im Gebiet des heutigen **Peru**, kultiviert. Die "**Heilige Pflanze**" der **Inka** dürfte allerdings in früher Zeit vornehmlich von **1431**

---

[16] Zu den Gewinnspannen vgl. auch 3.1.2, Rdnr. 1476.
[17] Zum Tropacocain als Nebenalkaloid des javanischen Cocastrauches vgl. 3.1.3, Rdnr. 1493.
[18] Näher hierzu 3.1.3, Rdnr. 1492 und 1506.
[19] Wie die Morphin-Herstellung auf den Schlafmohn, vgl. 2.1.1, Rdnr. 944 und 958; vgl. auch 3.1.1, Rdnr. 1412-1414.
[20] Zur historischen Bedeutung des Cocains in der Medizin vgl. 3.1.2, Rdnr. 1436-1441.
[21] Zur gegenwärtigen therapeutischen Verwendung des Cocains und vollsynthetischer Lokalanästhetica vgl. 3.1.3, Rdnr. 1499-1507.

den Priestern und dem Adel, denen sie vorbehalten war, im Rahmen ritueller Feste und Opfer eingenommen worden sein.

1432 Zur Zeit der **Conquista** (1531-1533) soll die Droge dagegen bereits im ganzen Volk Perus verbreitet gewesen sein. Obwohl die Spanier den Cocaanbau und -genuss verboten, ließ er sich nie völlig unterdrücken[22]. Später wurden dann Minenarbeiter und Sklaven von den Spaniern sogar mit Cocablättern entlohnt, um über die so **gesteigerte Arbeitskraft** höhere Profite aus Plantagen und Bergwerken zu erwirtschaften[23].

1433 Um 1750 gelangten die ersten Cocapflanzen nach **Europa**; infolge des langen Transportweges hatten die Wirkstoffe sich jedoch bereits zersetzt. 1783 wurde die Pflanze botanisch bestimmt.

1434 Jedoch erst 1855 wurde das Hauptalkaloid von Garnecke **isoliert** und 1859/60 erneut von dem Chemiker Albert Niemann aus peruanischen Cocablättern unter Zusatz organischer Lösungsmittel rein dargestellt und als "**Cocain**" bezeichnet.

1902 wurde es erstmals von Richard Willstätter **synthetisiert**[24].

1435 Bereits 1863 hatte die Fa. Merck & Co. in Darmstadt mit der kommerziellen Herstellung cocain-haltiger Präparate ("**Merck's Cocaine**") begonnen, die sich bald großer Beliebtheit erfreuten.

1886 entstanden in Peru die ersten Fabriken zur Cocain-Herstellung, die sich bald zu einem bedeutenden Exportartikel für das Land entwickelte.

1436 Nachdem man herausgefunden hatte, dass Cocain Lippen und Zunge taub macht, wurde es in der **Lokalanästhesie** ab 1884 verwandt, insbesondere zur Oberflächenanästhesie bei kleineren Augenoperationen[25].

1437 Da Cocain auch eine Blockade der neuronalen Erregungsweiterleitung verursacht, wurde es ab 1899 zusätzlich in der **Leitungsanästhesie** eingesetzt, bis es ab 1905 durch die **vollsynthetischen** Lokalanästhetica wie Procain schrittweise ersetzt wurde[26].

1438 Neben dieser **therapeutisch** begründeten Verwendung wurde Cocain gegen Ende des 19. Jahrhunderts allgemein als medizinisches Wundermittel[27] gegen alle möglichen Krankheiten, etwa Depressionen, Husten und Katarrhe (seröse Entzündungen) gefeiert und u.a. in

---

[22] Ähnlich z.B. dem Peyote-Kult, vgl. beim Mescalin 1.2.3.1, Rdnr. 597 f.
[23] Vgl. auch zu dem zentral-stimulierenden Ibogain 1.2.3.7, Rdnr. 768.
[24] Zur vollsynthetischen Cocain-Herstellung vgl. 3.1.1, Rdnr. 1427 f.
[25] Zur therapeutischen Cocain-Verwendung vgl. 3.1.3, Rdnr. 1505.
[26] Zu den vollsynthetischen Lokalanästhetica vgl. 3.1.3, Rdnr. 1502-1504.
[27] Zur vergleichbaren Verbreitung von Cannabis-Zubereitungen: 1.1.2, Rdnr. 57, und Opium-Zubereitungen: 2.1.2, Rdnr. 974 f. Vgl. auch 4.1, Rdnr. 1981.

3.1 Cocain

Form von Getränken ("**Koka-Wein**") legal vertrieben. Bekannt wurde ab 1865 vor allem der "Vin Mariani", ein Gemisch aus Cocaextrakten und Wein[28], der mit zu einer ersten Blüte des Cocains als Modedroge beitrug.

An diese **erste "Cocain-Welle"** erinnert noch der 1886 entstandene Warenname "Coca-Cola", wobei der zweite Namensbestandteil auf das Coffein der Cola-Nuss[29] hinweist. Nachdem ab 1903/06 der Extrakt aus Cocablättern als Zusatz unterblieb, soll eine Unterart der Kolumbianischen Coca mit seinen Aromastoffen nach Entzug des Alkaloids weiterhin bei der "Coca-Cola"-Herstellung Verwendung finden. **1439**

Dass Cocain daneben ein **Suchtpotential** besitzt, erfuhr u.a. Siegmund Freud, der vor der Wende vom 19. zum 20. Jahrhundert zunächst ein Cocain-Protagonist war und es u.a. als Heilmittel gegen Morphinismus[30] und zur Alkohol-Entwöhnung empfahl. Als jedoch Fälle von **Morphio-Cocainismus**[31] auftraten, endete diese Form der Entzugsbehandlung sehr bald. **1440**

Um 1906 wurden in den **USA** der nicht medizinisch begründete Cocain-Handel und -Konsum **verboten** und eine Verschreibungspflichtigkeit eingeführt. **1441**

1914 wurde mit dem "Harrison Narcotics Act" in den USA das erste Anti-Drogen-Gesetz auf Bundesebene erlassen. Aufgrund der staatlichen Restriktion stieg der Cocapreis, der Konsumentenkreis verkleinerte sich und Cocain gewann den Status einer "**Luxusdroge**".

Im 1. Weltkrieg dopten deutsche und französische **Jagdflieger** sich mit Cocain (u.a. zur Steigerung der Risikobereitschaft), später **Radrennfahrer** bei der Tour de France, bevor die Weckamine aufkamen[32]. **1442**

Der ersten "**Cocain-Welle**" vor der Jahrhundertwende folgte in Europa eine **zweite** um 1914 und eine **dritte** in den 1920er Jahren. **1443**

Cocain wird als Modedroge bis heute häufig mit den 20er Jahren in Verbindung gebracht. Aus Heeresbeständen des 1. Weltkrieges stammend, wo es als Lokalanästheticum Verwendung gefunden hatte, kam damals u.a. hochreines Merck'sches Cocain auf den illegalen Markt. Es wurde meist in **Pulverform** ("**Schnee**")[33] zum Schnupfen, aber auch bereits zum Rauchen und in zur Injektion geeigneten Lösungen angeboten. Als "Champagner-

---

28 Zur Löslichkeit von Cocain in Alkohol vgl. 3.1.3, Rdnr. 1496 f.
29 Näher zur Cola-Nuss: Vorbem. 3.2, Rdnr. 1709.
30 Vgl. auch zum anfänglichen Einsatz von Heroin in der Therapie des Mophinismus 2.1.2, Rdnr. 989, sowie von Amfetamin 3.2.4.2, Rdnr. 1792.
31 Näher zum Cocainismus 3.1.7, Rdnr. 1681-1694. Zum Beigebrauch von Cocain seitens Heroin-Abhängiger vgl.. 2.1.7, Rdnr. 1322.
32 Zur rechtlichen Einordnung als Doping-Wirkstoff vgl. 3.1.3, Rdnr. 1508. Vgl. auch zum Pervitin 3.2.4.2, Rdnr. 1796.
33 Vgl. zur Herstellung des weißen Cocain-HCl 3.1.1, Rdnr. 1423 f. Die Aufnahme von Drogen in Form von Schnupfpulver über die Nase ist in Südamerika häufig, vgl. etwa zum „Epéna" 1.2.3.4, Rdnr. 698.

und Künstlerdroge" war Cocain in dieser Zeit allerdings weitgehend auf die "Bohème"[34] in Großstädten wie **Berlin** oder **Paris** beschränkt. Allein in Frankreich sollen 1924 rund 100.000 Cocain-Abhängige registriert gewesen sein, in Berlin wurde die Zahl der Cocainisten auf 10.000-20.000 geschätzt[35].

Auch in den **USA** wurde durch die Prohibition ab 1920 bis zu ihrer Aufhebung 1933 der Cocain-Konsum wieder begünstigt.

1444 Mit der **Wirtschaftsdepression** endete auch diese dritte "Cocain-Welle". In § Deutschland wurden die Cocablätter aufgrund des Genfer Abkommens vom 19.2.1925 dem neu gefassten **OpiumG 1929** unterstellt[36]. Ab 1932 kamen zudem die Amfetamine auf den Markt.

1445 In Südamerika selbst, insbesondere den Hochländern **Perus** und **Boliviens**, erfolgte vor allem seitens der **Indios** hingegen ein kaum größeren Schwankungen unterworfener Konsum der **Blattdroge (Cocaismus)**[37], der auch heute noch in diesen Ländern ein erhebliches Problem darstellt.

1446 Während **Cocablätter**[38] in Peru nach wie vor unter Regierungskontrolle frei verkauft werden sollen, sind sie in Ecuador, Bolivien und Brasilien zwar nicht mehr legal erhältlich, werden jedoch gleichwohl von einem Teil der Landbevölkerung, etwa bei den Aymara und Quechua in Peru und Bolivien, offen konsumiert. Das dargebotene Beutelchen mit den getrockneten Blättern ist hier nach wie vor, wie bei uns der "Begrüßungsschluck", Teil der Gastfreundschaft.

1447 Ende der 1960er Jahre gab es schätzungsweise 15-20 Mio. "**coqueros**" ("cocaleros"), die vornehmlich der sozialen Unterschicht angehörten; überwiegend handelte es sich um **Indios**, die zu etwa 90 % Coca kauen sollten. Dies dürfte in etwa auch für die folgende Zeit gelten.

Mit der Beeinflussung des **Hungergefühls** und des **Wärmehaushaltes** durch Cocain[39] mag es zusammenhängen, dass unter den Campesinos der über 4.000 m hohen Gebirgsregion der südamerikanischen **Anden** weitaus mehr "coqueros", genannt werden hier bis zu 75 % der erwachsenen Bevölkerung, zu finden sind, als unter den Bewohnern küstennaher Gebiete.

1448 Bis zu 4mal täglich werden von ihnen 2 h lang bei mäßigem Genuss 25-50 g, zuweilen aber auch insgesamt bis zu 500 g/d Cocablätter **gekaut**[40], was etwa 2 1/2 g reinen Cocains

---

[34] Zum Drogengebrauch in Bohèmien-Gruppen vgl. auch 1.1.2, Rdnr. 55.
[35] Zur Schätzung der Zahl der heutigen Cocain-Konsumenten vgl. 3.1.2, Rdnr. 1482 f.
[36] Zum Genfer Abkommen und dem OpiumG 1929 vgl. auch 2.1.2, Rdnr. 990.
[37] Der „Cocaismus" darf nicht mit der als „Cocainismus" bezeichneten Abhängigkeit verwechselt werden; zu letzterer vgl. 3.1.7, Rdnr. 1681-1694.
[38] Zur Herstellung der Blattdroge vgl. 3.1.1, Rdnr. 1415 f.
[39] Zu den körperlichen Wirkungen der Blattdroge vgl. 3.1.4, Rdnr. 1514-1517.
[40] Zur Konsumform des Cocablattkauens näher 3.1.5, Rdnr. 1583. Vgl. auch zum Kauen von Kath-Blättern 3.2.2, Rdnr. 1738-1741.

entsprechen dürfte[41], um so ein hartes Leben als Grubenarbeiter oder Lastenträger bis zu einem gewissen Punkt durchstehen zu können. Religiöse Motive für den Konsum, wie sie gerade bei der südamerikanischen Urbevölkerung sonst gegeben sind[42], treten demgegenüber völlig in den Hintergrund.

Für diese zeitweilige Verbesserung ihrer **Leistungsfähigkeit** bezahlen sie bei einem täglichen Konsum von mehr als 100 g Cocablätter, insoweit den Opium-Rauchern vergleichbar[43], bei nachlassender Stimulanz mit einem frühzeitigen **Verschleiß** ihrer Arbeitskraft, Apathie, einer erhöhten Anfälligkeit für Epidemien und teilweise der **Sucht**. Zum Cocaismus kann Alkoholismus treten, wenn übermäßig viel Alkohol seiner dem Cocain gegenüber dämpfenden Wirkung wegen getrunken wird. Die Lebenserwartung der "coqueros" soll dementsprechend bei 35-40 Jahren liegen. 1449

Nachdem Cocain als Rauschdroge in Europa und den USA seit den 30er Jahren weitgehend in Vergessenheit geraten und auch in den 60er Jahren im Verhältnis zu den "psychedelischen Drogen" wie LSD-25 auf Insiderkreise beschränkt geblieben war, war seit Mitte der 70er Jahre wieder ein stetiger **Anstieg** des **Cocain-Handels** und **-Konsums** vor allem in den **USA**, mit der üblichen etwa 5-jährigen Verzögerung seit Anfang der 80er Jahre aber auch in **Westeuropa** zu beobachten. 1450

Dementsprechend kam es zu einer jedenfalls zeitweise erheblichen **Ausweitung** des **illegalen Marktes** für Cocain und seine Zubereitungen. 1451

Auf der **Angebotsseite** machten sich Schwankungen in der Cocain-Produktion auf diesem Teilmarkt bemerkbar. So gab es nach dem Bericht des INCB 1981 ähnlich wie beim Schlafmohn[44] eine nicht mehr kontrollierbare Überproduktion von Cocablättern, was einen Aufschwung von Cocain-Produktion und -Vertrieb mit sich brachte. 1452

Andererseits bewirkte die gleichzeitig steigende **Nachfrage**, dass seitdem in Bolivien etwa, das bereits seit dem Militärputsch von 1971 und insbesondere von 1980 zu einem führenden Cocain-Exporteur geworden war, der bisherige Getreide- und Kartoffelanbau zugunsten der Anpflanzung von Cocasträuchern weitergehend aufgegeben wurde, so dass das Land gezwungen war, noch mehr **Nahrungsmittel** als früher zu **importieren**. 1453

Der Einsatz von **UNFDAC-Mitteln**[45] in den sog. Länderprogrammen, der u.a. dazu führen soll, dass der Anbau des Cocastrauches (wieder) durch legale Feldfrüchte ersetzt wird, um der Landbevölkerung alternative Einkommensmöglichkeiten zu eröffnen, hat zwar bisher örtlich zu einer Reduzierung des illegalen Anbaus geführt. Durchgreifende Erfolge sind 1454

---

41 Zur Cocain-Dosierung beim Schnupfen und Injektion vgl. 3.1.5, Rdnr. 1596 f.
42 Vgl. z.B. zu dem aus der Yagé-Liane gewonnenen Schnupfpulver 1.2.3.4, Rdnr. 698.
43 Zu den Folgen des Opium-Rauchens vgl. 2.1.5, Rdnr. 1176, und 2.1.7, Rdnr. 1293.
44 Vgl. zur damaligen Rohopium-Produktion im „Goldenen Dreieck" 2.1.2, Rdnr. 1034-1036.
45 Zu den UNFDAC-Substitutionsprogrammen beim Rohopium vgl. 2.1.2, Rdnr. 1039. Von den Prämien zur Vernichtung von Cocasträuchern, bis alternativ kultivierte Pflanzen ertragreich waren, konnte ein Bauer jedoch kaum leben; die alternativen Produkte bedürfen zudem sorgfältiger Pflege und sind kaum konkurrenzfähig. Die Programme werden jedoch z.T. mit Zwang durchgesetzt.

hier jedoch nicht zu verzeichnen gewesen, zumal die Möglichkeit eines Ausweichens des Cocaanbaus in andere Regionen und Länder besteht. Diskutiert wird daher u.a. eine kommerzielle Verwertung der in der Cocapflanze enthaltenen pflanzlichen Fette, Proteine, Vitamine und Mineralstoffe[46] im großindustriellen Maßstab, wobei allerdings die Mittel für den Aufbau einer entsprechenden Industrie und Infrastruktur fehlen. Allgemein dürfte die Bereitschaft der Erzeugerländer, unrentable Investitionen zu tätigen, im Hinblick auf Tendenzen zur Freigabe des Konsums in einigen Abnehmerländern[47] eher zurückgehen.

1455 Auch ein 1985/86 erfolgter Einsatz speziell ausgebildeter Polizei- und Armeeinheiten, teilweise mit aktiver US-amerikanischer Unterstützung ("**war on drugs**"), gegen die z.T. paramilitärisch organisierten und ausgerüsteten Großhändler und Laborbetreiber blieb letztlich ebenso wie ein gleichzeitig und nach wie vor vorgenommener Einsatz von **Entlaubungsmitteln** (z.B. das aus Butylestern bestehende Herbizid "Agent Orange" bzw. nunmehr Glisofat) gegen Cocaplantagen, u.a. seitens der DEA durchgeführt, erfolglos[48].

1456 Trotz anfänglicher Erfolge bestehen Zweifel, ob der im August 1989 seitens der **kolumbianischen** Regierung, mit logistischer Hilfe der USA, den Drogenkartellen im Lande erklärte "Krieg" zu deren nachhaltiger Zerschlagung oder auch nur spürbaren Machtminderung führen wird. Im Februar 1996 kündigten die USA die Zusammenarbeit mit Kolumbien bei der Drogenbekämpfung auf.

1457 Seit Beginn der 1980er Jahre kam es in den Erzeugerländern, insbesondere dem südamerikanischen "**Drogen-Dreieck**" **Peru-Kolumbien-Bolivien**, bis 1997 zu einer erheblichen **Ausweitung** der **Cocaanbauflächen** und -erträge[49].

1458 So wurde die **Anbaufläche** in **Peru** von ca. 17.800 Hektar (ha) 1978 auf ca. 63.000 ha 1984 sowie nahezu 250.000 ha 1989[50] gesteigert. Seitdem erfolgte ein Rückgang auf ca. 39.000 ha 1999. In **Bolivien** vergrößerte sich die Fläche von ca. 12.000 ha 1970 auf ca. 70.000 ha 1980 sowie auf ca. 120.000 ha 1986[51]. Auf Betreiben der US-Regierung wurden die Anbauflächen seit Mitte der 90er Jahre außer in Peru auch in Bolivien reduziert und lagen hier 1999 bei ca. 22.000 ha. Dafür wurde die Anbaufläche in **Kolumbien** (neben der Verarbeitung des Rohproduktes aus anderen Ländern), wo 1970 so gut wie keine Coca an-

---

[46] Vgl. zu den Inhaltsstoffen auch 3.1.3, Rdnr. 1495.
[47] Zur Legalisierungsdiskussion beim Heroin vgl. 2.1.7, Rdnr. 1334-1345.
[48] Vgl. auch zum Herbizideinsatz gegen Mohnfelder 2.1.2, Rdnr. 999.
[49] Zu den Anbaugebieten des Cocastrauches vgl. 3.1.1, Rdnr. 1406-1408.
[50] Der größte Teil der dortigen Produktion stammte aus dem Huallaga-Tal, ein Gebiet, das seit 1983 von den maoistischen Guerilleros der Sendero Luminoso („Leuchtender Pfad") kontrolliert wurde, bis diese 1995 von der peruanischen Regierung weitgehend zerschlagen wurde.
[51] Die traditionellen Anbaugebiete in den Ausläufern der Ostkordilleren wurden hier zunehmend durch eine kommerzielle Erschließung der subtropischen Regenwälder des Chapere im Departement Cochabamba ersetzt, wo zeitweilig 45.000-70.000 der 150.000 ha bebaubaren Landes mit Cocasträuchern bepflanzt waren. Um den Cocaanbau zu reduzieren, wurden Cocapflanzer („Cocaleros") z.T. zwangsumgesiedelt bzw. gezwungen, Alternativprodukte anzubauen, was bis 1993 zu einer Verringerung der Cocaanbaufläche hier auf ca. 8.000 ha führte, zugleich jedoch auch zu einer Verlagerung der Anbaugebiete u.a. in das nördliche Departement La Paz.

3.1 Cocain

gebaut worden war, von etwa 20.000 ha 1992 auf ca. 80.000 ha 1995 und ca. 123.000 ha 1999 gesteigert. Hierbei gewährleisteten Guerilla-Truppen ("**Narko-Guerillas**")[52] sowohl den Cocaanbau als auch den sicheren Transport des Rohstoffes und des Fertigprodukts gegen Entgelt; vor diesem Hintergrund sind vermeldete "Erfolge" in dem erwähnten "Drogenkrieg" wohl kaum als dauerhaft anzusehen, zumal auch beim Cannabis- und Schlafmohn-Anbau Steigerungsraten zu verzeichnen waren[53].

Mitte der 1980er Jahre wurden in **Peru** etwa 50.000-60.000 t **Cocablätter**, in **Bolivien** etwa 49.000 t (1991 etwa 120.000 t), in **Ecuador** ca. 10.000 t und in **Kolumbien** etwa 12.000 t Cocablätter jährlich geerntet, etwa 10mal so viel wie 1970. Hiervon waren und sind etwa 5-10 % für den einheimischen Markt der Cocablattkauer bestimmt[54], während die übrigen ca. 90 % von Drogenkartellen aufgekauft werden. **1459**

Bis Anfang der 1990er Jahre traten **Peru** und **Bolivien** in erster Linie als **Rohstofflieferanten**, teilweise auch als Zwischenproduzenten von Cocain-Base auf, während **Kolumbien** weitgehend die lukrative Endverarbeitung des "weißen Goldes" übernahm und den Weltmarkt zumindest bis Anfang der 1990er Jahre zu etwa 4/5 mit dem Endprodukt versorgte. Wie erwähnt hat Kolumbien jedoch seit Beginn der 90er Jahre daneben als **Rohstofflieferant** ebenfalls eine führende Rolle übernommen: Von der gesamten Cocain-Produktion 1999 von etwa 900 t entfielen etwa 580 t auf Kolumbien. Ende der 1990er Jahre war schließlich so gut wie jedes lateinamerikanische Land in die Cocain-Produktion bzw. den -Vertrieb eingebunden; so erfolgte eine Weiterverarbeitung der Zwischenprodukte etwa auch in **Venezuela** und **Brasilien** (das zur wichtigsten Drehscheibe des Btm-Handels in Südamerika wurde). Eine Erhöhung des insgesamt produzierten Cocains war damit aber offenbar nicht verbunden, vielmehr soll es zwischen 1992 und 1999 parallel zur Verringerung der Anbauflächen in Peru und Bolivien zu einem **Rückgang** des insgesamt hergestellten Cocains von fast 20 % gekommen sein. **1460**

In **Bolivien** wurde der nicht zum Verbrauch im eigenen Land bestimmte Teil, meist in Form der "**Pasta básica**"[55], teilweise in die Nordprovinz Beni und das Hinterland von Santa Cruz, vorwiegend aber nach **Kolumbien** verbracht, wo u.a. die sog. "Bogotá-Connection" die Raffinierung zu **Cocain-Base** übernahm. **1461**

Nach der letzten Erntesaison im November wurde seit Mitte der 1980er Jahre von hier aus der überwiegende Teil (etwa 3/4) des dort produzierten (1986 auf ca. 100 t, ab 1989 auf ca. 300 t/a geschätzten) Cocains im Rahmen eines großangelegten, als "Bonanza" bezeichneten Drogenschmuggels von Cocain und Marihuana unter der Bezeichnung "Columbian sniff" nach **Florida/USA** transportiert Dies erfolgte zumindest bis 1986 über die Bahamas als Zwischenstation mit Flugzeugen, die den Radarschirm zu unterfliegen vermochten. Auch in der Folgezeit wurden Cocain-Pakete von Flugzeugen vor der Küste Floridas abge- **1462**

---

[52] Zu entsprechenden Erscheinungsformen in den südostasiatischen Opium-Produktionsgebieten vgl. 2.1.2, Rdnr. 1002 f.
[53] Zum Cannabis-Anbau in Südamerika vgl. 1.1.2, Rdnr. 65, zum Schlafmohn-Anbau in Südamerika 2.1.2, Rdnr. 1031.
[54] In Peru etwa ½ Mio. „coqueros". Vgl. Zum Cocaismus auch 3.1.2, Rdnr. 1445-1449.
[55] Zum Rohcocain als Zwischenprodukt näher 3.1.1, Rdnr. 1419-1421.

worfen ("airdrops") und von Schnellbooten aufgenommen. Seit Beginn der 1990er Jahre ist **Mexiko** aufgrund seiner langen und unübersichtlichen Grenze zu den USA Haupttransitland geworden; ca. 2/3 des für den US-amerikanischen Markt bestimmten Cocains kam Ende der 90er Jahre u.a. über die Grenze zwischen dem Bundestaat Chihuahua und Texas, neben den kolumbianischen zunehmend auch durch mexikanische Kartelle (etwa dem "Juárez-Kartell") gesteuert. Im Zuge dieses Transits hat sich auch in Mexiko ein eigener Absatzmarkt u.a. für "Crack" etabliert; 1999 wurde mit etwa 450.000 Drogenabhängigen in Mexiko gerechnet.

1463   Teilweise erfolgt der Schmuggel mit Hilfe von **Kurieren** ("Maulesel"), bis Mitte der 1990er Jahre häufig Kolumbianer, seitdem zunehmend auch Europäer, die hochreines Cocain in Körperöffnungen (anal/vaginal) einbringen oder in Kapseln verschluckt transportieren ("Containerverkehr"), bei gastrointestinalem Körpertransport ("Schlucker") als "**bodypacking**" bezeichnet bzw. bei "Stopfern"/"Schiebern" als "**bodystuffing**". Hierzu wird das Cocain, meist nach Aufteilung in 2- bis 5-g-Portionen, mehrfach mit Stanniol und Latex verpackt, zu Ketten zusammengebunden und verschluckt. Der Magen wird zuvor neutralisiert, damit sie von der Magensäure nicht angegriffen werden, und der Stuhlgang mit Hilfe von Medikamenten reguliert. Ein Kurier kann auf diese Weise jeweils ca. 500 g Cocain im Verkaufswert von zeitweise über 100.000 DM befördern, das anschließend gesammelt und zentral "gebunkert" wird[56].

1464   Teilweise wurde "Pasta básica" aber auch direkt zu Labors in **Florida** und **New York** gebracht, da die zur Weiterverarbeitung benötigten Chemikalien in den USA jedenfalls zeitweise billiger und problemloser zu beschaffen waren.

1465   Ebenfalls mit Hilfe meist südamerikanischer Kuriere wird Cocain in Form von "Coca-Paste", häufiger aber reiner **Cocain-Base** (meist in Alkohol oder Chloroform gelöst), etwa mittels getränkter Kleidungsstücke, auf dem **Luftweg** mit Linienflügen oder auf dem Seeweg nach **Europa** geschmuggelt, wo u.a. die Niederlande, vor allem Amsterdam, neben Spanien und zeitweilig der Mittelmeerinsel Ibiza in den 90er Jahren Hauptumschlagplätze in Europa waren bzw. weiterhin sind. Ende der 80er Jahre erfolgten auch größere Transporte mit Handelsschiffen, die Cocain geladen hatten, von Südamerika nach Sizilien, wo sodann dort hergestelltes und für die USA bestimmtes Heroin übernommen wurde[57]. Neben osteuropäischen Ländern wie die Slowakei übernehmen derzeit afrikanische Länder die Rolle als Umschlagplätze; so wird seit Beginn der 90er Jahre neben Südafrika zunehmend Marokko als Transitland für Cocain, das für Europa bestimmt ist, genutzt.

1466   In Amerika wird der **Cocain-Handel** und **-Schmuggel** nach wie vor fast ausschließlich von Südamerikanern, in erster Linie **Kolumbianern**, kontrolliert.

1467   Letztere haben es in ihrem Heimatland seit Beginn der 80er Jahre vermocht, staatliche Stellen zu durchsetzen und einen wesentlichen Wirtschaftsfaktor zu bilden. Der Cocain-Export dürfte den "marimberos" bzw. "**narcotraficantes**" oder kurz "narcos" (Drogenhändler) des Andenstaates bereits 1981 etwa 8 Mrd. und 1988 etwa 15-20 Mrd. US-Dollar er-

---

[56]   Zu inkorporierten Cocain-„Bömbchen" vgl. 3.1.5, Rdnr. 1637; zur Vergiftungsgefahr („Bodypacker-Syndrom") vgl. 3.1.7, Rdnr. 1672. Zu einer vergleichbaren Schmuggelmethode beim Heroin vgl. 2.1.2, Rdnr. 1047. Zur Exkorporation mit Hilfe von Brechmitteln vgl. 4.4, Rdnr. 2248.

[57]   Zur „Sicilian Connection" vgl. 2.1.2, Rdnr. 1016.

bracht haben, womit etwa 50 % des in Kolumbien in dieser Zeit umlaufenden Geldes aus den Geschäften der "Bogotá-Connection" gestammt haben dürfte[58].

In **Bolivien**, einem der ärmsten Länder nicht nur Südamerikas, soll der Verkaufswert des dort produzierten, 1985 auf ca. 95 t geschätzten Cocains etwa 40 % des Bruttosozialprodukts ausgemacht haben, nach anderen Schätzungen 1986 sogar 70-80 %. Angesichts der hohen Auslandsverschuldung dieser Staaten wird verständlich, warum die entsprechende "Nebenwirtschaft" zumindest bislang staatlicherseits eher toleriert als wirksam bekämpft wurde und von den USA geförderte, meist mit unzureichenden Mitteln ausgestattete **Substitutionsprogramme** bisher keine Wirkung gezeigt haben. **1468**

Seit Beginn der 1990er Jahre wurde seitens der kolumbianischen "Kartelle" der Ausbau von Basen im **brasilianischen** Bundesstaat Rondônia, der an Bolivien grenzt, systematisch vorangetrieben und Brasilien insgesamt, insbesondere São Paulo, als Umschlagplatz ausgebaut. Zur Zeit dürfte etwa die Hälfte des für Europa und die USA bestimmten Cocains in Brasilien umgeschlagen werden[59]. **1469**

In den **USA** ist Cocain seit 1976 im Zuge einer **vierten "Cocain-Welle"**[60] zu der nach Marihuana verbreitetsten Droge und Statussymbol des Mittelstandes geworden[61]. Zudem hat Cocain sich hier aber auch (wieder) zu einer Droge der Unterprivilegierten entwickelt. **1470**

Der **Umsatz** soll hier 1980 bereits bei einem Importvolumen von 25-30 t/a zwischen 30 und 35 Mrd. US-$ betragen haben; damit wären die Umsätze der großen "Öl-Multis" in dieser Zeit erreicht und sogar übertroffen worden[62]. **1471**

Für das Jahr 1984 ging man bereits von einer Cocain-Einfuhr von 40-48 t und einem Umsatz von ca. 90 Mrd. US-$ aus. 1985/86 dürften die Einfuhren 60-85 t, 1987/88 150-180 t Cocain pro Jahr erreicht haben, Mitte der 90er Jahre schließlich ca. 1.000 t/a[63].

---

[58] Das sog. „Medellín-Kartell", benannt nach der gleichnamigen Stadt, hatte dem kolumbianischen Staat 1985 angeboten, die Auslandsschulden von 14 Mrd. US-$ zu übernehmen. In Europa organisierte das „Medellín-Kartell" zusammen mit dem „Kartell von Cali" ab 1984 bis zu seiner Zerschlagung 1995 einen Großteil des Cocain-Vertriebes über Spanien; gleichwohl soll weiterhin das Vermögen der „Drogenbarone" das Doppelte des kolumbianischen Jahresinlandprodukts betragen. Im Oktober 1999 kam es zu einer Verhaftungswelle gegen die Bosse der mafiosen Nachfolgeorganisationen, ohne dass dies zu einem nennenswerten Rückgang der Cocain-Exporte geführt hätte.
[59] Zur Bedeutung Brasiliens als Marihuana-Produzent vgl. 1.1.2, Rdnr. 65; vgl. auch 3.1.1, Rdnr. 1406 f.
[60] Zu den ersten 3 „Cocain-Wellen" vgl. 3.1.2, Rdnr. 1439 und 1443.
[61] Zur Entwicklung des Drogenmarktes vgl. auch beim Cannabis 1.1.2, Rdnr. 62.
[62] Zum Vergleich: 1960 lag die Weltjahresproduktion noch bei ca. 0,5 t gegenüber schätzungsweise 1.000-1.500 t/a ab Mitte der 80er Jahre und ca. 1.800 t/a Mitte der 90er Jahre.
[63] Zur wirtschaftlichen Bedeutung der Cannabis-Produkte vgl. 1.1.2, Rdnr. 70, des Heroins 2.1.2, Rdnr. 1010 und 1034-1040. Der weltweite Jahresumsatz an Cocain wurde 1987 auf über 100 Mrd. und 1989 auf etwa 300 Mrd. US-$ geschätzt.

1472 Einen vergleichbaren Verlauf nahm der **Anstieg** der Zahl an **Cocain-Konsumenten** in den **USA**, die sich von. ca. 10.000 im Jahre 1960 auf ca. 10 Mio. 1980 erhöhte (auf 1 Heroin-Konsument kamen damit mehr als 10 Cocain-Konsumenten). Für 1986 wurde diese Zahl auf etwa 22 Mio. (davon ca. 5 Mio. habituelle und 17 Mio. gelegentliche Konsumenten) geschätzt[64]. Dieses Verhältnis ist in etwa auch für die Folgezeit anzunehmen, wobei Ende der 80er Jahre "Crack"[65] die meistverbreitetste Droge in den USA wurde. Gleichzeitig deutete sich jedoch ein **Rückgang** der Zahl der Drogenkonsumenten in diesem Bereich an: Während für 1988 noch von ca. 23 Mio. US-Bürgern ausgegangen wurde, die habituell oder gelegentlich Rauschdrogen nahmen, wurde deren Zahl 1990 auf nur noch 12,9 Mio. geschätzt.

1473 Während der Hochzeit des Cocain-Konsums in den USA dürften zwischen 10 und 23 % aller Arbeitnehmer bisweilen am Arbeitsplatz "gekokst" haben; die durch Drogenmissbrauch bedingten Verluste der US-Wirtschaft wurden 1986 auf wenigstens 60 Mrd. und 1987 auf ca. 100 Mrd. US-$ geschätzt. Auch im **Sport**, vor allem in Mannschaftssportarten wie Baseball, soll es hier jedenfalls zeitweise zu einem erheblichen Cocain-Missbrauch gekommen sein[66].

1474 Die Bedeutung von Cocain in den USA als jedenfalls zeitweise allgemein **akzeptierte** Rauschdroge im Verhältnis zum Heroin lässt sich auch anhand des folgenden Vergleichs verdeutlichen: 1979/80 sollen in den USA ca. 27 % der 18- bis 25-jährigen[67] Erfahrungen mit Cocain gemacht haben, 3,5 % mit Heroin. Etwa 1/3 soll Cocain häufiger genommen haben gegenüber nur 0,8 % beim Heroin.

1475 Während die Blattdroge in den Herkunftsländern das Suchtmittel der Armen[68] ist, ist Cocain aufgrund enormer **Gewinnspannen** bei den einzelnen Herstellungsschritten und im Vertrieb in den Industriestaaten nach wie vor jedenfalls in seiner HCl-Form das der Wohlhabenden, in den USA seit Beginn der 80er Jahre auch das des **Mittelstandes**, was auch für einige europäische Länder gilt. Ab etwa 1985 wurden in den USA mit "Crack" zudem **einkommensschwache** Bevölkerungsgruppen dem Cocain erschlossen, eine Entwicklung, die seit Ende der 90er Jahre u.a. in Deutschland zu wiederholen versucht wird.

1476 Die lukrativen **Gewinnspannen** lassen sich verdeutlichen, wenn man betrachtet, dass in Bogotá Anfang bis Mitte der 80er Jahre 1 kg 90 %igen Cocains im Durchschnitt 4.000 US-$ kostete; dieses kg war in New York bereits 60.000 US-$ wert. Nach dem Verschneiden wies die Zubereitung im Straßenhandel in der HCl-Form schließlich einen Cocain-Anteil von 12-25 % auf; aus dem ursprünglichen 1 kg Reincocain waren so bei einem Grammpreis

---

[64] Weltweit wurde die Zahl der Cocain-Konsumenten in dieser Zeit von der WHO auf ca. 4,8 Mio. Menschen geschätzt, 1997/98 auf ca. 13 Mio. Menschen. Zur Zahl der „Crack"-Abhängigen vgl. 3.1.5, Rdnr. 1623. zur Zahl der Heroin-Konsumenten vgl. 2.1.2, Rdnr. 1026.

[65] Näher zum „Crack" 3.1.5, Rdnr. 1624-1637.

[66] Zum Cocain als Doping-Mittel vgl. 3.1.2, Rdnr. 1442; vgl. bei den Weckaminen 3.2.4.2, Rdnr. 1803.

[67] Der typische „Kokser" war bis Ende der 1980er Jahre hier der 18- bis 25-jährige Weiße mit überdurchschnittlichem Einkommen.

[68] Zum Cocaismus vgl. 3.1.2, Rdnr. 1445-1449.

3.1 Cocain

von meist 60-100 US-$[69] ca. 8 kg Cocain-Zubereitung mit einem Marktwert von ca. 300.000 US-$ geworden[70]. 1988 war der kg-Preis auf dem US-Markt aufgrund des größeren (und gleichzeitig hochwertigeren) Angebots demgegenüber von 60.000 auf etwa 10.000 US-$ gefallen. Gewinnträchtig blieb bei diesem **Preisverfall** nur die relativ billige und einfache Umwandlung des Cocain-HCl in "**Crack**".

In den 80er Jahren wurde es in den USA "in", als Gastgeber einer **Party** "blow" anzubieten. In den Hauptstädten des Cocain-Konsums wie Hollywood wurden Cocain-Bestecke, -Mühlen und Papierbriefchen ("snow-seals") offen in "head shops" verkauft[71]. **1477**

Obgleich ab 1983/84 infolge der erwähnten Erweiterung der Anbauflächen und der damit verbundenen Produktionssteigerungen bei gleichzeitig offenbar zunehmender Sättigung des US-Marktes in **Europa** und insbesondere in der Bundesrepublik der Beginn einer der sog. "Heroin-Welle"[72] vergleichbaren "**Cocain-Welle**" befürchtet wurde, kann trotz erheblicher Steigerungsraten bei den Sicherstellungen nach wie vor nicht davon ausgegangen werden, dass der Cocain-Konsum in Deutschland die - zeitweilig - in den USA erreichten Ausmaße annehmen wird. **1478**

So wurde für 1985 davon ausgegangen, dass ca. 15-25 t und 1987 ca. 30 t Cocain nach **Europa ausgeführt** wurden (gegenüber ca. 150 t in die USA). 1989 erfolgte eine Verdoppelung der exportierten Cocain-Mengen auf etwa 60 t im Gesamtwert von ca. 25 Mrd. DM; hiervon wurden nach einer 1988 erfolgten Schätzung etwa 10 t/a in der Bundesrepublik verbraucht. 1990 wurden ca. 180 t in die EU-Staaten eingeführt, 1997 etwa 200 t/a und 1999 etwa 250 t/a; eine Sättigung des Marktes ist damit aber offenbar noch nicht gegeben. **1479**

Bei den im Verlauf der 1980er Jahren sprunghaft gestiegenen **Sicherstellungszahlen**[73] im Inland ist zudem zu beachten, dass ein Großteil des z.Zt noch vorwiegend auf dem Luftweg eingeführten Cocains im Transit beschlagnahmt wurde und einzelne Großsicherstellungen das Bild verfälschen können; eine allgemeine Tendenz ist aus den Sicherstellungszahlen jedoch ablesbar[74]; Cocain in kg (vgl. Abb. 3.1). **1480**

---

[69] Teilweise auch bis 150 US-$. 1986 sank der Preis auf etwa 85 US-$.
[70] Vgl. hierzu auch beim „Crack" 3.1.5, Rdnr. 1626. Zum Wertzuwachs bei der Heroin-Produktion und -Vertrieb vgl. 2.1.2, Rdnr. 1038.
[71] Zum Cocain als „Freizeitdroge" vgl. 3.1.7, Rdnr. 1659-1661. Zu den „head shops" vgl. auch beim LSD-25 1.2.1.1.2, Rdnr. 292.
[72] Zur „Heroin-Welle" Ende der 1970er Jahre in der BRD vgl. 2.1.2, Rdnr. 1010.
[73] Zum Vergleich die Entwicklung der Sicherstellungen beim Heroin 2.1.2, Rdnr. 1049, sowie von Amfetaminen 3.2.4.2, Rdnr. 1814.
[74] In den USA wurden 1990 etwa 48 t Cocain sichergestellt.

	Deutschland	Europa		Deutschland	Europa
1966	0		1986	186	1.913
1968	0,0		1987	296	3.688
1969	0,08		1988	496	6.962
1970	0,04		1989	1.406	8.078
1971	9	26	1990	2.474	16.032
1972	1	21	1991	964	17.033
1973	4	23	1992	1.332	18.141
1974	5	20	1993	1.051	17.179
1975	1	45	1994	767	19.385
1976	2	47	1995	1.846	12.737
1977	8	59	1996	1.373	31.300
1978	4	155	1997	1.721	39.000
1979	19	149	1998	1.133	28.000
1980	22	240	1999	1.979	43.247
1981	24	259	2000	913	24.999
1982	27	398	2001	1.288	
1983	105	1.026			
1984	169	891			
1985	164	913			

3.1 Cocain

Abb. 3.1 Sicherstellungen bei Cocain in Deutschland und Europa 1966-2001

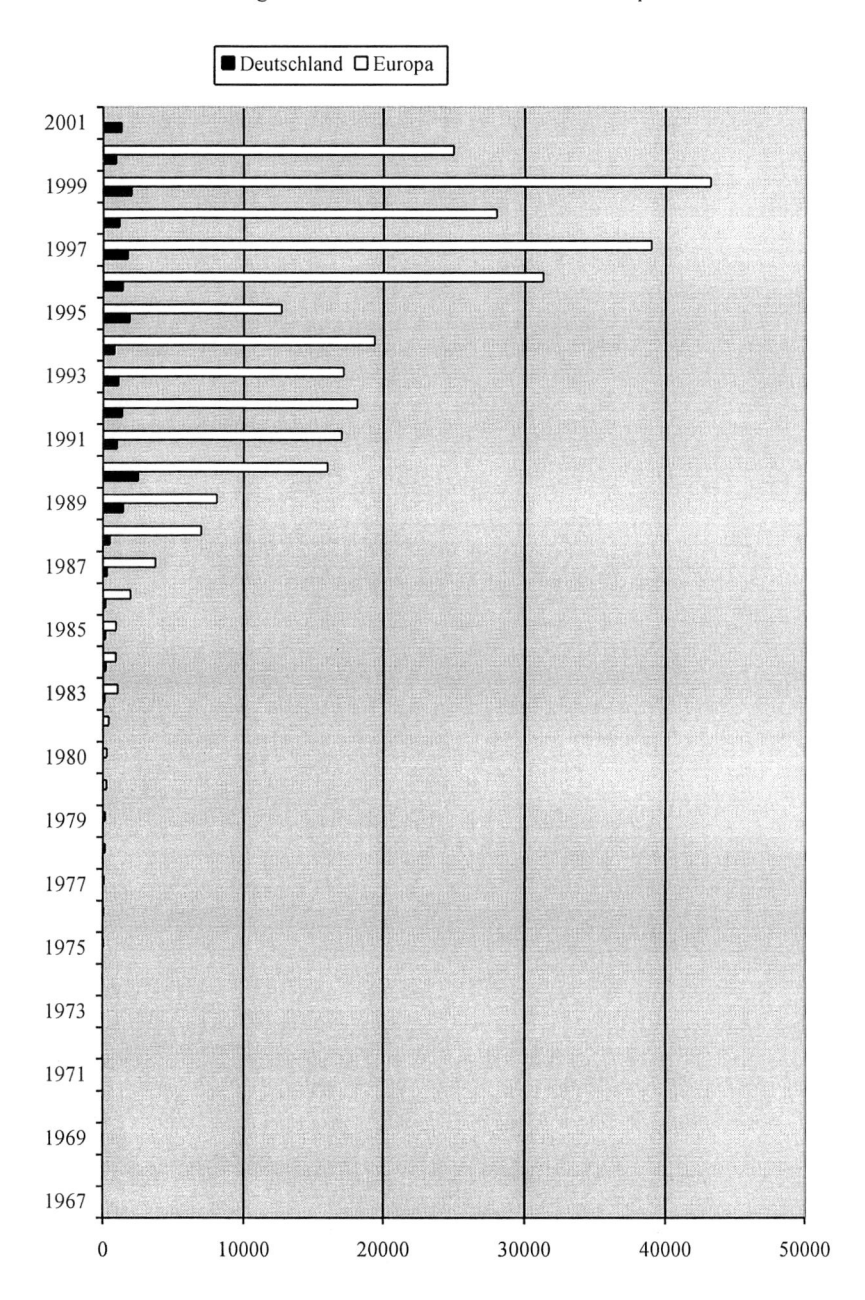

1481 Damit wurde 1986 in der Bundesrepublik erstmals mehr Cocain als Heroin sichergestellt[75]. Gleichwohl lässt sich aus den Sicherstellungszahlen allein der künftige Stellenwert des Cocains im Vergleich mit Cannabis, Heroin und amfetamin-artigen Stimulantia nicht sicher folgern.

1482 Dies hängt u.a. damit zusammen, dass die Größe des (potentiellen) **Abnehmerkreises** bei uns für Cocain und "Crack" schwer einzuschätzen ist, wenngleich die Schätzungen über die Jahre hinweg einen kontinuierlichen Anstieg aufwiesen: von Ende 1982 ca. 29.000-38.000 Konsumenten auf ca. 50.000 1986, ca. 100.000 1997, ca. 350.000 1999 und ca. 1/2 Mio. im Jahre 2000[76]. Hierbei ist sowohl der Cocain-Missbrauch durch Heroin-Abhängige als Ausweichmittel bzw. in Form eines **Beigebrauchs**[77] zu berücksichtigen, als auch der zunehmende Missbrauch als "**Partydroge**", seitens sehr heterogener Gruppen somit. Nach wie vor scheint etwa in Diskotheken teilweise noch "getestet" zu werden, wie aufnahmebereit der Markt für Cocain ist, während die Droge in anderen Bereichen mittlerweile fest etabliert ist. Für den Konsum als "Diskodroge" dürfte eine Rolle spielen, dass in den 1990er Jahren sich der Markt für andere Stimulantia wie **Amfetamin** und seine Derivate erheblich ausgeweitet hat[78]. Infolge eines zunehmenden **Mischkonsums** u.a. in der "**Techno-Scene**" kommt es hierbei, neben Weckaminen und echten Halluzinogenen wie LSD-25 sowie psilocybin-haltigen Pilzen, auch zu einem vermehrten Cocain-Gebrauch[79].

1483 Die Zahl der festgestellten **Erstkonsumenten**[80] von Cocain in Deutschland weist, hiermit korrespondierend, langfristig eine nicht unerhebliche Steigerung auf (vgl. Abb. 3.2):

---

[75] Zur Einschätzung der Entwicklung des Heroin-Konsums vgl. 2.1.2, Rdnr. 1056-1060; vgl. auch Abb. 2.2, Rdnr. 1049.

[76] Aufgrund des Drogenberichts 2000 der Bundesregierung kann davon ausgegangen werden, dass der aktuelle Konsum innerhalb der letzten 12 Monate bei den 18- bis 39-Jährigen in Westdeutschland seit 1990 von 0,4 % auf 1,5 % und in Ostdeutschland von 0 % auf 1,4 % stieg. Zum Anstieg der Zahl der Amfetamin-Konsumenten vgl. 3.2.4.2, Rdnr. 1810 und 1912. Zu den entsprechenden Zahlen beim Heroin vgl. 2.1.2, Rdnr. 1025.

[77] Näher hierzu 3.1.4, Rdnr. 1530, und 3.1.5, Rdnr. 1593. Zum Beikonsum von Cocain seitens Methadon-Substituierter vgl. 2.1.7, Rdnr. 1322, und 4.4.5, Rdnr. 2430, in Heroin-Programmen vgl. 2.1.7, Rdnr. 1338. Zu festen Cocain-Heroin-Kombinationen vgl. 3.1.5, Rdnr. 1606-1608. Umgekehrt erfolgt ein Mischkonsum mit zentral-depressiven Stoffen zur Kompensation der Cocain-Wirkungen, vgl. 3.1.4, Rdnr. 1531, 3.1.5, Rdnr. 1630, und 3.1.7, Rdnr. 1690.

[78] U. a. Methylendioxyamfetamin, vgl. 1.2.4.3, Rdnr. 831 und 863.

[79] Zur Hyperkinese nach Cocain-Konsum vgl. 3.1.4, Rdnr. 1521. Zu dieser Entwicklung vgl. auch beim Ephedrin 3.2.1, Rdnr. 1724, und beim Amfetamin 3.2.4.2, Rdnr. 1812 f. Zur Kombination von Cocain und psilocybin-haltigen Pilzen vgl. 1.2.3.3, Rdnr. 667 und 673. Zur Änderung des Cocain-Marktes vgl. auch 3.1.5, Rdnr. 1592.

[80] Zur Entwicklung der Zahl der Erstkonsumenten von Amfetamin vgl. 3.2.4.2, Rdnr. 1813, der von Heroin 2.1.2, Rdnr. 1054 f. Zur Zahl der Cocain-Konsumenten in den USA vgl. 3.1.2, Rdnr. 1472.

1979	157	1991	2.467
1980	364	1992	2.600
1981	524	1993	3.234
1982	381	1994	6.307
1983	339	1995	4.251
1984	520	1996	3.960
1985	567	1997	5.144
1986	684	1998	5.691
1987	832	1999	5.662
1988	1.760	2000	5.327
1989	2.438	2001	4.872
1990	2.308		

Abb. 3.2 Erstkonsumenten von Cocain in Deutschland 1979-2001

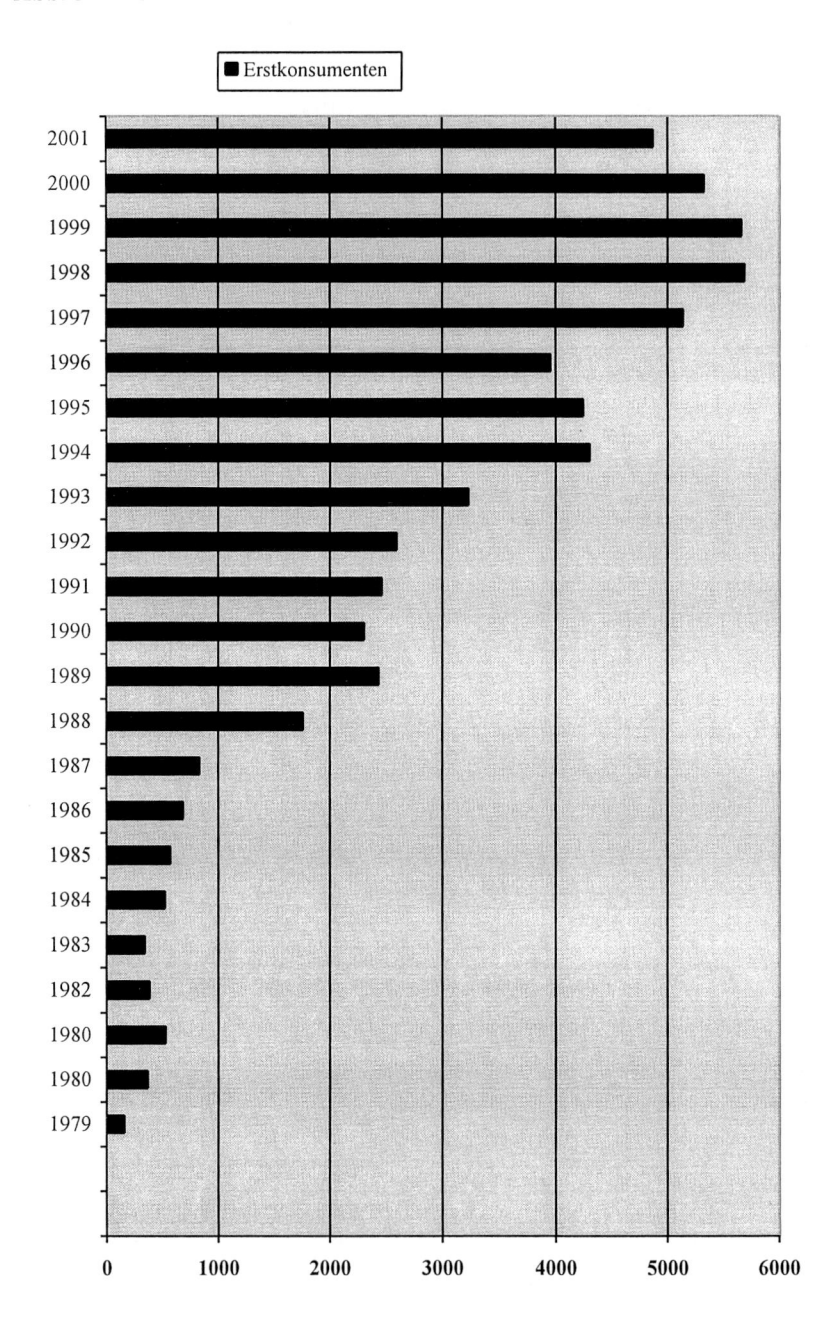

Die Rolle des Cocains bei uns könnte sich, das Vorhandensein eines entsprechenden Ab- **1484**
nehmerkreises vorausgesetzt, wohl nur dann in erheblichem Ausmaß ändern, wenn der
Preisverfall sich fortsetzte[81] und sich dem anderer „Diskodrogen" annähern würde bzw.
Koks für einen Teil der Cannabis-Konsumenten als Erweiterung ihrer Drogenerfahrungen[82]
attraktiv erscheinen lassen würde. Insgesamt scheint mittlerweile in Deutschland eine Entwicklung wie in den USA, wo Cocain jedenfalls zeitweise auch für im Berufsleben stehende Akademiker und andere **Mittelschichtangehörige** in größerem Umfang **sozial akzeptiert** war bzw. weiterhin ist, im Zuge der „New Economy" möglich.

Eine andere Entwicklungsmöglichkeit zeigt die Cocain-Zubereitung „**Crack**"[83], die Mit- **1485**
te 1986 in der Bundesrepublik erstmals polizeilich registriert wurde, bis Anfang der 1990er
Jahre aber bei uns keine Bedeutung erlangte. Hier ist derzeit nicht auszuschließen, dass diese oder vergleichbare Zubereitungen neben vollsynthetischen Amfetamin-Abkömmlingen künftig einen relativ großen Abnehmerkreis vor allem unter Jugendlichen finden, wie er bereits in den USA und teilweise auch in Deutschland besteht[84]. Teilweise wird davon ausgegangen, dass, wie seit Beginn der 1980er Jahre in den USA, künftig auch bei uns die Gesamtzahl der Cocain-Konsumenten die der Heroin-Konsumenten übertreffen dürfte. Ab 1992 zeigte sich aufgrund von Sicherstellungen (1999 0,8 kg, 2000 2,2 kg, 2001 2,1 kg) eine Tendenz zu einem vermehrten Missbrauch von „**Crack**" und „**Freebase**"-Zubereitungen[85]. In Großstädten wie Frankfurt am Main hat „Crack" seit Beginn des 21. Jahrhunderts offenbar sowohl Heroin als auch Pulver-Cocain als dominierende Droge abgelöst.

3.1.3 Wirkstoffe

Die getrockneten **Cocablätter** (Folia coca) weisen einen **Alkaloidanteil** von 0,2- **1486**
1,8 Gew.-% auf[86].

Als basischen **Hauptwirkstoff** mit durchschnittlich 80 % der Gesamtalkaloidmenge enthalten sie das **Esteralkaloid Cocain** neben weiteren etwa 15 Alkaloiden, die bei den Erythroxylon-Arten nicht psychotrop wirksam sind und bei der Cocain-Gewinnung chemisch entfernt werden.

Bei **Cocain** mit der Summenformel $C_{17}H_{21}O_3N$ handelt es sich um einen dop- **1487**
pelten Methylbenzoylester des **Ecgonins** (chem. Bezeichnung (IUPAC): 3β-Hy- *

---

[81] Zum Preisverfall auch bei Cocain vgl. 3.1.5, Rdnr. 1594.
[82] Derzeit scheinen Cannabis-Konsumenten und Konsumenten von „Disko-Drogen" eher zu (billigeren) Weckaminen zu tendieren, vgl. 3.2.4.2, Rdnr. 1813, und 3.2.4.5, Rdnr. 1910 f.
[83] Zum „Crack"-Rauchen näher 3.1.5, Rdnr. 1624-1637. Zur Entwicklung des „Crack"-Missbrauchs in den USA vgl. 3.1.5, Rdnr. 1624 und 1633.
[84] Zu Veränderungen im Konsumverhalten vgl. auch 2.1.2, Rdnr. 1028. Zur Entwicklung des „Crack"-Missbrauchs in Deutschland vgl. auch 3.1.5, Rdnr. 1636 f.
[85] Zum „free basing" vgl. 3.1.5, Rdnr. 1618-1623.
[86] Zur Abhängigkeit der Wirkstoffkonzentration von den klimatischen Verhältnissen vgl. 3.1.1, Rdnr. 1409. Zur Cocain-Gewinnung über Ecgonin vgl. 3.1.1, Rdnr 1412-1414.

droxytropan-2β-carbonsäure; Summenformel: $C_9H_{15}O_3N + H_2O$); Ecgonin selbst ist ein Derivat des **Tropan-3β-ol**[87].

Cocain trägt daher die chem. Bezeichnung (IUPAC): Methyl-[3β-(benzoyloxy)-tropan-2β-carboxylat]. Das Ecgonin ist also an der Säuregruppe mit Methylalkohol (CH_3OH) und an der alkoholischen OH-Gruppe mit Benzoesäure (C_6H_5COOH), bei der javanischen Varietät mit Zimtsäure, verestert. Die übliche chemische Kurzbezeichnung lautet demnach: **Benzoylecgoninmethylester**.

1488 Charakteristisch ist hierbei der allen **Tropanen** gemeinsame **Piperidin**-Ring[88].
*

1489 Aufgrund dieses Tropan-Anteils im heterocyclischen Molekül weist das Cocain
* eine gewisse chemische Verwandtschaft zu den **Solanaceen-(Tropan-)Alkaloiden** auf, dagegen nicht mehr das aus dem Cocain abgeleitete **Procain** (INN; chem. Bezeichnung (IUPAC): 2-Diethylaminoethyl-4-aminobenzoat oder: 4-Aminobenzoesäure-(2'-diethylaminoethyl)ester) und die anderen **vollsynthetischen Lokalanästhetica**;

Strukturformeln:

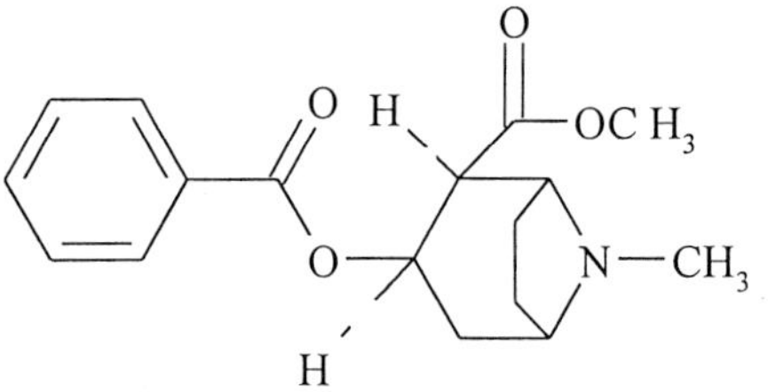

Cocain

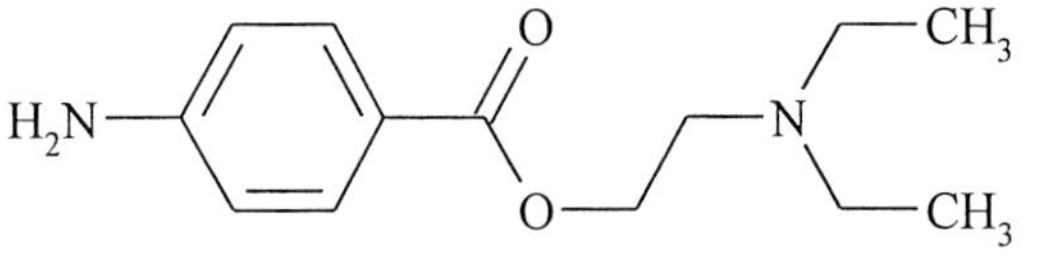

Procain

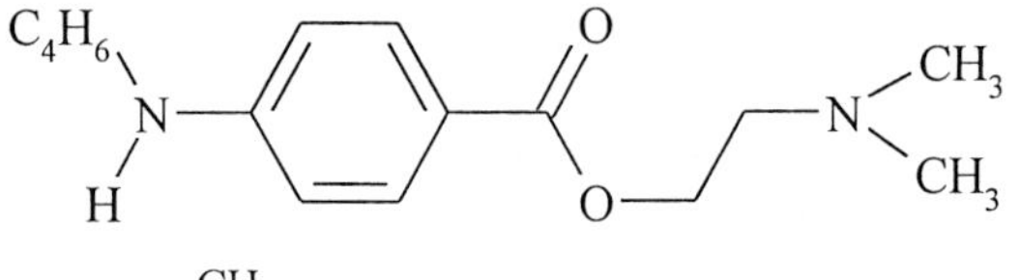

Tetracain

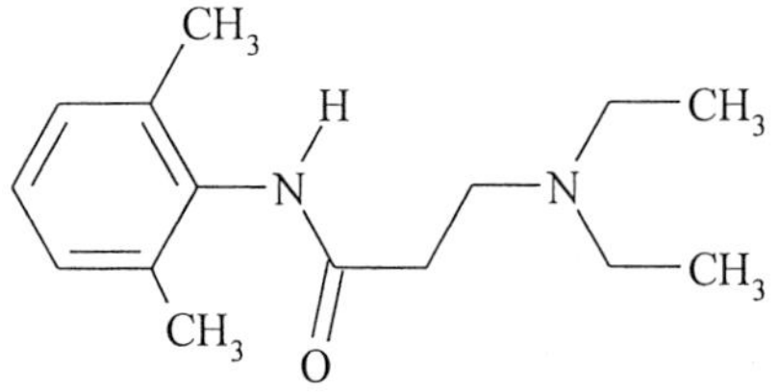

Lidocain

---

[87] Vgl. bei den Tropanen 1.2.2.2, Rdnr. 504-508, sowie zu den Strukturformeln des Ecgonins und des Cocains im Vergleich zu den Tropanester-Alkaloiden 1.2.2.2, Rdnr. 509.
[88] Zu den Piperidinen vgl. auch 4.2.2, Rdnr. 2094.

3.1 Cocain

Ihrerseits ist Cocain, Procain, Tetracain und Lidocain folgendes Schema gemeinsam: **Aromatischer** (lipophiler) Rest - **Zwischenkette** (elektronegative Bindegruppe wie basische Ester) - **Amino-Gruppe** (hydrophiler Rest). 1490 * #

Dies lässt Rückschlüsse auf eine gewisse **Struktur-Wirkungs-Beziehung** hinsichtlich der **lokalanästhetischen** Eigenschaft zu. Auffallend ist auch die gemeinsame sekundäre oder tertiäre Amino-Gruppe und das Vorhandensein polaren Carboxy-Sauerstoffs.

Gleichwohl besitzen auch **andere**, nicht dieser Struktur unterliegende Verbindungen lokalanästethische Nebenwirkungen[89]. 1491 * #

Ausschlaggebend ist hier wahrscheinlich die chemisch-physikalische Eigenschaft der entsprechenden Substanzen, durch die eine (vorwiegend **hydrophobe**) **Bindung** an Proteinketten oder Membranlipide ermöglicht wird[90].

Aufgrund eines asymmetrischen C-Atoms weist Cocain, wie viele andere Rauschdrogen pflanzlichen Ursprungs[91], eine **Spiegelbildisomerie** auf, wobei meist die psychotrop wirksame linksdrehende Form (**L-Cocain**) in der natürlichen Blattdroge vorkommt[92]. 1492 *

Als **Nebenalkaloide** sind von den z.Zt bekannten 15 besonders das cis- und trans-Cinnamoylcocain (syn. Cinnamylcocain), bei dem die Benzoegruppe des Cocains durch eine Cinnamylgruppe ersetzt ist, das insbesondere im Java-Coca[93] vorkommende Tropacocain, das Methylecgonin, das α- und β-Truxillin (Isopropylcocain), bei dem die Hydroxylgruppe des Ecgonins durch Truxillsäure verschlossen ist, und das Hygrin (ein Pyrrolidin-Alkaloid wie etwa auch das Nicotin)[94] zu nennen. 1493 *

Die **bolivianische** Coca hat bei einem Gesamtalkaloidgehalt von meist 0,7-0,9 Gew.-% Cocain als Hauptalkaloid, während bei der **javanischen** Varietät mit einem Gesamtalkaloidgehalt von bis zu 2,5 % Cinnamoylcocain vorherrscht. 1494

Außerdem enthalten die Cocablätter **Vitamine** und Spurenelemente wie Calcium, Eisen und Phosphor, die bei einem durchschnittlichen Konsum von ca. 50 g der Blattdroge täg- 1495

---

[89] Vgl. z.B. beim Yohimbin 1.2.3.6, Rdnr. 756, und beim Kavain 2.2, Rdnr. 1377 f.
[90] Näher zur Wirkungsweise der Lokalanästhetica 3.1.4, Rdnr. 1573-1577.
[91] Vgl. etwa zur Stereoisomerie beim Morphin 2.1.3, Rdnr. 1066. Bei vielen Alkaloiden, wie den Opium-Alkaloiden, ist die linksdrehende Form wirksamer, vgl. 2.1.3, Rdnr. 1006.
[92] Vgl. auch zur vollsynthetischen Cocain-Herstellung 3.1.1, Rdnr. 1428.
[93] Zu Erythroxylon javanense vgl. 3.1.1, Rdnr. 1408, und 3.1.3, Rdnr. 1487.
[94] Vgl. auch zu den Kava-Inhaltsstoffen 2.2, Rdnr. 1372.

lich[95] durchaus den Bedarf der Indios hieran zu decken vermögen. Der teeartige "**Maté de Coca**" wird in Bolivien u.a. zur Blutdruck- und Verdauungsregulierung getrunken.

1496 Reines **Cocain**[96] ist ein bitter schmeckendes, säulenförmigkristallines Pulver, das in Ether, Chloroform und Alkohol, weniger gut in Wasser löslich ist.

Zur vollständigen Lösung von 1 g Cocain benötigt man 10 g Alkohol oder 700 g Wasser.

1497 Mit Salzsäure zu einer Salzverbindung umgewandelt, bildet **Cocain-HCl** die als "Schnee" bezeichneten, geruchslosen weißen, flockig-durchscheinenden **Kristalle**.

Der Schmelzpunkt dieser Verbindung liegt zwischen 100° C (Cocain-Base) und knapp 200° C (Cocain-HCl), je nach dem Grad der Verunreinigung. Cocain-HCl löst sich bereits zur Hälfte seines Gewichts in Wasser, in Ether ist es unlöslich.

1498 Hochwertiges peruanisches oder bolivianisches Cocain kann auch einen leicht gelblichen Farbstich haben und wird dann als "**flakes**" (Flocken) bezeichnet im Gegensatz zum brockenförmigen Rock-Cocain[97].

1499 Nachdem die **medizinische** Verwendtbarkeit des Cocains erkannt worden war[98], wurde es zunächst im Hinblick auf seine **anästhesierende** Wirkung auf **Schleimhäute** und **Wunden** in vielfacher Hinsicht therapeutisch eingesetzt.

1500 Im Rahmen einer **Oberflächenanästhesie** bei kleineren Augenoperationen erfolgt die
Resorption durch die Augenschleimhäute und führt durch Reizung der sympathischen Nervenendigungen[99] zu einer Erweiterung der Pupille (Mydriasis) bei gleichzeitiger Gefäßverengung und Anämisierung des Gewebes ohne Erhöhung des intraokularen Drucks. Gleiches gilt für eine Anwendung in der Nase (**Schleimhautanästhesie**).

1501 Im Rahmen der **Leitungsanästhesie** wird eine schwache Cocain-Lösung direkt in den Rückenmarkskanal eines Patienten gespritzt[100], wodurch sämtliche Körperteile unterhalb der Gürtellinie unempfindlich werden und operiert werden können. Als "**Lumbal-Anästhesie**" wird eine ähnliche Methode noch heute angewendet, allerdings mit dem weit weniger gefährlichen und länger wirkenden Novocain.

---

[95] Zu den von der Blattdroge im Durchschnitt konsumierten Mengen vgl. 3.1.2, Rdnr. 1448. Vgl. hierzu auch Rdnr. 1454.
[96] Zur Herstellung con Cocain-Base und Cocain-HCl vgl. 3.1.1, Rdnr. 1415-1425. Zu Cocain-Lösungen vgl. u.a. 3.1.2, Rdnr. 1465, sowie 3.1.5, Rdnr. 1610 und 1618 f.
[97] Näher zum Rock-Cocain (Stein) 3.1.5, Rdnr. 1590, und 3.1.1, Rdnr. 1423.
[98] Zum Geschichtlichen vgl. 3.1.2, Rdnr. 1436-1440.
[99] Zur Wirkungsweise der Lokalanästhetica vgl. 3.1.4, Rdnr. 1575-1577; vgl. auch 3.1.4, Rdnr. 1522. Zur Gefährlichkeit vgl. 3.1.7, Rdnr. 1665 FN 327.
[100] Vgl. auch zur spinalen Opiatanalgesie 2.1.4, Rdnr. 1139 FN 241.

Mittlerweile ist das Cocain weitgehend durch eine Reihe **vollsynthetischer Lo-** 1502
kalanästhetica vom Ester- bzw. Amin-Typ ersetzt worden, welche als Oberflächen-, Infiltrations- oder Leitungsanästhetica eingesetzt werden.

Zu nennen ist hier in erster Linie das bereits erwähnte **Procain** (Novocain)[101], das **Ben-** 1503
zocain oder Ethoform (INN; chem. Bezeichnung (IUPAC): Ethyl-p-aminobenzoat oder: p- *
Aminobenzoesäureethylester; Anaesthesin), das **Tetracain** (INN; chem. Bezeichnung
(IUPAC): 2-Dimethylaminoethyl-4-butylaminobenzoat; Oto-Flexiole N)[102], das **Mepivacain** (INN; chem. Bezeichnung (IUPAC) : (RS) -1,2', 6'-Trimethylpiperidin-2-carboxanilid;
Meaverin, Scandicain) und das **Lidocain** (INN; chem. Bezeichnung (IUPAC): 2-Dimethylamino-2'6'-dimethylacetanilid; Xylocain)[103]. Chemisch haben sie zum großen Teil trotz ihres auf Cocain sich beziehenden Namens mit diesem nicht mehr viel zu.tun.

Am bekanntesten aus dieser Gruppe ist das kurz wirkende **Procain**, das, häufig mit 1504
Adrenalin-Zusatz, zur Lokalanästhesie und Neuraltherapie ins Gewebe injiziert wird, wo es
lokal die Weiterleitung der Nervenimpulse blockiert, während **Lidocain** als länger wirkendes Oberflächenanästheticum genutzt wird.

Die stark **gefäßverengende** und gleichzeitig **lokalanästhesierende** Wirkung des Co- 1505
cains wird allerdings von keiner dieser Substanzen erreicht. Daher ist eine Anwendbarkeit
des Cocains nach wie vor gelegentlich gegeben, soweit es bei kleineren Operationen etwa
im Hals-Nasen-Bereich neben einer Oberflächenanästhesie auf eine gleichzeitige Blutleere
(Anämisierung infolge Gefäßverengung) der betreffenden Region ankommt. Die **therapeutische Einzeldosis** beträgt hierbei wenige Tropfen einer 2-20 %igen Cocain-Lösung.

Aufgrund dieser weiterhin gegebenen therapeutischen Verwendtbarkeit zählt 1506
(-)-Cocain nach Anl. III zum BtMG 1994 zu den verkehrs- und verschreibungs- §
pflichtigen Btm, während **D-Cocain** aufgrund der 4. BtMÄndV mit Wirkung ab
dem 23.1.1993 Anl. II unterstellt wurde, jeweils ohne Zulassung besonders ausgenommener Zubereitungen.

Nach der durch die 15. BtMÄndV geänderten **BtMVV** darf der Arzt für seinen Praxis- 1507
bedarf **Cocain** bei Eingriffen am Kopf als Lösung bis zu einem Gehalt von 20 % oder als §
Salbe bis zu einem Gehalt von 2 % bis zur Menge seines durchschnittlichen Zweiwochenbedarfs verschreiben.

Wird Cocain im Sport zu **Doping-Zwecken** verabreicht, handelt es sich unabhängig von 1508
einer Verschreibungsfähigkeit seit dem 11.9. 1998 hierbei um einen gemäß § 6 a AMG ver- §
botenen Doping-Wirkstoff[104]; unabhängig von einem Verstoß gegen das BtMG kann das
Verabreichen gemäß § 95 Abs. 1 Nr. 2 a AMG strafbar sein.

Während nach dem Übereinkommen von 1988 das Cocablattkauen in Peru, Ko- 1509
lumbien und Bolivien nicht untersagt ist, sind demgegenüber bei uns **Cocablät-** §

---

[101] Zum Procain, auch zur Strukturformel, vgl. 3.1.3, Rdnr. 1489.
[102] Zur Strukturformel des Tetracain vgl. 3.1.3, Rdnr. 1489.
[103] Zur Strukturformel des Lidocain vgl. 3.1.3, Rdnr. 1489.
[104] Zum Cocain-Missbrauch zu Doping-Zwecken vgl. 3.1.2, Rdnr. 1442 und 1473, sowie
3.2.4.2, Rdnr. 1803.

ter[105] nach Anl. II zum BtMG 1994 verkehrsfähige, aber nicht verschreibungsfähige Btm.

Das gleiche gilt für das u.a. bei der vollsynthetischen Herstellung von Cocain[106] als Zwischenprodukt anfallende bzw. als Abbauprodukt auftretende[107] **Ecgonin**.

1510 Die zur illegalen Cocain-Gewinnung benötigten **Grundstoffe Aceton** und **Ethylether**[108]
§ sind zwar in Anl. Tab. II der Übereinkommens von 1988 aufgeführt. Mit der Begründung, die diesbezüglichen Überwachungsmaßnahmen bei uns reichten aus, wurden sie jedoch lange Zeit, wie andere, ebenfalls zur illegalen Drogenherstellung verwandte Basischemikalien[109], keiner staatlichen Kontrolle unterworfen. Insoweit wurde auf eine freiwillige Selbstkontrolle der Industrie gesetzt; einer der führenden Hersteller, die Fa. Merck in Darmstadt, verzichtete etwa freiwillig darauf (bei Lieferung in andere südamerikanische Länder), Aceton nach Kolumbien zu liefern. In Umsetzung des Übereinkommens von 1988 erfolgte schließlich mit Wirkung ab dem 28.2.1994 durch ein entsprechendes Ausführungsgesetz in § 18 a BtMG und mit Wirkung ab dem 1.2.1995 in § 29 GÜG die Aufnahme eines strafbewehrten Verbots des Umganges (sofern sie zur unerlaubten Btm-Herstellung verwandt werden sollen) mit Aceton und Ethylehter, die ebenso wie **Kaliumpermanganat** (Kategorie 2), **Schwefel-** und **Salzsäure** sowie **Toluol** (sämtliche in Kategorie 3) der Grundstoffüberwachung unterliegen. 1999 erfolgte in Deutschland eine Einstellung der Produktion von Kaliumpermanganat.

1511 Da die euphorisierende Wirkung und damit das Suchtpotential der **vollsynthetischen Lokalanästhetica** gegenüber Cocain ungleich geringer bzw. überhaupt
§ nicht mehr gegeben ist, wurden sie auch nicht dem BtMG 1994 unterstellt.

1512 So ist etwa **Benzocain** als Oberflächenanästheticum auch in rezeptfreien Halstabletten
§ wie Flavamed enthalten. Bei den genannten Lokalanästhetica handelt es sich aufgrund der ArzneimittelV 1990 dann um **verschreibungspflichtige** Stoffe, wenn sie zur Anwendung am Auge bestimmt sind; gleiches gilt generell für Lidocain und seine Salze. Soweit eine Verschreibungspflichtigkeit besteht, kann ein Vertrieb außerhalb einer Apotheke nach § 95 Abs. 1 Nr. 4 AMG strafbar sein.

1513 Werden Lokalanästhetica im Sport zu **Doping-Zwecken** verabreicht, handelt es sich zudem unabhängig von einer Verschreibungspflichtigkeit seit dem 11.9.1998 um gemäß § 6 a
§ AMG verbotene Doping-Wirkstoffe[110]; eine Strafbarkeit kann nach § 95 Abs. 1 Nr. 2 a AMG begründet sein.

---

[105] D.h. die Pflanze und Pflanzenteile der zur Art Erythroxylon coca gehörenden Pflanzen einschließlich der Varietät bolivianum, spruceanum und novogranatense, vgl. auch die Begriffsbestimmungen 3.1.1, Rdnr. 1403 f.
[106] Vgl. zur Cocain-Herstellung 3.1.1, Rdnr. 1413 und 1427, sowie 3.1.3, Rdnr. 1487.
[107] Zur Metabolisierung vgl. 3.1.4, Rdnr. 1552, sowie 3.1.6, Rdnr. 1648.
[108] Vgl. 3.1.1, Rdnr. 1422. Aceton ist aber Grundstoff u.a. auch für Nagellackentferner, vgl. 4.5.4, Rdnr. 2502 und 2532.
[109] Ähnlich EA, näher hierzu und zum GÜG: 2.1.3, Rdnr. 1096-1099.
[110] Zu den Doping-Wirkstoffen näher 3.2.4.2, Rdnr. 1800-1806.

3.1.4 Wirkung und Wirkungsweise

Was zunächst die **zentralerregende, physiologische** Wirkung des Cocains betrifft, so kann sie generell damit charakterisiert werden, dass sie, wenn auch zeitlich begrenzt, "Unerträgliches erträglich macht". 1514

Insbesondere die Indios versetzen sich durch das Kauen der **Blattdroge**[111] in die Lage, die größten Strapazen bis zur völligen physischen **Erschöpfung** ohne Anzeichen von Schlafbedürfnis, Hunger und Durst (**anorektische Wirkung**) zu bewältigen[112]. Wegstrecken werden daher von ihnen z.T. auch nach Coca-Rationen gemessen. 1515

Da eine direkte Wirkung der Blattdroge auf die Skelettmuskulatur nicht festgestellt werden konnte, beruht dieser Effekt wohl weitgehend auf einer **Stimulation** der **Atmungsorgane** sowie auf einer **psychomotorischen** Stimulation[113], die allerdings derart intensiv zu sein scheint, dass die körperlichen Leistungsreserven bis zur völligen Erschöpfung ausgebeutet werden können. 1516

Durch Verengung der peripheren Blutgefäße (**Vasokonstriktion**)[114] und Anregung des **Wärmeregulationszentrums** im Diencephalon wird zudem der Wärmehaushalt beeinflusst, was die Widerstandskraft insbesondere in Hochgebirgslagen stärkt und die Höhenkrankheit „Soroche" überwinden hilft. Eine Erklärung für die gleichzeitige Verminderung des **Hungergefühls** dürfte neben einer Einwirkung auf den Hypothalamus[115] mit darin zu sehen sein, dass beim Kauen der Cocablätter die Schleimhäute des Mundes betäubt werden. 1517

Das "göttliche Blatt" verschafft dabei einen **milden Dauerrausch** ohne "high"[116], dürfte von den Indios daher in erster Linie seiner stimulierenden Wirkung wegen konsumiert werden, daneben aber auch als Tonicum und aphrodisierendes Mittel. 1518

Hierzu dürfte beitragen, dass das beim **Cocablattkauen** freigesetzte Cocain durch den Zusatz der alkalischen Substanzen (Pottasche, Kaliumcarbonat) bereits während des Kauens weitgehend zu **Ecgonin** abgebaut wird[117].

Eingehendere Untersuchungen zu den körperlichen und insbesondere den psychischen Wirkungen der natürlichen Blattdroge fehlen, die bisher vorliegenden sind teilweise sehr widersprüchlich. Die im folgenden wiedergegebenen Erkennt- 1519

---

[111] Zum Cocaismus vgl. 3.1.2, Rdnr. 1445-1449, sowie 1454, und 3.1.3, Rdnr. 1495, 1509. Zum Vorgang des Cocablatt-Kauens vgl. 3.1.5, Rdnr. 1583.
[112] Vgl. auch 3.1.2, Rdnr. 1477. Vergleichbare Wirkungen sind auch bei anderen biogenen Rauschdrogen mit einer zentral-stimulierenden Wirkungskomponente gegeben: vgl. z.B. beim Ibogain 1.2.3.7, Rdnr. 770, sowie beim Arecolin 3.2.3, Rdnr. 1775.
[113] Zu weiteren psychomotorischen Stimulantia vgl. 4.3.1, Rdnr. 2116-2134.
[114] Zur gefäßverengenden Wirkung vgl. auch 3.1.3, Rdnr. 1500 und 1505.
[115] Vgl. hierzu 3.1.4, Rdnr. 1548.
[116] Zum Ausdruck „high" vgl. beim Heroin 2.1.4, Rdnr. 1127; vgl. auch 3.1.5, Rdnr. 1603 f.
[117] Näher hierzu 3.1.4, Rdnr. 1551-1553.

nisse beziehen sich daher fast ausschließlich auf Erfahrungen, die mit dem in Nordamerika und in Europa konsumierten **Cocain-HCl** gesammelt wurden.

1520 Generell kann die Wirkung jedoch sowohl bei der natürlichen Blattdroge als
auch beim isolierten Cocain als **sympathomimetisch**[118] charakterisiert werden.

1521 In **körperlicher** Hinsicht kommt es nach der Einnahme geringer bis **mittlerer Cocain-Dosen** von 20-50 mg bei oraler bzw **nasaler** Anwendung[119] im Zuge einer **akuten Cocain-Intoxikation** (ICD-10 F 14.0) zu **vegetativen Nebenwirkungen**, die **anticholinergen** Atropin-Wirkungen gleichen und u.a. in einer anfänglichen Bradykardie, gefolgt von einer Beschleunigung des Pulses (Tachykardie) sowie einer verstärkten Darmbewegung bestehen. Blutdruck, Körpertemperatur, Blutzuckerspiegel und Atemfrequenz werden angehoben, häufig bei gleichzeitigem subjektiven Kältegefühl. Es kann zu Herzrhythmusstörungen kommen. Wie beim Kauen der natürlichen Blattdroge werden auch bei Aufnahme von Cocain-HCl die peripheren **Blutgefäße verengt**. Das Schlafbedürfnis ist vermindert, es kommt zur **Vigilanz**, verbunden mit Rastlosigkeit und dem Bedürfnis nach körperlicher Bewegung (**Hyperkinese**)[120].

Infolge der relativ geringen **HWZ** von etwa 2,8 h im Plasma wird eine kardiozirkulatorische oder respiratorische Insuffizienz jedoch meist schnell überwunden.

1522 Bei **i.v. Injektion** kann eine **Totalanalgesie** eintreten. Hinzu kommen auch bei **nasaler** Aufnahme **Gangstörungen** und über eine Einwirkung auf den Sympathicus eine Erweiterung der Pupillen (**Mydriasis**) bei verlangsamter Pupillenreaktion (lichtstarr) mit der Folge, dass der Konsument nachts etwa von entgegenkommenden Fahrzeugen geblendet wird.

1523 Im Hinblick auf die zusätzlich gegebenen Konzentrations- und Aufmerksamkeitsstörun-
§ gen bei gleichzeitiger Enthemmung und erhöhter Risikobereitschaft ist insgesamt eine **Fahrsicherheit nicht** mehr gegeben. Bei der häufigen Kombination mit anderen, etwa sedierenden Wirkstoffen können sich zudem gegenläufige, additive oder völlig unvorhersehbare Reaktionen ergeben. Auch ohne dass eine Auffälligkeit im Straßenverkehr vorliegen muss, kann seit dem 1.8.1998 daher bereits der Nachweis von Benzoylecgonin im Blut[121], ohne Festlegung von Grenzwerten, nach § 24 a StVG als Ordnungswidrigkeit mit einem Bußgeld und Fahrverbot belangt werden.

---

[118] Näher zur spezifisch adrenergen Cocain-Wirkung 3.1.4, Rdnr. 1548-1572. Vgl. auch zu den sympathomimetischen Aminen 3.2.4.4, Rdnr. 1865-1897.

[119] Zur Cocain-Dosierung näher 3.1.5, Rdnr. 1596-1598. Zu den anticholinergen Atropin-Wirkungen vgl. 1.2.2.2, Rdnr. 520-524.

[120] Vgl. auch zum Bedürfnis zu tanzen u.a. nach „ecstasy"-Konsum 1.2.4.3, Rdnr. 861, und zum Cocain als „Disko-Droge" 3.1.2, Rdnr. 1482.

[121] Zur Nachweisbarkeit dieses Abbauproduktes (vgl. 3.1.4, Rdnr. 1563) mittels Drogenscreening im Blut vgl. 3.1.6, Rdnr. 1658. Zur eingeschränkten Fahrsicherheit vgl. auch beim Heroin 2.1.4, Rnr. 1129.

3.1 Cocain

Andere **sensomotorische** Wirkungen bestehen u.a. in migräneartigen Kopfschmerzen, kaltem Schweiß, Schüttelfrost und Gänsehaut, Überempfindlichkeit gegenüber Geräuschen (Hyperakusis), allgemeinem Schwindelgefühl und Zittern. Bei **hoher Dosierung** kann es zu Hyperreflexie, Konvulsionen und epileptoformen **Krämpfen**[122] kommen. Gelegentlich treten stereotype Verhaltensmuster auf. 1524

Die **psychischen** Wirkungen des Cocains bestehen bei **niedriger** bis **mittlerer Dosierung** unmittelbar nach der Einnahme zunächst darin, dass es zu einer **euphorischen** Grundstimmung[123] bei innerer Erregung und gelegentlichen tagtraumartigen Episoden kommt, begleitet von einem Gefühl gesteigerter **Energie** und **Kreativität**. 1525

Hierbei **dauert** es bei Resorption über die **Nasenschleimhaut** rund 3-5 min, bis der Fremdstoff auf das Gehirn wirkt, bei Injektion etwa 30-45 s, beim **Rauchen** reinen Cocains[124] dagegen nur etwa 6 s. Wie bei anderen Rauschdrogen wird die Resorptionsgeschwindigkeit demnach durch die Applikationsart bestimmt. 1526

Hiermit korrespondiert die **Intensität** der **Rauschwirkung**, die bei i.v. Injektion gegenüber der langsameren nasalen Aufnahme des Cocains schlagartiger und heftiger ist[125].

Während der etwa 10-45 min, durchschnittlich 30 min dauernden, stark **euphorischen Phase**[126] kommt es zu den als spezifisch für Cocain angesehenen Wirkungen: Depressionen werden vertrieben, Belastendes wird zwar nicht verdrängt, verliert aber seinen Stellenwert im Bewusstsein. Die **Kontakt-** und **Risikofreudigkeit** nimmt zu bei gleichzeitig gesteigertem **Aktivitätsdrang** und Omnipotenzphantasien[127]. Es kommt auch hier zu einem gesteigerten Wohlbefinden bis hin zu einem überwältigenden Gefühl des Eins-seins-mit-der-Welt[128]. Bei erhöhtem Selbstbewusstsein werden Hemmungen, auch sexueller Art, bis zur **Distanzlosigkeit** und **Aggressivität** abgebaut, die Libido gesteigert ("**Bordelldroge**"). Infolge ebenfalls gegebener **Affektlabilität** und **Reizbarkeit** bei gleichzeitig erhöhter Be- 1527

---

[122] Zur Erniedrigung der Krampfschwelle vgl. 3.1.4, Rdnr. 1549, und 3.1.7, Rdnr. 1666 f.
[123] Diese teilt Cocain mit einer Reihe anderer Rauschdrogen, z.B. Cannabis, vgl. 1.1.4, Rdnr. 118, sowie Morphin/Heroin vgl. 2.1.4, Rdnr. 1118 f., ohne jedoch deren reizabschirmende bzw. zur Apathie führende Wirkungskomponente aufzuweisen.
[124] Zum Cocain-Rauchen näher 3.1.5, Rdnr. 1612-1635.
[125] Vgl. auch zum „flash" nach Heroin-Injektion 2.1.4, Rdnr. 1126. Zur Cocain-Injektion vgl. 3.1.5, Rdnr. 1603-1608.
[126] Eine länger andauernde Wirkung soll ein Hinweis auf eine Streckung mit Amfetamin sein. Zur Wirkungsweise von Weckaminen vgl. 3.2.4.4, Rdnr. 1882.
[127] Eine objektive Leistungssteigerung, außer in körperlicher Hinsicht, ist jedoch nicht belegbar. Zu Omnipotenzphantasien unter Einfluss von Schnüffelstoffen vgl. 4.5.4, Rdnr. 2537.
[128] Zu vergleichbaren Erfahrungen vgl. z.B. 1.1.4, Rdnr. 136.

reitschaft, sich zur Wehr zu setzen, kann diese Stimmung bei als feindselig empfundenen Bewegungen, Reaktionen usw. jedoch unvermittelt umschlagen.

1528 Der Rededrang ist gesteigert (**Logorrhoe**)[129] bei gleichzeitigem Gefühl schnelleren Gedankenflusses und geistreicher **Schlagfertigkeit** (allerdings meist einhergehend mit abnehmender Fähigkeit zu kritischer Distanz).

Vor allem diese Wirkung war es wohl, die immer wieder **Künstler** und Intellektuelle wie Gottfried Benn und Jean Cocteau dazu gebracht hat, sich mit der Droge, die das "Gehirn aufreißt", einzulassen[130]; der Konsument wirkt aufgekrazt bis **exaltiert**.

1529 Der "user" hat bei häufig versöhnlicher, nicht problembelasteter Stimmungslage sowie gleichzeitiger **Kritik-** und **Urteilsschwäche** bei Verkennung der Umwelt die Illusion, die Dinge besser unter Kontrolle zu haben und die von der Gesellschaft erwarteten **Leistungen** erbringen zu können. Cocain ist auch aus diesem Grund bei Konsum in der HCl-Form ("Pulver-Cocain"), jedenfalls bislang, weniger die Droge der "drop outs" als vielmehr die der **Aufsteiger** und Arrivierten[131].

1530 Da Cocain-HCl jedoch geeignet ist, **Entzugserscheinungen** bei Morphin- und **Heroin-Abhängigen** zu **unterdrücken**[132], wird es auch von "junkies" teils als Ausweichmittel, teils in **Kombination** mit Heroin und/oder Amfetaminen genommen (ein vergleichbarer hirnphysiologischer Wirkungsmechanismus beinhaltet eine gewisse Austauschbarkeit der Drogen).

1531 Das veränderte Konsumverhalten führte so ab Mitte der 1990er Jahre zunehmend zu einer **Verwischung** der **Grenze** zwischen den Opioid- und den Cocain-Konsumenten, zumal das aufkommende **"Crack"-Rauchen** eine eher von "junkies" praktizierte Konsumform darstellt und umgekehrt der Kokainist gelegentlich zu Heroin greifen kann, um den unangenehmen Depressionen nach Abklingen des Cocain-"trips" zu entgehen.

---

[129] Zur Beeinflussung u.a. der Formatio reticularis vgl. 3.1.4, Rdnr. 1548. Hierbei handelt es sich um regelmäßig bei „Disko-Drogen" anzutreffende Merkmale, vgl. beim „ecstasy" 1.2.4.3, Rdnr. 848, sowie bei den Weckaminen 3.2.4.4, Rdnr. 1767 und 1871 f.

[130] Vgl. auch zum „Club des Haschischins" vgl. 2.1.2, Rdnr. 983, sowie zum Geschichtlichen 3.1.2, Rdnr. 1443.

[131] Zur Veränderung im Konsumverhalten hinsichtlich Heroin und Cocain vgl. 2.1.2, Rdnr. 1028. Vgl. auch zum Geschichtlichen 3.1.2, Rdnr. 1472 und 1481-1485.

[132] Ebenso wie „speed", vgl. 3.2.4.5, Rdnr. 1905. Vgl. etwa zum Captagon 3.2.4.5, Rdnr. 1904 f. Zum Einsatz von Cocain in der Therapie des Morphinismus vgl. 3.1.2, Rdnr. 1440. Zum Beigebrauch von Cocain bei einer Methadon-Substitutionsbehandlung vgl. 2.1.7, Rdnr. 1322 (die Zunahme des Cocain-Missbrauchs dürfte z.T. auf den Beikonsum von Substituierten zurückzuführen sein). Umgekehrt kann es zu einem Heroin-Missbrauch seitens Cocain-Abhängiger kommen, vgl. 3.1.5, Rdnr. 1606, 1608 und 1630, sowie 3.1.7, Rdnr. 1690 und 1700.

3.1 Cocain

Jedenfalls bezüglich des herkömmlichen Kokainisten, der die Droge schnupft, besteht jedoch nach wie vor eine gewisse **Trennung** der **Konsumentenkreise**. Während der Opioid-Abhängige meistens sein einsames, wunschloses "Opium-Nirwana" anstrebt, steht beim Kokainisten regelmäßig der Wunsch nach sozialer Anerkennung, Geselligkeit und vermehrtem Antrieb im Vordergrund. Er strebt daher das dem eigentlichen Rauschstadium vorgelagerte euphorische Stadium an und versucht mit manchmal missionarischem Eifer auch andere zum Cocain-Konsum zu "bekehren" (Proselytentum)[133]. **1532**

Bei **erstmaliger** Einnahme können jedoch an Stelle der erhofften Euphorie paranoide **Angstzustände** überwiegen[134]. Erst nach mehrmaligem Konsum wird die Droge dann als Genuss empfunden; dann ist jedoch häufig bereits eine psychische Abhängigkeit eingetreten. **1533**

Die psychische Cocain-Wirkung ist hierbei, jedenfalls bei geringer bis mittlerer Dosierung, in ebenso großem Maße wie bei Cannabis und den echten Halluzinogenen[135] generell abhängig von der individuellen **Drogenerfahrung**, Erwartungshaltung, Stimmungslage und Umgebung (**set** und **setting**). **1534**

Bemerkenswerterweise soll es dagegen bei Patienten mit **endogenen Psychosen** nicht zu einer euphorisierenden Wirkung kommen. **1535**

An das euphorische Eingangsstadium schließt sich das eigentliche **Rauschstadium** an, das durch das Abklingen der positiv gefärbten Empfindungen und dem Einsetzen mehr **angstgetönter** Erlebnisinhalte, als **unangenehm** empfundene **Erregungszustände** sowie **illusionäre** Verkennungen alltäglicher Reize, auf die im übrigen vermindert reagiert wird, charakterisiert wird. **1536**

Demgegenüber sind **Bewusstseinstrübung** und Benommenheit, soweit sie vorkommen, weniger ausgeprägt[136]. **1537**

Das **eigenbezügliche** Denken und Erleben steht in dieser Phase im Vordergrund; ein adäquates Erfassen von Außenreizen ist nicht mehr möglich. **1538**

So bezieht der unter Cocain-Einfluss Stehende Ereignisse seiner Umwelt auf sich und empfindet sie als **bedrohend**, die objektiv nichts mit ihm zu tun haben; er glaubt häufig, dass über ihn gesprochen werde, man über ihn "Bescheid wisse" und hört Stimmen. Diese **paranoid** gefärbten **Erlebnisbeziehungen** zur Umwelt können unberechenbare und teilweise massive **aggressive Reaktionen** zur Folge haben.

Taktile Sinnestäuschungen wie Hautkribbeln (das Empfinden von "**Cocain-Tierchen**", häufig Insekten wie Käfer, oder "-Kristallen" unter der Haut) und ein **1539**

---

[133] Vgl. auch zum „Sniffen" von Heroin 2.1.5, Rdnr. 1224, und 3.1.5, Rdnr. 1610.
[134] Wie z.B. auch bei den Cannabis-Produkten, vgl. 1.1.4, Rdnr. 145 und 154, oder Weckaminen, vgl. 3.2.4.4, Rdnr. 1877.
[135] Vgl. hierzu etwa beim LSD-25 1.2.1.1.4, Rdnr. 344.
[136] Vgl. auch die Vorbem. zu den echten Halluzinogenen 1.2, Rdnr. 267.

Kältegefühl im Gesicht sind als charakteristisch für dieses Rauschstadium oft beschrieben worden[137] sie können leicht in eine **Intoxikationspsychose** münden[138].

1540 Daneben kann es auch zu **Synästhesien** und **optischen Halluzinationen** kommen, die jedoch zumeist als **unechte** Halluzinationen anzusehen sind, da es wie bei Cannabis[139] nicht zu schweren Bewusstseinsstörungen mit späteren Erinnerungslücken ("Filmriss") kommt[140].

1541 Bei häufigerer Cocain-Einnahme wurde das Auftreten von elementaren optischen Halluzinationen (**Photopsien**), insbesondere von Lichtblitzen ("**snow lights**", "Schnee-Effekt") und von Schwierigkeiten beim Binokularsehen[141] berichtet.

1542 Bei **hohen Dosen** überwiegen ganz allgemein die (**echten**) **Halluzinationen**; es kann zu einer vorübergehenden **exogenen Psychose** mit fast immer ausgeprägt **paranoiden** Zügen kommen[142].

Sehr hohe Dosen haben überhaupt eine **umgekehrte** Wirkung: Sie rufen neben Euphorie vor allem Angst hervor und die anfängliche Geselligkeit weicht einer Einschränkung der sozialen Kontakte.

1543 Der Cocain-Rausch klingt etwa 1-2 h nach der Einnahme in einem **depressiven Stadium** mit Schuldgefühlen aus, das von körperlicher Niedergeschlagenheit und psychischer Erschöpfung (dem Gefühl, "ausgepowert" zu sein), Kopfweh, Erbrechen und dem Gefühl vermehrten Schlafbedürfnisses, bei gleichzeitiger Unfähigkeit zu schlafen, begleitet ist. Die Reaktionen sind deutlich verlangsamt.

1544 Dieser von **Missmut** und **Antriebslosigkeit** gekennzeichnete, gelegentlich stuporöse Zustand bedingt häufig das Bedürfnis nach einer **erneuten Cocain-Zufuhr**, um den Zustand des Wohlbefindens wiederzuerlangen[143], was mit der **Dopamin-Abnahme** im limbischen System zusammenhängen kann[144].

---

[137] Zu Mikrohalluzinationen im Amfetamin-Rausch vgl. 3.2.4.7, Rdnr. 1952, im Lösungsmittel-Rausch vgl. 4.5.4, Rdnr. 2539 f.
[138] Zu akuten Psychosen infolge Cocain-Konsums näher 3.1.7, Rdnr. 1694.
[139] Vgl. zu den Pseudohalluzinationen beim Cannabis 1.1.4, Rdnr. 124 und 129.
[140] Wie sie bei echten Halluzinogenen auftreten können, vgl. etwa beim Scopolamin 1.2.2.2, Rdnr. 527.
[141] Zu Akkommodationsstörungen unter Atropin-Einfluss vgl. 1.2.2.2, Rdnr. 463.
[142] Zu den akuten Psychosen unter Cocain-Einfluss näher 3.1.7, Rdnr. 1694.
[143] Zu vergleichbaren Auswirkungen chronischen Amfetamin-Missbrauchs vgl. 3.2.4.4, Rdnr. 1879-1881. Z.T. werden Antidepressiva eingenommen, vgl. 4.3.3, Rdnr. 2158.
[144] Näher hierzu 3.1.4, Rdnr. 1569.

3.1 Cocain

So unternehmen Kokainisten zuweilen "trips", die mehrere Tage dauern können ("**coke binges**")[145], und in deren Verlauf die Droge so oft wie möglich (gegebenenfalls alle 15 min), u.U. intravenös, aufgenommen wird, zuletzt in Einzeldosen von weit über 50 mg[146], wobei es immer schwieriger wird, ein euphorisches Stadium zu erreichen, während zugleich die depressive Phase immer ausgeprägter wird.

Schließlich kann es zum "Cocain-Kater" ("**post coke blues**") und totalen körperlichen **Zusammenbruch** kommen: Der Atem wird keuchend, die Pupillen erweitern sich extrem, es kommt zu Anfällen von Wahnvorstellungen mit Todesangst, gelegentlich auch Suizidversuchen; die subjektive Empfindung, dass etwas nicht stimmt und der persönliche Untergang bevorsteht, kann einem Kreislaufkollaps vorangehen. 1545

Während Alkohol etwa 6mal stärker auf das Gehirn als auf das **periphere Nervensystem** einwirkt, ist dies bei Cocain genau umgekehrt. 1546 #

Cocain wird zwar von der intakten Oberhaut des Menschen nicht resorbiert, kam jedoch insbesondere wegen seiner **betäubenden** Wirkung auf die freien Nervenendigungen der **Schleimhäute**[147] und **Wundflächen** zu seiner lokalanästhetischen Bedeutung. Ebenso kann aber auch die Resorption als Rauschdroge über die Schleimhäute[148] erfolgen; gleichzeitig werden hierdurch die **taktilen Sinnestäuschungen**[149] im Cocain-Rausch erklärbar. Die Geschmacksnerven auf der Zunge werden empfindungslos[150], die Temperaturrezeptoren gelähmt.

Die weiteren durch Cocain hervorgerufenen **vegetativen Nebenwirkungen** wie Pupillenerweiterung, Pulsbeschleunigung und verstärkte Darmbewegungen[151] gleichen hingegen den anticholinergen Atropin-Wirkungen[152] oder jenen einer Schilddrüsenüberfunktion. 1547 #

Die **stimulierende**, spezifisch **adrenerge**[153] Cocain-Wirkung auf das Gehirn selbst dürfte in den Zellen des Cortex beginnen und dann abwärts ausstrahlen. Auswirkungen erfolgen auf die 1548 #

---

[145] Vgl. auch zum „Crack"-Rauchen 3.1.5, Rdnr. 1631 sowie Rdnr. 1620.
[146] Zu den Dosissteigerungen näher 3.1.5, Rdnr. 1596-1598.
[147] Etwa der Augenschleimhäute, vgl. 3.1.3, Rdnr. 1500.
[148] Insbesondere über die Nasenschleimhaut beim Cocain-Schnupfen, vgl. 3.1.5, Rdnr. 1586.
[149] Zu den Mikrohalluzinationen vgl. 3.1.4, Rdnr. 1539, und 3.1.7, Rdnr. 1694.
[150] Vgl. auch zum „Zungentest" 3.1.6, Rdnr. 1639.
[151] Näher zu den physischen Cocain-Wirkungen 3.1.4, Rdnr. 1521 f.
[152] Zu diesem Parasympatholyticum vgl. 1.2.2.2, Rdnr. 513-526 (insbes. 517-523).
[153] Die Cocain in dieser Form eigentlich nur mit den Weckaminen gemeinsam hat, vgl. 3.2.4.4, Rdnr. 1865, 1884 und 1889-1897. Vgl. aber auch zur Einwirkung u.a. des zentral-stimulierenden Ibogains auf die Formatio reticularis 1.2.3.7, Rdnr. 765 f.

- **Großhirnrinde**, die für die höheren Gehirntätigkeiten wie die Erinnerung und das logische Denken zuständig ist,
- das **retikuläre System**, indem hemmende Einflüsse auf das Verstärkersystem für Denkprozesse beseitigt werden mit der Folge beschleunigter Denkvorgänge,
- den **Hypothalamus**, verantwortlich für Appetit, Körpertemperatur, Schlaf[154] und emotionale Regungen wie Wut und Angst[155],
- sowie das **Kleinhirn**, das das Gehen, das Gleichgewicht und andere motorische Aktivitäten beeinflusst.

1549 Die **Krämpfe** bei **höheren Dosen**[156] scheinen durch eine Überstimulierung des
\#   **limbischen Systems** hervorgerufen zu werden. Die Erniedrigung der Erregungsschwelle zur Auslösung epileptischer Anfälle bei habituellem Konsum könnte mit einer Sensibilisierung im limbischen System zusammenhängen.

1550 Was den **Wirkungsmechanismus** im einzelnen betrifft, so ist wiederum zwi-
\#   schen dem Kauen der Cocablätter (Cocaismus)[157] und dem bei uns üblichen Konsum des Cocain-HCl zu unterscheiden.

1551 Beim Kauen der **Blattdroge** wird die gesamte natürliche **Alkaloidkombinati-**
\#   **on** des Cocablattes dem Körper zugeführt, die Wirkstoffresorption erfolgt im Magen und Dünndarm. Der größte Teil hiervon wird bereits weitgehend im schwach alkalischen Milieu des Cocabissens[158] verseift bzw. im Magen-Darm-Trakt und durch Leberenzyme hydrolysiert.

1552 Der **Abbau** führt infolge Hydrolyse der Ester-Struktur des Cocain-Moleküls
\#   (Spaltung des Methyl- und Benzoesäureesters durch Esterasen) über die **Metaboliten** Methyl- und Benzoylecgonin (BZE)[159] weiter zu Ecgonin[160], Ecgoninmethylester (EME), Norcocain und Norbenzoylecgonin, die weitgehend nicht psychoaktiv sind und über die Niere ausgeschieden werden.

1553 Nur **geringe Mengen** unveränderten Cocains gelangen daher, zusammen mit
\#   den Nebenalkaloiden, zur **Resorption** und bestimmen das komplexe Wirkungsbild.

---

[154] Vgl. auch zu den körperlichen Auswirkungen des Cocablattkauens 3.1.4, Rdnr. 1515-1517, sowie zu einem möglichen Eingriff in den Dopamin-Haushalt 3.1.4, Rdnr. 1568.
[155] Vgl. hierzu auch beim LSD-25 1.2.1.1.4, Rdnr. 355. Zum Wirksamwerden von Opioiden im limbischen System vgl. 2.1.4, Rdnr. 1160.
[156] Vgl. auch 3.1.4, Rdnr. 1524, näher zu den Folgen einer akuten Cocain-Vergiftung 3.1.7, Rdnr. 1665-1676.
[157] Zum Cocaismus vgl. 3.1.2, Rdnr. 1445-1449, und 3.1.4, Rdnr. 1514-1519.
[158] Zum Vorgang des Cocablattkauens vgl. 3.1.5, Rdnr. 1583.
[159] Vgl. auch zur Cocain-Gewinnung 3.1.1, Rdnr. 1413 und 1420, sowie 3.1.3, Rdnr. 1493.
[160] Zum Ecgonin vgl. 3.1.1, Rdnr. 1413 und 1427, sowie 3.1.3, Rdnr. 1487 und 1509.

Da die **Cocain-Metaboliten** wegen ihrer guten Wasser- und schlechten Lipidlöslichkeit die Blut-Hirn-Schranke kaum zu überwinden vermögen, geht so ein Großteil der **euphorisierenden** Wirkungskomponente bei Konsum der Blattdroge **verloren**[161].

Etwas anderes gilt, wenn die Metaboliten sich im ZNS selbst aus Cocain bilden, was jedoch nur in geringem Umfang zu geschehen scheint.

Zwischen 10 und 35 % des zugeführten Cocains dürften überdies **unverändert** wieder **ausgeschieden** werden, wobei der höhere Prozentsatz bei Einnahme der Blattdroge mit alkalischen Zusätzen erreicht wird, was auf der eventuell dadurch verbesserten Resorptionsfähigkeit beruhen könnte.

Geht man von diesem Erklärungsansatz aus, dürften beim Cocain die **Metaboliten** zumindest eine sehr viel **geringere psychotrope** Wirkung entfalten, als dies bei anderen Rauschdrogen, insbesondere bei Cannabis und LSD-25[162], der Fall ist.

Bei Konsum des reinen **Cocain-HCl** bzw. von Cocain-Zubereitungen wie "**Crack**"[163] sind Wirksamkeit und Suchtpotential im Verhältnis zum Konsum der Blattdroge ungleich höher, da hier offenbar größere Mengen **unveränderten** Cocains zur **Resorption** gelangen.

Bei Zufuhr sehr hoher Cocain-Dosen kann gleichwohl der Anteil unverändert ausgeschiedenen Cocains bis zu 54 % betragen.

Bei **i.v. Injektion** von Cocain kommt es sehr schnell zu hohen Plasmakonzentrationen, während bei **i.m.** oder **s.c.** Injektion wie bei der Resorption über die Schleimhäute die gefäßverengende Wirkung des Cocains[164] den Übertritt in die Blutbahn vermindert.

Bei der bisher meist üblichen Resorption über die **Nasenschleimhaut** ist nur eine maximale **Plasmakonzentration** von 30-50 % der durch i.v. Injektion erreichbaren möglich.

Beim **Schnupfen** von Cocain-HCl in **mittleren Dosen** von 20-50 mg ist der Wirkstoff nach etwa 1/4 h im Blut nachweisbar; der maximale **Blutspiegelwert** ist nach ca. 1-2 h erreicht. Die mittlere biologische **HWZ** im Plasma beträgt 2,8 h.

---

[161] Zur psychischen Wirkung der Blattdroge vgl. 3.1.4, Rdnr. 1518. Anders beim lipophilen Amfetamin: 3.2.4.4., Rdnr. 1883 und 1897.
[162] Zum Anteil z.B. der LSD-Metaboliten am Zustandekommen der spezifischen Rauschwirkung vgl. 1.2.1.1.4, Rdnr. 381-385.
[163] Als inhalierbare reine Cocain-Base, vgl. 3.1.5, Rdnr. 1625 und 1632.
[164] Zur Vasokonstriktion vgl. auch 3.1.4, Rdnr. 1517, und 3.1.3, Rdnr. 1505.

Die anfängliche Euphorie und Hypererregung stellt sich demnach ein[165], **bevor** die Wirkstoffkonzentration im Blut ihr Maximum erreicht hat[166].

1560 # Bei **i.v. Injektion** und **Rauchen** von Zubereitungen wie "**Crack**"[167] stellt sich hingegen der maximale **Blutspiegelwert** innerhalb von 5 min ein und fällt dann über 5-6 h hinweg wieder ab.

1561 # Infolge der relativ **rasch** erfolgenden **Metabolisierung** wird bei **nasaler** Aufnahme nach etwa einer weiteren 1/2 h[168] die euphorische und Rauschphase durch die beschriebene Phase mit Depressionen abgelöst. Diese relativ **kurze Wirksamkeit** des Cocains könnte ebenfalls mit der mutmaßlich geringen Beteiligung der Metaboliten am Zustandekommen des spezifischen psychotropen Effekts zusammenhängen.

1562 # In Tierversuchen wurde eine **Herabsetzung** der **HWZ** im Gehirn von 4,8 h auf 3,8 h bei **chronischer** Cocain-Zufuhr ermittelt, was wie bei den Cannabinoiden[169] auf eine, gegebenenfalls verschleierte, **Toleranzbildung** hinweist[170].

1563 # Auch in seiner Reinform wird Cocain neben einer Demethylierung z.B. zu **Norcocain** durch das Enzym Pseudocholinesterase des Blutes und Carboxylesterasen der Leber zu **Benzoylecgonin (BZE)** und **Ecgoninmethylester (EME)** hierbei hydrolysiert und vorwiegend in dieser Form 24-36 h (je nach der Art der Zufuhr) nach der Einnahme über die Nieren wieder ausgeschieden (bis zu 46 % BZE und bis zu 41 % EME).

Dies gilt jedoch nicht für Menschen mit einem angeborenen **Enzymmangel** oder mit erhöhter Verfügbarkeit wie bei Ungeborenen, Schwangeren und älteren Menschen, die ein entsprechend höheres Risiko einer Cocain-Intoxikation tragen.

1564 # Aufgrund der bisherigen Untersuchungen zur **zentral-stimulierenden Wirkungsweise** des Cocains beruht auch dessen Wirkung, wie die anderer Rauschdrogen, nach Verbreitung im Gesamtorganismus auf einer Beeinflussung des Neurotransmitter-, hier vor allem des **Catecholamin-Stoffwechsels**[171]. Hierbei scheint es weniger zu einer Rezeptorbesetzung zu kommen, sondern wird offenbar vor allem der Rücktransportmechanismus der Neurotransmitter nach Ausschüttung blockiert (**reuptake-Hemmung**) mit der Folge einer Zunahme der im synaptischen Spalt freigesetzten Neurotransmittermoleküle.

---

[165] Zum Beginn der psychischen Cocain-Wirkungen vgl. 3.1.4, Rdnr. 1526.
[166] Umgekehrt verhält es sich z.B. beim LSD-25, vgl. 1.2.1.1.4, Rdnr. 320-326, insbes. 326.
[167] Zum „Crack" vgl. 3.1.5, Rdnr. 1630, sowie allgemein zur inhalativen Aufnahme von Cocain-Base 3.1.5, Rdnr. 1612.
[168] Zum Ausklingen des Cocain-Rausches näher 3.1.4, Rdnr. 1543-1545.
[169] Zur verdeckten Toleranzbildung bei Cannabis vgl. 1.1.4, Rdnr. 157.
[170] Zu den erheblichen Dosissteigerungen bei Dauergebrauch vgl. 3.1.5, Rdnr. 1598.
[171] Allgemein zum Eingriff in den Neurotransmitterhaushalt: vgl. Einführung, Rdnr. 14-17.

3.1 Cocain

So scheint Cocain einerseits als **indirekt** wirkendes **Sympathomimeticum** neben einer **Freisetzung** einer geringen Menge von **Noradrenalin** vor allem im Wege einer Veränderung der Eigenschaften der präsynaptischen Membran die **Rückresorption** von Noradrenalin zu **hemmen**; hierfür spricht im Ergebnis, wie beim Amfetamin[172], der **erhöhte Sympathicustonus** mit seinen leistungssteigernden Folgewirkungen[173] u.a. im Hinblick auf Herzfrequenz- und Blutdruckanstieg, Mydriasis und Vigilanz[174].

1565 #

Bei gleichzeitiger Gabe von Noradrenalin oder Adrenalin und Cocain wird deren Wirkung verstärkt.

Neben Noradrenalin scheint auch die Inaktivierung von **Serotonin**[175] nach dessen Ausschüttung durch Cocain blockiert zu werden mit der Folge, dass die Ausschüttung der für ein Aktionspotential üblichen Menge Neurotransmitter eine längere Wirkung entfaltet und die Neurosignale so über einen längeren Zeitraum weitergeleitet werden.

1566 #

Neben diesen Eingriff in den Noradrenalin- und Serotonin-Stoffwechsel wird offenbar vornehmlich die **Rückresorption** des Transmitters im **mesolimbischen** System **Dopamin**[176] durch Cocain blockiert. In Betracht kommt außerdem, dass Cocain daneben eine vermehrte **Dopamin-Ausschüttung** aus den Vesikeln im mittleren Teil des limbischen Systems bewirkt, indem präsynaptische Dopamin-D2-Rezeptoren, die über einen Rückkoppelungsmechanismus die Ausschüttung von Dopamin vermindern, heruntergeregelt werden.

1567 #

Die sich nach Cocain-Aufnahme einstellende **Euphorie** könnte auf eine hieraus resultierende **Erhöhung** des **Dopamin-Spiegels** im mesolimbischen **Belohungssystem** zurückführbar sein, verbunden mit der Gefahr einer Abhängigkeitsausbildung, ebenso wie die **anorektische** Cocain-Wirkung mit einem Eingriff in den

1568 #

---

[172] Zum Amfetamin als indirektes Sympathomimeticum vgl. 3.2.4.4., Rdnr. 1889. Auch die stimulierende Amfetamin-Wirkung soll auf einem erhöhten Noradrenalin-Anfall, infolge vermehrter Ausschüttung und reuptake-Hemmung, beruhen, vgl. 3.2.4.4, Rdnr. 1891 f. Vgl. auch beim Ephedrin 3.2.1, Rdnr. 1716. Die Wirkung anderer indirekter Sympathomimetica wie Amfetamine und Ephedrin wird durch Cocain-Gabe gehemmt, da diese nicht mehr in der Zelle Noradrenalin freisetzen können.
[173] Dagegen scheint Noradrenalin beim Zustandekommen der Morphin-Wirkung keine Rolle zu spielen, vgl. 2.1.4, Rdnr. 1160 FN 269, sondern erst beim Entzug.
[174] Zu den körperlichen Cocain-Wirkungen vgl. 3.1.4, Rdnr. 1520-1522.
[175] Zum LSD-25 als bekanntesten Serotonin-Antagonisten vgl. demgegenüber 1.2.1.1.4, Rdnr. 372. Zu den Antidepressiva als Serotonin-Wiederaufnahmehemmer vgl. 4.3.3, Rdnr. 2164.
[176] Zu diesem Phenethylamin vgl. 1.2.1.1.4, Rdnr. 363 f. Zur Dopamin-Freisetzung durch THC vgl. 1.1.4, Rdnr. 162, durch Morphin und vergleichbare Opioide vgl. 2.1.4, Rdnr. 1160-1163, durch Amfetamine vgl. 3.2.4.4, Rdnr. 1891-1893. Dopamin scheint auch in halluzinogenen Pflanzen synthetisiert zu werden, vgl. 1.2.3.1, Rdnr. 622. Zu Konsequenzen für eine medikamentöse Cocain-Substitution vgl. 3.1.7, Rdnr. 1704.

Dopamin-Haushalt in der Region des **Hypothalamus**[177] zusammenhängen könnte. Demgegenüber dürften die **gesundheitlichen Risiken**[178] von dem eingangs erwähnten erhöhten **Noradrenalin-Anfall**[179] ausgehen, verbunden mit einer Stimulation α-adrenerger Rezeptoren in den Blutgefäßen (mit Vasokonstriktion) sowie von β-Rezeptoren im Herzen (mit Sauerstoffmangel und gegebenenfalls plötzlichem Herztod).

1569 Bei **Dauergebrauch** scheint es jedoch zu einer langfristigen **Verminderung**
\# der Speicherung von **Dopamin** in den Vesikeln infolge der Hemmung einer Wiederaufnahme nach Freisetzung mit der Konsequenz eines Dopamin-Mangels[180] zu kommen, womit die nachlassende euphorisierende Wirkung bei Dauerkonsum (an deren Stelle **gegenregulatorisch depressive** Verstimmung tritt) neben Bewegungsarmut (**Akinese**) erklärbar wird. Diese Verminderung der Dopamin-Bestände braucht offenbar Tage bis Wochen, bis sie sich wieder normalisiert hat. Während dieser Zeit wird der Kokainist von einem "Hunger nach der Droge" ("**craving**") beherrscht, der für die **Abhängigkeitsausbildung** als verantwortlich angesehen wird[181]. Eine langfristige Verminderung der Dopamin-Bestände soll sich u.U. auch nach einem Absetzen von Cocain nicht mehr völlig erholen, was auch zum Erscheinungsbild des **körperlichen Verfalls** beitragen könnte.

1570 Außerdem könnte Cocain bei **habituellem** Missbrauch die Umwandlung von **Trypto-**
\# **phan** zu Serotonin hemmen, so dass auch der **Serotonin-Anfall** an den Synapsen langfristig **vermindert** würde[182]. Offen ist nach wie vor, ob die psychischen Cocain-Wirkungen allein auf dopaminerge Effekte zurückführbar sind, oder ob nicht vielmehr komplexe Wirkungsmechanismen zugrundeliegen. Als ein Hinweis auf ein **komplexes Wirksamwerden** prä- und postsynaptischer Mechanismen kann gewertet werden, dass die Applikation von CRH[183] auch zu einer Intensivierung der Wirkung von Psychostimulantien führt.

1571 Mit der Annahme eines Eingriffs in den Dopamin-Haushalt korrespondiert,
\# dass bei **akuten Cocain-Vergiftungen** das auch bei verschiedenen Halluzinoge-

---

[177] Vgl. hierzu 3.1.4, Rdnr. 1548, sowie beim Amfetamin 3.2.4.4, Rdnr. 1866 FN 118.
[178] Zur akuten Cocain-Intoxikation näher 3.1.7, Rdnr. 1665-1667.
[179] Vgl. auch zur letztlich adrenergen Atropin-Wirkung 1.2.2.2, Rdnr. 517. Vgl. auch zur Rolle des Noradrenalins im Rahmen des Morphin-Entzugssyndroms 2.1.4, Rdnr. 1162.
[180] Auch insoweit den Morphin-Wirkungen vergleichbar, vgl. 2.1.4, Rdnr. 1161 f. Zu Folgen des Dopamin-Mangels vgl. 3.1.7, Rdnr. 1682.
[181] Zur starken psychischen Abhängigkeit vgl. 3.1.7, Rdnr. 1691.
[182] Zu den möglichen Folgen eines Serotonin-Mangels vgl. bei den Antidepressiva 4.3.3, Rdnr. 2163.
[183] Vgl. hierzu beim Morphin 2.1.4, Rdnr. 1151 FN 260.

nen und Weckaminen indizierte, **antidopaminerge Haloperidol**[184] die zentralnervösen Cocain-Wirkungen **aufzuheben** vermag[185].

Andererseits folgt hieraus, dass die gleichzeitige Gabe von Cocain und **MAO-Hemmern**[186] wie Dopamin als **risikoreich** anzusehen ist.

1572
#

Die **medizinische** Verwendtbarkeit des Cocains beruht, wie erwähnt, hauptsächlich darauf, daß es die Ganglien betäubt und sie gegen Reize unempfindlich macht[187].

1573
#

Hierbei ist die Wirkung des Cocains wie auch die der anderen **Lokalanästhetica**[188] **unspezifisch**, da die erregbaren Strukturen unterschiedlich empfänglich sind. So beruht der relativ späte Ausfall der motorischen Funktionen vor allem auf dem größeren Nervendurchmesser der motorischen Nervenfasern gegenüber den sensiblen.

Lokalanästhetica, die zunächst den Temperatursinn, dann die Schmerzempfindung ausschalten, blockieren nämlich bei Gabe in niedriger Konzentration vor allem die dünnen Schmerzfasern, während die dickeren motorischen weiterfunktionieren. Die höhere Wirksamkeit auf dünne Nervenfasern dürfte hierbei mit deren geringer Leitungsgeschwindigkeit infolge ihres größeren **Leitungswiderstandes** gegenüber einem dickeren Axon zusammenhängen.

1574
#

Diese lokalanästhetische Wirkung auf die sensiblen Neuronen dürfte auf einer **Herabsetzung** der **Membranpermeabilität** für **Kationen**, insbesondere Natriumionen[189], beruhen, indem die Lokalanästhetica den Na^+-Kanal von innen, also von der Zytoplasmaseite, blockieren[190]. Die Folge ist eine verminderte Erregbarkeit der entsprechenden Nervenfaser.

1575
#

Denn die Reizweiterleitung beruht ja gerade auf einer gegenüber dem Ruhezustand ganz erheblich erhöhten Natriumpermeabilität. Diese **membranstabilisierende** Wirkung soll durch das Penetrationsvermögen der Lokalanästhetica durch die lipophilen Strukturen ermöglicht werden[191].

1576
#

---

[184] Zu diesem Neurolepticum vgl. 4.3.2, Rdnr. 2142 f. Vgl. hierzu auch beim Amfetamin 3.2.4.7, Rdnr. 1954.

[185] Näher zur Behandlung der akuten Cocain-Intoxikation 3.1.7, Rdnr. 1676 f. Zur Einsetzbarkeit von Dopamin-Antagonisten im Rahmen der Cocain-Entzugsbehandlung vgl. 3.1.7, Rdnr. 1703 f.

[186] Zu weiteren MAO-Hemmern vgl. beim Harmalin 1.2.3.5, Rdnr. 724, beim Amfetamin 3.2.4.4, Rdnr. 1892, und zu den Thymeretica 4.3.3, Rdnr. 2158.

[187] Zum therapeutischen Cocain-Einsatz vgl. 3.1.3, Rdnr. 1499-1501 und 1505.

[188] Zu den vollsynthetischen Lokalanästhetica vgl. 3.1.3, Rdnr. 1502-1504.

[189] Allgemein zur Erregungsweiterleitung: Einführung, Rdnr. 11.

[190] Dieser Mechanismus wird auch für andere Rauschdrogen und Gifte wie Strychnin angenommen; zu letzterem vgl. Einführung, Rdnr. 15. Vgl. auch zur lokalanästhetischen Kavain-Wirkung 2.2, Rdnr. 1377 f.

[191] Vgl. auch zu den lipophilen Cannabinoiden 1.1.4, Rdnr. 164.

1577 Das Ausmaß der Wirkung der geladenen Lokalanästhetica nimmt hierbei mit der vorher-
gehenden Aktivität der Na^+-Kanäle zu, da die Bindungsstelle im **Ionenkanal** von den gela-
denen Molekülen nur erreicht werden kann, wenn der Kanal geöffnet ist.

1578 Eine **Toleranzbildung** ist beim Cocain, im Gegensatz etwa zum Heroin[192], bis
auf eine möglicherweise nicht nur im Tierversuch, sondern auch beim Menschen
gegebene Herabsetzung der HWZ sowie Nebenwirkungen wie Steigerung von
Herz- und Atemfrequenz, zunächst nicht beobachtbar. Geht man allerdings von einer **verdeckten** Toleranzbildung aus[193], so steht hierzu nicht in Widerspruch, dass
wegen der **raschen Metabolisierung** erhebliche Wirkstoffmengen bei Zufuhr
kleinerer Dosen in kurzen zeitlichen Abständen vom Organismus vertragen werden und zu sehr schnellen **Dosissteigerungen** führen können.

1579 Bei i.v. **Cocain-Zufuhr**, bei der die dosisbegrenzende gefäßverengende Neben-
wirkung auf die Schleimhäute des Cocain-"Sniffens" entfällt, kann es auch zu
deutlich erkennbaren **Toleranzerscheinungen** kommen[194].

1580 Ab einem gewissen Punkt soll der Effekt jedoch, auch bei Einnahme erheblicher Co-
cain-Mengen, stagnieren. In Einzelfällen kann sogar eine **Sensibilisierung** gegenüber den
Cocain-Wirkungen eintreten[195].

1581 Das Bestehen von **Kreuztoleranzen** konnte bisher nicht eindeutig nachgewie-
sen werden[196].

3.1.5 Handelsformen

1582 In den Anbauländern **Südamerikas** wird ein Teil der Cocaernte, legal oder gedul-
det, von den Indios selbst (etwa den Aymara und Quechua in Bolivien) als **Blattdroge** konsumiert[197].

1583 Hierzu entfernen sie von den Cocablättern Stiel und Blattrippen und **zerkauen** die Blätter, wobei eine kleine Kugel im Mund geformt wird; der Speichel dient als Extraktionsflüs-
sigkeit.

---

[192] Zur erheblichen Toleranzbildung beim Heroin vgl. 2.1.4, Rdnr. 1171, sowie bei den
Weckaminen 3.2.4.4, Rdnr. 1898-1900. Grundsätzlich unterliegen nur die dämpfenden,
nicht die erregenden Wirkungskomponenten einer Droge der Toleranzbildung.
[193] Zur verdeckten Toleranzbildung beim Cocain vgl. 3.1.4, Rdnr. 1562.
[194] Erhebliche Dosissteigerungen sind möglich, vgl. 3.1.5, Rdnr. 1596-1598, 1614 und
1631.
[195] Zu Überempfindlichkeitserscheinungen bei den Weckaminen vgl. 3.2.4.4, Rdnr. 1901.
[196] Vgl. aber auch 3.1.4, Rdnr. 1565 FN 172; Cocain vermag zudem die Heroin-Entzugssymptome zu unterdrücken, vgl. 3.1.4, Rdnr. 1530.
[197] Zur Cocablatternte vgl. 3.1.1, Rdnr. 1415 f., sowie zum Cocaismus 3.1.2, Rdnr. 1445-
1449. Eine weitere Blattdroge ist z.B. das Kathblatt, vgl. 3.2.2, Rdnr. 1738.

3.1 Cocain

Anschließend wird diese Kugel in Kalk, oder wenn dieser nicht verfügbar ist, in Pflanzenasche getupft und dann bis auf kleine Rückstände verzehrt, die wieder ausgespuckt werden[198]. Die **alkalischen Zusätze** (hier Kalium- und Calciumsalze) haben die Aufgabe, die Alkaloide der Blattdroge aus der fasrigen Masse zu lösen[199] und den bitteren Geschmack der Cocablätter auszugleichen. Die **Resorption** der Wirkstoffe über die Mundschleimhaut und die Schleimhäute des Magen-Darm-Traktes in den Blutkreislauf wird zusätzlich gefördert.

Teilweise werden die Cocablätter auch in einem Holzmörser zu einem feinen, grünen **Pulver** zerstoßen, mit Pflanzenasche vermengt oder geröstet, um sie vor Feuchtigkeit zu schützen, und mit einem Löffel eingenommen. Seltener werden sie zusammen mit aromatischen Hölzern verbrannt; der entstehende schwere Rauch soll vor allem im Rahmen schamanistischer Rituale mit tiefen Lungenzügen **eingeatmet** werden. 1584

Daneben gibt es noch einen, ebenfalls seltener zubereiteten, teeartigen, "**Maté de Coca**" genannten Aufguss von Cocablättern, der u.a. zur Verdauungsförderung eingenommen wird. Ein Absud mit Tabakblättern soll nur eine geringe psychotrope Wirkung entfalten. 1585

Die derzeit weiterhin[200] in den meisten europäischen Ländern und wohl auch in Nordamerika verbreitetste Konsumform ist das **Schnupfen** ("Koksen", "Sniffen", "toothing", "blowing") von **Cocain-HCl** ("**Pulver-Cocain**")[201], bei der die Resorption über die Schleimhäute in der Nase erfolgt, wobei es sich in der Feuchtigkeit der **Nasenschleimhaut** löst[202] und sodann in den Blutkreislauf und das ZNS gelangt. Hierzu führt der "Kokser" z.B. ein kleines Löffelchen mit ca. 50 mg "Koks" in ein Nasenloch ein, hält das andere zu und zieht das pulverisierte Cocain ruckartig in die obere Nasenhöhle ein. 1586

Häufig wird das Cocain-HCl auch mittels einer Messerspitze zu einer oder mehreren "**lines**" von etwa 3-5 cm Länge (mit etwa 20-25 mg) auf einem Spiegel oder einem anderen Gegenstand mit glatter Oberfläche verteilt. Diese "lines" werden sodann mit Hilfe eines Strohhalmes (etwa von "McDonald's", des großen Durchmessers wegen) oder zusammengerollten 100-DM-Scheines tief eingezogen. 1587

Die **beginnende Wirkung** zeigt sich an einem **betäubenden** Gefühl am Übergang vom Nasen- zum Rachenraum; der Betäubungsgrad der Schleimhäute gibt dem Konsumenten hierbei Hinweise auf Stoffqualität[203] und Dosishöhe. 1588

Die Folge dieser Resorptionsmethode ist eine "**laufende**" **Nase** infolge dauernder Reizung der Nasenschleimhaut, die häufig mit Nasensprays bekämpft wird. In seltenen Fällen 1589

---

[198] Vgl. auch zur „Cohoba"-Zubereitung 1.2.3.4, Rdnr. 693, sowie zur Zubereitung des Betelbissens mit Kalk-Paste 3.2.3, Rdnr. 1768 f.
[199] Näher zu den Wirkungen des Cocablattkauens 3.1.4, Rdnr. 1514-1519.
[200] Zum derzeitigen Konsumverhalten vgl. 3.1.2, Rdnr. 1470-1485.
[201] Zur Herstellung des zum Schnupfen geeigneten „Schnees" vgl. 3.1.1, Rdnr. 1423 f. Zum „Schnüffeln" leichtflüchtiger Substanzen vgl. demgegenüber Vorbem. 4.5, Rdnr. 2499.
[202] Zur Löslichkeit vgl. 3.1.3, Rdnr. 1497.
[203] Vgl. auch zum „Zungentest" 3.1.6, Rdnr. 1639, sowie 3.1.4, Rdnr. 1546.

kann es infolge einer Zerstörung der Nasenscheidewand bei chronischem Missbrauch auch zu einer eingefallenen "**Koksnase**" kommen, die durch Einsetzen einer Platinplatte korrigiert werden muss.

1590 Meist werden die Cocain-Briefchen mit bereits gebrauchsfertig zermahlenem Cocain-Pulver angeboten. Da das Pulver zuweilen aber auch zu "**Rocks**" ("**Stein**")[204] verklumpt sein kann, was vom Konsumenten meist als Hinweis auf eine bessere Wirkstoffqualität angesehen wird (Cocain "vom Stein"), gehört zum (zuweilen wertvollen) "Cocain-Besteck" des Kokainisten neben dem Löffelchen meist auch eine gefasste Rasierklinge oder eine kleine "**Cocain-Mühle**", mit der die "Rocks" zerkleinert werden können.

1591 Aufgrund der längeren Transportwege und der damit nach wie vor geringeren Verfügbarkeit[205] von "**Schnee**" in **Deutschland** ist es bei uns weiterhin teurer als in den USA. Cocain-HCl wird daher zu einem erheblichen Teil weiterhin wie in den 1920er Jahren in teuren Münchner Nachtclubs angeboten oder auf "upper class"-Parties in Frankfurt/Main konsumiert.

1592 Der Struktur nach weist dieser Teilmarkt erhebliche Unterschiede zum übrigen Drogenmarkt auf. So liegt das Durchschnittsalter der entsprechenden Cocain-Konsumenten höher als bei anderen Rauschdrogen. Der **Konsumentenkreis** setzt sich vornehmlich aus freiberuflich Tätigen zusammen, aber auch Angehörige des Prostituiertenmilieus gehören dazu. Eine soziale Stigmatisierung wie beim Heroin fehlt weitgehend[206].

Auch scheint der Kleinhandel mit Cocain bei dieser Abnehmergruppe jedenfalls teilweise weiterhin weniger hierarchisch als der Heroin-Handel aufgebaut zu sein, sondern eher vertikal und damit leichter zu tarnen: Der "Mann mit dem Koks" ist kein Dealer, sondern ein Vertrauter. Dieser etablierte Teilmarkt wandelt sich allerdings bei zunehmender Verfügbarkeit von "Schnee", indem u.a. die "**Party-**" und "**Disco-Scene**" mittlerweile erschlossen ist und damit eine breitere Bevölkerungsschicht[207].

1593 Durch Einfuhren aus Holland[208] ist eine zunehmende Versorgung des inländischen Marktes etwa seit Mitte der 1980er Jahre zudem u.a. durch **Heroin-Abhängige** zu konstatieren, die beide Drogen nehmen[209] und kaum Verbindung zur "Schickeria" haben.

---

[204] Zum Begriff „Rock-Cocain" vgl. 3.1.1, Rdnr. 1423, und 3.1.3, Rdnr. 1498. Zur Bezeichnung „Rocks" bzw. „Stein" für „Crack" vgl. 3.1.5, Rdnr. 1624.

[205] Der Kilogrammpreis lag Ende der 1990er Jahre bei 40.000 bis 120.000 DM. Zur derzeitigen Cocain-Situation im Inland vgl. 3.1.2, Rdnr. 1478-1485.

[206] Vgl. hierzu auch beim Heroin 2.1.2, Rdnr. 1028. Zum „typischen" Cocain-Konsumenten in den USA der 1980er Jahre vgl. 3.1.2, Rdnr. 1474 FN 67.

[207] Zum Mischkonsum von u.a. Cocain als „Diskodroge" vgl. 3.1.2, Rdnr. 1482. Zu weiteren Cocain-Kombinationen vgl. 3.1.5, Rdnr. 1606-1608.

[208] Ähnlich der Situation beim Heroin, vgl. 2.1.2, Rdnr. 1045-1047.

[209] Zum Cocain-Missbrauch seitens Heroin-Abhängiger vgl. 3.1.4, Rdnr. 1530 f.

3.1 Cocain

Ein gewogenes, etwa 12- bis 25 %iges Gramm[210] "Schnee" ("Koks", "Charley", "C", "Blow", "White stuff" oder "happy dust") kostete trotz Preissenkungen in den Erzeugerländern auf dem illegalen deutschen Markt seit etwa 1981 gleichbleibend zwischen 200 und 350 DM (im Durchschnitt 250 DM), teilweise auch mehr (etwa 400 DM in München, der zeitweisen deutschen Cocain-Metropole). Seit Beginn der 1990er Jahre setzte dann ein **Preisverfall** auf 100 bis 180 DM ein; in Frankfurt/Main wird derzeit 1 g Cocain-Zubereitung auch bereits mit 80 DM gehandelt. **1594**

Zumindest dem äußeren Anschein nach war hierbei der generell höhere Cocain-Preis an den jeweiligen Heroin-Preis gekoppelt[211].

Ein "**Schuss**" (eine Injektion von 0,01-0,1 g Cocain-Zubereitung) kostete zeitweise mindestens 25 DM; damit war "Schnee" etwa 5- bis 10mal teurer als Gold. **1595**

Bei **nasaler** Aufnahme ist von einer **mittleren Rauschdosis** von 20-50 mg[212] und 100 mg Cocain-HCl bei Gewöhnung als ED auszugehen, bei oraler Aufnahme von etwa 100 mg. **1596**

1 g Cocain-Zubereitung durchschnittlicher Qualität ergibt damit (legt man Einzeldosen von 0,1 g Cocain-Zubereitung zugrunde) etwa 10 "Sniffs" für den an Cocain Gewöhnten, was einer Gesamttagesration entspricht. Demgegenüber dürften dem Anfänger ca. 0,3 g (entsprechend 3 Einzeldosen à 0,1 g Zubereitung) als Tagesration genügen.

Die Angaben für die mittlere Rauschdosis bei **i.v. Injektion** schwanken demgegenüber erheblich, da diese gefährlichere Applikationsform sehr viel seltener vorkommt. Es kann wahrscheinlich von KE zwischen 2 und 16 mg, im Durchschnitt von 10 mg für einen "Schuss" ausgegangen werden. Die mittlere Tagesration dürfte bei 0,1 g Zubereitung liegen. **1597**

Infolge der gegenüber Heroin schnelleren **Dosissteigerung**, bedingt durch die rasche Cocain-Metabolisierung im Organismus[213], wird eine Cocain-Abhängigkeit sehr bald sehr teuer. **1598**

Es wird von **Tagesrationen** berichtet, die bis 5 g, bei nasaler Aufnahme sogar bis zu 30 g gehen.

---

[210] Zur Konzentration der Cocain-Zubereitung im Straßenhandel vgl. auch 3.1.2, Rdnr. 1476.
[211] Zum gleichzeitigen Verfall des Heroin-Preises im Straßenhandel vgl. 2.1.5, Rdnr. 1203 f. und 1212.
[212] 0,3-0,6 mg/kg KG; im Durchschnitt kann von einer KE von 30 mg bei nasaler Anwendung ausgegangen werden. Zur Mindestrauschdosis bei Heroin vgl. 2.1.5, Rdnr. 1207.
[213] Zur Cocain-Metabolisierung vgl. 3.1.4, Rdnr. 1561-1563. Zur Toleranzbildung vgl. 3.1.4, Rdnr. 1578-1580.

1599 Das beim Abwiegen ("Ablöffeln") erfolgende **Verschneiden** ("cutting") des reinen **Cocain-HCl** erfolgt meist mit Glucose (Fruchtzucker) oder **Lactose** (Milchzucker, für Gewicht und Volumen), bzw. mit anderen Stoffen, die eine dem Cocain-HCl ähnliche Kristallform aufweisen, **Amfetamin** (um die stimulierende Wirkungskomponente zu verbilligen)[214] sowie **Procain-** oder **Lidocain-HCl**[215] (um den betäubenden Effekt des Cocains zu simulieren, als "anästhetische Form" bekannt geworden).

1600 Die verwendeten Lokalanästhetica stammten zeitweise aus Apothekeneinbrüchen. Insbesondere **Tetracain**, das cocain-ähnlich wirkt und auf die üblichen Vortests[216] positiv reagiert, wird außerdem gelegentlich, wie etwa auch **Benzocain** (Anaesthesin), als **Cocain-Vollimitat** angeboten. Nicht selten wird zudem dem Endverbraucher "Cocain" angeboten, das tatsächlich in der Hauptsache aus Amfetamin und Metamfetamin ("**speed**") sowie **Ephedrin** besteht, da die Wirkungen von Cocain und "speed" sich grundsätzlich gleichen[217].

1601 Dem zum Verbrauch bestimmten Cocain werden zudem u.a. Mittel zur **Kreislaufregulation** (etwa das rezeptfreie Antihypotonicum Effortil) oder der mehrwertige Zuckeralkohol D-(-)-Mannit, ein Hexit, der etwa Bestandteil von Infusionslösungen ist, gelegentlich zugesetzt. In Cocain-Proben wurden außerdem neben Cinnamoylcocainen u.a. **Manganverbindungen** (die aus qualitätsverbessernden Reinigungsschritten stammen)[218] und Natriumhydrogencarbonat[219], aber neben **Chinin** auch **Strychnin**[220] und das (verschreibungspflichtige) Hauptalkaloid **Colchicin** der seit der Antike als giftig bekannten Herbstzeitlose (Colchicum autumnale, ein Liliengewächs), bei dem es sich um ein Mutagen[221] handelt, als Streckmittel gefunden.

Auch für Cocain gilt allerdings, dass die Verschnittstoffe in der Regel weniger **toxisch** sind als die Reinsubstanz selbst[222]. Durch die Streckmittel kann es jedoch zu unkontrollierten Verstärkungen einzelner Cocain-Wirkungen bzw. **synergistischen** Effekten kommen[223]: **Phenylpropanolamin**[224] etwa verstärkt die kardiovaskulären Cocain-Eigenschaften[225] und verlängert die Wirkung.

---

[214] Vgl. auch 3.1.4, Rdnr. 1527 FN 126.
[215] Zu den vollsynthetischen Lokalanästhetica vgl. 3.1.3, Rdnr. 1502-1504. Zum Procain als Heroin-Streckmittel vgl. 2.1.5, Rdnr. 1198. Zur Gefährlichkeit der Lokalanästhetica als Streckmittel vgl. 3.1.5, Rdnr. 1619.
[216] Zu den Vortests für Cocain vgl. 3.1.6, Rdnr. 1641.
[217] Vgl. hierzu auch 3.1.4, Rdnr. 1565 FN 172. Zum Ketamin als Cocain-Imitat vgl. 1.2.4.6, Rdnr. 927.
[218] Zum Kaliumpermanganat vgl. 3.1.1, Rdnr. 1420, und 3.1.5, Rdnr. 1614.
[219] Zum Natron als Zusatz bei der „Crack"-Herstellung vgl. 3.1.5, Rdnr. 1625.
[220] Zu diesem Alkaloid als Heroin-Streckmittel vgl. 2.1.5, Rdnr. 1193 und 1198.
[221] Das nichtbasische Colchicin vermag als sehr starkes Zellgift (die Letaldosis liegt bei 20 mg) die Teilung der Zelle (Mitose), nicht aber der Chromosomen, zu verhindern. Vgl. auch zum Vinblastin 1.2.3.7, Rdnr. 777.
[222] Zur Toxizität der Heroin-Streckmittel vgl. 2.1.5, Rdnr. 1200 f.
[223] Vgl. etwa zum – lokalanästhetisch wirksamen – Yohimbin als Cocain-Streckmittel 1.2.3.6, Rdnr. 756.
[224] Zum Norephedrin vgl. 3.2.2, Rdnr. 1744, 1746, 1756 f. und 1761.
[225] Mit der Folge erhöhter Toxizität, vgl. 3.1.7, Rdnr. 1672.

3.1 Cocain

1602 Soweit Cocain guter Qualität bei hohen Preisen nicht ständig verfügbar ist, ist auch eine entsprechende Vorratshaltung, wie sie etwa bei Heroin üblich ist, seltener anzutreffen. Stattdessen werden meist **Weckamine bevorratet** für den Fall, dass Cocain vorübergehend nicht erhältlich sein sollte.

1603 Da das **Schnupfen** von "Schnee" nach etwa 3-5 min nur den **schnellen**, kleinen "kick" für etwa 20 min bis max. 2 h verschafft[226] und das Rauchen kleinerer Cocain-HCl-Dosen von 20-100 mg nicht mehr als eine Stimmungsaufhellung bewirkt, wird in zunehmendem Maße ein besserer Effekt durch **s.c.** oder **i.v. Injektion** von in Wasser **aufgelöstem Cocain-HCl** gesucht.

1604 Die Lösung ist meist nicht steril[227], da der Wirkstoff bei einem Aufkochen zerstört würde. Um einen sofortigen "**rush**"[228] zu bewirken, werden bei i.v. Injektion zuweilen sogar höhere Dosen als bei s.c. genommen, obwohl bei letzterer zusätzlich wirkungshemmend die gefäßverengende Cocain-Komponente zum Tragen kommt[229].

1605 Wird Cocain **injiziert**, kommt es bereits bei mittlerer Dosierung innerhalb von ca. 30-45 s neben den euphorischen auch zu **halluzinatorischen** Effekten[230].

1606 Nicht ganz unbedeutend scheint auch der Handel mit **Mischungen** aus **Cocain** und **Heroin** (gelegentlich zusätzlich mit **LSD-25**) auch bei uns zu sein, die unter der Bezeichnung "**speed-ball**" (mit 2/3 Heroin und 1/3 Cocain-HCl oder "Crack"), "Frisco speed" (ein Heroin-Cocain-LSD-Gemisch), "boy-girl" oder **Stereo-Cocktail** (ein Cocain-Dilaudid-Ritalin-Gemisch)[231] in den USA und Europa auf den illegalen Markt kommen und regelmäßig gespritzt werden. Der **Opiatzusatz** soll bei diesen Gemischen wohl die primär angestrebte stimulierende Cocain-Wirkung mildern.

1607 Trotz des Namensbestandteils "**speed**", der auf Weckamine, in erster Linie Metamfetamin hinweist[232], kann im Einzelfall nicht sicher gesagt werden, ob tatsächlich Amfetamine oder aber andere Stoffe in dem Gemisch enthalten sind. Da die u.U. **synergistische** Wirkungsweise derartiger Gemische vom Konsumenten nicht kalkulierbar ist, sind insbesondere zeitweise in den Niederlanden nicht wenige Todesfälle bekannt geworden, die auf Injektion derartiger Drogengemische zurückführbar sein dürften.

---

[226] Zur Wirkungsdauer des Cocains vgl. 3.1.4, Rdnr. 1526 f. und 1543.
[227] Zu den Sekundärkrankheiten infolge unsteriler Heroin-Zubereitungen vgl. 2.1.7, Rdnr. 1300-1302, bzw. Cocain-Lösungen vgl. 3.1.7, Rdnr. 1678.
[228] Vgl. auch zum Heroin-„flash" 2.1.4, Rdnr. 1126, sowie zur Amfetamin-Injektion 3.2.4.5, Rdnr. 1912.
[229] Zur Vasokonstriktion vgl. auch 3.1.4, Rdnr. 1558.
[230] Zu den Wirkungen hoher Cocain-Dosen vgl. 3.1.4, Rdnr. 1542.
[231] Zu diesem Dihydromorphin-Derivat vgl. 4.4.2.6, Rdnr. 2321-2325. Bei Ritalin handelt es sich um einen Amfetamin-Abkömmling: 3.2.4.3, Rdnr. 1833-1835. Vgl. auch zu Cocain-Fentanyl-Kombinationen 4.4.6, Rdnr. 2485, oder Cocain-Barbiturat-Kombinationen 3.1.7, Rdnr. 1663 f., sowie beim LSD-25 1.2.1.1.7, Rdnr. 424.
[232] Vgl. 3.2.4.5, Rdnr. 1906. Zu der wenig spezifischen Bezeichnung „speed" vgl. etwa beim DOM 1.2.4.1, Rdnr. 803.

1608 Außerdem ist eine, häufig als "**Stereo-Druck**"[233] bezeichnete, getrennte Injektion von Cocain und Heroin in je eine Armvene geläufig, bei der eine sich ergänzende Wirkung beider Drogen ebenfalls angestrebt wird.

1609 Zur **Steigerung** des **Cocain**-"**high**" sowohl hinsichtlich der Dauer als auch hinsichtlich der Intensität erfolgt außerdem in erheblichem Ausmaß ein gleichzeitiger **Alkohol**-Konsum mit der Folge gegebenenfalls erhöhter **Aggressivität** sowie der Gefahr einer zusätzlichen Abhängigkeit und erheblicher **toxischer** Nebenwirkungen[234].

1610 Da der Kokainist auf Mitkonsumenten erpicht ist[235], werden daneben immer wieder neue Resorptionsmethoden propagiert, bei denen eine Suchtgefahr nicht gegeben sein soll; zu nennen ist hier etwa, wie beim Heroin[236], das **Inhalieren** von Cocain-Dämpfen oder das **Trinken** von Lösungen von Cocain in Alkohol ("**flüssiges Cocain**"; "Coketail")[237].

1611 Als weitere, allerdings bereits seit längerem praktizierte Anwendungsformen sind schließlich das Einreiben von Cocain in das Zahnfleisch sowie in die angefeuchteten Schleimhäute von **Penis** oder **Vulva** (zum Hinauszögern des Orgasmus infolge der lokalanästhetischen Wirkungskomponente) zu erwähnen[238]. Neben der vaginalen Zufuhr ist auch eine **rektale** wirksam (Afterschleimhäute).

1612 # Im Vergleich zum herkömmlichen "powder cocaine" ("Pulver-Cocain") haben Anwendungsformen erheblich an Bedeutung gewonnen, die sich in jüngerer Zeit entwickelt haben und denen einerseits eine Aufnahme über die Lunge mittels **Rauchen** der leichter in einen gasförmigen Zustand überführbaren **Cocain-Base** (die bereits bei 98° C schmilzt)[239] gemeinsam ist, andererseits aber auch, dass sie

---

[233] Zum reinen Heroin-„Stereo-Druck" vgl. 2.1.5, Rdnr. 1220. Zum Heroin-Missbrauch seitens Cocain-Abhängiger vgl. auch 3.1.5, Rdnr. 1531 und 1630, sowie 3.1.7, Rdnr. 1690.

[234] Das entstehende Cocainethylen weist bei gleichem Wirkungsprofil wie Cocain eine ausgeprägtere euphorisierende Wirkungskomponente sowie infolge verzögerten Abbaus eine längere Wirkungsdauer auf. Zum Risikopotential vgl. 3.1.7, Rdnr. 1674 (bei Alkohol-Cocain-Kombinationen muss mit u.U. tödlichen Organ- oder Gefäßschädigungen gerechnet werden). Zum Ethanol als Resorptionsbeschleuniger vgl. 2.1.5, Rdnr. 1299.

[235] Zum „Bekehrungseifer" von Kokainisten vgl. auch 3.1.4, Rdnr. 1532.

[236] Vgl. auch zum Inhalieren und „Sniffen" von Heroin 2.1.5, Rdnr. 1222-1226, und 2.1.7, Rdnr. 1337.

[237] Entsprechende Cocain-Lösungen scheinen jedoch eher eine Transportform darzustellen, vgl. 3.1.2, Rdnr. 1465. Zur Löslichkeit vgl. 3.1.3, Rdnr. 1496 f.

[238] Vgl. auch zur cocain-bedingten sexuellen Enthemmung 3.1.4, Rdnr. 1527. Gleiches gilt für Amfetamin: 3.2.4.5, Rdnr. 1913.

[239] Im Gegensatz zum Cocain-HCl mit einem Schmelzpunkt bei 195° C, vgl. 3.1.3, Rdnr. 1497.

meist innerhalb weniger Monate zu einem **körperlichen Verfall** führen[240]. Letzteres dürfte damit zusammenhängen, dass die Base eine höhere Lipophilie aufweist als die HCl-Form mit der Folge einer schnelleren Anflutung im ZNS, einer höheren **Rezeptoraffinität** sowie eines schnelleren und intensiveren Wirkungseintritts[241].

Das **Cocain-Rauchen** scheint sich zunächst in **Südamerika** in nennenswertem Umfang durchgesetzt zu haben, wo etwa ab 1974 vor allem in Peru und Kolumbien[242], dann aber auch in Bolivien das Rauchen der "**Coca-Paste**"[243] aufkam. **1613**

Die in der Cocain-Produktion eingesetzten Jugendlichen wurden teilweise in "**Pasta básica**" ausbezahlt. Unter den zahlreichen **Straßenkindern** in dieser Region ist das Rauchen dieses Zwischenprodukts weit verbreitet; das Einstiegsalter liegt bei 8-9 Jahren[244].

Zur inhalativen Aufnahme werden ca. 1 g des vor allem aus **Cocainsulfat** mit Beimengungen u.a. von Kerosin, Schwefelsäure, Mangancarbonat[245] und Blei bestehenden, billigen **Zwischenprodukts** meist mit Tabak oder Marihuana[246] vermengt, zuweilen aber auch in Reinform geraucht. Durch die Hitzeeinwirkung verdampft das Cocainsulfat, das mit dem Rauch des "joints" tief inhaliert wird. Die Wirkung tritt innerhalb von wenigen Sekunden ein, hält aber noch weniger lang als beim "Cocain-Sniffen" vor. Die durchschnittlichen Tagesdosen liegen bei 10-20 g, es wird aber auch von extremen **Tagesdosen** von 40-60 g und der Ausbildung einer schweren Abhängigkeit vom Cocain-Typ berichtet. **1614**

Seit 1986 hat sich das Rauchen der vorwiegend aus Kolumbien stammenden, cremefarbenen bis kaffeebraunen **Paste** unter der Bezeichnung "**Basuco**" oder "**Bazuka**" (während unter "Bazooka" mit Mangancarbonat verunreinigtes "Crack" verstanden wird) auch in den **USA** eingebürgert, wo der Preis für 1 "trip" mit 1 US-Dollar noch niedriger als der bereits ohnehin sehr niedrige "Crack"-Preis[247] ist; aufgrund der leichten Verfügbarkeit wird das Gefährdungspotential insbesondere für jugendliche Konsumenten entsprechend hoch eingeschätzt. Das Rauchen von "Basuco", das infolge der erheblichen Rückstände, darunter auch von schwefliger Säure oder des statt Kerosins für die Herstellung verwendeten Autobenzins, **unreiner** als "Crack" ist, soll infolgedessen gegebenenfalls noch gefährlicher als das **1615**

---

[240] Vgl. auch zum vermehrten Rauchen von Heroin-Base 2.1.7, Rdnr. 1226.
[241] Zur höheren Wirksamkeit vgl. auch 3.1.4, Rdnr. 1557 und 1560, zum Wirkungseintritt 3.1.4, Rdnr. 1526, und 3.1.5, Rdnr. 1616 f.
[242] Wo es bereits 1986 von etwa 600.000, vorwiegend jüngeren Kolumbianern geraucht worden sein soll.
[243] Zur „Coca-Paste" als Zwischenprodukt bei der Cocain-Herstellung vgl. 3.1.1, Rdnr. 1419 f.
[244] Vgl. auch zum Inhalieren von Lösungsmitteln durch Kinder 4.5.4, Rdnr. 2552, und Vorbem. 4.5, Rdnr. 2500.
[245] Als Fällprodukt bei der Reinigung verwandten Kaliumpermanganats, vgl. 3.1.1, Rdnr. 1420; vgl. auch 3.1.5, Rdnr. 1601.
[246] Das als Trägermaterial u.a. auch zum Rauchen von PCP oder Methaqualon benutzt wird, vgl. 1.2.4.4, Rdnr. 904.
[247] Zum „Crack"-Preis in den USA vgl. 3.1.5, Rdnr. 1626.

"Crack"-Rauchen sein und zu schweren **Hirnschäden**[248], körperlichen Verfall und frühen Tod führen können.

1616 Auch andere zum **Rauchen** bestimmte Anwendungsformen des Cocains zeich-
nen sich dadurch aus, dass statt des herkömmlichen Cocain-HCl die stärker wirkende "**freie Base**"[249] genutzt wird. Diese "freie Base" kann von praktisch allen menschlichen Schleimhäuten[250] aufgenommen werden, insbesondere der **Bronchialschleimhaut** durch Rauchen bzw. Inhalieren[251]. Über die Lunge vermag der Wirkstoff sofort den Blutkreislauf zum Gehirn zu erreichen und den angestrebten "kick" innerhalb **kürzester** Zeit auszulösen[252].

1617 Möglich, wenn auch selten, da die angestrebte verstärkte und sofortige Cocain-Wirkung hierdurch nicht erreicht wird, ist auch eine Aufnahme der "freien Base" über die **Nasenschleimhaut** wie beim "Sniffen" von "Schnee".

1618 So hat sich seit etwa 1980 in den **USA** das "**free basing**" eingebürgert, bei dem durch das Rauchen des mit Hilfe eines Auszuges mit Etherlösung[253] oder dem Erhitzen mit Ammoniak (NH_3) chemisch gereinigten Cocains in **konzentrierter** Form und hohen Dosen von annähernd 300 mg[254] ein tiefer, ekstatischer Rausch gesucht wird. Seit etwa 1992 hat diese Resorptionsmethode sich auch in **Deutschland** einen nach außen abgeschotteten Konsumentenkreis erschlossen. Der Preis von 10-20 DM/KE entspricht in etwa dem von "Crack".

1619 Hierzu wird die im Straßenhandel erworbene Cocain-HCl-Zubereitung durch Zusatz von Ammoniumhydroxid oder **Backnatron** (Natriumbicarbonat) von beigemischten Streckmitteln und dem HCl-Anteil getrennt (daher die Bezeichnung "**free base**"), indem die Cocain-Base in der alkalischen Lösung schlecht löslich ist und ausfällt. Es folgt eine Lösung dieser Cocain-Base in Ether; durch anschließendes **Erhitzen** dieses Cocain-Ether-Gemischs verfliegt dieser, so dass die basisch reagierenden Cocain-Kristalle übrig bleiben. Diese können als trockenes, feinkristallines Pulver in reiner Form oder mit rauchbarem Material in speziellen **Wasserpfeifen**[255] oder einfach abgedichteten Büchsen als "white tornado", "baseball" oder "snow toke" geraucht werden. Diese Ether-Waschmethode ist allerdings nicht ungefährlich, da es bei unsachgemäßem Erhitzen des Ethers gegebenenfalls zu explosiven **Verpuffungen** kommen kann.

Zudem können mit dieser Methode **Lokalanästhetica** als Streckmittel nicht getrennt werden, da diese bei Freisetzung der Base mit in den Ether übergehen; werden sie zusam-

---

[248] Zu Hirnatrophien infolge Lösungsmittelschnüffelns vgl. 4.5.4, Rdnr. 2547.
[249] Zur Cocain-Base und ihrer weiteren Aufbereitung vgl. 3.1.1, Rdnr. 1420-1422.
[250] Zur Cocain-Resorption über die Schleimhäute vgl. auch 3.1.4, Rdnr. 1546.
[251] Vgl. auch zur Resorption über die Lunge beim Cannabis-Rauchen 1.1.4, Rdnr. 111-113.
[252] Auch die schlagartige Wirkstoff-Anflutung nach i.v. Injektion wird als „kick" bezeichnet; vgl. beim Heroin 2.1.4, Rdnr. 1126.
[253] Zur Löslichkeit von Cocain und Cocain-HCl vgl. 3.1.3, Rdnr. 1496 f.
[254] Zur üblichen Cocain-Dosierung beim „Sniffen" vgl. demgegenüber 3.1.5, Rdnr. 1596.
[255] „Base pipe", vgl. zum „Crack"-Rauchen 3.1.5, Rdnr. 1629.

3.1 Cocain

men mit der Cocain-Base geraucht, kann es zu einer unvorhersehbaren **Verstärkung** der **toxischen** Cocain-Wirkung kommen[256].

Der innerhalb von etwa 6-10 s eintretende **Rausch** ist dem durch i.v. Injektion von Cocain erreichbaren "rush"[257] vergleichbar. Das Rauschstadium hält jedoch nur 5-10 min an und ist, im Gegensatz zum langsamen Ausklingen beim "Sniffen", von einem abrupten Wirkungsende ("crash") gekennzeichnet, das das Verlangen nach erneuter Zufuhr in kurzen Abständen mit begründet, gegebenenfalls auch in Form eines mehrtägigen "run"[258]. **1620**

Dieses **"Koksrauchen"** hat u.U. erhebliche Veränderungen der Lungenfunktionen und häufig tödlich verlaufende **Lungenemphyseme** (Lungenblähungen) zur Folge. **Suchtpotential** und **Folgeschäden** gleichen denen des "Crack"-Rauchens[259]. **1621**

Als eine verwandte Konsumform ist das Erhitzen und Verdampfen von Cocain in einer Art Wasserpfeife zusammen mit hochprozentigem Alkohol oder Ether anzusehen, wobei der entstehende **Dampf** inhaliert wird[260]. **1622**

Diese Methode, die ebenfalls als **"Basen"** bezeichnet wird, ist offenbar vor allem unter Surinamesen in Amsterdam verbreitet und führt zu gravierenden körperlichen Schäden. **1623**

Eine weitere, gegenüber der Extraktion der "Freibase" mit Hilfe von Ether sicherere Methode der Aufbereitung des im Straßenhandel erworbenen Cocain-HCl ist seit etwa 1983 in den **USA** unter dem Namen **"Crack"**[261] (gelegentlich auch als "Rocks"[262] oder "Supercoke" bezeichnet) bekannt geworden. Offenbar im Zusammenhang mit der zunehmenden Sättigung des dortigen Marktes für "Schnee" hat "Crack" dort seit 1985 als eine Art "Fast-food-Droge" weite Verbreitung durch Erschließung neuer Konsumentenkreise gefunden und ist dort z.Zt. die am leichtesten zugängliche Droge, die u.a. in New York das Heroin bereits weitgehend verdrängt hat. **1624**

Hierbei handelt es sich um eine bröcklige, aus beigefarbenen oder gräulichen Cocain-Kristallen bestehende Masse, die relativ einfach durch Vermischen des Cocain-HCl mit alkalischen Chemikalien wie Ammoniumhydrogencarbonat oder **Backnatron**[263] unter Hinzufügung von Wasser oder dem gasförmigen Ammoniak **1625** *

---

[256] Was auch für andere Streckmittel gilt, vgl. 3.1.5, Rdnr. 1601.
[257] Zur Injektion von Cocain vgl. 3.1.5, Rdnr. 1603-1608.
[258] Zum Ausdruck „run" für „Marathonräusche" vgl. beim Amfetamin 3.2.4.5, Rdnr. 1879, sowie hier 3.1.5, Rdnr. 1631.
[259] Vgl. hierzu 3.1.5, Rdnr. 1632-1635.
[260] Zum Inhalieren von Heroin vgl. 2.1.5, Rdnr. 1222, von Ether 4.5.1, Rdnr. 2509.
[261] Der Name „Crack" („crack cocaine") dürfte von engl. crackle (knistern) kommen, womit das knackende Geräusch bezeichnet würde, das der Brocken unter Hitzeeinwirkung macht; der Name wird z.T. aber auch im Hinblick auf die Farbe und die bröcklige Konsistenz der Substanz von amerikan. crack (Mauerputz) hergeleitet.
[262] Vgl. auch zum Rock-Cocain 3.1.1, Rdnr. 1423, und 3.1.5, Rdnr. 1590.
[263] Vgl. auch zur Extraktion der „freien Base" 3.1.5, Rdnr. 1618 f., sowie zur Cocain-Gewinnung 3.1.1, Rdnr. 1418.

(NH$_3$) bzw. mit Salmiak (Ammoniumchlorid, NH$_4$Cl) herzustellen ist. Beim Erhitzen (Aufkochen) verbindet sich etwa das im Backpulver enthaltene Natriumbicarbonat (Natron, NaHCO$_3$) mit dem Hydrochloridanteil des Cocain-HCl, wobei es zur Bildung von NaCl, CO$_2$ und Wasser kommt, so dass die **reine Cocain-Base** freigesetzt wird. Diese wird sodann durch Filtration von der wässrigen Phase getrennt, getrocknet und in max. erbsengroße Stückchen ("Stein" bzw. "**Steinchen**") von wachsartiger, beiger bis weißer Farbe gebrochen, in Tablettenform gepresst oder in Phiolen gefüllt. "Crack" weist demnach einen hohen Cocain-Anteil von etwa 75-90 % auf[264]. Gegenüber dem "Sniffen" von "Schnee" beinhaltet "Crack" somit eine **höhere Wirksamkeit** bei gleichzeitig geringerem Substanzbedarf.

1626 Aus 1 g Cocain können bei dieser Herstellungsweise, zeitweise in den USA in gegen Razzien und Überfälle rivalisierender Streetgangs besonders gesicherten "Crack"-Häusern, etwa 6-10 "Crack"-KE gewonnen werden. Bei gleichzeitiger Vergrößerung der **Gewinnspanne** der Dealer[265] hat dies gegenüber dem herkömmlichen "Schnee" zu einer erheblichen **Verbilligung** des Endprodukts geführt: In den USA wird "Crack" häufig in Form von durchsichtigen Minikapseln mit je 0,1 g als **KE** zu einem Stückpreis von zunächst 10-30, ab Anfang der 1990er Jahre nur noch 3-5 US-Dollar und damit billiger als Heroin gehandelt[266]. In Deutschland lag der Straßenpreis pro "**Bömbchen**"[267] bzw. meist etwa streichholzkopfgroßem "**Steinchen**" mit ca. 0,1 g, das jeweils für ein paar tiefe Atemzüge reicht, Anfang der 1990er Jahre bei 70 DM, Ende der 90er Jahre bei nur noch 5-20 DM.

1627 Im Verhältnis zum Cocain-HCl[268] ist "Crack" zwar thermisch beständiger und daher zum Rauchen geeignet, kann allerdings nicht längere Zeit gelagert werden, ohne infolge **Zerfalls** bei **Luftzutritt** und Feuchtigkeit erheblich an Wirksamkeit zu verlieren. Es wird daher meist nur in **kleinen Mengen** hergestellt, luftdicht abgepackt und möglichst umgehend verbraucht.

1628 Infolge des Erreichens dieses "Taschengeld-Niveaus" wurde "Crack" in den USA sowohl von Angehörigen des bürgerlichen Mittelstandes als auch von Angehörigen der **Unterschicht** und zunehmend von Jugendlichen, gegebenenfalls in **Kombination** mit anderen Rauschdrogen[269], konsumiert, bei denen die Folgen besonders verheerend sind[270]; das Durchschnittsalter der "Crack-user" in den USA lag zeitweise bei 17-18 Jahren.

---

[264] Zum Wirkstoffgehalt reinen Cocains vgl. auch 3.1.1, Rdnr. 1424. Zum durchschnittlichen Wirkstoffgehalt des im Straßenhandel angebotenen „Schnees" vgl. demgegenüber 3.1.5, Rdnr. 1594.

[265] Zum Preisverfall beim „Schnee" vgl. 3.1.5, Rdnr. 1594. Aus 1 kg Cocain-HCl, das für 3.000 US-Dollar eingekauft wird, soll etwa 850 g „Crack" (entsprechend etwa 30.000 „Bömbchen") gewonnen werden, das im Straßenverkauf einen Wert von ca. 150.000 US-Dollar aufweist; vgl. hierzu auch 3.1.2, Rdnr. 1476.

[266] Zum gleichzeitigen Preisverfall bei Heroin vgl. 2.1.5, Rdnr. 1212. Vgl. auch zum „Basuco" 3.1.5, Rdnr. 1615.

[267] Zu den im Straßenhandel angebotenen „Crack-Bömbchen" vgl. 3.1.5, Rdnr. 1637, und 3.1.7, Rdnr. 1672.

[268] Vgl. zur Cocain-Herstellung 3.1.1, Rdnr. 1424.

[269] Vgl. zur Kombination von „Street-Drogen" wie „Crack" und PCP 1.2.4.5, Rdnr. 904, oder von „Crack" und „speed" 3.2.4.5, Rdnr. 1910.

[270] Vgl. auch zum „Basuco"-Rauchen 3.1.5, Rdnr. 1615.

"Crack" wird meist aus einer Art **Wasserpfeife**, an der ein Brenner hängt, ähnlich dem "basing"[271], geraucht, daneben aber auch mit Tabak oder Marihuana vermischt in Form eines "joints" oder in sog. "**Base-Pfeifen**" ("base pipe") aus Metall, notfalls auch z.B. in Getränkedosen; es verbrennt bis auf ein Knistern der Kristalle weitgehend geräuschlos.

1629

Die Anflutung und der **Wirkungseintritt** der beim Rauchen freigesetzten, leichtflüchtigen reinen Cocain-Base, die über die im Verhältnis zur Nasenschleimhaut sehr viel größere Oberfläche der **Bronchialschleimhäute** resorbiert wird, wobei die Resorption nicht durch die gefäßverengende HCl-Wirkung vermindert wird, erfolgt rasch, innerhalb von ca. 6-10 s[272], unter teilweiser Ausschaltung des Zwischenhirns und mit ausgeprägter Mydriasis einhergehend. Die **intensive**, mit überhöhter Wachheit, Antriebssteigerung bei völliger Enthemmung, sexueller Erregbarkeit und **Aggressivität**, Euphorie und Selbstsicherheit sowie u.U. Aurawahrnehmungen und Lichtblitzen (**Photopsien**) verbundene "Crack"-**Wirkung** hält jedoch nur kurze Zeit, meist 2-20 min, max. 30 min, an, ist also noch **kürzer** als beim herkömmlichen Schnupfen von Cocain-HCl[273]. Zur Aufrechterhaltung der Wirkung müssen somit pro Stunde meist **mehrere Pfeifen** geraucht werden. Daneben ist die **Injektion** als weitere Applikationsart aufgekommen.

1630
#

Um die Übererregung zu **kompensieren** bzw. zur Beruhigung nach vorangegangenem "Crack"-Missbrauch, wird teilweise zusätzlich u.a. **Heroin** oder **Methadon** konsumiert ("**Cocktail**")[274]. Soweit Heroin-Abhängige ihrerseits "Crack" rauchen, erfolgt dies, um neben der Befriedigung des täglichen "Opiathungers" einen "kick" zu erreichen; es entsteht ein **exzessives**, nicht mehr kontrollierbares **Konsummuster**.

Es schließt sich unvermittelt ein Zustand der Unruhe, Verwirrtheit, Reizbarkeit, **Erschöpfung** und Depression an ("**crash down**"). Der permanente **kurzfristige Wechsel** zwischen Euphorie und Depression beinhaltet eine hohe psychische Belastung der Abhängigen, die z.T. **psychotische** Tendenzen entwickeln. Damit ist zugleich die Gefahr gegeben, dass der Raucher in kurzen Abständen erneut zu "Crack" greift; "Crack"-Abhängige sollen sich zu mitunter tagelangen Rauch-Sessions ("**Marathonräusche**") treffen[275], teils um die sich anschließende tiefe Depression mit Selbstvorwürfen und gegebenenfalls suizidalen Tendenzen möglichst lange hinauszuschieben, bis zur völligen Erschöpfung, teils weil es bei häufigerem

1631

---

[271] Zum Rauchen „freier" Cocain-Basen vgl. 3.1.5, Rdnr. 1619 und 1622.
[272] Zum Wirkungseintritt bei den verschiedenen Applikationsarten vgl. 3.1.4, Rdnr. 1526. Zum Blutspiegel vgl. 3.1.4, Rdnr. 1560.
[273] Zur Wirkungsdauer beim Sniffen von „Schnee" vgl. 3.1.5, Rdnr. 1603. Der „Vorteil" des Metamfetamin-(„Ice"-)Rauchens liegt demgegenüber in dem etwa 24stündigen Rauschzustand, bei ebenfalls erhöhtem Gefährdungspotential, vgl. 3.2.4.5, Rdnr. 1917. Teilweise werden „Crack" und „Ice" kombiniert.
[274] Zu Heroin-Cocain-Kombinationen vgl. auch 3.1.4, Rdnr. 1531, und 3.1.5, Rdnr. 1606-1608, sowie 3.1.7, Rdnr. 1690. Vgl. hierzu auch beim Amfetamin 3.2.4.5, Rdnr. 1910 f.
[275] Vgl. auch zu den „coke binges" 3.1.4, Rdnr. 1544, bzw. „run" 3.1.5, Rdnr. 1620.

Missbrauch zu deutlichen **Toleranzerscheinungen** u.a. im Hinblick auf die anfängliche euphorische Phase kommt und der folgende "crash" immer schmerzhafter wird.

1632   Es ist davon auszugehen, dass es nach etwa 6-10 Wochen, gegebenenfalls aber auch bereits nach wenigen Zügen, wie etwa der Liedermacher Konstantin Wecker erfahren musste, das **Abhängigkeitsstadium** erreicht ist, wobei das "Crack"-Rauchen im Verhältnis zum Cocain-"Sniffen" ein erhöhtes Abhängigkeitspotential aufweist und neben einem **intensiven psychischen** auch ein **physisches** Abhängigkeitsstadium einschließt[276]. Trotz des niedrigen Preises pro KE kann auf diese Weise der tägliche Geldbedarf eines Heroin-Abhängigen erreicht und überschritten werden: mehrere 100 bis zu 800 DM/d bei einem **Tagesbedarf** von z.T. mehreren g. Die **Entzugserscheinungen**, u.a. Muskelschmerzen, Tremor, Herzrasen, Appetit- und Schlaflosigkeit, bronchitische Hustenanfälle, Depressionen und Angstzustände, sollen heftiger als bei vergleichbaren Rauschdrogen sein[277].

1633   Bereits im Jahre 1986 wurde in den **USA** mit etwa 1. Mio. "Crack"-Abhängigen gerechnet[278]. In der Folgezeit breitete sich die Droge vor allem unter farbigen US-Amerikanerinnen aus: Eine Schätzung ging für 1990 allein von etwa 2 Mio. "Crack"-abhängigen Frauen in den USA aus. Die sozialen Folgen des "Crack"-Missbrauchs sind aufgrund der mit dem Konsum einhergehenden geistigen Apathie und dem Verlust jeglicher moralischer Instanzen als katastrophal zu bezeichnen. Infolge drakonischer Strafen bereits bei Besitz relativ geringer Mengen "Crack" scheint Ende der 1990er Jahre der Straßenhandel und der Konsum in den USA jedoch deutlich **eingeschränkt** worden zu sein.

1634   Da die **Wirkung** von "Crack" **kurz** aber **sehr heftig** ist, soll gerade unter Jugendlichen Herzversagen und Atemstillstand infolge einer Verengung der Blutgefäße[279], was eine Verminderung der Sauerstoffzufuhr zum Herzen bedingt, als **akute Intoxikationsfolge** eine relativ häufige Todesursache sein. Der stärkere Blutfluss aufgrund der Beschleunigung des Herzschlages[280] kann zu **Gehirnblutungen** bzw. Schlaganfällen führen, das gesamte Herz-Kreislaufsystem wird belastet. Die inhalative Aufnahme von "Crack" mit herstellungsbedingten Resten etwa von Ammoniak kann zudem Schädigungen des **Lungengewebes**, etwa Einrisse der feinen Lungenbläschen sowie Ablagerungen von "Crack"-Rückständen in den Alveolen, mit sich bringen[281]. Es resultieren als **Langzeitfolgen** u.a. Kurzatmigkeit, Hustenanfälle mit schwarzem Auswurf und eine erhöhte Anfälligkeit für pulmonale Infektionen (Lungenentzündungen).

---

[276]   Vgl. auch 3.1.4, Rdnr. 1557. Zur Möglichkeit einer auch physischen Abhängigkeit vom Cocain-Typ vgl. 3.1.7, Rdnr. 1692 f.
[277]   Zu den Heroin-Entzugssymptomen vgl. 2.1.7, Rdnr. 1308-1312.
[278]   Zur Schätzung der Zahl der Cocain-„Sniffer" in den USA vgl. 3.1.2, Rdnr. 1472.
[279]   Zu den Intoxikationsfolgen und möglichen Auswirkungen auf den Fetus vgl. auch 3.1.7, Rdnr. 1666-1668.
[280]   Zu den körperlichen Cocain-Wirkungen vgl. 3.1.4, Rdnr. 1521-1524.
[281]   Vgl. auch zu Lungenschäden als Folge des Haschisch-Rauchens 1.1.7, Rdnr. 258 und 260.

3.1 Cocain

Weitere Langzeitfolgen neben **Verwahrlosungssymptomen** wie Mangelernährung, Dehydratation, Zahnausfall und Parasitenbefall können durch **chronische Erschöpfung**, Appetitlosigkeit, übersteigertes Hörempfinden, Schlaflosigkeit, Reizbarkeit und **Aggressivität**, Beeinträchtigung des Sehvermögens und der Libido, Bluthochdruck und Herzkrankheiten, Hautjucken und „Cocain-Akne", schwere Depressionen, **paranoide** und schließlich **schizophrenie-ähnliche** Zustände gekennzeichnet sein. Ein erheblicher Teil der Abhängigen leidet unter Verfolgungsängsten und Halluzinationen, insbesondere **taktile Mikrohalluzinationen**[282]. Es kann zu **Krämpfen** bis hin zu epileptoformen Anfällen[283] und Alterationen der Persönlichkeit kommen. Die **Mortalität** scheint deutlich erhöht. 1635

In **Deutschland** tauchte "Crack" erstmals im Oktober 1986 in nennenswertem Umfang auf dem illegalen Rauschdrogenmarkt auf[284], wobei potentielle Abnehmer zunächst vor allem Heroin-Abhängige zu sein schienen, die wegen der Aids-Gefahr[285] das Heroin-Spritzen einschränken wollten. Bis Ende der 80er Jahre hatte sich jedoch bei uns ebenso wie in den benachbarten europäischen Ländern, gegebenenfalls infolge der negativen Berichterstattung in den Medien, gegebenenfalls aber auch, weil zunächst ein ausreichender Absatzmarkt für den teureren "Schnee" aufgebaut werden sollte, kein größerer Abnehmerkreis etabliert. 1636

Ab 1990 mehrten sich dann Hinweise auf die **Entwicklung** eines entsprechenden **Marktes** u.a. in Frankfurt/Main, wahrscheinlich zunächst über in der Region stationierte US-Soldaten, wobei die Versorgung über kleinere "Labs" erfolgte. "Crack" wurde seitdem in zunehmendem Maße im Straßenhandel in Form von "**Bömbchen**" angeboten, die vom häufig schwarzafrikanischen Kleindealer im Mund aufbewahrt und bei einem polizeilichen Zugriff **verschluckt** werden konnte[286]. Auch hierbei besteht die Gefahr einer u.U. tödlich verlaufenden **Cocain-Vergiftung**[287]. Im Gegensatz zu **England**, wo die Zahl der "Crack"-Abhängigen 1998 die der Heroin-Abhängigen überflügelte, blieb der "Crack"-Anteil am gesamten Btm-Verbrauch in Deutschland lange Zeit jedoch gering, was u.U. mit den bis Mitte der 1990er Jahre noch relativ hohen Preisen für Cocain-HCl zusammenhängen könnte[288]. Dies änderte sich ab etwa 1999 auch in Deutschland, als außer in Frankfurt/Main "Crack" in Hamburg stärker auf den Markt drängte und vor allem im "**Fixer**"- und **Prostituiertenmi**- 1637

---

[282] Vgl. zu den „Cocain-Tierchen" 3.1.4, Rdnr. 1539 und 1545; da diese als real erlebt werden, versuchen Betroffene zuweilen, sie sich aus der Haut zu schneiden. Auch andere Symptome einer „Cocain-Psychose" wie Realitätsverlust (vgl. 3.1.7, Rdnr. 1694-1696) können sich einstellen. Ein Teil der Abhängigen war allerdings offenbar bereits zuvor psychisch auffällig.
[283] Zur cocain-bedingten Erniedrigung der Krampfschwelle vgl. 3.1.4, Rdnr. 1524 und 1549, sowie 3.1.7, Rdnr. 1666 f.
[284] Zur Entwicklung des „Crack"-Missbrauchs bei uns vgl. auch 3.1.2, Rdnr. 1485.
[285] Zur Aids-Gefahr infolge Injektion etwa von Heroin vgl. 2.1.7, Rdnr. 1301 f. Zum gleichzeitigen verstärkten Aufkommen des Heroin-Rauchens vgl. 2.1.5, Rdnr. 1226. Zum Cocain-Missbrauch seitens Heroin-Abhängiger vgl. 3.1.4, Rdnr. 1530.
[286] Was wie der gastrointestinale Körpertransport (vgl. 3.1.2, Rdnr. 1463) als „bodystuffing" bezeichnet wird.
[287] Zum sog. „Bodypacker-Syndrom" vgl. 3.1.7, Rdnr. 1672.
[288] Zum Preisverfall für „Schnee" seitdem vgl. 3.1.5, Rdnr. 1594, sowie zur Erschließung der „Disko-Scene" für Cocain 1.2.4.3, Rdnr. 863, 3.1.2, Rdnr. 1482, und 3.1.5, Rdnr. 1592.

lieu abgesetzt wurde, wo die Akzeptanz im Hinblick auf die Konsumform (Rauchen statt Spritzen, keine äußerlich sichtbaren Narben) gegeben war, mit der Folge zunehmender Abhängigkeit, Verelendung und erhebliche Verschlechterung des Gesundheitszustandes auch und gerade unter jungen Frauen. Im Jahr 2001 wurde in Deutschland insgesamt mit etwa 2.000 **"Crack"-Konsumenten**, häufig **Heroin-Abhängige**, die zusätzlich "Crack" rauchen, gerechnet, wobei „Crack" offenbar angesichts der hohen Gewinnspanne zunehmend Heroin auf der Angebotsseite verdrängt bzw. von den Abhängigen z.T. zusammen mit Heroin **injiziert** wird. Als "Party-" oder "Disko-Droge" hat sich "Crack", im Gegensatz zum "Schnee", bei uns hingegen bisher nicht etablieren können.

1638 Diese Methoden einer Aufbereitung des trotz Preisverfalls nach wie vor im Verhältnis zu "Crack" und anderen "freebase"-Varianten[289] teureren Cocain-HCl mit dem Ziel einer Gewinnung **wirkungsintensiverer** und zugleich **kostengünstigerer** Rauschdrogen könnten gegebenenfalls Zwischenschritte auf dem Weg zu neuen, **vollsynthetischen Drogen**, etwa auf Amfetamin-Basis[290], sein, die leichter und näher am Absatzmarkt herstellbar als die Halbsynthetica Heroin und Cocain bei zumindest vergleichbarer Rauschwirkung sind[291].

3.1.6 Nachweis

1639 Mit seinem **bitteren Geschmack**[292] unterscheidet Cocain sich vom ebenfalls in pulverisierter Form vorliegenden weißen Heroin Nr. 4 und Amfetaminen. Die lokalanästhetische Cocain-Wirkung beim **"Zungen-"** bzw. **"Gaumentest"**[293] ist demgegenüber nicht spezifisch, da auch **Imitate** mit Procain[294] und Substanzen wie Chinin oder Cinchonin diesen Effekt aufweisen.

1640 Üblich sind daher auch im illegalen Handel **Schmelzpunkt- und Löslichkeitsprüfungen**[295].

So kann die starke Braunfärbung beim Erhitzen einer Probe des zu erwerbenden Cocains in Stanniolpapier ein Hinweis auf eine erhebliche Streckung mit Zucker[296] und damit minder guter Qualität sein.

1641 Im freien Handel erhältlich sind auch eine Reihe von Schnelltests ("**screening tests**") wie der Young-Test, bei dem durch Vorhandensein von Cocain in der zu untersuchenden Zubereitung eine Blaufärbung des Teströhrchens oder -beutels

---

[289] Zum auch in Deutschland nicht unbedeutenden „basing" vgl. 3.1.5, Rdnr. 1618.
[290] Zur Zunahme von DD mit einer amfetamin-ähnlichen Grundstruktur vgl. 3.2.4.2, Rdnr. 1812 f.
[291] Vgl. hierzu auch beim Heroin 2.1.2, Rdnr. 1057-1060, und Vorbem. 1.2.4, Rdnr. 795 f.
[292] Näher zu den Cocain-Kristallen 3.1.3, Rdnr. 1496-1498.
[293] Zur Anästhesierung u.a. der Zunge vgl. 3.1.4, Rdnr. 1546, und 3.1.5, Rdnr. 1588. Zur Gefährlichkeit des „Zungen-Tests" vgl. 4.4.6, Rdnr. 2494 FN 252.
[294] Vgl. hierzu 3.1.5, Rdnr. 1599.
[295] Ähnlich wie im Heroin-Handel, vgl. 2.1.6, Rdnr. 1231.
[296] Zu den Cocain-Streckmitteln näher 3.1.5, Rdnr. 1599-1601.

3.1 Cocain

(Kobaltthiocyanat) hervorgerufen wird[297]. Derartige Vortests (Merck, TWK, NIK u.a.) werden außer von der Polizei auch im illegalen Groß- und Zwischenhandel eingesetzt. "**Crack**" ist hiermit ebenfalls erfassbar, sie können allerdings auch auf **Imitate** positiv reagieren[298].

Nach **Auftrennung** der verschiedenen Stoffe einer Cocain-Probe im Wege der **Dünnschichtchromatographie (DC)**[299] wird meist mit Hilfe der **Hochdruckflüssigkeitschromatographie (HPLC)**[300] der Gehalt an Cocain-HCl bestimmt. 1642

Nach Abzug eines maximalen relativen Analysenfehlers von 10 % kann so insbesondere die für das Vorliegen oder Nichtvorliegen einer "nicht geringen Menge"[301] wesentliche minimale Menge an Cocain-HCl errechnet werden.

Außerdem sind nach Auftrennung **massenspektrometrische** Untersuchungen **(MS)** möglich, bei denen ionisierte Proben mit Hilfe eines Magnetfeldes nach Ladung und Masse getrennt werden. 1643

Bei der sog. **GC-MS-Koppelung** (bei Kapillar-GC als Einlassystem in Form von Kapillar-GC-MS-Gerätekombinationen) wird die Probe zunächst gaschromatographisch in die einzelnen Fraktionen zerlegt, die sodann unmittelbar nach dem Verlassen der Trennsäule massenspektrometrisch identifiziert werden[302]. Die MS entspricht der forensischen Forderung nach Anwendung zweier von einander unabhängiger Nachweisverfahren (wie bei den Blutalkoholuntersuchungen).

Nur verdampfte, in einzelne Atome aufgelöste Moleküle können im **Massenspektrometer** untersucht werden. Daher wird regelmäßig durch Auflösung in Säure zunächst die Kristallstruktur der Probe zerstört und der Lösung nicht durch Zerfall entstandene Isotope beigegeben, die später als "Nullindikatoren" dienen. 1644

Die konzentrierte, eingetrocknete Lösung wird sodann in eine Vakuumkammer des Massenspektrometers eingeführt, wo sie bis zum Verdampfen erhitzt und bei der Elektronenstoß-Ionisation (EI) durch Beschuss mit Elektronen **ionisiert** wird: Durch Abspaltung eines Elektrons aus dem Molekül wird ein positiv geladenes Molekül erzeugt. Bei der Chemischen Ionisation (CI) wird ein sog. Reaktandgas (häufig Methan, Isobutan oder Ammoniak) in der Ionenquelle (IQ) ionisiert, welches wiederum die positive Ladung auf die vorhandenen Moleküle der zu untersuchenden Substanz überträgt. 1645

Die freigewordenen ionisierten Moleküle bzw. Atome werden elektrisch beschleunigt und durchlaufen dabei magnetische Felder, die sie nach ihrer Ionenmasse verschieden stark 1646

---

[297] Zu den Vortests vgl. auch bei den Cannabinoiden 1.1.6, Rdnr. 201.
[298] Vgl. zum Tetracain als Totalimitat 3.1.5, Rdnr. 1600.
[299] Zur DC näher beim LSD-25 1.2.1.1.6, Rdnr. 406-408.
[300] Zur HPLC näher beim Heroin 2.1.6, Rdnr. 1238 f.
[301] Zur „nicht geringen Menge" näher 3.1.6, Rdnr. 1652.
[302] Vgl. hierzu auch beim Heroin 2.1.6, Rdnr. 1266-1268. Eine Abwandlung des Massenspektrometers, bei der Luftproben analysiert werden, wird u.a. zum Aufspüren geschmuggelter Drogen im internationalen Reise- und Frachtverkehr erprobt.

ablenken. Da die **Ablenkung** (Krümmung) mit zunehmender **Masse** abnimmt, ergibt der Ort des Eintreffens auf einem Detektor die Masse. Das Spektrometer liefert direkte Datensignale, welche die verschiedenen Ionenmassen abgeben, an einen Rechner.

1647 Für routinemäßige Untersuchungen ist dieses recht aufwendige Verfahren, auch nach Einführung bei den Landeskriminalämtern, derzeit allerdings nur beschränkt geeignet.

1648 Eine **Cocain-Probe** enthält neben **Benzoylecgoninmethylester** und **Cinnamoylcocain** als Nebenalkaloide[303] regelmäßig auch die bereits durch Feuchtigkeit und Wärmeeinwirkung (Hydrolyse) entstandenen **Abbauprodukte Ecgonin** und **Benzoylecgonin**[304], welche der Probe einen typischen aromatischen Geruch verleihen.

Bei älteren Proben kann eine fast vollständige Umwandlung der Wirkstoffe eingetreten sein[305].

1649 Aufgrund dieser mit einem **spezifischen Geruch** behafteten Abbauprodukte, insbesondere Benzoesäuremethylester, kann Cocain und ebenso "Crack" von speziell dazu abgerichteten Hunden aufgespürt werden; liegt es in Form eines seiner Salze, etwa als HCl vor, kann dies wegen des verminderten Abbaus jedoch schwieriger werden.

1650 Angesichts der Tatsache, dass beim Cocain die gewöhnliche Einstiegsdosis, die
§ übliche KE und der Tagesbedarf eines Kokainisten kaum sicher festzulegen sind, hat der 2. Strafsenat des BGH in einem 1985 ergangen Urteil darauf verzichtet, für das Vorliegen oder Nichtvorliegen einer "**nicht geringen Menge**"[306] im Sinne u.a. der §§ 29 a Abs. 1 Nr. 2, 30 Abs. 1 Nr. 4, 30 a Abs. 1 BtMG 1994 wie bei den Cannabis-Produkten[307] oder Heroin[308] auf ein bestimmtes Vielfaches einer durchschnittlichen KE abzustellen.

1651 Denn gerade beim Cocain **schwanken** die **benötigten Mengen** je nach Applikations-
§ form, Zubereitungsart und Grad der Gewöhnung bzw. Toleranzbildung **erheblich**[309]. Stellt man auf die Injektionsform und einen diesbezüglichen Tagesbedarf von 10 x 10 mg = 0,1 g ab, käme man, ähnlich wie beim Heroin, bei Zugrundelegung von 1 Monatsbedarf (berechnet allerdings nicht nach KE, sondern nach dem Tagesbedarf) auf 3 g reines Cocain-HCl, bei dem die Gefahr der Weitergabe einer darüberhinausgehenden Menge bestünde.

Stellt man demgegenüber auf die durchschnittliche **Tagesdosis** von 1 g Zubereitung für "Sniffs" ab, müsste die Grenze bei wenigstens 30 g einer qualitativ guten Cocain-Zuberei-

---

[303] Näher zu den Begleitalkaloiden des Cocablattes 3.1.3, Rdnr. 1493 f. Zum Ecgonin vgl. 3.1.3, Rdnr. 1487.
[304] Näher zu den Cocain-Metaboliten 3.1.4, Rdnr. 1552 und 1563.
[305] Ebenso wie etwa beim Heroin, vgl. 2.1.6, Rdnr. 1230 und 1255.
[306] Zum Begriff der „nicht geringen Menge" näher 1.1.6, Rdnr. 208, sowie 2.1.6, Rdnr. 1243.
[307] 500 KE, vgl. 1.1.6, Rdnr. 209.
[308] 150 KE, vgl. 2.1.6, Rdnr. 1242.
[309] Zur Frage der Toleranzbildung vgl. 3.1.4, Rdnr. 1578 f. einerseits sowie 3.1.5, Rdnr. 1631 andererseits.

3.1 Cocain

tung liegen. Nach anderer Auffassung ist zumindest beim Cocain dagegen nicht von der durchschnittlichen Tagesdosis, sondern von der Einstiegsdosis auszugehen, da infolge der erhöhten Missbrauchsfrequenz die benötigte Menge später stark variiert[310].

Der 2. Strafsenat hat sich angesichts dieser Schwierigkeiten entschlossen, bereits **5 g Cocain-HCl**[311] als "nicht geringe Menge" im Sinne der genannten Vorschriften zu bewerten, wobei der Senat davon ausging, dass damit Sachverhalte unterschiedlichster Gefährdungsstufe erfasst werden können. 　　1652 §

Die Grenzmenge von 5 g Cocain-HCl setzt sich aus einem Vorrat von 3 g für den Eigenverbrauch und einer Menge von 2 g, bei der eine erhebliche Gefahr der Weitergabe besteht, zusammen. Der BGH geht hierbei davon aus, dass aus 2 g Cocain-HCl mehr als 60 **äußerst gefährliche Einzeldosen** hergestellt werden könnten, die demnach jeweils mit ca. 33 mg angesetzt werden müssten[312]. 　　1653 §

Bei einem Abstellen auf diese (bei i.v. Applikation) äußerst gefährliche Einzeldosis Cocain-HCl ergeben sich im Hinblick auf den festgesetzten Grenzwert von 5 g Cocain-HCl etwas mehr als **150 äußerst gefährliche Einzeldosen**. Demgegenüber hat der BGH bei Ermittlung der entsprechenden Grenzmenge beim Heroin-HCl auf 30 äußerst gefährliche Einzeldosen (zu je 50 mg Heroin-HCl) abgestellt[313]. Bei Zugrundelegung der durchschnittlichen nasalen Rauschdosis von 20-50 mg Cocain-HCl[314] entspricht dieser Grenzwert zwischen 100 und **250 durchschnittlichen KE** Cocain-HCl (dem entsprechen 200 KE à 50 mg Amfetamin-Base) gegenüber 150 KE Heroin-HCl zu je 10 mg bzw. ergeben sich 50 äußerst gefährliche nasale Dosen (zu je 100 mg Cocain-HCl). Fraglich ist, ob dieser vom 2. Strafsenat gezogene Grenzwert für Cocain-HCl bei Berücksichtigung von Applikationsform und Gefährlichkeit auch für den inhalativen Missbrauch reiner Cocain-Base, etwa in Form des "**Crack**"**-Rauchens**[315], gelten kann; insoweit wurde in den USA eine im Verhältnis zum Schnupfen des herkömmlichen "Pulver-Cocains" etwa 100fach erhöhte Gefährlichkeit angenommen. 　　1654 §

Auch bei Bestimmung der "**geringen Menge**" im Sinne der §§ 29 Abs. 5, 31 a BtMG 1994[316] ist dementsprechend von einer höchst variablen Grenze auszugehen. 　　1655 §

Da hier eine Bestimmung des Wirkstoffgehalts des einzelnen Cocain-"Briefchens" regelmäßig nicht erfolgt[317], wird insoweit unter Abstellen auf das Bruttogewicht von 0,5-1 g

---

[310] Zur möglichen Dosissteigerung vgl. 3.1.5, Rdnr. 1596-1598, 1614, 1618.
[311] Cocain-Base muss durch Multiplikation mit dem Faktor 1,11 in Cocain-HCl umgerechnet werden.
[312] Zur äußerst gefährlichen Einzeldosis Cocain vgl. 3.1.7, Rdnr. 1671.
[313] Zur Zugrundelegung der äußerst gefährlichen Einzeldosis Heroin-HCl bei der Ermittlung der „nicht geringen Menge" Heroin vgl. 2.1.6, Rdnr. 1242. Zu den entsprechenden Grenzwerten beim Amfetamin vgl. 3.2.4.6, Rdnr. 1928, und MDEA vgl. 1.2.3.4, Rdnr. 865. Zu den entsprechenden Grenzwerten beim Cannabis vgl. 1.1.6, Rdnr. 209-213, und beim LSD-25 vgl. 1.2.1.1.6, Rdnr. 413-416.
[314] Zur durchschnittlichen Rauschdosis vgl. 3.1.5, Rdnr. 1596 f.
[315] Zur Gefährlichkeit von „Crack" vgl. 3.1.5, Rdnr. 1631-1635.
[316] Zum Begriff der „geringen Menge" vgl. 1.1.6, Rdnr. 213-216.

Cocain-Zubereitung (bzw. etwa 0,5 g Cocain-HCl) auszugehen sein, was ca. 5-10 "Sniffs" entspricht, sowie bis zu 30 g Cocablätter oder -tee.

1656 Wie bei den Opioiden und Cannabinoiden ist ein Nachweis von **Cocain-Metaboliten**[318], insbesondere von **Benzoylecgonin**, aus dem Urin mit Hilfe von **enzymimmunologischen Schnelltestverfahren**[319] wie etwa dem EMIT-Verfahren möglich, mittels des RIA-Tests auch in Haarproben.

1657 Bei dieser Antigen-Antikörper-Reaktion, die auch außerhalb eines lebenden Organismus möglich ist, wirkt das nachzuweisende **Benzoylecgonin** als Antikörper auf ein bestimmtes Antigen ein, dessen enzymatische Aktivität reduziert wird. Durch Messung dieser enzymatischen Inaktivierung ergibt sich eine quantitative Bestimmung der vorhandenen Metaboliten. Die Messung selbst erfolgt spektralphotometrisch.

1658 Mittels der zum Cocain-Nachweis **hochspezifischen** immunchemischen Methoden kann Cocain im **Blut** bis zu ca. 6 h nach der Aufnahme und die Abbauprodukte etwa 6-12 h nach dem Schnupfen ab einer Konzentration von 30 ng/ml nachgewiesen werden; Benzoylecgonin ist im **Urin** etwa 3 d lang nachweisbar.

3.1.7 Gefährlichkeit

1659 Die Tatsache eines offenbar bislang in Form des "**Sniffens**" weit verbreiteten Cocain-Konsums in den **USA**[320] legt die Vermutung nahe, dass mäßiger und nur gelegentlicher (weitgehend kontrollierter) Cocain-Konsum durch den "gelegentlichen Freizeitsniffer" ("**social-recreational user**")[321], der sich nur am Wochenende "die Nase pudert", nicht zu einer dem Heroin-Missbrauch gleichzusetzenden sozialen Schädigung und gegebenenfalls Abhängigkeit führt.

1660 Das weitgehende Fehlen von Symptomen einer körperlichen Abhängigkeit beim reinen "Schnupfen" von Cocain-HCl[322] scheint darüberhinaus ein **Absetzen** der Droge ("Abkicken") zu begünstigen, was epidemiologische Studien in den USA bestätigen.

---

[317] Vgl. hierzu auch beim Heroin 2.1.6, Rdnr. 1247.
[318] Näher zu den Cocain-Metaboliten 3.1.4, Rdnr. 1552 und 1563. Cocain selbst ist äußerst instabil und wird rasch metabolisiert.
[319] Näher zu den enzym-immunologischen Screeningmethoden und dem RIA-Test 2.1.6, Rdnr. 1250-1260. Zum „Drugwipe-Wischtest" vgl. Rdnr. 1252.
[320] Zur Verbreitung des Cocain-„Sniffens" in den USA vgl. 3.1.2, Rdnr. 1472-1474.
[321] Vgl. auch zum nur gelegentlichen Haschisch-Konsum 1.1.7, Rdnr. 227 f. und 255 f., bzw. „ecstasy"-Konsum 1.2.4.3, Rdnr. 860 f. Es wird geschätzt, dass es bei nasaler Aufnahme von Cocain in etwa 10-15 % der Fälle zu einer Abhängigkeitsausbildung kommt.
[322] Das hier Gesagte gilt nicht für das Rauchen von Cocain-Base, vgl. 3.1.5, Rdnr. 1612-1638.

3.1 Cocain

Von einem **Cocain-Missbrauch** dürfte unter diesen Voraussetzungen daher erst bei einem erheblichen Cocain-Konsum über mindestens 1 Monat hinweg gesprochen werden können, wobei die Gruppe derjenigen besonders gefährdet erscheint, die Cocain zur Leistungssteigerung und Bekämpfung depressiver Phasen zunehmend regelmäßig konsumiert ("**situation user**"). 1661

Die im folgenden gemachten Aussagen, insbesondere zum Zustandsbild bei **chronischem** Cocain-Missbrauch (**Cocainismus**)[323], stützen sich daher weitgehend auf veröffentlichte klinische Erfahrungen mit habituellem Missbrauch von Patienten, die zudem häufig Cocain-"Fixer" und **polytoxikoman** sind. 1662

Aber auch was den offenbar recht häufigen "**situation user**" betrifft, der Cocain nur gelegentlich zum Aufputschen nimmt, bleibt nochmals darauf hinzuweisen, dass infolge der äußerlich relativ unauffälligen und jedenfalls in Deutschland noch relativ häufig auf "Eingeweihte" beschränkten Kokainistenkreise[324] sowie der häufigen Verbindung des Cocain-Konsums mit dem Missbrauch von **Alkoholika** pp., früher auch von **Barbituraten**, allgemeingültige Aussagen letztlich nur sehr beschränkt möglich sind. 1663

Die mit dem **Mehrfachkonsum** verbundenen **Unwägbarkeiten**[325] wurden am Beispiel des im Sommer 1982 verstorbenen Regisseurs Rainer Werner Fassbinder deutlich, dessen Tod durch die gleichzeitige Einnahme barbiturat-haltiger Arzneimittel[326] und Cocain herbeigeführt worden sein dürfte. 1664

Bereits bei einer **Einzeldosis** Cocain[327] kann es aufgrund einer Überdosierung oder infolge individueller Unverträglichkeit, etwa infolge eines Defizits metabolisierender Esterasen[328] in der Leber, alsbald nach der Aufnahme zu einer akuten (meist **akzidentellen**) **Cocain-Vergiftung** kommen, die mit einem deliranten Syndrom (intensive Angstgefühle, Verfolgungswahn, Halluzinationen)[329] und äußerster Erregtheit einhergeht und deren Symptomatik der einer **Atropin-Vergiftung**[330] 1665

---

[323] Zum Begriff des Cocaismus vgl. demgegenüber 3.1.2, Rdnr. 1445.
[324] Vgl. hierzu auch 3.1.5, Rdnr. 1592.
[325] Gleiches gilt etwa auch für einen kombinierten Heroin- und AM-Missbrauch, vgl. 2.1.7, Rdnr. 1280. Zum Mischkonsum von Cocain als „Diskodroge" vgl. 3.1.2, Rdnr. 1482, zu weiteren Cocain-Kombinationen vgl. 3.1.5, Rdnr. 1606-1608.
[326] Vgl. hierzu auch bei den Barbituraten 4.1, Rdnr. 2020.
[327] Gegebenenfalls bereits in therapeutischer Dosierung (im medizinisch-klinischen Bereich gilt eine Dosis von 3 mg/kg KG noch als sicher), z.B. beim Einträufeln von Cocain ins Auge oder Pinselung der Mundschleimhaut vor zahnmedizinischen Eingriffen, vgl. 3.1.3, Rdnr. 1499 f. und 1505. Todesfälle infolge einer Cocain-Monointoxikation sind jedoch im Verhältnis zu Mischintoxikationen selten und häufig die Folge i.v. Applikation.
[328] Vgl. zur Pseudocholinesterase 3.1.4, Rdnr. 1563, sowie zum Physostigmin als Antidot 3.2.4.7, Rdnr. 1937 FN 244.
[329] Zu den entsprechenden Symptomen einer Amfetamin-Vergiftung vgl. 3.2.4.7, Rdnr. 1950 f.
[330] Zu den Symptomen einer Atropin-Intoxikation vgl. 1.2.2.2, Rdnr. 523. Vgl. auch zur adrenergen Cocain-Wirkung 3.1.4, Rdnr. 1369-1372.

gleicht. Die Gefahr ist besonders groß, wenn aufgrund eines erhöhten Angebots der **Reinheitsgrad** des im Straßenhandel angebotenen Endprodukts steigt.

1666 Neben dem regelmäßig zu beobachtenden Blutdruckanstieg, einer beschleunigten Herz- und Atemfrequenz, weitgestellten Pupillen (Mydriasis), Reflexsteigerung und **erhöhter Körpertemperatur** mit Schweißausbruch können plötzlicher Blutdruckabfall, Atemdepression und **epileptoforme Krämpfe**[331] auftreten. Neben einer ungenügenden Hirndurchblutung kann die Cocain-Wirkung auf das Herz hierbei zu Rhythmusstörungen und infolge einer Verengung der Herzkranzgefäße zu **Infarkten** führen. Schließlich kann es durch Lähmung des ZNS zu einer "Cocain-Paralyse" mit Versagen der atem-und kreislaufregulatorischen Funktionen (Kammerflimmern) und zum Tod durch **Lähmung** des **Atemzentrums**[332] kommen.

1667 Insbesondere die durch Cocain ausgelöste **Gefäßverengung**[333] kann zu einem plötzlichen Blutdruckanstieg führen, der bei vorbestehendem Bluthochdruck infolge **Hirngefäßrupturen** direkt tödlich wirken kann[334].

Außerdem scheint die Erhöhung der Körpertemperatur[335] in Verbindung mit der intensiven Vasokonstriktion mit verantwortlich für meist tödlich endende **zerebrale Krämpfe** zu sein, insbesondere bei **Kombination** mit "ecstasy".

1668 Die extreme Gefäßverengung kann bei **Schwangeren** zu einer Mangelversorgung des Fetus führen; insbesondere im Zuge des "**Crack**"-Rausches können Krämpfe der Blutgefäße die Unterbindung der Zufuhr von Sauerstoff und Nährsubstanzen zur Folge haben. Von Stoffwechselstörungen erholen sich Neugeborene zwar schnell, da das Cocain über den mütterlichen Kreislauf jedoch auch auf das ungeborene Kind hatte einwirken können, kann der Missbrauch zu schweren Missbildungen oder späterer geistiger Behinderung führen sowie zu Frühgeburt oder zu Blutungen und Ausstoßung der Leibesfrucht[336].

Hauptursache dieser Schäden soll das wasserlösliche **Norcocain**[337] sein, das über die Plazenta ins Fruchtwasser gelangt. "**Crack**"-**Kinder** sollen infolge dieser Schädigung später zu Apathie und Desinteresse neigen und Anzeichen von Autismus zeigen.

---

[331] Zu möglichen Krampfursachen vgl. 3.1.4, Rdnr. 1549, zu entsprechenden Amfetamin-Wirkungen vgl. 3.2.4.7, Rdnr. 1935. Umgekehrt kann sich eine erhöhte Krampfbereitschaft als (gegenregulatives) Entzugssymptom nach Absatz zentral-depressiver Stoffe einstellen, vgl. bei den Barbituraten 4.1, Rdnr. 2032 f.

[332] Ähnlich einer akuten Heroin-Intoxikation, vgl. 2.1.7, Rdnr. 1270 f.

[333] Vgl. zum Eingriff in den Neurotransmitterhaushalt 3.1.4, Rdnr. 1568.

[334] Apoplexie, insbesondere bei „Crack"-Missbrauch, vgl. 3.1.5, Rdnr. 1634.

[335] Zur u.U. lebensbedrohlichen Hyperthermie vgl. auch beim „ecstasy" 1.2.3.4, Rdnr. 855 f., beim LSD-25 1.2.1.1.4, Rdnr. 321, sowie bei Kombinationen mit Psilocybin, vgl. 1.2.3.3, Rdnr. 673. Zu Hyperthermie und Hirnblutungen bei Amfetamin-Intoxikationen vgl. 3.2.4.7, Rdnr. 1935 und 1938.

[336] Sogar in höherem Maße als beim Heroin; zur Schädigung des Fetus infolge Heroin-Missbrauchs vgl. 2.1.7, Rdnr. 1303.

[337] Vgl. zum Abbau des Cocains im Körper 3.1.4, Rdnr. 1552.

3.1 Cocain

Bei **enteraler** Cocain-Zufuhr sind infolge der extremen Gefäßverengung weiter **Gewebezerstörungen** (Gangrän) des Darms beobachtet worden, bei **inhalativer** Aufnahme Schädigungen des Lungengewebes[338]. **1669**

Zur Feststellung, welche Substanz die Vergiftungserscheinungen hervorgerufen hat, ist u.a. die **Analyse** von **Körperflüssigkeiten** mit immunchemischen Verfahren[339] erforderlich. **1670**

Bei einem nicht an Cocain Gewöhnten ist die als **äußerst gefährlich** einzustufende Einzeldosis bei i.v. Injektion bereits mit 30 mg anzusetzen. Bei Resorption über die Nasenschleimhaut bzw. oraler Aufnahme dürfte sie bei 100 mg liegen[340]. **1671**

Die Angaben über die **tödliche Einzeldosis** schwanken erheblich. Sie dürfte unter Berücksichtigung der individuellen Verschiedenheit bei einer nicht an Cocain gewöhnten, 70 kg schweren Person bei 200-300 mg bei intravenöser oder inhalativer bzw. bei 1-2 g bei oraler Aufnahme liegen. Etwa 2/3 aller Cocain-Überdosierungen wirken innerhalb der ersten 5 h tödlich.

Infolge der großen individuellen **Toleranzbreite** können jedoch bei Gewöhnung erheblich höhere Dosen vertragen werden[341].

Die **therapeutische Breite** ist also relativ **klein**: Als LD_{50} werden 500 mg genannt. Insbesondere infolge ungewollten Auflösens eines **inkorporierten** Cocain-"Bömbchens" ("**Bodypacker-Syndrom**") oder **Injektion** einer Überdosis Cocain kann es daher zu einem "**Cocain-Schock**"[342] kommen, bei dem u.a. unter Übelkeit, Bluthochdruck, Herzrhythmusstörungen, Körpertemperaturanstieg, Konvulsionen (zerebrale Krampfanfälle) und Koma ein rascher Tod infolge schweren Kreislaufversagens und respiratorischer Insuffizienz eintritt. Die **Toxizität** nimmt zu, wenn Pharmaka, die das kardiovaskuläre System beeinflussen, dem Cocain als **Streck- 1672**

---

[338] Insbesondere infolge des „Crack"-Rauchens, vgl. 3.1.5, Rdnr. 1634.
[339] Näher zu enzym-immunologischen Bestimmungsmethoden beim Cocain 3.1.6, Rdnr. 1656-1658.
[340] Zur mittleren und zur äußerst gefährlichen Einzeldosis vgl. auch 3.1.5, Rdnr. 1596 f., und 3.1.6, Rdnr. 1653 f.
[341] Was auch für Weckamine gilt, vgl. 3.2.4.7, Rdnr. 1934. Wie beim Heroin kann ein an Cocain Gewöhnter Einzeldosen verkraften, die beim Erstkonsumenten tödlich wirken würden, zur Dosissteigerung vgl. 3.1.5, Rdnr. 1598.
[342] Vgl. auch 3.1.7, Rdnr. 1666. Zum entsprechenden „Spritzen-Schock" beim Heroin vgl. 2.1.7, Rdnr. 1270. Zur Inkorporation von Cocain vgl. 3.1.2, Rdnr. 1463, und 2.1.5, Rdnr. 1637. Zur Exkorporation der Drogenbehältnisse wird anstelle von Apomorphin (vgl. hierzu 4.4, Rdnr. 2248) bei uns als nur in geringem Maße zentral-wirksames Emeticum (syn. Vomitivmittel) Ipecacuanha-Saft eingesetzt, dessen Hauptwirkstoff Emethin ist – das dadurch ausgelöste Erbrechen gleicht im wesentlichen dem natürlichen Erbrechen; mit Beschluss vom 15.9.1999 hat das BVerfG die zwangsweise Verabreichung für zulässig gehalten.

mittel[343] beigegeben worden sind. Bei sehr hohen Dosen ist eine toxische Wirkung direkt auf den Herzmuskel möglich (sog. kardiovaskulärer Tod).

1673 **Todesfälle** sind jedoch nicht nur nach i.v. Injektion, sondern auch nach dem **Schnupfen** von Cocain bekannt geworden. Zwar lag in diesen Fällen meist eine Polytoxikomanie vor, der relativ schnell erfolgende Todeseintritt scheint jedoch durch das Cocain verursacht worden zu sein.

1674 Ebenso birgt der zur Steigerung des "Cocain-high" häufig gleichzeitig erfolgende **Alkohol-Konsum**[344] ein erhöhtes Risikopotential aufgrund des in der Leber bei Spaltung der Methylestergruppe des Cocains durch Carboxylesterase entstehenden, hochtoxischen Ethylesters **Cocainethylen** (syn. Cocaethylen), der sich über längere Zeit im Gewebe festsetzt, sowie aufgrund von Kreislaufstörungen. Entsprechendes gilt u.a. für **Cocain-Heroin-** oder **Cocain-Barbiturat-Kombinationen**[345].

1675 Wie auch bei anderen auf das ZNS einwirkenden Giften ist der pathologisch-anatomische Befund im allgemeinen in diesen Fällen wenig charakteristisch.

Bei Cocain kommt hinzu, dass es relativ rasch im Körper **abgebaut** wird[346], so dass, anders als beim Heroin[347], eine Cocain-Intoxikation als Todesursache **schwerer nachzuweisen** ist.

1676 Die Gabe von **Morphin**, Barbituraten und ähnlichen, atemdepressiv wirkenden Substanzen, kann im Falle einer akuten Cocain-Vergiftung die **Ateminsuffizienz** verstärken[348].

1677 Indiziert ist dagegen neben **Haloperidol**[349] bei den meist euphorisch geprägten Erregungszuständen die i.v. Verabreichung von **Diazepam** (Valium) zur Verhütung epileptischer Anfälle[350] sowie nach neueren Erkenntnissen in den USA sowohl hinsichtlich der Entzugserscheinungen als auch zur Dämpfung der Erregungszustände die Gabe von Antidepressiva wie **Imipramin** oder **Lithium-Präparate**[351], gegebenenfalls auch von Adrenalin und Hydrocortison, neben Sauerstoffbeatmung und Infusion.

---

343 Etwa Phenylpropanolamin, vgl. 3.1.5, Rdnr. 1601. Vgl. auch zum Ephedrin 3.2.1, Rdnr. 1720.
344 Zum kombinierten Cocain-Alkohol-Konsum vgl. auch 3.1.5, Rdnr. 1609 und 1609 FN 234.
345 Zu Cocain-Heroin-Kombinationen vgl. 3.1.5, Rdnr. 1606-1608, zu Cocain-Barbiturat-Kombinationen vgl. 3.1.7, Rdnr. 1663 f.
346 Zur Cocain-Metabolisierung näher 3.1.4, Rdnr. 1561-1563.
347 Zur Feststellung der Todesursache beim Heroin vgl. 2.1.7, Rdnr. 1270 f.
348 Ebenso wie beim Heroin, vgl. 2.1.7, Rdnr. 1285.
349 Zur antidopaminergen Wirksamkeit von Haloperidol vgl. 3.1.4, Rdnr. 1571 f.
350 Zur spasmolytischen Eigenschaft von Tranquilizern vgl. 4.3.4, Rdnr. 2205.
351 Zu deren antidepressiver Wirksamkeit in Bezug auf Stimulantia vgl. beim Amfetamin 3.2.4.4, Rdnr. 1886.

3.1 Cocain

Bei **Injektion** von Cocain-Lösungen droht infolge der verwendeten unsterilen Lösungen und Nadeln[352] das Entstehen von **Sekundärkrankheiten** wie sie auch bei Heroin-Abhängigen auftreten, insbesondere Venenerweiterungen, Hepatitis oder eine fettige Degeneration der Leber sowie die Gefahr einer HIV-Infektion. **1678**

Das habituelle **Rauchen** von Cocain-Base kann zu gravierenden Schädigungen der Lunge (u.a. **Lungenemphyseme**) und allgemeinen körperlichen Verfall führen[353]. **1679**

Aber auch beim "**Sniffen**" von Cocain-HCl mehren sich im Gegensatz zu einer früher vorherrschenden Meinung die Hinweise auf **organische Langzeitschäden** bei einem chronischen Missbrauch. So kann es neben Herz-Kreislaufschäden mit wesentlicher Erhöhung des **Infarktrisikos** (u.a. wirkt sich die Vasokonstriktion auch am Herzmuskel aus)[354], zu Sehstörungen und Schlaganfällen, die auf den Cocain-Konsum zurückführbar sind, kommen, insbesondere zu Hirnfunktionsstörungen mit gegebenenfalls Hirnblutungen[355] mit der Folge von **Lähmungen** sowie langfristig zu **hirnatrophischen** Veränderungen[356]. **1680**

Als Folge einer **chronischen** Cocain-Intoxikation bei **nasaler** Aufnahme, die bei einem 1 1/4 a übersteigenden Dauermissbrauch[357] angenommen werden kann, weicht zunächst die anfängliche Geistesklarheit einem sinnlosen Rede- und Betätigungsdrang ("Kokolores" reden bei motorischer Unruhe, einhergehend mit zunehmendem Realitätsverlust); es kommt im Mittel innerhalb von 3-4 a zur Ausbildung einer **Abhängigkeit vom Cocain-Typ** (ICD-10 F 14.2), wobei das Abhängigkeitspotential stark von individuellen Faktoren bestimmt ist. **1681**

Psychologische Leistungstests ergaben eine verminderte Konzentrations-, Merk- und Lernfähigkeit. Je nach Applikationsart wird die körperliche Belastbarkeit und Widerstandsfähigkeit eingeschränkt: Die **Cocain-Abhängigen** magern ab bis hin zur Kachexie und werden anfällig für Infektionen. Das sexuelle Verlangen erlöscht. Eher als üblich können sich Nervenleiden wie **Parkinsonismus**[358] ein- **1682**

---

[352] Zur unsterilen Lösung vgl. 3.1.5, Rdnr. 1604.
[353] Näher hierzu 3.1.5, Rdnr. 1612, 1615, 1621, 1623 und 1634.
[354] Vgl. auch zur akuten Intoxikation 3.1.7, Rdnr. 1666 und 1672.
[355] Zur Hirnblutung bei akuter Intoxikation vgl. 3.1.7, Rdnr. 1667.
[356] Zu entsprechenden neurotoxischen Hirnschädigungen als Folge des Lösungsmittel-„Schnüffelns" vgl. 4.5.4, Rdnr. 2547.
[357] Zur Annahme eines beginnenden Cocain-Missbrauchs vgl. 3.1.7, Rdnr. 1661. Zu dem der Abhängigkeitsausbildung wahrscheinlich zugrunde liegenden Eingriff in den Dopamin-Haushalt vgl. 3.1.4, Rdnr. 1569.
[358] Zur Ausbildung der Symptome der Schüttellähmung als Folge eines Meperidin-Missbrauchs vgl. 4.4.4, Rdnr. 2402.

stellen, der auf eine Unterversorgung mit Dopamin[359] zurückführbar ist und sich in einem typischen, nicht beherrschbaren Zittern äußert.

1683 Es besteht die Gefahr eines Verfalls der früheren Persönlichkeit (**Depravation**), der Intelligenzminderung als Folge einer suchtbedingten Hirnschädigung (**Demenz**) sowie **suizidaler** Tendenzen.

1684 Die Folgen des **Cocainismus** sind denen des Alkoholismus und Morphinismus/ Heroinismus[360] in etwa vergleichbar.

1685 Bei einem nicht empirisch begründeten **Einordnungsversuch** wurden auf einer zehnteiligen Skala der abhängigkeitserzeugenden Potenz gängiger Suchtstoffe Cannabis und Benzodiazepine mit 1, LSD-25 und Mescalin mit 2, Weckmittel und Alkohol mit etwa 5 Punkten sowie Opiate und Heroin mit 9-10 Punkten bewertet, während Cocain mit 8 Punkten angesetzt wurde.

Ein anderer Index nimmt folgende Gewichtung vor: Marihuana 1, andere Cannabis-Zubereitungen 3, Halluzinogene 6, Cocain 7, Stimulantia 8, Barbiturate 9, andere Opiate 12, Heroin 15 Punkte.

1686 Zu beachten ist bei derartigen Einordnungsversuchen, dass die verwendeten Parameter außerordentlich heterogen sind, nur auf Erfahrungen beruhen und überdies das Zustandsbild einer reinen Cocain-Abhängigkeit nur selten gegeben ist. Schließlich wird bei diesen Einteilungen nur die Absorptionsform des Cocain-"Sniffens" berücksichtigt, während demgegenüber die **i.v. Injektion** sowie die Formen des **Cocain-Rauchens**, insbesondere der reinen **Base**[361], in ihrer **Gefährlichkeit** eher dem Heroin-Spritzen gleichzusetzen sind. Teilweise wird in den USA inzwischen die Cocain-Abhängigkeit aufgrund ihrer starken psychischen Ausprägung sogar noch höher als das persistierende Verlangen nach Heroin eingeschätzt.

1687 Da Cocain, anders als etwa Alkohol und Opioide, offenbar nur in verhältnismäßig geringem Umfang vom menschlichen Stoffwechsel aufgenommen wird[362], führt es in der in Europa derzeit wohl nach wie vor häufigsten Anwendungsform des "**Sniffens**" von Cocain-HCl **nicht** zu einer **physischen** Abhängigkeit.

1688 Der Kokainist leidet daher meist nur unter wenigen körperlichen **Abstinenzerscheinungen**, u.a. Schlaflosigkeit bzw. Verlust des REM-Schlafes[363] sowie Herzklopfen, Tremor, Atemnot und körperlicher Erschöpfung mit extremen Schlafbedürfnis[364].

---

[359] Zum Dopamin-Mangel als mögliche Folge eines Dauermissbrauchs von Cocain vgl. 3.1.4, Rdnr. 1569. Vgl. auch zum Antiparkinsonmittel L-Dopa 3.1.7, Rdnr. 1697 FN 378, und Lisurid 3.1.7, Rdnr. 1703 f.
[360] Zu den Charakteristika des Morphinismus vgl. 2.1.7, Rdnr. 1286-1295.
[361] Vgl. hierzu 3.1.4, Rdnr. 1557; näher zu den „freien Basen" 3.1.5, Rdnr. 1612-1637.
[362] Näher hierzu 3.1.4, Rdnr. 1553, 1555 und 1557.
[363] Zu diesem Symptom vgl. u.a. bei den Barbituraten 4.1, Rdnr. 2029, sowie beim Heroin 1297. Zur Gabe von Antidepressiva vgl. 3.1.7, Rdnr. 1677.
[364] Vgl. demgegenüber zu den Symptomen des Heroin-Entzuges 2.1.7, Rdnr. 1308-1315.

3.1 Cocain

Nur selten kann es auch zu Lähmungserscheinungen ("**Cocain-Paralyse**") und den im Zusammenhang mit der akuten Cocain-Intoxikation erwähnten, **epilepsieähnlichen** Anfällen kommen.

Aber auch beim herkömmlichen Cocain-Schnupfen kann bei Aufnahme **hoher** Dosen das eintretende **Cocain-Delirium**[365] im Extremfall über Tage hinweg andauern, verbunden mit starker motorischer Unruhe, die zu Tätlichkeiten führen kann. — 1689

Viele "Kokser" nehmen daher Heroin oder **Hypnotica** wie z.B. Methaqualone[366], um sich nach einem Cocain-"high" wieder zu beruhigen ("**come down**")[367] und das Verlangen nach weiterem "Stoff" ("**Stoffhunger**") zu **dämpfen**, das schließlich wie beim Heroin-Abhängigen sämtliche Aktivitäten des Kokainisten beherrscht[368]. Dieser ständige **Wechsel** von **manischen** ("hektischen") und **depressiven** Phasen mit zunehmender Ausprägung der negativen Folgen scheint Einfluss auf die besonders starke Bindung des Kokainisten an die Droge zu haben. — 1690

Ob man wegen des Fehlens eines "hang over"[369] bzw. von deutlichen Entzugserscheinungen beim habituellen **Cocain-Schnupfen** von einer auch physischen Abhängigkeit ausgeht oder nicht, ist daher eher zweitrangig, da jedenfalls die **psychischen Abhängigkeitssymptome** u.a. mit Angstsyndromen und Antriebslosigkeit, derart **ausgeprägt** sind, dass die entsprechende Abhängigkeit vom Cocain-Typ mit der (auch physischen) Abhängigkeit vom Opioid-Typ verglichen werden kann. — 1691

Bei **i.v. Injektion** von Cocain-HCl kann es hingegen außer zu einer psychischen auch zur Ausbildung einer **physischen Abhängigkeit** kommen. Wie beim Spritzen von Heroin[370] kann bei i.v. Cocain-Injektion u.U. bereits nach nur wenigen Injektionen das Stadium erreicht sein, in dem der Abhängige "nicht mehr aufhören" kann, sein ganzes Denken und Handeln nur noch auf die Beschaffung neuen "Stoffes" gerichtet ist. Beim Absetzen kann es zu deutlichen **Entzugssymptomen** mit u.a. Schlaflosigkeit, deliranten Zuständen mit Angst, Tachykardie, Erbrechen und Durchfall kommen. — 1692

Gleiches gilt für die Aufnahme der **Cocain-Base** über die Bronchialschleimhaut der Lunge wie beim "**free basing**"[371] bzw. "**Crack**"-**Rauchen**[372]. Hier spre- — 1693

---

[365] Zum deliranten Syndrom infolge akuter Cocain-Vergiftung vgl. 3.1.7, Rdnr. 1665.
[366] Zu den Methaqualonen vgl. 4.2.1, Rdnr. 2048-2080.
[367] Vgl. hierzu auch 3.1.4, Rdnr. 1531. Vgl. auch zum Spritzen von Heroin-Cocain-Kombinationen 3.1.5, Rdnr. 1606 und 1608.
[368] Zur Erschöpfungsphase nach der akuten Rauschphase vgl. 3.1.4, Rdnr. 1543-1545. Zum „craving" vgl. auch 3.1.4, Rdnr. 1569.
[369] Zum Begriff des „hang over" vgl. bei den Barbituraten 4.1, Rdnr. 2013.
[370] Zum Eintritt des Abhängigkeitsstadium beim Heroin vgl. 2.1.7, Rdnr. 1291.
[371] Zur Abhängigkeitsausbildung beim Rauchen „freier Base" vgl. 3.1.5, Rdnr. 1620.
[372] Zum „Crack"-Rauchen vgl. 3.1.5, Rdnr. 1624-1637.

chen neben der erheblichen Toleranzentwicklung die auftretenden Abstinenzsymptome ebenfalls für das Vorliegen einer auch **körperlichen Abhängigkeit**[373]. So kann beim "Crack"-Rauchen das Abhängigkeitsstadium u.U. bereits nach 5- bis 6maligem, im Einzelfall sogar schon nach einmaligem Konsum erreicht sein. Die heftigen **Entzugssymptome** sind den nach habituellem Cocain-Spritzen auftretenden vergleichbar.

1694 Bei bestehender Abhängigkeit vom Cocain-Typ kann es häufiger zu **akuten Intoxikationspsychosen**, insbesondere als real empfundenen **Mikrohalluzinationen** (taktile Halluzinosen, "Ameisen unter der Haut")[374] kommen (**Dermatozoen-Wahn**), die gleichzeitig taktiler und optischer Art sein können. Die vermeintlichen Kleinlebewesen ('"Kokainwanzen") oder Kristalle unter der Haut werden also gleichzeitig gefühlt und gesehen; es kommt häufig zum Kratzen.

1695 Auch ohne erneute Cocain-Zufuhr kann es offenbar zur Ausbildung einer eigenständigen, **drogeninduzierten "Cocain-Psychose"**[375] kommen, möglicherweise infolge einer Überforderung der Gehirntätigkeit durch die cocain-bedingte Beseitigung hemmender Einflüsse auf das Verstärkersystem in der Formatio reticularis.

1696 Das Vorkommen einer "**Cocain-Psychose**" war bereits seit den 1920er Jahren behauptet worden, jedoch immer umstritten gewesen; sie soll mit gesteigerter Irritabilität, paranoiden Symptomen[376] mit Reizbarkeit und Aggressivität, Halluzinationen, Angstzuständen und Verfolgungsideen, etwa dem Hören "drohender Stimmen", einhergehen und Ähnlichkeit mit schizophrenen Zustandsbildern und dem Alkoholdelir aufweisen. Die Suizidrate ist deutlich erhöht.

Da nur ein kleiner Teil der Dauerkonsumenten von Cocain derartige psychotische Reaktionen mit hyperaktiven Zuständen, gefolgt von extremen Depressionsschüben, zu zeigen scheint, ist wahrscheinlich eine individuelle **Prädisposition** erforderlich, damit es zu einem "Ausklinken" der Psychose kommen kann.

1697 In diesem Zusammenhang sei darauf hingewiesen, dass offenbar die unterschiedlichsten chemischen Stoffe wie THC[377], L-Dopa[378], LSD-25[379], Cocain, Amfetamin und dessen Ab-

---

[373] Zur Abhängigkeitsausbildung beim „Crack" vgl. 3.1.5, Rdnr. 1632 f.
[374] Zu den akustischen und taktilen Sinnestäuschungen im akuten Cocain-Rausch vgl. 3.1.4, Rdnr. 1539 f. und 1546.
[375] Vgl. auch zu den sog. „Weckmittel-Psychosen" 3.2.4.7, Rdnr. 1950-1954.
[376] Zu psychotischen Folgen des „Crack"-Missbrauchs vgl. 3.1.5, Rdnr. 1635.
[377] Zu subakut durch Cannabinoide ausgelösten Psychosen vgl. 1.1.7, Rdnr. 263 f.
[378] Als Dihydroxyphenyl-L-analin-Derivat eine Vorstufe des Dopamins. L-Dopa wird therapeutisch als Antiparkinsonmittel genutzt, vgl. hierzu auch 3.1.7, Rdnr. 1682, außerdem gelegentlich als Aphrodisiacum missbraucht.
[379] Zu LSD-induzierten Psychosen vgl. 1.2.1.1.7, Rdnr. 426 f.

… kömmlinge wie Phenmetrazin[380] nicht nur vergleichbare, wenn auch in ihrer Intensität und Schwerpunktsetzung unterschiedliche, Rauschzustände hervorzurufen vermögen. Bei Zustandekommen **psychotischer Reaktionen**[381] scheinen vielmehr bei den genannten Substanzen auch einheitlich solche aus dem **schizophrenen Formenkreis** vorzuherrschen[382], was auf eine vergleichbare Einwirkung[383] dieser ihrer Struktur nach unterschiedlichen Substanzen auf das ZNS insoweit schließen lässt.

1698 In der medikamentösen Therapie derartiger drogeninduzierter Psychosen werden meist **Neuroleptica**[384] eingesetzt.

1699 Im deutschsprachigen Raum bestehen bisher nur wenig Erfahrungen mit **Entziehung** und **Therapie** von Cocain-Abhängigen.

1700 Dies dürfte u.a. damit zusammenhängen, dass bei uns nach wie vor nur selten ein reiner Cocainismus gegeben ist, sondern die meisten Cocain-Abhängigen **polytoxikoman** sind[385]; zumindest derzeit geht bei uns noch häufiger ein Heroin-Missbrauch einem Cocain-Missbrauch voraus als umgekehrt[386].

1701 Es ist davon auszugehen, dass das **Therapieprogramm** den bei einer Abhängigkeit vom Opioid-Typ eingesetzten Verfahren[387] gleichen und sich ähnlich schwierig und aufwendig gestalten dürfte wie die Therapie Heroin-Abhängiger, da die Abstinenzsymptomatik mit zwanghaftem Verlangen nach Cocain etwa 1 a lang anhält. Der Therapieerfolg dürfte auch hier wesentlich davon abhängen, ob es dem Kokainisten gelingt, seine Persönlichkeit so zu ändern, dass er auch bei Rückkehr in den Alltag genügend Widerstandskraft besitzt, um mit Misserfolgen umgehen und soziale Kontakte auch ohne stimulierende Hilfe aufbauen zu können.

1702 Obwohl noch wenig konkrete Erfahrungen vorliegen, wird jedoch davon auszugehen sein, dass die **Erfolgsaussichten** im Sinne einer **Langzeitabstinenz** bei Cocain-Abhängigen im Hinblick auf das starke persistierende Verlangen nach der Droge auch beim Cocain-

---

[380] Näher zum Phenmetrazin 3.2.4.3, Rdnr. 1830 f. Vgl. auch zu bromhaltigen Hypnotica 4.2.3, Rdnr. 2106 f., sowie zu den durch Schnüffelstoffe hervorgerufenen Rauschzuständen 4.5.4, Rdnr. 2539 f.
[381] Heroin-Missbrauch scheint hingegen nicht oder in nur geringem Maße zu psychotischen Zuständen führen zu können, vgl. 2.1.7, Rdnr. 1315.
[382] Zu Zusammenhängen von drogeninduzierten Rauschzuständen und schizophrenen Zustandsbildern vgl. beim Cannabis 1.1.4, Rdnr. 131 f. und 264, sowie Vorbem. 4.3, Rdnr. 2115.
[383] Zu den Reaktionsmöglichkeiten des Körpers auf Zufuhr unterschiedlicher Wirkstoffe vgl. etwa beim Cannabis 1.1.4, Rdnr. 162, sowie 1.2.1.1.4, Rdnr. 395, und allgemein 4.5.4, Rdnr. 2562 f.
[384] Zu deren „antipsychotisch-antischizophrener" Wirkung vgl. 4.3.2, Rdnr. 2136.
[385] Zum Cocain-Missbrauch seitens Heroin-Abhängiger vgl. 3.1.4, Rdnr. 1530 und 1606. Zum Heroin-Missbrauch seitens Cocain-Abhängiger vgl. 3.1.7, Rdnr. 1690. Gleiches gilt für Amfetamin-Abhängige, vgl. 3.2.4.7, Rdnr. 1947.
[386] Zu möglichen Änderungen im Konsumverhalten vgl. 3.1.2, Rdnr. 1481-1485.
[387] Zur Langzeittherapie Heroin-Abhängiger vgl. 2.1.7, Rdnr. 1361-1365.

"Sniffen"[388] noch geringer anzusetzen sind als bei Heroin-Abhängigen[389]. Insbesondere für "Crack"-Abhängige gibt es derzeit keine wirksamen Hilfsprogramme.

Zur **Verhinderung zerebraler Krampfanfälle**[390] im Rahmen der klinischen Entgiftung scheint jedoch eine Einsetzbarkeit des Antiepilepticums **Carbamazepin**[391] gegeben zu sein.

1703
Erste Überlegungen zu einer **medikamentösen Substitution**, vergleichbar dem Methadon-Einsatz bei Heroinismus[392], wurden in den USA angestellt, wobei neben Opiatantagonisten[393] u.a. **Buprenorphin**[394] auf seine Verwendbarkeit untersucht wurde. Hierbei hat sich allerdings herausgestellt, dass bei Verabreichung hoher Dosen die antagonistische Buprenorphin-Wirkung in ihr Gegenteil umschlagen und das Verlangen nach Cocain sogar noch steigern kann. Aufgrund seiner Eigenschaft, neben einer hohen Serotonin-Affinität als **Dopaminantagonist** Dopamin-Rezeptoren besetzen zu können[395], wird in Deutschland daneben eine Einsetzbarkeit des nebst seinen Salzen verschreibungspflichtigen Lisurid (INN; Dopergin, ein Antiparkinsonmittel in Kombination mit L-Dopa)[396] im Rahmen der Pharmakotherapie geprüft. Die Verabreichung des β-Rezeptorenblockers **Propranolol**[397] scheint ebenfalls die Entzugssymptome zu mildern, indem es den Angst auslösenden Adrenalin-Effekt mindert.

Derzeit umfasst der Begriff der **Substitution** nach § 5 Abs. 1 BtMVV allein die Behandlung **Opiatabhängiger** mit als Btm eingestuften Substitutionsmitteln wie Buprenorphin.

1704
Die **Erfolglosigkeit medikamentöser Substitutionsmittel** für Cocain könnte damit zusammenhängen, dass Cocain nicht wie Opioide vornehmlich über Rezeptorenblockade, sondern indirekt über eine **Blockade** der **Rückresorption** vor allem von Dopamin wirkt[398], ein Effekt, der auch von Ersatzmitteln hervorgerufen wird. Neuere Überlegungen gehen daher in Richtung katalytischer Antikörper, die Cocain bereits im Blut zu spalten vermögen.

---

[388] Zum Abhängigkeitspotential vgl. 3.1.7, Rdnr. 1684-1693.
[389] Zur Rückfallhäufigkeit vgl. 2.1.7, Rdnr. 1364 f.
[390] Vgl. zum „Cocain-Schock" 3.1.7, Rdnr. 1667 und 1672. Zur Erhöhung der Krampfbereitschaft vgl. 3.1.4, Rdnr. 1549.
[391] Zum Einsatz von Carbamazepin zur Anfallsprophylaxe vgl. 4.3.3, Rdnr. 2162, sowie beim Heroinismus 2.1.7, Rdnr. 1352.
[392] Zum Einfluss von Cocain auf Methadon vgl. 2.1.7, Rdnr. 1322.
[393] Das Rückfallprophylaxe-Medikament Naltrexon (vgl. 2.1.3, Rdnr. 1109-1112) vermag jedoch offenbar nicht die Cocain-Wirkungen zu verhindern, vgl. 2.1.7, Rdnr. 1349.
[394] Zum Buprenorphin-Einsatz bei Polytoxikomanie vgl. 2.1.7, Rdnr. 1324, und 4.4.2, Rdnr. 2346.
[395] Zur cocain-bedingten Erhöhung des Serotonin- und Dopamin-Spiegels vgl. 3.1.4, Rdnr. 1566-1568. Vgl. auch zum antidopaminergen Haloperidol 3.1.4, Rdnr. 1571.
[396] Ein aus dem Mutterkorn gewonnenes und u.a. auch als Migränemittel eingesetztes Medikament, vgl. hierzu auch 1.2.1.1.3, Rdnr. 304. Zum Dopamin-Mangel als Langzeitfolge vgl. 3.1.4, Rdnr. 1569, und 3.1.7, Rdnr. 1682.
[397] Zum Propranolol vgl. Einführung, Rdnr. 16.
[398] Näher zur reuptake-Hemmung 3.1.4, Rdnr. 1564-1567.

Eine (kontrollierte) **Freigabe** von Cocain bzw. der reinen Base ("Crack")[399] wird demgegenüber bisher nicht diskutiert; eine permissive Haltung scheint insoweit angesichts der in den USA gemachten Erfahrungen und des hohen Abhängigkeitspotentials derzeit auch eher unwahrscheinlich.

3.2 Aufputschmittel

Vorbemerkung: Die Darstellung der Aufputschmittel, umgangssprachlich meist allgemein als "**ups/uppers**" oder "**Schnellmacher**" - im Gegensatz zu "Zumachern" oder "downs/downers" wie Opioide, Alkohol oder Barbiturate - bezeichnet, in einem eigenen Unterabschnitt soll nicht zu der Annahme verleiten, die hier beschriebenen Wirkstoffgruppen stellten hinsichtlich ihres Wirkungsspektrums und ihrer Wirkungsintensität eine eigenständige, klar abgrenzbare Substanzgruppe dar.

Vielmehr finden sich neben der **anregenden** auch **halluzinatorische** und andere Wirkungskomponenten in unterschiedlich starker Ausprägung, so dass insbesondere verschiedene Amfetamin-Derivate unter dem Betäubungsmittelaspekt ebensogut als eine spezielle Untergruppe der Halluzinogene aufgeführt werden können. Soweit bei den entsprechenden Substanzen die halluzinatorische Komponente ausgeprägt ist, werden sie daher in Abschn. 1.2.4 behandelt.

Bei der hier gewählten Einteilung stehen die **stimulierenden** Eigenschaften im Vordergrund, unabhängig davon, ob die betreffenden Stoffe als **indirekte Sympathomimetica** oder als **direkte Parasympathomimetica** wirksam werden.

Aus pharmazeutischer Sicht können die Aufputschmittel auch als eine Untergruppe der **Psychopharmaka** abgehandelt werden, die unter dem Begriff "**Psychoanaleptica**" oder "**Psychotonica**" bekannt geworden ist[1]. Unter dem Aspekt eines Gebrauchs als Aufputschmittel wäre zudem auf zahlreiche weitere Substanzen bzw. Substanzgruppen einzugehen.

Zu nennen ist etwa **Theobromin**[2] und **Colanin** (bei dem es sich ebenfalls um ein ähnlich Coffein zentral-erregend wirkendes Alkaloid handelt), die beide in den im frischen Zustand gekauten Samen ("Cola-Nuss")[3] des in Westafrika (u.a. Nige-

---

[399] Vgl. hierzu auch 2.1.7, Rdnr. 1342; demgegenüber bestehen Überlegungen, im Rahmen einer kontrollierten Heroin-Abgabe zur Kontrolle des Beigebrauchs auch Cocain abzugeben, vgl. 2.1.7, Rdnr. 1338.

[1] Vgl. zu den psychomotorischen Stimulantia 4.3.1, Rdnr. 2116, und Vorbem. 3.2.4, Rdnr. 1783.

[2] 3,7-Dimethylxanthin, das coffein-ähnliche, herzschlagsteigernde Alkaloid (neben Coffein) auch der Kakaobohne. Vgl. auch zum 1,3-Dimethylxanthin (Theophyllin) 3.2.4.3, Rdnr. 1836 FN 36.

[3] U.a. pulverisierte Cola-Nuss ist auch in dem unter Schülern verbreiteten, rezeptfreien Analepticum Halloo-Wach enthalten (jetzt als Halloo-Wach N Tabletten mit 30 mg Coffein auf dem Markt). Vgl. auch zu dem Getränk „Coca-Cola" 3.1.2, Rdnr. 1439.

ria und Kamerun) angebauten Colabaumes (Cola nitida, rubra, alba u.a.) enthalten sind. Im Hinblick auf eine spezifische Rauschdrogeneigenschaft sollen hier jedoch nur solche Substanzen näher dargestellt werden, welche eine nicht nur mäßig anregende Wirksamkeit aufweisen und auch eine entsprechende Bedeutung als Rauschdroge erlangt haben.

3.2.1 Ephedrin

1710 Die älteste überlieferte Anregungs- und Aufputschdroge dürfte die zur Gattung **Ephedra (Meerträubchen** oder Meerträubel) aus der Familie der Ephedraceae (Meerträubelgewächse) zählende **Ephedra vulgaris** bzw. **sinica** sein, deren **Wurzel** als **Hauptalkaloid Ephedrin** enthält, das seinerseits zu den **sympathomimetischen Aminen** zählt.

1711 Die zerbrechlich wirkende Pflanze wurde in **China** bereits vor ca. 5.000 Jahren unter der Bezeichnung "Ma Huang" u.a. als schweißtreibendes sowie als Bronchial- und Asthmamittel verwendet. Sie gedeiht aber auch in den **Mittelmeerländern**, wo sie u.U. in der Antike ebenfalls **therapeutisch** genutzt wurde; so wurde das zerbrechliche Meerträubchen (**Ephedra fragilis**) von Dioskurides als schleimlösendes Mittel bezeichnet.

1712 Auch andere Ephedra-Arten, die neben Ephedrin Pseudoephedrin enthalten, werden ihrer stimulierenden, psychoaktiven, herzanregenden und gefäßverengenden Eigenschaften wegen gebraucht: So ist etwa die aus Nordwestindien stammende **Ephedra pachyclada** im Gebiet des Khyber-Passes in Afghanistan als sexuell stimulierendes Mittel bekannt, während die in den Wüsten des nordamerikanischen Südwestens gedeihende **Ephedra nevadensis** dort als Tonicum Verwendung findet ("Mormonentee")[4]. Aus **Ephedra major** wird Ephedrin gewonnen.

1713 Bei dem meist in seiner linksdrehenden Form vorliegenden **(-)-Ephedrin** (INN;
* chem. Bezeichnung (IUPAC): (1R,2S)-2-Methylamino-1-phenyl-1-propanol) handelt es sich um ein **Phenylalkylamin-Derivat**[5] mit exocyclisch angeordnetem Sauerstoff, das Verwandtschaft mit **Amfetamin** und seinen Derivaten[6], aber u.a. auch mit Mescalin[7] aufweist.

Cola-Auszüge sind zudem als „ecstasy" auf dem Markt aufgetaucht, vgl. 1.2.4.3, Rdnr. 835 FN 51.

[4] Ephedrin wurde außerdem in zu den Malvengewächsen (Malvaceae) zählenden Sida-Arten gefunden, krautartige oder strauchartige Pflanzen, die in heißen Tieflandgebieten heimisch sind und angeblich entlang der mexikanischen Golfküste als Anregungsmittel und als eines der zahlreichen Marihuana-Ersatzmittel geraucht werden; zu letzteren zählen u.a. verschiedene Leguminosae, vgl. 1.2.3.4, Rdnr. 712.

[5] Zur Gruppe der Phenethylamine vgl. 1.2.1.1.4, Rdnr. 362 f.

[6] Zur Strukturformel des Amfetamins im Vergleich mit Ephedrin vgl. 3.2.1, Rdnr. 1715, und 3.2.4.3, Rdnr. 1822. Durch Oxidation des Ephedrins ist das Ephedron (Methcathinon, vgl. 3.2.2, Rdnr. 1756) herstellbar.

[7] Zu diesem halluzinogenen Peyote-Alkaloid vgl. 1.2.3.1, Rdnr. 580.

3.2 Aufputschmittel

Das Ephedrin-Molekül weist 2 Assymmetriezentren auf; somit existieren 4 optisch aktive Formen und die beiden racematischen Formen (±)-**Ephedrin** und (±)-**Pseudoephedrin** (INN; chem. Bezeichnung (IUPAC): (1S,2S)-2-Methylamino-l-phenyl-l-propanol)[8], das als vasokonstriktorisches Mittel[9] eingesetzt wird.

1714
*

Unter der Bezeichnung "falsches Ephedrin" wird ein **stereoisomeres** Ephedrin verstanden: Die beiden Pseudoephedrine lassen sich mit den beiden Ephedrinen nicht zur Deckung bringen.

Im Gegensatz zu den strukturell nahestehenden **Adrenalin** und **Noradrenalin**[10] ist Ephedrin infolge Fehlens der phenolischen Hydroxylgruppe der Neurotransmitter chemisch stabiler (**erschwerte Metabolisierung** durch oxidative Desaminierung und N-Desalkylierung) und auch bei **oraler** Anwendung wirksam[11];

1715
*
#

Strukturformeln:

	R^1	R^2	R^3	R^4
Ephedrin (L-Form)	-H	-OH	-NH-CH$_3$	-CH$_3$
D-Norpseudoephedrin (Cathin)	-OH	-H	-NH$_2$	-CH$_3$
Cathinon	-O-		-NH$_2$	-CH$_3$
Amfetamin	-H	-H	-CH$_3$	-NH$_3$

Oral verabreichtes Ephedrin wird innerhalb von 2 bis 2 1/2 h vollständig **resorbiert**. Die **Plasma-HWZ** liegt zwischen 5 und 6 1/2 h. Im Hinblick auf das Wirkungsspektrum steht (-)-Ephedrin als **indirektes Sympathomimeticum**[12] zwischen Adrenalin und Noradrenalin; es stimuliert unselektiv alle bekannten α- und β-Rezeptoren.

1716
#

Seine adrenerge Wirksamkeit dürfte dadurch zustandekommen, dass Ephedrin **Noradrenalin** aus den Speichergranula der sympathischen Nervenendigungen **freisetzt**, außerdem aber auch die **Wiederaufnahme** von Noradrenalin aus dem

---

[8] Zum D-Norpseudoephedrin (Cathin) näher 3.2.2, Rdnr. 1744, zur Strukturformel 3.2.1, Rdnr. 1715.
[9] Etwa in dem Antiallergicum Actifed. Zur gefäßverengenden Cocain-Wirkung vgl. 3.1.4, Rdnr. 1517, 1521, 1666-1669, 1680.
[10] Zur Strukturformel dieses Neurotransmitters vgl. 1.2.1.1.4, Rdnr. 363 f. Vgl. hierzu auch beim Amfetamin 3.2.4.4, Rdnr. 1897.
[11] Die Ausscheidung erfolgt vorwiegend in unveränderter Form. Zur Metabolisierung vgl. auch beim Amfetamin 3.2.4.4, Rdnr. 1883 und 1887 f.
[12] Vgl. zum Cocain als indirektes Sympathomimeticum sowie zur reuptake-Hemmung 3.1.4, Rdnr. 1565 und FN 172.

synaptischen Spalt **hemmt**[13] und so durch eine Steigerung der Noradrenalin-Konzentration an den Rezeptoren den Sympathicustonus erhöht. Über die β_2-**Rezeptoren** bewirkt Ephedrin hierbei eine Erschlaffung der glatten Muskulatur des Bronchialsystems.

1717 Da Ephedrin die **Blut-Hirn-Schranke** gut überwinden kann, hat es neben den
\# peripheren vor allem eine zentral-erregende, **amfetamin-ähnliche** Wirkung und stimuliert neben dem **Atem-** das **Gefäßnervenzentrum** im Gehirn.

1718 Wegen seiner gefäßverengenden Wirksamkeit bei niedriger Dosierung wird synthetisches (±)-Ephedrin **medizinisch** zur **Schleimhautabschwellung**, insbesondere der Bronchial- und Nasenschleimhaut[14], u.a. in dem rezeptfreien Ephepect sowie früher in Kombination mit Codein in dem rezeptpflichtigen FAM Tussipect[15] eingesetzt. Außerdem steigert es den Blutdruck und weist eine langdauernde Kreislaufwirkung auf. Als rezeptfreies **Antihypotonicum** ist Antiföhn-N mit 10 mg Ephedrin-HCl im Handel. Soweit ephedrin-haltige AM bei uns noch im Handel sind, sind sie im Hinblick auf den geringen Wirkstoffanteil als schwach wirksam anzusehen.

1719 Vergleichbar Codein[16] wird Ephedrin bei chronischer Bronchitis oder Asthma bronchiale verwandt, etwa in dem rezeptfreien Asthma 6-N flüssig. In therapeutischen Dosen von 25-50 mg vermag es als **Bronchospasmolyticum** Krämpfe der Bronchialmuskulatur zu mildern oder zu beseitigen.

1720 Die mittlere **Rauschdosis** beträgt beim Ephedrin demgegenüber bis zu 1 g, wobei es neben zentralnervösen Effekten wie Hyperaktivität zu Tachykardie und Blutdruckanstieg, Herzrhythmusstörungen, Herz- und Hirninfarkten sowie Tremor und **Krämpfen**[17] kommen kann, gegebenenfalls mit tödlichen Folgen, insbesondere bei der verbreiteten **Kombination** mit **Coffein**. Im Hinblick auf das Missbrauchspotential und die Gesundheitsgefahren bei Hochdosierung empfahl das kanadische Gesundheitsministerium im Januar 2002, AM mit hohem Ephedrin-Anteil vom Markt zu nehmen, wozu in Deutschland im Hinblick auf den geringen Wirkstoffanteil der hier noch vertriebenen Präparate keine Veranlassung gesehen wurde.

Die **tödliche Dosis** Ephedrin soll bei 1-2 g oral liegen, so dass die therapeutische Breite als gering anzusehen ist.

1721 Bereits ab 1982 wurde in der BRD ein erheblicher Anstieg **missbräuchlicher** Verwendung damals noch rezeptfrei erhältlicher ephedrin-haltiger FAM wie dem inzwischen vom Markt genommenen Ephedrin "Knoll" mit 50 mg Ephedrin-HCl u.a. unter Frankfurter Schülern verzeichnet, häufig in Verbindung mit **Alkohol**.

---

[13] Vgl. auch zur sympathomimetischen Amfetamin-Wirkung 3.2.4.4, Rdnr. 1891-1897.
[14] Vgl. hierzu auch beim Cocain 3.1.3, Rdnr. 1500 und 1505.
[15] Das rezeptpflichtige Tussipect Codein Tropfen Mono enthält jetzt nur noch Codeinphosphat.
[16] Zur antitussiven Wirksamkeit des Codeins vgl. 4.4.2.1, Rdnr. 2274.
[17] Zu entsprechenden Cocain-Wirkungen vgl. 3.1.7, Rdnr. 1666 f. und 1672.

3.2 Aufputschmittel

Mit ursächlich für diese Entwicklung dürften Schulstress und Leistungserwartungen der Eltern, aber auch einschlägige Werbekampagnen der Pharmaindustrie gewesen sein[18]. Hinzu kam eine oft zu große Bereitschaft, als "**Verhaltensstörungen**" klassifizierte Lern- und Konzentrationsstörungen sog. hyperaktiver Kinder mit einer rein medikamentösen Behandlung zu begegnen[19].

1722

Zu nennen ist in diesem Zusammenhang neben **Appetitzüglern** wie dem rezeptfreien Vencipon das damals ephedrin- und coffein-haltige **Percoffedrinol**[20], das u.a. bei psychischen Erschöpfungszuständen[21] indiziert gewesen sein soll und zeitweise unter Schülern zu einer Art "Modedroge" avancierte.

1723

Im Zuge des zunehmenden Missbrauchs stimulierender und stimmungsaufhellender Freizeit-Drogen seit Beginn der 1990er Jahre u.a. auf sog. "**Techno-Parties**" bzw. in Diskotheken[22] hat sich in Deutschland auch ein Markt für leicht euphorisierende ephedrin-haltige Tabletten, teilweise in **Kombination** u.a. mit **Coffein** (Percoffedrinol N), aber auch mit **Paracetamol**[23], etabliert, wobei der Vertrieb im Endhandel häufig unter der unspezifischen Bezeichnung "ecstasy" erfolgt[24]. Ende der 90er Jahre hatte sich Ephedrin zudem, neben Amfetaminen, auch in Osteuropa, u.a. auf dem illegalen Drogenmarkt **Russlands**, etabliert.

1724

Sympathomimetische Amine werden zudem auf dem illegalen **Doping-Markt**[25] gehandelt. So wurden ephedrin-haltige Arzneimittel, neben Captagon[26], bereits seit den 1980er Jahren in der BRD teilweise u.a. im Berufsfußball im Hinblick auf die ephedrin-bedingte Blutdrucksteigerung trotz der damit verbundenen Beeinträchtigung von Koordinations- und Konzentrationsvermögen sowie gesundheitlichen Risiken zur körperlichen **Leistungssteigerung** sowie zur Erhöhung von Kampfgeist und **Einsatzfreudigkeit**[27] eingenommen.

1725

---

[18] Auch bereits zuvor waren „uppers" in Schülerkreisen verbreitet gewesen, vgl. Vorbem. 3.2, Rdnr. 1709 FN 3, jedoch nicht in so hohem Ausmaß; vgl. auch bei den Weckaminen 3.2.4.2, Rdnr. 1807. Zwischenzeitlich scheinen mehrere Aufklärungskampagnen Erfolg gehabt zu haben.

[19] Vgl. etwa zum Methylphenidat 3.2.4.3, Rdnr. 1833-1835. Aber auch Neuroleptica wie Melleretten (vgl. 4.3.1, Rdnr. 2137 und 2141) und Tranquilizer wie Meprobamat (vgl. 4.3.4, Rdnr. 2181) werden bei hyperkinetischen Verhaltensstörungen eingesetzt.

[20] Inzwischen enthält das rezeptfreie Percoffedrinol N kein Ephedrin mehr.

[21] Entsprechend wurden für antriebsarme Kinder Psychotonica (Nootropica) wie die verschreibungspflichtigen Piracetam-Präparate Nootrop und Normabrain verschrieben (vgl. auch zum Dihydroergotamin 1.2.1.1.3, Rdnr. 304 FN 34).

[22] Zur „Techno-Szene" näher beim MDMA 1.2.4.3, Rdnr. 861.

[23] Zum Paracetamol vgl. 2.1.5, Rdnr. 1198 FN 315, und Vorbem. 4, Rdnr. 1970 FN 5.

[24] Vgl. hierzu auch 1.2.4.3, Rdnr. 835 FN 51, und zum Percoffedrinol N Rdnr. 862 FN 97.

[25] Näher hierzu bei den Weckaminen 3.2.4.2, Rdnr. 1800-1806.

[26] Zum Captagon-Missbrauch im Sport vgl. 3.2.4.2, Rdnr. 1802.

[27] Vgl. auch zu den Amfetamin-Wirkungen 3.2.4.4, Rdnr. 1866. Auch andere β_2-Sympathomimetica werden als Dopingmittel missbraucht, so das wahrscheinlich anabol wirksame, rezeptpflichtige Asthmamittel (Broncholyticum) Clenbuterol (INN; Spiropent), das auch in der Tiermast eingesetzt wird.

Ebenso dürfte eine missbräuchliche Verwendung zur Leistungssteigerung, "erhöhter Fettverbrennung" und Muskelaufbau, gegebenenfalls in Kombination mit anderen Wirkstoffen[28], in der **Bodybuilder-Scene** verbreitet sein.

In größerem Umfang scheint in den **USA** mit ephedrin-haltigen "**pep pills**"[29], wie sie in Diskotheken angeboten werden, zudem im **Autorennsport** experimentiert zu werden, aber auch europäische Berufskraftfahrer und **Radrennfahrer** nutzten es als lange Zeit legales Aufputschmittel.

1726 § Werden Ephedrin, Methylephedrin, Coffein und verwandte Verbindungen im Sport zu **Doping-Zwecken** verabreicht, handelt es sich hierbei seit dem 11.9.1998, unabhängig von einer Verschreibungspflichtigkeit oder -freiheit, um nach § 6 a AMG verbotene Doping-Wirkstoffe; eine Strafbarkeit kann nach § 95 Abs. 1 Nr. 2 a AMG gegeben sein.

1727 Ephedrin ist zusammen mit Pseudoephedrin außerdem eine **Ausgangsverbindung** für die illegale **Drogenherstellung**[30], was, wie bei anderen Grundstoffen, zur Forderung einer staatlichen Kontrolle von Produktion und Vertrieb führte[31].

1728 Sowohl die natürliche als auch die vollsynthetisch hergestellte Ephedrin-Variante führt bei **Dauerkonsum** zu innerer Unruhe, Schlaflosigkeit und Tremor sowie gegebenenfalls zu einer **psychischen Abhängigkeit** vom **Amfetamin-Typ**[32] mit einer Tendenz zur **Dosissteigerung**, was viele Asthmatiker erfahren mussten. Körperliche Entzugserscheinungen sind demgegenüber nicht bekannt geworden. Bei Kombination mit Theophyllin-Präparaten wurden Additionseffekte festgestellt.

1729 Auch beim Ephedrin wurden exogene **Psychosen** beschrieben, die den "Weckmittel-Psychosen"[33] mit Angst- und Erregungszuständen sowie akustischen und taktilen Halluzinationen (jedoch ohne Mikrohalluzinationen[34]) bei insgesamt schizophreniformer Symptomatik[35] gleichen.

1730 § Weder die **Ephedra-Wirkstoffe**, noch Pflanzen dieser Gattung wurden in eine der Anlagen zum BtMG 1994 aufgenommen.

---

[28] Etwa GHB, vgl. 3.2.4.2, Rdnr. 1805, oder Coffein.
[29] Hiermit wurden ursprünglich Amfetamine bezeichnet, vgl. 3.2.4.5, Rdnr. 1902. Zu einem entsprechenden Missbrauch von Norephedrin vgl. 3.2.2, Rdnr. 1756.
[30] Etwa zur Amfetamin-Herstellung, vgl. 3.2.4.1, Rdnr. 1787, insbesondere zur „Ice"-Herstellung, vgl. 3.2.4.5, Rdnr. 1916.
[31] Näher zur Grundstoffüberwachung beim EA 2.1.3, Rdnr. 1096-1099. Zur Grundstoffüberwachung bei Ephedrin vgl. Rdnr. 1731.
[32] Zur Abhängigkeit vom Amfetamin-Typ vgl. 3.2.4.7, Rdnr. 1939-1949.
[33] Näher zu den „Weckmittel-Psychosen" 3.2.4.7, Rdnr. 1950-1955.
[34] Zu den taktilen Mikrohalluzinationen beim Cocain vgl. 3.1.4, Rdnr. 1539 und 1546.
[35] Zu drogeninduzierten psychotischen Reaktionen vgl. 3.1.7, Rdnr. 1697.

3.2 Aufputschmittel

Im Hinblick auf die Bedeutung von **Ephedrin** und **Pseudoephedrin** sowie ihren Salzen als unmittelbare Ausgangsstoffe für die illegale Herstellung von Aufputschmitteln erfolgte jedoch eine Aufnahme in die Anl. Tab. I zu Art. 12 des Übereinkommens von 1988. In Umsetzung dieses Übereinkommens erfolgte mit Wirkung ab dem 18.2.1994 durch ein entsprechendes Ausführungsgesetz in § 18 a BtMG und, diese Vorschrift ersetzend, ab dem 1.3. 1995 in § 29 GÜG die Aufnahme eines strafbewehrten Umgangsverbotes, sofern diese Stoffe zur unerlaubten **Btm-Herstellung** verwendet werden sollen. Da es sich um **Grundstoffe** der Kategorie 1 handelt, besteht über die Anzeigepflicht in Verdachtsfällen hinaus eine Erlaubnispflicht.

1731 §

Im Hinblick auf den seit Beginn der 1980er Jahre zunehmenden Missbrauch ephedrinhaltiger FAM unter Jugendlichen, insbesondere unter Schülern, wurde Ephedrin unter bestimmten Voraussetzungen aufgrund der 11. VO zur Änderung der VO über verschreibungspflichtige Arzneimittel vom 20.6.1984 unter die verschreibungspflichtigen Medikamente aufgenommen; aufgrund der ArzneimittelV 1990 ist Ephedrin u.a. in **Kombination mit Coffein** seither grundsätzlich **verschreibungspflichtig**. Der Vertrieb entsprechender Arzneimittel außerhalb einer Apotheke kann nach § 95 Abs. 1 Nr. 4 AMG strafbar sein. Aber auch soweit keine Verschreibungsfähigkeit und -pflichtigkeit gegeben ist und unabhängig von einer Zulassung kann der Handel mit Ephedra-Wirkstoffen bzw. den sie enthaltenden Pflanzen nach § 95 Abs. 1 Nr. 1 AMG als Inverkehrbringen bedenklicher AM strafbar sein, wenn sie zu **Rauschzwecken** verwandt werden sollen.

1732 §

3.2.2 Cathin/Cathinon

Das Ursprungsgebiet des **Kath-** (oder **Khat-)Strauches** (Catha edulis Forskk.) aus der Familie der Celastraceae (Spindelbaumgewächse) dürfte in Nordafrika liegen.

1733

Heute ist der Kath-Strauch innerhalb Afrikas von Äthiopien über **Somalia**, Kenia, Madagaskar und Liberia bis Südafrika verbreitet.

Er ist wahrscheinlich identisch mit dem vom oberen Nil stammenden "Kht" der alten **Ägypter**; dieses wurde, wohl aufgrund der durch Kath ausgelösten allgemeinen Erregung, bei religiösen Totenfeiern als kultisches Aphrodisiacum verwendet.

1734

Im 13. Jahrhundert n.Chr. wurde der Kath-Strauch von Äthiopien aus im **Jemen** eingeführt, wo die **Blattdroge** aufgrund ihrer euphorisierenden und trauminduzierenden Wirkungskomponente zunächst der sufistischen religiösen Oberschicht zur Intensivierung mystischer Erlebnisse[36] diente. Offenbar erst im Zuge des Niederganges des Kaffeanbaus bei gleichzeitiger Erweiterung des Kath-Anbaus im 19. Jahrhundert wurde die im Jemen "**Qāt**" genannte Pflanze, die z.T. eine dem Kaffee ähnliche Wirkungskomponente aufweist, auch den unteren Bevölkerungsschichten zugänglich und fand dort weite Verbreitung.

1735

---

[36]   Zu drogeninduzierten mystisch-ekstatischen Erlebnissen vgl. u.a. beim Cannabis 1.1.4, Rdnr. 136 f.

1736 Im **Plantagenanbau** kann der Kath-Strauch baumartigen Wuchs und eine Höhe von 10 m, wildwachsend auch bis zu 20 m erreichen. In Äthiopien und Tansania erfolgt sein Anbau vorwiegend in feuchtkühlen Hochtälern mit Höhen zwischen 900 und 1.200 m, im **Jemen** im Regenfeldbau in Gebirgslagen zwischen 1.300 und 2.500 m Höhe bei durchschnittlichen Temperaturen von 18-22° C[37]. Außerhalb dieser nordostafrikanischen und südwestarabischen Gebiete erfolgt ein Kath-Anbau offenbar wegen Fehlens dieser klimatischen Bedingungen nur in beschränktem Umfang.

1737 **Geerntet** werden die elliptischen, gezackten **Kath-Blätter** und jungen Knospen meist 2mal jährlich, wobei sie in Palm- oder Bananenblätter gewickelt werden, um länger frisch zu bleiben.

1738 Im Gegensatz zum Cocain[38] wird Kath (syn. Khat) nur als **Blattdroge** konsumiert, indem die frischen Kath-Blätter und grünen Zweigspitzen gekaut werden, um den Saft zu extrahieren, der anschließend hinuntergeschluckt wird[39].

1739 Dass **Kath-Blätter** im Gegensatz zu Coca-Blättern bei sonst vergleichbarer Resorptionsart[40] so gut wie ausschließlich im **frischen** Zustand konsumiert werden, hängt damit zusammen, dass der Hauptwirkstoff des Kath-Blattes bei Lagerung innerhalb von 3 Tagen seine psychotrope Wirksamkeit verliert. Hiermit hängt auch die bisherige weitgehende Beschränkung des Kath-Konsums auf die Anbaugebiete zusammen; die Kath-Blätter werden vorwiegend nachts z.T. aus den Hochtälern Jemens, z.T. auch aus Äthiopien zu den hauptsächlichen Abnehmern in den Städten Nord- und Südjemens wie Sana und Aden gebracht.

Eine Erhaltung der Frische ist allerdings durch baldiges Einfrieren der Blätter möglich, wodurch der **Abbau** des Hauptwirkstoffes Cathinon **verzögert** wird.

1740 Der **Kath-Konsument** ist an seinen "Hamsterbacken" erkennbar, da er einen kugelförmigen Blätterbrei längere Zeit kauen muss, um die Wirkstoffe zu extrahieren. Das Qāt-Kauen, das im Nordjemen bei ca. 90-95 % der erwachsenen männlichen Bevölkerung verbreitet sein soll, erfolgt meist am frühen Nachmittag (der "**Stunde des Qāt**" von 13-17 h) in geselliger Runde, während das öffentliche Leben weitgehend zum Erliegen kommt.

1741 Während des Qāt-Kauens werden **Flüssigkeiten** getrunken, z.T. auch **Alkohol**, um die wasserlöslichen Wirkstoffe freizusetzen. Auch das gleichzeitige Rauchen von Tabak aus Wasserpfeifen scheint die Qāt-Wirkung zu intensivieren.

Daneben ist das Trinken eines aus den zerstampften frischen Blättern zubereiteten teeartigen **Aufgusses** zu erwähnen, während in Äthiopien Kath meist zusammen mit **Kaffee** eingenommen wird. Gelegentlich wird Kath auch in der Sonne getrocknet und z.T. gemahlen; in Teilen Arabiens werden die getrockneten Kath-Blätter dann zusammen mit Tabak

---

[37] Zum Anbau des Coca-Strauches vgl. 3.1.1, Rdnr. 1409.
[38] Zum Coca-Konsum als Blattdroge und als isoliertes Alkaloid vgl. 3.1.1, Rdnr. 1415-1425.
[39] Vgl. auch zum Kauen der Kawa-Kawa-Wurzel 2.2, Rdnr. 1384.
[40] Zur Wirkstoffresorption über die Schleimhäute des Magen-Darm-Traktes vgl. beim Cocain 3.1.5, Rdnr. 1583.

3.2 Aufputschmittel

und Cannabis[41] **geraucht**, teilweise kommt Kath auch in Pulverform und luftdicht in Plastikfolie verpackt auf den Markt.

In den Kath-Blättern finden sich u.a. neben angenehm riechenden und wohlschmeckenden ätherischen Ölen sowie Gerbsäure (Tannin) und einem relativ hohen Vitamin-C-Gehalt[42] mehr als **40 Kath-Alkaloide**, die als Katheduline oder Kathamine bezeichnet werden.

1742
*

Von diesen optisch aktiven Kath-Alkaloiden vom **Phenylalkylamin-Typ**[43] hat sich das zuletzt isolierte, wasserlösliche **Cathinon** (INN; chem. Bezeichnung (IUPAC): (S)-2-Amino-l-phenylpropan-l-on oder: (-)-2-Aminopriophenon), das Ähnlichkeit mit dem **D-Amfetamin** aufweist (dessen Methylengruppe zum Keton oxidiert ist), neueren Erkenntnissen zufolge als **Hauptwirkstoff** in psychotroper und zentral-stimulierender Hinsicht herausgestellt. Da S-(-)-Cathinon als Vorstufe der Biosynthese von Cathin äußerst **sauerstoffempfindlich** ist und beim Welken der Blätter durch enzymatischen Abbau innerhalb von 3-4 d in das nur etwa 1/10 so psychoaktive **D-Norspeudoephedrin (Cathin)** und **Norephedrin (NE)** übergeht, erklärt sich so die rasche Verminderung der psychostimulierenden Wirksamkeit frischer Kath-Blätter bei Lagerung.

1743
*

Daneben ist das erwähnte **Cathin** (INN; (+)- oder D-Norpseudoephedrin; chem. Bezeichnung (IUPAC): (1S,2S)-2-Amino-l-phenylpropan-l-ol) von Bedeutung, ein kristallines, ebenfalls wasserlösliches, geruchsloses Alkaloid, das als Phenylalkylamin-Derivat zusammen mit **RS-(-)-Norephedrin** ebenfalls mit **Ephedrin**[44] und **Amfetamin** verwandt ist und das zunächst als Hauptwirkstoff des Kath-Blattes angesehen worden war.

1744
*

Als **Nebenalkaloide** sind vor allem Edulin, L-Ephedrin, Cathidin und Cathinin anzuführen. Die Konzentration der Alkaloide im Kath-Blatt ist relativ gering: 1 kg frischer Kath-Blätter liefern etwa 0,3-0,4 g (ggfs auch bis zu 1 g) Cathinon, ca. 2,7 g Cathin, 3,2 g Cathidin und ca. 1,5 g Cathinin.

1745

Die **zentral-erregende** und **peripher sympathomimetische**, wie bei den Weckaminen durch Freisetzung und Hemmung der Rückresorption von **Noradrenalin**[45] hervorgerufene Cathinon- und Cathin-Wirkung[46] ist in psychischer und

1746
#

---

41 Zum Rauchen von Cannabis-Kombinationen vgl. etwa das „ganjah" 1.2.2.2, Rdnr. 547.
42 Vgl. auch zum Vitamin-C-Gehalt der Coca-Blätter 3.1.3, Rdnr. 1495.
43 Vgl. hierzu auch bei den Amfetaminen 3.2.4.3, Rdnr. 1822, sowie beim Ephedrin 3.2.1, Rdnr. 1723 f. Zur Strukturformel des Cathinons vgl. 3.2.1, Rdnr. 1715.
44 Zur Strukturformel des Cathin im Vergleich mit Ephedrin und Amfetamin vgl. 3.2.1, Rdnr. 1715, sowie zum Pseudoephedrin 3.2.1, Rdnr. 1714. Zum Norephedrin vgl. 3.2.2, Rdnr. 1756.
45 Zur reuptake-Hemmung bei den Weckaminen vgl. 3.2.4.4, Rdnr. 1891 f., auch zum D-Norpseudoephedrin Rdnr. 1897. Kath wird daher auch als „natürliches Amfetamin" bezeichnet. Zur Metabolisierung zu Amfetamin vgl. 3.2.4.4, Rdnr. 1888.

physischer Hinsicht derjenigen der Weckamine eng verwandt, die pharmakologische Wirksamkeit von **Cathinon**[47] dürfte jedoch nur etwa 1/3 der von Amfetaminen wie Benzedrin oder Pervitin betragen. Hierbei dürfte die erwähnte geringe Konzentration der wirksamen Alkaloide sowie die **begrenzte Resorptionsmöglichkeit**[48] eine Rolle spielen:

> Normalerweise werden 1- bis 2mal täglich etwa 5 Zweigstücke zu je 20 g, insgesamt also ca. 100-200 g (bei habituellem Konsum auch etwa 300 g insgesamt täglich) gekaut, was etwa 30-69 mg **Cathinon** entspricht[49]. Infolge der selbstlimitierenden oralen Aufnahme ganzer Zweigstücke über Stunden hinweg ist auch die **Bioverfügbarkeit** sehr viel geringer als bei den Weckaminen. Cathinon wird zudem relativ rasch im Körper zu dem weniger psychoaktiven **Norephedrin metabolisiert**; die Gefahr einer Überdosierung ist daher gering.

1747 Die **körperlichen Kath-Wirkungen** gleichen denen anderer Stimulantia und bestehen u.a. in einer Steigerung des Blutdrucks und der Herzfrequenz, der Bewegungsaktivität und des Sauerstoffverbrauchs, einer mäßigen Erhöhung der Körpertemperatur mit Schwitzen neben Gesichtsrötung und Mydriasis[50]. Es kann zu Herzrhythmusstörungen kommen; excessiver Missbrauch kann lebensbedrohliche Zustände nach Hirnblutungen, Herzattacken oder Lungenödem zur Folge haben.

1748 Der mit einer **akuten Stimulanzienintoxikation** (ICD-10 F 15.0) verbundene **Rausch** ist meist durch einen anfänglichen Erregungszustand mit geistiger Wachheit und erhöhtem Rededrang, Verschwinden des Schlafbedürfnisses, Zurückdrängen des Hungergefühls, erhöhter körperlicher Leistungsfähigkeit und Tatkraft, gegebenenfalls auch erhöhter Aggressivität (**Excitationsstadium**)[51] bei offenbar nicht sehr ausgeprägter euphorisierender Wirkungskomponente gekennzeichnet.

1749 Dieses Stadium geht nach ca. 2 h in eine Phase der abgeklärten, selbstzufriedenen **Gelassenheit** über[52]. Der Kath-Rausch endet schließlich mit **Depressionen**, die gelegentlich mit Alkohol bekämpft werden.

---

[46] Zur Wirkung des Cocains als indirektes Sympathomimeticum vgl. 3.1.4, Rdnr. 1565-1572, sowie des Ephedrins 3.2.1, Rdnr. 1716.
[47] Zur adrenergen Amfetamin-Wirkung vgl. 3.2.4.4, Rdnr. 1865-1882.
[48] Vgl. auch zur schwächeren Wirkung des Coca-Blattes im Verhältnis zur Cocain-Base 3.1.4, Rdnr. 1518, 1551 und 1553.
[49] 100-200 g frisches Kath mit ca. 45 mg Cathinon dürften somit vom Wirkstoffgehalt her einer mittleren Rauschdosis von 15-20 mg Amfetamin (vgl. 3.2.4.4, Rdnr. 1870) entsprechen.
[50] Zu den entsprechenden Cocain-Wirkungen vgl. 3.1.4, Rdnr. 1521 f., sowie zu den Ephedrin-Wirkungen 3.2.1, Rdnr. 1717-1719.
[51] Entsprechend Cocain, vgl. zur Blattdroge 3.1.4, Rdnr. 1514-1518. Vergleichbare stimulierende Effekte hat aber z.B. auch das Halluzinogen Psilocybin, vgl. 1.2.3.3, Rdnr. 677, und das Narkoticum Kavain, vgl. 2.2, Rdnr. 1386.
[52] Zur Abfolge vergleichbarer Rauschstadien vgl. etwa beim Cannabis 1.1.4, Rdnr. 122.

3.2 Aufputschmittel

Intensiver Dauermissbrauch über Wochen hinweg kann zu einer spezifischen **Abhängigkeit vom Qāt-Typ** (ICD-10 F 15.2) führen. Toleranzerhöhung bezüglich der zentralnervösen Effekte wurde auch bei chronischem Missbrauch nicht beobachtet[53], gelegentliche Entzugssymptome nur in relativ milder Form[54]. Allerdings kann es offenbar zu durch Kath ausgelöste **Psychosen** mit Wahnvorstellungen kommen.

1750

Bei **habituellem** Kath-Missbrauch in **hohen Dosen** wird darüberhinaus eine eher abstumpfende, zu **Apathie** führende Wirkung erzielt; in diesen Fällen sollen auch Schlaflosigkeit, Nervosität, Magenentzündungen, Herzrasen und Potenzminderung die Folge sein.

1751

Als **Entzugserscheinungen** können hier paranoide Alpträume und Körperzittern über mehrere Tage hinweg auftreten, auch sie sind jedoch als vergleichsweise mild einzuschätzen.

Die **akute Toxizität** dürfte ebenfalls bei etwa 1/3 der des Amfetamins[55] liegen; im Tierversuch betrug die orale Letaldosis 2 g Khat-Extrakt/kg KG. Infolge der erheblichen Mengen, die oral aufzunehmen wären, sind akute Überdosierungen offenbar so selten, dass sie bisher nicht bekannt geworden sind.

1752

Bei uns wird **vollsynthetisch** hergestelltes **D-Norpseudoephedrin-HCl** in Dosen von 10-30 mg in **anorexigenen** (appetithemmenden)[56] Fertigarzneimitteln medizinisch genutzt, wobei diese Wirkung gegebenenfalls durch eine direkte Einwirkung auf das wahrscheinlich im **Hypothalamus** gelegene appetitregulierende Zentrum zustande kommt[57].

1753
#

Auch soweit diese **Appetitzügler** nicht als Ausweichmittel missbraucht werden, wird ein allenfalls kurzfristiger Einsatz zur vorübergehenden Unterstützung anderer Maßnahmen (wie einer Reduktionsdiät) empfohlen; teilweise wird darauf hingewiesen, dass ein längerfristiger Gebrauch gesundheitsgefährdend sei. Es kann u.a. zu psychomotorischen **Erregungszuständen**, aber auch zu psychotischen Reaktionen paranoid-halluzinatorischer Art kommen[58].

1754

---

[53] Wie z.B. beim Ephedrin, vgl. 3.2.1, Rdnr. 1728.
[54] Vergleichbar der Abhängigkeit vom Amfetamin-Typ, vgl. 3.2.4.7, Rdnr. 1948 f.
[55] Zur akuten Toxizität des Amfetamins vgl. 3.2.4.7, Rdnr. 1933-1938.
[56] Verschiedene Amfetamin-Derivate werden ebenfalls als Appetitzügler verwendet, vgl. etwa zum Propylhexedrin 3.2.4.3, Rdnr. 1829 und 1841-1845.
[57] Vgl. hierzu auch beim Cocain 3.1.4, Rdnr. 1548, sowie beim Amfetamin 3.2.4.4, Rdnr. 1866 FN 118.
[58] Vgl. auch oben zur natürlichen Blattdroge 3.2.2, Rdnr. 1750. Zu den „Weckmittel-Psychosen" vgl. 3.2.4.7, Rdnr. 1950-1955.

1755 Da die D-Norpseudoephedrin (**Cathin**) enthaltenden **Abmagerungsmittel** bis 1986 rezeptfrei erhältlich waren wie das Kombinationsmittel Recatol[59] oder Cathin Dragees und damit relativ leicht zugänglich, wurden sie von Drogenabhängigen gelegentlich als **Ausweichmittel** im Hinblick auf die gleichzeitig gegebene zentral-stimulierende Cathin-Wirkung missbraucht[60]. Nach Umstellung der Wirkstoffzusammensetzung und Einführung der Rezeptpflichtigkeit wie bei den Mirapront N Kapseln ist dieser **Missbrauch** kaum noch relevant; gleichwohl ist ein häufiger Konsum von - rezeptfrei erhältlichen - Appetitzüglern unter Schülern weiterhin gegeben. Im Hinblick auf gesundheitliche Risiken erfolgte im Juni 2001 seitens des BfArM der Widerruf der Zulassung u.a. für Mirapront N Kapseln.

1756 Nachdem D-Norpseudoephedrin rezeptpflichtig geworden war, wurde als neuer Inhaltsstoff das rezeptfreie, eng verwandte
*

- **D,L-Norephedrin** (abgekürzt: **NE**; INN: **Phenylpropanolamin [PPA]**; chem. Bezeichnung (IUPAC): (1R,2S)-2-Amino-1-phenylpropan-1-ol) entwickelt, das bei uns in verschiedenen **Sympathomimetica**, Erkältungsmitteln und Appetitzüglern enthalten ist. Norephedrin ist gleichwohl in den USA bereits seit mehreren Jahren als **Ausweichmittel** für Amfetamine bekannt, wird als Streckmittel für Cocain eingesetzt[61] und als **Aufputschmittel** von Berufskraftfahrern ("trucker")[62] sowie im **Sport** missbraucht. Dies gilt auch für das
- als "Jeff" bezeichnete, zum Cathinon homologe **Methcathinon** (syn. Ephedron; chem. Bezeichnung (IUPAC): 2-Methylamino-1-phenylpropan-1-on), das amfetamin-ähnliche Wirkungen aufweist, u.a. in den USA verbreitet ist und in Russland zu Todesfällen geführt haben soll, sowie
- **Phenpromethamin** (INN; **PPMA**; chem. Bezeichnung (IUPAC): (Methyl)(2-phenylpropyl)azan oder: 1-Methylamino-2-phenylpropan).

1757 Werden Cathin, Phenylpropanolamin und verwandte Verbindungen im Sport zu **Doping-Zwecken**[63] verabreicht, handelt es sich hierbei seit dem 11.9.1998 nach § 6 a AMG um verbotene Dopingwirkstoffe, unabhängig von einer Verschreibungspflichtigkeit; eine Strafbarkeit nach § 95 Abs. 1 Nr. 2 a AMG kann begründet sein.
§

1758 Trotz der verkürzten Transportzeiten per Flugzeug nach **Europa** wurden bis Mitte der 1990er Jahre nur gelegentlich frische **Kath-Blätter** für hiesige Konsumenten importiert. Seitdem wird jedoch Kath in nennenswertem Umfang über englische, aber auch über den Frankfurter Flughafen umgeschlagen bzw. nach Deutschland eingeführt, wo es u.a. von hier lebenden Somalis konsumiert wird; 1999 wurden in Deutschland ca. 5.674 kg Kath **sichergestellt**, im Jahr 2000 ca. 3.556 kg und 2001 ca. 2.922 kg.

---

[59] Das inzwischen rezeptpflichtige Recatol N enthält kein D-Norpseudoephedrin mehr, sondern u.a. Norephedrin (Phenylpropanolamin, zu diesem vgl. 3.2.2, Rdnr. 1744, 1746, 1756 f. und 1761).

[60] Vgl. auch zur Verwendung von Cocain als Ausweich- und Zusatzmittel seitens Heroin-Abhängiger 3.1.4, Rdnr. 1530, sowie beim Amfetamin 3.2.4.5, Rdnr. 1905.

[61] Zum Phenylpropanolamin als Cocain-Streckmittel vgl. 3.1.5, Rdnr. 1601.

[62] Zum Ephedrin-Missbrauch im Autorennsport vgl. 3.2.1, Rdnr. 1725. Gleiches gilt für Captagon: 3.2.4.2, Rdnr. 1802, und 3.2.4.3, Rdnr. 1848. Zum PPP vgl. 1.2.4.3, Rdnr. 868.

[63] Näher hierzu bei den Weckaminen 3.2.4.2, Rdnr. 1800-1806.

3.2 Aufputschmittel

Ein von der CND bereits in den 1960er Jahren angeregtes **Kath-Verbot** wurde erst nach und nach umgesetzt.

1759
§

Aufgrund der 2. BtMÄndV wurde zunächst **Cathinon** als Hauptwirkstoff der Blattdroge mit Wirkung ab dem 1.8.1986 Anl. I zum BtMG 1982 unterstellt; diese Einordnung gilt nach wie vor. Es handelt sich hierbei somit um kein verkehrsfähiges Btm. Dies gilt aufgrund der 10. BtMÄndV seit dem 1.2.1998 auch für die **Kath-Blätter** selbst, unabhängig davon, in welcher Form und welchem Bearbeitungszustand sie angeboten werden, und aufgrund der 15. BtMÄndV ab dem 1.7. 2001 für Früchte, Samen und Zellkulturen, die zur Gewinnung von Pflanzen mit diesem oder den im folgenden genannten Wirkstoffen geeignet sind, wenn ein Missbrauch zu Rauschzwecken vorgesehen ist.

Aufgrund der 8. BtMÄndV wurde mit Wirkung ab dem 1.2.1997 zudem das verwandte **Methcathinon** in Anl. I zum BtMG 1994 aufgenommen, seit der 13. BtMÄndV ab dem 10.10.1999 zunächst für jeweils 1 Jahr auch **Phenpromethamin (PPMA)**, mit der 15. BtMÄndV auf Dauer.

Das in anorexigenen Mitteln enthaltene **Cathin** (D-Norpseudoephedrin) wurde aufgrund der 3. BtMÄndV mit Wirkung ab dem 14.4.1991 in Anl. III (unter Zulassung besonders ausgenommener Zubereitungen) aufgenommen.

1760
§

Cathin war zuvor bereits unter bestimmten Voraussetzungen als **verschreibungspflichtiges** Arzneimittel aufgrund der 14. ÄnderungsV zur VO über verschreibungspflichtige Arzneimittel vom 5.12.1985 eingestuft worden; aufgrund der ArzneimittelV 1990 gehört D-Norpseudoephedrin (Cathin) und seine Salze weiterhin zu den verschreibungspflichtigen Stoffen. Auch soweit wegen des Vorliegens einer besonders ausgenommenen Zubereitung keine Btm-Eigenschaft gegeben ist, kann der Vertrieb von Cathin außerhalb einer Apotheke daher nach § 95 Abs.1 Nr. 4 AMG strafbar sein. Darüberhinaus kann aber auch das Inverkehrbringen nicht verschreibungspflichtiger Stoffe wie **Norephedrin** (Phenylpropanolamin, PPA) eine Strafbarkeit nach § 95 Abs. 1 Nr. 1 AMG begründen, wenn sie **Rauschzwecken** dienen.

1761
§

In Umsetzung des als **Grundstoff** für die illegale Amfetamin- und Metamfetamin-Herstellung in Anl. Tab. I zu Art. 12 des Übereinkommens von 1988 aufgenommenen **1-Phenyl-2-propan (P-2-P**; Phenylaceton) erfolgte mit Wirkung ab dem 18.2.1994 zunächst durch ein entsprechendes AusführungsG in § 18 a BtMG die Aufnahme eines strafbewehrten Umgangsverbotes mit diesem Stoff, sofern er zur unerlaubten Btm-Herstellung verwendet werden soll[64]. Mit Wirkung ab dem 1.3.1995 wurde diese Vorschrift durch § 29 GÜG ersetzt; da es sich hierbei um einen Grundstoff der Kategorie 1 handelt, besteht über die Anzeigepflicht in Verdachtsfällen hinaus eine Erlaubnispflicht für den Umgang mit P-2-P. Gleiches gilt für das aufgrund einer entsprechenden Verordnung der Kommission mit Wirkung ab dem 1.3.2001 ebenfalls in Kategorie 1 aufgenommene **Norephedrin (PPA)**.

1762
§

---

[64] Näher zur Grundstoffüberwachung 2.1.3, Rdnr. 1096-1099.

3.2.3 Arecolin

1763 Innerhalb dieses Abschnittes sei zum Abschluss der Darstellung der natürlichen Stimulantia noch auf das in großen Teilen **Süd-** und **Südostasiens** nach wie vor verbreitete **Betelkauen** eingegangen, da es sich hierbei um ein, wenn auch vergleichsweise leichtes und harmloses[65], **Anregungs-** und **Stimulanzmittel** handelt.

1764 Das Verbreitungsgebiet dieses Genuss- und Rauschmittels ist dadurch mitbestimmt, dass die **Blätter** des für den **Betel-Bissen** bzw. -Priem verwendeten **Betelpfeffers frisch** sein müssen[66]. Entsprechend dem Vorkommen dieser Liane findet sich die Gewohnheit des Betelkauens daher im Osten von **Mikronesien** und weiten Teilen **Melanesiens**[67] über den indischen Subkontinent, Tibet und Südchina bis nach **Madagaskar** und einen Küstenstreifen Ostafrikas im Westen.

1765 Wurde Mitte des 19. Jahrhunderts die Zahl der **Betel-Konsumenten** noch auf ca. 100 Mio. Menschen geschätzt, so erfolgte im 20. Jahrhundert eine Zurückdrängung der sehr alten Tradition des Betelkauens, das in Indien teilweise noch rituelle Bedeutung hat, in zunehmendem Maße durch das **Tabakrauchen**. Wurde Betel so früher u.a. bei Begrüßungszeremonien verwandt oder als ein Akt der Höflichkeit angeboten, übernahm diese Funktion, nicht nur dort, aber ausgeprägter im Orient, die Zigarette[68].

Die Bestandteile des Betelbissens wurden häufig in Messingdosen und anderen Behältnissen aufbewahrt.

1766 **Hauptbestandteil** eines Betelbissens ist ein mit der sog. Betelschere abgeschnittenes Stück der **Arekanuss** (Arecae semen, auch Betelnuss genannt). Hierbei handelt es sich um den Kern der orangefarbenen, eiförmigen Frucht der **Areka-Palme** (Areca catechu L.).

1767 Das Stück Arekanuss wird, häufig zusammen mit anderen, gerbsäurehaltigen Zutaten, Tabak oder Gewürzen, in 2 oder 3 Blätter des **Betelpfeffers** (Piper betle L. oder Charica betle Miq.) gerollt; beim Betelpfeffer (Sirih) handelt es sich um eine Schlingpflanze aus der Familie der Piperaceae[69].

Zuweilen wird auch ein Stück **Gambir**, ein konzentrierter Blätterextrakt aus Nucaria gambir, hinzugefügt bzw. das Betelnuss-Stückchen in einem Mörser zerstampft. Der Betel-Priem wird anschließend im Mund zerkaut.

---

[65] Vgl. auch zu den Wirkstoffen der Cola-Nuss Vorbem. 3.2, Rdnr. 1709.
[66] Vgl. auch zu den Kath-Blättern 3.2.2, Rdnr. 1739 und 1743.
[67] Vgl. ebenfalls zum früheren Verbreitungsgebiet des Kawa-Kawa 2.2, Rdnr. 1369 und 1371.
[68] Vgl. auch zum weitgehenden Ersetzen des Kawa-Trinkens durch den Alkohol 2.2, Rdnr. 1370.
[69] Zum Rauschpfeffer, einer anderen Pflanze aus der Familie der Pfeffergewächse, vgl. 2.2, Rdnr. 1368.

3.2 Aufputschmittel

Der Entfaltung der Betel-Wirkstoffe dient die Hinzufügung von **Kalk-Paste**[70]. **1768**

Hierzu wird meist zunächst kohlensaurer **Kalk** (Calciumcarbonat) als Ausgangsmaterial bei hohen Temperaturen gebrannt. Der gebrannte Kalk (Ätzkalk, Calciumoxid) wird sodann pulverisiert und mit Wasser versetzt, wobei der pastenartige gelöschte Kalk (Calciumhydroxid) entsteht. Teilweise wird der Kalk auch aus gebrannten Muschelschalen gewonnen. **1769**

Der vom Betel **rot** gefärbte **Speichel** wird zur Wundbehandlung verwandt, greift jedoch auf die Dauer Lippen, Zahnfleisch und -schmelz an. Die charakteristische Rotfärbung des Speichels entsteht wahrscheinlich durch die Verbindung von Kalk mit dem in der Arekanuss enthaltenen Arekarot beim Betelkauen. **1770**

Hauptwirkstoff des Betelbissens ist das in der Arekanuss enthaltene Pyridin-Alkaloid **Arecolin** (INN). Hierbei handelt es sich im Gegensatz zu den zuvor behandelten Sympathomimetica Ephedrin[71] und Cathin[72] um ein **direktes Parasympathomimeticum**, das hinsichtlich der Lage des kationischen N-Atoms und - in annähernd gleichem Abstand - der Estergruppe eine **strukturelle** Verwandtschaft zum **Acetylcholin** und damit auch zum **Muscarin**[73] aufweist. **1771** * #

Für die qualitative Wirkung ist es dabei unwesentlich, ob es sich wie beim **Acetylcholin** um den Ester einer Carbonsäure mit einem Aminoalkohol oder wie beim **Arecolin** um den Ester einer **Aminocarbonsäure** mit einem Alkohol handelt. **1772** *

Bei den **Nebenalkaloiden** der Arekanuss handelt es sich um **Arecaidin**, Guvacolin und Guvain, wobei das relativ giftige und nicht euphorisch wirkende Arecolin offenbar durch den Kalkzusatz beim Kauen mit Speichel in das Verseifungsprodukt Arecaidin umgewandelt wird, das demnach für die eigentliche **Betelwirkung** verantwortlich sein dürfte; **1773** *

Strukturformel:

H₃C—N⟨ring⟩—COOH

Arecaidin

---

[70] Kalk wird nicht selten als Zusatz beim Kauen natürlicher Drogen verwandt; vgl. etwa beim Cocain 3.1.5, Rdnr. 1583.
[71] Zur Wirkungsweise des Ephedrins vgl. 3.2.1, Rdnr. 1716 f.
[72] Zur Wirkungsweise des Cathins vgl. 3.2.2, Rdnr. 1746.
[73] Zur Strukturformel des Arecolins im Vergleich zu Acetylcholin und Muscarin vgl. daher beim Muscarin 1.2.2.1, Rdnr. 461 f., bei dem es sich ebenfalls um ein Parasympathomimeticum handelt. Arecolin kommt außerdem in einer Risspilz-Art vor, vgl. 1.2.1.1, Rdnr. 485. Zum Pyridin vgl. auch 1.2.3.5, Rdnr. 714.

1774 Dem **Betelblatt**, das neben den Alkaloiden Cadinen, Chavivol und Chavibetol ätherische Öle (Betelphenol) enthält, kommt gegenüber dem Arekanuss-Bestandteil wohl nur **geschmackliche** Bedeutung zu: Es soll dem Betelbissen einen erfrischenden, gewürzhaftscharfen und aromatischen Geschmack geben.

1775 Mit der strukturellen Verwandtschaft zum Muscarin korrespondieren die ausge-
prägt **muscarin-artigen** Wirkungen des **Arecolins** bzw. **Arecaidins**, die - neben schwachen nicotin-artigen Effekten[74] - mit einer **Stimulierung** des ZNS und einem leichten **Rauschzustand** einhergehen[75] (Besetzung v.a. muscarinerger Rezeptoren). Außerdem werden Hungergefühle[76], Müdigkeit und Reizbarkeit gemindert, die Verdauung gesteigert.

1776 Angestrebt wird bei gewohnheitsmäßigem Kauen ein wohliges **Angeregtsein** bei leicht **euphorischer** Grundstimmung sowie die **Verminderung** innerer **Unruhe** und Spannung bei erhalten bleibendem Bewusstsein[77].

Offenbar nur bei **übermäßigem** Betelgenuss innerhalb kurzer Zeit kann es zu einem schweren **Rauschzustand** kommen.

1777 Gegebenenfalls wegen des erst noch erforderlichen Umwandlungsprozesses des Arecolins in Arecaidin soll die angestrebte Wirkung beim **Anfänger** erst nach einer Phase mit Schwindelgefühlen, Brechreiz und Schweißausbruch, die einer Nicotin-Vergiftung ähnelt, eintreten[78].

1778 Gelegentlich werden dem Betelbissen auch die Samen von **Datura metel**[79] oder **Muskatnuss**[80] hinzugefügt.

1779 Eine über die bloße Gewöhnung hinausgehende **Abhängigkeit** mit **Entzugssymptomatik** ("Betelhunger"), die etwa dazu führen soll, dass der Betreffende versucht, durch Schlucken des Speichels vermehrt Arecolin aufzunehmen, scheint

---

[74] Zu den nicotin-artigen Wirkungen des Cytisins vgl. 1.2.3.8, Rdnr. 784.
[75] Gegebenenfalls könnten bestimmte nicotin-artige Effekte damit zusammenhängen, dass Acetylcholin seinerseits eine gewisse Strukturverwandtschaft mit Nicotin aufweist, vgl. 1.2.1.1.4, Rdnr. 361. Vgl. demgegenüber die Verhinderung der muscarinähnlichen Wirkungen des Acetylcholins durch Anticholinergica wie Atropin 1.2.2.2, Rdnr. 515 f.
[76] Gegebenenfalls durch vermehrte Speichelproduktion. Vgl. zu entsprechenden Cocain-Wirkungen 3.1.4, Rdnr. 1515-1517, und Cathin-Wirkungen 3.2.2, Rdnr. 1748 und 1753, als sympathomimetische Effekte.
[77] Vgl. auch zu den angestrebten Rauschpfeffer-Wirkungen 2.2, Rdnr. 1386.
[78] Vgl. demgegenüber die, neben dem Erregungszustand, äußerst heftigen Nebenwirkungen des Fliegenpilzes 1.2.2.1, Rdnr. 468 und 473.
[79] Zu diesem Nachtschattengewächs näher 1.2.2.2, Rdnr. 544 und 547.
[80] Zur ebenfalls aufputschenden Wirkungskomponente dieses Muskatnussbaumgewächses vgl. 1.2.3.2, Rdnr. 636.

nur **selten** aufzutreten; sie dürfte der von sonstigen Stimulantia (ICD-10 F 15.2) zuzuordnen sein.

Ebenso selten scheint es zu einer "**Betelpsychose**" zu kommen, die wohl nur bei prädisponierten Menschen[81] offenbar nach übermäßigem Konsum auftreten kann, also wohl drogeninduziert ist, und die sich durch auditive Halluzinationen und Verfolgungswahn[82] auszeichnen soll. **1780**

Während der Import der **Arekanuss** 1976 vom amerikanischen Gesundheitsamt untersagt wurde, unterliegen weder die pflanzlichen Bestandteile des **Betelbissens**, noch die isolierten Wirkstoffe in Deutschland den Bestimmungen des BtMG 1994, was mit ihrer äußerst geringen Bedeutung bei uns zusammenhängen dürfte. **1781 §**

Arecolin und seine Salze zählen jedoch aufgrund der ArzneimittelV 1990 zu den **verschreibungspflichtigen** Stoffen. Der Vertrieb arecolin-haltiger Arzneimittel außerhalb einer Apotheke kann nach § 95 Abs. 1 Nr. 4 AMG strafbar sein; FAM mit Arecolin als Wirkstoff sind allerdings in Deutschland nicht auf dem Markt. Unabhängig von einer Verschreibungsfähigkeit und -pflichtigkeit bzw. Zulassung kann zudem der Handel mit **Arekanuss** bzw. Bestandteilen des **Betelbissens** oder entsprechenden Präparaten zu **Rauschzwecken** als Inverkehrbringen bedenklicher AM eine Strafbarkeit nach § 95 Abs. 1 Nr. 1 AMG begründen. **1782 §**

3.2.4 Weckamine

Vorbemerkung: Diese **vollsynthetischen psychomotorischen Stimulantia** können unter pharmakologischen Gesichtspunkten zu den in Abschn. 4.3 behandelten **Psychopharmaka** gerechnet werden. **1783**

Nicht wenige durch **Ringsubstitution** ableitbare **Derivate** des **Amfetamins** zeigen darüberhinaus derart ausgeprägte **halluzinogene** Wirkungskomponenten, dass auf sie gesondert im Rahmen der Darstellung der synthetischen Halluzinogene in Abschn. 1.2.4 eingegangen wird. **1784**

Soweit die **anregende** Wirkungskomponente[1] bei einem Konsum als Rauschdroge im Vordergrund steht, ist nunmehr, im Anschluss an die Behandlung der biogenen Stimulantia, einer häufigen Einteilung entsprechend, auf **Amfetamin** und **amfetamin-artige Aufputschmittel** (**ATS**) einzugehen. Die landläufige Bezeichnung "**Weckamine**" hierfür ist eine nach dem 2. Weltkrieg in Deutschland entstandene Wortbildung aus dem Verbum "wecken" (da sie in entsprechender Dosierung Schlaf und Narkose zu durchbrechen vermögen) und dem pharmazeutischen Begriff "Metamfetamin". In der Drogenscene wird inzwischen häufiger im **1785**

---

[81] Allgemein zu drogeninduzierten psychotischen Reaktionen: 3.1.7, Rdnr. 1697.
[82] Vgl. auch zu den Symptomen der sog. „Weckmittel-Psychose" 3.2.4.7, Rdnr. 1950-1955.
[1] Vgl. auch zum Ausdruck „Psychoanaleptica" Vorbem. 3.2, Rdnr. 1708.

gleichen Sinn der Ausdruck "**speed**" ("**Schnellmacher**" im Hinblick auf den angestrebten schnellen Wirkungseintritt)[2] oder "uppers/ups" gebraucht. In Bezug auf ihre Wirkungsweise können die Substanzen dieser Gruppe unter dem Begriff "**sympathomimetische Amine**"[3] zusammengefasst werden.

3.2.4.1 Gewinnung

1786   Im Gegensatz zu dem verwandten **Ephedrin** und **Cathin**[4] ist **Amfetamin** ebenso wie seine Derivate und Homologe in **keiner natürlichen** Wirkstoffkombination enthalten, sondern ein u.a. über die Vorstufe N-Acetylamfetamin herstellbares **vollsynthetisches** Produkt.

1787   Es wird u.a. unter Verwendung von **Ephedrin** und **Pseudoephedrin**[5] bzw. von **Benzylmethylketon** (**BMK**; Phenylaceton; 1-Phenyl-2-propanon, P-2-P)[6] als Grundstoffe, Natriumhydroxid und Formamid (dem Amid der Ameisensäure) oder Allylbenzol und Acetonitril hergestellt. Diese einfachen Basischemikalien sind bei uns meist frei erhältlich[7], die **Synthese** (meist nach dem Leuckart-Wallach-Verfahren) nicht weiter schwierig. Die Ausbeute von 1 l BMK beträgt theoretisch ca. 1 kg Amfetamin[8].

1788   Wie andere Rauschdrogen auch liegen Amfetamin und seine Derivate meist der besseren Haltbarkeit und Handhabung wegen in Form eines ihrer **Salze**[9] vor; meist handelt es sich um Sulfate oder Hydrochloride, seltener um Phosphate.

1789   Bei **i.v. Appliaktion** kommt meist das wasserlösliche **Amfetaminsulfat** mit einem Anteil von 73 Gew.-% reiner Amfetamin-Base zur Anwendung, das aber auch in Tablettenform angeboten wird[10].

---

[2]   Vgl. auch Vorbem. 3.2, Rdnr. 1705. Zu dem unspezifischen Ausdruck „speed" vgl. beim DOM 1.2.4.1, Rdnr. 803, sowie beim Cocain 3.1.5, Rdnr. 1607.
[3]   Vgl. z.B. auch beim Ephedrin 3.2.1, Rdnr. 1710.
[4]   Zur Verwandtschaft von Ephedrin, Cathin und Amfetamin vgl. 3.2.1, Rdnr. 1715.
[5]   Zu den Grundstoffen wie Ephedrin vgl. 3.2.1, Rdnr. 1731, und 3.2.2, Rdnr. 1762.
[6]   Zum PMK als Ausgangsstoff der MDMA-Synthese vgl. 1.2.4.3, Rdnr. 835 und 869.
[7]   Zur Bedeutung von Ausgangsstoffen wie Aceton vgl. beim Cocain 3.1.3, Rdnr. 1510. Hiervon unterliegen neben Aceton und Phenylessigsäure weitere Substanzen der Grundstoffüberwachung, vgl. 3.2.4.3, Rdnr. 1852 f.
[8]   Zu den gegenwärtigen zahlreichen Amfetamin-„Labs" vgl. 3.2.4.2, Rdnr. 1808 f. und 1815. Ca. 500 DM sollen die Basischemikalien zur Herstellung von 1 kg Amfetamin mit einem Marktwert von zeitweise mindestens 10.000 DM kosten.
[9]   Vgl. etwa auch zum Cocain-HCl 3.1.1, Rdnr. 1424 mit FN 15.
[10] Näher zu den Konsumformen 3.2.4.5, Rdnr. 1906-1918.

3.2.4.2 Historische und gegenwärtige Situation

1887 gelang Edelano die Synthese des **Amfetamins**, das in der Folgezeit **Ausgangssubstanz** für viele Abwandlungen von Anregungs- und Aufputschmitteln wurde[11].

1790

Während die **periphere** Wirkung auf Körperorgane als gering angesehen wurde und Versuche, Amfetamin als eine Art "Adrenalin-Ersatz"[12] zu verwenden, fehlschlugen, wurde 1910 in England seine **zentral-erregende** Wirkung auf das Gehirn entdeckt.

1791

Nachdem sich gezeigt hatte, dass Amfetamin die Wirkung von Narkosemitteln zu vermindern oder zu neutralisieren vermag[13], wurde es schon bald als **Schlaf-** und **Narkosehemmer** eingesetzt, außerdem zur Therapie der Encephalitis lethargica, einer speziellen Form der Gehirnhautentzündung, die zu dauernder **Schlafsucht** führt[14]. Im Hinblick auf die blutdrucksteigernde Wirkung des Amfetamins erfolgte zudem ein Einsatz bei **Kreislaufversagen** und **Kollapszuständen**. Weitere Anwendungsgebiete waren u.a. Asthma[15] und Fettleibigkeit[16] neben Erkrankungen wie **Parkinsonismus**[17], Neurosen und Epilepsie, aber auch **Drogenabhängigkeit**[18] und Alkoholismus.

1792

Wegen der erheblichen **Nebenwirkungen** ist seit den 1950er Jahren der **medizinische** Einsatz von Amfetamin und amfetamin-ähnlichen Arzneimitteln allerdings ganz erheblich **reduziert** worden bzw. überhaupt nicht mehr gegeben[19].

1793

Neben dieser therapeutischen Verwendung stellte sich recht bald die Gebrauchsmöglichkeit von **Amfetamin** und des stärker wirksamen, 1919 erstmals synthetisierten, injizierbaren **Metamfetamins** als **billiges Aufputschmittel** ("**speed**") heraus.

1794

So wurde Amfetamin in den 1930er Jahren von amerikanischen Studenten erstmals zur **Überwindung** von **Müdigkeitserscheinungen** während der Prüfungsvorbereitungen einge-

1795

---

[11] Vgl. auch zu den zahlreichen Abwandlungen der ersten Barbitursäure als „drug design" 4.1, Rdnr. 1983, sowie zu Übergängen von zentral-dämpfenden zu zentral-stimulierenden Substanzen wie beim Pipradol 4.2.3, Rdnr. 2112.
[12] In dieser Funktion wird heute das α- und β-Sympathomimeticum Epinephrin (INN; u.a. Adrenalin Jenapharm und Suprarenin) eingesetzt.
[13] Vgl. insofern auch zum Neurolepticum Droperidol 4.4.6, Rdnr. 2467.
[14] Zum heutigen Amfetamin-Einsatz etwa bei Barbiturat-Vergiftungen vgl. 3.2.4.3, Rdnr. 1845. Zur Harmalin-Verabreichung bei an Encephalitis lethargica erkrankten Patienten vgl. 1.2.3.5, Rdnr. 730.
[15] Zum verwandten Ephedrin als Asthmamittel vgl. 3.2.1, Rdnr. 1716-1719.
[16] Zu heutigen Abmagerungsmittel auf Amfetamin-Basis vgl. 3.2.4.3, Rdnr. 1829 und 1841-1843.
[17] Zum Parkinsonmittel L-Dopa vgl. beim Cocain 3.1.7, Rdnr. 1697 FN 378.
[18] Zum Einsatz von Cocain im Rahmen des Morphin-Entzuges vgl. 3.1.2, Rdnr. 1440.
[19] Zur Einschränkung der medizinischen Cocain-Verwendung vgl. 3.1.2, Rdnr. 1437.

setzt[20]. Außerdem wurde die Verwendung von Cocain u.a. als **Dopingmittel** im **Ausdauersport** in der gleichen Zeit weitgehend durch Amfetamin verdrängt[21].

1796 Das 1934 von den Berliner Temmler-Werken als Psychostimulanz entwickelte **Pervitin**[22] wurde im **2. Weltkrieg** sowohl von deutschen als auch von alliierten **Piloten** und japanischen Kamikaze-Fliegern genommen, um sich im Einsatz, insbesondere auf langen Strecken, wachzuhalten, aufzuputschen und risikofreudiger[23] zu machen. Im Scenejargon wird Metamfetamin heute daher teilweise auch als "**Nazi-Crank**" bezeichnet.

Bereits 1941 wurden erste Fälle von **Pervitin-Abhängigkeit**[24] in Deutschland beschrieben und die Substanz als Btm eingeordnet.

1797 Nach dem Ende des 2. Weltkrieges bis zu Beginn der 50er Jahre wurden in der BRD in den Jahren des **Wiederaufbaus** in erheblichem Umfang Weckamine konsumiert[25]; in der Folgezeit ging die Missbrauchshäufigkeit bei uns zurück, während sie in verschiedenen europäischen Nachbarländern, u.a. in **Skandinavien**, und in den USA mit einiger Kontinuität fortbestand.

So war das damals unter dem Handelsnamen **Benzedrin** bis 1965 in den **USA** rezeptfrei erhältliche Amfetaminsulfat als "Benzies" etwa unter den "Beatniks" beliebt.

1798 In den 1960er Jahren war der **Missbrauch** von Weckaminen in der **BRD** weitgehend auf Politiker und andere Personen des öffentlichen Lebens **beschränkt**, die dem Erfordernis, in bestimmten Situationen "voll präsent" sein zu müssen, ohne Rücksicht auf eigene Belange, vereinzelt durch "speed"-Injektionen nachkamen.

1799 Prominentes Beispiel für die Folgen einer **Pervitin-Abhängigkeit** in dieser Zeit war das Schicksal des Kabarettisten Wolfgang Neuss, der zu dem Aufputschmittel griff, um allabendlich ein Höchstmaß an Geistesgegenwart und Wachheit präsentieren zu können, bis ein Zusammenbruch erfolgte, von dem er sich nie mehr ganz erholte.

1800 Im **Sport** wurden und werden nach wie vor Amfetamin und verwandte Stimulantia (z.T. in Verbindung mit Nicotinsäure-Derivaten[26]) zu Doping-Zwecken eingesetzt[27], die zugleich zumindest teilweise Bedeutung als Rauschdrogen haben.

---

20 Zu den Folgen einer Prüfungsvorbereitung unter „speed"-Einfluss vgl. 3.2.4.4, Rdnr. 1874.
21 Zum Ende der 3. „Cocain-Welle" vgl. 3.1.2, Rdnr. 1442 und 1444.
22 Näher zum Methylamfetamin 3.2.4.3, Rdnr. 1826 f.
23 Auch die sog. „Panzerschokolade" enthielt einen 10%igen Metamfetamin-Anteil. Zu der Bezeichnung „crank" für Metamfetamin vgl. 3.2.4.5, Rdnr. 1913. Vgl. auch zu den Weckamin-Wirkungen 3.2.4.4, Rdnr. 1871-1874. Zum Cocain-Missbrauch durch Weltkrieg-1-Flieger vgl. 3.1.2, Rdnr. 1442.
24 Vgl. auch zur sog. „Pervitin-Psychose" 3.2.4.7, Rdnr. 1951.
25 Vgl. auch zum Polamidon-Missbrauch als Folge des 2. Weltkrieges 4.4.5, Rdnr. 2420.
26 Derivate der 3-Pyridincarbonsäure, die u.a. eine Gefäßerweiterung bewirkt. Zum Nicotinsäureamid als Heroin-Streckmittel vgl. 3.1.5, Rdnr. 1198 FN 317.

3.2 Aufputschmittel

Zu den auch zu **Doping-Zwecken** missbrauchten **Stimulantia** gehören neben Amfetamin u.a. Amfepramon, Amfetaminil, Benzfetamin, Chlorphentermin, Clobenzorex, Dimetamfetamin, Etilamfetamin, Fenetyllin, Fenproporex, Mefenorex, Metamfetamin, Methylphenidat, Phendimetrazin, Phentermin, Propylhexedrin und verwandte Verbindungen[28]. **1801**

Neben Weckaminen wie etwa **Fenetyllin** (Captagon)[29] sind auch andere Phenethylamine wie **Cathin** und **Phenylpropanolamin**[30], **Ephedrin** und **Methylephedrin**[31] entsprechend einsetzbar und scheinen weiterhin insbesondere unter Rallyefahrern und Berufsfußballspielern in Gebrauch zu sein; sie werden meist kurz vor dem Wettkampf eingenommen, um die Grenzen der körperlichen Erschöpfbarkeit heraufzusetzen. **1802**

Mit gleicher Zielrichtung werden neben Weckaminen und verwandten Verbindungen im Sport **Adrenalin-Derivate**[32], **Prolintan** (INN; chem. Bezeichnung: 1-(1-Benzylbutyl)pyrrolidin), **Coffein** und verwandte Verbindungen sowie **Analeptica** wie **Strychnin**[33], Pemolin[34], Fencamfamin[35] und Pipradrol[36] sowie terpenhaltiges **Kampferöl** (Sassafrasöl)[37] eingesetzt. **1803**

In den 1980er Jahren kam es zudem in den **USA** zu einem neuen **Cocain-Missbrauch** im Sport[38].

Sportartenspezifisch kommen daneben **Alkohol**, **Corticosteroide** wie Hydrocortison (Cortisol reguliert den Blutzuckerspiegel), **Antidepressiva**, **Sedativa** und **Cannabis-Produkte** sowie therapeutisch als **Narkoanalgetica**[39] eingesetzte FAM in Betracht. **1804**

---

27 Zur Steigerung der körperlichen Leistungsfähigkeit bei gleichzeitiger Erhöhung des Selbstvertrauens und der Aggressivität, allerdings unter Verminderung des Urteilsvermögens, vgl. 3.2.4.4, Rdnr. 1866 f., 1874 f. (zu den Gefahren) und 1890. Vgl. auch zum Ephedrin 3.2.1, Rdnr. 1725. Die Gruppen von Doping-Wirkstoffen gemäß § 6 a AMG sind in diesem Buch in Anhang B. 4 wiedergegeben.
28 Zu den genannten Weckaminen näher: 3.2.4.3, Rdnr. 1822-1863.
29 Zum Fenetyllin vgl. 3.2.4.3, Rdnr. 1836 f.
30 Zum Cathin und Phenylpropanolamin (Norephedrin) vgl. 3.2.2, Rdnr. 1744 und 1756 f.
31 Zum Ephedrin vgl. 3.2.1, Rdnr. 1716 und 1725. Zu weiteren als Doping-Mittel verwandten β_2-Sympathomimetica vgl. 3.2.1, Rdnr. 1725 FN 27.
32 Zum u.a. als Antihypotonicum eingesetzten Epinephrin vgl. 3.2.4.2, Rdnr. 1791 FN 12.
33 Zum Strychnin vgl. 4.3.1.1, Rdnr. 2118-2121.
34 Zum Pemolin vgl. 4.3.1.2, Rdnr. 2122-2128.
35 Zum Fencamfamin vgl. 4.3.1.4, Rdnr. 2132-2134.
36 Zum Pipradrol vgl. 4.2.3, Rdnr. 2113.
37 Zum Kampferöl als Grundstoff vgl. 1.2.3.2, Rdnr. 641.
38 Vgl. hierzu 3.2.4.2, Rdnr. 1795, sowie beim Cocain 3.1.2, Rdnr. 1442 und 1473.
39 Hierzu gehören z.B. Pethidin nebst Alphaprodin, Anileridin, und Trimeperidin (vgl. 4.4.4, Rdnr. 2398), Morphin und Diamorphin (vgl. 2.1.3, Rdnr. 1091), die Morphinanol-Verbindungen Buprenorphin (vgl. 4.4.2.9, Rdnr. 2349), das zu den Morphanen zählende Levorphanol (vgl. 4.4.2.8, Rdnr. 2339), die Benzomorphane Pentazocin und Phenazocin (vgl. 4.4.3, Rdnr. 2378), die auch als Antitussiva therapeutisch eingesetzten Codein, Dihydrocodein (vgl. 4.4.2.2, Rdnr. 2305) und Ethylmorphin (vgl. 4.4.2.4, Rdnr. 2313), sowie aus der Methadon-Gruppe Methadon selbst (4.4.5, Rdnr.

1805 Die schwierig dosierbaren und auch nur relativ kurzfristig wirksamen, zugleich aber auch leicht nachweisbaren **Weckamine** wurden als **Doping-Mittel** allerdings nach und nach im Leistungs-, aber auch im Freizeitsport (etwa der Bodybuilder-Scene) zu einem großen Teil durch das (auch in der Tiermast eingesetzte) männliche **Keimdrüsen-(Steroid-)hormon** Testosteron (etwa Testosteron Jenapharm), dessen Vorläufersubstanz Androstendion und von diesen abgeleitete, chemisch verwandte **Anabolika**[40] sowie u.a. **Wachstumshormone** wie HGH[41] als Doping-Mittel **verdrängt**.

Da die als **"flüssiges ecstasy"**[42] bekannt gewordene **Gamma-Hydroxybuttersäure (GHB**; γ-Hydroxybuttersäure) die körpereigene HGH-Produktion erhöht, wird GHB außer als Rauschdroge bereits seit längerem im Sport trotz u.a. sedierender Nebenwirkungen als Doping-Mittel zur Leistungssteigerung bzw. in der Bodybuilder-Scene zur Muskelbildung missbraucht.

1806 In den **USA** sind **Anabolika** seit Februar 1991 den "harten" Drogen gleichgestellt. In § Deutschland sind u.a. die Wachstumshormone, Testosteron, Methyltestosteron, Nortestosteron sowie Stanozolol und seine Ester aufgrund der ArzneimittelV 1990 **verschreibungspflichtig**. Insoweit kann allein der Vertrieb außerhalb einer Apotheke eine Strafbarkeit nach § 95 Abs. 1 Nr. 4 AMG begründen.

Unabhängig von einer eventuellen Btm-Eigenschaft bzw. einer Verschreibungspflichtigkeit oder -freiheit ist es zudem seit dem 11.9.1998 nach § 6 a AMG **verboten** (und gemäß § 95 Abs.1 Nr. 2 a AMG strafbar), bestimmte AM, die im Anhang des Übereinkommens gegen Doping (in diesem Buch im Anhang B.4 abgedruckt) aufgeführt sind, und von denen hier auf einige eingegangen wurde, soweit zugleich ein Missbrauchspotential aufgrund einer Rauschdrogeneigenschaft besteht, im Sport oder z.B. in Fitnessstudios zu **Doping-Zwecken** in Verkehr zu bringen, zu verschreiben oder bei anderen (etwa seitens des Arztes oder Trainers) anzuwenden. Der Nachweis einer Schädigung ist hierbei nicht erforderlich. Der **Eigenkonsum** von Doping-Wirkstoffen bleibt aber auch hier als reine Selbstgefährdung[43]

2446), Dextromoramid, Dextropropoxyphen (vgl. 4.4.5, Rdnr. 2426) und verwandte Verbindungen.

[40] Synthetische Steroide mit Hormoncharakter wie Methyltestosteron oder Stanozolol (INN; früher Stromba), die als „weiße Riesen" bezeichnet werden, für einen Zuwachs der Skelettmuskulatur, ein Effekt, der allerdings umstritten ist. Die anabolen („aufbauenden") Steroide können ihrerseits neben anderen Nebenwirkungen wie Leber- oder Nierenschädigungen, Potenzverlust (Hodenatrophie) sowie psychischen Alterationen wie leichter Euphorie, Enthemmung (insbesondere in Kombination mit Alkohol) und erhöhter Aggresivität in hoher Dosierung offenbar auch zu einer stoffbezogenen Abhängigkeit mit Entzugserscheinungen (ICD-10 F 19.2) und paranoiden Wahnvorstellungen führen. Vgl. zum Clenbuterol 3.2.1, Rdnr. 1725 FN 27.

[41] Hormone des Hypophysenvorderlappens, die bei zwergwüchsigen Kindern eingesetzt werden (Somatropin human – STH; Human Growth Hormone – HGH). Als Doping-Mittel werden sie u.U. in Verbindung mit Anabolika appliziert.

[42] Zum GHB-Missbrauch als Rauschdroge vgl. 1.2.4.8, Rdnr. 936-939. Vgl. auch zur γ-Aminobuttersäure (GABA) und den GABA-Rezeptoren bei den Barbituraten 4.1, Rdnr. 1999.

[43] Gleiches gilt für den reinen Eigenkonsum von Rauschdrogen, vgl. beim Cannabis 1.1.2, Rdnr. 79.

3.2 Aufputschmittel

ebenso wie der Besitz und Erwerb auch größerer Mengen der Substanzen (Vorratshaltung) nach dem AMG straflos.

Besonders ausgeprägt war der Missbrauch vollsynthetischer Stimulantia zu **Rauschzwecken** in den 1960er Jahren in **Schweden**, was dazu führte, dass ab 1968 dort keines der amfetamin-artigen Medikamente mehr als Arzneimittel registriert werden durfte. 1807

Da für Weckmittel jedoch weiterhin ein eigener Absatzmarkt existierte, wurden sie in der Folgezeit **illegal hergestellt**[44] und vertrieben. 1808

Soweit in Europa, insbesondere zeitweise in den **Niederlanden**, seit Ende der 1980er Jahre verstärkt auch in **Polen** und anderen **osteuropäischen** Ländern, **illegale Labors** ("Labs") zur Amfetamin-Herstellung, teilweise in Pulverform, betrieben werden, schien dies weitgehend nach wie vor, trotz der Zurückdrängung des dortigen Amfetamin-Missbrauchs, für den weiterhin bestehenden Absatzmarkt in den **skandinavischen** Ländern zu erfolgen, daneben aber u.a. auch für den wachsenden **deutschen** und **englischen** Markt. Zusätzlich etablierte sich Ende der 1990er Jahre auch in Osteuropa, u.a. in **Russland**, ein eigenständiger Markt für Amfetamine und Ephedrin. Die außerdem u.a. in **Deutschland** betriebenen "Küchenlabors" dürften hingegen, jedenfalls z.Z. noch, so gut wie ausschließlich der jeweiligen regionalen Versorgung dienen. Zuweilen erfolgen hier Synthetisierungsversuche von Laien anhand von in der Szene kursierenden, teilweise über das Internet abrufbaren "Kochrezepten"; das **Synthetisierungsprodukt** weist dann gegebenenfalls außer gesundheitlichen Beeinträchtigungen keinerlei Wirkungen auf bzw. beinhaltet es, falls tatsächlich "speed" hergestellt wurde, verschiedene - ebenfalls **toxische** - **Syntheserückstände**[45]. 1809

Nachdem, wie erwähnt, seit den 1950er Jahren in der **Bundesrepublik** ein weitgehender Rückgang des Weckamin-Konsums zunächst zu verzeichnen gewesen war, zeichnete sich ab 1982 auch für die BRD eine erhebliche **Zunahme** des **Missbrauchs** von Amfetaminen als **Rauschdrogen** ab[46]. Für 1988 wurde bei uns bereits mit etwa 10.000 habituellen und etwa 50.000 Gelegenheitskonsumenten gerechnet sowie einem Verbrauch von ca. 10 t "speed" jährlich. Der Wirkstoffanteil erhöhte sich hierbei ständig. Seit Mitte der 90er Jahre kann bei uns von einer **Trendwende** im Konsumverhalten vor allem bei Jugendlichen und Heranwachsenden gesprochen werden: weg von zentral-dämpfenden Drogen und hin zu **zen-** 1810

---

[44] Zur Amfetamin-Herstellung vgl. 3.2.4.1, Rdnr. 1786 f. Vgl. auch zur illegalen Polamidon-Herstellung 4.4.5, Rdnr. 2437.
[45] Vgl. auch zur illegalen Synthese morphin-artiger Ersatzstoffe 4.4.4, Rdnr. 2401 f. Zu toxischen Rückständen bei der PCP-Synthese vgl. 1.2.4.5, Rdnr. 919.
[46] Der Anstieg des Amfetamin-Missbrauchs erfolgte in den 1980er Jahren in etwa parallel zum Anstieg des Cocain-Missbrauchs, vgl. 3.1.2, Rdnr. 1478-1485. Zu langfristigen Änderungen im Konsumverhalten vgl. auch beim LSD-25 1.2.1.1.2, Rdnr. 297, sowie beim „ecstasy" 1.2.4.3, Rdnr. 831 und 858-860.

tral-stimulierenden, vollsynthetischen Drogen[47], wobei gerade unter den Stimulantia-Konsumenten der **Mischkonsum** verbreitet ist. Bis Ende der 90er Jahre erhöhte sich die geschätzte Zahl der **Weckamin-Konsumenten** auf etwa 500.000. Im Jahr 2000 konnte davon ausgegangen werden, dass innerhalb der letzten 12 Monate von den 18- bis 24-Jährigen in Westdeutschland ca. 2,8 % und in Ostdeutschland ca. 2,0 % Erfahrungen mit Amfetaminen gemacht hatten.

1811   Hierbei ist auffällig, dass ein Weckamin-Missbrauch offenbar sowohl in "Hascher-"[48] als auch in Rockerkreisen (hier als "Power" oder "Vitamin A")[49] vorkommt, bei letzteren nicht selten als **Kombination** der anregenden "speed"-Wirkung mit der enthemmenden des **Alkohols**[50]. Dies entspricht der Situation in den USA, wo vor allem in Kalifornien die Produktion und Verteilung von Metamfetamin durch Mitglieder etwa der "Hells Angels" erfolgt bzw. kontrolliert wird. Ein weiterer bedeutender Abnehmerkreis sind hier Homosexuelle[51].

1812   Die **Konsumentenzahl** hat sich insbesondere unter Einbeziehung des seit Beginn der 90er Jahre zunehmenden Missbrauchs von **Amfetamin-Derivaten** wie **Methylendioxyamfetaminen** als "Disko-Drogen"[52] erhöht. Hierbei kommt es seit Mitte der 90er Jahre u.a. in der "Techno-Scene" in zunehmendem Maße neben "ecstasy" zu einem **Mischkonsum** von "speed" u.a. mit **Cocain**[53] und echten Halluzinogenen wie LSD-25 sowie **psilocybin**-haltigen Pilzen[54].

1813   Einen Anhaltspunkt für diese zeitweise offenbar auch bei uns sprunghafte Entwicklung in den 80er und 90er Jahren bietet die polizeilich festgestellte Zahl der **Erstkonsumenten**[55] von Amfetaminen, deren Zahl seit 1996 über der der Erstkonsumenten von Cocain liegt, was als ein Anhaltspunkt für einen überproportional steigenden Missbrauch von DD mit amfetamin-ähnlicher Grundstruktur angesehen werden kann (vgl. Abb. 3.3):

---

[47]   Vgl. hierzu auch Vorbem. 1.2.4, Rdnr. 795-799, sowie zu dem Ausdruck „Designer-Amfetamine" 1.2.4.3, Rdnr. 831.
[48]   Zum Beigebrauch von Cannabis-Produkten vgl. 3.2.4.5, Rdnr. 1911, zum abwechselnden Missbrauch von „uppers" und „downers" vgl. 3.2.4.4, Rdnr. 1881.
[49]   Vgl. hierzu auch 3.2.4.4, Rdnr. 1874 und 1915, sowie 3.2.4.7, Rdnr. 1957.
[50]   Zu Amfetamin-Alkohol-Kombinationen vgl. auch 3.2.4.5, Rdnr. 1910. Zu vergleichbaren Kombinationen vgl. etwa beim PCP 1.2.4.5, Rdnr. 904.
[51]   Vgl. hierzu auch 3.2.4.5, Rdnr. 1913, und 4.5.4, Rdnr. 2559.
[52]   Zur Zunahme des „ecstasy"-Gebrauchs als „Disko-Drogen" insbesondere in Kombination mit anderen Stoffen vgl. 1.2.4.3, Rdnr. 860 und 863 f.
[53]   Zum Mischkonsum mit Cocain vgl. auch 3.1.2, Rdnr. 1482, und 3.1.5, Rdnr. 1638.
[54]   Vgl. beim Psilocybin 1.2.3.3, Rdnr. 667-669.
[55]   Zum Begriff „Erstkonsumenten" vgl. beim Heroin 2.1.2, Rdnr. 1054. Zur Zahl der Erstkonsumenten von „ecstasy" vgl. 1.2.4.3, Rdnr. 858, der von Cocain 3.1.2, Rdnr. 1483.

3.2 Aufputschmittel

1982	168	1989	1.442	1996	4.026
1983	145	1990	1.586	1997	5.535
1984	147	1991	1.588	1998	6.654
1985	194	1992	1.635	1999	6.143
1986	513	1993	1.880	2000	6.288
1987	740	1994	2.333	2001	6.229
1988	1.318	1995	3.119		

Ein vergleichbares Bild ergibt sich aufgrund der **Amfetamin/Metamfetamin-Sicherstellungen**[56] in **Deutschland** (in kg) (vgl. Abb. 3.4). **1814**

1973	9	1979	-	1985	28	1991	88	1997	234
1974	6	1980	4	1986	85	1992	105	1998	310
1975	4	1981	6	1987	62	1993	109	1999	360
1976	18	1982	16	1988	91	1994	120	2000	271
1977	16	1983	25	1989	67	1995	138	2001	262
1978	3	1984	14	1990	85	1996	160		

---

[56] Zur Entwicklung der Sicherstellungszahlen von „ecstasy"-KE vgl. 1.2.4.3, Rdnr. 859, sowie von Cocain in kg 3.1.2, Rdnr. 1480 f.

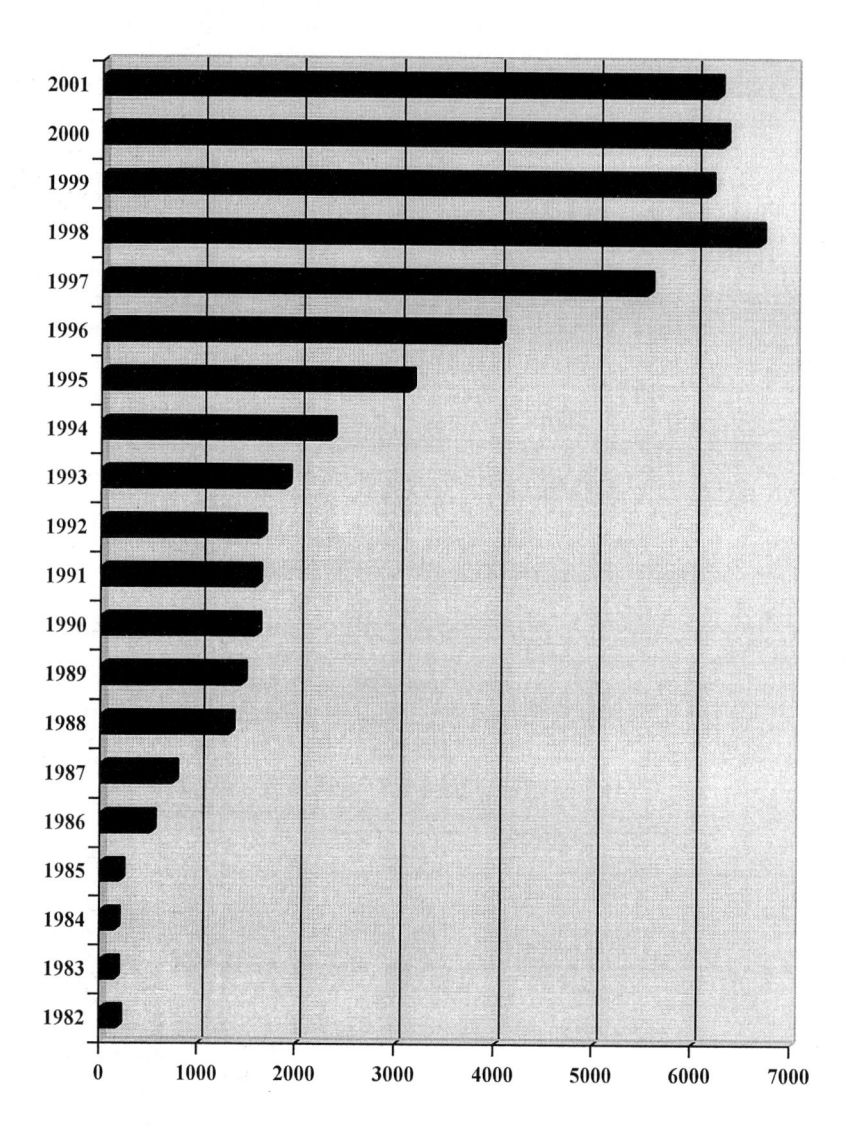

Abb. 3.3 Erstkonsumenten von Amfetaminen in Deutschland 1982-2001

3.2 Aufputschmittel

Abb. 3.4 Sicherstellungen bei Amfetaminen in Deutschland 1973-2001

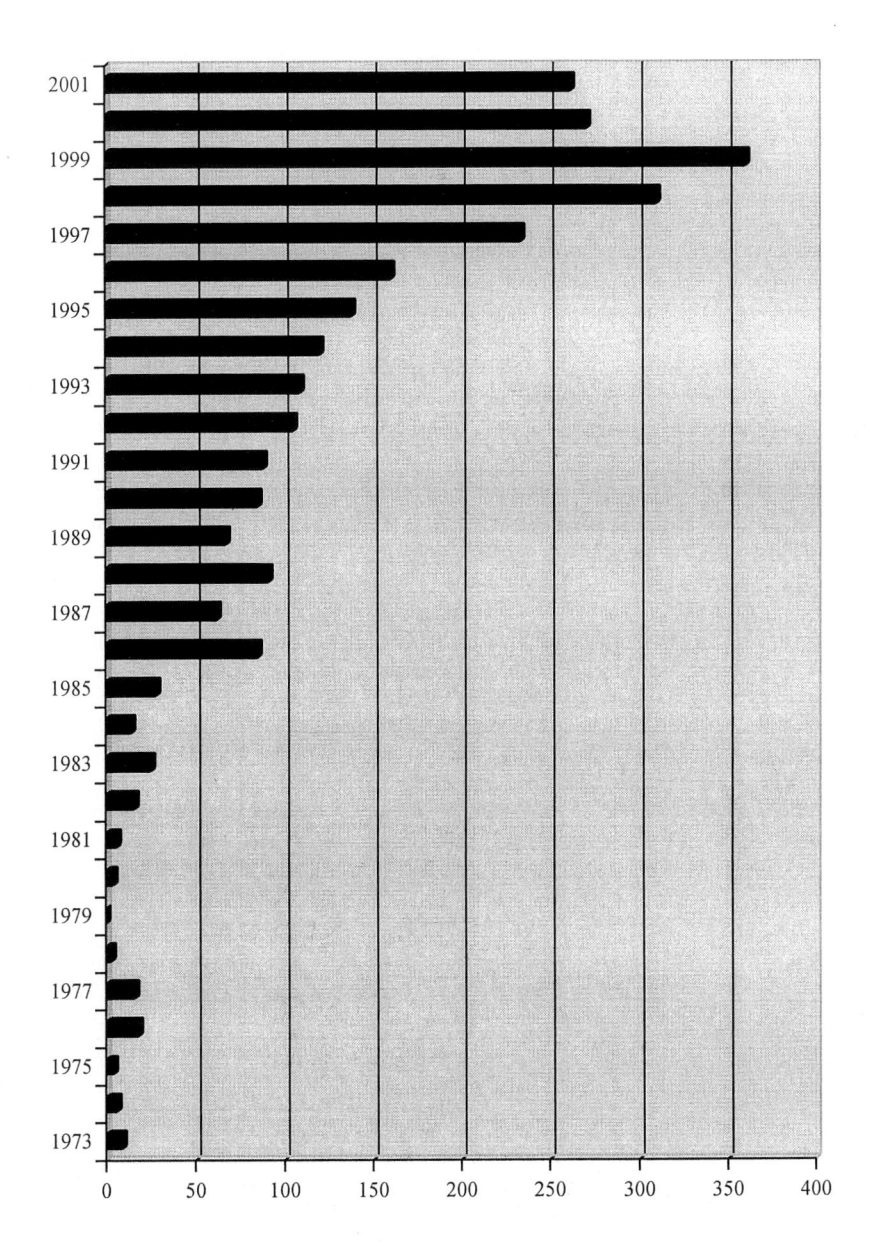

1815   Seit Beginn der 1980er Jahre wurden außerdem in Herstellungsländern anderer Rauschdrogen wie **Thailand**[57] neue Absatzmärkte für Weckamine erschlossen mit der Folge, dass etwa in Thailand neben Heroin seit Mitte der 90er Jahre insbesondere **Metamfetamin**[58] in hochreiner Form unter der Bezeichnung "**Yaba**" ("Irrenmedizin") wesentlich zu der dortigen Abhängigkeitsproblematik beigetragen hat.

1816   Das **hochkonzentrierte** (über 90 % Wirkstoffgehalt), u.a. zu Verfolgungswahn, Lungen-, Nieren- und irreparablen Gehirnschäden führende "**Yaba**" soll aus dem Gebiet der bisher allein in der Opium-Produktion tätigen Shan an der **thailändisch-burmesischen** Grenze stammen; Lieferant soll der burmesische "Drogenbaron" und Heroin-Produzent Wei Hueh-kang sein, der über China und Kambodscha auch den Weltmarkt für Amfetamine beliefern soll. Ab Ende der 1990er Jahre tauchte "Yaba" in Pulverform bzw. in kristalliner, **rauchfähiger** HCl-Form (z.T als "**crystal-speed**")[59] oder in **Tablettenform** (z.T. als "**ecstasy**") auch in Deutschland, u.a. in Frankfurt am Main, auf.

1817   Unter der Bezeichnung "**Shabu**" stellt der Missbrauch von **Metamfetamin** in **Japan** bereits seit dem 2. Weltkrieg ein erhebliches gesellschaftliches Problem dar; wie in Deutschland waren nach Kriegsende die restlichen Kriegsbestände in den freien Handel geleitet worden. Derzeit wird in Japan mit ca. 400.000 Konsumenten gerechnet, korrespondierend mit der nach wie vor auf Leistung ausgerichteten gesellschaftlichen Erwartungshaltung. Ähnliches gilt für die **Philippinen**, wo "Shabu", von Japan ausgehend, seit Beginn der 1990er Jahre die am häufigsten konsumierte Droge ist.

1818   Seit den 80er Jahren wurden Aufputschmittel zudem in verschiedenen **arabischen** Ländern zu akzeptierten Drogen. So wurde insbesondere **Captagon** u.a. aus bundesdeutscher, z.T. illegaler Produktion etwa im Libanon in größerem Umfang illegal eingeführt[60]. Umgekehrt werden aber auch Captagon-Tabletten aus dem Ausland für den einheimischen Drogenmarkt illegal nach Deutschland importiert.

Daneben besteht weiterhin ein Markt für Weckamine in den **USA**, wo "speed" in Tablettenform als "black beauty" oder "pink football" einen größeren Abnehmerkreis hat. 1983 sollen hier über 100 Konsumenten, meist Jugendliche, infolge Amfetamin-Missbrauchs zu Tode gekommen sein.

---

[57]   Zum Heroin-Missbrauch in südostasiatischen Ländern vgl. 2.1.2, Rdnr. 1042 f. Zur Heroin-Herstellung im thai-burmesischen Grenzgebiet vgl. 2.1.2, Rdnr. 1002 und 1035.

[58]   Zum gegenüber Amfetamin wirkungsstärkeren Metamfetamin vgl. 3.2.4.2, Rdnr. 1794, und 3.2.4.3, Rdnr. 1826 f., sowie zur „nicht geringen Menge" 3.2.4.6, Rdnr. 1929.

[59]   Zum „crystal-speed" vgl. 3.2.4.5, Rdnr. 1913 und 1917. Zum Rauchen von kristallinem Metamfetamin unter der Bezeichnung „Ice" vgl. 3.2.4.5, Rdnr. 1914-1918. Zu Metamfetamin in Tablettenform, das unter der Bezeichnung „ecstasy" vertrieben wird, vgl. auch 1.2.4.3, Rdnr. 835 FN 51.

[60]   Vgl. auch zum Export des amfetamin-ähnlich wirkenden Pemolin 4.3.1.2, Rdnr. 2124. Auch andere Arzneimittel wie z.B. Mandrax wurden bzw. werden illegal ins Ausland exportiert.

3.2 Aufputschmittel

Bereits Ende der 80er Jahre wurde die Zahl der Suchtverbraucher von Weckaminen **weltweit** von der WHO auf etwa 2,3 Mio. Menschen geschätzt[61]. 1819

Infolge der relativ leichten Herstellbarkeit und Abwandelbarkeit von Amfetamin und seinen Derivaten sind hier die Möglichkeiten für ein entsprechendes "**drug design**"[62] besonders groß. Eine Vielzahl von **Amfetamin-Abkömmlingen** ist seit Beginn der 80er Jahre auf dem illegalen Rauschdrogenmarkt aufgetaucht[63]. 1820

Nachdem Amfetamin und Metamfetamin dem Betäubungsmittelrecht unterstellt worden waren, wurden immer wieder "legale" **Abkömmlinge synthetisiert**, die den gesetzlichen Bestimmungen noch nicht unterlagen und erst mit einiger zeitlicher Verzögerung als Betäubungsmittel eingeordnet wurden[64]. Dieser Prozeß setzt sich fort. 1821 §

3.2.4.3 Wirkstoffe

Als **Phenylaminopropane**[65] sind die Substanzen dieser mit den **Catecholaminen** verwandten Gruppe letztlich ebenso wie etwa Mescalin und TMA[66] vom **Phenylethylamin**[67] herleitbar; 1822 *

---

61 Zur Schätzung der weltweiten Zahl von Heroin-Abhängigen vgl. 2.1.2, Rdnr. 1044.
62 Zum Ausdruck „drug design" vgl. Vorbem. 1.2.4, Rdnr. 795.
63 Vgl. etwa zum Dimethoxymethylamfetamin (DOM) 1.2.4.1, Rdnr. 800 f. Der therapeutische Einsatz von Amfetamin und seinen Derivaten wurde gleichzeitig drastisch eingeschränkt.
64 Dies scheint insbesondere bei den ggfs. auch halluzinogen wirksamen Amfetamin-Derivaten der Fall zu sein; vgl. etwa zum DOB 1.2.4.2, Rdnr. 828 f., sowie allgemein Vorbem. 1.2.4, Rdnr. 797-799.
65 Vgl. etwa auch zum Phenylpropanolamin (D,L-Norephedrin) 3.2.2, Rdnr. 1756.
66 Zu dieser halluzinogenen Gruppe von Phenethylaminen vgl. beim Mescalin und TMA 1.2.3.1, Rdnr. 580 und 582, sowie 1.2.4.3, Rdnr. 838. Demgemäß lassen sich auch die psychotropen Eigenschaften vieler Amfetamin-Derivate als eine Kombination von Amfetamin- und Mescalin-Wirkungen beschreiben, vgl. etwa beim DOB 1.2.4.2, Rdnr. 816.
67 Zur Strukturformel und möglichen Wirksamkeit des β-Phenethylamins (PEA) vgl. 1.2.1.1.4, Rdrn. 363. 1-Phenylethylaminsulfat (α-Methylbenzylaminsulfat), das sich vom Amfetamin durch das Fehlen einer Methylgruppe unterscheidet, ist in Verbindung mit Coffein und „ecstasy" (vgl. 1.2.4.3, Rdnr. 864) ebenfalls auf dem illegalen Rauschdrogenmarkt aufgetaucht, hat aber offenbar keine weitergehende psychopharmakologischen Wirkung. Bei Ephedrin und Cathin handelt es sich ebenfalls um Phenethylamine, zur Strukturformel des Amfetamins im Vergleich mit diesen Stimulatia vgl. daher beim Ephedrin 3.2.1, Rdnr. 1715.

Strukturformeln:

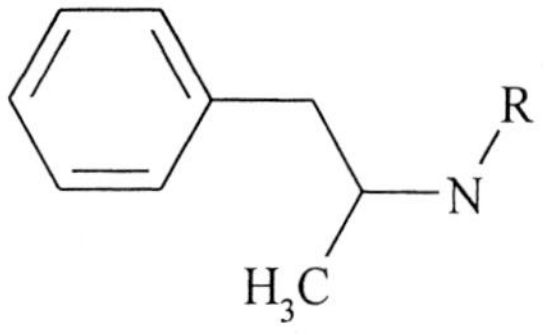

	R
Amfetamin	-H$_2$
Metamfetamin	-H-CH$_3$
Fenproporex	-H-CH$_2$CH$_2$CN
Amfetaminil	—H—CH(CN)—C$_6$H$_5$
Fenetyllin	-H-Ethyltheophyllin

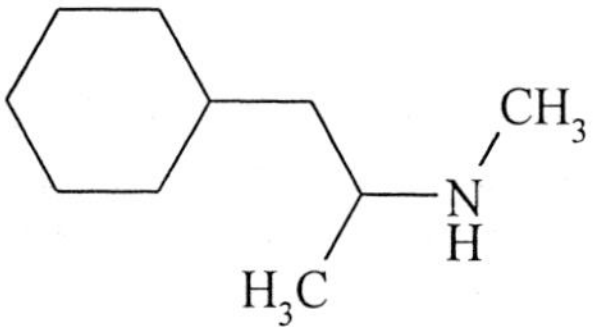

Propylhexedrin

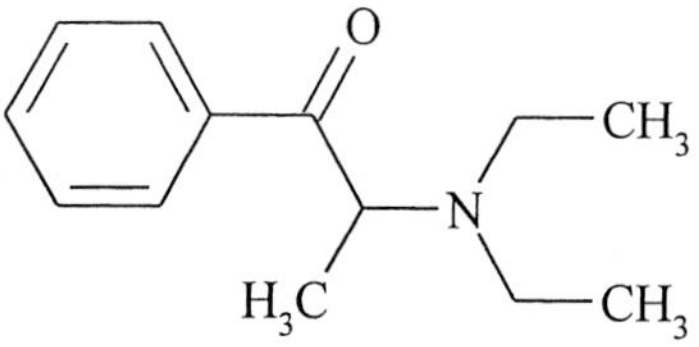

Amfepramon

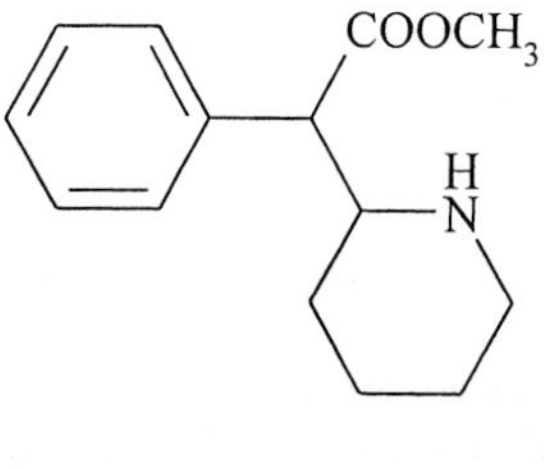

Methylphenidat

3.2 Aufputschmittel

	R
Phenmetrazin	-H
Phendimetrazin	-CH$_3$

Die **Ausgangsverbindung** der **Weckamine**, von der die anderen Substanzen durch **Seitenkettensubstitution** abgeleitet wurden, ist das **Amfetamin** (INN; syn. Amphetamin; chem. Bezeichnung (IUPAC): (RS)-1-Phenylpropan-2-ylazan oder: (±)-α-Methylphenethylamin bzw. N,1-1-Phenyl-2-aminopropan)[68]. **1823** *

Amfetamin wurde früher bei uns unter dem Handelsnamen Aktedron, **Benzedrin** und Elastonon (β-Phenylisopropylaminsulfat) vertrieben. Hierbei handelte es sich um u.a. bei Narkolepsie[69], aber auch bei „nervöser Erschöpfung", Seekrankheit und weiblicher Frigidität verschriebene Btm.

Das Analogon **Etilamfetamin** (INN; syn. N-Ethylamphetamin; chem. Bezeichnung (IUPAC): (Ethyl)(1-phenylpropan-2-yl)azan oder: N-Ethyl-α-methylphenethylamin) hat bei uns wohl nur als Doping-Wirkstoff[70] Bedeutung. **1824** *

Gegenüber dem Racemat hat das Amfetamin in seiner rechtsdrehenden Form als **Dexamfetamin** (INN; syn. (+)-Dexamphetamin; chem. Bezeichnung (IUPAC): (S)-1-Phenylpropan-2-ylazan oder: (+)-α-Methylphenethylamin; Dexederin) eine 2- bis 3fach stärker zentral-stimulierende Wirkung, ist aber schwächer sympathomimetisch wirksam als die linksdrehende Form **Levamfetamin** (INN; syn. (-)-Levoamphetamin; chem. Bezeichnung (IUPAC): ®-1-Phenylpropan-2ylazan). Dexedrin wird z.T. im Sport (Bergsteiger) missbraucht. Amfetamin-haltige FAM sind bei uns nicht mehr im Handel. **1825** * #

Mit Amfetamin eng verwandt ist das **Metamfetamin** (INN; syn. Methyl- oder Methamphetamin; chem. Bezeichnung (IUPAC): (S)-(Methyl)(1-phenylpropan-2-yl)azan oder: (+)-N,α-Dimethylphenethylamin bzw. 1-Phenyl-2-methylaminopropan)[71]. Gegenüber der Grundsubstanz ist bei Metamfetamin der zentral-stimulie- **1826** *

---

[68]   Vgl. auch zum Geschichtlichen 3.2.4.2, Rdnr. 1790 und 1797 f.
[69]   Zur früheren medizinischen Verwendung vgl. auch 3.2.4.2, Rdnr. 1792 f.
[70]   Vgl. bei den Doping-Wirkstoffen 3.2.4.2, Rdnr. 1801. Zum Methylendioxy-N-ethylamfetamin (MDEA) vgl. 1.2.4.3, Rdnr. 836.
[71]   Zur Strukturformel des Metamfetamins vgl. 1.2.1.1.4, Rdnr. 363, und 3.2.4.3, Rdnr. 1822. Auch hier existiert die analoge Form Levmetamfetamin bzw. (RS)-Metamfetamin (INN; syn. Metamfetaminracemat).

rende Effekt und damit das **Missbrauchspotential** um etwa das Doppelte **erhöht** (in weitergehendem Maße bei inhalativer Aufnahme).

1827 Bis Anfang der 90er Jahre wurde bei uns das dann vom Markt genommene **Pervitin**[72] mit Metamfetamin als Wirkstoff in Ampullen- oder Tablettenform als Analepticum (kreislaufwirksames Mittel bei Kräfteverfall) und psychomotorisches Stimulanz u.a. bei Narkolepsie, psychischen Depressionen oder bei Alkohol-, Barbiturat- oder CO-Vergiftungen eingesetzt[73]. Bei Pervitin handelte es sich um ein Btm im Sinne des BtMG.

1828 Zu erwähnen ist im Anschluss an das Metamfetamin[74] das bei uns medizinisch nicht ge-
* bräuchliche **Lefetamin** (INN; abgekürzt: SPA; chem. Bezeichnung (IUPAC): [®-1,2-Diphenylethyl]dimethylazan oder: (-)-N,N-Dimethyl-α-phenethylamin) und das **Benzfetamin** (INN; syn. Benzphetamin; chem. Bezeichnung (IUPAC) : (Benzyl)(methyl)(1-phenylpropan-2-yl)azan oder: N-Benzyl-N,α-dimethylphenethylamin). Beide Verbindungen haben wohl nur als Rauschdrogen bzw. als Doping-Wirkstoffe Bedeutung.

1829 Gleiches gilt für den bei uns seit Anfang der 70er Jahre nicht mehr im Handel befindli-
* chen **Appetitzügler Phentermin** (INN; chem. Bezeichnung (IUPAC): 2-Benzylpropan-2-ylazan oder: α,α-Dimethylphenethylamin), bei dem es sich um ein selten missbrauchtes Btm vom Amfetamin-Typ handelt[75], das in Verdacht steht, Herzklappenschäden zu verursachen.

1830 Beim **Propylhexedrin (CHP)**[76] ist der Phenylrest des Amfetamins durch einen
* Cyclohexylrest ersetzt (chem. Bezeichnung: Methylaminocyclohexan).

Aufgrund dieser **Cyclohexyl-Struktur** besteht eine Verwandtschaft zum **Phencyclidin** (Cyclohexylamin)[77]. Im Gegensatz zum PCP weist das als **Appetitzügler** und Psychostimulanz wirksame Propylhexederin jedoch kaum ein Abhängigkeitspotential auf; die Wirkung soll neben einer Euphorisierung in erster Linie in einer Kreislaufstimulation bestehen. In seiner linksdrehenden Form wurde es als **Levopropylhexedrin** (INN; chem. Bezeichnung (IUPAC): (-)-N,d-Dimethylcyclohexaethylamin) als Appetitzügler und zentral-stimulierendes Sympathomimeticum vertrieben, war in dem rezeptpflichtigen Abmagerungsmittel Eventin enthalten[78],und kam zudem bei psychophysischen Erschöpfungszuständen mit depressiver Ver-

---

[72] Vgl. auch zum Geschichtlichen 3.2.4.2, Rdnr. 1796 und 1799; Metamfetamin wird häufig in kristalliner Form als „Shabu", „Yaba" (vgl. 3.2.4.2, Rdnr. 1815-1817), „crystal-speed" oder „Ice" (vgl. 3.2.4.5, Rdnr. 1913-1918) geraucht.
[73] Zur medizinischen Verwendbarkeit von Weckaminen vgl. auch 3.2.4.3, Rdnr. 1846 f. Vergleichbar Pervitin wurde früher bei uns auch das chemisch identische Btm Isophen außer bei Narkolepsie u.a. bei psychischen Erschöpfungszuständen, Depressionen sowie bedrohlicher Verminderung der körperlichen Leistungsfähigkeit verschrieben.
[74] Nah verwandt mit Metamfetamin ist auch das um eine Dimethoxy-Gruppe erweiterte Halluzinogen DOM (STP), vgl. 1.2.4.1, Rdnr. 800 f.
[75] Zum Phentermin in Kombination mit „ecstasy" vgl. 1.2.4.3, Rdnr. 864.
[76] Zur Strukturformel des Propylhexedrins vgl. 3.2.4.3, Rdnr. 1822.
[77] Vgl. hierzu beim PCP 1.2.4.5, Rdnr. 893 f., auch zur Struktur.
[78] Zur Rücknahme cathin-haltiger Abmagerungsmittel vgl. 3.2.2, Rdnr. 1755 f.

stimmung zum Einsatz. Bei einem Missbrauch kann es zu einer amfetamin-ähnlichen Symptomatik und psychischer Abhängigkeit kommen.

Ein weiteres **Cyclohexylanalogon** des Metamfetamins ist das **Phenmetrazin** (INN; chem. Bezeichnung (IUPAC): 3-Methyl-2-phenylmorpholin), das früher unter dem Warenzeichen Preludin ebenfalls als **Appetitzügler** im Handel war sowie das **Phendimetrazin** (INN; chem. Bezeichnung (IUPAC): (2S,3S)-3,4-Dimethyl-2-phenylmorpholin)[79].

1831
*

Beide Verbindungen beinhalten aufgrund ihrer stark euphorisierenden Wirkungskomponente ein Missbrauchs- und Abhängigkeitspotential[80].

Phenmetrazin, dessen i.v. Zufuhr insbesondere in Skandinavien verbreitet ist[81], ist insoweit Amfetamin und Metamfetamin gleichzusetzen.

1832

In der BRD wurde bis 1986 nur ein Kombinationspräparat mit einem Phenmetrazin-Abkömmling unter dem Warenzeichen Cafilon vertrieben, das u.a. bei gesteigerter Ermüdbarkeit und depressiver Verstimmung indiziert sein sollte. Hierbei handelte es sich um ein Btm im Sinne des BtMG.

Eine erhebliche Bedeutung als Therapeuticum bei **hyperkinetisch verhaltensgestörten** Kindern, aber auch bei Erwachsenen, hat das dem Phenmetrazin verwandte **Psychoanalepticum Methylphenidat** (INN; chem. Bezeichnung (IUPAC): Methyl-[(RS;RS)(phenyl)(2-piperidyl)acetat])[82], ein ebenfalls indirektes Sympathomimeticum, das ursprünglich als Appetitzügler und Antidepressivum entwickelt worden war. Als entsprechende FAM mit 10 mg Methylphenidat-HCl pro Tablette sind bei uns Ritalin und Medikinet im Handel; hierbei handelt es sich um Btm im Sinne des BtMG 1994.

1833
*
#

Ritalin und Medikinet kommen meist in Dosen bis zu 60 mg/d zur Anwendung, sowohl beim **Hyperkinetischen Syndrom** (HKS; das über reine Aufmerksamkeitsstörungen hinausgeht)[83], als auch bei Narkolepsie und organisch bedingten Antriebsstörungen. Worauf

1834

---

[79] Zur Strukturformel des Phenmetrazins und des Phendimetrazins vgl. 3.2.4.3, Rdnr. 1822.

[80] Zum Rausch unter Phenmetrazin-Einfluss vgl. 3.1.7, Rdnr. 1697, zur Abhängigkeit vom Amfetamin-Typ vgl. 3.2.4.7, Rdnr. 1939.

[81] Zum Weckamin-Missbrauch in den skandinavischen Ländern vgl. 3.2.4.2, Rdnr. 1807-1809.

[82] Zur Strukturformel des Methylphenidats vgl. 3.2.4.3, Rdnr. 1822, zur Wirkung als indirektes Sympathomimeticum vgl. 3.2.4.4, Rdnr. 1889; hier existiert auch die Form (RS;SR)-Methylphenidat. Zum entsprechenden Einsatz von Pemolin (Tradon) vgl. 4.3.1.2, Rdnr. 2123.

[83] Attention-deficit-hyperactivity-disorder (ADHD), ggfs z.T. erblich bedingt; etwa 5-12 % der Kinder in Deutschland, vor allem Jungen, sollen hierunter leiden, wobei eine überdurchschnittliche Anfälligkeit für Drogen und Alkohol später gegeben zu sein scheint, vgl. 2.1.7, Rdnr. 1287, etwa 1/4 hiervon werden gegenwärtig mit Methylphe-

der Umkehreffekt (**Wirkungsumkehr**) einer Ruhigstellung übermäßig impulsiver und motorisch hyperaktiver Kinder bei gleichzeitiger Erhöhung der Konzentrationsfähigkeit beruht, ist nicht bekannt[84]. Die Behandlung soll nur bei begründeter Indikation und mit niedriger Anfangsdosierung erfolgen; bei einem generell amfetamin-artigen Wirkungsbild ist zur Vermeidung ungünstiger psychischer Entwicklungen hier eine gleichzeitige Psychotherapie (meist verhaltenstherapeutische Maßnahmen zur Entwicklung der **Selbstkontrolle**) angezeigt[85].

1835 Obwohl Ritalin in höherer Dosierung bei Erwachsenen cocain-artig und **euphorisierend** wirkt und als Bestandteil von Rauschdrogen bekannt geworden ist[86], sind bei Kindern, die mit Psychostimulantia behandelt werden, im Gegensatz zu Erwachsenen bisher keine Missbrauchs- und Abhängigkeitserscheinungen bekannt geworden. Als **Nebenwirkungen** können neben einer Erhöhung der Krampfbereitschaft u.a. Tachykardie, Blutdrucksteigerung, Schlaflosigkeit, mangelnder Appetit, Tremor, bei Daueranwendung bzw. Hochdosierung auch Psychosen[87] auftreten.

1836 Bei Verknüpfung der Amfetamin-Struktur mit der des gleichfalls anregenden,
* dem Coffein verwandten **Theophyllins**[88], erhält man das dem Amfetamin gleichende und ebenfalls abhängigmachende **Fenetyllin** (INN; chem. Bezeichnung (IUPAC): 1,3-Dimethyl-7-[2-(1-phenylpropan-2-ylamino)ethyl]-3,7-dihydro-2H-purin-2,6(1H)-dion oder: N-[β-(7-Theophyllinyl)ethyl]amfetamin)[89].

1837 Medizinisch wird das **Psychoanalepticum** Fenetyllin, das in dem Fertigarzneimittel **Captagon** in Tablettenform mit 50 mg Fenetyllin-HCl enthalten ist, ebenso zur Therapie des **hyperkinetischen Syndroms** bei Kindern eingesetzt, wenn medizinische Alternativen nicht wirksam sind, früher zudem u.a. bei Antriebsarmut und Narkolepsie. Schlafstörungen, innere Unruhe, Herzklopfen und u.a. Schwindelgefühle können als Nebenwirkungen auftreten.

---

nidat behandelt bei steigender Verschreibungshäufigkeit. Im April 2002 beabsichtigte die Bundesregierung, die Möglichkeiten einer Ritalin-Verschreibung bei Kindern einzuschränken. Zur medikamentösen Ruhigstellung vgl. auch Vorbem. 4, Rdnr. 1974.

[84] Zu einem möglichen Erklärungsansatz im Hinblick auf die durch Weckamine bewirkte reuptake-Hemmung von Dopamin vgl. 3.2.4.4, Rdnr. 1892.

[85] Vgl. auch zu einem Missbrauch bei Verhaltensstörungen eingesetzter ephedrin-haltiger Arzneimittel durch Schüler 3.2.1, Rdnr. 1721-1723.

[86] Zu einem Cocain-Ritalin-Gemisch vgl. 3.1.5, Rdnr. 1606. Zum Methylphenidat als Doping-Wirkstoff vgl. 3.2.4.2, Rdnr. 1801.

[87] U.a. mit Angst- und Erregungszuständen; zu den „Weckamin-Psychosen" vgl. 3.2.4.7, Rdnr. 1950-1955.

[88] Das verschreibungspflichtige Theophyllin mit der chem. Bezeichnung 1,3-Dimethylxanthin wird medizinisch als Bronchospasmolyticum eingesetzt. Vgl. auch zu dem ebenfalls mit Coffein verwandten Theobromin und dem leicht stimulierenden Colanin Vorbem. 3.2, Rdnr. 1709 und FN 2.

[89] Zur Strukturformel des Fenetyllins vgl. 3.2.4.3, Rdnr. 1822.

3.2 Aufputschmittel

Das zur psychophysischen **Leistungssteigerung** häufig **missbrauchte** Captagon[90] wurde auf dem illegalen Drogenmarkt zeitweise nach Cocain zu einem der am häufigsten gehandelten Aufputsch-, Ausweich- und Doping-Mittel. Neben Methaqualon[91] und Secobarbital[92] gehörte Fenetyllin bis zu seiner Unterstellung unter die Bestimmungen des BtMG 1982 im Jahre 1986 zu den am häufigsten aus dem legalen Pharmahandel in illegale Kanäle abgezweigten psychotropen Stoffen[93]; seit der Einordnung als Btm ist der Captagon-Missbrauch im Inland rückläufig. Bei Captagon handelt es sich um ein Btm im Sinne des BtMG 1994.

1838

Von den als **Psychoanaleptica** eingesetzten Amfetamin-Abkömmlingen sei abschließend auf das **Amfetaminil** (INN; chem. Bezeichnung (IUPAC): (Phenyl-(1-phenylpropan-2-ylamino)acetonitril oder: 2-(α-Methylphenethylamino)-2-phenylacetonitril)[94] eingegangen. Amfetaminil wird als rezeptpflichtiges FAM in Drageeform unter dem Warenzeichen **AN 1** mit 10 mg Amfetaminil bei Narkolepsie, früher auch bei Antriebsschwäche, Angstzuständen und Depressionen, therapeutisch eingesetzt.

1839
*

Das **Abhängigkeitspotential** wird hier in etwa gleich hoch wie bei Methylphenidat und Fenetyllin einzuschätzen sein[95]; ein Missbrauch als „speed" ist allerdings bisher in Deutschland höchstens sporadisch gegeben[96].

1840

Ausgehend vom Amfetamin bzw. Ephedrin[97] wurde außer Propylhexedrin und Phenmetrazin eine Vielzahl weiterer **Abmagerungsmittel** entwickelt; hier soll ergänzend nur noch insoweit auf entsprechende Verbindungen eingegangen werden, als diese als eigenständige Rauschmittel oder als Ausweichmittel wenigstens zeitweise eine gewisse Bedeutung erlangt haben.

1841

Zu nennen ist in diesem Zusammenhang das **Amfepramon** (INN; chem. Bezeichnung (IUPAC): 2-Diethylamino-l-phenylpropan-l-on oder kurz Diethylpropion)[98], das in den rezeptpflichtigen Abmagerungsmitteln Regenon/-retard und Tenuate Retard enthalten ist, aber auch in medizinisch bedenklichen Kombinationen mit anderen Wirkstoffen Anfang bis Mitte der 90er Jahre in sog. „Schlankheitskapseln" zur Gewichtsreduktion verkauft wurde. Durch Desalkylierung am N-Atom kommt es beim Amfepramon zur Bildung von **Ephedrin-** bzw. **Pseudoephedrin-Derivaten**[99] mit zentral-erregenden und peripher sympatho-

1842
*
#

---

[90] Zum Missbrauch u.a. als Doping-Mittel vgl. 3.2.4.2, Rdnr. 1802. Zum Captagon-Missbrauch vgl. auch 3.2.4.5, Rdnr. 1903 f.
[91] Zum illegalen Export von Mandrax-Tabletten vgl. 4.2.1, Rdnr. 2051.
[92] Insbesondere Medinox-Tabletten, vgl. 4.1, Rdnr. 1991 und 2043.
[93] Zum illegalen Captagon-Export vgl. 3.2.4.2, Rdnr. 1817.
[94] Zur Strukturformel des Amfetaminil vgl. 3.2.4.3, Rdnr. 1822.
[95] Zur Abhängigkeit vom Amfetamin-Typ vgl. 3.2.4.7, Rdnr. 1939.
[96] Zum Amfetaminil als Doping-Wirkstoff vgl. 3.2.4.2, Rdnr. 1801.
[97] Zu ephedrin-haltigen Appetitzüglern vgl. 3.2.1, Rdnr. 1723.
[98] Zur Strukturformel des Amfepramon vgl. 3.2.4.3, Rdnr. 1822.
[99] Zur zentralnervösen Wirkungsweise dieser Appetitzügler als Symphatomimetica vgl. auch beim D-Norpseudoephedrin (Cathin) 3.2.2, Rdnr. 1746 und 1753.

mimetischen Wirkungen[100] sowie einer möglichen Abhängigkeitsausbildung vom Amfetamin-Typ. Neben kardiovaskulären **Nebenwirkungen** (u.a. Tachykardie) kann es u.a. zu allgemeiner Nervosität, Schlaflosigkeit und Schwindel kommen. Aufgrund dieser Risiken erfolgte im Juni 2001 seitens des BfArM der Widerruf der Zulassung u.a. für Regenon/-retard Kapseln.

1843 Als Abmagerungsmittel wird auch **Mazindol** (INN; chem. Bezeichnung (IUPAC): 5-(4-
* Chlorphenyl)-2,5-dihydro-3H-imidazo[2,1-a]isoindol-5-ol) verwandt, das jedoch z.Zt in keinem FAM bei uns mehr enthalten ist, nachdem das rezeptpflichtige Teronac vom Markt genommen worden ist.

1844 Im Gegensatz zu den **skandinavischen** Ländern[101] haben weder Amfepramon noch Mazindol bei uns bisher als Stimulantia auf dem illegalen Drogenmarkt Bedeutung erlangt.

1845 Gleiches gilt für das bei uns früher als Appetitzügler bzw. Sympathomimeticum vertrie-
* bene **Fenproporex** (INN; chem. Bezeichnung (IUPAC) : (RS)-3-(1-Phenylpropan-2-ylamino)propannitril oder: (±)-3-(α-Methylphenethylamino)propionitril)[102], das in den rezeptpflichtigen Fenproporex Tabletten enthalten war und zu psychosomatischen Erregungszuständen, Herzklopfen und Tremor führen kann sowie ein Abhängigkeitspotential aufweist. Mit gleicher Zielrichtung war **Mefenorex** (INN; chem. Bezeichnung (IUPAC): (3-Chlorphenyl)(1-phenylpropan-2-yl)azan oder: (±)-N-(3-Chlorphenyl)-α-methylphenethylamin) in Form des rezeptpflichtigen Appetitzüglers Rondimen Dragees auf dem Markt, bis zum Widerruf der Zulassung seitens des BfArM im Juni 2001 u.a. im Hinblick auf die zentralnervösen Nebenwirkungen und gesundheitlichen Risiken.

1846 **Medizinisch** wurde demnach die zentral-erregende, kreislauffördernde und atmungsanregende Wirkung[103] der verschiedenen Weckamine in Dosen von durchschnittlich 5-20 mg (Fenetyllin 50 mg)[104] zuletzt noch[105] vor allem bei Bewusstlosigkeit infolge **Intoxikation** mit **zentral-depressiven** Substanzen[106] wie Narkotica, starkwirksame Analgetica, Alkohol und bei Co-Vergiftungen genutzt. Wegen der Gefahr u.a. zerebraler Krampfanfälle[107] galt dies allerdings nicht mehr für Amfetamin selbst[108].

---

[100] Vgl. hierzu näher 3.2.4.4, Rdnr. 1865 und 1888.
[101] Zum Missbrauch von Appetitzüglern als Stimulantia in Skandinavien vgl. auch beim Phenmetrazin 3.2.4.3, Rdnr. 1832.
[102] Zur Strukturformel des Fenproporex vgl. 3.2.4.3, Rdnr. 1822. Zum Fenproporex und Mefenorex als Doping-Wirkstoffe vgl. 3.2.4.2, Rdnr. 1801.
[103] Die etwa auch Ephedrin aufweist, vgl. 3.2.1, Rdnr. 1716-1719.
[104] Zur Rauschdosis vgl. 3.2.4.5, Rdnr. 1919 f.
[105] Zur früheren medizinischen Bedeutung von Weckaminen vgl. auch u.a. 3.2.4.3, Rdnr. 1824 und 1827.
[106] Vgl. etwa zur Barbiturat-Vergiftung 4.1, Rdnr. 2022.
[107] Die auch nach Cocain-Zufuhr auftreten können, vgl. 3.1.7, Rdnr. 1667.
[108] Zum Rückgang der therapeutischen Verwendung von Amfetamin vgl. 3.2.4.2, Rdnr. 1792 f. und 1807.

3.2 Aufputschmittel

Derzeit besteht ein Anwendungsbereich für entsprechende FAM vornehmlich noch bei **appetitzügelnden** Mitteln, **Narkolepsie** (starke pathologische Ermüdbarkeit) und **hyperkinetischen Verhaltensstörungen** von Kindern. — 1847

Während Amfetamin und Metamfetamin selbst nicht mehr in den in Deutschland vertriebenen FAM enthalten sind, wurden andere legal im pharmazeutischen Handel angebotene Arzneimittel häufig missbraucht (also ohne medizinische Indikation eingenommen[109]), etwa Captagon durch Berufskraftfahrer, bzw. aus Produktion oder Vertrieb für den illegalen Weckaminmarkt abgezweigt oder illegal synthetisiert. Infolge dieses **Missbrauchspotentials** wurden seit den 1960er Jahren immer mehr Amfetamin-Derivate dem Betäubungsmittelrecht unterstellt[110]: — 1848

Amfetamin selbst ist als **Racemat** nach Anl. III seit Inkrafttreten des BtMG 1982 ein verkehrs- und verschreibungsfähiges Btm. **Dexamfetamin** wurde mit der 15. BtMÄndV ab dem 1.7.2001 aus Anl. II herausgenommen und ebenfalls Anl. III unterstellt; besonders ausgenommene Zubereitungen sind bei beiden nicht zugelassen. — 1849 §

Dagegen handelt es sich bei **Levamfetamin** nach Anl. II weiterhin um ein nicht verkehrsfähiges Btm, ebenso bei **Etilamfetamin** aufgrund der 3. BtMÄndV mit Wirkung ab dem 15.4.1991 sowie **Levmetamfetamin** und **(RS)-Metamfetamin** aufgrund der 15. BtMÄndV seit dem 1.7.1001. — 1850 §

Das dem Amfetamin chemisch eng verwandte **1-Phenethylamin**[111] unterliegt dagegen nicht den betäubungsmittelrechtlichen Bestimmungen. — 1851 §

Der zur Amfetamin-Herstellung verwandte **Benzylmethylketon (BMK)**[112], der legal u.a. in der pharmazeutischen Industrie und in der Riechstoffindustrie eingesetzt wird, ist in Deutschland ebenso wie die anderen zur illegalen Amfetamin- bzw. Metamfetamin-Herstellung benötigten **Grundstoffe** im Handel erhältlich. Da er zu einem Großteil jedoch zur illegalen Amfetamin-Synthese dient, ist er u.a. in den USA, Japan und den skandinavischen Ländern, seit 1984 auch in Frankreich, jeweils den Btm gleichgestellt worden. — 1852 §

In Deutschland wurde in Umsetzung des Übereinkommens von 1988[113] zunächst mit Wirkung ab dem 18.2.1994 durch ein entsprechendes AusführungsG in § 18 a BtMG und, diese Vorschrift ersetzend, mit Wirkung ab dem 1.3.1995 in § 29 GÜG ein strafbewehrtes Umgangsverbot für **Aceton** und **Methylethylketon (MEK)** aufgenommen, sofern diese Stoffe zur unerlaubten Btm-Herstellung dienen sollen (Kategorie 3), während **Phenylessigsäure** zur Kategorie 2 zählt. Bezüglich der in Kategorie 1 aufgenommenen **Ephedrin**, Nor- — 1853 §

---

[109] Allgemein zum Missbrauch legaler Arzneimittel: Vorbem. 4, Rdnr. 1966-1976.
[110] Zu den Abwandlungsmöglichkeiten infolge eines gezielten drug design vgl. 3.2.4.2, Rdnr. 1820 f.
[111] Zum PEA vgl. 3.2.4.3, Rdnr. 1822 FN 67.
[112] Zum Benzylmethylketon (Phenylaceton) vgl. 3.2.4.1, Rdnr. 1787. Zur Einordnung von 1-Phenyl-2-propanon als Grundstoff vgl. 3.2.2, Rdnr. 1762. Zu Ephedrin und Pseudoephedrin als Grundstoffe vgl. 3.2.1, Rdnr. 1731.
[113] Näher zur Grundstoffüberwachung: 2.1.3, Rdnr. 1096-1099.

ephedrin, **Pseudoephedrin** und **BMK** (**Benzylmethylketon**; Phenylaceton; 1-Phenyl-2-propanon, P-2-P)[114] wurde zudem eine Erlaubnispflicht normiert. Andere Basischemikalien wie das zur Metamfetamin-Herstellung verwendbare (Mono-)Methylamin (MMA) unterliegen hingegen (noch) nicht der **Grundstoffüberwachung**.

1854 Unter die in Anl. III aufgeführten verschreibungsfähigen Derivate des Amfetamins fallen **Metamfetamin, Methylphenidat** und **Phenmetrazin; (RS;SR)-Methylphenidat** wurde aufgrund der 15. BtMÄndV ab dem 1.7.2001 Anl. II unterstellt. Besonders ausgenommene Zubereitungen sind bei allen Verbindungen nicht zugelassen.

1855 Nachdem für **Fenetyllin** bereits seit längerem eine Unterstellung unter die betäubungsmittelrechtlichen Vorschriften angesichts der Missbrauchsfrequenz von Captagon gefordert worden war, wurde Fenetyllin aufgrund der 2. BtMÄndV mit Wirkung ab dem 1.8.1986 ebenfalls in Anl. III aufgenommen.

1856 Im Gegensatz zu diesen Stoffen wurden bei dem aufgrund der 5. BtMÄndV ab dem 1.2.1994 ebenfalls Anl. III unterstellten **Amfetaminil** besonders ausgenommene Zubereitungen zugelassen.

1857 Nach der durch die 15. BtMÄndV geänderten BtMVV darf der Arzt für seinen Praxisbedarf für einen Patienten innerhalb von 30 Tagen neben einem zweiten Btm folgende **Höchstmengen**[115] verschreiben: **Amfetamin** 600 mg, **Fenetyllin** 2.500 mg, **Methylphenidat** 2.000 mg und **Phenmetrazin** 600 mg.

1858 Bei **Amfetaminil** handelt es sich bei Vorliegen einer nach dem BtMG besonders ausgenommenen Zubereitung nach der ArzneimittelV zugleich um einen **verschreibungspflichtigen** Stoff. Soweit keine Btm-Eigenschaft gegeben ist, kann der Vertrieb außerhalb einer Apotheke daher gleichwohl eine Strafbarkeit nach § 95 Abs. 1 Nr. 4 AMG begründen.

1859 In Anl. III wurden unter Zulassung besonders ausgenommener Zubereitungen außerdem **Amfepramon, Mazindol** und **Phentermin** aufgenommen. Aufgrund der 3. BtMÄndV kamen ab dem 15.4.1991 unter gleichen Voraussetzungen **Fenproporex** und **Mefenorex** hinzu.

1860 Bei Amfepramon, Mazindol, Phentermin, Fenproporex und Mefenorex handelt es sich, auch wenn eine nach dem BtMG ausgenommene Zubereitung vorliegt, nach der ArzneimittelV 1990 um **verschreibungspflichtige** Stoffe; auch insoweit kann der Vertrieb außerhalb einer Apotheke daher nach § 95 Abs. 1 Nr. 4 AMG strafbar sein.

1861 **Lefetamin** (SPA) ist dagegen ebenso wie **Benzfetamin** nach Anl. I unter die nicht verkehrsfähigen Btm eingeordnet worden. **Phendimetrazin**, das zunächst ebenfalls in Anl. I zum BtMG 1982 aufgeführt worden war, ist aufgrund der 1. BtMÄndV mit Wirkung ab dem 1.9.1984 nach Anl. II ein verkehrs-, aber grund-

---

[114] Zum PMK als Basischemikalie für die MDMA-Synthese vgl. 1.2.4.3, Rdnr. 835 und 869.
[115] Zur Dosierung zu Rauschzwecken vgl. 3.2.4.5, Rdnr. 1919 f.

sätzlich nicht verschreibungsfähiges Btm. Nach der ArzneimittelV 1990 handelt es sich hierbei um einen verschreibungspflichtigen Stoff.

Propylhexedrin ist ebenso wie andere, teilweise als Abmagerungsmittel eingesetzte Verbindungen, nicht dem BtMG 1994 unterstellt worden.

1862 §

Bei **Propylhexderin** handelt es sich jedoch seit der 14. ÄnderungV zur ArzneimittelV vom 5.12.1985 um einen **verschreibungspflichtigen** Stoff. In diesen Fällen kann der Vertrieb außerhalb einer Apotheke eine Strafbarkeit nach § 95 Abs. 1 Nr. 4 AMG begründen.

1863 §

Unabhängig von einer Verschreibungsfähigkeit handelt es sich u.a. bei Propylhexedrin, Amfepramon und den übrigen genannten Stoffen[116] sowie verwandten Verbindungen seit dem 11.9.1998 um gemäß § 6 a AMG verbotene **Doping-Wirkstoffe**, wenn sie im Sport zu Doping-Zwecken verabreicht werden; dies kann eine Strafbarkeit nach § 95 Abs. 1 Nr. 2 a AMG beinhalten.

1864 §

3.2.4.4 Wirkung und Wirkungsweise

Unter den **sympathomimetischen Aminen** gehören die Amfetamine zu den stärksten **zentral-erregenden** mit **peripher sympathomimetischen** Wirkungen. Diese zeigen sich in **somatischer** Hinsicht in einer peripheren **Vasokonstriktion**, einer Steigerung des **Blutdrucks**, einer Pulsfrequenzbeschleunigung und Erweiterung der oberen Luftwege sowie gelegentlich einer **Trockenheit** der **Schleimhäute** in Mund und Nase[117]. Bei **höherer Dosierung** können mittels Einwirkung auf den Sympathicus **Mydriasis**, Hypertonie und eine Tonisierung der glatten Muskulatur neben Akkommodationsstörungen und Doppeltsehen hinzutreten. Der **Sexualtrieb** ist gesteigert.

1865

Das **Hungergefühl** wird bei reduzierter Darmbewegung[118] unterdrückt. In **Dosen** von etwa 5-15 mg **oral** eingenommen werden für die Dauer von etwa 5-10 h bei Unterdrückung des Schlafbedürfnisses Leistungsbereitschaft und **körperliche Leistungsfähigkeit** gesteigert; insbesondere monotone und schnell ermüdende Arbeiten können ohne Anzeichen von Erschöpfung länger als sonst durchgehalten werden[119]. Die Bewegungsabläufe werden beschleunigt.

1866

Hinzu kommen auch bei Einnahme in **Dosierungen unterhalb** der Rauschdosis **psychische Wirkungen**, die auch bei nicht ermüdeten Personen auftreten, insbe-

1867

---

[116] Näher zu den zu Doping-Zwecken verwandten Stimulantia 3.2.4.2, Rdnr. 1800-1806.
[117] Vgl. auch zu den körperlichen Wirkungen von Cocain 3.1.4, Rdnr. 1514-1524, und von Ephedrin 3.2.1, Rdnr. 1716-1719.
[118] Gegebenenfalls infolge einer dämpfenden Wirkung auf das hypothalamische Hungerzentrum; vgl. hierzu auch beim Cocain 3.1.4, Rdnr. 1568, und beim Cathin 3.2.2, Rdnr. 1753.
[119] Hiermit dürfte der Weckamin-Missbrauch z.B. seitens Berufskraftfahrer und sein Einsatz als Dopingmittel zusammenhängen, vgl. 3.2.4.2, Rdnr. 1795 f. und 1802.

sondere ein erhöhtes Konzentrationsvermögen und **Selbstvertrauen**, verstärkte Aktivität und beschleunigte **Denkabläufe**. Eine euphorische Wirkung ist hierbei allenfalls leicht gegeben und kann erst durch häufigere Einnahme verstärkt werden, ist in diesem Fall dann aber auch bereits das eigentliche, vom Amfetamin-Konsumenten angestrebte Ziel.

1868 Neben den als positiv empfundenen, stimulierenden Wirkungen kann es jedoch auch zu innerer Unruhe und **Gereiztheit** sowie Bewusstseinstrübungen kommen.

1869 Bei Einnahme als **Ernüchterungsmittel** nach Alkohol-Missbrauch nimmt zwar das subjektive Trunkenheitsgefühl ab, mangels Einflusses auf den Verlauf der Blutalkoholkurve erfolgt aber keine Beeinflussung der objektiven Gesamtleistung.

1870 In **mittleren Rauschdosen** von 15-20 mg **oral**[120] verabreicht, besteht die mit einer **akuten Stimulanzienintoxikation** (ICD-10 F 15.0) einhergehende **psychische** Amfetamin-Wirkung bei einem nicht an Weckamine Gewöhnten ähnlich der Cocain-Wirkung[121] infolge Stimulierung u.a. des noradrenergen Systems in einer gegebenenfalls als überwältigend empfundenen **Euphorie** („flash", jedenfalls bei i.v. Zufuhr[122], weniger ausgeprägt bei oraler Aufnahme) bei insgesamt gesteigertem **Antrieb**.

1871 Letzterer zeigt sich in einem vermehrten **Rededrang** bis zur Geschwätzigkeit (Logorrhoe) bei gleichzeitig größerer **Spontaneität** und beschleunigten Denk- und Assoziationsvorgängen, jedoch auch in dem Unvermögen, sich zu konzentrieren und einen Gedanken festzuhalten (**Gedankenflucht**) und Silbenstottern. Bei allgemeiner **motorischer Unruhe** ist das Schlafbedürfnis beseitigt (**Vigilanz**); mit der verbesserten Stimmung geht eine zunehmende, gegebenenfalls auch sexuelle, **Enthemmung** einher. Die Fähigkeit zur kritischen Selbsteinschätzung nimmt ab, die **Risikobereitschaft** zu[123].

1872 Ähnlich Cocain erfolgt der Amfetamin-Konsum daher vornehmlich, zumindest anfangs, um vermeintlichen oder tatsächlich erwarteten hohen **Leistungsanforderungen** genügen zu können[124] oder eigene Hemmungen zu beseitigen und den eigenen Erlebnishorizont zu erweitern.

1873 Eine objektivierbare **Verbesserung** der **geistigen Leistungsfähigkeit** und Kreativität tritt hierbei jedoch **nicht** ein[125], wenn auch subjektiv dieser Eindruck infolge der Unterdrückung von Müdigkeit bei gleichzeitiger Enthemmung, abnehmender Kritikfähigkeit und verbesserter physischer Leistungsfähigkeit und Aus-

---

[120] Zur Dosierung von Amfetaminen zu Rauschzwecken vgl. 3.2.4.5, Rdnr. 1919 f.
[121] Zur psychischen Cocain-Wirkung vgl. 3.1.4, Rdnr. 1527-1544. Vgl. auch zu den psychischen Wirkungen der Kath-Blattdroge 3.2.2, Rdnr. 1746-1751.
[122] Vgl. auch zum Cocain-„rush" bei i.v. Injektion 3.1.5, Rdnr. 1603-1608.
[123] Vgl. auch zum Pervitin-Einsatz im 2. Weltkrieg 3.2.4.2, Rdnr. 1796.
[124] Vgl. zum Geschichtlichen 3.2.4.2, Rdnr. 1797-1799 und 1817.
[125] Vgl. etwa auch zum „bewusstseinserweiternden" Cannabis 1.1.4, Rdnr. 140-142.

3.2 Aufputschmittel

dauer entstehen mag. Da dem unter Weckamin-Einfluss Stehenden eine distanzierte Selbsteinschätzung schwerfällt, ist er eher von der Gültigkeit und Originalität des von ihm Geäußerten überzeugt.

Bei **Prüfungskandidaten**, die unter Amfetamin-Einfluss während der Vorbereitungsphase lernten[126], zeigte sich zudem das Phänomen, dass bei Einnahme von Tranquilizern[127] vor der eigentlichen Prüfung das vorher Gelernte völlig vergessen war. Ein häufigerer Anwendungsbereich ist heute daher außer dem Weckamin-Missbrauch zur physischen Leistungssteigerung im Sport bzw. als reiner Muntermacher bei **eintönigen Arbeiten** wie Lastkraftwagenfahren die Zufuhr von Amfetaminen zur Erreichung **geistiger Präsenz** und **Unterdrückung** von **Ermüdungserscheinungen** für einen überschaubaren Zeitraum, etwa von Bühnenauftritten oder bei Rocker-Treffen[128]. — 1874

Wie Todesfälle nach Doping im **Hochleistungssport**, etwa bei Radrennen[129], mit Weckaminen zeigen, kann die individuelle **Leistungsgrenze** gegebenenfalls nicht mehr erkannt werden. — 1875

Infolge der erheblichen Leistungseinschränkungen ist zugleich eine **Fahrsicherheit** im Straßenverkehr **nicht** mehr gegeben[130]: Der Konsument wird z.B. infolge der Mydriasis bei verlangsamter Pupillenreaktion (lichtstarr) nachts durch entgegenkommende Fahrzeuge geblendet. Hinzu kommen Defizite infolge Realitätsverlust, Selbstüberschätzung und erhöhter Risikobereitschaft. Ohne Festlegung von Grenzwerten[131] genügt daher seit dem 1.8.1998 allein der Nachweis von Amfetamin im Blut[132], um zumindest nach § 24 a StVG als Ordnungswidrigkeit mit einem Bußgeld und Fahrverbot belangt werden zu können. — 1876 §

Die anfangs erheblichen **vegetativen Begleiterscheinungen**[133] erhöhter Weckamin-Dosen wie Herzklopfen, Hypertonie, Mundtrockenheit, Kopfschmerzen, Übelkeit und quälende Schlaflosigkeit können bei dem nicht an Weckamine Gewöhnten zunächst die euphorisierende und stimulierende Wirkungskomponente überschatten[134]. Ebenso steht bei **stark ermüdeten** Personen die reine Aufweckwirkung auch bei höheren als der therapeutisch indizierten Dosierung gegenüber der euphorisierenden und leistungssteigernden im Vordergrund. — 1877

In Einzelfällen kann zudem eine psychische **Depression**, gegebenenfalls von Verwirrtheit und Aggression begleitet, der angestrebten stimulierenden Wirkung **vorangehen**.

---

[126] Vgl. zum Geschichtlichen 3.2.4.2, Rdnr. 1795.
[127] Zum Tranquilizer-Missbrauch vgl. 4.3.4, Rdnr. 2206-2210.
[128] Vgl. zum Geschichtlichen 3.2.4.2, Rdnr. 1799 und 1810-1813, sowie 3.2.4.4, Rdnr. 1890.
[129] Zum Doping u.a. im Radrennsport vgl. 3.2.4.2, Rdnr. 1802 f.
[130] Zur Fahrtauglichkeitseinschränkung vgl. auch beim Cocain 3.1.4, Rdnr. 1522 f.
[131] Vgl. hierzu beim Cannabis 1.1.4, Rdnr. 120.
[132] Zur Nachweisbarkeit im Blut vgl. 2.1.6, Rdnr. 1260.
[133] Zu den körperlichen Wirkungen vgl. auch 3.2.4.2, Rdnr. 1792 f., und 1827.
[134] Was auch für andere Rauschdrogen gilt, vgl. z.B. beim Cocain 3.1.4, Rdnr. 1533.

1878　Bei einer 30 mg übersteigernden **Hochdosierung** kann es zu einer **akuten Amfetamin-Intoxikation**[135] mit u.a. **Angstzuständen** kommen. Die gesteigerte motorische und psychische Aktivität kann sich in stundenlanger **stereotyper Wiederholung** sinnloser Tätigkeiten äußern. Die Empfindungsschwelle für optische, akustische und taktile sowie Geruchsreize kann herabgesetzt sein[136].

1879　Die Folgen eines **chronischen** Amfetamin-Missbrauchs, mit dem der „Speedie" meist einen permanenten Zustand der, nicht selten aggressiv gefärbten, Hochstimmung („**speed-run**" oder „run")[137] anstrebt, zeigen sich in einer ständigen zentralen Stimulierung mit Hyperaktivität bei reduzierter Nahrungsaufnahme und ohne regenerierende Schlafpausen bis zur totalen Ausschöpfung aller körperlichen und geistigen Kräfte („**crash down**"), verbunden mit einem fortschreitenden Verfall der Persönlichkeit.

1880　Vorübergehend kann es zu **paranoid-halluzinatorischen** Zuständen mit optischen und akustischen Sinnestäuschungen[138] kommen.

1881　Durch die fortbestehende Müdigkeit und Lethargie mit psychischen Depressionen kann der Betroffene sich zu einem permanenten **abwechselnden Missbrauch** u.a. von Tranquilizern („**downers**") und synthetischen Aufputschmitteln („**uppers**") gezwungen sehen[139] mit der Folge eines Verlustes des natürlichen Schlaf-Wach-Rhythmus und **Polytoxikomanie**.

1882　Die **Wirkungsdauer** der Weckamine ist im Verhältnis zu anderen Stimulatia
#　relativ **lang**[140], wobei zu berücksichtigen ist, dass bei Fenetyllin und Amfetaminil nach Resorption die Amfetamin-Komponente wirksam wird. So ist für Captagon[141] von einem Wirkungseintritt nach ca. 30-60 min und von einer Wirkungsdauer von ca. 6 h auszugehen, was in etwa auch für andere Weckamine wie Amfetamin zutrifft, das eine Wirkungsdauer von bis zu 8 h aufweisen kann.

---

[135]　Näher zur akuten Amfetamin-Intoxikation 3.2.4.7, Rdnr. 1835-1838.
[136]　Zu vergleichbaren Wirkungen von Amfetamin-Derivaten wie „ecstasy" vgl. 1.2.4.3, Rdnr. 849-851.
[137]　Zu entsprechenden „Marathonräuschen" beim Cocain vgl. 3.1.4, Rdnr. 1544, 1620 und 1631.
[138]　Zur „Amfetamin-Psychose" näher 3.2.4.7, Rdnr. 1950-1955.
[139]　Zum verbreiteten Mischkonsum bei Stimulantia vgl. 3.2.4.2, Rdnr. 1810-1812. Zum Beigebrauch u.a. von Cannabis-Produkten vgl. auch 3.2.4.5, Rdnr. 1909-1911. Die umgekehrte Situation ergibt sich etwa bei den Barbituraten, vgl. 4.1, Rdnr. 2014.
[140]　Zur Wirkungsdauer des Cocain vgl. 3.1.4, Rdnr. 1527 FN 126, 1543, und 3.1.5, Rdnr. 1603.
[141]　Zum Fenetyllin näher 3.2.4.3, Rdnr. 1836-1838.

3.2 Aufputschmittel

Aufgrund der hohen **Lipidlöslichkeit** wird Amfetamin im Gegensatz zu anderen Aminen auch bei **oraler** Zufuhr[142] nahezu vollständig aus dem Magen-Darm-Trakt **resorbiert** und anschließend vornehmlich in der Leber und im **Gehirn**[143] konzentriert. Während etwa bei Morphin[144] hohe Plasmakonzentrationen auftreten, ist das Verhältnis Plasmakonzentration : Konzentration im Gehirn beim Amfetamin etwa 1 : 7.

1883
#

Im Tierversuch konnte zunächst nur eine Steigerung der hirnelektrischen Aktivität im Bereich der **Formatio reticularis**[145] festgestellt werden, während ausgeprägte Wirkungen auf Cortex, Hippocampus und Thalamus fehlten.

1884
#

Alkohol scheint demgegenüber eine zu Amfetamin und seinen Derivaten wie Fenetyllin **antagonistische** Wirkung auf die Formatio reticularis und andere höhere Zentren zu haben.

Neueren Ergebnissen zufolge greifen hingegen Amfetamine ebenfalls[146] in den Stoffwechsel aminerger Neurotransmitter des **limbischen** und **präfrontalen** Systems ein, insbesondere in den **Serotonin-** und **Dopamin**-Stoffwechsel. Demnach dürften auch Amfetamine Wirkungen im Bereich des **mesolimbischen dopaminergen** Systems[147] entfalten.

1885
#

Zu erwähnen ist in diesem Zusammenhang, dass sowohl Amfetamin- als auch Cocain-Wirkungen[148] durch die Gabe von **Lithium-Salzen**[149] aufgehoben werden können.

1886
#

Die **Ausscheidung** des Amfetamins über die Niere erfolgt mit einer relativ **langen HWZ** von 6-32 h. Etwa 35-50 % werden unverändert mit dem Urin wieder ausgeschieden[150]. Die andere Hälfte wird in der Leber hydroxiliert bzw. durch oxidative N-Desalkylierung abgebaut.

1887
#

Andere Phenylaminopropane wie Fenetyllin (Captagon), Methylphenidat, Amfetaminil, Ephedrin und Norpseudoephedrin werden im Organismus teilweise in **Amfetamine umgewandelt** und auf ähnliche Weise **inaktiviert**[151].

1888
#

---

[142] Vgl. auch zur Resorption des Ephedrins 3.2.1, Rdnr. 1715.
[143] Anders als Cocain, vgl. 3.1.4, Rdnr. 1554, und LSD-25, vgl. 1.2.1.1.4, Rdnr. 357, jedoch entsprechend dem ebenfalls lipophilen THC, vgl. 1.1.4, Rdnr. 150.
[144] Zur Anreicherung von Morphin im Körper vgl. 2.1.4, Rdnr. 1131 f.
[145] Zu Beeinflussung des sog. Verstärkersystems vgl. beim Cocain 3.1.4, Rdnr. 1548. Vgl. hierzu auch beim LSD-25 1.2.1.1.4, Rdnr. 355.
[146] Vgl. hierzu etwa beim THC 1.1.4, Rdnr. 162 und 167, beim Cocain 3.1.4, Rdnr. 1548 f., beim Morphin 2.1.4, Rdnr. 1135 f., sowie beim MDMA 1.2.4.3, Rdnr. 842 und 856.
[147] Zum amfetamin-bedingten Eingriff in den Dopamin-Haushalt vgl. unten 3.2.4.4, Rdnr. 1891-1893.
[148] Zur Dämpfung der Erregung bei einer Cocain-Intoxikation vgl. 3.1.7, Rdnr. 1677.
[149] Einem Alkalimetall, vgl. auch bei den Antidepressiva 4.3.3, Rdnr. 2160.
[150] Zur ebenfalls hohen Ausscheidungsrate beim Cocain vgl. 3.1.4, Rdnr. 1555 und 1557.
[151] Vgl. etwa beim Ephedrin 3.2.1, Rdnr. 1715. Zum Amfetamin als Abbauprodukt anderer Wirkstoffe im Körper vgl. auch 3.2.4.6, Rdnr. 1924.

1889 Die Wirkung der Amfetamine beruht offenbar vor allem auf der Freisetzung
\# von **Catecholaminen**; es handelt sich bei Amfetamin und seinen Derivaten daher um **indirekt** wirkende **Sympathomimetica**, ein gemeinsames Merkmal vieler Stimulantia[152].

1890 Gegenüber der zentral-erregenden Wirkung im Gehirn tritt bei den Weckaminen die **pe-**
\# **riphere sympathomimetische** Wirkung auf das vegetative Nervensystem jedoch zurück. Auf der Erhöhung des Sympathicustonus und der dadurch bewirkten vorübergehend erhöhten körperlichen Leistungsfähigkeit und Ausdauer beruht allerdings der Einsatz als Doping-Mittel[153].

1891 Wie bezüglich der Cocain-Wirkungen gibt es auch bei den Amfetaminen meh-
\# rere Erklärungsansätze für die **Wirkungsweise**, die sich nicht ausschließen müssen.

Sowohl im Gehirn als auch peripher dürften Amfetamin und Metamfetamin durch **Freisetzung** von **Noradrenalin**[154] und, wahrscheinlich sogar in erster Linie, von **Dopamin**[155] aus den Speichergranula der sympathischen Nervenendigungen wirken.

1892 Gleichzeitig scheint aber auch, etwa durch Fenetyllin, die **Wiederaufnahme**
\# dieser Transmitter aus dem synaptischen Spalt in die präsynaptische Membran und ihr enzymatischer Abbau[156] durch die MAO gehemmt zu werden (**reuptake-Hemmung**), indem diese ihrerseits gehemmt wird[157] mit der Folge eines erhöhten Anfalls von adrenergen und dopaminergen Neurotransmittern an der Nervenendigung und Stimulation zentraler und peripherer α- und $β_1$-**Rezeptoren**[158]. Mit diesem erhöhten Neurotransmitteranfall dürfte in Zusammenhang stehen, dass bei habituellem Missbrauch infolge endogen gebildeter neurotoxischer Metaboliten wie 6-Hydroxydopamin (6-OHDA) oder 5,7-Dehydroxytryptamin (5,7-DHT), die in die Präsynapse aufgenommen zu deren Zerstörung führen, **neurodegenerative** Pro-

---

[152] Wie z.B. Ephedrin, vgl. 3.2.1, Rdnr. 1716, oder Cocain, vgl. 3.1.4, Rdnr. 1565 FN 172, nicht hingegen z.B. Arecolin, vgl. 3.2.3, Rdnr. 1771.
[153] Vgl. hierzu 3.2.4.2, Rdnr. 1800-1802; vgl. auch zu den somatischen Wirkungen 3.2.4.4, Rdnr. 1865 f. und 1877.
[154] Vgl. etwa auch zur komplexen PCP-Wirkung 1.2.4.5, Rdnr. 915. Bei Morphin hingegen scheint Noradrenalin nur hinsichtlich der Ausbildung des Entzugssyndroms eine Rolle zu spielen, vgl. 2.1.4, Rdnr. 1160 FN 269 und 1162.
[155] Zu einer entsprechenden Erklärung der Cocain-Wirkungen vgl. 3.1.4, Rdnr. 1565-1572, sowie beim Morphin 2.1.4, Rdnr. 1160 und 1163.
[156] Zum enzymatischen Abbau vgl. Einführung, Rdnr. 13. Zur entsprechenden neurophysiologischen Erklärung der Cocain-Wirkungen vgl. 3.1.4, Rdnr. 1564 und 1567.
[157] Zu anderen MAO-Hemmern vgl. beim Harmalin 1.2.3.5, Rdnr. 724, 728 und 730, sowie beim Ibogain 1.2.3.7, Rdnr. 765 und 768-770. Infolge ihrer zentral-stimulierenden und stimmungsaufhellenden Wirkung werden bestimmte MAO-Hemmer als Antidepressiva eingesetzt, vgl. 4.3.3, Rdnr. 2158.
[158] Vgl. auch zur adrenergen Ephedrin-Wirkung 3.2.1, Rdnr. 1716 f.

zesse in Gang gesetzt werden. Wird andererseits **ADHD**[159] mit einer Beeinträchtigung des Serotonin-Haushalts sowie einem Dopamin-Mangel im präfrontalen Cortex (wo die Fähigkeit zur Selbst- und Impulskontrolle sowie Aufmerksamkeit und Wachheit geregelt wird) in Verbindung gebracht, kann eine Erklärung für die **Wirkungsumkehr** einer Ruhigstellung motorisch hyperaktiver Kinder durch **Methylphenidat**[160] darin gesehen werden, dass durch Methylphenidat der Rücktransport von Dopamin gehemmt wird mit der Folge, dass dieser Neurotransmitter mehr Zeit hat, sich an den D4-Rezeptoren des nachgeschalteten Neurons anzulagern (ein anderer Erklärungsansatz geht hingegen von einer übermäßigen Dopamin-Ausschüttung mit permanent überhöhter Aufmerksamkeit aus, die durch Methylphenidat vermindert wird).

Außerdem könnten Amfetamine aufgrund ihrer **strukturellen** Verwandtschaft mit Noradrenalin und Dopamin[161] die **postsynaptischen** Rezeptoren der adrenergen Neuronen besetzen oder in anderer Weise aktivieren.

In den **synaptischen Vesikeln** könnte Amfetamin schließlich zu **p-Hydroxynorephedrin**[162] umgewandelt werden und als „falscher Transmitter"[163] wirken, was ebenfalls im Endeffekt zu einer Erregung im sympathischen Nervensystem und Weiterleitung des Impulses führt.

Die sympathomimetische Amfetamin-Wirkung wird meist auf die chemische **Verwandtschaft** des Amfetamins bzw. Metamfetamins mit den Nebennierenhormonen und Neurotransmittern **Adrenalin** und **Noradrenalin**[164] zurückgeführt.

Wesentlich scheint hierbei zu sein, dass von Adrenalin und Noradrenalin mit überwiegend peripheren Wirkungen ausgehend eine Reihe bis zum Amfetamin gezogen werden kann, die durch eine Verminderung der Anzahl der **Hydroxylfunktionen** im **Phenylalkylamin-Grundskelett** gekennzeichnet ist.

Während **Ephedrin** und **D-Norpseudoephedrin** gegenüber Adrenalin und Noradrenalin durch das **Fehlen** der 2 Hydroxylgruppen am Phenolring gekennzeichnet sind[165] und damit eine bereits stärker zentral-stimulierende und geringere periphere Wirkung aufweisen, hat **Amfetamin** auch die hydrophile OH-Gruppe in der Seitenkette des Moleküls verloren, was für eine höhere enzymatische Stabilität

---

[159] Zur hyperkinetischen Verhaltensstörung vgl. 3.2.4.3, Rdnr. 1834 FN 83.
[160] Zum Psychoanalepticum Methylphenidat vgl. 3.2.4.3, Rdnr. 1833-1835.
[161] Zur Strukturverwandtschaft vgl. 1.2.1.1.4, Rdnr. 363.
[162] Zur sympathomimetischen Norpseudoephedrin-Wirkung vgl. 3.2.2, Rdnr. 1746, zum Norephedrin Rdnr. 1756.
[163] Zum Ausdruck „falscher Transmitter" vgl. Einführung, Rdnr. 16.
[164] Vgl. die Gegenüberstellung der Strukturformeln 1.2.1.1.4, Rdnr. 363 f., sowie beim Ephedrin 3.2.1, Rdnr. 1715, und beim Mescalin 1.2.3.1, Rdnr. 586.
[165] Zur erschwerten Metabolisierung beim Ephedrin und Cathin vgl. 3.2.1, Rdnr. 1715.

und **geringere Metabolisierbarkeit** spricht[166]. Infolge der gleichzeitig gegebenen **Lipophilie** wird damit die bessere Überwindung der Blut-Hirn-Schranke[167] durch die Amfetamine erklärbar.

1898 # Die **Toleranzausbildung** erfolgt bei den Amfetaminen zwar relativ langsam hinsichtlich der angestrebten Euphorie, die Toleranzgrenze hinsichtlich der zentralen Effekte erscheint jedoch gleichzeitig außerordentlich variabel: Die täglichen Amfetamin-Dosen können offenbar bis auf 1 g i.v. 2- bis 3mal täglich[168] gesteigert werden, was für den nicht an Weckamine Gewöhnten sicher tödlich wäre[169]. Die höchste berichtete orale Amfetamin-Dosis liegt bei 15 g/d.

1899 # Der zunehmende **Wirkungsverlust** kann mit einer Abnahme der Noradrenalin-Konzentration in den Vesikeln der noradrenergen Neuronen und deren Ersetzung durch Aufnahme weniger wirkungsvoller **Amfetamin-Metaboliten**[170] in Zusammenhang stehen, die dann als „falsche Transmitter" wirken. Dies kann ein Grund dafür sein, dass indirekt wirkende Sympathomimetica bei **habituellem** Missbrauch paradoxerweise **antisympathone** Wirkung zeigen.

1900 Die erheblichen **Dosissteigerungen** scheinen durch die **nachlassenden peripheren** sympathomimetischen Effekte begünstigt zu werden.

Dagegen entwickelt sich **keine Toleranz** gegenüber dem **schlafhemmenden** Effekt: Schlaflosigkeit und allgemeine „Nervosität" halten daher auch bei chronischem Amfetamin- bzw. Metamfetamin-Missbrauch an[171]; es kommt zu einer unregelmäßigen Abfolge von ein- bis zweistündigen Intervallen flachen Schlafes.

1901 Umgekehrt kann es in einzelnen Fällen, wie auch beim Heroin und Cocain, zu **Überempfindlichkeitserscheinungen** kommen, bei denen bereits noch im therapeutischen Bereich liegende Dosen schwere Erregungs- und Krampfzustände mit u.U. tödlichem Ausgang auslösen können.

3.2.4.5 Handelsformen

1902 Bereits 1937 kamen unter amerikanischen Studenten Amfetamine („A") als „**pep pills**"[172] (von amerikan. „pep up" – „in Schwung bringen") in **Tablettenform**

---

[166] Was nicht auf Cocain zuzutreffen scheint, vgl. 3.1.4, Rdnr. 1551-1561.
[167] Zur Amfetamin-Konzentration im Gehirn vgl. 3.2.4.4, Rdnr. 1883.
[168] Vgl. auch zur Toleranzausbildung beim Cocain 3.1.4, Rdnr. 1578 f., und 3.1.5, Rdnr. 1596-1598.
[169] Zur letalen Amfetamin-Dosis vgl. 3.2.4.7, Rdnr. 1934.
[170] Im Gegensatz etwa zu den LSD-Metaboliten, vgl. 1.2.1.1.4, Rdnr. 381-385.
[171] So betrifft etwa auch die Toleranzausbildung beim Heroin nicht alle Wirkungskomponenten gleichmäßig, sondern vornehmlich die dämpfenden, vgl. 2.1.4, Rdnr. 1171; vgl. auch unten 3.2.4.7, Rdnr. 1944.
[172] Zu ephedrin-haltigen „pep pills" vgl. 3.2.1, Rdnr. 1725.

3.2 Aufputschmittel

auf[173]; der Ausdruck „**pep**" für Weckamine ist bis heute üblich. Aufgrund ihrer Form und Farbe werden sie auch als „purple hearts" („Purpurherzen") bezeichnet.

Sowohl in den **USA** als auch in mehreren **europäischen** Ländern ist seit Ende der 1970er Jahre[174] ein zunehmendes Angebot an Weckaminen, teilweise in Tablettenform wie Captagon („**Cappies**")[175], auf dem illegalen Rauschdrogenmarkt zu verzeichnen gewesen, wo insbesondere Metamfetamin („**speed**") in dieser Zeit unter den gehandelten vollsynthetischen Drogen zeitweise nach LSD-25 den 2. Platz einnahm.

1903

Besonders verbreitet in der BRD war der **Captagon-Missbrauch** unter (meist gleichzeitig heroin-abhängigen) Prostituierten, bevor andere Medikamente wie Medinox[176] es ablösten. Gleichwohl hat Captagon als Aufputschmittel nach wie vor seinen Abnehmerkreis[177].

1904

Da seit Mitte der 1980er Jahre in der BRD das Weckamin-Angebot auf dem illegalen Drogenmarkt erhebliche **Steigerungen** bei gleichzeitig zunehmender **Wirkstoffkonzentration** erfahren hat[178], wofür u.a. auch die Zunahme der entdeckten „Küchenlabors" sprach, ist davon auszugehen, dass der Weckamin-Konsum bei uns eine etablierte Größe ist. Weckamine werden zudem offenbar auch von Alkoholikern sowie von **Heroin-** und **Cocain-Abhängigen** als relativ billiges Aufputschmittel dazu verwandt, sich „am Morgen danach" wieder aufzuputschen und aufkommende **Entzugserscheinungen** zu **unterdrücken**[179].

1905

Dementsprechend wurden die meisten gefälschten Weckamin-Rezepte, solange eine Verschreibungsfähigkeit bestand, in Apotheken am Morgen vorgelegt.

Das auch als „Cocain des kleinen Mannes" bezeichnete, am häufigsten angebotene „**speed**"[180], worunter meist eine **Metamfetamin-Zubereitung** mit etwa 20-50 % Wirkstoffanteil verstanden wird, wird auf dem illegalen Drogenmarkt regelmäßig in pulvriger, zuweilen feucht-flockiger Form mit weißer, gelber, rosa oder bräunlicher Färbung in zusammengefalteten „Briefchen" mit je☐eil's etwa 0,1-0,5 g Zubereitung angeboten. Unter der Bezeichnung „**ecstasy**" ist auch Amfetamin in

1906

---

[173] Vgl. auch zum Geschichtlichen 3.2.4.2, Rdnr. 1795.
[174] Näher hierzu 3.2.4.2, Rdnr. 1807-1819.
[175] Zum Fenetyllin vgl. 3.2.4.3, Rdnr. 1836-1840.
[176] Zum Medinox-Missbrauch vgl. bei den Barbituraten 4.1, Rdnr. 2019 und 2044.
[177] Zum Captagon-Missbrauch vgl. 3.2.4.2, Rdnr. 1802, 1817 und 1838.
[178] Zu den Sicherstellungszahlen vgl. 3.2.4.2, Rdnr. 1813 f.
[179] Ähnlich wie auch Cocain die Heroin-Entzugserscheinungen aufzuheben vermag, vgl. 3.1.4, Rdnr. 1530 f. Vgl. hierzu auch 3.2.4.4, Rdnr. 1881, sowie beim Cathin 3.2.2, Rdnr. 1755; zum Geschichtlichen vgl. 3.2.4.2, Rdnr. 1792.
[180] Zu dem unspezifischen Ausdruck „speed" vgl. Vorbem. 3.2.4, Rdnr. 1785, wie umgekehrt unter dem Ausdruck „ecstasy" u.a. Metamfetamin in Tablettenform oder eine Amfetamin-LSD-Kombination verstanden werden kann, vgl. 1.2.4.3, Rdnr. 835 FN 51, 861 FN 67 und 864.

Tablettenform mit etwa 20 mg Amfetamin-HCl je Einheit auf dem Markt bzw. illegal hergestelltes **Pervitin**, ebenfalls in Tablettenform mit ca. 3 mg Metamfetamin-HCl pro KE, Amfetaminsulfat[181] mit gegebenenfalls erheblich höheren Wirkstoffmengen und **Captagon**, z.T. aus legaler Produktion, ebenfalls in Tablettenform mit je 50 mg Fenetyllin-HCl.

1907 Die in konsumgerechten Portionen verkauften „speed"-Zubereitungen enthalten neben einer Metamfetamin-Amfetamin-Mischung häufig **Verschnittstoffe**, u.a. Ephedrin, Coffein und Milchpulver. Das Strecken erfolgt nicht selten mit zermahlenen **Coffeincompretten**[182], die angefeuchtet und mit dem Wirkstoff vermengt werden. Hinzu kommen diverse **Synthetisierungsrückstände**, die häufig ihrerseits toxisch sind[183].

1908 Der **kg-Preis** für das regelmäßig aus illegaler Produktion stammende „speed" fiel in Deutschland von 10.000-50.000 DM Anfang der 1990er Jahre auf 4.000-20.000 DM Ende der 90er Jahre, der **g-Preis** von bis zu 80 DM auf nur noch 10-20 DM[184].

Weckamine in **Tablettenform** werden zu einem Stückpreis[185] ab 1,30 Euro vertrieben und meist in Mengen von 10-20 Tabletten und mehr auf einmal eingenommen[186].

1909 Außer in Reinform werden Weckamine auch in verschiedenen **Mischungen** mit anderen Rauschdrogen angeboten[187] bzw. erfolgt ein **Beigebrauch**.

1910 So wurden z.B. in Nachtlokalen gelegentlich **Alkohol-Amfetamin-Kombinationen**[188] als „Zugabe" neben Cocain oder zusammen mit Cocain und Analgetica bzw. in **Kombination** mit **BD** und **Codein** als Heroin-Ersatz konsumiert; derartige Kombinationen werden allgemein als „**loads**" bezeichnet. Unter der Bezeichnung „space base" werden in den USA auch „**Crack**"-„**speed**"-Kombinationen geraucht[189].

1911 Relativ häufig scheint zudem ein **Beigebrauch** von **Cannabis-Produkten** einerseits sowie von **Sedativa** und **Tranquilizern** wie Diazepam und Flunitrazepam[190] andererseits zu

---

[181] Vgl. auch zur Herstellung 3.2.4.1, Rdnr. 1789.
[182] U.a. die Analeptica Percoffedrinol N und Coffeinum N 0,2 g sind zur Bekämpfung von Ermüdungserscheinungen frei verkäuflich. Zum Coffein als Streckmittel für Amfetamin-Derivate wie MDMA vgl. 1.2.4.3, Rdnr. 864. Umgekehrt ist Amfetamin seinerseits ein Streckmittel für Cocain, vgl. 3.1.5, Rdnr. 1600.
[183] Zu Syntheserückständen vgl. auch 3.2.4.2, Rdnr. 1809.
[184] Zum gleichzeitigen Rückgang u.a. auch der Cocain-Preise vgl. 3.1.5, Rdnr. 1594 f.
[185] Auch andere illegal gehandelte FAM haben mehr oder weniger feste Stückpreise, vgl. z.B. beim Mandrax 4.2.1, Rdnr. 2064.
[186] Vgl. auch zum Missbrauch von Medinox-Tabletten 4.1, Rdnr. 2023.
[187] Häufig zur i.v. Injektion, vgl. hierzu beim Cocain 3.1.5, Rdnr. 1602 und 1606 f. Zum verbreiteten Mischkonsum vgl. auch 3.2.4.2, Rdnr. 1810-1812.
[188] Zur besonderen Gefährlichkeit von Alkohol-Amfetamin-Kombinationen vgl. 3.2.4.7, Rdnr. 1956 f. Zu Cocain-Alkohol-Kombinationen vgl. 3.1.5, Rdnr. 1609.
[189] Als „space-base" werden aber auch „Crack"-PCP-Kombinationen bezeichnet, vgl. 1.2.4.5, Rdnr. 904; zum „Crack"-Rauchen vgl. 3.1.5, Rdnr. 1630.
[190] Zum Mehrfachkonsum von „uppers" und „downers" vgl. auch 3.2.4.4, Rdnr. 1881.

3.2 Aufputschmittel

erfolgen, was den Rückschluss zulässt, dass Cannabis-Konsumenten zusätzlich auch zu Amfetaminen greifen, wodurch deren Wirkung verstärkt wird, während der Sedativa- und BD-Beigebrauch wohl auf das erwähnte Erfordernis einer Beruhigung ("**come down**") nach der Einnahme von Stimulantia[191] zurückführbar ist.

Da Weckamine im Gegensatz zu einer Reihe anderer Rauschdrogen auch **oral** wirksam sind[192], werden sie in kleineren Dosen über den ganzen Tag verteilt, häufig in **Tablettenform**, gegebenenfalls zusammen mit **Alkohol**, geschluckt. Nicht selten werden sie durch Auflösen in Wasser aber auch in eine **injizierbare Lösung** überführt[193] und nach Filterung i.v. gespritzt, wobei es wie beim Heroin- und Cocain-Spritzen zu einem "**rush**" mit orgiastischen Glücks- und Omnipotenzgefühlen kommt[194]. 1912

Insbesondere **Metamfetamin** (außer als "speed" oder "ecstasy" auch, u.a. in Homosexuellenkreisen, unter der Bezeichnung "Meth", "crank", "crystal" oder "**crystal-speed**"[195] im Umlauf) wird in weißer bis beigefarbener, kristalliner, reiner oder gesteckter Form in **KE** von etwa 0,1 g derzeit geschnupft oder geraucht. Bei nasaler Aufnahme können die winzigen Kristalle die Schleimhäute aufritzen mit der Folge u.a. von Nasenbluten. In **Pulverform** wird es gelegentlich, bevorzugt etwa in den skandinavischen Ländern, in Wasser oder Kaffee gelöst **getrunken**[196]. Wie beim Cocain ist zudem eine Applikation über die **Genitalschleimhäute** ("ball") wirksam. 1913

Bereits in den 1970er Jahren war in **Japan**[197], insbesondere aber in Hong Kong, Südkorea und den Philippinen (als in illegalen Labors hergestelltes "**Shabu**" bzw "**Yaba**") das **Rauchen** farb- und geruchsloser **Metamfetamin-Kristalle** in **hochreiner** Form aufgekommen, eine Konsumform, die unter der Bezeichnung "**Ice/ ICE**"[198] über Hawaii ab 1989 durch asiatische Drogenhändler auch in den USA 1914

---

[191] Zum Cannabis-Gebrauch nach einem MDMA-„trip" vgl. 1.2.4.3, Rdnr. 864. Vgl. hierzu auch beim Cannabis 1.1.4, Rdnr. 171 und 190, zur Gefährlichkeit 1.1.7, Rdnr. 265.
[192] Zur Resorption vgl. 3.2.4.4, Rdnr. 1883.
[193] Etwa in Form von Amfetaminsulfat, vgl. 3.2.4.1, Rdnr. 1789. Zur Injektion von Cocain-HCl vgl. 3.1.5, Rdnr. 1603-1605.
[194] Vgl. auch zum Heroin-„flash" 2.1.4, Rdnr. 1126.
[195] Die Bezeichnung bezieht sich auf die kristalline Form, vgl. auch 3.2.4.2, Rdnr. 1816. Unter „crystal" kann jedoch auch PCP verstanden werden, vgl. 1.2.4.5, Rdnr. 902. Zu der Bezeichnung „Nazi-Crank" vgl. 3.2.4.2, Rdnr. 1796. Eine in Russland auf der Basis von Metamfetamin hergestellte Psychostimulanz wird als „Wint" bezeichnet – in hoher Dosierung kann es zu Angstzuständen führen (vgl. auch 3.2.4.2, Rdnr. 1809, und zu der dort sprunghaft gestiegenen Zahl der Drogenabhängigen 2.1.2, Rdnr. 1027).
[196] Zu damit verbundenen Gefahren vgl. 3.2.4.7, Rdnr. 1934. Vgl. auch etwa zum „flüssigen ecstasy" 1.2.4.8, Rdnr. 936 f.
[197] Zum Metamfetamin-Missbrauch als „Shabu" u.a. in Japan bzw. als „Yaba" in Thailand sowie in anderen südostasiatischen Staaten vgl. 3.2.4.2, Rdnr. 1796 und 1815-1817.
[198] Der Name bezieht sich auf das an Splitter eines Eiswürfels erinnernde Aussehen und wohl zugleich auf das den Körper nach dem Inhalieren durchziehende Kältegefühl. Als „Ice" wird aber auch Methylaminorex bezeichnet, vgl. 4.3.1, Rdnr. 2129.

Verbreitung fand, ohne dort in den 90er Jahren jedoch den Cocain- bzw. "Crack"-Missbrauch verdrängen zu können.

1915 Gegebenenfalls handelt es sich hierbei jedenfalls z.T. um eine, ähnlich dem Rauchen von "Crack" bzw. "freier" Cocain-Base in kristalliner Form[199] bereits Mitte der 1980er Jahre in deutschen Rockerkreisen[200] unter dem Namen "**hyper speed**" bzw. "glass"[201] bekannt gewordene, hochwirksame "Speed"-Abwandlung, die dementsprechend auch als "**freebased speed**" bezeichnet wird.

1916 Bei dem u.a. in **Südkorea** oder China aus rotem Phosphor, Methanol und Ephedrin[202] hergestellten "Ice" handelt es sich demgegenüber regelmäßig um **Metamfetamin-HCl**, das durch mehrfache Umkristallisation in hochreiner Form (über 90 % Wirkstoffgehalt) hergestellt wird. Der entsprechende Markt wird gegenwärtig von der japanischen Mafia ("yakuza") und koreanischen Triaden beherrscht.

1917 Die **inhalative** Aufnahme von "**Ice**" bzw. "**crystal speed**" erfolgt durch das Erhitzen der Kristalle in kleinen Glaspfeifen, vergleichbar dem "Crack"-Rauchen, oder, gegebenenfalls zusammen mit Marihuana, durch das Rauchen speziell präparierter Zigaretten als Trägermaterial. Nach einem schnell einsetzenden "**kick**" kommt es zu einer 4-8, dosisabhängig aber auch 24- bzw. bis zu 70stündigen **Euphorie**[203] mit Neigung zu **aggressiven** Handlungen und der Gefahr mehrtägiger **atypischer Rauschverläufe**, bei Dosen von mehr als 100 mg auch **Halluzinationen**. In der sich anschließenden "**down**"-Phase kann es zu zweitägigen depressiven Verstimmungen mit Wahnvorstellungen, Halluzinationen, Anzeichen paranoider Schizophrenie und dem Verlust der Fähigkeit, zusammenhängend zu sprechen, kommen. Auch die **körperlichen Nebenwirkungen** mit Appetitlosigkeit, Mundtrockenheit, unregelmäßigem Herzschlag und Herzrasen, erhöhter Körpertemperatur und Atemfrequenz, Krämpfen, Übelkeit und Erbrechen sowie die **Langzeitwirkungen** mit u.a. Tremor, Reizbarkeit und (auto-)aggressivem Verhalten ("Killer-Droge"), Gewichtsverlust, Schlaflosigkeit, Verfolgungswahn, paranoiden (taktilen) Mikrohalluzinationen mit starkem Juckreiz, extremen Gewichtsverlust und körperlichen Verfall sowie gegebenenfalls Nierenversagen sind gravierend. Die anfängliche sexuelle Stimulation kann sich langfristig in eine Libidoabnahme umkehren.

1918 Eine 0,1 g-Zubereitung "Ice" für 80-120 DM soll für 4 Rauschzustände ausreichen. Das **Gefährdungspotential** dürfte dem des "Crack"-Rauchens[204] vergleichbar sein; eine starke psychische und auch **körperliche Abhängigkeit** vom Amfetamin-Typ (umstr.) soll sich bereits innerhalb weniger Wochen einstellen, gegebenenfalls sogar nach einmaligem Konsum.

---

[199] Zum „Crack"- und „freebase"-Rauchen vgl. 3.1.5, Rdnr. 1616-1623 und 1624-1638. Teilweise werden „Ice" und „Crack" auch kombiniert.
[200] Allgemein zum Weckamin-Missbrauch unter Rockern: 3.2.4.2, Rdnr. 1811, und 3.2.4.7, Rdnr. 1956 f.
[201] Benannt nach dem an winzige Glassplitter erinnernden Aussehen.
[202] Aus frei erhältlicher Ephedra vulgaris gewonnen, vgl. 3.2.1, Rdnr. 1710; zum Ephedrin als Grundstoff vgl. 3.2.1, Rdnr. 1731.
[203] Zur Wirkungsweise von Weckaminen bei oraler Aufnahme vgl. 3.2.4.4, Rdnr. 1882.
[204] Zum Abhängigkeitspotential vgl. auch 3.2.4.7, Rdnr. 1940. Zum „Crack"-Gefährdungspotential vgl. 3.1.5, Rdnr. 1631-1635.

3.2 Aufputschmittel

Bei **oraler** Aufnahme dürften als **Rauschdosis** (KE) für einen nicht an Weck- 1919
amine Gewöhnten 15-20 mg **Amfetamin** und 10 mg **Metamfetamin** bzw. **Dexamfetamin** anzusetzen sein[205], 50 mg und mehr oral sind bereits als **hohe Dosen** anzusehen. Die Gesamtmenge/d eines Gelegenheitskonsumenten liegt im Durchschnitt bei 20-60 mg.

Infolge der ausgeprägten **Toleranzbildung** bei Amfetaminen kann es jedoch zu 1920
einer erheblichen Steigerung sowohl der Einzeldosis als auch der Gesamtmenge/d kommen, die mit durchschnittlich 250-300 mg angesetzt werden kann[206]. Diese in erster Linie für Amfetamin und Metamfetamin geltenden Angaben sind nicht auf Derivate und amfetamin-ähnlich wirkende Verbindungen übertragbar, die dem Amfetamin hinsichtlich zentral-stimulierender, euphorisierender und abhängigkeitserzeugender Wirksamkeit nicht gleichkommen.

3.2.4.6 Nachweis

Da die Weckamine außer als Rauschdrogen auch als **Dopingmittel** im Sport eine 1921
Rolle spielten und in einigen Bereichen auch heute noch spielen[207], wurde eine differenzierte **gaschromatographisch-massenspektrometrische** Untersuchungsmethode[208] zu ihrem Nachweis entwickelt.

Da sich Amfetamine auch nach Derivatisierung nur mit erheblichem Aufwand 1922
gaschromatographisch bestimmen lassen, kann zudem die **Hochdruckflüssigkeitschromatograhie**[209] eingesetzt werden. Meist genügt jedoch eine **dünnschichtchromatographische** Untersuchung in Verbindung mit UV-Spektroskopie[210].

Daneben ist die **Protonenresonanz-Analyse**[211] auch für den Nachweis spiegel- 1923
bild-isomerer Amfetamine anwendbar.

Mit **immunologischen Schnelltestverfahren**[212] ist ein Nachweis von Amfeta- 1924
min einschließlich Amfetamin-Derivaten wie "ecstasy" im Urin 12-24 h nach der Aufnahme möglich, die **Nachweisbarkeitsdauer** beträgt hier 1 bis max. 3 d ge-

---

[205] Zur durchschnittlichen therapeutischen Dosis vgl. 3.2.4.2, Rdnr. 1846, zur einfachen Höchstdosis 3.2.4.3, Rdnr. 1857.
[206] Zur Dosis bei Toleranzbildung vgl. 3.2.4.4, Rdnr. 1898 f.
[207] Vgl. zum Geschichtlichen 3.2.4.2, Rdnr. 1800-1806.
[208] Näher zu dieser Untersuchungsmethode 3.1.6, Rdnr. 1643-1647.
[209] Zur HPLC näher 2.1.6, Rdnr. 1239.
[210] Vgl. hierzu ebenfalls 2.1.6, Rdnr. 1236 f.
[211] Zu dieser Untersuchungsmethode vgl. 1.2.1.1.6, Rdnr. 409.
[212] Näher zu enzym-immunologischen Bestimmungsmethoden und dem RIA-Test 2.1.6, Rdnr. 1250-1259.

genüber einer Nachweisbarkeitsdauer von nur ca. 6 h im Blut. Mittels des RIA-Tests kann ein Nachweis auch noch nach Monaten in Haarproben erfolgen.

Soweit Amfetamin in Urin- oder Haarproben auftritt, können allerdings ähnliche Probleme einer Interpretation der Analysenergebnisse auftreten wie im Falle des Morphin-Nachweises[213]: Da Amfetamin oder Metamfetamin als **Abbauprodukt** außer aus Fenetyllin (Captagon) auch aus frei rezeptierbaren Medikamenten mit Wirkstoffen wie Amfetaminil (AN 1 Dragees) intravital entsteht[214], bedeutet das Vorhandensein von Amfetamin nicht ohne weiteres, dass auch diese Substanz vorher konsumiert worden sein muss. **Falsch-positive** Ergebnisse sind u.a. auch nach Einnahme des künstlichen Süßstoffes Cyclamat aufgetreten oder infolge von Fäulniserscheinungen des Materials (aufgrund von Phenylalkylaminen[215]). Eine Bestätigungsanalyse ist daher gerade bei Amfetamin-Tests unverzichtbar.

1925
§
Die Bestimmung der "**nicht geringen Menge**" im Sinne u.a. der §§ 29 a Abs. 1 Nr. 2, 30 Abs. 1, 30 a Abs. 1 BtMG 1994[216] ist bei **Amfetamin** angesichts der infolge der Toleranzbildung äußerst variablen KE[217] und der erheblichen Unterschiede in Bezug auf Konsumgewohnheiten und Missbrauchsfolgen besonders schwierig.

1926
§
Unter Berücksichtigung dieser Tatsache und aufgrund eines Vergleichs der **Gefährlichkeit** von Amfetamin mit der Gefährlichkeit von Cannabis-Produkten, Heroin und Cocain[218], hat der 1. Strafsenat des BGH mit Urteil vom 11.4.1984 in Anlehnung an einen entsprechenden Vorschlag der toxikologischen Sachverständigen der Landeskriminalämter und des BKA festgelegt, dass mindestens **10 g** reines **Amfetamin** (berechnet als **Base**) das Merkmal der "nicht geringen Menge" erfüllen.

1927
§
Die Festsetzung eines im Vergleich zu Cocain mit **5 g Cocain-HCl** höheren Grenzwertes[219] trägt vor allem dem Umstand Rechnung, dass die Gefahr einer Abhängigkeitsausbildung bei Amfetamin-Missbrauch[220] jedenfalls im allgemeinen geringer als beim Cocain anzusetzen ist[221].

---

[213] Vgl. hierzu 2.1.6, Rdnr. 1253-1257.
[214] Zum Abbau von Amfetamin-Abkömmlingen im Körper vgl. auch 3.2.4.4, Rdnr. 1888.
[215] Zu Fäulniserscheinungen vgl. auch 1.2.2.1, Rdnr. 480 FN 25.
[216] Näher zum Begriff der „nicht geringen Menge" 1.1.6, Rdnr. 208, und 2.1.6, Rdnr. 1243.
[217] Zur Toleranzausbildung bei Amfetamin näher 3.2.4.4, Rdnr. 1898-1900.
[218] Zur Schwierigkeit derartiger Vergleiche: 3.1.7, Rdnr. 1684-1686.
[219] Zu Begründungen des Grenzwertes bei Cocain vgl. 3.1.6, Rdnr. 1652-1654.
[220] Zur Abhängigkeit vom Amfetamin-Typ vgl. 3.2.4.7, Rdnr. 1939-1949.
[221] Vgl. aber zur Abhängigkeitsausbildung etwa beim „Ice"-Rauchen 3.2.4.5, Rdnr. 1917, und 3.2.4.7, Rdnr. 1939.

3.2 Aufputschmittel

Wird bei den **Cannabis-Produkten** zur Bestimmung der "nicht geringen Menge" von 500 KE zu je 15 mg THC ausgegangen[222], so bedeutet dieses BGH-Urteil, dass beim Amfetamin **500 KE** zu je 20 mg (= 10 g Amfetamin-Base) bzw. **200 KE** einer für den nicht an Amfetamine Gewöhnten hohen Dosis von 50 mg zugrundelegt werden können[223], was der Urteilsbegründung, dass Amfetamin keinesfalls weniger gefährlich als die Cannabis-Produkte sei, Rechnung tragen würde. Auch im Verhältnis zu MDEA, MDA und MDMA, wo die Festlegung mit **250 KE** zu je 120 mg **MDEA-Base** erfolgte, beinhaltet der zweite Wert die Einschätzung einer erhöhten Gefährlichkeit. Im Verhältnis zu **LSD-25**, wo der BGH von **120** durchschnittlichen KE zu je 50 μg ausging, bedeutet dies allerdings, dass die für Amfetamine festgesetzte Grenzmenge über dem für LSD-25 festgesetzten Grenzwert liegt. Hierbei ist jedoch zu betonen, dass der BGH selbst bei seiner Einzelfalldefinition der "nicht geringen Menge" Amfetamin nicht auf eine bestimmte Anzahl von Amfetamin-KE abgestellt hat.

1928 §

Bei den **Amfetamin-Derivaten** ergibt sich die Schwierigkeit einer Grenzwertfestlegung, die der **Bandbreite** der möglichen Abwandlungen gerecht wird. Angesichts dieses Umstandes hat der BGH mit Beschlüssen vom 25.7. und 23.8.2001 die "**nicht geringe Menge**" Metamfetamin-Base mit **30 g**, entsprechend der bei Methylendioxyamfetaminen[224] festgelegt, trotz der (etwa in Form von "crystalspeed") im Verhältnis zu Amfetamin gegebenenfalls sogar erheblich gesteigerten Wirkungsintensität. Bei Zugrundelegung einer KE von 10 mg Metamfetamin entspricht dieser Grenzwert somit 3.000 KE. Bezüglich **Fenetyllin** soll einer Empfehlung der Toxikologen des BKA und der LKÄ demgegenüber im Hinblick auf die gegenüber Amfetamin geringere Wirksamkeit die Grenze zur "nicht geringen Menge" mit 40 g (als Base, Racemat), entsprechend 200 KE zu je 200 mg bei p.o. Einnahme, festgelegt werden.

1929 §

Auch bei Bestimmung der "**geringen Menge**" im Sinne der §§ 29 Abs. 5, 31 a BtMG 1994[225] ist der breite Spielraum der je nach Gewöhnungsgrad und Applikationsart benötigten Wirkstoffmengen[226] zu berücksichtigen. Da hier eine Bestimmung des Wirkstoffgehalts des einzelnen Met-/Amfetamin-"Briefchens" regelmä-

1930 §

---

[222] Zur „nicht geringen Menge" THC vgl. 1.1.6, Rdnr. 209-213, bei LSD-25 1.2.1.1.6, Rdnr. 413-416, bei Heroin 2.1.6, Rdnr. 1241 f.

[223] Die Annahme von 20 mg Amfetamin als mittlere Rauschdosis scheint auch angesichts der erheblichen Toleranzausbildung und unterschiedlicher Resorptionsformen sachgerecht; zur Einzeldosis vgl. auch 3.2.4.5, Rdnr. 1919.

[224] Zur „nicht geringen Menge" MDEA usw. vgl. 1.2.4.3, Rdnr. 865. Begründet wird dies damit, dass ein einheitlicher Grenzwert für alle Amfetamin-Derivate eine bessere Handhabbarkeit beinhalte. Zur erhöhten Wirksamkeit von Metamfetamin vgl. 3.2.4.1, Rdnr. 1794, und 3.2.4.3, Rdnr. 1826, zur KE 3.2.4.5, Rdnr. 1919. Vgl. auch zum „Yaba" 3.2.4.2, Rdnr. 1815 f., zum „Ice" 3.2.4.5, Rdnr. 1914-1918, und zum „crystalspeed" 3.2.4.5, Rdnr. 1913 und 1917.

[225] Zum Begriff der „geringen Menge" vgl. 1.1.6, Rdnr. 214-216.

[226] Zu den angebotenen Zubereitungen vgl. 3.2.4.5, Rdnr. 1906. 1 g Amfetamin-Base entspricht bei dem üblichen Wirkstoffanteil etwa 10 „speed-Briefchen" mit je 0,5 g Zubereitung.

ßig nicht erfolgt[227], wird insoweit unter Abstellung auf das Bruttogewicht von 0,5-1 g Amfetamin-Zubreitung (bzw. 1 g –Base) auszugehen sein.

3.2.4.7 Gefährlichkeit

1931 Auch soweit Weckamine nicht in einer Hochdosierung und Häufigkeit konsumiert werden, die auf einen Gebrauch um ihrer Rauschdrogeneigenschaften willen schließen lässt, kann der **Missbrauch** von Weckaminen z.B. zum Wachhalten während langer Nachfahrten[228] zu einem **Gewöhnungseffekt** führen[229]. Gleiches gilt für Amfetamin-Abkömmlinge, die etwa als **Abmagerungsmittel**, häufig in Selbstmedikation, über einen längeren Zeitraum hinweg eingenommen werden[230], oder die als "**Freizeit-Drogen**" wie etwa MDMA[231] nur zu bestimmten Zeitpunkten und Anlässen konsumiert werden.

1932 Was die Verwendung von **Amfetamin** selbst als **Appetitzügler** betrifft, so kann bei entsprechend disponierten Menschen bereits bei Einnahme in therapeutischer Dosierung die Gefahr einer späteren über die reine Gewöhnung hinausgehenden psychischen Abhängigkeit gegeben sein. Da die angestrebte Verringerung des Körpergewichts jedoch nur bei zumindest zeitweise häufigerem Gebrauch zu erzielen ist, dürfte die Gabe von Amfetamin als Appetitzügler heute als ärztlicher Kunstfehler anzusehen sein[232], zumal die als Nebenwirkung auftretende Unruhe zu einem gleichzeitigen Missbrauch von Beruhigungsmitteln führen kann.

1933 Wird Amfetamin in einer zu **Rauschzwecken** geeigneten Dosierung eingenommen, insbesondere **i.v.** gespritzt[233], kann es, wie u.a. auch beim Cocain[234], zu einer **akuten Amfetamin-Intoxikation** bereits bei einmaliger Applikation infolge individueller Unverträglichkeit oder zu hoher, ungewohnter Dosierung kommen.

1934 Als **äußerst gefährliche**, potentiell letale Einzeldosis[235] für den nicht an Amfetamin Gewöhnten werden 100 mg oral angegeben, als **tödliche Dosis** 10-20 mg kg/KG, was einer oralen Einnahme von 0,7-1,4 g Amfetamin entspricht[236]. Schwere gehirnorganische Schäden und Todesfälle in Deutschland waren auch darauf zurückführbar, dass das Amfetamin,

---

[227] Vgl. hierzu auch beim Heroin 2.1.6, Rdnr. 1247.
[228] Zum Weckamin-Missbrauch vgl. auch 3.2.4.3, Rdnr. 1848 und 1866-1869.
[229] Vgl. allgemein zum Medikamenten-Missbrauch Vorbem. 4, Rdnr. 1966-1976.
[230] Vgl. u.a. zum Phenmetrazin 3.2.4.3, Rdnr. 1831 f., aber auch zum Cathin 3.2.2, Rdnr. 1755.
[231] Zum „ecstasy"-Konsum als „Party-Droge" vgl. 1.2.4.3, Rdnr. 860-864, zum Mischkonsum mit Amfetaminen vgl. auch 3.2.4.2, Rdnr. 1812.
[232] Zum früheren medizinischen Amfetamin-Einsatz vgl. 3.2.4.2, Rdnr. 1792.
[233] Zur Injektion von Amfetamin vgl. 3.2.4.5, Rdnr. 1912.
[234] Zur akuten Cocain-Vergiftung vgl. 3.1.7, Rdnr. 1665-1677.
[235] Zur mittleren oralen Dosis vgl. 3.2.4.5, Rdnr. 1919, bei inhalativer Aufnahme Rdnr. 1918.
[236] Zur Dosissteigerung bei Toleranzausbildung vgl. 3.2.4.4, Rdnr. 1898-1900.

3.2 Aufputschmittel

um es auf einen körperverträglichen Säurewert einzustellen, mit Apfelsaft und Salzsäure vermischt **getrunken** wurde[237].

Die Folgen einer **akuten Amfetamin-Vergiftung** äußern sich in einer starken Verzerrung der Sinneseindrücke und des Erlebens[238] sowie in **körperlicher** Hinsicht u.a. in einem starken Blutdruckanstieg mit der Gefahr einer (Hirn-)Blutung[239] oder aber auch Blutdruckabfall und einer Erniedrigung der Krampfschwelle[240] infolge der stimulierenden Amfetamin-Wirkung auf die Großhirnrinde sowie Tachykardie, Hyperthermie[241], Tremor, Brechreiz und Mydriasis. **1935**

Die Amfetamin-Vergiftung kann zu tiefer Bewusstlosigkeit (**Koma**), Atemlähmung, Herz- und **Kreislaufstörungen** bis hin zum Kreislaufkollaps und Tod infolge **Herzversagens** führen. **1936**

Diesem akuten Intoxikationszustand wird, wie bei Halluzinogen- und Cocain-Intoxikationen[242], mit **Neuroleptica**, etwa Haloperidol[243] und Physostigmin[244] als **Antidot** bei **anticholinerger** Wirkung begegnet; außerdem sind **Phenobarbital**[245] in hohen Dosen, **Benzodiazepine** und Ergotamin[246] einsetzbar. **1937**

Bei Gefahr einer Hirnblutung werden zudem **β-Rezeptorenblocker**[247] gegeben. Die Behandlung ist nicht ohne Risiko, da es infolge Abnahme des Sympathotonus zu plötzlichem Herzstillstand kommen kann. **1938**

Bei **chronischem** Amfetamin-Missbrauch in hoher Dosierung kann es zu einer spezifischen **Abhängigkeit vom Amfetamin-Typ** kommen. Nach der ICD-10 F 15.2 (Störungen durch sonstige Stimulantia einschließlich Coffein) zählt hierzu **1939**

---

237 Zum Trinken von Amfetamin in Lösung vgl. 3.2.4.5, Rdnr. 1913. Vgl. auch zum „flüssigen ecstasy" 1.2.4.8, Rdnr. 937, und 3.2.4.2, Rdnr. 1805.
238 Vgl. auch 3.2.4.4, Rdnr. 1870. Zur akuten „Amfetamin-Psychose" vgl. 3.2.4.7, Rdnr. 1950-1957.
239 Zur entsprechenden Gefahr bei akuter Cocain-Intoxikation vgl. 3.1.7, Rdnr. 1667.
240 Zu durch Cocain ausgelösten epileptoformen Krämpfen vgl. 3.1.7, Rdnr. 1666.
241 Zur u.U. lebensbedrohlichen Hyperthermie bei Kombination etwa mit Cocain oder „ecstasy" vgl. 1.2.4.3, Rdnr. 855.
242 Zur Aufhebung von Amfetamin-Wirkungen durch Lithium-Salze vgl. 3.2.4.4, Rdnr. 1886. Zur Medikamentation bei Cocain-Vergiftungen vgl. 3.1.7, Rdnr. 1677.
243 Zu diesem Neurolepticum vgl. 4.3.2, Rdnr. 2142.
244 Ein Cholinesterase-Hemmer (vgl. hierzu Einf., Rdnr. 15) und damit indirekt wirkendes Parasympathomimeticum; vgl. hierzu auch beim Cocain 3.1.7, Rdnr. 1665. Zum Einsatz bei GHB-Vergiftungen vgl. 1.2.4.8, Rdnr. 936 FN 226.
245 Zu diesem Barbitursäure-Derivat vgl. 4.1, Rdnr. 1989 und 1992. Vgl. auch beim Cocain 3.1.7, Rdnr. 1676. Im Hinblick auf einen häufigen gleichzeitigen Hypnotica-Missbrauch wird hiervon jetzt abgeraten.
246 Zu diesem als u.a. Sympatholyticum eingesetzten Mutterkorn-Alkaloid vgl. 1.2.1.1.3, Rdnr. 304 f.
247 Zu den sog. β-Rezeptorblockern vgl. Einf., Rdnr. 16.

die Abhängigkeit von Amfetamin und anderen Psychostimulantien wie Phenmetrazin und Methylphenidat[248]. Auch bei **oraler** Aufnahme erfolgt die Ausbildung schneller als bei einer Abhängigkeit vom Cannabis-Typ[249], wenn auch langsamer als beim Heroinismus oder Cocainismus[250], und scheint erst nach einigen Monaten voll ausgebildet zu sein.

1940　Entgegen früheren Einschätzungen von Amfetamin als einer eher "weichen" Droge wird die Gefährlichkeit einer Abhängigkeit vom Amfetamin-Typ, jedenfalls bei i.v. und **inhalativer** Applikation[251], heute der vom Cocain-Typ, zu der viele Parallelen bestehen, weitgehend gleichgestellt. Bei i.v. Injektion und etwa "Ice"- oder "crystal speed"-Rauchen kann das Abhängigkeitsstadium sehr viel **schneller** als bei oraler Aufnahme erreicht sein und ist auch **stärker** ausgeprägt.

1941　Dies gilt in etwa im gleichen Maße für die dem Amfetamin hinsichtlich zentralstimulierender und euphorisierender Wirkung gleichzustellenden oder wirkungsstärkeren Derivate wie **Metamfetamin** oder **Phenmetrazin**[252].

1942　Vergleichbar der Abhängigkeitsausbildung beim Cocainismus ist hierbei der Umstand, dass die ausgeprägte **psychische Abhängigkeit** vom Amfetamin-Typ vorwiegend bei Leuten auftritt, die Weckamine als "soziale Stimulanz" im Kreise Gleichgesinnter (gelegentlich als "spree abusers" bezeichnet) missbrauchen, oder wenn die Einnahme in der Hoffnung erfolgt, hierdurch neurotisch bedingte Hemmungen abzubauen, was anfangs auch durchaus gelingen mag. Angesichts der erheblichen Toleranzbildung besteht in diesen Fällen zudem die Gefahr, dass zu anderen Absorptionsformen, etwa i.v. Injektion, übergegangen wird ("self injekting abusers").

1943　Bei **psychisch stabilen** Personen ist hingegen die Gefahr einer Abhängigkeitsausbildung geringer, nur dürften diese auch kaum zu Weckaminen auf Dauer und in einem für eine Abhängigkeitsausbildung erforderlichen Umfang greifen.

1944　In **physischer** Hinsicht ist die **Abhängigkeit vom Amfetamin-Typ** u.a. gekennzeichnet durch Abmagerung bis hin zur Kachexie, Schwächung des Immunsystems, Nierenschädigung, Lungenödem, Neuropathien, Fieber, Durchfall, Blutdruckschwankungen, fahles Hautkolorit und ein feinschlägiges Zittern der Hände. Charakteristisch ist die Austrocknung der Schleimhäute in Mund und Rachen sowie ein Anschwellen bestimmter Gesichtspartien, u.a. von Kinn und Wangen, mit zuweilen schwer heilenden Wunden ("**speed-scars**"); es kommt zu Erschöpfungszuständen und Schlafstörungen[253]. Beim Amfetamin-Schnupfen kann wie beim

---

[248] Vgl. hierzu beim Metamfetamin 3.2.4.3, Rdnr. 1826, beim Phenmetrazin Rdnr. 1831 f., sowie beim Methylphenidat Rdnr. 1835.
[249] Zur psychischen Abhängigkeit vom Cannabis-Typ vgl. 1.1.7, Rdnr. 234-237.
[250] Zur Ausbildung der Abhängigkeit vom Cocain-Typ vgl. 3.1.7, Rdnr. 1681.
[251] Zur erhöhten Gefährlichkeit derartiger Applikationsformen vgl. 3.2.4.5, Rdnr. 1912 und 1917 f.
[252] Vgl. aber auch 3.2.4.5, Rdnr. 1920.
[253] Da es insoweit zu keiner Toleranzbildung kommt, vgl. 3.2.4.4, Rdnr. 1900 mit FN 171.

Cocain-Schnupfen eine Perforation von Nasenscheidewand und Nasenflügeln auftreten.

In **psychischer** Hinsicht kann der **Dauerkonsum** von Weckaminen als Rauschdroge einerseits zur Folge heben, dass die anfänglich euphorische Stimmung durch eine andauernde depressive ersetzt wird, begleitet von **Erschöpfungs-** und **Angstzuständen**[254]. Andererseits kann auch ein "**überwacher**" Zustand eintreten mit Ruhelosigkeit, fahriger Psychomotorik und gesteigerter **Aggressivität** bei gleichzeitig verminderter Kritikfähigkeit und Wegfall von Hemmungen.

Weitere Folgen können ein oberflächliches, zeitweise größenwahnhaftes Denken mit ziel- und **sinnlosen Aktivitäten**, die sich in ständigen Wiederholungen ergehen, Konzentrationsabfall, Depersonalisierungserscheinungen[255] und die Ausbildung einer "Weckamin-Psychose"[256] sein.

Es besteht in diesem Stadium des Amfetamin-Missbrauchs die Gefahr, dass der "user" ohne psychotherapeutische Maßnahmen wieder in stimmungsaufhellenden und stimulierenden Mitteln ("uppers") Zuflucht sucht. Die Gefahr einer **Polytoxikomanie** ist gerade bei einem Weckamin-Missbrauch groß[257]. Die medizinische Prognose ist in solchen Fällen schlecht, zumal von einem Fortbestehen einer Abhängigkeit von einer oder mehreren anderen Rauschdrogen mit entsprechend hoher **Rückfallgefahr** ausgegangen werden muss.

Während bei **oraler** Amfetamin-Zufuhr mangels entsprechender Entzugssymptome nicht von der Ausbildung einer **physischen** Abhängigkeit ausgegangen werden kann, gehen die **Abstinenzsymptome** nach längerer i.v. bzw. **inhalativer** Aufnahme wie beim Cocain[258] über rein gegenregulatorische Mechanismen des Körpers wie erhöhtes Ess- und Schlafbedürfnis sowie eine depressive Grundstimmung hinaus und können schon eher einem Entzugssyndrom, eventuell mit suizidalen Tendenzen, zugeordnet werden. Allerdings sind diese Entzugserscheinungen (u.a. körperliche Dysfunktionen und schnelle Erschöpfbarkeit), die etwa 1/4 a andauern können, auch dann schwächer ausgeprägt als beim Heroinismus[259].

---

[254] Zu den Folgen chronischen Amfetamin-Missbrauchs vgl. auch 3.2.4.5, Rdnr. 1879 f.
[255] Zur Depersonalisierung vgl. beim Cannabis 1.1.4, Rdnr. 130.
[256] Näher zur sog. „Weckamin-Psychose" 3.2.4.7, Rdnr. 1950-1955.
[257] Zum Beigebrauch etwa von Sedativa wie BD bzw. zu einem abwechselnden Gebrauch von Drogen mit unterschiedlichem Wirkungsspektrum vgl. auch 3.2.4.2, Rdnr. 1810-1812, sowie 3.2.4.4, Rdnr. 1881 und 1909-1912. Vergleichbares gilt für den Cocainismus: 3.1.7, Rdnr. 1700.
[258] Zur Ausbildung einer auch physischen Abhängigkeit beim Cocain vgl. 3.1.7, Rdnr. 1692 f.
[259] Zum Heroin-Entzugssyndrom vgl. 2.1.7, Rdnr. 1308-1315. Beim Heroin unterliegen vornehmlich die zentral-dämpfenden, nicht die zentral-erregenden Wirkungskomponenten einer Toleranzausbildung, vgl. 2.1.4, Rdnr. 1171.

1949 Auffällig bleibt das gleichwohl weitgehende **Fehlen** von **Entzugssymptomen** bei chro-
nischem Missbrauch **zentral-erregender** Substanzen[260], während es bei einem entsprechenden Missbrauch zentral-dämpfender Stoffe[261] zu einer deutlichen Ausprägung einer auch physischen Abhängigkeit mit Entzugssymptomen kommt. Dies könnte damit zusammenhängen, dass die erwähnten Gegenregulierungsmechanismen[262] bei letzteren stärker ausgeprägt sind, da ein dauerhaft dämpfender Einfluss für das Überleben des Individuums gefährlicher wäre.

1950 Insbesondere bei **i.v.** Amfetamin-Zufuhr besteht bereits bei einmaliger Zufuhr die Gefahr, dass es zu einer drogeninduzierten **psychotischen Reaktion** mit insgesamt **schizophrenieartiger** Symptomatik kommt, die Beziehungen zum Alkohol-Delir aufweist[263]. Hierbei zeigen Patienten, die eine Amfetamin-Psychose entwickeln, häufig eine abnorme Persönlichkeitsstruktur sowie Alkoholismus und polytoxikomanes Verhalten.

1951 Bereits in den 1940er Jahren wurden erste "**Pervitin-Psychosen**" beschrieben[264]. Diese **akuten Intoxikationspsychosen** zeichnen sich u.a. durch starke Unruhe, illusionäre Verkennungen der Wirklichkeit, Sinnestäuschungen u.a. optischer und akustischer Art, Verwirrtheitszustände und dem unbestimmten Gefühl der Entfremdung, der Beeinträchtigung und des Bedrohtseins ("**Verfolgungswahn**")[265] bei sonst klarer Bewusstseinslage aus: Der Betroffene hat das Gefühl, nicht mehr er selbst zu sein, hat panische Angst und fühlt sich ständig den verschiedensten Anspielungen und Nachstellungen ausgesetzt. Dieser Zustand wird als "**Weckamin-Psychose**" (syn. "Amfetamin-Psychose")[266], gelegentlich auch als "speed-run"[267] bezeichnet.

1952 Wie bei der "Cocain-Psychose" kann es neben der Zwangssymptomatik zu **taktilen** Sinnestäuschungen **paranoid-mikrohalluzinatorischer** Art kommen (der Betroffene sieht und fühlt z.B. kleine Tiere wie Spinnen auf oder unter der Haut)[268], die nach einem Absetzen der Droge wieder abklingen, und worin Cocain und Amfetamine sich u.a. von cannabis- oder LSD-induzierten Psychosen[269] unterscheiden.

1953 "**Weckamin-Psychosen**" sollen bis zu 1 Monat anhalten können und nur sehr selten in eine echte Schizophrenie übergehen. Sie unterscheiden sich jedoch vom Erscheinungsbild

---

[260] Vgl. etwa zur Abhängigkeit vom Qāt-Typ 3.2.2, Rdnr. 1750 f.
[261] Vgl. etwa zur Abhängigkeit vom Alkohol- und Sedativa/Hypnotica-Typ 4.1, Rdnr. 2026-2036.
[262] Zu den Heroin-Entzugssymptomen als „umgekehrte" Opiat-Wirkungen vgl. 2.1.4, Rdnr. 1162, 1170, und 2.1.7, Rdnr. 1309.
[263] Vgl. auch zur akuten Cocain-Intoxikation 3.1.7, Rdnr. 1665.
[264] Vgl. auch zum Geschichtlichen 3.2.4.2, Rdnr. 1796.
[265] Zu Beeinträchtigungsideen vgl. auch beim Cocain 3.1.4, Rdnr. 1538. Zu Psychosen unter Metamfetamin-Einfluss vgl. auch 3.2.4.5, Rdnr. 1913 FN 195 und Rdnr. 1917.
[266] Zum Auftreten von „Weckamin-Psychosen" beim Ephedrin vgl. 3.2.1, Rdnr. 1729, beim Phenmetrazin 3.1.7, Rdnr. 1697. Dieses gilt auch für vergleichbare zentralneröse Stimulantien wie Methylphenidat.
[267] Zum Ausdruck „run" im Zusammenhang mit Amfetamin vgl. 3.2.4.4, Rdnr. 1879 f.
[268] Vgl. zu den „Cocain-Tierchen" bzw. „-Kristallen" 3.1.7, Rdnr. 1694.
[269] Zu LSD-induzierten Psychosen vgl. 1.2.1.1.7, Rdnr. 426 f.

3.2 Aufputschmittel

her kaum von endogenen Psychosen aus dem schizophrenen Formenkreis[270]. Das Risiko einer einmal durchstandenen Intoxikationspsychose besteht darin, dass sie auch bei niedriger Dosierung oder unspezifischen bzw. schwach wirksamen Rauschdrogen wieder auftreten können.

Möglicherweise kommt die exogene "**Weckamin-Psychose**", die außer als akute Vergiftungserscheinung auch als Folge eines chronischen Amfetamin-Missbrauchs auftreten kann, infolge einer langfristigen Beeinflussung des **Dopamin-Stoffwechsels**[271] zustande; hierfür spricht, dass amfetamin-induzierte Psychosen auf die Gabe von **Neuroleptica** reagieren, die über eine Blockade von Dopamin-Rezeptoren wirken[272].
1954 #

Ein anderer Intoxikationszustand kann sich in **stereotypen** Verhaltensstörungen mit **zwanghaft** wiederholten Handlungen äußern[273], die über Stunden und Tage hinweg auftreten können.
1955

Insbesondere bei der als völlig unkontrollierbar einzuschätzenden **Kombination** von Weckaminen mit **Alkohol**[274] kann es, wie bei i.v. oder inhalativer Weckamin-Aufnahme[275], zur Ausbildung eines **pathologischen Rauschzustandes** mit Anfällen von Zerstörungswut[276] kommen. Bereits bei erstmaliger Einnahme kann ein entsprechendes "Ausflippen" bewirkt werden.
1956

Es ist denkbar, dass **Aggressionsdelikte** und Vandalismus nordamerikanischer und europäischer Jugend- und Rockergruppen[277] neben dem hier sicherlich vorherrschenden ausschließlichen Alkohol-Konsum z.T. auch auf Kombinationen von Alkohol mit "uppers" wie "Cappies" oder "speed" zurückzuführen sind.
1957

Als Folge chronischen Amfetamin-Missbrauchs kann auch subakut mit einer erhöhten **Mortalität** gerechnet werden[278]. Die persistierende psychische Abhängigkeit nach einem Amfetamin-Entzug, die mehrere Jahre anhalten kann, führt dazu, dass ähnlich wie nach einem Cocain-Entzug[279] die **Rückfallgefahr** nach erfolgreicher Therapie eher höher als niedriger im Vergleich zu der beim Heroinismus einzuschätzen ist.
1958

---

[270] Zu drogeninduzierten schizophreniformen Psychosen vgl. auch beim Cocain 3.1.7, Rdnr. 1696 f.
[271] Zum Eingriff in den Dopamin-Haushalt durch Amfetamine vgl. 3.2.4.4, Rdnr. 1885-1893. Zu entsprechenden Cocain-Wirkungen vgl. 3.1.4, Rdnr. 1565-1572.
[272] Vgl. hierzu bei den Neuroleptica 4.3.2, Rdnr. 2143.
[273] Zu stereotypen Verhaltensstörungen als Langzeitwirkungen vgl. 3.2.4.7, Rdnr. 1946.
[274] Zu Amfetamin-Alkohol-Kombinationen vgl. 3.2.4.5, Rdnr. 1910 und 1912.
[275] Vgl. auch zum „Ice"- oder „crystal speed"-Rauchen 3.2.4.5, Rdnr. 1917.
[276] Ähnlich wie bei den Amfetamin-Derivaten DOM und DOB, vgl. 1.2.4.2, Rdnr. 820, aber auch bei PCP-,,Crack"-Kombinationen, vgl. 1.2.4.5, Rdnr. 904.
[277] Zum Weckamin-Konsum seitens Rockergruppen vgl. 3.2.4.2, Rdnr. 1811 und 1874, sowie 3.2.4.5, Rdnr. 1915.
[278] Ähnlich wie u.a. beim Heroinismus, vgl. 2.1.7, Rdnr. 1366.
[279] Zur Langzeitabstinenz bei Cocain-Abhängigen vgl. 3.1.7, Rdnr. 1702.

Literatur

Amin M et al. (1990) Acute myocordial infarction and chest pain syndrome after cocaine use. Am J Cardiol 66:1434-1437

Andrews P (1997) Cocaethylene toxicity. J Addict Dis 16:75-84

Asghar K, De Souza E (eds)(1989) Pharmacology and toxicology of amphetamine and related designer drugs. NIDA Res Monogr 94

Axt KJ, Molliver ME (1991) Immunocytochemical evidence for methamphetamine-induced serotonergic exon loss in the rat brain. Synapse 9:302-313

Bachmann P (1976) Das hyperkinetische Syndrom im Kindesalter. Huber, Bern

Baumgartner WA, Black CT, Jones PF, Blahd WH (1982) Radioimmunassay of cocaine in hair, concise communication. J Nucl Med 23:790-792

Bailey DN (1996) Cocaine and cocaethylene binding to human tissues: A preliminary study. Ther Drug Monit 18:280-283

Beck NE, Hale JE (1993) Cocaine "body-packers". Brit J Surg 80: 1513-1516

Beck O, Kraft M, Moeller M, Smith BL et al. (2000) Frontline immunochromatographic device for on-site urine testing of amphetamines: laboratory validation using authentic specimens. Am Clin Biochem 37(Ptz):199-204

Beil H, Trojan A (1974) Zur Problematik des Amphetaminil (AN 1)-Missbrauchs. MMW 116/48:2121-2123

Bejerot N (1970) A comparison of the effects of cocaine and synthetic central stimulants. Br J Addict 65:35-37

Bell DS (1965) Comparison of amphetamine psychosis and schizophrenia. Br J Psychiatry 111:701-707

Bell DS (1973) The experimental reproduction of amphetamine psychosis. Arch Gen Psychiatry 29:34-40

Benchimol A, Bartrail H, Dresser KB (1978) Accelerated ventricular rhythm and cocaine abuse. Ann Intern Med 88:519-521

Bettinger J (1980) Cocain intoxication, massive oral overdose. Ann Emerg Med 10:429-433

Birkholz M, Kropp S, Bleich S et al. (1997) Exkorporation von Betäubungsmitteln. Kriminalistik 4:277-283

Birnbach DJ, Stein DJ, Thomas K (1993) Instant recognition of the cocaine abusing parturient. Anesthesiol 79:A987

Blejer-Prieto H (1965) Coca leaf and cocaine addiction - some historical notes. Can Med Assoc J 93:700-704

Bogusz MJ, Schmidt G (1991) Cocain-Missbrauch - Neue Bedrohung mit der alten Substanz. Zbl Rechtsmed 35:783-793

Bogusz MJ, Kala M, Maier RD (1997) Determination of phenylisothiocyanate derivates of amphetamine and its analogues in biological fluids by HPLC-APCI-MS or DAD. J Anal Toxicol 21:59-69

Briellmann TA, Dussy FE, Schwerzmann T, Dittmann V (2001) Cocain und Heroin auf Banknoten. Kriminalistik 2:113-116

Bruns O (1941) Pervitin - Pharmakologie und Klinik. Fortschr Ther 17: 37-44, 90-100

Brzezinski MR, Spink BJ, Dean RA et al. (1997) Human liver carboxylesterase hCE-1: binding specifity for cocaine, heroin, and their metabolites and analogs. Drug Metab Dispos 25:1089-1096

Bundeskriminalamt (Hrsg.) (1981) Kokain-Informationsschrift. Wiesbaden

Bunn WH, Giannini AJ (1992) Cardiovascular complications of cocaine abuse. Am Fam Physician 45:769-773

Caldwell J et al. (1974) The biochemical pharmacology of drug abuse. I. Amphetamine, cocaine and LSD. Clin Pharmacol Ther 16:625-633

Chambers CD, Taylor WJR, Moffett AD (1972) The incidence of cocaine abuse among methadone maintenance patients. Int J Addict 7: 427-441

Cleckner PJ (1976) Blowing some lines: Intracultural variation among Miami cocaine users. J Psychedelic Drugs 8:37-42

Cohen H (1972) The amphetamine manifesto. Olympia Press, New York

Cohen SV (1976) Influence of cocaine on sexuality. Med Aspects Hum Sex 10:149-152

Colpaert FC et al. (1978) Neuroleptic interference with the cocaine cue: Internal stimulus control of behavior and psychosis. Psychopharmacology (Berlin) 58:257

Cone EJ (1995) Pharmacokinetics and pharmacodynamic of cocaine. J Anal Toxicol 19:459-478

Cone EJ, Weddington WW (1989) Prolonged occurence of cocaine in human saliva and urine after chronic abuse. J Anal Toxicol 13:65-68

Cone EJ, Oyler J, Darwin WD (1997) Cocaine Disposition in Saliva Following Intravenous, Intranasal and Smoked Administration. J Anal Toxicol 21:465-475

Connell PH (1958) Amphetamine psychosis. Chapman & Hall, London

Cooper H, Ellinwood EH (1981) Cocain und Cocainismus. Dtsch Ärztebl 19:173-179

Cregler LL, Mark H (1986) Special report: Medical complications of cocaine abuse. N Engl J Med 315:1495-1500

Crowley A (1973) Cocaine. Level, San Francisco

Daras M, Tuchmann AJ, Koppel BS et al. (1994) Neurovascular complications of cocaine. Acta Neurol Scand 90:124-129

Darke S, Hall W (1995) Levels and correlates of polydrug use among heroin users and regular amphetamine users. Drug Alcohol Depend 39:231-235

Daube H (1942) Pervitinpsychosen. Nervenarzt 15:20-25

Dyke C van, Jatlow P, Ungerer J, Barash PG (1978) Oral cocaine: Plasma concentrations and central effects. Science 200:211-213

Dyke C van et al. (1979) Cocaine and lidocaine have similar psychological effects after intranasal application. Life Sci 24:271-274

Ellinwood EH Jr, Kilbey MM (eds)(1977) Cocaine and other stimulants. Plenum, New York

Epstein PN et al. (1978) Changes in effects of cocaine during chronic treatment. Res Commun Chem Pathol Pharmacol 22:93-105

Erhardt E (1993) Wie gefährlich ist Kokain ? Kriminalistik 7:447-452

Favre M, de la Torre R, Gonzalez ML et al. (1997) Cocaine and alcohol interactions in humans: neuroendocrine effects and cocaethylene metabolism. J Pharmacol Exp Ther 283:164-176

Fisch F, Wilson DC (1969) Excretion of cocaine and its metabolits in man. J Pharm Pharmacol 21:135S

Fleurentin J, Pelt JM (1982) Repertory of drugs and medical plants of Yemen. J Etnopharmacol 6:85-108

Fodor G (1965) New methods and recent developments of ephedrine, pyrrolizidine, granatane and tropan alkaloids. Recent Dev Chem Nat Carbon Compounds 1:15-20

Freisleder A, Bautz W, Schmidt V (1988) Body Packing. Wertigkeit moderner bildgebender Verfahren zum Nachweis inkorporierter Transportmedien. Arch Kriminol 182:143-153

Freyer E (1997) Kokain, Ecstasy und verwandte Designerdrogen. Wirkungsweise, Überdosierung, Therapeutische Notfallmaßnahmen. Johann Ambrosius Barth, Heidelberg Leipzig

Galambos E, Pfeifer AK, György L, Molnár D (1967) Study of the excitation induced by amphetamine, cocaine and alpha-methyltryptamine. Psychopharmacologia 11:122-129

Gawin FH (1991) Cocaine Addiction: Psychology and Neurophysiology. Science 251:1580-1586

Gay GR (1982) Clinical management of acute and chronic cocaine poisoning. Am Emerg Med 11:562-572

Gay GR, Sheppard CW, Inaba DS, Newmeyer JA (1973 a) Cocaine in perspective: "Gift from the Sun God" to "The Rich Man's Drug". Drug Forum 2:409-430

Gay GR, Sheppard CW, Inaba DS, Newmeyer JA (1973 b) An old girl: Flyin' slow, dyin' slow, blindes by snow: Cocaine in perspective. Int J Addict 8:1027-1042

Goeders NE, Smith JE (1983) Cortical dopaminergic involvement in cocaine reinforcement. Science 221:773-775

Gorodetzky CW (1970) Marihuana, LSD, Amphetamines. Drug Depend 5: 61-66

Grabowsky J (ed)(1984) Cocaine: Pharmacology, effects and treatment of abuse. NIDA Res Monogr, Rockville/MD

Grasshof H (1962) Zusammenhänge zwischen Konstitution und Wirksamkeit bei Lokalanästhetica. Fortschr Arzneimittelforsch 4:353-357

Grinspoon L, Bakalar JB (1976) Cocaine: A drug and its social evolution. Basic Books, New York

Grinspoon L, Bakalar JB (1977) A kick from cocaine. A review of research on the drug's effects physical, social, and psychosocial. Psychol Today 3:41-42, 78

Gundlach H, Metraux (1979) Freund, Kokain, Koller und Schleich. Psyche 33:434-451

Halbach H (1981) Amphetamine. Dtsch Ärztebl 78/50:2398-2402

Halikas JA, Crosby RD, Pearson VL et al. (1997) A randomized double-blind study of carbamazepine in the treatment of cocaine abuse. Clin Pharmacol Ther 62:89-105

Hanna JM (1974) Coca leaf use in southern Peru: Some biosocial aspects. Am Anthropol 76:281-296

Hanna JM, Hornick CA (1977) Use of coca leaf in southern Peru: adoption or addiction. Bull Narc 29:63-74

Harkey MR, Henderson GL, Zhou C (1991) Simultaneous Quantitation of Cocain and it's Major Metabolits in Human Hair by Gaschromatography/Chemical Ionisation Mass Spectrometry. J Anal Toxicol 15: 260-264

Hasse HE, Schönhofer PS, Waldmann H (1973) Die Bedeutung weckaminartiger Substanzen in der Psychodynamik des Drogenkonsums bei Jugendlichen. Dtsch Med Wochenschr 98:295-301

Hearn WL, Rose S, Wagner J et al. (1991) Cocaethylene is more potent than cocaine in mediating lethality. Pharmacol Biochem Behav 39:531-533

Heinemann A, Lockermann U, Iwersen S, Püschel K, Schmoldt A (1997) Cocain - Nur eine Modedroge ? Kriminalistik 8-9:591-595

Hirsch C (1982) Die Stellung des Kokains in der Lokalanästhesie einst und jetzt. Schmerz 1:105-113

Hoffmann K-D (1998) Kokain - "Schnee" aus den Anden. Kriminalistik 11: 702-705

Hollister LE, Gillespie HK (1970) Marihuana, ethanol and dextroamphetamine - mood and mental function alteration. Arch Clin Psychiatry 23:199-204

Holmann RB (1994) Biological effects of central nervous system stimulants. Addiction 89:1435-1441

Iffland R (1982) Fenetyllin- und Amphetaminspiegel im Urin nach Einnahme von Captagon. Arch Kriminol 169:81-88

Isner JM, Chokski SK (1991) Cardiovascular complications of cocaine. Curr Probl Cardiol 45:93-121

Jain NC, Chinn DM, Sneath TC, Budd RD (1977) Simultaneous gas chromatographic determination of cocaine, methadone, methaqualone, phencyclidine, and propoxyphene. J Anal Toxicol 1:192-194

Javaid JL, Dekirmenjan H, Davis JM, Schuster CR (1978) Determination of cocaine in human urine, plasma and red blood cells by gasliquid chromatography. J Chromatogr 152:105-113

Javaid JL, Fischman MW, Schuster CR et al. (1978) Cocaine plasma concentration: Relation to physiological and subjective effects in humans. Sciene 202:227-228

Jeri FR (1979) Further experience with the syndromes produced by coca paste. Bull Narc 15:1-8

Jeri FR, Sanchez CC, Del Pozo T, Fernandez M (1978 a) The syndrome of coca paste. J Psychedelic Drugs 10:361-370

Jeri FR, Sanchez CC, Del Pozo T, Fernandez M (1978 b) Further experience with the syndromes produced by coca paste smoking. Bull Narc 30:1-11

Jindal SP, Lutz T, Vestergaard P (1978) Mass spectrometic determination of cocaine and its biologically active metabolite, norcocaine, in human urine. Biomed Mass Spectrom 5:658-663

Joachim H. Hochreuther J (1977) Untersuchungen über den Kombinationseffekt von Alkohol - Fenetyllin (Captagon) auf einige Reflexmechanismen des Menschen. Blutalkohol 14:25-46

John H, Schoenberger R, Renner N, Ritz R (1992) Cocain-Intoxikation durch Drogentransport im Gastrointestinaltrakt (Body-Packer-Syndrom). Dtsch Med Wochenschr 117/51-52:1952-1955

Jordan SE, Lasslo A, Livingston HL, Alperin H (1958) Comparative pharmacology of cocaine and the diethylamide derivate of cocaine. Arch Int Pharmacodyn 4:452-473

Kalix P (1988) Khat - ein pflanzliches Amphetamin. Dtsch Apoth Z 128: 2150-2153

Kalix P (1992) Cathinone, a Natural Amphetamine. Pharmacol Toxicol 70:77-82

Kalix P, Brenneisen R, Koelbing U et al. (1991) Khat, eine pflanzliche Droge mit Amphetaminwirkungen. Schweiz Med Wochenschr 121: 1561-1466

Kalus F, Kucher J, Zutt J (1950) Über die psychotischen Bilder bei chronischem Pervitinmissbrauch. Psychiatr Neurol Med Psychol 2: 109-116, 138-144

Karch SB, Billingham BE (1988) The pathology and etiology of cocaineinduced heart disease. Arch Pathol Lab Med 112:225-230

Katzung W (1991) Drogen: Information in Übersichten V. Abhängigkeit vom Cocain-Typ - Leitdroge Cocain. Medizin aktuell 17:400-403

Kauert G, Röhrich J, Schmidt K (1995) Bestimmung von Amphetamin. Toxichem Krimtech 62:14-20

Kellner E (1960) Preludinsucht und Preludinpsychose. Ther GGW 99 524-530

Keup W (1990) Kokainmissbrauch in der Bundesrepublik Deutschland. BKA Forschungsreihe, Bundeskriminalamt Wiesbaden

Kilbey MM, Breslau N, Audreski P (1992) Cocaine use and dependence in young adults: associated psychiatric disorders and personality traits. Drug Alcohol Depend 29:283-290

Kogan MJ, Vereby KG, Depace AC et al. (1977) Quantitative determination of benzoylecgonine and cocaine in human biofluids by gasliquid chromatography. Anal Chem 49:1965-1969

Körner HH (1989) Doping: Der Drogenmissbrauch im Sport und Stall. ZRP 11:418-422

Kosten TR, Kleber HD, Morgan C (1989) Role of opioid antagonists in treating intravenous cocaine abuse. Life Sci 44:887-892

Kosten TR, Silverman DG, Fleming J et al. (1992) Intravenous Cocaine challenges during naltrexone maintenance: a preliminary study. Biol Psychiatr 32:543-548

Kowalewski H (1990) Body-Packer-Syndrom. Rauschgiftschmuggel im menschlichen Körper - Diskussion aus juristischer und medizinischer Sicht an Hand eigener Fälle. Fortschr Med 108/24:467-469

Kozel/Adams (eds) (1985) Cocaine Use in America. NIDA Res Monogr Series 61, Rockville/MD

Kramer E (1941) Die Pervitingefahr. MMW 16:419-427

Krause K-H, Krause J, Trott G-H (1998) Das hyperkinetische Syndrom (Aufmerksamkeitsdefizit-/Hyperaktivitätsstörungen) des Erwachsenenalters. Nervenarzt 69/7:543-556

Kuhn KL, Halikas JA, Kemp KD (1989) Carbamazepine treatment of cocaine dependence in methadone maintenance patients with dual opiate-cocaine addiction. NIDA Res Monogr 95:316-317

Ladewig D, Battegay R, Labhardt F (1969) Stimulantiensucht und -psychosen. Dtsch Med Wochenschr 94:101-107

Lange RA et al. (1989) Cocaine induced coronary artery vasoconstriction. N Eng J Med 321:1557-1562

Laudry MJ (1992) An overview of cocaethylene, an alcohol-derived, psychoactive, cocaine metabolite. J Psychoactive Drugs 24: 273-276

Lemmer B (1982) Benzodiazepine und Appetitzügler - Gebrauch und Missbrauch. Med Monatsschr Pharm 4:225-233

Linck J (1987) Doping und staatliches Recht. NJW 41:2545-2548

Logan BK, Peterson KL (1994) The origin and significance of ecgonine methyl ester in blood sampl. J Anal Toxicol 18:124-125

Lundberg GD, Garriott JC, Reynolds PC, Cravey RH (1977) Cocaine-related death. J Forsensic Sci 22:402-408

Marc B, Brand FJ, Aelion MJ et al. (1990) The cocaine body-packer Syndrome: evaluation of a method of contrast study of the bowel. J Forensic Sci 35/2:345-355

Martin RT (1970) The role of coca in the history, religion, and medicine of South American Indians. Econ Bot 24/4:422-438

Marzute PM, Tardiff K, Smyth D et al. (1992) Cocaine Use, Risk Taking and Fatal Russian Roulette. JAMA 267/19:2635-2637

Megges G (1983) Massive psychische Abhängigkeit..., Cocain - Cocaismus, Cocainismus. Kriminalistik 2:62-69

Megges G (1986) "Speed" - Zur Suchtgefährlichkeit der Amphetamine. Kriminalistik 5:224

Minister für Arbeit, Gesundheit und Soziales des Landes NordrheinWestfalen (Hrsg.) (1981) Cocain heute. Dokumentation des IDIS. Verlag für Dokumentation und Information über Sozialmedizin und öffentliches Gesundheitswesen, Bielefeld.

Mittleman RE, Wetly CV (1987) Cocaine and Sudden "Natural" Death. J Forensic Sci 32/1:11-19

Mittleman RE, Wetly CV (1991) The Pathology of Cocaine Abuse. Advances in Pathology and Laboratory Medicine. Mosby-Year Book, Inc 37-73

Möller MR, Bregel D, Hartung M, Warth S (1995) Quantitative Bestimmung von Cocain und Benzoylcocain aus Serum mittels Festphasenextraktion. Toxichem Krimtech 62:28-30

Mortimer WG (1974) History of coca. "The divine plant" of the Incas. And/Or Press, San Francisco

Mule SJ (ed)(1976) Cocaine. Chemical, biological, clinical, social and treatment aspects. CRC Press, Cleveland/OH

Murphy HBM, Rios O, Negrete JC (1969) The effects of abstinence and of retraining an the chewer of coca leaf. Bull Narc 21:41-47

Nichols GR, Davis GJ (1992) Body packing with a twist - death of a sales man. Am J Forens Med Pathol 13:142-145

Nieforth KS (1971) Psychotomimetic phenethylamine. J Pharm Sci 60:655-659

Nieschulz O (1969) Kokaismus und Kokainismus. MMW 44:2276-2284

Nieschulz O (1971) Psychopharmakologische Untersuchungen über Cocain und Ecgonin. Ein Beitrag zum Problem des Cocaismus und Cocainismus. Arzneimittelforsch 21:275-284

Nieschulz O, Schmersahl P (1969) Untersuchungen über die Bedeutung des Kalkzusatzes beim Kauen von Coca-Blättern. Planta Med 17:178-183

Nobel H (1985) Teufelsdroge Nr. 2 auf dem Vormarsch - Kokain: Schmuggel, Preise, Anwendungsformen. Kriminalistik 3:130-149

Nossoll M, Teuchert-Noodt G, Dawirs RR (1997) A single dosis of methamphetamine in neonatal gerbils affects adult prefrontal GABA innervation. Eur J Pharmacol 340:3-5

Pallenbach E (1996) Die Männer mit der dicken Backe. Khat im Jemen. Dtsch Apothek Z 136:3399-3410

Panse F, Klages W (1964) Klinisch-psychopathologische Beobachtungen bei chronischem Missbrauch von Ephedrin und verwandten Substanzen. Arch Psychiatr Nervenkr 206:69-95

Philipps J, Wynne RD (1980) Cocaine. Avon, New York

Pickering H, Stimson GV (1994) Prevalence and demographic factors of stimulant use. Addiction 89:1385-1389

Post RM (1975) Cocaine psychosis: A continuum model. Am J Psychiatry 132:225-231

Post RM, Kotin J, Goodwin FK (1974) The effects of cocaine on depressed patients. Am J Psychiatry 131:511-517

Post RM, Kopanda RT (1976) Cocaine, kindling, and psychosis. Am J Psychiatry 133:627-634

Prokop H (1968) Halluzinose bei Ephedrinsucht. Nervenarzt 39:71-75

Prokop H (1969) Über Fälle mit Ephedrin- und Preludinsucht. Wien Klin Wochenschr 81:269-271

Püschel K, Schulz F, Iwersen S, Schmoldt A (1995) Tod nach Verschlucken von Rauschgift. Kriminalistik 5:355-358

Rafla FK, Epstein RL (1979) Identification of cocaine and its metabolits in human urine in the presence of ethyl alcohol. J Anal Toxicol 3:59-63

Resnick RB, Kestenbaum RS, Schwarz LK (1976) Acute systemic effects of cocaine in man: A controlled study by intranasal and intravenous routes. Psychopharmacol Bull 12:44-45

Rezkalla SH, Hale S, Kloner RA (1990) Cocaine induced heart diseases. Am Heart J 120/6:1403-1408

Ritz MG, Kuhar MJ (1989) Relationship between a self administration of amphetamine and monoamine receptors: comparison with cocaine. J Pharmacol Exp Ther 248:1010-1017

Röhrich J, Schmidt K, Bratzke H (1995) Nachweis von Amphetamin-Derivaten bei chemisch-toxikologischen Untersuchungen über den Zeitraum 1987-1993 im Großraum Frankfurt. Blutalkohol 32:42-29

Sahihi A (1990) Designer-Drogen: Crack, die effektvollste aller Zerstörungen. Suchtreport 4/6:42-47

Sano J, Nagasaka (1956) Über chronische Weckaminsucht in Japan. Fortschr Neurol Psychiatr 24:291-394

Sauer W, Freislederer A, Graw W, Schmidt V (1988) Sonografie bei intrakorporalem Drogenschmuggel. Dtsch Med Wochenschr 114:1855-1858

Scheidt J vom (1973) Sigmund Freud und das Kokain. Psyche 27:385-430

Siegel RK (1978) Cocaine hallucinations. Am J Psychiatry 135:309-314

Smith DE, Wasson DR (1978) Cocaine. J Psychedelic Drugs 10:351-360

Spiehler VR, Reed D (1985) Brain Concentrations of Cocaine and Benzoylecgonine in Fatal Case. J Forensic Sci 40/4:1003-1011

String DL, Hunt DE, Goldsmith DS (1985) Patterns of cocaine use among methadone clients. Int J Addict 20:1163-1175

Suarez CA, Arango A, Lester JL (1977) Cocaine - condom ingestion. Surgial treatment. JAMA 238:1391-1392

Suzuki O, Hattori H, Asano M (1984) Nails and hair as useful materials for detection of methamphetamin or amphetamin abuse. Forensic Sci Intern 24:9-16

Täschner K-L (1988) Koka und Kokain - Konsum und Wirkungen. Deutscher Ärzteverlag, Köln

Täschner K-L (1989) Cocain - Kein "Schnee" von gestern. Dtsch Apoth Z 37:1955-1959

Täschner K-L, Richtberg W (1982) Kokain-Report. Akademische Verlagsgesellschaft, Wiesbaden

Täschner K-L, Bort G (1987) Kokainmissbrauch - eine unterschätzte Gefahr ? Suchtgefahren 33:369-375

Thamm BG (1984) Kokain - Schnee von Morgen. Psychol heute 11:56-59

Thamm BG (1986) Andenschnee: die lange Linie des Kokains. Sphinx, Basel

Toennes SW, Kauert GF (2000) Nachweis und Häufigkeit des kombinierten Konsums von Kokain und Ethanol. Blutalkohol 37/6:434-439

Villinger W (1941) Pervitin, Suchtproblem und Suchtbekämpfung. Nervenarzt 14:405-408

Voigt HP (1982) Zum Thema: Kokain. Sphinx, Basel

Weir S (1985) Qāt im Yemen. British Museum Publications, Dorset

Wetli CV, Wright RK (1969) Death caused by recreational cocaine use. JAMA 241:2519-2522

Wilkinson P, Dyke C van, Jatlow P et al. (1980) Intranasal and oral cocaine kinetics. Clin Pharmacol Ther 27:386-394

Witkop B, Foltz CM (1957) Studies on the stereochemistry of ephedrine and ψ-ephedrine. J Chem Soc 79:197-199

Zapata-Ortiz V, Castro de la Mata R, Barrantes Campos R (1961) Die anticonvulsive Wirkung des Cocains. Arzneimittelforsch 11: 657-662

Zimmermann P (1995) Drogenschmuggel im Körper: Erkenntnisse zu Methoden und zur Diagnostik des Körperschmuggels. Kriminalistik 8-9: 556-559

Zuckermann B, Frank DA, Hingson R et al. (1989) Effects of maternal marijuana and cocaine use on fetal growth. N Engl J Med 320: 762-768

Kapitel 4: Ausweich- und Substitutionsmittel

Vorbemerkungen: Unter dem Begriff "**Ausweichmittel**" sollen hier Stoffe und Zubereitungen dieser Stoffe verstanden werden, die von Drogenabhängigen zur Überbrückung bei Lieferschwierigkeiten oder Geldknappheit anstelle oder neben den primär konsumierten (meisten "**harten**") Rauschdrogen genommen werden[1]. Ebenso sollen hierunter jedoch auch Stoffe bzw. deren Zubereitungen verstanden werden, die in Form des "**Beigebrauchs**" neben oder zusammen mit Rauschdrogen konsumiert werden[2]. Hierbei handelt es sich fast ausschließlich um Produkte, die als **FAM**[3] im Handel erhältlich waren oder noch sind. Im folgenden soll auf die bekanntesten und am häufigsten missbrauchten Medikamente eingegangen werden; viele hiervon wurden seit Beginn der 1980er Jahre im Hinblick auf ihr **Missbrauchspotential** nach und nach vom Markt genommen.

1959

Soweit die entsprechenden **Stoffe** in den Anl. II und III zum BtMG 1994 aufgeführt sind, handelt es sich hierbei zwar grundsätzlich um Btm.

1960 §

Im Einzelfall kann es sich jedoch bei einem den entsprechenden Stoff enthaltenden Präparat um eine "**besonders ausgenommene Zubereitung**" handeln, so dass dieses Arzneimittel frei rezeptierbar ist und nicht den Bestimmungen des BtMG und der BtMVV unterfällt.

Unter welchen Umständen es sich um eine besonders ausgenommene Zubereitung handelt, ergibt sich aus den näheren Angaben in den **Anl. II** und **III** selbst, die als Anhang B.1 in diesem Buch wiedergeben sind.

1961 §

Soweit es sich im Zusammenhang mit der Darstellung der einzelnen Substanzen und Substanzgruppen bei den sie enthaltenden FAM um **Btm** im Sinne des BtMG 1994 handelt, wird dies zwar jeweils gesondert erwähnt. Da die Einordnungskriterien jedoch einem häufigen Wandel unterworfen sind und immer wieder novelliert werden, muss diese Zuordnung im Einzelfall jeweils anhand der letzten Fassung der Anlagen zum BtMG überprüft werden[4]. In den vergangenen Jahren wurde eine Reihe von FAM vom Markt genommen, die als Btm eingestuft waren. Da sie jedoch teilweise weiterhin illegal hergestellt bzw. ihre dem BtMG unterliegenden Wirkstoffe unter anderen Bezeichnungen illegal synthetisiert oder

---

[1] Vgl. etwa zu codein-haltigen Ausweichmitteln für Heroin 2.1.5, Rdnr. 1227 f.
[2] Vgl. etwa zum Beigebrauch von Sedativa neben Amfetaminen 3.2.4.5, Rdnr. 1911.
[3] Vgl. z.B. zum Captagon-Missbrauch 3.2.4.5, Rdnr. 1903 f.
[4] Vgl. etwa zur nachträglichen Aufnahme des DOB in Anl. I zum BtMG 1982 1.2.4.2, Rdnr. 828 f.

aus legaler Produktion im Ausland abgezweigt werden, wird auf sie im folgenden ebenfalls eingegangen.

1962 Seit Beginn der 1980er Jahre war auf dem illegalen europäischen Drogenmarkt, wie bereits zuvor in den USA, insbesondere bei zeitweiliger Heroin-Verknappung[5], ein zunehmender **Missbrauch** entsprechender **FAM** festzustellen gewesen.

1963 Diese wurden z.T. durch sog. "**direkte Beschaffungskriminalität**" wie Apothekeneinbrüche oder Rezeptfälschungen besorgt[6] oder von illegalen Händlern außerhalb von Apotheken erworben, die ihrerseits sich die entsprechenden Medikamente durch Abzweigen aus der legalen Produktion oder Krankenhausapotheken verschafft hatten. Teilweise wurden die einschlägigen Arzneimittel aber auch von **Ärzten** verschrieben, nicht selten auf Privatrezept gegen sofortige Barzahlung, ohne vorherige Untersuchung und ohne medizinische Indikation[7]. Insbesondere Heroin-Abhängige gingen regelrecht täglich auf "**Doc-Tour**" zu jeweils einen anderen Arzt[8].

1964 Um den Handel mit **verschreibungspflichtigen** Arzneimitteln in der Drogenszene einzudämmen, ist seit dem 11.9.1998 auch der nichtgewerbliche Verkauf und die Abgabe derartiger Arzneimittel **außerhalb** von **Apotheken** nach § 95 Abs. 1 Nr. 4 AMG strafbar, und zwar unabhängig von einer Btm-Eigenschaft bzw. der Zweckbestimmung der AM.
§

1965 Meist ergibt sich eine **kombinierte Heroin- und Tabletten-Abhängigkeit**. Die Behauptung eines Drogenabhängigen, er habe sich mit Hilfe von Tabletten "selbst entzogen", ist daher mit Skepsis aufzunehmen[9]. Häufig dienen Ausweichmittel auch dazu, **Entzugserscheinungen** eine Zeit lang zu **unterdrücken**, wenn es darauf ankommt, bei Behörden und Gerichten einen guten Eindruck zu machen, oder um bei bevorstehenden Urintests die Zeit bis zum Abbau der zuvor eingenommenen Rauschdrogen zu überbrücken[10].

1966 Außer dieser Funktion als Ausweich- und Zusatzmittel für Drogenabhängige besteht bei einem Teil der hier beschriebenen Stoffe aber auch ein mehr oder we-

---

[5] Zur Heroin-Verknappung vgl. 2.1.2, Rdnr. 1018 und 1056.
[6] Zur Beschaffungskriminalität vgl. auch beim Heroin 2.1.7, Rdnr. 1305. Zur Beschaffung von Ausweichmitteln vgl. auch beim Codein 4.4.2.1, Rdnr. 2288 f.; vgl. demgegenüber beim Fortral 4.4.3, Rdnr. 2366.
[7] Zur Verschreibung von FAM im Zuge einer ambulanten Substitutionsbehandlung vgl. demgegenüber beim Methadon 2.1.7, Rdnr. 1328-1330, sowie beim Codein 4.4.2.1, Rdnr. 2292 und 2302.
[8] Diese Gefahr besteht nach wie vor etwa bei unkontrollierter Vergabe von Substitutionsmitteln, vgl. 3.1.7, Rdnr. 1330, und 4.4.2.1, Rdnr. 2291.
[9] Zur Möglichkeit einer „Selbstheilung" vgl. jedoch 2.1.7, Rdnr. 1355-1358.
[10] Vgl. z.B. zur Nachweisdauer des EMIT-Verfahrens für Heroin 2.1.6, Rdnr. 1251. Die Screeningverfahren erfassen mittlerweile jedoch eine Reihe von als Ausweichmittel missbrauchten AM.

4. Ausweich- und Substitutionsmittel 513

niger verdeckter und **tolerierter Medikamentenmissbrauch**[11] durch Personen, die keine Rauschdrogen nehmen und nicht der Drogen-"Scene" zuzurechnen sind.

Nach Schätzungen u.a. der DHS war für 1986 von mindestens 600.000, 1991 etwa 800.000, 1992 etwa 900.000, 1993-1996 von etwa 1,2 Mio. und 1998 von etwa 1,4 Mio. reinen **Medikamentenabhängigen** in Deutschland auszugehen. Ihnen standen 1992 etwa 2,4 und im Jahre 2000 etwa 2,6 Mio. durch Alkohol-Missbrauch gefährdete Personen (hiervon ca. 1,6 Mio. **Alkohol-Abhängige**)[12] und etwa 100.000 (2001 etwa 150.000) pathologische **Glücksspieler** gegenüber. **1967**

Weltweit wurde von der WHO bereits 1986 die Zahl der Menschen, die missbräuchlich Schlaf- und Beruhigungsmittel sowie Psychopharmaka einnehmen, auf ca. 3,4 Mio. Menschen geschätzt[13].

In der Gruppe der Medikamentenabhängigen scheinen, im Gegensatz zu der der Alkohol-Kranken, die **Frauen** zu dominieren; ihr Anteil dürfte mehr als doppelt so hoch sein. So soll bereits jede 2. Patientin über 50 Jahre psychisch wirkende Mittel verordnet erhalten, von allen erwachsenen Bürgern bei uns jeder 5.

Hierbei handelt es sich häufig um eine iatrogen ausgelöste, stabile **Niedrigdosen-(low dose-)Abhängigkeit**. Bei Dauergebrauch von Hypnotica oder Analgetica bzw. entsprechenden Kombinationspräparaten entwickelt sich auch bei therapeutischer Dosierung Toleranz etwa gegenüber der schlafinduzierenden Wirkung mit der Folge gegenregulativer **Entzugserscheinungen** wie Schlafstörungen, Unruhe und Angstzuständen. Die Fortsetzung der medikamentösen Behandlung erfolgt in diesen Fällen dann, allerdings ohne größere Dosissteigerungen, zur Kompensation der Entzugserscheinungen, ohne dass hiermit noch ein therapeutischer Zweck verbunden wäre[14]. **1968**

Mit ursächlich hierfür dürfte eine jedenfalls zeitweilig großzügige Verschreibungspraxis niedergelassener Ärzte sein, von denen der Patient häufig eine ihn als Person nicht in Frage stellende, nämlich rein medikamentöse Lösung seiner Lebensprobleme verlangt. Ein Indiz hierfür ist, dass sich zwischen 1974 und 1980 die Anzahl von **Tranquilizer-Verordnungen** nahezu verdoppelte, was wohl mit zur Unterstellung einer Reihe von 1,4-Benzodiazepinen 1986 unter die Vorschriften des BtMG 1982 durch Aufnahme in Anh. III geführt hat. **1969**

---

[11] Vgl. etwa zum Weckamin-Missbrauch 3.2.4.7, Rdnr. 1931 f., oder zum Tranquilizer-Missbrauch 4.3.4, Rdnr. 2206-2211.

[12] Von ihnen dürften jährlich etwa 42.000 (Angabe für 2000/01) im Zusammenhang mit ihrem Alkohol-Missbrauch sterben. Zur Schätzung der Zahl der Heroin-Abhängigen vgl. 2.1.2, Rdnr. 1025.

[13] Viele von ihnen werden zunächst als alkohol-krank angesehen. Zur Schätzung der Zahl der Heroin-Konsumenten seitens der WHO vgl. 2.1.2, Rdnr. 1044, der Cannabis-Konsumenten 1.1.2, Rdnr. 70, der Cocain-Konsumenten 3.1.2, Rdnr. 1472 FN 64, sowie der Weckamin-Konsumenten 3.2.4.2, Rdnr. 1810; zur Schätzung der Zahl der „Suchtraucher" vgl. 1.2.2.2, Rdnr. 531.

[14] Vgl. zum Barbiturat- und Tranquilizer-Missbrauch 4.1, Rdnr. 2012, und 4.3.4, Rdnr. 2215.

1970 Andererseits haben **Anwendungsbeschränkungen** des BGA im Herbst 1983 bezüglich schwacher und **mittelstarker Analgetica**, die **Pyrazol-Derivate** oder **Phenacetin** (chem. Bezeichnung: (4-Ethoxyphenyl)acetamid)[15] enthielten, durchaus Auswirkungen auf den Schmerzmittelumsatz gezeitigt.

1971 In diesen Fällen besteht neben der Gefahr einer Steigerung des Missbrauchs von der reinen Gewöhnung bis hin zur Ausbildung einer **Abhängigkeit**, etwa vom **Sedativa/Hypnotica-Typ**[16], die weitergehende Gefahr, dass eine unkontrollierte **Kombination** von verordneten Arzneimitteln mit unterschiedlichen Wirkungsspektren, gegebenenfalls in Form der Selbstmedikamentation und in Verbindung mit Alkohol, zu unvorhergesehenen, **synergistischen** Auswirkungen auf Körper und Psyche führt.

1972 Die **Entwöhnungsbehandlung** ist hier schwieriger als bei reinen Alkoholikern, zumal eine Rückfallgefahr bereits dann gegeben ist, wenn nach Behandlungsabschluss Medikamente oder Alkohol, die als Suchtmittel austauschbar sind, genommen werden[17]. Die **Rückfallhäufigkeit** dürfte bei Medikamenten-Abhängigen höher als bei Alkoholikern sein (deren Erfolgsquote 2 Jahre nach Behandlungsende mit durchschnittlich 35-50 % angegeben wird[18]).

1973 Wohl mit am gravierensten ist, dass **Jugendliche** von früh auf aufgrund des "Vorbildes" der Erwachsenen an den Umgang mit Arzneimitteln als etwas Selbstverständliches gewöhnt werden (gleiches gilt für Alkohol), was sicherlich dann bedenklich wird, wenn auch exzessiver Arzneimittelkonsum als etwas völlig Normales und Übliches erlebt wird. In diesem Sinne kann einer Reihe von **FAM** durchaus die Funktion einer "**Einstiegsdroge**" auch für "harte" Drogen zukommen, neben den in diesem Zusammenhang oft angeführten Cannabis-Produkten[19] und Alkoholika.

1974 Gerade bei Schulkindern, von denen bereits 1984 jedes 4. als "**verhaltensgestört**" angesehen wurde, scheint nach wie vor die Neigung von Seiten der Eltern und konsultierten Ärzte groß, einer **medikamentösen Ruhigstellung**, zeitweise u.a. mit phenobarbital-haltigen Hypnotica und Tranquilizern[20], den Vorzug zu geben, ohne sich mit den Ursachen von

---

[15] Neben den Sedativa ist insbesondere der Missbrauch antipyretischer (fiebersenkender) Analgetica (etwa von Kopfschmerztabletten), die zuweilen auch schlafanstoßende Substanzen oder stimmungsaufhellende wie Coffein enthalten, verbreitet. 1986 wurde der Vertrieb phenacetin-haltiger Analgetica, für deren Wirkung im Organismus das Hauptstoffwechselprodukt Paracetamol verantwortlich ist und die u.a. zu Erregung, Euphorie und erhöhter Leistungsfähigkeit, aber u.a. auch zentral-nervösen und Nierenschäden („Phenacetin-Niere") führen können, vom BGA vollständig untersagt. In der Folgezeit wurden Nutzen-Risiko-Analysen für alle Kombinationspräparate, die als Analgetica vertrieben wurden, durchgeführt. Vgl. auch Vorbem. 4.4, Rdnr. 2243.
[16] Näher zur Abhängigkeit vom Sedativa/Hypnotica-Typ 4.1, Rdnr. 2024-2036.
[17] Vgl. auch zur Entwöhnungsbehandlung bei Polytoxikomanie 3.2.4.7, Rdnr. 1947.
[18] Zur Erfolgsquote bei der Therapie Heroin-Abhängiger vgl. 2.1.7, Rdnr. 1364.
[19] Zur Diskussion um Cannabinoide als „Einstiegsdroge" vgl. 1.1.7, Rdnr. 251 und 253 f.
[20] Vgl. auch zum Methylphenidat (Ritalin) 3.2.4.3, Rdnr. 1833-1836.

"Schulstress" und "-angst" auseinandersetzen und gegebenenfalls eigenes Fehlverhalten eingestehen zu müssen[21]. Auch weiterhin dürften bis zu 1/4 der Schüler Präparate zur Leistungssteigerung und Verbesserung der Konzentrationsfähigkeit erhalten; etwa 14 % der Schüler in Deutschland sollen regelmäßig Beruhigungs-, Schlaf- und Schmerzmittel erhalten.

Weiterhin besteht bei einem Teil der Jugendlichen und Heranwachsenden ein ungebrochener Trend eines **wahllosen Konsums** aller Mittel, die wahlweise einen "gut drauf sein lassen" und befähigen, die auch von der "Spaß-Kultur" geforderten Leistungen zu erbringen, bzw. die "zu machen" oder "dröhnen"[22], wobei der Alkohol-Konsum nach wie vor am verbreitetsten ist, um auf diese Weise nicht länger mit einem als unüberwindbar erlebten Missverhältnis zwischen eigener Leistungsfähigkeit und angestrebten Zielen bzw. deren Realisierungsmöglichkeiten konfrontiert zu werden.

1975

Ob hierbei, wie häufig an Schulen, in erster Linie Alkohol und Medikamente missbraucht, oder **andere zentral-depressive Substanzen**[23] eingenommen werden, auf die im folgenden näher eingegangen wird, ist dabei eher zweitrangig und von globalen, allenfalls marginal beeinflussbaren Veränderungen im Konsumverhalten abhängig[24], die das zugrundeliegende Problem nur graduell unterschiedlich erscheinen lassen.

1976

4.1 Barbiturate

Diese generell von den **Säureamiden**[1] herleitbare und damit auch als **Ureide** einzuordnende Gruppe von **Psychopharmaka**[2] bewirkt durch Dämpfung des ZNS den sog. "**medikamentösen Schlaf**", der sich vom natürlichen, "physiologischen Schlaf" durch einen Eingriff in die Abfolge der einzelnen Schlafphasen unterscheidet[3].

1977
*

---

[21] Zum zeitweiligen erheblichen Missbrauch ephedrin-haltiger FAM vgl. 3.2.1, Rdnr. 1721-1723.
[22] Vgl. hierzu etwa bei den Schnüffelstoffen Vorbem. 4.5, Rdnr. 2500, sowie zum Mischkonsum Heroin-Abhängiger 2.1.5, Rdnr. 1229.
[23] Eine andere Tendenz beinhaltet der (gelegentlich mit zentral-depressiven kombinierte) Missbrauch zentral-erregender Substanzen wie Coffein, Methylendioxyamfetamine (vgl. 1.2.4.3, Rdnr. 858-860) oder Ephedrin (vgl. 3.2.1, Rdnr. 1724).
[24] Zu langfristigen Änderungen im Konsumverhalten vgl. beim Heroin 2.1.2, Rdnr. 1028 und 1051-1060, sowie beim Cocain 3.1.2, Rdnr. 1481-1485, und LSD-25 1.2.1.1.2, Rdnr. 297.
[1] Vgl. auch zu den Piperidindionen 4.2.2, Rdnr. 2081.
[2] Zu diesem Begriff vgl. Vorbem. 4.3, Rdnr. 2114.
[3] Näher zum Eingriff in den REM-Schlaf durch Barbiturate 4.1, Rdnr. 2003.

1978 Die früher u.a. aus **Opium** und **Nachtschattengewächsen** hergestellten Schlafmittel[4] hatten nur eine geringe schlaffördernde Wirkung.

1979 Das erste **synthetische Hypnoticum** entdeckte dann 1832 Justus von Liebig: Das (jetzt verschreibungspflichtige) **Chloralhydrat**, ein stark suchtbildendes Aldehyd, das zusammen mit dem (ebenfalls verschreibungspflichtigen) **Paraldeyhyd** in den 80er Jahren des 19. Jahrhunderts als Schlafmittel weit verbreitet war, z.T. in Kombination mit Morphium auch als Rauschmittel. Chloralhydrat (chem. Bezeichnung: 2,2,2-Trichlor-1,1-ethandiol)[5] ist noch zur Beruhigung bei Erregungszuständen und bei Durchschlafstörungen in dem rezeptpflichtigen Fertigarzneimittel Chloraldurat enthalten, das wegen seiner häufig auftretenden Nebenwirkungen jedoch kaum noch gebräuchlich ist. Paraldehyd, das bei habituellem Missbrauch dem Alkoholismus ähnliche Symptome u.a. mit Delirium tremens und Sprachstörungen bewirken kann, war in einem rezeptpflichtigen Fertigarzneimittel gleichen Namens enthalten; nachdem dieses vom Markt genommen worden ist, findet es sich bei uns in keinem Fertigarzneimittel gegenwärtig mehr.

1980 Ausgehend von dem nicht mehr gebräuchlichen **Sulfonal**, einem relativ alten Schlafmittel mit langer Resorptions- und Eliminationszeit sowie hohem Suchtpotential, wurde 1903 mit der systematischen Suche nach weniger gefährlichen Hypnotica die zentralwirksame, wie sich bald herausstellte gleichfalls abhängigkeitserzeugende **Diethylbarbitursäure**[6] entwickelt, die in kristalliner Form unter dem Warenzeichen **Veronal** der Fa. Bayer einen hohen Bekanntheitsgrad erlangte.

1981 Diese Entwicklung, ein erstes Beispiel für ein "drug design"[7], ist vor dem Hintergrund der fortschreitenden Industrialisierung im 19. Jahrhundert zu sehen, die bei breiten Bevölkerungsschichten der damaligen Industriestaaten ein Aufnahmepotial, wenn nicht sogar ein Bedürfnis nach Medikamenten, die die Psyche zu beeinflussen vermögen, schuf[8]. Entsprechende Präparate, sei es auf Barbitursäure- oder Morphin-Basis oder als Bromverbindungen[9], wurden als "**Patentmedizin**"[10] gegen alle möglichen körperlichen und seelischen Leiden vertrieben.

1982 Unter dem Einfluss der teilweise **sucherzeugenden** Wirksamkeit entschloss man sich, gegen den damaligen Widerstand der expandierenden pharmazeutischen Industrie, den Verkauf dieser Präparate von einer ärztlichen **Verschreibung** abhängig zu machen. Der heutige Medikamenten- und Rauschdrogenmissbrauch muss vor dem Hintergrund dieser historischen Entwicklung gesehen werden.

1983 Von der ersten, 1864 erstmals synthetisierten **Barbitursäure-Basis** gibt es in-
* zwischen über 2.500 **Derivate**, aus denen rund 60 therapeutisch verwendbare Ver-

---

[4] Vgl. hierzu etwa beim Morphin 2.1.2, Rdnr. 974 f.
[5] Vgl. auch zu den Hypnotica auf Alkohol-Basis 4.2.3, Rdnr. 2110-2113. Chloralhydrat wurde vor Aufkommen der BD bei Unverträglichkeit gegenüber Barbituraten eingesetzt.
[6] Zur Strukturformel des Barbitals vgl. 4.1, Rdnr. 1986.
[7] Allgemein zu den DD Vorbem. 1.2.4, Rdnr. 795.
[8] Vgl. hierzu auch bei den Tranquilizern 4.3.4, Rdnr. 2206-2210.
[9] Zu den brom-haltigen Hypnotica näher 4.2.3, Rdnr. 2096-2108.
[10] Vgl. auch zu einer entsprechenden Cocain-Verwendung 3.1.2, Rdnr. 1438.

bindungen entwickelt worden sind. Die Barbiturate haben sich damit zu einer der erfolgreichsten Medikamentengruppen entwickelt und waren in der ersten Hälfte des 20. Jahrhunderts die gebräuchlichsten Schlafmittel.

Die **Barbitursäure** ist ein schwer wasserlösliches, kristallines, ringförmiges Kondensationsprodukt von Harnstoff und Malonsäure (**Malonylharnstoff** mit der chem. Bezeichnung: 2,4,6-Trihydroxypyrimidin)[11];

1984 *

Strukturformel:

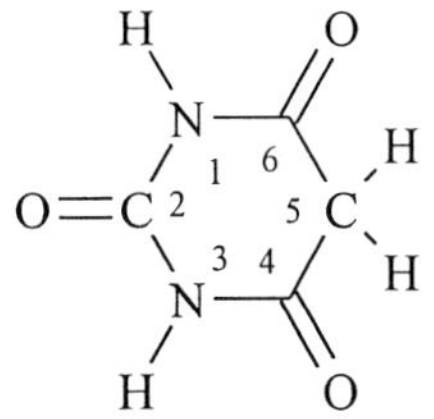

$$\begin{array}{c} H \\ \diagdown \\ N\text{---}C \\ /16\diagdownH \\ O=C^2_5C \\ \diagdown34/H \\ N\text{---}C \\ / \\ HO \end{array} \quad \text{Barbitursäure}$$

Bei Ersetzen des Sauerstoffs an C_2 durch Schwefel liegt ein **Thiobarbiturat**[12] vor, das sich durch hohe Lipophilie und kurze Wirkungsdauer auszeichnet.

1985 *

Die Barbitursäure selbst hat keine einschläfernde Wirkung. Dieses ist jedoch bei ihren **5,5-disubstituierten Alkylderivaten** wie der bereits erwähnten **5,5-Diethylbarbitursäure** (IUPAC; INN: **Barbital**) der Fall. Allgemein kann durch verschiedene Seitenketten, durch die an 3 Stellen das Barbitursäure-Molekül substituiert werden kann, Wirkungsdauer und -intensität der Barbitursäure-Derivate verändert werden;

1986 *

---

[11] Vgl. auch zur Strukturformel der verwandten Piperidindione 4.2.2, Rdnr. 2082, und Bromcarbamide 4.2.3, Rdnr. 2097.

[12] Etwa das in den rezeptpflichtigen i.v. Narkosemitteln Thiopental „Nycomed" und Trapanal enthaltene, dem Pentobarbital verwandte Thiopental-Natrium (INN; chem. Bezeichnung: (RS)-5-Ethyl-5-(1-methylbutyl)-2-thiobarbitursäure, Natriumsalz), das auch als „Wahrheitsdroge" gelegentlich i.v. missbraucht wird, um den Schweigewillen zu brechen („chemische Folter"; vgl. hierzu auch beim Scopolamin 1.2.2.2, Rdnr. 527). Thiopental-Natrium wird langsamer eliminiert als andere zur i.v. Kurznarkose eingesetzte Barbiturate (vgl. 4.1, Rdnr. 1992).

Strukturformeln:

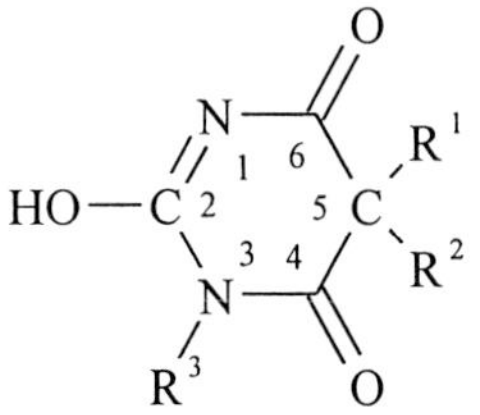

	R^1	R^2	R^3
Barbital	$-CH_2-CH_3$	$-CH_2-CH_3$	-H
Methylphenobarbital	$-CH_2-CH_3$	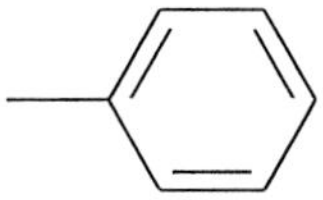	$-CH_3$
Phenobarbital	$-CH_2-CH_3$	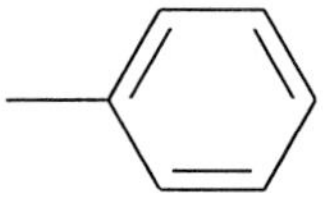	-H
Cyclobarbital	$-CH_2-CH_3$	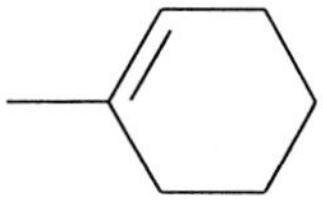	-H
Hexobarbital	$-CH_3$	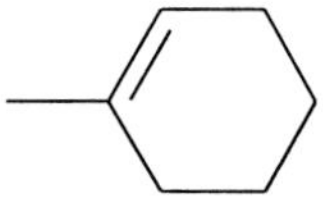	$-CH_3$
Pentobarbital	$-CH_2-CH_3$	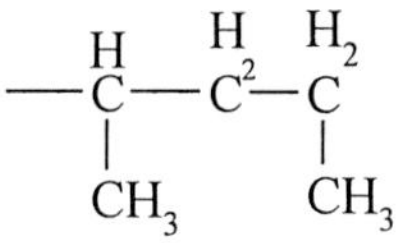	-H

1987 Da alle Verbindungen nur **quantitative** Unterschiede aufweisen, indem sie dosisabhängig zunächst nur sedativ, sodann hypnotisch und schließlich narkotisch wirken[13], erfolgt ihre übliche **Einteilung** anhand ihrer **Wirkungsdauer**. Die fol-

[13] Vgl. zu den Narkosemitteln Thiopental-Natrium und Evipan-Natrium 4.1, Rdnr. 1985 FN 12 und Rdnr. 1992. Zur Ausschaltung des Bewusstseins bei hoher Dosierung vgl. auch beim Tilidin 4.4.1, Rdnr. 2259 f.

4.1 Barbiturate

gende Zusammenstellung beinhaltet die Barbitursäure-Derivate, die als Ausweichmittel für Drogenabhängige Bedeutung erlangt haben. Hiervon wurden ab den 80er Jahren zunächst die Fertigarzneimittel auf Barbitursäure-Basis, die als Btm einzuordnen sind, vom Markt genommen, in der Folgezeit auch die frei rezeptierbaren Hypnotica. Diese sind im Hinblick auf Toxizität und Abhängigkeitspotential[14] **obsolet**; teilweise wurden sie durch Benzodiazepine ersetzt:

Zu den Hypnotica mit **ultralanger Schlafdauer**, deren Konzentration im Körper täglich nur um 15-20 % abnimmt, mit der sich daraus ergebenden Kumulationsgefahr, die spätestens Mitte der 90er Jahre vom Markt genommen worden sind, gehören das bereits erwähnte **Barbital** (INN; früher Veronal, zuletzt Nervo OPT mono[15]) und das ebenfalls in keinem Fertigarzneimittel mehr enthaltene **Methylphenobarbital** (INN; syn. Mephobarbital; chem. Bezeichnung (IUPAC): (RS)-5-Ethyl-1-methyl-5-phenylbarbitursäure; früher Prominal)[16]. **1988** *

Eine **Langzeitdauer** von 4-12 h bei einer mittleren hypnotischen Dosis p.o. von 0,1-0,3 g hat das früher als Hypnoticum recht verbreitete, jetzt nur noch als **Antiepilepticum** eingesetzte **Phenobarbital** (INN; chem. Bezeichnung (IUPAC): 5-Ethyl-5-phenylbarbitursäure; u.a. Luminal, Phenaemal, Lepinal)[17]. **1989** *

Durchschlafmittel, die vor allem den Schlaf in der 2. Nachthälfte fördern sollten, mit einer mittellangen Wirkungsdauer von 2-8 h, waren u.a. die bis Mitte der 90er Jahre ausnahmslos aus dem Handel genommenen **1990** *

- **Aprobarbital** (INN; chem. Bezeichnung (IUPAC): 5-Allyl-5-isopropylbarbitursäure; früher in Kombination mit Barbital in Dormalon[18], Somnifen, in den USA Numal) mit einer mittleren hypnotischen Dosis p.o. von 0,1-0,2 g,

- **Heptabarbital** (INN; chem. Bezeichnung (IUPAC): 5-Ethyl-5-(1-cyclohept-1-enyl)barbitursäure; früher Medomin) mit einer mittleren hypnotischen Dosis p.o. von 0,1-0,2 g,

- **Cyclobarbital** (INN; chem. Bezeichnung (IUPAC): 5-(1-Cyclohex-1-enyl)-5-ethylbarbitursäure; früher Phanodorm und Somnupan - bei letzterem handelte es sich um ein Btm im Sinne des BtMG 1982)[19] mit einer mittleren hypnotischen Dosis p.o. von 0,1-0,2 g,

- **Butalbital** (INN; syn. Butallylonal; chem. Bezeichnung (IUPAC): 5-Allyl-5-isobarbitursäure; früher Pernocton) mit einer mittleren hypnotischen Dosis p.o. von 0,2-0,3 g, und

---

[14] Näher zum Abhängigkeitspotential 4.1, Rdnr. 2024-2036. Zur stufenweise Unterstellung von Barbitursäure-Derivaten unter das BtMG vgl. 4.1, Rdnr. 2040-2047.
[15] Das rezeptfreie Ein- und Durchschlafmittel nervo OPT N enthält jetzt Diphenhydramin; zu letzterem vgl. 4.2.1, Rdnr. 2051 FN 4.
[16] Zur Strukturformel von Barbital und Methylphenobarbital vgl. 4.1, Rdnr. 1986.
[17] Zur Strukturformel des Phenobarbital vgl. 4.1, Rdnr. 1986. Zur Einsetzbarkeit von Barbituraten als Antikonvulsiva vgl. 4.1, Rdnr. 1992.
[18] Das rezeptpflichtige Hypnoticum Dormalon Nitrazepam enthält jetzt das zu den BD gehörende Nitrazepam als Wirkstoff; zu letzterem vgl. 4.3.4, Rdnr. 2189.
[19] Zu Strukturformel des Cyclobarbital vgl. 4.1, Rdnr. 1986.

- **Amobarbital** (INN; chem. Bezeichnung (IUPAC): 5-Ethyl-5-isopentylbarbitursäure), das zeitweise ebenfalls als Hypnoticum und Sedativum eingesetzt wurde.

1991 Als **Einschlafmittel**, die vor allem den Schlaf in der 1. Nachthälfte fördern sollten, mit
* **kurzer** (2-4 h) und **ultrakurzer** (1-2 h) Wirkungsdauer sind die bis Mitte der 90er Jahre ebenfalls vom Markt genommenen

- **Pentobarbital** (INN; chem. Bezeichnung (IUPAC) : (RS) -5-Ethyl-5-(pentan-2-yl)barbitursäure oder: 5-Ethyl-5-(1-methylbutyl)barbitursäure[20]; früher Neodorm[21], Medinox Mono und Nembutal - bei letzterem handelte es sich als Injektionslösung um ein Btm im Sinne des BtMG 1982) mit einer mittleren hypnotischen Dosis p.o. von 0,1 g,

- **Secobarbital** (INN; chem. Bezeichnung (IUPAC): 5-Allyl-5-(pentan-2-yl)barbitursäure oder: (RS)-5-Allyl-5-(1-ethylbutyl)barbitursäure; früher Medinox, Medinox-M, Vesparax, zuletzt in Vesparax mite - bei Medinox und Vesparax handelte es sich um Btm im Sinne des BtMG 1982[22]) mit einer mittleren hypnotischen Dosis p.o. von 0,1-0,5 g, und

- **Hexobarb** (INN; syn. Hexobarbital; chem. Bezeichnung: 5-(1-Cyclohexenyl)-1,5-dimethylbarbitursäure; früher Evipan-Natrium und Pernocton)[23] mit einer mittleren hypnotischen Dosis p.o. von 0,25-0,5 g

zu nennen.

1992 Neben der hypnotischen haben die Barbiturate auch eine **antikonvulsive** Wirkungskomponente und sind daher bei zerebralen Anfallsleiden und zentralen Erregungszuständen[24] einsetzbar, heute noch u.a. das **Phenobarbital** enthaltende Luminal als Antiepilepticum; bei chronischer Anwendung kann es zu einer Enzyminduktion kommen[25]. Als Beispiel für eine Einsetzbarkeit als **Narkosemittel** ist das Hexobarbital-Natrium zu nennen, das unter dem Warenzeichen Evipan-Natrium u.a. zur i.v. Kurznarkose früher auf dem Markt war[26]. Eine medizinische Indikation von Barbituraten kann heute wohl nur noch in der Narkoseeinleitung und Epilepsiebehandlung gesehen werden.

Analgetische Eigenschaften wie die Opioide[27] besitzen die Barbiturate hingegen nicht.

---

[20] Zur Strukturformel des Pentobarbital vgl. 4.1, Rdnr. 1986.
[21] Das rezeptpflichtige Ein- und Durchschlafmittel Neodorm SP enthält jetzt das zu den BD gehörende Temazepam als Wirkstoff.
[22] Zur Unterstellung u.a. von Secobarbital unter das Betäubungsmittelrecht vgl. 4.1, Rdnr. 2043 f.
[23] Zur Strukturformel des Hexobarbital vgl. 4.1, Rdnr. 1986.
[24] Früher etwa bei akuten Amfetamin-Intoxikationen, vgl. 3.2.4.7, Rdnr. 1937. Beim Barbiturat-Entzug kann es als Rebound-Effekt umgekehrt zu epileptoformen Krämpfen kommen, vgl. 4.1, Rdnr. 2032 f.
[25] Näher zur Enzyminduktion bei Barbituraten: 4.1, Rdnr. 2007 f.
[26] Zu den narkotisierenden Barbiturat-Eigenschaften vgl. beim Thiopental-Natrium 4.1, Rdnr. 1985 FN 12, und Rdnr. 1987 mit FN 13.
[27] Morphin seinerseits weist u.a. sedierende und hypnotische Eigenschaften auf, vgl. 2.1.3, Rdnr. 1085.

4.1 Barbiturate

Bis Anfang der 90er Jahre waren allerdings verschiedene **Schmerz-Schlafmittel-Kombinationen**[28] mit zentraler Wirksamkeit auf dem Markt, die als Ausweichmittel für Konsumenten "harter" Drogen Bedeutung erlangten. Das Analgeticum Optalidon[29] beispielsweise enthielt Butalbital, Coffein und Propyphenazon, als Migränemittel (Optalidon special) in Verbindung mit Dihydroergotaminmesilat[30]. Das Coffein sollte hierbei die schlaffördernde Wirkung kompensieren.

Insbesondere bei derartigen Kombinationen, die in Form der Selbstmedikamentation teilweise nach wie vor eingenommen werden, kann sich in hoher Dosierung das Wirkungsspektrum infolge unterschiedlicher Halbwertszeiten der einzelnen Komponenten (so dauert der Butalbital-Abbau länger) verschieben, mit der Folge, dass das Reaktionsvermögen beeinträchtigt wird und eine **Fahrunsicherheit** schnell gegeben sein kann. Dies gilt auch für die ausschließliche Barbiturat-Aufnahme; bei verlangsamter Pupillenreaktion ist hier die Pupillengröße normal[31].

Barbiturate fanden sich auch in anderen **Kombinationen**, so z.B. 5,5-Dipropylbarbitursäure und **Codein** in dem Antitussivum Exspectal[32], ebenso in Asthma- und Herzmitteln.

Barbiturate können, weil sie als schwache organische Säuren zu mehr als 90 % in **lipidlöslicher** Form vorliegen, bei oraler Zufuhr gut aus dem Magen-Darm-Trakt **resorbiert** werden[33], ebenso aus dem Muskelgewebe. Die Verteilung erfolgt, abhängig von der Derivatsform, vornehmlich im ZNS, Fettgewebe, Leber und Niere.

Ihre schlafinduzierende Wirkung kommt durch **Hemmung aktivierender** Komponenten des **ZNS** zustande[34], wobei der genaue Wirkungsmechanismus noch nicht geklärt ist.

---

[28] Zu den Schmerz-Schlafmittel-Kombinationen vgl. auch Vorbem. 4.4, Rdnr. 2243. Deren Überprüfung führte dazu, dass zunächst die barbiturat-haltigen Analgetica vom Markt genommen wurden, vgl. hierzu auch Vorbem. 4, Rdnr. 1970 FN 15, später nach und nach auch Monopräparate auf Barbitursäure-Basis.

[29] Zur früheren Bedeutung von Optalidon als Ausweichmittel vgl. 4.4.3, Rdnr. 2365. Das rezeptfreie Analgeticum Optalidon N enthält jetzt nur noch Propyphenazon, das rezeptpflichtige Migränemittel Optalidon spezial NOC keinen Barbiturat- bzw. Coffein-Anteil.

[30] Dihydroergotaminmethansulfat; vgl. zum Dihydroergotamin als Migränemittel beim LSD-25 1.2.1.1.3, Rdnr. 304 f.

[31] Im Gegensatz zur ausgeprägten Miosis unter Heroin-Einfluss, vgl. 2.1.4, Rdnr. 1129. Zur anhaltenden Benommenheit und Leistungsminderung vgl. 4.1, Rdnr. 2013-2015, insbesondere bei Kombination mit Alkohol: 4.1, Rdnr. 2023 und 2030.

[32] Zur früheren Bedeutung von Exspectal als Ausweichmittel vgl. 4.4.2, Rdnr. 2277. Das rezeptfreie Antitussivum Exspectal N enthält jetzt pflanzliche Wirkstoffe.

[33] Im Gegensatz etwa zu Morphin, vgl. 2.1.3, Rdnr. 1082, und 2.1.4, Rdnr. 1131 f., in Übereinstimmung etwa mit Methaqualon, vgl. 4.2.1, Rdnr. 2055.

[34] Zur einheitlich hemmenden Wirkung auch hinsichtlich „paradoxer" Effekte vgl. beim Heroin 2.1.4, Rdnr. 1120.

1998 Hauptwirkorte sind, wie auch bei anderen Hypnotica[35] und Narkotica (zentrale
Anästhetica)[36] das **limbische System**, die **Formatio reticularis, Thalamus** und **Hypothalamus** mit dem u.a. über Melatonin (einem Hormon der Epiphyse) gesteuerten Schlaf/Wachzentrum sowie die **Großhirnrinde**.

1999 Da neben den Barbituraten u.a. Aldehyde[37], Alkohole[38] und verschiedene 1,4-
Benzodiazepine[39] ebenfalls hypnotische Eigenschaften aufweisen, scheint deren schlafanstoßende Wirkung nicht an spezifische molekulare Strukturen und gegebenenfalls Rezeptoren gebunden zu sein, sondern betrifft wohl eher **unspezifisch** eine Vielzahl von Nervenzellen. Dem entspricht, dass es auch keine echten Antagonisten für Hypnotica gibt. Spezielle, den µ-Rezeptoren[40] entsprechende Wirkorte wurden jedenfalls bisher nicht gefunden. Barbiturate scheinen jedoch über **hemmende GABA-Rezeptoren**[41] bzw. bestimmte Proteine als Untereinheiten u.a. im Hinblick auf ihre **Rauschwirkung**, ähnlich Ethanol, wirksam zu werden.

2000 Die Wirksamkeit der Hypnotica als **nichtkompetitive** (unspezifische) **Antago-**
nisten scheint hierbei allgemein an den **lipophilen** Charakter dieser Stoffe gebunden zu sein (je hydrophober, um so wirksamer)[42], indem sie sich in die Membran des nachgeschalteten Neurons einzulagern und so dessen Permeabilität und damit auch Erregbarkeit herabzusetzen vermögen (**postsynaptische** Wirkung) bzw. im **Hirnstamm** periphere Meldungen blockieren und so gegen Umwelteinflüsse abschirmen[43]. Vermutlich wirken sie über hydrophobe Bindungsstellen der Membranproteine und stören eventuell die Lipiddoppelschicht.

2001 Die Einführung eines aromatischen Restes bei C_5 (Phenobarbital), die Verlängerung und
Verzweigung eines aliphatischen Restes (Pentobarbital) und die Einführung starker gesättigter Aromaten und/oder N-Methylierung (Hexobarbital) erhöhen hierbei die **Lipidlöslichkeit**. Durch Austausch des Sauerstoffes durch Schwefel bei C_2 (Thiobarbital) wird sie noch weiter gesteigert[44].

2002 Die Kombinationswirkungen bei gleichzeitiger Aufnahme von **(Ethyl-)Alkohol** im Sin-
ne additiver und manchmal **überadditiver** Wirkungen im Bereich des ZNS scheinen auf einem vergleichbaren Wirksamwerden zu beruhen.

---

[35] Zur Einwirkung von Tranquilizern auf das limbische System vgl. 4.3.4, Rdnr. 2200.
[36] Vgl. zum Morphin 2.1.4, Rdnr. 1135.
[37] Vgl. zum Chloralhydrat 4.1, Rdnr. 1979.
[38] Zu Alkoholen mit hypnotischer Wirkung vgl. 4.2.3, Rdnr. 2110-2113.
[39] Etwa Mogadan und Staurodorm, hierzu näher 4.3.4, Rdnr. 2177 f. und 2189-2192.
[40] Zu den spezifischen Opiat-Rezeptoren vgl. 2.1.4, Rdnr. 1158 f.
[41] Insoweit vergleichbar dem 1,4-Benzodiazepinen, vgl. 4.3.4, Rdnr. 2202; vgl. auch zum Gamma-Hydroxybutyrat (GHB) 1.2.4.8, Rdnr. 936.
[42] Ähnlich u.a. THC und Weckaminen. Zu den 1,4-Benzodiazepinen vgl. 4.3.4, Rdnr. 2199.
[43] Vgl. auch zur Wirkungsweise des Morphins 2.1.4, Rdnr. 1139.
[44] Zum Thiobarbital vgl. 4.1, Rdnr. 1985 mit FN 12.

4.1 Barbiturate

Bereits zu Beginn der 1960er Jahre ergaben Untersuchungen, dass durch Barbiturate bewirkte Veränderungen der Aktivität des sog. Wachzentrums zur Folge haben, dass der Anteil des "paradoxen" REM-Schlafes am Gesamtschlaf von normal 20-25 % auf 10-15 % reduziert wird und hierdurch auf Dauer ein "REM-Schlaf-Druck" ("**REM-Schlaf-Rebound**") entsteht. Außerdem reduzieren Barbiturate und insbesondere BD die Dauer des **Tiefschlafes** (ohne dass es nach Absetzen des Mittels insoweit aber ebenfalls zu einem rebound kommt)[45]. Inwieweit hiermit eine Beeinträchtigung u.a. der Erholung im Schlaf verbunden ist, ist ungeklärt.

2003
#

Die **Wirkungsdauer** der Barbiturate wird hauptsächlich durch den enzymatischen Abbau in der Leber infolge Oxidation und N-Desalkylierung der aliphatischen Seitenketten bzw. Hydroxilierung des aromatischen Ringes beim Phenobarbital, Desulfierung bei Thiobarbituraten und Ringöffnung bestimmt. Der Anteil, der **unverändert** wieder ausgeschieden wird, ist bei den einzelnen Barbitursäure-Derivaten unterschiedlich hoch; beim Barbital kann er bis zu 90 % betragen.

2004
#

Bei **gleichzeitiger** Aufnahme von **Ethanol** wird dieser intermediäre Stoffwechsel beeinflusst, indem die Hydroxilierung (wie auch der Serotonin-Abbau) durch den Alkohol gehemmt wird. Es ist zu vermuten, dass der zur Verfügung stehende Sauerstoff in erster Linie für die Oxidation des Alkohols verwendet wird. Mit einer verlängerten und verstärkten Arzneimittelwirkung insbesondere von Hypnotica, Analgetica und bestimmten Psychopharmaka[46] muss bei gleichzeitiger Alkohol-Aufnahme daher gerechnet werden. Gleiches gilt für eine Reihe von Lösungsmitteln[47].

2005
#

Während Barbiturate mit kurzer Wirkungsdauer innerhalb von wenigen Stunden wieder ausgeschieden werden, haben insbesondere langwirkende Barbitursäure-Derivate wie Phenobarbital eine relativ **lange HWZ**, was zu dem morgendlichen "**hang over**" führt.

2006
#

Bei wiederholter Zufuhr kommt es jedoch zu einer Herabsetzung dieser HWZ, wahrscheinlich infolge einer **Enzyminduktion**[48] und damit vermehrten Anregung der für den Abbau benötigten körpereigenen Stoffe mit der Folge einer beschleunigten Metabolisierung. Werden Barbiturate regelmäßig eingenommen, besteht eine Wirksamkeit höchstens 14 Tage lang[49]. Es kommt zur Ausprägung einer Barbiturat-Gewöhnung mit **Toleranzerhöhung** und 10- bis 40-facher Dosissteigerung gegenüber der Norm.

2007
#

Bei vorbestehendem **Alkoholismus** wird dieser Vorgang beschleunigt, da durch den Alkohol die Stoffwechselprozesse in der Leber bereits aktiviert sind, was sich bei Einnahme der Hypnotica oder Sedativa auf diese mit der Folge eines ebenfalls rascheren Stoffwech-

2008
#

---

[45] Vgl. auch zum „medikamentösen" Schlaf 4.1, Rdnr. 1977. Zur Erklärung von Halluzinationen in der Entzugsphase vgl. 4.1, Rdnr. 2035.
[46] Vgl. etwa zum Librium 4.3.4, Rdnr. 2227 f., und zum Methaqualon 4.2.1, Rdnr. 2068. Zu den gesundheitlichen Folgen vgl. 4.1, Rdnr. 2020 und 2023.
[47] Vgl. hierzu 4.5.4, Rdnr. 2545.
[48] Zur Enzyminduktion näher beim Cannabis 1.1.4, Rdnr. 153-155.
[49] Vergleichbares gilt für die Tranquilizer: 4.3.4, Rdnr. 2178.

sels überträgt. Da sich dies in einer nur kurzfristigen oder schwächeren Wirkung des Pharmakons äußert, besteht in diesem Fall ein erhöhtes Risiko, dass schon relativ bald Dosissteigerungen mit der Gefahr einer Abhängigkeitsausbildung erfolgen.

2009 Bei entsprechend häufiger Einnahme und hoher Dosierung kommt es wie etwa
bei den Cannabis-Produkten und LSD-25 außerdem zu einer **Kumulation**[50], so dass die einsetzende Toleranzbildung längere Zeit unbemerkt bleiben kann. Hierdurch erklärt sich auch die nicht seltene Dosiserhöhung bzw. gleichzeitige Einnahme weiterer Medikamente mit vergleichbarem Wirkungsspektrum durch den Patienten selbst[51], was in erhöhtem Maße auch für Drogenabhängige gilt.

2010 Das Bestehen von **Kreuztoleranzen** konnte bei ähnlichen Verbindungen aus
der Gruppe der Hypnotica und der Tranquilizer sowie, wie erwähnt, im Verhältnis zum Alkohol nachgewiesen werden, ist demgegenüber im Verhältnis zu den Opioiden aber nur schwach ausgeprägt.

2011 Der Grund für den zeitweise auch in Europa weit verbreiteten Konsum von Barbituraten bei Schlafstörungen[52], der in Deutschland mittlerweile durch andere Psychopharmaka, insbesondere Tranquilizer, abgelöst worden ist[53], dürfte außer in körperlichen Gegebenheiten wie einer mangelnden Hirndurchblutung bei älteren Menschen vor allem in **psychischen**, oft neurotischen **Störungen** zu suchen sein.

2012 Da diese durch das AM überdeckt werden und somit **Spannungen gemildert** und Konflikte infolge einer als angenehm empfundenen Dösigkeit nicht mehr als real und bedrohlich erlebt werden, war bei entsprechend veranlagten Menschen die Gefahr einer über die reine Gewöhnung hinausgehenden, zumindest psychischen Abhängigkeit[54] gegeben. Hinzu kommt nach monate- oder jahrelangem Gebrauch die **Erwartungsangst**, ohne das Schlafmittel nicht mehr einschlafen zu können, mit der Folge, dass das Medikament bereits vorbeugend eingenommen wurde.

Da der Betroffene meist keine anderen, allgemein als "Drogen" gebranntmarkte und sozial nicht akzeptierte Stoffe einnimmt, ist weder er noch seine Umgebung sich in diesen Fällen dieses Zustandes bewusst bzw. kann er leichter heruntergespielt und verschleiert werden.

2013 Auch ohne dass es bereits zur Ausbildung einer Abhängigkeit gekommen sein muss, wurde das mit der Einnahme langwirkender Barbiturate wie Luminal[55] verbundene "**hang over**" ("Katersymptome"), da am Morgen noch erhebliche Wirkstoffmengen im Körper vor-

---

[50] Zur Kumulationsgefahr bei langwirkenden Barbituraten vgl. 4.1, Rdnr. 1988.
[51] Allgemein zur Gefahr der Selbstmedikation: Vorbem. 4, Rdnr. 1971.
[52] Vgl. auch zum Geschichtlichen 4.1, Rdnr. 1981 f.
[53] Vgl. hierzu bei den Tranquilizern 4.3.4, Rdnr. 2210.
[54] Vgl. auch zur verbreiteten Niedrigdosen-Abhängigkeit Vorbem. 4, Rdnr. 1968. Näher zur spezifischen Abhängigkeit vom Sedativa/Hypnotica-Typ 4.1, Rdnr. 2024-2036.
[55] Zum Phenobarbital vgl. 4.1, Rdnr. 1989.

handen sind)⁵⁶ als unangenehm empfunden. Es besteht ein Gefühl der Benommenheit; auch ist die Leistungsfähigkeit vermindert, ohne dass letzteres dem Betroffenen infolge der anhaltenden Schlafmittelwirkung jedoch bewusst zu sein braucht.

Der Betroffene ist dann leicht geneigt, der anhaltenden Müdigkeit und dem Gefühl des Zerschlagenseins nicht nur durch Kaffee, sondern auch durch stärker wirksame **Muntermacher** zu begegnen⁵⁷, was die Gefahr einer sich herausbildenden **Weck-Schlafmittel-Abhängigkeit** in sich birgt. 2014

Da beide sich in ihren Wirkungen ergänzen, war zudem der Missbrauch barbiturat-haltiger FAM in Verbindung mit **Trinkalkohol** relativ häufig. 2015

Neben den reizabschirmenden und problemverdrängenden Effekten haben die Barbiturate im Zuge einer **akuten Sedativa-** bzw. **Hypnoticaintoxikation** (ICD-10 F 13.0) eine - auch bei anderen zentral-depressiven (und analgesierenden) Substanzen auftretende und allgemein als "**downer high**" bezeichnete - sog. "**paradoxe**" Wirkung⁵⁸ eines anfänglich rauschartigen, euphorisierenden und stimulierenden Zustandes. Dieser stellt sich insbesondere bei etwa 10facher **Überdosierung**⁵⁹ oder rascher i.v. Zufuhr, gegebenenfalls aber auch nach jahrelangem Missbrauch mit entsprechender Toleranzausbildung hinsichtlich der sedativ-hypnotischen Wirkungskomponente⁶⁰ ein. 2016

Der Missbrauch konzentriert sich hier vor allem auf die Barbiturate mit **kurzer Wirkungsdauer**, die einen **rasch** eintretenden Wirkungsgipfel aufweisen⁶¹. 2017

Barbiturate werden daher, soweit noch verfügbar, gelegentlich neben anderen Hypnotica⁶² gezielt von Konsumenten "harter" Drogen, insbesondere von **Heroin-Abhängigen**⁶³, als Ausweichmittel benutzt. Hierbei werden teilweise auch nicht zur Injektion gedachte Zubereitungen aufgelöst und i.v. gespritzt⁶⁴. Wie anhand 2018

---

⁵⁶ Zum Barbiturat-Abbau vgl. 4.1, Rdnr. 2006-2008. Gleiches gilt für die Bromcarbamide: 4.2.3, Rdnr. 2104 f., und die Benzodiazepine: 4.3.4, Rdnr. 2178.
⁵⁷ Vgl. hierzu bei den Weckaminen 3.2.4.4, Rdnr. 1881.
⁵⁸ Vgl. auch zur euphorisierenden und stimulierenden Morphin-Wirkung 2.1.4, Rdnr. 1118-1120 und 1127. Zum „downer high" vgl. auch beim Methaqualon 4.2.1, Rdnr. 2058 und 2061, sowie zum Excitationsstadium beim Lösungsmittelschnüffeln 4.5.4, Rdnr. 2536-2538. Auch bei älteren Menschen kann es trotz üblicher Dosierung zu „paradoxen" Erregungszuständen kommen.
⁵⁹ Zur therapeutischen Dosierung bei verschiedenen Barbituraten vgl. 4.1, Rdnr. 1989-1991.
⁶⁰ Zur Toleranzausbildung hinsichtlich der zentral-depressiven Effekte vgl. bei den Opiaten 2.1.4, Rdnr. 1171.
⁶¹ Vergleichbares gilt für den Rohypnol-Missbrauch: 4.3.4, Rdnr. 2191.
⁶² Etwa Methaqualon, vgl. 4.2.1, Rdnr. 2063.
⁶³ Allgemein zum Arzneimittel-Missbrauch seitens Heroin-Abhängiger: 2.1.5, Rdnr. 1227-1229.
⁶⁴ Wie z.B. auch codein-haltige Hustenmittel, vgl. 4.4.2, Rdnr. 2280.

von Untersuchungen der Körperflüssigkeiten, etwa im Rahmen einer Obduktion, festgestellt wurde, kam es außerdem immer wieder zu einer gleichzeitigen Zufuhr von Heroin und Barbituraten[65].

2019 Nachdem zunächst Fertigarzneimittel wie Valoron[66] und Mandrax[67] Hauptausweich- und -zusatzmittel auf der bundesdeutschen Heroin-Scene waren, wurde seit etwa 1981, zunächst im Rhein-Main-Gebiet, ein Überwiegen des Medinox-Missbrauchs[68] festgestellt. Entsprechend der damaligen weiten Verbreitung und des leichten Zuganges stellte der **Missbrauch** von Barbituraten ("Barbis", "barbs", "bombs"), insbesondere von Amobarbital ("blue heavens") zu **Rauschzwecken** aber auch im übrigen Bundesgebiet eine der häufigsten Formen des Arzneimittelmissbrauchs dar. Diese Tendenz wurde rückläufig, nachdem zunächst vor allem die als Btm eingestuften Barbiturate, später auch die anderen Hypnotica auf Barbitursäure-Basis vom Markt genommen wurden[69].

In den USA werden Barbiturate offenbar auch gezielt zur Steigerung der **Gewaltbereitschaft**[70] eingesetzt und dementsprechend z.T. unter der Bezeichnung "gorilla pills" eingenommen.

2020 Infolge der gleichgerichteten Wirksamkeit von Opiaten und Barbituraten sind **akute Intoxikationszustände** hierbei nicht selten. Seit Beginn der 1980er Jahre wurden, insbesondere bei zeitweiliger Heroin-Knappheit, in zunehmender Zahl Todesfälle bekannt, die auf eine **kombinierte** Heroin/Alkohol- und/oder –Barbiturat- (insbesondere Medinox-)Wirkung zurückführbar waren[71]. Auch die Kombination von Barbituraten und Benzodiazepinen führte zu einer Steigerung der Toxizität.

2021 Allgemein waren aufgrund der geringen therapeutischen Breite **akute Barbiturat-Vergiftungen**, etwa bei Selbstmordversuchen, nicht selten, im Zuge des abnehmenden Barbiturat-Angebots dann aber rückläufig. Derzeit wird gelegentlich noch Pentobarbital in hohen Dosen (ca. 10 g) seitens sehr umstrittener "Sterbehelfer" an Lebensmüde abgegeben. Die **akute Toxizität** wird als Beispiel bei Phenobarbital mit 100.000 µg/kg KG angegeben[72].

2022 **Intoxikationsfolgen** sind u.a. neurogener Schock, Bewusstlosigkeit und fortschreitende Lähmung des Atemzentrums. Die therapeutischen Maßnahmen gleichen hier den bei einer

---

[65] Zu fixen Heroin-Barbiturat-Kombinationen vgl. 2.1.5, Rdnr. 1193, 1198 und 1222.
[66] Zu den Tilidinen vgl. 4.4.1, Rdnr. 2256 und 2261-2264. Vgl. aber auch zum Captagon 3.2.4.5, Rdnr. 1904.
[67] Zu diesem methaqualon-haltigen Arzneimittel vgl. 4.2.1, Rdnr. 2051.
[68] Zu diesem u.a. secobarbital-haltigen Schlafmittel vgl. 4.1, Rdnr. 1991.
[69] So wurde zunächst Medinox durch das nicht mehr als Btm eingestufte Medinox-M abgelöst und Anfang der 1990er Jahre, nachdem ein Missbrauch auch von Medinox-M erfolgte, Medinox-M ebenfalls vom Markt genommen; vgl. auch 4.1, Rdnr. 2043.
[70] Vgl. auch zu „Street-Drogen" wie PCP 1.2.4.5, Rdnr. 902 und 904.
[71] Zur Verstärkung der Heroin-Wirkung hierdurch vgl. 2.1.3, Rdnr. 1085, und 2.1.5, Rdnr. 1201, sowie beim Methadon 4.4.5, Rdnr. 2435. Vgl. aber auch zu Barbiturat-Cocain-Kombinationen 3.1.7, Rdnr. 1663 f. und 1690.
[72] Zur akuten Toxizität von Morphin vgl. 2.1.7, Rdnr. 1276.

4.1 Barbiturate

Heroin-Vergiftung zu ergreifenden[73]; die Mortalität infolge **Atemlähmung** und **Kreislaufversagen** konnte erheblich gesenkt werden.

Bei Selbstapplikation von Barbituraten wie früher von Medinox zu **Rauschzwecken** in Verbindung mit Alkohol oder anderen Drogen wie "ecstasy"[74] scheinen hierbei auftretende **Todesfälle** u.a. auf den Umstand zurückführbar zu sein, dass Barbiturate, jedenfalls bei oraler Aufnahme, nicht so schnell wie das regelmäßig i.v. injizierte Heroin wirken, so dass viele Abhängige versucht waren, weitere Tabletten zu "werfen", um den gewünschten Effekt herbeizuführen. Bei verhältnismäßig niedrigen BAK-Werten können hierbei schon relativ geringe orale Barbiturat-Dosen zu erheblichen Beeinträchtigungen von Motorik und geistigen Funktionen bis hin zu **schweren Intoxikationszuständen** führen; teilweise (so bei dem früher vertriebenen Cibalgin, ein Analgeticum in Kombination mit Allobarbital (INN)) wurden narkoseähnliche Zustände mit Erbrechen beobachtet. 2023

Da die Toleranzbildung[75] und die Abstinenzerscheinungen bei chronischem Barbiturat-Missbrauch außer mit denen anderer zentralwirksamer Medikamente auch mit den beim Trinkalkohol-Missbrauch auftretenden vergleichbar sind, wurde die entsprechende spezifische **Abhängigkeit** in einer eigenständigen vom sog. **Barbiturat/Alkohol-Typ** erfasst. 2024

Beide Stoffe **addieren** sich in ihren Wirkungen; zumindest teilweise können Abstinenzerscheinungen bei Entzug des einen Stoffes durch Gabe des anderen unterdrückt werden[76]. 2025

Aufgrund der internationalen Klassifikation der Krankheiten seitens der WHO in der ICD-10 wird die Abhängigkeit von Alkohol nunmehr gesondert erfasst, während nach der ICD-10 F 13.2 zur **Abhängigkeit von Sedativa oder Hypnotica** neben der Abhängigkeit vom Barbiturat-Typ auch die Abhängigkeit von nichtbarbiturathaltigen Sedativa und Tranquilizern mit barbiturat-ähnlichem Effekt wie Chlordiazepoxid, Diazepam, Glutethimid und Meprobamat zählt[77]. 2026

Die **psychische** Komponente der Abhängigkeit vom Sedativa/Hypnotica-Typ, die bei kurzwirkenden Barbituraten ausgeprägter ist als bei langwirkenden, ist gekennzeichnet durch innere Unruhe, Angstzustände und dem unwiderstehlichen Zwang, Barbiturate und ähnlich wirkende Substanzen wie Methaqualone[78] zu sich zu nehmen. 2027

---

[73] Zu den therapeutischen Maßnahmen bei Heroin-Vergiftung vgl. 2.1.7, Rdnr. 1283-1285. Zum Einsatz von Amfetaminen vgl. 3.2.4.3, Rdnr. 1846.
[74] Vgl. etwa beim „ecstasy" 1.2.4.3, Rdnr. 855.
[75] Zur Toleranzausbildung bei den Barbituraten näher 4.1, Rdnr. 2007-2009.
[76] Zur Kreuztoleranz bei den Barbituraten näher 4.1, Rdnr. 2010.
[77] Zur Abhängigkeit von Tranquilizern vgl. 4.3.4, Rdnr. 2212-2218.
[78] Zur auch physischen Abhängigkeit infolge Methaqualon-Missbrauchs vgl. 4.2.1, Rdnr. 2071 f.

2028 Neben der psychischen umfasst dieser Begriff auch die Möglichkeit einer **physischen** Abhängigkeit, wie sie bei Opioiden[79] und anderen zentral-dämpfenden Substanzen[80] auftreten kann.

2029 Ein Zeichen für Gewöhnung ist die sog. **"Rebound-Insomnie"**[81], die insbesondere bei kurzwirkenden Schlafmitteln nach deren Absetzen auftreten kann und in einer Verschlechterung des Schlafes besteht; sie dürfte auf gegenregulatorischen Mechanismen[82] beruhen.

2030 Die Symptome einer **physischen Abhängigkeit** bestehen bei Barbituraten außer in Schlafstörungen in Kreislaufstörungen mit Blutdruckabfall, ataktischen Gangstörungen ("Tangoschritt"), Händezittern, Liedflattern, Sehstörungen, einer verwaschenen Sprache und übermäßigem Schwitzen. Es kommt zu unübersehbaren körperlichen und vor allem auch geistigen **Abbauerscheinungen** wie Bewusstseinstrübung, Konzentrationsstörungen, Intelligenzminderung, Gedankenflucht, reizbare Verstimmung und Beeinträchtigung des Erinnerungsvermögens. Die Betroffenen nehmen auch tagsüber hohe Dosen zu sich und bekämpfen die Zeichen der **zentralen Hemmung**, nämlich die beschriebenen Denk- und Sprachstörungen, die fehlende Muskelkoordination (neben krampfartigen Erscheinungen), die bis hin zum Delirium tremens gehen können, mit **Aufputschmitteln**[83]. Die drogenbedingten Veränderungen von Wahrnehmung, Bewegung und Feinmotorik führen häufig zu Stürzen sowie Arbeits- und Verkehrsunfällen.

2031 Außer Valium wird alternativ insbesondere Distraneurin[84] zur **Delirbehandlung** eingesetzt.

2032 Ein plötzliches Absetzen des Barbiturats kann in diesem Stadium zu heftigen, den beim Alkoholismus auftretenden vergleichbaren und u.U. lebensbedrohlichen **Entzugssymptomen**[85] infolge Herz-Kreislaufversagens mit Zeichen zentralnervöser Übererregbarkeit (z.B. Überwachheit) und Störungen des vegetativen Nervensystems (z.B. zerebrale Krämpfe)[86] führen.

2033 Die **Entzugserscheinungen** treten bei Missbrauch kurzwirkender Barbiturate nach etwa 6 Tagen, bei Missbrauch langwirkender etwa 10 Tage nach dem Absetzen auf. Das Auftreten epileptoformer Krämpfe kann hierbei als Folge einer überschießenden zentralnervösen Erregung nach Absatz des Hypnoticums aufgefasst werden[87].

---

[79] Zur Abhängigkeit vom Opioid-(Morphin-)Typ vgl. 2.1.7, Rdnr. 1286-1315.
[80] Vgl. hierzu auch 3.2.4.7, Rdnr. 1949.
[81] Vgl. auch zum REM-Schlaf-Rebound 4.1, Rdnr. 2003, sowie bei den BD 4.3.4, Rdnr. 2212.
[82] Vgl. hierzu auch beim Morphin 2.1.7, Rdnr. 1309.
[83] Zur Gefahr einer Polytoxikomanie vgl. bei den Weckaminen 3.2.4.7, Rdnr. 1947.
[84] Zum Clomethiazol vgl. 4.3.3, Rdnr. 2150-2154.
[85] Zu Entzugserscheinungen nach dem Absetzen von Diazepam vgl. 4.3.4, Rdnr. 2215-2217.
[86] Zur erhöhten Krampfbereitschaft beim Heroin-Entzug vgl. 2.1.7, Rdnr. 1309. Zu Krampfanfällen bei Stimulantia-Intoxikation vgl. beim Cocain 3.1.7, Rdnr. 1666 f.
[87] Zum Einsatz von Barbituraten als Antiepileptica vgl. 4.1, Rdnr. 1992.

4.1 Barbiturate

Außer bei Intoxikationen können auch in der **Entzugsphase delirante** Zustän- 2034
de auftreten[88], die mit Angstzuständen, Desorientiertheit, motorischer Unruhe, illusionären Verkennungen und mitunter quälenden Halluzinationen einhergehen.

Diese **nicht drogeninduzierten Halluzinationen** werden z.T. mit einem Nachholen der 2035
zuvor durch die Barbiturate[89] unterdrückten REM-Phase[90] erklärt. Ob diese Auffassung aufrechterhalten werden kann, ist noch zu prüfen, da anderen Erkenntnissen zufolge der Entzug des REM-Schlafes, der nicht ohne weiteres mit dem Traumschlaf gleichgesetzt werden kann, keinerlei spezifische Störungen im psychischen Bereich verursacht.

Die **Rückbildung** der physischen Abhängigkeit vom Sedativa/Hypnotica-Typ 2036
benötigt Tage oder sogar Wochen[91]. Auch wenn der körperliche Verfall und die depravativen Veränderungen aufgehalten werden können, bleiben nach einer Entzugsbehandlung irreparable psychische Beeinträchtigungen (etwa Verwirrtheitszustände) zurück.

Mit **Enzym-Immunoassays** (EIA) können auch Barbiturate und Benzodiazepi- 2037
ne in Urinproben regelmäßig erkannt werden, mittels des RIA-Tests ist auch ein Nachweis in Haarproben möglich[92]. Soweit etwa Seco- und Pentobarbital von Abhängigen in hohen Dosen eingenommen werden, bestehen regelmäßig keine Nachweisschwierigkeiten mit Immunoassays. **Phenobarbital** entsteht hingegen im Zuge der Metabolisierung auch aus Primidon, das in einigen Antiepileptica wie dem rezeptpflichtigen Liskantin enthalten ist, bzw. ist selbst Wirkstoff von Antiepileptica wie Luminal[93].

Die durchschnittliche **Nachweiszeit** mit Hilfe von EIA-Schnelltests beträgt bei Schlaf- 2038
und Beruhigungsmitteln 24-36 h nach der Aufnahme bei kurzwirksamen Barbituraten wie Secobarbital und ca. 2-3 Wochen bei langwirksamen Barbituraten wie **Phenobarbital**, bei Überdosierung noch wesentlich länger. Bei Interpretation des Ergebnisses sind die relativ langen Abbauzeiten der Barbiturate im Verhältnis zu anderen Wirkstoffen bei Kombinationspräparaten wie Optalidon[94] zu berücksichtigen.

---

[88] Im Gegensatz zu Heroin-Intoxikation und –Entzug, vgl. 2.1.7, Rdnr. 1314. Dem Entzugsdelir wird vorwiegend mit Doxepin (vgl. 4.3.3, Rdnr. 2161) und u.U. Clomethiazol (vgl. 4.3.2, Rdnr. 2151) begegnet.
[89] Ähnliches soll für die Methaqualone gelten, vgl. 4.2.1, Rdnr. 2057.
[90] Zur Beeinflussung des REM-Schlafes vgl. 4.1, Rdnr. 2003. Allgemein scheinen drogeninduzierte Halluzinationen mit einer zentral-erregenden Wirkungskomponente der Substanz gekoppelt zu sein (vgl. etwa beim Amfetamin-Derivat DOM 1.2.4.1, Rdnr. 800, 805 und 807), während es bei zentral-depressiven Stoffen – wenn überhaupt – vorwiegend zu Halluzinationen als Folge gegenregulativer Erregungszustände in der Entzugsphase, also nicht unmittelbar drogeninduziert, zu kommen scheint.
[91] Zur Dauer des Heroin-Entzuges vgl. 2.1.7, Rdnr. 1313.
[92] Zu den enzym-immunologischen Bestimmungsmethoden und dem RIA-Test vgl. 2.1.6, Rdnr. 1250-1260.
[93] Vgl. zum Phenobarbital 4.1, Rdnr. 1989 und 1992.
[94] Zu entsprechenden Schmerz-Schlafmittel-Kombinationen vgl. 4.1, Rdnr. 1993.

2039 Steht die Frage der **Schuldfähigkeit** im Raum, ist zusätzlich neben der Urin- auch die Untersuchung einer **Blutprobe** erforderlich, um die Konzentration des Medikaments im Blut bestimmen zu können, die allein Rückschlüsse auf Wirkungsort und -intensität ermöglicht. Die Nachweisbarkeitsdauer im Blut beträgt stark dosis- und methodenabhängig mehrere Stunden bis Tage.

2040 Bereits 1962 warnte die damalige Rauschgiftkommission der WHO, allerdings ergebnislos, vor einem wachsenden **Schlafmittelmissbrauch**.

2041 § Aufgrund des Übereinkommens von 1971 wurden dann Amobarbital, Cyclobarbital, Pentobarbital und Secobarbital dem deutschen Betäubungsmittelrecht unterstellt. Derzeit sind **Amobarbital, Cyclobarbital** und **Pentobarbital** in Anl. III zum BtMG 1994 aufgeführt; besonders ausgenommene Zubereitungen sind nicht vorgesehen.

2042 § Da sich derzeit keine barbiturat-haltigen FAM mehr auf dem Markt befinden, die als Hypnotica Verwendung finden, und die Verschreibung entsprechender Btm obsolet ist, findet sich in der aufgrund der 15. BtMÄndV geänderten BtMVV keine **Höchstmengenvorschrift** für Barbiturate mehr.

2043 § Damit hat eine **Entwicklung** ihren **Abschluss** gefunden, die mit dem sich häufenden Missbrauch der bis Anfang der 80er Jahre noch nicht als Btm eingestuften **Medinox-Tabletten**, die 150 mg Secobarbital-Natrium und 50 mg Cyclobarbital-Calcium enthielten, begann[95]. Nach Inkrafttreten des BtMG 1982 überstieg diese Wirkstoffmenge zwar die damals in Anl. III Teil B für ausgenommene Zubereitungen festgelegte Höchstmenge für Secobarbital, gleichwohl wurde Medinox bis Ende 1983 aufgrund einer Überleitungsvorschrift wie eine ausgenommene Zubereitung behandelt und war weiterhin frei rezeptierbar. Kurz vor Ablauf der Frist wurde Medinox-M angemeldet, das pro Tablette nur noch 100 mg der erwähnten Barbitursäure-Derivate enthielt und damit nach dem BtMG 1982 als ausgenommene Zubereitung einzustufen war; der Abhängige musste nunmehr nur eine entsprechend höhere Menge Medinox-M "werfen", um den gleichen Effekt wie zuvor zu erzielen. Im Hinblick auf den fortdauernden Missbrauch auch von Medinox-M wurde **Secobarbital** schließlich aufgrund der 4. BtMÄndV mit Wirkung ab dem 23.1.1993 aus Anl. III Teil B herausgenommen und Anl. III Teil A unterstellt, so dass es sich hierbei ohne Ausnahme um ein Btm handelte.

2044 § Gleiches gilt für das ebenfalls ab den 1970er Jahren häufig als Ausweichmittel missbrauchte **Vesparax** mit 150 mg Secobarbital-Natrium und Nembutal-Injektionslösung mit 2.500 mg/50 g Pentobarbital-Natrium. Auch nach Einordnung als Btm gelangten diese Präparate aus Lagerbeständen illegal weiterhin auf den Drogenmarkt.

2045 § Ebenfalls aufgrund des Übereinkommens von 1971 wurden **Barbital, Methylphenobarbital** und **Phenobarbital** dem Betäubungsmittelrecht unterstellt. Derzeit sind sie in Anl. III zum BtMG 1994, unter Zulassung besonders ausgenommener Zubereitungen, aufgenommen.

---

[95] Zur zeitweiligen Bedeutung von Medinox auf dem illegalen Drogenmarkt vgl. 4.1, Rdnr. 2019-2023.

Aufgrund der 3. BtMÄndV wurde mit Wirkung ab dem 15.4.1991 zudem **Butalbital** (Butallylonal) Anl. II unterstellt (besonders ausgenommene Zubereitungen sind hier nicht vorgesehen) sowie **Allobarbital, Butobarbital, Secbutabarbital** und **Vinylbital** (jeweils ohne Zulassung besonders ausgenommener Zubereitungen) in Anl. III aufgenommen.

2046 §

Sämtliche genannten Barbitursäure-Derivate sind bis auf Phenobarbital bei uns nicht mehr in FAM enthalten.

Demgegenüber sind **Thiobarbitursäure-Derivate** wie Thiopental nicht dem Betäubungsmittelrecht unterstellt worden.

Sämtliche **Barbitursäure-** und **Thiobarbitursäure-Derivate** nebst ihren Salzen und Molekülverbindungen gehören zudem, auch soweit sie etwa als ausgenommene Zubereitungen nicht dem Betäubungsmittelrecht unterliegen, aufgrund der Neufassung der VO über **verschreibungspflichtige** Arzneimittel vom 30.8.1990 zu den verschreibungspflichtigen Stoffen. Auch soweit keine Btm-Eigenschaft gegeben ist, kann daher allein der Vertrieb außerhalb einer Apotheke nach § 95 Abs. 1 Nr. 4 AMG strafbar sein.

2047 §

4.2 Nichtbarbiturale Hypnotica

4.2.1 Methaqualone

Einschlaf- und **Durchschlafmittel** auf Methaqualon-Basis, die 1951 erstmals synthetisiert und ab 1956 bis Ende der 70er Jahre in der Bundesrepublik recht häufig verschrieben wurden, wurden ursprünglich entwickelt, um den Nervenschädigungen bei Dauergebrauch von Barbituraten und deren Abhängigkeitspotential zu entgehen[1]; dies ist nicht gelungen[2]. Nachdem die Verschreibungshäufigkeit bereits stark zurückgegangen war, ist Methaqualon in Deutschland seit Mitte der 1990er Jahre in keinem auf dem Markt befindlichen FAM mehr enthalten.

2048

Bei **Methaqualon** (INN; abgekürzt: MTQ; chem. Bezeichnung (IUPAC): 2-Methyl-3-(o-tolyl)chinazolin-4(3H)-on) handelt es sich um ein **Chinazolinon-Derivat**[3];

2049 *

---

[1] Zur Abhängigkeitsausbildung bei den Barbituraten vgl. 4.1, Rdnr. 2024-2036.
[2] Vergleichbares gilt für Analgetica, vgl. z.B. beim Heroin 2.1.2, Rdnr. 988.
[3] In der Natur kommen Chinazolin-Alkaloide u.a. in Peganum-Arten (Zygophyllaceae) vor (zu Peganum harmala vgl. 1.2.3.5, Rdnr. 735-739). Vgl. auch zu den Chinolinen beim Mescalin 1.2.3.1, Rdnr. 573 FN 4 und 622.

Strukturformel:

	R
Methaqualon	-C$_2$H$_5$
Aethinazon	-CH$_3$

2050 Gleiches gilt für das dem Methaqualon verwandte **Mecloqualon** (INN; chem.
*   Bezeichnung (IUPAC): 3-(2-Chlorphenyl)-2-methylchinazolin-4(3H)-on) sowie **Mebroqualon** (chem. Bezeichnung (IUPAC): 3-(2-Bromphenyl)-2-methylchinazolin-4(3H)-on), die ebenso wie das in der Praxis kaum verwandte Chinazolinon-Derivat **Aethinazon** (INN) in Deutschland nicht gebräuchlich waren bzw. sind.

2051 Als Ausweichmittel wurde von den Methaqualon-Präparaten bei uns Ende der 1970er Jahre das FAM **Mandrax** am bekanntesten.

Hierbei handelte es sich um ein **Kombinationspräparat** mit 250 mg Methaqualon und dem anticholinergisch wirksamen Diphenhydramin[4], wobei die Kombination mit - selbst ebenfalls rauschartig wirkenden - anticholinergischen Stoffen offenbar ein besonderes **Missbrauchspotential** beinhaltete. Nachdem Methaqualon am 1.7.1981 dem BtMG 1971 unterstellt und das FAM Mandrax aus dem Handel genommen worden war, ging die Bedeutung des Methaqualon-Missbrauchs in der damaligen BRD erheblich zurück. Mandrax-Tabletten wurden jedoch weiterhin illegal ins Ausland ausgeführt, wo sie, ähnlich Captagon[5], hochgeschätzte Rauschmittel und Aphrodisiaca sind. In **Afrika** entwickelte sich ein eigenständiger Markt für aus dortiger Produktion stammendes Mandrax.

2052 Neben Mandrax waren bis Ende der 80er Jahre eine Reihe vergleichbarer FAM wie Revonal (-retard), Dormigoa sowie Kombinationspräparate wie Somnibel, Silternum und Rebuso (200 mg Methaqualon in Kombination mit 200 mg Carbromal und 150 mg Bromisoval[6]) auf dem Markt; hierbei handelte es sich um **Btm**.

2053 Bis Mitte der 1990er Jahre wurde nur noch **Normi-Nox** mit 200 mg Methaqualon/Tablette als Einschlaf- und Durchschlafmittel vertrieben; hierbei handelte es sich um ein Btm im Sinne des BtMG 1994. Soweit jetzt noch Methaqualone auf

---

[4] Bei Diphenhydramin (INN) handelt es sich um ein Antihistaminicum, das auch als Hypnoticum, etwa in dem rezeptfreien Einschlafmittel Sediat, eingesetzt wird; vgl. auch bei den Bromcarbamiden 4.2.3, Rdnr. 2100, sowie zum Pyribenzamin in Kombination mit Pentazocin 4.4.3, Rdnr. 2367.

[5] Zum Captagon-Export vgl. 3.2.4.2, Rdnr. 1817. Vgl. auch zum Pemolin-Export 4.3.1, Rdnr. 2124.

[6] Näher zu den bromhaltigen Hypnotica 4.2.3, Rdnr,. 2099.

den illegalen Drogenmarkt kommen, dürfte es sich um Importe bzw. illegal synthetisierte Präparate handeln.

Methaqualon ist in einer mittleren **hypnotischen Dosis** von 100-200 mg[7] ein stark wirksames Schlafmittel für Ein- und Durchschlafstörungen. Neben der sedativ-hypnotischen hat es eine antikonvulsive, antispasmotische[8], antitussive und gering antihistamine Wirkung.   2054

Infolge seiner schlechten Wasserlöslichkeit und relativ hohen Dosis wird Methaqualon wie die Barbiturate regelmäßig **oral** eingenommen[9]. Nach oraler Gabe wird es rasch **resorbiert**, der maximale Plasmaspiegel wird bereits nach 1-2 h erreicht. Die sedativ-hypnotische Wirkung tritt daher schnell ein (ca. 15-20 min nach der Einnahme) und klingt nach 3-4 h wieder ab.   2055 #

Bis zu 80 % der Dosis werden relativ schnell mit dem Urin wieder **ausgeschieden**.   2056 #

In der **Wirksamkeit** übertrifft Methaqualon Phenobarbital[10], wobei die Wirkung wie bei den Barbituraten[11] und 1,4-Benzodiazepinen u.a. durch Blockade der von der **Formatio reticularis** zur Hirnrinde laufenden Impulse, allerdings ohne Beeinträchtigung des REM-Schlafes, zustandezukommen scheint.   2057 #

Nach anderer Ansicht beruhen die charakteristischen Angstgefühle in der Entzugsphase dagegen gerade auf einer vorangegangenen Unterdrückung des **REM-Schlafes** mit der Folge eines Einbruches der REM-Schlafaktivität in das Wachsein[12].

Da Methaqualon, ähnlich wie u.a. die Barbiturate[13], insbesondere in **Kombination** mit **Diphenhydramin** und in **hoher Dosierung**, **erregend, euphorisierend** und angeblich auch für sinnliche Erfahrungen empfänglicher machend wirkt, beinhalten die entsprechenden Arzneimittel ein hohes **Missbrauchspotential** ("louding out").   2058

Bei einer durchschnittlichen **Rauschdosis** von 500-700 mg Methaqualon[14] tritt die Wirkung innerhalb von ca. 30 min ein.   2059

---

[7] Vergleichbar den mittleren hypnotischen Barbiturat-Dosen: 4.1, Rdnr. 1988-1991.
[8] Entsprechend den Barbituraten, vgl. 4.1, Rdnr. 1992.
[9] Zur Resorption der Barbiturate über den Magen-Darm-Trakt vgl. 4.1, Rdnr. 1996.
[10] Zum langwirkenden Phenobarbital vgl. 4.1, Rdnr. 1989.
[11] Zur Wirkungsweise bei den Barbituraten vgl. 4.1, Rdnr. 1998-2002.
[12] Vgl. auch zum REM-Schlaf-Rebound bei den Barbituraten 4.1, Rdnr. 2003, 2029 und 2035.
[13] Zu dieser „paradoxen" Wirkung zentral-dämpfender Substanzen vgl. 4.1, Rdnr. 2016-2019.
[14] Zur therapeutischen Dosis vgl. 4.2.1, Rdnr. 2054, zur Höchstdosis Rdnr. 2079.

2060 Die **erste Phase** des Rausches ist, auch wenn die Einnahme tagsüber erfolgt, durch eine bleierne **Müdigkeit**, extreme Entspannung im ganzen Körper ("jelly fish") und einem prickelnden Gefühl ("tingling sensation")[15] gekennzeichnet. Der "user" versucht sie zu überwinden, um den sich anschließenden euphorischen Zustand mit einem gleichzeitigen Gefühl der **Gleichgültigkeit** gegenüber den alltäglichen Sorgen zu erreichen[16]. Dieser kann sich nicht nur bei Heroin-Abhängigen, die methaqualon-haltige Medikamente missbrauchen, sondern auch bei Erstkonsumenten einstellen; bereits die therapeutische Applikation kann daher gegebenenfalls zur Abhängigkeit führen und einen ärztlichen Kunstfehler darstellen[17].

2061 Die charakteristische **Methaqualon-Wirkung** wird als ein Gefühl wohltuender Vertraulichkeit zwischen den Anwesenden wie nach dem Rauchen mehrerer "joints" Marihuana[18] beschrieben (**"downer high"**); Hemmungen werden abgebaut, das Schmerzempfinden herabgesetzt. Insoweit dem Cannabis- oder auch Cocain-Konsum vergleichbar, erfolgt die Einnahme meist in geselliger Runde, wobei die Beliebtheit auch damit zusammenhängt, dass es nicht so benommen macht. Die Zuschreibung aphrodisierender Eigenschaften beruht offenbar auf denselben Umständen wie beim Cannabis[19].

2062 Etwa 1 h nach der Einnahme kommt es zu **Koordinationsstörungen**, besonders in den Extremitäten, die Sprache wird zunehmend verwaschener und das Schlafbedürfnis drängender. Die **Wirkungsdauer** beträgt insgesamt bis zu 4 h.

2063 Außer mit **Cannabis-Produkten**[20], deren sedierende Wirkung gesteigert werden soll, wurden methaqualon-haltige FAM bei uns, etwa pulverisierte Mandrax-Tabletten, **geraucht** bzw. zur Beruhigung nach Stimulantia-Missbrauch[21] und zur gegenseitigen **Wirkungssteigerung** von vielen Konsumenten auch zusammen mit Alkohol eingenommen. Vergleichbar den Barbiturat/Heroin-Kombinationen[22] kam gelegentlich auch in Deutschland mit Methaqualon versetztes **Heroin** auf den Drogenmarkt.

2064 In Deutschland lag der **Preis** zuletzt auf dem illegalen Markt bei durchschnittlich 6 DM/Tablette; der durchschnittliche Methaqualon-Konsument nahm etwa 10 Tabletten à 200 mg Methaqualon/d ein.

---

[15] Zu einem entsprechenden Gefühl (Parästhesie) z.B. nach Einnahme der Samen von Windengewächsen vgl. 1.2.1.2, Rdnr. 435.

[16] Entsprechend etwa den reizabschirmenden Heroin-Wirkungen, vgl. 2.1.4, Rdnr. 1127 und 1129.

[17] Vgl. z.B. auch zur Verschreibung von Amfetamin als Appetitzügler 3.2.4.7, Rdnr. 1932.

[18] Zur Steigerung der Cannabis-Wirkung durch Methaqualon vgl. 1.1.4, Rdnr. 171.

[19] Vgl. hierzu beim Cannabis 1.1.4, Rdnr. 145.

[20] Vgl. auch zu Cannabis-DOB- oder Cannabis-PCP-Kombinationen 1.2.4.5, Rdnr. 904 und 919.

[21] Vgl. hierzu beim Cocain 3.1.7, Rdnr. 1690.

[22] Zu Todesfällen infolge von Barbiturat/Heroin- und -Alkohol-Kombinationen vgl. 4.1, Rdnr. 2020. Zu Methaqualon in Heroin-Zubereitungen vgl. auch 2.1.5, Rdnr. 1198.

4.2 Nichtbarbiturale Hypnotica

In den **USA**, wo der Methaqualon-Missbrauch zu Rauschzwecken zu Beginn der 1970er Jahre bereits einmal erhebliche Ausmaße angenommen hatte, werden weiterhin Präparate auf Methaqualon-Basis wie "Quaalude", "Sopor" z.T. **illegal synthetisiert** (derartige Nachahmungen werden als "look alikes" bezeichnet) bzw. als Fertigprodukte oder als "Reimport" legal ausgeführten Methaqualon-Pulvers aus Kolumbien oder Mexiko eingeführt. **2065**

Sie gelangen dort unter Bezeichnungen wie "Sopors", "**Quaaludes**" oder "**Vitamin Q**« auf den illegalen Drogenmarkt. **2066**

Das veraltete aber weiterhin legale Einschlafmittel soll auch nach wie vor von nordamerikanischen Ärzten in speziellen "Stress- und Schlaflosigkeitszentren" in erheblichem Umfang verschrieben werden.

Die **akute Toxizität** von Methaqualon ist geringer als die des Heroins, Cocains und Amfetamins und ist in etwa mit der vieler Barbiturate zu vergleichen. **2067**

An einer **Überdosis** "Quaaludes", die infolge individueller Gegebenheiten sehr unterschiedlich sein kann, bzw. den mit einer Intoxikation einhergehenden Ausfallerscheinungen sollen gleichwohl 1981 in den USA monatlich ebenso viele Menschen wie an Heroin gestorben sein.

Im Vergleich zur Barbiturat-Vergiftung[23] wird bei einer **Intoxikation** mit Methaqualon nämlich der Behandlungserfolg durch auftretende Krämpfe und Hyperreflexie verringert. Es kann zu Tachykardie, einer Zunahme des Muskeltonus bis zur Ausbildung einer Rigidität, zunehmender Erschöpfung und schließlich Herz-Kreislauf-Versagen kommen. Während die **tödliche Dosis** beim Erwachsenen mit etwa 8-10 g Methaqualon anzusetzen ist, ist sie bei gleichzeitiger Aufnahme von Alkohol wegen der sich potenzierenden zentral-dämpfenden Wirkungen beider Stoffe erheblich geringer[24]; es kann in diesen Fällen zu **Atemdepression** und **-stillstand** kommen. **2068**

Bei **chronischem** Methaqualon-Missbrauch kommt es wie bei den Barbituraten[25] zu einem morgendlichen "**hang over**" mit Schwindelgefühl, Katerstimmung, allgemeiner Muskelschwäche, Desorientiertheit, gesteigerter Erregbarkeit und Angst. **2069**

Die **Toleranzbildung** ist sowohl hinsichtlich der schlafinduzierenden als auch der euphorisierenden Wirkung ausgeprägt (es kann zu Tagesdosen von mehreren Gramm kommen), ohne dass jedoch auch die toxische oder letale Dosis sich nach oben verschieben würde, so dass die Sicherheitsbreite mit der Dauer des Konsums geringer wird, insbesondere bei Methaqualon-Konsum in Verbindung mit Alkohol. **2070**

---

[23] Zu den Symptomen einer Barbiturat-Vergiftung vgl. 4.1, Rdnr. 2022.
[24] Vgl. hierzu auch bei den Barbituraten 4.1, Rdnr. 2002 und 2005.
[25] Zu den möglichen Folgen eines derartigen „Katers" vgl. 4.1, Rdnr. 2013 f.

2071 Bei Einnahme von etwa 1,5-3 g Methaqualon/d über 2-3 Monate ist mit der Ausbildung einer mittelstarken psychischen und auch **physischen Abhängigkeit** zu rechnen, die allerdings nicht die Ausprägung einer Abhängigkeit vom Opioid-Typ erreicht. Das **Abhängigkeitspotential** von Methaqualon ist vielmehr mit dem der Barbiturate[26] in etwa vergleichbar. Hervorzuheben ist hierbei die offenbare Neigung des Methaqualon-Abhängigen zu **polytoxikomanem** Verhalten.

2072 Die **Entzugserscheinungen** zeigen sich in Unruhe, Reizbarkeit, Depressionen, Angst und Schlaflosigkeit mit Halluzinationen und Delirien. Außerdem können Konvulsionen wie beim Alkohol-Entzug und epileptoforme Krämpfe auftreten[27].

2073 Als weitere Folge chronischen Methaqualon-Missbrauchs wurde bereits nach 4 Wochen **Neuritis** festgestellt, hier als Entzündungen der peripheren Nerven.

2074 Methaqualon und seine Verwandten lassen sich in **Körperflüssigkeiten** nach Hydrolyse und Extraktion dünnschichtchromatographisch auftrennen und anschließend **UV-spektrometrisch** untersuchen[28].

2075 Ebenso wie die Barbiturate[29] können auch Methaqualone mit **Enzym-Immunoassays** im Blut bis zu 36 h nach der Einnahme nachgewiesen werden, mit dem Radioimmunoassay (RIA) auch in Haarproben.

2076 Während **Mecloqualon** nach Anl. I zu den nicht verkehrsfähigen Btm zählt,
§ handelt es sich bei **Methaqualon** nach Anl. III zum BtMG 1994 in Ausführung der Übereinkommen von 1961 und 1971 um ein verkehrs- und verschreibungsfähiges Btm; besonders ausgenommene Zubereitungen sind nicht vorgesehen.

2077 Von den weiteren synthetisierbaren Methaqualon-Abwandlungen wurde **Me-**
§ **thylmethaqualon** (chem. Bezeichnung (IUPAC): 3-(2,4-Dimethylphenyl)-2-methylchinazolin-4(3H)-on), das gegenüber Methaqualon eine geringere hypnotische Wirksamkeit, aber offenbar eine erheblich gesteigerte Toxizität aufweist, mit der 9. BtMÄndV seit dem 1.2.1997 zunächst jeweils für 1 Jahr der Anl. I zum BtMG unterstellt. Mit der 12. BtMÄndV gilt dies seit dem 8.10. 1998 auch für **Mebroqualon**. Aufgrund der 15. BtMÄndV wurden beide Stoffe auf Dauer in Anl. I aufgenommen.

2078 **Methaqualon** und **Chlormethaqualon** sowie ihre Salze zählen aufgrund der Arzneimit-
§ telV 1990 zudem zu den verschreibungspflichtigen Stoffen.

---

[26] Zur Abhängigkeit vom Sedativa/Hypnotica-Typ vgl. 4.1, Rdnr. 2024-2036. Zur Niedrigdosen-Abhängigkeit bei Dauergebrauch in therapeutischer Dosierung vgl. Vorbem. 4, Rdnr. 1968.
[27] Zum Barbiturat-Entzugssyndrom vgl. 4.1, Rdnr. 2032-2036.
[28] Vgl. auch zur Untersuchungsmethode auf Opiate 2.1.6, Rdnr. 1236 f.
[29] Näher zu enzym-immunologischen Bestimmungsmethoden beim Heroin 2.1.6, Rdnr. 1250-1257. Vgl. auch bei den Barbituraten 4.1, Rdnr. 2037-2039.

4.2 Nichtbarbiturale Hypnotica

Nach der Neufassung der BtMVV mit Wirkung ab dem 1.2.1998 ist für Methaqualon eine verschreibungsfähige **Höchstmenge** nicht mehr vorgesehen, da eine Verschreibung obsolet ist.

2079
§

Als für die illegale Mecloqualon- und Methaqualon-Herstellung benötigter **Grundstoff** fand **Anthranilsäure** Aufnahme in die Anlage Tab. II zum Übereinkommen von 1988. In Ausführung dieses Übereinkommens erfolgte durch ein entsprechende Gesetz ab dem 18.2.1994 in § 18 a BtMG zunächst die Aufnahme eines strafbewehrten Umgangsverbotes mit diesem Stoff, sofern er zur unerlaubten Btm-Herstellung verwendet werden soll[30]. Mit Wirkung ab dem 1.3. 1995 wurde diese Vorschrift durch § 29 GÜG ersetzt. Bezüglich **N-Acetylanthranilsäure** (2-Acetamidobenzoesäure), bei dem es sich um einen Grundstoff der Kategorie 1 handelt, besteht über die Anzeigepflicht in Verdachtsfällen hinaus eine Erlaubnispflicht für den Umgang mit diesem Stoff.

2080
§

4.2.2 Piperidindione

Bei dieser innerhalb der Hypnotica nach den Barbituraten häufigsten Wirkstoffgruppe handelt es sich ebenfalls um disubstituierte **Säureamide**[31], die den Barbituraten daher chemisch nahe verwandt sind[32].

2081
*

Nach der Stellung der 2 C=O-Gruppen erfolgt eine Unterteilung in **Piperidin-2,4-dione** und **Piperidin-2,6-dione**;

2082
*

Strukturformeln:

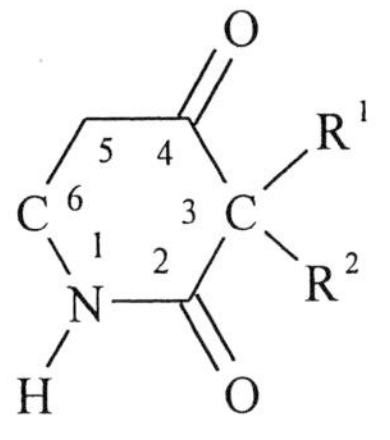

Piperidin-2,4-dione

---

[30] Näher zur Grundstoffüberwachung: 2.1.3, Rdnr. 1096-1099.
[31] Zu den Säureamiden vgl. bei den Barbituraten 4.1, Rdnr. 1977, sowie bei den Bromcarbamiden 4.2.3, Rdnr. 2097.
[32] Zum Grundskelett der Barbiturate vgl. 4.1, Rdnr. 1984-1986.

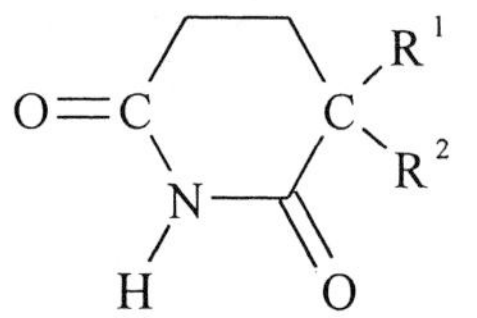

Piperidin-2,6-dione

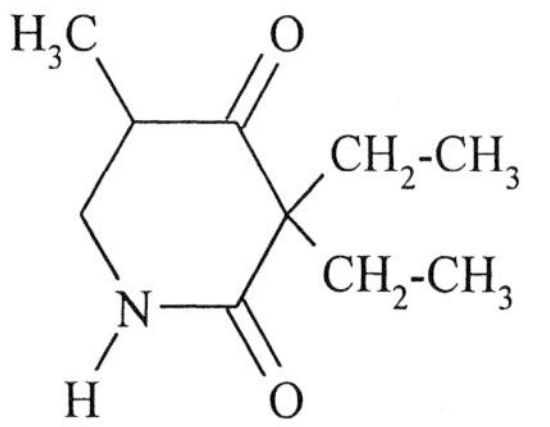

Methyprylon

2083   Den pharmakologischen und toxikologischen Eigenschaften nach ähneln beide Piperidindione den Barbituraten, wirken aber etwas schwächer, so dass die mittlere hypnotische **Einzeldosis** entsprechend höher mit 200-400 mg angesetzt wird[33].

2084   Therapeutisch wurden Piperidindione bis Anfang der 1990er Jahre als **Einschlafmittel** und **Tagessedativa** eingesetzt, in der Folgezeit jedoch gänzlich vom Markt genommen, nachdem in den 80er Jahren bereits immer mehr Präparate auf dieser Basis im Hinblick auf ihre im Verhältnis zu den Barbituraten fehlenden Vorteile nicht mehr vertrieben worden waren.

2085   Von den Piperidin-2,6-dionen (syn. 2,6-Dioxopiperidin) war unter dem Warenzeichen Doriden das **Glutethimid** (INN; chem. Bezeichnung (IUPAC): 3-Ethyl-3-phenylpiperidin-2,6-dion) im Handel.

2086   Von den ebenfalls bis Anfang der 90er Jahre vom Markt genommenen Piperidin-2,4-dionen ist das **Methyprylon** (INN; chem. Bezeichnung (IUPAC): 3,3-Diethyl-5-methylpiperidin-2,4-dion)[34] zu erwähnen, das in dem rezeptpflichtigen Durchschlafmittel mit mittellanger Wirkungsdauer Noludar (mit 200 mg Methyprylon) enthalten war, und das **Pyrithyldion** (INN; chem. Bezeichnung (IUPAC): 3,3-Diethylpyridin-2,4-(1H,3H)-dion; Persedon).

---

[33]   Zur mittleren hypnotischen Dosis verschiedener Barbiturate vgl. 4.1, Rdnr. 1989-1991.
[34]   Zur Strukturformel des Methyprylons vgl. 4.2.2, Rdnr. 2082. Da Methyprylon in Verbindung mit Alkohol zu schwerer Bewusstseinstrübung bis zur Bewusstlosigkeit führt (wie auch entsprechende Kombinationen etwa mit Ketamin, vgl. 1.2.4.6, Rdnr. 927, oder mit Meprobamat, vgl. 4.3.4, Rdnr. 2228 f.), wurde es als eine der zahlreichen „k.o.-Tropfen"-Variationen u.a. im Rotlichtmilieu verwandt.

4.2 Nichtbarbiturale Hypnotica

Bei Aufnahme von Methyprylon in therapeutischer Dosis erfolgt eine weitgehende **Metabolisierung**; nur relativ wenig unveränderter Wirkstoff wird im Urin ausgeschieden. 2087 #

Bei den Piperidindionen kann es wie bei den Barbituraten und Methaqualon zum Missbrauch und zur Ausbildung einer **Abhängigkeit vom Sedativa/Hypnotica-Typ**[35] kommen, ebenso zu **Psychosen** bei chronischem Konsum. 2088 #

Nachdem bereits zuvor Piperidindione, jedenfalls im Verhältnis zu Barbituraten und Methaqualon, als **Ausweichmittel** eine untergeordnete Rolle gespielt hatten, ist ein Missbrauch derzeit, nachdem entsprechende FAM nicht mehr im Handel sind, nur noch möglich, soweit eine Beschaffung aus illegaler Herstellung erfolgt. In Verbindung mit **Alkohol** können Piperidindione dann aber ebenfalls gefährliche Wirkungen haben[36]. 2089

Ergänzend sei als Beispiel für die über längere Zeit hinweg propagierte angebliche Unschädlichkeit dieser Wirkstoffgruppe auf das (verschreibungspflichtige) 2,6-Dioxopiperidin **Thalidomid** hingewiesen, das unter dem pharmazeutischen Warenzeichen Contergan als eines der unbedenklichsten Schlafmittel galt und seit 1956 in der Bundesrepublik weite Verbreitung fand, bis sich seine teratogenen Eigenschaften herausstellten, die zu Nervenentzündungen[37] und schweren Missbildungen bei Neugeborenen führten. 2090

Von den Piperidindionen handelt es sich bei **Glutethimid** aufgrund der 4. BtMÄndV seit dem 23.1.1993 nach Anl. II um ein nicht verschreibungsfähiges Btm, während **Methyprylon** weiterhin als verkehrs- und verschreibungsfähiges Btm, unter Zulassung besonders ausgenommener Zubereitungen, Anl. III zum BtMG 1994 unterfällt. 2091 §

Aufgrund der ArzneimittelV 1990 handelt es sich bei Glutethimid und Methyprylon um **verschreibungspflichtige** Stoffe. Soweit aufgrund des Vorliegens einer besonders ausgenommenen Zubereitung keine Btm-Eigenschaft gegeben ist, kann gleichwohl der Vertrieb dieser Stoffe außerhalb einer Apotheke eine Strafbarkeit nach § 95 Abs. 1 Nr. 4 AMG begründen. 2092 §

Piperidin ist als weit verbreiteter industrieller Ausgangsstoff demgegenüber nicht dem Betäubungsmittelrecht unterstellt. Als **Grundstoff** fand er jedoch Aufnahme in die Anlage Tab. II zum Übereinkommen von 1988. In Ausführung dieses Übereinkommens erfolgte ab dem 18.2.1994 zunächst in § 18 a BtMG die Aufnahme eines strafbewehrten Umgangsverbotes mit diesem Stoff der Kategorie 2, sofern er zur unerlaubten Btm-Herstellung verwendet werden soll[38]. Mit Wirkung ab dem 1.3.1995 wurde diese Vorschrift durch § 29 GÜG ersetzt. Bezüglich **Piperonal**, bei dem es sich um einen Grundstoff der Kategorie 1 handelt, besteht über die Anzeigepflicht hinaus in Verdachtsfällen eine Erlaubnispflicht für den Umgang mit diesem Stoff. 2093 §

---

[35] Zur Abhängigkeit vom Sedativa/Hypnotica-Typ näher 4.1, Rdnr. 2024-2036.
[36] Vgl. zur gleichzeitigen Barbiturat/Alkohol-Einnahme 4.1, Rdnr. 2020-2023.
[37] Vgl. auch zur Entwicklung des Methaqualon 4.2.1, Rdnr. 2048, sowie Rdnr. 2073.
[38] Näher zur Grundstoffüberwachung: 2.1.3, Rdnr. 1096-1099.

2094 Piperidin als Ausgangsverbindung liegt außerdem in einer ganzen Reihe natür-
* licher **Piperidin-Alkaloide** (z.B. den Tropan-Alkaloiden[39]) und Piperidincarbo-
nyl- und -carboxylverbindungen vor. Hingewiesen sei hier auf die Stoffe der **Pethidin-Gruppe**[40] und das **PCP**[41].

4.2.3 Ureide, Urethane, Alkohole

2095 Von den übrigen als **Hypnotica** zeitweise im Handel gewesenen Verbindungen sollen hier nur noch diejenigen vorgestellt werden, die zumindest gelegentlich eine, wenn auch untergeordnete, Bedeutung als Ausweichmittel hatten bzw. haben können, oder die als eigenständige Rauschmittel Bedeutung erlangt bzw. aufgrund internationaler Vereinbarungen Aufnahme in die Anlagen zum BtMG 1994 gefunden haben.

2096 Hierbei ist insbesondere der u.a. mit dem Missbrauch von Schlafmitteln wie Bromkalium oder Bromural einhergehende **Bromismus** seit Ende des 19. Jahrhunderts bekannt geworden.

2097 Als ebenfalls substituierte **Säureamide** sind neben den Piperidindionen auch
* die **Ureide** (Acylharnstoffe; **Bromcarbamide**), bei denen eine Aminogruppe mit einer Carbonsäure kondensiert ist, mit den Barbituraten verwandt[42];

Strukturformel:

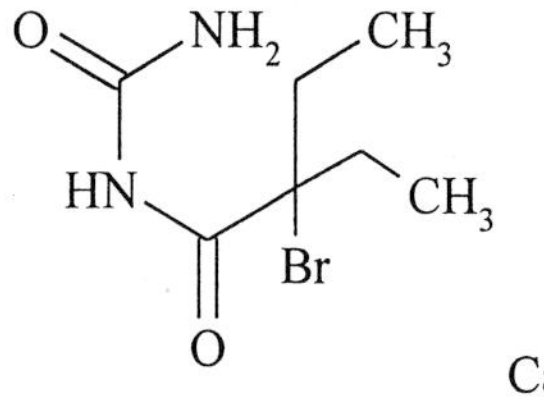

Carbromal

2098 Die hypnotisch-narkotisch wirkenden Ureide wurden seit 1910 in **Einzeldosen** von 0,5-1,5 g[43] als Einschlaf- und Beruhigungsmittel genutzt; ihre **Wirkungsdauer** beträgt 3-4 h.

---

[39] Zu den Tropan-Alkaloiden vgl. 1.2.2.2, Rdnr. 504, sowie beim Cocain 3.1.3, Rdnr. 1488 f.
[40] Zur Pethidin-Gruppe vgl. 4.4.4, Rdnr. 2380.
[41] Zum Phencyclidin vgl. 1.2.4.5, Rdnr. 893 f., 898 und 923.
[42] Zur Ableitung von den Säureamiden vgl. bei den Barbituraten 4.1, Rdnr. 1977 und 1984, sowie bei den Piperidindionen 4.2.1, Rdnr. 2081.
[43] Zur mittleren hypnotischen Dosis bei den Barbituraten vgl. 4.1, Rdnr. 1989-1991.

4.2 Nichtbarbiturale Hypnotica

Parallel zu zahlreichen anderen Hypnotica sind seit Beginn der 1990er Jahre bei uns auch die Ureide enthaltenden FAM nach und nach vom Markt genommen worden. Ureide waren bis Mitte der 90er Jahre nur noch in folgenden AM enthalten:

- **Bromisoval** (INN; chem. Bezeichnung (IUPAC): (2-Brom-3-methylbutyryl)-harnstoff) war in Kombination mit Barbital und Phenazon in dem rezeptpflichtigen Brom-Nercavit enthalten;
- **Carbromal** (INN; chem. Bezeichnung (IUPAC): (2-Ethyl-2-brombutyryl)-harnstoff oder: α-Bromdiethylacetylcarbamin)[44], das früher in zahlreichen FAM enthalten war, fand sich zuletzt nur noch in Betadorm und Somnium forte;
- während **Acetylcarbromal** (INN; früher Abasin) und Apronalid (früher Sedormid) bereits zuvor aus dem Handel genommen worden waren.

Bereits nach Einführung der Rezeptpflichtigkeit ab dem 1.1.1978 für bromhaltige Hypnotica und Sedativa ersetzten die Hersteller teilweise den bromhaltigen Wirkstoffanteil durch **Diphenhydramin**[45], so in dem rezeptfreien Betadorm-A.

Über den **Wirkungsmechanismus** der Bromureide liegen keine belastbaren Erkenntnisse vor. Möglicherweise haben sie eine dämpfende Wirkung auf die **Formatio reticularis**[46] und den **Cortex**.

Bei längerer Einnahme von Bromsalzen kann es zu einer **Bromakne**[47] im Gesicht und am Oberkörper kommen. Der Missbrauch organisch gebundenen Broms, etwa früher von Plantival plus (Carbromal), hat bei längerer Einnahme zudem gelegentlich zur Ausbildung einer spezifischen, sowohl psychischen als auch ausgeprägt **physischen Abhängigkeit** mit der Tendenz zur Dosissteigerung infolge Toleranzbildung geführt, die der Abhängigkeit vom Sedativa/Hypnotica-Typ[48] zuzurechnen ist und mit einer chronischen Bromvergiftung ("**Bromismus**") einhergeht.

Im Abhängigkeitsstadium beträgt die **Tagesdosis** 10-30 Tabletten; diese werden auch tagsüber bei beginnender Unruhe eingenommen und führen zu einem "**pardoxen**" euphorischen Zustand[49].

---

[44] Zur Strukturformel des Carbromal vgl. 4.2.3, Rdnr. 2097. Zu früheren Kombinationspräparaten mit Methaqualon vgl. 4.2.1, Rdnr. 2052.
[45] Vgl. auch zur Diphenhydramin-Methaqualon-Kombination Mandrax 4.2.1, Rdnr. 2051. Zu dem mit Dihphenhydramin verwandten Nefopam vgl. 4.4.3, Rdnr. 2358 FN 116.
[46] Vgl. auch zur Wirkungsweise der Methaqualone 4.2.2, Rdnr. 2057.
[47] Zur „Drogen-Akne" vgl. auch 1.2.4.3, Rdnr. 846.
[48] Näher zur Abhängigkeit vom Sedativa-Hypnotica-Typ 4.1, Rdnr. 2024-2036.
[49] Zum „downer high" infolge Überdosierung vgl. auch bei den Barbituraten 4.1, Rdnr. 2016-2019.

2104 Die chronische Bromvergiftung beruht auf der sehr langen **Halbwertszeit** von ca. 12
Tagen, die zu einer **Kumulation** von Bromidionen (Br⁻) nach metabolischer Dehalogenierung (die Br-Ionen können nur zusammen mit Cl-Ionen ausgeschieden werden) führt sowie zu einer Anreicherung im ZNS.

2105 Bei anschließender Alkohol-Aufnahme kann es aufgrund dieser äußerst langen Abbau-
zeit relativ leicht zu einem gleichgearteten **Brom-Alkohol-Wirkungssynergismus**[50] kommen, der Leistungsfähigkeit und Belastbarkeit erheblich vermindert.

2106 Die **Bromid-Vergiftung** ist zunächst durch ein Nachlassen der Merkfähigkeit, weiterge-
hend u.a. durch eine permanente geistige und körperliche Müdigkeit, Konzentrationsverminderung, Verwirrtheit, verwaschene Sprache, Tremor, Gangstörungen, Orientierungs- und Gedächtnisstörungen, Depressionen sowie Halluzinationen[51] ähnlich den bei chronischem Alkoholismus auftretenden gekennzeichnet. Diese Folgen hängen möglicherweise mit einer Verdrängung der Cl-Ionen von ihren Wirkorten zusammen.

Der **Entzug** dauert wegen der langen Eliminationshalbwertszeit des Bromids länger als bei anderen Substanzen vom Barbiturat/Alkohol-Typ; die körperlichen Entzugserscheinungen sind meist nach 4-8 Wochen abgeklungen.

2107 Wie auch bei anderen zentralwirksamen Substanzen soll es zu einer "**Brom-Psychose**" sowohl in Form einer akuten Intoxikations- als auch einer subakuten endogenen Psychose kommen können, die dem schizophreniformen Kreis zugerechnet werden kann[52].

2108 Von den **bromid-haltigen** Hypnotica fällt keine Verbindung unter die Bestim-
§   mungen des BtMG 1994.

Aufgrund der Neufassung der VO über verschreibungspflichtige Arzneimittel vom 30.8.1990 handelt es sich jedoch bei **Apronalid**, **Bromisoval** und **Carbromal** um **verschreibungspflichtige** Stoffe. Der Vertrieb außerhalb einer Apotheke kann daher nach § 95 Abs. 1 Nr. 4 AMG strafbar sein.

2109 Aus der Gruppe der **Urethane** war das **Ethinamat** (INN; chem. Bezeichnung (IUPAC):
*   (1-Ethinylcyclohexyl)carbamat[53]), ein **Carbaminsäure-Derivat** wie das Meprobamat[54], als Hypnoticum für leichte bis mittlere Schlafstörungen unter dem Warenzeichen Valamin im Handel. Carbamate, die Ester der Carbaminsäure, wirken durch **Hemmung** der **Cholinesterase**[55] toxisch.

---

[50] Vgl. auch zu den Barbiturat-Alkohol-Kombinationen 4.1, Rdnr. 2020-2023.
[51] Vgl. auch zu den deliranten Zuständen bei chronischer Paraldehyd- oder Barbiturat-Intoxikation 4.1, Rdnr. 1979, 2030 und 2034.
[52] Vgl. hierzu allgemein 3.1.7, Rdnr. 1697.
[53] Cyclohexyl-Strukturen treten u.a. auch bei Amfetaminen auf, vgl. z.B. zum Propylhexedrin 3.2.4.2, Rdnr. 1830 f.
[54] Zum Meprobamat vgl. 4.3.4, Rdnr. 2180.
[55] Zu weiteren Cholinesterase-Blockern vgl. beim Nitrostigmin Einl., Rdnr. 15, sowie beim Physostigmin als Amfetamin-Antidot 3.2.4.7, Rdnr. 1937.

4.2 Nichtbarbiturale Hypnotica

Aufgrund der 4. BtMÄndV wurde **Ethinamat** mit Wirkung ab dem 23. 1.1993 aus Anl. III Teil C herausgenommen und Anl. II zum BtMG 1982 unterstellt; diese Einordnung gilt weiterhin. Damit handelt es sich hierbei um kein verschreibungsfähiges Btm mehr, besonders ausgenommene Zubereitungen sind nicht vorgesehen. Daneben handelt es sich bei **Ethinamat** und **Urethan** nach der ArneimittelV 1990 um verschreibungspflichtige Stoffe. §

Von den zahlreichen **Alkoholen** mit hypnotischer Wirkung[56] fanden bis Ende der 1980er Jahre nur noch tertiäre Alkohole eine entsprechende therapeutische Verwendung. Diese konnte durch Einführung von Halogenen und Mehrfachbindungen verstärkt werden. Bedeutung hatte hier zuletzt nur noch das **Methylpentol** (INN; chem. Bezeichnung: 3-Methyl-l-pentin-3-ol), das in dem vom Markt genommenen Sedativum Allotropal enthalten war. **2110** *

Aufgrund der 4. BtMÄndV wurde mit Wirkung ab dem 23.1.1993 von den Alkoholen **Ethchlorvynol** (INN; chem. Bezeichnung (IUPAC): 1-Chlor-3-ethylpent-l-en-4-in-3-ol) aus Anl. III Teil C herausgenommen und Anl. II unterstellt, diese Einordnung gilt weiterhin. Hierbei handelt es sich somit um kein verschreibungsfähiges Btm, besonders ausgenommene Zubereitungen sind nicht vorgesehen. **2111** §

Pipradol (INN; chem. Bezeichnung (IUPAC): Diphenyl-(2-piperidyl)methanol oder: α-(2-Piperidyl)benzhydrylalkohol), das als zentrales **Stimulanz** mit Abhängigkeitspotential allerdings eher den Btm vom Amfetamin- als vom Barbiturat-Typ zuzurechnen ist[57], ist hingegen weiterhin Anl. III zum BtMG 1994 unterstellt; besonders ausgenommene Zubereitungen sind auch hier nicht vorgesehen. **2112** §

Im Gegensatz zu den zuvor genannten Alkoholen kommt ein **Pipradol-Missbrauch** zu Rauschzwecken offenbar sporadisch vor, ebenso bei dem Piperidylbenzhydrol-Derivat **Azacyclonol** (INN), das ebenfalls zentral-dämpfend und halluzinogen, in hoher Dosierung jedoch amfetamin-ähnlich wirkt und teilweise in Kombination mit Ritalin eingenommen wird.

Bei **Pipradrol** und seinen Salzen handelt es sich aufgrund der ArzneimittelV 1990 daneben um verschreibungspflichtige Stoffe. **2113** §

Wird Pipradrol im Sport zu **Doping-Zwecken** verabreicht, so handelt es sich hierbei unabhängig von einer Verschreibungsfähigkeit als Btm seit dem 11.9.1998 gemäß § 6 a AMG um einen verbotenen Doping-Wirkstoff[58], was zusätzlich eine Strafbarkeit nach § 95 Abs. 1 Nr. 2 a AMG begründen kann.

---

[56] Vgl. etwa zum Chloralhydrat 4.1, Rdnr. 1979. Hierzu zählt auch das Ethanol, das jedoch nur noch zu Desinfektionszwecken Verwendung findet.
[57] Zu „paradoxen", enthemmenden Rauschwirkungen zentral-depressiver Stoffe vgl. etwa auch beim GHB 1.2.4.8, Rdnr. 936 f.
[58] Näher hierzu bei den Weckaminen 3.2.4.2, Rdnr. 1800-1806.

4.3 Psychopharmaka

2114 Vorbemerkung: Versteht man unter diesem Begriff (engl. psychotropic drugs) jede chemische Verbindung, die in die Regulation zentralnervöser Funktionen eingreift und damit auch psychische Abläufe modifiziert, so gehören hierzu u.a. auch die **Hypnotica, Sedativa** und **Analgetica**[1], ebenso die natürlichen (biogenen), seit alters verwandten Rauschdrogen, die in diesem Buch in dem eigenständigen Kapitel "Psychodysleptica" dargestellt worden sind. Unter dem Aspekt des Missbrauchs als Ausweich- oder Zusatzmittel[2] sollen im folgenden hiervon vorwiegend die seit den 1950er Jahren entwickelten, vollsynthetischen Arzneimittel behandelt werden, die gezielt zur Behandlung psychischer Krankheiten eingesetzt werden (**Psychopharmaka i.e.S - Neuroleptica, Antidepressiva, Tranquilizer**).

2115 Der molekulare **Wirkungsmechanismus** dieser Psychopharmaka ist noch weit-
gehend ungeklärt. Entsprechend der **Catecholamin-, Serotonin-** und **Tryptamin-Hypothese** zur Ausbildung der **Schizophrenie**[3] wird jedoch generell ein Eingriff in den Neurotransmitterhaushalt anzunehmen sein. In diesem Zusammenhang bleibt darauf hinzuweisen, dass die derzeitigen Psychopharmaka bei therapeutischer Verwendung keine spezifische kausale Wirkung auf das Krankheitsgeschehen haben, sondern nur auf die Symptome bezogen sind.

4.3.1 Psychomotorische Stimulantia

2116 Vorbemerkung: Aufgrund ihrer eigenständigen Bedeutung als Rauschdrogen vom **Amfetamin-** oder **Cocain-Typ**[4] werden die Substanzen dieser Gruppe, die auch unter den Begriffen "Psychostimulanzien", "Psychoanaleptica" oder "Psychotonica" zusammengefasst werden, hier überwiegend in dem eigenständigen Kapitel 3 "Stimulantia"[5] behandelt.

2117 Der chemischen **Struktur** nach lassen sich die Stoffe dieser Gruppe überwie-
* gend vom Amfetamin und Coffein ableiten[6].

---

[1] So lassen sich z.B. die Barbiturate als Psychopharmaka i.w.S. einordnen, vgl. 4.1, Rdnr. 1977.
[2] Beigebrauch; allgemein zum Missbrauch von Arzneimitteln als „Ausweichmittel": Vorbem. 4, Rdnr. 1959-1965.
[3] Vgl. hierzu allgemein 3.1.7, Rdnr. 1697. Zur Erzeugung „experimenteller Psychosen" zur Erforschung der Schizophrenie vgl. etwa beim THC 1.1.4, Rdnr. 132, und 1.1.7, Rdnr. 264.
[4] Zum Cocain als psychomotorisches Stimulanz vgl. 3.1.4, Rdnr. 1516.
[5] Vgl. auch allgemein zu den Aufputschmitteln Vorbem. 3.2, Rdnr. 1708, sowie Vorbem. 3.2.4, Rdnr. 1783.
[6] Vgl. aber auch zu Tryptaminen wie Etryptamin 1.2.4.4, Rdnr. 887, oder Alkoholen wie Pipradol 4.2.3, Rdnr. 2112.

4.3 Psychopharmaka

An dieser Stelle soll nur noch auf Verbindungen mit abweichender Struktur eingegangen werden, die dieser Gruppe zuzurechnen sind, d.h. eine den **Antrieb steigernde** und **psychisch anregende** Wirkungskomponente aufweisen.

4.3.1.1 Strychnin

Zu den **zentral-erregenden** Stimulantia zählt u.a. **Strychnin**, das eine wesentlich höhere Affinität zu Rezeptoren an der neuromuskulären Synapse aufweist als Acetylcholin[7]. In Nitratform und **Dosen** von 0,5-5 mg führt Strychnin außer zu einer Anregung der **Atmung**[8] zu starker Erregung mit **Euphorie**, aber auch Angst, intensivierter Wahrnehmung etwa von Farben und **Halluzinationen**. Infolge seiner Eigenschaft als **Reflexkrampfgift** kann es durch Lähmung von Hemmungsbahnen im Rückenmark zudem zu tonischen Krampfanfällen[9] mit Wirbelbrüchen und gegebenenfalls Tod infolge Erstickung durch Beteiligung der Atemmuskulatur (**Strychninismus**) kommen.

2118 #

Strychnin-N-oxid-HCl, das ebenso wie Strychnin selbst und Strychninsäure **verschreibungspflichtig** ist, wurde, mit abnehmender Tendenz, neben Strychninnitrat wie Dopamin als **Analepticum** und **Antihypotonicum** u.a. bei Lähmungen eingesetzt (zuletzt nur noch in dem Urologicum Dysurgal[10]) sowie früher zur Ruhigstellung der Muskulatur ohne Einwirkung auf das Bewusstsein bei Operationen.

2119

Auch bei dem die "**Curare-Lähmung**" (Streckung der Extremitäten, Muskelrisse) verursachenden Pfeilgift Curare der Orinoco-Indianer handelt es sich um einen Extrakt aus den Rinden verschiedener Strychnos-Arten, u.a. Strychnos toxifera mit verschiedenen **Strychnos-Alkaloiden** (u.a. Alloferin und Toxiferin)[11]. Die **Letaldosis** liegt bei 30 mg[12] (das Fleisch der durch Curare bewegungsunfähigen Beutetiere ist gleichwohl genießbar, da Curare beim Menschen oral keine Wirkung zeigt).

2120

Ein Missbrauch von Strychnin zu **Rauschzwecken** ist in Europa nur selten bekannt geworden, allenfalls gelegentlich kommt es insbesondere bei asiatischem **Heroin**, gegebenenfalls in Kombination mit Coffein, als **Streckmittel**[13] vor.

2121

Werden Strychnin und zentral-erregende Strychnin-Derivate im Sport zu **Doping-Zwecken** verabreicht, handelt es sich hierbei jedoch, unabhängig von einer Verschreibbarkeit, seit dem 11.9.1998 gemäß § 6 a AMG um verbotene Doping-Wirkstoffe[14] mit der Folge einer Strafbarkeit nach § 95 Abs. 1 Nr. 2 a AMG.

---

7   Zu dessen muscarin-ähnlichen Eigenschaften vgl. 3.2.3, Rdnr. 1771 und 1775.
8   Vgl. etwa auch zum strychnin-ähnlich wirkenden Lophophorin 1.2.3.1, Rdnr. 578, oder Harmalin 1.2.3.1, Rdnr. 730.
9   Zur Wirkungsweise vgl. auch Einführung, Rdnr. 15, sowie 3.1.4, Rdnr. 1575 FN 190.
10 Das Urologicum Dysurgal N enthält jetzt nur noch Atropinsulfat.
11 Vgl. hierzu auch beim Cytisin 1.2.3.8, Rdnr. 784 und 788 FN 204.
12 Zur Toxizität vgl. auch 2.1.7, Rdnr. 1277 FN 389.
13 Zum – atemstimulierenden – Strychnin-HCl als Heroin-Zusatz vgl. 2.1.5, Rdnr. 1193 und 1998, als möglicher „ecstasy"-Zusatz 1.2.4.3, Rdnr. 864.
14 Näher hierzu bei den Weckaminen 3.2.4.2, Rdnr. 1800-1806.

4.3.1.2 Pemolin

2122 Demgegenüber gibt es Anzeichen für einen, bei uns allerdings offenbar sehr selte-
* nen, Missbrauch des **Psychoenergeticums** und **Sympathomimeticums Pemolin**
(INN; abgekürzt: CS 293; chem. Bezeichnung (IUPAC): 2-Imino-5-phenyl-1,3-
oxyzolidin-4-on);

Strukturformel:

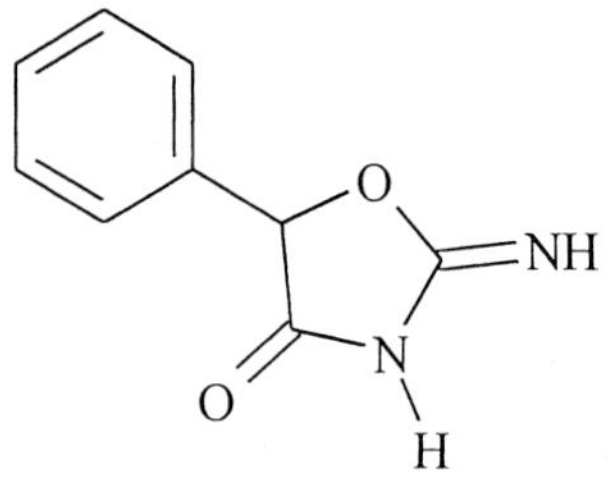

Pemolin

2123 Das etwa 4- bis 5mal stärker stimulierend als Coffein wirkende Pemolin war zunächst u.a. in dem bei **Leistungs-** und **Antriebsschwäche**, mangelndem Konzentrationsvermögen sowie Nachlassen der Gedächtnisleistung und Erschöpfungszuständen verordneten FAM Tradon enthalten; die Tagesdosen betrugen 20-60 mg. Derzeit wird das weiterhin rezeptpflichtige Tradon mit 20 mg Pemolin/Tablette ausschließlich beim **hyperkinetischen Syndrom** des Kindesalters eingesetzt, sofern Therapieversuche mit Methylphenidat als auch Amfetamin erfolglos geblieben sind.

2124 Für Pemolin scheint ein erheblicher illegaler Markt in **Westafrika**, insbesondere Nigeria, zu bestehen, der von Europa aus versorgt wird[15].

2125 Auch das bereits 1913 synthetisch hergestellte **Cylert (Magnesiumpemolin)** wurde nach Erforschung seiner stimulierenden Wirkung Ende der 50er Jahre in der BRD in mehreren europäischen Ländern als psychisches Stimulanz und mildes Antidepressivum angewandt. Mitte der 60er Jahre wurde in den Abbott Laboratories/ USA auch seine konzentrationsfördernde und gedächtnissteigernde Wirkung, insbesondere bei senilen Menschen, erforscht, bei therapeutischen Dosen von 55-75 mg/d. In Deutschland befindet sich Magnesiumpemolin nicht unter den zugelassenen AM.

2126 Bei einem Konsum als **Rauschdroge** (meist als "**Amfetamin**" in Mengen von ca. 1 g angeboten) soll **Magnesiumpemolin** seine Wirkung, die u.a. in einem "Eingravieren" der psychedelischen Erlebnisse im Gedächtnis bestehen soll, erst nach etwa 2 Wochen entfalten.

2127 Aufgrund der 3. BtMÄndV wurde **Pemolin** mit Wirkung ab dem 15.4.1991
§ Anl. III zum BtMG 1982 unterstellt; diese Einordnung gilt weiterhin. Besonders

---

[15] Vgl. auch zum illegalen Captagon-Export 3.2.4.2, Rdnr. 1817, sowie Mandrax-Export 4.2.1, Rdnr. 2051.

ausgenommene Zubereitungen sind zugelassen. Aufgrund der ArzneimittelV 1990 handelt es sich bei Pemolin zugleich um einen verschreibungspflichtigen Stoff.

Wird Pemolin zu **Doping-Zwecken** im Sport verabreicht, handelt es sich hierbei jedoch unabhängig von einer Verschreibungsfähigkeit seit dem 11.9.1998 gemäß § 6 a AMG um einen verbotenen Doping-Wirkstoff mit der Folge einer Strafbarkeit nach § 95 Abs. 1 Nr. 2 a AMG.

2128 §

4.3.1.3 Aminorex/Methylaminorex

Das ebenfalls aufgrund der 3. BtMÄndV mit Wirkung ab dem 15.4.1991 der Anl. I zum BtMG unterstellte **Methylaminorex** (chem. Bezeichnung (IUPAC): 4-Methyl-5-phenyl-4,5-dihydro-1,3-oxazol-2-ylazan oder: 4,5-Dihydro-4-methyl-5-phenyl-2-oxazolamin), bei dem es sich demnach um kein verkehrsfähiges Btm handelt, wird als Base wie kristallines Metamfetamin-HCl[16] als "**Ice**" bezeichnet.

2129 * §

Methylaminorex weist **amfetamin-ähnliche** Wirkungen auf und ist auch im Hinblick auf das Gefährdungspotential dem Amfetamin[17] gleichzustellen. Bei Erstkonsumenten soll die KE bei etwa 3-50 mg, nach Abschluss der Toleranzentwicklung bei etwa 0,1-0,25 g liegen. Bei dem als Ausgangsstoff auch für die Methylaminorex-Herstellung einsetzbaren **Norephedrin** handelt es sich um einen Grundstoff der Kategorie 1 im Sinne des GÜG.

2130

Aufgrund der 8. BtMÄndV wurde zudem das als **Appetitzügler** entwickelte, bei i.v. Zufuhr relativ toxische (LD_{50}: 79 mg/kg KG) **Aminorex** (INN; chem. Bezeichnung (IUPAC): 5-Phenyl-4,5-dihydro-1,3-oxazol-2-ylazan oder: 2-Amino-5-phenyl-2-oxazolin), das in Deutschland bislang ohne Bedeutung ist, ab dem 1.2.1997 in Anl. II zum BtMG aufgenommen.

2131 * §

4.3.1.4 Fencamfamin

Als weiteres Psychoanalepticum wurde aufgrund der 3. BtMÄndV **Fencamfamin** (INN; chem. Bezeichnung (IUPAC): (Ethyl)(3-phenylbicyclo[2.2.1]heptan-2-yl)-azan oder: N-Ethyl-3-phenyl-8,9,10-trinorbonan-2-ylamin), unter Zulassung besonders ausgenommener Zubereitungen, Anl. III zum BtMG unterstellt.

2132 * §

Pemolin vergleichbar ist das ausgeprägt zentralwirksame Fencamfamin-HCl u.a. bei **Antriebs-** und **Leistungsschwächen** im Alter sowie Erschöpfungszuständen einsetzbar und war in dem rezeptpflichtigen FAM Reactivan enthalten. Wird Fencamfamin im Sport zu **Doping-Zwecken** verabreicht, handelt es sich hierbei unabhängig von einer Verschreibungsfähigkeit seit dem 11.9.1998 um einen gemäß § 6 a AMG verbotenen Doping-Wirkstoff[18] mit der Folge einer Strafbarkeit gemäß § 95 Abs. 1 Nr. 2 a AMG.

2133 §

---

[16] Zum Rauchen von Metamfetamin-Kristallen als „Ice" vgl. 3.2.4.5, Rdnr. 1914-1918.
[17] Zur Abhängigkeit vom Amfetamin-Typ vgl. 3.2.4.7, Rdnr. 1939-1949.
[18] Näher hierzu bei den Weckaminen 3.2.4.2, Rdnr. 1800-1806.

4.3.1.5 Modafinil

2134 Aufgrund seines in den USA bekannt gewordenen **Missbrauchspotentials** im
* Hinblick auf eine dem Amfetamin ähnliche psychotrope Wirkung bei höheren Do-
§ sen wurde mit Wirkung ab dem 1.2.1998 aufgrund der 10. BtMÄndV zudem **Modafinil** (INN; chem. Bezeichnung (IUPAC): 2-(Benzhydrylsulfinyl)acetamid) als verkehrs- und verschreibungsfähiges Btm Anl. III zum BtMG, ohne Zulassung besonders ausgenommener Zubereitungen, unterstellt. Nach § 2 der neu gefassten BtMVV darf der Arzt für einen Patienten als **Höchstmenge** innerhalb von 30 Tagen neben einem zweitem Btm bis zu 12.000 mg Modafinil verschreiben. In Tablettenform mit 100 mg Modafinil ist der Wirkstoff unter dem Warenzeichen **Vigil** als **Btm** zur Behandlung der **Narkolepsie** auf dem Markt.

4.3.2 Neuroleptica

2135 Unter **Neurolepsie** wird eine Dämpfung der emotionellen Erregbarkeit, eine Verminderung des Antriebs, der Spontanbewegung und der Ausdrucksmotorik verstanden. Steht die **sedierende** gegenüber der muskelrelaxierenden Wirkung im Vordergrund, werden die Neuroleptica auch als "**major tranquilizer**"[19] bezeichnet (etwa Reserpin und Butyrophenone wie Haloperidol).

Trotz dieser intensiven **zentralen** und **peripheren Dämpfung** mit verlangsamter Reaktion und Gleichgültigkeit gegenüber äußeren Reizen führen die Neuroleptica (im Gegensatz etwa zu den Narkotica[20]) nicht zu einer Einschränkung des **Bewusstseins** und des Orientierungsvermögens sowie der intellektuellen Fähigkeiten.

2136 Infolge ihrer antipsychotischen Wirksamkeit insbesondere bei schizophrenen Psychosen werden die Neuroleptica therapeutisch vor allem bei Erregung, Verwirrtheitszuständen und Wahnideen eingesetzt (**antipsychotisch-antischizophrene Wirkung**)[21], daneben aber auch bei chronischen Schmerzzuständen.

2137 Hierbei soll es nach Sedierung und psychomotorischer Dämpfung zu einer Distanzierung von den psychotischen (paranoid-halluzinatorischen) Erlebnissen mit der Chance einer Krankheitseinsicht kommen. Daneben werden Neuroleptica in geringerer Dosierung aber u.a. auch bei **Schlafstörungen** und **Konzentrationsschwächen** von Kindern[22] verschrieben.

---

[19] Zu den „Minortranquilizer" vgl. 4.3.4, Rdnr. 2172.
[20] Vgl. hierzu beim Morphin/Heroin 2.1.4, Rdnr. 1122 und 1130. Vgl. jedoch zur Neuroleptanalgesie und –anästhesie in Verbindung mit Fentanyl 4.4.6, Rdnr. 2465 f.
[21] Zum Einsatz von Neuroleptica bei drogeninduzierten Psychosen vgl. 3.1.7, Rdnr. 1697 f. Vgl. auch zu dem Versuch, DOM im Rahmen neuroleptischer Therapie einzusetzen 1.2.4.1, Rdnr. 802 und 806.
[22] Zur medikamentösen Therapie von Verhaltensstörungen vgl. u.a. auch beim Ephedrin 3.2.1, Rdnr. 1722.

4.3 Psychopharmaka

Es wird empfohlen, Neuroleptica nur zur Unterstützung anderer Behandlungsformen und nicht über längere Zeit hinweg einzusetzen, da es hierdurch zu schwerwiegenden **Folgeschäden**, insbesondere Spätdyskinesien (pharmakogene motorische Fehlfunktionen) mit stereotypen, unwillkürlichen Bewegungsabläufen (ähnlich dem Parkinson-Syndrom) kommen kann. Gleichwohl gibt es Tendenzen, Neuroleptica neben Antidepressiva entsprechend den BD[23] auch bereits bei alltäglichen **Befindlichkeitsstörungen** wie Stimmungsschwankungen einzusetzen.

2138

Das chemische Merkmal dieser Substanzgruppe ist ein **tricyclisches Phenothiazin-** oder **Thioxanthen-Grundgerüst**.

2139
*

Zu den **Phenothiazin**-Derivaten mit aliphatischer Seitenkette gehört etwa das **Chlorpromazin** (INN; chem. Bezeichnung (IUPAC): 2-Chlor-10-(3-dimethylaminopropyl)phenothiazin; Propaphenin, früher u.a. Megaphen), dessen antipsychotische Wirksamkeit bereits 1952 erkannt wurde und das neben einer stark sedierenden Wirkung eine starke vegetative Begleitsymptomatik aufweist;

2140
*

Strukturformel:

Chlorpromazin (Phenothiazin)

Generell scheint eine **Teilsubstitution** durch **Halogene**, neben anderen Veränderungen des Grundmoleküls, die neuroleptische Wirkung zu verstärken.

Vom Chlorpromazin ausgehend wurden Neuroleptica mit **schlafanstoßender** und weniger stark sedierender Wirkung wie **Thioridazin** (INN; u.a. Melleril) und **Promethiazin** (INN; u.a. Atosil) einerseits und mit verstärkt **antipsychotischer** Wirkung andererseits entwickelt.

2141

In dem hier interessierenden Zusammenhang ist hinsichtlich der letzteren besonders auf das Butyrophenon-Derivat **Haloperidol** (INN; chem. Bezeichnung (IUPAC): 4-[4-(4-Chlorphenyl)-4-hydroxypiperidino]-4'-fluorbutyrophenon; Haldol-Janssen, Haloperidol)[24] hinzuweisen, ein als Neurolepticum eingesetzter **Dopamin-Antagonist**. Gleiches gilt für das Antisympathicotonicum **Reserpin** (INN; chem. Bezeichnung (IUPAC): Methyl-[11, 17α,-dimethoxy-18β-(3,4,5-trimethoxybenzoyloxy)-3β,20α-yohimban-16β-carboxylat]), ein dem Yohimbin[25] verwandtes, u.a. in Rauwolfia-Arten vorkommendes Yohimbin-Alkaloid,

2142
*

---

[23] Zur Tranquilizer-Verordnung als alltägliches Beruhigungsmittel vgl. 4.3.4, Rdnr. 2182 f. und 2206-2210.
[24] Vgl. auch zu dem Neurolepticum Droperidol 4.4.6, Rdnr. 2465 FN 223.
[25] Zum Yohimbin 1.2.3.6, Rdnr. 746 f.

das therapeutisch als Antihypertonicum (u.a. Briserin) eingesetzt wird sowie in höheren Dosen als Neurolepticum und als Sedativum bei psychomotorischer Unruhe, das jedoch **psychoaktive Nebenwirkungen** aufweist.

2143
#
Geht man davon aus, dass **psychopathologische Störungen** (mit) durch Störungen im Stoffwechsel der **Monoamine** Noradrenalin, Dopamin[26] und Serotonin[27] hervorgerufen werden, so erklärt sich andererseits wenigstens z.T. die Wirkung von **Haloperidol** als **Antidot** bei akuten Cocain- und Amfetamin-Vergiftungen aufgrund seiner **antidopaminergen** Wirksamkeit[28].

Auch im Tierexperiment konnte die erregende Wirkung von **Amfetamin** und seinen Verwandten **antagonistisch** beeinflusst werden. Neuroleptica scheinen demnach über eine Blockade von Dopamin-Rezeptoren wirksam zu werden

2144 Die **Analgesie** von **Morphin** und morphin-ähnlichen Verbindungen wird dagegen **verstärkt**, ebenso die Wirkung **zentral-dämpfender** Pharmaka und **Alkohol**[29]. Bei gleichzeitiger Aufnahme etwa von Chlorpromazin und Alkohol kommt es zu einer Beeinträchtigung des Urteilsvermögens.

2145 Zur Bekämpfung von **Heroin-Entzugssymptomen** ist andererseits jedoch wiederum eine Einsetzbarkeit von Haloperidol gegeben[30].

2146 Ebenso ist bei einer Reihe von **Psychodysleptica** zur **Unterbrechung** eines "bad trip" die Gabe von Chlorpromazin und verwandter Neuroleptica aufgrund ihrer antipsychotischen Wirksamkeit angezeigt[31]. Insgesamt ist seit Beginn der 1990er Jahre ein Anstieg der ärztlichen Verschreibungen von Neuroleptica und Antidepressiva zu verzeichnen gewesen, während die Verschreibung von Tranquilizern, insbesondere BD, zurückging.

2147 Da die dämpfende Wirkung der Neuroleptica von gesunden, nicht unter Rauschdrogeneinfluss stehenden Menschen als **dysphorisch** empfunden wird, ist demgegenüber die Gefahr eines **Missbrauchs** von Neuroleptica als **gering** einzustufen. Akute Intoxikationen und Fälle von Abhängigkeit scheinen äußerst selten vorzukommen.

---

[26] Vgl. auch zur Schüttellähmung (Morbus Parkinson) als Folge eines Dopamin-Mangels 3.1.7, Rdnr. 1682, sowie zum Dopamin-Mangel als mögliche Folge eines chronischen Cocain-Missbrauchs 3.1.4, Rdnr. 1569.
[27] Zu den Folgen eines Serotonin-Mangels vgl. 4.3.3, Rdnr. 2163.
[28] Vgl. hierzu beim Cocain 3.1.4, Rdnr. 1571, sowie beim Amfetamin 3.2.4.7, Rdnr. 1954.
[29] Vgl. hierzu auch beim Heroin 2.1.3, Rdnr. 1085, und 2.1.5, Rdnr. 1160, sowie bei den Barbituraten 4.1, Rdnr. 2002, 2004 f. und 2008.
[30] Vgl. zur medikamentösen Therapie des Heroin-Entzugssyndroms 2.1.7, Rdnr. 1346-1352.
[31] Vgl. hierzu etwa beim Psilocybin 1.2.3.3, Rdnr. 686.

4.3 Psychopharmaka

Dementprechend fallen auch **keine** Stoffe dieser Gruppe von Psychopharmaka unter die Bestimmungen des BtMG 1994.

2148 §

U.a. bei **Haloperidol** und **Phenothiazin** handelt es sich jedoch aufgrund der ArzneimittelV 1990 um **verschreibungspflichtige** Stoffe. Der Vertrieb entsprechender Arzneimittel außerhalb einer Apotheke kann eine Strafbarkeit nach § 95 Abs. 1 Nr. 4 AMG begründen.

2149 §

Ein erhebliches **Missbrauchspotential** weist hingegen das den nicht klassifizierten Psychopharmaka zuzuordnende, verschreibungspflichtige **Thiazol-Derivat Clomethiazol** (INN; chem. Bezeichnung (IUPAC): 5-(2-Chlorethyl)-4-methylthiazol; **Distraneurin**) auf;

2150 *

Strukturformel:

Clomethiazol

Den Neuroleptica entsprechend weist Clomethiazol eine **beruhigende** und schlafanstoßende Wirkungskomponente auf, wirkt daneben aber u.a. auch **antikonvulsiv**. Distraneurin wird nach **oraler** Gabe rasch resorbiert und wirkt rasch, ist aber nur von kurzer **Wirkungsdauer**; die Plasma-Eliminations-HWZ liegt bei 3-7 h. Es wird außer als **Hypnoticum** bei Verwirrtheits- und Erregungszuständen (akuten **Manien**) und als **Narkoticum** heute vor allem zur Behandlung des Delirium tremens und im Rahmen der **Entzugsbehandlung** von **Alkohol-Kranken** und **Medikamentenabhängigen** verschrieben[32].

2151 #

Bei einer **Überdosierung** kann es neben einem **Rauschzustand** mit erheblichen Ausfallerscheinungen wie verwaschener Sprache und Koordinationsschwierigkeiten zu einem plötzlichen Blutdruckabfall sowie aufgrund der ausgeprägt **atemdepressiven** Wirkung zu einem Atemstillstand kommen. Distraneurin beinhaltet ein eigenes **Suchtpotential**; es kann zu Einnahmen von 20-30 Tabletten/d durch den Clomethiazol-Abhängigen kommen. Bei einer 2 Wochen überschreitenden Einnahmedauer muss mit der Entwicklung einer **Sekundärabhängigkeit** gerechnet werden; Intoxikation sowie Entzugserscheinungen gleichen denen bei einer Abhängigkeit vom Sedativa/Hypnotica-Typ auftretenden[33]. Zur ambulanten Entwöhnungstherapie erscheint Clomethiazol daher ungeeignet[34].

2152

---

[32] Zum Einsatz u.a. im Rahmen des Heroin-Entzugs vgl. 2.1.7, Rdnr. 1352, sowie zur Delirbehandlung bei Barbiturat-Intoxikationen 4.1, Rdnr. 2031.
[33] Zur Abhängigkeit vom Sedativa/Hypnotica-Typ vgl. 4.1, Rdnr. 2024-2036.
[34] Zur ambulanten Substitutionstherapie bei Heroinismus vgl. 2.1.7, Rdnr. 1316-1333. Neben Distraneurin soll u.a. Kavain zur Alkohol-Entzugsbehandlung einsetzbar sein, vgl. 2.2, Rdnr. 1397, als nicht süchtig machender Wirkstoff außerdem das verschreibungspflichtige Acamprosat (INN), ein Aminosäure-Derivat (chem. Bezeichnung: 3-

2153   Die gleichzeitige Einnahme von **Alkohol** oder anderen Psychopharmaka **potenziert** auch hier die Wirkung. Mit Alkohol besteht **Kreuztoleranz**; die gleichzeitige Einnahme kann lebensbedrohliche Auswirkungen haben. Aber auch nach alleiniger Clomethiazol-Einnahme besteht die Gefahr einer medikamentenbedingten **Verkehrsunsicherheit**.

2154   **Distraneurin** ist bereits als **Ausweichmittel** auf dem illegalen Drogenmarkt
§   aufgetaucht; eine Unterstellung unter die Bestimmungen des BtMG 1994 ist nicht erfolgt. Der Vertrieb außerhalb einer Apotheke kann jedoch eine Strafbarkeit nach § 95 Abs. 1 Nr. 4 AMG begründen.

4.3.3 Antidepressiva

2155   Durch Substanzen dieser - auch als "**Thymoanaleptica**" bezeichneten - Gruppe werden pathologisch gesenkte **Grundstimmungen angehoben**, der vitale Antrieb gesteigert, depressive Wahnvorstellungen, Zwang und Panikattacken, aber auch chronische Schmerzen gelindert oder beseitigt. Teilweise ist zudem eine Einsetzbarkeit bei chronischem Alkoholismus gegeben.

2156   Im Gegensatz zu den **Psychoanaleptica**[35] ist hiermit keine direkte zentrale Stimulation verbunden.

2157   Andererseits sind die **psychomotorischen Stimulantia** nicht geeignet, schwere Depressionen anzugehen. Infolge ihrer sowohl antriebssteigernden als auch euphorisierenden Wirkung beinhalten sie vielmehr ein **Missbrauchs-** und **Abhängigkeitspotential**[36], das den Antidepressiva nicht zukommt.

2158   Die Einteilung erfolgt in **tricyclische Antidepressiva (TAD)**, zu denen die stimmungsaufhellenden **Thymoleptica** gehören, und **nicht tricyclische Antidepressiva** sowie bestimmte **MAO-Hemmer**[37], die als Antidepressiva eingesetzt werden (**Thymeretica**). TAD sind weit verbreitet und werden z.T. auch von Cocain-Konsumenten gegen die im Zuge des post-coke-blues auftretenden Depressionen eingesetzt.

2159   Zu den **TAD** gehören **Dibenzazepin-Derivate**[38] wie das 1957 entwickelte **Imi-**
*   **pramin** (INN; chem. Bezeichnung (IUPAC): 3-(10,11-Dihydro-5H-dibenz[b,f]-azepin-5-yl)-N,N-dimethylpropylamin; Pryleugan, Tofranil) und **Desipramin**

Acetamido-1-propansulfonsäure), das gegebenenfalls über eine Blockade der beim Alkoholiker vermehrt vorkommenden (erregenden) Glutamat-Rezeptoren wirkt; Acamprosat ist seit März 1996 als Abstinenzmittel (Campral) bei uns zugelassen.

[35]   Zu dem Begriff „Psychoanaleptica" vgl. 4.3.1, Rdnr. 2116 f.
[36]   Zur Abhängigkeit vom Amfetamin-Typ vgl. 3.2.4.7, Rdnr. 1939-1949.
[37]   Die seit 1952 als Antidepressiva eingesetzt werden. Zur psychedelischen und zentralstimulierenden Wirkung von MAO-Hemmern wie Ibogain vgl. 1.2.3.7, Rdnr. 765, sowie beim Amfetamin 3.2.4.7, Rdnr. 1892.
[38]   Vgl. auch zu den 1,4-Benzodiazepinen 4.3.4, Rdnr. 2182-2185.

4.3 Psychopharmaka

(INN; chem. Bezeichnung (IUPAC): 3-(10,11-Dihydro-5H-dibenz[b,f]azepin-5-yl)-N-methylpropylamin; Pertrofan, Petylyl), die strukturell den ebenfalls tricyclischen Phenothiazinen wie Chlorpromazin[39] ähneln;

Strukturformel:

Imipramin

Mit dieser strukturellen Ähnlichkeit korrespondiert, dass auch Chlorpromazin bereits deutlich **antidepressive** Teilwirkungen hat. Allerdings scheint die antidepressive Wirksamkeit zuzunehmen, wenn die Phenyl-Ringe nicht mehr (wie bei den Neuroleptica) in einer Ebene liegen, sondern gegeneinander verwinkelt sind. Teilweise werden Antidepressiva auch in fixer **Kombination** mit **Neuroleptica** oder **Tranquilizern** angeboten.

2160
*

Außerdem werden Lithium-Salze wie **Lithiumacetat** (u.a. Quilonum/-retard), die das Auftreten **manisch-depressiver** Phasen zu unterdrücken vermögen, prophylaktisch als Antidepressiva und bei Zyklothymie eingesetzt (etwa Hypnorex retard)[40], was wahrscheinlich mit einem Ausgleich des Serotonin-Mangels in Verbindung zu bringen ist und als weiterer Hinweis auf einen Zusammenhang zwischen Drogenwirkung und psychopathologischen Krankheitsbildern[41] gewertet werden kann.

Wegen seiner Bedeutung im Rahmen der **Entzugsbehandlung** Heroin-, Barbiturat- und Alkohol-Abhängiger[42] sei hier zudem auf **Doxepin** (INN; chem. Bezeichnung (IUPAC): 3-(6H-Dibenz[b,e]oxepin-11-yliden)-N,N-dimethylpropylamin; u.a. Aponal, Sinquan) hingewiesen. Es handelt sich hierbei ebenfalls um ein **Antidepressivum**, das jedoch auch psychomotorisch dämpfend und damit **beruhigend** wirkt bei möglicher Einschränkung des Reaktionsvermögens.

2161
*

Chemische Gemeinsamkeiten mit dem tricyclischen Antidepressivum Imipramin weist als Iminostilben-Derivat auch das **Antiepilepticum Carbamazepin** (INN; chem. Bezeich-

2162
*

---

[39] Zur Strukturformel des Chlorpromazins vgl. 4.3.2, Rdnr. 2140. Weitere Propylamine wie Fluoxetin (INN: chem. Bezeichnung (IUPAC): (RS)-N-Methyl-3-phenyl-3-(α,α,α-trifluor-p-tolyloxy)propylamin; Fluctin, Prozac) erlangten im Rahmen der medikamentösen Behandlung depressiver Erkrankungen zeitweilig einen größeren Bekanntheitsgrad im Hinblick auf einen Einsatz bei psychotherapeutischen Behandlungen.

[40] Zur Unterdrückung von Erregungszuständen als Cocain- oder Amfetamin-Folgen durch Lithiumsalze vgl. 3.2.4.4, Rdnr. 1886.

[41] Vgl. hierzu auch 1.1.4, Rdnr. 132, und 3.1.7, Rdnr. 1697.

[42] Zur medikamentösen Behandlung der Heroin-Entzugssymptome vgl. 2.1.7, Rdnr. 1352.

nung (IUPAC): 5H-Dibenzo[b,f]azepin-5-carboxamid; u.a. Fokalepsin/-retard, Carbamazepin-ratiopharm) auf. Es wird (neben Lithium) u.a. als **Phasenprophylakticum** in der Psychiatrie und aufgrund seiner stimmungsaufhellenden und antikonvulsiven Wirkungen zunehmend zur Anfallsprophylaxe beim stationären **Alkohol-** und **Opiatentzug** eingesetzt, wo es zerebralen Krampfanfällen[43] vorbeugt. Außerdem dürfte eine Einsetzbarkeit zur Behandlung entsprechender Entgiftungssymptome bei einer **Cocain-** und **BD-Abhängigkeit** gegeben zu sein. Hierbei scheint eine **Kombination** mit **Buprenorphin**[44] erfolgversprechend. Bei einer Carbamazepin-Behandlung kann es neben Somnolenz jedoch u.a. zu einer Ataxie sowie zu Verwirrtheit, Unruhe, Aggression und Halluzinationen kommen.

2163 Hinsichtlich der **Wirkungsweise** der Antidepressiva wird auf einen für die De-
\# pression, neben anderen, insbesondere sozialen Faktoren, (mit) verantwortlich zu machenden **Catecholamin-** bzw. **Serotonin-Mangel**[45] an spezifischen Rezeptoren im ZNS abgestellt.

Dies wird u.a. mit einem Anstieg der **Noradrenalin-Metaboliten** im Urin bei Besserung der Depression bzw. einer Reduzierung des **Serotonin-Stoffwechsels** bei **depressiven** Patienten begründet.

2164 Demnach könnte die Wirkung der tricyclischen Antidepressiva auf einer **ver-**
\# **stärkten** Monoamin-Wirkung (insbesondere von **Noradrenalin** und **Serotonin**)[46] beruhen, indem sie deren Rückführung in die präsynaptischen Speicher oder eine Verminderung des oxidativen Abbaus in den Speichergranula verhindern (**Noradrenalin-** bzw. **Serotonin-Wiederaufnahmehemmer** wie **Fluoxetin**)[47].

2165 Die vermehrte **Bildung** von **Serotonin-Rezeptoren** bei längerfristiger Gabe von Anti-
\# depressiva trägt offenbar wesentlich zu deren Wirkung bei[48]. Hiermit scheint zusammenzuhängen, dass Antidepressiva erst nach 1-2 Wochen stimmungsaufhellend wirken. Es erfolgen Versuche mit L-5-HTP, welches den Patienten in Form einer Kapsel verabreicht wird, die eine Überwindung der Blut-Hirn-Schranke ermöglicht; im Gehirn erfolgt sodann ein Umbau zu Serotonin.

Bei gleichzeitiger Aufnahme von **Ethanol** und etwa **Imipramin** (Tofranil) kommt es zu **Wechselwirkungen**[49]. **Kontraindiziert** sind auch akute **Vergiftungen** mit **zentral-dämpfenden** Pharmaka.

---

[43] Vgl. hierzu auch beim Cocain 3.1.7, Rdnr. 1702.
[44] Vgl. beim Buprenorphin 4.4.2.9, Rdnr. 2346.
[45] Vgl. auch zum Serotonin-Antagonismus des LSD-25 als α-Sympatholyticum 1.2.1.1.4, Rdnr. 372 und 377. Außerdem sollen Menschen mit schweren aggressiven Tendenzen, die bei gravierenden Depressionen und Konfliktsituationen zu autoaggressiven Handlungen bis zum Suizid neigen, gegebenenfalls unter einer Verminderung des Serotonin-Stoffwechsels leiden.
[46] Vgl. auch zur sympathomimetischen Amfetamin-Wirkung 3.2.4.4, Rdnr. 1891-1897.
[47] Vgl. auch beim Cocain 3.1.4, Rdnr. 1566 f. Auch natürliche Stimmungsaufheller wie die bei depressiven Patienten einsetzbaren Johanniskraut-Extrakte dürften in dieser Weise wirksam sein.
[48] Zum THC-bedingten Anstieg des Serotonin-Spiegels vgl. 1.1.4, Rdnr. 162 f.
[49] Vgl. auch bei den Neuroleptica 4.3.2, Rdnr. 2153.

4.3 Psychopharmaka

Allgemein besteht bei den Antidepressiva die Gefahr, dass es zu einer zunächst weiterbestehenden depressiven Stimmungslage bei gleichzeitiger Antriebssteigerung durch das Medikament kommt, was eine **Suizidgefahr** beinhalten kann. Bei **hoher Dosierung** können außerdem besonders bei den stärker stimmungsaufhellenden und hemmungslösenden **Thymeretica** Symptome einer verstärkten Antriebssteigerung auftreten, die sich in **Unruhe**, Schlaflosigkeit und Halluzinationen äußern, außerdem bei allen Antidepressiva **delirante** Zustandsbilder mit innerer Unruhe und Angst. Gleichwohl scheint die Verschreibungshäufigkeit von Antidepressiva weiterhin zuzunehmen[50].   **2166**

Immunologische Schnelltestverfahren[51] sind auch zum Nachweis bei Verdacht der Einnahme tricyclischer Antidepressiva (**TAD**) einsetzbar. Die **Nachweisbarkeitsdauer** beträgt (jeweils stark dosis- und wirkstoffabhängig) im Blut mehrere h, im Urin meist mehrere d. Eine **Kreuzreaktion** besteht hauptsächlich bei Überdosierung gegenüber anderen Antidepressiva und Substanzen ähnlicher oder anderer Wirkstoffklassen wie Carbamazepin, Chlorpromazin, Diphenhydramin, Promethazin oder Thioridazin.   **2167**

Obwohl aufgrund der stimmungsaufhellenden Wirkung der Antidepressiva ein **Missbrauchspotential** gegeben sein kann, scheint ein solches, wohl aufgrund ihrer unangenehmen, eher **dysphorischen** Wirkung auf Gesunde[52], nur relativ selten vorzukommen. Nur gelegentlich wird, etwa von Doxepin in den USA, von einem Missbrauch zu Rauschzwecken berichtet.   **2168**

Fälle einer **Abhängigkeit** von Antidepressiva sind bisher nicht bekannt geworden. Hierzu dürfte auch beitragen, dass sich die **vegetativen Begleiteffekte** der Antidepressiva auf das adrenerge wie auch cholinerge System (u.a. Herzrhythmusstörungen, Blutdruckveränderungen, Mundtrockenheit, Zittern und Muskelzuckungen) neben der aktivierenden oder auch eher dämpfenden Wirkungskomponente sofort einstellen, während es erst nach mehreren Tagen oder Wochen zu der eigentlich angestrebten, stimmungsaufhellenden Wirkung kommt.   **2169**

Die erwähnten Stoffe aus der Gruppe der **Antidepressiva** unterliegen daher auch nicht den Bestimmungen des BtMG 1994.   **2170 §**

U.a. Desipramin, Doxepin, Imipramin und Lithiumsalze sind aufgrund der ArzneimittelV 1990 jedoch **verschreibungspflichtige** Stoffe. Werden sie außerhalb einer Apotheke vertrieben, kann dies eine Strafbarkeit nach § 95 Abs. 1 Nr. 4 AMG begründen.   **2171 §**

4.3.4 Tranquilizer

Die Psychopharmaka dieser Gruppe - die auch unter den Begriffen "Tranquillantia", "**Minortranquilizer**"[53], "**Ataraktica**" oder "**Anxiolytica**" bzw. "anxiolytische Sedativa" zusammengefasst werden - haben bei äußerst breitem Wirkungsspektrum eine vorwiegend **beruhigende** und entspannende Wirkung auf die Psyche: **2172**

---

50 Vgl. hierzu bei den Neuroleptica 4.3.2, Rdnr. 2146.
51 Näher hierzu bei den Opiaten 2.1.6, Rdnr. 1248-1260.
52 Vergleichbar den Neuroleptica: 4.3.2, Rdnr. 2147.
53 Zu den sog. „major tranquilizer" mit antipsychotischer Wirksamkeit (wie etwa Droperidol – 4.4.6, Rdnr. 2466) vgl. bei den Neuroleptica 4.3.2, Rdnr. 2135 f.

Es kommt zu einer **Anxiolyse** (Beseitigung von Angstzuständen) und affektiven **Entspannung** ("tranquilisierende" Wirkung, die Bezeichnung kommt von lat. tranquilius - ruhig).

2173 In der Psychiatrie umfasst der Anwendungsbereich daher u.a. **Zwangsneurosen** und **dysphorische Verstimmungen** verschiedener Genesen; weitere Anwendungsbereiche sind etwa **epileptische** Anfälle, bei künstlicher Beatmung in der **Intensivmedizin** und **Prämedikation** vor der eigentlichen Narkose bei operativen Eingriffen.

2174 Im Gegensatz zu den Neuroleptica und Antidepressiva[54] sind Tranquilizer dagegen zur Behandlung von **Psychosen** nur sehr eingeschränkt geeignet. Dies gilt auch für Depressionen.

2175 Neben den genannten Indikationen haben die Tranquilizer eine erhebliche Bedeutung als "**alltägliche**" Beruhigungsmittel und bei Bagatellstörungen der allgemeinen **Befindlichkeit** erlangt.

Hierzu trägt bei, dass sie in **therapeutischer Dosierung** trotz ihrer sedierenden Wirkungskomponente generell weder hypnotisch noch narkotisch wirken, also nicht zu einer Ausschaltung des Bewusstseins führen.

2176 **Vegetative Nebenwirkungen** bestehen bei therapeutischer Dosierung in nur geringem Ausmaß. Diese Eigenschaften haben zusammen mit der großen **therapeutischen Breite** und der guten **Verträglichkeit** (selbst bei Überdosierung sind tödliche Vergiftungen selten) den Tranquilizern eine weite Verbreitung und ein großes Indikationsgebiet eröffnet.

2177 Da verschiedene **Benzodiazepin-(BD-)Derivate** zudem eine **schlafinduzierende** Wirkung haben, hierbei aber den natürlichen Schlafablauf weniger als die Barbiturate beeinflussen[55], sind sie auch eher bei Schlafstörungen indiziert.

2178 Ihr Nachteil ist, dass sie nur etwa 3-14 Tage lang eine hypnotische Wirksamkeit zeigen[56] und ebenfalls überwiegend eine Benommenheit ("**hang over**")[57] infolge ihrer durchweg sehr langen Abbauzeit am nächsten Morgen hinterlassen (Restwirkung).

2179 Ihrer chemischen **Struktur** nach lassen sich die Tranquilizer in sehr **heterogene**
* **Gruppen** ohne erkennbare Beziehung zwischen chemischer Konstitution und pharmakologischer Wirkung einteilen (innerhalb der BD besteht allerdings eine Beziehung zwischen chemischer Struktur, Resorption, Metabolismus und Elimination).

---

[54] Zum Einsatz von Antidepressiva vgl. 4.3.3, Rdnr. 2155. Zur Verordnung von Antidepressiva und Neuroleptica auch bei Befindlichkeitsstörungen vgl. 4.3.2, Rdnr. 2138.
[55] Zur Beeinflussung des REM- und Tiefschlafes vgl. 4.1, Rdnr. 2003.
[56] Gleiches gilt für die Barbiturate, vgl. 4.1, Rdnr. 2007.
[57] Zu den „Katersymptomen" vgl. auch bei den Barbituraten 4.1, Rdnr. 2006 und 2013 f.

Da bei den Tranquilizern als Oberbegriff eine Unterteilung nach chemischen Gesichtspunkten demnach nicht zweckmäßig ist, wird meist zwischen den **muskelrelaxierenden** Tranquilizern (**Interneuronenblockern**[58], zu denen auch die **BD** gehören) und den **nicht muskelrelaxierenden Ataraktica** unterschieden.

Hier ist nur die **erste Gruppe** von Interesse, zu der das bereits 1955 in die Therapie eingeführte, heute jedoch kaum noch verordnete **Carbaminsäure-Derivat**[59] **Meprobamat** (INN; chem. Bezeichnung (IUPAC): (2-Methyl-2-propylpropan-1,3-diyl)dicarbamat; früher u.a. Cyrpon, Miltaun, heute noch Visano N) zählt.

2180 *

Das angstlösende, beruhigende und schlafanstoßende, daneben aber auch euphorisierende Meprobamat wird in den genannten, rezeptpflichtigen FAM u.a. bei Angst-, Erregungs- und Spannungszuständen eingesetzt, früher auch bei Verhaltensstörungen von Kindern[60]. In **höheren Dosen** führt Meprobamat zu alkohol-ähnlichen Rauschzuständen und wird z.T. in **Kombination** mit **Alkohol** missbraucht.

2181

Eine weitaus größere Verbreitung erreichten seit Anfang der 1960er Jahre die erstmals 1958 von Leo Sternbach für die schweizer Firma Hoffmann La Roche entwickelten **1,4-Benzodiazepine** (**BD**)[61], die zunächst als **Tranquilizer** genutzt, bald aber auch als **Schlafmittel** eingesetzt wurden. Ihre neuropharmakologischen Eigenschaften sind sehr ähnlich: In **steigender Dosierung** wirken sie angstlösend, sedativ-schlaffördernd, antikonvulsiv und muskelrelaxierend, wobei die Wirkungsdauer jedoch dosisabhängig u.a. von der Abbaugeschwindigkeit in der Leber und Rückverteilungsphänomenen als fettlösliche Substanzen bestimmt wird.

2182 * #

Hierzu gehören u.a. die **lang wirksamen** (über 24 h) Benzodiazepine:

- **Chlordiazepoxid** (INN; abgekürzt: **CDP**; chem. Bezeichnung (IUPAC): 7-Chlor-2-methylamino-5-phenyl-3H-1,4-benzodiazepin-4-oxid).

2183 *

Das früher in zahlreichen bekannten Arzneimitteln (u.a. Librium und Limbatril, ein Kombinationspräparat, 1986 das am häufigsten verschriebene Antidepressivum) enthaltene Chlordiazepoxid ist außer in Librium noch in Multum (5-25 mg) und Radepur 10 enthalten; es wurde bzw. wird u.a. bei Angst-, Erregungs- und Spannungszuständen, vegetativer Dystonie sowie Einschlaf- und Durchschlafstörungen verschrieben.

- **Diazepam** (INN; chem. Bezeichnung (IUPAC): 7-Chlor-l-methyl-5-phenyl-1,3-dihydro-2H-1,4-benzodiazepin-2-on).

2184 *

---

[58] Vgl. auch 4.3.4, Rdnr. 2205. Zum Strychnin als einem weiteren Interneuronengift vgl. Einführung, Rdnr. 15.
[59] Meprobamat ist mit Ethylurethan verwandt; vgl. bei den Urethanen 4.2.3, Rdnr. 2109.
[60] Vgl. auch zum Methylphenidat 3.2.4.3, Rdnr. 1833-1835.
[61] Zu den Dibenzazepin-Derivaten vgl. 4.3.3, Rdnr. 2159.

Diazepam ist heute noch u.a. in dem rezeptpflichtigen Valium (5-10 mg) sowie Diazepam 5/-10 Stada, Diazepam-ratiopharm, Diazepam-Lipuro, Lamra und Valocordin-Diazepam enthalten[62]. Es wird u.a., zur Prämedikation bei operativen Eingriffen eingesetzt.

2185 Strukturformeln:
*

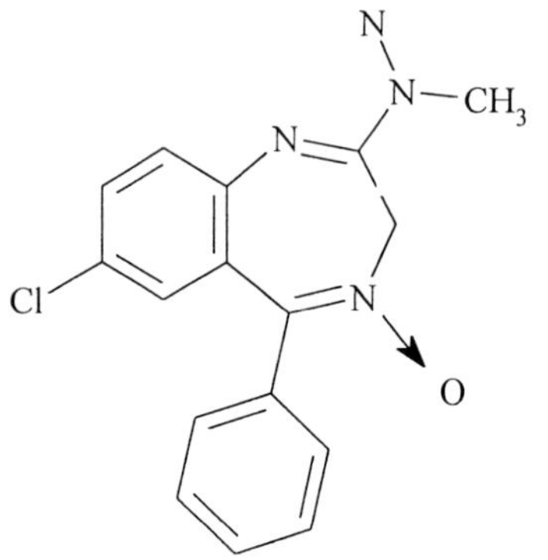

Chlordiazepoxid

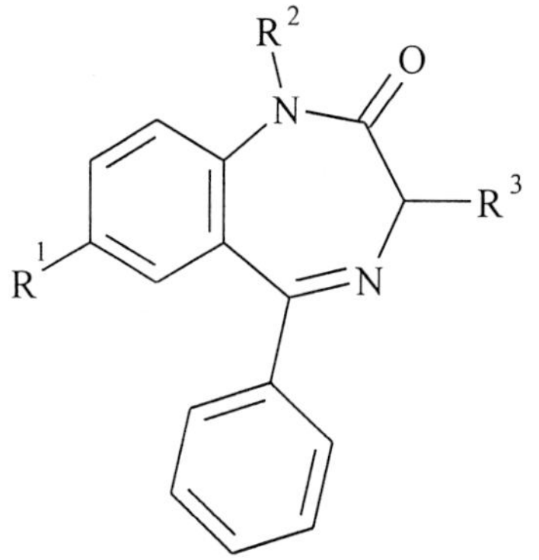

	R^1	R^2	R^3
Diazepam	-Cl	-CH$_3$	-H
Nitrazepam	-NO$_2$	-H	-H
Oxazepam	-Cl	-H	-OH

2186 Neben diesen beiden 1,4-Benzodiazepin-Derivaten wurden weitere entwickelt,
* die heute von größerer praktischer Bedeutung sind jedoch ebenfalls sich von den Chlordiazepoxid-Metaboliten ableiten; hierbei ist seit etwa 1986 ein **Rückgang** der **Tages-Tranquilizer** bei gleichzeitigem **Anstieg** der benzodiazepin-haltigen **Schlafmittel** zu verzeichnen.

Hierzu gehören u.a. die **mittellang wirksamen** (6-24 h)[63] Benzodiazepine:

---

[62] Zu den 1,4-Benzodiazepinen gehört auch das u.a. bei deliranten Zuständen einsetzbare Dikaliumchlorazepat (INN; Tranxilium).

[63] Zur Einteilung der Barbiturate anhand ihrer Wirkungsdauer vgl. 4.1, Rdnr. 1987-1991.

4.3 Psychopharmaka

- **Oxazepam** (INN; chem. Bezeichnung (IUPAC): 7-Chlor-3-hydroxy-5-phenyl-1,3-dihydro-2H-1,4-benzodiazepin-2-on)[64], **2187** *

oxazepam-haltige rezeptpflichtige FAM wie Adumbran/-forte, durazepam/-forte, Oxazepam 10 Stada, Praxiten/-forte, Sigacalm/-forte, Mirfudorm 10 und Noctazepam mit 10-50 mg Wirkstoff standen in der Liste der meistverordneten Medikamente in Deutschland seit 1981 an vorderen Stellen; sie sind u.a. bei Angstneurosen, innerer Unruhe und damit verbundenen Schlafstörungen indiziert;

häufig verordnet wurde bei pathologischen Angstzuständen, etwa Angst- und Zwangsneurosen, in besonderen Fällen auch Psychosen (Schizophrenie) und Depressionen, darüberhinaus aber auch bei alltäglichen Befindlichkeitsstörungen zudem das dem Oxazepam verwandte **Lorazepam** (INN; u.a. Tavor), das durch den im Oktober 1987 verstorbenen Politiker Uwe Barschel allgemein bekannt wurde, der sich mit Hilfe von Tavor in hoher Dosierung gegen seinen beruflichen Abstieg hatte wehren wollen;

- **Bromazepam** (INN; chem. Bezeichnung (IUPAC): 7-Brom-5-(2-pyridyl)-1,3-dihydro-2H-1,4-benzodiazepin-2-on), **2188** *

bromazepam-haltige rezeptpflichtige FAM wie Lexotanil, Bromazanil, durazanil 6 und Normoc mit jeweils 6 mg Wirkstoffgehalt sind ebenfalls u.a. bei Angstneurosen, Unruhe, Schlaflosigkeit und Spannungszuständen indiziert; Lexotanil gehörte zeitweise neben Adumbran und Valium zu den in der BRD am häufigsten verschriebenen Tranquilizern (unter den am häufigsten verschriebenen Medikamenten stand Lexotanil 1983 an 4. und 1988 an 13. Stelle); ein Missbrauchspotential enthält offenbar auch das ebenfalls als Hypnoticum vertriebene **Brotizolam** (INN; Lendormin) ;

- **Nitrazepam** (INN; chem. Bezeichnung (IUPAC): 7-Nitro-5-phenyl-1,3-dihydro-2H-1,4-benzodiazepin-2-on), **2189** *

das u.a. in den rezeptpflichten FAM Dormalon Nitrazepam und Dormo-Puren mit je 5 mg Wirkstoffgehalt enthalten ist, findet demgegenüber als Hypnoticum mit kurzer bis mittellanger Wirkungsdauer Verwendung;

- weitere benzodiazepin-haltige Hypnotica sind u.a. **Flurazepam** (INN; u.a. **2190** Dalmadorm, Staurodorm Neu), ein Ein- und Durchschlafmittel mit langer Wirkungsdauer, **Midazolam**, das als Injektionslösung mit 50mg/50ml in dem **Btm Dormicum** zur Langzeitsedierung eingesetzt wird,
- **Flunitrazepam** (INN; u.a. **Rohypnol Lösung und Verdünnungsmittel**, **2191** ein **Btm**, das zur Prämedikation in der Anästhesiologie, Narkoseeinleitung und Intensivmedizin eingesetzt wird, und das rezeptpflichtige **Rohypnol 1 mg**, ein Einschlafmittel von kurzer bis mittellanger Wirkungsdauer[65], das etwa bei psychotisch bedingten sowie prä- und postoperativen Schlafstörungen indiziert ist - in der Liste der meistverordneten Arzneimittel stand Rohypnol 1988 an 16. Stelle, etwa seit dieser Zeit ist es wegen seines

---

[64] Ein pharmakologisch aktiver Metabolit des Diazepams, vgl. 4.3.4, Rdnr. 2195. Zur Strukturformel des Oxazepams und Nitrazepams vgl. 4.3.4, Rdnr. 2185.
[65] Vgl. auch zum Barbiturat-Missbrauch 4.1, Rdnr. 2017.

2192 schnellen Wirkungseintritts das mit am häufigsten von Drogenabhängigen als Ausweichmittel missbrauchte Präparat[66]) und
- **Triazolam** (INN; Halcion/-mite), ein **ultrakurz** wirkendes Einschlafmittel, das bei klinisch bedeutsamen Schlafstörungen indiziert ist und eine euphorisierende Wirkungskomponente aufweist - Nebenwirkungen bestehen u.a. in Gedächtnisstörungen und Verhaltensauffälligkeiten.

2193 Ein Beispiel für die Variationsbreite der Benzodiazepin-Abkömmlinge ist auch die Nachricht von der Entwicklung eines Derivates unter der Bezeichnung "Tiflnadon", welches keine sedierende und muskelerschlaffende Wirkung mehr haben, dafür aber **morphinähnliche** Eigenschaften aufweisen soll. Angeblich soll es gleichwohl nicht zur Ausbildung einer Abhängigkeit kommen.

2194 Neben den erwähnten **medizinischen** Indikationen ist im Suchtbereich eine Anwendbarkeit von Tranquilizern neben Neuroleptica (und früher Barbituraten) als **Antidot** u.a. bei **akuten LSD-Intoxikationen** und vergleichbaren Vergiftungszuständen gegeben[67]. So wird **Oxazepam** etwa auch im Bereich der stationären Heroin-Entgiftung eingesetzt, um **Entzugssymptome** wie Angst, psychomotorische Unruhe und Schlaflosigkeit zu mildern und zerebralen Krampfanfällen[68] vorzubeugen, die häufig bei **polytoxikomanem Beigebrauch** von Cocain, Amfetaminen, BD oder Alkohol auftreten[69].

2195
Die **Eliminationshalbwertszeit** der meisten Tranquilizer ist relativ lang[70].

Kurze Halbwertszeiten weist Triazolam mit 2-4 h, eine mittellange Flunitrazepam (Rohypnol) mit etwa 8 h oder Oxazepam.(ein Stoffwechselprodukt des Diazepams) neben Nordazepam und Temazepam mit 4-15 h auf, während Diazepam selbst eine HWZ im Plasma von 20-50 h besitzt.

2196
Hinzu kommt, dass nach Hydroxylierung und N-Demethylierung der meisten 1,4-Benzodiazepine in der Leber einige **Metaboliten** noch **pharmakologisch aktiv** sind (wie z.B. Desmethyldiazepam), die eine noch höhere HWZ aufweisen (beim Desmethyldiazepam ca. 120 h), so dass die **HWZ** von Wirkstoff + Stoffwechselprodukt sich entsprechend erhöht (beim Chlordiazepoxid und Diazepam z.B. bis auf 150 h). Zudem nimmt die HWZ mit steigendem Alter des Gebrauchers zu; Verwirrtheitszustände und Unfälle älterer Menschen dürften z.T. mit hierauf zurückführbar sein

2197
Infolge dieser teilweise relativ hohen Halbwertszeit im Plasma ist bei häufigerer Einnahme entsprechender 1,4-Benzodiazepine die Gefahr einer **Kumulation** gegeben, die ihrerseits zu einer **verschleierten Dosiserhöhung** infolge **Toleranz-**

---

[66] Näher zum Rohypnol-Missbrauch 4.3.4, Rdnr. 2220-2226.
[67] Vgl. z.B. zu Valium-Gaben bei Cocain-Vergiftungen 3.1.7, Rdnr. 1677, und Amfetamin-Intoxikationen 3.2.4.7, Rdnr. 1937, sowie beim DOM 1.2.4.1, Rdnr. 808.
[68] Vgl. hierzu beim Cocain 3.1.7, Rdnr. 1667.
[69] Zur erhöhten Gefahr lebensbedrohlicher Komplikationen vgl. 2.1.7, Rdnr. 1280.
[70] Zum morgendlichen „hang over" vgl. auch bei den Barbituraten 4.1, Rdnr. 2006 und 2013 f., sowie beim Methaqualon 4.2.1, Rdnr. 2069.

4.3 Psychopharmaka

bildung[71] beitragen dürfte. Die kumulativ sedativen Wirkungen können zu "**hang over**"-Effekten führen, die sich in Schläfrigkeit und Apathie mit verminderter Aufmerksamkeit und verlängerter Reaktionszeit sowie schlechteren intellektuellen und motorischen Leistungen (aufgrund der muskelrelaxierenden Effekte) äußern[72].

Andererseits ist aufgrund der langen Eliminationshalbwertszeit eine relativ lange **Nachweisbarkeit** im Urin mit **immunologischen Screeningverfahren**[73] gegeben: sie beträgt für Flunitrazepam (Rohypnol) etwa 2-3 d. 2198

Die 1,4-Benzodiazepane werden gut und schnell **resorbiert**. Die höchste Serumkonzentration ist in 1-2 h (Diazepam 4 h) nach **oraler** Gabe erreicht. Aufgrund ihrer hohen **Fettlöslichkeit**[74] vermögen sie die Blut-Hirn-Schranke gut zu überwinden, diffundieren dann aber auch ins periphere Fettgewebe. 2199 #

Hinreichend gesichert ist auch, dass die Tranquilizer trotz unterschiedlicher chemischer Struktur auf das **limbische System**[75] **dämpfend** einzuwirken vermögen. 2200 #

Da das limbische System für das **affektive** Verhalten wie Wut und Angst von entscheidender Bedeutung ist, könnte mit der durch die Tranquilizer bewirkten Abschwächung der damit verbundenen emotionalen Anspannung auch deren **schlafanstoßende** Wirksamkeit verbunden sein.

Was die **Wirkungsweise** der Tranquilizer im einzelnen betrifft, so steht zunächst fest, dass sie im Gegensatz zu Neuroleptica und Antidepressiva Verteilung und Metabolismus der Catecholamine nicht beeinflussen[76]. Hiermit korrespondiert das weitgehende **Fehlen** von **Nebenwirkungen**. 2201 #

Möglicherweise steigern Tranquilizer wie Oxazepam hingegen die **inhibitorische** (hemmende) Wirkung der **Gammaaminobuttersäure (GABA)**[77] im Gehirn, der ebenfalls Neurotransmitterfunktion zukommt, über einen spezifischen Rezeptorkomplex, dessen Aktivierung selbst keinen Einfluss auf die neuronale Aktivität hat. 2202 #

---

71 Vergleichbares gilt etwa für die Barbiturate: 4.1, Rdnr. 2009, und THC: 1.1.4, Rdnr. 157.
72 Die Folge ist eine Einschränkung der Fahrsicherheit, vgl. unten 4.3.4, Rdnr. 2233.
73 Zum immunchemischen BD-Nachweis näher: unten 4.3.4, Rdnr. 2234.
74 Ebenfalls u.a. den Barbituraten insoweit vergleichbar: 4.1, Rdnr. 2000.
75 Zu den Barbiturat-Wirkorten vgl. 4.1, Rdnr. 1998.
76 Zu Eingriffen in den Catecholamin-Haushalt vgl. etwa bei den Antidepressiva 4.3.3, Rdnr. 2163 f.
77 Zur psychoaktiven Gammahydroxybuttersäure (GHB) als Rauschdroge vgl. 1.2.4.8, Rdnr. 936-939.

2203
#
1977 erfolgte Untersuchungen haben Anzeichen dafür erbracht, dass die 1,4-Benzodiazepine, offenbar im Gegensatz zu anderen zentral-dämpfenden Stoffen[78], derartige **spezielle Rezeptoren**[79] besitzen, denen **körpereigene Liganden** wie bei den Opioiden entsprechen dürften und die im ZNS recht weit verbreitet sind, neben der **Großhirnrinde** vor allem im **limbischen System**. Trotz intensiver Suche sind derartige "natürliche Benzodiazepine" im Organismus zwar nicht isoliert worden, im Zuge dieser Forschungen wurden jedoch **kompetitive BD-Antagonisten** entwickelt, die sich mit dem BD-Rezeptor zu verbinden und so die Wirkung des Schlaf- oder Beruhigungsmittels aufzuheben vermögen, etwa bei einer Überdosierung. Ob diese in hydrophoben Bindungsstellen der Membranproteine gesehen werden können, wie dies für andere zentral-wirksame Hypnotica und Anästhetica vermutet wird[80], ist noch zu klären.

2204
#
Die Entdeckung spezifischer Bindungsstellen für BD im ZNS führte jedenfalls zu einer weltweiten Suche nach Liganden mit einem den **BD ähnlichen Wirkungsprofil**, jedoch ohne deren u.a. sedierende Nebenwirkungen und insbesondere Abhängigkeitspotential[81].

2205
#
Infolge ihrer relativ **unspezifischen**, polysynaptisch hemmenden Wirkung sind **Meprobamate** und andere **Interneuronenblocker** neben ihrer sedierenden Wirkung auch zur Lösung von Muskelverkrampfungen und **antikonvulsiv** einsetzbar[82]. Die muskelrelaxierende Wirkung trägt wohl ebenfalls zur schlafinduzierenden und **psychotropen** Wirksamkeit bei, da auch insofern nämlich die Einwirkung nicht auf die motorischen Endplatten, sondern wahrscheinlich über Rezeptoren im ZNS erfolgt.

2206
Infolge einer **Veränderung** der **Lebensweise** durch die Technisierung der Umwelt ist die Zahl der Menschen, die unter Schlaflosigkeit, Angst-, Spannungs- und Verstimmungszuständen ("**Nervosität**") leiden, weltweit gestiegen[83].

2207
Mit bedingt durch die umfassende **Verfügbarkeit** von Arzneimitteln, insbesondere von Tranquilizern, besteht hier die, durch eine entsprechende Werbung jedenfalls zeitweise geförderte Versuchung, diese Symptome mit Hilfe von Medikamenten zu unterdrücken. Auf diese Weise wird Arzt und Patient die Auseinandersetzung mit den zugrundeliegenden Problemen erspart; in vielen Fällen, in denen BD heute verordnet werden, dürften sie nicht indiziert sein.

Aufgrund dieses Umstandes wird erklärlich, warum Tranquilizer neben dem hergebrachten Entspannungs- und Beruhigungsmittel Trinkalkohol eine so weitgehende **soziale Akzeptanz** erreichen konnten.

---

[78] Etwa den Barbituraten, vgl. 4.1, Rdnr. 1999 f.
[79] Wohl den Opioid-Rezeptoren vergleichbar (zu diesen vgl.2.1.4, Rdnr.1140-1165). Die Rezeptoraffinität der einzelnen BD ist unterschiedlich.
[80] Vgl. zu den Barbituraten 4.1, Rdnr. 2000.
[81] Vgl. hierzu beim Harmalin 1.2.3.5, Rdnr. 732, sowie bei den Neuroleptica 4.3.2, Rdnr. 2138. Zum BD-Abhängigkeitspotential näher 4.3.4, Rdnr. 2211-2218.
[82] Etwa als Antiepileptica bei Cocain-Vergiftungen, vgl. 3.1.7, Rdnr. 1677.
[83] Vgl. auch zum Geschichtlichen bei den Barbituraten 4.1, Rdnr. 1981 f.

4.3 Psychopharmaka

Da die anstehenden Probleme unter ihrem Einfluss weniger ernst und dringlich erscheinen, kommt es bei den Tranquilizern bei entsprechender **Disposition** (meist emotionaler Labilität) nicht selten zu einem gegebenenfalls über Monate und Jahre hinweg andauernden **Dauerkonsum** und psychophysischer **Gewöhnung**. Im Gegensatz zu den Neuroleptica und Antidepressiva[84] wird zudem ihre Wirkung auch von Gesunden durchaus als **angenehm** empfunden. **2208**

Der so entstehende **Missbrauch** kann über das Stadium der reinen Arzneimittelgewöhnung hinausgehen, ohne dass der Betroffene das Gefühl hat, sich damit sozial inadäquat zu verhalten[85]. **2209**

Seit etwa 1970 scheinen die Tranquilizer so im Hinblick auf ihr breites Indikationsspektrum in gewisser Hinsicht die Rolle des Morphiums im 19. Jahrhundert[86] bzw. der Barbiturate bis in die 60er Jahre des 20. Jahrhunderts übernommen zu haben. So hatte sich zwischen 1974 und 1980 die **Verordnung** von Tranquilizern in etwa **verdoppelt**[87]. Valium wurde dementsprechend als "Sonnenbrille für die Seele" und als "endlich nicht süchtig machender" Ersatzstoff für die Opiate angepriesen, als es 1958 auf dem Arzneimittelmarkt erschien. Auch die Rezeptpflichtigkeit änderte nichts daran, dass Valium in der Folgezeit zu einem der bekanntesten, am häufigsten gebrauchten, aber auch am häufigsten missbrauchten Medikamente wurde[88]. **2210**

Da die mit Tranquilizern bekämpften Verstimmungs- und Spannungszustände meist nicht nur vorübergehender Natur sind, liegt es nahe, dass es häufig bei einer nicht gelegentlichen Einnahme bleibt, obwohl von den Herstellern empfohlen wird, BD möglichst nicht länger als 4 Wochen zu verordnen. Bei **Dauerkonsumenten** kommt es dann zu den erwähnten Gewöhnungserscheinungen: Nach ca. 4 Wochen ist die anxiolytische Wirkung meist nicht mehr gegeben. Es besteht dann die Gefahr, dass die Lösung in einer **Dosiserhöhung**[89] oder **Selbstmedikation** gesucht wird. **2211**

Zwar ist das **Abhängigkeitspotential** der Tranquilizer, insbesondere im Vergleich mit den Barbituraten, ungleich geringer einzuschätzen. Entgegen den anfänglichen Bekundungen der Herstellerfirmen steht inzwischen jedoch fest, dass auch der langandauernde Missbrauch von Tranquilizern, insbesondere in Form von Kombinationspräparaten bzw. in Verbindung mit anderen zentralwirksamen Medikamenten oder Alkohol, zu einer **psychischen** und gegebenenfalls auch **phy- 2212**

---

[84] Zum Missbrauchspotential der Antidepressiva vgl. 4.3.3, Rdnr. 2168 f.
[85] Vergleichbares gilt für die Barbiturate: 4.1, Rdnr. 2011 f.
[86] Zum Opium und Morphium vgl. 2.1.2, Rdnr. 974 f. und 984-986.
[87] Zum Arzneimittelmissbrauch allgemein vgl. Vorbem. 4, Rdnr. 1966-1976.
[88] Zu neueren Entwicklungstendenzen vgl. bei den Neuroleptica 4.3.2, Rdnr. 2146. Seit Beginn der 1990er Jahre scheint einem Rückgang der ärztlich verschriebenen BD ein gleichzeitiger Anstieg u.a. der Verschreibung von Antidepressiva und Neuroleptica gegenüberzustehen.
[89] Zur gegebenenfalls verschleierten Dosiserhöhung vgl. 4.3.4, Rdnr. 2197, zur nachlassenden hypnotischen Wirksamkeit vgl. 4.3.4, Rdnr. 2178.

sischen Abhängigkeit[90] führen kann, die über reine Gegenregulierungsmechanismen des Körpers[91], wie sie die Ausbildung einer "Absatzschlaflosigkeit"[92] darstellt, hinausgeht. Diese Abhängigkeit kann der vom **Sedativa/Hypnotica-Typ** (ICD-10 F 13.2) zugeordnet werden; sie wird gelegentlich auch als eigenständige Abhängigkeit vom Tranquilizer-Typ angesehen und zeichnet sich u.a. durch affektive Indifferenz, dysphorische Verstimmungszustände, verminderte Fähigkeit zur Selbstkritik, Vergesslichkeit, psychische Leistungsminderung und muskulöse Schwäche aus.

2213   Die Belastbarkeit und anfänglich erhöhte Leistungsfähigkeit nimmt hierbei ab, nach längerer Einnahme auch die Hemmungs- und Steuerungsfähigkeit; es kann zu **Persönlichkeitsveränderungen** kommen, die **Mortalität** ist, insbesondere bei **Kombinationen** mit **Alkohol** ("cocktail explosiv"), erhöht[93].

2214   Daneben können BD selbst **zentral-nervöse Nebenwirkungen** aufweisen, die sich in Angst, Aggressivität und Gedächtnisstörungen äußern; im Hinblick hierauf wurde im Oktober 1991, nachdem Triazolam bereits in Großbritannien verboten worden war, auch vom BGA das Ruhen der Zulassung für **Triazolam** angeordnet.

2215   Nachdem sich bereits in den 1960er Jahren erste Hinweise ergeben hatten, wurden zweifelsfrei wohl erstmals 1981 in Großbritannien mäßige bis schwere **Entzugserscheinungen** bei Absetzen von Diazepam-Gaben nach längerer, regelmäßiger Einnahme festgestellt. Eine Abhängigkeit kann hierbei offenbar auch ohne Dosissteigerung auftreten (**Niedrigdosis-Abhängigkeit**)[94], also auch bei normaler Dosierung.

2216   Mit Ausbildung einer (auch **Hochdosis-**)**Abhängigkeit**, die offenbar nicht an einen bestimmten Persönlichkeitstypus gebunden ist, kann nach mehr als 10-monatigem Dauerkonsum gerechnet werden. Von den 1993 geschätzten etwa 1,4 Mio. **Medikamentenabhängigen**[95] in Deutschland dürfte der größte Teil (etwa 850.000) Tranquilizer missbraucht haben; hiervon waren schätzungsweise 2/3 Frauen, meist über 40 Jahre alt ("mother's little helper"). Im Jahre 2000 wurde in Deutschland mit 1,0-1,2 Mio. **BD-Abhängigen** gerechnet.

2217   Die **Entzugserscheinungen** äußern sich bei einem zu raschen Absetzen nach ca. 4-8 Tagen u.a. in allgemeiner "Nervosität", Angst und Schlaflosigkeit (die einem Rebound-Syndrom zugerechnet werden können), darüberhinaus aber auch in Erbrechen, Unruhe, Tremor, Tachykardie und Schwitzen, sowie in Fahrigkeit, Zerstreutheit und Depersonalisierungserscheinungen. Sie können wie beim Barbiturat-Entzug[96] zudem bis hin zu **deliranten** Zuständen mit Wahnvorstellungen, Depressionen, unwillkürlichen Bewegungen und gelegent-

---

[90] Wie offenbar generell bei zentral-dämpfenden, sedierend-euphorisierenden Substanzen, vgl. bei den Barbituraten 4.1, Rdnr. 2024-2036.
[91] Zu den pharmakologischen Erklärungsansätzen vgl. 2.1.4, Rdnr. 1162 und 1170.
[92] Zur Rebound-Insomnie vgl. bei den Barbituraten 4.1, Rdnr. 2029.
[93] Zu Benzodiazepin-Alkohol-Kombinationen vgl. auch 4.3.4, Rdnr. 2221.
[94] Allgemein zur Niedrigdosen-Abhängigkeit: Vorbem. 4, Rdnr. 1968.
[95] Zu den Medikamentenabhängigen allgemein: Vorbem. 4, Rdnr. 1967.
[96] Zu den Barbiturat-Entzugssymptomen vgl. 4.1, Rdnr. 2032-2036.

lich **epileptoformen** Anfällen gehen. Die Entzugserscheinungen dauern etwa 2-4 Wochen an. Schnell wirksame BD wie **Triazolam** (Halcion) können ein schlagartiges Einsetzen der Entzugserscheinungen mit sich bringen. Ein Absetzen der BD bei bestehender BD-Abhängigkeit und eine Linderung der Entzugssymptome bei einer klinischen **Entgiftung** scheint durch das Antiepilepticum **Carbamazepin**[97] begünstigt zu werden, das zudem zerebralen Krampfanfällen vorbeugt.

Auch nach dem klinischen Entzug hält die **psychische Disposition** (die "Gier nach dem Stoff")[98] meist an.

Ähnlich wie bei Heroin-Abhängigen[99] wurden auch bei **Neugeborenen** benzodiazepin-abhängiger Mütter Entzugserscheinungen und die sog. "**Säuglingsschlappheit**" beobachtet ("floppy-infant"-Syndrom mit u.a. Muskelrelaxation und Hypotonie), ebenso ausgeprägte vegetative Entzugssyndrome (u.a. Tremor und Hyperreflexie). **2218**

Aufgrund des Phänomens, dass **Überdosen** von Tranquilizern im Zuge einer **akuten Sedativa-** oder **Hypnoticaintoxikation** (ICD-10 F 13.0) "**paradoxe**", **rauschhaft-euphorische** Zustände[100] mit Agitiertheit und Schlaflosigkeit hervorrufen, haben diese Psychopharmaka trotz teilweise recht gefährlichen psychopathologischen Folgen (etwa Identitätsverlust und Wahnvorstellungen) sich außerdem bei Konsumenten "harter" Drogen zu relativ leicht erhältlichen und häufig missbrauchten Ausweichmitteln entwickelt. **2219**

Seit Mitte der 70er Jahre werden auf dem illegalen Rauschdrogenmarkt u.a. "**Valium-Trips**" als "**downers**" angeboten, die teilweise aus illegaler Produktion stammen dürften[101]. **2220**

Zum Teil wurden die Tabletten aber auch von Patienten entsprechend verschreibungsfreudiger Ärzte gewinnbringend stückweise veräußert. Gegebenenfalls ist ein diesbezüglicher Teilmarkt, wie er etwa zeitweise für Medinox-Tabletten bestand[102], im Zuge des zunehmenden **Rohypnol-Missbrauchs** entstanden. Tranquilizer werden von "dealern" in 10er bis 50er "Packs" als Zusatz angeboten aber auch zusammen mit anderen Medikamenten von Rentnern verkauft, die sonst nicht im Drogengeschäft sind. **2221**

Tranquilizer wie **Diazepam** (zu einem Stückpreis von etwa 1 Euro) oder das Hypnoticum **Rohypnol**[103] ("Rohpis", "Flunis", zu einem Stückpreis von etwa 1-2 Euro) werden hierbei insbesondere von **Heroin-Abhängigen**, wie andere Ausweichmittel[104] auch, meist in Verbindung mit **Alkohol** (der u.a. als Resorptionsbe- **2222**

---

[97] Näher zum Carbamazepin 4.3.3, Rdnr. 2162.
[98] Zum „drug craving" vgl. auch 2.1.7, Rdnr. 1288.
[99] Zu den Auswirkungen des Heroin-Missbrauchs auf den Fetus vgl. 2.1.7, Rdnr. 1303.
[100] Zum „downer high" bei den Barbituraten vgl. 4.1, Rdnr. 2016-2019, sowie zum GHB-Rausch 1.2.4.8, Rdnr. 937.
[101] Wie z.B. auch Weckamine, vgl. 3.2.4.2, Rdnr. 1817.
[102] Zum zeitweisen Medinox-Missbrauch vgl. 4.1, Rdnr. 2019 und 2023.
[103] Zum Flunitrazepam vgl. 4.3.4, Rdnr. 2291, 2298 und 2223 f.
[104] Vgl. hierzu auch beim Heroin 2.1.5, Rdnr. 1227-1229.

schleuniger wirkt), aber auch **codein**-haltigen Medikamenten[105] oder **Opioiden** wie Methadon bzw. anderen zentral-dämpfenden Pharmaka wie früher Barbituraten[106] eingenommen, deren Wirkung jeweils **verstärkt** wird.

2223   Aber auch in **Schülerkreisen** taucht neben Alkohol und Haschisch etwa Valium auf. In all diesen Fällen werden die BD allerdings seltener um ihrer eigenen psychotropen Effekte willen isoliert missbraucht, sondern meist in Kombination mit anderen Medikamenten und vor allem Alkohol (**sekundärer BD-Missbrauch**).

2224   Umgekehrt scheint ein nicht unerheblicher Teil der **Alkohol-Kranken** einen entsprechenden Medikamenten-Missbrauch zu betreiben[107]. Die größte Gruppe von Tranquilizer-Missbrauchern scheinen demnach die Alkohol- und Medikamenten-Abhängigen zu stellen; erst an dritter Stelle stehen die Drogen-, insbesondere Heroin-Abhängigen.

2225   Außer als Ausweichmittel werden Tranquilizer von letzteren auch in **Kombination mit Heroin** eingenommen: Relativ häufig ist etwa das Spritzen einer Valium-Heroin-Kombination[108].

2226   Insbesondere die **gleichzeitige** Zufuhr von **Heroin** oder **Methadon** und **Rohhypnol** (i.v. injiziert oder geschluckt) zur Verstärkung der Opioid-Wirkung ist seit Ende der 80er Jahre infolge der sich verstärkenden atemdepressiven Effekte dieser Fremdstoffe für einen großen Teil der sog "**Drogentoten**"[109] verantwortlich gewesen. Obwohl Rohypnol wie auch andere Tranquilizer im Hinblick auf die Bahnung eines **polytoxikomanen** Suchtverhaltens, der Unüberprüfbarkeit der Dosierung und der Gefahr schneller und nachhaltiger Persönlichkeitsveränderungen allenfalls zur kurzfristigen **Substitutionsbehandlung**[110] geeignet ist, ist dies z.T. darauf zurückzuführen, dass einzelne Ärzte dem Wunsch der Abhängigen immer wieder nachgekommen sind und große Mengen dieses Medikaments auf Privatrezept verschrieben haben[111]. Durch einen entsprechenden **Beigebrauch** werden zudem andere substitutionsgestützte Behandlungskonzepte erheblich erschwert; die Abhängigen sind unzugänglich.

---

[105]   Zu codein-haltigen Ausweichmitteln näher 4.4.2.1, Rdnr. 2276-2293.
[106]   Zu barbiturat-haltigen Ausweichmitteln näher 4.1, Rdnr. 2016-2023.
[107]   Zu den Schwierigkeiten einer Alkohol-Entwöhnungsbehandlung vgl. Vorbem. 4, Rdnr. 1972.
[108]   Vgl. etwa auch zu Methaqualon-Heroin-Kombinationen 4.2.1, Rdnr. 2063.
[109]   Zu den „Drogentoten" vgl. 2.1.2, Rdnr. 1050-1054, zur Mischintoxikation als häufige Todesursache vgl. 2.1.7, Rdnr. 1280.
[110]   Die Verordnung von BD an Abhängige gilt generell als kontraindiziert. Vgl. auch zur Diskussion bezüglich der Heroin-Substitution mit Codein und DHC 4.4.2.1, Rdnr. 2290-2292.
[111]   Vgl. auch zur „doc tour" Vorbem. 4, Rdnr. 1963.

4.3 Psychopharmaka

Im Hinblick auf dieses **Missbrauchspotential** wurde **Flunitrazepam** als verkehrs- und verschreibungsfähiges Btm aufgrund der 2. BtMÄndV seit dem 1.8.1986 Anl. III zum BtMG 1982 unterstellt, wobei besonders ausgenommene Zubereitungen zugelassen wurden; diese Einordnung gilt unverändert fort. Bei **Rohypnol 1 mg** handelt es sich demnach um kein Btm, sondern es ist frei rezeptierbar[112], wobei eine Strafbarkeit bei einem Vertrieb außerhalb einer Apotheke nach § 95 Abs. 1 Nr. 4 AMG gegeben sein kann. Soweit die Verschreibung und Abgabe von Rohypnol allerdings zur **Substitution** Opiatabhängiger erfolgt, gelten ab dem 1.2.1998 die Vorschriften der **BtMVV**.

2227 §

Infolge des relativ langsamen **Abbaus**[113] sind auch nach Absetzen der Tranquilizer noch "paradoxe" Reaktionen möglich.

2228

Wegen ihrer großen therapeutischen Breite und damit geringen Toxizität sind **akute Monointoxikationen** nach Tranquilizer-Einnahme, die mit Schläfrigkeit, Muskelhypotonie, Schwindel, Ataxie, verwaschener Sprache, Schock, Atemdepression und -stillstand[114] einhergehen, zwar selten (eine Dosiserhöhung bewirkt in der Regel nur eine Wirkungsverlängerung; Dosen von mehr als 2 g wurden überlebt, eine Ausnahme macht hier offenbar Flunitrazepam), die Gefahr eines **tödlichen** Ausganges erhöht sich jedoch bei einer **Mischintoxikation**, etwa bei einer Einnahme mit Alkohol[115].

2229

Auch können unvorhergesehene Reaktionen die Folge derartiger **Kombinationen**, etwa von Librium oder Meprobamat, mit **Alkohol** sein. Der Kombinationseffekt beruht wahrscheinlich auf einer **potenzierenden** Wirkung[116], die zu einer Verstärkung der Alkohol-Wirkung, erhöhten psycho-physischen Leistungseinbußen und psychischen Auffälligkeiten führt.

2230

Diese Potenzierungseffekte macht man sich u.a. in Zuhälterkreisen aber auch anderweitig zwecks vorübergehender Ausschaltung des Opfers zu nutze, indem diesem in alkoholischen Getränken aufgelöste BD-Tabletten, insbesondere Lorazepam, Flunitrazepam oder Bromazepam, neben Meprobamat und vergleichbaren, zentral-dämpfend wirkenden Stoffen[117] als "**k.o.-Tropfen**" unwissentlich verabreicht werden.

2231

Der **sedierende** und leistungsmindernde Effekt der Tranquilizer kann ebenfalls bei gleichzeitiger Einnahme mit anderen zentral-dämpfenden Pharmaka wie **Neuroleptica**, aber auch **Analgetica**[118], **verstärkt** werden.

2232

---

[112] Als Btm ist hingegen Rohypnol Lösung einzuordnen, vgl. 4.3.4, Rdnr. 2191.
[113] Zu den Plasma-HWZ vgl. 4.3.4, Rdnr. 2195-2197.
[114] Als spezifischer BD-Antagonist (vgl. hierzu 4.3.4, Rdnr. 2204) ist Flumazemil (INN; Anexate) zur Aufhebung der zentral-dämpfenden BD-Wirkungen im Handel.
[115] Was auch für andere zentral-depressive Stoffe gilt, vgl. z.B. zu Barbiturat-Alkohol-Kombinationen 4.1, Rdnr. 2020-2023.
[116] Vgl. hierzu ebenfalls bei den Barbituraten 4.1, Rdnr. 2005.
[117] Vgl. auch zum Methyprylon 4.2.2, Rdnr. 2086 FN 34, sowie zu GHB-Alkohol-Kombinationen 1.2.4.8, , Rdnr. 937.
[118] Vgl. hierzu beim Morphin 2.1.3, Rdnr. 1085.

2233 Bereits allein durch die Einnahme von Tranquilizern, etwa dem häufig verschriebenen **Bromazepam**[119], kann das **Reaktionsvermögen** derart verlangsamt werden[120], dass in Verbindung mit der aufgrund der anxiolytischen Wirkungen einhergehenden Enthemmung und erhöhten Risikobereitschaft sowie der verlangsamten Pupillenreaktion (bei normaler Pupillengröße) die **Fahrsicherheit** beeinträchtigt ist und die Unfallgefahr im Straßenverkehr zunimmt, wobei jedoch das Dosis-Wirkungs-Verhältnis angesichts der großen Unterschiede in der Pharmakokinetik der BD nur schwer vorherzusagen ist. Zu beachten ist, dass die mit Psychopharmaka behandelte psychiatrische Symptomatik ebenfalls die Fahrtüchtigkeit mindern kann. Soweit bei verkehrsauffälligen Kraftfahrern eine medikamentenbedingte Verkehrsuntüchtigkeit festgestellt wird, stehen häufgig BD, nicht selten z.B. in **Kombination** mit **Cannabis**[121], im Vordergrund. Dies gilt in verstärktem Maße auch bei gleichzeitiger BD-Einnahme und auch nur kleiner Mengen **Ethanol**: Das Hemmungsvermögen sowie die intellektuellen und motorischen Fähigkeiten können erheblich beeinträchtigt werden, Zustände wie im schweren Alkohol-Rausch können auftreten. Ein nicht unerheblicher Teil von Fehlverhalten im Straßenverkehr dürfte nicht oder nicht allein auf eine Alkoholisierung, sondern (mit) auf BD zurückführbar sein.

2234 Zum Nachweis eines BD-Konsums (etwa von Diazepam oder Flunitrazepam) sind ebenfalls **immunologische Screeningverfahren**[122] einsetzbar. Hierbei ist zu beachten, dass zahlreiche 3-hydroxylierte BD wie z.B. Lorazepam, Oxazepam und Temazepam bei einigen Testverfahren "**falsch-negative**" Befunde ergeben können, d.h. trotz Vorhandensein der entsprechenden Substanz ist das Testergebnis negativ[123]; dies kann sogar bei **Überdosierung** (infolge einer Einnahme als Ausweichmittel) von Flunitrazepam und Bromazepam der Fall sein. Die **Nachweisbarkeitsdauer** im Blut beträgt stark dosis- und methodenabhängig wenige h bis d, die Nachweisbarkeitsdauer im Urin bei BD mit kurzer HWZ (etwa Triazolam) nur wenige h nach der Einnahme, bei BD mit langer HWZ (etwa Flurazepam) mehrere d bis Wochen[124].

2235 Zunächst war von den Tranquilizern allein **Meprobamat** nach Anl. III Teil C
§ zum BtMG 1982 als verkehrs- und verschreibungspflichtiges Btm eingestuft; dies gilt, unter Zulassung besonders ausgenommener Zubereitungen, weiterhin.

Zugleich handelt es sich nach der ArzneimittelV 1990 hierbei um einen **verschreibungspflichtigen** Stoff.

2236 Seitens der CND wurde auf einer Sondersitzung im Februar 1984 die Aufnahme von **33**
§ **Benzodiazepinen** in die Liste IV zum Übereinkommen von 1971, die der Anl. III Teil C zum BtMG 1982 zugrundelag, beschlossen, so dass die Bundesrepublik als Vertragspartner verpflichtet war, diese Stoffe dem BtMG 1982 zu unterstellen[125].

---

[119] Zum Bromazepam vgl. oben 4.3.4, Rdnr. 2188.
[120] Dies gilt infolge der „hang over"-Effekte (vgl. hierzu 4.3.4, Rdnr. 2197) auch noch für längere Zeit nach der Einnahme.
[121] Zur Fahrunsicherheit unter Cannabis-Einfluss vgl. 1.1.4, Rdnr. 120.
[122] Näher hierzu, auch bezüglich der BD, bei den Barbituraten: 4.1, Rdnr. 2037-2039.
[123] Zu „falsch-negativen" und „falsch-positiven" Ergebnissen vgl. auch beim Heroin 2.1.6, Rdnr. 1257.
[124] Zur HWZ und Nachweisdauer vgl. oben 4.3.4, Rdnr. 2195-2198.
[125] Zur Aufnahme von Stoffen in die Anlagen zum BtMG, auch soweit sie bei uns jedenfalls derzeit keine Bedeutung als Drogen haben, vgl. 4.4.3, Rdnr. 2377.

Aufgrund der 2. BtMÄndV wurden daher mit Wirkung ab dem 1.8.1986 folgende Verbindungen zusätzlich in Anl. III, meist unter Zulassung besonders ausgenommener Zubereitungen, aufgenommen: Alprazolam, **Bromazepam**, Camazepam, **Chlordiazepoxid**, Clobazam, Clonazepam, Clorazepat, Clotiazepam, Cloxazolam, Delorazepam, **Diazepam**, Estazolam, Ethylloflazepat, Fludiazepam, **Flunitrazepam**[126], Flurazepam, Halazepam, Haloxazolam, Ketazolam, Loprazolam, **Lorazepam**, Lormetazepam, Medazepam, Nimetazepam, Nitrazepam, Nordazepam, **Oxazepam**, Oxazolam, Pinazepam, Prazepam, Temazepam, Tetrazepam und **Triazolam**. Diese Einordnung wurde vom BtMG 1994 übernommen.

2237 §

Aufgrund der 3. BtMÄndV wurde mit Wirkung ab dem 15.4.1991 zudem **Midazolam** (INN), unter Zulassung besonders ausgenommener Zubereitungen[127], Anl. III unterstellt, sowie aufgrund der 8. BtMÄndV ab dem 1.2.1997 **Brotizolam** (INN).

2238 §

Als Hypnoticum und Sedativum mit gleichem Wirkungsprinzip wie die BD-Derivate kam aufgrund der 16. BtMÄndV ab dem 1.3.2002, unter Zulassung besonders ausgenommener Zubereitungen, das Imidazopyridin **Zolpidem** (INN; u.a. Stilnox Filmtabletten) hinzu.

Zugleich handelt es sich bei den meisten der genannten Stoffe aufgrund der ArzneimittelV 1990 um **verschreibungspflichtige** Stoffe. Auch soweit infolge des Vorliegens einer besonders ausgenommenen Zubereitung keine Btm-Eigenschaft gegeben ist, kann bei einem Vertrieb außerhalb einer Apotheke daher eine Strafbarkeit gemäß § 95 Abs. 1 Nr. 4 AMG gegeben sein.

4.4 Starkwirksame Analgetica und Antitussiva

Vorbemerkung: Die meisten **Analgetica** sind dadurch gekennzeichnet, dass sie in kleineren Dosen durch Beeinflussung der Schmerzzentren im ZNS (zentraler Wirkungsort) die Schmerzempfindung vermindern oder aufheben[1]. Im Unterschied zu den **Narkotica** wird hierbei das Bewusstsein auch nicht teilweise aufgehoben, es sei denn, es werden therapeutisch nicht vertretbar hohe Dosen eingenommen.

2239

Gemeinhin wird bei den Schmerzmitteln zwischen **starkwirksamen** Analgetica (syn. Hypnoanalgetica) und **schwachen** Analgetica (zu denen etwa das bekannte Aspirin gehört) unterschieden. Hier soll nur auf die starkwirksamen Analgetica näher eingegangen werden, da so gut wie nur sie als Ausweichmittel für Drogenkonsumenten (und hier in erster Linie die Konsumenten "**harter**" Drogen) in Betracht kommen. Aufgrund ihrer eigenständigen Bedeutung als Rauschdrogen ist

2240

---

[126] Zu den als Btm einzuordnenden FAM vgl. oben 4.3.4, Rdnr. 2191.
[127] Bei dem entspr. FAM Dormicum handelt es sich z.T. um ein Btm, vgl. 4.3.4, Rdnr. 2190.
[1] Zur analgetischen Wirkung vgl. beim Morphin 2.1.4, Rdnr. 1139.

auf **Morphin** und die **Opiate**, die ebenfalls als **Hypno-** oder **Narkoanalgetica** anzusehen sind, bereits gesondert in Kapitel 2.1 eingegangen worden.

2241   Der Struktur nach können die starkwirksamen Analgetica in die Gruppe der
*   **Opium-Alkaloide** und die **synthetischen** Verbindungen, die weitgehend (wie Morphinane und Benzomorphane) oder teilweise (Pethidine u.a.) dem Morphin ähneln, sowie andere **Opioide** von unterschiedlicher Struktur (Tilidine u.a.) eingeteilt werden.

2242   Allgemein hat der Gebrauch von Schmerzmitteln, insbesondere der frei verkäuflichen schwachen Analgetica, seit dem 2. Weltkrieg in der damaligen BRD und anderen Ländern erheblich zugenommen[2]. Seit etwa 1979 sinkt allerdings aufgrund einer rückläufigen Abgabe von Schmerzmitteln auf Rezept der Pro-Kopf-Verbrauch in Deutschland. Von einem **Missbrauch** wird gesprochen, wenn 5 Jahre lang mindestens 1 g täglich eingenommen werden; bei etwa 0,5-1 % aller Bundesbürger dürfte ein chronischer Schmerzmittel-Missbrauch von mehr als 10 Tabletten/d vorliegen, was etwa 2/3 aller in Deutschland verkauften Schmerztabletten entspricht.

2243   Der Schmerzmittel-Missbrauch, etwa von antipyretischen Kopfschmerztabletten, kann zu erheblichen **körperlichen Schäden** führen, insbesondere hat er zu einem Anstieg der chronischen Nierenschäden (**Analgeticanephropathie**) geführt. Jahrelanger Schmerzmittel-Missbrauch kann zudem Antriebslähmung, rasch erlahmendes Durchhaltevermögen, Einengung der Interessen und schließlich Vereinsamung und Verwahrlosung zur Folge haben. Bezüglich der barbiturat-haltigen Analgetica[3] erfolgte im Hinblick auf das durch den Barbiturat-Anteil herabgesetzte Reaktionsvermögen und das relativ hohe Missbrauchs- und Abhängigkeitspotential[4] seitens des BGA der Wiederrruf der Zulassung.

2244   Bei allen bisher bekannten starkwirksamen Analgetica besteht eine **Gewöhnungs-** und **Abhängigkeitsgefahr**[5]; letztere scheint mit der **euphorisierenden** Wirkungskomponente der entsprechenden Stoffe gekoppelt zu sein, unabhängig von ihrer Struktur.

2245   Gemeinsamkeiten in der **zentralen** Wirkung ergeben sich bei allen Hypnoanalgetica hinsichtlich der **analgetischen** und **sedierenden** Wirkungskomponente. Hinzu kommen **euphorisierende, atemdepressive, antitussive** und **miotische** Eigenschaften (Ausnahme etwa das Pethidin); außerdem erfolgt eine Beeinträchtigung des Brechzentrums.

---

[2]   Zum Arzneimittelmissbrauch allgemein vgl. Vorbem. 4, Rdnr. 1966-1976.
[3]   Zu den früheren Schmerz-Schlafmittel-Kombinationen vgl. 4.1, Rdnr. 1993.
[4]   Allgemein zu den Kombinationspräparaten: Vorbem. 4, Rdnr. 1970 FN 15.
[5]   Zu dieser Koppelung vgl. etwa beim Morphin 2.1.3, Rdnr. 1077, sowie beim Tilidin 4.4.1, Rdnr. 2263. Zur Entwicklung nicht suchtbildender Opiatantagonisten vgl. 4.4.3, Rdnr. 2352 und 2370, sowie beim Naltrexon 2.1.3, Rdnr. 1109.

4.4 Starkwirksame Analgetica und Antitussiva

Hierbei tritt bei den **Morphin-Derivaten** eine Abhängigkeit der **pharmakologischen Wirkung** von der **chemischen Konstitution** deutlich hervor[6]: Je nach Abwandlungsform wird eine bestimmte Komponente des Wirkungsspektrums des Morphins besonders betont.

2246
*
#

So ist die **antitussive** Wirkung des Morphins[7] bei einigen Abkömmlingen gegenüber der analgetischen ausgeprägter[8], während etwa **Apomorphin** (chem. Bezeichnung: (6aR)-5,6,6a,7-Tetrahydro-6-methyl-4H-dibenzo[de,g]chinolin-10,11-diol)[9] das **Brechzentrum** besonders erregt.

2247
*

Das zentralnervös wirkende, **dopaminerge**, sich aber nicht mit μ-Rezeptoren verbindende **Apomorphin** wurde daher medizinisch als **Emeticum** (Brechmittel) bei akuten Vergiftungen eingesetzt. Diese Indikation ist im Hinblick u.a. auf die **Nebenwirkungen** wie deutlicher Blutdruckabfall und Kollapsneigung jedoch kaum noch gegeben. Zuletzt erfolgte noch eine Verabreichung als Emeticum und Sedativum bei tobenden **Alkoholikern**, sowie zur Kupierung des **Abstinenzsyndroms** bei Opiatabhängigen. Derzeit steht als Injektionslösung (s.c. und i.m.) das rezeptpflichtige Apomorphin-Teclapharm zur Verfügung. Ebenfalls im Hinblick auf die erheblichen Nebenwirkungen erfolgt nur gelegentlich ein Einsatz im Rahmen der **Drogenabhängigkeit** in submemetischer Dosis (unter 1 g)[10], nicht hingegen zur Exkorporation von Btm-Behältnissen bei Körperschmugglern und Kleindealern[11].

2248
#

Von den Abbott Laboratories wurde Ende der 1990er Jahre unter der Bezeichnung Uprima ein zentralwirksames Erektionsmittel auf der Basis von Apomorphin entwickelt. In **großen Dosen** wirkt Apomorphin **zentral-stimulierend** und **euphorisierend**. Bei **chronischem** Missbrauch kann es u.a. neben **morphin-artigen** Wirkungen wie Obstipation und Schläfrigkeit zu einem extremen Tonusverlust das Parasympathicus mit u.a. Blutdruckabfall und Bradykardie kommen.

2249
#

Apomorphin-Wirkungen können, entsprechend seinem Wirkungsmechanismus als **Dopamin-Agonist**, durch Dopamin-Antagonisten wie **Neuroleptica**[12] aufgehoben werden; hinsichtlich der morphin-ähnlichen Wirkungen werden Morphin-Antagonisten (z.B. Narcanti) verabreicht.

2250

Apomorphin kommt außerdem als **Alkaloid** in einer Teichrosen-Art, der **Blauen Wasserlilie** (**Nymphea ampla**; Nymphaeaceae) vor, in der es neben Nuciferin und Nornuciferin

2251

---

[6] Vgl. z.B. zum 3-Ethylmorphin 4.4.2.4, Rdnr. 2310 f. und 2314. Diese Struktur-Wirkungs-Beziehung scheint allerdings nur innerhalb der verschiedenen Stoffgruppen zu gelten, vgl. 4.5.3, Rdnr. 2562 f.
[7] Vgl. hierzu auch 2.1.4, Rdnr. 1115. Zu den Nebenwirkungen des Morphins vgl. 2.1.4, Rdnr. 1120 und 1137. Zum antitussiven Normethadon vgl. 4.4.5, Rdnr. 2440 f.
[8] Vgl. beim Codein und Dihydrocodein 4.4.2.1, Rdnr. 2282 und 2297.
[9] Also ein Dibenzochinolin-Derivat, das durch säurekatalytische Umlagerung von Morphin entsteht; Zur Strukturformel vgl. daher 2.1.4, Rdnr. 1076. Vgl. auch zu den Tetrahydroisochinolinen 1.2.3.1, Rdnr. 573 FN 4, sowie Rdnr. 622.
[10] Zu einer Einsetzbarkeit des Apomorphins im Rahmen der Behandlung des Heroin-Entzugssyndroms vgl. 2.1.7, Rdnr. 1347.
[11] Zur Exkorporation mittels Ipecacuanha-Saft vgl. 3.1.7, Rdnr. 1672 FN 342.
[12] Vgl. hierzu bei den Neuroleptica 4.3.2, Rdnr. 2143.

isoliert worden ist[13]. Diese war gegebenenfalls bereits in der Antike in Europa als **Narkoticum** und **Aphrodisiacum** in Gebrauch, wie u.a. Überlieferungen assoziativer Art mit dem Tode nahelegen. In der Neuen Welt dürfte sie von den Mayas zur Erzeugung visionärer Trance benuzt worden sein, während es aus Mexiko zeitgenössische Berichte gibt, wonach Nymphea dort wahrscheinlich als Halluzinogen in Gebrauch ist.

2252 **Apomorphin** ist nicht den Bestimmungen des BtMG 1994 unterstellt worden. Es ist je-
§ doch nebst seinen Salzen aufgrund der ArzneimittelV 1990 **verschreibungspflichtig**. Ein Vertrieb entsprechender Arzneimittel außerhalb einer Apotheke kann nach § 95 Abs. 1 Nr. 4 AMG sowie unabhängig von einer Verschreibungsfähigkeit und -pflichtigkeit der Handel mit apomorphin-haltigen Pflanzen oder Teilen hiervon zu Rauschzwecken nach § 95 Abs. 1 Nr. 1 AMG strafbar sein.

4.4.1 Tilidin

2253 Tilidin ist als **Cyclohexan-Derivat** chemisch nicht mit Morphin[14] verwandt und
* hat auch nicht dessen antitussive Wirkung.

2254 Dagegen weist **Tilidin** (INN; chem. Bezeichnung (IUPAC): Ethyl-[(1RS,2RS)-
* 2-dimethylamino-l-phenylcyclohex-3-encarboxylat] oder (in der trans-Form): (±)-Ethyl-(trans-2-dimethylamino-l-phenyl-3-cyclohexen-trans-carboxylat)) eine deutliche Strukturverwandtschaft mit **Pethidin**[15] auf und besitzt auch eine in etwa gleich starke atemdepressive Wirkung;

Strukturformel:

Tilidin

---

[13] Vgl. auch zur Weißen Seerose als Hexensalben-Ingredienz 1.2.2.2, Rdnr. 538.
[14] Zur Strukturformel des Morphins vgl. 2.1.3, Rdnr. 1076.
[15] Zur Strukturformel des Pethidins vgl. 4.4.4, Rdnr. 2380. Das als starkes Analgeticum mit etwa 1/10 der Morphin-Wirksamkeit bei uns u.a. in dem rezeptpflichtigen FAM Tramal enthaltene Tramadol (INN; chem. Bezeichnung (IUPAC): (±)-trans-2-(Dimethylaminoethyl)-1-(3-methoxyphenyl)cyclohexanol), ein synthetisches Opioid, das u.a. bei mittelstarken bis starken chronischen oder akuten Schmerzen (etwa in der Notfallmedizin) indiziert ist, ist demgegenüber wegen seiner starken emetischen Nebenwirkungen, angeblich fehlender euphorisierender und damit Suchtkomponente sowie nach Aufklärung der Ärzte nur selten missbraucht worden. Eine physische Abhängigkeit nach Langzeitbehandlung ist vergleichbar der nach Pentazocin-Gabe (vgl. auch 2.1.3, Rdnr. 1110). Morphin kann nicht substituiert werden.

4.4 Starkwirksame Analgetica und Antitussiva

Damit ist gleichzeitig eine gewisse chemische Verwandtschaft einerseits zum **Phency- 2255 clidin**[16] und u.a. **Propylhexedrin**[17] gegeben, andererseits aber etwa auch zu dem Barbitur- * säure-Derivat **Cyclobarbital**[18].

Als Injektionslösung mit 2 ml (entspr. 100 mg) Wirkstoffgehalt bei starken und 2256 sehr starken akuten Schmerzen, u.a. bei Traumen, ist derzeit noch als **Btm Tilidin Gödecke** auf dem Markt.

Bekannt geworden war zuvor Tilidin-Hydrochlorid-semihydrat unter dem pharmazeutischen Warenzeichen **Valoron**, das als starkwirksames Schmerzmittel therapeutisch in Einzeldosen von 50 mg u.a. bei postoperativen Zuständen verabreicht wurde.

Tilidin ist parenteral und enteral in etwa gleich wirksam. Bei schnellem Wir- 2257 kungseintritt beträgt die **Wirkungsdauer** ca. 3-5 h, als maximale **Tagesdosis** wurden 400 mg[19] angegeben.

Hohe **Tilidin-Dosen** führen zu **Benommenheit** mit Ausfallerscheinungen wie 2258 Gangunsicherheit, Schwindelgefühl und verwaschene Sprache[20].

Diese Wirkungen dürften damit zusammenhängen, dass Tilidin (wie auch ande- 2259 re analgesierende und narkotisierende Substanzen) im Stadium der Analgesie bei # hoher Dosierung bewirkt, dass durch Beeinflussung der **Großhirnrinde**[21] und damit des Bewusstseins neben der Schmerzempfindung auch **Angst-** und **Realitätsorientierung gehemmt** und beeinträchtigt werden[22].

Gleichzeitig kommt es hierdurch zu einer Enthemmung niederer motorischer 2260 Zentren ("**Excitationsstadium**")[23], so dass derartige Stoffe häufig gleichzeitig mit # muskelrelaxierenden Mitteln verabreicht werden müssen. Bei Steigerung der Dosis sind sodann in der nächsten Stufe neben der Großhirnrinde auch das Zwischenhirn und das Rückenmark gehemmt, so daß bei **Ausschaltung** des **Bewusstseins** nur noch Atmung und Herzschlag über die vegetativen Zentren im Hirnstamm kontrolliert werden. Im Stadium der Paralyse greift die Lähmung schließlich auch auf die vegetativen Zentren über mit der Gefahr einer Atemdepression und des Herzstillstandes.

Zu einem relativ leicht und billig, auch auf Rezept zu beschaffendes **Ausweich- 2261 mittel** für Konsumenten "harter" Drogen wurde Valoron infolge seiner zentralner-

---

[16] Zur Strukturformel des PCP vgl. 1.2.4.5, Rdnr. 895.
[17] Zur Strukturformel des Propylhexedrins vgl. 3.2.4.3, Rdnr. 1822.
[18] Zur Strukturformel des Cyclobarbitals vgl. 4.1, Rdnr. 1986.
[19] Zur maximal verschreibbaren Höchstmenge vgl. 4.4.1, Rdnr. 2267.
[20] Ähnlich den Auswirkungen des Barbiturat-Missbrauchs, vgl. 4.1, Rdnr. 2030.
[21] Zur Morphin-Wirkung auf die Großhirnrinde vgl. 2.1.4, Rdnr. 1135; vgl. auch beim Ether 4.5.1, Rdnr. 2508.
[22] Zur dosisabhängigen Wirkung vgl. auch bei den Barbituraten 4.1, Rdnr. 1987.
[23] Vgl. auch beim Ether 4.5.1, Rdnr. 2510, und bei den Lösungsmitteln 4.5.4, Rdnr. 2536.

vösen Wirkung, die außer der analgetischen Komponente auch eine vorübergehende Entspannung und Beruhigung umfasst, der **Morphin-Wirkung**[24] vergleichbar: Neben veränderten Sinneswahrnehmungen kommt es vor allem zur Lösung ängstlicher Angespanntheit und zu euphorischem Wohlbefinden[25].

2262 **Valoron** wurde von **Drogenabhängigen** in Tropfen- oder Kapselform geschluckt, aber
auch als Lösung injiziert bzw. eingenommen. Dies scheint damit zusammenzuhängen, dass erst die **Metaboliten** Nortilidin und Bisnortilidin die stark **morphin-ähnliche** Wirkung aufweisen. Hierbei besteht die Gefahr einer sich ausbildenden Polytoxikomanie. Daher ist auch ein Heroin-Entzug mit Tilidin ungeeignet und wurde überwiegend als ärztlicher Kunstfehler angesehen.

2263 Obwohl anfangs (wie auch bei anderen starkwirksamen Analgetica[26]) angenommen worden war, Tilidin beinhalte kein **Abhängigkeitspotential** und es Anfang der 1970er Jahre bei Entzugserscheinungen eingesetzt wurde, steht ein solches zwischenzeitlich fest; es scheint mit der euphorisierenden Wirkungskomponente dieser Stoffe eng verknüpft zu sein[27]. Die Tilidin-Abhängigkeit entspricht der vom **Opioid-Typ**[28], der **Entzug** mit u.a. Muskelschmerzen wird gelegentlich von **deliranten** Zuständen[29] begleitet

2264 Nachdem **Tilidin** am 29.4.1978 infolge seiner verbreiteten Verwendung als Ausweich-
§ mittel in Form von Valoron durch die 8. BtM-GleichstellungV zum BtMG 1972 als Btm eingestuft worden war, wurde Valoron im Juni 1987 aus dem Handel genommen.

2265 Tilidin unterliegt in der **trans-Form** als verkehrs- und verschreibungsfähiges
§ Btm Anl. III zum BtMG 1994; besonders ausgenommene Zubereitungen sind zugelassen. Die **cis-Form** wurde hingegen durch die 15. BtMÄndV, ohne Zulassung besonders ausgenommener Zubereitungen, ab dem 1.7.2001 der Anl. II unterstellt.

2266 Aufgrund der 1. BtMÄndV wurde mit Wirkung ab dem 1.9.1984, zuletzt geändert durch
§ die 10. BtMÄndV ab dem 1.2.1998, die **ausgenommene Zubereitung** für (trans)-Tilidin dahingehend abgeändert, dass der Stoff u.a. dann frei verschrieben werden kann, wenn die Zubereitung bis zu 300 mg Tilidin-Base und, bezogen auf diese Menge, mindestens 7,5 % **Naloxon-HCl** enthält.

2267 Nach der neu gefassten BtMVV darf der Arzt für seinen Praxisbedarf seit dem 1.2.1998
§ für einen Patienten innerhalb von 30 Tagen neben einem zweiten Btm als **Höchstmenge** 18.000 mg Tilidin verschreiben.

2268 Das weiterhin im Handel befindliche Kombinationspräparat **Valoron N** ent-
§ spricht mit 50 mg Tilidin-HCl und 4 mg Naloxon-HCl der Definition der beson-

---

[24] Zur u.a. euphorisierenden Morphin-Wirkung vgl. 2.1.4, Rdnr. 1118-1122.
[25] Vgl. auch zum „downer high" bei den Barbituraten 4.1, Rdnr. 2016-2019.
[26] Vgl. z.B. zur Entwicklung des Heroins 2.1.2, Rdnr. 989 f.
[27] Zu diesem Zusammenhang vgl. auch Vorbem. 4.4, Rdnr. 2244.
[28] Zur Abhängigkeit vom Opioid-Typ vgl. 2.1.7, Rdnr. 1286-1314.
[29] Im Gegensatz zum Morphin/Heroin-Entzug, vgl. 2.1.7, Rdnr. 1315

ders ausgenommenen Zubereitung und ist daher lediglich rezeptpflichtig. Gleiches gilt u.a. für die bei starken und sehr starken Schmerzen indizierte **Tilidalor Lösung**. Auch wenn hier keine Btm-Eigenschaft gegeben ist, kann der Vertrieb außerhalb einer Apotheke nach § 95 Abs. 1 Nr. AMG strafbar sein.

Bei **Naloxon** handelt es sich um einen Opiatantagonisten[30], der den Missbrauch dieses Analgeticums durch Heroin-Abhängige verhindern soll. Bei parenteraler Applikation oder überhöhter oraler Dosis soll die Naloxon-Komponente nämlich bei bestehender Heroin-Abhängigkeit äußerst heftige **Entzugssymptome** auslösen, während beim nicht Opioidabhängigen die analgetische Tilidin-Wirkung zum Tragen kommt. 2269

Die Einführung von **Valoron N** hat den Tilidin-Missbrauch insgesamt zu senken vermocht, wenn es auch Hinweise gibt, z.B. entsprechende Rezeptfälschungen, dass auch Valoron N als **Ausweichmittel** missbraucht wird. Dies könnte damit zusammenhängen, dass wegen der unterschiedlichen HWZ von Tilidin (4-6 h) und Naloxon (ca. 2 h) im Plasma die Wirkungskomponente des Tilidins doch noch zum Tragen kommt. Abhängige sollen außerdem eine Valoron-N-Lösung mit Kaliumpermanganat behandeln, wodurch das Naloxon völlig zerstört wird. Gegebenenfalls kommt es darüberhinaus bei Naloxon selbst zur Ausbildung einer eigenständigen Abhängigkeit vom Opiatantagonisten-Typ[31]. 2270 #

Da der Naloxon-Anteil bei **Valoron N** relativ gering ist und bereits während der ersten Leberpassage metabolisiert wird, kann das Fehlen von Naloxon in einer Urinprobe nicht zu dem Schluss führen, dass nicht das frei rezeptierbare Valoron N, sondern ein anderes, allein Tilidin enthaltendes Präparat konsumiert worden ist. 2271 #

4.4.2 Codein, Dihydrocodein-, Dihydromorphin- und Morphinan-Derivate

Vorbemerkung: Zu diesen Verbindungen zählen durch Veränderungen an Substituenten des Morphins meist **vollsynthetisch** hergestellte **Morphin-** und **Codein-Abkömmlinge**. Von ihnen sollen hier nur diejenigen näher dargestellt werden, die als Ausweichmittel für Heroin zumindest zeitweise Bedeutung erlangt haben[32]. 2272

4.4.2.1 Codein

Bei dem **Opium-Alkaloid Codein** (abgekürzt: **CO**; 3-Methylmorphin) handelt es sich wie bei Morphin um ein **Phenanthren-Derivat**[33]; seine Biosynthese erfolgt aus Tyrosin[34]. Heute wird Codein aus dem Hauptalkaloid **Thebain** in Papaver bracteatum gewonnen; weitgehend wird es auch vollsynthetisch hergestellt. 2273 *

---

[30] Zu diesem reinen Opiatantagonisten näher 2.1.3, Rdnr. 1102-1108. Zur Auslösung des Heroin-Entzugssyndroms durch Naloxon vgl. 2.1.7, Rdnr. 1284.
[31] Was fraglich ist, vgl. hierzu 2.1.3, Rdnr. 1108 f. Einsetzbar ist zudem der μ-Opioidantagonist Naltrexon, vgl. 2.1.3, Rdnr. 1110.
[32] Zu den codein-haltigen Ausweichmitteln vgl. auch beim Heroin 2.1.5, Rdnr. 1227 f.
[33] Näher hierzu, auch zur Strukturformel des Codeins: 2.1.3, Rdnr. 1068 und 1076 f.
[34] Zum Tyrosin vgl. 2.1.3, Rdnr. 1063 f. Zur Biosynthese vgl. auch 2.1.3, Rdnr. 1071.

2274 Die **antitussive** Wirkung des Codeins, das bei Reizhusten in **therapeutischen**
**Dosen** von gewöhnlich 30-50 mg (max. 100 mg/d) verabreicht direkt hemmend auf das **Hustenzentrum** in der Medulla oblongata wirkt, ist etwa 3mal stärker als die des Morphins[35]; in dieser Dosierung wirkt Codein bereits leicht sedierend aber noch nicht analgetisch.

2275 Die analgetische, narkotische, spasmogene und euphorisierende Wirkungskomponente des Codeins ist erheblich schwächer als beim Morphin ausgeprägt; die **analgetische** Wirksamkeit dürfte nur 1/8 bis 1/10 der des Morphins betragen.

2276 Gleichwohl sind insbesondere codein-haltige **Tabletten** und **Hustensäfte** bei uns seit 1981/82[36] auf dem illegalen Drogenmarkt zu einem der häufigsten Ausweichmittel für **Heroin-Abhängige** geworden[37], wobei 1 g Codein etwa 30-50 mg Heroin entspricht. Der Stückpreis beträgt z.Zt durchschnittlich 8 DM/Tablette.

2277 In den 1980er Jahren wurden in diesem Zusammenhang u.a. die Fertigarzneimittel Codipront mit 30 mg Codein pro Kapsel und die ebenfalls rezeptpflichtigen Expectal-Tropfen (in Kombination mit 5,5-Dipropylbarbitursäure[38]) bekannt. Eine Codein-Ephedrin-HCl-Kombination[39] war z.B. in dem rezeptpflichtigen Tussipect mit Codein enthalten.

2278 Seitdem erfolgte eine weitgehende Umstellung auf codein-haltige **Monopräparate**. Aber auch diese, etwa die rezeptpflichtigen Codeinum phosphoricum Compretten/-forte (mit 30 bzw. 50 mg Codeinphosphat), Codicaps (mono), Codipront (mono), Optipect Kodein Forte Tropfen, Tricodein und Tyrasol Codein forte Lösung, die vor allem bei Reizhusten indiziert sind, codiOPT auch bei mäßig starken Schmerzen, werden weiterhin in entsprechender Weise **missbraucht**.

2279 5-10 Kapseln, entsprechend etwa 300-400 mg Codein als mittlere, durch **Toleranzbildung** erreichte **Dosis**, werden zu **Rauschzwecken** meist eingenommen, häufig in Verbindung mit **Alkoholika**, wobei letztere neben einer Verbesserung der Löslichkeit auch zur Resorptionsbeschleunigung dienen[40].

2280 Teilweise wird der Kapselinhalt auch in eine injektionsfähige Lösung überführt, die wie Heroin-HCl **gespritzt** werden kann[41].

---

[35] Zu den Morphin- bzw. Codein-Wirkungen vgl. auch 2.1.4, Rdnr. 1137.
[36] Zum damaligen „Konjunktureinbruch" auf dem Heroin-Markt vgl. 2.1.2, Rdnr. 1018 f.
[37] Zu weiteren bekannten Ausweichmitteln vgl. 4.1, Rdnr. 2019.
[38] Zu Kombinationspräparaten mit Barbitursäure-Derivaten vgl. 4.1, Rdnr. 1995.
[39] Zu dem u.a. als Bronchospasmolyticum genutzten Ephedrin und zum Tussipect vgl. 3.2.1, Rdnr. 1718 f.
[40] Vgl. auch zu den Barbiturat-Alkohol-Kombinationen 4.1, Rdnr. 2020-2023.
[41] Hierbei kann es zu unvorhergesehenen individuellen Reaktionen kommen, dies gilt auch für die zur oralen Anwendung bestimmten Lösungen. Vgl. auch zu Valium-Heroin-Kombinationen 4.3.4, Rdnr. 2223.

Die Codein-Wirkung tritt bei **oraler** Anwendung nach etwa 30-45 min ein, das Wirkungsmaximum ist nach 1-2 h erreicht[42]. Die **Wirkungsdauer** beträgt 4-6 h. 2281 #

Wahrscheinlich beruht die **Wirkung** auf einer teilweisen **Metabolisierung** (Demethylierung) des Codeins im Körper mit einer Rate von ungefähr 20 %[43]. Bei therapeutischer Dosierung erfolgt die Demethylierung zu **Morphin** allerdings so langsam, dass keine Morphin-Wirkungen auftreten. Gegenüber Morphin besteht **Kreuztoleranz**. 2282 #

Die **Nebenwirkungen** wie Obstipation, Übelkeit, Müdigkeit bei leichter Somnolenz und Euphorie sind im Vergleich zu Morphin bzw. Heroin ungleich **geringer**. 2283

Etwa 70 % einer Einzeldosis werden unverändert, etwa 10 % als Gesamtmorphin (neben Norcodein und Normorphin) **ausgeschieden**. 2284 #

Bei chronischem Codein-Missbrauch kann es, wie bei allen Opiaten, infolge Toleranzbildung zwar zu erheblichen Dosissteigerungen sowie zur Ausbildung einer auch **physischen Abhängigkeit** vom **Opioid-Typ** kommen (gelegentlich auch als **Codeinismus** bezeichnet)[44]. Gleichwohl ist im Hinblick auf die sehr viel geringere analgetische und euphorisierende Wirksamkeit auch das Abhängigkeitspotential im Vergleich zu Morphin bzw. Heroin entsprechend niedriger anzusetzen[45]. 2285

Hinzu kommt, dass codein-haltige FAM so gut wie nie als eigenständige Rauschdrogen, sondern von Opiatabhängigen als Ausweichmittel zur Überbrückung oder Vermeidung von Entzugssymptomen, etwa im Rahmen eines "Selbstentzuges"[46], eingenommen werden, da der **"Heroin-Kick" fehlt**[47]. 2286

Die übrigen **Rauschwirkungen** wie Sedierung, Beseitigung von Angst- und Spannungszuständen sowie Euphorie entsprechen einer - schwachen - Opiatwirkung. Ähnlich wie andere AM wird Codein somit einerseits für den Opiatabhängigen nicht zum vollwertigen Heroin-Ersatz, was bedingt, dass er, wenn sich die Gelegenheit bietet, wieder zu Heroin greift, andererseits leistet der Codein-Missbrauch einer **Polytoxikomanie** Vorschub, indem häufig immer neue Substanzkombinationen, meist in Verbindung mit **Alkoholika**, ausprobiert werden[48]. 2287

---

[42] Zu Wirkungseintritt und –dauer beim Heroin vgl. 2.1.4, Rdnr. 1125 f.
[43] Zum Codein als Abbauprodukt des Morphins vgl. auch 2.1.3, Rdnr. 1075 und 1254.
[44] Zur Abhängigkeit vom Opioid-Typ vgl. 2.1.7, Rdnr. 1284-1315.
[45] Zur Verknüpfung von euphorisierender und abhängigkeitserzeugender Potenz vgl. etwa auch beim Tilidin 4.4.1, Rdnr. 2263, sowie beim Naltrexon 2.1.3, Rdnr. 1109.
[46] Zum „Selbstentzug" vgl. 2.1.7, Rdnr. 1355-1360.
[47] Ähnliches gilt für das L-Methadon, vgl. 4.4.5, Rdnr. 2430.
[48] Zum wahllosen Missbrauch von „Zumachern" vgl. auch Vorbem. 4, Rdnr. 1975 f.

2288 In Einzelfällen ist es infolge z.B. häufiger Verschreibung von codein- und insbesondere dihydrocodein-haltigen FAM wie Remedacen[49] an Heroin-Abhängige zur Ausbildung einer eigenständigen (gegebenenfalls **iatrogenen**) psychischen und auch physischen **Codein-Abhängigkeit** gekommen, die, wie erwähnt, der vom Opioid-Typ mit den entsprechenden Abstinenzsymptomen nach einem Absetzen zuzuordnen ist. Der **Entzug** soll hier sogar noch quälender sein als beim Heroinismus.

2289 **Dosierungen** von 30 codein-haltigen Kapseln täglich, die auf Privatrezept[50] verschrieben wurden und, häufig im Zusammenwirken mit gleichzeitigem Heroin-Missbrauch, zu einer schweren Abhängigkeit vom Opioid-Typ führten, sind in diesem Zusammenhang bekannt geworden. Besondere Schwierigkeiten ergeben sich daraus, dass es bei länger andauerndem **Heroin-Missbrauch** nicht selten zur Ausbildung einer chronischen **Bronchitis**[51] kommt, die dann von dem behandelnden Arzt medikamentös mit **codein**-haltigen Medikamenten angegangen wird bzw. dem Abhängigen als Vorwand dient, um entsprechende Medikamente verschrieben zu erhalten.

2290 Nachdem die im Gegensatz zum Methadon-Programm anfangs keiner Überwachung unterliegende "**Codein-Substitutionstherapie**"[52] zunächst als sog. "graue Substitution" generell abgelehnt worden war, sah sich andererseits die Hamburger Ärztekammer erstmals im Oktober 1991 angesichts der rechtlichen Schwierigkeiten bei einem breiten Methadon-Einsatz zur Heroin-Substitution und mangelnder Therapieplätze veranlasst, eine kontrollierte Vergabe von codein- und dihydrocodein-haltigen Präparaten, insbesondere von Remedacen, durch einen Arzt bei gleichzeitiger psychosozialer Betreuung der Abhängigen als vertretbare Ersatztherapie anzusehen[53].

2291 Hierbei wird nicht verkannt, dass infolge der nur 4- bis 6stündigen Wirkung das Medikament mehrmals täglich eingenommen werden muss und ein Teil der abgegebenen Arzneimittel auf dem illegalen Drogenmarkt landet. Insgesamt kann ein Erfolg der **Substitution** mit **Codein**- und **DHC-Präparaten**, die 1994 etwa 15.000 und 1997 etwa 30.000 Heroin-Abhängige in Deutschland verschrieben erhielten, als nicht erwiesen angesehen werden[54]. Aufgrund der mangelnden Überwachung der Verschreibungen bestand zudem die Gefahr, dass der Abhängige sich bei mehreren Ärzten gleichzeitig versorgte ("**doc-tour**").

2292 Nachdem die **Substitution** mit Codein- und DHC-Präparaten zunächst nicht unter die
§ **BtMVV** gefallen (und somit ohne Höchstmengenbegrenzung möglich) war, unterliegt sie aufgrund der Neufassung der BtMVV im Zuge der 10. BtMÄndV seit dem 1.2.1998 dem Betäubungsmittelrecht wie die (Levo-)Methadon-Substitution. Nach der Änderung durch

---

[49] Zum Dihydrocodein (DHC) näher 4.4.2.2, Rdnr. 2297-2305.
[50] Zur „Doc-Tour" vgl. auch Vorbem. 4, Rdnr. 1963 f.
[51] Zu den Sekundärkrankheiten vgl. 2.1.7, Rdnr. 1282 und 1299.
[52] Zur medikamentösen Heroin-Substitution vgl. 2.1.7, Rdnr. 1317-1334.
[53] Im Gegensatz etwa zur Rohypnol-Verschreibung, vgl. 4.3.4, Rdnr. 2224 f.
[54] Zum Rückgang der Zahl der sog. „Drogentoten" ab 1992/3 vgl. 2.1.2, Rdnr. 1053.

4.4 Starkwirksame Analgetica und Antitussiva

die 15. BtMÄndV darf der Arzt, beschränkt auf begründete **Ausnahmefälle**[55], für seinen Praxisbedarf pro betäubungsmittel- (oder alkohol-)abhängigen Patienten innerhalb von 30 Tagen als **Höchstmenge** bis zu 40.000 mg Codein bzw. Dihydrocodein **verschreiben**[56]. Nach § 5 Abs. 6 BtMVV besteht die Möglichkeit einer Aushändigung zur eigenverantwortlichen Einnahme seitens des Patienten[57] unter bestimmten Voraussetzungen. Bei einer Verschreibung als Hustenmittel oder zur Schmerztherapie ist demgegenüber keine Höchstverschreibungsmenge vorgesehen, da insoweit regelmäßig eine besonders ausgenommene Zubereitung verschrieben wird.

Voraussetzung hierfür war, dass **Codein** aufgrund der 10. BtMÄndV mit Wirkung ab dem 1.2.1998 aus Anl. II zum BtMG 1994 herausgenommen und, unter Zulassung besonders ausgenommener Zubereitungen, als verschreibungsfähiges Btm Anl. III unterstellt wurde. Auch soweit infolge Vorliegens einer besonders ausgenommenen Zubereitung keine Btm-Eigenschaft gegeben ist, kann bei einem Vertrieb außerhalb einer Apotheke eine Strafbarkeit nach § 95 Abs. 1 Nr. 4 AMG gegeben sein. Wird hingegen eine besonders ausgenommene Zubereitung nicht als Antitussivum, sondern zur **Substitution** verschrieben, gelten die Bestimmungen der **BtMVV** für **Verschreibung** und **Abgabe**

2293 §

Demgegenüber handelt es sich bei **Codein-N-oxid** und **Norcodein** (INN; syn. N-Demethylcodein) nach Anl. I um weder verkehrs- noch verschreibungsfähige Btm. Aufgrund der 16. BtMÄndV wurde ab dem 1.3.2002 zudem **Isocodein** (chem. Bezeichnung (IUPAC): 4,5α-Epoxy-3-methoxy-17-methylmorphin-7-en-6β-ol) Anl. II, ohne Zulassung besonders ausgenommener Zubereitungen, unterstellt.

2294 §

Während bei der zur Hustenunterdrückung notwendigen Dosis (üblich sind etwa 0,5 mg/kg KG 3mal täglich) eine **Atemdepression** nicht zu befürchten ist, ist diese Gefahr bei Dosen von mehr als 5 mg/kg KG gegeben[58].

2295

Die **äußerst gefährliche**, für einen Codein nicht Gewöhnten potentiell letale Dosis wird mit 500 mg oral anzusetzen sein. Es kann zu einem der **Morphin-Intoxikation** vergleichbaren Zustand mit Miosis, Atemlähmung und Koma kommen[59].

---

[55] D.h. es muss begründet werden, warum Codein oder DHC anstelle von Methadon pp. zur Substitution erforderlich ist, etwa wegen körperlicher Unverträglichkeit – zu Methadon-Nebenwirkungen vgl. 2.1.7, Rdnr. 1323.
[56] Die Indikationsbeschränkung galt zunächst nicht für Abhängige, die im Zeitpunkt des Inkrafttretens der Neufassung der BtMVV bereits mit Codein oder DHC substituiert wurden; bis zum 1.1.2000 musste allerdings eine Umstellung auf Methadon oder andere zur Substitution zugelassene Arzneimittel erfolgt sein, was offenbar auch weitgehend problemlos erfolgt ist. Seitdem ist eine Substitution mit Codein oder DHC auf anders nicht behandelbare Ausnahmefälle beschränkt.
[57] Vgl. hierzu auch 2.1.7, Rdnr. 1331.
[58] Die Gefahr einer Atemdepression besteht hingegen nicht bei anderen, wie Codein ebenfalls am ZNS ansetzenden Antitussiva wie z.B. Noscapin (INN, etwa in dem rezeptpflichtigen Capval enthalten, vgl. auch 2.1.3, Rdnr. 1070) und Dextromethorphan (zu diesem Morphinan vgl. 4.4.2.8, Rdnr. 2336 FN 79).
[59] Näher zur akuten Morphin-Vergiftung 2.1.7, Rdnr. 1270-1274.

2296 Für Codein dürfte, entsprechend dem im Vergleich mit Heroin sehr viel geringerem Ab-
§ hängigkeitspotential, bei Zugrundelegung einer Konsumeinheit von 300 mg oral die Grenze
zur "**nicht geringen Menge**" im Sinne u.a. der §§ 29 a Abs. 1 Nr. 2, 30 Abs. 1 Nr. 4, 30 a
Abs. 1 BtMG 1994[60] bei 120 g Codein (berechnet als Codeinphosphat) liegen.

4.4.2.2 Dihydrocodein

2297 Ausgehend vom 3-Methylmorphin (Codein) hat der Wirkstoff **Dihydrocodein**
* (INN; abgekürzt: **DHC**; chem. Bezeichnung (IUPAC): 4,5α-Epoxy-3-methoxy-
17-methylmorphinan-6α-ol) vor allem als **Antitussivum** in einer Dosierung von
meist 10-30 mg des Hydrogentartrats neben Codein Bedeutung erlangt, zugleich
aber auch als **Ausweichmittel**.

2298 Als **Antitussivum** ist Dihydrocodein Bestandteil der rezeptpflichtigen Monopräparate **Remedacen** Kapseln, Tiamon Mono/-retard und u.a. Paracodin/-N/-re-
tard, die bei Reizhusten und entzündlichen Erkrankungen der Atemwege (z.B.
Keuchhusten und Bronchitis) verschrieben werden[61].

2299 Als **Narkoanalgeticum** wird Dihydrocodein zudem in dem rezeptpflichtigen
DHC 60/-90/-120 mg Mundipharma Retardtabletten bei mäßig starken bis starken Schmerzen therapeutisch eingesetzt.

2300 Das **Abhängigkeitspotential** des 7,8-Dihydrocodeins, das im Organismus z.T.
\# in Dihydromorphin umgewandelt wird[62], muss im Verhältnis zu dem des Codeins[63] als etwas höher eingeschätzt werden.

2301 Für dihydrocodein-haltige Medikamente besteht ein erhebliches **Missbrauchspotential**. Dies gilt insbesondere seit 1992 für DHC Mundipharma im Hinblick
auf dessen erhöhte Wirksamkeit, indem zur Erzeugung eines euphorischen Zustandes entsprechend weniger DHC-Tabletten zu "werfen" sind im Verhältnis zum
weniger stark und kürzer wirksamen Remedacen[64].

2302 Aus dem gleichen Grund wurde zunehmend neben Remedacen DHC Mundipharma im Rahmen der "**Codein-Substitutionstherapie**"[65] verschrieben.

2303 Zusammen mit Codein wurde **DHC** aufgrund der 10. BtMÄndV mit Wirkung
§ ab dem 1.2.1998 aus Anl. II zum BtMG 1994 herausgenommen und als verschreibungsfähiges Btm, unter Zulassung besonders ausgenommener Zubereitungen,
Anl. III unterstellt[66].

---

[60] Zur „nicht geringen Menge" Heroin vgl. 2.1.6, Rdnr. 1240-1245.
[61] Zur entsprechenden Codein-Indikation vgl. 4.4.2.1, Rdnr. 2274.
[62] Zur Codein-Metabolisierung vgl. 4.4.2.1, Rdnr. 2282.
[63] Zum Abhängigkeitspotential des Codeins vgl. 4.4.2.1, Rdnr. 2285.
[64] Zum Codein-Missbrauch vgl. 4.4.2.1, Rdnr. 2276-2281 und 2286-2289.
[65] Zur „Codein-Substitutionstherapie" vgl. 4.4.2.1, Rdnr. 2290-2293.
[66] Näher hierzu beim Codein 4.4.2.1, Rdnr. 2292 f.

Aufgrund der Änderung der BtMVV durch die 15. BtMÄndV beträgt ab dem 1.7.2001 die verschreibungsfähige **Höchstmenge** pro Patient innerhalb von 30 Tagen 40.000 mg Dihydrocodein bei einer Verschreibung zur Substitutionstherapie (beschränkt auf begründete Ausnahmefälle).

2304 §

Soweit allerdings Codein und Dihydrocodein im Sport zu **Doping-Zwecken** verabreicht werden, handelt es sich hierbei, unabhängig von einer Btm-Eigenschaft bzw. einer Verschreibungsfähigkeit, seit dem 11.9.1998 um gemäß § 6 a AMG verbotene Doping-Wirkstoffe[67] mit der Folge einer Strafbarkeit nach § 95 Abs. 1 Nr. 2 a AMG.

2305 §

4.4.2.3 Thebacon

Ein erhebliches Missbrauchspotential beinhaltet auch das verwandte **Thebacon** (INN; syn. Dihydrocodeinonenolacetat oder Acetyldihydrocodeinon; chem. Bezeichnung (IUPAC): (4,5α-Epoxy-3-methoxy-17-methylmorphin-6-en-6-yl)acetat)[68], das früher in dem als Btm einzustufenden FAM Acedicon enthalten war. Hierbei handelt es sich um ein therapeutisch nicht mehr verwandtes Isomer des acetylierten Codeins, von dem es sich lediglich durch die Lage der Doppelbindung unterscheidet.

2306 *

Thebacon weist etwa 2/3 des **analgetischen** Potentials des Morphins auf, während es im Verhältnis zum Codein etwa 4mal so **antitussiv** wirkt. Acedicon wurde daher auch verschrieben, wenn Codein versagte, z.B. bei akuter Bronchitis, Lungenkarzinom oder Tuberkulose. Bei Überdosierung besteht auch hier die Gefahr einer Atemdepression. Thebacon besitzt darüber hinaus die hypnotischen Eigenschaften des Morphins bei hohem **Abhängigkeitspotential**, da es initial **leistungsstimulierend** und das Schlafbedürfnis herabsetzend wirkt[69].

2307

Nachdem **Thebacon** zunächst als verkehrs- und verschreibungsfähiges Btm Anl. III Teil A zum BtMG 1982 unterstellt war, wurde es aufgrund der 2. BtMÄndV in Anl. II aufgenommen; diese Einordnung als nicht verschreibungsfähiges Btm (besonders ausgenommene Zubereitungen sind nicht zugelassen) gilt weiterhin.

2308 §

Aufgrund internationaler Übereinkommen wurde in die Anlagen zum BtMG 1994 außerdem eine Reihe weiterer, bei uns jedenfalls derzeit praktisch bedeutungsloser **Codein-** und **Dihydrocodein-Abkömmlinge** aufgenommen, von denen hier das in Anl. I aufgeführte Acetyldihydrocodein (chem. Bezeichnung (IUPAC) : (4,5α-Epoxy-3-methoxy-17-methylmorphinan-6α-yl)acetat) sowie die in Anl. II aufgenommenen Nicocodin (INN; syn. 6-Nicotinoylcodein), Nicodicodin (INN; syn. 6-Nicotindihydrocodein) und Pholcodin (INN; syn. Morpholinylethylmorphin) anzuführen sind. Es handelt sich hierbei um nicht verschreibungsfähige Btm; nur bei Pholcodin sind besonders ausgenommene Zubereitungen zugelassen.

2309 §

---

[67] Näher hierzu: 3.2.4.2, Rdnr. 1800-1806 f.
[68] Zur Strukturformel des Thebacons vgl. 2.1.3, Rdnr. 1076.
[69] Vgl. auch zum „downer high" bei den Barbituraten 4.1, Rdnr. 2016-2019.

4.4.2.4 Ethylmorphin

2310 Neben der Verätherung der 3-OH-Gruppe des Morphins zu 3-Methylmorphin (Co-
* dein) bringt eine solche zu **3-O-Ethylmorphin** (chem. Bezeichnung (IUPAC): 4, 5α-Epoxy-3-ethoxy-17-methylmorphin-7-en-6α-ol; früher Dionin)[70] eine wesentliche Veränderung der pharmakologischen Aktivität mit sich.

2311 So steht die **euphorisierende** Wirkungskomponente dieses wie Codein in erster Linie **antitussiven** Derivats gegenüber Morphin zurück und ist auch die Gefahr einer Gewöhnung und **Abhängigkeitsausbildung** entsprechend geringer[71].

3-O-Ethylmorphin ist nicht als Alkaloid im Opium enthalten, sondern wird halbsynthetisch aus Morphin gewonnen.

2312 Bei **3-O-Ethylmorphin** handelt es sich nach Anl. II zum BtMG 1994 um kein
§ verschreibungsfähiges Btm, sofern nicht eine besonders ausgenommene Zubereitung vorliegt. Seitdem diese Verbindung in keinem zugelassenen FAM mehr enthalten ist, wurde ein Missbrauch als Ausweichmittel nicht mehr bekannt.

2313 Wird 3-O-Ethylmorphin im Sport zu **Doping-Zwecken** verabreicht, handelt es sich un-
§ abhängig von der Einordnung als Btm um einen seit dem 11.9.1998 gemäß § 6 a AMG verbotenen Doping-Wirkstoff mit der Folge einer Strafbarkeit nach § 95 Abs. 1 Nr. 2 a AMG.

4.4.2.5 Oxycodon

2314 Allgemein verringert die Verätherung der **phenolischen Hydroxy-Gruppe** des
* Morphins die analgetische Aktivität[72], während sie durch Verätherung (oder Veresterung u.a.) der **alkoholischen Hydroxy-Gruppe** erhöht wird[73].

2315 So führt eine vom **Thebain**[74] ausgehende Oxidation der alkoholischen OH-
* Gruppe zu der Verbindung **Oxycodon** (INN; syn. Dihydrohydroxycodeinon oder 14-Hydroxydihydrocodeinon; chem. Bezeichnung (IUPAC): 4,5α-Epoxy-14-hydroxy-3-methoxy-17-methylmorphinan-6-on)[75].

2316 Hierbei handelt es sich um ein **Dihydromorphin-Derivat** mit etwa 7-fach stärkerer **analgetischer**, entsprechend aber auch suchtbildender Wirkung. Bei einem Oxycodon-Missbrauch kommt es zu starker **Euphorisierung** und Ausbildung einer **Abhängigkeit** vom **Opioid-Typ** mit Entzugssymptopen. In den USA wurde Ende der 90er Jahre das dort als Analgeticum für Krebspatienten seit 1995 vertriebene FAM OxyContin mit 20 mg Oxycodon-HCl/Tablette von Heroin-Abhängi-

---

[70] Zur Strukturformel des 3-Ethylmorphins vgl. 2.1.3, Rdnr. 1076.
[71] Vgl. hierzu beim Codein 4.4.2.1, Rdnr. 2275 und 2285.
[72] Gleiches gilt für die Benzomorphane, vgl. 4.4.3, Rdnr. 2355.
[73] Vgl. zur Veresterung zu Diamorphin 2.1.3, Rdnr. 1077.
[74] Zu diesem Opium-Alkaloid vgl. 2.1.3, Rdnr. 1068.
[75] Zur Strukturformel des Oxycodons vgl. 2.1.3, Rdnr. 1076.

gen als Ausweichmittel ("Oxy") "entdeckt"; kleingehackt nasal aufgenommen oder in wässriger Lösung injiziert soll das "Arme-Leute-" bzw. "Hillbilly-Heroin" heroin-ähnliche Wirkungen aufweisen und zu Todesfällen geführt haben.

Bis Anfang der 90er Jahre waren auch bei uns 2 FAM im Handel, bei denen es sich um Btm im Sinne des BtMG 1982 gehandelt hat: Unter dem Warenzeichen Eukodal waren als **Narkoanalgeticum** Tabletten und Ampullen mit 5-20 mg Oxycodon-HCl auf dem Markt (indiziert bei schweren Schmerzzuständen und zur Operationsvorbereitung) und Scophedal/-forte mit 10-20 mg Oxycodon-HCl (in Kombination mit Scopolamin-HBr und D,L-Ephedrin)[76] u.a. zur Narkosevorbereitung und Schmerzbehandlung[77]. Mit gleicher Indikation, etwa bei Krebspatienten, ist als Monopräparat in Tablettenform derzeit bei uns **Oxygesic** auf dem Markt; hierbei handelt es sich ebenfalls um ein **Btm** im Sinne des BtMG. Ein Missbrauch von Oxygesic ist bisher nicht bekannt geworden.

2317

Aufgrund der 10. BtMÄndV wurde **Oxycodon** (zusammen mit Codein und Dihydrocodein) mit Wirkung ab dem 1.2.1998 aus Anl. II zum BtMG 1994 herausgenommen und als verschreibungsfähiges Btm Anl. III unterstellt. Besonders ausgenommene Zubereitungen sind nicht zugelassen.

2318 §

Nach der aufgrund der 10. BtMÄndV ebenfalls neu gefassten BtMVV beträgt ab dem 1.2.1998 die verschreibungsfähige **Höchstmenge** pro Patient innerhalb von 30 Tagen 15.000 mg Oxycodon.

2319 §

4.4.2.6 Hydromorphon

Bei **Dihydromorphin** (chem. Bezeichnung (IUPAC): 4,5α-Epoxy-17-methylmorphinan-3,6α-diol; früher Paramorphan) selbst handelt es sich nach Anl. II zum BtMG 1994 um kein verschreibungsfähiges Btm, gleiches gilt für Thebain, Dihydro- und Tetrahydrothebain; besonders ausgenommene Zubereitungen sind hier nicht zugelassen. Bei dem verwandten Hydromorphinol (INN; syn. 14-Hydroxydihydromorphin; chem. Bezeichnung (IUPAC): 4,5α-Epoxy-17-methylmorphin-3, 6α,14-triol) und Oxymorphon (INN; syn. 14-Hydroxydihydromorphinon) handelt es sich um Anl. I unterstellte Btm.

2320 * §

Zur Gruppe der **Dihydromorphin-Derivate** gehört weiter das auch als Dihydromorphinon bezeichnete **Hydromorphon** (INN; chem. Bezeichnung (IUPAC): 4,5α-Epoxy-3-hydroxy-17-methylmorphinan-6-on)[78], das als Hydromorphon-HCl

2321 *

---

[76] Zum Scopolamin vgl. 1.2.2.2, Rdnr. 524-528, zum D,L-Ephedrin vgl. 3.2.1, Rdnr. 1714 und 1716 -1719.
[77] Zu einer weiteren Oxycodon-Scopolamin-Kombination vgl. 1.2.2.2, Rdnr. 510. In einer derartigen Kombination wurde Oxycodon zeitweilig auch zur Beruhigung Geisteskranker eingesetzt (vgl. auch zum Hydromorphon-Scopolamin 4.4.2.6, Rdnr. 2321 FN 79).
[78] Zur Strukturformel des Hydromorphons vgl. 2.1.3, Rdnr. 1076.

mit 2-4 mg seit langem in den Narkoanalgetica Dilaudid und Dilaudid-Atropin[79] angeboten wird, nunmehr auch unter dem Warenzeichen Palladon.

2322 **Dilaudid** ist als Injektionslösung bei starken und stärksten Schmerzen (meist i.m. oder s.c) angezeigt, Dilaudid-Atropin/ -"schwach"/-"stark" als Suppositorien oder Injektionslösung ebenfalls bei starken und stärksten Schmerzen mit und ohne Spasmen, etwa wenn Morphin versagt. Dilaudid-Atropin dient zur Unterstützung der Narkose und Herbeiführung des Dämmerschlafes.

2323 Die **analgetische** Wirksamkeit ist etwa 5mal so stark wie die des Morphins bei opiatantagonistischen Eigenschaften[80]; die Atemdepression ist geringer als die des Morphins[81], das **Abhängigkeitspotential** hingegen etwa gleich hoch. Blutdruck und Herzfrequenz werden gesenkt.

2324 **Hydromorphon** fällt nach Anl. III zum BtMG 1994 unter die verkehrs- und
§ verschreibungsfähigen Btm; da hier besonders ausgenommene Zubereitungen nicht vorgesehen sind, handelt es sich bei allen Medikamenten, die diesen Wirkstoff enthalten, um **Btm**.

Sowohl bei **Dilaudid** als auch bei Dilaudid-Atropin und Palladon handelt es sich daher um Btm im Sinne des BtMG 1994. Ein **Missbrauch** als Ausweichmittel oder in Kombination mit anderen Rauschdrogen kommt bei uns allerdings allenfalls sporadisch vor, etwa anstelle von Heroin in **Cocain-Kombinationen**[82].

2325 Nach der aufgrund der 10. BtMÄndV neu gefassten BtMVV darf der Arzt für seinen
§ Praxisbedarf seit dem 1.2.1998 für einen Patienten innerhalb von 30 Tagen als **Höchstmenge** neben einem zweiten Btm 5.000 mg Hydromorphon verschreiben.

4.4.2.7 Hydrocodon

2326 Bei dem verwandten, auch als Dihydrocodeinon bezeichneten **Hydrocodon** (INN;
* chem. Bezeichnung (IUPAC): 4,5α-Epoxy-3-methoxy-17-methylmorphinan-6-on)[83] handelt es sich demgegenüber um eine als **Antitussivum** verwandte Verbindung, die bei starkem und schmerzhaften Husten in Dosen von meist 5-10 mg therapeutisch indiziert ist.

2327 Als Hydrocodon-HCl oder Hydrocodonhydrogentartrat ist dieses halbsynthetisch gewonnene Morphin-Derivat ebenfalls seit langem in dem Fertigarzneimittel

---

[79] In Kombination mit Atropinsulfat (zum Atropin vgl. 1.2.2.2, Rdnr. 511), früher auch in Kombination mit Scopolamin zur Behandlung psychomotorischer Erregungszustände (vgl. auch zum Scopolamin-Oxycodon 4.4.2.5, Rdnr. 2317 FN 77). Zum Dihydromorphinon-Einsatz bei Krebspatienten vgl. 1.2.1.1.4, Rdnr. 354.
[80] Zum Opiatantgonismus vgl. 2.1.3, Rdnr. 1103.
[81] Zu den Morphin-Nebenwirkungen näher 2.1.4, Rdnr. 1137.
[82] Vgl. zum „Frisco speed" 3.1.5, Rdnr. 1606.
[83] Zur Strukturformel des Hydrocodons vgl. 2.1.3, Rdnr. 1076.

Dicodid/-10 mg in Tablettenform oder als Injektionslösung enthalten. Es wird u.a. verabreicht, wenn andere Hustenmittel versagen und der Husten zu schweren Komplikationen bzw. einen lebensbedrohlichen Zustand führen kann.

Außer zu den üblichen **Morphin-Nebenwirkungen** wie Atemdepression, Obstipation und (dosisabhängig) Sehstörungen führt Dicodid bei häufigerem Konsum zu einer **Euphorisierung**; als typische Dicodid-Wirkung wird daneben eine "Narkose" der intellektuellen Fähigkeiten mit Bewusstseinsstörungen sowie gegebenenfalls Störungen des Wahrnehmungsvermögens und eine Erotisierung angegeben. Dicodid beinhaltet ein nicht unerhebliches Missbrauchs- und **Abhängigkeitspotential**, taucht jedoch derzeit so gut wie nie auf dem illegalen Drogenmarkt auf.

2328

Bei **Hydrocodon** handelt es sich nach Anl. III zum BtMG 1994 um ein verkehrs- und verschreibungsfähiges Btm; besonders ausgenommene Zubereitungen sind nicht zugelassen.

2329 §

Bei dem FAM **Dicodid/-10 mg** handelt es sich daher um ein **Btm** im Sinne des BtMG.

Nach der aufgrund der 10. BtMÄndV neu gefassten BtMVV darf der Arzt für seinen Praxisbedarf seit dem 1.2.1998 pro Patient innerhalb von 30 Tagen als **Höchstmenge** neben einem zweiten Btm 1.200 mg Hydrocodon verschreiben.

2330 §

4.4.2.8 Racemorphan/Levorphanol

Die Gruppe der **Morphinane**[84] unterscheidet sich vom Morphin generell in erster Linie durch das **Fehlen** der phenolischen und alkoholischen Hydroxy-Gruppe sowie der Sauerstoffbrücke[85].

2331 *

Durch Einführung einer 3-Hydroxy-Gruppe wird das gegenüber Morphin etwa 4fach **analgetisch** wirksamere Racemat **Racemorphan** (INN; chem. Bezeichnung (IUPAC): (9RS,13RS)-17-Methylmorphinan-3-ol oder: (±)-17-Methyl-3-morphinanol) gebildet.

2332 *

In seiner linksdrehenden Form **Levorphanol** (INN; chem. Bezeichnung (IUPAC): (9R,13R,14R)-17-Methylmorphinan-3-ol oder: (-)-17-Methyl-3-morphinanol) ist dieses Morphin-Derivat im Verhältnis zum Morphin etwa 5mal **analgetisch** wirksamer.

2333 *

Unter dem Warenzeichen Dromoran wurde Levorphanol bis Anfang der 1980er Jahre als vollsynthetisches Hypnoanalgeticum u.a. vor Operationen und bei schweren und schwersten Schmerzzuständen verabreicht; die therapeutische Einzeldosis betrug 1,5-3 mg.

2334

---

[84] Die teilweise opiatantagonistische Eigenschaften aufweisen; vgl. u.a. zum Nalorphin 2.1.3, Rdnr. 1102.
[85] Zur Strukturformel des Levorphanols im Vergleich zum Morphin vgl. 2.1.3, Rdnr. 1076. Vgl. auch zu den Benzomorphanen 4.4.3, Rdnr. 2353.

2335 Hinsichtlich seiner **euphorisierenden** und **abhängigkeitserzeugenden** Eigenschaften sowie anderer unerwünschter Nebenwirkungen ist **Levorphanol** dem Morphin zumindest vergleichbar, wenn es dieses darin nicht sogar übertrifft. Die Abhängigkeit kann als eine vom **Opiatantagonisten-Typ**[86] angesehen werden, wobei die schweren Entzugserscheinungen den beim Absetzen von Morphin auftretenden[87] gleichen sollen. Levorphanol-Abhängige sollen allgemein unruhig sein und außer vegetativen Nebenwirkungen eine fahrige, unsichere Motorik aufweisen.

2336 Demgegenüber ist die rechtsdrehende Form **Dextrorphan** (INN) analgetisch unwirksam
* und auch nicht suchtbildend[88].

2337 Bei **Racemorphan** handelt es sich nach Anl. II zum BtMG 1994 um ein ver-
§ kehrs-, aber nicht verschreibungsfähiges Btm; besonders ausgenommene Zubereitungen sind nicht zugelassen.

2338 Nachdem **Levorphanol** zunächst in Anl. III Teil A zum BtMG 1982 aufgeführt
§ war, wurde es aufgrund der l. BtMÄndV mit Wirkung ab dem 1.9.1984 ebenfalls Anl. II unterstellt. Diese Einordnung gilt weiterhin; auch hier sind besonders ausgenommene Zubereitungen nicht zugelassen.

2339 Soweit Levorphanol im Sport zu **Doping-Zwecken** verabreicht wird, handelt es sich
§ hierbei zudem seit dem 11.9.1998 um einen gemäß § 6 a AMG verbotenen Doping-Wirkstoff[89].

2340 Das bedeutungslose **Dextrorphan** wurde in keine der Anlagen zum BtMG 1994 aufge-
§ nommen.

4.4.2.9 Buprenorphin

2341 In den 1970er Jahren wurde das halbsynthetische **Thebain-Derivat**[90] **Buprenor-**
* **phin** (INN; **BPN**; chem. Bezeichnung (IUPAC): (5R,6R,7R,14S)-17-Cyclopropylmethyl-4,5-epoxy-7-[(S)-2-hydroxy-3,3-dimethylbutan-2-yl]-6-methoxy-6,14-

---

[86] Zur Abhängigkeit vom Opiatantagonisten-Typ vgl. 4.4.3, Rdnr. 2368 f.
[87] Zum Heroin-Entzugssyndrom vgl. 2.1.7, Rdnr. 1308-1315.
[88] Das verwandte Dextromethorphan (INNv; chem. Bezeichnung: (+)-3-Methoxy-17-methylmorphinan), das u.a. in dem rezeptfreien Antitussivum Neo Tussan enthalten ist, weist ebenfalls keine analgetische Wirkungskomponente auf. Gleichwohl gibt es seit Jahren immer wieder Hinweise auf einen Missbrauch entsprechender Medikamente als Ausweichmittel seitens Drogenabhängiger. Außer zu Dösigkeit und Erbrechen soll Dextromethorphan in Extremfällen, insbesondere in Kombination mit Alkohol, zu einem Tiefschlaf mit Analgesie, Bewusstseinstrübung, Psychosen, Verwirrtheit und Halluzinationen führen können.
[89] Hierzu näher 3.2.4.2, Rdnr. 1800-1806.
[90] Zum Thebain vgl. 2.1.3, Rdnr. 1068. Vgl. auch zum Oxycodon 4.4.2.5, Rdnr. 2315.

4.4 Starkwirksame Analgetica und Antitussiva

ethanomorphinan-3-ol), eine Morphinanol-Verbindung[91] mit einem Cyclopropyl-methyl-Rest wie Nalorphin und Cyclazocin[92], zunächst nur als **Analgeticum** entwickelt. Seit seiner Einführung 1980/81 in der Bundesrepublik hat Buprenorphin als **Ausweichmittel** Bedeutung erlangt. In den 90er Jahren wurde seine Geeignetheit zur Behandlung Opiatabhängiger eingehender untersucht und der Wirkstoff schließlich als **Substitutionsmittel** zugelassen.

Es handelt sich hierbei um einen gemischten Morphin-Agonisten/-Antagonisten (**Partialagonisten**)[93], der als partieller Agonist am µ-Rezeptor[94] eine im Vergleich zu Morphin etwa 30- bis 50fach höhere analgetische Wirksamkeit aufweist und am κ-Rezeptor als Antagonist wirkt. Die **Agonistenwirkung** tritt langsamer ein als die des Morphins, hält dafür jedoch infolge langer Haftfähigkeit an den µ-Rezeptoren mindestens doppelt so lange an (6-8 h, ggfs. bis zu 72 h). Buprenorphin wird innerhalb von etwa 7 Tagen hauptsächlich fäkal **ausgeschieden**; die langsame Ausscheidung weist auf einen **enterohepatischen Zyklus**[95] hin.

2342 §

Buprenorphin-HCl ist als starkwirksames **Analgeticum** in dem Fertigarzneimittel **Temgesic** Injektionslösung (mit 0,3 mg Wirkstoffgehalt) bzw. Temgesic (forte) sublingual in Tablettenform (mit 0,2 bzw. 0,4 mg Wirkstoffgehalt) enthalten, das u.a. bei schweren und schwersten Schmerzzuständen (etwa postoperativ, posttraumatisch, bei Herzinfarkten und Tumoren) eingesetzt wird. 0,3 mg Buprenorphin entsprechen hierbei etwa 12 mg Morphin. Bei Temgesic handelt es sich in allen Darreichungsformen um ein Btm im Sinne des BtMG 1994.

2343

Obwohl die **therapeutische Breite** groß ist (10- bis 20fache Überdosierungen wurden ohne wesentliche Nebenwirkungen vertragen), kann Temgesic zu erheblichen **Atemdepressionen** führen, wobei die Gabe von Opiatantagonisten wie Levallorphan, Nalorphin nicht, die von Naloxon (Narcanti)[96] nur teilweise geeignet ist. Als **Nebenwirkungen** können nach Buprenorphin-Gabe weiter neben einer Miosis u.a. Schwindel und Erbrechen, Hitzegefühle, gegebenenfalls auch Euphorie und Halluzinationen auftreten. Die Wirkung von anderen Analgetica, zentral-dämpfenden und atemdepressiv wirkenden **Pharmaka** und von **Alkohol** kann **verstärkt** werden[97].

2344

Buprenorphin weist ein geringeres Missbrauchs- und **Abhängigkeitspotential** als etwa Pentazocin[98], aber auch Methadon auf, chronischer Temgesic-Miss-

2345

---

[91] Die aus dem halbsynthetischen Thebain-Derivat Oripavin entwickelt wurde; zur Strukturformel des Buprenorphins vgl. 2.1.3, Rdnr. 1076.
[92] Zu dem Opiatantagonisten Cyclazocin näher 4.4.3, Rdnr. 2371.
[93] Vgl. auch zum Pentazocin als weiteren Partialagonisten 4.4.3, Rdnr. 2356, sowie hierzu allgemein 2.1.3, Rdnr. 1103.
[94] Näher zur Wirkungsweise des Morphins und der morphin-artigen Analgetica 2.1.4, Rdnr. 1141-1170. Vgl. auch zum LAAM 4.4.5, Rdnr. 2439.
[95] Näher zum enterohepatischen Kreislauf beim Cannabis 1.1.4, Rdnr. 155.
[96] Zum Naloxon-Einsatz als Antidot bei akuter Heroin-Intoxikation vgl. 2.1.4, Rdnr. 1107.
[97] Vgl. hierzu etwa auch bei den Barbituraten 4.1, Rdnr. 2005 und 2018-2020.
[98] Zum Abhängigkeitspotential des Pentazocins vgl. 4.4.3, Rdnr. 2368 f.

brauch, als **Heroin-Ersatz** z.T. in Kombination mit **Alkohol**, kann jedoch zu schneller Gewöhnung mit **Dosissteigerung** und bei einem Absetzen zu einem **Opioidentzugssyndrom**[99] führen. Letzteres setzt bei einem Missbrauch der Reinsubstanz allerdings erst zwischen dem 5. und dem 15. Tag nach Entzugsbeginn ein und ist nur gering ausgeprägt, jedenfalls schwächer als beim Methadon[100].

2346 Im Hinblick auf die im Verhältnis zum Methadon geringeren **Nebenwirkungen**[101] sowie dem ebenfalls geringeren Missbrauchs- und Abhängigkeitspotential wurde bereits relativ früh ein Einsatz von Buprenorphin insbesondere zur kurzzeitigen **Substitution** bei nicht allzu schwerer Heroin-Abhängigkeit und bei Abhängigen erwogen, die nur schwer mit Methadon zu substituieren sind[102]. Nachdem zunächst von einer Ungeeignetheit zur Substitutionsbehandlung ausgegangen worden war, wird Buprenorphin in Tablettenform u.a. in Frankreich seit 1996 unter dem Warenzeichen **Subutex**, dessen sublinguale Anwendungsform nicht geändert werden darf, weit häufiger zur Substitution verschrieben als Methadon, worauf dort u.a. ein Rückgang der Zahl der Todesfälle infolge Heroin-Überdosierung zurückgeführt wird. In Deutschland ist Subutex 0,4 mg/-2 mg/-8 mg seit Februar 2000 ebenfalls zur Substitutionsbehandlung zugelassen, wobei es offenbar in erster Linie bei schwangeren oder erst seit kurzem Abhängigen eine Alternative zu Methadon darstellt. Außerdem wird ein verstärkter Einsatz zur Unterstützung der ("kalten") klinischen **Detoxikation**[103] bei **methadon-substituierten polytoxikomanen** Heroin-Abhängigen untersucht, die zusätzlich u.a. **Cocain**[104], **Alkohol** oder **BD** wie Rohypnol[105] missbrauchen, um die quälenden Entzugssymptome zu lindern und einen frühzeitigen Therapieabbruch zu vermeiden. Hierbei scheint eine **Kombination** mit dem Antiepilepticum **Carbamazepin**[106] erfolgversprechend. In niedriger Dosierung unterdrückt Buprenorphin das Entzugssyndrom und produziert eine geringe Opiatwirkung mit Analgesie, während höhere Dosen die Wirkung eines vollen Agonisten verhindern. Ungünstige **Nebenwirkungen** treten hierbei erst in Dosenbereichen auf, die 100fach über der analgetischen Dosis liegen.

2347 Aufgrund des gleichwohl bestehenden eigenen Abhängigkeitspotentials und des
§ Missbrauchs als Ausweichmittel wurde **Buprenorphin** aufgrund der 1. BtMÄndV mit Wirkung ab dem 1.9.1984 nach Anl. III zum BtMG 1982 als verkehrs- und verschreibungsfähiges Btm eingestuft. Diese Einordnung gilt nach wie vor. Be-

---

[99] Zum Morphin-Entzugssyndrom vgl. 2.1.7, Rdnr. 1308-1312.
[100] Zur Methadon-Abhängigkeit vgl. 4.4.5, Rdnr. 2436.
[101] Zu den eine Methadon-Substitution limitierenden Nebenwirkungen vgl. 2.1.7, Rdnr. 1323.
[102] Zur Substitution mit Methadon vgl. 2.1.7, Rdnr. 1317-1331.
[103] Zur medikamentös unterstützten klinischen Entgiftung vgl. 2.1.7, Rdnr. 1346-1352.
[104] Zur Möglichkeit eines Buprenorphin-Einsatzes bei Cocain-Abhängigkeit vgl. jedoch 3.1.7, Rdnr. 1703 f.
[105] Zum verbreiteten Beigebrauch von Rohypnol vgl. 4.3.4, Rdnr. 2219-2227.
[106] Zum Carbamazepin vgl. 4.3.3, Rdnr. 2162.

4.4 Starkwirksame Analgetica und Antitussiva

sonders ausgenommene Zubereitungen sind nicht zugelassen, bei den FAM **Temgesic** und **Subutex** handelt es sich somit um **Btm** im Sinne des BtMG. Als Folge dieser Einordnung ging der Temgesic-Missbrauch zurück.

Nach der durch die 15. BtMÄndV geänderten BtMVV darf der Arzt für seinen Praxisbedarf pro Patient innerhalb von 30 Tagen neben einem zweiten Btm als **Höchstmenge** 150 mg und als Substitutionsmittel 720 mg Buprenorphin verschreiben. **2348 §**

Soweit Buprenorphin allerdings im Sport zu **Doping-Zwecken** verabreicht wird, handelt es sich hierbei, unabhängig von der Btm-Eigenschaft und ohne dass es auf eine Verschreibungsfähigkeit ankommt, seit dem 11.9.1998 um einen gemäß § 6 a AMG verbotenen Doping-Wirkstoff[107] mit der weiteren Folge einer Strafbarkeit nach § 95 Abs. 1 Nr. 2 a AMG. **2349 §**

Außerdem fanden in Anl. I zum BtMG mehrere **Morphin-** und **Morphinan-Derivate** Aufnahme, die bei uns nach wie vor bedeutungslos sind. Hierzu zählen **Acetorphin** (INN; chem. Bezeichnung (IUPAC): {4,5α-Epoxy-7α-[(R)-2-hydroxypentan-2-yl]-6-methoxy-17-methyl-6,14-ethenomorphinan-3-yl}acetat, ein im Verhältnis zu Morphin etwa 1.000mal wirksameres aber auch abhängigkeitsbildendes Analgeticum auf der Basis von Thebain), Desomorphin (INN), Codoxim (INN), Dihydroethorphin, Drotebanol (INN), Levomethorphan (INN), Levophenacylmorphan (INN), **Metopon** (INN; syn. 5-Methyldihydromorphinon; chem. Bezeichnung (IUPAC): 4,5α-Epoxy-3-hydroxy-5,17-dimethylmorphinan-6-on, ein starkwirksames Analgeticum mit hohem Abhängigkeitspotential), Norlevorphanol (INN; syn. (-)-3Hydroxymorphinan) und Phenomorphan (INN). **2350 §**

Aufgrund der 1. BtMÄndV wurde außerdem mit Wirkung ab dem 1.9.1984 **Racemethorphan** (INN) in Anl. I aufgenommen, während **Etorphin** (INN; chem. Bezeichnung (IUPAC): (5R,6R,7R,14R)-4,5-Epoxy-7-[(R)-2-hydroxypentan-2-yl]-6-methoxy-17-methyl-6,14-ethenomorphinan-2-ol, früher in dem als Btm einzuordnenden FAM Immobilon, ein starkwirkendes Morphin-Analogon auf der Basis von Thebain mit hohem Abhängigkeitspotential) mit gleicher VO aus Anl. I herausgenommen und als verschreibungsfähiges Btm, ohne Zulassung besonders ausgenommener Zubereitungen, in Anl. III eingestuft wurde. Diese Einordnung gilt nach wie vor. **2351 §**

4.4.3 Benzomorphane

Im Hinblick auf die Verknüpfung analgetischer, euphorisierender und suchterzeugender Eigenschaften wurde seit Anfang der 1960er Jahre versucht, u.a. durch **Abwandlung** des **Morphin-Grundmoleküls** Verbindungen zu synthetisieren, die bei gleicher analgetischer Wirksamkeit ein zumindest **verringertes Abhängigkeitspotential** aufweisen[108]. **2352**

---

[107] Näher hierzu: 3.2.4.2, Rdnr. 1800-1806. Ein Einsatz als Doping-Mittel ist auch im Pferderennsport gegeben.
[108] Vgl. auch zur Entwicklung des Opiatantagonisten Naltrexon 2.1.3, Rdnr. 1109.

2353 So stellt das Ringsystem der **Benzomorphane** im Vergleich zu dem des **Morphins**[109] und der **Morphinane**[110] eine weitere Vereinfachung dar: Der C-Ring des Morphins wird nur noch durch die Methyl-Fragmente in C_5 und C_9 angedeutet;

Strukturformeln:

	R
Pentazocin	$-\underset{H}{C}=C\genfrac{}{}{0pt}{}{CH_3}{CH_3}$
Phenazocin	$-CH_2-CH_2-C_6H_5$
Cyclazocin	$-CH\genfrac{}{}{0pt}{}{CH_2}{CH_2}$

2354 Die relativ einfachen Synthesemöglichkeiten der Benzomorphane, die selektive Synthese der **cis-** und **trans-Formen** und deren Auftrennung in die optischen Isomere haben zu einigen 100 **Benzomorphan-Analoga** geführt, von denen als erstes das in Deutschland nicht vertriebene **Phenazocin** (INN; chem. Bezeichnung (IUPAC): 6,11-Dimethyl-3-phenethyl-1,2,3,4,5,6-hexahydro-2,6-methano-3-benzazocin-8-ol oder: 1,2,3,4,5,6-Hexahydro-6,11-dimethyl-3-phenethyl-2,6-methano-3-benzazocin-8-ol; Primadol) therapeutische Verwendung gefunden hat.

2355 Auch bei den Benzomorphanen bewirkt eine Verätherung, Veresterung oder Eliminierung der **phenolischen Hydroxy-Gruppe** bzw. die Verschiebung in eine andere Gruppe einen Verlust der analgetischen Wirksamkeit[111].

---

[109] Zur Strukturformel des Morphins vgl. 2.1.3, Rdnr. 1076.
[110] Zu den Morphinanen vgl. 4.4.2.8, Rdnr. 2331-2333.
[111] Zur Verringerung der analgetischen Wirksamkeit vgl. auch 4.4.2.5, Rdnr. 2314.

4.4 Starkwirksame Analgetica und Antitussiva

Da der Opiatantagonist Nalorphin[112] wegen seiner starken halluzinogenen Wirkung kaum einsetzbar ist, wurde als bekanntester Benzomorphan-Abkömmling mit **analgetischer** und schwach **morphin-antagonistischer** Wirksamkeit[113] das **Pentazocin** (INN; chem. Bezeichnung (IUPAC): (2R,6R,11R)-6,11-Dimethyl-3-(3-methylbut-2-en-1-yl)-1,2,3,4,5,6-hexahydro-2,6-methano-3-benzazocin-8-ol oder: 1,2,3,4,5,6-Hexahydro-6,11-dimethyl-3-(3-methyl-2-butenyl)-2,6-methano-3-benzazocin-8-ol)[114] entwickelt.

2356
*

Die **antagonistische** Wirkung dieser Substanzen der Morphin-Gruppe, deren N-Methylgruppe durch Allyl-, Methallyl-, Propyl-, Isobutyl-, Propargyl- oder Cyclopropargylmethyl-Reste ersetzt wurde[115], wird durch eine **kompetitive Rezeptorenblockade** erklärt.

2357
*
#

Die **analgetische** Wirksamkeit des Pentazocins[116] wird mit 0,3 (gegenüber 1,0 bei Morphin und Methadon) angegeben, d.h. etwa 30 mg Pentazocin haben bei parenteraler Zufuhr eine etwa gleich starke analgetische Wirkung wie etwa 10 mg Morphin bei schnellerem Wirkungseintritt (bei i.m. Verabreichung innerhalb von 4 min), jedoch nur ca. 4stündiger **Wirkungsdauer**.

2358
#

Da Pentazocin in **höherer Dosierung** als **Opiatantagonist** wirkt, bewirkt eine Dosissteigerung keine entsprechende Zunahme der analgetischen Wirksamkeit. Pentazocin wird in der Leber weitgehend **metabolisiert**, nur ca. 5 % werden unverändert ausgeschieden.

2359
#

Seit 1967 ist die Reinsubstanz (30-50 mg) als **Narkoanalgeticum** unter dem Warenzeichen **Fortral** auf dem Markt; diesem entspricht das in den USA vertriebene Präparat Talwin.

2360

Außerdem war mit 15 mg Pentazocin/Tablette als Kombinationspräparat das mittlerweile nicht mehr vertriebene Panagesic in Deutschland auf dem Markt.

Bei beiden FAM handelt es sich um **Btm** im Sinne des BtMG.

---

[112] Zum Begriff „Opiatantagonisten" und zum Nalorphin vgl. 2.1.3, Rdnr. 1100 f.
[113] Vgl. auch zum Buprenorphin 4.4.2.9, Rdnr. 2342.
[114] Zur Strukturformel des Pentazocins vgl. 4.4.3, Rdnr. 2353.
[115] Vgl. hierzu auch 2.1.3, Rdnr. 1104, sowie zu den Strukturformeln von Naloxon und verwandten Opiatantagonisten 2.1.3, Rdnr. 1076.
[116] Das dem Diphenhydramin (zu diesem Stoff 4.2.3, Rdnr. 2100) z.T. strukturell verwandte Benzoxazocin-Derivat Nefopam (INN; chem. Bezeichnung (IUPAC): 3,4,5,6-Tetrahydro-5-methyl-1-phenyl-1H-2,5-benzoxazocin), das verschreibungspflichtig und in den zentralwirksamen Analgetica Ajan und Silentan Nefopam 30 enthalten ist, scheint trotz seiner ebenfalls den Opiaten vergleichbaren analgetischen Wirksamkeit (Dämpfung der Erregung des ZNS) kein größeres Abhängigkeitspotential aufzuweisen. Bei Nefopam handelt es sich daher um kein Btm. Mittel der Wahl bei mittleren bis schweren Schmerzen ist neuerdings Flupirtin (in dem rezeptpflichtigen Katadolon und Trancopal Dolo enthalten), das nicht betäubend wirkt, kaum Nebenwirkungen hat und nach 3-4 Wochen sogar eine Dosisverringerung erlauben soll.

2361 Medizinisch indiziert ist **Fortral**, das in Form von Ampullen, Kapseln oder Suppositorien angeboten wird, bei mittleren bis schweren akuten und chronischen Schmerzen, etwa nach operativen Eingriffen, bei Tumoren und Koliken sowie in der Geburtshilfe.

2362 Ein Einsatz als Opiatantagonist erfolgt demgegenüber bei uns nicht. Als partieller Opiatantagonist kann Fortral jedoch die Wirkung gleichzeitig gegebener Opiate teilweise aufheben bzw. bei erheblicher Opiatzufuhr das **Entzugssyndrom** auslösen[117]. Eine gleichzeitige Anwendung mit **MAO-Hemmern** ist gleichfalls kontraindiziert.

2363 Da **Pentazocin** im ZNS **ähnlich** wie **Morphin** wirkt[118], besteht auch hier, wenn auch in
geringerem Maße als bei Morphin, auch bei Verabreichung unter ärztlicher Kontrolle, neben einer Miosis die Gefahr von **Atemdepressionen**[119], der mit **Naloxon**-Gabe[120] begegnet werden kann; andere Opiatantagonisten sind unwirksam.

2364 Während 20-30 mg Pentazocin[121] bei gleicher analgetischer Wirkung wie Morphin noch keine psychotomimetischen Effekte hervorrufen, steht bei **höherer Dosierung** (mehrfache Verabreichung von über 60 mg) die dämpfende Wirkung weniger im Vordergrund. Vielmehr kann es hierbei zu einer entgegengesetzten[122], „**paradoxen**" **anregenden** und euphorisierenden Wirkung kommen, jedoch auch zu optischen Halluzinationen und Angstzuständen.

2365 In der damaligen BRD war **Fortral** Ende der 1970er und Anfang der 80er Jahre zusammen mit so unterschiedlichen Medikamenten wie Medinox bzw. Medinox-M[123], Optalidon[124] und Captagon[125] eines der am häufigsten als Ausweichmittel missbrauchten AM. Seit Einordnung als Btm 1984 ist allerdings eine deutlich rückläufige Tendenz festzustellen. Hierzu könnte mit beigetragen haben, dass bei vorhandener Heroin-Abhängigkeit ein vorübergehender Fortral-Missbrauch zur Überbrückung eines Heroin-Mangels wie erwähnt u.U. zu unangenehmen **Entzugserscheinungen**[126] führen kann.

2366 Wie auch bei anderen Ausweichmitteln[127] erfolgte die **Beschaffung** von Fortral hier vor allem mittels Apothekeneinbrüchen, Rezeptfälschungen (etwa durch teilweise verdecktes Photokopieren von auf ein anderes Medikament ausgestellten Originalrezepten oder Ausfüllen von entwendeten Blankorezeptblöcken und Fälschen der Unterschrift des Arztes) sowie Erwerb von Händlern außerhalb von Apotheken[128]. Dagegen dürfte die ärztliche Ver-

---

[117] Zur Auslösung des Heroin-Entzugssyndroms durch Opiatantagonisten vgl. 2.1.7, Rdnr. 1283 f.
[118] Zur Wirkungsweise von Morphin vgl. 2.1.4, Rdnr. 1135-1171.
[119] Näher zur Heroin-Vergiftung 2.1.7, Rdnr. 1272 f.
[120] Näher zum Naloxon 2.1.3, Rdnr. 1102 und 1107.
[121] Zur verschreibungsfähigen Höchstmenge vgl. 4.4.3, Rdnr. 2376.
[122] Zur Wirkungsumkehr („downer high") bei zentral-dämpfenden Substanzen vgl. 4.1, Rdnr. 2016.
[123] Zu diesem Barbiturat vgl. 4.1, Rdnr. 2019 f., 2023 und 2043.
[124] Zu diesem Analgeticum vgl. 4.1, Rdnr. 1993 und 2038.
[125] Zu diesem Analepticum vgl. 3.2.4.3, Rdnr. 1838.
[126] Zum Heroin-Entzugssyndrom näher 2.1.7, Rdnr. 1308-1314.
[127] Zur Beschaffung von Ausweichmitteln vgl. auch Vorbem. 4, Rdnr. 1963.
[128] Vgl. auch zur Veräußerung etwa von „Valium-Trips" 4.3.4, Rdnr. 2220 f.

4.4 Starkwirksame Analgetica und Antitussiva

schreibung hier nur eine untergeordnete Rolle für die Beschaffung spielen, da bei Fortral die Funktion als Ausweichmittel zu offensichtlich ist. Der außerdem häufig vorkommenden Verfälschung echter Rezepte durch Hinzufügung eines Wiederholungszusatzes wurde dadurch begegnet, daß ein derartiger Vermerk auf einem Rezept seit Juli 1984 vom Apotheker nicht mehr zu beachten ist.

In den **USA** ist zudem eine **Kombination** von **Talwin** und **Pyribenzamin** (INN: Tripelenamin, ein bei Heufieber eingesetztes Antihistaminicum) bekannt geworden, bei der es sich um eine zu schnupfende Rauschdroge handelt, die wie Heroin wirken soll[129]. Sie wird unter der Bezeichnung „ **T's and Blues**" verkauft und kann offenbar zu schweren Muskelschädigungen führen. **2367**

Die Benzomorphane können, wie auch die Opiatantagonisten der Morphinan-Reihe[130], bei wiederholter Verabreichung in Dosen über 60 mg (etwa alle 4 h) zur Ausbildung einer spezifischen **Abhängigkeit** vom **Opiatantagonisten-Typ** mit **Toleranzentwicklung** gegenüber den analgetischen und subjektiv erlebten Wirkungen sowie psychischer und **physischer Abhängigkeit** führen; diese Abhängigkeit dürfte aufgrund der ICD-10 der vom **Opioid-Typ**[131] zuzurechnen sein. Hierbei ist das **Abhängigkeitspotential** des Pentazocins im Verhältnis zum Phenazocin als geringer einzuschätzen. **2368**

Es bestätigt sich auch hier die Regel, dass jedes Pharmakon, das **Entzugserscheinungen** zu **unterdrücken** in der Lage ist, ein eigenes **Abhängigkeitspotential** enthält[132].

Die **Entzugssymptomatik** bei einer Phenazocin- bzw. einer Pentazocin-Abhängigkeit soll teilweise der des **Heroin-Entzuges** ähnlich sein: Es kommt u.a. zu Übelkeit, Krämpfen und Erbrechen. Im Gegensatz zum Heroin-Entzug soll das Entzugssyndrom jedoch nicht durch die Gabe von **Thymoanaleptica**[133] beeinflussbar sein. **2369**

Auf der Suche nach Opiatantagonisten ohne suchterzeugende Wirkung wurde Mitte der 1960er Jahre als erster Benzomorphan-Abkömmling das **analgetisch** wirksame und gleichzeitig stark **opiatantagonistische Cyclazocin** entwickelt. **2370**

Bei **Cyclazocin** handelt es sich wie u.a. bei Naltrexon[134], Diprenorphin und Buprenorphin[135] um ein **Cyclopropylmethyl-Derivat** mit der chem. Bezeichnung: 2-Cyclopropylmethyl-2'-hydroxy-5,9-dimethyl-6,7-benzomorphan[136]. **2371** *

---

[129] Zur Synthetisierung pethidin-ähnlichen Heroin-Ersatzes vgl. 4.4.4, Rdnr. 2401 f., Vgl. auch zum Diphenhydramin in Kombination mit Methaqualon 4.2.1, Rdnr. 2051.
[130] Zur Levorphanol-Abhängigkeit vgl. 4.4.2.8, Rdnr. 2335.
[131] Zur Abhängigkeit vom Opioid-Typ vgl. 2.1.7, Rdnr. 1286-1307.
[132] Vgl. hierzu auch beim Naltrexon 2.1.3, Rdnr. 1109.
[133] Zum Einsatz des Antidepressivums Doxepin im Rahmen des Heroin-Entzuges vgl. 2.1.7, Rdnr. 1352, und 4.2.3, Rdnr. 2161.
[134] Zur Strukturformel des Opiatantagonisten Naltrexon vgl. 2.1.3, Rdnr. 1076.

2372 In Übereinstimmung mit Nalorphin weist auch Cyclazocin erhebliche **psychotomimetische** Eigenschaften[137] auf und ist entgegen anfänglicher Erwartung wie Pentazocin **suchterregend**. Ein zunächst ins Auge gefasster Einsatz im Rahmen der Heroin-Entzugsbehandlung[138] ist daher wieder fallen gelassen worden.

2373 Kleinere Cyclazocin-**Dosen** sollen meist opiat-ähnlich, u.a. mit miotischen Eigenschaften, größere barbiturat-ähnlich empfunden werden.

In Deutschland ist Cyclazocin in keinem zugelassenen FAM enthalten. Ein Missbrauch durch Konsumenten „harter" Drogen ist nicht bekannt geworden.

2374
§ Aufgrund des beschriebenen Abhängigkeitspotentials, dem keine besonderen positiven Eigenschaften gegenüberstehen, fällt **Phenazocin** zusammen mit dem verwandten **Metazocin** (INN) seit Inkrafttreten des BtMG 1982 unter Anl. I.

2375
§ **Pentazocin** wurde aufgrund der 1. BtMÄndV mit Wirkung ab dem 1.9.1984 als verkehrs- und verschreibungsfähiges Btm in Anl. III zum BtMG 1982 aufgenommen; auch diese Einordnung gilt weiterhin, besonders ausgenommene Zubereitungen sind nicht zugelassen.

Die beabsichtigte Einstufung anderer Benzomorphan-Derivate wie **Cyclazocin** als Btm im Verordnungswege ist bislang im Hinblick auf die sehr geringe praktische Bedeutung nicht erfolgt.

2376
§ Nach der neu gefassten BtMVV darf der Arzt für seinen Praxisbedarf seit dem 1.2.1998 pro Patient innerhalb von 30 Tagen neben einem zweiten Btm als **Höchstmenge** 15.000 mg **Pentazocin** verschreiben.

2377
§ Am Beispiel des **Phenazocins** wird wiederum deutlich, dass aufgrund internationaler Vereinbarungen wie dem **Übereinkommen von 1971** teilweise Stoffe dem inländischen Betäubungsmittelrecht unterstellt werden, die bei uns jedenfalls derzeit als Rauschdrogen bedeutungslos sind, jedoch im Ausland, insbesondere den USA, missbraucht werden bzw. bei denen ein solcher Missbrauch in Betracht kommt[139].

2378
§ Soweit allerdings Pentazocin, Phenazocin und verwandte Narkoanalgetica im Sport zu **Doping-Zwecken** verabreicht werden, handelt es sich hierbei unabhängig von einer Btm-Eigenschaft bzw. einer Verschreibungsfähigkeit seit dem 11.9.1998 um gemäß § 6 a AMG verbotene Doping-Wirkstoffe[140] mit der Folge einer Strafbarkeit gemäß § 95 Abs. 1 Nr. 2 a AMG.

---

[135] Zum partiellen Opiatantagonisten Buprenorphin vgl. 4.4.2.9, Rdnr. 2341.
[136] Zur Strukturformel des Cyclazocins vgl. 4.4.3, Rdnr. 2353.
[137] Zu den halluzinatorischen Eigenschaften des Nalorphins vgl. 2.1.3, Rdnr. 1101.
[138] Zur medikamentösen Heroin-Entzugsbehandlung mit Fortral vgl. 2.1.7, Rdnr. 1348.
[139] Vgl. auch zur Einstufung von BD als Btm 4.3.4, Rdnr. 2236.
[140] Näher hierzu 3.2.4.2, Rdnr. 1800-1806.

4.4.4 Pethidin-/Prodin-Gruppe

In dem ständigen Bestreben, **starkwirksame Analgetica** ohne euphorisierende Wirkung und damit **ohne Abhängigkeitspotential** zu entwickeln[141], stieß man 1933 bei der Suche nach einem Spasmolyticum auf die **Pethidin-Gruppe** sowie die **Prodine** als inverse Pethidine als die historisch älteste Gruppe vollsynthetischer morphin-artiger Analgetica.

2379

Hierbei handelt es sich um **Piperidin-Abkömmlinge**[142] mit dem Ester (IUPAC-Bezeichnung☺ Ethyl(1-methyl-4-phenylpiperidin-4-carboxylat) oder: 1-Methyl-4-phenyl-4-piperidincarbonsäureethylester als Grundstruktur. Diese Verbindung tägt die Bezeichnung **Pethidin** (INN; syn. Meperidin);

2380
*

Strukturformeln:

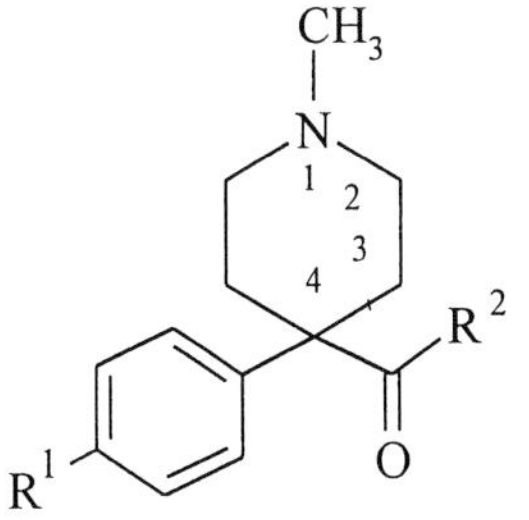

	R^1	R^2
Pethidin	-H	-CH$_2$-CH$_3$
Cetobemidon	-OH	-CH$_2$-CH$_3$
MPPP	-H	-CO-CH$_2$-CH$_3$

Es besteht eine gewisse **strukturelle** Ähnlichkeit mit **Morhin**[143], was die Vermutung einer vergleichbaren **Rezeptorblockade** nahelegt[144]. Unter den Analgetica ist die strukturelle Übereinstimmung mit **Tilidin**[145] als **Cyclohexan-Derivat** ausgeprägter, außerdem besteht eine strukturelle Verwandtschaft zu Stoffen der **Fentanyl-Gruppe**[146].

2381
*
#

Charakteristisches **Strukturmerkmale** des **Pethidins** sind hierbei insbesondere die aliphatische Amino-Gruppe, die Ethylen-Kette, ein zentrales quartäres C-Atom und ein aromatischer Rest in morphin-ähnlicher Konfiguration[147].

2382
*

---

[141] Vgl. hierzu z.B. bei den Benzomorphanen 4.4.3, Rdnr. 2352.
[142] Vgl. auch zur Strukturformel des Piperidin-Derivats PCP 1.2.4.5, Rdnr. 894 f. Zu den Hypnotica auf Piperidin-Basis vgl. 4.2.2, Rdnr. 2081-2093.
[143] Zur Strukturformel des Morphins vgl. 2.1.3, Rdnr. 1076.
[144] Näher hierzu beim Morphin 2.1.4, Rdnr. 1143 und 1149.
[145] Zur Strukturformel des Tilidins vgl. 4.4.1, Rdnr. 2254.
[146] Zur Strukturformel des Fentanyls vgl. 4.4.6, Rdnr. 2464.
[147] Vgl. hierzu auch beim Morphin 2.1.3, Rdnr. 1078, und 2.1.4, Rdnr. 1165.

2383 Die **analgetische** Wirkung des Pethidins ist etwa 5- bis 10mal schwächer als die des Morphins, gleichzeitig treten aber auch dessen unerwünschte **Nebenwirkungen**[148] mehr oder weniger stark zurück.

Als niedrigste ED_{50} ist bei Pethidin von 6,2 mg/kg KG gegenüber 3,2 mg/kg KG bei Morphin auszugehen[149], als LD_{50} von 29 mg/kg KG Pethidin.

2384 Pethidin hat einen geringen Einfluss auf die Atmung und Darmtätigkeit und unterscheidet sich bereits im äußeren Erscheinungsbild von Morphin dadurch, dass es **keine Miosis** erzeugt. Da Pethidin gut und rasch aus dem Magen-Darm-Trakt **resorbiert** wird[150], kann es bei leichteren bis mittelstarken Schmerzzuständen auch **oral** zugeführt werden. Die Wirkung tritt nach p.o. Gabe in ca. 20 min, nach i.v. Gabe in 4 min ein und hält etwa 2-4 h an.

2385 Außerdem vermag Pethidin das **Kältezittern** (Schüttelfrost) zu **unterdrücken** und wird daher **therapeutisch** neben der Schmerzunterdrückung u.a. dann angewandt, wenn bei Eingriffen am Herzen eine Unterkühlung erzeugt wird. Wegen seiner **sedierenden** Eigenschaften kommt es in der chirurgischen Prämedikation und in der Geburtshilfe zur Anwendung.

2386 # Die fast vollständige **Metabolisierung** erfolgt relativ schnell durch Hydrolyse des Ester-Teils[151]. Pethidin wird im Organismus aber auch zu **Norpethidin** demethyliert und entweder unverändert oder als Norpethidinsäure wieder ausgeschieden.

2387 Als Fertigarzneimittel wird Pethidin-HCl seit langem in Form von Injektionslösungen mit 50 mg (Dolantin Injektionslösung) sowie in Tropfenform mit 50 mg oder als Zäpfchen mit 100 mg Pethidin-HCl (Dolantin) angeboten. Bei **Dolantin** handelt es sich in allen Darreichungsformen um ein **Btm** im Sinne des BtMG 1994. Gleiches gilt für AB-Pethidin HCl 50.

2388 **Indiziert** ist Pethidin u.a. bei mittleren und starken (etwa postoperativen) Schmerzzuständen und Spasmen der glatten Muskulatur, etwa des Magen-Darm-Traktes und der Harnblase, sowie bei Herzinfarkt und zur Unterstützung von Narkosen.

2389 Bei dem zwischenzeitlich vom Markt genommenen Dolantin Spezial handelte es sich um ein **Kombinationspräparat** von Pethidin und Levallorphan[152].

Ebenso war bis Mitte der 90er Jahre Pethidin-HCl in Kombination mit dem Neurolepticum Triflupromazin (ein Phenothiazin) unter dem Warenzeichen Psyquil compositum Injektionslösung, bei dem es sich ebenfalls um ein Btm gehandelt hat, auf dem Markt. Als Antiemeticum enthält das frei rezeptierbare Psyquil jetzt nur noch Triflupromazin.

---

[148] Näher zu den Nebenwirkungen des Morphins 2.1.4, Rdnr. 1137.
[149] Vgl. demgegenüber zur LED_{50} beim Fentanyl 4.4.6, Rdnr. 2475.
[150] Im Gegensatz zu Morphin, vgl. 2.1.4, Rdnr. 1131 f., jedoch insoweit etwa dem Levomethadon vergleichbar: 4.4.5, Rdnr. 2421.
[151] Vgl. etwa auch zur Metabolisierung des Esteralkaloids Cocain: 3.1.4, Rdnr. 1552 und 1563.
[152] Zu diesem Opiatantagonisten vgl. 2.1.3, Rdnr. 1102.

4.4 Starkwirksame Analgetica und Antitussiva

Mit der **morphin-ähnlichen** und damit stark **euphorisierenden** Wirkung des Pethidins bleibt, wenn auch in abgeschwächter Form, bei einem **Missbrauch** die **abhängigkeitserzeugende** Wirksamkeit erhalten[153]. Dolantin gehört demnach nach wie vor zu einem der, wenn auch mittlerweile nicht mehr so häufig missbrauchten, Ausweich- und Beimittel. — 2390

Eine **Dolantin-Sucht** kann sich u.U. bereits nach wenigen Injektionen einstellen, wobei erhebliche **Toleranzsteigerungen** möglich sind: Während die **letale Dosis** bei oraler Aufnahme seitens des nicht Dolantin Gewöhnten mit etwa 1 g Pethidin anzusetzen ist, werden von Abhängigen **Tagesdosen** von 3-4 g und mehr vertragen. — 2391

Das Bild des **Pethidin-Abhängigen** gleicht dem des Morphinisten. Außer bei ausgeprägter Toleranz führen Opiatantagonisten aber regelmäßig nicht zu **Entzugserscheinungen**; diese sind im Vergleich zum Morphinismus auch milder und sollen sich in erster Linie in innerer Unruhe und Schlafstörungen bei gleichzeitiger Müdigkeit und Hungergefühl ausdrücken[154]. — 2392

Während die Morphin-Intoxikation demgegenüber u.a. durch eine Miosis charakterisiert ist[155], kommt es bei einer **Pethidin-Vergiftung** umgekehrt zu einer **Erweiterung der Pupillen**[156], verbunden mit z.T. erheblichen Sehstörungen, wie überhaupt die Vergiftungserscheinungen eher den Symptomen einer **Atropin-Vergiftung**[157] ähneln. Die zentral-nervöse Erregung äußert sich u.a. in Krämpfen, Tremor und Muskelzuckungen. — 2393

Pethidin unterliegt als verkehrs- und verschreibungsfähiges Btm seit Inkrafttreten des BtMG 1982 Anl. III, diese Einordnung gilt weiterhin; besonders ausgenommene Zubereitungen sind nicht zugelassen. — 2394 §

Nach der neu gefassten BtMVV darf der Arzt für seinen Praxisbedarf seit dem 1.2.1998 pro Patient als **Höchstmenge** innerhalb von 30 Tagen neben einem zweiten Btm 10.000 mg Pethidin verschreiben. — 2395 §

Sowohl das Zwischenprodukt **Norpethidin** als auch **N-Derivate** wie Anileridin (INN), Phenoperidin (INN) und Piminodin (INN) werden wie Pethidin verwendet, sind bei uns jedoch so gut wie ungebräuchlich. — 2396 *

Neben Pethidin wurden weitere **Piperidin- und Piperidincarbonsäure-Verbindungen** in die Anlagen zum BtMG 1994 aufgenommen, die in Deutschland bisher weder als selbständige Rauschdrogen noch als Ausweichmittel bekannt geworden sind[158]: In Anl. I gehö- — 2397 §

---

[153] Zu dieser Koppelung vgl. Vorbem. 4.4, Rdnr. 2244.
[154] Zur Abhängigkeit vom Opioid-Typ vgl. 2.1.7, Rdnr. 1286-1315.
[155] Zu den Symptomen einer Morphin-Vergiftung vgl. 2.1.7, Rdnr. 1273.
[156] Vgl. auch 4.4.4, Rdnr. 2384.
[157] Zur Atropin-Vergiftung vgl. 1.2.2.2, Rdnr. 517-523. Zu atropin-artigen Folgen einer Cocain-Intoxikation vgl. 3.1.7, Rdnr. 1665.
[158] Zur Aufnahme von Stoffen in die Anlagen zum BtMG aufgrund internationaler Übereinkommen vgl. auch 4.4.3, Rdnr. 2377.

ren hierzu **Allylprodin** (INN; chem. Bezeichnung (IUPAC): (3-Allyl-1-methyl-4-phenyl-4-piperidylpropionat), ein morphin-ähnlich wirkendes substituiertes Allylpiperidinol), Alphameprodin (INN), Alphaprodin (INN), Anileridin (INN), Benzethidin (INN), Betameprodin (INN), Betaprodin (INN), Etoxeridin (INN), Furethidin (INN), Hydroxypethidin (INN), Morpheridin (INN), Phenoperidin (INN), Piminodin (INN), Properidin (INN) und Trimeperidin (INN). Die meisten dieser Verbindungen wurden aufgrund des Übereinkommens von 1961 in das BtMG aufgenommen.

2398 Soweit Alphaprodin, Anileridin und Trimeperidin ebenso wie Pethidin als Narkoanalge-
§ tica im Sport zu **Doping-Zwecken** verabreicht werden, handelt es sich hierbei unabhängig von der betäubungsmittelrechtlichen Einordnung und einer Verschreibungsfähigkeit seit dem 11.9.1998 um gemäß § 6 a AMG verbotene Doping-Wirkstoffe[159] mit der Folge einer Strafbarkeit gemäß § 95 Abs. 1 Nr. 2 a AMG.

2399 Aus Anl. II zum BtMG 1994 sind zudem anzuführen das Antidiarrhoicum **Difenoxin**
§ (INN) und das **Diphenoxylat** (INN), das mit den Morphin-Rezeptoren in Verbindung tritt und in dem rezeptpflichtigen Magen-Darm-Mittel Reasec enthalten ist; bei beiden Stoffen sind besonders ausgenommene Zubereitungen zugelassen. Letzteres ist demgegenüber nicht der Fall bei dem ebenfalls Anl. II unterstellten industriellen Pethidin-Zwischenprodukt A (**Prepethidin**; chem. Bezeichnung (IUPAC): 1-Methyl-4-phenylpiperidin-4-carbonitril), Pethidin-Zwischenprodukt B (**Norpethidin**; chem. Bezeichnung (IUPAC): Ethyl(4-phenylpiperidin-4-carboxylat) und Pethidin-Zwischenprodukt C (**Pethidinsäure**; chem. Bezeichnung (IUPAC): 1-Methyl-4-phenylpiperidin-4-carbonsäure.

2400 Aufgrund des Übereinkommens von 1988 unterliegt **Piperidin** selbst der **Grundstoff-**
§ **überwachung** nach dem GÜG[160].

2401 Im Zusammenhang mit der zumindest zeitweise offenbar sich ausweitenden Su-
* che nach **vollsynthetischen morphin-ähnlich** wirkenden **Ersatzstoffen** für Heroin[161] wurde erstmals 1982 in den **USA** aufgrund klinischer Befunde[162] bekannt, dass neben MPA die etwa 10- bis 25mal stärker als Pethidin wirkenden **Piperidin-Abkömmlinge Phenethylphenylacetoxypiperidin** (**PEPAP**; chem. Bezeichnung (IUPAC): (1-Phenethyl-4-phenyl-4-piperidyl)acetat) und **Methylphenylpropionoxypiperidin** (**MPPP**; chem. Bezeichnung (IUPAC): (1-Methyl-4-phenyl-4-piperidyl)propionat), als „**synthetisches Heroin**" in „Labs" hergestellt worden waren. Als **Prodine** (Derivate der Piperidin-4-carbonsäure) sind sie ebenfalls vom Pethidin herleitbar; MPPP unterscheidet sich vom Alphaprodin u.a. durch das Fehlen der ringständigen Methylgruppe[163].

---

[159] Näher hierzu: 3.2.4.2, Rdnr. 1800-1806.
[160] Näher zur Grundstoffüberwachung u.a. von Piperidin 4.2.2, Rdnr. 2093.
[161] Vgl. hierzu auch Vorbem. 1.2.4, Rdnr. 795, sowie beim Fentanyl 4.4.6, Rdnr. 2479.
[162] Zum drug design heroin-artiger Rauschdrogen vgl. auch 2.1.2, Rdnr. 1058-1060.
[163] Zur Strukturformel des MPPP vgl. 4.4.4, Rdnr. 2380.

4.4 Starkwirksame Analgetica und Antitussiva

Bei **MPPP** handelt es sich um ein weißes Pulver, das ähnlich Heroin injiziert, gesnifft **2402** oder geraucht werden kann. Infolge unsachgemäßer **Synthese**[164] war hierbei gleichzeitig * das **Neurotoxin Methylphenyltetrahydropyridin** (**MPTP**; chem. Bezeichnung (IUPAC): # 1-Methyl-4-phenyl-1,2,3,6-tetrahydropyridin oder: 1,2,3,6-Tetrahydro-l-methyl-4-phenylpyridin) bzw. **Phenethylphenyltetrahydropyridin** (**PEPAP**; chem. Bezeichnung (IUPAC): 1-Phenethyl-4-phenyl-1,2,3,6-tetrahydropyridin oder: 1,2,3,6-Tetrahydro-l-phenethyl-4-phenylpyridin) entstanden. **MPTP** wirkt auf **dopaminerge** Strukturen, insbesondere auf die Substantia nigra im Mittelhirn, **zerstörend** ein, indem es mittels eines Transportsystems für Dopamin durch die Membran in die Zelle gelangt und dort die Energiebereitstellung blockiert. Da es vom Körper nicht abbaubar ist, setzt sich MPTP im Gehirn **depotbildend** fest. Es führt bei den Konsumenten zu (irreversiblen) Symptomen der **Parkinson'schen Krankheit**[165] mit Muskelkrämpfen und Taubheit der Extremitäten bis zur lähmenden Starre u.a. einschließlich der Degeneration der Basalganglien mit der Folge von Bewegungskoordinationsstörungen und Dopamin-Abbau.

Seitdem gibt es immer wieder Berichte, die darauf schließen lassen, dass, teilweise mit **2403** MPTP versetztes, **MPPP** bzw. **PEPAP** und verwandte Verbindungen im Straßenhandel „angetestet" werden – etwa 10 Pethidin-Abkömmlinge haben ein vergleichbares Wirkungsspektrum. Hierbei führt offenbar auch **MPPP** selbst, auch noch bei sehr jungen Menschen, zur Ausbildung der Symptome der **Parkinson'schen Krankheit**.

Aufgrund der 3. BtMÄndV wurden daher mit Wirkung ab dem 15.4.1991 **2404** **MPPP** und **PEPAP**, aufgrund der 4. BtMÄndV mit Wirkung ab dem 13.1.1993 § auch **MPTP** und **PEPTP**, Anl. I zum BtMG unterstellt.

Das an der Ethoxycarbonyl-Gruppe modifizierte **Pethidin-Derivat Cetobemi- 2405** **don** (INN; syn. Ketobemidon; chem. Bezeichnung (IUPAC): 1-[4-(3-Hydroxy- * phenyl)-1-methyl-4-piperidyl]propan-1-on)[166] ist gegenüber Pethidin etwa 30mal stärker wirksam, auch **analgetisch**.

Bereits eine Injektion von 7,5 mg wirkt stark schmerzstillend. Dagegen fehlen **2406** dem Cetobemidon die bei Pethidin ausgeprägten spasmolytischen Eigenschaften. Entsprechend der größeren analgetischen Potenz des Cetobemidons ist auch die Gefahr einer **Abhängigkeitsausbildung** vom **Opioid-Typ** im Verhältnis zum Pethidin größer[167]. Es kommt u.a. zu Störungen der Konzentrations- und Merkfähigkeit, Potenz und Libido gehen zurück. Die Entzugserscheinungen sollen den bei Pethidin auftretenden gleichen.

Cetobemidon-HCl wurde unter dem Warenzeichen Cliradon als **Narkoanalgeticum 2407** vertrieben. Da das addiktive Potential groß, Vorteile gegenüber anderen starkwirksamen Analgetica jedoch nicht gegeben waren, wurde dieses Arzneimittel Mitte der 1980er Jahre vom Markt genommen.

---

[164] Vgl. auch zu Syntheserückständen im Amfetamin 3.2.4.2, Rdnr. 1809.
[165] Vgl. hierzu beim Cocain 3.1.7, Rdnr. 1682, sowie zum Dopamin-Mangel 3.1.4, Rdnr. 1569.
[166] Zur Strukturformel des Cetobemidons vgl. 4.4.4, Rdnr. 2380.
[167] Zur Pethidin-Abhängigkeit vgl. oben 4.4.4, Rdnr. 2390-2393.

2408 Mit Inkrafttreten des BtMG 1982 war **Cetobemidon** zunächst als verschrei-
§ bungsfähiges Btm in Anl. III Teil A aufgenommen worden. Aufgrund der 1.
BtMÄndV wurde es mit Wirkung ab dem 1.9.1984 als nicht verschreibungsfähiges Btm Anl. II unterstellt; dies gilt auch weiterhin. Besonders ausgenommene
Zubereitungen sind nicht zugelassen.

2409 Als **Piperidin-Abkömmling** ist schließlich auf das 1960 synthetisierte **Narko-**
* **analgeticum Piritramid** (INN; chem. Bezeichnung (IUPAC): 1'-(3-Cyan-3,3-di-
phenylpropyl[1,4'-bipiperidin]4'-carboxamid) einzugehen, bei dem es sich ebenfalls um ein Btm vom Morphin-Typ mit etwa 3facher Morphin-Wirksamkeit bei
etwa gleicher Wirkungsdauer handelt.

Als niedrigste ED_{50} werden bei Piritramid 1,3 mg/kg KG angegeben, als LD_{50} 13 mg/kg
KG.

2410 Piritramid ist nach wie vor in dem Schmerzmittel **Dipidolor** enthalten, das als
Injektionslösung i.v./i.m. bei schweren und schwersten Schmerzzuständen indiziert ist und bei dem es sich um ein **Btm** im Sinne des BtMG 1994 handelt.

2411 Dipidolor beinhaltet ein **Euphorisierungs-** und damit **Abhängigkeitspotential** bei Toleranzentwicklung und Entzugserscheinungen nach einem Absetzen bzw. Ersetzen durch
ein weniger wirksames Opioid oder Gabe von Opiatantagonisten. Die **atemdepressive** Wirkung des Dipidolor kann mit Opiatantagonisten wie Lorfan oder Narcanti aufgehoben werden[168]. Von der Kombination mit anderen Narkoanalgetica wird abgeraten; durch **Pentazocin** werden z.T. Dipidolor-Wirkungen, wie die Analgesie, **antagonisiert**.

Ein **Dipidolor-Missbrauch** ist bei uns nur sporadisch bekannt geworden.

2412 **Piritramid** ist seit Inkrafttreten des BtMG 1982 als verkehrs- und verschrei-
§ bungsfähiges Btm Anl. III unterstellt, diese Einordnung gilt weiterhin; besonders
ausgenommene Zubereitungen sind nicht zugelassen.

2413 Nach der neu gefassten BtMVV darf der Arzt für seinen Praxisbedarf seit dem 1.2.1998
§ pro Patient als **Höchstmenge** innerhalb von 30 Tagen neben einem zweiten Btm 6.000 mg
Piritramid verschreiben.

4.4.5 Methadon-Gruppe

2414 Neben den morphin-artigen Analgetica vom Pethidin-Typ bilden derzeit Derivate
* des **3,3-Diphenylpropylamins** die zweite wichtige Gruppe vollsynthetischer **Narkoanalgetica**[169].

---

[168] Zum Naloxon vgl. 2.1.3, Rdnr. 1102.
[169] Vgl. auch zu dem Begriff „Opioide" 2.1.2, Rdnr. 1058 FN 128, und 2.1.3, Rdnr. 1146.

4.4 Starkwirksame Analgetica und Antitussiva

Hauptvertreter dieser etwa 200 Abkömmlinge umfassenden Gruppe ist das **D,L-** bzw. **RS-Methadon** (INNv; engl. Methadone; chem. Bezeichnung (IUPAC): (RS)-6-Dimethylamino-4,4-diphenyl-heptan-3on);

2415
*

Strukturformeln:

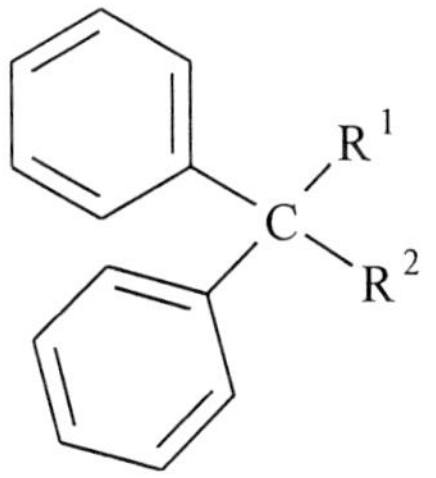

	R^1	R^2
Methadon	$-\underset{H_2}{C}-\underset{\underset{CH_3}{|}}{\overset{H}{C}}-N\overset{CH_3}{\underset{CH_3}{\diagdown}}$	$-\underset{H_2}{C}-\underset{\|}{\overset{\|}{C}}-CH_3$ $\quad\quad O$
Normethadon	$-\underset{H_2}{C}-\underset{H_2}{C}-N\overset{CH_3}{\underset{CH_3}{\diagdown}}$	$-\underset{H_2}{C}-\underset{\|}{\overset{\|}{C}}-CH_3$ $\quad\quad O$
Dextromoramid	$-\underset{\underset{CH_3}{\|}}{\overset{H}{C}}-\underset{H_2}{C}-N\diagup\!\diagdown O$	$-\underset{\|}{\overset{\|}{C}}-N\diagup\!\diagdown$ $\;O$

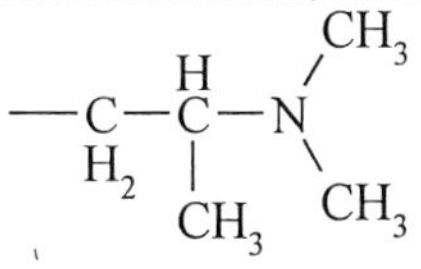

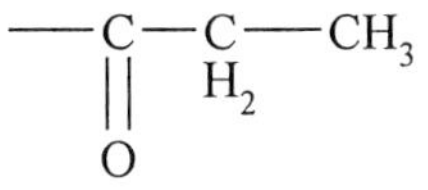

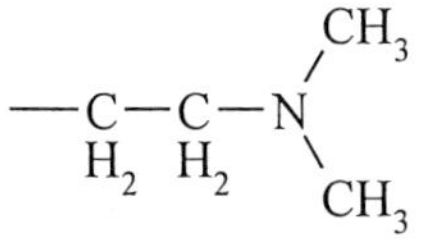

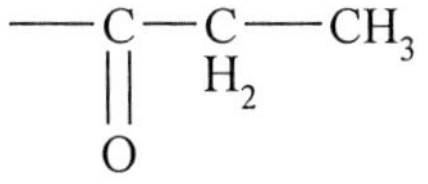

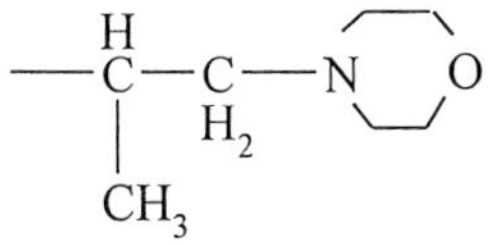

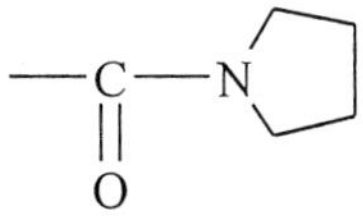

Wesentlich scheinen hier neben der vom zentralen C-Atom zum N-Atom verlaufenden Kette[170] die beiden **aromatischen Ringe** zu sein, deren Substitution die **analgetische** Aktivität von Verbindungen der Methadon-Gruppe negativ beeinflusst.

2416
*

Eine Modifikation der verbindenden Alkylkette führt im Falle des **Isomethadons** (INN) demgegenüber zu einer nur geringen Abschwächung der analgetischen Wirksamkeit bzw. beim **Normethadon** (INN) zu einer besseren **antitussiven** Wirkung[171].

2417
*

Neben D,L-Methadon ist **Levomethadon** (INN; L- bzw. R-Methadon; chem. Bezeichnung (IUPAC): lCH-6-Dimethylamino-4,4-diphenyl-3-on), das linksdre-

2418
*

---

[170] Vgl. auch zu den Strukturmerkmalen des Pethidins 4.4.4, Rdnr. 2382, und des Morphins 2.1.3, Rdnr. 1078, sowie 2.1.4, Rdnr. 1165.
[171] Zu Modifikationen der Grundstruktur bei den Morphin-Derivaten und Veränderungen des Morphin-Wirkungsspektrums vgl. Vorbem. 4.4, Rdnr. 2245-2247.

hende Isomer des Methadons und die pharmakologisch **allein wirksame** Struktur, medizinisch bei uns von Bedeutung.

2419 **L-Methadon** wurde 1941 durch Brockmühl und Erhardt von der Fa. Hoechst auf Befehl einer Abteilung der Wehrmacht als **Morphin-Ersatz**[172] synthetisiert und vor allem bei akuten, chronischen und postoperativen Schmerzen eingesetzt.

2420 **Methadon-Abhängige**, die als Folge des 2. **Weltkrieges** bis zu Beginn der 50er Jahre in Deutschland anzutreffen waren[173], wurden als „**Polamidonisten**" bezeichnet. L-Methadon (Polamidon) stand 1954 in der Verbreitung von Drogen an 2. Stelle hinter dem Morphin. 1963 wurde Methadon in den **USA** erstmals im Rahmen der **Entzugsbehandlung Heroin-Abhängiger** erprobt.

2421
Während das **Racemat** etwa doppelt so stark wirkt, ist **L-Methadon** etwa 4fach **analgetisch wirksamer** als Morphin. Im Gegensatz zu Morphin[174] sind beide auch **oral** gut applizierbar bei gleichzeitiger hoher **Bioverfügbarkeit** (fast vollständige Aufnahme aus dem Magen-Darm-Trakt in den Blutkreislauf).

Als niedrigste ED_{50} werden bei Methadon 0,8 mg/kg KG (gegenüber 6,2 mg/kg bei Pethidin und 3,2 mg/kg KG bei Morphin) angegeben[175], als LD_{50} 9,4 mg/kg KG.

2422 Die **Nebenwirkungen** wie Sedierung, Miosis, Atemdepression und Erbrechen[176] sind, werden vergleichbare Dosen zugrundegelegt, bei Methadon und L-Methadon weniger stark ausgeprägt, bei hoher Dosierung allerdings erheblich.

2423 Hieraus ergibt sich für L- und D,L-Methadon neben einer **therapeutischen** Anwendbarkeit etwa bei spastischen und chronischen Schmerzen, Tumoren, Nervenentzündungen und Wundstarrkrampf sowie zur Operationsvorbereitung auch eine Verwendbarkeit zur **Unterdrückung** von **Abstinenzerscheinungen** bei Heroin-Abhängigen[177], wobei die Wirkung infolge hoher Bindungskapazität für menschliches Eiweiß etwa 4mal so lang wie die des Morphins anhält.

2424 In **Deutschland** war bis Januar 1994 allein das **L-Methadon-HCl** auf dem Markt. Unter dem Warenzeichen **L-Polamidon Hoechst** (früher in Kombination mit Fenpipramid[178] auch als L-Polamidon C Hoechst) wurde und wird es mit 2,5-5 mg L-Methadon in Tropfenform und als Injektionslösung angeboten. Bei L-Pola-

---

[172] Zur Verwendung von Morphin im Krieg vgl. 2.1.2, Rdnr. 986.
[173] Zum Pervitin-Missbrauch als Folge des 2. Weltkrieges vgl. 3.2.4.2, Rdnr. 1796 f. und 1817.
[174] Insoweit dem Pethidin vergleichbar: 4.4.4, Rdnr. 2384.
[175] Vgl. demgegenüber zur niedrigsten ED_{50} beim Fentanyl 4.4.6, Rdnr. 2475.
[176] Zu den Morphin-Nebenwirkungen vgl. 2.1.4, Rdnr. 1137. Zu den sich daraus ergebenden Grenzen einer Substitution mit Methadon vgl. 2.1.7, Rdnr. 1323.
[177] Näher zur Opioidsubstitution mit (Levo-)Methadon 2.1.7, Rdnr. 1317-1331.
[178] Bei Fenpipramid (INN) handelt es sich um ein atropin-artig wirkendes Spasmolyticum und Anticholinergicum.

midon (L-Polamidonlösung zur Substitution) handelt es sich in allen Darreichungsformen um ein **Btm** im Sinne des BtMG 1994.

Aufgrund der 4. BtMÄndV wurde mit Wirkung ab dem 23.1.1993 in § 2 a BtMVV erstmals die **Substitutionsbehandlung** mit L-Methadon bei Heroin-Abhängigkeit geregelt.

2425 §

Seit dem 1.2.1994 wird von der Fa. Hoechst zudem das kostengünstiger herstellbare **D,L-Methadon-HCl** zur Substitutionstherapie Drogenabhängiger angeboten, z.Zt unter dem Warenzeichen **Methaddict 5/-10/-40** in Tablettenform als **Btm** ausschließlich zur Opiat- bzw. Opioidsubstitution.

2426 §

Dem lag die Neufassung des § 2 a BtMVV aufgrund der 5. BtMÄndV mit Wirkung ab dem 1.2.1994 zugrunde, wonach neben L-Methadon auch das Racemat rezeptierbar ist. Die Voraussetzungen einer **Verschreibung** zur **Substitution** sind nunmehr in § 5 der zuletzt durch die 15. BtMÄndV geänderten BtMVV zusammengefasst[179].

2427 §

Die **therapeutische Einzeldosis** beträgt bei oraler Gabe von L-Polamidon bis zu 7,5 mg. Eine Blockierung (Absättigung) der **µ-Rezeptoren** erfordert nach einer Initialdosis von 30-40 mg D,L-Methadon bzw. 10-20 mg L-Polamidon eine tägliche **Erhaltungsdosis** von 60-120 mg D,L-Methadon bzw. 30-60 mg L-Polamidon oral. Bei Substitution Heroin-Abhängiger kann aber auch eine Einstellung auf eine **Tagesdosis** von 300 mg D,L-Methadon und mehr erfolgen[180].

2428

Levomethadon hat gegenüber der durchschnittlich nur 4-stündigen **Wirkungsdauer** des Heroins[181] bei oraler Aufnahme eine Wirkungsdauer von 24-36 h; die starken Stimmungsschwankungen, wie sie nach Heroin-Konsum auftreten können, werden hierbei weitgehend vermieden. Die **HWZ** liegt zwischen 15 und 60 h, der **Abbau** erfolgt über eine N-Demethylierung (mit Adenosylmethionin) als Phase-II-Reaktion.

2429 #

Da **L-Methadon** zu einem im Vergleich zum Heroin-„rush"[182] nur relativ milden, mit einem Gefühl der Gleichgültigkeit und Abgeschirmtheit verbundenen „high" verhilft, **injiziert** es der **Abhängige**, der sich des D,L- bzw. L-Methadons als Ausweichmittel bedient, i.v. und nimmt daneben meist noch andere Ausweich- bzw. Beimittel wie **Benzodiazepine**, vornehmlich Rohypnol[183], oder, sobald sich ihm wieder die Möglichkeit bietet, **Heroin**. Zudem soll **Methadon** mit **Cocain**

2430

---

[179] Zu den Voraussetzungen einer ambulanten Substitutionstherapie vgl. 2.1.7, Rdnr. 1331. Von den Wirkstoffen der Methadon-Gruppe sind nach § 5 Abs. 4 BtMVV als Substitutionsmittel derzeit allein Zubereitungen von Levomethadon, Methadon und Levacetylmethadol (zu letzterem vgl. 4.4.5, Rdnr. 2439) zugelassen.

[180] Zur verschreibungsfähigen Höchstmenge vgl. 4.4.5, Rdnr. 2445.

[181] Zur Wirkungsdauer von Morphin und Heroin vgl. 2.1.4, Rdnr. 1125; vgl. hierzu auch 2.1.7, Rdnr. 1319.

[182] Zum Heroin-„rush" vgl. 2.1.7, Rdnr. 1126. Vgl. auch zum Codein 4.4.2.1, Rdnr. 2286.

[183] Zu Methadon-Kombinationen mit Rohypnol vgl. 4.3.4, Rdnr. 2222 und 2226.

„gefixt" einen besonders guten „flash" ergeben[184]. Angesichts des offenbar verbreiteten **Beigebrauchs** von Heroin, Cocain und Tranquilizern ist fraglich geworden, ob die **Zielsetzung** einer Blockade des „Heroin-Hungers" mittels Methadon **erreicht** werden kann.

2431   Aber auch in Verbindung mit **Alkohol** scheint Methadon zu einem eigenständigen, dem Heroin-Rausch vergleichbaren Zustand zu verhelfen, so dass bei einem **Methadon-Missbrauch** zusätzlich die Gefahr des Alkoholismus mit dem Risiko tödlicher Überdosierung gegeben ist. Dem nicht seltenen Alkohol-Beigebrauch kann mit **Distraneurin**[185], gegebenenfalls aber auch durch Kombination der Methadon-Gabe mit einer geringen **DHC-Menge**[186] begegnet werden.

2432   Bis Anfang der 90er Jahre wurde Methadon zumeist in den Niederlanden (unter dem Warenzeichen Symoron) erworben und **illegal** nach Deutschland eingeführt, wo es als Ausweichmittel auf dem Drogenmarkt vertrieben[187] und, im Gegensatz zur oralen Substitutionsbehandlung mit Methadon, regelmäßig i.v. injiziert wurde. Ende der 90er Jahre schien ein erheblicher Teil der sog. „**Drogentoten**"[188] auf Vergiftungsfälle mit Methadon zurückzuführen zu sein, das hier offenbar Abhängigen zu eigenverantwortlicher Einnahme überlassen („**Take-home-Dosen**")[189] und von ihnen auf dem illegalen Drogenmarkt veräußert worden war[190], seitdem die Vergabe nicht mehr zentral kontrolliert wurde. Aufgrund des 3. BtMÄndG vom 28.3.2000 wurde als Konsequenz hieraus eine Verordnungsermächtigung der Bundesregierung in das BtMG aufgenommen, eine bundesweite Registrierung von Methadon-Substituierten in anonymisierter Form zur Vermeidung von Mehrfachverschreibungen einzuführen. Dies erfolgte durch Einfügung eines § 5 a BtMVV mit der 15. BtMÄndV. Mit Wirkung ab dem 1.7.2002 ist danach ein vom BfArM zu führendes **Substitutionsregister** vorgeschrieben, das den Schwarzmarkthandel mit von verschiedenen Ärzten verschriebenen Substitutionsmitteln verhindern soll. Zudem sind methadon- bzw. l-methadon-haltige FAM bei Take-home-Verschreibung in eine **nicht injizierbare** Apothekenrezeptur zu überführen.

2433   Als **KE** zu **Rauschzwecken** ist von durchschnittlich 5 mg i.v. auszugehen. Unter Zu§   grundelegung von 150 KE (wobei auf das racematische Gemisch abgestellt wurde, das nur zur Hälfte die psychoaktive L-Form aufweist) zu 10 mg i.v. kam eine Empfehlung der Toxikologen des Bundes und der Länder zu einer „**nicht geringen Menge**" im Sinne u.a. der §§ 29 a Abs. 1 Nr. 2, 30 Abs. 1 Nr. 4, 30 a Abs. 1 BtMG 1994[191] von 1,5 g (als Hydrochlorid, Racemat). Im Hinblick auf die bei oraler Applikation geringere Wirksamkeit dürfte die Grenze im Vergleich mit Morphin und Heroin eher ab 3 g Methadon-HCl anzusetzen sein.

---

[184] Zum Beigebrauch von u.a. Cocain bei Heroin-Substitution mit Methadon vgl. 2.1.7, Rdnr. 1321 f. Vgl. auch zum „Cocktail" mit „Crack" 3.1.7, Rdnr. 1630.
[185] Zum Distraneurin vgl. 4.3.2, Rdnr. 2150-2154.
[186] Zum Dihydrocodein vgl. 4.4.2.2, Rdnr. 2297-2305.
[187] Zur Heroin-Beschaffung in den Niederlanden vgl. 2.1.2, Rdnr. 1046.
[188] Vgl. hierzu 2.1.2, Rdnr. 1051 f.
[189] Zu „Take-home-Dosen" und Mehrfachsubstitution vgl. 2.1.7, Rdnr. 1330.
[190] Die Zahl der Substituierten an den Methadon-Todesfällen schien allerdings gering zu sein, ebenso eine Heroin-Methadon-Mischintoxikation als Todesursache.
[191] Zur „nicht geringen Menge" Morphin- und Heroin-HCl vgl. 2.1.6, Rdnr. 1240-1245.

4.4 Starkwirksame Analgetica und Antitussiva

Die **Toxizität** des **L-Methadons** ist aufgrund von Tierversuchen mindestens doppelt so hoch wie die des **D,L-Methadons** einzustufen; die des D,L-Methadons wird um das 5- bis 20fache höher als die des Morphins[192] eingeschätzt. Als **äußerst gefährliche Dosis** ist von 20 mg L-Methadon i.v. auszugehen. Eine Überdosierung kann, wie auch bei anderen Opioiden und zentral-dämpfenden Fremdstoffen, zur **Atemlähmung** führen, insbesondere bei **Kombination** mit ebenfalls atemdepressiv wirkenden **BD**[193] wie Rohypnol. 2434

Infolge hoher **Unverträglichkeit** insbesondere zu **Alkohol** sowie Beruhigungs-, Schlaf- und anderen Schmerzmitteln kann es zu **Summierungseffekten**[194] mit u.U. **tödlichem** Ausgang kommen. 2435

Während jedenfalls bei langzeitiger **Substitution** mit Methadon eine **Fahrunsicherheit** nicht gegeben zu sein scheint, ist von einer solchen bei der häufig gegebenen **Kombination** insbesondere mit **Alkohol** und/oder **BD** mit Sicherheit auszugehen.

Eine Gewöhnung soll sich bei Methadon und Levomethadon zwar im Verhältnis zu Morphin und Heroin[195] langsamer einstellen und auch das **Abhängigkeitspotential** geringer sein, eine **Methadon-Abhängigkeit**, die der vom **Opioid-Typ** zuzurechnen ist, soll jedoch schwerer als eine Heroin-Abhängigkeit zu behandeln sein und der Entzug länger dauern[196]. Die **Entzugserscheinungen** gleichen mit Muskelkrämpfen, Spasmen, Bauchschmerzen sowie u.a. Erbrechen und Wärme-Kälteschauern den Symptomen des Heroin-Entzuges. Längere Methadon-Einnahme kann bei Schwangeren, auch im Rahmen von Substitutionsprogrammen, Auswirkungen auf den **Fetus** haben. Als **Rückfallprophylaxe-Medikament** bzw. im Rahmen eines sog. „Turbo-Entzuges" ist **Naltrexon** auch bei einer Methadon-Abhängigkeit einsetzbar[197]. 2436

Im Verhältnis zum Missbrauch des Fertigarzneimittels L-Polamidon bzw. anderer methadon-haltiger Medikamente ist der Vertrieb und der Konsum von in **illegalen „Labs" hergestelltem „Polamidon"** („Po")[198] selten. Dieses illegal hergestellte Polamidon kommt mit unterschiedlicher, meist geringer Levomethadon-Konzentration auf den Drogenmarkt. Gleichwohl beinhalten diese, auch bei uns zuweilen in kg-Mengen hergestellten Präparate, ein erhebliches Gesundheitsrisiko für den Konsumenten[199]. 2437

---

[192] Zur Toxizität des Morphins vgl. 2.1.7, Rdnr. 1274-1276.
[193] Zu den zentral-dämpfenden BD-Wirkungen vgl. 4.3.4, Rdnr. 2229, zu Mischintoxikationen Rdnr. 2222 und 2226.
[194] Zur Verstärkung der Morphin-Wirkung vgl. 2.1.3, Rdnr. 1085, sowie bei den Barbituraten 4.1, Rdnr. 2020.
[195] Zur Abhängigkeitsausbildung beim Heroin vgl. 2.1.7, Rdnr. 1291 f.
[196] Zum Heroin-Entzug vgl. 2.1.7, Rdnr. 1308-1315, insbesondere zur Dauer Rdnr. 1313.
[197] Zu diesem μ-Opioidrezeptor-Antagonisten näher 2.1.3, Rdnr. 1109 f., und 2.1.7, Rdnr. 1332 f. und 1349 f.
[198] Vgl. etwa auch zur illegalen Captagon-Herstellung 3.2.4.2, Rdnr. 1817.
[199] Vgl. z.B. auch zu den Synthetisierungsrückständen beim Amfetamin 3.2.4.2, Rdnr. 1809.

2438 Mit **immunologischen Screeningverfahren**[200] ist wie bei den Opiaten auch der Nachweis von Methadon im Harn möglich. Die **Nachweisbarkeitsdauer** im Blut ist wegen der unterschiedlichen Kinetik schwer abschätzbar, die Nachweisbarkeitsdauer im Harn beträgt bis etwa 3 h.

2439 Um u.a. eine **tägliche** Methadon-Abgabe im Rahmen einer **Substitution** zu
  * vermeiden, wird seit einiger Zeit nach Medikamenten gesucht, die aufgrund einer
  § **höheren HWZ** eine längerfristige Wirkung zeigen. Hierzu gehört das zur Methadon-Gruppe zählende **Acetylmethadol** (INN; chem. Bezeichnung (IUPAC): (6-Dimethylamino-4,4-diphenylheptan-3-yl)acetat oder: 1-Ethyl-4-dimethylamino-2,2-diphenylpentylacetat), mit dessen Hilfe aufgrund einer einzigen Dosis eine „Stabilisierung" über 2-3 d[201] erreicht werden soll. Gemeinsam mit **Alphacetylmethadol** (INN; chem. Bezeichnung (IUPAC): [(3R,6R)-6-Dimethylamino-4,4-diphenylheptan-3-yl]acetat) handelt es sich hierbei jedoch nach wie vor um kein verschreibungsfähiges Btm.

Etwas anderes gilt für das verwandte **Levacetylmethadol** (INN; abgekürzt **LAAM**; syn. L-Acetylmethadol oder Levomethadylacetat; chem. Bezeichnung (IUPAC): [(3S,6S)-6-Dimethylamino-4,4-diphenylheptan-3-yl]acetat), das seit 1993 in den USA und mit der 15. BtMändV auch in Deutschland als **3. Substitutionsmittel** der Methadon-Gruppe zugelassen ist. Bei LAAM handelt es sich um einen synthetischen **µ-Agonisten**[202], der bei oraler Gabe nach 2-4 h wirkt, geringe Wirkungsschwankungen aufweist und infolge seiner ebenfalls pharmakologisch wirksamen Hauptmetaboliten **mehrere Tage** wirksam ist[203]. Hinzu kommt, dass LAAM offenbar infolge einer gegenüber Methadon besseren Hemmung der Heroin-Wirkung und fehlender Euphorisierungskomponente zu einer Reduzierung des Beigebrauchs[204] führt. Wegen des verzögerten Wirkungseintritts bei LAAM kann es allerdings zu gefährlichen **Mischintoxikationen** kommen, wenn während der LAAM-Anflutungsphase weitere Opioide oder andere psychotrope Substanzen eingenommen werden. LAAM dürfte sich daher kaum für Take-home-Dosen eignen, erscheint jedoch auch wegen seiner **guten Verträglichkeit** geeignet, Methadon als Substitutionsmittel zumindest teilweise zu ersetzen. Wegen möglicher **Nebenwirkungen** wurde allerdings von der europäischen Arzneimittelagentur die **Zulassung** für das entsprechende FAM **Orlaam 500 ml Lösung (Btm) widerrufen.**

2440 Das ebenfalls zur Methadon-Gruppe gehörende **Normethadon** (INN; chem. Be-
  * zeichnung (IUPAC): 6-Dimethylamino-4,4-diphenylhexan-3on) war in Deutsch-

---

[200] Näher zu den immunologischen Bestimmungsmethoden 2.1.6, Rdnr. 1248-1260, insbes. Rdnr. 1253.
[201] Zur Dauer der Methadon-Wirkung vgl. 4.4.5, Rdnr. 2429.
[202] Zur µ-Rezeptorbesetzung durch Methadon vgl. 2.1.7, Rdnr. 1319.
[203] Mit der Gefahr einer Kumulation allerdings bei häufigerer Einnahme.
[204] Zum Beigebrauch bei Substitution mit Methadon vgl. 2.1.7, Rdnr. 1321-1324.

4.4 Starkwirksame Analgetica und Antitussiva

land bis Anfang der 1990er Jahre als zentralwirksames **Antitussivum** auf dem Markt[205].

Normethadon-HCl (10 mg) war in dem Kombinationspräparat Ticarda enthalten, das in Tropfenform bei Reiz- und Krampfhusten angewandt wurde; bei diesem FAM handelte es sich um ein Btm im Sinne des BtMG 1982.   **2441**

Bereits die therapeutische Dosis Normethadon kann **euphorisierend** wirken. Die **Entzugserscheinungen** nach längerem Missbrauch sollen mit vegetativen Nebenwirkungen, Muskel- und Gelenkschmerzen, Schwitzen, Durchfall und innerer Unruhe denen des Polamidon-Entzuges[206] ähneln.   **2442**

Bei **Methadon, Isomethadon** und dem Methadon-Zwischenprodukt (**Premethadon**; chem. Bezeichnung (IUPAC): 4-Dimethylamino-2,2-diphenylpentannitril) handelte es sich nach Anl. II zum BtMG 1982 zunächst um nicht verschreibungsfähige Btm. Während dies für Isomethadon und Premethadon weiterhin gilt, wurde mit der 5. BtMÄndV mit Wirkung ab dem 1.2.1994 **Methadon** aus Anl. II herausgenommen und als verschreibungsfähiges Btm Anl. III unterstellt; besonders ausgenommene Zubereitungen sind nicht zugelassen. Aufgrund der 15. BtMÄndV wurde ab dem 1.7.2001 zudem das bei uns bedeutungslose **Dextromethadon** in Anl. II aufgenommen.   **2443 §**

Bei **Levomethadon** und **Normethadon** handelt es sich nach wie vor ebenfalls nach Anl. III zum BtMG 1994 um verkehrs- und verschreibungsfähige Btm ohne Zulassung besonders ausgenommener Zubereitungen. Gleiches gilt für das aufgrund der 10. BtMÄndV mit Wirkung ab dem 1.2.1998 neu in Anl. III aufgenommene **Levacetylmethadol (LAAM)**.   **2444 §**

Nach der neu gefassten BtMVV darf der Arzt für seinen Praxisbedarf für einen Patienten innerhalb von 30 Tagen neben einem zweiten Btm folgende **Höchstmengen** verschreiben: 3.000 mg Methadon, 1.500 mg Levomethadon und 2.000 mg Levacetylmethadol.   **2445 §**

Werden Methadon und verwandte Verbindungen allerdings im Sport zu **Doping-Zwecken** verabreicht, handelt es sich hierbei unabhängig von der betäubungsmittelrechtlichen Einordnung und einer Verschreibungsfähigkeit seit dem 11.9.1998 um gemäß § 6 a AMG verbotene Doping-Wirkstoffe[207] mit der Folge einer Strafbarkeit nach § 95 Abs. 1 Nr. 2 a AMG.   **2446 §**

Auch für die Methadon-Gruppe gilt schließlich, dass aufgrund des **Einheits-Übereinkommens** in Anl. I (nicht verkehrsfähige Btm) zum BtMG 1994 eine Reihe von bei uns praktisch bedeutungslosen Abkömmlingen Aufnahme gefunden hat[208], von denen die bereits erwähnten **Acetylmethadol** (INN) und **Alphacetylmethadol** (INN) neben Alphame-   **2447 §**

---

[205] Zur Strukturformel des Normethadons vgl. 4.4.5, Rdnr. 2415.
[206] Zur Polamidon-Abhängigkeit vgl. 4.4.5, Rdnr. 2420 und 2436.
[207] Näher hierzu 3.2.4.2, Rdnr. 1800-1806.
[208] Zur Aufnahme in die Anlagen zum BtMG vgl. 4.4.3, Rdnr. 2377.

thadol (INN), Betamethadol (INN), Betacetylmethadol (INN), Dimepheptanol (INN), Methadol, Noracymethadol (INN), Norpipanon (INN) und Phenadoxon (INN) zu nennen sind.

2448 Bei Austausch der Propanyl-Gruppe des Methadons[209] mit einer **Carbonsäure-**
* **amid-Struktur** ergibt sich das ebenfalls zur Methadon-Gruppe zu zählende, bereits 1965 entdeckte **Narkoanalgeticum** mit opiatantagonistischen Eigenschaften **Dextromoramid** (INN; chem. Bezeichnung (IUPAC): (S)-3-Methyl-4-morpholino-2,2-diphenyl-1-(pyrrolidin-1-yl)butan-1-on).

2449 Im Falle des Dextromoramids ist ausnahmsweise der **rechtsdrehende** Antipode
* der Racematform (**Racemoramid**, INN) stärker **analgetisch** wirksam[210]. Im Vergleich mit Morphin ist die analgetische Wirksamkeit etwa 30mal höher; Dextromoramid weist zudem **antitussive** und sedierende Komponenten auf.

2450 Als niedrigste ED_{50} wurden 0,1 mg/kg KG für Dextromoramid im Vergleich zu 0,8 mg/kg KG für Methadon, 3,2 mg/kg KG für Morphin und 6,2 mg/kg für Pethidin gefunden[211]. Als LD_{50} ist von 10 mg/kg KG Dextromoramid auszugehen

2451 In seiner Hydrogentartratform wurde Dextromoramid, dessen **medizinische** Bedeutung bereits in den 1980er Jahren erheblich zurückgegangen war, bis Anfang der 90er Jahre als Tablette mit 6,9 mg des Wirkstoffes unter dem Warenzeichen Jetrium (zuvor auch Palfium) angeboten; bei diesen FAM handelte es sich um Btm im Sinne des BtMG 1982.

2452 Therapeutisch indiziert war Jetrium in **Einzeldosen** von 5-7 mg u.a. bei Tumoren, nach Operationen, bei Unfallschmerzen, Nervenentzündungen und starken, krampfartigen Herzschmerzen.

Auch bei Dextromoramid können als **Nebenwirkungen** Atemdepression, Lungenödeme sowie eine Verlangsamung der Herzschlagfrequenz und Blutdruckabfall auftreten. Bei einer Atemdepression infolge Überdosierung war als **Antidot** Lorfan[212] einsetzbar.

2453 Das **Abhängigkeitspotential** von Dextromoramid soll trotz der größeren analgetischen Wirksamkeit gleichwohl geringer als das des Morphins sein; die Abhängigkeit entspricht der vom **Opioid-Typ**[213], die Entzugserscheinungen sind vergleichbar.

2454 Bei **Dextromoramid** handelte es sich zunächst nach Anl. III Teil A zum BtMG
§ 1982 um ein verschreibungsfähiges Btm. Aufgrund der 4. BtMÄndV wurde es ab dem 23.1.1993 aus Anl. III herausgenommen und als nicht verschreibungsfähiges Btm, ohne Zulassung besonders ausgenommener Zubereitungen, Anl. II unterstellt. Diese Einordnung gilt weiterhin.

---

[209] Zur Strukturformel des Dextromoramids vgl. 4.4.5, Rdnr. 2415.
[210] Sonst ist im allgemeinen das linksdrehende Isomer wirksamer, vgl. beim Morphin 2.1.3, Rdnr. 1066 mit Hinweisen in FN 141.
[211] Zur LED_{50} bei Stoffen der Fentanyl-Gruppe vgl. 4.4.6, Rdnr. 2475.
[212] Zum Opiatantagonisten Levallorphan vgl. 2.1.3, Rdnr. 1102.
[213] Zur Abhängigkeit vom Opioid-Typ vgl. 2.1.7, Rdnr. 1286-1315.

4.4 Starkwirksame Analgetica und Antitussiva

Ebenfalls Anl. II, ohne Zulassung besonders ausgenommener Zubereitungen, unterfallen die bei uns praktisch bedeutungslosen **Levo-** und **Racemoramid** (INN), ebenso das Moramid-Zwischenprodukt (**Premoramid**; chem. Bezeichnung (IUPAC): 3-Methyl-4-morpholino-2,2-diphenylbutansäure). **2455** §

Verwandtschaft mit Methadon weist auch das starkwirksame Analgeticum **Dextropropoxyphen** (INNv; chem. Bezeichnung (IUPAC): [(2S,3R)-4-Dimethylamino-3-methyl-1,2-diphenylbutan-2-yl]propionat oder: (1R,2S)-(1-Benzyl-3-dimethylamino-2-methyl-1-phenylpropyl)propionat) auf, das mit den **µ-Rezeptoren** interagiert. **2456** * #

In Kapselform ist Dextropropoxyphen-HCl mit 150 mg in dem rezeptpflichtigen Schmerzmittel **Develin-retard**[214] enthalten. **2457**

Develin retard ist bei akuten und chronischen mäßigen bis mittelstarken Schmerzen anwendbar. Die zentralen Dextropropoxyphen-Wirkungen einschließlich der **analgetischen** sind schwächer als bei den Morphin-Verwandten; die **therapeutische Breite** ist jedoch gering. **2458**

Erst bei **Dosierungen** an der Grenze zur **Toxizität** soll Dextropropoxyphen auch als **Ausweichmittel** für Heroin-Abhängige ausreichend wirksam sein, um ihnen die übliche Tagesdosis Heroin-Zubereitung zu ersetzen[215]. **2459**

Gleichwohl soll es insbesondere in den USA, Spanien und den skandinavischen Ländern als Ausweich- bzw. Beimittel gelegentlich **missbraucht** werden. Hier ist es, insbesondere bei Einnahme zusammen mit **Alkohol**[216], zu **Atemdepressionen** mit Todesfällen gekommen. Bei einer **Dextropropoxyphen-Intoxikation** mit Atemdepression sind Opiatantagonisten indiziert[217]. **2460**

Propoxyphen und Dextropropoxyphen sind mit **immunchemischen Screeningverfahren** im Blut und Harn nachweisbar[218].

Nachdem **Dextropropoxyphen** zunächst in Anl. III Teil A zum BtMG 1982 aufgeführt war, wurde es aufgrund der 1. BtMÄndV mit Wirkung ab dem 1.6.1984 als nicht verschreibungsfähiges Btm, unter Zulassung besonders ausgenommener Zubereitungen, Anl. II unterstellt. Diese Einordnung gilt weiterhin. **2461** §

Soweit Dextromoramid, Dextropropoxyphen und verwandte Verbindungen im Sport zu **Doping-Zwecken** verabreicht werden, handelt es sich hierbei jedoch unabhängig von der betäubungsmittelrechtlichen Einordnung und einer Verschreibungsfähigkeit seit dem 11.9. **2462** §

---

[214] Früher auch in den FAM Tropax und Eratin, in den USA Darvon. Zum ebenfalls methadon-ähnlichen Darvon N vgl. 2.1.7, Rdnr. 1333.
[215] Zur Einsetzbarkeit von Propoxyphen im Rahmen des Heroin-Entzuges vgl. 2.1.7, Rdnr. 1333 mit FN 490.
[216] Zur u.U. synergistischen Wirkung vgl. beim L-Methadon 4.4.5, Rdnr. 2431.
[217] Vgl. hierzu 2.1.3, Rdnr. 1110.
[218] Zu entspr. immunologischen Verfahren näher 2.1.7, Rdnr. 1253.

1998 um gemäß § 6 a AMG verbotene Doping-Wirkstoffe[219] mit der Folge einer Strafbarkeit nach § 95 Abs. 1 Nr. 2 a AMG.

4.4.6 Fentanyl-Gruppe

2463 Das **Narkoanalgeticum** und **i.v. Narkosemittel Fentanyl** wurde 1960 von der Fa.
* Janssen als erstes einer Gruppe von **Anilinopiperidinen** entwickelt. **Fentanyl** (INN) unterscheidet sich dem chemischen Aufbau nach als (IUPAC-Bezeichnung☺ N-(1-Phenethyl-4-piperidyl)-N-phenylpropanamid (N-substituiertes Propionsäureamid) sowohl von den Phenanthren-Derivaten[220] als auch von den meisten anderen starkwirksamen Analgetica.

2464 Als 4-Anilino-piperidin-Derivat besteht aufgrund des **Phenyl-** und **Piperidyl-**
* **Anteils** jedoch eine strukturelle Verwandtschaft zu Substanzen der **Pethidin-Gruppe**[221], insbesondere zum **Phenoperidin**[222];

Strukturformeln:

	R^1	R^2
Fentanyl	-H	-H
3-Methylfentanyl (3-MF)	-H	$-CH_3$
Carfentanil	$-\underset{\underset{O}{\|\|}}{C}-O-CH_3$	-H
Lofentanil	$-\underset{\underset{O}{\|\|}}{C}-O-CH_3$	$-CH_3$

---

[219] Näher hierzu: 3.2.4.2, Rdnr. 1800-1806.
[220] Zur Strukturformel des Morphins und seiner Derivate vgl. 2.1.3, Rdnr. 1076.
[221] Zu den Phenylpiperidincarbonsäureestern der Pethidin-Gruppe, insbesondere zur Strukturformel des Cetobemidons, vgl. 4.4.4, Rdnr. 2380 f. Zu u.a. halluzinogen wirksamen, früher zugelassenen Anästhetica mit Piperidyl-Anteil vgl. beim PCP 1.2.4.5, Rdnr. 893-895.
[222] Zum Phenoperidin vgl. 4.4.4, Rdnr. 2396 f.

Fentanyl wird als Membranpflaster bei Tumorschmerzen unter dem Warenzeichen **Durogesic** 25 µg/h bis 100 µg/h sowie zur Anästhesie bzw. als Neuroleptanalgeticum unter dem Warenzeichen **Fentanyl-Janssen** Injektionslösung i.v. in Deutschland vor allem in der **Neuroleptanalgesie** und **Intensivmedizin** (im Hinblick auf das Erreichen des Wirkungsmaximums innerhalb von 5 min bei nur 30- bis 40-minütiger **Wirkungsdauer** und damit guten Steuerbarkeit häufig in der Notfallmedizin) eingesetzt, in den USA unter der Bezeichnung Sublimaze. Vergleichbares gilt für Fentanyl 0,5 mg Curamed, AB-Fentanyl 0,1/-0,5 Injektionslösung, Fentanyl B. Braun 0,1 mg/-0,25 mg/-0,5 mg, Fentanyl Parke-Davis 0,1 mg/2 ml/0,5 mg/10 ml und Fentanyl Hexal 0,1/-0,5 mg, die ebenfalls als Injektionslösungen im Handel sind. Zur Analgesie werden bei einem 70-kg-Patienten 0,05-0,1 mg gegeben.

2465

Bei der **Neuroleptanalgesie** wird ein **Neurolepticum** wie das verschreibungspflichtige Droperidol (DHBP)[223] zusammen mit einem starkwirksamen **Analgeticum** injiziert, um eine schonende Narkose zu erreichen. Die parenterale Dosis zur Einleitung der Neuroleptanalgesie beträgt 0,0003-0,0007 g. Fentanyl ist etwa 560mal wirksamer als Pethidin und noch etwa 100- bis 300mal wirksamer als Morphin.

2466

Als entsprechendes **Kombinationspräparat** mit Droperidol und Fentanylhydrogencitrat wird bei uns das Fertigarzneimittel **Thalamonal** Injektionslösung i.v., i.m. angeboten.

2467

Sowohl bei Durogesic, als auch bei Fentanyl-Janssen, Fentanyl 0,5 mg Curamed, Fentanyl Hexal 0,1 mg/-0,5 mg, Thalamonal und den übrigen FAM handelt es sich um **Btm** im Sinne des BtMG 1994.

2468 §

Eine Reihe von **Fentanyl-Derivaten**, die meist eine Abwandlung in der C_4-Position des **Piperidin-Ringes** beinhalten, weisen ebenfalls eine hohe **morphin-artige** Wirksamkeit auf.

2469 *

Hierzu zählt das 1976 als letzte Substanz der Fentanyl-Gruppe entwickelte **Narkosemittel Alfentanil** (INN; chem. Bezeichnung (IUPAC): N-{1-[2-(4-Ethyl-5-oxo-4,5-dihydro-1H-tetrazol-1-yl)ethyl]-4-methoxymethyl-5-piperidyl}-N-phenylpropanmid), das als FAM unter dem Warenzeichen **Rapifen** Injektionslösung i.v. ebenfalls im Rahmen der Anästhesie einschließlich Neuroleptanalgesie eingesetzt wird. Auch bei Rapifen handelt es sich um ein **Btm** im Sinne des BtMG.

2470 *

Sufentanil (INN; chem. Bezeichnung (IUPAC): N-{4-Methoxymethyl-1-[2-(2-thienyl)ethyl]-4-piperidyl}-N-phenylpropanamid), das eine etwa 4.500fache Morphin-Wirksamkeit aufweist, wurde bereits recht bald in Belgien als **Narkoanalgeticum** in der postoperativen Phase eingesetzt. In Deutschland ist es in dem FAM

2471 *

---

[223] Allgemein zu den Neuroleptica: 4.3.2, Rdnr. 2135-2138. Das entfernt mit Haloperidol verwandte Droperidol (INN) mit alpharezeptorenblockierender Wirkung ist in dem rezeptpflichtigen Neurolepticum Dehydrobenzperidol Injektionslösung enthalten; paradoxe Reaktionen wie Ruhelosigkeit, Angst und Halluzinationen sind auch hier möglich.

Sufenta enthalten, das als Sufenta epidural während der Wehen und als Sufenta/-mite 10 zur Anästhesie und u.a. im Rahmen der Krebsbehandlung eingesetzt wird. Bei Sufenta handelt es sich in allen Darreichungsformen um ein **Btm** im Sinne des BtMG. Gleiches gilt für das FAM Sufenil, Sufentanil/-mite Curamed und Sufentanil-ratiofarm. Eine sufentanil-bedingte Atemdepression kann mit Naloxon[224] antagonisiert werden.

2472 Eine medizinische Verwendtbarkeit besteht ebenfalls bei dem mit Alfentanil
* und Sufentanil verwandten **Remifentanyl** (INN; chem. Bezeichnung (IUPAC):
\# Methyl{3-[4-methoxycarbonyl-4-(N-phenylpropanamido)piperidino]propanoat}), das unter dem Handelsnamen **Ultiva** als **Analgeticum** während der Anästhesie eingesetzt wird. Remifentanyl entfaltet seine Wirkung am **µ-Rezeptor**[225] und besitzt ein opiod-typisches **Missbrauchspotential**. Einer Atemdepression kann ebenfalls mit Opioidantagonisten wie Naloxon begegnet werden. Auch bei Ultiva handelt es sich um ein **Btm** im Sinne des BtMG 1994.

2473 Eine strukturelle Verwandtschaft mit Fentanyl weist weiter das 1974 entwickelte **Nar-**
* **koanalgeticum Carfentanil** (INN; chem. Bezeichnung (IUPAC): Methyl[l-phenethyl-4-(N-phenylpropanamido)piperidin-4-carboxylat]) auf, das sich vom Fentanyl durch eine Carbomethoxy-Gruppe unterscheidet[226]. Carfentanil zeichnet sich durch eine lange Wirkungsdauer und vor allem die höchste **Wirksamkeit** aus: Es ist etwa 32mal wirksamer als Fentanyl, 7.500mal wirksamer als Morphin und 17.900mal wirksamer als Pethidin. Aufgrund seiner Wirksamkeit bereits in ng-Dosen wurde es nicht klinisch getestet und hat keine Bedeutung in der Humanmedizin. Zusammen mit dem Inhalationsnarkoticum Halothan (INN) ist Carfentanil möglicherweise jedoch im Oktober 2002 in Moskau im Zuge einer Geiselbefreiung eingesetzt worden, um die Geiselnehmer zu betäuben und kampfunfähig zu machen. Opioidantagonisten wie **Naloxon** oder **Cyprenorphin**[227] vermögen die Carfentanil-Wirkung aufzuheben.

2474 Das ebenfalls zur Fentanyl-Gruppe gehörende **Lofentanil** (INN; chem. Be-
* zeichnung: Methyl[(3R,4S)-3-methyl-l-phenethyl-4-(N-phenylpropanamido)pipe-
\# ridin-4-carboxylat]) mit etwa 600facher Morphin-Wirksamkeit zeichnet sich schließlich durch eine äußerst lange **Wirkungsdauer** u.a. auch in atemdepressiver Hinsicht, wahrscheinlich aufgrund einer sehr hohen **Rezeptoraffinität**, aus und hat wie Carfentanil keine Bedeutung in der Humanmedizin.

2475 Als niedrigste ED_{50} werden beim Alfentanil 0,044 mg/kg, bei Fentanyl 0,011 mg/kg, bei Sufentanil 0,00071 mg/kg und bei Carfentanil 0,00034 mg/kg KG angegeben[228]. Demgegenüber schwankt die LD_{50} zwischen 48 mg/kg KG für Alfentanil und 0,07 mg/kg KG für Lofentanil.

---

[224] Zu diesem Opioidantagonisten vgl. 2.1.3, Rdnr. 1102-1105. zu deren Wirksamkeit näher unten 4.4.6, Rdnr. 2477.
[225] Wobei die Substanzen der Fentanyl-Gruppe generell eine hohe Rezeptoraffinität aufweisen; näher zu den µ-Rezeptoren 2.1.4, Rdnr. 1141-1143 und 1149.
[226] Zur Strukturformel des Carfentanil sowie des Lofentanil vgl. 4.4.6, Rdnr. 2464.
[227] Zum verwandten Buprenorphin vgl. 4.4.2.9, Rdnr. 2342.
[228] Vgl. demgegenüber zur LED_{50} beim Pethidin 4.4.4, Rdnr. 2383, und beim Methadon 4.4.5, Rdnr. 2421.

4.4 Starkwirksame Analgetica und Antitussiva

Fentanyl unterdrückt wie Morphin die im Gehirn eintreffenden Schmerzimpulse und damit die **zentrale Schmerzverarbeitung**[229], wobei, wie erwähnt, seine Wirkungsintensität jedoch erheblich höher liegt mit entsprechender Gefahr einer psychischen und **physischen Abhängigkeitsausbildung** vom **Opioid-Typ**, die von Toleranzbildung und Entzugssymptomen begleitet ist; sie kann sich gegebenfalls bereits nach 1 "Schuss" einstellen[230]. — **2476 #**

Wie alle Narkoanalgetica mit morphin-artiger Wirkung weisen auch die Stoffe der Fentanyl-Gruppe gegebenenfalls bereits in therapeutischer Dosierung außer einer **Euphorisierung** erhebliche **Nebenwirkungen** mit u.a. Miosis, Sedierung, Bradykardie, Bronchospasmen sowie Tremor, Sprach- und Koordinationsstörungen[231] auf, ebenso kommt es zu einer Tonussteigerung der glatten Muskulatur von Gallen- und Harnwegen. Insbesondere führen sie bei höherer Dosis zu einer schweren **Atemdepression**[232]. Wegen ihrer hohen μ-**Opioidrezeptoraffinität** sind Antagonisten wie Naltrexon nicht wirksam[233]; einsetzbar ist **Naloxon** (Narcanti) oder neu entwickelte, noch wirksamere Antagonisten wie **Nalmefene**[234]. In psychischer Hinsicht kann es u.a. bei Durogesic zu Angst- und **Erregungszuständen**, Halluzinationen sowie zu **paranoiden** Reaktionen kommen. — **2477**

Fentanyl selbst dürfte wegen seiner relativ **kurzen Wirkungsdauer** von max. 60 min[235] bei therapeutisch nicht vertretbar hoher Dosierung kaum als Ausweichmittel oder selbständige Rauschdroge vom Opioid-Typ Bedeutung erlangen. — **2478**

Nur gelegentlich ist in Deutschland die Entwendung von Fentanyl-Janssen oder Rapifen aus Krankenhäusern zum Zwecke des **Missbrauchs** als Rauschdroge bekannt geworden, wobei allerdings dann offenbar recht hohe Tagesdosen erreicht werden können.

Dagegen sind **Fentanyl-Derivate**, die zumindest teilweise illegal mit entwendetem oder "abgezweigtem" Fentanyl als Ausgangssubstanz in fester Form synthetisiert werden, als "**designer drugs**"[236] aufgrund ihrer gegenüber Morphin mehrere 100- bis zu 1.000mal höheren analgetischen und entsprechend **euphorisierenden** — **2479**

---

[229] Zur analgetischen Morphin-Wirkung vgl. 2.1.4, Rdnr. 1135 und 1139.
[230] Zur Abhängigkeitsausbildung beim Heroin vgl. 2.1.7, Rdnr. 1291.
[231] Zu den Nebenwirkungen zentral-depressiv wirkender Fremdstoffe vgl. etwa bei den Barbituraten 4.1, Rdnr. 2023.
[232] Vgl. hierzu auch beim Morphin 2.1.4, Rdnr. 1137, und 2.1.7, Rdnr. 1270-1272.
[233] Vgl. hierzu auch beim Naltrexon 2.1.3, Rdnr. 1109.
[234] Zum Nalmefene vgl. 2.1.3, Rdnr. 1109 FN 191.
[235] Bei sehr schnell einsetzender Wirkung. Fentanyl wurde allerdings als Doping-Mittel im Pferderennsport eingesetzt.
[236] Zu diesem Begriff vgl. Vorbem. 1.2.4, Rdnr. 795. Nur ein Teil der synthetisierbaren Abwandlungen wurde dem Betäubungsmittelrecht unterstellt. Die Synthese verlangt allerdings eine professionelle Laborausstattung.

Wirksamkeit[237] seit Beginn der 1980er Jahre in zunehmendem Maße in den USA, später teilweise auch in Europa, auf den illegalen Drogenmarkt gelangt[238].

2480 In den **USA** wurden sie zeitweilig für zahlreiche **Todesfälle** u.a. infolge Überdosierung verantwortlich gemacht. Seit Mitte der 1980er Jahre ergaben sich Anzeichen dafür, dass entsprechende Präparate u.a. auch auf dem **deutschen** Rauschdrogenmarkt "angetestet" wurden, allerdings ohne offenbar einen namhaften Konsumentenkreis an sich binden zu können[239].

2481 Von den über 1.000 möglichen Fentanyl-Abwandlungen sollen etwa 32 auf den illegalen Drogenmarkt gelangt sein. Die meisten von ihnen weisen eine gegenüber Heroin[240] z.T. erheblich kürzere **Wirkungsdauer** im Organismus mit der Notwendigkeit einer entsprechend häufigeren Zufuhr auf. Teilweise ist die Wirkungsdauer wie beim **3-Methylfentanyl** auch der des Heroins vergleichbar bzw. wie beim **Lofentanil** sogar erheblich länger.

2482 Ab Ende 1979 kam in Kalifornien/USA erstmals "**China White**" auf den illegalen Drogenmarkt, bei dem es sich angeblich um den Decknamen für ein besonders reines, in Burma, Laos oder Thailand[241] **synthetisiertes Heroin**[242] handeln sollte. Das weiß-gelbliche Pulver, das im Aussehen und Wirkung dem Heroin ähnelte, wies dessen etwa 80fache Wirksamkeit auf; wenige mg erzeugten Euphorie, es bestand jedoch die erhebliche Gefahr einer Überdosierung mit der Folge einer Atemlähmung. Als übliches Streckmittel, das daher bis zu 99 % der Zubereitung ausmachte, wurde Lactose[243] eingesetzt.

2483 Dem chemischen Aufbau nach handelte es sich bei "China White" tatsächlich
* um **Alphamethylfentanyl** (**AMF**; chem. Bezeichnung (IUPAC): N-Phenyl-N-[1-(1-phenylpropan-2-yl)-4-piperidyl]propanamid oder: N-[1-(α-Methylphenethyl)-4-piperidyl]propionanilid), also um ein um eine Methylgruppe erweitertes Fentanyl-Derivat mit etwa 400facher Morphin-Wirksamkeit. Nachdem es zu mehreren tödlich verlaufenen **Vergiftungsfällen** gekommen war, wurde AMF im September 1981 in den USA als verbotenes Btm eingeordnet. Seit 1985 ist dort ein erhebliches Rückgang des Missbrauchs zu verzeichnen.

---

[237] Zu dieser generellen Koppelung vgl. Vorbem. 4, Rdnr. 2244. Die höchste Wirksamkeit aller Fentanyl-Derivate weist offenbar Carfentanil auf: 4.4.6, Rdnr. 2473.
[238] Zur Entwicklung vollsynthetischer Ersatzstoffe für Heroin vgl. 2.1.2, Rdnr. 1057-1060. Vgl. auch zum Pethidin-Derivat MPPP 4.4.4, Rdnr. 2401-2404.
[239] Vgl. demgegenüber zur Cocain-Zubereitung „Crack" 3.1.2, Rdnr. 1485, und 3.1.5, Rdnr. 1638.
[240] Zur Wirkungsdauer von Heroin und Methadon vgl. 4.4.5, Rdnr. 2429,
[241] Also aus dem „Goldenen Dreieck" stammendes Heroin, vgl. 2.1.2, Rdnr. 1001. 1970 war es zum Dopen von Rennpferden eingesetzt worden.
[242] Zu anderem „synthetischen Heroin" vgl. beim Pethidin 4.4.4, Rdnr. 2401.
[243] Vgl. zu den Heroin-Streckmitteln 2.1.5, Rdnbr. 1197 f.

4.4 Starkwirksame Analgetica und Antitussiva

Seit Beginn der 80er Jahre wurden weitere Fentanyl-Abkömmlinge entwickelt und erprobt, u.a. das bereits erwähnte

- **3-Methylfentanyl (3-MF**; syn. Mefentanyl; chem. Bezeichnung (IUPAC): N-(3-Methyl-1-phenethyl-4-piperidyl)-N-phenylpropanamid)[244], dessen cis-Isomer eine etwa 1.000- bis 6.000fache Morphin-Wirksamkeit aufweist, sowie
- **Acetylalphamethylfentanyl** (chem. Bezeichnung (IUPAC): N-Phenyl-N-[1-(1-phenylpropan-2-yl)-4-piperidyl]acetamid oder: N-[1-(α-Methylphenethyl)-4-piperidyl]acetanilid), der seit 1984 wohl am häufigsten missbrauchte Fentanyl-Abkömmling mit zwar nur 10facher Morphin-Wirksamkeit, dafür aber gegenüber Fentanyl verlängerter Wirkungsdauer,
- **Benzylfentanyl** (chem. Bezeichnung (IUPAC): N-(1-Benzyl-4-piperidyl)-N-phenylpropanamid), ein bei illegaler Herstellung verbleibender Syntheserückstand, der aber auch als eigenständige Rauschdroge aufgetaucht ist,
- **Thiofentanyl** (chem. Bezeichnung (IUPAC): N-Phenyl-N-{1-[2-(2-thienyl)ethyl]-4-piperidyl}propanamid oder: N-{1-[2-(2-Thienyl)ethyl]-4-piperidyl}propionanilid) und
- **Thenylfentanyl** (chem. Bezeichnung (IUPAC): N-Phenyl-(1-thenyl-4-piperidyl)-propanamid oder: N-[1-(2-Thenyl)-4-piperidyl]propionanilid).

2484
*

Diese Abwandlungen kamen in den **USA** ab etwa 1983 auf den illegalen Markt, wo sie seitdem als "World's finest Heroin", "Persian White" (worunter z.T. speziell **3-Methylfentanyl** verstanden wird), "Indian Brown" oder "Cocaine" angeboten werden, wobei die jeweilige Bezeichnung meist nicht für ein spezifisches Derivat steht. Die umgangssprachliche Bezeichnung nimmt vielmehr häufig auf die Färbung der Zubereitung Bezug, die auf den jeweils verwandten Verschnittstoffen beruht. In der **Wirkung** besteht meist kein Unterschied zu Heroin, die Bezeichnung "Cocaine" weist jedoch auf die zugleich gegebene **stimulierende** Wirkungskomponente[245] hin, die bei **Kombination** mit **Cocain** oder **Amfetaminen**[246] verstärkt werden kann.

2485

Generell sind bei den entsprechenden Fentanyl-Derivaten aufgrund ihrer hohen Wirksamkeit und ihres schnellen Wirkungseintritts nur sehr geringe **Dosen** erforderlich (etwa 1 μg), so dass bei häufig kurzer Wirkungsdauer[247] ein **Nachweis** im Körper sehr schwierig ist.

2486

Fentanyl-Derivate lassen sich **injizieren**, aber auch **inhalieren**, **rauchen** oder **sniffen**. 1 g dürfte demnach bis zu 1 Mio. ED ermöglichen[248] und damit einen hohen Wert repräsentieren.

2487

Es liegt auf der Hand, dass die erforderliche Genauigkeit beim Abwiegen der einzelnen KE beim Straßenverkauf nicht möglich ist, so dass die ständige Gefahr einer ungewollten **Überdosierung** mit Tod durch **Atemlähmung** besteht.

---

[244] Zur Strukturformel von 3-Methylfentanil vgl. 4.4.6, Rdnr. 2464.
[245] Zur „paradoxen" Wirkung zentral-dämpfender Stoffe vgl. 4.1, Rdnr. 2016 f.
[246] Zu Cocain-Heroin bzw. Amfetamin-Heroin-Kombinationen vgl. 3.1.4, Rdnr. 1530 f., und 3.1.5, Rdnr. 1593, 1606-1608.
[247] Zur unterschiedlichen Wirkungsdauer vgl. 4.4.6, Rdnr. 2478 und 2481.
[248] Vgl. demgegenüber zur Einzeldosis LSD-25 als dem bisher wirksamsten der bekannten Halluzinogene 1.2.1.1.4, Rdnr. 316 FN 44.

2488 Fentanyl fällt seit Inkrafttreten des BtMG 1982 gemäß Anl. III unter die ver-
§ kehrs- und verschreibungsfähigen Btm. **Alfentanil** wurde aufgrund der 1.
BtMÄndV mit Wirkung ab dem 1.9.1984 ebenfalls in Anl. III aufgenommen. Diese Einordnung gilt auch weiterhin; besonders ausgenommene Zubereitungen sind nicht zugelassen.

2489 Von den **medizinisch** verwendbaren Fentanyl-Derivaten war **Sufentanil** zu-
§ nächst nach Anl. I zum BtMG 1982 als nicht verkehrsfähiges Btm eingestuft worden. Aufgrund der 4. BtMÄndV wurde es mit Wirkung ab dem 23.1.1993 ebenfalls in Anl. III aufgenommen. Als verschreibungsfähiges Btm kam aufgrund der 10. BtMÄndV ab dem 1.2.1998 **Remifentanil** hinzu; auch bei diesen Derivaten sind besonders ausgenommene Zubereitungen nicht vorgesehen.

2490 Nach der neu gefassten BtMVV darf der Arzt für seinen Praxisbedarf ab dem 1.2.1998
§ pro Patient innerhalb von 30 Tagen neben einem zweiten Btm als **Höchstmenge** 1.000 mg Fentanyl bzw. Alfentanil, Remifentanil und Sufentanil bis zur Menge seines durchschnittlichen Zweiwochenbedarfs verschreiben.

2491 Von den zahlreichen Fentanyl-Abkömmlingen, die in der Medizin bedeutungs-
§ los sind, wurden aufgrund der 3. BtMÄndV mit Wirkung ab dem 15.4.1991 **Acetyl-α-methylfentanyl** (syn. Acetylalphamethylfentanyl), α-Methylfentanyl, α-Methylthiofentanyl, β-Hydroxyfentanyl (syn. Betahydroxyfentanyl), β-Hydroxy-3-methylfentanyl (syn. Ohmefentanyl), p-Fluorfentanyl (syn. Parafluorfentanyl), Mefentanyl (syn. **3-Methylfentanyl**), 3-Methylthiofentanyl und **Thiofentanyl** in Anl. I zum BtMG aufgenommen, aufgrund der 4. BtMÄndV seit dem 23.1.1993 zudem **Benzylfentanyl**[249], **Carfentanil** (INN), **Lofentanil** (INN) und **Thenylfentanyl**.

2492 Abschließend sei noch auf weitere **starkwirksame Analgetica** kurz eingegangen, bei denen es sich definitionsgemäß um Btm im Sinne des BtMG 1994 handelt, ohne dass sie jedoch bisher auf der deutschen Drogenscene in dieser Hinsicht größere Bedeutung erlangt hätten; allenfalls gelegentlich tauchen entsprechende Wirkstoffe auf dem illegalen Drogenmarkt auf oder werden Synthetisierungsversuche bekannt.

2493 Strukturell leitet sich ein Teil dieser Stoffe vom **Methadon**[250], ein Teil auch vom **Pethi-**
* **din**[251] ab.

2494 So ist ergänzend auf folgende, überwiegend in Umsetzung des Übereinkommens von
§ 1961 als nicht verkehrsfähige Btm in Anl. I zum BtMG 1994 aufgenommene Stoffe hinzu-
* weisen: Diethylthiambuten (INN), Dimethylthiambuten (INN), Diampromid (INN), Ethylmethylthiambuten (INN), **Etonitazen** (INN; chem. Bezeichnung (IUPAC): {2-[2-(4-Ethoxybenzyl)-5-nitrobenzimidazol-1-yl]ethyl)diethylazan, ein Ethoxy-Analogon des in den

---

[249] Bei Benzylfentanyl handelt es sich allerdings eher um einen zur illegalen Produktion eingesetzten Grundstoff, vgl. auch oben 4.4.6, Rdnr. 2484.
[250] Zu Methadon-Abkömmlingen vgl. 4.4.5, Rdnr. 2439-2462.
[251] Zu entsprechenden Pethidin- und Pethidincarbonsäure-Verbindungen vgl. 4.4.4, Rdnr. 2396-2404.

1950er Jahren von der Fa. Ciba-Geigy/Basel entwickelten Metonitazens mit etwa 100facher Morphin-Wirksamkeit, das seinerseits eine etwa 1.000fache Morphin-Wirksamkeit aber auch ein entsprechend hohes Abhängigkeitspotential aufweist[252]), die verwandten Bezitramid (INN), Clonitazen (INN) sowie Phenampromid (INN).

Aus Anl. II ist das Propiram (INN) zu erwähnen, ein Analogon des Phenampromids; da besonders ausgenommene Zubereitungen hier nicht zugelassen sind, handelt es sich um ein nicht verschreibungsfähiges Btm.

2495 §

4.5 Schnüffel- und Inhalationsstoffe

Vorbemerkung: Die heterogene Gruppe der **Schnüffelstoffe** wird zuweilen auch mit dem aus der Biologie stammenden Begriff "**Inebriantia**" bezeichnet.

2496

Dieser Begriff bezog sich ursprünglich auf die Hefepilze, die zur Herstellung des Trinkalkohols (Ethanols) gebraucht wurden; Lewin verstand hierunter Stoffe mit dem Wirkungsbild des Ethanols, Ethers und Chloroforms. Der Begriff wird im vorliegenden Zusammenhang daher in einem erweiterten Sinn verwendet.

Bei den Stoffen dieser Gruppe, deren gemeinsames Charakteristikum sich aus Zufuhr und Wirkung ergibt, handelt es sich um **leichtflüchtige** (schnell verdunstende) oder **gasförmige** Substanzen, die eine vorübergehende **Stimulation** des **ZNS** bewirken (engl. inhalants).

2497

Da hiermit meist eine eingeschränkte geistige Betätigungsmöglichkeit bis hin zur dumpfen Betäubung einhergeht, handelt es sich nach Lewin'scher Einteilung um "**Betäubungsmittel**" im eigentlichen Sinne[1], sie können daher auch zum Großteil unter dem Begriff "**Inhalationsnarkotica**"[2] zusammengefasst werden.

2498

Das heute noch relevante "**Schnüffeln**"[3] vor allem organischer Lösungsmittel[4] scheint relativ unabhängig von der Konsumhäufigkeit anderer Rauschmittel, ausgenommen Alkoholika, zu erfolgen und auch keine "Schrittmacherfunktion"[5] für den Missbrauch anderer Rauschdrogen zu beinhalten.

2499

---

[252] Entsprechend einiger Fentanyl-Derivate, vgl. 4.4.6, Rdnr. 2466, 2473 und 2479. Bereits ein Wirkstofftest mit der Zunge kann bei diesen Stoffen daher lebensbedrohliche Auswirkungen auf Atemzentrum und Kreislauf haben.

[1] Zu diesem Begriff vgl. auch bei den Narkotica Vorbem. 2, Rdnr. 940.

[2] Näher zu den Inhalationsnarkotica beim Ether 4.5.1, Rdnr. 2507.

[3] Zum nasalen „Sniffen" von pulverförmigen Rauschdrogen als häufiger Absorptionsform vgl. etwa beim „Rapé" 1.2.3.4, Rdnr. 693, oder beim Cocain 3.1.5, Rdnr. 1586. Hier hingegen handelt es sich regelmäßig um in flüssiger Form vorliegende, leichtflüchtige Stoffe oder um Gase, die inhaliert bzw. nasal aufgenommen („geschnüffelt") werden.

[4] Näher zum Lösungsmittel-Schnüffeln 4.5.4, Rdnr. 2526-2561.

[5] Vgl. etwa zur Diskussion um Cannabis als „Einstiegsdroge" 1.1.7, Rdnr. 249-254.

2500 Es handelt sich hierbei auch weniger um Ausweich- oder Beimittel für Konsumenten sog. "harter" Drogen[6] als vielmehr ganz überwiegend um **billige Rauschmittel** vor allem für **Jugendliche** in **Europa** und **Südamerika**, die sie neben alkoholischen Getränken zu sich nehmen, wie diese häufig verwahrloste Konsumentengruppe (**Straßenkinder**) überhaupt meist wahllos alles missbraucht, was "dröhnt"[7].

2501 In den 1950er Jahren war das "Schnüffeln" von organischen Lösungsmitteln insbesondere unter **nordamerikanischen** und **schwedischen** Jugendlichen und Heranwachsenden weit verbreitet, ging dann aber mit Anbruch der "psychedelischen Ära"[8] zurück. Seit Ende der 70er Jahre scheint das Problem u.a. in mehreren **deutschen** Großstädten insbesondere unter Schülern und Jugendlichen, die auf der Straße leben, wieder einen größeren Stellenwert einzunehmen.

2502 Heute wird eine fast unübersehbare Vielzahl von Produkten der unterschiedlichsten Industriezweige, **flüchtige Lösungsmittel** und **Aerosole**, zum "Schnüffeln" missbraucht: unter anderem Fleckentferner, Nagellackentferner, Wachslöser, Kraftfahrzeug- und Feuerzeugbenzin, Haarsprays, Deodorantien, Schuhsprays und Insektizide. Im folgenden sollen hiervon nur die häufiger verwendeten Produkte vorgestellt werden, soweit sie eine erhebliche frühere Bedeutung hatten oder heute noch von Bedeutung sind.

2503 Trotz ihres hohen **Missbrauchs-** und **Gefährdungspotentials** unterliegt keine
§ der im folgenden beschriebenen Substanzen den Bestimmungen des BtMG 1994. Allenfalls bei einem Handel (Inverkehrbringen) zu **Rauschzwecken**, für den es angesichts der überall gegebenen Verfügbarkeit zu legalen Zwecken aber keine Anzeichen gibt, käme eine Strafbarkeit nach § 95 Abs. 1 Nr. 1 AMG in Betracht, die losgelöst ist von einer Verschreibungsfähigkeit und -pflichtigkeit bzw. einer Zulassung der Stoffe. Dies hängt damit zusammen, dass diese derart **verbreitet** und **universell einsetzbar** sind, dass auch nur eine Einschränkung des (legalen) Handels bzw. der Verwendung weder kontrollierbare wäre, noch die Produktions- und Vertriebserschwernisse in einem Verhältnis zu der - insgesamt gesehen relativ geringen - Bedeutung als Rauschmittel stünden[9].

---

[6] Allgemein zu den Ausweich- und Beimitteln insbesondere für Heroin-Konsumenten: Vorbem. 4, Rdnr. 1959 und 1975 f.

[7] Zum wahllosen Rauschmittelmissbrauch seitens Jugendlicher vgl. auch Vorbem. 4, Rdnr. 1975. Zu den Straßenkindern vgl. 4.5.4, Rdnr. 2552.

[8] Vgl. beim LSD-25 zum Geschichtlichen 1.2.1.1.2, Rdnr. 290-293.

[9] Soweit sie wie z.B. Aceton und Ethylether gleichzeitig als Grundstoffe für die illegale Rauschdrogenherstellung dienen, unterliegen sie im Hinblick hierauf einer gewissen staatlichen Überwachung, vgl. beim Cocain 3.1.3, Rdnr. 1510, oder auch beim Ether 4.5.1, Rdnr. 2512.

4.5.1 Ether (Äther)

Beim **Ether** (**Ethylether**; **Diethylether**, Ethoxyethan, $C_2H_5OC_2H_5$) handelt es sich um das wohl bekannteste **Narkoticum**. Es wird auch heute noch gelegentlich, vorwiegend von Erwachsenen, zu **Rauschzwecken** missbraucht.

Diethylether wurde wahrscheinlich bereits von den Alchimisten aus Alkohol und Schwefelsäure destilliert ("Schwefeläther", "süßes Vitriol") und war bereits vor seiner erstmaligen Verwendung in der Medizin als **Narkosemittel** im Jahre 1842 als Rauschmittel bekannt.

In der 2. Hälfte des 19. Jahrhunderts war der **Ether-Rausch** weit verbreitet, in den Zeiten der Prohibition diente er teilweise als **Alkohol-Ersatz**.

Bei **Ethylether** handelt es sich um eine klare, farblose Flüssigkeit, die bei 35° C verdampft und leicht entzündlich ist. Ethylehter kann im Verhältnis von 1 : 10 mit Wasser und in jedem anderen Verhältnis mit Alkohol gemischt werden. Er findet u.a. auch als **Lösungsmittel** für Fette und andere organische Stoffe Verwendung.

Ethylether war Bestandteil der zeitweilig in Form des "**Äthertrinkens**" ebenfalls zu Rauschzwecken, z.T. in Verbindung mit Alkohol, missbrauchten "Hoffmanstropfen"[10].

Als **Inhalationsnarkosemittel** war Ether (**Diethylether**) zuletzt noch unter dem Warenzeichen Aether zur Narkose ASID in flüssiger Form und ist Chlorethan (Ethylchlorid) zur Lokalanästhesie u.a. unter dem Warenzeichen Chloraethyl "Dr. Henning" auf dem Markt.

Ähnlich wie auch andere narkotisierende Stoffe[11] bewirkt Ether über eine **Betäubung** der **Großhirnrinde** (Cortex) eine **Ausschaltung** des **Schmerzempfindens**. Gleichzeitig wird die Muskulatur gelähmt. Erst danach erfolgt eine Betäubung der **Steuerzentren** im **Hirnstamm**. Der genaue Wirkungsmechanismus ist noch nicht bekannt, jedoch scheinen Inhalationsanästhetica vorwiegend durch physikalische Veränderungen der synaptischen Membran infolge Einlagerung in die **Neuronenmembran** zu wirken, also nicht mittels Rezeptorenblockade, mit entsprechender Volumenzunahme. Als **Nebenwirkungen** kann es u.a. zu Übelkeit und Erbrechen, Atemdepression und motorischer Unruhe kommen.

Zu **Rauschzwecken** wird Ether wie Ethylalkohol **getrunken** oder wie Chloroform[12] als Dampf **inhaliert**, z.T. unter Verwendung einer Plastiktüte, die über den Kopf gezogen wird (mit der Gefahr, dass der Berauschte das Bewusstsein verliert und erstickt[13]).

---

[10] Zum Opium als weiterem Bestandteil vgl. 2.1.2, Rdnr. 975. Als rezeptfreies Analepticum mit Diethylether und Ethanol werden Hoffmannstropfen weiterhin vertrieben.

[11] Vgl. etwa zur Tilidin-Wirkung 4.4.1, Rdnr. 2259.

[12] Zum Missbrauch von Chloroform zu Rauschzwecken vgl. 4.5.3, Rdnr. 2522-2525. Vgl. auch zum „free basing" mit Ether 3.1.5, Rdnr. 1622.

[13] Vgl. zu dieser Gefahr auch beim Lösungsmittel-Schnüffeln 4.5.4, Rdnr. 2535 und 2541.

2510 Vor Eintritt der **Betäubung** werden unter Ether-Einfluss bei leichter **Bewusst-**
\# **seinstrübung** eine **euphorische** Grundstimmung[14] und eine **motorische Erregung**[15] infolge einer Unterdrückung der hemmenden Einflüsse der Großhirnrinde[16] ausgelöst. Das Wirkungsbild gleicht im wesentlichen dem des **Ethanols**, der betäubende Effekt setzt jedoch sehr viel schneller ein.

2511 Ether ist suchtbildend; die **Abhängigkeit** dürfte der durch **flüchtige Lösungsmittel** hervorgerufenen (ICD-10 F 18.2) zuzuordnen sein. Im Abhängigkeitsstadium und beim Entzug können **paranoid-halluzinatorische Psychosen**[17] auftreten. Ein Delirium wie bei Alkoholikern soll allerdings nicht vorkommen. Es kommt zu **Abstinenzsymptomen**, u.a. Schlaflosigkeit wie beim Morphinismus[18] mit hoher Rückfallgefahr. Bei Dauerkonsum mit **Toleranzentwicklung** können u.a. morgendliches Erbrechen, Herzstörungen, Leberschäden, Depravation und epileptische Anfälle auftreten. Sehr **hohe Dosen** können zu Stupor und durch **Lähmung** des **Atemzentrums** zum Tode führen[19].

2512 Neben seiner medizinischen Bedeutung hat Ether in nennenswertem Umfang heute noch
§ eine Bedeutung als eine der zur illegalen Drogenherstellung benötigten Basischemikalien[20]. Ether bzw. Diethylether unterliegen daher seit dem 1.3.1995 der **Grundstoffüberwachung** (Kategorie 3) nach dem GÜG.

4.5.2 Lachgas

2513 Das bereits 1776 erstmals synthetisierte **Lachgas** (N_2O, Distickstoffmonoxid) war
* vor allem im 19. Jahrhundert als **Narkose-** und **Rauschmittel** verbreitet.

2514 Das farb- und reizlose, angenehm süßlich riechende Lachgas wurde erstmals 1844 im zahnärztlichen Bereich zur **Narkose** verwandt und ist bei genügender Sauerstoffbeimengung ungiftig. Es wirkt vorwiegend **analgetisch** und nur schwach narkotisch und wird weiterhin bei kleineren Operationen als Narkosemittel eingesetzt. Als flüssiges Gas war Distickstoffmonoxid zuletzt zur Narkose als Trägergas für andere Inhalationsanästhetica unter dem Warenzeichen Stickoxydul Hoechst auf dem Markt. Zur **Vollnarkose** wurde ein **Lachgas-Halothan-Sauerstoffgemisch** inhaliert (bei Halothan handelt es sich um ein FCKW). Derzeit gehen die Bestrebungen dahin, Lachgas u.a. bei ambulanten Operationen durch andere Anästhetica zu ersetzen, was den Vorteil hat, dass der Patient früher aufwacht und schneller wieder orientierungsfähig ist.

---

[14] Vgl. demgegenüber zum Heroin-„flash" 2.1.4, Rdnr. 1121.
[15] Vgl. auch zum Excitationsstadium beim Lösungsmittel-Schnüffeln 4.5.4, Rdnr. 2536, sowie allgemein zur „paradoxen" Wirkungsumkehr des „downer high" 4.1, Rdnr. 2016.
[16] Vgl. zur stimulierenden Morphin- bzw. Heroin-Wirkung 2.1.4, Rdnr. 1120.
[17] Wie auch bei der Chlorofom-Abhängigkeit, vgl. 4.5.3, Rdnr. 2524.
[18] Zu gegenregulativen Entzugssymptomen vgl. 2.1.7, Rdnr. 1309.
[19] Vgl. auch zur akuten Heroin-Intoxikation 2.1.7, Rdnr. 1272.
[20] Zum Einsatz von Ether bei der illegalen Cocain-Produktion vgl. 3.1.1, Rdnr. 1422. Näher zur Grundstoffüberwachung von Ether: 3.1.3, Rdnr. 1510.

Nachdem Lachgas wegen seiner **euphorisierenden** Wirkung bereits vor seiner medizinischen Verwendung im 19. Jahrhundert auf Jahrmärkten zur Belustigung Verwendung gefunden und Fälle von "**Stickoxydulsucht**" bekannt geworden, in der Folgezeit ein Missbrauch jedoch kaum noch aufgetreten war, kam es Anfang der 1990er Jahre erneut zu einer Verwendung stickoxydul-haltiger **Treibgaspatronen** unter Jugendlichen zu **Rauschzwecken**. Hierbei wird die Düse an den Mund gesetzt und das Gas inhaliert[21]. Teilweise wird das Lachgas auch in **Ballons** abgefüllt und schubweise inhaliert, bis der gewünschte Effekt sich einstellt. Die **Wirkungsdauer** ist kurz, gefolgt von Übelkeit, Kopfschmerzen und Apathie, eine **Nachweisbarkeit** kaum gegeben.

2515

Infolge seiner nur geringen Löslichkeit im Blut flutet Lachgas rasch an und führt zu einer "**flash**"-artigen, als angenehm empfundenen Bewusstseinsveränderung bei läppisch-lockerer Stimmung, begleitet von Gangstörungen. Als "**paradoxe**" Reaktion[22] kommt es vor der analgesierenden und sedierenden Wirkung infolge Beeinflussung verschiedener Gehirnzentren zu verschiedenen Zeiten zu einer gewissen **Stimulation** und **Hemmungsabbau**, so dass es bei entsprechender Disposition zu einem "Lachanfall" kommen kann. Die Voraussetzungen für einen Missbrauch als **Disko-** und **Partydroge**[23] sind somit gegeben. Bei einem N_2O-Missbrauch soll jedoch nur eine unscharfe Erinnerung an den kurzen "trip" zurückbleiben. Wird zuviel Gas aus dem Lachgasballon eingeatmet, kann Bewusstlosigkeit die Folge sein, gegebenenfalls auch **Atemstillstand**.

2516
#

4.5.3 Chloroform

Neben Ether und Lachgas ist **Chloroform** oder Trichlormethan ($CHCl_3$), ein **Halogenkohlenwasserstoff**[24], das dritte bereits seit langem verwandte Mittel zur **Inhalationsnarkose**.

2517
*

Chloroform wurde 1831 von Justus von Liebig entdeckt und 1847 von Simpson erstmals angewandt. Bereits kurz nach seiner Einführung als Inhalationsnarkoticum kam es zu den ersten Fällen eines gewohnheitsmäßigen **Missbrauchs**.

2518

Bei Chloroform handelt es sich um eine farblose, süßlich schmeckende und charakteristisch riechende Flüssigkeit, die bei 61,5° C bereits siedet, jedoch keine brennbaren Dämpfe bildet. Sie findet auch Verwendung als **Lösungsmittel** für Harze, Kampfer und Alkaloide[25].

2519

Da Chloroform erheblich **giftiger** als Ether ist, wurde es seit etwa 1900, im Gegensatz zum Ether, **medizinisch** nicht mehr als Narkosemittel verwendet. Chloroform wirkt als Lebergift, hemmt die Herztätigkeit (gelegentliches Kammerflimmern und systolischer Herzstillstand) und das Atemzentrum.

2520

Aufgrund der ArzneimittelV 1990 handelt es sich bei Chloroform zwar (unter Zulassung ausgenommener Zubereitungen) um einen **verschreibungspflichtigen** (und damit -fähigen)

2521
§

---

[21] Zum „Gasschnüffeln" u.a. von Butangas vgl. 4.5.4, Rdnr. 2533.
[22] Vgl. auch zum Excitationsstadium u.a. beim Ether-Rausch 4.5.1, Rdnr. 2510.
[23] Zu weiteren Disko-Drogen wie „ecstasy" vgl. 1.2.4.3, Rdnr. 831 und 860-864.
[24] Vgl. auch zum Trichlorethylen 4.5.4, Rdnr. 2530.
[25] Vgl. etwa zur Löslichkeit von Cocain 3.1.3, Rdnr. 1496.

Stoff, in derzeit in Deutschland zugelassenen FAM ist es jedoch nicht enthalten. Soweit verschreibungspflichtiges Chloroform außerhalb einer Apotheke vertrieben wird, kann eine Strafbarkeit nach § 95 Abs. 1 Nr. 4 AMG gegeben sein.

2522 Bei einer Konzentration von 1,2 bis 1,4 % der Atemluft verursachen die Chloroform-Dämpfe **Bewusstlosigkeit** und damit Aufhebung der Schmerzempfindung, worauf seine Verwendung als Narkoticum beruht. Bei einem Missbrauch zu **Rauschzwecken** wird die Flüssigkeit auf ein Tuch gegossen und die entstehenden **Dämpfe inhaliert**; es soll zu **Tagesdosen** von 40-360 g gekommen sein.

2523 Wie beim Ether-Rausch kommt es zu einer **euphorischen** Grundstimmung, die begleitet ist von illusionären Verkennungen, akustischen und optischen **Halluzinationen**[26] sowie sexuellen Phantasien. Soweit Chloroform neben Ether heute noch zu Rauschzwecken missbraucht wird, scheint auch ein sexueller (autoerotischer) Bezug im Vordergrund zu stehen.

2524 Auch Chloroform ist **suchtbildend**; **Chloroformisten** sollen eine ähnliche Gier nach diesem Stoff entwickeln wie Opiatabhängige nach Morphin und seinen Derivaten[27]. Beim **Entzug** kann es zu **deliranten** Zustandsbildern kommen; **paranoid-halluzinatorische** Psychosen mit akutem bis subakutem Verlauf scheinen auch beim Chloroform nicht selten aufzutreten.

2525 Der Missbrauch von Chloroform zu **Rauschzwecken** scheint heute noch seltener als der Ether-Rausch aufzutreten und ist vorwiegend von historischem Interesse.

Von **Jugendlichen** werden heute Ether und Chloroform so gut wie überhaupt nicht benutzt. Neben einem gelegentlichen Missbrauch von Lachgas steht der Missbrauch der im folgenden behandelten Lösungsmittel als Schnüffelstoffe im Vordergrund, die den Vorteil universeller und unproblematischer Verfügbarkeit haben.

4.5.4 Lösungsmittel und Gase

2526 Unter dem Begriff "**Lösungsmittel**" ("Iri", "Uhu") soll hier eine Vielzahl von Stoffen der verschiedensten chemischen Konstitution und der unterschiedlichsten Anwendungsbereiche verstanden werden, denen nur gemeinsam ist, dass es sich um **leichtflüchtige** Stoffe handelt, die bei **Inhalation** in großen Mengen ("glue sniffing") ein physiologisches und psychologisches Wirkungsbild hervorrufen, das weitgehend vergleichbar ist[28].

2527 Hier ist zunächst das **Benzin** zu erwähnen, ein Gemisch leicht siedender KW, * vor allem als Paraffine Hexan und Heptan.

---

[26] Vgl. hierzu auch beim Ether 4.5.1, Rdnr. 2510.
[27] Vgl. hierzu ebenfalls beim Ether 4.5.1, Rdnr. 2511.
[28] Vgl. auch zum Begriff „Schnüffelstoffe" Vorbem. 4.5, Rdnr. 2497 f.

4.5 Schnüffel- und Inhalationsstoffe

Benzin wirkt psychopharmakologisch ähnlich wie Ether[29], jedoch erheblich schwächer. Der **Rauschzustand** soll mit Euphorie sowie optischen und akustischen Halluzinationen einhergehen; das Benzin-Schnüffeln kann zur Abhängigkeit vom Lösungsmittel-Typ führen.

Ähnliches gilt für das u.a. als Gummiklebemittel verwandte **Benzol** (C_6H_6), das als Verdünner von Farben und Lösungsmittel u.a. für Klebstoffe teilweise weiterhin gebrauchte **Toluol** (Methylbenzol, $C_6H_5\text{-}CH_3$, ein durch Destillation von Erdöl gewonnener Ersatzstoff für Benzol) sowie für **Xylol** (Dimethylbenzol) als weiteren aromatischen Kohlenwasserstoff, ebenfalls ein Lösungsmittel. 2528 *

So enthielt z.B. der häufig als Schnüffelstoff missbrauchte "**Pattex**"-**Verdünner** Toluol neben weiteren organischen Lösungsmitteln wie Ethylacetat (ein Ester), n-Hexan und Methylethylketon[30]. Die **Toluol**-Verwendung ist insgesamt **rückläufig**. 2529 *

In Reinigungs- und Lösungsmitteln, Lacken und Klebstoffen sind außerdem häufig chlorierte aliphatische KW (meist chloroformähnlich riechende **Halogenkohlenwasserstoffe**) wie das ziemlich giftige und narkotisierend wirkende **Trichlorethylen** ("Tri", $CHCl=CCl_2$)[31] und **Perchlorethan** (PCE; "Per") neben **Tetrachlorkohlenstoff** ("Tetra", CCl_4), **Methylenchlorid** (CH_2Cl_2) und **1,1,1-Trichlorethan** ($C_2H_3Cl_3$) enthalten. 2530 *

Es ist davon auszugehen, dass erst die **Umwandlung** dieser seit den 1980er Jahren allgemein bekannt gewordenen Halogenkohlenwasserstoffe in deren **Epoxide** die eigentlich schädigende und karzinogene Wirkung auslöst. Gefährdet sind hier u.a. Arbeiter, die sich beim täglichen Umgang mit diesen Stoffen an deren Inhalation gewöhnen, daneben aber auch die Bevölkerung insgesamt, da Halogenkohlenwasserstoffe nach dem Versickern im Boden sich im Grundwasser ansammeln und so die Trinkwasserversorgung gefährden können. 2531 #

Hinzuweisen ist weiter neben den Alkoholen, etwa **Isopropyl-** und **Propylalkohol**, sowie Ester wie **Butylacetat** und **Essigester** auf das **Aceton** (CH_3COCH_3) als das wichtigste Keton[32]. Aceton löst sich in Wasser und besitzt ein hervorragendes Lösungsvermögen für viele organische Stoffe. 2532 *

---

[29] Näher zum Ether-Rausch 4.5.1, Rdnr. 2510 f.
[30] Zum MEK als Grundstoff vgl. 3.2.4.3, Rdnr. 1853. Zum Toluol als Grundstoff vgl. 3.1.3, Rdnr. 1510, zur Ersetzung des Toluols in „Pattex"-Kontaktklebstoffen vgl. 4.5.4, Rdnr. 2554.
[31] Früher auch als Inhalationsnarkoticum eingesetzt wie Trichlormethan (zu letzterem vgl. 4.5.3, Rdnr. 2517).
[32] Zum Phenylaceton als Grundstoff für die Amfetamin-Synthese vgl. 3.2.4.1, Rdnr. 1787 und 1853. Zum Aceton als Grundstoff vgl. 2.1.3, Rdnr. 1097 FN 177, und 3.1.3, Rdnr. 1510.

2533 Ab Mitte der 1990er Jahre wurde zudem die berauschende Wirkung von **Flüs-**
* **siggasen** wie **Propan**, etwa von **Feuerzeuggas**, oder aus angestochenen Campinggaskartuschen inhaliertem **Butangas** ("**Gasschnüffeln**")[33] entdeckt. Beides kann zu schweren **Vergiftungserscheinungen** mit u.U. letalem Ausgang führen.

2534 Wie bei der Chloroform-Inhalation[34] wird beim Leim- und Lösungsmittelschnüffeln (auch als "sniffen" bezeichnet), etwa von Verdünnern wie "Pattex", ein **Tuch** mit der Substanz **getränkt** und gegen Mund und Nase gepresst.

Anschließend wird kräftig eingeatmet, bis der u.a. von Schwindelgefühlen, Kopfschmerzen, Erbrechen und Gangunsicherheit bis hin zum vollständigen Verlust der Kontrolle über die willkürliche Motorik begleitete **Rauschzustand**[35] eintritt, was u.U. mehrere Stunden dauern kann.

2535 Eine gefährlichere Absorptionsmethode besteht darin, wie etwa auch beim Ether-Inha-
\# lieren zu Rauschzwecken[36], das Lösungs- oder Reinigungsmittel in eine **Plastiktüte** zu träufeln, die gegebenenfalls zur besseren Verdampfung mit einem Lappen versehen ist. Anschließend wird die Plastiktüte über den Kopf gestülpt, bis die Rauschwirkung einsetzt. Die hohe **Lipidlöslichkeit** der Lösungsmittel bedingt pharmakologisch u.a. eine starke Schleimhautreizung, eine leichte **Resorption** und die Lähmung von Funktionen des ZNS, wobei die erregende oder narkotische Wirkung wohl in erster Linie von **Metaboliten** verursacht wird.

2536 Im Zuge der einsetzenden **akuten Lösungsmittelintoxikation** (ICD-10 F 18.0) kommt es bei reduziertem Bewusstsein zunächst zu einem **Excitationsstadium**[37] mit motorischer Überaktivität bis hin zu schweren Krampfanfällen, Tachykardie und innerer Unruhe.

2537 Während der Ether- und Chloroform-Rausch vorwiegend von Erwachsenen gesucht wird, ist das "glue sniffing" fast ausschließlich unter **Jugendlichen** und Heranwachsenden verbreitet. Hierbei treten bei Selbstüberschätzung **Allmachtsgefühle** auf: Der Jugendliche wird zum "Superman".

2538 An das Excitationsstadium schließt sich das eigentlich angestrebte **Rauschstadium** mit **Euphorie**, illusionären Verkennungen, Umdeutungen von Wahrnehmungen, aber auch **Halluzinationen** an, das etwa 10 min anhält. **Bewusstseins-**

---

[33] Vgl. auch zur „Wiederentdeckung" der Inhalation von Lachgas 4.5.2, Rdnr. 2515, sowie zum delphischen Orakel 1.2.2.2, Rdnr. 545 FN 96.
[34] Vgl. zum Chloroform 4.5.3, Rdnr. 2522.
[35] Die Pupillengröße ist normal bis erweitert, die Pupillenreaktion fast normal.
[36] Vgl. beim Ether 4.5.1, Rdnr. 2509.
[37] Vgl. auch zum Excitationsstadium im Ether-Rausch 4.5.1, Rdnr. 2510, im Solanaceen-Rausch 1.2.2.2, Rdnr. 523, sowie beim Tilidin 4.4.1, Rdnr. 2260. Zur anfänglichen Unruhe im Cannabis-Rausch vgl. 1.1.4, Rdnr. 122.

4.5 Schnüffel- und Inhalationsstoffe

einschränkungen[38] und **Erregungssymptome** mit Reizbarkeit und **Aggressivität** sind häufig gemischt und können einander abwechseln.

Zu **Halluzinationen** kommt es meist bei tiefer Inhalation; hierbei stehen optische (etwa Bilder kleiner bewegter Objekte wie Spinnen oder Käfer[39]) und akustische Sinnestäuschungen im Vordergrund. Die Sinneswahrnehmungen, etwa die Wahrnehmung von Farben, sind intensiviert[40], die **Raum-Zeit-Wahrnehmung** gestört. Kinder und Jugendliche wirken wie alkoholisiert. Persönliche Probleme treten in den Hintergrund[41], emotionale und geistige Spannungen flachen ab, bis der Rausch in einem **Schlafstadium** ohne Sinneswahrnehmungen ausklingt. 2539

Insgesamt ist aufgrund einer dem Alkohol-Rausch vergleichbaren Symptomatik eine **Fahrsicherheit** nicht mehr gegeben.

Es kann hierbei zu mehrtägigen **Delirien** mit Sprachstörungen (verwaschene, lallende Sprache), Verwirrtheit, emotionaler Enthemmung und psychischen Alterationen kommen. Für die Intoxikationsphase kann eine partielle oder totale **Amnesie** bestehen. 2540

Verliert der "Schnüffler" das Bewusstsein, kann er unter der Plastiktüte[42], gegebenenfalls in Verbindung mit einer Strangulation oder an Erbrochenem beim "Gasschnüffeln", **ersticken**[43]. Todesfälle sind aber auch als Folge von **Überdosierungen** oder **individuellen Reaktionen** beim Per- und Trichlorethylen-"Sniffing" bekannt geworden. Die **Lösungsmittelgemische** weisen teilweise 20 und mehr Komponenten auf, deren **Interaktion** untereinander nur unzureichend bekannt ist, so dass additive, antagonistische oder potenzierende Wirkungen möglich sind. 2541

Bei **akuter Vergiftung**, die wie bei akuten Cocain-Intoxikationen[44] mit einem deliranten Syndrom (u.a. der beschriebenen Erregung und Halluzinationen) einhergeht, kann es zu Kehlkopfkrämpfen und **Ateminsuffizienz**[45] kommen. Wie bei Cocain besteht die Behandlung u.a. in der Verabreichung von **Benzodiazepinen**[46]. Ein herabgesetzter Sauerstoffgehalt des ZNS (**Hypoxie**) mit Angst und Unruhe, Zyanose, Tachykardie, Blutdruckanstieg, Verwirrtheit und gegebenenfalls Herzstillstand kann **Notfallmaßnahmen** erforderlich machen. 2542

---

[38] Demgegenüber bleibt im Halluzinogen-Rausch das Bewusstsein meistens erhalten, vgl. Vorbem. 1.2, Rdnr. 267.
[39] Zu Mikrohalluzinationen im Stimulantia-Rausch, etwa als Folge einer Cocain-Intoxikation, vgl. 3.1.7, Rdnr. 1694 und 1697.
[40] Vgl. auch zum LSD-Rausch 1.2.1.1.4, Rdnr. 328-332.
[41] Insoweit der Heroin-Wirkung vergleichbar: 2.1.4, Rdnr. 1118.
[42] Vgl. auch oben 4.5.4, Rdnr. 2535; mit aus diesem Grund wurden die in Supermärkten angebotenen Einkaufstüten aus Plastik zunehmend mit kleinen Löchern versehen.
[43] Vgl. auch zum Ether-Rausch 4.5.1, Rdnr. 2509.
[44] Zur akuten Cocain-Vergiftung vgl. 3.1.7, Rdnr. 1665.
[45] Vgl. auch zur akuten Heroin-Vergiftung 2.1.7, Rdnr. 1272 f.
[46] Zur Verabreichung etwa von Valium vgl. 3.1.7, Rdnbr. 1677.

2543 In den USA wurde die Zahl der meist infolge Herzmuskelversagens oder Erstickens gestorbenen "**Schnüffeltoten**" zeitweise mit mehr als 300/a angegeben; in der BRD wurde sie für 1984 auf etwa 60 geschätzt, eine Größenordnung, die in etwa auch für die Folgezeit gelten dürfte[47].

2544 Chronischer Missbrauch organischer Lösungsmittel und von Gasen kann über eine psychische Abhängigkeit hinaus zu einer auch **physischen Abhängigkeit** führen, die früher teilweise der vom Alkohol/Barbiturat-Typ[48] zugeordnet wurde, aufgrund der ICD-10 aber nunmehr in einer eigenständigen Abhängigkeit **von flüchtigen Lösungsmitteln** (F 18.2) erfasst ist; diese ist neben den genannten Merkmalen auch durch das Erfordernis einer erheblichen **Dosissteigerung** charakterisiert.

2545 Bei gleichzeitiger Aufnahme von Lösungsmitteln und **Trinkalkohol** kann es zu **Wechselwirkungen** kommen[49].

2546 Außerdem sind meist schwere körperliche und geistige **Schäden** die Folge eines habituellen Missbrauchs von Schnüffelstoffen.

2547 Neben Übelkeit und Appetitlosigkeit treten bei einem über Jahre hinweg andauernden Missbrauch mit einiger Wahrscheinlichkeit insbesondere **Hirnfunktionsstörungen** auf, die z.T. auf Gewebeverlusten im Gehirn (zerebrale Atrophie) beruhen[50]. Die Folge ist ein Abbau der intellektuellen Fähigkeiten sowie der Wahrnehmung. Es kann zu spastischen **Lähmungen** kommen, die ein aufrechtes Gehen unmöglich machen, sowie zu peripheren **Polyneuropathien** (meist schlaffe Lähmungen, die schließlich auch zu Muskelatrophien führen können). Hinzu kommen Schädigungen des Kreislaufs sowie Verätzungen im Rachenraum. An Leber, Nieren und Knochenmark treten häufig degenerative Veränderungen auf; so wirken z.B. **Perchlorethylen** und **Tetrachlorkohlenstoff leber-** und **nierentoxisch**; **Toluol** verursacht zudem Hautschäden.

2548 Daneben kann etwa **Trichlorethylen** Herzleiden und Trigeminus-Entzündungen (Nervenschmerzen im Gesicht) verursachen. Insbesondere **Benzol** wirkt als gefährliches **Blutgift** und ist **karzinogen**: Veränderungen im Blutbild bis zur Anämie und Leukämie sowie Chromosomenveränderungen sind hier bekannt geworden.

---

[47] Zur Zahl der sog. „Drogentoten" vgl. 2.1.2, Rdnr. 1050 f.
[48] Vgl. hierzu bei den Barbituraten 4.1, Rdnr. 2024.
[49] Vgl. hierzu ebenfalls bei den Barbituraten 4.1, Rdnr. 2005.
[50] Zu vergleichbaren, u.a. neurotoxischen Hirnschädigungen (Encephalopathien) als Folge des Heroin-Missbrauchs vgl. 2.1.7, Rdnr. 1297, des Cocain-Rauchens 3.1.5, Rdnr. 1615 und 1680, des MPPP-Missbrauchs 4.4.4, Rdnr. 2402, und des „ecstasy"-Missbrauchs 1.2.4.3, Rdnr. 856.

4.5 Schnüffel- und Inhalationsstoffe

In psychischer Hinsicht kann es zu **Persönlichkeitsveränderungen, taktilen Halluzinationen** ("Ameisen unter der Haut")[51], Depressionen und Angstzuständen kommen.

2549

Das Schnüffeln organischer Lösungsmittel war bereits Ende des 19. Jahrhunderts gelegentlich bei Wäscherinnen, die mit Benzin reinigten, aufgetreten. In nennenswertem Umfang kam es in der Bundesrepublik hierzu aber erst seit 1968, als in **Berlin** die ersten Jugendlichen als Schnüffler auffielen; seitdem ist es vor allem unter sozial benachteiligten Jugendlichen und Heranwachsenden in großstädtischen Vierteln verbreitet[52]. Hierbei handelt es sich meist um Neubauviertel, die keine adäquaten Betätigungsmöglichkeiten für diese Altersgruppe bieten. Im Zuge der zeitweise erheblichen Jugendarbeitslosigkeit seit Beginn der 1980er Jahre war auch ein Anstieg der Schnüffler zu verzeichnen; diese Tendenz setzte sich bis Ende der 80er Jahre fort: Während Schätzungen 1985 von 12.000-35.000 ausgingen, lagen sie 1989 zwischen 30.000 und 100.000[53]. Im Zuge des Verfalls der Heroin-Preise ging ab Anfang der 1990er Jahre das Schnüffeln zurück, verstärkte sich ab Mitte der 90er Jahre jedoch wieder. Die ersten Schnüffelerfahrungen erfolgten hierbei im Kindesalter von 12-14 Jahren. In Einzelfällen kann sich ein chronischer Missbrauch bis ins Erwachsenenalter fortsetzen.

2550

Der tägliche Verbrauch lag bei etwa 1/4 l "Pattex"-Verdünner, konnte infolge der **Toleranzentwicklung** aber auch bis auf 2 l/d steigen.

2551

Eine vergleichbare Entwicklung ist seit den 1980er Jahren in **Südamerika** zu verzeichnen: Unter anderem in Guatemala und Mexiko[54] ist das Inhalieren von lösungsmittelhaltigen Klebstoffen, Farb- und Lack-(Nitro-)verdünnern[55] sowie Benzin neben anderen Rauschmitteln[56] seitdem unter **Straßenkindern** mit der Konsequenz noch größerer **Verelendung** weit verbreitet; das Einstiegsalter liegt bei 9 Jahren. Seit Mitte der 1990er Jahre erfolgt eine entsprechende Entwicklung in einigen Ländern **Osteuropas**, insbesondere in Rumänien.

2552

Ein **Verbot** dieser Lösungsmittel ist gleichwohl nicht durchführbar, da sie tagtäglich verwandt werden und nur eingeschränkt durch andere Substanzen, die eine missbräuchliche Verwendung nicht zulassen[57], ersetzbar sind[58].

2553

---

[51] Vgl. auch zur „Weckamin-Psychose" 3.2.4.7, Rdnr. 1952.
[52] Zur Verbreitung des Schnüffelns unter Jugendlichen vgl. auch Vorbem. 4.5, Rdnr. 2499-2501.
[53] Zur Zahl der Heroin-Abhängigen vgl. 2.1.2, Rdnr. 1025.
[54] Zum „Crack"-Missbrauch in Mexico vgl. 3.1.2, Rdnr. 1462.
[55] Ein Gemisch aus u.a. Aceton, Methanol, Alkohol, Benzol und Ester.
[56] Zum „Basuco"-Rauchen vgl. 3.1.5, Rdnr. 1613-1615.
[57] Ein Versuch der Fa. Henkel in den 1970er Jahren, dem toluol-haltigen „Pattex"-Verdünner (vgl. 4.5.4, Rdnr. 2529) das übelriechende Methylethyleton (MEK) zuzusetzen, scheiterte: Die Schnüffler ließen sich hiervon nicht abhalten, eine Reihe Jugendlicher erlitt hierdurch jedoch schwere Vergiftungen.
[58] Zur Frage eines Verbots oder eingeschränkten Gebrauchs von „Schnüffelstoffen" vgl. auch Vorbem. 4.5, Rdnr. 2503.

2554 Mitte der 1990er Jahre erfolgte in Deutschland bei dem toluol-haltigen Kontaktklebstoff "Pattex" im Hinblick auf seine anhaltende missbräuchliche Verwendung jedoch eine Umstellung auf einen **lösungsmittelfreien** Klebstoff.

2555 Im Hinblick auf ihre umweltschädigende und karzinogene Wirkung wird zudem versucht, Produktion und Vertrieb von Fluorkohlenwasserstoffen (FCKW) u.a. als Treibgas für Spraydosen weltweit zu unterbinden und allgemein von **Halogen-KW einzuschränken**.

2556 Im Hinblick auf eine Verwendbarkeit als Arzneimittel unterliegen **Trichlorethylen** und
§ **Tetrachlorkohlenstoff** aufgrund der Arzneimittel 1990 der **Verschreibungspflicht**. Ein Vertrieb außerhalb einer Apotheke kann eine Strafbarkeit nach § 95 Abs. 1 Nr. 4 AMG begründen. Da sie außerdem eine Funktion als **Grundstoffe** für die illegale Btm-Herstellung haben, unterliegen zudem u.a. **Aceton** und **Toluol** (beide in Kategorie 3) seit dem 1.3.1995 der Grundstoffüberwachung nach dem GÜG[59].

2557 Zu den Schnüffelstoffen gehören auch flüchtige, NO-freisetzende **Aufputsch-**
* **mittel** auf **Alkylnitrit-Basis**. So ist der Missbrauch von (Iso-)**Amylnitrit**
\# (AMYS), dem flüchtigen Salpetrigsäureester des Amylalkohols (C_5H_{11}O-N=O), verbreitet, der aufgrund seiner analgesierenden, spasmolytischen, kurzfristig blutdrucksenkenden und **gefäßerweiternden** Wirkung therapeutische Verwendbarkeit zur Inhalation u.a. bei Angina pectoris aufweist, indem **Stickstoffmonoxid** (NO) nach Abspaltung im Körper über die genannten Effekte zu einer Entlastung des Herzens führt.

2558 Bei Amylnitrit handelt es sich um eine wasserklare, leichtflüchtige und explosive **Flüs-**
\# **sigkeit** mit süßlichem Geruch, die u.a. auch in Mitteln zur Raumluftverbesserung enthalten ist und in dieser Anwendungsform **missbraucht** werden kann. Nach schneller **Resorption** beruht die berauschende Wirkung auf einem Sauerstoffmangel des Gehirns (**Hypoxie**), wodurch neben dem Schmerzempfinden auch das **Wahrnehmungsvermögen** beeinträchtigt wird. Neben einer Zyanose kann es u.a. zu einem starken **Blutdruckabfall**, gegebenenfalls mit Bewusstlosigkeit sowie Atem- und Kreislauflähmung, kommen.

2559 Da Amylnitrit an der Luft oder im hellen Licht mit einem leisen Knall zerfällt, wird es "Poppers" oder "Snapper" genannt. Seit den 1960er Jahren wird es in den USA aus dunkelgetönten Fläschchen oder kleinen Glaskapseln ("pearls"), die zerbrochen und unter die Nase gehalten werden, als **sexualstimulierendes** Mittel **inhaliert** ("rush"-artiger und verlängerter Orgasmus), da es als Schließmuskelrelaxans wirkt insbesondere in homosexuellen Kreisen[60], und teilweise in Kombination mit Viagra, was die Gefahr einer Hypotonie und von Herz-Kreislauf-Störungen erhöht. Die **Wirkungsdauer** ist allerdings mit ca. 3 min sehr begrenzt, so dass meist mehrmals inhaliert wird. Ein **Trinken** der Flüssigkeit ist im Hinblick auf die Reduzierung des Sauerstoffs im Blut als sehr gefährlich einzuschätzen.

2560 (Iso-)**Amylnitrit** wurde nicht den Bestimmungen des BtMG unterstellt, aufgrund der
§ ArzneimittelV 1990 handelt es sich hierbei jedoch um einen **verschreibungspflichtigen** Stoff. Als Inhalationsampulle war es in dem FAM Nitramyl enthalten, ein schnellwirkendes

---

[59] Zur Aceton-Verwendung bei der Cocain-Herstellung vgl. etwa 3.1.3, Rdnr. 1510.
[60] Zum Weckamin-Missbrauch seitens dieser Gruppe vgl. 3.2.4.2, Rdnr. 1811.

4.5 Schnüffel- und Inhalationsstoffe

Medikament bei Angina pectoris. Bei Vertrieb von (Iso-)Amylnitrit außerhalb einer Apotheke kann eine Strafbarkeit nach § 95 Abs. 1 Nr. 4 AMG gegeben sein.

Ähnlich wie Amylnitrit, wenn auch nicht ganz so heftig und von **Nebenwirkungen** wie Kopfschmerzen begleitet, wirken das stark **gefäßerweiternde Butyl-** sowie das **Isobutylnitrit** (C_4H_9-O-N=O), das ebenfalls in raumdesodorierenden Mitteln, nicht hingegen in FAM enthalten ist. Es wird wie Amylnitrit unter der Bezeichnung "Poppers" oder auch "Rush" u.a. in der "**Disco-Scene**" in Kombination mit **LSD-25** oder "ecstasy"[61] verwandt, um deren Effekte zu erhöhen (Wirkungsverstärkung). Wird es zu **Rauschzwecken** in den Verkehr gebracht, kann unabhängig von einer Verschreibungsfähigkeit und -pflichtigkeit bzw. einer Zulassung eine Strafbarkeit nach § 95 Abs. 1 Nr. 1 AMG gegeben sein.

2561
*
§

In diesem Zusammenhang sei abschließend nochmals darauf hingewiesen[62], dass trotz eines sicherlich bestehenden **Struktur-Wirkungs-Zusammenhanges**[63] Substanzen mit völlig **unterschiedlicher** chemischer Struktur (aber auch ein Edelgas wie **Xenon**, das chemisch überhaupt nicht reagiert[64]) in der Lage sind, psychopharmakologisch **vergleichbare Wirkungen** hervorzurufen.

2562
*

Hierbei kann wahrscheinlich nicht der gleiche **Wirkungsmechanismus** für die sich entsprechenden Effekte bei allen Stoffen verantwortlich gemacht werden, obwohl letztlich sowohl das euphorisch gefärbte "high" beim Haschisch- als auch beim Heroin-Konsum u.a. auf einem Eingriff in den **Dopamin-Haushalt** beruhen dürfte[65]. Wahrscheinlicher ist, dass das Gehirn nur mit einer **begrenzten** Zahl von **Reaktionsarten** auf die verschiedensten chemischen Reize zu antworten in der Lage ist, ein vergleichbarer hirnphysiologischer Wirkungsmechanismus hierbei zugleich aber auch eine bedingte **Austauschbarkeit** der Drogen beinhaltet[66].

2563
#

---

[61] Zu Kombinationen u.a. mit „ecstasy" und Viagra vgl. auch 1.2.4.3, Rdnr. 863.
[62] Vgl. hierzu auch beim LSD-25 1.2.1.1.4, Rdnr. 395, sowie beim Cocain 3.1.4, Rdnr. 1530, und 3.1.7, Rdnr. 1697.
[63] Vgl. etwa zur Verstärkung verschiedener Wirkungskomponenten bei den Morphin-Abkömmlingen je nach Strukturabwandlung Vorbem. 4.4, Rdnr. 2246 f.
[64] Xenon, das seinen Wirkort im Gehirn extrem schnell erreicht und ebenso rasch wieder verlässt, wirkt leicht euphorisierend und schmerzstillend; eine Zulassung als Narkosegas ist zu erwarten.
[65] Vgl. hierzu beim THC 1.1.4, Rdnr. 162 und 167, sowie beim Heroin 2.1.4, Rdnr. 1159-1163.
[66] Vgl. hierzu etwa auch beim Cocain 3.1.4, Rdnr. 1530.

Literatur

Altenkirch H (1979) Schnüffelsucht - chronischer Lösungsmittelmissbrauch bei Kindern und Jugendlichen mit neurotoxischen Folgen. Dtsch Med Wochenschr 109:935-938

Altenkirch H (1981) "Schnüffelsucht" - Lösungsmittelmissbrauch und Lösungsmittelabhängigkeit bei Kindern und Jugendlichen. Dtsch Ärztebl 43:2025-2030

Altenkirch H (1988) Die neue Sucht - Schnüffeln. Suchtreport 3:2-11

Altenkirch H, Mager J (1976) Toxische Polyneuropathien durch Schnüffeln von Pattex-Verdünner. Dtsch Med Wochenschr 101/6:195-198

Altenkirch H, Schulze H (1979) Schnüffelsucht und Schnüffler. Neuropathie – Neurologische Befunde und Sozialdaten von 40 Fällen. Nervenarzt 50:21-27

Amass L, Bickel WK, Higgins ST et al. (1994) A preliminary investigation of outcome following gradual or rapid buprenorphine detoxification. J Addict Dis 13/3:33-45

Archer GA, Sternbach LH (1968) The chemistry of benzodiazepines. Chem Rev 68:747-750

Archer S, Harris LS (1965) Narcotic antagonists. Fortschr Arzneimittelforsch 8:261-268

Arnold W (1989) Arzneimittelmissbrauch, Symposium 1989 der Gesellschaft für Toxikologische und Forensische Chemie (GTFCh). Kriminalistik 8-9:671-673

Baedeker C (1983) Epidemiologische Betrachtungen zum Gebrauch von Alkohol und Benzodiazepinen. Beitr Gerichtl Med 41:407-412

Beil H, Trojan A (1976) Tilidin (Valoron-)Missbrauch, Ergebnisse einer Befragung von Drogenkonsumenten. MMW 118:633-638

Benos J (1983) Ein Fall von sekundärer Buprenorphin-(Temgesic-)abhängigkeit. Nervenarzt 54:259-261

Berghaus G, Friedel B (1998) Methadon und Fahreignung. Rechtsmed 14: 87-103

Bertschy G, Bryois C, Bondolfi G et al. (1997) The association carbamazepin-miauserin in opiate withdrawel: a double blind pilot study versus clonidine. Pharmacol Res 35:451-456

Bickel MH (1968) Untersuchungen zur Biochemie und Pharmakologie der Thymoleptika. Fortschr Arzneimittelforsch 11:121-124

Bilsback P, Rolly G (1983) A double blind epidural administration of lofentanil, buprenorphine or saline for post-operative pain. 4th International Congress of the Belgian Society of Anesthesia and Resuscitation, Louve-en-Woluwe, Brussels, Sept. 7-10. Acta Anesthesiol Belg [Suppl 1] 34:88-89

Bogusz MJ, Maier RD, Krüger KH, Früchtnicht W (1998) Determination of flunitrazepam and its metabolites in blood by high-performance liquid chromatography atmospheric pressure chemical ionisation mass spectrometry. J Chromatogr 713:361-369

Borbély A (1984) Das Geheimnis des Schlafes (Neue Wege und Erkenntnissse der Forschung). Deutsche Verlags-Anstalt, Stuttgart

Bovill JG, Sebel PS, Blackburn CL, Heykants J (1982) The pharmacokinetics of alfentanil (R 39, 209): a new opioid analgesic. Anesthesiol 57:439-443

Bovill JG, Sebel PS, Fiolet JWT, Touber JL, Kok K, Philbin DM (1983) The influence of sefentanil on endocrine and metabolic responses to cardiac surgey. Anesth Anal 62:391-397

Bovill JG, Sebel PS, Blackburn CL, Oei-Lim V, Heykants JJ (1984) The Pharmacokinetics of sufentanil in surgical patients. Anesthesiol 61:502-506

Bühringer G, Gastpar M, Hein W, Kovar K-A, Ladewig D, Naber D, Täschner K-L (1995) Methadon-Standards. Enke, Stuttgart

Burian W et al. (1979 a) Abhängigkeit und Missbrauch von Pentazocin. Wien Suchtforsch 8:3-6

Burian W et al. (1979 b) Abhängigkeit von Tranquilizern. Wien Suchtforsch 3:13-17

Casas M, Guardia J, Prat G, Trajols J (1995) The apomorphine test in heroin addicts. Addiction 90/5:831-835

Casy AF (1970) Analgesics and their antagonists: Recent developments. Prog Med Chem 7/2:229-232

Cheskin LJ, Fudala POJ, Johnson RE (1994) A controlled comparison of buprenorphine and clonidine for acute detoxification from opioids. Drug Alcohol Depend 36:115-121

Cieslak G (1955) Über suchtmachende Hustenmittel. Nervenarzt 26:30-32

Clark WG, Giudice J del (1970) Principles of psychopharmacology. Academic Press, New York London

Cookson RF (1983) Carfentanil and lofentanil. Clin Aneastesiol 1:156-158

Cushman P et al. (1980) Benzodiazepine and drug abuse. Drug Alcohol Depend 6:365-368

Darke S (1994) Benzodiazepine use among injecting drug users: problems and implications. Addiction 89:379-382

Daunderer M (1977) Klinischer Entzug bei Tilidin (Valoron-)Abhängigkeit und Nachweis eines Morphiattyps. Dtsch Apoth Z 31:1439-1443

Deutsche Hauptstelle gegen die Suchtgefahren (Hrsg.)(1976) Medikamente: Verbrauch, Missbrauch, Abhängigkeit. Hoheneck, Hamm

Drummond DC, Turingtom D, Rahman MZ et al. (1989) Chlordiazepoxid vs methadone in opiate withdrawel: a preliminary double blind trial. Drug Alcohol Depend 23:63-71

Eddy NB, May EL (1966) Synthetic analgesics, part II/B: 6,7-benzomorphanes. Pergamon, Oxford London Edinburgh New York Paris Frankfurt

Emboden WA (1981) Transcultural use of water lilies in Maya and Egyptian civilizations. J Ethnopharmacol 3:1-45

Faller-Marquardt M, Logemann E, Ropohl D (1999) Verkehrsmedizinische Risiken bei ambulantem Alkoholentzug mit Clomethiazol. Blutakohol 36:44-50

Foldes FF, Swerdlow M, Sikers ES (1968) Morphinartige Analgetica und ihre Antagonisten. Springer, Berlin Heidelberg New York

Freedman AM, Fink M, Sharoff R, Zaks A (1967) Cyclazocine and methadone in narcotic addiction. JAMA 202:191-194

Friesen DH et al. (1991) Codein und Dihydrocodein als Ausweich- und Ersatzdrogen. Fortschr Neurol Psychiat 59:164-169

Fudala PJ, Jaffe JH, Dax EM et al. (1990) Use of buprenorphine in the treatment of opioid addiction. II. Physiologic and behavioural effects of daily and alternate-day administration and abrupt withdrawel. Clin Pharmacol Ther 47/4:525-534

Gädeke R (1972) Tabellen zu den "Schnüffelsuchten" von Kindern und Jugendlichen. Z Allgemeinmed 48:222-223

Gädeke R, Gehrmann J (1973) Drogenabhängigkeit bei Kindern und Jugendlichen unter besonderer Berücksichtigung der Schnüffelsucht. Enke, Stuttgart

Geiger W (1955) Über Brompsychosen. Nervenarzt 26:99-106

Geschwinde T (1984) Neubewertung von Fertigarzneimitteln als Betäubungsmittel ab dem 1. Januar 1984. MedR 6:214-215

Gillmann MA (1992) Nitrous oxide abuse in perspective. Clin Neuropharmacol 15/4:297-306

Gößling HW, Gunkel S, Wegener U et al. (1998) Effects of methadone given to opiate-dependent persons in course of inpatient detoxification. Fortschr Neurol Psychiat 66:278-285

Gordon M (1964-1974) Psychopharmalogical agents, medicinal chemistry 4-I, 4-II, 4-III. Academic Press, New York London

Gray AM (1996) Effect of alprozalam on opiate-withdrawel: a combined behavioural and microdialysis study. Eur J Pharmacol 313:73-77

Greiser E (Hrsg.)(1983) Bewertender Arzneimittelindex, Bd 2: Hypnotika, Sedativa und Psychopharmaka. "medpharm", Wiesbaden

Grell FL. Koons RA, Denson JJ (1970) Fentanyl in anesthesia: A report of 500 cases. Anesth Analg 49:523-532

Heel RC, Brogden RN, Speight A et al. (1979) Buprenorphine: a review of its pharmacological properties and therapeutic efficacy. Drugs 17/2:81-110

Heinemann A, Ribbat J, Püschel K et al. (1998) Rauschgifttodesfälle mit Methadonbeteiligung (Hamburg 1990-1996). Rechtsmed 8:55-60

Heinzow B, Lüllmann H (1979) Pharmakokinetische Grundlagen eines möglichen Missbrauchs von Valoron N. Dtsch Ärztebl 76:1003-1006

Hellerbach J, Schnider O, Besendorf H, Pellmont B (1966) Synthetic analgesics, part II/A: Morphinans. Pergamon, Oxford London Edinburgh New York Paris Frankfurt

Hellmer R, Wegner H, Krafft J (1974) Experimentelle Untersuchungen zur Fahrtüchtigkeit nach Einnahme eines bromhaltigen Schlafmittels sowie nach gleichzeitigem Alkoholgenuss. Blutalkohol 11: 365-371

Hellmer R et al. (1976) Untersuchungen zur biologischen Halbwertszeit und zur Verteilung des ionisierten Broms im menschlichen Körper. Beitr Gerichtl Med 34:123-125

Hornung WP, Poehlke T, Sproedt J, Köhler-Schmidt H (1996) Levomethadonsubstitution und Fahreignung. Sucht 42:92-97

Jablonska JK, Knobloch K, Majkia J (1975) Stimulatory effects of chlordiazepoxide, diazepam and oxazepam in the drug-metabolizing enzymes in microsomes. Toxicol 5:103-111

Jäckle W, Mallach HJ, Pedall R (1980) Über den steigenden Arzneimittelmissbrauch alkoholbeeinflusster Verkehrsteilnehmer. Blutakohol 17:133-150

Janssen PAJ (1982) Potent, new analgesics, tailor-made for different purposes. Acta Anaesthesiol Scand 26:262-268

Janssen PAJ, Jagenau AH (1957) A new series of potent analgesica. Dextro-2,2-diphenyl-3-methyl-4-morpholino-butyrylpyrrolidine and related amides. Chemical structure and pharmacological activity. J Pharm Pharmacol 9:381-400

Jasinski DR, Pernik JS, Griffith JD (1978) Human pharmacology and abuse potential of the analgesic buprenorphine. Arch Gen Psychiatry 35:501-516

Jochemsen R, Baxtel MD van, Hermanns J (1983) Kinetics of five benzodiazepine hypnotics in healthy subjects. Clin Pharmacol Ther 34:42-47

Johnson RE, Jaffe JH, Fudala PJ (1991) A controlled trial of buprenorphine treatment for opioid dependence. JAMA 267/20:2750-2755

Julien RM (1997) Drogen und Psychopharmaka. Spektrum Akad Verlag, Heidelberg Berlin Oxford

Kauert GF (2000) Drogennachweis im Speichel vs Serum. Blutalkohol 37: 76-83

Kellermann B (1976) Suchtproblem Nr. 3. Über die Abhängigkeit von Schlaf- und Beruhigungsmitteln. Neuland Verlagsgesellschaft, Hamburg

Kemper N, Poser W, Poser S (1980) Benzodiazepin-Abhängigkeit. Dtsch Med Wochenschr 105:1707-1712

Keup W (1977) Das Abhängigkeits-Potential des Clomethiazol (Distraneurin). Kommentar zur Bekanntgabe der Arzneimittelkommission der deutschen Ärzteschaft: Strenge Indikationsstellung für Clomethiazol. Dtsch Ärztebl 74:1903-1906

Keup W (1982) Probleme des Medikamentenmissbrauchs. Z Allgemeinmed 53/3:1814-1821

Keup W (1983) Buprenorphin (Temgesic-)Missbrauch und -Abhängigkeit. Suchtgefahren 29/2:193-194

Keup W, Platz W (1979) Das Missbrauchspotential der Benzodiazepin-Derivate. "arznei-telegramm" 11:I-III

Kiltz RK (1978) Sucht und Pharmaka. Dtsch Ärztebl 75:433-437

Kintz P, Cirimele V, Ludes B (1998) Codeine testing in sweat and saliva with the Drugwipe. Int J Legal Med 111:82-84

Klotz U (1981) Pharmakologie, Toxikologie und Abhängigkeitspotential der Benzodiazepine. Dtsch Ärztebl 78:2227-2234

Klotz U, Kangas L, Kanto J (1980) Clinical Pharmacokinetics of Benzodiazepines. Gustav Fischer, Stuttgart New York

Klug E, Schneider V (1984) Vergiftungen durch Clomethiazol. Z Rechtsmed 93:89-94

Kosten TR, Morgan C, Kleber HD (1991) Treatment of heroin addicts using buprenorphine. Am J Drug Alcohol Abuse 17/2:119-128

Kosten TR, Schottenfeld R, Ziedonis D et al. (1993) Buprenorphine versus methadone for opioid dependence. J Nerv Ment Dis 181/6: 358-364

Krantz P, Wannerberg O (1981) Occurrence of barbiturate, benzodiazepine, meprobamate, methaqualone and phenothiazine in car occupants killed in traffic accidents in the south of sweden. Forensic Sci Intern 18:141-147

Kreuzer A (1973) Apothekeneinbrüche und verwandte Delinquenzmuster. Kriminalistik 27:500-503, 548-553

Krüger HP, Kohnen R, Schöch H (1995) Medikamente im Straßenverkehr. Gustav Fischer, Stuttgart

Kubicki-Lenhard L, Mazalieri-Beyer K (1977) Pentazocin - Ein Suchtproblem. MMW 119:1069-1074

Kurz H (1982) Interaktion von Arzneimitteln und Alkohol. Dtsch Ärztebl 79:33-39

Ladewig D (1979 a) Analgetikum bei Medikamentenabhängigkeit. Lässt sich klinisch für Nefopam ein Abhängigkeitspotential eruieren ? Ärztl Prac 31:1659-1660

Ladewig D (1979 b) Abusus und Abhängigkeit von nicht-narkotischen Analgetika und Sedativa. Nervenarzt 50:212-219

Lander C, Möller H (2001) Substitutionsmittel. Vorschriften geändert. Dtsch Ärztebl 37:1802-1804

Lauth GW, Schlottke PF, Naumann K (1999) Rastlose Kinder, ratlose Eltern. DTV, München

Leeuwen L van, Deen L (1981) Alfentanil, a new potent and very shortacting morphinomimetic for minor operative procedures. A pilot study. Anästhesist 30:115-118

Leeuwen L van, Deen L, Helders JH (1981) A comparison of alfentanil and fentanyl in short operations with special reference to their duration of action and post-operative respiratory depression. Anästhesist 30:397-399

Lehmann E, Radmayr E (1982) Entzugsbehandlung von primär und sekundär 1,4-Benzodiazepin-Abhängigen. Therapiewoche 32:6481-6490

Leysen JE, Awouters F, Kennis L, Laduron PM, Vandenberk J, Janssen PAJ (1981) Receptor binding profile of R 41 468, a novel antagonist at 5-HT$_2$ receptors. Life Sci 28:1015-1022

Leysen JE, Gommeren W, Niemegeers CJE (1983) Sufentanil, a superior ligand for µ-opiate receptors: Binding properties and regional distribution in rat brain and spinal cord. Eur J Pharmacol 87: 209-225

Ling W, Wesson DR, Charuvastra C (1996) A controlled trial comparing buprenorphine and methadone maintenance in opioid dependence. Arch Gen Psychiatry 53/5:401-407

Litman RE, Diller J, Nelson F (1983) Death related to propoxyphene or codeine or both. J Forensic Sci 28:128-138

Lowry TP (1979) Amyl nitrite and the EEG. J Psychedelic Drugs 11/3: 239-241

Lowry TP (1982) Psychosexual aspects of the volatile nitrites. J Psychedelic Drugs 14/1-2:77-79

Maitre PO, Vozeh S, Heykants J, Thomson DA, Stanski DR (1987) Population kinetics of alfentanil: the average dose-plasma concentration relationship and interindividual variability in patients. Anesthesiol 66:3-12

Mallach HJ, With E (1973) Über tödliche Vergiftungen mit Carbromal und Bromisoval. Med Welt 24/6:212-216

Mallach HJ, Moosmayer A, Gottwald K (1975) Pharmakokinetische Untersuchungen über Resorption und Ausscheidung von Oxazepam in Kombination mit Alkohol. Arzneimittelforsch (Drug Res) 25:1840-1845

Mallach HJ, Schmidt V, Schenzle D, Dietz K (1983) Untersuchungen zur Prüfung der Wechselwirkung zwischen Alkohol und einem neuen 1,4-Benzodiazepam (Metaclezepam), 2. und 3. Mitteilung. Blutalkohol 20:196-220, 273-300

Mallach HJ, Hartmann H, Schmidt V (1987) Alkoholwirkung beim Menschen. Thieme, Stuttgart New York

Marks J (1978) The benzodiazepines: Use, overuse, misuse, abuse. MTS Press, London

McCarthy PS, Howlett GJ (1984) Physical dependence induced by opiate partial antagonists in the rat. Neuropeptides 5:233-247

Megges G (1987) Methaqualon-Missbrauch: ein gelöstes Problem ? Illegaler Handel blüht weiter. Kriminalistik 5:275-282

Moosmayer A, Besserer K (1981) Renale Codein- und Morphin-Ausscheidung nach Codein-Einnahme. Beitr Gerichtl Med 39:109-122

Musshoff F, Banaschak S, Madea B (2001) Verkehrsteilnehmer unter dem Einfluss von Methadon - Ein aktueller Zustandsbericht. Blutalkohol 10:325-335

Nauta J, Stanley TH, de Lange S, Koopman D, Spierdijk J, Kleef J van (1983) Anaesthetic induction with alfentanil: comparison with thiopental, midazolam and etomidate. Can Anaesth Soc J 30:53-60

Niemegeers CJE, Janssen PAJ (1981) Alfentanil (R 39 209) - a particulary short-acting intravenous narcotic analgesic in rats. Drug Dev Res 1:83-88

Niemegeers CJE, Schellekens KHL, Bever WFM van, Janssen PAJ (1976) Sufentanil, a very potent and extremly safe intravenous morphine-like compound in mice, rats and dogs. Arzneimittelforsch 26: 1551-1556

Nigam AK, Ray R, Tripathi BM (1993) Buprenorphine in opiate withdrawel: a comparison with clonidine. J Subst Abuse Treat 10:391-394

Nilsson E, Janssen PAJ (1961) Neurolept analgesia - an alternative to general anesthesia. Acta Anaesthesiol Scand 5:73-84

Noordduin H, Waldron H, Peer A van, Bussche G Vanden (1986) Alfentanil infusions for peroperative and postoperative analgesia. Drug Dev Res 8:347-352

O'Connor PG, Oliveto AH, Shi JM et al. (1996) A pilot study of primary-care based buprenorphine maintenance for heroin dependence. Am J Drug Alcohol Abuse 22/4:523-531

Parker HI, Rlaschke G, Rapoport H (1972) Biosynthetic conversion of thebaine to codeine. J Am Chem Soc 94:1276-1290

Penning R et al. (1993) Drogentodesfälle durch dihydrocodeinhaltige Ersatzmittel. Dtsch Ärztebl 90/8:528-529

Penzt R, Strubelt O, Gehlhoff O (1979) Therapeutische, toxische und letale Arzneimittelkonzentration im menschlichen Plasma. Dtsch Ärztebl 76:2815-2820

Peters UH, Boeters U (1970) Valium-Sucht. Eine Analyse anhand von 8 Fällen. Pharmakopsychiatr 3:339-348

Pöldinger W (1976) Psychopharmaka. Neue Entwicklungen. Mod Arzneim Ther 1:35-53

Poser W et al. (1974) Missbrauch bromhaltiger Schlaf- und Beruhigungsmittel. Dtsch Med Wochenschr 99/49:2489

Poser W, Poser S (1996) Medikamente - Missbrauch und Abhängigkeit. Thieme, Stuttgart New York

Price JR (1956) Alkaloids related to anthranilic acid. Fortschr Chem Org Naturst 13:302-304

Radmayr E (1982) Die Abhängigkeitsproblematik bei 1,4-Benzodiazepinen. Therapiewoche 32:2838-2854

Rech RH, Moore KE (1971) An introduction to psychopharmacology. Raven, New York

Riederer P, Laux G, Pöldinger W (Hrsg.)(1995) Neuropsychopharmaka. Bd 2: Tranquilizer und Hypnotika. Springer, Wien New York

Rolly G, Kay B, Cockx F (1979) A double blind comparison of high doses of fentanyl and sufentanyl in man. Acta Anaesthesiol Belg 30:247-256

Rosow CE (1984) Sufentanil citrate: a new opioid analgesic for use in anesthesia. Pharmacotherapy 4:11-19

Saarne H (1969) Clinical evaluation of the new analgesic piritramide. Acta Anaesthesiol Scand 10:58-66

Sahihi A (1991) Designer-Drogen: MPTP - Der Todesbote persönlich. Suchtreport 5/2:14-17

Sattes H (1951) Zur Polamidonsucht. Dtsch Med Wochenschr 76:929-931

Scheidegger C, Pietrzak J, Frei R (1991) Disseminated candidiasis after intravenous use of oral methadone. Ann Intern Med 115:576

Scherbaum N, Gastpar M (1991) Die Substitution mit Methadon als Therapieersatz in der Behandlung Opiatabhängiger. Nervenarzt 62:529-535

Schmid J (1954) Ticarda als Suchtmittel. Dtsch Med Wochenschr 79:1191

Schmidt LG, Müller-Oerlinghausen B, Schlünder M, Seidel M (1987) Benzodiazepine und Barbiturate bei chronischen Alkoholikern und Opiatabhängigen. Eine epidemiologische Studie an stationär aufgenommenen Suchtkranken. Dtsch Med Wochenschr 112:1849-1854

Schmidt U (1986) Arzneimittel und Verkehrssicherheit. Forensia 7:103-111

Schmitz M, Dorow R (1996) 1 x 1 der Psychopharmaka. Springer, Berlin Heidelberg New York Tokyo

Schottenfield RS, Pakes JR, Oliveto A et al. (1997) Buprenorphin vs. methadone maintenance treatment for concurrent opioid dependence and cocaine abuse. Arch Gen Psychiatry 54/8:713-770

Schütz H (1982) Benzodiazepines - A Handbook (Vol. 1). Basic Data, Analytical Methods, Pharmacokinetics and Comprehensive Literature. Springer, Berlin Heidelberg New York

Schütz H (1989) Benzodiazepines - A Handbook (Vol. 2). Springer, Berlin Heidelberg New York

Schulz M, Schmoldt A (1991) Therapeutische und toxische Plasmakonzentrationen sowie Eliminationshalbwertszeiten gebräuchlicher Arzneistoffe. Pharm Z Wiss 136:87-94

Schuster R, Bodem M (1997) Zur Fassbarkeit von Ethanol-Benzodiazepin-Interaktionen in Blutentnahmeprotokollen. Blutalkohol 34:54-65

Schwarz H (1931) Kodein-Vergiftung, chronische, medizinale (Kodeinismus). In: Fühner H (Hrsg.) Sammlung von Vergiftungsfällen, Bd 2, Vogel, Berlin, A87:7-8

Schweizer E, Rickels K, Case WG et al. (1991) Carbamazepine Treatment in Patients Discontinuing Long-term Benzodiazepine Therapy. Arch Gen Psychiatry 48:448-452

Sebel PS, Bovill JG (1982) Cardiovascular effects of sufentanil anaesthesia. Anesth Analg 61:115-119

Senay EC (1985) Methadone maintenance treatment. Int J Addict 20: 803-821

Shamma M, Slusarchyk WA (1964) The aporphine alkaloids. Chem Rev 64: 60-75

Sinclair ME, Cooper GM (1983) Alfentanil and recovery. Aneasthesia 38:435-437

Soyka M, Hippius H (1990) Substitutionsbehandlung Drogenabhängiger mit Methadon ? MMW 132:689-690

Staak M, Käferstein H, Schumacher B (1993) Levomethadon-Plasmaspiegel und Beigebrauch von Sedativa im Methadon-Erprobungsprogramm. Blutalkohol 30:232-239

Staak M, Berghaus G, Glazinski R (1993) Empirische Untersuchungen zur Fahreignung von Methadon-Substitutionspatienten. Blutalkohol 30/6:321-333

Stach K, Pöldinger W (1966) Strukturelle Betrachtungen der Psychopharmaka: Versuch einer Korrelation von chemischer Konstitution und klinischer Wirkung. Fortschr Arzneimittelforsch 9:129-132

Stanski DR, Hug CC Jr (1982) Alfentanil - a kinetically predictable narcotic analgesic. Anesthisol 57:435-438

Steinke M (1972) Über das Schnüffeln, eine Sonderform des jugendlichen Rauschmittelmissbrauchs. Öffentl Gesundheitswes 34:703-707

Sternbach LH (1971) 1,4-Benzodiazepine Chemie und Betrachtungen zur Beziehung zwischen Struktur und Wirkung. Angew Chem 83:70-79

Stille G (1976) Methaqualon-Missbrauch - ein ernstes Problem. Dtsch Ärztebl 74:959-962

Strain EC, Stitzer ML, Liebson JA et al. (1994) Comparison of buprenorphine and methadone in the treatment of opioid dependence. Am J Psychiatry 151/7:1025-1030

Suzuki T, Shimada M, Yoskii S, Yanaura S (1984) Induction of physical dependence on codeine in the rat by drugadmixed ingestion. Jap J Pharmacol 34:441-446

Sziegoleit (1977) Akute Schlafmittelvergiftung. Dtsch Ärztebl 75/2: 81-89

Täschner K-L (1992) Brauchen wir Methadon-Substitutionsprogramme ? Nervenarzt 62:524-528

Takkin S, Tammisto T (1973) A comparison of pethidine, piritramide and oxycodone in patients with following cholecystectomy. Anästhesist 22:162-166

Tennant F, Shannon J (1995) Cocaine abuse in methadone maintenance patients is associated with low serum methadone concentrations. J Addict Dis 14/1:67-74

Tretter F (1983) Filmgenie Fassbinder: Kreativität durch Drogen ? Dtsch Ärztebl 80:23-25

Ulmer A (1998) Substitution unter neuer Rechtslage, ein Kommentar für substituierende Ärzte (Schriftenreihe der DGDS e.V. Bd 1). Verl. für Wiss. und Bildung, Berlin

Vogt DD (1981) Absinthium: a nineteenth-century drug of abuse. J Ethnopharmacol 4/3:337-342

Waldmann H (Hrsg.)(1983) Medikamentenabhängigkeit. Akademische Verlagsgesellschaft, Wiesbaden

Wieck HH, Hermmann M, Heinrich GP (1977) Beitrag zur Analyse des Abhängigkeits- und Missbrauchspotentials von Tilidin (Valoron). Therapiewoche 45:3183-3186

Windorfer A, Jurkat C (1991) Arzneimittel im Straßenverkehr. Wissenschaftliche Verlagsgesellschaft, Stuttgart

Woolfe G, MacDonald (1944) The evaluation of the analgesic action of pethidine hydrochloride (demerol). J Pharmacol Exp Ther 80: 300-307

Wyler D, Marty W (1993) Rauschzustand durch Lachgas. Kriminalistik 7: 491-492

Zerdick J (1996) Substitution Heroinabhängiger mit Codeinpräparaten ? Nieders Ärztebl 12:11-12

Zerdick J (1997) Häufigkeit, Qualifikation, Sicherstellung - Substitutionsbehandlung mit Methadon in Deutschland. Nieders Ärztebl 9:13-20

Zittlau D (1989) Verändern Anabolika die Psyche ? Suchtreport 6:36-45

Zittlau D (1993) Doping - Auch ein polizeiliches Problem ? Kriminalistik 8-9:559-562

Anhang A: Erläuterung der Fachbegriffe

Abhängigkeit ($\Rightarrow$ Arzneistoffabhängigkeit)

Abhängigkeitspotential (AP) ($\Rightarrow$ Arzneistoffabhängigkeit)

Abkömmling ($\Rightarrow$ Derivat)

Absorption: (hier allgemein:) Aufnahme eines Stoffes.

($\Rightarrow$ Applikation; $\Rightarrow$ enteral; $\Rightarrow$ parenteral; $\Rightarrow$ Resorption; $\Rightarrow$ Stoff)

Abusus ($\Rightarrow$ Missbrauch)

Acetaldehyd ($\Rightarrow$ Acetyl-Gruppe; $\Rightarrow$ Aldehyd)

Aceton ($\Rightarrow$ Keton)

Acetylaceton ($\Rightarrow$ Acetyl-Gruppe)

Acetylcholin: das Transmitterhormon vor allem des parasympathischen (cholinergen) und motorischen Nervensystems; Strukturformel (vgl. auch 1.2.2.1, Rdnr. 461):

$$\left[H_3C-\underset{\underset{CH_3}{|}}{\overset{\overset{CH_3}{|}}{N^+}}-\underset{H_2}{C}-\underset{H_2}{C}-O-\overset{\overset{O}{\|}}{C}-CH_3 \right] x^-$$

$\underbrace{\hspace{3cm}}_{\text{Cholinteil}} \underbrace{\hspace{3cm}}_{\text{Acetylteil}}$

Bei der Synthese wird durch die Cholinesterase eine Acetyl-Gruppe vom Acetylcoenzym A auf ein Cholin-Molekül übertragen. Die Ausschüttung von Acetylcholin aus den Vesikeln der Nervenendigung (Exocytose) wird bei Ankunft eines Aktionspotentials durch einströmende Calcium-(Ca^{2+}-)Ionen ausgelöst. Nach Ausschüttung wird die Überträgersubstanz sehr schnell durch die Acetylcholin-Esterase (AChE) in den

Acetyl-Teil (Acetat) und den Cholin-Teil aufgespalten (Hydrolyse) und anschließend durch Cholin-Acetyltransferase (CAT) wieder regeneriert; die Essigsäure wird mit dem Blut abtransportiert. Die Wirkungsdauer ist somit sehr kurz.

Die Erregungsweiterleitung erfolgt cholinerg, d.h. mittels Acetylcholin,

- an den Synapsen aller vegetativen Ganglien ("Nicotin-Rezeptoren"),
- an den Endigungen der postganglionären Fasern des Parasympathicus ("Muscarin-Rezeptoren") und
- an den motorischen Endplatten der Skelettmuskulatur.

Außerdem ist Acetylcholin an der Erregungsübertragung im ZNS beteiligt und spielt bei Aufmerksamkeit, Lernen und Gedächtnis eine Rolle. Zu Acetylcholin antagonistisch wirkt vor allem Noradrenalin, aber auch Dopamin. Rauschdrogen können u.a. über eine Acetylcholin-Hemmung wirken. Der Acetylcholin-Rezeptor der postsynaptischen Membran besteht aus 5 Polypeptid-Ketten, die sich nach Anlagerung des Transmittermoleküls umlagern, wodurch für 1 ms eine Öffnung von 0,65 nm frei wird; hierdurch wird ein weiteres Aktionspotential ausgelöst. Acetylcholin kann aber auch hemmend wirken.

Wesentlich für das Wirksamwerden des Acetylcholins scheinen der quartäre Stickstoff und die Ester-Gruppe zu sein, denen komplementäre Gruppen am Rezeptor entsprechen (Struktur-Wirkungs-Beziehung).

Die antagonistische Wirkung einer Erregung parasympathischer und sympathischer Nerven beruht auf der postsynaptischen Wirkung der jeweiligen Übertragersubstanz Acetylcholin bzw. Noradrenalin.

Die pharmakologische Wirkung besteht u.a. in einer Blutdrucksenkung, einer Tonussteigerung des Darmes und vermehrter Drüsensekretion. Aufgrund von Untersuchungen, wonach Acetylcholin den Ablauf der REM-Schlafphasen (und damit das Träumen bei geringerer Aktivität antagonistischer Transmitter) beeinflusst, wurde die Hypothese aufgestellt, dass der Depression gegebenenfalls eine Überempfindlichkeit gegenüber diesem Transmitterhormon zugrundeliegen könnte.

Acetylcholin ist neben Cholin auch Inhaltsstoff des Gemeinen Hirtentäschelkrauts, einem Kreuzblütengewächs, das bei uns in Wildkrautbeständen vorkommt.

($\Rightarrow$ Acetyl-Gruppe; $\Rightarrow$ Agonisten; $\Rightarrow$ cholinerg; $\Rightarrow$ Dementia; $\Rightarrow$ Depression; $\Rightarrow$ Dopamin; $\Rightarrow$ Ester; $\Rightarrow$ Esterasen; $\Rightarrow$ Ganglion; $\Rightarrow$ Halluzination; $\Rightarrow$ Hormone; $\Rightarrow$ Membran; $\Rightarrow$ Monoamine; $\Rightarrow$ Neurotransmitter; $\Rightarrow$ Nicotin; $\Rightarrow$ Noradrenalin; $\Rightarrow$ Parasympathicus; $\Rightarrow$ Parasympatholytica; $\Rightarrow$ REM-Schlaf; $\Rightarrow$ Rezeptoren; $\Rightarrow$ Serotonin; $\Rightarrow$ Synapse; $\Rightarrow$ vegetatives Nervensystem; $\Rightarrow$ Vesikel; $\Rightarrow$ ZNS)

Acetyl-Gruppe: Verbindungen, die als Radikal der Essigsäure durch eine $H_3C-C=O$-Gruppe charakterisiert sind:

$$H_3C-C\begin{matrix}\diagup O\\ \diagdown R\end{matrix}$$

Bekannt ist z.B. das Acetylchlorid:

$$H_3C-C\begin{matrix}\diagup O\\ \diagdown Cl\end{matrix}$$

oder das Acetylaceton:

$$H_3C-\underset{\underset{O}{\|}}{C}-\underset{H_2}{C}-\underset{\underset{O}{\|}}{C}-CH_3$$

Acetyl - aceton

($\Rightarrow$ Aldehyd; $\Rightarrow$ Alkohol; $\Rightarrow$ Essigsäure; $\Rightarrow$ Keton)

Achäne: (biolog.) einsamige Schließfrucht.

Acid-: (von lat. acidus) Wortteil mit der Bedeutung: sauer, scharf.

Adaptation: (in der Physiologie:) die Anpassung der Sinnesorgane an Dauerreize, wobei sich die anfänglich starke Erregung auf ein niedrigeres, gleichbleibendes Niveau einstellt; beim Auge auch Anpassung an verschiedene Reizsituationen (z.B. Hell-Dunkel-Adaptation mittels der über das vegetative Nervensystem gesteuerten Pupillenkontraktion).

($\Rightarrow$ Akkommodation; $\Rightarrow$ Miosis; $\Rightarrow$ Mydriasis)

addiktiv: suchterzeugend.

($\Rightarrow$ Arzneistoffabhängigkeit)

Addition ($\Rightarrow$ Überaddition)

ADH ($\Rightarrow$ Aldehyd)

ACTH: adrenocorticotropes Hormon (syn. Corticotropin), ein im Hypophysenvorderlappen (HVL) gebildetes, aus 39 Aminosäuren bestehendes Protoehormon, das die Nebennierenrinde zur Ausschüttung u.a. von Corticosteroiden veranlasst; die Bildung wird u.a. durch Stress (Adrenalin) gefördert.

($\Rightarrow$ Adrenalin; $\Rightarrow$ Aminosäuren; $\Rightarrow$ Hormone; $\Rightarrow$ Hypophyse; $\Rightarrow$ Hypothalamus; $\Rightarrow$ Nebennieren; $\Rightarrow$ Steroide)

Adrenalin (A; syn. Epinephrin) ein biogenes Amin mit der chem. Bezeichnung: 5,6-Dihydroxyphenylethanolmethylamin (zur Strukturformel vgl. 1.2.1.1.4, Rdnr. 363), gehört mit Serotonin und Dopamin zu den aminergen Neurotransmittern. Adrenalin wird in den chromaffinen Zellen des Nebennierenmarks, eine von der Rinde unabhängige innersekretorische Drüse, aus L-Tyrosin über die Zwischenstufe Dopa (Enzym: Tyrosin-Hydrolase), Dopamin (Enzym: Dopa-Decarboxylase) und Noradrenalin (Enzym: Dopamin-β-Hydroxylase) vermittels der Phenethylamin-N-methyltransferase synthetisiert und anschließend u.a. zusammen mit ATP und Neuropeptiden wie Enkephalin in den chromaffinen Vesikeln gespeichert. (In den sympathischen Nervenendigungen ist hingegen die Bildung von Adrenalin aus Noradrenalin durch Methylierung am Stickstoff nicht möglich). Die chromaffinen Zellen schütten Adrenalin, Noradrenalin und andere Stoffe in den Blutstrom aus und beeinflussen ausgedehnt Gewebe sowie Herz, Leber und andere Organe.

Schock, Stress, Angst und Schreck bewirken über eine Erhöhung der Tyrosin-Hydrolase eine erhöhte Adrenalin-Synthese und -Ausschüttung aus dem Nebennierenmark ins Blut. Über den Blutkreislauf kommt es dann zu den spezifischen Adrenalin-Wirkungen (etwa zur Auslösung der "Kampf-oder-Flucht-Reaktion") bei gleichzeitig erhöhter Bewusstseinshelligkeit und Pupillenerweiterung.

Daneben wirkt Adrenalin zusammen mit Noradrenalin aber auch als Transmitterhormon an den Nervenenden des sympathischen (adrenergen) Systems; das Nebennierenmark kann daher als Teil des sympathischen Nervensystems angesehen werden.

Wie auch andere biogene Amine kommt Adrenalin zudem nicht nur im vegetativen Nervensystem, sondern auch im Gehirn (Encephalon) vor. Adrenalin löst zentralnervös Unruhe mit kaltem Schweiß und Angstgefühle aus. Daneben kontrahiert es die Gefäße der Haut, der Schleimhaut und der Baucheingeweide (Vasokonstriktion, allerdings erst bei unphysiologisch hohen Dosen), erweitert hingegen die Gefäße der Skelettmuskulatur und des Herzens (wirkt somit herzkontraktions- und pulsfrequenzsteigernd). Im Gegensatz zu anderen Hormonen erfolgt die Wirkung schnell, aber nur kurzfristig. Auf die glatte Muskulatur des Darmes und der Bronchien wirkt Adrenalin erschlaffend. Dies hat zur Folge, dass u.a. die Ringmuskulatur der Luftröhre entspannt, die Darmbewegung gehemmt, Blutungen durch Gefäßverengung gestillt, der Herzschlag beschleunigt und der Blutdruck erhöht wird. In Form des samt seiner Salze verschreibungspflichtigen α- und β-Sympathomimeticums Epinephrin (INN) erfolgt demgemäß ein therapeutischer Einsatz u.a. als Bronchospasmolyticum (Adrenalin Medihaler) oder als Antihypotonicum (Suprarenin).

Als Wirkorte werden α-adrenerge Rezeptoren in den Blutgefäßen und $β_1$-Rezeptoren im Herzen angenommen, an denen Adrenalin eine erregende bzw. Noradrenalin eine erregende oder hemmende Funktion ausüben (hierauf beruht die Gabe sog. β-Rezepto-

A. Erläuterung der Fachbegriffe

renblocker bei Bluthochdruck, die als Antagonisten die Adrenalin-Wirkung hemmen; da sie gleichzeitig in den zentralnervösen Haushalt eingreifen, üben sie in hoher Dosierung daneben eine sedierende Wirkung aus. Neben einem Einsatz u.a. bei Tachykardien erfolgt daher neuerdings auch eine Verwendung bei bestimmten psychischen Erkrankungen).

($\Rightarrow$ ACTH; $\Rightarrow$ adrenerg; $\Rightarrow$ ATP; $\Rightarrow$ biogene Amine; $\Rightarrow$ Catecholamine; $\Rightarrow$ chromaffines Gewebe; $\Rightarrow$ Dopamin; $\Rightarrow$ Hormone; $\Rightarrow$ Hydrolasen; $\Rightarrow$ Hydroxylasen; $\Rightarrow$ Mydriasis; $\Rightarrow$ Nebenniere; $\Rightarrow$ Neurotransmitter; $\Rightarrow$ Nicotin; $\Rightarrow$ Noradrenalin; $\Rightarrow$ Rezeptoren; $\Rightarrow$ Sympathicus; $\Rightarrow$ Tyrosin; $\Rightarrow$ vegetatives Nervensystem; $\Rightarrow$ Vesikel)

adrenerg: die Wirkung des Adrenalins betreffend.

($\Rightarrow$ Adrenalin; $\Rightarrow$ cholinerg; $\Rightarrow$ noradrenerg)

Afferenz: die Gesamtheit der dem ZNS zuströmenden Erregung. Als afferente Bahnen werden die Nerven bezeichnet, die Erregung von peripheren Rezeptoren zum ZNS leiten.

($\Rightarrow$ Effektoren; $\Rightarrow$ Reafferenz; $\Rightarrow$ retikuläres System; $\Rightarrow$ Rezeptoren; $\Rightarrow$ Thalamus; $\Rightarrow$ ZNS)

Affekt: kurze und intensive Gefühlsregung. Bei einheitlicher und längerdauernder Verbindung mehrerer Affekte mit gemeinsamer Ausrichtung wird von Stimmung (z.B. Trauer) gesprochen.

($\Rightarrow$ Depression)

Agonisten ("Täter"): hierbei handelt es sich um Stoffe, die sich mit einem Rezeptor verbinden und damit die zellulären Verhältnisse ändern (also eine intrinsic activity besitzen).

Antagonisten ("Gegentäter") verbinden sich mit denselben Rezeptoren, entfalten aber in der Regel keine Eigeneffekte und ändern das Zellmilieu nicht (weisen als keine intrinsic activity auf). Sie können aber insofern eine Wirkung haben, als sie den Rezeptor für den Agonisten blockieren. So kann etwa die Wirkung eines Neurotransmitters durch ein Pharmakon gehemmt oder aufgehoben werden.

Hierbei kann der Antagonismus kompetitiv (spezifisch) sein (wie bei Acetylcholin - Atropin oder Serotonin - LSD-25) oder nichtkompetitiv (unspezifisch). Im letzteren Fall hemmt der Antagonist eine bestimmte Organfunktion so stark, dass keiner der verschiedenen Agonisten mehr wirken kann, obwohl sie verschiedene Rezeptoren haben und die Bindung des Agonisten an den Rezeptor nicht beeinflusst wird: Dies ist z.B. bei den Barbituraten möglich, die das ZNS so global hemmen, dass kein anregendes Mittel wie Weckamine, Strychnin, Coffein oder das verschreibungspflichtige, nicotinartig wirksame Lobelin (INN; ein Piperidin-Alkaloid aus Lobelia/CAM) mehr wirken kann. Einer Schlafmittelvergiftung kann daher auch nur schwer medikamentös begegnet werden.

Partielle Agonisten wirken dualistisch, d.h. sie weisen sowohl agonistische als auch antagonistische Eigenschaften auf (vgl. z.B. zum Cyclazocin 4.4.3, Rdnr. 2370).

($\Rightarrow$ Coffein; $\Rightarrow$ Neurotransmitter; $\Rightarrow$ Rezeptoren; $\Rightarrow$ Wirkstoffe; $\Rightarrow$ ZNS)

Akkommodation: (hier:) die Anpassungsfähigkeit des Auges, verschieden entfernte Gegenstände durch Veränderung der Brechkraft der Linse auf der Netzhaut scharf abzubilden. Unter Akkommodationsparese versteht man eine Lähmung der parasympathisch innervierten Muskeln im Augeninneren, die für die Akkommodation verantwortlich sind (M. sphincter pupillae, M. ciliaris).

($\Rightarrow$ Adaptation; $\Rightarrow$ Parasympathicus)

Akoasma ($\Rightarrow$ Halluzination)

akut: (hier medizin.:) plötzlich auftretend, mit schwerem Krankheitsgefühl (Gegensatz: chronisch).

($\Rightarrow$ chronisch)

akute Toxizität ($\Rightarrow$ therapeutische Breite)

-al (als Endung bei chemischen Bezeichnungen) ($\Rightarrow$ Aldehyd)

Alanin: (INNv; α-Aminopropionsäure), eine der natürlichen L-Aminosäuren;

Strukturformel:

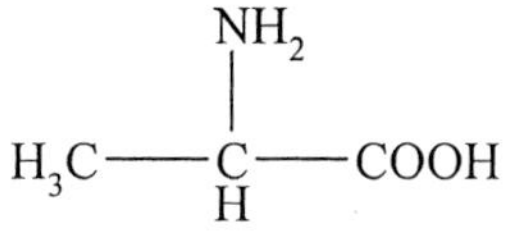

$$H_3C-\underset{H}{\overset{NH_2}{C}}-COOH$$

($\Rightarrow$ Aminosäuren; $\Rightarrow$ Peptide; $\Rightarrow$ Tryptophan; $\Rightarrow$ Tyrosin)

Aldehyd: primäre Alkohole bilden bei Dehydrierung Aldehyde (Alkohol dehydriert). Bei den Aldehyden ist die Carbonyl-Gruppe (=C=O) mit einem H- und einem C-Atom verbunden wie z.B. beim Acetaldehyd:

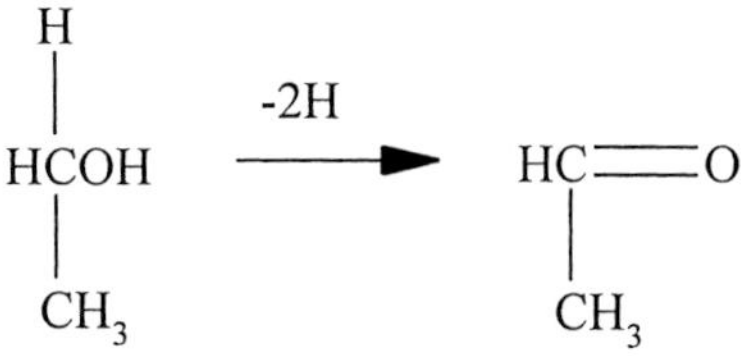

$$\underset{CH_3}{\overset{H}{\underset{|}{HCOH}}} \xrightarrow{-2H} \underset{CH_3}{\overset{}{HC=O}}$$

(Ethylalkohol)

A. Erläuterung der Fachbegriffe 649

(= Acetaldehyd; durch weitere Oxidation wird hieraus Essigsäure):

$$HOC = O$$
$$|$$
$$CH_3$$

Die Aldehyde (syn. Alkanale) werden meist nach der Säure, die durch weitere Oxidation hieraus entsteht, benannt; sie sind durch die Endsilbe -al kenntlich gemacht (z.B. Ethanal = Acetaldehyd). Ist der Sauerstoff durch gleichwertigen Schwefel ersetzt: -thial.

Ethylalkohol wird in der Leber durch das Enzym Alkoholdehydrogenase (ADH) zu dem Metaboliten Acetaldehyd abgebaut, der seinerseits durch die Acetaldehydrogenase weiter zu Essigsäure oxidiert.

($\Rightarrow$ Acetyl-Gruppe; $\Rightarrow$ Alkohole; $\Rightarrow$ Carbonsäuren; $\Rightarrow$ Ethanol; $\Rightarrow$ Essigsäure; $\Rightarrow$ Oxidation)

Alkaloide: stickstoffhaltige Verbindungen mit ausgeprägter pharmakologischer Wirkung, die in verschiedenen (aber nicht allen) Pflanzen und einigen Tieren fertiggebildet vorkommen. Bisher sind ca. 3.000 Alkaloide bekannt.

Meist handelt es sich hierbei um organische Basen (daher die Ableitung des Namens von "Alkali"). Es sind Nebenprodukte des Stoffwechsels, insbesondere des Auf- und Abbaus von Aminosäuren, die neben (meist ringförmig gebundenem) Stickstoff noch Kohlenstoff, Wasserstoff und meist auch Sauerstoff enthalten. Sie werden fast ausschließlich aus den Aminosäuren Prolin bzw. Ornithin, Lysin, Phenylalanin und Tryptophan gebildet.

Fast alle Alkaloide sind farblos, viele sind flüssig, die meisten fest und kristallin. Sie zeichnen sich durch sehr starke, teils heilkräftige, teils giftige Wirkungen auf den Körper aus. Im freien Zustand sind sie in der Regel im Wasser schwer, in Alkohol oder Chloroform aber leicht löslich.

Artspezifische Alkaloide sind z.B. Strychnin (Brechnuss), Nicotin (Tabak), Coffein (Kaffee, Tee) und Colchicin (Herbstzeitlose), wobei letztere allerdings bereits fast neutralen Charakter zeigt. Das N-Atom kann Säure anlagern, wodurch aus der meist lipophilen und optisch aktiven Alkaloidbase das hydrophile Alkaloidsalz entsteht.

Basen, die aus 2 "monomeren" Alkaloiden aufgebaut sind, werden meist als "dimere" Alkaloide oder "Bisalkaloide" bezeichnet. Sie sind vorwiegend aus jeweils 2 Alkaloiden des gleichen Typs zusammengesetzt, wobei die Bisindol-Alkaloide wie z.B. die Vinca-Alkaloide (zu diesen vgl. beim Ibogain 1.2.3.7, Rdnr. 775) neben den Bisisochinolin-Alkaloiden überwiegen.

Nicht zu den Alkaloiden werden die biogenen Amine (wie z.B. das Tryptamin) sowie die Peptide und Nucleotide (Bausteine der Nucleinsäure mit Coenzymfunktion wie z.B. das ATP) gezählt.

(⇒ Aminosäuren; ⇒ Basen; ⇒ biogene Amine; ⇒ Chinolin; ⇒ Heterocyclus; ⇒ hydrophil; ⇒ Indol; ⇒ Inhaltsstoffe; ⇒ lipophil; ⇒ Peptide; ⇒ Tryptamin; ⇒ Salze; ⇒ ATP)

Alkene (syn. Olefine): Kohlenwasserstoffe mit einer Doppelbindung im Molekül, z.B. Propen (veraltet: Propylen):

$$H_2C=C(H)-CH_3$$

(⇒ Alkyle; ⇒ -en; ⇒ Kohlenwasserstoffe)

Alkohole: (veraltet: Verbindungen, die durch die sog. Carbinol-Gruppe

$$-\overset{|}{\underset{|}{C}}-OH$$

gekennzeichnet sind). Es handelt sich hierbei um Verbindungen, die eine OH-Gruppe an einem C-Atom enthalten. Man spricht von primären, sekundären und tertiären Alkoholen, zu denen als Anfangsglied noch der nulläre Methylalkohol zählt:

$$R-\underset{H_2}{C}-OH \qquad \underset{R}{\overset{R^1\diagdown H}{C}}-OH \qquad R^2-\underset{R^3}{\overset{R^1}{C}}-OH \qquad H_3C-OH$$

primär sekundär tertiär nullär

Zweiwertige Alkohole tragen den Gruppennamen Glykole.

Mit Oxidationsmitteln werden primäre Alkohole zu Aldehyden und weiter zu Säuren, sekundäre zu Ketonen dehydriert.

Zur Symbolisierung der Hydroxyl-Gruppe wird die Endung -ol bzw. bei mehreren OH-Gruppen -diol, -triol usw. an den Stamm des Namens angehängt. Ist das sauerstofftragende C-Atom doppelt gebunden, so spricht man von Enolen.

(⇒ Aldehyd; ⇒ -en; ⇒ Ethanol; ⇒ Ether; ⇒ Ketone; ⇒ Lactone; ⇒ Methanol; ⇒ -ol; ⇒ Oxidation; ⇒ Phenol; ⇒ Säuren)

Alkyle (besser: Alkanreste): die von den gesättigten KW (Alkanen; Methan, Ethan, Propan usw., charakterisiert durch die Endung -an) durch Weglassen eines H-Atoms abgeleiteten einwertigen Reste: z.B. Ethan $C_2H_6 \Rightarrow -C_2H_5$ (Ethyl; C_2H_5OH - Ethylalkohol).

Alkyle sind als "freie Radikale" in Form von Ionen, Molekülen oder auch Atomen in der Natur unter Normalbedingungen meist nur sehr kurzfristig existenzfähig, da sie als äußerst reaktive Bruchstücke chemischer Verbindungen sehr schnell mit anderen Verbindungen reagieren. Es kann sich dabei um H-Atome, N- oder NO_X-Gruppen handeln, zahlreiche enzymatische Reaktionen verlaufen allerdings über Peroxidasen, bei denen oxidische Reaktionen vorherrschen.

Die einfachen ungesättigten Verbindungen enthalten die Endung -en, jene mit mehreren Doppelbindungen die Endungen -adien, -atrien usw. Bei Vorhandensein von Dreifachbindungen hängt man entsprechend die Endungen -in bzw. -adiin, -atriin usw. an (z.B. Butin: $HC\equiv C\text{-}CH_2\text{-}CH_3$).

($\Rightarrow$ Alkene; $\Rightarrow$ Alkohole; $\Rightarrow$ Enzyme; $\Rightarrow$ Kohlenwasserstoffe; $\Rightarrow$ R; $\Rightarrow$ Methyl-Gruppe; $\Rightarrow$ Oxidation)

Alpha-Rezeptoren ($\Rightarrow$ Adrenalin)

Amenorrhö: Fehlen der monatlichen Regelblutung.

Amide ($\Rightarrow$ Carbonsäuren)

Amine: Derivate des Ammoniaks (NH_3), charakterisiert durch die Amino-Gruppe

$$R-N\begin{matrix}H\\H\end{matrix}$$

(= primäre Amine, z.B. Monomethylamin (MMA): $CH_3\text{-}NH_2$) oder

$$\begin{matrix}R\\R^1\end{matrix}N-H$$

(= sekundäre Amine, z.B. Dimethylamin (DMA): $(CH_3)_2\text{-}NH$, ein stark basisches und toxisches Lösungsmittel). Entsprechend wird das tertiäre Amin gebildet: Trimethylamin (TMA): $(CH_3)_3\text{-}N$.

MMA, DMA und TMA sind gasförmige Basischemikalien, von denen insbesondere MMA auch in der illegalen Herstellung von Drogen vom Amfetamin-Typ Verwendung findet (vgl. 1.2.4.3, Rdnr. 869).

($\Rightarrow$ Aminosäuren; $\Rightarrow$ biogene Amine; $\Rightarrow$ Desaminierung; $\Rightarrow$ Monoamine; $\Rightarrow$ Neurotransmitter)

aminerg ($\Rightarrow$ Adrenalin; $\Rightarrow$ Noradrenalin; $\Rightarrow$ Synapse)

Aminosäuren (AS): Carbonsäuren, bei denen mindestens 1 H-Atom durch eine Amino-Gruppe (-NH$_2$) ersetzt ist (z.B. Alanin, Leucin, Methionin, Prolin, Phenylalanin, Tryptophan, Tyrosin);

allgemeine Strukturformel:

$$\begin{array}{c} O \diagdown \;\; \diagup OH \\ C \\ | \\ H_2N - C - H \\ | \\ R \end{array}$$

Aminosäuren sind die einfachsten Bausteine der Eiweiße, können Peptidketten bilden (z.B. Proteine mit mehr als 100 Aminosäuren) und gehören zu den wichtigsten Stoffen in der lebenden Substanz, indem sie u.a. den Wassertransport im Blut ermöglichen und am Aufbau des Gerüsts beteiligt sind. Etwa 30 verschiedene, in Lebewesen vorkommende Aminosäuren sind bekannt, wobei Pflanzen alle Aminosäuren selbst aufbauen können, Menschen und Tiere nur 12 (der Rest muss über die Nahrung aufgenommen werden - essentielle Aminosäuren). Sie liegen als Spiegelbild-Isomere vor, wobei im lebenden Organismus die L-Form zu fast 100 % dominiert.

Aminosäuren stellen in vielen Fällen eine Vorstufe bei der Bildung von Neurotransmittern dar, einzelne Aminosäuren haben aber auch eigenständige Transmitter-Funktionen.

Enzyme, die die oxidative Desaminierung von Aminosäuren katalysieren, werden als Aminosäurenoxidasen bezeichnet.

($\Rightarrow$ ACTH; $\Rightarrow$ Alanin ; $\Rightarrow$ Alkaloide; $\Rightarrow$ Amine; $\Rightarrow$ biogene Amine; $\Rightarrow$ Carbonsäuren; $\Rightarrow$ Desaminierung; $\Rightarrow$ Eiweißstoffe; $\Rightarrow$ Enzyme; $\Rightarrow$ GABA; $\Rightarrow$ Hormone; $\Rightarrow$ Isomere; $\Rightarrow$ Neurotransmitter; $\Rightarrow$ Oxidation; $\Rightarrow$ Serotonin; $\Rightarrow$ Tryptophan; $\Rightarrow$ Tyrosin)

Amnesie (passagere): zeitlich oder inhaltlich begrenzter Gedächtnisverlust, Erinnerungslücke. Das amnestische Syndrom geht mit einer ausgeprägten chronischen Schädigung des Kurzzeitgedächtnisses einher. Es ist oft die Folge von Intoxikationen, Bewusstseinsstörungen, symptomatischen Psychosen, Hirntraumen und epileptischen Anfällen.

($\Rightarrow$ Bewusstseinsstörungen; $\Rightarrow$ Delirium; $\Rightarrow$ Intoxikation; $\Rightarrow$ Psychose; $\Rightarrow$ Epilepsie)

-an (Alkane) ($\Rightarrow$ Alkyle)

Analepticum: belebendes Mittel.

Analgesie: Aufhebung der Schmerzempfindung durch Analgetica oder infolge einer Schädigung sensibler Leitungsbahnen des zentralen oder peripheren Nervensystems.

($\Rightarrow$ Analgeticum; $\Rightarrow$ Anästhesie; $\Rightarrow$ Nozizeption; $\Rightarrow$ peripheres Nervensystem; $\Rightarrow$ ZNS)

Analgeticum: schmerzstillendes Mittel. Bei den Analgetica unterscheidet man zwischen zentral angreifenden, starkwirksamen Analgetica (Hypno- oder Narkoanalgetica; Opiate und Opioide), die u.a. über µ-Rezeptoren auf schmerzverarbeitende Neurone im Rückenmark und Gehirn wirken, und vorwiegend peripher angreifenden schwach bis mittelstark wirkenden Analgetica, die etwa durch Synthesehemmung von schmerzvermittelnden Entzündungssubstanzen (z.B. Prostaglandinen) wirken.

Bei einer Gewebeschädigung können als Schmerzstoffe, die eine Reizweiterleitung bewirken, verschiedene Neurotransmitter, u.a. Histamin und Serotonin, wirken (vgl. auch bei den Opiaten 2.1.4, Rdnr. 1139 FN 241).

($\Rightarrow$ Analgesie; $\Rightarrow$ Neurotransmitter; $\Rightarrow$ peripheres Nervensystem; $\Rightarrow$ Rezeptoren; $\Rightarrow$ Serotonin; $\Rightarrow$ ZNS)

Anämie: Blutarmut.

Anästhesie: Unempfindlichkeit gegen Schmerz-, Temperatur- und Berührungsreize, u.a. als Folge einer Narkose oder einer Störung des peripheren (Lokalanästhetica) oder zentralen Nervensystems.

($\Rightarrow$ Analgesie; $\Rightarrow$ Narkotica; $\Rightarrow$ Parästhesien; $\Rightarrow$ peripheres Nervensystem; $\Rightarrow$ ZNS)

Anhydride ("Wasserlose"): sind dadurch charakterisiert, dass sie durch Wasseraufnahme Säuren bilden = Säureanhydride, $(RCO)_2O$, z.B. Schwefelsäureanhydrid,: $SO_3 \Rightarrow H_2SO_4$. Säureanhydride entstehen entweder aus 2 Molekülen Monocarbonsäuren oder aus 1 Molekül Dicarbonsäuren unter Wasseraustritt. Für das Säureradikal, das sich nach Abtrennung der Hydroxyl-Gruppe aus Carbonsäuren ergibt (RCO-), wird der Ausdruck "Acyl" verwandt. Im Einzelfall hängt man die Endung -oyl an den Namen des KW bzw. den Trivialnamen an.

Anorganische Basenanhydride sind Oxide von Metallen und bilden durch Wasseraufnahme Hydroxide, z.B. $CaO \Rightarrow Ca(OH)_2$.

($\Rightarrow$ Carbonsäuren; $\Rightarrow$ Kohlenwasserstoffe; $\Rightarrow$ Oxidation; $\Rightarrow$ Säuren)

Anion: Ion mit negativer Ladung, das bei der Elektrolyse an die Anode wandert. Die Hydroxid-, Nichtmetall- und Säurerestionen (z.B. SO^{2-}_4) sind Anionen.

($\Rightarrow$ Ionen; $\Rightarrow$ Kationen; $\Rightarrow$ Säuren)

ANS ($\Rightarrow$ vegetatives Nervensystem)

Antagonisten ($\Rightarrow$ Agonisten; $\Rightarrow$ Rezeptorenblocker)

Anticholinergica ($\Rightarrow$ Parasympatholytica)

Antidot: im weiteren Sinn als "Gegenmittel" zu verstehen, hier zur Dämpfung von Entzugserscheinungen. Als Antidote im engeren Sinn werden Substanzen bezeichnet, die die Toxizität resorbierter Gifte vermindern oder aufheben.

($\Rightarrow$ Resorption; $\Rightarrow$ Toxizität)

Antigen: von außen zugeführter, körperfremder Stoff (z.B. bakterielles Eiweiß), der sich in einer reversiblen Antigen-Antikörper-Reaktion mit einem spezifischen Antikörper (Immunkörper) verbindet. Die Antikörper gelten als Träger des Infektionsschutzes.

antikonvulsiv: Krämpfe der quergestreiften Muskulatur verhindernd.

antitussiv: hustenstillend.

Apathie: Teilnahmslosigkeit.

Applikation: (hier:) Verabreichung oder Anwendung eines Arzneimittels bzw. Rauschdroge. Die Art des Aufnahmeweges (oral, nasal, inhalativ usw.) bestimmt die Höhe des maximalen Blutspiegelwertes und damit den Grad der Rauschwirkung bzw. Intoxikation durch die unterschiedliche Resorptionsgeschwindigkeit und Metabolisierung des Stoffes wesentlich mit. Der gefährlichste Aufnahmeweg ist die i.v. Injektion, da hier so gut wie keine resorptive Verzögerung erfolgt. Die nasale und inhalative Applikation wie bei Cocain und Cannabis steht in ihrer Gefährlichkeit meist zwischen der oralen Aufnahme und der i.v. Injektion.

($\Rightarrow$ Absorption; $\Rightarrow$ Arzneimittel; $\Rightarrow$ Intoxikation; $\Rightarrow$ Metabolisierung; $\Rightarrow$ per cutan; $\Rightarrow$ per os; $\Rightarrow$ Rausch; $\Rightarrow$ Resorption; $\Rightarrow$ Toleranz)

aromatische Kohlenwasserstoffe (Benzol-Kohlenwasserstoffe): ringförmige KW-Verbindungen mit planem symmetrischen Sechseck aus C-Atomen, deren bekannteste Form das Cyclohexatrien (C_6H_6 - Benzol) sowie dessen Derivate und Kondensationsprodukte sind;

Strukturformel:

$$\begin{array}{c} H \\ | \\ C \\ HC^6 \diagup^1 \quad ^2 \diagdown CH \\ | \quad \quad \quad || \\ HC_{\diagdown 5} \quad _4 \quad ^3 \diagup CH \\ C \\ | \\ H \end{array}$$

A. Erläuterung der Fachbegriffe 655

Das wasserhelle, leicht entzündliche Benzol entsteht unter Druck aus Acetylen (CH≡CH). Es wirkt bei längerem Einatmen als starkes Gift (bei chronischer Intoxikation Schädigung von Organen, Abnahme der roten Blutkörperchen, bei akuter Intoxikation Rauschzustand mit u.U. Koma und zentraler Atemlähmung, vgl. auch 4.5.4, Rdnr. 2528 und 2548). Benzol ist in Wasser wenig löslich, jedoch selbst ein gutes Lösungsmittel u.a. für Fette und Harze.

(⇒ Cyclohexan; ⇒ en; ⇒ Kohlenwasserstoffe; ⇒ Phenanthren)

Art (Species): (botan.:) Untereinheit einer Gattung, zu der Pflanzen gehören, die in allen wesentlichen Merkmalen übereinstimmen; zweiter Teil der botanischen Pflanzenbezeichnung.

(⇒ Familie; ⇒ Gattung; ⇒ Varietät)

Arzneimittel (AM): nach der Legaldefinition in § 2 Abs. 1 Arzneimittelgesetz (AMG) vom 11.12.1998 (BGBl. I S. 3289) Stoffe und Zubereitungen aus Stoffen, die dazu bestimmt sind, durch Anwendung am oder im menschlichen oder tierischen Körper

1. Krankheiten, Leiden, Körperschäden oder krankhafte Beschwerden zu heilen, zu lindern, zu verhüten oder zu erkennen,

2. die Beschaffenheit, den Zustand oder die Funktionen des Körpers oder seelische Zustände erkennen lassen,

3. vom menschlichen oder tierischen Körper erzeugte Wirkstoffe oder Körperflüssigkeiten zu ersetzen,

4. Krankheitserreger, Parasiten oder körperfremde Stoffe abzuwehren, zu beseitigen oder unschädlich zu machen oder

5. die Beschaffenheit, den Zustand oder die Funktionen des Körpers oder seelische Zustände zu beeinflussen.

Für den Arzneimittelbegriff kommt es somit entscheidend auf die Zweckbestimmung des Mittels an. Sollen psychotrope Wirkungen ausgelöst werden, kann ein Stoff bzw. Zubereitung demnach zugleich Betäubungs- und Arzneimittel sein. Auch wenn es sich bei einem derartigen Stoff oder Pflanze demnach um kein Btm im Sinne des BtMG handelt, kann ein Inverkehrbringen zu Rauschzwecken infolge seiner Arzneimittel-Eigenschaft, die von einer therapeutischen Eignung losgelöst und von einer Verschreibungsfähigkeit und -pflichtigkeit unabhängig ist, eine Strafbarkeit u.a. nach § 95 Abs. 1 Nr. 1 AMG begründen, wenn es sich hierbei um "Arzneimittel" handelt, die als "Schlankheitskapseln", "Designer Drugs" oder sog. "Naturdrogen" pp. im Sinne von § 5 AMG bedenklich sind. Mit Beschluss des BVerfG vom 26.4.2000 wurde die genannte Strafvorschrift als verfassungskonform angesehen.

(⇒ Betäubungsmittel; ⇒ Designer Drugs; ⇒ Dosis; ⇒ Droge; ⇒ Inhaltsstoff; ⇒ Missbrauch; ⇒ Pharmakon; ⇒ Stoff; ⇒ Substitutionsmittel; ⇒ Suchtstoff; ⇒ Wirkstoff; ⇒ Zubereitung)

Arzneistoff (⇒ Pharmakon)

Arzneistoffabhängigkeit (drug dependency): liegt nach der Definition der WHO von 1964 bei psychischer und/oder physischer Abhängigkeit vor, wobei es sich um eine stoffgebundene Abhängigkeit handelt, die regelmäßig mit einer Intoxikation einhergeht und auf einem Missbraucht beruht.

Weitgehend anerkannt ist, dass es auch eine nicht-stoffgebundene Abhängigkeit, der Krankheitswert zukommt, wie im Falle der "Glücksspielsucht" oder bestimmter Essstörungen geben kann, die z.T. unter die "impulse control disorders" eingereiht werden, und die ihrerseits wie die stoffgebundenen u.a. über einen Eingriff in den Endorphin-, Dopamin- und Noradrenalin-Haushalt ausgelöst zu werden scheinen (vgl. hierzu auch 2.1.4, Rdnr. 1150 f.).

Der Begriff der (stoffgebundenen) Arzneistoffabhängigkeit ersetzt den älteren, aber weiterhin oft synonym verwandten Begriff der "Sucht" (drug addiction). Handelt es sich hierbei um die ständige oder gelegentliche Einnahme eines Suchtstoffes, wird auch von (Mono-)Toxikomanie im Unterschied zur Mehrfachabhängigkeit (Polytoxikomanie) gesprochen.

Psychische Abhängigkeit setzt dabei ein Verlangen (keinen Zwang) nach der Substanz voraus (ein Nicht-mehr-aufhören-können), jedoch ohne Missempfinden nach Absetzen des Stoffes.

Physische Abhängigkeit ist gegeben bei Entwicklung eines zwanghaften, "physiologischen" Bedarfs nach der körperfremden Substanz ("craving") trotz medizinischer Nachteile mit der Möglichkeit einer Toleranzentwicklung gegenüber den Effekten (Dosissteigerung), körperlichen Entzugssymptomen nach deren Absetzung sowie Misserfolgen bei Entwöhnungsversuchen als Folge einer grundlegenden Veränderung von Gehirnfunktionen (vgl. hierzu etwa beim Heroin 2.1.4, Rdnr. 1160-1163).

Die Abhängigkeit kann unterschiedlich stark ausgeprägt sein (leicht, mittel, schwer).

Das Abhängigkeitspotential (AP; addiktives Potential; dependency potential) als die Fähigkeit eines Stoffes, Abhängigkeit zu induzieren, beinhaltet die zu erwartende Auftretenshäufigkeit bei Dauerapplikation (und ist damit ein Maß für dessen Gefährlichkeit). Es kann errechnet werden als Quotient aus der Anzahl klinischer Behandlungen im Zusammenhang mit der Aufnahme eines Wirkstoffes und dem vereinbarten DDD-(Defined Daily Dose-)Wert, eine arzneimittelepidemiologische Kennziffer.

Unterschieden wurde bislang meist zwischen einer Abhängigkeit vom

Morphin-Typ (ICD 304.0)	Cannabis-Typ (ICD 304.3)
Opiatantagonisten-Typ	Halluzinogen-Typ (ICD 304.5)

A. Erläuterung der Fachbegriffe

Barbiturat/Alkohol-Typ (ICD 304.1)   Cocain-Typ (ICD 304.2)
Qāt-Typ   Amfetamin-Typ (ICD 304.4)

sowie von anderen Medikamenten/Drogen (Absinth-Abhängigkeit, Lösungsmittelschnüffeln) (ICD 304.6).

Aufgrund der 10. Revision der ICD (ICD-10:F1x.2) wird das Abhängigkeitssyndrom als eine Gruppe körperlicher Verhaltens- und kognitiver Phänomene zusammengefasst, bei denen der Konsum einer Substanz oder Substanzklasse für die betroffene Person Vorrang hat gegenüber anderen Verhaltensweisen, die von ihr früher höher bewertet wurden. Ein entscheidendes Charakteristikum ist der oft starke, gelegentlich übermächtige Wunsch, psychotrope Substanzen oder Medikamente (ärztlich verordnet oder nicht), Alkohol oder Tabak zu konsumieren. Eine Abhängigkeit ist demnach dann anzunehmen, wenn während der letzten 3 Jahre oder mehr folgende (hier abgekürzt wiedergegebene) Kriterien gleichzeitig vorhanden waren:

1. Ein starker Wunsch oder eine Art Zwang, psychotrope Substanzen zu konsumieren.
2. Verminderte Kontrollfähigkeit bezüglich des Beginns, der Beendigung und der Menge des Konsums (Kontrollverlustphänomen).
3. Ein körperliches Entzugssyndrom bei Beendigung oder Reduktion des Konsums.
4. Nachweis einer Toleranz.
5. Fortschreitende Vernachlässigung anderer Vergnügen und Interessen zugunsten des Substanzkonsums.
6. Anhaltender Substanzkonsum trotz Nachweises eindeutiger schädlicher Folgen.

Unterteilt wird nunmehr in folgende Störungen durch psychotrope Substanzen mit der Möglichkeit einer Abhängigkeitsausbildung:

- durch Alkohol (F 10),
- durch Opioide (F 11),
- durch Cannabinoide (F 12),
- durch Sedativa oder Hypnotica (F 13),
- durch Cocain (F 14),
- durch sonstige Stimulantia einschließlich Coffein (F 15),
- durch Halluzinogene (F 16),
- durch Tabak (F 17),
- durch flüchtige Lösungsmittel (F 18),
- durch multiblen Substanzgebrauch und Konsum sonstiger psychotroper Substanzen (F 19).

Zweifelsfrei nachgewiesen ist das Bestehen einer physischen Abhängigkeit mit Entzugssymptomen nur bei Opiaten bzw. Opioiden wie morphin-ähnlich wirkenden Analgetica sowie bei Ethanol, Barbituraten und anderen Hypnotica, Tranquilizern und Schnüffel- bzw. Inhalationsstoffen; von Toleranzbildung und Entzugssymptomatik scheinen somit vornehmlich die zentral-dämpfenden, nicht die zentral-erregenden Wirkungskomponenten eines Fremdstoffes betroffen zu sein. Jedoch auch in den anderen

Fällen kommt es nach einem Absetzen zu gegenregulatorischen Veränderungen im neurochemischen Haushalt eines Organismus.

Kreuzabhängigkeit bezeichnet die Fähigkeit eines Pharmakons, die Manifestation der durch ein anderes Pharmakon bedingten Abhängigkeit (z.B. die Entzugserscheinungen) zu unterdrücken.

Eine sog. low-dose-Abhängigkeit, die meist iatrogen veranlasst ist, kann sich bei Dauergebrauch einstellen: Infolge der Toleranzentwicklung mit gegenregulativen Entzugssymptomen wird die Behandlung, allerdings (im Gegensatz zur Hochdosis-Abhängigkeit) ohne Dosiserhöhung zur Vermeidung der Entzugssymptome, fortgesetzt, ohne dass hiermit noch ein therapeutischer Zweck verbunden wäre (psychosoziale Folgeschäden).

Die Ursache des Suchtverhaltens ist umstritten (vgl. hierzu 2.1.7, Rdnr. 1287), ein Auftreten bei entsprechender Disposition möglich aber nicht zwingend.

($\Rightarrow$ addiktiv; $\Rightarrow$ Dementia; $\Rightarrow$ Depravation; $\Rightarrow$ Drogen; $\Rightarrow$ Fremdstoffe; $\Rightarrow$ Gewöhnung; $\Rightarrow$ Intoxikation; $\Rightarrow$ Missbrauch; $\Rightarrow$ Opioide; $\Rightarrow$ Polytoxikomanie; $\Rightarrow$ Suchtstoffe; $\Rightarrow$ Toleranz)

-ase ($\Rightarrow$ Enzyme)

-at ($\Rightarrow$ Carbonsäuren)

Ataraxie: Gemütsruhe, Unerschütterlichkeit (von griech. ἀταραξία). Als Ataraktica werden auch die Tranquilizer im Hinblick auf ihre erregungsdämpfende Wirkung bezeichnet.

($\Rightarrow$ Benzodiazepine)

Ataxie: zerebrale Störung der Bewegungskoordination der Körpermuskulatur, die sich z.B. in ausfahrenden, in ihrem Kraftaufwand nicht zweckangepassten und unkoordinierten Bewegungen äußert.

($\Rightarrow$ zerebral)

Atemregulationszentrum: in der Formatio reticularis, der Medulla oblongata (dem verlängerten Rückenmark), gelegene Gruppe von die Inspiration bzw. Exspiration steuernden Neuronen (Steuerung von Herz- und Atemfrequenz).

($\Rightarrow$ Homöostase; $\Rightarrow$ Hypothalamus; $\Rightarrow$ retikuläres System)

Atrophie: Rückbildung eines Organs oder Gewebes (z.B. des zerebralen Nervengewebes als Folge von Intoxikationen im Falle der Hirnatrophie).

($\Rightarrow$ Dementia; $\Rightarrow$ Ethanol; $\Rightarrow$ Intoxikation; $\Rightarrow$ zerebral)

Aufnahme ($\Rightarrow$ Absorption)

A. Erläuterung der Fachbegriffe 659

Ausgangsstoffe (⇒ Grundstoffe)

Axon (Achsenzylinder, syn. Nervenfaser): gegebenenfalls mehrere cm langer, von der Gliahülle umschlossener Fortsatz des Zellkörpers der peripheren Nervenzellen, der dazu dient, die im Zellkörper entstandenen Nervensignale weiterzuleiten. Die periphere Nervenfaser ist von einer aus fettartigen Molekülen bestehenden Myelinhülle (Swann-Zellen) umgeben, die in Abständen von 1-2 mm Einschnürungen (Ranviersche Schnürringe) aufweist: Indem die Nervenimpulse von einer zur anderen "springen", entstehen Leitungsgeschwindigkeiten bis zu 120 m/s (gegenüber 0,5-15 m/s bei marklosen vegetativen Fasern). Das Axon verästelt sich im Gegensatz zu den Dendriten erst dort, wo es über Synapsen mit anderen Neuronen in Verbindung tritt bzw. mit einer Muskel- oder Drüsenzelle. Am Ende des Axons befindet sich eine kleine Verdickung, das präsynaptische Endknöpfchen.

(⇒ Dendriten; ⇒ Glia; ⇒ Neuron; ⇒ Synapse; ⇒ Vesikel)

Barbiturate: Hypnotica auf Barbitursäure-Basis (Malonylharnstoff; näher hierzu 4.1, Rdnr. 1977-2047).

(⇒ Harnstoff; ⇒ Hypnotica; ⇒ Malonsäure)

Basen (⇒ Ionen)

Belohnungssystem (⇒ Dopamin)

Benzodiazepine (BD): Psychopharmaka aus der Gruppe der Tranquilizer (näher hierzu 4.3.4, Rdnr. 2172-2238).

(⇒ Ataraxie; ⇒ Sedativa)

Benzol (⇒ aromatische Kohlenwasserstoffe)

Benzopyran (⇒ Pyran)

Benzopyridin (⇒ Chinolin)

Benzopyrrol (⇒ Indol)

Betäubungsmittel: nach der Legaldefinition in § 1 Abs. 1 BtMG 1994 die in den Anl. I-III zu diesem Gesetz aufgeführten Stoffe und Zubereitungen.

Die Anl. I-III zum BtMG 1994 sind in diesem Buch in Anh. B.1 in ihrer aktuellen Fassung aufgeführt.

Demgegenüber ist der Begriff "Suchstoff" des Einheits-Übereinkommens von 1961 enger, während der im vorliegenden Buch vornehmlich verwandte Begriff "Rauschdrogen" weiter ist, da er Stoffe und Zubereitungen umfasst, die nicht bzw. noch nicht in die Anlagen zum BtMG 1994 aufgenommen worden sind.

(⇒ Arzneimittel; ⇒ Designer Drogen; ⇒ Drogen; ⇒ Fremdstoff; ⇒ Inhaltsstof; ⇒ Stoff; ⇒ Substitution(smittel); ⇒ Suchtstoff; ⇒ Wirkstoff; ⇒ Zubereitung)

Betäubungsmittelabhängigkeit (⇒ Arzneistoffabhängigkeit)

Beta-Rezeptoren (⇒ Adrenalin)

Beta-Rezeptorenblocker (⇒ Sympatholytica)

Bewusstseinsstörungen: diese können qualitativ (z.B. Verwirrtheit) oder quantitativ (z.B. Benommenheit, Somnolenz, Koma, Delir) und unterschiedlich schwer ausgeprägt sein (z.B. als Vergiftungsfolge).

(⇒ Amnesie; ⇒ Delirium; ⇒ Denkstörungen; ⇒ Ethanol; ⇒ Intoxikation; ⇒ Koma)

Beziehungswahn: Wahn, bei dem belanglose Ereignisse auf die eigene Person bezogen werden und eine besondere Bedeutung bekommen (z.B. Beeinträchtigungswahn), kann u.a. bei Schizophrenie und depressiven Zuständen vorkommen.

(⇒ Depression; ⇒ Schizophrenie)

biogene Amine: Decarboxylierungsprodukte der Aminosäuren (z.B. der Aminosäure Tyrosin: Tyramin, Noradrenalin, Adrenalin; der Aminosäure Tryptophan: Tryptamin, Serotonin, Melatonin). Die biogenen Amine, zu denen u.a. die Neurotransmitterhormone gehören, haben im ZNS und im vegetativen Nervensystem die Aufgabe, als Überträgersubstanzen Nervensignale über den synaptischen Spalt zur Membran des nachgeschalteten Neurons zu transportieren und sind Teile von Coenzymen.

Ein Mangel an biogenen Aminen hat wahrscheinlich depressive Zustände zur Folge, während ein Überangebot sich in Angst- und Erregungszuständen äußert.

(⇒ Adrenalin; ⇒ Alkaloide; ⇒ Amine; ⇒ Aminosäuren; ⇒ Decarboxylierung; ⇒ Depression; ⇒ Dopamin; ⇒ Inhaltsstoffe; ⇒ Melatonin; ⇒ Noradrenalin; ⇒ Serotonin; ⇒ Synapse; ⇒ Tryptamin; ⇒ Tryptophan)

Bisalkaloide (⇒ Alkaloide)

Blut-Hirn-Schranke (ähnlich: Blut-Liquor-Schranke): diese schützt, wie Ende der 1960er Jahre nachgewiesen werden konnte, das empfindliche Gehirn vor dem Eindringen schädlicher Stoffe aus dem allgemeinen Blutkreislauf und Schwankungen in der Zusammensetzung des Blutes (was ein unkoordiniertes Auslösen von Aktionspotentialen zur Folge haben könnte), indem die Permeabilität der Kapillarwände für viele Stoffe (unabhängig von deren Teilchengröße) selektiv gesenkt ist. Dies gilt insbesondere für elektrisch geladene Teilchen.

Die aus sich überlappenden Endothelzellen aufgebaute Wand der Hirnkapillaren, über die der Gas- und Stoffaustausch zwischen Blut und Gehirn erfolgt, weist nämlich, bis auf eng umgrenzte Regionen u.a. in Hypophyse, Epiphyse und Thalamus, keine Kanäle auf. Aufgrund des Aufbaus der Endothelzellen der äußeren Zellmembran aus Lipidmolekülen besteht vielmehr eine selektive Schranke zugunsten lipophiler Stoffe, zu denen u.a. auch Nicotin, Ethanol und Heroin gehören (zu letzterem vgl. 2.1.4, Rdnr. 1132) und die auf diese Weise auf das ZNS einzuwirken vermögen. Nicht fettlösliche, jedoch u.a. für die Energieversorgung des Gehirns erforderliche Stoffe wie Glucose und essentielle Aminosäuren (große neutrale Aminosäuren wie Phenylalanin) werden zusätzlich mittels osmotischer Diffusion oder Carrier durch das Endothel ins Gehirn geschleust, die in der hirnseitigen wie auch in der blutseitigen Membran des Endothels sitzen (die Carrier kleiner Aminosäuren wie des Neurotransmitters Glycin, die in den Hirnzellen selbst gebildet werden, sind hingegen in der hirnseitigen, nicht aber in der blutseitigen Membran vorhanden; diese können daher nur aus dem Gehirn heraus, nicht aber hinein befördert werden).

Außer dieser Regulation des Stofftransports durch das Endothel besteht auch eine metabolische, also stoffwechselbedingte Blut-Hirn-Schranke: So kann die Aminosäure L-Dopa ohne weiteres in das Endothel eindringen, wird dort jedoch durch die Enzyme AADC und MAO zu Dopamin und DOPAC (Dihydroxyphenylessigsäure) umgewandelt, die die blutseitige Membran nicht mehr zu passieren vermögen. Eine Schädigung der Blut-Hirn-Schranke ist infolge entzündlicher Prozesse möglich, die die Permeabilität vergrößern mit der Konsequenz eines Eindringens von Substanzen in das ZNS, die sonst durch die Blut-Hirn-Schranke nicht diffundieren können, ebenso aber auch durch die Blockierung bestimmter Enzymsysteme.

($\Rightarrow$ Aminosäuren; $\Rightarrow$ Diffusion; $\Rightarrow$ L-Dopa; $\Rightarrow$ Dopamin; $\Rightarrow$ Enzyme; $\Rightarrow$ Epiphyse, $\Rightarrow$ Hypophyse; $\Rightarrow$ Lipide; $\Rightarrow$ lipophil; $\Rightarrow$ Membran; $\Rightarrow$ Metabolisierung; $\Rightarrow$ Neurotransmitter; $\Rightarrow$ Nicotin; $\Rightarrow$ Osmose; $\Rightarrow$ Thalamus)

Carbinol-Gruppe ($\Rightarrow$ Alkohole)

Carbonate: Salze der Kohlensäure (H_2CO_3); sie sind außer den Alkali-Carbonaten im Wasser schwer löslich.

($\Rightarrow$ Carbonsäuren)

Carbonsäuren: diese haben die allgemeine Strukturformel:

$$R-C\underset{OH}{\overset{O}{\diagup\!\!\!\diagup}}$$

(Carboxylgruppe)

Carbonsäuren entstehen durch Oxidation primärer Alkohole (z.B. CH_3-OH), wobei Aldehyde als Zwischenprodukt entstehen; sie dissoziieren in wässriger Lösung zu

$$R-COO^-+H^+$$

Bei den Carbonsäuren wird an den Namen des zugrundeliegenden KW die Endung -säure angehängt (z.B. Pentansäure - C_4H_9-COOH).

Die Salze der entsprechenden Säuren werden häufig durch die Endung -at gekennzeichnet (so heissen etwa die Anionen der Essigsäure Acetat, die der Weinsäure Tartrat, die der Buttersäure Butyrat und die der Carbonsäure Carbonat).

Wird die OH-Gruppe der Carboxyl-Gruppe durch NH_2 ersetzt, entstehen Säureamide, z.B. Acetamid (CH_3CO-NH_2), Formamid ($CHO-NH_2$) oder Benzamid ($C_6H_5CO-NH_2$).

($\Rightarrow$ Aldehyd; $\Rightarrow$ Alkohole; $\Rightarrow$ Anhydride; $\Rightarrow$ Anion; $\Rightarrow$ Carbonate; $\Rightarrow$ Decarboxylierung; $\Rightarrow$ Harnstoff; $\Rightarrow$ Kohlenwasserstoffe; $\Rightarrow$ Oxidation; $\Rightarrow$ Peptide; $\Rightarrow$ Säuren)

Carbonyl-Gruppe ($\Rightarrow$ Aldehyd)

Carboxylasen: Enzyme, die die Einführung von CO_2 in organische Verbindungen katalysieren (Carboxylierung).

($\Rightarrow$ Decarboxylierung; $\Rightarrow$ Enzyme)

Carboxyl-Gruppe ($\Rightarrow$ Carbonsäuren)

Catecholamine: Sammelbezeichnung für die Transmitterhormone Adrenalin, Noradrenalin und Dopamin.

Da die Catecholamine wie auch andere Neurotransmitter die Permeabilitätsbarriere zwischen Blutplasma und Gehirn bzw. Nervenzellen nicht passieren können, erfolgt ihre Biosynthese innerhalb der Nervenzellen in den Mitochondrien des Zellkörpers aus der Aminosäure L-Tyrosin, die ihrerseits die Blut-Hirn-Schranke zu überwinden vermag.

($\Rightarrow$ Adrenalin; $\Rightarrow$ Agonisten; $\Rightarrow$ Amine; $\Rightarrow$ Blut-Hirn-Schranke; $\Rightarrow$ Dopamin; $\Rightarrow$ Monoamine; $\Rightarrow$ Nebennieren; $\Rightarrow$ Neurotransmitter; $\Rightarrow$ Noradrenalin; $\Rightarrow$ Synapse)

Catecholamin-O-Methyltransferase (COMT): ein Enzym, das in den Stoffwechsel der entsprechenden biogenen Amine in der Synapse in der Weise eingreift, dass es durch O-Methylierung der Catecholamine diese nach deren Ausschüttung in einer Phase-II-Reaktion wieder inaktiviert.

($\Rightarrow$ Amine; $\Rightarrow$ biogene Amine; $\Rightarrow$ Catecholamine; $\Rightarrow$ Enzyme; $\Rightarrow$ MAO; $\Rightarrow$ Metabolisierung; $\Rightarrow$ Noradrenalin: $\Rightarrow$ Synapse)

cerebral ($\Rightarrow$ zerebral)

Chinazolin: Alkaloide mit einer Chinazolin-Grundstruktur können einer eigenen Gruppe zugerechnet werden und kommen u.a. in Peganum-Arten (ZYG) vor.

Bei den Methaqualonen handelt es sich um Chinazolin-Derivate (vgl. 4.2.1, Rdnr. 2049 f.)

($\Rightarrow$ Alkaloide; $\Rightarrow$ Chinolin)

Chinolin: Benzopyridin, ein tertiäres Amin wie das Benzopyrrol (Indol); Strukturformel:

Chinolin   Isochinolin

Chinolin findet sich wie Indol im Steinkohlenteer. Es wurde zur Muttersubstanz der etwa 150 China-Alkaloide, zu denen u.a. auch das bekannte, bitter schmeckende, fiebersenkende Chinin gehört. Chinoline werden u.a. als Malariamittel eingesetzt.

Das Isochinolin ist die Grundstruktur der großen Gruppe der Isochinolin-Alkaloide.

($\Rightarrow$ Alkaloide; $\Rightarrow$ Amine; $\Rightarrow$ Chinazolin; $\Rightarrow$ Dopamin; $\Rightarrow$ Heterocyclus; $\Rightarrow$ Indol; $\Rightarrow$ Pyridin; $\Rightarrow$ Tetrahydroisochinolin)

Chinolizidin: zu den Izidinen zählende Alkaloid-Gruppe, die dadurch gekennzeichnet ist, dass das N-Atom Teil von 2 oder 3 Ringen ist;

Strukturformel:

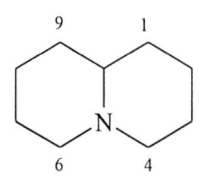

Die Gruppe der Izidine umfasst etwa 500 verschiedene Basen, u.a. auch das Lupinen-Alkaloid (-)-Cytisin (zu letzterem vgl. 1.2.3.8, Rdnr. 779).

($\Rightarrow$ Alkaloide)

cholinerg: auf die Wirkung des Acetylcholins bezogen.

($\Rightarrow$ Acetylcholin; $\Rightarrow$ adrenerg; $\Rightarrow$ Neurotransmitter; $\Rightarrow$ Parasympathicus; $\Rightarrow$ Synapse)

Cholinergica: ($\Rightarrow$ Parasympathomimetica)

Cholinesterase-Hemmer: ($\Rightarrow$ Parasympathomimetica)

chromaffines Gewebe: sympathomimetische Amine enthaltendes Gewebe, das mit Chromsalzen eine typische Braunfärbung ergibt.

($\Rightarrow$ Adrenalin; $\Rightarrow$ biogene Amine; $\Rightarrow$ Nebennieren; $\Rightarrow$ Sympathomimetica)

chronisch: langsam verlaufend, langwierig.

($\Rightarrow$ akut; $\Rightarrow$ Intoxikation)

CNS ($\Rightarrow$ Zentralnervensystem)

Coenzyme: ($\Rightarrow$ Enzyme)

Coffein: chem. Bezeichnung: 1,3,7-Trimethylxanthin oder 7-Methyltheophyllin, gehört zu den in verschiedenen Pflanzengattungen gefundenen Purin-Basen aus der Gruppe der N-Heterocyclen.

Coffein findet sich insbesondere im Samen des zur Familie der Rubiaceae (RUB) zählenden Kaffestrauches, aber etwa auch des Colabaumes, den Blättern des Teestrauches und der südamerikanischen Liane Paullinia cupana ("Guaraná"), deren Inhaltsstoff Guaranin mit Coffein identisch ist. Das durch Zermahlen der Samen gewonnene Pulver (enthalten in den rezeptfreien Guarana-ratiofarm Kapseln) hat von Brasilien aus als Amfetamin-Ersatz Eingang in die Techno-Scene gefunden (vgl. zum "herbal ecstasy" 1.2.4.3, Rdnr. 835 FN 51). Daneben wird Coffein in Tablettenform (etwa das rezeptfreie Coffeinum N 0,2 g mit 200 mg Coffein) u.a. in Kombination mit Ephedrin oder Amfetamin-Derivaten als Aufputschmittel und "Disko-Droge" missbraucht.

Das leicht wasserlösliche Coffein ist insbesondere mit Theobromin (3,7-Dimethylxanthin, dem Alkaloid der Kakaobohne) und dem im Tee in geringer Menge vorkommenden, u.a. als Broncholyticum medizinisch genutzten Theophyllin (1,3-Dimethylxanthin) verwandt;

Strukturformel:

A. Erläuterung der Fachbegriffe 665

	R^1	R^2
Coffein	-CH$_3$	-CH$_3$
Theobromin	-H	-CH$_3$
Theophyllin	-CH$_3$	-H

Coffein, das im Röstkaffee zu etwa 1-1,5 % enthalten ist, dürfte zwar einerseits das weltweit am häufigsten benutzte und harmloseste Mittel zur Hebung der Stimmung (Psychoanalepticum) sein. In Tagesdosen von etwa 350 mg (eine Tasse gefilterter Kaffee enthält etwa 100 mg, eine Tasse Tee etwa 75 mg und eine Tasse Kakao bis zu 25 mg) weist aber auch Coffein erhebliche zentralnervös erregende Eigenschaften, u.a. durch kompetitive Hemmung adenosinerger Rezeptoren, auf, vertreibt Müdigkeit und wirkt stimmungsaufhellend, jedoch noch nicht euphorisierend. Größere Mengen (ab 600 mg) hingegen werden z.T. zur Herbeiführung eines euphorischen Zustandes eingenommen und können zu Unruhe, Angst, Gereiztheit, Herzklopfen (bis hin zum Infarkt, insbesondere in Kombination etwa mit Ephedrin, vgl. 3.2.1, Rdnr. 1720), Schwindelgefühl und Schweißausbruch führen, übergroße zu Lähmungserscheinungen und Verwirrtheit bis Delirien (akute Stimulanzienintoxikation einschließlich Coffein, ICD-10 F 15.0).

Ob es zur Ausbildung einer auch körperlichen Abhängigkeit kommen kann, ist umstr. Jedenfalls zeigen sich beim Coffeinismus (ICD-10 F 15.2) neben Toleranzeffekten mit Dosissteigerung Abstinenzerscheinungen wie Nervosität, Kopfschmerzen und Teilnahmslosigkeit. Bei einem plötzlichen Absetzen scheint es auch zu deutlicheren Entzugserscheinungen wie Störungen der Bewegungskoordination und Depressionen zu kommen.

Schmerzmittel in Kombination mit Coffein werden u.a. aus diesem Grund zunehmend kritisch betrachtet, zumal die Verstärkung der analgetischen Wirkung umstritten ist. Seit der 21. VO zur Änderung der VO über verschreibungspflichtige Arzneimittel sind coffein-haltige Schmerzmittel ab dem 1.7.1986 unter bestimmten Voraussetzungen verschreibungspflichtig. Unabhängig von einer Verschreibungsfähigkeit gehört Coffein seit dem 11.9.1998 zu den gemäß § 6 a AMG verbotenen Doping-Wirkstoffen, wenn es im Sport zu Doping-Zwecken verabreicht wird.

($\Rightarrow$ Arzneistoffabhängigkeit; $\Rightarrow$ Alkaloide; $\Rightarrow$ Delirium; $\Rightarrow$ Dopamin; $\Rightarrow$ Heterocyclus)

Cortex: (hier:) die Rinde (Cortex cerebri) des aus 2 Hemisphären bestehenden Großhirns (Cerebrum) als Sitz sämtlicher Funktionen bewussten Verhaltens.

($\Rightarrow$ cortikal; $\Rightarrow$ Synästhesie; $\Rightarrow$ Thalamus)

cortikal: die Hirnrinde betreffend, von der Großhirnrinde ausgehend.

($\Rightarrow$ Cortex)

Cyclohexan: Hexahydrobenzol (C$_6$H$_{12}$), ein cyclisches Alkan, u.a. Ausgangsverbindung des Phenols;

Strukturformel:

$$\begin{array}{c} HH \\ \diagdown\diagup \\ C \\ H_2C\diagup\diagdown CH_2 \\ || \\ H_2C\diagdown\diagup CH_2 \\ C \\ \diagup\diagdown \\ HH \end{array}$$

Cytostatica: ($\Rightarrow$ Zytostatica)

Decarboxylierung: Ersetzung des Carboxyl-(COOH-)Restes durch einen Wasserstoffrest unter Austritt von CO_2. Decarboxylasen sind demnach Enzyme, die CO_2 von Substraten (z.B. Aminosäuren) abspalten.

($\Rightarrow$ Aminosäuren; $\Rightarrow$ Carbonsäuren; $\Rightarrow$ Carboxylasen; $\Rightarrow$ Enzyme)

Dekokt: frischer, mit kaltem Wasser hergestellter Auszug aus zerkleinerten Pflanzen oder Pflanzenteilen.

($\Rightarrow$ Infus)

Delirium (Delir): Form einer akuten organischen Psychose z.B. infolge einer Intoxikation mit pathologisch veränderter Bewusstseinslage und nachfolgender Amnesie. Es kommt zu Desorientiertheit, Verwirrtheit, illusionären Verkennungen, (insbesondere optisch-taktilen) Halluzinationen und wahnhaften Vorstellungen bei gleichzeitig schweren vegetativen Begleitsymptomen wie Tremor, Tachykardie und Schweißausbruch sowie motorischer Unruhe und Fieber.

Die infolge der deliriumsbedingten Stresssituation erfolgende massive Catecholamin-Ausschüttung kann zu lebensbedrohlichen Auswirkungen auf das Herz-Kreislauf-System führen.

($\Rightarrow$ akut; $\Rightarrow$ Amnesie; $\Rightarrow$ Bewusstseinsstörungen; $\Rightarrow$ Catecholamine; $\Rightarrow$ Ethanol; $\Rightarrow$ Halluzinationen; $\Rightarrow$ Hyperkinse; $\Rightarrow$ Illusion; $\Rightarrow$ Intoxikation; $\Rightarrow$ Psychose; $\Rightarrow$ Rausch; $\Rightarrow$ Tremor)

Dementia (Demenz): erworbener Verlust der intellektuellen Leistungsfähigkeit (Verblödung) mit u.a. Wahrnehmungs-, Denk-, Konzentrations- und Orientierungsstörungen sowie Persönlichkeitsveränderungen, gegebenenfalls mit einer langfristigen Verminderung des Acetylcholin-Spiegels einhergehend, hier infolge suchtbedingter Hirnschädigungen oder Intoxikationen.

($\Rightarrow$ Acetylcholin; $\Rightarrow$ Arzneistoffabhängigkeit; $\Rightarrow$ Atrophie; $\Rightarrow$ Denkstörungen; $\Rightarrow$ Depravation; $\Rightarrow$ Intoxikation)

Dendriten: dünne, röhrenförmige Fortsätze des Zellkörpers einer Nervenzelle, die sich verästeln. Ein Neuron hat etwa 1-12 Dendriten, über die es ankommende Signale aufnimmt.

($\Rightarrow$ Afferenz; $\Rightarrow$ Axon; $\Rightarrow$ Neuron)

Denkstörungen: Störungen des Denkens u.a. in Bezug auf Geschwindigkeit (etwa Ideenflucht), Ablauf (etwa Umständlichkeit) und Logik (etwa inkohärentes und zerfahrenes Denken) sowie im Sinne einer Realitätsstörung bis hin zum Wahn. Denkstörungen können u.a. Folge organischer Psychosen, Bewusstseinsstörungen, Depressionen oder Intoxikationen sein.

($\Rightarrow$ Bewusstseinsstörungen; $\Rightarrow$ Dementia; $\Rightarrow$ Depression; $\Rightarrow$ Ideenflucht; $\Rightarrow$ Intoxikation; $\Rightarrow$ Psychose)

Depersonalisierung: Ich-Erlebnisstörung mit dem Gefühl, der eigenen Person bzw. dem eigenen Körper fremd gegenüberzustehen, als mögliche Folge etwa einer Intoxikation aber auch von Übermüdung sowie schizophrener Störungen.

($\Rightarrow$ Intoxikation; $\Rightarrow$ Schizophrenie)

Depravation (Verschlechterung, hier:) suchttypische Veränderung (Verfall) individueller Persönlichkeitsmerkmale (bis hin zur "Entkernung der Persönlichkeit"), u.a. mit Kritik- und Urteilsschwäche, psychischer Instabilität, einem Abbau sozialer Verantwortlichkeit und Verwahrlosung (soziale Depravation) einhergehend. Eine Depravation ist im Zuge einer Abstinenz in Maßen revisibel.

($\Rightarrow$ Arzneistoffabhängigkeit; $\Rightarrow$ Dementia)

Depression: traurige Verstimmung. Eine allgemein anerkannte Definition der äußerst komplexen Krankheit existiert nicht, meist wird das Vorliegen als Störung der Affektivität anhand folgender Krankheitsmerkmale bestimmt: Bedrückung, Angst, Verlangsamung, Schuldgefühle, Schlafstörungen, Appetitstörungen, unklare Schmerzen, Grübeln, Selbstmordgedanken u.a. Herkömmlich wird u.a. zwischen psychogenen (exogenen), organisch nicht bedingten (endogenen) und somatogenen (z.B. toxischen) Depressionen unterschieden.

Die tagesperiodische Systemausprägung letzterer mit Phasenverschiebungen verschiedenster physiologischer Rhythmen und Amplitudenverlängerung könnte u.U. in einem rückgekoppelten System auf einem Serotonin- bzw. Norepinephrin-Mangel an Hirnsynapsen beruhen, worauf etwa die erhöhte Dichte bestimmter Noradrenalin-Rezeptoren als Kompensationsvorgang hinweist, und womit der mehrfach beobachtete Umstand zusammenhängen könnte, dass sich bei Schlafentzug oder einer Verschiebung des Schlaf-Wach-Rhythmus eine Besserung der Depression zeigt. Hiermit korrespondiert, dass Serotonin-Wiederaufnahmehemmer antidepressiv wirken (vgl. 4.3.3, Rdnr. 2164). Daneben bestehen Indizien für eine chronische Aktivierung der nicht-neuronalen Stressachse über Hypothalamus (Überproduktion des corticotropin-releasing factor), Hypophyse und Nebennierenrinde als Auslöser für Depressionen.

Inwieweit derartige Störungen des Hirnstoffwechsels auf einer genetischen Disposition beruhen und u.a. durch Erhöhung der β-Endorphin-Konzentration im Serum zu lindern sein könnten, wird untersucht. Andererseits wurde etwa ein Serotonin-Mangel nicht nur bei manisch-depressiven Kranken und Selbstmördern, sondern auch bei Schizophrenen und Alkoholikern festgestellt. Unklar ist zudem, ob Veränderungen z.B. im Serotonin- bzw. Noradrenalin-Haushalt Ursache oder Folge der Krankheit sind.

(⇒ Acetylcholin; ⇒ Adrenalin; ⇒ Affekt; ⇒ Beziehungswahn; ⇒ biogene Amine; ⇒ Denkstörungen; ⇒ Hypophyse; ⇒ Hypothalamus; ⇒ Intoxikation; ⇒ Manie; ⇒ Melatonin; ⇒ Noradrenalin; ⇒ Schizophrenie; ⇒ Serotonin; ⇒ Synapse)

Derivat (Abkömmling): entsteht durch einfache oder mehrfache Substitution (Ersetzung) eines oder mehrerer Wasserstoffatome der ursprünglichen Verbindung.

In einem weiteren Sinn sind Derivate all jene Verbindungen, die sich von einem chemischen Grundkörper zumindest theoretisch ableiten lassen.

Desaminierung: Abspaltung der Aminogruppe (NH_2) aus Verbindungen durch Oxidation, Dehydrierung oder Hydrolyse (z.B. oxidative Desaminierung von Amfetaminen), die vor allem in Leber und Niere stattfindet.

(⇒ Amine; ⇒ Aminosäuren; ⇒ Oxidation)

Designer Drugs (DD): vollsynthetisch hergestellte Drogen mit Abhängigkeitspotential, die so gestaltet (designed) sind, dass sie nicht unter die in den Anhängen (Positivlisten) zum BtMG 1994 aufgeführten Stoffe fallen und bei denen es sich nach § 1 Abs. 1 BtMG somit definitionsgemäß um keine Btm handelt (etwa verschiedene Fentanyl- und Pethidin-Derivate als "synthetisches Heroin"; zum Diskussionsstand vgl. Vorbem. 1.2.4, Rdnr. 795 und 797-799). DD enthalten häufig Syntheserückstände, die ebenfalls toxisch sind.

(⇒ Arzneimittel; ⇒ Betäubungsmittel; ⇒ Droge)

Detoxikation (⇒ Intoxikation)

Diethylether (⇒ Ether)

Diffusion: die durch Wärmebewegung verursachte Verteilung der Moleküle eines Stoffes in einem anderen; der Substanzdurchtritt durch eine Membran ist bei rein passiver Diffusion direkt proportional dem Konzentrationsgradienten der Membranfläche, dem Verteilungskoeffizienten der betreffenden Substanz sowie dem Diffusionskoeffizienten (eine für die entsprechende Membran konstante Größe) und umgekehrt proportional der Membrandicke. Die rein passive Diffusion ist durch analoge Verbindungen und durch Stoffwechselblockade nicht hemmbar.

Bei der erleichterten (carrier-vermittelten) Diffusion wird angenommen, dass ein hydrophiles Molekül sich mit einem Carrier (Träger, wahrscheinlich Membranproteine) verbindet, der sich in der Membran frei bewegen und dadurch den Durchtritt der Substanz durch die lipophile Zellmembran ermöglichen kann.

($\Rightarrow$ Blut-Hirn-Schranke; $\Rightarrow$ hydrophil; $\Rightarrow$ Lipide; $\Rightarrow$ Membran; $\Rightarrow$ Osmose; $\Rightarrow$ Protein; $\Rightarrow$ Resorption)

diözisch: (botan.) zweihäusig, zweigeschlechtlich.

L-Dopa (INN: Levodopa): chem. Bezeichnung: (S)-2-Amino-3-(3,4-dihydroxyphenyl)propionsäure, eine Aminosäure, Vorstufe der Neurotransmitter Dopamin und Noradrenalin;

Strukturformel:

HO\
  \\
HO/ — COOH, NH$_2$

L-Dopa wird durch das Enzym Aminosäuren-Decarboxylase (AADC) zu Dopamin und durch Monoaminoxidase (MAO) weiter zu Dihydroxyphenylessigsäure (DOPAC) umgewandelt.

Das nebst seinen Salzen verschreibungspflichtige L-Dopa hat seit 1961 in der Therapie des Parkinson-Syndroms Bedeutung, da es aufgrund eines aktiven Transportmechanismus im Gegensatz zu Dopamin selbst die Blut-Hirn-Schranke zu überwinden vermag; mit L-Dopa werden mittels einer vermehrten Dopamin-Ausschüttung im Thalamus in erster Linie Kinese und psychische Störungen beeinflusst (L-Dopa-ratiopharm). Da L-Dopa bei seiner Metabolisierung im Organismus jedoch offenbar sog. Fluktuationen auslösende Fremdstoffe bildet (sog. "Jo-Jo-Effekt"), wird nach anderen Dopamin-Agonisten gesucht. Zu diesen gehört das aus dem Mutterkorn gewonnene, u.a. als Migränemittel eingesetzte und ebenfalls verschreibungspflichtige Lisurid (INN), das Ende der 1980er Jahre vom BGA zur Parkinson-Therapie zugelassen wurde (Dopergin).

($\Rightarrow$ Aminosäuren; $\Rightarrow$ Blut-Hirn-Schranke; $\Rightarrow$ Decarboxylierung; $\Rightarrow$ Dopamin; $\Rightarrow$ limbisches System; $\Rightarrow$ Metabolisierung; $\Rightarrow$ MAO; $\Rightarrow$ Noradrenalin; $\Rightarrow$ Thalamus; $\Rightarrow$ Tyrosin)

Dopamin (DA): (INNv; chem. Bezeichnung: 4-(2-Aminoethyl)-brenzcatechin; Kurzbezeichnung: Hydroxytyramin) eine durch Decarboxylierung der Aminosäure Tyrosin gebildete biochemische Vorstufe des phenolischen Adrenalin und Noradrenalin (zur Strukturformel vgl. 1.2.1.1.4, Rdnr. 363). Wahrscheinlich handelt es sich bei Dopamin darüberhinaus um eine eigenständige Transmittersubstanz, die an den dopaminergen Nervenenden freigesetzt und von den Dopamin-Rezeptoren (D4) des nachgeschalteten Neurons aufgenommen wird; hierdurch wird die Aktivität von Neuronen gehemmt oder moduliert, die u.a. an Gefühlen oder der Motorik beteiligt sind. Zusammen mit Serotonin und Adrenalin zählt Dopamin zu den aminergen Neurotransmittern.

Die Zellkörper der Nervenfasern, die mit Dopamin arbeiten, liegen in 2 Gebieten: in der ventralen Haube (VTA - ventrale tegmentale Area) des Hirnstamms, die u.a. beim Orgasmus aktiviert wird, und der Substantia nigra, einer Region unterhalb der Basalganglien, die ihrer melatonin-haltigen Zellen wegen dunkler erscheint und wo Dopamin gebildet wird. Deren Nervenfasern reichen bis zum Streifenkörper (Corpus striatum), der als Teil des extrapyramidalen Systems u.a. an der Steuerung komplexer Bewegungen, von Körperhaltung und Muskelspannung beteiligt ist (ein Dopamin-Überschuss führt zu unwillkürlichen, ausfahrenden Bewegungen) sowie bis ins Stirnhirn (präfrontaler Cortex) als Teil der großen limbischen Schleife, wo sie emotionale Reaktionen beeinflussen. Dies dürfte in Zusammenhang mit der hohen Dichte opioider Rezeptorfelder im Umfeld des aufsteigenden Astes der limbischen Schleife stehen. Die dopaminergen Neuronen sind ihrerseits in ein Geflecht hemmender und stimulierender Nervenbahnen (vorwiegend serotoninerge, glutamaterge, gabaerge, noradrenerge und endorphinerge) einbezogen, die aus zahlreichen Hirnregionen diese Neuronen beeinflussen. Dopamin ist Bestandteil des körpereigenen mesolimbisch-mesocortikalen Belohnungssystems (reward system), indem es nach Ausschüttung über spezifische postsynaptische D2-Rezeptoren in Abhängigkeit von hippocampanalen Interventionen eine sich selbst verstärkende Dynamik erhält und Wohlgefühl auslöst. Eine ausbalancierte Interaktion zwischen verschiedenen Opioidrezeptoren und dem dopaminergen Belohnungssystem führt zu einer ausgeglichenen Stimmungslage, während ein Ungleichgewicht zu einer Suchtdisposition beitragen kann.

U.a. über eine vermehrte Dopamin-Ausschüttung wirken viele Rauschmittel wie z.B. Ethanol. Aber auch nicht stoffgebundenes Suchtverhalten wie die Spielsucht sowie Erkrankungen aus dem schizophrenen Formenkreis scheinen ebenfalls u.a. mit einem Dopamin-Überschuss zusammenzuhängen.

Es gibt Anhaltspunkte für die Gefahr, dass in den Dopamin-Haushalt eingreifende Drogen zu einer drogeninduzierten Degeneration von dopaminergen Terminalen im präfrontalen Cortex führt, die möglicherweise irreversibel ist (vgl. etwa beim Amfetamin 3.2.4.4, Rdnr. 1892). Ebenso dürfte die Degeneration dopamin-haltiger Nervenfasern des Neustreifenkörpers (Neostriatum) und der Substantia nigra (Stammganglien) mit der Folge einer stark eingeschränkten Dopamin-Bildung und eines Übergewichts des antagonistisch wirkenden Acetylcholins mit zunehmendem Alter (aging) zu Muskelstarre und Ruhezittern, Symptomen der Parkinson'schen Krankheit führen (zu einem Dopamin-Mangel als mögliche Folge etwa chronischen Cocain-Missbrauchs vgl. 3.1.4, Rdnr. 1569, und 3.1.7, Rdnr. 1682, bzw. einer MPTP-Vergiftung 4.4.4, Rdnr. 2402). In psychischer Hinsicht bedingt die mit der drogenbedingten Dopamin-Ausschüttung einhergehende Rückbildung der D2-Rezeptoren eine Abnahme des euphorisierenden Effektes bis hin zu Depression und Antriebslosigkeit. Die Gefahr einer Abhängigkeitsausbildung kann dann als Folge eines entsprechenden Transmitterdefizits angesehen werden, indem der Körper einen "Hunger nach der Droge" (craving) entwickelt.

Therapeutisch wird das nebst seinen Salzen verschreibungspflichtige Dopamin als α-Sympathomimeticum ähnlich Adrenalin und Noradrenalin in der Schocktherapie und als Antihypotonicum u.a. bei akuter Herz- und Kreislaufinsuffizienz eingesetzt (etwa Dopamin Giulini, Dopamin Fresenius), da es vor allem die Kontraktionskraft des Her-

A. Erläuterung der Fachbegriffe					671

zens steigert (bei gleichzeitiger Verengung der Gefäße im Bereich der Haut und der Muskulatur).

($\Rightarrow$ Acetylcholin; $\Rightarrow$ Aminosäuren; $\Rightarrow$ biogene Amine; $\Rightarrow$ Catecholamine; $\Rightarrow$ Cortex; $\Rightarrow$ Decarboxylierung; $\Rightarrow$ L-Dopa; $\Rightarrow$ dopaminerg; $\Rightarrow$ extrapyramidales System; $\Rightarrow$ Glutaminsäure; $\Rightarrow$ Halluzination; $\Rightarrow$ Hippocampus; $\Rightarrow$ hyperkinetisches Syndrom; $\Rightarrow$ limbisches System; $\Rightarrow$ Melatonin; $\Rightarrow$ Monoamine; $\Rightarrow$ Nebennieren; $\Rightarrow$ Neurotransmitter; $\Rightarrow$ Nicotin; $\Rightarrow$ Opioide; $\Rightarrow$ Schizophrenie; $\Rightarrow$ Sympathomimetica; $\Rightarrow$ Synapse; $\Rightarrow$ Tonus; $\Rightarrow$ Tyrosin)

dopaminerg: die Wirkung des Dopamins betreffend.

($\Rightarrow$ Dopamin; $\Rightarrow$ Neurotransmitter)

Doping: Verwendung von Substanzen aus verbotenen Wirkstoffgruppen zur unphysiologischen Steigerung der Leistungsfähigkeit im Sport. Generell ist hierunter die regelwidrige Verwendung von Medikamenten oder Methoden zu verstehen. Eine allgemein anerkannte Definition existiert nicht. Doping-Wirkstoffe sind sportartenspezifisch und in Abgrenzung zur medizinisch indizierten Verabreichung von Pharmaka festzulegen; eine Liste der danach in Betracht kommenden Gruppen von Doping-Wirkstoffen ist im Anhang zum Übereinkommen gegen Doping vom 16. November 1989 (hier wiedergegeben in Anhang B.4) aufgeführt (näher hierzu 3.2.4.2, Rdnr. 1800-1806). Das Wort "Doping" ist einer Lesart zufolge von engl. dope = "hinters Licht führen", nach einer anderen von dem Zulu-Wort "doop" (= berauschender Schnaps, der als Stimulanz verwendet wird) abgeleitet. Ende des 19. Jahrhunderts wurde in England unter diesem Begriff eine Mischung aus Opium und Narkotica verstanden.

($\Rightarrow$ Coffein; $\Rightarrow$ GABA; $\Rightarrow$ Wirkstoffe)

Dosis (Gabe): Menge der verordneten Arznei, je nach Alter, Gewicht und Zeit verschieden. Die Einzelmaximaldosis (EMD) darf pro Dosis, die Tagesmaximaldosis an einem Tag nicht überschritten werden.

($\Rightarrow$ Arzneimittel; $\Rightarrow$ LED$_{50}$; $\Rightarrow$ LD$_{50}$; $\Rightarrow$ therapeutische Breite)

Droge: im ursprünglichen Sinn "getrocknetes Material pflanzlichen oder tierischen Ursprungs" (franz. drogue), das direkt oder in Form isolierter Wirkstoffe als Heilmittel verwendet wird.

Der Begriff wird jetzt meist im Sinne von "Arzneistoff" (Pharmakon) verwendet, meist unter Einschluss der als Rauschmittel verwendbaren psychotropen Arznei- und Genussmittel (wie Ethanol und Nicotin), welche über das ZNS in die natürlichen Abläufe des Körpers eingreifen und Stimmungen, Gefühle und Wahrnehmungen beeinflussen. Die bei uns eingebürgerte Bedeutung im Sinne von "Rauschgift" beruht auf einer missverstandenen Übertragung des amerikan. Ausdrucks "drug" = Arzneimittel.

Hier soll unter dem Begriff "Rauschdrogen" neben halb- und voll-(total-)synthetischen Substanzen auch psychotrope Stoffe pflanzlichen oder tierischen ("biogenen") Ursprungs, leichtflüchtige Stoffe und anorganische Substanzen wie Gase mit Wirkung auf das ZNS verstanden werden, die bewusst zur Herbeiführung einer Erlebnis- oder Bewusstseinsveränderung genommen werden; der Begriff "Betäubungsmittel", der sich auf die in den Anlagen I-III zum BtMG 1994 aufgeführten Stoffe bezieht, ist demgegenüber enger. Wie umgangssprachlich im Deutschen üblich, wird in diesem Buch zuweilen auch der mit dem Begriff "Rauschdrogen" gleichzusetzende Begriff "Drogen" verwandt.

Im englischen Sprachraum werden die Drogen, der hier gewählten Einteilung entsprechend, meist in Cannabis, Hallucinogens, Phencyclidine, Narcotic Analgesics, CNS Stimulants und CNS Depressants eingeteilt. Alle gebräuchlichen Drogen sind KW-Verbindungen, die als Basen, Säuren, Ester, Alkohole, Chlor-, Stickstoff- und Phosphorverbindungen vorliegen können.

Eine Ausnahme macht hier etwa das Schwermetall Mangan, das in hohen Dosen neurotoxische Schädigungen mit Halluzinationen verursacht, sowie das früher u.a. in der Steiermark und Südtirol von Rosstäuschern eingesetzte und auch zur menschlichen Leistungssteigerung und Kraftzuwachs konsumierte Arsenik (As_2O_3) oder arsenige Säure. Das hochgiftige weiße Arsenik greift als Blutkapillargift in den Gefäßzellen an, die tödliche Dosis liegt zwischen 60 und 120 mg, infolge Toleranzbildung können jedoch auch hohe Dosen vertragen werden; es kann zu Abstinenzsymptomen wie beim Morphinismus kommen.

($\Rightarrow$ Alkaloide; $\Rightarrow$ Arzneimittel; $\Rightarrow$ Betäubungsmittel; $\Rightarrow$ Designer Drogen; $\Rightarrow$ Ethanol; $\Rightarrow$ Fremdstoff; $\Rightarrow$ Halluzination; $\Rightarrow$ Inhaltsstoff; $\Rightarrow$ Kohlenwasserstoffe; $\Rightarrow$ Nicotin; $\Rightarrow$ psychoaktiv; $\Rightarrow$ psychedelisch; $\Rightarrow$ Stoff; $\Rightarrow$ Suchtstoff; $\Rightarrow$ ZNS)

Drogenabhängigkeit ($\Rightarrow$ Arzneistoffabhängigkeit)

Drogenintoxikation, akute ($\Rightarrow$ Intoxikation)

Drogenmissbrauch ($\Rightarrow$ Missbrauch)

Drogenpsychose ($\Rightarrow$ Psychose)

Dysphorie: Missstimmung, etwa als Folge einer Intoxikation (im Gegensatz zur Euphorie).

($\Rightarrow$ euphorisch; $\Rightarrow$ Intoxikation)

Dystonie: fehlerhafter Spannungszustand (Tonus) von Muskeln, Gefäßen oder des vegetativen Nervensystems (neurovegetative Dystonie).

($\Rightarrow$ Hypotonie; $\Rightarrow$ Tonus; $\Rightarrow$ vegetatives Nervensystem)

ED_{50} ($\Rightarrow LED_{50}$)

Effektoren: Erfolgs- bzw. Ausführungsorgane. Bei höheren Organismen sind 3 Systeme zu unterscheiden:

A. Erläuterung der Fachbegriffe 673

- die rezeptorischen Organe, die durch Stimuli (Reize) aktiviert werden,
- die effektorischen Organe als Ausgangspunkt von Reaktionen und
- die Übermittlungsorgane einer Erregung vom Rezeptor zum Zentrum (afferente Übermittlung) oder vom Zentrum zum Effektor (efferente Übermittlung).

($\Rightarrow$ Afferenz; $\Rightarrow$ Rezeptoren; $\Rightarrow$ ZNS; $\Rightarrow$ Synapse)

Eiweißstoffe: hochmolekulare, kolloide Verbindungen aus C, H, O, N und S, die als Baustoffe und Enzyme Bestandteil jeder Zelle sind und im Organismus u.a. Hormone sowie Schutz- und Transportstoffe bilden. Eiweißstoffe bestehen aus zahlreichen (etwa 150, aber auch bis zu 4.500), unter Wasseraustritt kettenartig verbundenen Aminosäuren (Peptide). Man unterscheidet Eiweißstoffe im engeren Sinn, die Proteine, die nur aus Aminosäuren aufgebaut sind, und zusammengesetzte Eiweißstoffe, die Proteide, die zusätzlich noch mit anderen Stoffen verbunden sind. Eiweißstoffe sind neben Kohlenhydraten und Fetten wichtigste Nahrungsmittel.

($\Rightarrow$ Aminosäuren; $\Rightarrow$ Enzyme; $\Rightarrow$ Hormone; $\Rightarrow$ Peptide)

EMD ($\Rightarrow$ Dosis)

Elimination: Ausscheidung eines Stoffes.

($\Rightarrow$ Halbwertszeit)

Emetica: Brechmittel (syn. Vomitiva).

Emotionalität ($\Rightarrow$ limbisches System)

Emulgieren: (hier:) Auswaschen von Fett, Schmutz u.a. in einer Flüssigkeit. Als Emulsion wird allgemein ein System aus nicht mischbaren Flüssigkeiten bezeichnet, bei dem die eine (disperse Phase) in Form kleinster Tröpfchen in der anderen (Dispersionsmittel) verteilt ist (bekanntestes Beispiel: die Milch).

-en: die Endsilbe -en bezeichnet eine Doppelbindung. Als Enol-Gruppe wird die Hydroxyl-Gruppe am doppelt gebundenen C-Atom bezeichnet.

($\Rightarrow$ Alkene; $\Rightarrow$ Hydroxylierung; $\Rightarrow$ -ol)

Endemit (botan.): eine auf ein bestimmtes Verbreitungsgebiet beschränkte Pflanzenart.

endogen: im Körper selbst entstanden bzw. nicht durch äußere Einflüsse entstanden. Gegensatz: exogen.

endokrin: die Drüsen mit innerer Sekretion betreffend, in das Blut absondernd.

($\Rightarrow$ Hormone; $\Rightarrow$ Neurotransmitter)

enterale (Aufnahme): diese erfolgt wie z.B. beim Trinkalkohol über die Magenschleimhaut, also oral, außerdem über den Dünndarm; der Wirkstoff muss resorbiert werden. Da er mit dem Pfortaderkreislauf in die Leber gelangt, kann ein schneller Abbau des Wirkstoffes und eine quantitativ unterschiedliche Wirkung im Verhältnis zu einer parenteralen Zufuhr auftreten.

(⇒ Absorption; ⇒ Applikation; ⇒ Ethanol; ⇒ parenteral; ⇒ per os; ⇒ Resorption; ⇒ Wirkstoff)

Enzyme (syn. Fermente): in lebenden Zellen erzeugte Eiweißstoffe, die wie anorganische Katalysatoren chemische Reaktionen beschleunigen oder lenken (wie z.B. Pepsin) oder Substanzen umbauen (z.B. Traubenzucker zu Vitamin C; sog. metabole Prozesse), indem sie die für jede Reaktion notwendige Aktivierungsenergie herabsetzen und so eine Reaktion zuweilen erst ermöglichen.

Enzyme werden surch die Endsilbe -ase kenntlich gemacht, die in Verbindung mit dem Namen des von dem Enzym in spezifischer Weise angegriffenen Stoffes die Enzymbezeichnung ergibt (so bewirken z.B. Hydrolasen allgemein die Spaltung bestimmter Substrate unter Wasseraufnahme und speziell Esterasen die Hydrolyse von Esterverbindungen bzw. handelt es sich bei Proteasen um proteinspaltende Enzyme). Man unterscheidet 6 Hauptklassen: Oxidoreduktasen (z.B. Aminosäureoxidasen), Transferasen, Hydrolasen (z.B. Esterasen), Lyasen (z.B. Decarboxylasen), Isomerasen und Ligasen.

Werden bei enzymatischen Reaktionen etwa Ionen oder Molekülgruppen abgespalten oder am Substrat abgelagert, benötigt das Enzym Coenzyme, die diese Bestandteile aufnehmen bzw. abgeben.

In den Synapsen haben spezifische Enzyme wie die Acetylcholin-Esterase (AChE) oder die MAO die Aufgabe, die entsprechenden Neurotransmitterhormone nach deren Ausschüttung wieder zu inaktivieren, damit die Wirkung nicht ständig anhält.

(⇒ Alkyle; ⇒ Carboxylasen; ⇒ COMT; ⇒ Decarboxylierung; ⇒ Eiweißstoffe; ⇒ Esterasen; ⇒ Hormone; ⇒ Hydroxylasen; ⇒ MAO; ⇒ Metabolisierung; ⇒ Neurotransmitter; ⇒ Peptide; ⇒ Proteine; ⇒ Synapse)

Enzymreduktion: mit diesem Begriff werden Vorgänge bezeichnet, durch die entweder die Aktivität verhandener oder die Produktion neuer Enzyme geregelt wird, etwa indem das Enzym durch das Endprodukt seinerseits blockiert wird.

Folge der Enzyminduktion ist die Erhöhung der Abbaukapazität und damit der Biotransformationsrate, die biologische HWZ wird verkürzt. Als Enzymeduktoren wirken etwa Barbiturate und verschiedene Psychodysleptica. Werden diese abgesetzt, fällt die Abbaukapazität innerhalb von Tagen oder Wochen auf das ursprüngliche Niveau.

(⇒ Barbiturate; ⇒ Enzyme; ⇒ Halbwertszeit; ⇒ Metabolisierung; ⇒ Toleranz)

Epidemiologie: (frühere Bedeutung: Seuchenlehre, hier vornehmlich sozialwissenschaftlich:) die Untersuchung der Erscheinungsformen, Verbreitung und Entwicklung von Drogenumfang, -missbrauch und -abhängigkeit.

($\Rightarrow$ Arzneistoffabhängigkeit; $\Rightarrow$ Drogen; $\Rightarrow$ Missbrauch)

Epilepsie: Oberbegriff für verschiedene anfallsartig auftretende, chronisch-rezidivierende (rückfällige) Krankheiten, die auf einer gesteigerten Erregbarkeit zentraler Neurone und damit einer Erniedrigung der Krampfschwelle im motorischen System beruhen und mit abnormen motorischen Reaktionen (tonischen, tonisch-klonischen Krämpfen, Zuckungen, Stereotypien) und/oder Bewusstseinsstörungen bzw. Bewusstseinsverlust sowie teilweise auch verstärkten vegetativen Reaktionen einhergehen. Die Übererregbarkeit des Neurons ist durch eine abnorme Instabilität des Membranpotentials mit Neigung zur Spontanentladung charakterisiert.

($\Rightarrow$ Amnesie; $\Rightarrow$ Bewusstseinsstörungen; $\Rightarrow$ GABA; $\Rightarrow$ Glutaminsäure; $\Rightarrow$ Halluzination; $\Rightarrow$ Membran; $\Rightarrow$ Neuron; $\Rightarrow$ Tonus)

Epiphyse (Zirbeldrüse): an der Oberseite des Zwischenhirns (zwischen den Großhirnsphären) gelegen; ihre Funktion ist teilweise noch ungeklärt. Die mit dem Hypothalamus eng verknüpfte Epiphyse ist gegebenenfalls zuständig für die zentrale Regelung der inneren Zeitsteuerung, indem sie die Melatonin-Freisetzung reguliert, die nur nachts in nennenswerten Mengen erfolgt. Melatonin seinerseits bewirkt im Hypothalamus eine Herabsetzung von Atemfrequenz und Pulsschlag; die gesamte Hirnaktivität wird herabgesenkt, was zur Entspannung und Schlafinduktion führt.

($\Rightarrow$ endokrin; $\Rightarrow$ Hypophyse; $\Rightarrow$ Hypothalamus; $\Rightarrow$ Melatonin; $\Rightarrow$ REM-Schlaf)

Epoxid: Verbindung nach Addition von Sauerstoff; der einfachste O-Heterocyclus hat folgende Struktur:

$$R-\underset{\underset{O}{\diagdown\,\diagup}}{\overset{H}{C}}-\overset{H}{C}-R^1$$

Epoxide sind sehr reaktionsfreudig; die toxische Wirkung vieler organischer Lösungsmittel beruht auf Epoxidbildung.

($\Rightarrow$ Heterocyclus; $\Rightarrow$ Oxidation)

Essigsäure: eine organische Säure, Lösungsmittel und Ausgangsverbindung für zahlreiche Stoffe. Summenformel: CH_3COOH,

Strukturformel:

$$HO-\underset{\underset{CH_3}{|}}{C}=O$$

Die Salze der Essigsäure werden als Acetate bezeichnet. Das Essigsäureanhydrid (EA) ist ein wichtiges Agens in der organischen Chemie und hat wasserabspaltende Wirkung; Summenformel: $(CH_3CO)_2O$, Strukturformel:

$$\begin{array}{c} OC-O-CO \\ | \qquad \quad | \\ CH_3 \qquad CH_3 \end{array}$$

($\Rightarrow$ Acetyl-Gruppe; $\Rightarrow$ Aldehyd; $\Rightarrow$ Anhydrid; $\Rightarrow$ Carbonsäuren; $\Rightarrow$ Ester; $\Rightarrow$ Säuren)

Ester: die Ester organischer Säuren entstehen häufig durch Verbindung von Alkoholen mit Säuren unter Austritt von Wasser (Veresterung);

allgemeine Strukturformel:

$$R-C\begin{array}{c} \nearrow O \\ \searrow \\ O-R^1 \end{array}$$

So erfolgt z.B. die Bildung des Essigsäureethylesters aus Essigsäure und Ethylalkohol = Essigester und Wasser:

$$\begin{array}{c} OCOH \\ | \\ CH_3 \end{array} + HOC_2H_5 \leftrightarrow \begin{array}{c} CO-O-CH_2 \\ | \qquad \quad | \\ CH_3 \qquad CH_3 \end{array} + H_2O$$

Ester kommen in großer Zahl z.B. in Fetten vor. Sie haben hydrophoben Charakter und lösen sich daher nicht in Wasser.

Allgemein wird die Spaltung der Ester unter Wasseraufnahme (Esterhydrolyse als Rückreaktion) als Verseifung bezeichnet.

($\Rightarrow$ Alkohole; $\Rightarrow$ Essigsäure; $\Rightarrow$ Esterasen; $\Rightarrow$ Hydrolyse; $\Rightarrow$ hydrophob; $\Rightarrow$ Lactone; $\Rightarrow$ Lipide)

Esterasen: Enzyme, die Esterverbindungen wie etwa das Cocain (vgl. 3.1.4, Rdnr. 1552) hydrolytisch in Alkohol und Säure spalten (Klasse der Hydrolasen, etwa Acetylcholin-Esterase).

($\Rightarrow$ Acetylcholin; $\Rightarrow$ Enzyme; $\Rightarrow$ Ester; $\Rightarrow$ Hydrolasen)

Ethanol: Ethylalkohol (CH_3CH_2OH), der Trinkalkohol, eine brennend schmeckende, leicht entzündliche Flüssigkeit;

Strukturformel:

```
   H      OH
H ──────── H
   H      H
```

Als frei verfügbares Rauschmittel, dessen Schädlichkeit erst um 1890 erkannt wurde, führt der Trinkalkohol nach hauptsächlicher Resorption über die Schleimhäute des Magen-Darm-Traktes und Konzentrationsausgleich zwischen Blut und Hirngewebe u.a. zu gehobener Stimmung und gesteigerter Kontaktfreudigkeit bei gleichzeitigem Verlust von Hemmungen und Nachlassen des Reaktionsvermögens. Der Alkohol-Rausch ist gekennzeichnet durch eine läppisch-heitere oder gereizt-aggressive Stimmung, Einschränkung des Gesichtskreises, Kontrollverlust über die Bewegungen, Gleichgewichtsstörungen sowie gegebenenfalls Bewusstlosigkeit und Amnesie.

Im Gegensatz zu den Opioiden verbindet sich Ethanol nicht mit speziellen Rezeptoren, sondern wirkt ubiquitär ein (vgl. z.B. auch zu den Barbituraten 4.1, Rdnr. 1999). Insbesondere wirkt er, wie seit Beginn der 1990er Jahre erkannt wurde, auf das hemmende Transmitterhormon GABA ein, dessen Wirkung gesteigert wird, während das für die Erregungsweiterleitung zuständige Transmitterhormon Glutamat gedämpft wird, was zu dem Zustand von Entspannung und leichter Euphorie führt. Wie auch durch andere Drogen wird durch Ethanol im Belohnungssystem des Gehirns die u.a. für das Wohlbefinden wichtigen Neurotransmitter Dopamin und Serotonin sowie Endorphine vermehrt ausgeschüttet (vgl. auch 2.1.4, Rdnr. 1149 FN 255).

Bei länger andauerndem Konsum von Ethanol reduzieren die Hirnzellen als Gegenmaßnahme die Ausschüttung von GABA und vermehren die Glutamat-Rezeptoren; zugleich werden die Ca^{2+}-Ionenkanäle vermehrt.

Bei Alkohol-Entzug kommt es infolge einer Reduzierung der Hemmvorgänge zu einer Übererregung der Neurone mit den typischen Entzugserscheinungen (u.a. Orientierungs- und Bewusstseinsstörungen, Tremor, Tachykardie und epileptische Anfälle) bis hin zum Delirium tremens sowie gegebenenfalls Koma und Tod durch Kreislaufversagen.

Bei chronischem Missbrauch bewirkt Ethanol als Zellgift den Abbau von Gehirnzellen (Verlust des Kurzzeitgedächtnisses; Delirium tremens), Leberschäden, paranoide Symptome und Angst (Alkohol-Psychose), sowie vor allem akustische, seltener optische oder taktile Halluzinationen (Alkohol-Halluzinose). Es kann zur Ausbildung einer spezifischen Abhängigkeit von Alkohol (ICD-10 F 10.2) kommen.

(⇒ Aldehyd; ⇒ Alkohole; ⇒ Amnesie; ⇒ Arzneistoffabhängigkeit; ⇒ Atrophie; ⇒ Bewusstseinsstörung; ⇒ Blut-Hirn-Schranke; ⇒ Delirium; ⇒ Dopamin; ⇒ enteral; ⇒ Epilepsie; ⇒ GABA; ⇒ Glutaminsäure; ⇒ Halluzinose; ⇒ Menthol; ⇒ Missbrauch; ⇒ Nicotin; ⇒ Psychose; ⇒ Rausch; ⇒ Resorption; ⇒ Serotonin; ⇒ ubiquitär)

Ether: wird charakterisiert durch die funktionelle Gruppe:

$$R-O-R$$

Ether (häufig auch als Dialkylether bezeichnet) wird gebildet, indem das bewegliche H-Atom (oder beide) eines Alkohols oder Phenols durch einen KW-Rest ersetzt wird:

$$R-\underline{OH + H\,O}-R^1 \longrightarrow R-O-R^1 + H_2O$$

Der Dimethylether hat so z.B. die Strukturformel

$$CH_3-O-CH_3$$

Der Ausdruck "Ether" wird meist für den Diethylether (C_2H_5-O-C_2H_5) gebraucht.

Liegt z.B. beim Codein eine "Verätherung" der OH-Gruppe des Morphins zu Methylmorphin vor, so bedeutet dies demnach die Ersetzung von -H durch -CH_3 (zu den Strukturformeln vgl. 2.1.3, Rdnr. 1076).

Ethyl ($\Rightarrow$ Alkyle)

euphorisierend: eine heitere Gemütsverfassung erzeugend, die über eine bloße Stimmungsaufhellung hinausgeht. Die ohne konkrete Ursache mit einem beglückenden Zustand mit Sorglosigkeit und Optimismus einhergehende Erfahrung des Abhebens und Fließens wird z.T. mit dem engl. Begriff "flow" bezeichnet; sie ist unabhängig von moralischen Kategorien und sowohl durch äußere als auch innere Stimuli herbeiführbar.

($\Rightarrow$ Dysphorie; $\Rightarrow$ Manie; $\Rightarrow$ psychedelisch; $\Rightarrow$ Rausch)

Excitationsstadium ($\Rightarrow$ Rausch)

Exocytose ($\Rightarrow$ Synapse)

extrapyramidales System: dieses ist zusammen mit dem pyramidalen System und dem Kleinhirn (Cerebellum) Teil des supraspinal-motorischen Systems, das seinerseits zusammen mit dem spinal-motorischen System (Reflexe) das motorische Nervensystem bildet (dieses ist Teil des somatischen - willkürlichen - Nervensystems im Unterschied zum vegetativen Nervensystem).

Während das pyramidale System die dem Willen unterliegenden Bewegungen steuert, ist das extrapyramidale System für die Steuerung eintrainierter Bewegungsabläufe (z.B. Gehen) verantwortlich sowie für die unbewusste Mimik und Gestik. Außerdem ist es an der Aufrechterhaltung des Muskeltonus und des Gleichgewichts sowie an der Raumorientierung beteiligt.

($\Rightarrow$ extrapyramidale Symptomenkomplexe; $\Rightarrow$ Spinalnerven; $\Rightarrow$ Tonus; $\Rightarrow$ vegetatives Nervensystem)

A. Erläuterung der Fachbegriffe 679

extrapyramidale Symptomenkomplexe: Störungen des Bewegungsablaufs, die durch Einbuße oder Übermaß der motorischen Abläufe geprägt sind.

($\Rightarrow$ extrapyramidales System; $\Rightarrow$ Hyperkinese)

Familie (botan.): Gruppe von Gattungen mit vielen Ähnlichkeiten.

($\Rightarrow$ Art; $\Rightarrow$ Gattung; $\Rightarrow$ Varietät)

Fermente ($\Rightarrow$ Enzyme)

Formatio reticularis ($\Rightarrow$ retikuläres Sytem)

Fremdstoff: Sammelbegriff für Substanzen (etwa Medikamente, Drogen, Gifte), die üblicherweise im Organismus nicht vorkommen.

($\Rightarrow$ Arzneistoffabhängigkeit; $\Rightarrow$ Betäubungsmittel; $\Rightarrow$ Droge; $\Rightarrow$ Gifte; $\Rightarrow$ Inhaltstoff; $\Rightarrow$ Metabolisierung; $\Rightarrow$ Pharmakon; $\Rightarrow$ Stoff; $\Rightarrow$ Suchtstoff; $\Rightarrow$ Wirkstoff)

GABA: γ-Aminobuttersäure ($H_2N-CH_2-CH_2-CH_2-COOH$), einer der wichtigsten Neurotransmitter im ZNS mit hemmender Wirkung, die zu einer ausgeglichenen Stimmungslage zwischen Anspannung und Gelassenheit beiträgt und wahrscheinlich auch am Entstehen des natürlichen Schlaf-Wach-Rhythmus beteiligt ist. Die GABA wird im ZNS durch Decarboxylierung der Aminosäure L-Glutamin gebildet und dürfte als Transmitter bei der präsynaptischen Hemmung an axo-axonischen Synapsen dienen. Bei Eingriffen in das GABA-System kann es zu Veitstanz, Epilepsie und Schizophrenie kommen.

Über GABA-Rezeptoren scheinen Stoffe wie Ethanol und Barbiturate, die über kein spezifisches Rezeptorsystem verfügen, u.a. auch im Hinblick auf Rauschzustände wirksam zu werden (vgl. auch 4.1, Rdnr. 1999).

Verwandte Verbindungen wie das γ-Hydroxybutyrat (GHB) werden sowohl als Doping-Mittel als auch im Hinblick auf eine psychoaktive Wirkung missbraucht (vgl. zum "flüssigen ecstasy" 1.2.4.8, Rdnr. 936-939), das Muskelrelaxans Baclofen (INN; chem. Bezeichnung: 4-Amino-3-(4-chlorphenyl)buttersäure; u.a. Baclofen-ratiofarm 10/-25) als euphorisierendes Mittel (Missbrauchsfälle mit Entzugssymptomatik sind in Schweden bekannt geworden).

($\Rightarrow$ Aminosäuren; $\Rightarrow$ Axon; $\Rightarrow$ biogene Amine; $\Rightarrow$ Doping; $\Rightarrow$ Decarboxylierung; $\Rightarrow$ Epilepsie; $\Rightarrow$ Ethanol; $\Rightarrow$ euphorisierend; $\Rightarrow$ Glutaminsäure; $\Rightarrow$ Neurotransmitter; $\Rightarrow$ Rausch; $\Rightarrow$ REM-Schlaf; $\Rightarrow$ Rezeptoren; $\Rightarrow$ Schizophrenie; $\Rightarrow$ Synapse; $\Rightarrow$ ZNS)

Ganglion: außerhalb des ZNS liegende Ansammlung von Nervenzellen (Nervenknoten).

($\Rightarrow$ Dopamin; $\Rightarrow$ Neuron; $\Rightarrow$ postganglionär; $\Rightarrow$ vegetatives Nervensystem; $\Rightarrow$ ZNS)

Gattung (= Genus): (botan.) Gruppe von Arten gleicher Abstammung, die eine Anzahl gleicher Merkmale haben; erster Namensbestandteil der botan. Pflanzenbezeichnung.

(⇒ Art; ⇒ Familie; ⇒ Varietät)

Genus (⇒ Gattung)

Gewinnung: die mechanische Trennung oder die chemische Analyse von Naturprodukten, die wieder zur Erlangung eines Naturproduktes führen, welches als solches jedoch nicht konsumfertig sein muss. Demgegenüber wird der Begriff der "Gewinnung" nach der Begriffsbestimmung in Art. 1 Abs. 1 des Übereinkommens von 1961 enger verwandt: die Trennung des Opiums, der Cocablätter, der Cannabis und des Cannabisharzes von den Pflanzen, aus denen sie gewonnen werden.

(⇒ Suchtstoffe)

Gewöhnung (habituation): die psychophysische Gewöhnung an einen Wirkstoff, ohne dass es zur Abhängigkeitsausbildung kommen muss; oft auch im Sinne von Toleranzausbildung gebraucht.

(⇒ Arzneistoffabhängigkeit; ⇒ Missbrauch; ⇒ Toleranz; ⇒ Wirkstoff)

Gifte: Substanzen, die abhängig von ihren unterschiedlichen Eigenschaften von einer bestimmten Dosis an einzelne oder die gesamten Funktionen eines Organismus stören, schädigen oder abtöten; u.a. Arzneimittel können ab einer bestimmten Menge giftig wirken. Gifte gelangen von außen in den Körper oder werden im Organismus selbst erzeugt (Stoffwechselgifte). Nach dem Angriffspunkt werden Nerven-, Blut-, Herz- und Kapillargifte unterschieden.

(⇒ Arzneimittel; ⇒ Dosis; ⇒ Fremdstoff; ⇒ Hypoxie; ⇒ Intoxikation; ⇒ LD_{50}; ⇒ Neurotoxine; ⇒ Nicotin; ⇒ therapeutische Breite; ⇒ Toxine)

Glia (Neuroglia): Stützgewebe des ZNS. Gliazellen: Bindegewebszellen im ZNS. Bestimmte Gliazellen scheinen darüberhinaus auch eine Rolle bei der Signalübertragung an den Synapsen zu spielen, die gesteigert wird, und über den Rezeptoren der Neuronen vergleichbare Rezeptoroberflächen zu verfügen. Der Umfang der Synapsenbildung dürfte im Zusammenhang mit u.a. von den Gliazellen produziertem Cholesterin stehen, so dass letztlich u.a. auch die Lern- und Erinnerungsfähigkeit vom Cholesterin-Stoffwechsel mit beeinflusst wird.

(⇒ Axon; ⇒ Hippocampus; ⇒ Neuron; ⇒ Rezeptor; ⇒ Synapse; ⇒ ZNS)

Glutaminsäure: (INN; chem. Bezeichnung: L-(+)-2-Aminopentan-1,5-disäure), eine natürlich vorkommende Aminosäure, die eine Vorstufe in der Biosynthese u.a. von Prolin und Folsäure darstellt und möglicherweise u.a. an erregenden Synapsen Transmitterfunktionen hat;

A. Erläuterung der Fachbegriffe

Strukturformel:

$$HOOC-CH_2-CH_2-\underset{\underset{NH_2}{|}}{CH}-COOH$$

Therapeutisch wird Glutaminsäure u.a. bei nervöser Erschöpfung, Ermüdbarkeit, Konzentrations- und Leistungsschwäche, Epilepsie und Depression in abklingender Phase eingesetzt (Glutamin-Verla). Beim Glutamat handelt es sich um ein Salz der Glutaminsäure.

($\Rightarrow$ Aminosäuren; $\Rightarrow$ Depression; $\Rightarrow$ Epilepsie; $\Rightarrow$ Ethanol; $\Rightarrow$ GABA; $\Rightarrow$ Neurotransmitter; $\Rightarrow$ Synapsen)

Glykole ($\Rightarrow$Alkohole)

Granula ($\Rightarrow$ Vesikel)

Grundstoffe: bei der unerlaubten Weiterverarbeitung oder Herstellung von Suchtstoffen oder psychotropen Stoffen häufig verwendete Stoffe. Es handelt sich hierbei um Ausgangsstoffe (precursor chemicals) zur Arzneimittelherstellung bzw. Basischemikalien, die im Anhang Tab. I und II zu Art. 12 des Übereinkommens von 1988 und im Anhang (surveiliance list) der Verordnung (EG) Nr. 1232/2002 der Kommission vom 9. Juli 2002 aufgeführt sind (§ 2 Nr. 1 GÜG), hier wiedergegeben im Anhang B.3 (Grundstoffarten).

($\Rightarrow$ psychotrope Stoffe; $\Rightarrow$ Stoffe; $\Rightarrow$ Suchtstoffe)

habituell: gewohnheitsmäßig (hier im Gegensatz zum gelegentlichen Konsum).

Halbwertszeit (HWZ, biologische): die Zeit, in der sich die Hälfte eines Stoffes bei einer Reaktion umsetzt.

Mit Eliminations-Halbwertszeit wird jene Zeit bezeichnet, in der die Hälfte eines Pharmakons oder sein Abbauprodukt aus dem Körper ausgeschieden wird (gelegentlich wird mit dem gleichen Begriff aber auch die Zeit bezeichnet, in der Blutspiegel des Pharmakons auf die Hälfte des ursprünglichen Wertes abfällt). Die Verweildauer eines Pharmakons oder seines Abbauproduktes im Organismus ist ein die Wirkung mitbestimmender Faktor.

($\Rightarrow$ Elimination; $\Rightarrow$ Enzyminduktion; $\Rightarrow$ Metabolisierung)

Halluzination: Wahrnehmung eingebildeter Erscheinungen, etwa von Trugbildern oder -tönen, im Sinne einer Wahrnehmung nicht existierender Objekte oder Zustände (also ohne Vorhandensein etwa eines adäquaten Außenreizes), von deren Realität der Halluzinierende fest überzeugt ist (vgl. auch Vorbem. 1.2, Rdnr. 267).

Bei Pseudohalluzinationen bleibt hingegen das kritische Realitätsurteil erhalten: Die Sinnestäuschungen werden als unecht empfunden.

Halluzinationen, die gegebenenfalls in einem weiteren Rahmen als außer Balance geratene positive Eigenschaften wie Phantasie, Gedächtnisleistung und Vorstellungskraft aufgefasst werden können, können unter den unterschiedlichsten Umständen auftreten. Dies gilt sowohl für Reizüberflutung und übermäßig starker Erregung der Hirntätigkeit wie z.B. nach Drogen- oder AM-Missbrauch, bei Psychosen (etwa Schizophrenie), Fieberdelir und Panikattacken, als auch bei Reizdepravation (wahrscheinlich durch Wegfall von hemmenden Mechanismen) wie bei völliger Isolation (es können tagtraumartige Zustände bis hin zu Halluzinationen auftreten, vgl. auch 1.1.4, Rdnr. 138), Erblindung, degenerativen Gehirnerkrankungen (etwa Epilepsie, Alzheimer) oder Hirnläsionen (etwa nach einem Hirninfarkt oder bei Hirnhautentzündung). Halluzinationen können bei Migräneanfällen, Narkolepsie, in der Drogenentzugsphase oder bei Schlafentzug (etwa nach barbiturat-bedingter Verhinderung des REM-Schlafes, vgl. 4.1, Rdnr. 2034 f.) auftreten; letztlich dürfte Vergleichbares auch bei meditativer Versenkung oder im Traumschlaf auftreten.

Hierbei ähneln die eingebildeten Wahrnehmungen eines Psychotikers etwa denen eines unter LSD-Einfluss Stehenden (vgl. Vorbem. 1, Rdnr. 19), was einen gemeinsamen Bezugspunkt beinhalten dürfte: Neben einer Aktivierung von Erinnerungsbruchteilen sowie des primären visuellen Cortex dürfte in diesen Fällen eine Hemmung des Assoziationscortex in der vorderen Hirnrinde erfolgen, dessen Aufgabe es normalerweise ist, selektiv nur das in der jeweiligen Situation Relevante ins Bewusstsein dringen zu lassen und so die Aufmerksamkeit in Bezug auf eine sich ständig verändernde Umwelt (etwa beim Autofahren) zu lenken sowie eine unkoordinierte Überflutung mit Erinnertem pp. zu verhindern. Dieser Balanceverlust scheint mit einer komplexen Störung der auch im Vorderhirn wirksamem Neurotransmitter Acetylcholin, Dopamin, Noradrenalin und Serotonin zusammenzuhängen (so scheinen etwa echte Halluzinogene bevorzugt Serotonin-Rezeptoren zu besetzen, vgl. 1.2.1.1.4, Rdnr. 369-380).

Es wird unterschieden zwischen

- elementaren (u.a. Akoasma, elementare Geräuschhalluzinationen, oder Photopsien wie z.B. helle Lichterscheinungen, Farben, Blitze, einfache geometrische Formen, etwa nach Mescalin-Konsum [vgl. auch beim Bufotonin 1.2.3.4, Rdnr. 707], bei Migräne- oder epileptischen Anfällen [Aura-Wahrnehmungen] sowie während der Agonie) und
- komplexen Halluzinationen (u.a. gegenständliche Muster von Personen und Objekten, Musikstücke, "Cocain-Tierchen"),

wobei den Photopsien wahrscheinlich eine Störung des primären visuellen Cortex im Hinterhauptlappen zugrundeliegt, bei komplexen, die u.a. mit Erinnerungen zusammenhängen, zudem Störungen der vorderen Hirnrinde.

Halluzinationen sind auf allen Sinnesgebieten möglich: Am häufigsten sind akustische Halluzinationen (etwa Akoasma), außerdem können taktile (etwa Dermatozoen-Wahn, vgl. beim Cocain 3.1.7, Rdnr. 1694), kinästhetische (hinsichtlich der Empfindung der

Körperbewegung und des Gleichgewichts), optische (etwa Photopsien oder verzerrte bzw. mehrfach gesehene Nachbilder - "Geisterbilder"), olfaktorische und Geschmacks-Halluzinationen vorkommen. Als Phantasma wird die Wahrnehmung einer nicht vorhandenen Szene in Form einer Halluzination, Illusion oder Pseudohalluzination bezeichnet. Hierbei können (häufig auditiv-visuelle) Synästhesien auftreten.

Bei halluzinierenden Schizophrenen wurde festgestellt, dass die akustischen Sinnestäuschungen keine bloßen Vorstellungen beinhalten, sondern mit einer Aktivierung der primären Hörrinde und der Sprachrinde (Broca-Zentrum) verbunden sind, als ob sie tatsächlich etwas hörten; ebenso werden offenbar imaginierte Vorstellungen im selben Gehirnareal abgebildet wie reale Wahrnehmungen.

Drogeninduzierte Halluzinationen scheinen eher bei Substanzen mit zentral-stimulierenden Wirkungskomponenten aufzutreten (vgl. etwa zu dem Amfetamin-Derivat DOM 1.2.4.1, Rdnr. 800, 805 und 807), während bei zentral-depressiven Fremdstoffen (wenn überhaupt, vgl. beim Morphin 2.1.4, Rdnr. 1122, und 2.1.7, Rdnr. 1315) Halluzinationen eher Folge nicht drogeninduzierter, gegenregulativer Entzugserscheinungen sind (vgl. etwa bei den Barbituraten 4.1, Rdnr. 2034 f. einerseits, aber etwa beim Fentanyl 4.4.6, Rdnr. 2477 andererseits). Halluzinationen treten zudem aber auch im Zuge deliranter Entzugssymptome nach Stimulantia-Absatz auf, die durch meist nur relativ geringe gegenregulatorische Effekte gekennzeichnet sind (vgl. etwa beim Cocain 3.1.7, Rdnr. 1688 f.).

($\Rightarrow$ Acetylcholin; $\Rightarrow$ Delirium; $\Rightarrow$ Dopamin; $\Rightarrow$ Epilepsie; $\Rightarrow$ Halluzinose; $\Rightarrow$ Noradrenalin; $\Rightarrow$ olfaktorisch; $\Rightarrow$ Psychosen; $\Rightarrow$ REM-Schlaf; $\Rightarrow$ Schizophrenie; $\Rightarrow$ sensorisch; $\Rightarrow$ Serotonin; $\Rightarrow$ Synästhesie; $\Rightarrow$ taktil)

Halluzinose: psychopathologische Veränderung, bei der anhaltende oder sich wiederholende (insbesondere optische) Halluzinationen im Vordergrund stehen, meist ohne Bewusstseinsstörungen; Vorkommen z.B. bei Alkohol-Psychosen (vgl. auch Vorbem. 1.2, Rdnr. 267).

($\Rightarrow$ Ethanol; $\Rightarrow$ Halluzination; $\Rightarrow$ Psychosen; $\Rightarrow$ Rausch)

Harnstoff: H_2N-CO-NH_2 (Kohlensäureamid), ein Produkt des menschlichen Organismus, um Stickstoff aus dem Eiweißabbau auszuscheiden.

($\Rightarrow$ Barbiturate; $\Rightarrow$ Carbonsäuren; $\Rightarrow$ Metabolisierung; $\Rightarrow$ Peptide)

Hepatitis: Leberentzündung; bei selbst spritzenden Abhängigen häufig parenteral durch Hepatitis-C-Virus übertragen.

Heterocyclus: eine ringförmige Verbindung mit verschiedenen Elementen (in der Regel N, S, O, P) als Ringglieder.

Eine große Gruppe von Alkaloiden zeichnet sich durch 5- oder 6-gliedrige Stickstoff-Heterocyclen aus.

($\Rightarrow$ Alkaloide; $\Rightarrow$ Chinolin; $\Rightarrow$ Indol)

Hexahydrobenzol (⇒ Cyclohexan)

Hexahydropyridin (⇒ Piperidin)

Hippocampus: Wulst im Seitenventrikel des Gehirns, Teil des limbischen Systems (Kurzzeitgedächtnisareal), das der Selektion eintreffender Informationen dient (von mehreren möglichen Deutungen wird die plausibelste ausgewählt) und verstärkende bzw. abschwächende Signale aussendet. Nachgeschaltet ist der u.a. für Motivation und Arbeitsgedächtnis zuständige präfrontale Cortex.

Der Hippocampus scheint wesentlich am Lernen und Behalten von gegenständlichen Fakten beteiligt zu sein, gegebenenfalls infolge von Phasensynchronisation mit dem benachbarten Riechhirn und beeinflusst von den in beiden Hemisphären darüber angeordneten Mandelkernen, die eine Zunahme der Gedächtnisleistung bei Verknüpfung mit emotionalen Kategorien wie Angst, Freude oder Erregung bewirken. Infolge seiner hohen neuroadaptiven Fähigkeit (Neuroplastizität, u.a. aufgrund der Anpassungsfähigkeit von Synapsen und der Neubildung von Nervenzellen [Neurogenese]) ist der Hippocampus in der Lage, sich verändernden Umwelteinflüssen anzupassen, ebenso aber auch drogeninduzierten Aktivitäten.

Die Funktion des Hippocampus kann somit drogenbedingt beeinträchtigt werden, etwa durch THC und seine Metaboliten (vgl. 1.1.4, Rdnr. 163 und 167; amotivationales Syndrom und Lerneinbußen), mit der Folge eines Wegfalls seiner Auswahlfunktion bezüglich eintreffender Informationen, was zum Erleben neuer Bedeutungszusammenhänge und „Erleuchtungen" beitragen kann.

(⇒ Acetylcholin; ⇒ Glia; ⇒ limbisches System; ⇒ Synapse)

Hirnstamm (Truncus encephali): verbindet das Gehirn (Encephalon) mit dem Rückenmark (Medulla spinalis) und steuert lebenswichtige Funktionen wie Kreislauf (Herzfrequenz und Blutdruck) und Atemfrequenz (Regulation der Zahl und Tiefe der Atemzüge).

(⇒ Homöostase; ⇒ limbisches System)

Hochdosis-Abhängigkeit (⇒ Arzneistoffabhängigkeit)

Homöostase: die Aufrechterhaltung eines stabilen inneren Milieus im Körper trotz sich verändernder innerer und äußerer Bedingungen. Durch ständige Repräsentation der sich laufend verändernden Zustände des Organismus und der Umwelt erfolgt u.U. ein Beitrag zur Entstehung des Ich-Bewusstseins (das seinerseits seine Abhängigkeit von neuronalen Aktivitätsmustern nicht bemerkt).

(⇒ Hirnstamm; ⇒ Hormone; ⇒ Hypothalamus; ⇒ limbisches System; ⇒ Neurotransmitter; ⇒ vegetatives Nervensystem)

Hormone: unter diesen Begriff fallen alle Wirkstoffe, die nicht zu den Enzymen gehören und u.a. an der Übermittlung von Signalen und der Regulierung von Stoffwechselvorgängen beteiligt sind.

Sie werden unterteilt in Drüsenhormone, die in besonderen endokrinen (d.h. unmittelbar an das Blut abgebenden) Drüsen synthetisiert werden (wie z.B. das Insulin in der Bauchspeicheldrüse) und Gewebshormone.

Die Hormone wirken über spezifische Rezeptoren, mit denen sie eine revisible Bindung eingehen. Sie greifen in enzymatische Reaktionen steuernd ein, indem sie den geometrischen Aufbau im Inneren von Eiweißmolekülen beeinflussen und damit eine Änderung der chemischen Eigenschaft dieser Moleküle bewirken, wodurch die Zellmembran für andere Substanzen mehr oder weniger durchlässig wird.

Zu den Neurohormonen, die im Nervengewebe synthetisiert werden, aber nicht unbedingt dort ihren Wirkort haben, gehören Drüsenhormone (insbesondere der Hypophyse) und Gewebshormone wie Acetylcholin, Noradrenalin, Serotonin, Dopamin und Histamin, die von Aminosäuren abgeleitet werden (Neurotransmitterhormone).

Die Überwachung des Hormonspiegels erfolgt über eine negative Rückkoppelung (Feedback), durch die eine Umkehr unerwünschter Veränderungen bewirkt wird.

($\Rightarrow$ ACTH; $\Rightarrow$ Aminosäuren; $\Rightarrow$ Catecholamine; $\Rightarrow$ endokrin; $\Rightarrow$ Eiweißstoffe; $\Rightarrow$ Enzyme; $\Rightarrow$ Homöostase; $\Rightarrow$ Hypophyse; $\Rightarrow$ Membran; $\Rightarrow$ Nebenniere; $\Rightarrow$ Neurotransmitter; $\Rightarrow$ Rezeptoren; $\Rightarrow$ Wirkstoffe)

HT ($\Rightarrow$ Hypothalamus)

5-HT ($\Rightarrow$ Serotonin)

Hybride: (hier botan.:) aus Kreuzung verschiedener Eltern hervorgehende Bastarde.

Hydrolasen: Enzyme, die Verbindungen unter Aufnahme von Wasser spalten, z.B. Esterasen.

($\Rightarrow$ Enzyme; $\Rightarrow$ Esterasen; $\Rightarrow$ Hydrolyse)

Hydrolyse: Spaltung komplexer organischer Verbindungen unter Aufnahme von Wasser.

($\Rightarrow$ Ester; $\Rightarrow$ Hydrolasen; $\Rightarrow$ Hydroxylierung; $\Rightarrow$ Peptide)

hydrophil ("wasserliebend"): wasseraufnehmend bzw. vorzugsweise in Wasser löslich.

($\Rightarrow$ Lipide; $\Rightarrow$ Membran)

hydrophob ("wassermeidend") ($\Rightarrow$ Membran)

Hydroxilierung: bei dieser Reaktion werden die an verschiedenen C-Atomen des Moleküls sitzenden H-Atome durch OH$^-$-Gruppen ersetzt. So werden z.B. Carbonsäuren mit einer oder mehreren Hydroxy-Gruppen substituiert wie im Falle der Milchsäure:

$$CH_3\text{-}CHOH\text{-}COOH$$

(⇒ Carbonsäuren; ⇒ Hydrolyse; ⇒ Hydroxylasen; ⇒ Oxidation)

Hydroxylasen: Enzyme, die die Hydroxylierung von Ringsystemen (Steroide und cyclische Aminosäuren) katalysieren.

(⇒ Aminosäuren; ⇒ Enzyme; ⇒ Hetercyclus; ⇒ Hydroxylierung; ⇒ Steroide)

Hydroxyphenylalanin (⇒ Tyrosin)

Hyperakusis: krankhafte Feinhörigkeit, hier als rauschbedingte Folge.

Hyperkinese: pathologische Steigerung der Motorik mit z.T. unwillkürlich ablaufenden Bewegungen als Folge z.b. von Erkrankungen des extrapyramidalen Systems (etwa Chorea) oder Störungen der Psychomotorik.

(⇒ Delirium; ⇒ extrapyramidale Symptomenkomplexe; ⇒ hyperkinetisches Syndrom)

hyperkinetisches Syndrom (HKS): (hier:) Verhaltensauffälligkeit bei Kindern und Jugendlichen, die u.a. gekennzeichnet ist durch ungerichtete Hyperaktivität, Impulsivität, psychosomatische Unruhe, Konzentrationsmängel, schlechte Lern-und Arbeitshaltung, niedriges Selbstwertgefühl sowie niedrige Frustrationstoleranz (attention-deficit-hyperactivity-disorder, ADHD, bzw. Aufmerksamkeitsdefizit-Syndrom, ADS).

Die Ursache dieser Verhaltensstörung ist unbekannt; es existieren mehrere Hypothesen. In den letzten Jahren kristallisierte sich die Möglichkeit einer vor allem polygenetisch bedingten Entwicklungsstörung durch Eingriff in den Dopamin-Haushalt, ggfs. übermäßige Dopamin-Ausschüttung (u.a. im präfrontalen Cortex und Mittelhirn), heraus mit der Folge eines hirnorganisch bedingten Mangels an Selbstkontrolle (Hemmung von Verhaltensimpulsen), Aufmerksamkeit und Konzentration; der Betroffene ist nicht in der Lage, die auf ihn einstürzenden Reize zu ordnen und zu bewältigen. Als Paradoxphänomen wirken Beruhigungsmittel stimulierend und Weckamine beruhigend (vgl. 3.2.4.3, Rdnr. 1833-1835).

(⇒ Cortex; ⇒ Dopamin; ⇒ Hyperkinese)

Hyperreflexie: Steigerung der Reflexe und Verbreiterung der Reflexzonen.

(⇒ extrapyramidales System)

Hypnotica: zentral-dämpfend wirkende Schlafmittel, von griech. ύπνος (Schlaf); wirken in geringer Dosierung sedierend.

(⇒ Barbiturate; ⇒ Melatonin; ⇒ REM-Schlaf; ⇒ Sedativa; ⇒ Serotonin; ⇒ Tryptophan)

hypnotisch: schlaferzwingend.

A. Erläuterung der Fachbegriffe 687

Hypoglykämie: verminderter Glucosegehalt des Serums (< 70 mg/100 ml) mit vegetativen Symptomen als Ausdruck der adrenergen Gegenregulation. Blutzuckermangelzustände, die u.a. auch nach langen Fahrten ohne Nahrungsaufnahme auftreten können, können zu einer rauschartigen Enthemmung führen.

(⇒ adrenerg; ⇒ Nebennieren)

Hypophyse (Hirnanhangdrüse): eine kugelförmige Ausstülpung des Zwischenhirns unterhalb der Schläfenlappen der 2 Großhirnhälften. Ein Stiel verbindet sie mit dem Hypothalamus, mit dem zusammen die Hypophyse (in erster Linie der Hypophysenvorderlappen, HVL) durch Abgabe von Hormonen die innere Sekretion des Organismus, etwa des Nebennierenmarks, reguliert.

Das im Hypothalamus freigesetzte Neuropeptid CRH (corticotropinfreisetzendes Hormon) gelangt in die Hypophyse, wo es über einen CRH-Rezeptor wirksam wird und dazu führt, dass die Hypophyse ihrerseits das adrenocorticotrope Hormon (ACTH; INN: Corticotropin) ausschüttet. Über das Blut erreicht ACTH rasch die Nebennieren und startet dort die Produktion der "Stresshormone" Adrenalin, Noradrenalin und Cortisol (Hydrocortison). Andererseits wirkt Cortisol auf den Hypothalamus zurück und drosselt seinerseits die Freisetzung von CRH mit der Folge einer Dämpfung u.a. des adrenalin-bedingten Aggressionsverhaltens. ACTH scheint außerdem am Schlaf-Wach-Rhythmus beteiligt zu sein.

Die von der Hypophyse produzierten Hormone fördern das Längenwachstum (Wachstumshormon STH), lösen Wehen aus, stimulieren die Milchproduktion, regulieren den Wasserhaushalt und den Blutdruck. Corticotropin wird bei Funktionsstörungen der Nebennierenrinde therapeutisch eingesetzt. Der Hypophysenhinterlappen und seine Zubereitungen unterliegen aufgrund der ArzneimitelV 1990 der Verschreibungspflicht.

(⇒ ACTH; ⇒ Adrenalin; ⇒ Blut-Hirn-Schranke; ⇒ endokrin; ⇒ Epiphyse; ⇒ Homöostase; ⇒ Hormone; ⇒ Hypothalamus; ⇒ Nebenniere)

Hypotonie: (hier:) Tonusherabsetzung der Muskulatur, etwa infolge einer Störung des extrapyramidalen Systems.

(⇒ Dystonie; ⇒ extrapyramidale Symptomenkomplexe; ⇒ Tonus)

Hypothalamus (HT): zusammen mit dem Thalamus gehört der Hypothalamus, der aus einer stammesgeschichtlich sehr alten Ansammlung von Neuronen besteht, zum Zwischenhirn (Diencephalon).

Die Funktion des Hypothalamus besteht in einem zentralen Stoffwechsel- und Steuerungszentrum für das vegetative Nervensystem zur Regulierung vitaler Bedürfnisse wie Durst, Nahrungsaufnahme (Hunger- und Sättigungszentrum), Sexualfunktionen, Wasserhaushalt, Blutdruck-, Atmungs- und Temperaturregulierung (Homöostase). Der HT steuert über Releasing-Faktoren die Ausschüttung von Hormonen des Hypophysenvorderlappens (HVL) wie Wachstumshormone (STH) und ACTH.

Über eine enge Verknüpfung mit der Epiphyse wird im Hypothalamus wahrscheinlich u.a. mittels des Epiphysenhormons Melatonin außerdem der natürliche Schlaf-Wach-Rhythmus reguliert, indem u.a. bei erhöhtem Melatonin-Anfall die gesamten Hirnfunktionen herunterreguliert werden, ebenso wie Atemfrequenz und Blutdruck.

Der HT ist zudem, ebenso wie die Mandelkerne, Teil des limbischen Systems, das die weitergeleiteten Sinneseindrücke und Informationen mit Lust- und Unlustgefühlen wie Glück, Angst, Trauer und Wut belädt.

($\Rightarrow$ Atemregulationszentrum; $\Rightarrow$ Epiphyse; $\Rightarrow$ Homöostase; $\Rightarrow$ Hypophyse; $\Rightarrow$ limbisches System; $\Rightarrow$ Melatonin; $\Rightarrow$ REM-Schlaf; $\Rightarrow$ retikuläres System; $\Rightarrow$ Serotonin; $\Rightarrow$ Thalamus; $\Rightarrow$ vegetatives Nervensystem)

Hypoxie: Herabsetzung des Sauerstoffgehalts im Gesamtorganismus oder bestimmten Körperregionen, u.a. infolge einer Blockierung der Zellatmung durch Gifte wie Cyanide (zytotoxische Hypoxie). Symptome können u.a. Angst und Unruhe neben Zyanose, Tachykardie und Verwirrtheit sein, gegebenenfalls verbunden mit rauschartigen Zuständen, etwa nach Amylnitrit-Inhalation (vgl. 4.5.4, Rdnr. 2558). Es besteht u.a. die Gefahr eines Herzstillstandes (vgl. etwa 4.5.4, Rdnr. 2542, sowie bei den Opiaten 2.1.7, Rdnr. 1272 f.). Jugendliche suchen gelegentlich durch kontrollierte Strangulation mit der Folge einer Hypoxie des Gehirns rauschartige Zustände, wobei sie sich gegebenenfalls nicht immer ihres hochriskanten Verhaltens bewusst sind, während bei Erwachsenen, wie aufgrund von Todesfällen immer wieder bekannt wird, wohl meist autoerotische Handlungen, gegebenenfalls in Verbindung mit einer Rauschmittelzufuhr (etwa Ether oder Chloroform, vgl. 4.5.3, Rdnr. 2523), Zweck der gezielten Herbeiführung eines Sauerstoffmangels sind.

($\Rightarrow$ Gifte; $\Rightarrow$ Intoxikation; $\Rightarrow$ Rausch; $\Rightarrow$ Zyanose)

Ideenflucht: beschleunigter Gedankenablauf bei erhöhter Ablenkbarkeit und Unfähigkeit, einen Gedanken zu Ende zu verfolgen.

($\Rightarrow$ Denkstörungen)

Illusion: Verkennung der Umwelt im Sinne einer veränderten Wahrnehmung existierender Objekte. Im Unterschied zur Halluzination werden also real vorhandene Sinneseindrücke fehlgedeutet, wobei der Bezug zu den Objekten erhalten bleibt. Illusionen können u.a. bei Psychosen auftreten.

($\Rightarrow$ Delirium; $\Rightarrow$ Halluzination; $\Rightarrow$ Psychose)

Imin: organische Verbindung mit einer C=N-Doppelbindung.

-in ($\Rightarrow$ Alkyle)

Indol (Benzopyrrol): eine Kombination des Benzol- und Pyrrolringes aus der Gruppe der N-Heterocyclen;

A. Erläuterung der Fachbegriffe 689

Strukturformel:

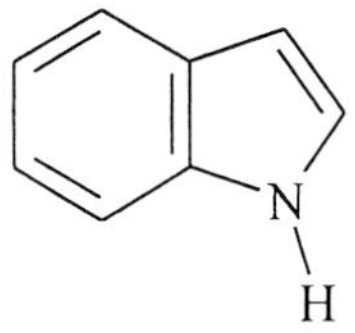

[Indol-Strukturformel]

Indol entsteht aus Tryptophan bei der Fäulnis von Eiweiß und kommt (als Indolenin) in ätherischen Ölen vor.

Außer als Grundbaustein einer Reihe natürlicher Rauschdrogen (Tryptamin-Derivate, vgl. 1.2.1.1.4, Rdnr. 369-371) findet sich der Indol-Ring u.a. auch in der Aminosäure Tryptophan, die essentiell für den Säugetierorganismus ist.

($\Rightarrow$ Aminosäuren; $\Rightarrow$ Benzol; $\Rightarrow$ Pyrrol; $\Rightarrow$ Tryptamin; $\Rightarrow$ Tryptophan)

Infus: frischer, mit kochend heißem Wasser hergestellter Auszug aus zerkleinerten Pflanzenteilen.

($\Rightarrow$ Dekokt)

Inhaltsstoff: chem. definierter Bestandteil von Pflanzen und Nahrungsmitteln; neben den Alkaloiden etwa Terpene, biogene Amine und Cumarine (die u.a. dem Waldmeister [Rubiaceae] seinen charakteristischen Duft beim Trocknen geben). Der Gesundheits- und Nahrungswert von Pflanzen wird beispielsweise nach dem Muster der Inhaltsstoffe bewertet.

($\Rightarrow$ Alkaloide; $\Rightarrow$ Arzneimittel; $\Rightarrow$ Betäubungsmittel; $\Rightarrow$ biogene Amine; $\Rightarrow$ Droge; $\Rightarrow$ Fremdstoff; $\Rightarrow$ Pharmakon; $\Rightarrow$ Stoff; $\Rightarrow$ Suchtstoff; $\Rightarrow$ Terpene; $\Rightarrow$ Wirkstoff)

Intoxikation: Vergiftung mit der Folge von Bewusstseinsstörungen, bei einer Reihe von Rauschdrogen Voraussetzung des Rauscherlebnisses (nicht jede Vergiftung führt jedoch zu einem Rausch). Allgemeine Kriterien für eine akute Intoxikation (ICD-10 F1x.0) sind:

- deutlicher Nachweis der Aufnahme einer oder mehrerer Substanzen in einer für die vorliegende Intoxikation ausreichend hohen Dosis;
- für die jeweilige Substanz typische Intoxikationszeichen;
- die Symptome sind nicht durch andere psychische oder körperliche Ursachen erklärbar.

Akute Drogenintoxikationen haben eine Euphorisierung, eine teilweise Realitätsausblendung und die Beendigung von Entzugserscheinungen zur Folge, wobei letzteres bei chronischem Drogenmissbrauch die alleinige Wirkung darstellen kann.

Bei aktivitätsvermindernden Drogen ("downer") zeichnen sich akute Intoxikationszustände meist durch eine allgemeine Verlangsamung und Schwerfälligkeit, Gangstörungen, verwaschene Sprache und Schläfrigkeit nach einem Excitationsstadium aus.

Akute Intoxikationen klingen nach Absetzen des Fremdstoffes wieder ab, während bei Drogenabhängigen regelmäßig eine chronische Intoxikation vorliegt.

Als Detoxikation wird demgegenüber die (meist klinische) Entgiftung des Abhängigen bezeichnet.

($\Rightarrow$ akut; $\Rightarrow$ Amnesie; $\Rightarrow$ Applikation; $\Rightarrow$ Atrophie; $\Rightarrow$ Bewusstseinsstörung; $\Rightarrow$ chronisch; $\Rightarrow$ Delirium; $\Rightarrow$ Dementia; $\Rightarrow$ Denkstörungen; $\Rightarrow$ Depersonalisierung; $\Rightarrow$ Dysphorie; $\Rightarrow$ Fremdstoff; $\Rightarrow$ Gifte; $\Rightarrow$ LD_{50}; $\Rightarrow$ Letalität; $\Rightarrow$ Rausch; $\Rightarrow$ therapeutische Breite; $\Rightarrow$ Toxizität)

Ionen ("Wanderer"): ein Atom, Molekül oder Molekülteil, das durch Anlagerung oder Abtrennung von Elektronen in der äußeren Elektronenschale eine einfache oder mehrfach positive (Kation) oder negative (Anion) Ladung erhalten hat. Chemisch verhalten sich die Ionen anders als die entsprechenden Atome.

Säuren sind dadurch gekennzeichnet, dass sie in wässriger Lösung mehr H^+-Ionen bilden, während Basen (Laugen) mehr OH^--Ionen bilden, die jeweiligen Träger der Säure- bzw. der basischen (alkalischen) Eigenschaft. Der basische oder saure Charakter einer Lösung wird durch den Wasserstoffexponenten pH angegeben, der log der Wasserstoffionenkonzentration: Bei sauren Reaktionen liegt der pH-Wert unter, bei basischen Reaktionen über 7.

($\Rightarrow$ Anion; $\Rightarrow$ Kation; $\Rightarrow$ Molekül; $\Rightarrow$ Salze)

Isochinolin ($\Rightarrow$ Chinolin)

Isomere: gleichartige Moleküle gleicher Summenformel bei unterschiedlicher Anordnung bestimmter Atomgruppen (Strukturisomerie). Spiegelbild-Isomere (Enantiomere, auch "optische Isomere" genannt) sind demgegenüber Stereoisomere (neben den cis-trans-Isomeren), d.h. Verbindungen gleicher Strukturformel aber unterschiedlicher räumlicher Anordnung der Molekülbestandteile, die sich wie Bild und Spiegelbild nicht zur Deckung bringen lassen. Mit Ausnahme ihres Verhaltens gegenüber polarisiertem Licht und optisch aktiven Reagenzien (Links- und Rechtsdrehung) verhalten die Isomere einer bestimmten Verbindung sich sonst chemisch und physikalisch weitgehend gleich. Ihre pharmakologischen und toxikologischen Eigenschaften können jedoch unterschiedlich sein. Das der chemischen Bezeichung vorangestellte Symbol "R-" bzw. "d-" oder "D-" (von lat. dexter - rechts, wie etwa beim D-(+)LSD) bezeichnet dabei die spiegelbildliche Konfiguration, d.h. die räumliche Anordnung von Bindungen im Molekül einer gegebenen Konstitution; dementsprechend bezeichnet das Symbol "S-" bzw. "l-" oder "L-" links (von lat. laevus).

Die Symbole "(+)" und "(-)" bezeichnen demgegenüber die Richtung der Drehung (der Lichtebene polarisierten Lichts) der Spiegelbild-Isomere (rechts- bzw. linksdrehend).

Die unterschiedliche Affinität verschiedener optisch aktiver Isomere zu bestimmten Rezeptoren hängt wohl davon ab, ob das aktive Zentrum (das optisch aktive C-Atom) in einem für die Bindung wichtigen Teil des Moleküls lokalisiert ist oder nicht.

($\Rightarrow$ Aminosäuren; $\Rightarrow$ Molekül; $\Rightarrow$ Racemate; $\Rightarrow$ Rezeptoren; $\Rightarrow$ Stereoselektivität)

Isotope: Atome mit gleicher Kernladungszahl (d.h. Anzahl der Protonen im Atomkern und damit gleicher Ordnungszahl, an gleicher Stelle des Periodensystems stehend und mit gleichen chemischen Eigenschaften), aber unterschiedlicher Massenzahl (d.h. der Gesamtzahl der Protonen und Neutronen im Atomkern und damit unterschiedlichen kernphysikalischen Eigenschaften).

Infolge des Verhältnisses Protonen - Neutronen sind einige Isotope instabil und können durch innere Kernumwandlung unter Abgabe von Energie in Form von Alpha-, Beta- und Gammastrahlung spontan in einen günstigeren Zustand des Kernaufbaus übergehen (radioaktive Isotope), z.B. die Wasserstoffisotope $_1^2H$ = Deuterium und $_1^3H$ = Tritium.

Kachexie: Auszehrung (extreme Abmagerung); allgemein Atrophie.

($\Rightarrow$ Atrophie)

karzinogen: krebserzeugend.

Katalepsie: motorische Störung, die dazu führt, dass der Betroffene eine passiv gegebene Stellung oder Haltung länger als ein Gesunder beibehält.

Katatonie: besondere Form der Schizophrenie mit geistig-körperlicher Erstarrung (Stupor) oder Erregungszuständen, die sich abwechseln können.

($\Rightarrow$ Schizophrenie)

Katecholamine ($\Rightarrow$ Catecholamine)

Kation: Ion mit positiver Ladung, das bei der Elektrolyse zur Kathode wandert; die Wasserstoffionen und alle Metallionen sind Kationen.

($\Rightarrow$ Anion; $\Rightarrow$ Ionen)

Ketone: Verbindungen, in denen die Carbonyl-Gruppe (=C=O) beiderseits mit einem C-Atom verbunden ist wie z.B. im Falle des Acetons (Dimethylketons, eine farblose Flüssigkeit von obstartigem Geruch):

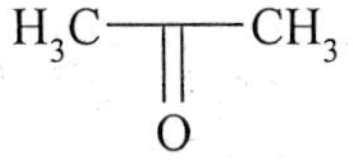

$$H_3C-\underset{O}{\overset{\|}{C}}-CH_3$$

Ketone (syn. Alkanone) sind gewöhnlich durch die Schlusssilbe -on kenntlich gemacht, im Falle des Schwefelanalogons RRC=S: -thion, z.B. Dimethylthion:

$$H_3C-\underset{S}{\overset{||}{|}}-CH_3$$

($\Rightarrow$ Acetyl-Gruppe; $\Rightarrow$ Aldehyd; $\Rightarrow$ Alkohole; $\Rightarrow$ Steroide)

kognitiv: die Erkenntnis betreffend; erkenntnismäßig.

Kohlenwasserstoffe (KW): organische Verbindungen, bestehend aus Kohlenstoff und Wasserstoff (C_XH_Y), die Stammkörper organischer Verbindungen. Die niederen Glieder sind geruchslos brennbare Gase, die mittleren meist benzin- und petroleum-haltige Flüssigkeiten, die höheren feste Stoffe.

($\Rightarrow$ Alkyle; $\Rightarrow$ aromatische Kohlenwasserstoffe)

Koma (zerebrales): tiefe Bewusstlosigkeit (der Betroffene ist auch durch äußere Reize nicht mehr zu wecken), hier infolge einer Intoxikation (durch Alkohol, Barbiturate, Sedativa pp.).

($\Rightarrow$ Barbiturate; $\Rightarrow$ Bewusstseinsstörung; $\Rightarrow$ Ethanol; $\Rightarrow$ Intoxikation; $\Rightarrow$ Sedativa; $\Rightarrow$ zerebral)

kompetitiver Antagonismus ($\Rightarrow$ Agonisten)

Konfiguration ($\Rightarrow$ Isomere)

Konsumeinheit (KE): diejenige Menge eines Betäubungsmittels, die bei einem nicht drogenabhängigen Menschen einen singulären Rauschzustand bewirkt. Der Begriff entspricht also in etwa dem der "Rauschdosis".

($\Rightarrow$ Arzneistoffabhängigkeit; $\Rightarrow$ Betäubungsmittel; $\Rightarrow$ Rausch)

Konzentration: Anteil einer Komponente im Gemisch, ausgedrückt z.B. in Gew.-% oder mg/kg.

($\Rightarrow$ Dosis; $\Rightarrow$ LC; $\Rightarrow$ therapeutische Breite)

kortikal ($\Rightarrow$ cortikal)

Kreuzabhängigkeit ($\Rightarrow$ Arzneistoffabhängigkeit)

Kreuztoleranz ($\Rightarrow$ Toleranz)

Kumulation: wird ein Pharmakon erneut zugeführt, bevor die vorherige Dosis eliminiert ist, kommt es zu einer Kumulation, die jedoch gegebenenfalls durch eine gleichzeitig eintretende Toleranzbildung verdeckt werden kann.

A. Erläuterung der Fachbegriffe 693

($\Rightarrow$ Dosis; $\Rightarrow$ Elimination; $\Rightarrow$ Halbwertszeit; $\Rightarrow$ Pharmakon; $\Rightarrow$ Toleranz)

Lactone: die inneren Ester von Hydroxysäuren. Dabei reagiert ein H-Atom des Alkohols mit der OH-Gruppe der Carbonsäure unter Wasserabspaltung wie z.B. beim 1-Butansäure-4-ol (Butyrolaceton):

($\Rightarrow$ Alkohole; $\Rightarrow$ Carbonsäuren; $\Rightarrow$ Ester; $\Rightarrow$ Hydroxilierung)

latent: (hier:) aufgespeichert, versteckt, ohne Symptome verlaufend.

LC: letale Konzentration.

($\Rightarrow$ Konzentration; $\Rightarrow$ LD_{50})

LD_{50}: Letaldosis. LD_{100} ist die absolut tödliche Dosis, LD_{50} die mittlere tödliche Dosis (Dosis letalis media), bei der 50 % der Versuchstiere getötet werden.

($\Rightarrow$ Dosis; $\Rightarrow$ Gifte; $\Rightarrow$ Intoxikation; $\Rightarrow$ LC; $\Rightarrow$ LED_{50}; $\Rightarrow$ therapeutische Breite; $\Rightarrow$ Toxizität)

LED_{50}: niedrigste mittlere effektive Dosis.

($\Rightarrow$ Dosis; $\Rightarrow$ LD_{50})

Letaldosis ($\Rightarrow$ LD_{50})

Letalität: die Tödlichkeit einer Krankheit, Anteil der Todesfälle an der Gesamtzahl der Erkrankten.

($\Rightarrow$ Intoxikation; $\Rightarrow$ Mortalität; $\Rightarrow$ Toxizität)

Ligand: im weiteren Sinn "Verbindungsstelle". In der Chemie komplexer Verbindungen werden hiermit die Atome, Ionen oder Radikale bezeichnet, die um ein Zentral-Atom oder –Ion gruppiert sind.

Die Bindungsfähigkeit wird hierbei als Wertigkeit bezeichnet (z.B. kann sich ein einwertiger Rest wie Methyl mit einem weiteren zum Ethan, C_2H_6, verbinden).

(⇒ Alkyle; ⇒ Ionen; ⇒ Kohlenwasserstoffe; ⇒ R)

limbisches System (limbischer Cortex): der als Teil des Schläfenlappens aus stammesgeschichtlich alten Rindenabschnitten bestehende Übergang zwischen Hirnstamm (Truncus encephali) und der jüngeren Hirnrinde, dem Neocortex, um den in der Mitte des Gehirns liegenden Balken, der aus den Zwischenstrukturen des Hippocampus (Ammonshorn), Amygdala oder Corpus amygdaloideum (Mandelkern) und einem Teil des Hypothalamus besteht und als Zentrale des endokrinen und vegetativ-nervösen Regulationssystems vor allem für die affektive Steuerung (Gefühlsäußerungen wie Liebe, Freude, Wut, Angst und Ekel sowie die Motivation und die Triebausrichtung und -steuerung, wahrscheinlich auch religiöse Bedürfnisse) zuständig ist. Im limbischen System werden in engem Zusammenwirken mit der Großhirnrinde äußere und innere Erlebnisinhalte affektiv bewertet, Gefühle und Gedanken verknüpft (wodurch wir etwa in der Lage sind, Gefühlsreaktionen zu beherrschen), sowie emotionale Reaktionen ausgelöst (crossmodal transfer). Außerdem ist es für vegetative Reaktionen und die Homöostase (Steuerung von Herzschlag und Atemfrequenz) sowie das Gedächtnis von Bedeutung, indem Informationen für das episodische und semantische Gedächtnis, um längerfristig in Arealen des Cortex gespeichert zu werden, erst diese Strukturen passieren müssen, wobei Relevantes aussortiert und emotional beladen wird (wahrscheinlich hat die Amygdala Bedeutung für die emotionale Färbung von Wahrgenommenem und die Verarbeitung von emotionalen Gedächtnisinhalten).

Hierbei gibt es allerdings keine feste Beziehung zwischen dem Verhalten und den auslösenden Reizkonstellationen: Der gleiche Mensch kann in ähnlichen Situationen emotional unterschiedlich reagieren.

Rauschdrogen entfalten ihre Wirkung vorwiegend über das mesolimbische dopaminerge Belohnungssystem, das aber ebenso durch nicht stoffgebundenes Suchtverhalten wie bei der Spielsucht aktiviert werden kann. Neben dopaminergen Transmittern werden hier auch noradrenerge und serotoninerge Systeme wirksam, wobei die aminergen Neurotransmitter offenbar eine Rolle bei der Neubildung von Neuronen (Neurogenese) und damit bei der Reifung des limbischen Regelkreises spielen (Serotonin regelt die Zellproduktion hoch, Dopamin runter), in die Drogen mit negativen Folgen eingreifen können.

Die Verarbeitung der afferenten Signale aus dem Körperinneren und der Umwelt erfolgt über die Formatio reticularis.

(⇒ Afferenz; ⇒ L-Dopa; ⇒ Dopamin; ⇒ endokrin; ⇒ Hippocampus; ⇒ Hirnstamm; ⇒ Homöostase; ⇒ Hypothalamus; ⇒ Neurotransmitter; ⇒ Nicotin; ⇒ Noradrenalin; ⇒ retikuläres System; ⇒ Serotonin; ⇒ Synästhesie; ⇒ Thalamus; ⇒ vegetatives Nervensystem)

Lipide: Sammelbezeichnung für Fette; als Lipoide werden in Tier- und Pflanzenkörper vorkommende, äußerlich fettähnliche Substanzen komplexerer Art (z.B. Phosphatide, Glykopolide) bezeichnet, während die Lipide (Fette, Wachse) demgegenüber einfacher aufgebaut sind.

Beide sind vor allem durch Unlöslichkeit in Wasser und Löslichkeit in organischen Lösungsmitteln wie etwa Benzin gekennzeichnet.

Lipide finden sich in der Oberflächenschicht (Membran) jeder Zelle, wo sie infolge ihrer geringen Oberflächenspannung eine Lipidmembran bilden und dadurch wahrscheinlich die an der Zellperipherie sich abspielenden elektrischen und osmotischen Vorgänge beeinflussen. Die Molekularstruktur einer Lipidmembran besteht aus einem kleinen hydrophilen Kopf (meist OH-Gruppen) und 2 daranhängenden langen Kohlenwasserstoffketten, die den lipophilen Schwanz bilden; die hydrophilen Köpfe der Doppelmembran weisen jeweils nach außen. Die einzelnen Moleküle sind hierbei nicht fest miteinander verbunden, sondern in ihrer Schicht frei beweglich; sie bilden damit eine Art Flüssigkeitsfilm, durch den nur fettlösliche Stoffe diffundieren.

($\Rightarrow$ Blut-Hirn-Schranke; $\Rightarrow$ Diffusion; $\Rightarrow$ Ester; $\Rightarrow$ hydrophil; $\Rightarrow$ Kohlenwasserstoffe; $\Rightarrow$ lipophil; $\Rightarrow$ Membran; $\Rightarrow$ Osmose)

lipophil ("fettliebend"): vorzugsweise in Fett (z.B. Körperfett) löslich.

($\Rightarrow$ Lipide)

lipophob ("fettmeidend") ($\Rightarrow$ Lipide)

Logorrhoe: "Sprechdurchfall", etwa bei ADHD oder als Folge von Stimulantia-Missbrauch.

($\Rightarrow$ hyperkinetisches Syndrom)

Makropsie: Sehstörung, bei der die Gegenstände größer erscheinen als sie sind.

Malonsäure: eine gesättigte, kondensationsfreudige Bicarbonsäure, die ihren Namen der Bildung bei Oxidation der Apfelsäure verdankt; Strukturformel:

Die Malonsäure findet sich in Pflanzen; als freie Säure decarboxyliert sie leicht zu Essigsäure und CO_2.

($\Rightarrow$ Barbiturate; $\Rightarrow$ Carbonsäuren; $\Rightarrow$ Decarboxylierung; $\Rightarrow$ Essigsäure)

Manie: psychotische Störung mit Steigerung des Antriebes, extremer Erhöhung der Stimmungslage bis hin zur Selbstüberschätzung und Enthemmung, u.a. mit Denkstörungen einhergehend. Gegebenenfalls beinhaltet ein verminderter Serotonin-Spiegel die Voraussetzung für manisch-depressive Erkrankungen, während sodann in der manischen Phase ein Noradrenalin-Überschuss und in der depressiven Phase ein Noradrenalin-Mangel vorherrscht.

(⇒ Denkstörungen; ⇒ Depression; ⇒ euphorisch; ⇒ Noradrenalin; ⇒ Psychose; ⇒ Serotonin)

MAO (⇒ Monoaminoxydase)

Melatonin: ein dem Serotonin verwandtes biogenes Amin, das ebenfalls durch Decarboxylierung der Aminosäure Tryptophan gebildet wird, Haupthormon der Zirbeldrüse (Epiphyse), das im Pinealorgan, eine zwischen den beiden Großhirnhälften eingebettete Drüse, produziert wird (bei Dunkelheit mehr, bei Licht weniger bis überhaupt nicht). Melatonin steuert wahrscheinlich (neben anderen Substanzen wie Prostaglandinen) im Hypothalamus den Tagesrhythmus bzw. den Schlaf und darüberhinaus offenbar auch sich in großen Rhythmen bewegende Lebensprozesse wie Wachstum, Pubertät und Menopause.

Die Hoffnung, mittels Melatonin als Schlafmittel etwa die Folge der Zeitverschiebung bei Interkontinentalflügen (Jetlags) oder bei Schichtarbeit zu mildern, hat sich nicht erfüllt.

Bei depressiven und psychotischen Patienten wurden niedrige bzw. phasenverschobene Melatonin-Konzentrationen festgestellt.

(⇒ Acetylcholin; ⇒ biogene Amine; ⇒ Decarboxylierung; ⇒ Depression; ⇒ endokrin; ⇒ Epiphyse; ⇒ Hormone; ⇒ Hypothalamus; ⇒ Neurotransmitter; ⇒ REM-Schlaf; ⇒ Serotonin; ⇒ Tryptophan)

Membran (biologische): dünne aber zähe Zellhülle aus einer Doppelschicht Phospholipid-Molekülen und dazwischen eingefügten Membranproteinen, die entweder hydrophil oder hydrophob sind.

Die Membranproteine sind mehrfach gefaltet gemäß der Sequenz ihrer Aminosäuren, wobei freie hydrophile Gruppen Wasserstoffbrücken bilden und chemisch reagieren können. Hierdurch ist die Membran in der Lage, als selektive Permeabilitätsschranke zu wirken, indem sie bestimmte hydrophile organische Moleküle und anorganische Ionen nicht oder nur sehr langsam hindurch lässt (Diffusion).

Die Blut-Hirn-Schranke besitzt nur sehr wenige oder gar keine derartige "Poren", im Gegensatz etwa zu den Membranen zwischen Blut und Lebergewebe. Hierauf beruht ihre selektive Durchlässigkeit für lipophile Stoffe und relative Undurchlässigkeit für hydrophile. Andere Membranproteine fungieren als spezifische Rezeptoren für Neurotransmitterhormone oder körperfremde Antigene.

(⇒ Aminosäuren; ⇒ Blut-Hirn-Schranke; ⇒ Diffusion; ⇒ hydrophil; ⇒ Ionen; ⇒ Lipide; ⇒ Moleküle; ⇒ Neurotransmitter; ⇒ Proteine; ⇒ Resorption; ⇒ Rezeptoren)

Metabolisierung (Biotransformation, Stoffwechsel): die chemische Umwandlung eines Pharmakons im Organismus, in erster Linie vermittels spezifischer Enzyme in der Leber, von einem lipidlöslichen Fremdstoff in eine besser wasserlösliche (hydrophile) Verbindung. Im Blut liegen neben der Ursprungssubstanz (parent drug) häufig nur ei-

A. Erläuterung der Fachbegriffe   697

nige Hauptmetaboliten (z.B. N-Desalkyl-Derivate) vor, während die vollständige Palette der Stoffwechselprodukte meist erst im Harn zu finden ist.

Als (nicht synthetische) Phase-I-Reaktion werden hierbei die oxidativen, reduktiven oder hydrolytischen Veränderungen des Pharmakon-Moleküls bezeichnet, während bei den (synthetischen) Phase-II-Reaktionen eine Koppelung ("Konjugation") des Pharmakon-Moleküls bzw. eines bereits durch eine Phase-I-Reaktion entstandenen Stoffwechselprodukts mit einer körpereigenen Substanz erfolgt.

Als "Metaboliten" werden die Umwandlungsprodukte eines Pharmakons aufgrund von Stoffwechselprozessen oder anderen enzymatischen Vorgängen bezeichnet. Die Stoffwechselprodukte können ihrerseits pharmakologisch wirksam sein.

($\Rightarrow$ Alkyle; $\Rightarrow$ Blut-Hirn-Schranke; $\Rightarrow$ Carboxylasen; $\Rightarrow$ COMT; $\Rightarrow$ Decarboxylierung; $\Rightarrow$ Desaminierung; $\Rightarrow$ Enzym; $\Rightarrow$ Enzyminduktion; $\Rightarrow$ Esterasen; $\Rightarrow$ Fremdstoff; $\Rightarrow$ Halbwertszeit; $\Rightarrow$ Hydroxylasen; $\Rightarrow$ hydrophil; $\Rightarrow$ Lipide; $\Rightarrow$ lipophil; $\Rightarrow$ MAO; $\Rightarrow$ Oxidasen; $\Rightarrow$ Pharmakon; $\Rightarrow$ Toxine)

Methanol: Methylalkohol (CH_3OH), der Industriealkohol, eine farblose, brennend schmeckende Flüssigkeit, die u.a. als Lösungsmittel verwandt wird. Die Methanol-Vergiftung ist durch Leibschmerzen, Erbrechen und Krämpfe (Parkinson-Syndrom) gekennzeichnet und endet mit Erblindung, in schweren Fällen mit dem Tod; die tödliche Dosis beträgt etwa 20 g.

($\Rightarrow$ Alkohole; $\Rightarrow$ Ethanol; $\Rightarrow$ Gifte; $\Rightarrow$ Methyl-Gruppe)

Methyl-Gruppe: CH_3- (Methylrest; von CH_4, Methan). Entsprechend wird der Ethylrest C_2H_5- aus Ethan (C_2H_6) gebildet usw.

($\Rightarrow$ Alkyle; $\Rightarrow$ R)

Methyltransferase ($\Rightarrow$ COMT)

Miosis: (abnorme) Verengung der Pupillen. Vorwiegend führen zentral-dämpfende Stoffe wie Opiate und andere starkwirksame Analgetica und Narkotica (vgl. Vorbem. 4.4, Rdnr. 2245) mittels erregender Einwirkung auf das parasympathische Nervensystem dosisabhängig zu einer Miosis mit der Folge einer Verminderung der Sehfähigkeit bei schlechten Lichtverhältnissen.

Miotica wie Morphin oder das direkte Parasympathomimeticum Pilocarpin wirken durch Reizung des M. sphincter pupillae pupillenverengend.

($\Rightarrow$ Adaptation; $\Rightarrow$ Mydriasis; $\Rightarrow$ Parasympathomimetica)

Missbrauch (abusus): jegliche Benutzung von Arzneimitteln oder sonstigen Genussmitteln (etwa Alkohol, Tabak) zu nicht medizinisch indizierten Zwecken oder in übermäßiger Dosierung, ohne dass bereits eine Abhängigkeit gegeben sein muss.

Unter einem polyvalenten Missbrauch wird der gleichzeitige oder nacheinander erfolgende Missbrauch verschiedener psychotroper Substanzen zur Erzielung einer bestimmten Wirkung verstanden.

(⇒ Arzneimittel; ⇒ Arzneistoffabhängigkeit; ⇒ Ethanol; ⇒ Gewöhnung; ⇒ Nicotin; ⇒ psychotroper Stoff)

Molekül: kleinster Bestandteil einer chemisch einheitlichen Substanz.

(⇒ Ionen)

Monoamine: Sammelbezeichnung für die Neurotransmitter Adrenalin, Noradrenalin, Dopamin, Serotonin und Acetylcholin (gegebenenfalls gehören hierzu auch Adenosin und Histamin) im Hinblick auf ihre einzige, nicht ringförmig gebundene Amino-Gruppe.

(⇒ biogene Amine; ⇒ Catecholamine; ⇒ Neurotransmitter; ⇒ Synapse)

Monoaminoxydase (MAO): ein Enzym, das der Inaktivierung u.a. freigesetzter Catecholamine durch oxidative Desaminierung dient.

Pharmaka, die als MAO-Hemmer (syn. MAO-Inhibitoren, MAOI) wirken, sollen eine derartige Inaktivierung verhindern, haben also einen anregenden Effekt und werden seit ihrer Entdeckung 1952 als Antidepressiva eingesetzt (etwa Aurorix 150/-300; vgl. 4.3.3, Rdnr. 2158, sowie zum Etryptamin 1.2.4.4, Rdnr. 887; zu den psychedelischen und zentral-stimulierenden natürlichen MAO-Hemmern vgl. z.B. beim Ibogain 1.2.3.7, Rdnr. 765).

In Kombination mit Opiaten und Nahrungsmitteln mit hohem Tyramin-Gehalt wie bestimmte Käse- und Rotweinsorten können MAO-Hemmer zu gefährlichen Blutdruckkrisen führen (vgl. beim Harmalin 1.2.3.5, Rdnr. 724 FN 155).

(⇒ biogene Amine; ⇒ Catecholamine; ⇒ Desaminierung; ⇒ L-Dopa; ⇒ Enzyme; ⇒ Metabolisierung; ⇒ Monoamine; ⇒ Pharmakon; ⇒ Sympathicus)

Monotoxikomanie (⇒ Arzneistoffabhängigkeit)

Mortalität: Sterblichkeit (die Sterbeziffer; hier:) das Verhältnis der Todesfälle an einer bestimmten Krankheit im Verhältnis zur Bevölkerungszahl.

(⇒ Letalität)

motorische Endplatte (neuromuskuläre Endplatte): Synapsen, in denen Nervenfasern auf Muskelfasern enden. Transmitterhormon ist hier das Acetylcholin.

(⇒ Acetylcholin; ⇒ Axon; ⇒ motorisches Neuron; ⇒ Neurotransmitter; ⇒ Synapsen)

motorisches Neuron (Motoneuron): übermittelt Befehle vom ZNS an Muskeln und Drüsen.

($\Rightarrow$ motorische Endplatte; $\Rightarrow$ Neuron; $\Rightarrow$ peripheres Nervensystem; $\Rightarrow$ psychomotorisch; $\Rightarrow$ sensibles Neuron; $\Rightarrow$ vegetatives Nervensystem; $\Rightarrow$ ZNS)

Muskeltonus ($\Rightarrow$ Tonus)

Mutagene: Chemikalien bzw. Pharmaka (z.B. das Herbstzeitlosen-Alkaloid Colchicin), ionisierende und ultraviolette Strahlen, die Mutationen auslösen.

($\Rightarrow$ Alkaloide; $\Rightarrow$ Ionen; $\Rightarrow$ Mutation)

Mutation: eine spontan auftretende richtungslose Änderung des Erbgutes; man unterscheidet vor allem zwischen Genom-, Chromosomen- und Genmutationen.

($\Rightarrow$ Mutagene)

Mydriasis: Pupillenerweiterung; die Pupille verliert die Fähigkeit, auf Lichteinfall mit Kontraktion (Miosis) zu reagieren. Außer Erregungszustände (etwa Schreck, Angst, Schmerz) führen neben Parasympatholytica wie z.B. Atropin vorwiegend zentral-stimulierende Sympathomimetica wie Cocain und Amfetamine über eine Einwirkung auf den Sympathicus und damit den M. dilator pupillae bei gleichzeitiger Lähmung des M. sphincter pupillae zu einer Pupillenerweiterung.

($\Rightarrow$ Adrenalin; $\Rightarrow$ Adaptation; $\Rightarrow$ Miosis; $\Rightarrow$ Noradrenalin; $\Rightarrow$ Parasympatholytica)

Narkotica: wasser- und lipidlösliche Btm (von griech. ναρκωτικός erstarren machend, betäubend), die geeignet sind, eine Narkose (syn. Anästhesie) mit weitestgehender Ausschaltung des Bewusstseins und des Schmerzempfindens (Analgesie) herbeizuführen. In geringerer Dosierung bewirken sie eine veränderte Wahrnehmung der Außenwelt. Nach der Applikationsart kann in Inhalationsanästhetica und Injektionsnarkotica eingeteilt werden.

($\Rightarrow$ Anästhesie; $\Rightarrow$ Analgetica; $\Rightarrow$ Betäubungsmittel; $\Rightarrow$ Dosis; $\Rightarrow$ Hypnotica; $\Rightarrow$ Lipide)

Nebennieren: die auf den Nieren sitzenden Drüsen produzieren Hormone, die die Verarbeitung von Kohlenhydraten beeinflussen, die Abwehr dämpfen und den Mineral- und Wasserhaushalt regeln oder die Leistungsbereitschaft z.B. bei Stress erhöhen. Die Nebennierenrinde (NNR) produziert über 40 verschiedene Corticosteroide (Steroidhormone) bzw. Corticoide (etwa Cortisol, das den Blutzuckerspiegel reguliert und seinerseits durch das Hypophysenhormon ACTH stimuliert und reguliert wird, und Sexualhormone).

Das Nebennierenmark (NNM) ist Bildungsort der Catecholamine Adrenalin, Noradrenalin und Dopamin.

(⇒ ACTH; ⇒ Adrenalin; ⇒ Catecholamine; ⇒ chromaffines Gewebe; ⇒ Dopamin; ⇒ endokrin; ⇒ Homöostase; ⇒ Hormone; ⇒ Hypoglykämie; ⇒ Hypophyse; ⇒ Noradrenalin; ⇒ Stereoide)

Nervenfaser (⇒ Axon)

Neuron: Nervenzelle mit Zellkörper (Soma, Perikaryon) und kurzen Fortsätzen (Dendriten, zur Vergrößerung der Zelloberfläche) sowie einem langen Fortsatz (Axon, syn. Nervenfaser, Neurit).

Über erregende und hemmende Synapsen vor allem am Zellkörper und Dendriten nimmt ein Neuron Signale von etwa 1000 (gegebenenfalls auch mehr) anderen Neuronen jeweils auf und leitet den Impuls mittels des Axon zu einem 2. Neuron oder einen Effektor (z.B. Muskel) weiter.

3 Arten von Neuronen sind zu unterscheiden:

- sensible Neurone übertragen Signale von Rezeptoren zum ZNS,
- motorische Neurone übermitteln Signale vom ZNS zu Effektoren wie Muskeln und Drüsen,
- Interneurone, zwischengeschaltete Neurone im Gehirn und Rückenmark, die etwa 90 % aller Neuronen ausmachen.

Ein Nerv enthält ein Bündel von langen Nervenfasern (Axon) von Neuronen und ist von einer Bindegewebehülle (Perineum) umschlossen. Die meisten Nerven bestehen sowohl aus sensiblen als auch aus motorischen Neuronen.

Das Nervensystem umfasst das ZNS als zentrale Steuereinheit und das periphere Nervensystem.

(⇒ Axon; ⇒ Dendriten; ⇒ Glia: ⇒ motorisches Neuron; ⇒ Neurotoxine; ⇒ Nucleus; ⇒ Plexus; ⇒ peripheres Nervensystem; ⇒ postganglionär; ⇒ sensibles Neuron; ⇒ Spinalnerven; ⇒ vegetatives Nervensystem; ⇒ ZNS)

Neurotoxine: Nervengifte; neurotoxisch: die Nervenbahnen zerstörend.

(⇒ Intoxikation; ⇒ Gifte; ⇒ Neuron; ⇒ Toxine)

Neurotransmitter: in der Neurochemie Bezeichnung für chemische Übertragerstoffe (Neurohormone), die in die neuronale Informationsübermittlung des ZNS und des vegetativen Nervensystems eingeschaltet sind. Die Neurotransmitter wirken entweder hemmend oder erregend, einige können je nach der Stelle des Gehirns, an der sie auftreten, auch die eine oder die andere Wirkung haben. Die Intensität der Signalübertragung hängt von der Art und Dichte der Rezeptoren auf der Empfängerseite ab. Einfluss auf die Stärke der Signalübertragung hat zudem die Menge der freigesetzten Neurotransmitter als auch ihre Verweildauer im synaptischen Spalt, geregelt über Autorezeptoren und Wiederaufnahme-(Rücktransport-) Systeme auf Seiten der Senderzelle. Im Zusammenspiel von erregenden und hemmenden Signalen regelt das Gehirn seine Aktivität und hält im Normalzustand ein Gleichgewicht.

A. Erläuterung der Fachbegriffe

Die einzelnen Neurotransmitter sind nicht gleichmäßig im Gehirn verteilt, sondern die Neuronen, die jeweils mit bestimmten Transmittern arbeiten, liegen in Gruppen zusammen. Offenbar kann sich auch ein Nervenzellsystem eines Neurotransmitters zusammen mit einem Protein bedienen. Die meisten Neuronen benutzen jedoch jeweils nur einen einzigen Transmitter, was die Einteilung u.a. in (nor-)adrenerge, cholinerge, dopaminerge und serotoninerge Neurone erlaubt.

Von etwa 50 Substanzen weiß oder vermutet man, dass sie als Neurotransmitter wirken. Hierzu zählen in erster Linie die biogenen Amine Adrenalin, Noradrenalin, Dopamin, Serotonin und Acetylcholin, gegebenfalls auch Adenosin und Histamin, die auch als Monoamine bezeichnet werden. Transmitterfunktionen werden auch der Substanz P (basisches Polypeptid) und den Prostaglandinen (cyclische, ungesättigte Fettsäuren) zugeschrieben.

Einige Neuropeptide, kurze Aminosäurenketten, von denen bisher etwa 500 isoliert werden konnten, und zu denen u.a. Endorphine und Enkephaline zählen, haben wahrscheinlich ebenfalls Neurotransmittereigenschaften (näher hierzu 2.1.4, Rdnr. 1145-1159); sie kommen jedoch auch außerhalb des Gehirns vor, z.B. im Darm, wo sie bei Freisetzung durch innersekretorische Drüsen hormonale Eigenschaften aufweisen und Aufgaben wie die Regulierung des Blutdrucks, die Unterdrückung von Schmerzen und die Steuerung von Verhaltensweisen wahrnehmen.

Daneben haben auch einige Aminosäuren Neurotransmitterfunktionen: So ist die GABA wohl einer der wichtigsten Neurotransmitter mit hemmender Wirkung im Gehirn, während der verwandten Glutaminsäure eine eher erregende Funktion zukommt. Eine ebenfalls stark postsynaptisch-hemmende Wirkung im Rückenmark hat das Glycin, eine kleine neutrale Aminosäure, während die Transmitterrolle des Taurin fraglich ist.

Der Stoffwechsel dieser Transmitterhormone ist sehr kompliziert und damit störanfällig.

(⇒ Acetylcholin; ⇒ Adrenalin; ⇒ adrenerg; ⇒ Agonisten; ⇒ Aminosäuren; ⇒ biogene Amine; ⇒ Catecholamine; ⇒ cholinerg; ⇒ Dopamin; ⇒ endokrin; ⇒ Homöostase; ⇒ Hormone; ⇒ GABA; ⇒ Glutaminsäure; ⇒ Monoamine; ⇒ Neuron; ⇒ Noradrenalin; ⇒ Parasympathicus; ⇒ Proteine; ⇒ Rezeptoren; ⇒ Serotonin; ⇒ Sympathicus; ⇒ Synapse; ⇒ vegetatives Nervensystem; ⇒ ZNS)

Nicotin: ein Tabakblatt- und damit Solanaceen-Alkaloid (chem. Bezeichnung: 3'-Pyridyl-2-N-methylpyrrolidin oder (S)-3-(1-Methyl-2-pyrrolidinyl)pyridin), das eine Zwischenstellung zwischen den Pyrrolidin-, Piperidin- und Pyridin-Basen einnimmt;

Strukturformel:

(-)-Nicotin liegt in Form einer farblosen, betäubend riechenden, ölartigen Flüssigkeit vor, die sich an der Luft schnell braun färbt.

Beim Rauchen einer Zigarette hat es nach ca. 7 s über die Blutbahn das Gehirn erreicht. In geringen Dosen stimuliert es das ZNS, beschleunigt den Herzschlag und erhöht den Blutdruck, kann aber auch durch Erhöhung der Dopamin-Ausschüttung (mesolimbisches Belohnungssystem) und Freisetzung körpereigener β-Endorphine gleichzeitig beruhigend und schwach euphorisierend wirken und die Blutzirkulation in den Extremitäten beeinträchtigen, während hohe Dosen im Zuge einer Nicotin-Intoxikation (ICD-10 F 17.0) zu zentraler Lähmung (vgl. auch zum (-)-Cytisin 1.2.3.8, Rdnr. 784) mit Atemdepression und Herzversagen führen (Ganglienblocker). Nicotin ist eines der stärksten natürlichen Gifte (die tödliche Dosis liegt bei ca. 1 mg/kg KG), der Rauch einer Zigarette weist außerdem Spuren krebserzeugender Substanzen wie Nitrosamine auf.

Nicotin wirkt gleichsinnig wie Adrenalin und Acetylcholin und hat ein spezifisches Abhängigkeitspotential (ICD-10 F 17.2); etwa 3/4 aller derjenigen, die mit dem Rauchen aufhören wollen, werden rückfällig, wobei Raucher offenbar auch häufiger Alkoholika bzw. Cannabis-Produkte konsumieren als Nichtraucher. 1986 sollen in den USA insgesamt etwa 300.000 Todesfälle im Zusammenhang mit dem Zigaretten-Rauchen gestanden haben (gegenüber ca. 6.000 im Zusammenhang mit Drogen und ca. 12.500 im Zusamenhang mit Alkohol), in der BRD etwa 140.000; weltweit wurde nach Schätzungen der WHO 1997 von etwa 3 Mio. Todesfällen/a ausgegangen. Mitte bis Ende der 1990er Jahre wurde in Deutschland mit ca. 6 Mio. Nicotin-Abhängigen gerechnet. Zur Entwöhnungsbehandlung und Milderung der nicotin-bedingten Entzugserscheinungen wie Konzentrationsstörungen ist das Antidepressivum Amfebutamon (Zyban) einsetzbar, das vermutlich den schnellen Abbau von Dopamin und Noradrenalin verhindert und somit nicotin-ähnliche Wirkungen aufweist, ohne aber auf die Nicotin-Rezeptoren einzuwirken, bis der Stoffwechsel dieser Neurotransmitter sich wieder auf ein normales Niveau eingestellt hat. Zur Feststellung von "Raucherkarrieren" können immunologische Screeningverfahren zum Nachweis von Nicotin und dessen Hauptmetabolit Cotinin in Haarproben eingesetzt werden.

Wird Nicotin therapeutisch eingesetzt, ist es einschließlich seiner Salze verschreibungspflichtig. Erprobt wird ein von den Abbott Laboratories entwickeltes, starkwirksames Schmerzmittel, das an den Nicotin-Rezeptoren angreift und morphin-ähnliche

A. Erläuterung der Fachbegriffe   703

Eigenschaften, jedoch ohne dessen Nebenwirkungen, insbesondere Abhängigkeitsausbildung, aufweisen soll.

($\Rightarrow$ Acetylcholin; $\Rightarrow$ Adrenalin; $\Rightarrow$ Alkaloide; $\Rightarrow$ Dopamin; $\Rightarrow$ Drogen; $\Rightarrow$ Dosis; $\Rightarrow$ Ethanol; $\Rightarrow$ Ganglion; $\Rightarrow$ Gifte; $\Rightarrow$ limbisches System; $\Rightarrow$ Missbrauch; $\Rightarrow$ Noradrenalin; $\Rightarrow$ Piperidin; $\Rightarrow$ Pyrrol; $\Rightarrow$ Sympatholytica)

Niedrigdosisabhängigkeit ($\Rightarrow$ Arzneistoffabhängigkeit)

Nitrite: Salze der salpetrigen Säure HNO_2.

($\Rightarrow$ Salze)

NNM/NNR ($\Rightarrow$ Nebenniere)

Nor-: (= Stickstoff (N) ohne Radikal). Das Praefix Nor- bedeutet, dass es sich um eine chemisch sonst identische Verbindung handelt, die jedoch 1 C-Atom weniger besitzt (z.B. fehlt dem Noradrenalin die Methyl-Gruppe des Adrenalins an der NH-Gruppe)

($\Rightarrow$ Methyl-Gruppe; $\Rightarrow$ R)

Noradrenalin (NA; syn. Norepinephrin): dieses Neurotransmitterhormon wird wie das ihm verwandte Adrenalin als Antwort auf eine Stimulierung durch das ANS im Nebennierenmark (NNM) und im ganzen sympatischen Nervensystem gebildet (zur Strukturformel vgl. 1.2.1.1.4, Rdnr. 363).

Noradrenalin-haltige Nervenzellen finden sich vor allem im Blauen Kern (Nucleus coeruleus) des Hirnstamms, wo Noradrenalin ein Haupttransmitter des aktivierenden retikulären Systems (ARS) mit der Folge u.a. einer Steigerung der Vigilanz ist. Die stark verzweigten Nervenfortsätze dieser Neuronen stehen u.a. mit dem Hypothalamus, dem Kleinhirn und dem Vorderhirn in Verbindung.

Noradrenalin wird aus der Aminosäure L-Tyrosin vermittels spezifischer, im Neuron synthetisierter Enzyme über die Zwischenstufen Dopa und Dopamin gebildet.

Nach Ausschüttung des Noradrenalins aus den synaptischen Endknöpfchen verbindet es sich mit spezifischen Rezeptoren der Membran des nachgeschalteten Neurons, wodurch es die Aktivierung des Enzyms Adenylat-Cyclase bewirkt, das seinerseits Adenosintriphosphat (ATP) in cyclisches Adenosinmonophosphat (CAMP) umwandelt. Letzteres wirkt als "zweiter Bote" und aktiviert das Enzym Proteinkinase, das sowohl durch Phosphorylierung von Membran-Proteinen zu einer kurzfristigen Änderung der Permeabilität der Membran des nachgeschalteten Neurons für Ionen führt, als auch durch Phosphorylierung von Proteinen im Zellkern des nachgeschalteten Neurons langfristige Effekte (gegebenenfalls Erinnerungsbildung) bewirkt. Noradrenalin verbindet sich außerdem in der Membran des vorgeschalteten Neurons mit einem präsynaptischen Rezeptor, der ebenfalls vermittels Adenylat-Cyclase ATP in CAMP umwandelt. Auch hierdurch wird das Enzym Proteinkinase aktiviert, das seinerseits die Bildung neuen Noradrenalins aus L-Tyrosin katalysiert.

Wesentlich für das Wirksamwerden scheinen beim Noradrenalin die phenolische und alkoholische OH-Gruppe sowie die primäre Amino-Gruppe ("aminerg") zu sein, dem komplementäre Gruppen an den Rezeptoren entsprechen (Struktur-Wirkungs-Beziehung).

Die Inaktivierung freigesetzten Noradrenalins erfolgt zu etwa 90 % durch Wiederaufnahme in das Axoplasma, außerdem durch Methylierung der metaständigen phenolischen OH-Gruppe mittels COMT und durch oxidative Desaminierung zu 3,4-Dihydroxymandelsäure vermittels der MAO. Die O-Methylierung in der Phase-II-Reaktion erfolgt mit Adenosylmethionin.

Die Erregungsübertragung erfolgt (nor-)adrenerg, d.h. mittels Noradrenalin, an den Endigungen der postganglionären Fasern des Sympathicus; physiologisch unterscheidet sich Noradrenalin von Adrenalin durch z.T. gegensätzliche, z.T. schwächere Wirkungen. Außerdem ist Noradrenalin an der Erregungsübertragung im ZNS beteiligt; hierbei scheint Noradrenalin u.a. am Träumen, am Belohnungssystem des Gehirns und an der Regulierung der Stimmungslage beteiligt zu sein. Insgesamt hat Noradrenalin aber eher schwache zentralnervöse Wirkungen. Zu Acetylcholin wirkt es antagonistisch.

Noradrenalin erhöht u.a. durch eine allgemeine Vasokonstriktion den systolischen und diastolischen Blutdruck, führt zu einem Herzfrequenzanstieg, erweitert die Bronchien in der Lunge und führt zu einer Mydriasis. In Form des α-Sympathomimeticums Norepinephrin (INN; chem. Bezeichnung: (R)-2-Amino-1-(3,4-dihydroxyphenyl)ethanol) erfolgt ein Einsatz als Antihypotonicum bei verschiedenen Schockformen, Vergiftungen und schweren Infektionen sowie als Zusatz zu Lokalanästhetica (u.a. Arterenol). Demgegenüber wurde ein Norepinephrin-Mangel u.a. bei Depressiven und bei Patienten festgestellt, die unter ausgeprägten Angstzuständen litten.

($\Rightarrow$ Acetylcholin; $\Rightarrow$ Adrenalin; $\Rightarrow$ adrenerg; $\Rightarrow$ Axon; $\Rightarrow$ biogene Amine; $\Rightarrow$ Catecholamine; $\Rightarrow$ COMT; $\Rightarrow$ Depression; $\Rightarrow$ Desaminierung; $\Rightarrow$ L-Dopa; $\Rightarrow$ Dopamin; $\Rightarrow$ Halluzination; $\Rightarrow$ Hirnstamm; $\Rightarrow$ Hormone; $\Rightarrow$ Ionen; $\Rightarrow$ limbisches System; $\Rightarrow$ Manie; $\Rightarrow$ MAO; $\Rightarrow$ Membran; $\Rightarrow$ Metabolisierung; $\Rightarrow$ Monoamine; $\Rightarrow$ Mydriasis; $\Rightarrow$ Nebennieren; $\Rightarrow$ Neurotransmitter; $\Rightarrow$ Nicotin; $\Rightarrow$ Nor-; $\Rightarrow$ noradrenerg; $\Rightarrow$ postganglionär; $\Rightarrow$ REM-Schlaf; $\Rightarrow$ retikuläres System; $\Rightarrow$ Rezeptoren; $\Rightarrow$ Schizophrenie; $\Rightarrow$ Serotonin; $\Rightarrow$ Sympathicus; $\Rightarrow$ Sympathomimetica; $\Rightarrow$ Thalamus; $\Rightarrow$ Tyrosin; $\Rightarrow$ vasokonstriktorisch; $\Rightarrow$ ZNS)

noradrenerg: die Wirkung des Noradrenalins betreffend.

($\Rightarrow$ adrenerg; $\Rightarrow$ Noradrenalin)

Nozizeption: (von lat. nocere - schaden): Schmerzwahrnehmung mittels freier Nervenendigungen.

($\Rightarrow$ Analgesie)

Nucleus: (hier:) Ansammlung von Nervenkernen im ZNS.

A. Erläuterung der Fachbegriffe 705

($\Rightarrow$ Neuron; $\Rightarrow$ ZNS)

Nystagmus (optokinetischer): die durch sich bewegende Sehdinge ausgelösten unwillkürlichen (rhythmischen) Augenbewegungen zur Erfassung eben dieser Sehdinge, die damit ins zentrale (also scharfe) Netzhautgebiet gebracht werden. Insbesondere bei Alkohol-Aufnahme kommt es zu einer Dämpfung bis völligen "Zerfall" des Nystagmus-Rhythmus.

($\Rightarrow$ Ethanol)

Ödem: schmerzlose Schwellung infolge Ansammlung wässriger (seröser) Flüssigkeit in den Gewebsspalten z.B. des Gehirns (mit Hirnvolumenvermehrung und Hirndrucksteigerung).

-ol: die Endsilbe -ol wird zur Bezeichnung der Alkohole dem Namen des zugeordneten Kohlenwasserstoffs angehängt (z.B. Methanol als der Alkohol des Methans).

($\Rightarrow$ Alkohole; $\Rightarrow$ Kohlenwasserstoffe)

olfaktorisch: zum Geruchssinn gehörend.

Opioide ("Opiatartige"): Substanzen, etwa starkwirksame Analgetica und Injektionsnarkotica, mit dem Wirkungsprofil des Morphins (zu den Begriffen "Opioide" und "Endoopioide" vgl. auch 2.1.4, Rdnr. 1146). Körpereigene Opioide sind wahrscheinlich u.a. mit verantwortlich für sog. "substanzloses" Suchtverhalten wie Spielsucht (vgl. auch 2.1.4, Rdnr. 1151 FN 260).

($\Rightarrow$ Arzneistoffabhängigkeit)

Osmose: Stoffübergang zwischen flüssigen Körpern durch eine trennende semipermeable Scheidewand. Die Kraft, die die Diffusion von Wasser durch die Membran in eine konzentrierte Lösung bewirkt, heißt osmotischer Druck. Im Körper sind Lösungen mit gleichem osmotischen Druck (isotonisch) vorhanden.

($\Rightarrow$ Diffusion; $\Rightarrow$ Lipide; $\Rightarrow$ Membran)

Oxalsäure (Kleesäure): einfachste Bicarbonsäure (COOH-COOH), die u.a. im Klee und Sauerampfer (Rumex acetosa, Polygonaceae) vorkommt (giftig, LD ab ca. 5 g).

($\Rightarrow$ Carbonsäure; $\Rightarrow$ Malonsäure)

Oxazol: ein fünfgliedriges, cyclisches, dem Pyrrol verwandtes Amin;

Strukturformel:

$$\underset{1}{\overset{\underset{5}{\overset{4}{\diagup}}\underset{2}{\overset{3}{\diagdown}}}{O}}N$$

Als Isooxazol:

$$\underset{1}{\overset{\underset{5}{\overset{4}{\diagup}}\underset{N\,2}{\overset{3}{\diagdown}}}{O}}$$

Unter den 1,2-Oxazol-Derivaten finden sich psychotrope Verbindungen wie das Muscimol (zu den Fliegenpilz-Wirkstoffen vgl. 1.2.2.1, Rdnr. 465-468).

($\Rightarrow$ Amine; $\Rightarrow$ Heterocyclus; $\Rightarrow$ Pyrrol)

Oxidation (älter: Oxydation): ursprünglich Bezeichnung für den Einbau eines O-Atoms in ein Molekül; bei weiterer Oxidation ergeben sich u.a. Säuren. Heute versteht man unter Oxidation den Entzug von Elektronen aus Atomen eines Elements.

Gegensatz der Oxidation ist die Reduktion, also die O-Wegnahme oder H-Einführung in eine Verbindung bzw. Elektronenzuführung.

($\Rightarrow$ Aldehyde; $\Rightarrow$ Alkohole; $\Rightarrow$ Carbonsäuren; $\Rightarrow$ Desaminierung; $\Rightarrow$ Epoxid; $\Rightarrow$ Hydroxylierung; $\Rightarrow$ Metabolisierung)

-oyl ($\Rightarrow$ Anhydride)

Parästhesien: krankhafte abnorme Empfindungen, etwa Hautkribbeln oder Taubsein.

($\Rightarrow$ Anästhesie)

Paralyse: vollständige motorische Lähmung.

Paranoia: eine chronische, nicht auf Schizophrenie beruhende Psychose, die durch einen mehr oder weniger gut systematisierten Wahn (etwa Verfolgungs- oder Beziehungswahn), die Prädominanz der Interpretation sowie das Fehlen einer Intelligenzabnahme charakterisiert ist und allgemein nicht zur Vernichtung der Persönlichkeit führt.

($\Rightarrow$ Beziehungswahn; $\Rightarrow$ chronisch; $\Rightarrow$ Psychose; $\Rightarrow$ Schizophrenie)

Parasympathicus: das parasympathische (cholinerge) Teilsystem des vegetativen Nervensystems. Die präganglionären Nervenfasern (Axon) gehen im Unterschied zum sympathischen vorwiegend vom Mittelhirn, dem Hirnstamm und dem Sakralabschnitt des Rückenmarks aus, die Synapsen liegen in Ganglien in oder nahe den Ausführungsorganen.

Gegenüber dem sympathischen (adrenergen) Teilsystem hat es eine antagonistische, nämlich eher dämpfende Funktion; vereinfacht gesprochen führt eine Erregung des Parasympathicus gegenüber der ergotropen Sympathicus-Reaktion zu einer trophotropen Reaktion, die der Restauration dient.

(⇒ Axon; ⇒ Acetylcholin; ⇒ cholinerg; ⇒ Effektoren; ⇒ Ganglion; ⇒ Hirnstamm; ⇒ peripheres Nervensystem; ⇒ Parasympatholythica; ⇒ Parasympathomimetica; ⇒ Sympathicus; ⇒ vegetatives Nervensystem)

Parasympatholytica: natürlich vorkommende und synthetisierte Verbindungen, die im parasympathischen System spezifisch postganglionäre Acetylcholin-Rezeptoren durch kompetitive Verdrängung des Acetylcholins von den sog. Muscarin-Rezeptoren und so die Erregungsübertragung auf das Erfolgsorgan hemmen.

So hemmen etwa die Solanaceen-Alkaloide Atropin und Scopolamin (vgl. hierzu 1.2.2.2, Rdnr. 515-528) kompetitiv alle muscarinartigen Wirkungen des Acetylcholins (anticholinerge Wirkung). Durch Herabsetzung des Sympathicustonus kommt es u.a. zu einer Beschleunigung der Herzfrequenz, Hemmung der Sekretion von Bronchial-, Magen- und Darm-, Tränen-, Speichel- und Schweißdrüsen, Erweiterung der Hautgefäße und Erschlaffung (insbesondere der spastisch kontrahierten) glatten Muskulatur u.a. der Bronchien und des Magen-Darm-Kanals. Anticholinergica haben somit vor allem atropin-artige Effekte und werden u.a. als Mydriatica und Bronchospasmolytica therapeutisch genutzt.

(⇒ Acetylcholin; ⇒ Effektoren; ⇒ kompetitiver Antagonismus; ⇒ Ganglion; ⇒ Mydriasis; ⇒ Parasympathicus; ⇒ Parasympathomimetica; ⇒ postganglionär; ⇒ spasmolytisch; ⇒ Tonus)

Parasympathomimetica: natürlich vorkommende und synthetisierte Verbindungen, die als

- direkt wirkende Parasympathomimetica (syn. Cholinergica) wie z.B. Pilocarpin, Muscarin (zu diesem Fliegenpilz-Wirkstoff vgl. 1.2.2.1, Rdnr. 462 f.) und Arecolin (zu diesem Alkaloid vgl. 3.2.3, Rdnr. 1771 f.) im postganglionären Teil des parasympathischen Systems spezifische Acetylcholin-Rezeptoren stimulieren, oder als
- indirekte Parasympathomimetica (Cholinesterase-Hemmer wie Physostigmin, vgl. 3.2.4.7, Rdnr. 1937) die AChE hemmen, die Acetylcholin durch Verseifung zu Cholin und Essigsäure inaktiviert.

Wegen des raschen Abbaus besitzt Acetylcholin selbst trotz seiner vielfältigen physiologischen Funktionen keine therapeutische Bedeutung; diese kommt den Parasympathomimetica zu, die die gleichen parasympathischen Rezeptoren erregen, aber langsamer abgebaut werden und u.a. bei Glaukomen einsetzbar sind.

(⇒ Acetylcholin; ⇒ Essigsäure; ⇒ Ester; ⇒ Ganglion; ⇒ Miosis; ⇒ Parasympathicus; ⇒ Parasympatholytica; ⇒ postganglionär; ⇒ Rezeptoren)

parenteral: Aufnahme eines Pharmakons unter Umgehung des Magen-Darm-Kanals. Wichtigste Aufnahmeformen sind: Inhalation, Injektion sowie die Aufnahme über die Schleimhäute und die Haut.

Gegenüber der enteralen erfolgt die parenterale Resorption im allgemeinen rascher, womit die Höhe des Blutspiegelwertes und damit der Grad der Rauschwirkung, aber auch einer akuten Intoxikation, abhängt.

(⇒ Absorption; ⇒ Applikation; ⇒ enteral; ⇒ Intoxikation; ⇒ per cutan; ⇒ Rausch; ⇒ Resorption)

partielle Agonisten (⇒ Agonisten)

Peptide: eine Art von Säureamiden, die als Zwischenprodukte beim Abbau von Eiweißstoffen (Proteinen) neben Fetten und Kohlehydraten zu den wichtigsten Substanzgruppen im lebenden Organismus gehören (u.a. Albumine, Globuline, Bluteiweißstoffe). Charakteristisch ist der Zerfall in Aminosäuren durch Hydrolyse, dem der Aufbau durch Verbindung der Carboxyl-Gruppe eines Moleküls unter Wasseraustritt mit der Amino-Gruppe eines anderen Moleküls (-CO-NH-) entspricht.

Aus 2 Aminosäuren entstehen Dipeptide, aus mehreren (10-100) verschiedenartigen Aminosäuren kettenartig aufgebaute Polypeptide.

(⇒ Amine; ⇒ Aminosäuren; ⇒ Carbonsäuren; ⇒ Carboxyl-Gruppe; ⇒ Eiweißstoffe; ⇒ Harnstoffe; ⇒ Hydrolyse; ⇒ Molekül; ⇒ Tryptophan)

per cutan (p.c.): (Aufnahme) durch die Haut.

(⇒ Applikation; ⇒ parenteral; ⇒ per os)

peripheres Nervensystem (PNS): dieses umfasst im Unterschied zum ZNS:

- das sensorische und sekretorische System (die Gesamtheit derjenigen Nervenfasern, die Signale über Wahrnehmungen aus dem Körper transportieren und ins Rückenmark münden - afferente Bahnen),
- das motorische System (die Nervenfasern, die das Rückenmark verlassen und u.a. Befehle für Bewegungen zu den Fasern der Skelettmuskulatur weiterleiten – efferente Bahnen),
- das vegetative System (insbesondere das sympathische und das parasympathische System).

(⇒ Afferenz; ⇒ Axon; ⇒ Effektoren; ⇒ motorische Endplatte; ⇒ motorisches Neuron; ⇒ Neuron; ⇒ sensorisches Neuron; ⇒ vegetatives Nervensystem; ⇒ ZNS)

per os (p.o.): (Aufnahme) durch den Mund.

($\Rightarrow$ Absorption; $\Rightarrow$ Applikation; $\Rightarrow$ enteral; $\Rightarrow$ per cutan)

Persistenz: Dauerhaftigkeit; z.B. Beständigkeit von chemischen Stoffen, etwa gegen einen Abbau.

($\Rightarrow$ Metabolisierung)

Pharmakodynamik: die Beziehung zwischen der Dosis und der Wirkung auf den Körper, im Gegensatz zur Pharmakokinetik als der Beziehung zwischen der Dosis und der Konzentration in den Körperorganen und -flüssigkeiten (Entsprechendes gilt für Toxikodynamik und Toxikokinetik).

($\Rightarrow$ Dosis; $\Rightarrow$ Pharmakon; $\Rightarrow$ Toxizität)

Pharmakon: (Arzneistoff; hier allgemeiner:) biologisch wirksame Substanz.

($\Rightarrow$ Arzneimittel; $\Rightarrow$ Arzneistoffabhängigkeit; $\Rightarrow$ Droge; $\Rightarrow$ Fremdstoff; $\Rightarrow$ Inhaltsstoff; $\Rightarrow$ Metabolisierung; $\Rightarrow$ Pharmakodynamik; $\Rightarrow$ Stoff; $\Rightarrow$ Suchtstoff; $\Rightarrow$ Wirkstoff)

Phase-I/II-Reaktion ($\Rightarrow$ Metabolisierung)

Phenanthren: eine wie Benzol zur Gruppe der Aromaten (cyclische KW) gehörende Verbindung; Strukturformel des Phenanthrenskeletts:

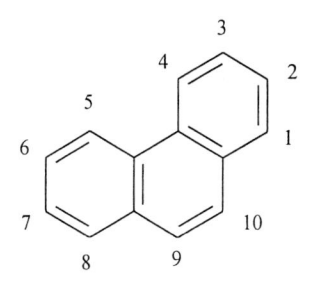

Phenanthren ist u.a. im Steinkohlenteer enthalten, jedoch sind auch verschiedene Alkaloide als Phenanthren-Derivate einzuordnen wie etwa das Opium-Alkaloid Morphin (vgl. 2.1.3, Rdnr. 1062-1065).

($\Rightarrow$ Alkaloide; $\Rightarrow$ aromatische Kohlenwasserstoffe; $\Rightarrow$ Steroide)

Phenol (Oxybenzol): das Hydroxyl-Derivat des Benzols (C_6H_5-OH), also ein Alkohol;

Strukturformel:

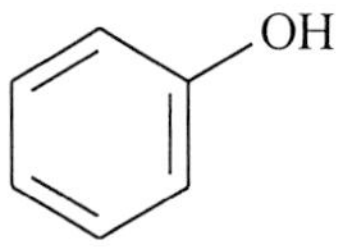

$$\text{C}_6\text{H}_5\text{-OH}$$

Der Name ist von "Phen", einer alten Bezeichnung für Benzole abgeleitet. Phenol wird aus Steinkohlenteer gewonnen und ist ein starkes Gift. Phenole können auch zwei- und dreifach substituiert sein.

($\Rightarrow$ Alkohole; $\Rightarrow$ Benzol; $\Rightarrow$ Phenyl)

Phenyl: Bezeichnung für den dem Benzol (C_6H_6) entsprechenden einwertigen Rest -C_6H_5 (Phenylradikal).

Von den zahlreichen Alkaloiden auf Phenylalkylamin-Basis sei hier das Ephedrin erwähnt (vgl. 3.2.1, Rdnr. 1713 und 1715).

($\Rightarrow$ Alkyle; $\Rightarrow$ Amine; $\Rightarrow$ Benzol; $\Rightarrow$ Phenol; $\Rightarrow$ R)

Piperidin (Hexahydropyridin): ein stark basisches, sekundäres Amin, das sich durch Einbindung des Stickstoffs in einen sechsgliedrigen Heterocyclus auszeichnet;

Strukturformel:

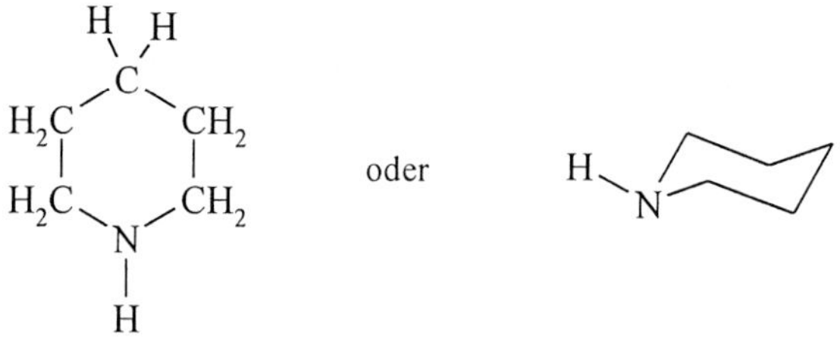

Piperidin ist als giftige organische Base Ausgangsverbindung einer ganzen Reihe von Piperidin-Alkaloiden, u.a. Nicotin und den Tropan-Alkaloiden (zu letzteren vgl. 1.2.2.2, Rdnr. 504-509).

Das u.a. als Lösungsmittel verwandte homologe tertiäre Amin Pyridin ist Bestandteil des Benzopyridin (Chinolin).

Bei Propylpiperidin, einem 2-Alkylpiperidin, handelt es sich um das Gift des Schierlings und anderer Umbelliferae wie der Gemeinen Hundspetersilie (Aethusa cynapium): (-)-Coniin.

($\Rightarrow$ Alkaloide; $\Rightarrow$ Amine; $\Rightarrow$ Chinolin; $\Rightarrow$ Cyclohexan; $\Rightarrow$ Heterocyclus; $\Rightarrow$ Nicotin; $\Rightarrow$ Propan)

A. Erläuterung der Fachbegriffe 711

PNS ($\Rightarrow$ peripheres Nervensystem)

Placebo: (von lat. placere - gefallen): Scheinmedikament. Neben u.a. Erwartungshaltung und Konditionierung ist hier ein analgetischer Effekt offenbar auf eine Endorphin-Freisetzung zurückführbar, aufhebbar durch Naloxon-Gabe (vgl. auch 2.1.4, Rdnr. 1150 f.)

Plexus: (hier:) Nervengeflecht.

($\Rightarrow$ Neuron)

Polytoxikomanie: Mehrfachabhängigkeit (ICD-10 F 19.2); Gegensatz ist die Monotoxikomanie als die Abhängigkeit von nur einem Pharmakon.

($\Rightarrow$ Arzneistoffabhängigkeit; $\Rightarrow$ Pharmakon)

postganglionär: Empfängerneuron in der 2-Neuronen-Kette des ANS.

($\Rightarrow$ Ganglion; $\Rightarrow$ Neuron; $\Rightarrow$ vegetatives Nervensystem)

Potenzierung ($\Rightarrow$ Synergismus)

Präzipitation: Ausfällung chemischer Stoffe.

Precursor chemicals ($\Rightarrow$ Grundstoffe)

Propan: nach dem Ethan (CH_3-CH_3) das nächsthöhere Glied einer homologen Kette von Paraffin-Kohlenwasserstoffen (Alkane), die alle die Zusammensetzung C_nH_{2n+2} haben;

Strukturformel:

$$CH_3-CH_2-CH_3$$

Der einwertige Rest wird dementsprechend als Propyl (-C_3H_7) bezeichnet.

Das früher als starkes Narkoticum verwandte farblose Gas Cyclopropan wird wegen der erheblichen Nebenwirkungen (u.a. Bronchospasmus) nicht mehr eingesetzt. Zum gegenwärtigen "Gasschnüffeln" u.a. von Propan vgl. 4.5.4, Rdnr. 2533.

($\Rightarrow$ Alkyle; $\Rightarrow$ Kohlenwasserstoffe; $\Rightarrow$ R)

Proteasen ($\Rightarrow$ Enzyme)

Proteide ($\Rightarrow$ Eiweißstoffe)

Proteine ($\Rightarrow$ Eiweißstoffe; $\Rightarrow$ Peptide)

Pseudohalluzinationen ($\Rightarrow$ Halluzination)

psychoaktiv: alle Substanze, vor allem Rauschdrogen, die die Psyche beeinflussen. Synonym wird der Begriff "psychotrop" ("auf die Psyche einwirkend") verwandt.

($\Rightarrow$ Droge; $\Rightarrow$ psychedelisch; $\Rightarrow$ psychotrope Stoffe)

psychedelisch: in einem drogeninduzierten, euphorischen, trance-artigen Gemütszustand mit veränderter sensorischer Wahrnehmung befindlich (zu diesem Ausdruck vgl. auch Vorbem. 1, Rdnr. 19).

($\Rightarrow$ Droge; $\Rightarrow$ euphorisierend; $\Rightarrow$ psychoaktiv)

psychomotorisch: die durch psychische Vorgänge beeinflussten Muskelbewegungen.

Psychose: psychische Erkrankung, die die Sinnkontinuität eines individuellen Lebenslaufs unterbricht, einen Strukturwandel des gesamten Erlebens bedingt und dazu führt, dass alltägliche Beziehungen zur Umwelt nicht mehr möglich sind; die Betroffenen werden in ihrer Persönlichkeit weitgehend verändert.

Derartige Erkrankungen können progrediert (fortschreitend) oder phasisch (schubförmig) verlaufen und in einer Vielzahl von Fällen zu mehr oder weniger stark ausgeprägten Dauerveränderungen führen.

Insbesondere unter dem Aspekt der durch Rauschdrogen bewirkten psychotischen Reaktionen können folgende Psychoseformen unterschieden werden:

- Intoxikationspsychose (auf Vergiftung beruhende Psychose; meist akuter Verlauf),
- endogene Psychosen (deren Ursache in individual- und sozialpsychologischen Faktoren, gegebenenfalls auch Störungen des Hirnstoffwechsels zu suchen ist; zu den endogenen Psychosen werden der schizophrene und der manisch-depressive Formenkreis gerechnet; ein "Ausklinken" latenter endogener Psychosen ist durch Drogeneinfluss möglich; oft chronischer Verlauf),
- endoforme Psychosen (endogene Psychosen, die durch exogene Komponenten überlagert sind; vorwiegend chronischer Verlauf),
- exogene Psychosen (syn. symptomatische Psychosen; hirnorganisch begründbare Psychosen, z.B. aufgrund von Hirntraumen oder der Einwirkung zentralnervös wirksamer Substanzen wie etwa Ethanol, deren psychopathologische Bilder weitgehend derjenigen der endogenen Psychosen ähneln, vor allem bei der Gruppe der Schizophrenien),
- psychotische Episoden (meist exogenen Ursprungs, wie z.B. "flash back's"),
- Entzugsdelirien (exogener Gestaltung; am bekanntesten ist das Alkohol-Entzugsdelirium, möglich aber auch bei anderen Abhängigkeitsformen, insbesondere der vom Sedativa/Hypnotica-Typ, gelegentlich auch vom Opioid-Typ wie beim Tilidin-Entzug, vgl. 4.4.1, Rdnr. 2263).

Unter dem Begriff "Drogenpsychosen", die auf einer drogeninduzierten Dysfunktion des Stirnhirns (präfrontaler Cortex) beruhen, werden nach der ICD insbesondere das

Drogenentzugssyndrom, drogeninduzierte paranoide und/oder halluzinatorische Zustandsbilder sowie der pathologische Drogenrausch zusammengefasst.

($\Rightarrow$ akut; $\Rightarrow$ Amnesie; $\Rightarrow$ Beziehungswahn; $\Rightarrow$ Delirium; $\Rightarrow$ Denkstörungen; $\Rightarrow$ endogen; $\Rightarrow$ Ethanol; $\Rightarrow$ Halluzinose; $\Rightarrow$ Intoxikation; $\Rightarrow$ latent; $\Rightarrow$ Manie; $\Rightarrow$ Paranoia; $\Rightarrow$ Rausch; $\Rightarrow$ Schizophrenie)

psychotomimetisch: Geisteskrankheiten nachahmend (zu diesem Begriff vgl. auch Vorbem. 1, Rdnr. 19).

($\Rightarrow$ Psychose)

psychotroper Stoff: nach der Begriffsbestimmung gemäß Art. I des Übereinkommens von 1988 jeder der in den Anl. I, II, III oder IV des Übereinkommens von 1971 über psychotrope Stoffe aufgeführten natürlichen oder synthetischen Stoffe oder natürlichen Ausgangsstoffe. Psychotrope Stoffe sind zentralnervös wirksam.

($\Rightarrow$ Grundstoff; $\Rightarrow$ psychoaktiv; $\Rightarrow$ Stoff; $\Rightarrow$ Suchtstoff; $\Rightarrow$ ZNS)

Pyran: ein ringförmiger, heterocyclischer Ether (der Ethersauerstoff ist hier also ringförmig gebunden);

Strukturformel:

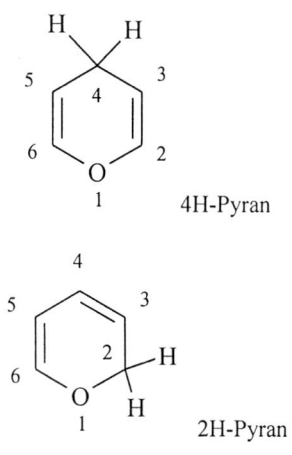

4H-Pyran

2H-Pyran

Als Benzopyran (also mit ankondensiertem Benzolring) ist diese Verbindung Ausgangssubstanz einer Reihe von Naturfarbstoffen (vgl. auch zum 1,2-Chromen und zum THC 1.1.3, Rdnr. 88 und 92).

($\Rightarrow$ Benzol; $\Rightarrow$ Ether; $\Rightarrow$ Heterocyclus; $\Rightarrow$ Pyron)

Pyridin ($\Rightarrow$ Piperidin)

Pyron: eine heterocyclische organische Verbindung, die sich vom Pyran durch ein 2., exocyclisch angeordnetes Sauerstoffatom unterscheidet;

Strukturformel:

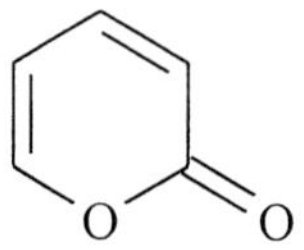

α-Pyron

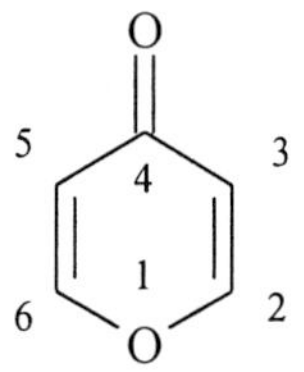

γ-Pyron

Vom α-Pyron leiten sich viele Inhaltsstoffe von Pflanzen ab, u.a. die Anthocyane (blaue und rote Blüten- und Blattfarbstoffe), Flavone (gelbe Farbstoffe) sowie die Wirkstoffe des Polynesischen Rauschpfeffers (vgl. zu letzteren 2.2, Rdnr. 1374 und 1376).

(⇒ Inhaltsstoff; ⇒ Heterocyclus; ⇒ Pyran; ⇒ Wirkstoff)

Pyrrol: ein fünfgliedriges cyclisches Amin ohne basische Eigenschaften. Der gesättigte fünfgliedrige N-Heterocyclus wird als Pyrrolidin, der einfach ungesättigte als Pyrrolin und der doppelt ungesättigte als Pyrrol bezeichnet;

Strukturformel:

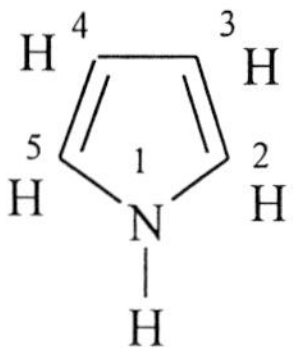

Pyrrol kommt im Steinkohlenteer als ölige organische Verbindung vor, jedoch sind auch wichtige Naturstoffe wie das Chlorophyll und der Blutfarbstoff (das Hämoglobin) Pyrrol-Derivate (vgl. auch zum N-Methylpyrrolin bei den Solanaceen 1.2.2.2, Rdnr. 493).

Von den Pyrrolidin-Alkaloiden seien hier das Nicotin und das in den Blättern des Cocastrauches enthaltene Hygrin erwähnt. Pyrrolidin ist außerdem der Grundkörper der Aminosäure Prolin.

A. Erläuterung der Fachbegriffe

Mit Benzol hat das Pyrrol manche Eigenschaft einer aromatischen Substanz gemeinsam. Beim Benzopyrrol handelt es sich seinerseits um das Indol.

($\Rightarrow$ Alkaloide; $\Rightarrow$ Amine; $\Rightarrow$ Aminosäuren; $\Rightarrow$ Benzol; $\Rightarrow$ Indol; $\Rightarrow$ Nicotin; $\Rightarrow$ Oxazol)

R: Abkürzung für "einwertige Radikale" oder auch "aliphatische Reste". Die kurzfristige Existenz freier Radikale ist nachgewiesen.

($\Rightarrow$ Alkyle; $\Rightarrow$ Ligand)

Racemate: bestehen aus einem Gemisch optisch aktiver, rechts- wie linksdrehender Substanzen (bekanntestes Beispiel: die Milch).

Racemate sind selbst inaktiv; sie werden durch das Zeichen "($\pm$)" bzw. "D,L-" oder "RS-" symbolisiert. Eine Zerlegung in die optisch aktiven Komponenten ist z.B. durch Gärung möglich. Racemate entstehen aus technischen Gründen häufig bei der illegalen Synthese psychotroper Substanzen. Dabei ist es für den Hersteller ausreichend, dass das Gemisch in jedem Fall zur Hälfte aus den psychotrop wirksamen Isomeren besteht. Da sich jedoch auch die isolierte aktive Form auf dem Drogenmarkt befinden kann, besteht in diesen Fällen die Gefahr einer ungewollten Überdosierung. Die Sicherstellung eines bestimmten Isomers kann auf ein professionell betriebenes "Lab" oder auf die Abzweigung aus legaler Produktion hinweisen.

($\Rightarrow$ Isomere; $\Rightarrow$ psychoaktiv; $\Rightarrow$ psychotroper Stoff)

Rausch: eine vorübergehende, durch Rauschdrogen oder andere Rauschmittel (bzw. Sauerstoffmangel) verursachte Einengung des Bewusstseins bzw. Veränderung von Gefühl und Erleben (z.B. Euphorie; Ekstase), wobei meist zwischen einfachen (normalen), abnormen und pathologischen Räuschen unterschieden wird.

Der Rauschverlauf beginnt häufig, wie etwa bei dem bekanntesten Rausch, dem Alkohol-Rausch (akute Alkohol-Intoxikation, ICD-10 F 10.0), mit einem Erregungs-(Excitations-)stadium mit Enthemmung, an das sich ein Schlaf- oder Narkosestadium anschließt.

Der abnorme Rausch ist häufig durch Übererregung, Affektexpansion und persönlichkeitsfremde Handlungen bei dysphorisch-aggressiver oder ängstlich-gespannter Grundstimmung und Amnesie gekennzeichnet.

Pathologische Räusche im Sinne einer symptomatischen Psychose sind äußerst selten. Sie zeichnen sich u.a. durch eine Gesetzmäßigkeit des Verlaufs, ein meist anfallartig plötzliches Einsetzen der Symptomatik, vollständige Amnesie und schwere Störungen des Realitätsbewusstseins mit Halluzinationen aus. Disponierend sind hier etwa epileptische und schizophrene Störungen sowie Hirntraumen neben akzidentellen Faktoren wie Übermüdung und starke affektive Erregungszustände.

(⇒ Amnesie; ⇒ Delirium; ⇒ Drogen; ⇒ Dysphorie; ⇒ Epilepsie; ⇒ Ethanol; ⇒ euphorisierend; ⇒ GABA; ⇒ Halluzinose; ⇒ Hypoxie; ⇒ Intoxikation; ⇒ Konsumeinheit; ⇒ Psychosen; ⇒ Schizophrenie)

Rauschdrogen (⇒ Drogen)

Reafferenz: Rückmeldung, Erregungs-"abbild" der Motorik im ZNS.

(⇒ Afferenz; ⇒ Rezeptoren)

Rebound-Phänomen: (hier:) überschießende, der Wirkung entgegengesetzte Reaktion nach plötzlichem Absetzen eines Pharmakons nach längerer Einnahme (z.B. Tachykardie und Blutdruckanstieg nach abrupten Absetzen von β_1-Blockern).

(⇒ Pharmakon; ⇒ Sympatholytica)

Reduktion (⇒ Oxidation)

REM-Schlaf: von "rapid eye movement", eine Schlafphase mit erhöhter Herz- und Atemfrequenz von etwa 20 min Dauer, die im Verlauf des Schlafes im Abstand von jeweils ca. 1/2 h in 4-5 Sequenzen auftritt. Während die Delta- oder Tiefschlafphasen vor allem in den beiden ersten Non-REM-Schlafphasen deutlich in Erscheinung treten, sind sie in den folgenden kürzer oder nicht mehr vorhanden, während umgekehrt die REM-Schlafphasen von Zyklus zu Zyklus länger werden.

Der REM-Schlaf scheint im Verhältnis zum Non-REM-Schlaf einen älteren, von circadianen Faktoren weitgehend bestimmten Schlaftyp darzustellen, dessen ihm zuzuordnenden Neurone sich auch im entwicklungsgeschichtlich alten Hirnstamm befinden, während die für den Tiefschlaf verantwortlichen Nervenzellen eher im Vorderhirn zu liegen scheinen. Während früher davon ausgegangen wurde, dass ein eigenes "Schlafzentrum" nicht existiere, spricht jetzt mehr dafür, dass der natürliche Schlaf-Wach-Rhythmus im wesentlichen über Neurone des suprachiasmatischen Nucleus, der vom Sehnerv die Informationen über die Lichtverhältnisse empfängt und diese an die Epiphyse weitergibt (die ihrerseits mittels erhöhter Melatonin-Ausschüttung nachts Veränderungen über den Hypothalamus bewirkt), ebenso aber auch mittels GABA, Histamin, Serotonin und Noradrenalin gesteuert wird.

Der REM-Schlaf, der auch als "paradoxer" Schlaf bezeichnet wird (da er trotz großer Schlaftiefe nur ein Einschlaf-EEG aufweist), muss für das allgemeine Wohlbefinden in einem bestimmten, natürlichen Verhältnis zum sog. "orthodoxen" Schlaf stehen. Bei einem Entzug kann ein "REM-Schlafdruck" entstehen mit langfristig auch vegetativen Folgen wie Blutdruckerhöhung, Herzrhythmus- und Verdauungsstörungen.

Der REM-Schlaf hat besonders Bedeutung für den emotional geladenen Traum, ein (eher rationales) Traumerleben kommt aber auch in den Non-REM-Schlafphasen vor. Trotz zahlreicher Hypothesen ist weder die Bedeutung des REM-Schlafes noch die des Traumes geklärt. Traum-ähnliche Erlebnisse kommen außerdem während der Phase des Einschlafens und des Aufwachens vor; letztlich unterscheiden sich auch "Tagträume" nicht wesentlich von Nachtträumen.

($\Rightarrow$ Acetylcholin; $\Rightarrow$ Epiphyse; $\Rightarrow$ GABA; $\Rightarrow$ Halluzination; $\Rightarrow$ Hirnstamm; $\Rightarrow$ Hypothalamus; $\Rightarrow$ Melatonin; $\Rightarrow$ Noradrenalin; $\Rightarrow$ Nucleus; $\Rightarrow$ Serotonin)

Resorption: Aufnahme eines Stoffes von der Körperoberfläche (hierzu zählt auch die Schleimhaut des Magen-Darm-Kanals) oder aus örtlich begrenzten Stellen im Körperinneren in die Blutbahn oder in das Lymphgefäßsystem, von wo aus die Verteilung in den Gesamtorganismus erfolgt. Die Resorption der meisten Pharmaka erfolgt passiv durch Diffusion durch die Plasmamembran. Als Resorptionszeit wird die Zeitspanne definiert, in der der Stoff ins Blut aufgenommen wird.

Als Rückresorption wird die Wiederaufnahme eines Stoffes in einem bereits durchlaufenen Kompartiment bezeichnet, z.B. beim enterohepatischen Kreislauf (zu letzterem vgl. 1.1.4, Rdnr. 155).

($\Rightarrow$ Absorption; $\Rightarrow$ Applikation; $\Rightarrow$ Diffusion; $\Rightarrow$ enteral; $\Rightarrow$ Membran; $\Rightarrow$ parenteral; $\Rightarrow$ Pharmakon; $\Rightarrow$ Stoff)

retikuläres System (RS; Formatio reticularis): die Großhirnrinde (Cortex cerebri) als oberste Regelinstanz des Nervensystems wird in ihrer Aktivität ihrerseits durch die Formatio reticularis kontrolliert, die als Fortsetzung des Rückenmarks (Truncus encephali) den Hirnstamm (Medulla spinalis) bis zum Zwischenhirn durchzieht. Die Neuronen der Formatio reticularis bilden ein komplexes Netzwerk in der Medulla oblongata (verlängertes Rückenmark) bis zum Mittelhirn mit der Substantia nigra und stellen Zentren für die Regelung von Atmung, Blutdruck, Herzfrequenz und anderen vegetativen Funktionen dar.

Als unspezifisches System empfängt die Formatio reticularis Erregungen von allen Bahnen, die von den verschiedenen peripheren Rezeptoren zur Hirnrinde aufsteigen, kann daher durch alle Sinnesreize aktiviert werden. Sie ist daher neben ihren vegetativen und endokrinen Funktionen entscheidend an der Regulation der Bewusstseinslage und der Modulation von Sinneseindrücken beteiligt. Andererseits kann sie aufgrund dieser polysynaptischen Struktur durch Narkotica und Sedativa in ihrem Aktivitätsniveau beeinträchtigt werden, was zu einer veränderten Intensität der Empfindungen und Wahrnehmungen führt. Um das Gehirn nicht durch Reizüberflutung zu überfordern, unterliegt die Formatio reticularis normalerweise starken hemmenden Einflüssen, die jedoch durch Stimulantia wie Cocain beseitigt werden mit der Folge u.a. einer zeitweisen Beschleunigung der Denkvorgänge (Verstärkerwirkung).

($\Rightarrow$ Afferenz; $\Rightarrow$ Atemregulationszentrum; $\Rightarrow$ Cortex; $\Rightarrow$ Dopamin; $\Rightarrow$ endokrin; $\Rightarrow$ Hirnstamm; $\Rightarrow$ Homöostase; $\Rightarrow$ limbisches System; $\Rightarrow$ Noradrenalin; $\Rightarrow$ Rezeptoren; $\Rightarrow$ peripheres Nervensystem)

Rezeptoren: (allgemeine Bedeutung:) Aufnahmeorgan für Sinnesreize (im Gegensatz zu den Effektoren).

Hier soll unter diesem Begriff ein Wirkort, d.h. ein spezifischer biochemischer Reaktionspartner für Wirkstoffe (z.B. Hormone, Neurotransmitter, Fremdstoffe) verstanden werden, wobei es allerdings z.B. allein für Serotonin mindestens 13 Untertypen gibt, die sich in ihrer Empfindlichkeit für den Transmitter und den erzeugten Effekt unterscheiden. Über die Rezeptoren in der Membran der (nachgeschalteten) Zelle, die wohl eine Protein-Struktur haben, kommt es zur Auslösung eines Effektes, z.B. elektrischer Impulse, durch Erhöhung der Permeabilität einer Membran für K^+- und Na^+-Ionen. Abhängig von der Affinität eines Pharmakons zum Rezeptor werden Pharmakon-Rezeptor-Komplexe gebildet, wobei die Fähigkeit, hierdurch einen Reiz (Effekt) auszulösen, als intrinsic activity bezeichnet wird. Hierbei ist allerdings im Hinblick auf die teilweise gegebene Struktur-Wirkungs-Beziehung nicht von einem starren Schlüssel-Schloss-Schema auszugehen, sondern sowohl das Rezeptor-Protein als auch das Pharmakon-Molekül (der Agonist) sind in gewissem Maße als verformbar anzusehen (sog. Konformationsänderungen). U.a. über Autorezeptoren in der präsynaptischen Membran, die das Neuron veranlassen, die Transmitterfreisetzung zu drosseln, erfolgt eine Regulierung der Freisetzung von Transmittern und somit der Stärke der Signalübertragung.

Als Rezeptorsystem können außer bestimmten Membranproteinen auch Teile der Plasmamembran wirken, die nach Bindung spezifischer Liganden (hier im Sinne von Wirkstoffen) sich einstülpen und den gesamten Ligand-Rezeptor-Komplex als Vesikel ins Zellinnere überführen.

Neben einer direkten Wirkung am Rezeptor können indirekte Wirkungen dadurch zustandekommen, dass das Pharmakon körpereigene Stoffe freisetzt oder ihre enzymatische Inaktivierung verhindert.

($\Rightarrow$ Afferenz; $\Rightarrow$ Agonisten; $\Rightarrow$ Analgetica; $\Rightarrow$ Eiweißstoffe; $\Rightarrow$ Effektoren; $\Rightarrow$ Enzyme; $\Rightarrow$ Fremdstoff; $\Rightarrow$ Glia; $\Rightarrow$ Homöostase; $\Rightarrow$ Hormone; $\Rightarrow$ Ionen; $\Rightarrow$ Membran, $\Rightarrow$ Metabolisierung; $\Rightarrow$ Molekül; $\Rightarrow$ Neurotransmitter; $\Rightarrow$ Pharmakon; $\Rightarrow$ Reafferenz; $\Rightarrow$ Serotonin; $\Rightarrow$ Stoff; $\Rightarrow$ Synapse; $\Rightarrow$ Vesikel; $\Rightarrow$ Wirkstoffe)

Rezeptorenblocker ($\Rightarrow$ Sympatholytica)

Rhizom (botan.): unterirdischer Wurzelstock, der den Winter überdauert und im Frühjahr neue Triebe hervorbringt.

Rigor: Versteifung infolge Tonusvermehrung der Muskulatur (etwa als Folge des Parkinson-Syndroms).

($\Rightarrow$ spastisch; $\Rightarrow$ Tonus)

Rückenmark ($\Rightarrow$ Zentralnervensystem)

Rückresorption ($\Rightarrow$ Resorption)

Säureamide ($\Rightarrow$ Carbonsäuren)

A. Erläuterung der Fachbegriffe						719

Säureanhydride ($\Rightarrow$ Anhydride)

Säuren ($\Rightarrow$ Ionen)

Salze: im weiteren Sinn die Gruppe aller aus Ionen (Kationen und Anionen) aufgebauten Verbindungen, die nicht Säuren, Basen oder Oxide sind.

Als Anionen kommen u.a. dabei in den Salzen die Reste anorganischer Säuren vor, wobei die Reaktion nach dem Schema

$$\text{Säure} + \text{Base} = \text{Salz} + \text{Wasser}$$

abläuft (z.B. $Na^+ + OH^- + H^+ + Cl^- = Na^+Cl^- + H_2O$).

($\Rightarrow$ Anion; $\Rightarrow$ Carbonsäuren; $\Rightarrow$ Ionen; $\Rightarrow$ Kation)

Schizophrenie: Bewusstseinsspaltung, die durch ein Nebeneinander von gesunden und von veränderten Erlebnis- und Verhaltensweisen gekennzeichnet ist; Verlust des inneren Zusammenhanges der geistigen Persönlichkeit bei meist chronischem Verlauf. Symptomatisch ist u.a. eine Inkohärenz des Denkens, Handelns und der Affektivität, ein Verlust der Fähigkeit, Wesentliches vom Unwesentlichen zu unterscheiden, die Ablösung von der Realität und der Rückzug auf sich selbst (Autismus), (vornehmlich akustische) Halluzinationen und psychosomatische Störungen. Abgesehen von Alterspsychosen sind Schizophrenien die am häufigsten vorkommenden (endogenen) Psychosen. Eine allgemein anerkannte Definition des Begriffes "Schizophrenie" gibt es nicht.

Ihre Ursache ist noch weitgehend unbekannt; immer wieder diskutiert wird eine genetische Disposition (vgl. auch 1.2.1.1.2, Rdnr. 287). Konstatiert wurde ein Serotonin-Mangel, der jedoch u.a. auch bei depressiven und nicht-depressiven, zu (Auto-)Aggressionen neigenden Menschen gegeben ist. Der Umstand, dass amfetamin-induzierte Psychosen auf die Gabe von antischizophren wirksamen Neuroleptica ansprechen, die über eine Blockade des Dopamin-Rezeptors wirken (vgl. 4.3.2, Rdnr. 2143), führte zu der Überlegung, dass das dopaminerge System auch eine Rolle bei der Entstehung der Schizophrenie spielen könnte. Zwar ist eine Erhöhung des Dopamin-Spiegels bei Schizophrenen nicht eindeutig nachweisbar, hiermit in Zusammenhang könnte aber stehen, dass die Zahl der D1-Rezeptoren für Dopamin im Vorderhirn von Schizophrenen offenbar erhöht ist, was allerdings wiederum auch mit gegenregulativen Erscheinungen infolge der Neuroleptica-Gabe erklärbar ist. Wahrscheinlich ist am Zustandekommen der Wahnvorstellungen eine komplexe Störung zudem u.a. des Noradrenalin-Haushalts beteiligt.

($\Rightarrow$ Beziehungswahn; $\Rightarrow$ chronisch; $\Rightarrow$ Depersonalisierung; $\Rightarrow$ Depression; $\Rightarrow$ Dopamin; $\Rightarrow$ dopaminerg; $\Rightarrow$ endogen; $\Rightarrow$ Halluzination; $\Rightarrow$ Katatonie; $\Rightarrow$ Noradrenalin; $\Rightarrow$ Psychose; $\Rightarrow$ Serotonin)

Screening: Suchanalyse (insbes. immunochemisch zum Drogennachweis); Vortest.

($\Rightarrow$ Drogen)

Sedativa (von lat. sedare, beruhigen): zentral-dämpfende Beruhigungs- und schmerzstillende Mittel, in höherer Dosierung hypnotisch wirkend.

(⇒ Benzodiazepine; ⇒ Hypnotica)

sensibles Neuron: leitet Empfindungsimpulse von Sinnesrezeptoren zum ZNS.

(⇒ motorisches Neuron; ⇒ Neuron; ⇒ Rezeptoren; ⇒ peripheres Nervensystem; ⇒ ZNS)

sensorisch: die Sinnesfunktionen betreffend.

Serotonin: chem. Bezeichnung: 5-Hydroxytryptamin (5-HT) oder: 3-(2Aminoethyl)-5-indolol (zur Strukturformel vgl. 1.2.1.1.4, Rdnr. 370), ein biogenes Amin, das mit Adrenalin und Dopamin zu den aminergen Neurotransmittern zählt.

Serotonin-haltige Neurone sind in den Raphe-Kernen des Hirnstammes konzentriert. Deren Nervenfasern (Axon) steigen (wie die des dopaminergen Systems) in den Bereich des limbischen Systems und des präfrontalen Cortex auf und reichen in Thalamus und Hypothalamus.

Serotonin entsteht vermittels des Enzyms Tryptophan-Hydroxylase durch Decarboxylierung aus der Aminosäure L-Tryptophan über die Zwischenstufe 5-Hydroxytryptophan (5-HTP). Die Ausscheidung erfolgt vorwiegend in Form der 5-Hydroxyindolessigsäure (5-HIES). Die Serotonin-Wirkungen, die u.a. zu einem allgemeinen Wohlbefinden bis hin zu einem freudigen Hoch beitragen, sind sehr komplex, u.a. deswegen, weil Serotonin seinerseits Histamin und Catecholamine freisetzt. So hat Serotonin etwa je nach Ausgangslage des Kreislaufs eine blutdrucksenkende oder -steigernde Wirkung (infolge Verengung der Blutkapillaren), dürfte an der Regulierung der Körpertemperatur beteiligt sein und Migräne verursachen. Außerdem hat Serotonin sowohl im ZNS als auch im peripheren Nervensystem (den Enden des sympathischen Nervensystems) die Funktion eines Neurotransmitters. Höhere Dosen substituierter Amfetamine können zu vegetativen Symptomen ("Serotonin-Effekt" bzw. "-Syndrom") mit u.a. Tachykardie und Hyperthermie sowie psychosomatischen Effekten wie Hyperaktivität und Ataxie führen. Längerfristig kann die drogeninduzierte überhöhte Serotonin-Ausschüttung zu neurodegenerativen Prozessen mit Zerstörung serotonerger Präsynapsen und Fasern u.a. im Cortex und Thalamus sowie den Rückgang von Tryptophan-Hydroxylase führen.

Neben anderen Funktionen wie Beeinflussung von Appetit und Schmerzempfinden gehört Serotonin (neben Melatonin) wahrscheinlich zu den Substanzen, die den Schlaf auslösen. Eine Hemmung des Enzyms Tryptophan-Hydroxylase führt bei Versuchstieren zu einer verminderten Bildung von 5-HTP und schließlich Serotonin, was zu langandauernder Schlaflosigkeit führt. Umgekehrt führt die Gabe von 5-HTP zum Schlaf. Gemäß der aufgrund dieser Befunde entwickelten "Monoamintheorie der Schlafsteuerung" sind u.a. serotonin-haltige Neurone im Hypothalamus für das Auslösen einer REM-Schlafepisode, noradrenalin- und acetylcholin-haltige dagegen für den eigentlichen REM-Schlaf verantwortlich.

Diskutiert wird zudem, dass sowohl bei halluzinogenen Drogen als auch bei halluzinierenden Geisteskrankheiten Serotonin-Stoffwechselstörungen mit ursächlich sein könnten, indem Serotonin-Rezeptoren besetzt werden, die ihrerseits das u.a. für die Integration von Sinnesreizen zuständige noradrenerge System hemmen. Ebenso können Verminderungen des Serotonin-Stoffwechsels nicht nur mit depressiven Syndromen in Zusammenhang stehen (vgl. hierzu auch beim "ecstasy" 1.2.4.3, Rdnr. 842 und 856), auch Menschen mit besonders schweren aggressiven und autoaggressiven Tendenzen (etwa zu Suizid Neigende) könnten unter einem entsprechenden Stoffwechseldefizit leiden.

($\Rightarrow$ Acetylcholin; $\Rightarrow$ Aminosäuren; $\Rightarrow$ Analgeticum; $\Rightarrow$ Ataxie; $\Rightarrow$ Axon; $\Rightarrow$ biogene Amine; $\Rightarrow$ Catecholamine; $\Rightarrow$ Decarboxylierung; $\Rightarrow$ Depression; $\Rightarrow$ Dopamin; $\Rightarrow$ Enzyme; $\Rightarrow$ Halluzination; $\Rightarrow$ Hirnstamm; $\Rightarrow$ Homöostase; $\Rightarrow$ Hormone; $\Rightarrow$ Hydroxylase; $\Rightarrow$ Hypothalamus; $\Rightarrow$ Indol; $\Rightarrow$ limbisches System; $\Rightarrow$ Manie; $\Rightarrow$ Melatonin; $\Rightarrow$ Monoamine; $\Rightarrow$ Neurotransmitter; $\Rightarrow$ noradrenerg; $\Rightarrow$ Psychose; $\Rightarrow$ REM-Schlaf; $\Rightarrow$ Rezeptor; $\Rightarrow$ Schizophrenie; $\Rightarrow$ Sympathicus; $\Rightarrow$ Thalamus; $\Rightarrow$ Tryptamin; $\Rightarrow$ Tryptophan)

serotoninerg: die Wirkungen des Serotonins betreffend.

($\Rightarrow$ Neurotransmitter; $\Rightarrow$ Serotonin; $\Rightarrow$ Synapse)

Sinnestäuschungen ($\Rightarrow$ Halluzination)

spasmogen: krampferzeugend.

($\Rightarrow$ spasmolytisch; $\Rightarrow$ spastisch)

spasmolytisch: krampflösend. Als Spasmolytica werden Pharmaka bezeichnet, die den Tonus der glatten Muskulatur (z.B. Magen-Darm-Kanal, Gefäße, Bronchien) u.a. durch Rezeptorblockade (z.B. Parasympatholytica) oder Rezeptoraktivierung (z.B. β-Sympathomimetica) herabsetzen.

($\Rightarrow$ Parasympatholytica; $\Rightarrow$ Pharmakon; $\Rightarrow$ Rezeptoren; $\Rightarrow$ spasmogen; $\Rightarrow$ spastisch; $\Rightarrow$ Sympathomimetica; $\Rightarrow$ Tonus)

spastisch: krampfartig; mit einer Erhöhung des Muskeltonus einhergehend.

($\Rightarrow$ Rigor; $\Rightarrow$ spasmogen; $\Rightarrow$ spasmolytisch; $\Rightarrow$ Sympathomimetica; $\Rightarrow$ Tonus)

Species ($\Rightarrow$ Art)

Spiegelbildisomerie ($\Rightarrow$ Isomere)

Spinalnerven: im Bereich der Wirbelsäule austretende Nervenfasern. Über die Spinalnerven dient das Rückenmark dem Informationsaustausch zwischen dem Gehirn (Encephalon) und dem übrigen Körper. Über aufsteigende Bahnen werden Empfindungsmeldungen, die über die sensiblen Neurone der Spinalnerven eintreffen, zum Gehirn geleitet, über absteigende Bahnen Befehle über die motorischen Neurone zu Muskeln und Drüsen.

(⇒ Axon; ⇒ extrapyramidales System; ⇒ motorisches Neuron; ⇒ Neuron; ⇒ sensibles Neuron)

Stammhirn (⇒ Hirnstamm)

Stereoselektivität: nur eines von 2 optischen Isomeren ist pharmakologisch aktiv.

(⇒ Isomere; ⇒ Pharmakodynamik)

Steroide: Grundsubstanz dieser großen Gruppe wichtiger Naturstoffe ist ein tetracyclisches Ringsystem (tetracyclische Terpene, denen das Perhydro-cyclopenta-[a]-phenanthren zugrunde liegt). Zu den Steroiden und verwandten Verbindungen gehören u.a. Glykoside (etwa das Digitalis-Herzgift und Saponine), Hydroxyketone (Keimdrüsenhormone wie das Testosteron) und andere physiologisch wichtige Stoffe. Zu den Steroid-Derivaten zählt auch ein Bestandteil des Giftes der Kröten.

(⇒ Hydroxylasen; ⇒ Ketone; ⇒ Phenanthren; ⇒ Terpene)

Stoff: nach der Legaldefinition in § 2 Abs. 1 Nr. 1 BtMG 1994 eine Pflanze, ein Pflanzenteil oder ein Pflanzenbestandteil in bearbeitetem oder unbearbeitetem Zustand sowie eine chemische Verbindung und deren Ester, Ether, Isomere, Molekülverbindungen und salze - roh oder gereinigt - sowie deren natürlich vorkommende Gemische und Lösungen.

Ähnlich ist der Stoffbegriff nach § 3 Nr. 1 und 2 AMG.

(⇒ Arzneimittel; ⇒ Betäubungsmittel; ⇒ Droge; ⇒ Ester; ⇒ Ether; ⇒ Fremdstoff; ⇒ Grundstoff; ⇒ Inhaltsstoff; ⇒ Isomere; ⇒ Molekül; ⇒ psychotrope Stoffe; ⇒ Salze; ⇒ Suchtstoffe; ⇒ Wirkstoffe; ⇒ Zubereitung)

Stoffwechsel (⇒ Metabolisierung)

Stupor (⇒ Katatonie)

Substitution: nach der Legaldefinition in § 5 Abs. 1 BtMVV die Anwendung eines ärztlich verschriebenen Btm bei einem opiatabhängigen Patienten (Substitutionsmittel) zur

1. Behandlung der Opiatabhängigkeit mit dem Ziel der schrittweisen Wiederherstellung der Betäubungsmittelabstinenz einschließlich der Besserung und Stabilisierung des Gesundheitszustandes (insbesondere bei Suchtbegleiterkrankungen),
2. Unterstützung der Behandlung einer neben der Opiatabhängigkeit bestehenden schweren Erkrankung oder
3. Verringerung der Risiken einer Opiatabhängigkeit während einer Schwangerschaft und nach der Geburt.

A. Erläuterung der Fachbegriffe 723

U.a. die Indikation einer substitutionsgestützten Behandlung bei manifester Opiatabhängigkeit ergibt sich aus den gemäß § 5 Abs. 11 BtMVV ergangenen Richtlinien der Bundesärztekammer vom 22. März 2002.

Zu den verschreibungsfähigen Höchstmengen vgl. Anhang B.2.

(⇒ Betäubungsmittel; ⇒ Toleranz)

Sucht (⇒ Arzneistoffabhängigkeit)

Suchtstoffe: nach den Begriffsbestimmungen in Art. 1 Abs. 1 des Übereinkommens von 1961 und des Übereinkommens von 1961 in seiner geänderten Fassung werden hierunter jeder der in den Anl. I und II des Übereinkommens aufgeführten natürlichen oder synthetischen Stoffe verstanden. Die angeführten Anlagen zum Einheits-Übereinkommen wurden Grundlage der Anh. I-III zum BtMG 1994. Der Begriff ist daher enger als der in diesem Buch verwandte Begriff "Rauschdrogen".

(⇒ Arzneimittel; ⇒ Betäubungsmittel; ⇒ Droge; ⇒ Fremdstoff; ⇒ Grundstoffe; ⇒ Inhaltstoff; ⇒ Pharmakon; ⇒ psychotrope Stoffe; ⇒ Stoff; ⇒ Wirkstoffe; ⇒ Zubereitungen)

Sympathicus: das sympathische (adrenerge) Teilsystem des vegetativen Nervensystems entspringt (im Gegensatz zum parasympathischen System) vorwiegend dem Brust- und Lendenabschnitt des Rückenmarks und breitet sich über das sog. Sonnengeflecht zu den einzelnen Organen aus. In einer Ganglionkette beiderseits des Rückenmarks liegen Synapsen. Das sympatho-adrenale System (das sympathische Nervensystem mit dem Nebennierenmark, das einem sympathischen Ganglion entspricht) befähigt den Organismus zur Arbeitsleistung und zur Auseinandersetzung mit der Umwelt.

Die gegensätzlichen Wirkungen des sympathischen und des parasympathischen Teilsystems werden durch die Verwendung verschiedener Transmitterhormone bewirkt: Das parasympathische System arbeitet mit Acetylcholin, während das sympathische zwar ebenfalls Acetylcholin als Überträgersubstanz hat, seine Befehle über die Nervenendigungen an die Erfolgsorgane aber mit Noradrenalin und sehr viel geringeren Mengen Adrenalin übermittelt.

(⇒ Acetylcholin; ⇒ Adrenalin; ⇒ adrenerg; ⇒ Effektoren; ⇒ Ganglion; ⇒ Nebennieren; ⇒ Neurotransmitter; ⇒ Noradrenalin; ⇒ Parasympathicus; ⇒ Sympatholytica; ⇒ Sympathomimetica; ⇒ Synapse; ⇒ vegetatives Nervensystem)

Sympatholytica (syn. α - bzw. β-Rezeptorenblocker): im Gegensatz zu den Sympathomimetica werden durch diese natürlich vorkommenden und synthetisierten Verbindungen die adrenergen α - bzw. β-Rezeptoren im sympathischen System blockiert. Hierdurch werden die sympathomimetisch wirkenden Neurotransmitter Noradrenalin und Adrenalin an den zellulären Rezeptoren des jeweiligen Erfolgsorgans kompetitiv gehemmt.

Direkte α-Sympatholytica wie z.B. hydrierte Mutterkornalkaloide (vgl. etwa zum LSD-25 1.2.1.1.4, Rdnr. 367 und 372) und Nicotin blockieren ausschließlich α-Rezeptoren.

β-Sympatholytica (β-Rezeptorenblocker) heben kompetitiv durch Blockade der (sympathischen) $β_1$-Rezeptoren die positiv inotrope und chronotrope (die Kontraktionskraft und Frequenz des Herzens betreffende) Wirkung der Catecholamine am Herzen sowie durch Blockade der $β_2$-Rezeptoren deren erschlaffende Wirkung an der glatten Muskulatur auf. Indirekte Sympatholytica wirken hingegen über eine Erniedrigung der Noradrenalin-Konzentration im Bereich der sympathischen Nervenendigungen.

($⇒$ Adrenalin; $⇒$ adrenerg; $⇒$ Agonisten; $⇒$ Catecholamine; $⇒$ Effektoren; $⇒$ Nicotin; $⇒$ Neurotransmitter; $⇒$ Noradrenalin; $⇒$ Rebound-Phänomen; $⇒$ Rezeptoren; $⇒$ Sympathicus; $⇒$ Sympathomitica)

Sympathomimetica: natürlich vorkommende und synthetisierte Substanzen, die im Gegensatz zu den Sympatholytica die Wirkung der natürlichen Neurotransmitter imitieren und im sympathischen System daher ähnlich wie Adrenalin wirken.

Durch die direkten α- bzw. β-Sympathomimetica wird postsynaptisch eine direkte Stimulierung der entsprechenden adrenergen Rezeptoren bewirkt, während indirekte Sympathomimetica wie Amfetamin und Ephedrin (zu letzterem vgl. 3.2.1, Rdnr. 1716) u.a. präsynaptisch über eine Erhöhung der Noradrenalin-Konzentration an den sympathischen Nervenendigungen wirken bzw. indem sie die Aufnahme von Noradrenalin aus dem synaptischen Spalt ins Axoplasma hemmen (vgl. etwa zur Cocain-Wirkungsweise 3.1.4, Rdnr. 1564-1568).

Hierbei schwächen Verzweigungen der Seitenkette im Phenethylamin-Grundgerüst des Amfetamins und verwandter Verbindungen, die Dehydrierung der sekundären alkoholischen OH-Gruppen und die Methylierung des aromatischen Kerns die Wirkung ab. Der Verlust von phenolischen OH-Gruppen verbessert hingegen die Haltbarkeit und orale Wirksamkeit (vgl. beim Amfetamin 3.2.4.4, Rdnr. 1897), verringert die peripheren und erhöht die zentralen Wirkungen.

($⇒$ Adrenalin; $⇒$ adrenerg; $⇒$ Axon; $⇒$ chromaffines Gewebe; $⇒$ Noradrenalin; $⇒$ Rezeptoren; $⇒$ spasmolytisch; $⇒$ Sympathicus; $⇒$ Sympatholytica)

Synästhesie: Mitempfindung eines Sinnesorgans bei Reizung eines anderen (etwa Farbempfindungen bei Gehöreindrücken, körperliche Empfindungen bei olfaktorischen Eindrücken), ein Phänomen, das außer aufgrund von Rauschdrogeneinwirkungen auch unter Hypnose oder bei hoher Suggestibilität auftreten kann. Etwa 1-2 % der Menschen dürften, wahrscheinlich erblich bedingt, Synästhetiker sein, bei denen eine hohe Aktivität des limbischen Systems im Zusammenhang mit Sinneseindrücken festgestellt wurde, das gegebenenfalls als "Brücke" zwischen einzelnen Sinneskanälen fungiert. Möglicherweise werden im Cortex Reize aus den einzelnen, normalerweise abgegrenzten Wahrnehmungsbereichen auf andere sensorische Felder projiziert.

($⇒$ Cortex; $⇒$ Halluzination; $⇒$ Hyperakusis; $⇒$ limbisches System; $⇒$ olfaktorisch; $⇒$ retikuläres System)

Synapse (präsynaptisches Endknöpfchen, Bulbus terminalis): Schaltstelle an den verzweigten Enden des Axons im zentralen und peripheren Nervensystem zur Erregungsüber-

A. Erläuterung der Fachbegriffe 725

tragung zur Membran der Dendriten oder des Zellkörpers eines anderen Neurons bzw. Erfolgsorgans (z.B. Muskelzellen). Die Erregungsweiterleitung ist nur in eine Richtung möglich; außerdem wird die Zahl der ankommenden Ladungspotentiale mit Hilfe der Synapse begrenzt und damit deren Ausbreitung gesteuert.

Die Erregungsweiterleitung erfolgt bei chemischen Synapsen über Neurotransmitter, die nach Ausschüttung (Exocytose) durch den flüssigkeitsgefüllten synaptischen Spalt zur Membran des nachgeschalteten Neurons diffundieren. Dadurch wird die Struktur des Rezeptors entweder direkt oder über einen "zweiten Botenstoff" wie cAMP geändert, was zu einer Veränderung der Permeabilität der postsynaptischen Membran für Ionen und damit zu weiteren Reaktionen im nachgeschalteten Neuron führt. Je nachdem, ob der Ionenfluss zu einer Depolarisation oder zu einer Hyperpolarisation führt, werden excitatorische (erregende) und inhibitorische (hemmende) Synapsen unterschieden. Die Inaktivierung der ausgeschütteten Transmitterhormone erfolgt sodann durch spezifische Enzyme. Die Intensität des weitergeleiteten Signals ist dabei abhängig davon, wie viele und wie lange Transmittermoleküle im synaptischen Spalt vorhanden sind (vgl. etwa zur reuptake-Hemmung beim Cocain 3.1.4, Rdnr. 1564 f.).

Nach der Art der eingesetzten Transmitter wird weiter u.a. zwischen cholinergen Synapsen (Acetylcholin), aminergen (Catecholamine Adrenalin, Noradrenalin, Dopamin sowie Serotonin), gabaergen (GABA) und glutamatergen (Glutamat) unterschieden. Außerdem gibt es offenbar "stabile" Synapsen, die nur durch ein Aktionspotential in bestimmter Höhe dazu angeregt werden können, die Erregung weiterzuleiten, neben "labilen" Synapsen, die ihren Schwellenwert zu ändern vermögen.

Aufgrund dieser Eigenschaften sind die Synapsen zugleich Angriffsort pharmakologischer und biochemischer Wirkstoffe und damit auch von Rauschdrogen.

(⇒ Acetylcholin; ⇒ Adrenalin; ⇒ Axon; ⇒ Catecholamine; ⇒ Dendriten; ⇒ Dopamin; ⇒ Effektoren; ⇒ Enzyme; ⇒ GABA; ⇒ Glia; ⇒ Glutaminsäure; ⇒ Membran; ⇒ Monoamine; ⇒ Neuron; ⇒ Neurotransmitter; ⇒ Noradrenalin; ⇒ peripheres Nervensystem; ⇒ Rezeptoren; ⇒ Serotonin; ⇒ Vesikel; ⇒ Wirkstoffe; ⇒ ZNS)

Synergismus: (hier:) das Zusammenwirken psychoaktiver Wirkstoffe natürlicher und synthetischer Herkunft in gleicher Richtung bei gleichzeitiger Anwendung im Sinne einer gesteigerten oder neuartigen, meist nicht vorhersehbaren Wirkung. Entspricht die Gesamtwirkungsstärke der Summation der Einzelwirkungsstärken, spricht man von additivem Synergismus im Gegensatz zum überadditivem Synergismus bzw. Potenzierung.

(⇒ psychoaktiv; ⇒ Überaddition; ⇒ Wechselwirkungen; ⇒ Wirkstoff)

systemisch: ein ganzes Organsystem (z.B. das ZNS) betreffend.

(⇒ ZNS)

Tachyphylaxie (⇒ Toleranz)

taktil (von lat. tacere - berühren): das Berührungsempfinden betreffend.

teratogen: zu Missbildungen führend.

Terpene: teils offenkettige, überwiegend aber cyclische KW-Verbindungen, die sich formal aus 2 (oder mehr) Isopren-Resten herleiten lassen;

Strukturformel:

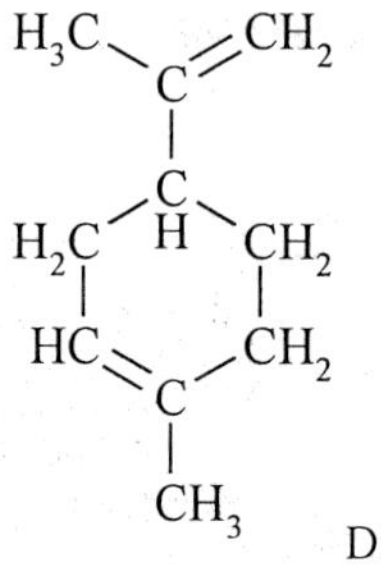

$$\text{Dipenten (Limonen)}$$

Terpene sind neben den Alkaloiden, zusammen u.a. mit Zucker und den biogenen Aminen, wichtige Inhaltsstoffe einer Pflanze wie z.B. das Terpenharz Weihrauch. Von ihnen leiten sich wichtige sauerstoffhaltige Naturstoffe ab (wie der Alkohol Menthol), insbesondere sind sie Bestandteil pflanzlicher ätherischer (flüchtiger) Öle (vgl. etwa beim Cannabis 1.1.3, Rdnr. 83 und 88, sowie zum Kampfer-Öl 3.2.4.2, Rdnr. 1803).

Auf das Terpen Thujon, ein Neurotoxin, ist gegebenenfalls die Ende des 19. Jahrhunderts u.a. in der Pariser Bohème verbreitete Abhängigkeit von Absinth (ein 70 %iges Destillat aus Artemisia absinthum [Compositae]; Wermut) zurückzuführen, die u.a. mit erheblichen Katersymptomen, psychose-ähnlichen Episoden, Halluzinationen und Verwirrtheitszuständen (Absinthismus) sowie Lähmungen einhergehen konnte. Gegen Ende des 20. Jahrhunderts ist Absinth u.a. in Europa "wiederentdeckt" worden und hat sich teilweise neben „ecstasy" auf „Rave-Partys" etabliert.

(⇒ Alkaloide; ⇒ biogene Amine; ⇒ Inhaltsstoff; ⇒ Heterocyclus; ⇒ Neurotoxine; ⇒ Steroide)

Tetrahydroisochinolin: eine den Isochinolin-Alkaloiden zuzurechnende Grundverbindung;

Strukturformel:

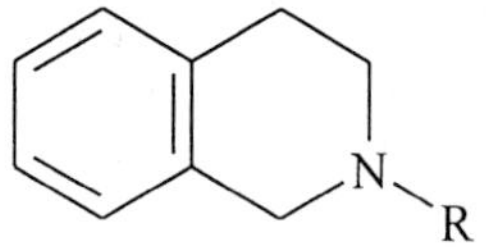

Isochinolin-Alkaloide, zu denen u.a. das Benzylisochinolin Papaverin, die Morphin-Alkaloide und die Gruppe der Tetrahydroisochinoline zählen (zu letzteren vgl. auch 1.2.3.1, Rdnr. 573 FN 4), sind in ihrer Bedeutung den Indol-Alkaloiden gleichzusetzen.

Tetrahydroisochinoline wirken u.U. als natürlich vorkommende MPTP-ähnliche Substanzen (zum MPTP vgl. 4.4.4, Rdnr. 2402-2404) auf Dopamin-Basis, die in die eigentlichen Neurotoxine umgewandelt werden.

($\Rightarrow$ Alkaloide; $\Rightarrow$ Chinolin; $\Rightarrow$ Dopamin; $\Rightarrow$ Neurotoxine)

Thalamus: zusammen mit dem Hypothalamus gehört der Thalamus (Sehhügel) zum Zwischenhirn (Diencephalon). Der Thalamus ist die zentrale subcorticale Schaltstelle der sensiblen (afferenten) Bahnen zur Großhirnrinde (Cortex) und damit zum Bewusstsein. Daneben ist er - seinerseits über eine cortico-stratio-thalamo-corticale (CSTC) Rückkoppelungsschleife von der Großhirnrinde beeinflusst - an der Integration sensorischer, motorischer und vegetativer Funktionen beteiligt und schützt das Großhirn vor externer Reizüberflutung, indem die zum Thalamus zurückprojezierten Informationen einen hemmenden Einfluss auf die eingehenden haben.

Auf diese Weise wird die unendliche Flut optischer und sonstiger Sinneseindrücke durch Vergleich mit unmittelbar zuvor aufgenommenen Reizen oder im Gedächtnis oder im Unterbewusstsein gespeicherten Informationen bewertet und gefiltert, bevor sie bewusst wahrgenommen werden.

Die Wirkung psychedelischer Drogen besteht u.a. in einer Ausschaltung dieser Filterfunktion des Thalamus (vgl. etwa beim LSD-25 1.2.1.1.4, Rdnr. 355 und 377).

Die Funktion des Hypothalamus besteht demgegenüber in einem zentralen Steuerungszentrum für vitale Bedürfnisse.

($\Rightarrow$ Afferenz; $\Rightarrow$ Cortex; $\Rightarrow$ Hypothalamus; $\Rightarrow$ L-Dopa; $\Rightarrow$ limbisches System; $\Rightarrow$ retikuläres System; $\Rightarrow$ Serotonin; $\Rightarrow$ vegetatives Nervensystem)

Thebromin ($\Rightarrow$ Coffein)

Theophyllin ($\Rightarrow$ Coffein)

therapeutische Breite: aufgrund toxikologischer Untersuchungen wird die akute Toxizität bestimmt, d.h. die Giftwirkung einer einzigen, auf einmal verabreichten Dosis. Dabei bezeichnet der Punkt LD_{50} (Dosis letalis 50 %) auf der pharmakologischen Dosis-Letalitäts-Kurve die Dosis eines Stoffes, bei der jedes zweite Versuchstier stirbt; angegeben wird er in g oder mg/kg KG.

Die therapeutische Breite ist dann der Sicherheitsabstand, welcher den erwünschten Effekt eines Pharmakons vom unerwünschten, im Extremfall tödlichen, trennt. Die therapeutische Breite kann als Quotient von LD_{50} und ED_{50} (d.h. der Einzeldosis, die in 50 % der Fälle den maximalen erwünschten Effekt erbringt) bestimmt werden, wenn beide Dosis-Wirkungs-Kurven annähernd gleich steil verlaufen.

Neuere Bestrebungen gehen dahin, in approximativen Tests statt exakter Werte Dosisbereiche zu ermitteln, in denen eine Substanz toxisch wirkt.

($\Rightarrow$ akut; $\Rightarrow$ Dosis; $\Rightarrow$ Gifte; $\Rightarrow$ Intoxikation; $\Rightarrow$ Konzentration; $\Rightarrow$ LED$_{50}$; $\Rightarrow$ LD$_{50}$; $\Rightarrow$ Pharmakon; $\Rightarrow$ Toxizität)

-thial ($\Rightarrow$ Aldehyde)

-thion ($\Rightarrow$ Keton)

Toleranz (syn. Gewöhnung): (hier:) Fähigkeit des Organismus, die Wirkung eines ihm über einen längeren Zeitraum zugeführten Pharmakons zu neutralisieren. Toleranz ist demnach gegeben, wenn das gleiche Pharmakon bei mehrfacher Applikation in kurzen zeitlichen Abständen bei gleicher Menge einen zunehmend geringeren pharmakologischen Effekt zeigt (Tachyphylaxie) - die Folge ist eine Tendenz zur Dosissteigerung. Bei mehreren Wirkungen eines Pharmakons erfolgt die Toleranzausbildung diesen gegenüber meist verschieden schnell und verschieden stark, wobei grundsätzlich die zentral-dämpfenden, nicht die zentral-erregenden Wirkungskomponenten hiervon betroffen sind (was ebenso für die Ausbildung einer Entzugssymptomatik gilt).

Die Ausbildung einer Toleranz beruht im wesentlichen auf einer beschleunigten metabolischen Inaktivierung (Enzyminduktion) und/oder auf einer Abnahme der Empfindlichkeit der Rezeptoren und damit einer Anpassung des ZNS an das Pharmakon.

Als umgekehrte Toleranz (reverse tolerance) wird das Phänomen bezeichnet, dass bei gleichbleibender Dosierung eine Steigerung des pharmakologischen Effekts auftritt.

Eine Kreuztoleranz ist gegeben, wenn eine spezifische Toleranz gegenüber einer ganzen Gruppe von Pharmaka bzw. Drogen entwickelt wird, wie dies z.B. im Verhältnis Morphin - Barbiturate der Fall ist. Dies kann dazu führen, dass z.B. der Heroin-Abhängige zur Erreichung der von ihm erwünschten Wirkung auch von bestimmten Ausweichmitteln höhere Dosen nehmen muss als üblicherweise erforderlich sind. Kreuztoleranzen gelten als Hinweis auf einen zumindest sehr ähnlichen Wirkungsmechanismus (ohne dass hierbei jedoch eine molekulare Strukturähnlichkeit der Agonisten zu bestehen braucht).

Von einer Kreuzsubstitutionswirkung spricht man, wenn die Wirkungen einer Substanz grundsätzlich auch mit einer anderen Substanz derselben Gruppe erzielt werden können.

($\Rightarrow$ Applikation; $\Rightarrow$ Arzneistoffabhängigkeit; $\Rightarrow$ Dosis; $\Rightarrow$ Enzyminduktion; $\Rightarrow$ Gewöhnung; $\Rightarrow$ Kumulation; $\Rightarrow$ Metabolisierung; $\Rightarrow$ Pharmakon; $\Rightarrow$ Rezeptor; $\Rightarrow$ Substitution)

Tonicum: kräftigendes Mittel.

Tonus: Anspannungszustand eines Organs oder Organteils (z.B. von Muskeln, Gefäßen oder Nerven). Eine spastische Tonusvermehrung beinhaltet eine erhöhte Muskelspannung.

($\Rightarrow$ Dystonie; $\Rightarrow$ Hypotonie; $\Rightarrow$ Rigor; $\Rightarrow$ spasmogen; $\Rightarrow$ spasmolytisch; $\Rightarrow$ spastisch)

A. Erläuterung der Fachbegriffe 729

Toxikomanie ($\Rightarrow$ Arzneistoffabhängigkeit)

Toxine: giftige Stoffwechselprodukte lebender Organismen (z.T. auch synthetisch herstellbar).

($\Rightarrow$ Gifte; $\Rightarrow$ Metabolisierung; $\Rightarrow$ Neurotoxine; $\Rightarrow$ Toxizität)

Toxizität: die (dosisabhängige) Giftigkeit einer Substanz. Als akute Toxizität bei einmaliger Aufnahme eines Wirkstoffes bezeichnet (durch die LD_{50} charakterisiert), als subchronische Toxizität bei wiederholter Aufnahme des Wirkstoffes innerhalb einer in Bezug auf die Lebensdauer des aufnehmenden Organismus nur relativ kurzen Zeitspanne und als chronische Toxizität bei wiederholter Aufnahme während langer Zeit. Die Toxizität wird meist auf das Körpergewicht bezogen.

($\Rightarrow$ akut; $\Rightarrow$ chronisch; $\Rightarrow$ Dosis; $\Rightarrow$ Gifte; $\Rightarrow$ Intoxikation; $\Rightarrow$ LD_{50}; $\Rightarrow$ Letalität; $\Rightarrow$ therapeutische Breite; $\Rightarrow$ Toxine)

Transmitterhormone: ($\Rightarrow$ Neurotransmitter)

Tremor (Zittern): unwillkürlich auftretende, rasch aufeinanderfolgende rhythmische Zuckungen antagonistischer Muskeln (grob-, mittel- oder feinschlägig).

Trinkalkohol ($\Rightarrow$ Ethanol)

Tryptamin: ein biogenes Amin, das (neben Serotonin und Melatonin) aus der Aminosäure L-Tryptophan durch Decarboxylierung entsteht und in β-Stellung mit einem aliphatischen Amin substituiert ist. Neben Serotonin gehört Tryptamin zu den einfachsten natürlichen Indol-Basen (zur Strukturformel vgl. 1.2.1.1.4, Rdnr. 369 f.).

Das am Amin-Stickstoff methylierte Tryptamin ist als Indol-Verbindung Ausgangsstoff einer ganzen Reihe von Derivaten wie Psilocybin und Bufotenin, psychoaktiven Substanzen, die als Serotonin-Antagonisten wirken.

($\Rightarrow$ Alkaloide; $\Rightarrow$ Aminosäuren; $\Rightarrow$ biogene Amine; $\Rightarrow$ Decarboxylierung; $\Rightarrow$ Indol; $\Rightarrow$ Melatonin; $\Rightarrow$ Serotonin; $\Rightarrow$ Tryptophan)

Tryptophan (Indolylalanin): eine essentielle aromatische Aminosäure und Eiweißbaustein, die aus einem Indolring und Alanin zusammengesetzt ist;

Strukturformel:

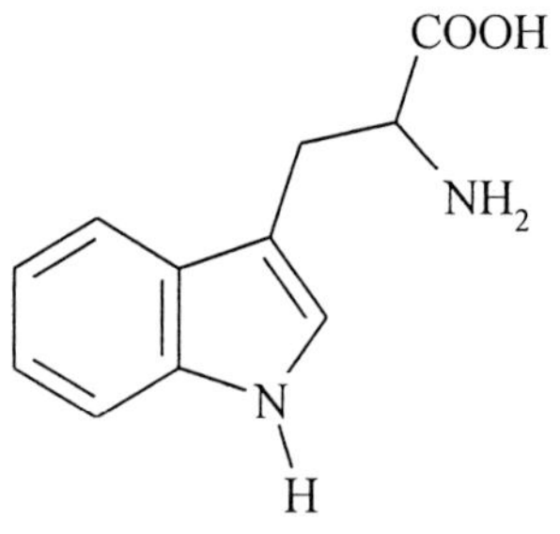

L-Tryptophan ist der Grundbaustein der Indol-Alkylamine und damit Ausgangsstoff verschiedener Alkaloid-Biogenesen (z.B. der Nicotinsäure aber auch einer Reihe wichtiger psychoaktiver Alkaloide). Tryptophan kommt außerdem in der Milch und vielen anderen Nahrungsmitteln vor; es ist heute in Injektionslösungen und zur Zufuhr von Aminosäuren bei parenteraler Ernährung enthalten und wird als Antidepressivum eingesetzt. Durch kohlenhydrat- und fettreiche Nahrung wie kakao-haltige Schokolade sammeln sich u.a. Fettsäuren in Blut an, was zu einer erhöhten Freisetzung von L-Tryptophan führt, das als Vorstufe des Serotonins so Wohlbefinden auslöst.

Die Suche nach einem nicht suchtbildenden und den Schlaf in seinem Phasenverlauf nicht störenden, schwachen Hypnoticum konzentrierte sich zudem Mitte der 1970er Jahre auf das L-Tryptophan als Vorstufe des Serotonins. Ab Beginn der 80er Jahre kamen rezeptfreie FAM u.a. unter dem Warenzeichen L-Tryptophan als Ein- und Durchschlafmittel sowie Antidepressiva in den Handel, bis im November 1989 die FDA in den USA und in der Folgezeit das BGA in Deutschland den weiteren Vertrieb aufgrund zwischenzeitlich festgestellter Nebenwirkungen untersagten.

(⇒ Alanin; ⇒ Alkaloide; ⇒ Alkyle; ⇒ Amine; ⇒ Aminosäuren; ⇒ Eiweißstoffe; ⇒ Hypnotica; ⇒ Indol; ⇒ Melatonin; ⇒ Nicotin; ⇒ Peptide; ⇒ psychoaktiv; ⇒ REM-Schlaf; ⇒ Serotonin; ⇒ Tryptamin; ⇒ Tyrosin)

Tyrosin: (chem. Bezeichnung: 2-(p-Hydroxyphenyl)alanin) ist eine dem Tryptophan verwandte Aminosäure mit aromatischen Ring;

Strukturformel:

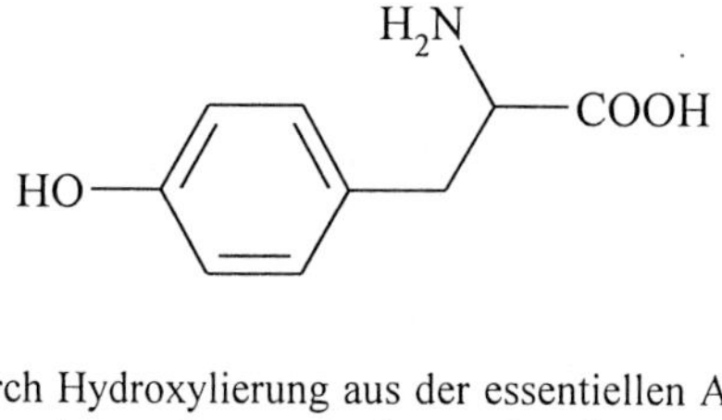

Tyrosin entsteht durch Hydroxylierung aus der essentiellen Aminosäure Phenylalanin. L-Tyrosin ist im Organismus Ausgangssubstanz für die Nebennierenhormone Adrenalin und Noradrenalin sowie für das jodhaltige Hormon der Schilddrüse, das Thyroxin, und wird z.T. als Antidepressivum nach dem Cocain-Rausch benutzt.

($\Rightarrow$ Adrenalin; $\Rightarrow$ Alanin; $\Rightarrow$ Aminosäuren; $\Rightarrow$ biogene Amine; $\Rightarrow$ Catecholamine; $\Rightarrow$ L-Dopa; $\Rightarrow$ Dopamin; $\Rightarrow$ Hydroxilierung; $\Rightarrow$ Noradrenalin; $\Rightarrow$ Tryptophan)

ubiquitär: überall verbreitet.

Überaddition: Erscheinungen, die auf mehr als nur einer Addition der Wirkungen verschiedener Pharmaka zurückzuführen sind, aber noch keine Potenzierung darstellen; überadditive Wirkungen können zu massiven Ausfallerscheinungen führen.

($\Rightarrow$ Pharmakon; $\Rightarrow$ Synergismus; $\Rightarrow$ Wechselwirkungen)

Varietät (botan.): erbmäßig veränderte Abänderung einer Art.

($\Rightarrow$ Art)

vasokonstriktorisch: gefäßverengend.

($\Rightarrow$ Adrenalin; $\Rightarrow$ Noradrenalin)

vegetatives Nervensystem (syn. autonomes Nervensystem - ANS): im Unterschied zum somatischen (willkürlichen) Nervensystem der dem Einfluss des Willens und Bewusstseins entzogene Teil des peripheren Nervensystems, das aus motorischen, vom Gehirn und Rückenmark ausgehenden Neuronen besteht und zur Regelung der Lebensfunktionen wie Atmung, Verdauung, Stoffwechsel und Wasserhaushalt dient, indem Drüsen sowie andere Organe wie Blutgefäße und Herz- und Skelettmuskeln aktiviert werden (Homöostase).

Die übergeordneten vegetativen Zentren liegen im Rautenhirn, Zwischenhirn und z.T. auch in der Großhirnrinde.

Das vegetative Nervensystem besteht aus 3 Hauptgruppen:
- dem intramuralen System in der Wand der Hohlorgane wie Herz, Magen, Uterus, sowie den antagonistischen Teilsystemen
- Sympathicus und
- Parasympathicus.

Jedes Organ des Körpers ist dabei sowohl von Fasern des sympathischen als auch von Fasern des parasympathischen Systems innerviert, wobei beide Systeme gegeneinander wirken und sich gleichzeitig ergänzen: Während das sympathische mehr zur Energieentladung und abbauenden Stoffwechselprozessen hin tendiert, hat das parasympathische Teilsystem eher Beziehungen zur Energiespeicherung, Erholung und Aufbau. Auf diese Weise ist eine sehr feine Abstufung aller Regelungsvorgänge möglich: z.B. beschleunigt ein Sympathicusreiz die Herztätigkeit, während ein Parasympathicusreiz sie verlangsamt. Beide Teilsysteme können somit dasselbe Organ innervieren, aber unterschiedliche Wirkungen haben, indem ihre motorischen Neurone unterschiedliche Neurotransmitter freisetzen.

(⇒ Axon; ⇒ Dystonie; ⇒ extrapyramidales System; ⇒ Homöostase; ⇒ motorisches Neuron; ⇒ Neuron; ⇒ Neurotransmitter; ⇒ Parasympathicus; ⇒ peripheres Nervensystem; ⇒ postganglionär; ⇒ retikuläres System; ⇒ Sympathicus; ⇒ Thalamus; ⇒ ZNS)

Verätherung (⇒ Ether)

Verseifung (⇒ Ester)

Vesikel (syn. Granula): (hier:) durch Membranen begrenzte synaptische Bläschen in den Neuronen mit jeweils 10.000-100.000 Neurotransmittermolekülen. Große cholinerge Nervenendigungen können rund 400 Vesikel enthalten. Die Funktion der Vesikel besteht außer im Transport der Neurotransmittermoleküle in der Nervenfaser (Axon) in ihrem Schutz vor abbauenden Enzymen.

(⇒ Axon; ⇒ cholinerg; ⇒ Enzyme; ⇒ Membran; ⇒ Metabolisierung; ⇒ Molekül; ⇒ Neuron; ⇒ Neurotransmitter; ⇒ Synapse)

Vigilanz (von lat. vigilantia): Wachheit.

Vomitiva (syn. Emetica): Brechmittel.

Wahnideen (⇒ Beziehungswahn; ⇒ Paranoia)

Wechselwirkungen: bei gleichzeitiger Einnahme von 2 oder mehr Drogen entfaltet jede ihre Eigenwirkungen. Die Gesamtheit der Wirkungen besteht somit grundsätzlich in einer Kombination der Einzelwirkungen, sei es z.B. in einer Verstärkung der Wirkungen oder auch einer Abschwächung infolge antagonistischer Wirkungen.

(⇒ Überaddition; ⇒ Synergismus)

Wertigkeit (⇒ Ligand)

Wirkorte (⇒ Rezeptoren)

Wirkstoffe (active ingredients - a.i.): diese sind gegenüber den Bau- und Betriebsstoffen des Körpers wie Lipide/Lipoide, Eiweiße, Kohlenhydrate, Knochenmineralien pp. abzugrenzen. Sie können als die zum Aufbau neuer Strukturen und zur Freisetzung von Energie notwendigen chemischen Bestandteile des Körpers definiert werden.

Die Wirkstoffe werden eingeteilt in endogene (im Körper selbst synthetisierte) Wirkstoffe wie Hormone und Enzyme und exogene Wirkstoffe wie Vitamine, Pharmaka und Rauschdrogen.

(⇒ Agonisten; ⇒ Drogen; ⇒ Eiweißstoffe; ⇒ endogen; ⇒ Enzyme; ⇒ Fremdstoff; ⇒ Hormone; ⇒ Inhaltsstoffe; ⇒ Lipide; ⇒ Peptide; ⇒ Pharmakon; ⇒ Stoff; ⇒ Suchtstoff)

Zentralnervensystem (ZNS; Central Nervous System - CNS): Großhirn (Cerebrum), Kleinhirn (Cerebellum), verlängertes Rückenmark (Medulla oblongata) und Rückenmark (Medulla spinalis) zusammen werden als Zentralnervensystem bezeichnet, wobei das Rückenmark die Aufgabe hat, die Signale vom Körperinneren zum Gehirn (Encephalon) zu leiten sowie die vom Gehirn kommenden Signale an die richtigen Stellen (Effektoren) weiterzugeben.

Die Erregungsübertragung im ZNS erfolgt u.a. durch die Neurotransmitterhormone Acetylcholin, Dopamin, Noradrenalin und Serotonin.

Alle anderen Nervensysteme werden als peripheres Nervensystem zusammengefasst.

(⇒ Acetylcholin; ⇒ Afferenz; ⇒ Dopamin; ⇒ Effektoren; ⇒ Neuron; ⇒ Noradrenalin; ⇒ Nucleus; ⇒ peripheres Nervensystem; ⇒ Serotonin)

zerebral (von lat. Cerebrum - Großhirn): vom Großhirn kommend bzw. das Großhirn betreffend.

(⇒ Atrophie)

Zubereitung: nach der Legaldefinition in § 2 Abs. 1 Nr. 2 BtMG 1994: Ohne Rücksicht auf ihren Aggregatzustand ein Stoffgemisch oder die Lösung eines oder mehrerer Stoffe außer den natürlich vorkommenden Gemischen und Lösungen.

Nach der Begriffsbestimmung in Art. 1 Abs. 1 des Übereinkommens von 1961 über Suchtstoffe: Ein festes oder flüssiges Gemisch, das einen Suchtstoff enthält.

(⇒ Stoff; ⇒ Suchtstoff)

Zufuhr (⇒ Applikation)

Zyanose: blaurote Verfärbung der Haut und der Schleimhäute infolge mangelnder Sauerstoffsättigung des Blutes.

(⇒ Hypoxie)

Zyklothymie (⇒ Depression)

Zytostatica: zytotoxische (zellschädigende) Substanzen, die die Zellteilung (Mitose) hemmen; sie schädigen die Krebszellen (die sich wesentlich schneller vermehren als normale Zellen).

Anhang B.1: Anlagen I-III zum Betäubungsmittelgesetz

Anlagen I-III zu § 1 Abs. 1 Betäubungsmittelgesetz in der Neufassung aufgrund der 15. BtMÄndV vom 19. Juni 2001 (BGBl. I S. 1180), unter Berücksichtigung der Änderungen aufgrund der 16. BtMÄndV vom 28. November 2001 (BGBl. I S. 3339) sowie der 17. BtMÄndV vom 12. Februar 2002 (BGBl. I S. 612)

Anlagen (zu § 1 Abs. 1)

Spalte 1 enthält die International Nonproprietary Names (INN) der Weltgesundheitsorganisation. Bei der Bezeichnung eines Stoffes hat der INN Vorrang vor allen anderen Bezeichnungen.

Spalte 2 enthält andere nicht geschützte Stoffbezeichnungen (Kurzbezeichnungen oder Trivialnamen). Wenn für einen Stoff kein INN existiert, kann zu seiner eindeutigen Bezeichnung die in dieser Spalte fett gedruckte Bezeichnung verwendet werden. Alle anderen nicht fett gedruckten Bezeichnungen sind wissenschaftlich nicht eindeutig. Sie sind daher in Verbindung mit der Bezeichnung in Spalte 3 zu verwenden.

Spalte 3 enthält die chemische Stoffbezeichnung nach der Nomenklatur der International Union of Pure and Applied Chemistry (IUPAC). Wenn in Spalten 1 oder 2 keine Bezeichnung aufgeführt ist, ist die der Spalte 3 zu verwenden.

Anlage I

(nicht verkehrsfähige Betäubungsmittel)

INN	andere nicht geschützte oder Trivialnamen	chemische Namen (IUPAC)
Acetorphin	---	(4,5α-Epoxy-7α-[(R)-2-hydroxypentan-2-yl]-6-

		methoxy-17-methyl-6,14-ethenomorphinan-3-yl} acetat
---	Acetyldihydrocodein	(4,5α-Epoxy-3-methoxy-17-methylmorphinan-6α-yl)acetat
Acetylmethadol	---	(6-Dimethylamino-4,4-diphenylheptan-3-yl)acetat
---	Acetyl-α-methylfentanyl	N-Phenyl-N-[1-(1-phenylpropan-2-yl)-4-piperidyl] acetamid
---	---	4-Allyloxy-3,5-dimethoxyphenethylazan
Allylprodin	---	(3-Allyl-1-methyl-4-phenyl-4-piperidyl)propionat
Alphacetylmethadol	---	[(3R,6R)-6-Dimethylamino-4,4-diphenylheptan-3-yl]acetat
Alphameprodin	---	[(3RS,4SR)-3-Ethyl-1-methyl-4-phenyl-4-piperidyl]propionat
Alphamethadol	---	(3R,6R)-6-Dimethylamino-4,4-diphenylheptan-3-ol
Alphaprodin	---	[(3RS,4SR)-1,3-Dimethyl-4-phenyl-4-piperidyl]propionat
Anileridin	---	Ethyl[1-(4-aminophenethyl)-4-phenylpiperidin-4-carboxylat]
---	BDB	1-(1,3-Benzodioxol-5-yl)butan-2-ylazan
Benzethidin	---	Ethyl{1-[2-(benzyloxy)ethyl]-4-phenylpiperidin-4-carboxylat)

Benzfetamin	Benzphetamin	(Benzyl)(methyl)(1-phenylpropan-2-yl)azan
---	---	1-(1,3-Benzodioxol-5-yl)-2-(pyrrolidin-1-yl)propan-1-on
---	Benzylfentanyl	N-(1-Benzyl-4-piperidyl)-N-phenylpropanamid
---	Benzylmorphin	3-Benzyloxy-4,5α-epoxy-17-methylmorphin-7-en-6α-ol
Betacetylmethadol	---	[(3S,6R)-6-Dimethylamino-4,4-diphenylheptan-3-yl]acetat
Betameprodin	---	[(3RS,4RS)-3-Ethyl-1-methyl-4-phenyl-4-piperidyl]propionat
Betamethadol	---	(3S,6R)-6-Dimethylamino-4,4-diphenylheptan-3-ol
Betaprodin	---	[(3RS,4RS)-1,3-Dimethyl-4-phenyl-4-piperidyl]propionat
Bezitramid	---	4-[4-(2-Oxo-3-propionyl-2,3-dihydrobenzimidazol-1-yl)piperidino)-2,2-diphenylbutannitril
Brolamfetamin	Dimethoxybromamfetamin (DOB)	(RS)-1-(4-Brom-2,5-dimethoxyphenyl)propan-2-ylazan
---	Bromdimethoxyphenethylamin (BDMPEA)	4-Brom-2,5-dimethoxyphenethylazan
---	**Cannabis** (Marihuana, Pflanzen und Pflanzenteile der zur Gattung Cannabis gehörenden Pflanzen)	---

- ausgenommen
a) deren Samen, sofern er nicht zum unerlaubten Anbau bestimmt ist,
b) wenn sie aus dem Anbau in Ländern der Europäischen Union mit zertifiziertem Saatgut stammen, das in der jeweiligen Fassung des Anhangs XII zu Artikel 7 a Abs. 1 der Verordnung (EG) Nr. 2316/1999 der Kommission

vom 22. Oktober 1999 (ABl. EG Nr. L 280 S. 43) aufgeführt ist, oder ihr Gehalt an Tetrahydrocannabinol 0,2 vom Hundert nicht übersteigt und der Verkehr mit ihnen (ausgenommen der Anbau) ausschließlich gewerblichen oder wissenschaftlichen Zwecken dient, die einen Missbrauch zu Rauschzwecken ausschließen,

c) wenn sie als Schutzstreifen bei der Rübenzüchtung gepflanzt und vor der Blüte vernichtet werden oder

d) wenn sie von Unternehmen der Landwirtschaft angebaut werden, die die Voraussetzungen des § 1 Abs. 4 des Gesetzes über die Alterssicherung der Landwirte erfüllen, mit Ausnahme von Unternehmen der Forstwirtschaft, des Garten- und Weinbaus, der Fischzucht, der Teichwirtschaft, der Imkerei, der Binnenfischerei und der Wanderschäferei, oder die für eine Beihilfegewährung nach der Verordnung (EG) Nr. 1251/1999 des Rates vom 17. Mai 1999 (ABl. EG Nr. L 160, S.1) in Betracht kommen und der Anbau ausschließlich aus zertifiziertem Saatgut erfolgt, das in der jeweiligen Fassung des Anhangs XII zu Artikel 7 a Abs. 1 der Verordnung (EWG) Nr. 2316/1999 der Kommission vom 22. Oktober 1999 (Abl. EG Nr. L 280 S. 43) aufgeführt ist, (Nutzhanf)

---	**Cannabisharz** (Haschisch, das abgesonderte Harz der zur Gattung Cannabis gehörenden Pflanzen)	---
Carfentanil	---	Methyl[1-phenethyl-4-(N-phenylpropanamido)piperidin-4-carboxylat]
Cathinon	---	(S)-2-Amino-1-phenyl-propan-1-on
---	2 Cl	4-Iod-2,5-dimethoxyphenethylazan
---	6-Cl-MDMA	[1-(6-Chlor-1,3-benzodioxol-5-yl)propan-2-yl](methyl)azan
Clonitazen	---	{2-[2-(4-Chlorbenzyl)-5-nitrobenzimidazol-1-yl]-ethyl}diethylazan
---	**Codein-N-oxid**	4,5α-Epoxy-3-methoxy-17-methylmorphin-7-en-6α-ol-17-oxid

---	2C-T-2	4-Ethylsulfanyl-2,5-dimethoxyphenethylazan
---	2C-T-7	2,5-Dimethoxy-4-(propylsulfanyl)phenethylazan
Codoxim	---	(4,5α-Epoxy-3-methoxy-17-methylmorphinan-6-ylidenaminooxy)essigsäure
Desomorphin	Dihydrodesoxymorphin	4,5α-Epoxy-17-methylmorphinan-3-ol
Diampromid	---	N-{2-[(Methyl)(phenethyl)amino]propyl}-N-phenylpropanamid
---	Diethoxybromamfetamin	1-(4-Brom-2,5-diethoxyphenyl)propan-2-ylazan
Diethylthiambuten	---	Diethyl(1-methyl-3,3-di-2-thienylallyl)azan
---	NN-Diethyltryptamin (Diethyltryptamin, DET)	Diethyl[2-(indol-3-yl)ethyl]azan
---	**Dihydroetorphin** (18,19-Dihydroetorphin)	*(5R,6R,7R,14R)*-4,5α-Epoxy-7α-[(R)-2-hydroxypentan-2-yl]-6-methoxy-17-methyl -6,14-ethanomorphinan-3-ol
Dimenoxadol	---	(2-Dimethylaminoethyl)[(ethoxy)(diphenyl)acetat]
Dimepheptanol	Methadol	6-Dimethylamino-4,4-diphenylheptan-3-ol
---	Dimethoxyamfetamin (DMA)	1-(2,5-Dimethoxyphenyl)propan-2-ylazan
---	Dimethoxyethylamfetamin (DOET)	1-(4-Ethyl-2,5-dimethoxyphenyl)propan-2-ylazan
---	Dimethoxymethylamfetamin (DOM, STP)	(RS)-1-(2,5-Dimethoxy-4-methylphenyl)propan-2-ylazan

---	Dimethylheptyltetrahydrocannabinol (DMHP)	6,6,9-Trimethyl-3-(3-methyloctan-2-yl)-7,8,9,10-tetrahydro-6H-benzo[c]chromen-1-ol
Dimethylthiambuten	---	Dimethyl(1-methyl-3,3-di-2-thienylallyl)azan
---	N,N-Dimethyltryptamin (Dimethyltryptamin, DMT)	[2-(Indol-3-yl)ethyl]dimethylazan
Dioxaphetylbutyrat	---	Ethyl(4-morpholino-2,2-diphenylbutanoat)
Dipipanon	---	4,4-Diphenyl-6-piperidinoheptan-3-on
---	DOC	1-(4-Chlor-2,5-dimethoxyphenyl)propan-2-ylazan
Drotebanol	---	3,4-Dimethoxy-17-methylmorphinan-6β,14-diol
Ethylmethylthiambuten	---	(Ethyl)(methyl)(1-methyl-3,3-di-2-thienylallyl) azan
---	Ethylpiperidylbenzilat	(1-Ethyl-3-piperidyl)benzilat
Eticyclidin	PCE	(Ethyl)(1-phenylcyclohexyl)azan
Etonitazen	---	{2-[2-(4-Ethoxybenzyl)-5-nitrobenzimidazol-1-yl]ethyl}diethylazan
Etoxeridin	---	Ethyl{1-[2-(2-hydroxyethoxy)ethyl]-4-phenylpiperidin-4-carboxylat}
Etryptamin	α-Ethyltryptamin	1-(Indol-3-yl)butan-2-ylazan
---	FLEA	N-[1-(1,3-Benzodioxol-5-yl)propan-2-yl]-N-methylhydroxylamin
---	p-Fluorfentanyl	N-(4-Fluorphenyl)-N-(1-phenethyl-4-piperidyl)propanamid

Furethidin	---	Ethyl{4-phenyl-1-[2-(tetrahydrofurfuryloxy)ethyl]piperidin-4-carboxylat}
---	**Heroin** (Diacetylmorphin, Diamorphin)	[(5R,6S)-4,5-Epoxy-17-methylmorphin-7-en-3,6-diyl]diacetat
Hydromorphinol	14-Hydroxydihydromorphin	4,5α-Epoxy-17-methylmorphinan-3,6α,14-triol
---	N-Hydroxyamfetamin (NOHA)	N-(1-Phenylpropan-2-yl)hydroxylamin
---	β-Hydroxyfentanyl	N-[1-(2-Hydroxy-2-phenylethyl)-4-piperidyl]-N-phenylpropanamid
---	Hydroxymethylendioxyamfetamin (N-Hydroxy-MDA; MDOH)	N-[1-(1,3-Benzodioxol-5-yl)propan-2-yl]hydroxylamin
---	ß-Hydroxy-3-methylfentanyl (Ohmefentanyl)	N-[1-(2-Hydroxy-2-phenylethyl)-3-methyl-4-piperidyl]-N-phenylpropanamid
Hydroxypethidin	---	Ethyl[4-(3-hydroxyphenyl)-1-methylpiperidin-4-carboxylat]
Lefetamin	SPA	[(R)-1,2-Diphenylethyl]dimethylazan
Levomethorphan	---	(9R,13R,14R)-3-Methoxy-17-methylmorphinan
Levophenacylmorphan	---	2-[(9R,13R,14R)-3-Hydroxymorphinan-17-yl]-1-phenylethanon
Lofentanil	---	Methyl[(3R,4S)-3-methyl-1-phenethyl-4-(N-phenylpropanamido)piperidin-4-carboxylat]
Lysergid	N,N-Diethyl-D-lysergamid (LSD, LSD-25)	N,N-Diethyl-6-methyl-9,10-didehydroergolin-8β-carboxamid

---	MAL	3,5-Dimethoxy-4-(2-methylallyloxy)phenethylazan
---	MBDB	[1-(1,3-Benzodioxol-5-yl)butan-2-yl](methyl)azan
---	Mebroqualon	3-(2-Bromphenyl)-2-methylchinazolin-4(3H)-on
Mecloqualon	---	3-(2-Chlorphenyl)-2-methylchinazolin-4(3H)-on
---	**Mescalin**	3,4,5-Trimethoxyphenethylazan
Metazocin	---	3,6,11-Trimethyl-1,2,3,4,5,6-hexahydro-2,6-methano-3-benzazocin-8-ol
---	Methcathinon (Ephedron)	2-Methylamino-1-phenylpropan-1-on
---	Methoxyamfetamin (PMA)	1-(4-Methoxyphenyl)propan-2-ylazan
---	5-Methoxy-N,N-diisopropyltryptamin (5-MeO-DIPT)	Diisopropyl[2-(5-methoxyindol-3-yl)ethyl]azan
---	5-Methoxy-DMT (5-MeO-DMT)	[2-(5-Methoxyindol-3-yl)ethyl]dimethylazan
---	---	(2-Methoxyethyl)(1-phenylcyclohexyl)azan
---	Methoxymetamfetamin (PMMA)	[1-(4-Methoxyphenyl)propan-2-yl](methyl)azan
---	Methoxymethylendioxyamfetamin (MMDA)	1-(7-Methoxy-1,3-benzodioxol-5-yl)propan-2-ylazan
---	---	(3-Methoxypropyl)(1-phenylcyclohexyl)azan
---	Methylaminorex (4-Methylaminorex)	4-Methyl-5-phenyl-4,5-dihydro-1,3-oxazol-2-ylazan
Methyldesorphin	---	4,5α-Epoxy-6,17-dimethylmorphin-6-en-3-ol

Methyldihydromorphin	---	4,5α-Epoxy-6,17-dimethylmorphinan-3,6α-diol
---	Methylendioxyethylamfetamin (N-Ethyl-MDA, MDE, MDEA)	[1-(1,3-Benzodioxol-5-yl)propan-2-yl](ethyl)azan
---	Methylendioxymetamfetamin (MDMA)	[1-(1,3-Benzodioxol-5-yl)propan-2-yl](methyl)azan
---	α-Methylfentanyl	N-Phenyl-N-[1-(1-phenylpropan-2-yl)-4-piperidyl]propanamid
---	3-Methylfentanyl (Mefentanyl)	N-(3-Methyl-1-phenethyl-4-piperidyl)-N-phenylpropanamid
---	Methylmethaqualon	3-(2,4-Dimethylphenyl)-2-methylchinazolin-4(3H)on
---	Methylphenylpropionoxypiperidin (MPPP)	(1-Methyl-4-phenyl-4-piperidyl)propionat
---	Methyl-3-phenylpropylamin (1M-3PP)	(Methyl)(3-phenylpropyl)azan
---	Methylphenyltetrahydropyridin (MPTP)	1-Methyl-4-phenyl-1,2,3,6-tetrahydropyridin
---	Methylpiperidylbenzilat	(1-Methyl-3-piperidyl)benzilat
---	4-Methylthioamfetamin (4-MTA)	1-[4-(Methylsulfanyl)phenyl]propan-2-ylazan
---	α-Methylthiofentanyl	N-Phenyl-N-{1-[1-(2-thienyl)propan-2-yl]-4-piperidyl)propanamid
---	3-Methylthiofentanyl	N-{3-Methyl-1-[2-(2-thienyl)ethyl]-4-piperidyl}-N-phenylpropanamid
---	α-Methyltryptamin (α-MT)	1-(Indol-3-yl)propan-2-ylazan
Metopon	5-Methyldihydromorphinon	4,5α-Epoxy-3-hydroxy-5,17-dimethylmorphinan-6-on

Morpheridin	---	Ethyl[1-(2-morpholino-ethyl)-4-phenylpiperidin-4-carboxylat]
---	**Morphin-N-oxid**	(5R,6S)-4,5-Epoxy-3,6-dihydroxy-17-methyl-morphin-7-en-17-oxid
Myrophin	Myristylbenzylmorphin	(3-Benzyloxy-4,5α-epoxy-17-methylmorphin-7-en-6-yl)tetradecanoat
Nicomorphin	3,6-Dinicotinoylmorphin	(4,5α-Epoxy-17-methyl-morphin-7-en-3,6α-diyl)dinicotinat
Noracymethadol	---	(6-Methylamino-4,4-diphenylheptan-3-yl)acetat
Norcodein	N-Desmethylcodein	4,5a-Epoxy-3-methoxy-morphin-7-en-6α-ol
Norlevorphanol	(-)-3-Hydroxymorphin	(9R,13R,14R)-Morphinan-3-ol
Normorphin	Desmethylmorphin	4,5α-Epoxymorphin-7-en-3,6α-diol
Norpipanon	---	4,4-Diphenyl-6-piperidinohexan-3-on
Oxymorphon	14-Hydroxydihydromorphinon	4,5α-Epoxy-3,14-dihydroxy-17-methylmorphinan-6-on
---	Parahexyl	3-Hexyl-6,6,9-trimethyl-7,8,9,10-tetrahydro-6H-benzo[c]chromen-1-ol
---	PCPr	(1-Phenylcyclohexyl)(propyl)azan
Phenadoxon	---	6-Morpholino-4,4-diphenylheptan-3-on
Phenampromid	---	N-Phenyl-N-(1-piperidinopropan-2-yl)propanamid
Phenazocin	---	6,11-Dimethyl-3-phenethyl-1,2,3,4,5,6-hexahydro-2,6-methano-3-benzazocin-8-ol

Phencyclidin	PCP	1-(1-Phenylcyclohexyl)piperidin
---	Phenethylphenylacetoxypiperidin (PEPAP)	(1-Phenethyl-4-phenyl-4-piperidyl)acetat
---	Penethylphenyltetrahydropyridin (PEPTP)	1-Phenethyl-4-phenyl-1,2,3,6-tetrahydropyridin
Phenpromethamin	1-Methylamino-2-phenylpropan (PPMA)	(Methyl)(2-phenylpropyl)azan
Phenomorphan	---	17-Phenethylmorphinan-3-ol
Phenoperidin	---	Ethyl[1-(3-hydroxy-3-phenylpropyl)-4-phenyl-piperidin-4-carboxylat]
Piminodin	---	Ethyl[1-(3-anilinopropyl)-4-phenylpiperidin-4-carboxylat]
---	PPP	1-Phenyl-2-(pyrrolidin-1-yl) propan-1-on
Proheptazin	---	(1,3-Dimethyl-4-phenyl-azepan-4-yl)propionat
Properidin	---	Isopropyl(1-methyl-4-phenylpiperidin-4-carboxylat)
---	Psilocin (Psilotsin)	3-(2-Dimethylaminoethyl)indol-4-ol
---	Psilocin-(eth)	3-(2-Diethylaminoethyl)indol-4-ol
Psilocybin	---	[3-(2-Dimethylaminoethyl)indol-4-yl]dihydrogenphosphat
---	Psilocybin-(eth)	[3-(2-Diethylaminoethyl)indol-4-yl]dihydrogenphosphat
---	---	2-(Pyrrolidin-1-yl)-1-(p-tolyl)propan-1-on
Racemethorphan	---	(9RS,13RS,14RS)-3-Methoxy-17-methylmorphinan

Rolicyclidin	PHP (PCPy)	1-(1-Phenylcyclohexyl)pyrrolidin
Tenamfetamin	Methylendioxyamfetamin (MDA)	(RS)-1-(1,3-Benzodioxol-5-yl)propan-2-ylazan
Tenocyclidin	TCP	1-[1-(2-Thienyl)cyclohexyl]piperidin
	Tetrahydrocannabinole, folgende Isomere und ihre stereochemischen Varianten:	
---	**Δ6a(10a)-Tetrahydrocannabinol** (Δ6a(10a)-THC)	6,6,9-Trimethyl-3-pentyl-7,8,9,10-tetrahydro-6H-benzo[c]chromen-1-ol
---	**Δ6a-Tetrahydrocannabinol** (Δ6a-THC)	(9R,10aR)-6,6,9-Trimethyl-3-pentyl-8,9,10,10a-tetrahydro-6H-benzo[c]chromen-1-ol
---	**Δ7-Tetrahydrocannabinol** (Δ7-THC)	(6aR,9R,10aR)-6,6,9-Trimethyl-3-pentyl-6a,9,10,10a-tetrahydro-6H-benzo[c]chromen-1-ol
---	**Δ8-Tetrahydrocannabinol** (Δ8-THC)	(6aR,10aR)-6,6,9-Trimethyl-3-pentyl-6a,7,10,10a-tetrahydro-6H-benzo[c]chromen-1-ol
---	**Δ-10-Tetrahydrocannabinol** (Δ10-THC)	(6aR)-6,6,9-Trimethyl-3-pentyl-6a,7,8,9-tetrahydro-6H-benzo[c]chromen-1-ol
---	**Δ9(11)-Tetrahydrocannabinol** (Δ9(11)-THC)	(6aR,10aR)-6,6-Dimethyl-9-methylen-3-pentyl-6a,7,8,9,10,10a-hexahydro-6H-benzo[c]chromen-1-ol
---	Thenylfentanyl	N-Phenyl-N-(1-thenyl-4-piperidyl)propanamid
---	Thiofentanyl	N-Phenyl-N-{1-[2-(2-thienyl)ethyl]-4-piperidyl}propanamid
Trimeperidin	---	(1,2,5-Trimethyl-4-phenyl-4-piperidyl)propionat

---	Trimethoxyamfetamin (TMA)	1-(3,4,5-Trimethoxyphenyl) propan-2-ylazan
---	2,3,4-Trimethoxyamfetamin (TMA-2)	1-(2,4,5-Trimethoxyphenyl)propan-2-ylazan

- die Ester, Ether und Molekülverbindungen der in dieser Anlage aufgeführten Stoffe, wenn sie nicht in einer anderen Anlage verzeichnet sind und das Bestehen solcher Ester, Ether und Molekülverbindungen möglich ist;

- die Salze der in dieser Anlage aufgeführten Stoffe, wenn das Bestehen solcher Salze möglich ist;

- die Zubereitungen der in dieser Anlage aufgeführten Stoffe, wenn sie nicht

a) ohne am oder im menschlichen oder tierischen Körper angewendet zu werden, ausschließlich diagnostischen oder analytischen Zwecken dienen und ihr Gehalt an einem oder mehreren Betäubungsmitteln jeweils 0,001 vom Hundert nicht übersteigt oder die Stoffe in den Zubereitungen isotopenmodifiziert oder
b) besonders ausgenommen sind;

- die Stereoisomere der in dieser oder einer anderen Anlage aufgeführten Stoffen, wenn sie als Betäubungsmittel missbräuchlich verwendet werden sollen,

- Pflanzen und Pflanzenteile, Tiere und tierische Körperteile in bearbeitetem oder unbearbeitetem Zustand mit in dieser oder einer anderen Anlage aufgeführten Stoffen, sowie Früchte, Pilzmycelien, Samen, Sporen und Zellkulturen, die zur Gewinnung von Organismen mit in dieser oder einer anderen Anlage aufgeführten Stoffen geeignet sind, wenn ein Missbrauch zu Rauschzwecken vorgesehen ist.

Anlage II

(verkehrsfähige, aber nicht verschreibungsfähige BtM)

INN	andere nicht geschützte oder Trivialnamen	chemische Namen (IUPAC)
Aminorex	---	5-Phenyl-4,5-dihydro-1,3-oxazol-2-ylazan

Butalbital	---	5-Allyl-5-isobutylbarbitursäure
Cetobemidon	Ketobemidon	1-[4-(3-Hydroxyphenyl)-1-methyl-4-piperidyl]propan-1-on
---	d-Cocain	Methyl[3β-(benzoyloxy)tropan-2α-carboxylat]
---	Dextromethadon	(S)-6-Dimethylamino-4,4-diphenylheptan-3-on
Dextromoramid	---	(S)-3-Methyl-4-morpholino-2,2-diphenyl-1-(pyrrolidin-1yl)butan-1-on
Dextropropoxyphen	---	[(2S,3R)-4-Dimethylamino-3-methyl-1,2-diphenylbutan-2-yl]propionat

- ausgenommen in Zubereitungen, die ohne einen weiteren Stoff der Anlagen I bis III bei oraler Anwendung je abgeteilte Form bis zu 135 mg Dextropropoxyphen, berechnet als Base, enthalten –

Difenoxin	---	1-(3-Cyan-3,3-diphenylpropyl)-4-phenylpiperidin-4-carbonsäure

- ausgenommen in Zubereitungen, die ohne einen weiteren Stoff der Anlagen I bis III je abgeteilte Form bis zu 0,5 mg Difenoxin, berechnet als Base, und, bezogen auf diese Menge, mindestens 5 vom Hundert Atropinsulfat enthalten -

---	**Dihydromorphin**	4,5α-Epoxy-17-methylmorphinan-3,6α-diol
---	Dihydrothebain	4,5α-Epoxy-3,6-dimethoxy-17-methylmorphin-6-en
Diphenoxylat	---	Ethyl[1-(3-cyan-3,3-diphenylpropyl)-4-phenylpiperidin-4-carboxylat]

- ausgenommen in Zubereitungen, die ohne einen weiteren Stoff der Anlagen I bis III bis zu 0,25 vom Hundert oder je abgeteilte Form bis zu 2,5 mg Diphenoxylat, berechnet als Base, und, bezogen auf diese Mengen, mindestens 1 vom Hundert Atropinsulfat enthalten -

---	**Ecgonin**	3β-Hydroxytropan-2β-carbonsäure
---	**Erythroxylum coca** (Pflanzen und Pflanzenteile der zur Art Erythroxylum coca - einschließlich der Varietäten bolivianum, spruceanum und novogranatense - gehörenden Pflanzen)	---
Ethchlorvynol	---	1-Chlor-3-ethylpent-1-en-4-in-3-ol
Ethinamat	---	(1-Ethinylcyclohexyl)carbamat
---	**3-O-Ethylmorphin** (Ethylmorphin)	4,5α-Epoxy-3-ethoxy-17-methylmorphin-7-en-6α-ol

- ausgenommen in Zubereitungen, die ohne einen weiteren Stoff der Anlagen I bis III bis zu 2,5 vom Hundert oder je abgeteilte Form bis zu 100 mg Ethylmorphin, berechnet als Base, enthalten -

Etilamfetamin	N-Ethylamphetamin	(Ethyl)(1-phenylpropan-2-yl)azan
Glutethimid	---	3-Ethyl-3-phenylpiperidin-2,6-dion
---	Isocodein	4,5α-Epoxy-3-methoxy-17-methylmorphin-7-en-6β-ol
Isomethadon	---	6-Dimethylamino-5-methyl-4,4-diphenylhexan-3-on
Levamfetamin	Levamphetamin	(R)-1-Phenylpropan-2-ylazan
---	Levmetamfetamin (Levometamfetamin)	(R)-(Methyl)(1-phenylpropan-2-yl)azan
Levomoramid	---	(R)-3-Methyl-4-morpholino-2,2-diphenyl-1-(pyrrolidin-1yl)butan-1-on

Levorphanol	---	(9R,13R,14R)-17-Methyl-morphinan-3-ol
Mesocarb	---	(Phenylcarbamoyl)[3-(1-phenylpropan-2-yl)-1,2,3-oxadiazol-3-ium-5-yl]azanid
(RS)-Metamfetamin	Metamfetaminracemat	(RS)-(Methyl)(1-phenyl-propan-2-yl)azan
---	Methadon-Zwischen-produkt (Premethadon)	4-Dimethylamino-2,2-diphenylpentannitril
(RS;SR)-Methylphenidat	---	Methyl[(RS;SR)(phenyl)(2-piperidyl)acetat]
---	**Mohnstrohkonzentrat** (das bei der Verarbeitung von Pflanzen und Pflanzenteilen der Art Papaver somniferum zur Konzentrierung der Alkaloide anfallende Material)	---
---	Moramid-Zwischen-produkt (Premoramid)	3-Methyl-4-morpholino-2,2-diphenylbutansäure
Nicocodin	6-Nicotinoylcodein	(4,5α-Epoxy-3-methoxy-17-methylmorphin-7-en-6α-yl) nicotinat
Nicodicodin	6-Nicotinoyldihydroco-dein	(4,5a-Epoxy-3-methoxy-17-methylmorphinan-6α-yl)nicotinat
---	**Papaver bracteatum** (Pflanzen und Pflanzenteile, ausgenommen die Samen, der zur Art Papaver bracteatum gehörenden Pflanzen)	---

- ausgenommen zu Zierzwecken -

---	Pethidin-Zwischen-produkt A (Prepethidin)	1-Methyl-4-phenylpipe-ridin-4-carbonitril
---	Pethidin-Zwischen-produkt B (Norpethidin)	Ethyl(4-phenylpiperidin-4-carboxylat)

---	Pethidin-Zwischenprodukt C (Pethidinsäure)	1-Methyl-4-phenylpiperidin-4-carbonsäure
Phendimetrazin	---	(2S,3S)-3,4-Dimethyl-2-phenylmorpholin
Pholcodin	Morpholinylethylmorphin	4,5a-Epoxy-17-methyl-3-(2-morpholinoethoxy)morphin-7-en-6α-ol

- ausgenommen in Zubereitungen, die ohne einen weiteren Stoff der Anlagen I bis III als Lösung bis zu 0,15 vom Hundert, je Packungseinheit jedoch nicht mehr als 150 mg, oder je abgeteilte Form bis zu 20 mg Pholcodin, berechnet als Base, enthalten -

Propiram	---	N-(1-Piperidinopropan-2-yl)-N-(2-pyridyl)propanamid
Pyrovaleron	---	2-(Pyrrolidin-1-yl)-1-(p-tolyl) pentan-1-on
Racemoramid	---	(RS)-3-Methyl-4-morpholino -2,2-diphenyl-1-(pyrrolidin-1-yl)butan-1-on
Racemorphan	---	(9RS,13RS,14RS)-17-Methylmorphinan-3-ol
---	**Δ9-Tetrahydrocannabinol (Δ9-THC)**	6,6,9-Trimethyl-3-pentyl-6a,7,8,10a-tetrahydro-6H-benzo[c]chromen-1-ol
---	**Tetrahydrothebain**	4,5α-Epoxy-3,6-dimethoxy-17-methylmorphinan
Thebacon	Acetyldihydrocodeinon	(4,5α-Epoxy-3-methoxy-17-methylmorphin-6-en-6-yl)acetat
---	**Thebain**	4,5α-Epoxy-3,6-dimethoxy-17-methylmorphina-6,8-dien
cis-Tilidin	---	Ethyl[(1RS,2RS)-2-dimethylamino-1-phenylcyclohex-3-encarboxylat]

Zipeprol	---	1-Methoxy-3-[4-(2-methoxy-2-phenylethyl)piperazin-1-yl] -1-phenylpropan-2-ol

- die Ester, Ether und Molekülverbindungen der in dieser Anlage sowie die Ester und Ether der in Anlage III aufgeführten Stoffe, ausgenommen γ-Hydroxybuttersäure (GHB), wenn sie nicht in einer anderen Anlage verzeichnet sind und das Bestehen solcher Ester, Ether und Molekülverbindungen möglich ist;
- die Salze der in dieser Anlage aufgeführten Stoffe, wenn das Bestehen solcher Salze möglich ist sowie die Salze und Molekülverbindungen der in Anlage III aufgeführten Stoffe, wenn das Bestehen solcher Salze und Molekülverbindungen möglich ist und sie nicht ärztlich, zahnärztlich oder tierärztlich angewendet werden,
- die Zubereitungen der in dieser Anlage aufgeführten Stoffe, wenn sie nicht
a) ohne am oder im menschlichen oder tierischen Körper angewendet zu werden, ausschließlich diagnostischen oder analytischen Zwecken dienen und ihr Gehalt an einem oder mehreren Betäubungsmitteln, bei Lyophilisaten und entsprechend zu verwendenden Stoffgemischen in der gebrauchsfertigen Lösung, jeweils 0,01 vom Hundert nicht übersteigt oder die Stoffe in den Zubereitungen isotopenmodifiziert oder
b) besonders ausgenommen sind.

Anlage III

(verkehrsfähige und verschreibungsfähige BtM)

INN	andere nicht geschützte oder Trivialnamen	chemischen Namen (IUPAC)
Alfentanil	---	N-{1-[2-(4-Ethyl-5-oxo-4,5-dihydro-1H-tetrazol-1-yl)ethyl]-4-methoxymethyl-4-piperidyl}-N-phenylpropanamid
Allobarbital	---	5,5-Diallylbarbitursäure
Alprazolam	---	8-Chlor-1-methyl-6-phenyl-4H-[1,2,4]triazolo[4,3-a][1,4]benzodiazepin

- ausgenommen in Zubereitungen, die ohne einen weiteren Stoff der Anlagen I bis III je abgeteilte Form bis zu 1 mg Alprazolam enthalten -

Amfepramon	Diethylpropion	2-Diethylamino-1-phenylpropan-1-on

- ausgenommen in Zubereitungen ohne verzögerte Wirkstofffreigabe, die ohne einen weiteren Stoff der Anlagen I bis III je abgeteilte Form bis zu 22 mg, und in Zubereitungen mit verzögerter Wirkstofffreigabe, die ohne einen weiteren Stoff der Anlagen I bis III je abgeteilte Form bis zu 64 mg Amfepramon, berechnet als Base, enthalten -

Amfetamin	Amphetamin	(RS)-1-Phenylpropan-2-ylazan
Amfetaminil	---	(Phenyl)(1-phenylpropan-2-ylamino)acetonitril

- ausgenommen in Zubereitungen, die ohne einen weiteren Stoff der Anlagen I bis III je abgeteilte Form bis zu 10 mg Amfetaminil, berechnet als Base, enthalten -

Amobarbital	---	5-Ethyl-5-isopentylbarbitursäure
Barbital	---	5,5-Diethylbarbitursäure

- ausgenommen in Zubereitungen, die
a) ohne einen weiteren Stoff der Anlagen I bis III bis zu 10 vom Hundert oder
b) ohne am oder im menschlichen oder tierischen Körper angewendet zu werden, ausschließlich diagnostischen oder analytischen Zwecken dienen und ohne einen weiteren Stoff der Anlagen I bis III je Packungseinheit nicht mehr als 25 g Barbital, berechnet als Säure, enthalten –

Bromazepam	---	7-Brom-5-(2-pyridyl)-1,3-dihydro-2H-1,4-benzodiazepin-2-on

- ausgenommen in Zubereitungen, die ohne einen weiteren Stoff der Anlagen I bis III je abgeteilte Form bis zu 6 mg Bromazepam enthalten -

Brotizolam	---	2-Brom-4-(2-chlorphenyl)-9-methyl-6H-thieno[3,2-f][1,2,4]triazolo[4,3-a][1,4]diazepin

- ausgenommen in Zubereitungen, die ohne einen weiteren Stoff der Anlagen I bis III bis zu 0,02 vom Hundert oder je abgeteilte Form bis zu 0,25 mg Brotizolam enthalten -

Buprenorphin	---	(5R,6R,7R,14S)-17-Cyclopropylmethyl-4,5-epoxy-7-[(S)-2-hydroxy-3,3-dimethylbutan-2-yl]-6-methoxy-6,14-ethanomorphinan-3-ol
---	**Butobarbital**	5-Butyl-5-ethylbarbitursäure
Camazepam	---	(7-Chlor-1-methyl-2-oxo-5-phenyl-2,3-dihydro-1H-1,4-benzodiazepin-3-yl)(dimethylcarbamat)
Cathin	(+)-Norpseudoephedrin (D-Norpseudoephedrin)	(1 S,2S)-2-Amino-1-phenylpropan-1-ol

- ausgenommen in Zubereitungen, die ohne einen weiteren Stoff der Anlagen I bis III bis zu 5 vom Hundert als Lösung, jedoch nicht mehr als 1 600 mg je Packungseinheit oder je abgeteilte Form bis zu 40 mg Cathin, berechnet als Base, enthalten –

Chlordiazepoxid	---	7-Chlor-2-methylamino-5-phenyl-3H-1,4-benzodiazepin -4-oxid

- ausgenommen in Zubereitungen, die ohne einen weiteren Stoff der Anlagen I bis III je abgeteilte Form bis zu 25 mg Chlordiazepoxid enthalten -

Clobazam	---	7-Chlor-1-methyl-5-phenyl-1,3-dihydro-2H-1,5-benzodiazepin-2,4(5H)-dion

- ausgenommen in Zubereitungen, die ohne einen weiteren Stoff der Anlagen I bis III je abgeteilte Form bis zu 30 mg Clobazam enthalten -

Clonazepam	---	5-(2-Chlorphenyl)-7-nitro-1,3-dihydro-2H-1,4-benzodiazepin-2-on

- ausgenommen in Zubereitungen, die ohne einen weiteren Stoff der Anlagen I bis III bis zu 0,25 vom Hundert als Tropflösung, jedoch nicht mehr als 250 mg je Packungseinheit oder je abgeteilte Form bis zu 2 mg Clonazepam enthalten -

Clorazepat	---	(RS)-7-Chlor-2-oxo-5-phenyl-2,3-dihydro-1H-1,4-benzodiazepin-3-carbonsäure

- ausgenommen in Zubereitungen, die ohne einen weiteren Stoff der Anlagen I bis III je abgeteilte Form bis zu 50 mg, als Trockensubstanz nur zur parenteralen Anwendung bis zu 100 mg, Clorazepat als Dikaliumsalz enthalten -

Clotiazepam	---	5-(2-Chlorphenyl)-7-ethyl-1-methyl-1,3-dihydro-2H-thieno [2,3-e][1,4] diazepin-2-on

- ausgenommen in Zubereitungen, die ohne einen weiteren Stoff der Anlagen I bis III je abgeteilte Form bis zu 20 mg Clotiazepam enthalten -

Cloxazolam	---	10-Chlor-11b-(2-chlorphenyl)-2,3,7,11b-tetrahydro[1,3] oxazolo[3,2-d][1,4]benzodiazepin-6(5H)-on
---	**Cocain** (Benzoylecgoninmethylester)	Methyl[3ß-(benzoyloxy) tropan-2β-carboxylat]
---	**Codein** (3-Methylmorphin)	4,5α-Epoxy-3-methoxy-17-methylmorphin-7-en-6α-ol

- ausgenommen in Zubereitungen, die ohne einen weiteren Stoff der Anlagen I bis III bis zu 2,5 vom Hundert oder je abgeteilte Form bis zu 100 mg Codein, berechnet als Base, enthalten. Für ausgenommene Zubereitungen, die für betäubungsmittel- oder alkoholabhängige Personen verschrieben werden, gelten jedoch die Vorschriften über das Verschreiben und die Abgabe von Betäubungsmitteln -

Cyclobarbital	---	5-(Cyclohex-1-enyl)-5-ethylbarbitursäure
Dexamfetamin	Dexamphetamin	(S)-1-Phenylpropan-2-ylazan
Delorazepam	---	7-Chlor-5-(2-chlorphenyl)-1,3-dihydro-2H-1,4-benzodiazepin-2-on
Diazepam	---	7-Chlor-1-methyl-5-phenyl-1,3-dihydro-2H-1,4-benzodiazepin-2-on

- ausgenommen in Zubereitungen, die ohne einen weiteren Stoff der Anlagen I bis III bis zu 1 vom Hundert als Sirup oder Tropflösung, jedoch nicht mehr als 250 mg je Packungseinheit, oder je abgeteilte Form bis zu 10 mg Diazepam enthalten -

Dihydrocodein	---	4,5α-Epoxy-3-methoxy-17-methylmorpinan-6α-ol

- ausgenommen in Zubereitungen, die ohne einen weiteren Stoff der Anlagen I bis III bis zu 2,5 vom Hundert oder je abgeteilte Form bis zu 100 mg Dihydrocodein, berechnet als Base, enthalten. Für ausgenommene Zubereitungen, die für betäubungsmittel- oder alkoholabhängige Personen verschrieben werden, gelten jedoch die Vorschriften über das Verschreiben und die Abgabe von Betäubungsmitteln -

Dronabinol	---	(6aR,10aR)-6,6,9-Trimethyl-3-pentyl-6a,7,8,10a-tetrahydro -6H-benzo[c]chromen-1-ol
Estazolam	---	8-Chlor-6-phenyl-4H-[1,2,4]triazolo[4,3-a]benzodiazepin

- ausgenommen in Zubereitungen, die ohne einen weiteren Stoff der Anlagen I bis III je abgeteilte Form bis zu 2 mg Estazolam enthalten -

Ethylloflazepat	---	Ethyl[7-chlor-5-(2-fluorphenyl)-2-oxo-2,3-dihydro-1H-1,4-benzodiazepin-3-carboxylat]
Etorphin	---	(5R,6R,7R,14R)-4,5-Epoxy-7-[(R)-2-hydroxypentan-2-yl]-6-methoxy-17-methyl-6,14-ethenomorphinan-3-ol
Fencamfamin	---	(Ethyl)(3-phenylbicyclo[2.2.1]heptan-2-yl)azan

- ausgenommen in Zubereitungen, die ohne einen weiteren Stoff der Anlagen I bis III je abgeteilte Form bis zu 8,6 mg Fencamfamin, berechnet als Base, enthalten -

Fenetyllin	---	1,3-Dimethyl-7-[2-(1-phenylpropan-2-ylamino)ethyl]-3,7-dihydro-2H-purin-2,6(1H)-dion
Fenproporex	---	(RS)-3-(1-Phenylpropan-2-ylamino)propannitril

- ausgenommen in Zubereitungen, die ohne einen weiteren Stoff der Anlagen I bis III je abgeteilte Form bis zu 11 mg Fenproporex, berechnet als Base, enthalten -

Fentanyl	---	N-(1-Phenethyl-4-piperidyl)-N-phenylpropanamid
Fludiazepam	---	7-Chlor-5-(2-fluorphenyl)-1-methyl-1,3-dihydro-2H-1,4-benzodiazepin-2-on
Flunitrazepam	---	5-(2-Fluorphenyl)-1-methyl-7-nitro-1,3-dihydro-2H-1,4-benzodiazepin-2-on

- ausgenommen in Zubereitungen, die ohne einen weiteren Stoff der Anlagen I bis III je abgeteilte Form bis zu 1 mg Flunitrazepam enthalten. Für ausgenommene Zubereitungen, die für betäubungsmittelabhängige Personen verschrieben werden, gelten jedoch die Vorschriften über das Verschreiben und die Abgabe von Betäubungsmitteln -

Flurazepam --- 7-Chlor-1-(2-diethylaminoethyl)-5-(2-fluorphenyl)-1,3-dihydro-2H-1,4-benzodiazepin-2-on

- ausgenommen in Zubereitungen, die ohne einen weiteren Stoff der Anlagen I bis III je abgeteilte Form bis zu 30 mg Flurazepam enthalten -

Halazepam --- 7-Chlor-5-phenyl-1-(2,2,2-trifluorethyl)-1,3-dihydro-2H-1,4-benzodiazepin-2-on

- ausgenommen in Zubereitungen, die ohne einen weiteren Stoff der Anlagen I bis III je abgeteilte Form bis zu 120 mg Halazepam enthalten -

Haloxazolam --- 10-Brom-11b-(2-fluorphenyl)-2,3,7,11b-tetrahydro [1,3] oxazolo[3,2-d][1,4]benzodiazepin-6(5H)-on

Hydrocodon Dihydrocodeinon 4,5α-Epoxy-3-methoxy-17-methylmorphinan-6-on

Hydromorphon Dihydromorphinon 4,5α-Epoxy-3-hydroxy-17-methylmorphinan-6-on

--- γ-Hydroxybuttersäure (GHB) 4-Hydroxybutansäure

- ausgenommen in Zubereitung zur Injektion, die ohne einen weiteren Stoff der Anlage I bis III bis zu 20 von Hundert und je abgeteilte Form bis zu 2 g γ-Hydroxybuttersäure, berechnet als Säure, enthalten -

Ketazolam --- 11-Chlor-2,8-dimethyl-12b-phenyl-8,12b-dihydro-4H[1,3]oxazino[3,2-d][1,4]benzodiazepin-4,7(6H)-dion

- ausgenommen in Zubereitungen, die ohne einen weiteren Stoff der Anlagen I bis III je abgeteilte Form bis zu 45 mg Ketazolam enthalten -

Levacetylmethadol	Levomethadylacetat (LAAM)	[(3S,6S)-6-Dimethylamino-4,4-diphenylheptan-3-yl]acetat
Levomethadon	---	(R)-6-Dimethylamino-4,4-diphenylheptan-3-on
Loprazolam	---	6-(2-Chlorphenyl)-2-[(Z)-4-methylpiperazin-1-ylmethylen]-8-nitro-2,4-dihydro-1H-imidazo[1,2-a][1,4]benzodiazepin-1-on

- ausgenommen in Zubereitungen, die ohne einen weiteren Stoff der Anlagen 1 bis III je abgeteilte Form bis zu 2,5 mg Loprazolam enthalten -

Lorazepam	---	(RS)-7-Chlor-5-(2-chlorphenyl)-3-hydroxy-1,3-dihydro-2H-1,4-benzodiazepin-2-on

- ausgenommen in Zubereitungen, die ohne einen weiteren Stoff der Anlagen I bis III je abgeteilte Form bis zu 2,5 mg Lorazepäm enthalten -

Lormetazepam	---	7-Chlor-5-(2-chlorphenyl)-3-hydroxy-1-methyl-1,3-dihydro-2H-1,4-benzodiazepin-2-on

- ausgenommen in Zubereitungen, die ohne einen weiteren Stoff der Anlagen I bis III je abgeteilte Form bis zu 2 mg Lormetazepam enthalten -

Mazindol	---	5-(4-Chlorphenyl)-2,5-dihydro-3H-imidazo[2,1-a]isoindol-5-ol

- ausgenommen in Zubereitungen, die ohne einen weiteren Stoff der Anlagen I bis III je abgeteilte Form bis zu 1 mg Mazindol enthalten -

Medazepam	---	7-Chlor-1-methyl-5-phenyl-2,3-dihydro-1H-1,4-benzodiazepin

- ausgenommen in Zubereitungen, die ohne einen weiteren Stoff der Anlagen I bis III je abgeteilte Form bis zu 10 mg Medazepam enthalten -

Mefenorex	---	(3-Chlorpropyl)(1-phenylpropan-2-yl)azan

- ausgenommen in Zubereitungen, die ohne einen weiteren Stoff der Anlagen I bis III je abgeteilte Form bis zu 40 mg Mefenorex, berechnet als Base, enthalten -

Meprobamat	---	(2-Methyl-2-propylpropan-1,3-diyl)dicarbamat

- ausgenommen in Zubereitungen, die ohne einen weiteren Stoff der Anlagen I bis III je abgeteilte Form bis zu 500 mg Meprobamat enthalten -

Metamfetamin	Methamphetamin	(S)-(Methyl)(1-phenylpropan-2-yl)azan
Methadon	---	(RS)-6-Dimethylamino-4,4-diphenylheptan-3-on
Methaqualon	---	2-Methyl-3-(o-tolyl)chinazolin-4(3H)-on
Methylphenidat	---	Methyl[(RS;RS)(phenyl)(2-piperidyl)acetat]
Methylphenobarbital	Mephobarbital	(RS)-5-Ethyl-1-methyl-5-phenylbarbitursäure

- ausgenommen in Zubereitungen, die ohne einen weiteren Stoff der Anlagen I bis III je abgeteilte Form bis zu 200 mg Methylphenobarbital, berechnet als Säure, enthalten -

Methyprylon	---	3,3-Diethyl-5-methylpiperidin -2,4-dion

- ausgenommen in Zubereitungen, die ohne einen weiteren Stoff der Anlagen I bis III je abgeteilte Form bis zu 200 mg Methyprylon enthalten -

Midazolam	---	8-Chlor-6-(2-fluorphenyl)-1-methyl-4H-imidazo [1,5-a][1,4]benzodiazepin

- ausgenommen in Zubereitungen, die ohne einen weiteren Stoff der Anlagen I bis III bis zu 0,2 vom Hundert oder je abgeteilte Form bis zu 15 mg Midazolam enthalten -

Modafinil	---	2-(Benzhydrylsulfinyl)acetamid
---	**Morphin**	(5R,6S)-4,5-Epoxy-17-methylmorphin-7-en-3,6-diol
Nabilon	---	(6aRS,10aRS)-1-Hydroxy-6,6-dimethyl-3-(2-methyloctan-2-yl)-6,6a,7,8,10,10a-hexahydro-9H-benzo[c]chromen-9-on
Nimetazepam	---	1-Methyl-7-nitro-5-phenyl-1,3-dihydro-2H-1,4-benzodiazepin-2-on
Nitrazepam	---	7-Nitro-5-phenyl-1,3-dihydro 2H 1,4 benzodiazepin-2-on

- ausgenommen in Zubereitungen, die ohne einen weiteren Stoff der Anlagen I bis III bis zu 0,5 vom Hundert als Tropflösung, jedoch nicht mehr als 250 mg je Packungseinheit, oder je abgeteilte Form bis zu 10 mg Nitrazepam enthalten -

Nordazepam	---	7-Chlor-5-phenyl-1,3-dihydro -2H-1,4-benzodiazepin-2-on

- ausgenommen in Zubereitungen, die ohne einen weiteren Stoff der Anlagen I bis III bis zu 0,5 vom Hundert als Tropflösung, jedoch nicht mehr als 150 mg je Packungseinheit, oder je abgeteilte Form bis zu 15 mg Nordazepam enthalten -

Normethadon	---	6-Dimethylamino-4,4-diphenylhexan-3-on
---	**Opium** (der geronnene Saft der zur Art Papaver somniferum gehörenden Pflanzen)	---

- ausgenommen in Zubereitungen, die nach einer im homöopathischen Teil des Arzneibuches beschriebenen Verfahrenstechnik hergestellt sind, wenn die Endkonzentration die sechste Dezimalpotenz nicht übersteigt -

Oxazepam	---	7-Chlor-3-hydroxy-5-phenyl-1,3-dihydro-2H-1,4-benzodiazepin-2-on

- ausgenommen in Zubereitungen, die ohne einen weiteren Stoff der Anlagen I bis III je abgeteilte Form bis zu 50 mg Oxazepam enthalten -

Oxazolam	---	(2RS,11bSR)-10-Chlor-2-methyl-11b-phenyl-2,3,7,11b-tetrahydro[1,3]oxazolo[3,2-d] [1,4]benzodiazepin-6(5H)-on

- ausgenommen in Zubereitungen, die ohne einen weiteren Stoff der Anlagen I bis III je abgeteilte Form bis zu 20 mg Oxazolam enthalten -

Oxycodon	14-Hydroxydihydrocodeinon	4,5α-Epoxy-14-hydroxy-3-methoxy-17-methyl-morphinan-6-on
---	**Papaver somniferum** (Pflanzen und Pflanzenteile, ausgenommen die Samen, der zur Art Papaver somniferum (einschließlich der Unterart setigerum) gehörenden Pflanzen)	---

- ausgenommen wenn der Verkehr mit ihnen (ausgenommen der Anbau) Zierzwecken dient und wenn im getrockneten Zustand ihr Gehalt an Morphin 0,02 vom Hundert nicht übersteigt; in diesem Fall finden die betäubungsmittelrechtlichen Vorschriften nur Anwendung auf die Einfuhr, Ausfuhr und Durchfuhr -

- ausgenommen in Zubereitungen, die nach einer im homöopathischen Teil des Arzneibuches beschriebenen Verfahrenstechnik hergestellt sind, wenn die Endkonzentration die vierte Dezimalpotenz nicht übersteigt -

- ausgenommen in Zubereitungen, die ohne einen weiteren Stoff der Anlagen I bis III bis zu 0,015 vom Hundert Morphin, berechnet als Base, enthalten und die aus einem oder mehreren sonstigen Bestandteilen in der Weise zusammengesetzt sind, dass das Betäubungsmittel nicht durch leicht anwendbare Verfahren oder in einem die öffentliche Gesundheit gefährdenden Ausmaß zurückgewonnen werden kann -

Pemolin	---	2-Imino-5-phenyl-1,3-oxazolidin-4-on

- ausgenommen in Zubereitungen, die ohne einen weiteren Stoff der Anlagen I bis III je abgeteilte Form bis zu 20 mg Pemolin, berechnet als Base, enthalten -

Pentazocin	---	(2R,6R,11R)-6,11-Dimethyl-3-(3-methylbut-2-en-1-yl) -1,2,3,4,5,6-hexahydro-2,6-methano-3-benzazocin-8-ol
Pentobarbital	---	(RS)-5-Ethyl-5-(pentan-2-yl)barbitursäure
Pethidin	---	Ethyl(1-methyl-4-phenylpiperidin-4-carboxylat)
Phenmetrazin	---	3-Methyl-2-phenylmorpholin
Phenobarbital	---	5-Ethyl-5-phenylbarbitursäure

- ausgenommen in Zubereitungen, die ohne einen weiteren Stoff der Anlagen I bis III bis zu 10 vom Hundert oder je abgeteilte Form bis zu 300 mg Phenobarbital, berechnet als Säure, enthalten -

Phentermin	---	2-Benzylpropan-2-ylazan

- ausgenommen in Zubereitungen, die ohne einen weiteren Stoff der Anlagen I bis III je abgeteilte Form bis zu 15 mg Phentermin, berechnet als Base, enthalten -

Pinazepam	---	7-Chlor-5-phenyl-1-(prop-2-in-1-yl)-1,3-dihydro-2H-1,4-benzodiazepin-2-on
Pipradrol	---	Diphenyl(2-piperidyl)methanol
Piritramid	---	1'-(3-Cyan-3,3-diphenylpropyl) [1,4'-bipiperidin]-4'-carboxamid
Prazepam	---	7-Chlor-1-cyclopropylmethyl-5-phenyl-1,3-di-

hydro-2H-1,4-benzodiazepin-2-on

- ausgenommen in Zubereitungen, die ohne einen weiteren Stoff der Anlagen I bis III je abgeteilte Form bis zu 20 mg Prazepam enthalten -

Remifentanil	---	Methyl{3-[4-methoxycarbonyl-4-(N-phenylpropanamido)piperidino]propanoat}
Secbutabarbital	---	5-sec-Butyl-5-ethylbarbitursäure
Secobarbital	---	5-Allyl-5-(pentan-2-yl)barbitursäure
Sufentanil	---	N-{4-Methoxymethyl-1-[2-(2thienyl)ethyl]-4-piperidyl}-N-phenylpropanamid
Temazepam	---	(RS)-7-Chlor-3-hydroxy-1-methyl-5-phenyl-1,3-dihydro-2H-1,4-benzodiazepin-2-on

- ausgenommen in Zubereitungen, die ohne einen weiteren Stoff der Anlagen I bis III je abgeteilte Form bis zu 20 mg Temazepam enthalten -

Tetrazepam	---	7-Chlor-5-(cyclohex-1-enyl)-1-methyl-1,3-dihydro-2H-1,4-benzodiazepin-2-on

- ausgenommen in Zubereitungen, die ohne einen weiteren Stoff der Anlagen I bis III je abgeteilte Form bis zu 100 mg Tetrazepam enthalten -

Tilidin	trans-Tilidin	Ethyl[(1RS,2SR)-2-dimethylamino-1-phenylcyclohex-3-encarboxylat]

- ausgenommen in Zubereitungen, die ohne einen weiteren Stoff der Anlagen I bis III bis zu 7 vom Hundert oder je abgeteilte Form bis zu 300 mg Tilidin, berechnet als Base, und, bezogen auf diese Mengen, mindestens 7,5 vom Hundert Naloxonhydrochlorid enthalten -

Triazolam	---	8-Chlor-6-(2-chlorphenyl)-1-methyl-4H-[1,2,4]triazolo [4,3-a][1,4]benzodiazepin

- ausgenommen in Zubereitungen, die ohne einen weiteren Stoff der Anlagen I bis III je abgeteilte Form bis zu 0,25 mg Triazolam enthalten -

Vinylbital	---	(RS)-5-(Pentan-2-yl)-5-vinylbarbitursäure
Zolpidem	---	N,N-Dimethyl-2-[6-methyl-2-(p-tolyl)imidazo [1,2-a]pyridin-3-yl]acetamid

- ausgenommen in Zubereitungen zur oralen Anwendung, die ohne einen weiteren Stoff der Anlagen I bis III je abgeteilte Form bis zu 8,5 mg Zolpidem, berechnet als Base, enthalten –

- die Salze und Molekülverbindungen der in dieser Anlage aufgeführten Stoffe, wenn sie nach den Erkenntnissen der medizinischen Wissenschaft ärztlich, zahnärztlich oder tierärztlich angewendet werden;
- die Zubereitungen der in dieser Anlage aufgeführten Stoffe, wenn sie nicht

a) ohne am oder im menschlichen oder tierischen Körper angewendet zu werden, ausschließlich diagnostischen oder analytischen Zwecken dienen und ihr Gehalt an einem oder mehreren Betäubungsmitteln, bei Lyophilisaten und entsprechend zu verwendenden Stoffgemischen in der gebrauchsfertigen Lösung, jeweils 0,01 vom Hundert nicht übersteigt oder die Stoffe in den Zubereitungen isotopenmodifiziert oder

b) besonders ausgenommen sind. Für ausgenommene Zubereitungen - außer solchen mit Codein oder Dihydrocodein - gelten jedoch die betäubungsmittelrechtlichen Vorschriften über die Einfuhr, Ausfuhr und Durchfuhr. Nach Buchstabe b der Position Barbital ausgenommene Zubereitungen können jedoch ohne Genehmigung nach § 11 des Betäubungsmittelgesetzes ein-, aus- oder durchgeführt werden, wenn nach den Umständen eine missbräuchliche Verwendung nicht zu befürchten ist.

Anhang B.2: Verschreibungsfähige Höchstmengen

nach §§ 2 und 3 der BtMVV in der Fassung der Bekanntmachung vom 20. Januar 1998 (BGBl. I S. 74), zuletzt geändert durch die 15. BtMÄndV vom 19. Juni 2001 (BGBl. I S. 1180), jeweils als Zubereitung:

§ 2 Verschreiben durch einen Arzt

Abs. 1: Für einen Patienten darf der Arzt innerhalb von 30 Tagen verschreiben:
a) bis zu zwei der folgenden Betäubungsmittel unter Einhaltung der nachstehend festgesetzten Höchstmengen:

1.	Amfetamin	600 mg,
2.	Buprenorphin	150 mg,
2a.	Buprenorphin als Substitutionsmittel	720 mg,
3.	Codein als Substitutionsmittel	40.000 mg,
4.	Dihydrocodein als Substitutionsmittel	40.000 mg,
5.	Dronabinol	500 mg,
6.	Fenetyllin	2.500 mg,
7.	Fentanyl	1.000 mg,
8.	Hydrocodon	1.200 mg,
9.	Hydromorphon	5.000 mg,
10.	Levacetylmethadol	2.000 mg,
11.	Levomethadon	1.500 mg,
12.	Methadon	3.000 mg,
13.	Methylphenidat	2.000 mg,
14.	Modafinil	12.000 mg,
15.	Morphin	20.000 mg,
16.	Opium, eingestelltes	4.000 mg,
17.	Opiumextrakt	2.000 mg,
18.	Opiumtinktur	40.000 mg,
19.	Oxycodon	15.000 mg,
20.	Pentazocin	15.000 mg,
21.	Pethidin	10.000 mg,
22.	Phenmetrazin	600 mg,
23.	Piritramid	6.000 mg,
24.	Tilidin	18.000 mg

oder

b) eines der weiteren in Anlage III des Betäubungsmittelgesetzes bezeichneten Betäubungsmittel außer Alfentanil, Cocain, Etorphin, Remifentanil und Sufentanil.

Abs. 2: In begründeten Einzelfällen und unter Wahrung der erforderlichen Sicherheit des Betäubungsmittelverkehrs darf der Arzt für einen Patienten, der in seiner Dauerbehandlung steht, von den Vorschriften des Absatzes 1 hinsichtlich
    1. der Zahl der verschriebenen Betäubungsmittel und
    2. der festgesetzten Höchstmengen
abweichen. Eine solche Verschreibung ist mit dem Buchstaben "A" zu kennzeichnen.

Abs. 3: Für seinen Praxisbedarf darf der Arzt die in Absatz 1 aufgeführten Betäubungsmittel sowie Alfentanil, Cocain bei Eingriffen am Kopf als Lösung bis zu einem Gehalt von 20 vom Hundert oder als Salbe bis zu einem Gehalt von 2 vom Hundert, Remifentanil und Sufentanil bis zur Menge seines durchschnittlichen Zweiwochenbedarfs, mindestens jedoch die kleinste Packungseinheit, verschreiben. Die Vorratshaltung soll für jedes Betäubungsmittel den Monatsbedarf des Arztes nicht überschreiten.

Abs. 4: Für den Stationsbedarf darf nur der Arzt verschreiben, der ein Krankenhaus oder eine Teileinheit eines Krankenhauses leitet oder in Abwesenheit des Leiters beaufsichtigt. Er darf die in Absatz 3 bezeichneten Betäubungsmittel unter Beachtung der dort festgelegten Beschränkungen über Bestimmungszweck, Gehalt und Darreichungsform verschreiben. Dies gilt auch für einen Belegarzt, wenn die ihm zugeteilten Betten räumlich und organisatorisch von anderen Teileinheiten abgegrenzt sind.

§ 3 Verschreiben durch einen Zahnarzt

Abs. 1: Für einen Patienten darf der Zahnarzt innerhalb von 30 Tagen verschreiben:
a) eines der folgenden Betäubungsmittel unter Einhaltung der nachstehend festgesetzten Höchstmengen:

1.	Buprenorphin	40 mg,
2.	Hydrocodon	300 mg,
3.	Hydromorphon	1.200 mg,
4.	Levomethadon	200 mg,
5.	Morphin	5.000 mg,
6.	Oxycodon	4.000 mg,
7.	Pentazocin	4.000 mg,
8.	Pethidin	2.500 mg,
9.	Piritramid	1.500 mg,
10.	Tilidin	4.500 mg

oder

b) eines der weiteren in Anlage III des Betäubungsmittelgesetzes bezeichneten Betäubungsmittel außer Alfentanil, Amfetamin, Cocain, Dronabinol, Etorphin, Fenetyllin, Fentanyl, Levacetylmethadol, Methadon, Methylphenidat, Modafinil, Nabilon, Normethadon, Opium, Papaver somniferum, Pentobarbital, Phenmetrazin, Remifentanil, Secobarbital und Sufentanil.

Abs. 2: Für seinen Praxisbedarf darf der Zahnarzt die in Absatz 1 aufgeführten Betäubungsmittel sowie Alfentanil, Fentanyl, Remifentanil und Sufentanil bis zur Menge seines durchschnittlichen Zweiwochenbedarfs, mindestens jedoch die kleinste Packungseinheit, verschreiben. Die Vorratshaltung soll für jedes Betäubungsmittel den Monatsbedarf des Zahnarztes nicht übersteigen.

Abs. 3: Für den Stationsbedarf darf nur der Zahnarzt verschreiben, der ein Krankenhaus oder eine Teileinheit eines Krankenhauses leitet oder in Abwesenheit des Leiters beaufsichtigt. Er darf die in Absatz 2 bezeichneten Betäubungsmittel unter Beachtung der dort festgelegten Beschränkungen über Bestimmungszweck, Gehalt und Darreichungsform verschreiben. Dies gilt auch für einen Belegarzt, wenn die ihm zugeteilten Betten räumlich und organisatorisch von anderen Teileinheiten abgegrenzt sind.

Anhang B.3: Grundstoffarten

(Surveiliance list gemäß § 2 Nr. 1 GÜG vom 7. Oktober 1994 in Verbindung mit der Verordnung (EG) Nr. 1232/2002 der Kommission vom 9. Juli 2002 zur Ersetzung des Anhanges der Verordnung (EG) Nr. 3677/90 des Rates vom 13. Dezember 1990)

Erfasst sind grundsätzlich alle im folgenden genannten Stoffe, einschließlich Mischungen und Naturprodukte, die derartige Stoffe enthalten (wie das Safrol enthaltende Sassafrasöl, das damit der Kategorie 1 zuzuordnen ist). Davon ausgenommen sind Arzneimittel, pharmazeutische Zubereitungen, Mischungen oder sonstige Zubereitungen, die erfasste Stoffe enthalten und so zusammengesetzt sind, dass diese Stoffe nicht einfach verwendet oder leicht und wirtschaftlich wiedergewonnen werden können.

Kategorie 1

1-Phenyl-2-propanon (P-2-P; Benzylmethylketon, BMK; Phenylaceton)
N-Acetylanthranilsäure (2-Acetamidobenzoesäure)
Isosafrol (cis + trans)
3,4-Methylendioxyphenylpropan-2-on (Piperonylmethylketon, PMK; 1-(1,3-Benzodioxol-5-yl)propan-2-on)
Piperonal
Safrol
Ephedrin
Pseudoephedrin
Norephedrin (Phenylpropanolamin, PPA)
Ergometrin
Ergotamin
Lysergsäure

Kategorie 2

Kaliumpermanganat
Essigsäureanhydrid (EA)
Phenylessigsäure
Anthranilsäure
Piperidin

Kategorie 3

Salzsäure (Hydrogenchlorid)
Schwefelsäure
Toluol
Ethylether (Diethylether)
Aceton
Methylethylketon (MEK; Butanon)

sowie jeweils die Salze der aufgeführten Stoffe, soweit das Bestehen solcher Salze möglich ist.

Anhang B.4: Gruppen von Doping-Wirkstoffen

(gemäß § 6 a Abs. 2 AMG in der Fassung vom 11. Dezember 1998 in Verbindung mit dem Anhang des Übereinkommens gegen Doping, veröffentlicht mit dem Gesetz vom 2. März 1994 zu dem Übereinkommen vom 16. November 1989 gegen Doping im BGBl. 1994 II S. 350 f.)

Bezugsliste der pharmakologischen Gruppen von Doping-Wirkstoffen und Doping-Methoden (bei dieser Liste handelt es sich um die vom Internationalen Olympischen Komitee im Dezember 1991 angenommene Liste der Gruppen von Doping-Wirkstoffen und Doping-Methoden):

I. Gruppen von Doping-Wirkstoffen:
   A. Stimulantien
   B. Narkotica
   C. Anabole Steroide
   D. Beta-Blocker
   E. Diuretica
   F. Peptidhormone und entsprechende Wirkstoffe

II. Doping-Methoden:
   A. Blutdoping
   B. Pharmakologische, chemische und physikalische Manipulation

III. Gruppen von Wirkstoffen, die bestimmten Einschränkungen unterliegen:
   A. Alkohol
   B. Marihuana
   C. Lokalanästhetica
   D. Corticosteroide

Beispiele

I. Gruppen von Doping-Wirkstoffen:

   A. z.B. Stimulantien:

Amfepramon	Kokain (Cocain)
Amfetamin	Mefenorex
Amfetaminil	Mesocarb

Amineptin
Amiphenazol
Benzfetamin
Cathin
Chlorphentermin
Clobenzorex
Chlorprenalin
Cropropamid (Bestandteil von Micoren)
Crothetamid (Bestandteil von Micoren)
Dimetamfetamin
Ephedrin
Etafedrin
Etamivan
Etilamfetamin
Fencamfamin
Fenetyllin
Fenproporex
Furfenorex
Koffein (Coffein - hier gilt die Probe als positiv, wenn die Coffeinkonzentration im Urin 12 µg/ml übersteigt)

Metamfetamin
Methoxyamfetamin
Methylephedrin
Methylphenidat
Morazon
Nikethamid
Pemolin
Pentetrazol
Phendimetrazin
Phenmetrazin
Phentermin
Phenylpropanolamin
Pipradrol
Prolintan
Propylhexedrin
Pyrovaleron
Strychnin

und verwandte
Verbindungen

B. z.B. Narkotische Analgetica

Alphaprodin
Anileridin
Buprenorphin
Codein
Dextromoramid
Dextropropoxyphen
Diamorphin (Heroin)
Dihydrocodein
Dipipanon
Ethoheptazin

Ethylmorphin
Levorphanol
Methadon
Morphin
Nalbuphin
Pentazocin
Pethidin
Phenazocin
Trimeperidin
und verwandte Verbindungen

C. z.B. Anabole Steroide

Bolasteron
Boldenon
Clostebol
Dehydrochlormethyltestosteron
Fluoxymesteron
Mesterolon
Metandienon
Metenolon
Methyltestosteron

Nandrolon
Norethandrolon
Oxandrolon
Oxymesteron
Oxymetholon
Stanozolol
Testosteron (hier gilt
die Probe als positiv,
wenn die Verabreichung von

und verwandte Verbindungen

Testosteron oder jede andere Manipulation dazu führt, dass das Verhältnis der Konzentration von Testosteron zu Epitestosteron im Urin höher ist als 6)

D. z.B. Beta-Blocker

Acebutolol
Alprenolol
Atenolol
Labetalol
Metoprolol

Nadolol
Oxyprenolol
Propanolol
Sotalol
und verwandte Verbindungen

E. z.B. Diuretica

Acetazolamid
Amilorid
Bendroflumethiazid
Benzthiazid
Bumetanid
Canrenon
Chlormerodrin
Chlortalidon

Diclofenamid
Etacrynsäure
Furosemid
Hydrochlorothiazid
Mersalyl
Sprironolacton
Triamteren
und verwandte Verbindungen

F. Peptidhormone und entsprechende Wirkstoffe

Chorionisches Gonadotrophin (HCG - menschliches chorionisches Gonadotrophin)
Corticotropin (ACTH)
Wachstumshormon (HGH, Somatropin)
Erytropietin (EPO)

II. Doping-Methoden:

A. Blutdoping
B. Pharmakologische, chemische und physikalische Manipulation

III. Gruppen von Wirkstoffen, die bestimmten Einschränkungen unterliegen:

A. Alkohol
B. Marihuana
C. Lokalanästhetica
D. Corticosteroide

Anhang C: Sachverzeichnis

C.1 Alphabetisches Verzeichnis der chemischen Wirkstoffe, Reagenzien und pharmazeutischen Präparate

Die Zahlen verweisen auf die entsprechenden Randnummern zum Text, halbfett gedruckte Zahlen bezeichnen die zu Strukturformeln gehörigen Randnummern. In Klammern gesetzte Bezeichnungen nach den Zahlen verweisen auf das entsprechende Stichwort in Anhang A. Bei den mit "Btm" gekennzeichneten Fertigarzneimitteln handelt es sich um derzeit oder früher in Deutschland im Handel befindliche Arzneimittel, die als Betäubungsmittel im Sinne des BtMG einzustufen waren bzw. sind.

A

A s. Adrenalin
AADC s. Aminosäurendecarboxylase
Abasin 2099
AB-Fentanyl 0,1/-0,5 Injektionslösung (Btm) 2465
AB Pethidin HCl 50 (Btm) 2387
AC-17 s. Adrenochrom
Acamprosat 2152 FN 34
Acedicon (Btm) 2306
Acetaldehyd 440, (Aldehyd)
Acetaldehyddehydrogenase (Aldehyd)
Acetamid (Carbonsäuren)
2-Acetamidobenzosäure 2080
3-Acetamido-l-propansulfonsäure 2152 FN 34
Acetaminophen 1198 FN 315
Acetanhydrid 963
Acetat (Carbonsäuren)
Aceton 1097 FN 177, 1099, 1422, 1510, 1510 FN 108, 1853, 2503 FN 9, 2532, 2552 FN 55, 2556
Acetonitril 1787
Acetorphin 2350
Acetylaceton (Acetyl-Gruppe)
Acetylalphamethylfentanyl 2484, 2491
N-Acetylamfetamin 1786
N-Acetylanthranilsäure 2080
Acetylcarbromal 2099
Acetylchlorid 963, (Acetyl-Gruppe)
Acetylcholin 13, 17, 162, 361, **461**, 462, 515, 517 f., 531 FN 83, 765, 915, 1160, 1162 FN 272, 1771 f., 2118, (Acetylcholin/Agonisten/Dementia/ Dopamin/cholinerg/Halluzination/ Hormone/Monoamine/motorische Endplatten/Neurotransmitter/Nicotin/ Noradrenalin/Parasympathicus/Parasympatholythica/Parasympathomimetica/Serotonin/Synapse/ZNS)
Acetylcholinesterase (AChE) 13, (Acetylcholin/Enzyme/Esterasen/Parasympathomimetica)
Acetylcodein 1196, 1254, 2306
Acetyldihydrocodein 2309
Acetyldihydrocodeinon 2306

N-Acetyl-β-(3,4-dimethoxy-5-hydroxyphenyl)ethylamin 588
Acetylen (aromatische Kohlenwasserstoffe)
N-Acetyl-d-lysergsäurediethylamid (ALD-52) 310, **370**, 405
1-Acetyllysergsäuremonoethylamid (ALA-10) 307
N-Acetylmescalin 588
Acetylmethadol 2439, 2447
L-Acetylmethadol s. Levacetylmethadol
Acetyl-α-methylfentanyl s. Acetylalphamethylfentanyl
Acetylsalicylsäure (ASS) 1198, 1198 FN 314
Acetylthebanol 1196
AChE s. Acetylcholinesterase
Aconitin 538 FN 89
Aconitum Truw 538 FN 89
ACTH s. adrenocorticotropes Hormon
Actifed 1714 FN 9
Acylharnstoff 2097
Adenosin (Coffein/Monoamine/Neurotransmitter)
Adenosintriphosphat (ATP) 1168, (Adrenalin/Alkaloide/Noradrenalin)
Adenosylmethionin 2459, (Noradrenalin)
Adenylatcyclase 167, 1168-1170, (Noradrenalin)
ADH s. Alkoholdehydrogenase
Adrenalin (A) 362, **363**, 364 f., 580, 1504, 1565, 1677, 1703, 1715 f., 1791, 1803, 1895-1897, (ACTH/Adrenalin/adrenerg/biogene Amine/Catecholamine/Dopamin/Hypophyse/Monoamine/Nebennieren/Neurotransmitter/Nicotin/Sympathicus/Sympatholytica/Sympathomimetica/Synapse/Tyrosin)
Adrenalin Jenapharm 1791 FN 12, (Adrenalin)
Adrenochrom (AC-17) **363**, 365
adrenocorticotropes Hormon (ACTH/Hypophyse/Hypothalamus)
Adrenoxyl 365 FN 91
Adumbran/-forte 2187 f.
ätherische Öle 91, 200, 641, 1774, (Indol)
Äther zur Narkose ASID 2507
Aethinazon **2049**, 2050
Ätzkalk 1769

Ajan 2358 FN 116
Aktedron (Btm) 1823
Akuamin 776
Alanin 306 FN 36, 1064, (Alanin/Aminosäuren/Tryptophan)
Albumine (Peptide)
ALA-10 s. 1-Acetyllysergsäuremonoethylamid
ALD-52 s. N-Acetyl-d-lysergsäurediethylamid
Aldehyde 1979, 1999, (Aldehyd/Alkohole)
Alfentanil 2470, 2472, 2475, 2488, 2490
Alkoholdehydrogenase (ADH) (Aldehyd)
Alkohole 37, 82, 87, 119 f., 120 FN 68, 150 f., 154, 168, 227-229, 265, 267, 364, 508, 531, 547, 583, 643, 716, 887, 904, 937 f., 966, 974, 1077, 1080, 1104, 1397, 1422, 1465, 1496, 1546, 1601, 1610, 1622, 1663, 1674, 1685, 1687, 1705, 1721, 1741, 1749, 1772, 1804, 1811, 1846, 1884, 1912, 1956 f., 1971, 1973, 1975 f., 1999, 2005, 2008, 2010, 2019, 2023-2025, 2063, 2068, 2070, 2086 FN 34, 2089, 2105 f., 2110-2113, 2144, 2153, 2194, 2212 f., 2222-2224, 2229-2231, 2279, 2287, 2344, 2346, 2431, 2435, 2460, 2496, 2499 f., 2505-2507, 2532, 2545, 2552 FN 55, (Aldehyd/Alkaloide/Alkohole/Carbonsäuren/Ester/Esterasen/Ether/Koma/Lactone/Missbrauch/Nicotin/-ol/Phenol/Terpene)
Alkylamine 435
Alkylnitrite 2557
2-Alkylpiperidin (Piperidin)
Allobarbital 2023, 2046
Alloferin 2120
Allotropal 2110
Allylalkohol 1104
Allylbenzol 1787
L-Allyl-4,5α-epoxy-3,14-dihydroxy-6-morphinanon **1076**, 1102
5-Allyl-5-(1-ethylbutyl)barbitursäure 1991
5-Allyl-5-isobutylbarbitursäure 1990
5-Allyl-5-isopropylbarbitursäure 1990
(3-Allyl-l-methyl-4-phenyl-4-piperidyl)propionat 2397
N-17-Allyl-3-morphinanol **1076**, 1102

N-Allylnormorphin **1076**, 1101
4-Allyloxy-3,5-dimethoxyphenethylazan 815
5-Allyl-5-(pentan-2-yl)barbitursäure 1991
Allylpiperidinol 2397
Allylprodin 2397
Alphaacetylmethadol 2439, 2447
Alphaethylmescalin 583
Alphaethyltryptamin 887
Alphameprodin 2397
Alphamethadol 2447
Alphamethylacetylfentanyl s. Acetylalphamethylfentanyl
Alphamethylfentanyl (AMF) 2483, 2491
Alphamethylmescalin (AMM) s. Trimethoxyamfetamin
Alphamethylthiofentanyl 2491
Alphaprodin 2397 f.
Alprazolam 2237
Amanitin 465 FN 12, 654 FN 78
Ameisensäure 1787
AMF s. Alphamethylfentanyl
Amfebutamon (Nicotin)
Amfepramon 1801, **1822**, 1842, 1844, 1859 f., 1864
Amfetamine 150 FN 100, 225, 297, 299, 362, **363**, 363 FN 88, 366, 582, 651, 795 FN 2, 800 f., 803. 816 f., 825 f., 829-831, 835 FN 51, 839, 846, 849, 854, 857-859, 863-867,. 894, 914, 920, 1002 FN 57, 1052, 1057, 1160, 1198, 1259 f., 1442, 1444, 1482, 1527 FN 126, 1530, 1565, 1565 FN 172, 1599 f., 1607, 1638 f., 1685, 1697, 1706, 1713, **1715**, 1724, 1744, 1752, 1756, 1762, 1783-1958 (**1822**), 2067, 2112, 2116 f., 2123, 2143, 2194, 2336 FN 88, 2485, (Agonisten/Arzneistoffabhängigkeit/Coffein/Desaminierung/ Mydriasis/Schizophrenie/Sympathomimetica)
D-Amfetamin s. Dexamfetamin
L-Amfetamin s. Levoamfetamin
Amfetamin-Base 414, 415 FN 142, 1789, 1915, 1926, 1928, 1930
Amfetamin-HCl 1788
Amfetaminil 1801, **1822**, 1839, 1856, 1858, 1882, 1888, 1924

Amfetaminphosphat 1788
Amfetaminsulfat 1788 f., 1797, 1906
Amide s. Säureamide
Amidopyrin 170
Amine 363, 435, 887, 889, 1064, 1490, 1710, 1725, 1785, 2097, (Amine)
Aminoalkohol 300, 1772
4-Aminobenzoesäure-(2'-diethylaminoethyl)ester **1489**
p-Aminobenzoesäureethylester 1503
γ-Aminobuttersäure 936 FN 211, (GABA)
4-Aminocarbonsäuren 1772
4-Amino-3-(4-chlorphenyl)buttersäure (GABA)
(R)-2-Amino-1-(3,4-dihydroxyphenyl)ethanol (Noradrenalin)
(S)-2-Amino-3-(3,4-dihydroxyphenyl)propionsäure (L-Dopa)
4-(2-Aminoethyl)brenzcatechin (Dopamin)
3-(2-Aminoethyl)-5-indolol (Serotonin)
α-Amino-(3-hydroxy-5-isooxazol)essigsäure 465, **466**
L-(+)-2-Aminopentan-1,5-disäure (Glutaminsäure)
1-Amino-l-phenylcyclohexan 894
2-Amino-5-phenyl-2-oxazolin 2131
(S)-2-Amino-l-phenylpropan-l-on 1743
(1S,2S)-2-Amino-l-phenylpropan-l-ol **1715**, 1744
(1R,2S)-2-Amino-1-phenylpropan-l-ol 1756
(-)-Aminopriophenon 1743
(S)-Aminopropionsäure 1064, (Alanin)
Aminorex 2131
Aminosäuren (AS) 91 FN 52, 306, 306 FN 36, 842 FN 63, 1063, 1145 f., 2152 FN 34, (ACTH/Alanin/Alkaloide/Aminosäuren/biogene Amine/ Blut-Hirn-Schranke/Catecholamine/Decarboxylierung/Desaminierung/L-Dopa/Dopamin/Eiweißstoffe/ GABA/Glutaminsäure/Hormone/Hydroxylasen/Indol/ Membran/Neurotransmitter/Noradrenalin/Peptide/Pyrrol/Serotonin/Tryptophan/ Tyrosin)
Aminosäurenoxidase (Aminosäuren/Enzyme)

Aminosäurendecarboxylase (AADC) (Blut-Hirn-Schranke/L-Dopa)
AMM s. Alphamethylmescalin
Ammoniak 1420, 1618, 1625, 1634, 1645, (Amine)
Ammoniumbase 461
Ammoniumchlorid 962, 1625
Ammoniumhydrogencarbonat 1625
Ammoniumhydroxid 1619
Amobarbital 1990, 2019, 2041 f.
Amphetamine s. Amfetamine
Amphetaminil s. Amfetaminil
Amylalkohol 1067, 2557
Amylnitrit (AMYS) 2557-2561, (Hypoxie)
AN 1-Dragees 1839, 1924
Anaesthesin 1503, 1600
Anandamid 167, 167 FN 142
Androgene s. Steroide
Androstendion 1805
Anexate 2229 FN 114
Anhalamin 578
Anhalidin 578, 581, 800
Anhalonin 578
Anhydride (Anhydride)
Anileridin 2396-2398
Anilinopiperidine 2463
Anthranilsäure 2080
Apfelsäure (Malonsäure)
Apiol 632 FN 55, 833
Apomorphin **1076**, 1347, 1672 FN 342, 2247-2252
Apomorphin Teclapharm 2248
Aponal 1352, 1352 FN 537, 2161
Aporphin 616 FN 43
Aprobarbital 1990
Apronalid 2099, 2108
Arachidonsäure 167
Arachidonylethanolamid 167
N-Arachidonylethylamin 167 FN 143
Arecaidin **1773**, 1775, 1777
Arecolin **461**, 462, 485, 1763-1782, (Parasympathomimetica)
Aribin 715
Arizonin 622
aromatische Kohlenwasserstoffe 259 FN 220, 632, 1165, 1490, 2001, 2004, 2528, (aromatische Kohlenwasserstoffe)

Arsen 403
arsenige Säure/Arsenik (Droge)
Arterenol (Noradrenalin)
α-Asaron 616 FN 43
β-Asaron 616 FN 43
Ascorbinsäure 1198 f.
Aspidospermidin 775
Aspirin 1198, 2240
AS s. Aminosäuren
ASS s. Acetylsalicylsäure
Asthma 6-N flüssig 1719
ATP s. Adenosintriphosphat
Atosil 2141
Atropin 125 FN 75, 283, 463, 471, 484, 492, 496 f., 499, 502 f., 505, 508, **509**, 510, 511 FN 51, 512, 514, 517-526, 529, 533, 537, 555, 569, 730, 864, 932, 1084 FN 166, 1521, 1547, 1665, 2393, (Agonisten/Mydriasis/Parasympatholytica)
Atropinsulfat 15 FN 3, 484, 511, 1084 FN 167, 2119 FN 10, 2321 FN 79
Atropinsulfat-100 mg Injektionslösung 511
Aurorix/-300 (MAO)
Azacyclonol 2112

B

Backnatron s. Natriumbicarbonat
Baclofen (GABA)
Baclofen-ratiofarm (GABA)
Baeocystin **370**, 645-647, 654 FN 78
Bannsterin 716, 735
Barbital 1193, 1980, **1986**, 1988, 1990, 2004, 2045, 2099
Barbitursäure(-derivate) 120 FN 68, 153, 172, 347, 681, 855, 887, 942, 1085, 1141 FN 247, 1198, 1201, 1222, 1380, 1397, 1663 f., 1674, 1676, 1685, 1705, 1790 FN 11, 1827, 1937, 1977-2048 (**1984**), 2055-2058, 2063, 2067, 2069, 2075, 2081, 2083 f., 2088 f., 2097, 2106, 2112, 2114 FN 1, 2177, 2194, 2210, 2212, 2217, 2222, 2243, 2255, (Agonisten/Arzneistoffabhängigkeit/Barbiturate/Enzyminduktion/GABA/Halluzination/Koma/Toleranz)

basisches Polypeptid (Neurotransmitter/ Peptide)
BD s. 1,4-Benzodiazepine
BDB s. 1-(1,3-Benzodioxol-5-yl)butan-2-ylazan
BDMPEA s. Bromdimethoxyphenethylamin
Belladonnysat Bürger 511
Benzaldehyd 1420
Benzamid (Carbonsäuren)
Benzatropin 569
Benzedrin (Btm) 1746, 1797, 1823
Benzethidin 2397
Benzfetamin 1801, 1828, 1861
2-(Benzhydrylsulfinyl)acetamid 2134
Benzilsäure 929 FN 204
Benzilsäure-N-ethyl-3-piperidylester (JB 318) 930 f. (**931**)
Benzilsäure-N-methyl-3-piperidylester (JB 336) 930 f. (**931**)
Benzin 43, 87, 1615, 2502, 2527, 2550, 2552, (Kohlenwasserstoffe/Lipide)
Benzocain 1503, 1512, 1600
1,4-Benzodiazepine (BD) 253, 732, 732 FN 168, 924 FN 199, 937, 1130,, 1141 FN 246, 1228 f., 1259, 1280, 1338, 1349 FN 532, 1379, 1381, 1685, 1910, 1937, 1969, 1979 FN 5, 1987, 1990 FN 18, 1999, 2003, 2020, 2037, 2057, 2138, 2146, 21.77-2179, 2182-2238, 2346, 2430, 2434, 2542, (Benzodiazepine)
1-(1,3-Benzodioxol-5-yl)butan-2-ylazan (BDB) 843 FN 65, 867 f
[1-(1,3-Benzodioxol-5-yl)butan-2-yl]-methylazan (MBDB) 843 FN 65, 867 f.
(RS)-1-(1,3-Benzodioxol-5-yl)propan-2-ylazan (MDA) 833
[1-(1,3-Benzodioxol-5-yl)propan-2-yl](ethyl)azan (MDEA) 836
N-[1-(1,3-Benzodioxol-5-yl)propan-2-yl]hydroxylamin (MDOH) 834
[1-(1,3-Benzodioxol-5-yl)propan-2-yl](methyl)azan (MDMA) 835
N-[1,3-Benzodioxol-5-yl)propan-2-yl]-N-methylhydroxylamin (FLEA) 868
1-(1,3-Benzodioxol-5-yl)-2-(pyrrolidin-1-yl)propan-l-on 868

Benzoesäure 1487, 1493
Benzoesäuremethylester 1552, 1649
Benzol 259 FN 220, 643, 1374, 1413, 1419, 1528, 2548, 2552 FN 55, (aromatische Kohlenwasserstoffe/Indol/Phenol)
Benzomorphane 1100, 2241, 2352-2378
Benzophenanthridine 1062 FN 133
Benzopyran 88, (Pyran)
Benzopyren 259, 259 FN 220
Benzopyridin 301, (Chinolin/Piperidin)
Benzopyrrole s. Indole
Benzoxazocin 2358 FN 116
Benzoyl 508
Benzoylecgonin (BZE) 1260, 1523, 1552, 1563, 1648, 1656-1658
Benzoylecgoninmethylester 508, **509**, 1487, **1489**, 1648
Benzphetamin s. Benzfetamin
1-(1-Benzylbutyl)pyrrolidin 1803
(1S,2R)-(1-Benzyl-3-dimethylamino-2-methyl-l-phenylpropyl)propionat 2456
N-Benzyl-N,α-dimethylphenethylamin 1828
Benzylfentanyl 2484, 2491, 2491 FN 249
1-Benzylisochinoline 538 FN 87 und 89, 573 FN 4, 616 FN 43, 1062 f., 1069, (Tetrahydroisochinoline)
Benzylmethylketon (BMK) 1762, 1787, 1852 f.
(Benzyl)(methyl)(1-phenylpropan-2-yl)azan 1828
Benzylmorphin 1092
3-Benzyloxy-4,5α-epoxy-17-methyl-morphin-7-en-6α-ol 1092
N-(1-Benzyl-4-piperidyl)phenylpropanamid 2484
Betacetylmethadol 2447
Betadorm 2099
Betadorm A 2100
Betahydroxyfentanyl 2491
Betahydroxymethylfentanyl 2491
Betameprodin 2397
Betamethadol 2447
Betaprodin 2397
Betelphenol 1774
L-Betonicin 712
Bezitramid 2494
Bicarbonsäuren (Malonsäure/Oxalsäure)

Bisindole 775, (Alkaloide)
Bisisochinoline (Alkaloide)
Bisnortilidin 2262
Blausäure s. Cyanwasserstoff
BMK s. Benzylmethylketon
BOL-148 s. 3-Brom-d-
   lysergsäurediethylamid
Bortrichlorid 1413
BPN s. Buprenorphin
4-BR s. Brolamfetamin
Bradykine 1139 FN 241
Briserin 2141
Brolamfetamin (4-BR) 816
Brom 311, 2102, 2104
Bromazanil 2188
Bromazepam 2188, 2231, 2233 f., 2237
Bromcarbamide 1981, 2097-2109
4-Brom-2,5-diethoxy-α-methylphenethyl-
   amin 817
1-(4-Brom-2,5-diethoxyphenyl)propan-2-
   ylazan 817
α-Bromdiethylacetylcarbamid **2097**, 2099
4-Brom-2,5-dimethoxy-α-
   methylphenethylamin (DOB) **363**, 816
4-Brom-2,5-dimethoxyphenethylamin/
   bzw. -azan (BDMPEA; 2-CB) **363**,
   800 FN 5, 817, 829
(RS)-1-(4-Brom-2,5-dimethoxyphenyl)pro-
   pan-2-ylazan (DOB) **363**, 816
Brom-DOM 816
Bromisoval 2052, 2099, 2108
Bromkalium 2096
Brom-LSD 311, **370**, 379, 394
3-Brom-d-lysergsäurediethylamid (BOL-
   148) 311, **370**, 379, 394
(2-Brom-3-methylbutyryl)harnstofff 2099
Brom-Nercavit 2099
p-Bromomethylamfetamin 817
3-(2-Bromphenyl)-2-methylchinazolin-
   4(3H)-on 2050
7-Brom-5-(2-pyridyl)-1,3-dihydro-2H-1,4-
   benzodiazepin-2-on 2188
Bromural 2096
Brotizolam 2188, 2238
Bufotenin (5-OH-DMT) 369-371 (**370**),
   461, 653, 688-708, 724, 870-874, 881,
   (Tryptamin)

Buprenorphin(-HCl) (BPN) **1076**, 1324,
   1328, 1349 FN 532, 1352 FN 538,
   1703, 2162, 2341-2349, 2371
Buscopan-plus 514
Butan 2533
Butanon 869
1-Butansäure-4-ol (Lactone)
Butalbital 1990, 1993 f., 2046
Butallylonal 1990, 2046
Butin (Alkyle)
Butobarbital 2046
Buttersäure (Carbonsäuren)
Butylester/Butylacetat 1455, 2532
Butylnitrit 2561
Butyrolaceton (Lactone)
Butyrophenon 2135, 2142
BZE s. Benzoylecgonin

C

Cadinen 1774
Cafilon (Btm) 1832
Calciumcarbonat 202, 1196, 1199, 1418,
   1769
Calciumhydroxid 1769
Calciumoxid 1769
Camazepam 2237
cAmp s. cyclisches Adenosinmonophos-
   phat
Campral 2152 FN 34
Cannabidiole (CBD) 44, 83, 92-96 (**92**),
   114, 117
Cannabidiolsäure (CBDA/CBDS) 85, **92**,
   114
Cannabigerol (CBG) 89
Cannabigerolsäure (CBGA/CBGS) 95
Cannabinoide 43, 83, 85, 90 f., **92**, 97, 102,
   120, 166-169, 201, 204, 220, 222-224,
   408, 1171, 1253 FN 381, 1321, 1376
   FN 7, 1562, 1656
Cannabinole (CBN) 40, 83, **92**, 94 f., 114,
   117
Cannabinolsäure (CBNA/CBNS) **92**
Cannabitriole (CBT) 83
Cannabivarin (CBV) 89
Cannador 97
Cantharidin 538 FN 90

Captagon (Btm).1725, 1728, 1802, 1818, 1837 f., 1848, 1855, 1882, 1888, 1903 f., 1906, 1924, 1957, 2051, 2365
Capros (Btm) 1084
Capval 1070, 2295 FN 58
Carbamazepin 1352, 1352 FN 538, 1702, 2162, 2167, 2217, 2346
Carbamazepin ratiopharm 2162
Carbaminsäure 2109, 2180
Carbazochrom 365 FN 91
β-Carboline 371, 701 f., 714-717 (**714**), 724, 739-744, 746, 773, 776
γ-Carboline **714**, 761
Carbonsäuren 301, 1772, 2097, 2448, (Aminosäuren/Anhydride/Carbonate/ Carbonsäuren/Hydroxylierung/Lactone /Malonsäure/Oxalsäure)
Carboxylesterasen 1563, 1674
9-Carboxy-THC 154
Carbromal 2052, **2097**, 2099, 2102, 2108
Carfentanil **2464**, 2473, 2475, 2491
Carnegin 622
Caryophyllenepoxid 91
CAT s. Cholinacetyltransferase
Catapresan 1349-1351
Catecholamine 125 FN 92, 165 FN 114, 373, 379, 1564, 1822, 1889, 2115, 2163, (Catecholamine/Delirium/Monoamioxydasen/Nebennieren/Serotonin/Sympatholytica/ Synapse)
Catecholamin-O-Methyltransferase (COMT) (Catecholamin-O-Methyltransferase/Noradrenalin)
Catharosin 776
Cathidin 1745
Cathin **1715**, 1733-1761, 1771, 1786, 1802, 1822 FN 67
Cathin Dragees 1755
Cathinin 1745
Cathinon **1715**, 1739, 1743-1746, 1756, 1759
2-CB s. Bromdimethoxyphenethylamin
CBD s. Cannabidiole
CBDA/CBDS s.. Cannabidiolsäure
CBG s. Cannabigerol
CBGA/CBGS s. Cannabigerolsäure
CBN s. Cannabinole
CBNA/CBNS s. Cannabiolsäure

CBT s. Cannabitriole
CBV s. Cannabivarin
CDP s. Chlordiazepoxid
Cesametic (Btm) 99 f.
Cetobemidon **2380**, 2405-2408
Cetobemidon-HCl 2407
CEY-19 s. Psilocybin(-eth)
Chanoclavin 442, **444**
Chavibetol 1774
Chavivol 1774
Chelerythrin 1062 FN 133
Chelidon 1062 FN 133
Chinazoline 2049, 2049 FN 3
Chinazolinon 2049 f.
Chinin 1193, 1601, 1639, (Chinolin)
Chinoline 622, (Chinolin/Piperidin/Tetrahydroisochinolin)
Chinolizidine 779, 779 FN 199, (Chinolizidin)
Chinone 365
3-Chinuclidinylbenzilat 929 FN 204
Chloraethyl "Dr. Henning" 2507
Chloraldurat 1979
Chloralhydrat 1979, 1979 FN 5
[1-(6-Chlor-1,3-benzodioxol-5-yl)propan-2-yl](methyl)azan (6-Cl-MDMA) 868
Chlordiazepoxid (CDP) 2026, 2183, **2185**, 2186, 2196, 2237
2-Chlor-10-(3-dimethylaminopropyl)phenothiazin **2140**
1-(4-Chlor-2,5-dimethoxyphenyl)propan-2-ylazan (DOC) 815
Chlorethan 2507
5-(2-Chlorethyl)-4-methylthiazol **2150**
1-Chlor-3-ethylpent-l-en-4-in-3-ol 2111
7-Chlor-3-hydroxy-5-phenyl-1,3-dihydro-2H-1,4-benzodiazepin-2-on 2187
Chlormethaqualon 2078
7 Chlor-2-methylamino-5-phenyl-3H-1,4-benzodiazepin-4-oxid 2183, **2185**
7-Chlor-l-methyl-5-phenyl-1,3-dihydro-2H-1,4-benzopdiazepin-2-on 2184, **2185**
Chloroform 505, 643, 716, 1067, 1336 FN 497, 1465, 1496, 2509, 2517-2525, 2430, 2434, 2496, 2537, (Alkaloide/Hypoxie)
Chlorphentermin 1801

5(4-Chlorphenyl)-2,5-dihydro-3H-imidazo[2,1a]isoindol-5-ol 1843
4-[4-(4-Chlorphenyl)-4-hydroxypiperidino]-4'-fluorbutyrophenon 2142
2-(2-Chlorphenyl)-2-methylaminocyclohexanon 924
3-(2-Chlorphenyl)-2-methylchinazolin-4(3H)-on 2050
(±)-N-(3-Chlorphenyl)-α-methylphenethylamin 1845
(3-Chlorphenyl)(1-phenylpropan-2-yl)azan 1845
Chlorpromazin 347, 681, 808, 918, 1351, **2140**, 2144, 2146, 2159 f., 2157
Cholesterin (Glia)
Cholin 15, 616 FN 43, (Acetylcholin/Parasympathomimetica)
Cholinacetyltransferase (CAT) (Acetylcholin)
Cholinesterase 1563, 1665, 1937 FN 244, (Acetylcholin/Parasympathomimetica)
CHP s. Propylhexedrin
Chromane 90, 634
1,2-Chromen **88**, 1376 FN 6, (Pyran)
2-CI s. 4-Iod-2,5-dimethoxyphenethylazan
Cibalgin 2023
Cinchonin 1639
Cinnamoylcocain 1420, 1493 f., 1601, 1648
Cinnamylcocain s. Cinnamoylcocain
Circanol 304
Clenbuterol 1725 FN 27
Cliradon (Btm) 2407
6-Cl-MDMA 868
Clobazam 2237
Clobenzorex (Btm) 1801
Clomethiazol 1352, 2031, 2034 FN 88, 2150-2154 (**2150**)
Clonazepam 2237
Clonidin 1349-1351
Clonitazen 2494
Clorazepat 2237
Clotiazepam 2237
Cloxazolam 2237
CO s. Codein
Cocaethylen s. Cocainethylen
Cocain 19, 64, 107, 197, 224, 250 f., 254, 297, 508, **509**, 522, 667, 756, 863, 904 f., 919, 927, 936 f., 1026, 1028, 1052, 1057, 1160, 1198, 1228 f., 1253 FN 381, 1259, 1280, 1322, 1331, 1338, 1343, 1358, 1401-1704 (**1489**), 1738, 1756, 1795, 1812 f., 1870, 1872, 1886, 1901, 1906, 1910, 1912, 1914, 1926 f., 1933, 1939, 1948, 1952, 2061, 2067, 2116, 2143, 2158, 2194, 2324, 2346, 2430, 2485, 2542, (Applikation/Esterasen/Mydriasis/retikuläres System)
D-Cocain 1428, 1506
L-Cocain 1428, 1492, 1506
Cocain-Base 1413 f., 1420-1422, 1460 f., 1465, 1496 f., 1612-1638, 1652 FN 311, 1654, 1679, 1686, 1693, 1915
Cocainethylen 1609 FN 234, 1674
Cocain-HCl 1252, 1422-1424, 1476, 1497, 1519, 1521, 1529, 1550, 1557, 1559, 1586 f., 1591, 1596, 1599, 1603, 1606, 1612, 1616, 1619, 1624 f., 1627, 1630, 1637 f., 1642, 1649, 1651-1655, 1652 FN 311, 1660, 1680, 1687, 1692, 1927, (Arzneistoffabhängigkeit)
Cocainsulfat 1419, 1614
Codein (CO) 209 FN 186, 942, 960, 987, 991, 1053, 1068, 1070 f., 1075, **1076**, 1095, 1138, 1172, 1228, 1253 f., 1256, 1260, 1317, 1325, 1330 f., 1414, 1718 f., 1910, 1995, 2222, 2272-2297, 2300, 2303, 2305-2307, 2309-2311, 2318, (Ether)
Codein-N-oxid 2294
Codeinphosphat 1718 FN 15, 2278, 2296
Codeinum phosphoricum compretten/-forte 2278
Codicaps (mono) 2278
codiOPT 2278
Codipront 2277
Codipront (mono) 2278
Codoxim 2350
Coffein 172, 189, 363 FN 88, 835 FN 51, 861 FN 97, 864, 1193, 1198, 1198 FN 315, 1234, 1271, 1439, 1709, 1709 FN 2, 1720, 1723 f., 1726, 1732, 1822 FN 67, 1803, 1836, 1836 FN 88, 1907, 1939, 1970 FN 15, 1993, 2117, 2121, 2123, (Alkaloid/Arzneistoffabhängigkeit/Coffein)
Coffeinum N 0,2 g 1907 FN 181, (Coffein)

Colanin 1709
Colchicin 1601, 1601 FN 221
COMT s. Catecholamin-O-Methyltransferase
(-)-Coniin 538 FN 88, (Piperidin)
Contergan 2090
11-Nor-COOH-THC 154
Cornutin 273
Corticoide 1313 FN 452, (Nebennieren)
Corticosteroide 1151, 1151 FN 260, 1804, (ACTH/Nebennieren/Steroide)
Corticotropin releasing hormon (CRH) 1151 FN 260, 1570 (ACTH/Depression/Hypophyse)
Cortisol s. Hydrocortison
Cortison 1283
Cotinin (Nicotin)
CRH s. Corticotropin releasing hormon
CS 293 s. Pemolin
2C-T-2 s. 4-Ethylsulfanyl-2,5-dimethoxyphenethylazan
2C-T-7 s. 2,5-Dimethoxy-4-(propylsulfanyl)phenethylazan
Cumarine (Inhaltsstoffe)
Curarin 788 FN 204
Cuscohygrin 499, 502, 557
CX-59 s. Psilocin
CY-39 s. Psilocybin
1'-(3-Cyan-3,3-diphenylpropyl)[1,4-bipiperidin]-4-carboxamid 2409
Cyanide (Hypoxie)
Cyanwasserstoff 919
Cyclamat 1924
Cyclazocin 1109, 1348, 1253 FN 381, 2341, **2353**, 2370-2375
cyclisches Adenosinmonophosphat (cAMP) 1168-1170, (Noradrenalin/Synapse)
Cyclobarbital **1986**, 1990, 2041-2043, 2255
Cyclohexan 894, 2253, 2381
Cyclohexancarbonitril 900
Cyclohexanon 900
Cyclohexatrien (aromatische Kohlenwasserstoffe)
5-(1-Cyclohex-l-enyl)-1,5-dimethylbarbitursäure **1986**, 1991
5-(1-Cyclohex-l-enyl)-5-ethylbarbitursäure **1986**, 1990
Cyclohexyl(amine) 893-898, 1830 f.

Cyclopentylphenylglykolsäure-N-ethyl-2-piperidylester (JB 329) 930 f. (**931**)
Cyclopropan (Propan)
(-)-N-(Cyclopropylmethyl)-4,5α-epoxy-3,14-dihydro-6-morphinanon **1076**, 1109
(5R,6R,7S,14S)-1-Cyclopropylmethyl-4,5-epoxy-7-[(S)-2-hydroxy-3,3-dimethylbutan-2-yl]-6-methoxy-6,14-ethanomorphinan-3-ol **1076**, 2341
2-Cyclopropylmethyl-2-hydroxy-5,9-dimethyl-6,7-benzomorphan **2353**, 2371
Cylert 2125
Cyprenorphin 2473
Cyrpon 2180
Cyrogenin 779 FN 199
(-)-Cytisin 779-793 (**779**), (Chinolizidin)
CZ-74 s. Psilocin(-eth)

D

Dalmadorm 2190
DAM s. Diamorphin
Darvon 2457 FN 214
Darvon N 1333
Decarboxylasen (Decarboxylierung/Enzyme)
Dehydrobenzperidol Injektionslösung 2466 FN 223
5,6-Dehydrokavain 1373-1375 (**1374**)
5,7-Dehydroxytryptamin (5,6-DHT) 1892
Delorazepam 2237
Delta-1-THC 84
Delta-6-THC 86, 106
Delta-7-THC 106
Delta-8-THC 44, 86, 106
Delta-9-THC s. Δ^9-trans-Tetrahydrocannabinol
Delta-10-THC 106
Delysid 287, 317 FN 45, 404
Deseril 379
Desipramin 2159, 2171
Desmethoxyyangonin 1373-1375 (**1374**), 1379
N-Desmethylcodein 2294
Desmethyldiazepam 2196
Desmethylmorphin 1092
Desomorphin 2350
DET s. Diethyltryptamin

DET MS retard Kapseln 304
Develin retard 2457 f.
Dexamfetamin 1743, 1825, 1850, 1919
Dexederin 1825
Dextromethadon 2443
Dextromethorphan 2295 FN 58, 2336 FN 88
Dextromoramid **2415**, 2448-2454, 2462
Dextromoramidhydrogentartrat 2451
Dextropropoxyphen(-HCl) 1253, 2456-2462
Dextrorphan 2336, 2340
DHBP s. Droperidol
DHC s. Dihydrocodein
DHC 60/-90/-120 Mundipharma 2299, 2301 f.
5,6-DHT s. 5,6-Dehydroxytryptamin
3,6-Diacetylmorphin s. Diamorphin
Diacetylnalorphin 1113
Dialkylamide 307
Dialkylether (Ether)
Diamorphin 307, 966, 988, 1060, 1073 f., **1076** f., 1086, 1091 f., 132, 1138, 1189, 1192, 1195, 1201, 1254 (s. auch Heroin)
Diampromid 2494
Diazepam 1352, 1677, 1911, 2026, 2184, **2185**, 2195 f., 2199, 2215, 2222, 2234, 2237
Diazepam-Lipuro 2184
Diazepam-ratiopharm 2184
Diazepam 5/-10 Stada 2184
Dibenzazepine 2159
5H-Dibenzo[b,f]azepin-5-carboxamid 2162
Dibenzochinolin 2247 FN 9
3-(6H-Dibenz[b,e]oxepin-11-yliden)-N,N-dimethylpropylamin 2161
Dicarbonsäuren (Anhydride/Oxalsäure)
2,6-Dichlor-N-(2-imidozolidinyliden)anilin 1351
2-[2,6-(Dichlorphenyl)imino]imidazolidin 1351
Dicodid (Btm) 2327-2329
Dieselöl 1416, 1418
Diethoxybromamfetamin 817, 829
Diethylamid 275, 285, 307, 376
2-Diethylaminoethyl-4-aminobenzoat **1489**
3-(2-Diethylaminoethyl)-4-indolol 370, 644

3-(2-Diethylaminoethyl)-4-indolyldihydrogenphosphat 643
2-Diethylamino-l-phenylpropan-l-on **1822**, 1842
5,5-Diethylbarbitursäure 1980, **1986**, (s. auch Barbital)
Diethylether 2504 f., 2507, 2507 FN 10, 2512
Diethyl[2-(indol-3-yl)ethyl]azan 888
N,N-Diethyl-D-lysergamid s. Lysergid
N,N-Diethyl-6-methyl-9,10-didehydroergolin-8β-carboxamid (LSD-25) 275, 307
3,3-Diethyl-5-methylpiperidin-2,4-dion 2086
Diethylpropion **1822**, 1842
3,3-Diethyl-2,4-(1H,3H)-pyridindion 2086
Diethylthiambuten 2494
Diethyltryptamin (DET) **370**, 888 f., 891
Difenoxin 2399
Digitalis (Steroide)
Dihydrocodein (DHC) 1110, 1317, 1330, 1349, 2288, 2290-2292, 2297-2305, 2309, 2318, 2431
Dihydrocodeinenolacetat **1076**, 2306
Dihydrocodeinon **1076**, 2326
Dihydrocodeintartrat 2297
3-(10,11-Dihydro-5H-benz[b,f]azepin-5-yl)-N-methylpropylamin **2159**
Dihydroergotamin 304 f., 305 FN 35, 313, 315
Dihydroergotaminmesilat 1993, 1993 FN 30
Dihydroergotoxin 304
Dihydroetorphin 2350
Dihydrohydroxycodeinon **1076**, 2315
Dihydrokavain 1373, 1375, 1379
(+)-5,6-Dihydro-4-methoxy-6-styryl-2-pyron 1372, **1374**, 1375
4,5-Dihydro-4-methyl-5-phenyl-2-oxazolamin 2129
Dihydromethysticin 1373, 1375, 1379 f.
Dihydromorphin **1076**, 2316, 2320 f.
Dihydromorphinon 354, **1076**, 2321
Dihydrothebain 2320
3,4-Dihydroxymandelsäure (Noradrenalin)
Dihydroxyphenyl-l-analin 1697 FN 378
Dihydroxyphenylessigsäure (DOPAC) (Blut-Hirn-Schranke/L-Dopa)

5,6-Dihydroxyphenylethanolmethylamin
363 f., (Adrenalin)
8,11-Dihydroxy- Δ^9-THC 154
Diisopropyl[2-(5-methoxyindol-3-yl)ethyl]
  azan (5-MeO-DIPT) 889, 891
Dikaliumchlorazepat 2184 FN 62
Dilaudid/-Atropin (Btm) 1606, 2321 f.,
  2324
Dimepheptanol 2447
Dimetamfetamin 1801
Dimethoxyamfetamin(e) (DMA) 810, 814
2,5-Dimethoxy-4-bromamfetamin (DOB)
  348, 363, 368, 794, 816-829
6,7-Dimethoxy-l-(3,4-di-methoxybenzyl)
  isochinolin 1069, 1076
3,4-Dimethoxy-α-(dimethylaminoethyl)
  benzylalkohol 625
2,5-Dimethoxy-4,α-dimethylphenethylamin
  363, 800
3,4-Dimethoxydopamin 580
2,5-Dimethoxy-4,α-ethylamfetamin
  (DOET) 363, 811 f., 814
3,5-Dimethoxy-4-(2-methylallyloxy)phen-
  ethylazan (MAL) 815
Dimethoxymethylamfetamin (DOM) 268,
  362, 363, 368, 581 f., 633, 800-816,
  818, 820, 830 f., 839, 882
2,3-Dimethoxy-4,5-methylendioxyphe-
  nethylamin (DMMDA-2) 837, 839
2,5-Dimethoxy-α-methylphenethylamin
  810
2,5-Dimethoxy-4-methylphenethylamin
  (DMMPEA) 800 FN 5
(RS)-1-(2,5-Dimethoxy-4-methylphe-
  nyl)propan-2-ylazan (DOM) 800
3,4-Dimethoxyphenethylamin (DMPEA)
  580, 618
1-(2,5-Dimethoxyphenyl)propan-2-ylazan
  810
2,5-Dimethoxy-4-(propylsulfanyl)phen-
  ethylazan (2C-T-7) 815
Dimethylamin (DMA) (Amine)
(R)-6-Dimethylamino-4,4-diphenylheptan-
  3-on 2415, 2418
(6-Dimethylamino-4,4-diphenylheptan-3-
  yl)acetat 2439
[(3R,6R)-6-Dimethylamino-4,4-diphenyl-
  heptan-3-yl]acetat 2439

[(3S,6S)-6-Dimethylamino-4,4-diphenyl-
  heptan-3-yl]acetat 2439
6-Dimethylamino-4,4-diphenylhexan-3-on
  2415, 2440
4-Dimethylamino-2,2-diphenylpentannitril
  2443
2-Dimethylaminoethyl-(4-butylamino-
  benzoat) 1489, 1503
3-(2-Dimethylaminoethyl)indol-4-ol 370,
  644
[3-(2-Dimethylaminoethyl)indol-4-
  yl]dihydrogenphosphat 370, 643
2-Dimethylamino-2',6'-dimethylacetanilid
  1489, 1503
(±)-trans-2-(Dimethylaminoethyl)-1-(3-
  methoxyphenyl)cyclohexanol 2254 FN
  15
[(2S,3R)-4-Dimethylamino-3-methyl-1,2-
  diphenylbutan-2-yl]propionat 2456
Dimethylbenzol 2528
(-)-N,d-Dimethylcyclohexaethylamin 1830
Dimethylether (Ether)
Dimethylheptyl-Δ^3-THC/Dimethylhep-
  tylpyran (DMHP) 109
3-(1,2-Dimethylheptyl)-7,8,9,10-tetrahy-
  dro-6,6a,9-trimethylbenzo[c]chromen-
  1-ol 109
Dimethylketon (Ketone)
N,N-Dimethyl-MDA 867
1,2-Dimethyl-6-methoxytetrahydrocarbolin
  701
(2R,6R,11R)-6,11-Dimethyl-3-(3-methyl-
  but-2-en-1-yl)-1,2,3,4,5,6-hexahydro-
  2,6-methano-3-benzazocin-8-ol 2353,
  2356
N,α-Dimethyl-3,4-methylendioxyphen-
  ethylamin 835
3-(2,4-Dimethylheptyl)-2-methylchina-
  zolin-4(3H)-on 2077
α,α-Dimethylphenethylamin 1829
(+)-N,α,-Dimethylphenethylamin 1822,
  1826
(-)-N,N-Dimethyl-α-phenethylamin 1828
6,11-Dimethyl-3-phenethyl-1,2,3,4,5,6-
  hexahydro-2,6-methano-3-benzazocin-
  8-ol 2354
(2S,3S)-3,4-Dimethyl-2-phenylmorpholin
  1822, 1831

1,3-Dimethyl-7-[2-(1-phenylpropan-2-yl-
    amino)ethyl]-3,7-dihydro-2H-purin-
    2,6(1H)-dion 1836
2,5-Dimethyl-4-(propylsulfanyl)phenethyl-
    azan (2C-T-7) 815
Dimethylserotonin 688
Dimethylthiambuten 2494
Dimethylthion (Ketone)
N,N-Dimethyltryptamin (DMT) 149, 369-
    371 (**370**), 619, 628, 648, 653, 688,
    699, 702, 711, 713, 723 f., 864, 870-
    891
1,3-Dimethylxanthin 1836 FN 88, (Coffein)
3,7-Dimethylxanthin 1709 FN 2, (Coffein)
Dionin (Btm) 2310
Dioxin 1276 FN 402
2,6-Dioxopiperidine 2085, 2090
Dipenten (Terpene)
Diphenhydramin 1988 FN 15, 2051, 2051
    FN 4, 2048, 2100, 2167, 2358 FN 116
Diphenoxylat 2399
Diphenyl(2-piperidyl)methanol 2112
(3,3-Diphenylpropyl)amin 2414
Dipeptide (Peptide)
Dipidolor Injektionslösung (Btm) 2410 f.
Diprenorphin 2371
5,5-Dipropylbarbitursäure 1995, 2277
Dipropyltryptamin (DPT) **370**, 888 f., 892
Distoffstoffmonoxid 2513-2517, 2525
Distraneurin 1352, 2031, 2034 FN 88,
    2150-2154, 2431
Diterpene 538 FN 89
Ditran 392, 516, 896, 914
DMA s. Dimethoxyamfetamin
DMA s. Dimethylamin
DMHP s. Dimethylheptyltetrahydrocan-
    nabinol
DMMDA-2 s. 2,3-Dimethoxy-4,5-
    methylendioxyphenethylamin
DMMPEA s. 2,5-Dimethoxy-4-methyl-
    phenethylamin
DMPEA s. 3,4-Dimethoxyphenethylamin
DMT s. N,N-Dimethyltryptamin
DOB s. Dimethoxybromamfetamin
DOC s. 1-(4-Chlor-2,5-dimethoxyphenyl)
    propan-2-ylazan
DOET s. Dimethoxyethylamfetamin

DOJ s. 4-Jodo-2,5-dimethoxyphenyliso-
    propylamin
Dolantin Injektionslösung/Tropfen/Zäpf-
    chen (Btm) 2387-2391
Dolantin Spezial (Btm) 2389
DOM s. Dimethoxymethylamfetamin
Dopa (Adrenalin/Noradrenalin)
L-Dopa 1697, 1697 FN 378, 1703, (Blut-
    Hirn-Schranke/L-Dopa)
L-Dopa-ratiopharm (L-Dopa)
DOPAC s. Dihydroxyphenylessigsäure
Dopadecarboxylase (Adrenalin)
Dopamin 162, 167, 302 FN 31, 362, **363**,
    368, 531 FN 83, 622, 633, 800, 842,
    915, 936, 1149 FN 255, 1151 FN 260,
    1160-1163, 1162 FN 272, 1168, 1544,
    1567-1572, 1682, 1697 FN 378, 1703
    f., 1746, 1885, 1891-1893, 1954, 2119,
    2142 f., 2249, 2402, 2462, 2563,
    (Acetylcholin/Adrenalin/Arzeneistoff-
    abhängigkeit/Blut-Hirn-Schranke/Ca-
    techolamine/L-Dopa/Dopamin/Etha-
    nol/Halluzination/Hormone/hyperkine-
    tisches Syndrom/ limbisches Sys-
    tem/Monoamine/Nebennieren/Neuro-
    transmitter/Nicotin/Noradrenalin/Schi-
    zophrenie/Synapse/Tetrahydroisochi-
    nolin/ZNS)
Dopamin Fresenius/Giulini (Dopamin)
Dopamin-β-Hydroxylase (Adrenalin)
Dopergin 1703, (L-Dopa)
Doriden 2085
Dormalon 1990
Dormalon Nitrazepam 1990 FN 18, 2189
Dormicum 1349
Dormicum (Btm) 2190, 2238 FN 127
Dormigoa (Btm) 2052
Dormo-Puren 2189
Doxepin 1352, 1352 FN 537, 2034 FN 88,
    2161, 2168, 2171
DPT s. Dipropyltryptamin
Dromoran (Btm) 2334
Dronabinol 101
Droperidol 2466 f., 2466 FN 223
Drotebanol 2350
Duboisin 560, 569
durazanil 6 2188
durazepam/-forte 2187

Durogesic 25 µg/h-100 µg/h (Btm) 2465, 2468, 2477
Dynorphine 1148, 1157 f., 1160
Dysurgal 2119
Dysurgal N 2119 FN 10

E

EA s. Essigsäureanhydrid
Echtblausalz 201
Ecgonin **509**, 1403, 1413, 1427, 1487, 1493, 1509, 1518, 1552, 1648
Ecgoninmethylester (EME) 1552, 1563
Edelgase 2562
Edulin 1745
Effortil 1601
Elastonon (Btm) 1823
Elemicin 90, 582, 629, 632-634 (**633**), 838
Elymoclavin 442, **444**
EME s. Ecgoninmethylester
Emetin 1672 FN 342
Endoopiode 1110, 1146, 1148 f., 1159 f., (Opioide)
α-,β-,γ-Endorphine 139, 1110, 1146 f., 1146 FN 251, 1149, 1149 FN 255, 1151-1158, 1164, 1314, 2203, (Arzneistoffabhängigkeit/Depression/Dopamin/Ethanol/Neurotransmitter/Nicotin/Placebo)
Enkephaline 1146 f., 1146 FN 252, 1148, (Adrenalin/Neurotransmitter)
Ephedrin(-HCl) 835 FN 51, 861, 864, 1565 FN 172, 1600, 1710-1732 (**1715**), 1744, 1771, 1786 f., 1802, 1822 FN 67, 1841 f., 1853, 1888, 1897, 1907, 1916, 2277, 2317, (Coffein/Phenyl/Sympathomimetica)
D,L-Ephedrin 1714, 1718, 2317
L-Ephedrin 1713, 1716, 1745
Ephedrin "Knoll" 1721
Ephedron 1713 F14 6, 1756
Ephepect 1718
Epinephrin 1791 FN 12, (Adrenalin)
(5R,6S)-4,5-Epoxy-dihydroxy-17-methylmorphin-7-en-17-oxid 1092
4,5α-Epoxy-3,6-dimethoxy-17-methylmorphina-6,8-dien 1068

4,5α-Epoxy-3-ethoxy-17-methylmorphin-7-en-6-ol **1076**, 2310
4,5α-Epoxy-3-hydroxy-5,17-dimethylmorphinan-6-on 2350
4,5α-Epoxy-14-hydroxy-3-methoxy-17-methylmorphinan-6-on **1076**, 2315
4,5α-Epoxy-3-hydroxy-17-methylmorphinan-6-on **1076**, 2321
(5R,6R,7R,14R)-4,5-Epoxy-7-[(R)-2-hydroxypentan-2-yl]-6-methoxy-17-methyl-6,14-ethenomorphinan-3-ol 2351
{4,5α-Epoxy-7α -[(R)-2-hydroxypentan-2-yl]-6-methoxy-17-methyl-6,14-ethenomorphinan-3-yl}acetat 2350
4,5α-Epoxy-3-methoxy-17-methylmorphinan-6α-ol 2297
4,5α-Epoxy-3-methoxy-17-methylmorphinan-6-on **1076**, 2326
(4,5α-Epoxy-3-methoxy-17-methylmorphinan-6α-yl)acetat 2309
(5R,6S)-4,5-Epoxy-17-methylmorphin-7-en-3,6-diol 1065, **1076**
4,5α-Epoxy-3-methoxy-17-methylmorphin-7-en-6α-ol 1068, **1076**, 2273
4,5α-Epoxy-3-methoxy-17-methylmorphin-7-en-6β-ol 2294
(4,5α-Epoxy-3-methoxy-17-methylmorphin-6-en-6-yl)acetat **1076**, 2306
4,5α-Epoxy-17-methylmorphinan-3,6α-diol 2320
4,5α-Epoxy-17-methylmorphinan-3,6α,14-triol 2320
[(5R,6S)-4,5-Epoxy-17-methylmorphin-7-en-3,6-diyl]diacetat 1073, **1076**
Erantin 2457 FN 214
Ergin **370**, 440 f.
Ergobasin 284
Ergo-Kranit mono 2 mg 304
Ergolin 300 FN 28, 438
Ergometrin 277, 284 f., 300, 303, 314, 443
Ergotamin 91 FN 52, 275, 302 FN 31, 304, 306, 314, 367, 411, 1937
Ergotamintartrat (ET) 275, 298, 313
Ergotin 273
Ergotoxin 275
Essigsäure 1097, 1187, 1189, 1230, (Acetylcholin/Acetyl-Gruppe/Aldehyd/Es-

sigsäure/Ester/Malonsäure/Parasympathomimetica)
Essigsäureanhydrid (EA) 963, 963 FN 15 und 16, 966, 989, 1041, 1096-1099, 1188, 1230, (Essigsäure)
Essigsäureester/Essigester 2532, (Ester)
Estazolam 2237
Ester 939, 2529, 2532, (Ester/Lactone)
Esterasen 1563, 1552, 1674, (Enzyme/Esterasen)
ET s. Ergotamintartrat
Ethan 545 FN 96, (Alkyle/Ligand/Methyl-Gruppe/Propan)
Ethanol s. Ethylalkohol
Ethanolamid 167
Ethchlorvynol 2111
Ether 632, 716, 939, 966, 1065, 1067, 1097 FN 177, 1376, 1380, 1422, 1496 f., 1510, 1618 f., 1622, 1624, 2496, 2504-2512, 2517, 2520, 2523, 2525, 2527, 2535, 2537, (Ether/Hypoxie/Pyran/Stoffe)
Ethinamat 2109
1-(Ethinylcyclohexyl)carbamat 2109
Ethoform 1503
{2-[2-(4-Ethoxybenzyl)-5-nitrobenzimidazol-1-yl]ethyl}diethylazan 2494
Ethoxyethan 2504
(4-Ethoxyphenyl)acetamid 1970
Ethylacetat 2529
Ethylalkohol 87, 150, 152, 154, 229, 235, 253, 364, 942, 1110 FN 193, 1141 FN 247, 1149 FN 255, 1160, 1201, 1229 FN 356, 1546, 1999, 2002, 2005, 2015, 2024, 2110 FN 56, 2165, 2207, 2233, 2496, 2509 f., 2545, (Aldehyd/Alkohole/Alkyle/Arzneistoffabhängigkeit/Blut-Hirn-Schranke/Dopamin/Droge/enterale Aufnahme/ Ester/Ethanol/GABA/Missbrauch/Nicotin/Nystagmus/Psychose)
Ethyl-p-aminobenzoat 1503
N-Ethylamphetamin s. Etilamfetamin
(2-Ethyl-2-brombutyryl)harnstoff **2097**, 2099
1-Ethyl-4-dimethylamino-2,2-diphenylpentylacetat 2439
Ethyl-β-carbolin-3-carboxylat 732

Ethylchlorid 2507
5-Ethyl-5-(1-cyclopentyl)barbitursäure 1990
5-Ethyl-5-(cyclohex-l-enyl)barbitursäure **1986**, 1990
4-Ethyl-2,5-dimethoxy-α-methylphenethylamin **363**, 811
1-(4-Ethyl-2,5-dimethoxyphenyl)propan-2-ylazan **363**, 811
(±)-Ethyl-(trans-2-dimethylamino-l-phenylamino-l-phenyl-3-cyclohexen-l-carboxylat) **2254**
Ethyl[(1RS,2RS)-2-dimethylamino-l-phenylcyclohex-3-encarboxylat] **2254**
Ethylen 545 FN 96
Ethylester 1674
Ethylether 1099, 1510, 2503 FN 9, 2504, 2506 f.
Ethylidenacetat 1198
Ethylisobutrazin 516 FN 61
5-Ethyl-5-isopentylbarbitursäure 1990
Ethylloflazepat 2237
N-Ethyl-MDA 836
5-Ethyl-5-(1-methylbutyl)barbitursäure **1986**, 1991
5-Ethyl-(1-methylbutyl)-2-thiobarbitursäure 1985 FN 12
N-Ethyl-α-methyl-3,4-methylendioxyphenethylamin 836
(RS)-5-Ethyl-l-methyl-5-phenylbarbitursäure **1986**, 1988
N-Ethyl-α-methylphenethylamin 1824
Ethyl(1-methyl-4-phenylpiperidin-4-carboxylat) **2380**
Ethylmethylthiambuten 2494
3-O-Ethylmorphin **1076**, 2310-2313
N-{1-[2-(4-Ethyl-5-oxo-4,5-dihydro-1H-tetrazol-1-yl)ethyl]-4-methoxymethyl-4-piperidyl}-N-phenylpropanamid 2470
(RS)-5-Ethyl-5-(pentan-2-yl)barbitursäure **1986**, 1991
5-Ethyl-5-phenylbarbitursäure **1986**, 1989
(Ethyl)(3-phenylbicyclo[2.2.2]heptan-2-yl)azan 2132
N-Ethyl-l-phenylcyclohexylamin 898
Ethyl(4-phenylpiperidin-4-carboxylat) 2399
3-Ethyl-3-phenylpiperidin-2,6-dion 2085

(Ethyl)(1-phenylpropan-2-yl)azan 1824
N-Ethyl-3-phenyl-8,9,10-trinorbonan-2-ylamin 2132
1-Ethyl-3-piperidylbenzilat (JB 318) 930 f. (**931**), 935
Ethylpsilocin s. Psilocin-(eth)
Ethyl-9H-pyrido[3,4-b]indol-3-carboxylat 732 FN 167
4-Ethylsulfanyl-2,5-dimethoxyphenylethylazan (2C-T-2) 815
Ethyltryptamin **370**, 887, 891
N-Ethyltryptamin 887
Ethylurethan 2180 FN 59
Eticyclidin (PCE) 898 f., 903, 921
Etilamfetamin 1801, 1824, 1850
Etonitazen 2494
Etorphin 2351
Etoxeridin 2397
Etryptamin **370**, 887, 891
Eukodal (Btm) 2317
Euponal (Btm) 1081 FN 161
Eventin 1830
Evipan-Natrium 1991 f.
Expectal N 1995 FN 32
Exspectal Tropfen 1995, 2277
Extractum Opii 1080

F

Fencamfamin(-HCl) 1803, 2132 f.
Fenetyllin(-Base/-HCl) 1801 f., **1822**, 1836-1838, 1840, 1846, 1855, 1857, 1882, 1884, 1888, 1892, 1906, 1924, 1929
Fenpipramid 2424, 2424 FN 178
Fenproporex 1801, 1845, 1859 f.
Fenproporex Tabletten 1845
Fentanyl 799, 1109 FN 191, 1342, 2381, 2463-2491 (**2464**), (Designer Drogen)
Fentanyl B. Braun (Btm) 2465
Fentanyl 0,5 mg Curamed (Btm) 2465, 2468
Fentanyl Hexal 0,1 mg (Btm) 2465, 2468
Fentanylhydrogencitrat 2467
Fentanyl "Janssen" (Btm) 2465, 2468, 2478
Fentanyl Parke-Davis (Btm) 2465
Fettsäuren, ungesättigte 167, (Neurotransmitter/Tryptophan)

Flavamed 1512
FLEA s. N-[1-(1,3-Benzodioxol-5-yl)propan-2-yl]-N-methylhydroxylamin
Fluctin 2159 FN 39
Fludiazepam 2237
Flüssiggas 2533
Flumazemil 2229 FN 114
Flunitrazepam 1330, 1911, 2191, 2195, 2198, 2227, 2229, 2231, 2234, 2237
Fluorchlorkohlenwasserstoffe (FCKW) 2514, 2555
Fluoxtin 2159 FN 39, 2164
p-Fluorfentanyl 2491
Flupirtin 2358 FN 116
Flurazepam 2190, 2237
Fokalepsin/-retard 2162
Folsäure (Glutaminsäure)
Formamid 1787, (Carbonsäuren)
Fortral (Btm) 1348, 2360-2362, 2365 f.
Fruchtzucker s. Glucose
Furethidin 2397

G

GABA s. Gammaaminobuttersäure
Gammaaminobuttersäure (GABA) 936 FN 211, 1141 FN 247, 1999, 2202, (Dopamin/Ethanol/GABA/Neurotransmitter/REM-Schlaf/Synapse)
Gammabutyrolaceton (GBL) 936, 936 FN 211, 939
Gammahydroxybutyrat (GHB) 936-939 (**936**), 1805, (GABA)
GBL s. Gammabutyrolaceton
Genomorphin (Btm) 1092
Gerbsäure 1742, 1767
GHB s. Gammahydroxybutyrat
Glucose 3, 1198, 1599, (Blut-Hirn-Schranke/Hypoglykämie)
Glutamat 2152 FN 34, (Ethanol/Glutaminsäure/Synapse)
Glutamin (Aminsäuren/Dopamin/Ethanol/GABA)
Glutaminsäure 612, (GABA/Glutaminsäure/Neurotransmitter)
Glutamin-Verla (Glutaminsäure)
Glutethimid 2026, 2085, 2091 f.

Glycin (Blut-Hirn-Schranke/Neurotransmitter)
Glykole (Alkohole)
Glykoside 437, 1372, 1383, (Steroide)
Guarana-ratiofarm Kapseln (Coffein)
Guaranin (Coffein)
Guvacin 1773
Guvacolin 1773

H

Halazepam 2237
Halcion/-mite 2192, 2217
Haldol-Janssen 918, 2142
Halloo-Wach 1709 FN 3
Halloo-Wach N Tabletten 1709 FN 3
Halogenkohlenwasserstoffe 2110, 2140, 2517, 2530 f., 2555
Haloperidol 918, 1347, 1571, 1677, 1937, 2135, 2142 f., 2145, 2149, 2466 FN 223
Halothan 2473, 2514
Haloxazolam 2237
Harmalin 703, 714-717 (**715**), 730, 733, 739, 743 f., 773
Harmalin-HCl 722
Harmalol 739
Harman **715**, 741
Harmin 703, 715 f., 730 f., 735, 739-741
Harman-HCl 734
Harnstoff 1984, (Harnstoff)
Harze 24, 26 f., 27 FN 3, 29, 33-43, 83, 87, 90, 106, 125, 145, 175, 178, 182, 184 f., 196, 207, 217, 219, 437, 1372
4-HDT s. 4-Hydroxy-N,N-diethyltryptamin
Helium 220
Heptabarb/Heptabarbital 1990
Heptan 2527
Heroin 58, 107, 209 FN 186, 210, 250-252, 254, 400, 424, 864, 904, 942-1366 (**1076**), 1465, 1474, 1481, 1484, 1530 f., 1578, 1592, 1594, 1598, 1602, 1606, 1608, 1610, 1624, 1626, 1630, 1636, 1638 f., 1650 f., 1654, 1659, 1668 FN 336, 1674 f., 1678, 1685 f., 1690, 1692, 1700, 1815, 1901, 1912, 1926, 1976, 2018, 2020, 2023, 2060, 2063, 2067, 2145, 2194, 2218, 2222,
2224-2226, 2272, 2283, 2285, 2287, 2296, 2324, 2365, 2401 f., 2420, 2428-2433, 2436, 2439 f., 2481 f., 2485, 2550, 2563, (Blut-Hirn-Schranke)
Heroin-Base 964, 966, 1032, 1188-1190, 1195-1197, 1199, 1203 f., 1222, 1226, 1235, 1238, 1240, 1241 FN 358, 1242, 1420
Heroin-HCl (HHC) 210, 414, 583, 967, 1190-1221, 1207, 1235, 1241 f., 1241 FN 358, 1654, 2280
Hexahydrobenzol s. Cyclohexan
1,2,3,4,5,6-Hexahydro-6,11-dimethyl-3-(3-methyl-2-butenyl)-2,6-methano-3-benzazocin-8-ol **2353**, 2356
1,2,3,4,5,6-Hexahydro-6,11-dimethyl-8-phenethyl-2,6-methano-3-benzazocin-8-ol 2354
Hexahydrophenanthren 1072
Hexahydropyridin s. Piperidin
Hexan 2527
n-Hexan 2529
Hexit 1601
Hexobarb/Hexobarbital(-Natrium) 96, 171, **1986**, 1991 f., 2001
3-Hexyl-6,6,9-trimethyl-7,8,9,10-tetrahydro-6H-benzo[c]chromen-l-ol 109
HGH s. Human Growth Hormone
HHC s. Heroin-HCl
5-HIES s. 5-Hydroxyindolessigsäure
Histamin 842, (Analgeticum/Hormone/Monoamine/REM-Schlaf/Serotonin)
Hoffmann's Tropfen 975, 2507, 2507 FN 10
Hordenin 574 FN 5
5-HT s. 5-Hydroxytryptamin
5-HTP s. 5-Hydroxytryptophan
L-5-HTP 2165
Human Growth Hormone (HGH) 1805, 1805 FN 41
Hydrochlorid 1788
Hydrocodon(-HCl/-hydrogentartrat) **1076**, 2326-2330
Hydrocortison 1151 FN 260, 1677, 1804, (Hypophyse/Nebennieren)
Hydrogencarbonat 11
Hydrogenchlorid s. Salzsäure
Hydrolasen (Enzyme/Esterasen)

Hydromorphinol 2320
Hydromorphon(-HCl) 354, 510, **1076**, 2321-2325
Hydroxide (Anhydride)
4'-Hydroxyacetanilid 1198
α-Hydroxy-l-alanin 306
N-Hydroxyamfetamin (NOHA) 868
3-Hydroxy-5-aminoethylisoxazol 465, **466**
γ-Hydroxybuttersäure **936**, 1805, (GABA)
14-Hydroxydihydrocodeinon 2315
14-Hydroxydihydromorphin 2320
14-Hydroxydihydromorphinon 2320
11-Hydroxy-Δ^9-THC (11-OH-THC) **92**, 154, 154 FN 126
4-Hydroxy-N,N-diethyltryptamin (4-HDT) s. Psilocin-(eth)
5-Hydroxy-3-(2-dimethylaminoethyl)indol **370**, 688
(6aRS,10aRS)-1-Hydroxy-6,6-dimethyl-3-(2-methyloctan-2-yl)-6,6a,7,8,-10,10a-hexahydro-9H-benzo[c]chromen-9-on (Nabilon) 99
4-Hydroxy-N,N-dimethyltryptamin **370**, 644, 688
5-Hydroxy-N,N-dimethyltryptamin **370**, 688
5-Hydroxy-DMT (5-OH-DMT) **370**, 688, 699, 870
6-Hydroxydopamin (6-OHDA) 1892
β-Hydroxyfentanyl 2491
5-Hydroxyindolessigsäure (5-HIES) 377, (Serotonin)
Hydroxyketone (Steroide)
N-Hydroxy-MDA s. Hydroxymethylendioxyamfetamin
4-Hydroxy-3-methoxyphenethylamin 623
Hydroxymethylendioxyamfetamin (N-Hydroxy-MDA; MDOH) 834, 866
β-Hydroxy-3-methylfentanyl 2491
(-)-3-Hydroxymorphinan 2350
p-Hydroxynorephedrin 1894
Hydroxypethidin 2397
2-(p-Hydroxyphenyl)alanin (Tyrosin)
1-[4-(3-Hydroxyphenyl)-1-methyl-4-piperidyl]propan-l-on **2380**, 2405
Hydroxysäuren (Lactone)

3-Hydroxy-2-phenylpropionsäure-3α-(8-methyl-8-azabicyclo[3,2,1]octyl)ester 505, **509**
3β-Hydroxytropan-2β-carbonsäure 1487
5-Hydroxytryptamin (5-HT) 194, 369, 915
5-Hydroxytryptophan (5-HTP) 842 FN 63, 2165, (Serotonin)
Hydroxytyramin (Dopamin)
17-Hydroxyyohimban-16-carbonsäuremethylester 746, **747**
Hygrin 1493, (Pyrrol)
Hyoscin s. L-Scopolamin
Hyoscyamin 492, 496, 499, 502, 508, **509**, 529, 555 f., 559 f., 569
D-Hyoscyamin 505
L-Hyoscyamin 499, 505 f.
Hypnorex retard 2160

I

Ibogain 761-778 (**762**), (Alkaloide)
Ibogalin **762**
Ibogamin 761
Ibotenische Säure s. Ibotensäure
Ibotensäure.465, 465 FN 11, **466**, 468, 470 f., 476, 486
Ibotonin 657
Imidazol 485, 485 FN 36
Imidazopyridin 2238
Imin (Imin)
2-Imino-5-phenyl-1,3-oxazolidin-4-on **2122**
Imipramin 1677, **2159**, 2162, 2165, 2171
Immobilon (Btm) 2351
Indocybin 643
Indocyn 663
Indolalkylamine 306 FN 36, (Tryptophan)
Indole 269, 275, 301, 306 FN 36, 365, 368 f., 368 FN 95, **370**, 371, 374, 376, 379, 487, 633, 645-647, 652, 684, 714, 746, 761, 766, 775 f., 871, (Chinolin/Indol/Pyrrol/ Tryptamin/Tryptophan)
Indolenin (Indol)
Indolessigsäure 883
Indolylalanin s. Tryptophan
1-(Indol-3-yl)butan-2-ylazan 887
2-(3-Indolyl)-N,N-dimethylethylamin **370**, 870

[2-(Indol-3-yl)ethyl]dimethylazan **370**, 870
1-(3-Indolylmethyl)ethylamin 887
1-(3-Indolylmethyl)propylamin 887
1-(Indol-3-yl)propan-2-ylazan 887
2-(3-Indolyl)triethylamin **370**, 888
Industriealkohol s. Methanol
Insulin (Hormone)
4-Iod-2,5-dimethoxyphenethylazan (2CI) 815
4-Iodo-2,5-dimethoxyphenylisopropylamin (DOI) 817
Ipecacuanha-Saft 1672 FN 342
Isoamylnitrit (AMYS) s. Amylnitrit
Isobutan 1645
Isobutylnitrit 2561
Isochinoline 573 FN 4, 577, 788 FN 204, 1062, 1062 FN 132, 1070, (Chinolin/Tetrahydroisochinoline)
Isocodein 2294
Isoergid 442
D-Isolysergsäureamid 442
Isomerasen (Enzyme)
Isomethadon 2417, 2443
Isoxazol 465-467, (Oxazol)
Isophen (Btm) 1827 FN 73
Isopren (Terpene)
Isopropylalkohol 2532
Isopropylcocain 1493
Isosafrol 641, 835, 869
Izidine 779 FN 199, (Chinolizidin)

J

JB 318 929-935 (**931**)
JB 329 929-935 (**931**)
JB 336 929-935 (**931**)
Jetrium (Btm) 2451 f.

K

Kaliumcarbonat 1518
Kaliumpermanganat 1420, 1510, 1601, 1614 FN 245, 2270
Kalk 693, 962, 967, 1417, 1768-1770, 1773
Kalziumcarbonat s. Calciumcarbonat
Katadolon 2348 FN 116
Kathamine 1742
Katecholamine s. Catecholamine

Katheduline 1742
Kavaform 1395 FN 26
Kavaform N 1395
Kavain 1372-1399 (**1374**)
D,L-Kavain 1395-1397
Kavain Harras Plus 1395
Kavapyrone 90, 1372-1381, 1376 FN 7, 1833
Kava-ratiofarm/-forte 1395, 1399
Kavain s. Kavain
Kerosin 1418, 1614 f.
Ketalar 924
Ketamin(-HCl) 924-928
Ketamin Curamed/ratiopharm 924
Ketamin S 925
Ketanest 924
Ketazolam 2237
Ketobemidon s. Cetobemidon
Kleesäure (Oxalsäure)
Kobaltthiocyanat 1641
Kodein s. Codein
Koffein s. Coffein
Kohlensäure (Carbonate)
Kohlensäureamid (Harnstoff)
Kohlenstoffdioxid 936
Kokain s. Cocain
Kortikoide s. Corticoide
Kortikosteroide s. Corticosteroide
Kortikotropin s. Corticotropin

L

LA s. Lysergsäure
LA-111 s. D-Lysergsäureamid
LAAM s. Levacetylmethadol
LAE s. D-Lysergsäuremonoethylamid
Lachgas s. Distickstoffmonoxid
Lactone 83, 1374, (Lactone)
Lactose 1198, 1599, 1907, 2482
Laevo.. s. Levo.:
Laktone s. Lactone
Lamra 10 mg 2184
Laudanin 1070
Laudanosin 1070
Leichtbezin 43, 87
Lefetamin 1828, 1861
Lendormin 2188
Lepinal 1989

Lethidrone 1101
Leucin (Aminosäuren)
Leucin-Enkephalin 1147
Levacetylmethadol 1324, 2439, 2444 f.
Levallorphan **1076**, 1102, 1108, 1112 f., 1253 FN 381, 2344, 2389
Levamfetamin 1825, 1850
Levmetamfetamin 1826 FN 71, 1850
(-)-Levoamphetamin,s. Levamfetamin
Levococain s. L-Cocain
Levodopa s. L-Dopa
Levo-LSD 309
Levomethadon(-HCl) 1317-1332, 1334 f., 2418-2438, 2444 f.
Levomethadylacetat (LAAM) s. Levacetylmethadol
Levomethorphan 2350
Levomoramid 2455
Levophenacylmorphan 2350
Levopropylhexedrin 1830
Levorphanol **1076**, 2333-2339
Levotryptophan s. L-Tryptophan
Lexotanil 2188
Librium 2183, 2230
Ligasen (Enzyme)
Lidocain **1489**, 1490, 1503 f., 1512, 1599
Liguin 487
Limbatril 2183
Limonen s. Dipenten
Lipotropin 1145-1147
Lisurid 1703, (L-Dopa)
Lithiumacetat 2160
Lithium(-salze) 1677, 1886, 2160, 2162
Lobelin (Agonisten)
Löschkalk 962
Lofentanil **2464**, 2474 f., 2481, 2491
Lophophorin 578
Loprazolam 2237
Lorazepam 1349, 2187, 2231, 2234, 2237
Lorfan 1102, 2411, 2452
Lormetazepam 2237
Loturin 741
β-LPH s. Lipotropin
LS s. Lysergsäure
LSA s. Lysergsäureamid
LSD-25 s. D-Lysergsäurediethylamidtartrat
D-(+)-LSD 309 f., 312, 375, (Isomere)
Luminal 1989, 1992, 2013, 2037

Lupulin 20 FN 2
Lysergid (LSD-25) 275, 307, 312, **370**, 444, 454
D-Lysergol 442 f., **444**
Lysergsäure (LA/LS) 271, 273, 285, 300-302, 301 FN 29, 307, 309, 312 f., 314, 370, 376, 379, 411, 435,444
L-Lysergsäure 275 , 301, 307
Lysergsäureamide (LSA) 268, 269-454 (**370**), 672
D-Lysergsäureamid (LA-111) 312, **370**, 440,
D-Lysergsäurediethylamidtartrat (LSD-25) 132, 149, 157, 162, 166, 211, 268-428 (**370**), 440, 444, 447, 451 f., 455, 472 f., 512, 516, 526 f., 586, 588 f., 604, 606, 646, 651, 663 f., 670 f., 683, 794, 804, 820, 822, 842, 844, 848, 863, 865 FN 118, 881, 905, 909, 1450, 1482, 1556, 1606, 1685, 1697, 1812, 1903, 1928, 1952, 2009, 2194, 2561, (Agonisten/Halluzination/Sympatholytica)
D-Lysergsäure-α-hydroxyethylamid 440
D-Lysergsäuremonoethylamid (LAE) 307
Lyasen (Enzyme)
Lysin (Alkaloide)
Lythrin 779 FN 199

M

4-MA s. 4-Methoxyamfetamin
Macromerin 625
Magnesiumpemolin 2125 f.
Malonsäure 1984, (Malonsäure)
Malonylharnstoff 1984
MAL s. 3,5-Dimethoxy-4-(2-methylallyloxy)phenethylazan
MAM s. Monoacetylmorphin
Mandragonin 502
Mandrax (Btm) 1817 FN 60, 2019, 2051 f., 2063
Mangan(-carbonat) 1419 FN 9, 1601, 1614 f., (Droge,)
Mannit 363 FN 88, 1601
MAO s. Monoaminoxidasen
Marinol 101
(+)-Matrin 787
Mazindol 1843 f., 1859 f.

MBDB s. [1-(1,3-Benzodioxol-5-yl)butan-2-yl]methylazan
MCC s. Morpholinocyclohexancarbonitril
MDA s. 3,4-Methylendioxyamfetamin(e)
MDE/MDEA s. 3,4-Methylendioxy-N-ethylamfetamin
MDOH s. Hydroxymethylendioxyamfetamin
Meaverin 1503
Mebroqualon 2050, 2077
Mecloqualon 2050, 2076, 2080
Medazepam 2237
Medikinet (Btm) 1833 f.
Medinox (Btm) 1904, 1991, 2019 f., 2023, 2043, 2221, 2365
Medinox-M 1991, 2043, 2365
Medinox Mono 1991
Medomin 1990
Mefenorex 1801, 1845, 1859 f.
Mefentanyl s. 3-Methylfentanyl
M-6-G s. Morphin-6-Glucuronid
Megaphen 2140
MEK s. Methylethylketon
Mekonin 1175
Melatonin 1998, (biogene Amine/Epiphyse/Hypothalamus/REM-Schlaf/Serotonin/Tryptamin)
Melleril 686, 2141
Menthol (Terpene)
5-MeO-DIPT 889, 891
2-MeO-DMT 887
3-MeO-DMT 887, 892
5-MeO-DMT **370**, 689 FN 126, 700, 702, 887, 887 FN 146, 891
6-MeO-DMT 702
5-MeO-MMT 702
Meperidin 2380
Mephobarbital s. Methylphenobarbital
Mepivacain 1503
Meprobamat(e) 1381, 2026, 2086 FN 34, 2109, 2180 f., 2205, 2230 f., 2235
Merck's Cocaine 1435, 1443
Merck's Morphine 984
Mescalin 149, 285, 293, 316, 362, **363**, 368, 392, 479 FN 21, 573-629, 634 f., 663, 678, 743, 792, 800, 803 f., 810, 816, 830, 838 f., 845, 848, 904, 1685, 1713, 1822

Mescalin-(eth) 583
Mescalin-HCl 583 f.
Mescalinsulfat 583
Metamfepramon 1860
Metamfetamin(-Base) (METH) 362, **363**, 366, 835 FN 51, 839, 854, 864, 864 FN 111, 1600, 1607, 1630 FN 273, 1762, 1785, 1794, 1801, 1811, 1814-1816, 1821, **1822**, 1826-1828, 1831 f., 1848, 1852-1854, 1891, 1895, 1900, 1903, 1906-1920, l924, 1929, 1941, 2129
(RS)-Metamfetamin 1826 FN 71, 1850
Metazocin 2374
Meteloidin 499, 507, **509**, 555
METH s. Metamfetamin
Methaddict (Btm) 2426
Methadol 2447
Methadon(-HCl) 942, 1051, 1053, 1110, 1166, 1248., 1253, 1286, 1317-1332, 1334 f., 1337, 1339, 1349, 1349 FN 532, 1351, 1361, 1630, 1703, 2222, 2226, 2290, 2292, 2345 f., 2358, 2414-2440 (**2415**), 2443-2448, 2450, 2456, 2493
D-Methadon s. Dextromethadon
D,L-Methadon 1317 f., 1330 f., **2415**,2418, 2421, 2423 f., 2426, 2433 f.
L-Methadon s. Levomethadon
Methadon-Zwischenprodukt 2443
Methamphetamin s. Metamfetamin
Methan 545 FN 96, 1645, (Alkyle/Methyl-Gruppe)
Methanol 594, 1412-1414, 1419, 1487, 1916, 2552 FN 55, (Alkohole/ Methanol)
Methaqualon(e) (MTQ) 799, 1198, 1690, 1838, 2057, 2048-2080 (**2049**), 2088 f., (Chinazolin)
Methcathinon 1713 FN 6, 1756, 1759
Methergin 303
Methionin (Aminosäuren)
Methionin-Enkephalin 1147
p-Methoxyamfetamin (PMA) 810, 814, 831, 858, 864
1-(7-Methoxy-1,3-benzodioxol-5-yl)propan-2-ylazan (MMDA) 837

p-Methoxymetamfetamin (PMMA) 810, 815
4-Methoxy-5,6-dihydro-α-pyron 1374
5-Methoxy-N,N-diisopropyltryptamin (5-MeO-DIPT) 889
5-Methoxy-N,N-dimethyltryptamin (5-MeO-DMT) **370**, 689 FN 126, 700, 702, 887, 887 FN 146, 891
Methoxy-DMT s. MeO-DMT
(2-Methoxyethyl)(1-phenylcyclohexyl)azan 922
[2-(5-Methoxyindol-3-yl)ethyl]dimethylazan (5-MeO-DMT) 887
4-Methoxy-α-methylamfetamin 810
3-Methoxy-4,5-methylendioxyamfetamin (MMDA) 635, 837, **839**, 845, 866
3-Methoxy-α-methyl-4,5-methylendioxyphenethylamin 837
(+)-3-Methoxy-17-methylmorphinan 2336 FN 88
4-Methoxy-α-methylphenethylamin 810
N-{4-Methoxymethyl-1-[2-(2-thienyl)ethyl]-4-piperidyl}-N-phenylpropanamid 2471
5-Methoxymonomethyltryptamin (5-MeO-MMT) 702
Methoxyphenylalkylamine 801, 838 FN 53
1-(4-Methoxyphenyl)propan-2-ylazan 810
[1-(4-Methoxyphenyl)propan-2-yl](methyl)azan 810
(3-Methoxypropyl)(1-phenylcyclohexyl)azan 922
4-Methoxy-α-pyron 1374
6-Methoxy-1,2,3,4-tetrahydroharman 717
Methoxytryptamine 887
3-Methoxytyramin 618
Methylalkohol s. Methanol
Methylamin s. Monomethylamin
Methylaminocyclohexan **1822**, 1830
2-Methylamino-2-hydroxy-3-phenylpropan s. Ephedrin
1-Methylamino-2-phenylpropan (PPMA) 1756, 1759
(1R,2S)-(-)-2-Methylamino-1-phenylpropan-l-ol 1713, **1715**
(1S,2S)-(±)-2-Methylamino-1-phenylpropan-l-ol 1714
2-Methylamino-1-phenylpropanon 1756

Methylaminorex 2129 f.
Methylamphetamin s. Metamfetamin
N-Methyl-d-aspartat (NMDA) 915
N-Methyl-[1-(1,3-benzodioxol-5-yl)-2-butanamin] (MBDB) 843 FN 65, 867 f.
Methylbenzol 2528
Methyl[3β-(benzoyloxy)tropan-2β-carboxylat] 509, 1487, **1489**
α-Methylbenzylaminsulfat 864, 1822 FN 67
2-Methyl-3-(2-chlorphenyl)-4(3H)-chinazolinon 2050
Methyldesorphin 1092
Methyldihydromorphin 1092
Methyldihydromorphinon 2350
N-Methyl-3,4-dimethoxyphenethylamin 627
Methyl-[11,17α,-dimethoxy-18β-(3,4,55-trimethoxyphenyl-2-propenyloxy)-3β, 20α-yohimban-16β-carboxylat] 2142
Methylecgonin 1413, 1420, 1493, 1552
Methylenchlorid 2530
4,5-Methylendioxyallylbenzen 633
3,4-Methylendioxyamfetamin(e) (MDA) 166, 190 FN 166, 293, 635, 641, 795 FN 2, 830, 833, **839**, 840, 842, 844 f., 850, 854, 858, 860 f., 865-867, 869, 936, 1812, 1928 f., 1931 FN 231
Methylendioxybutamine 843 FN 65, 867 f.
3,4-Methylendioxy-N-ethylamfetamin (MDE/MDEA) 211, **363**, 415, 836, 840, 842, 844 f., 847, 850, 854, 857, 859-861, 865 f., 869, 1928
3,4-Methylendioxymetamfetamin (MDMA) 265, 288, 362 f. (**363**), 641, 810, 830, 835 f., 835 FN 51, 839 f., 842, 844 f., 847, 850, 854 f., 857, 859-862, 865 f., 869, 937, 1928, 1931
3,4-Methylendioxyphenylpropan-2-on 869
Methylephedrin 1726, 1802
Methylergometrin 303, 315
Methylethylketon (MEK) 869, 1853, 2529, 2553 FN 57
α-Methylfentanyl (AMF) 2483, 2491
3-Methylfentanyl (3-MF) **2464**, 2481, 2485, 2491

D-7-Methyl-4,6,6a,7,8,9-hexahydroindolo [4,3-f,g]chinolin-9-carbonsäurediethylamid 275, 307, **370**
D-7-Methyl-4,6,6a,7,8,9-hexahydroindolo [4,3-f,g]chinolin-9-carboxamid **370**, 440
Methyl-[(+)-17α,-hydroxy-3α,15α,20β-yohimban]-16α-carboxylat 746, **747**
N-Methylmescalin 579
Methylmethaqualon 2077
Methyl{3-[4-methoxycarbonyl-4-(N-phenylamido)piperidino]propaonat} 2472
2-Methyl-6-methoxytetrahydro-β-carbolin 701
α-Methyl-3,4-methylendioxyphenethylamin 833
N-[α-Methyl-3,4-(methylendioxy)phenethyl]hydroxyamin 834
Methyl[(3R,4S)-3-methyl-1-phenethyl-4-(N-phenylpropanamido)piperidin-4-carboxylat] 2474
3-Methylmorphin 1058, **1076**, 1977, 2273, 2297, 2310 (Ether)
(±)-17-Methyl-3-morphinanol 2332
(9RS,13RS,14RS)-17-Methylmorphinan-3-ol 2332
(-)-17-Methyl-3-morphinanol **1076**, 2333
(9R,13R,14R)-17-Methylmorphinan-3-ol **1076**, 2333
3-Methyl-4-morpholino-2,2-diphenylbutansäure 2455
(S)-3-Methyl-4-morpholino-2,2-diphenyl-1-(pyrrolidin-1-yl)butan-1-on **2415**, 2448
3-Methyl-1-pentin-3-ol 2110
Methylpentonyl 2110
(±)-α-Methylphenethylamin **1822**, 1823
(+)-α-Methylphenethylamin 1825
2-(α-Methylphenethylamino)-2-phenylacetonitril **1822**, 1839
(±)-(3-α-Methylphenethylamino)propionitril 1845
Methyl-[1-phenethyl-4-(N-phenylpropanamido)piperidin-4-carboxylat] **2464**, 2473
N-[1-(α-Methylphenethyl)-4-piperidyl] acetanilid 2484

N-(3-Methyl-1-phenethyl-4-piperidyl)-N-phenylpropanamid 2481
N-[1-(α-Methylphenethyl)-4-piperidyl] propionanilid 2483
Methylphenidat(-HCl) 1801, **1822**, 1833, 1840, 1854, 1857, 1888, 1892, 1939, 1951 FN 266, 2123
(RS,SR)-Methylphenidat 1833 FN 82, 1854
Methylphenobarbital **1986**, 1988, 2045
4-Methyl-5-phenyl-4,5-dihydro-1,3-oxazol-2-ylazan 2129
Methylphenylethylamin s. Methylphenethylamin
3-Methyl-2-phenylmorpholin **1822**, 1831
1-Methyl-4-phenylpiperidin-4-carbonitril 2399
1-Methyl-4-phenylpiperidin-4-carbonsäure 2399
1-Methyl-4-phenylpiperidin-4-carbonsäureethylester **2380**
Methyl[(RS,RS)(phenyl)(2-piperidyl)acetat] **1822**, 1833
1-Methyl-(4-phenyl-4-piperidyl)propionat 2401
(S)-(Methyl)(1-phenylpropan-2-yl)azan 1826
1-Methyl-4-phenyl-4-propionoxypiperidin (MPPP) 2401-2404
Methyl-3-phenylpropylamin (1M-3PP) 868
(Methyl)(2-phenylpropyl)azan 1756
1-Methyl-4-phenyl-1,2,5,6-tetrahydropyridin (MPTP) 1149 FN 255, 2402-2404, (Tetrahydroisochinoline)
(RS)-N-Methyl-3-phenyl-3-(α,α,α-trifluor-p-tolyloxy)propylamin 2159 FN 39
1-Methyl-3-piperidylbenzilat (JB 336) 930, **931**, 935
(2-Methyl-2-propylpropan-1,3-diyl)dicarbamat 2180
N-Methylpyrrolin 493, (Pyrrol)
(S)-3-(1-Methyl-2-pyrrolidinyl)pyridin (Nicotin)
N-Methylscopolaminiumsalze 569
1-[4-(Methylsulfanyl)phenyl]propan-1-ylazan (4-MTA) 868
Methyltestosteron 1805 FN 40, 1806
7-Methyltheophyllin (Coffein)
4-Methylthioamfetamin (4-MTA) 868

α-Methylthiofentanyl 2491
3-Methylthiofentanyl 2491
2-Methyl-3-(2-tolyl)-4(3H)-chinazolinon **2049**
α-Methyltryptamin (α-MT) 887, 891
Methyprylon **2082**, 2086 f., 2086 FN 34, 2091 f.
Methysergid 379
Methysticin 1373, **1374**, 1379 f.
Metonitazen 2494
Metopon 2350
3-MF s. 3-Methylfentanyl
Midazolam 1349, 2190, 2238
Milchsäure (Hydroxylierung/Racemate)
Milchzucker s. Lactose
Miltaun/Miltown 2180
Mineralöle 1418
Mirapront N Kapseln 1755
Mirfudorm 10 2187
M-long (Btm) 1084
MMA s. Monomethylamin
MMDA s. Methoxymethylendioxyamfetamin
MMT s. Monomethyltryptamin
Modafinil 2134
Monase 887
Monoacetylmorphin (MAM) 952, 1074, **1076**, 1093, 1132 f., 1196, 1209, 1238, 1254-1256, 1264
Monoalkylamide 307
Monoamine 2143, 2164, (Monoamine/Neurotransmitter)
Monoaminodicarbonsäure 612
Monoaminoxydase (MAO) 13, 635, 703, 724, 724 FN 155, 757, 765, 842, 876, 1572, 1892, 2158, 2362, (Blut-Hirn-Schranke/L-Dopa/Enzyme/Monoaminoxydase/Noradrenalin)
Monocarbonsäuren (Anhydride)
Monomethylamin (MMA) 869, 1853, (Amine)
Monomethyltryptamin (MMT) 702
Monosemicarbazome 365 FN 91
D-Moramid s. Dextromoramid
Moramid-Zwischenprodukte 2455
Morpheridin 2397
Morphin 57, 88, 99, 209 FN 186, 309 FN 38, 361, 510, 510 FN 49, 538, 573 FN

4, 943 f., 948-963, 984-1366 (**1076**), 1376, 1676, 1883, 1924, 1979, 1981, 2144, 2210, 2240 f., 2246 f., 2253, 2254 FN 15, 2261, 2272-2275, 2283-2285, 2295, 2307, 2310 f., 2314, 2322 f., 2327 f., 2331-2335, 2342 f., 2350 f., 2352 f., 2357 f., 2363 f., 2381, 2383 f., 2409, 2419-2421, 2433, 2436, 2449 f., 2466, 2471, 2473 f., 2476, 2478 f., 2483, 2494, 2524, Arzneistoffabhängigkeit/Ether/Miosis/Opioide/Phenanthren/Tetrahydroisochinoline/Toleranz)
Morphinane **1076**, 1100 f., 2241, 2331-2351, 2353, 2368
Morphinanol 2341
Morphin-Atropin Merck (Btm) 1084 FN 167
Morphin-Base 957, 962-965, 984, 1003, 1067, 1180, 1185, 1187 f.
Morphincarbonat 1187
Morphin-6-Glucuronid 1129 FN 222, 1138
Morphin-HCl 510, 962, 1067, 1084, 1183, 1186, 1244, 1924
Morphin Merck 10/20/100 (Btm) 1084
Morphin-N-oxid 1092
Morphinsulfat 1067, 1084, 1183
1-Morpholinocyclohexancarbonitril (MCC) 919
Morpholinylethylmorphin 2309
1M-3PP s. Methyl-3-phenylpropylamin
MPPP s. Methylphenylpropionoxypiperidin
MPTP s. Methylphenyltetrahydropyridin
MSI 10/20/100/200 Mundipharma (Btm) 1084
MSR 10/20/30 Mundipharma (Btm) 1084
MST Continus (Btm) 1084
MST 10/30/60/100/200 Mundipharma (Btm) 1084
α-MT s. α-Methyltryptamin
4-MTA s. 4-Methylthioamfetamin
MTQ s. Methaqualon
Multum 2183
Muscaridin 464, 480 FN 25
Muscarin 361, 380, 461-465 (**461**), 462 FN 8, 471, 478, 480 FN 25, 483-485, 515, 842, 1771, 1775, (Acetylcholin/Parasympathomimetica)

Muscazon 465 FN 11, **467**, 471
Muscimol 465, 465 FN 11, **466**, 468, 470 f., 476, 486, (Oxazol)
Myristicin 581 FN 11, 629-641 (**633**), 702, 822, 837, 839, 904 FN 163
Myrophin 1092

N

NA s. Noradrenalin
Nabilon 99 f.
Nalmefene 1109 FN 191, 2477
Nalorphin **1076**, 1101, 1108, 1112 f., 1253 FN 381, 2341, 2344, 2356, 2372
Naloselect 0,4 mg Injektionslösung 1102
Naloxon(-HCl) **1076**, 1102, 1105-1110, 1105 FN 183 und 184, 1112 f., 1150, 1155 f., 1166, 1283 f., 1350, 2266, 2268-2271, 2344, 2363, 2471-2473, 2477, (Placebo)
Naloxon 0,4 mg Curamed 1102
Naltrexon(-HCl) **1076**, 1109-1113, 1331 f., 1331 FN 486, 1349 f., 1703 FN 393, 2371, 2436, 2477
6-β-Naltrexon 1111
Narcanti/-neonatal 1102, 1283, 2250, 2344, 2411, 2477
Narcein 1070 f., 1079, 1115
Narcophin (Btm) 1079 FN 158
Narcotin 1070 f., 1079, 1079 FN 158, 1095, 1172, 1175, 1196, 1238, 2295 FN 58
Natriumbicarbonat 1418, 1619, 1625
Natriumcarbonat 966, 1417 f.
Natriumhydrogencarbonat 1601
Natriumhydroxid 1787
Natrium-4-hydroxybutyrat 936
Natriumsalz 1985 FN 12
Natron s. Natriumbicarbonat
NE s. Norephedrin
Nefopam 1253, 2358 FN 116
Nembutal (Btm) 1991, 2044
Nemexin 1110, 1331, 1349-1351
Neodorm 1991
Neodorm SP 1991 FN 21
Neo Tussan 2335 FN 88
Nervo OPT mono 1988
nervo OPT N 1988 FN 15
Neuronika 1397

Nicocodin 2309
Nicodicodin 2309
Nicomorphin 1092
Nicotin 17, 17 FN 11, 82, 361, 521, 531, 745 FN 172, 784, 1338 FN 507, 1493, 1775, 1775 FN 75, 1777, (Acetylcholin/Alkaloide/Arzstoffabhängigkeit/ Blut-Hirn-Schranke/Dopamin/Droge/ Missbrauch/Nicotin/Piperidin/Pyrrol/ Sympatholytica)
Nicotinamid/Nicotinsäureamid 1198, 1198 FN 317
6-Nicotinoylcodein 2309
6-Nicotinoyldihydrocodein 2309
Nicotinsäure 1198 FN 217, 1800, 1800 FN 26, (Tryptophan)
Nikotin s. Nicotin
Nimazepam 2237
Nitramyl 2560
Nitrazepam 1990 FN 18, 2189, 2237
Nitrit 2557, (Nitrite)
7-Nitro-5-phenyl-1,3-dihydro-1,4-benzodiazepin-2-on 2189
Nitrosamine (Nicotin)
Nitrostigmin 15
Noctazepam 2187
NOHA s. N-Hydroxyamfetamin
Noludar 2086
Nootrop 1723 FN 21
Noracymethadol 2447
Noradrenalin (NA) 16, 362, **363**, 366, 379, 517, 530 FN 83, 580, 586, 588, 800, 915, 1151 FN 260, 1160 FN 269, 1162, 1168, 1168 FN 278, 1350, 1565-1568, 1565 FN 172, 1715 f., 1746, 1891, 1891 FN 154, 1893, (Acetylcholin/adrenerg/Adrenalin/Arzneistoffabhängigkeit/biogene Amine/Catecholamine/Depression/L-Dopa/Dopamin/ Halluzination/Hormone/Hypophyse/ limbisches System/Manie/ Monoamine/Nebennieren/ Nicotin/Nor-/Noradrenalin/REM-Schlaf/ Schizophrenie/Serotonin/Sympathicus/Sympatholytica/Sympathomimetica/Synapse/ Tyrosin/ZNS)
Norbaeocystin 645, 654 FN 78
Norbenzoylecgonin 1552

Norcocain 1552, 1563, 1668
Norcodein 2284, 2294
11-Nor-COOH-THC 154
Nordazepam 2195, 2237
D,L-Norephedrin (NE) 1601, 1743 f., 1755 FN 55, 1756 f., 1761 f., 1802, 1853, 2130
Norepinephrin s. Noradrenalin
Norlevorphanol 2350
Normabrain 1723 FN 21
Normethadon(-HCl) **2415**, 2417, 2440-2442, 2444 f.
Normi-Nox (Btm) 2052
Normoc 2188
Normorphin **1076**, 1092, 1138, 2284
Nornuciferin 2251
Norpethidin(-säure) 2386, 2396, 2399
Norpipanon 2447
D-Norpseudoephedrin(-HCl) **1715**, 1743-1746, 1753-1761, 1888, 1897
Norscopolamin 555
Noscapin s. Narcotin
Nortestosteron 1806
Nortilidin 2262
Nortropin 557
Novocain 1501, 1503
Nuciferin 2251
Nucleinsäure (Alkaloide)
Nucleotide (Alkaloide)
Numal 1990

O

Östrogen 83
6-OHDA s. 6-Hydroxydopamin
5-OH-DMT s. Bufotenin
4-OH-Cyclophencyclidin 908
Ohmefentanyl 2491
11-OH-THC s. 11-Hydroxy-Δ^9-THC
Oligopeptide 1145
Olivetol 103
O^3-Monoacetylmorphin (MAM) 1074, 1264
O^6-Monoacetylmorphin (MAM) 1074, **1076**, 1132, 1196, 1238, 1255 f., 1264
Opioide 167, 1058 FN 128, 1109 FN 191, 1110, 1124, 1139 FN 242, 1141, 1146, 1158-1162, 1165, 1243, 1266, 1284, 1286, 1288, 1320-1330, 1531 f., 1656, 1687, 1704 f., 1992, 2010, 2028, 2203, 2222, 2226, 2254 FN 15, 2358 FN 116, 2411, 2434, 2436, 2439, 2472, (Analgeticum/Arzneistoffabhängigkeit /Ethanol/Opioide)
Optalidon 1993, 1993 FN 29, 2038, 2365
Optalidon N 1993 FN 29
Optalidon special 1993
Optalidon special NOC 1993 FN 29
Optipect Kodein Forte 2278
Oripavin 2341 FN 91
Orlaam 500 ml Lösung (Btm) 2439
Ornithin (Alkaloide)
Orotsäure 1395 FN 26
Oto-Flexiole N 1503
Oxalsäure (Oxalsäure)
Oxazepam 2187, 2194 f., 2202, 2234, 2237
Oxazepam 10 Stada 2187
1,2-Oxazol 466, (Oxazol)
Oxazolam 2237
Oxidasen 153, 170, (Enzyme)
Oxidoreduktasen (Enzyme)
2-Oxo-2,3-dihydro-LSD 325
Oxybenzol s. Phenol
Oxycodon(-HCl) 510, **1076**, 2315-2319
OxyContin (Btm) 2316
Oxygesic 10 mg/-20 mg/-40 mg (Btm) 2317
Oxymorphon 2320

P

Palfium (Btm) 2451
Palladon (Btm) 2321, 2324
Panagesic (Btm) 2360
Pantherin 465 FN 11
Pantopon (Btm) 1081
Papaverin 283, 573 FN 4, 1063, 1069-1071, 1069 FN 145, **1076**, 1095, 1172, 1196, 1238, (Tetrahydroisochinoline)
Paracefan 1351
Paracetamol 1198, 1198 FN 315, 1234, 1271, 1724, 1970 FN 15
Paracodin/-retard 2298
Paraffine 2527
Parafluorfentanyl 2491
Parahexyl 103, 109

Parahydroxy-Nor-Ephedrin s. p-Hydroxynorephedrin
Paraldehyd 1979
Paramethoxyamfetamin (PMA) 810, 814, 831, 858, 864
Paramethoxymetamfetamin (PMMA) 810, 815
Paramorphan (Btm) 2320
Passiflorin 741
Paverysat Bürger (Btm) 1081
PCC s. Piperidincyclohexancarbonitril
PCE s. Eticyclidin und Perchlorethylen
PCM s. Phenylcyclohexylmorpholin
PCP s. Phencyclidin
PCPr s. (1-Phenylcyclohexyl)(propyl)azan
PCPy s. Rolicyclidin
PEA s. Phenethylamine
Pellotin 578, 581, 800
Pemolin (CS 293) 1803, 2122-2128 (**2122**), 2133
Pentansäure (Carbonsäuren)
Pentapeptide 1147
Pentazocin 2254 FN 15, 2345, **2353**, 2356-2369, 2372, 2375 f., 2378, 2411
Pentobarbital 914, 1985 FN 12, **1986**, 1991, 2001, 2021, 2037, 2041 f., 2044
5-n-Pentylresorcinol 103
Peptide 91 FN 52, 277, 300, 304, 306, 372, 1145-1159, 2423, (Alkaloide/Aminosäuren/Eiweißstoffe/Neurotransmitter/Peptide)
Perchlorethylen (PCE) 2541, 2547, 2530
Percoffedrinol 1723
Percoffedrinol N 861 FN 97, 1723 FN 20, 1724, 1907 FN 181
Perhydrocyclopenta-[a]-phenanthren (Steroide)
Pernocton 1990 f.
Peronin (Btm) 1092
Peroxidasen (Alkyle)
Persedon 2086
Pertrofan 2159
Pervitin (Btm) 1746, 1796, 1799, 1827, 1827 FN 73, 1906, 1951,
Pethidin 2094, 2241, 2245, 2254, 2379-2398 (**2380**), 2401, 2403, 2405 f., 2414, 2421, 2450, 2464, 2466, 2473, 2493, (Designer Drogen)

Pethidin(-HCl) 2387
Pethidinsäure 2399
Pethidin-Zwischenprodukt A/B/C 2399
Petylyl 2159
Peyotin 578
Phalloidin 456 FN 12, 654 FN 78
Phanodorm 1990
Phenacetin 1970, 1970 FN 15
Phenadoxon 2447
Phenaemal 1989
Phenampromid 2491
Phenathren 88, 1062, 1065, 1068, 1071, 2273, 2463, (Phenanthren/Steroide)
Phenazocin 2353 f., 2368 f., 2374, 2377 f.
Phenazon 2099
Phencyclidin (PCP) 799, 820, 848, 893-925 (**895**), 927, 932, 1830, 2094, 2255
Phencyclidin-Base 901
Phencyclidin-HCl 893, 901
Phendimetrazin 1801, **1822**, 1831, 1861
Phenethylamine (PEA) 268, **363**, 363 FN 88, 573, 574 FN 5, 577, 580, 618, 635, 799 f., 815, 818, 832, 835 FN 51, 1802, 1822, 1822 FN 67, 1851, (Sympathomimetica)
Phenethylamin-N-Methyltransferase (Adrenalin)
Phenethylphenylacetoxypiperidin (PEPTP) 2401, 2403 f.
(1-Phenethyl-4-phenyl-4-piperidyl)acetat 2401
Phenethylphenyltetrahydropyridin (PEPTP) 2402, 2404
1-Phenethyl-4-phenyl-1,2,3,6-tetrahydropyridin (PEPTP) 2402
N-(1-Phenethyl-4-piperidyl)-N-phenylpropanamid 2463
Phenmetrazin 1697, **1822**, 1831-1833, 1841, 1854, 1857, 1939, 1941
Phenobarbital 1198, 1937, 1974, **1986**, 1989, 1992, 2001, 2004, 2006, 2021, 2037, 2045 f., 2057
Phenole 83, 88, 201, 364, 368, 581, 1077, 1715, 1774, 1897, (Cyclohexan/Ether/Phenol)
Phenomorphan 2350
Phenoperidin 2396 f., 2464

Phenothiazine 516 FN 61, 686 FN 121, 1351, 2139, **2140**, 2149, 2159 2389
Phenpromethanin (PPMA) 1756, 1759
Phentermin 864, 1801, 1829, 1859 f.
Phenylaceton s. Benzylmethylketon
L-Phenylalanin 306, 306 FN 36, 1063, 1063 FN 136, (Alkaloide/Aminosäuren/Blut-Hirn-Schranke/Tyrosin)
Phenylalkylamine 801, 836, 1713, 1743 f., 1896, 1924, (Phenyl)
Phenylallyle 633
Phenylaminopropane 1822, 1888
D,1-1-Phenyl-2-aminopropan **1822**, 1823
1-(1-Phenylcyclohexyl)morpholin (PCM) 899, 919
Phenylessigsäure 1098 f., 1787 FN 7, 1853
1-(1-Phenylcyclohexyl)piperidin 893, **895**
(1-Phenylcyclohexyl)(propyl)azan (PCPr) 922
1-(1-Phenylcyclohexyl)pyrrolidin 898
5-Phenyl-4,5-dihydro-1,3-oxazol-5-ylazan 2131
Phenylethylamine s. Phenethylamine
1-Phenylethylaminsulfat 1822 FN67, 1851
N-(1-Phenylethyl-4-piperidyl)propionanilid 2463, **2464**
α-Phenylhydroxihydacrylsäure 506
β-Phenylisopropylaminsulfat 1823
1-Phenyl-2-methylaminopropan **1822**, 1826
N-Phenyl-N-[1-(1-phenylpropan-2-yl)-4-piperidyl]acetamid 2484
N-Phenyl-N-[1-(1-phenylpropan-2-yl)-4-piperidyl]propanamid 2483
4-Phenyl-4-piperidinocyclohexanol (PPC) 899
Phenylpropanolamin (PPA) s. D,L-Norephedrin
1-Phenyl-2-propanon (P-2-P) s. Benzylmethylketon
(RS)-3-(1-Phenylpropan-2-ylamino)propannitril 1845
(R)-1-Phenylpropan-2-ylazan 1825
(S)-1-Phenylpropan-2-ylazan 1825
(RS)-1-Phenylpropan-2-ylazan **1822**, 1823
N-(1-Phenylpropan-2-yl)hydroxylamin 868
1-Phenyl-2-(pyrrolidin-1-yl)propan-1-on (PPP) 868

N-Phenyl-N-(1-thenyl-4-piperidyl)propanamid 2484
N-Phenyl-N-{1-[2-(2-thienyl)ethyl]-4-piperidyl}propanamid 2484
Pholcodin 2309
Phosphatide (Lipide/Membran)
Phosphate 1788
Phosphor 1916
Phosphorsäure 649
Phosphorsäureester 15, 643
4-Phosphoryloxy-N,N-diethyltryptamin 643, 666
4-Phosphoryloxy-N,N-dimethyltryptamin **370**, 643
PHP s. Rolicyclidin
Physostigmin 938 FN 226, 1937, 1937 FN 244, (Parasympathomimetica)
Pilocarpin 484 f., 489, (Miosis/Parasympathomimetica)
Pilocarpin Augentropfen 489
Piminodin 2396 f.
Pinazepam 2237
Piperidin(-carbonsäure) 91, 504, 538 FN 88, 894, 898, 900, 923, 929, 1143, 1488, 2093 f., 2380, 2397, 2400 f., 2409, 2464, 2469, (Agonisten/Nicotin/Piperidin)
Piperonal 869, 2093
1-Piperidincyclohexancarbonitril (PCC) 899 f., 915, 919
Piperidindione 2081-2093 (**2082**), 2097
α-(2-Piperidyl)benzhydrylalkohol 2112
Piperidylester 929, 932, 934
Piperonylmethylketon (PMK) 835, 869
Pipradrol 1803, 2112 f.
Piracetam 1723 FN 21
Piritramid 2409-2413
Plantival plus 2102
PMA s. Paramethoxyamfetamin
PMK s. Piperonylmethylketon
PMMA s. Paramethoxymetamfetamin
L-Polamidon Hoechst (Btm) 1317, 1325-1327, 1420, 2424-2428, 2437, 2442
L-Polamidon C Hoechst (Btm) 2424
Polypeptide 1145, (Acetylcholin)
Pottasche s. Kaliumcarbonat
P-2-P s. 1-Phenyl-2-propanon
PPA s. Phenylpropanolamin

PPC s. Phenylpiperidinocyclohexanol
PPMA s. Phenpromethamin
PPP s. 1-Phenyl-2-(pyrrolidin-1-yl)propan-1-on
Praxiten/-forte 2187
Prazepam 2237
Preludin 1831
Premethadon 2443
Premoramid 2455
Premuscimol s. Ibotensäure
Prepethidin 2399
Primadol 2354
Primidon 2037
Procain 1198, 1271, 1437, **1489**, 1490, 1503 f., 1599, 1639,
Prodine 2379, 2401
Prolin 91, (Alkaloide/Aminosäuren/Glutaminsäure/Pyrrol)
L-Prolin 91, 91 FN 52, 306, 306 FN 37
Prolintan 1803
Promethiazin 1253 FN 381, 2141, 2167
Prominal 1988
Propaphenin 381 FN 115, 808, 2140,
Propan 2533, (Alkyle/Propan)
Propanolol 16, 1703
Propen (Alkene)
Properidin 2397
Propionsäureamid 2463
Propiram 2495
Propoxyphen(-napsylat) 1333, 1333 FN 490, 2460
Propofol 1350
Propylalkohol 2532
Propylamine 2159 FN 39
Propylen (Alkene)
Propylhexedrin (CHP) 1801, **1822**, 1830, 1841, 1862-1864, 2255
L-Propylhexedrin s. Levopropylhexedrin
Propylpiperidin s. Coniin
Propyphenazon 1993, 1993 FN 29
Prostaglandine 1139 FN 241, (Analgeticum/Melatonin/Neurotransmitter)
Proteine (Eiweißstoffe/Noradrenalin/Peptide)
Protein-Kinase (Noradrenalin)
Prozac 2159 FN 39
Pryleugan 2159
Pseudocholinesterase 1563, 1665

Pseudoephedrin 1712, 1714, 1727, 1731, 1787, 1842, 1853
Psilocin (CX-59) **370**, 371, 644-688, 773 f.
Psilocin-(eth) (CZ-74) **370**, 644, 646, 666, 687
Psilocybin (CY-39) 166, 288, 316, 369, **370**, 392, 449, 456, 482, 485, 567, 589, 615, 642-687, 794, 812, 845, 863, 885, 1482, 1812, (Tryptamin)
Psilocybin(-eth) (CEY-19) 288 FN 15, 643, 666, 687
Psilotsin 644
Psyquil 1084 FN 166, 2389
Psyquil compositum (Btm) 2389
Pulvis Opii 1080
Purin-Basen (Coffein)
Pyrane 1374, 1376, (Pyran)
Pyrazole 1970
Pyribenzamin 2367
Pyridin 714, 1771, (Nicotin/Piperidin)
3-Pyridincarboxamid 1198 FN 317
3'-Pyridyl-2-N-methylpyrrolidin (Nicotin)
Pyrithyldion 2086
Pyrone 90, 1372-1381, 1376 FN 6, 1383, (Pyron)
Pyrrol 898, (Indol/Oxazol/Pyrrol)
Pyrrolidin 1392, 1493, (Nicotin/Pyrrol)
Pyrrolidinalphacarbonsäure 306 FN 37
2-(Pyrrolidin-1-yl)-1-(p-tolyl)propan-1-on 868
Pyrrolin (Pyrrol)

Q

Quaalude 2065
Quebrachin 746
Quilonum/-retard 2160

R

Racemethorphan 2351
Racemoramid 2449, 2455
Racemorphan 2332, 2337
Radepur 10 2183
Rapifen Injektionslösung (Btm) 2470, 2478
Reactivan 2133
Reasec 2399
Rebuso (Btm) 2052

Recatol 1755
Recatol N 1755 FN 59
Regenon/-retard 1842
Remedacen 2288, 2290, 2298, 2301 f.
Remifentanil 2472, 2489 f.
Reserpin 746, 2135, 2142
Revonal/-retard (Btm) 2052
Ritalin (Btm) 1606, 1833-1835, 2112
Rohypnol 1 1052, 1201, 1339, 2191, 2195, 2198, 2221 f., 2226 f., 2346, 2430, 2434
Rohypnol Lösung (Btm) 2191, 2227
Rolicyclidin (PHP) 898 f., 921
Rondimen Dragees 1845

S

Säureamide 1787, 1977, 2081, 2097, (Carbonsäuren/Harnstoff/Peptide)
Säureanhydride 538 FN 90, (Anhydride)
Salicylsäure/Salicylate 1198 FN 314
Salmiak 962, 1625
Safrol 629, 632 f., 641, 833, 839, 869
Salpetrigsäureester 2557, (Nitrite)
Salzsäure 487, 869, 966 f., 1099, 1413, 1422, 1497, 1510, 1934
Sanguinarin 1062 FN 133
Saponine (Steroide)
Sassafrasöl 641, 1803, (Terpene)
Scandicain 1503
Schwefeläther 2505
Schwefelsäure/schweflige Säure 1099, 1413, 1418, 1420, 1510, 1614 f., 2505
Schwefelsäureanhydrid (Anhydride)
Scopheldal/-forte (Btm) 510, 2317
Scopin 557
Scopolamin 461, 492, 496 f., 499, 502, 506, 508-510 (**509**), 510 FN 49, 511 FN 51, 514, 525-528, 552, 555 f., 559, 569, 1193, 2317, 2321 FN 79, (Parasympatholytica)
L-Scopolamin 499, 506
Scopolaminiumhydrobromicum 510, 2317
Secbutarbarbital 2046
Secobarbital 1838, 1991, 2037 f., 2041-2044
Sediat 2051 FN 4
Sedormid 2099

Sernyl 516, 893, 896
Sernylan 896
Serotonin 132, 162 f., 166, 194, 302 FN 31, 305 FN 35, 369, 369 FN 98, **370**, 372-380, 393, 472, 586, 651 f., 688, 717, 724 FN 155, 842, 842 FN 63, 846, 856, 874, 915, 936, 1149 FN 255, 1251 FN 260, 1160, 1162, 1566f., 1570, 1703, 1885, 1892, 2005, 2115, 2143, 2163-2165, 2163 FN 45, (Agonisten/Analgeticum/biogene Amine/ Depression/ Ethanol/Halluzination/ Hormone/limbisches System/Melatonin/Manie/Monoamine/ Neurotransmitter/REM-Schlaf/Rezeptoren/Serotonin/Synapse/Tryptamin/Tryptophan)
Serotoninmethylester 717
Sevredol (Btm) 1084
Sigacalm/-forte 2187
Silentan Nefopam 30 2358 FN 116
Silternum (Btm) 2052
Simon Arzt Nr. 2 57
Sinquan 2161
Skopoletin 563
Somatropin human (STH) 1805 FN 41, (Hypophyse/Hypothalamus)
Soda s. Natriumcarbonat
Somnibel (Btm) 2052
Somnifen 1990
Somnium forte 2099
Somnius 57
Somnupan (Btm) 1990
Somsanit 936
Sophorin 787, 793
Sopor 2065
SPA s. Lefetamin
Spartein 780
Spiroprent 1725 FN 27
Stanozolol 1805 FN 40, 1806
Staurodorm Neu 2190
Steroide 83, 1805 FN 40, (Hydroxylasen/ Nebennieren/Steroide)
STH s. Somatropin human
Stickoxydul Hoechst 2514
Stickstoffmonoxid 2557
Stilux Filmtabletten 2238
STP s. Dimethoxymethylamfetamin
Stromba 1805 FN 40

Strychnin(-HCl/-nitrat) 15, 578, 602, 730, 864, 864 FN 110, 1193, 1198, 1276 FN 402, 1379, 1575 FN 190, 1601, 2118-2121, 1803, (Agonisten/Alkaloide)
Strychnin-N-oxid 2119
Strychninsäure 2119
Sublimaze 2465
Substanz P (Neurotransmitter)
Subutex (Btm) 2346 f.
Sufenil (Btm) 2471
Sufenta (Btm) 2471
Sufenta epidural (Btm) 2471
Sufentanil 2471 f., 2475, 2489 f.
Sufentanil/-mite Curamed (Btm) 2471
Sufentanil-ratiofarm (Btm) 2471
Sulfate 1788
Sulfanol 1980
Sulfonamide 1097 FN 176
Suprarenin 1791 FN 12, (Adrenalin)
Symoron 2432
Synhexyl 103

T

Tabernanthin 767
Talwin (Btm) 2360, 2367
Tannine 1742
Tartrat (Carbonsäure)
Taurin (Neurotransmitter)
Tavor 1349, 2187
TCDD s. Dioxin
TCM s. Thienylcyclohexylmorpholin
TCP s. Tenocyclidin
TCPy s. Thienylcyclohexylpyrrolidin
Telepathin 715
Teloidin 507
Temazepam 1990 FN 21, 2195, 2234, 2237
Temgesic 0,3/sublingual (Btm) 1328, 2343-2347
Tenamfetamin s. 3,4-Methylendioxyamfetamin
Tenocyclidin (TCP) 898 f., 905, 921
Tenuate Retard 1842
Teronac-Kapseln 1843
Terpene 89, 91, 632, 1803, (Inhaltsstoffe/Steroide/Terpene)
Terpenophenole 88

Testosteron 1805 f., (Steroide)
Testosteron Jenapharm 1805
Tetracain **1489**, 1490, 1503, 1600
Tetrachlorkohlenstoff 2530, 2547, 2556
Tetrahydrocannabinole (THC) 30, 40, 44, 49, 83-108 (**92**), 114, 116118, 133, 150-171, 177-185, 193, 207, 209-213, 209 FN 186, 217, 221-224, 260 f., 349, 385, 393, 415, 471, 634, 684, 1131, 1160, 1259 f., 1376, 1376 FN 6, 1697, 1928, 2000 FN 42
Δ^8-trans-Tetrahydrocannabinol 44, 86, 101
Δ^9-trans-Tetrahydrocannabinol 44, 84-108 (**92**), 114, 117, 147, 167, 209-212
Tetrahydrocannabinolcarbonsäure (THCA/THCS) 85, **92**, 114, 114 FN 77, 154 FN 125, 155, 212 f., 221, 221 FN 194
Tetrahydrocannabivarin (THCBV) 89, **92**
D-1,2,3,4-Tetrahydroharmin 715, 739
Tetrahydroisochinoline 573, 577, 622 f., (Tetrahydroisochinoline)
(6aR)-5,6,6a,7-Tetrahydro-6-methyl-4H-dibenzo[d,g]chinolin-10,11-diol 2247
3,4,5,6-Tetrahydro-5-methyl-l-phenyl-1H-2,5-benzoxazocin 2358 FN 116
1,2,3,6-Tetrahydro-l-methyl-4-phenylpyridin 2402
1,2,3,6-Tetrahydro-l-phenylethyl-4-phenylpyridin 2402
Tetrahydrothebain 2320
Tetrahydro-6,6,9-trimethyl-3-pentylbenzo[c]chromen-l-ol 84, **92**
Tetrazepam 2237
Thalamonal Injektionslösung (Btm) 2467 f.
Thalidomid 2090
THC s. Tetrahydrocannabinol
THCA/THCS s. Tetrahydrocannabinolcarbonsäure
THCBV s. Tetrahydrocannabivarin
THC-COOH s. Tetrahydrocannabinolcarbonsäure
THC-OH s. Hydroxy-THC
Thebacon **1076**, 2306-2308
Thebain 961, 1068, **1076**, 1071, 1094, 1115, 2273, 2315, 2320, 2341, 2341 FN 90, 2350 f.
Thenylfentanyl 2484, 2491

N-[1-(2-Thenyl)-4-piperidyl]propionanilid
   2484
Theobromin 1709, 1836 FN 88, (Coffein)
Theophyllin 1728, 1836, 1836 FN 88,
   (Coffein)
N-[β-(7-Theophyllinyl)ethyl]amfetamin
   1822, 1836
Thiazole 2150
1-[1-(2-Thienyl)cyclohexyl]morpholin
   (TCM) 899
1-[1-(2-Thienyl)cyclohexyl]piperidin
   (TCP) 898
N-{1-[2-(2-Thienyl)ethyl]-4-piperidyl}
   propionanilid 2484
1-[1-(2-Thienyl)cyclohexyl]pyrrolidin
   (TCPy) 898
Thiobarbiturate 1985, 2001, 2004, 2046 f.
Thiofentanyl 2484, 2491
Thiopental-Natrium 1985 FN 12, 2046
Thiopental "Nycomed" 1985 FN 12
Thioridazin 686, 2141, 2167
Thioxanthene 2139
Thujon (Terpene)
Thyroxin (Tyrosin)
Tiamon Mono 2298
Tiapridex 1352
Ticarda (Btm) 2441
Tiflnadon 2193
Tiglinsäure 507
Tilidalor Lösung 2268
Tilidin 1110, 1253, 2241, 2253-2271
   (**2254**), 2381
Tilidin-Base 2266
Tilidin Gödecke (Btm) 2256
Tilidin-HCl 2268
Tilidin-HCl-semihydrat 2256
Tinctura Opii 974, 1080, 1181
TMA s. Trimethoxymethylamfetamin und
   Trimethylamin
TMA-2, TMA-6 582 FN 13, 838 FN 53,
   868
TMPEA s. 3,4,5-Trimethoxyphenethylamin
Tofranil 2159, 2165
Toluol 1510, 2528 f., 2547, 2553 FN 57,
   2554, 2556
Tradon 2123
Tramadol 1110, 2254 FN 15
Tramal 2254 FN 15

Trancopal Dolo 2358 FN,116
Transferasen (Enzyme)
Transtec (Btm) 2347
Tranxilium 2184 FN 62
Trapanal 1985 FN 12
Traubenzucker 1198
Triazolam 2192, 2195, 2214, 2217, 2234,
   2237
1,1,1-Trichlorethan 2530
2,2,2-Trichlor-1,1-ethandiol 1979
Trichlorethylen 2530, 2541, 2548, 2556
Trichlormethan 2517
Tricodein 2278
2,4,6-Trihydroxypyrimidin **1984**
Trifluorpromazin 2389
Trimeperidin 2397 f.
Trimethoxyamfetamin (TMA) **363**, 582,
   582 FN 13, 635, 838 f., 845, 849 f.,
   866, 1822
Trimethoxybenzolsäure 838
3,4,5-Trimethoxy-α-methylphenethylamin
   363, 582, 635, 838 f., 845, 849 f., 866,
   1822
3,4,5-Trimethoxyphenethylamin/bzw. -azan
   (TMPEA) **363**, 580
1-(3',4',5'-Trimethoxyphenyl)-2-aminethan
   363, 580
3,4,5-Trimethoxyphenylessigsäure 588
1-(3,4,5-Trimethoxyphenyl)propan-2-
   ylazan (TMA) 838
1-(2,4,5-Trimethoxyphenyl)propan-2-yla-
   zan (TMA-2) 839 FN 53, 868, 582 FN
   53
Trimethylamin (TMA) (Amine)
Trimethyl-(4-hydroxy-5-methyltetrahydro-
   furfuryl)-2-ammoniumsalz **416**
6,6,9-Trimethyl-3-(3-methyloctan-2-yl)-7,
   8,9,10-tetrahydro-6H-benzo[c]chro-
   men-l-ol 109
6,6,9-Trimethyl-3-pentyl-6a,7,8,10a-tetra-
   hydro-6H-benzo[c]chromen-1-ol (Δ9-
   THC) 84
(6aR,10aR)-6,6,9-Trimethyl-3-pentyl-6a,
   7,10,10a-tetrahydro-6H-benzo[c]chro-
   men-1-ol (Δ8-THC) 86
(6aR,10aR)-6,6,9-Trimethyl-3-pentyl-6a,7,
   8,10a-tetrahydro-6H-benzo[c]chro-
   men-l-ol (Dronabinol) 101

1',2',6'-Trimethylpipecolanilid 1503
(RS)-1,2',6'-Trimethylpiperidin-2-carboxanilid 1503
1,2,7-Trimethylxanthin (Coffein)
Trinkalkohol s. Ethanol
Tripelenamin 1181 FN 292, 2367
Tripeptid 306
Tropacocain 1427, 1493
Tropasäure
Tropan-3β-ol/Tropinon 504, **509**, 765, 929, 1487-1489, (Piperidin)
Tropax 2457 FN 214
Tropin 499, 557
Tropinbenzilat 569
Tropoyl **506**
α-/β-Truxillin 1493
Truxillsäure 1493
Tryasol Codein forte 2278
Tryptamine 194, 268, 358, 365, 369, **370**, 573, 573 FN 3, 642, 646, 651-653, 657, 688, 689 FN 126, 693, 699, 703, 709, 713 f., 723 f., 799, 870, 872 f., 887, 889, 892, 2115, (Alkaloide/ biogene Amine/Indol/Tryptamin)
Tryptophan 306 FN 36, 1064, 1570, (Alkaloide/Aminosäuren/biogene Amine/Indol/Melatonin/Tryptophan)
L-Tryptophan 842 FN 63, (Serotonin/Tryptamin/Tryptophan)
Tryptophanhydroxylase 842, (Serotonin)
Tussipect 1718, 2277
Tussipect Codein Tropfen Mono 1718 FN 15
Tyramin (biogene Amine/Monoaminoxydase)
Tyrosin 1063, 1063 FN 136, 2273, (Aminosäuren/biogene Amine/Tyrosin)
L-Tyrosin (Adrenalin/Catecholamine/Dopamin/Noradrenalin/Tyrosin)
Tyrosinhydrolase (Adrenalin/Serotonin)

U

Ultiva (Btm) 2472
Uprima 2249
Ureide 1977, 2097-2109
Urethane 2109

V

V 111 S. p-Bromomethylamfetamin
Valamin 2109
Valium 347, 808, 918, 1352, 1677, 2031, 2184, 2188, 2210, 2220, 2223, 2225
Valocordin-Diazepam 2184
Valoron (Btm) 2019, 2256, 2261, 2264
Valoron N 1106 FN 184, 2268-2271
Vanilinacetaldehyd-HCl 201
Velonarcon 924
Vencipan 1723
Veronal 1980, 1988
Vertin 779 FN 199
Vesparax (Btm) 1991, 2044
Vesparax mite 1991
Viagra 863, 2559
Virgil (Btm) 2134
Vinblastin 776 f.
(+)-Vincamin 777
Vincristin 776 f.
Vinylbital 2046
Visano N 2180

W

Weinsäure 308, 1189, (Carbonsäuren)

X

Xenon 2562, 2562 FN 64
Xylocain 1503
Xylol 2528

Y

Yagein 739
Yangonin 1373-1376 (**1374**), 1379, 1381
Yohimbin 745-760 (**747**), 2142
Yohimbin-HCl 755, 758
Yohimbin "Spiegel" 758

Z

Zimtsäure 1487
Zitronensäure 1187, 1189, 1218
Zolpidem 2238
Zuckeralkohole 1601
Zyban (Nicotin)

C.2 Botanische und zoologische Bezeichnungen

Die Zahlen verweisen auf die entsprechenden Randnummern zum Text, in Klammern gesetzte Bezeichnungen verweisen auf das entsprechende Stichwort in Anhang A.

A

Aaronstabgewächse s. Araceae
Ackerwildkraut 432, 961
Ackerwinden 437
Aconitum napellus 538, 538 FN 89
Aconitum vulparia 538, 538 FN 89
Acorus calamus 616 FN 43
Ägyptisches Bilsenkraut 541
Ähren 271-273, 282
Aethusa cynapium (Piperidin)
Agakröte 690
Agaricaceae/Blätterpilze 459, 486 FN 39, 642, 655
Agaven 447, 599, 792
Alchornea floribunda 751
Alraune s. Mandragora
Amanita/Knollenblätterpilze 459 f., 465 FN 12, 476, 482, 488, 642, 672
Amanita mexicana 460
Amanita muscaria 459-482
Amanita pantherina 460 f., 465, 465 FN 11, 475 f., 482
Amanita phalloides 460, 465 FN 12, 476
Amanita verna 460, 465 FN 12
Amanita virosa 460, 465 FN 12
Ananas 447
Anandenanthera 700, 702, 710 f., 871
Anandenanthera colubrina 694
Anandenanthera peregrina 692, 694
Angel's trumpet 554
Anhalonium lewinii 574

Apocynaceae/Hundsgiftgewächse (APO) 748, 763, 776
Araceae/Aaronstabgewächse (ARA) 573 FN 4, 616 FN 43
Areca catechu 1766
Areka-Nuss 461, 1766 f., 1770 f., 1773 f., 1781
Areka-Palme 1766
Argyreia nervosa 435
Ariocarpus 574 FN 5, 627
Ariocarpus fissuratus 574 FN 5
Ariocarpus retusus 627
Artemisia absinthum (Arzneistoffabhängigkeit/Terpene)
Aspergillus 274
Aspergillus niger 175, 1173
Aspidosperma quebrancho-blanco 751, 775
Atropa/Tollkirsche 403, 463 FN 9, 491, 495 f., 505, 520, 529, 538
Atropa belladonna 495 f., 520 FN 65, 529, 569
Aubergine 490

B

Baby Hawaiin Woodrose 435, 447, 454
Bananen(-Blatt/-Schale) 194, 724 FN 155, 1737
Banisteria 720, 724, 871
Banisteria (Banisteriopsis) caapi 718 f.
Banisteria inebrians 719
Banisteria rusbyana 719, 724
Baumdatura 553-558, 723 FN 149
Baumschwämme 480

Besenginster 781 f.
Betel-Nuss 1766 f., 1770 f., 1773 f., 1781
Betelpfeffer 1368, 1764, 1767, 1773
Bilsenkraut S. Hyoscyamus
Birkenporling 480
Bittersüßer Nachtschatten 500, 538
Blasenkäfer 538 FN 90
Blätterpilze S. Agaricaceae
Blauer Eisenhut 538, 538 FN 89
Blaue Wasserlilie 2251
Blaufärbender Kahlkopf 654 FN 78, 659
Blaufüßiges Samthäubchen 656
Blaumohn 952
Boletus/Röhrlinge 486 FN 36
Boletus manicus 486 FN 36
Boletus reay 486 FN 36
Bolivianischer Cocastrauch 1404
Brassicaceae/Kreuzblütengewächse (Acetylcholin)
Brechnuss 15, (Alkaloide)
Brugmansia 553-558
Brugmansia arborea 553
Brugmansia aurea 553 f.
Brugmansia sanguinea 556
Brugmansia suaveolens 553 f.
Brunfelsia 563
Bufo alvarius 689 FN 126
Bufo marinus 689
Bufo vulgaris 689

C

Cacalia 592 FN 20
Cactaceae/Kaktusgewächse (CAC) 573-628, 871, 1062 FN 132
Caestrum laevigatum 562
Calystegia sepium 437
Campanulaceae/Glockenblumen (CAM) (Agonisten)
Canavalia maritima 712
Cannabinaceae/Hanfgewächse 20
Cannabis/Hanf 20-265, 294, 306 FN 37, 337, 344, 382, 389, 393, 414 f., 418, 423-425, 499, 527, 541 f., 601, 763, 847, 864, 865 FN 118, 973, 1055, 1229, 1338, 1458, 1484, 1534, 1540, 1562, 1650, 1685, 1741, 1804, 1811, 1911, 1926, 1928, 1940, 1952, 1973,
2009, 2061, 2063, 2197, 2233, (Applikation/Arzneistoffabhängigkeit/Gewinnung/Nicotin/Terpene)
Cannabis indica 22 f., 29, 33, 57, 77
Cannabis ruderalis 23
Cannabis sativa 22 f.
Carnigea giganta 622
Carum petroselinum 632 FN 55
Catha edulis 1733
Catharanthus lanceus 749
Catharanthus roseus 776
Celastraceae (CEL) 1733
Charica betle 1767
Chelodonium majus 1062 FN 133
Claviceps 271, 279, 438
Claviceps purpurea 271, 279
Clitocybe/Trichterling 483
Clitocybe dealbata 483 FN 33
Clitocybe rivulosa 483 FN 33
Coca-Blatt 1403 f., 1409-1412, 1415-1417, 1416 FN 6, 1419, 1425 f., 1429, 1432, 1434, 1439, 1444-1449, 1452, 1459, 1486, 1492, 1495, 1509, 1515-1521, 1550 f., 1557, 1582-1585, 1738 f., (Gewinnung)
Coca-Strauch/-Plantage 508, 999, 1403-1411, 1431-1433, 1453-1459, 1454 FN 45, (Pyrrol)
Cola alba 1709
Cola-Baum 1709, (Coffein)
Cola nitida 1709
Cola-Nuss 1439, 1709, 1709 FN 3
Cola rubra 1709
Colchicum autumnale 1601, (Alkaloide)
Compositae/Korbblütler (COM) 592 FN 20, (Terpene)
Conium maculatum 538
Conocybe/Samthäubchen 642, 656
Conocybe cyanopus 656
Conocybe siligineoides 656
Convolvulaceae/Windengewächse 270, 293, 429-454, 573 FN 4
Convolvulus arrensis 437
Copelandia cyanescens 649 FN 71
Coprinaceae 649 FN 71
Corynanthe yohimbe 750, 758, 769
Coryphanta/Warzenkakteen 573, 625 f.
Coryphanta compacta 626

Coryphanta macromeris 625
Coryphanta ranyonii 625
Cytisus/Geißklee 781
Cytisus canariensis 781 f.
Cytisus scoparius 781

D

Damiana-Blatt 145, 145 FN 117
Datura/Stechapfel 190, 456, 491, 498 f., 513 f., 534, 538, 541, 543-555, 569, 621, 723
Datura alba 546
Datura arborea 553
Datura aurea 553
Datura candida 553
Datura ceratocaula 551
Datura fastuoso 547
Datura insigna 552
Datura inoxia 549 f.
Datura metel 33 FN 8, 499, 544, 547, 1778
Datura meteloides 499, 549
Datura sanguinea 556
Datura stramonium 498 f., 534, 545, 549, 569
Datura suaveolens 553 f.
Datura tatula 549
Deutscher Ingwer 616 FN 43
Dill 833
Doldengewächse/-blütler s. Umbelliferae
Donana-Kaktus 625
Dream fish 689
Drogenhanf 24, 48, 50, 53 f., 60, 195 f.
Duboisia 560
Duboisia hopwodii 560
Duboisia myoporoides 560
Düngerlinge s. Panaeolus

E

Echinocerus triglochidiatus 573 FN 3
Echinopsis pachanoi 616-621
Eisenhut 538
Engelstrompete 514, 554, 864 FN 109
Ephedra/Meerträubchen/-träubel 1710-1712, 1730
Ephedraceae/Meerträubelgewächse (EPH) 1710

Ephedra fragilis 1711
Ephedra major 1712
Ephedra nevadensis 1712
Ephedra pachyclada 1712
Ephedra sinica 1710
Ephedra vulgaris 1710, 1916 FN 202
Erdblättriger Faserkopf 484
Erythrina 788 FN 204
Erythrina americana 788 FN 204
Erythrina flabelliformis 788 FN 204
Erythrina mexikana 788 FN 204
Erythroxylaceae (ERY) 1404
Erythroxylon 1403 f., 1486
Erythroxylon bolivianum 1404, 1494, 1509 FN 105
Erythroxylon coca 1404, 1407, 1509 FN 105
Erythroxylon javanense 1408, 1487, 1493 f.
Erythroxylon novogranatense 1404, 1509 FN 105
Erythroxylon spruceanum 1404, 1509 FN 105
Erythroxylon truxillense 1439
Euphorbiaceae/Wolfsmilchgewächse (EUP) 573 FN 4, 751

F

Falterdüngerling 657
Faserhanf 21, 24, 45, 48 f., 53 f., 59, 61, 106, 108, 178, 1409
Faserkopf s. Inocybe
Feldtrichterling 483 FN 33
Flachhütiger weißer Knollenblätterpilz 460
Flämmlinge s. Gymnopilus
Fliegenpilz 458-482, (Oxazol/Parasympathomimetica)
Folia coca s. Coca-Blätter

G

Geißklee s. Cytisus
Gefleckter Schierling 538, 538 FN 88
Gemeine Hundspetersilie (Piperidin)
Gemeiner Besenginster 781 f.
Gemeines Hirtentäschelkraut (Acetylcholin)
Genista/Ginster 780-782, 787

Genista canariensis 781 f.
Gezonter Düngerling 657
Giftiger Wiesentrichterling 483 FN 33
Ginster s. Cytisus, Genista
Glockendüngerling 657
Großes Schöllkraut 1062 FN 133
Grünblättriger Schwefelkopf 654,FN 78
Grüner Knollenblätterpilz 460, 465 FN 12, 476
Grünroter Risspilz 485
Gymnopilus/Flämmlinge 654

H

Hahnenfußgewächse s. Ranunculaceae
Hanf s. Cannabis
Hanfgewächse s. Cannabinaceae
Hanfsamen 24-26, 30, 45, 48, 59, 106, 196
Hashas 32 FN 7
Hefepilze 2496
Heimia salicifolia 779 FN 199
Heimiella angrieformis 486 FN 39
Helicostylis peduncalata 20 FN 1
Helicostylis tomentosa 20 FN 1
Helles Bilsenkraut 540
Herbstzeitlose 1601, (Alkaloide/Mutagene)
Herremia tuberosa 436
Himmelblauer Risspilz 485
Himmelblaue Trichterwinde 270, 432
Holzrosengewächse 435, 447, 454
Hopfen 20, 20 FN 2
Hülsenfruchtgewächse s. Leguminosae
Humulus lupulus 20 FN 2
Hundsgiftgewächse s. Apocynaceae
Hyoscyamus/Bilsenkraut 51, 491, 534, 536, 538, 540-542, 569
Hyoscyamus albus 540
Hyoscyamus muticus 541
Hyoscyamus niger 51, 497, 534, 540
Hyphaloma/Schwefelköpfe 654
Hyphaloma cyanescens 654 FN 78
Hyphaloma fasciculare 654 FN 78

I

Iboga-Rinde 768-770
Immergrün s. Vinca
Indischer Hanf 22

Inocybe/Faserköpfe/Risspilze 483, 485, 488
Inocybe coelestium 485
Inocybe decipiens 485
Inocybe geophylla 484
Inocybe heamacta 485
Inocybe infelix 485
Inocybe infida 485
Inocybe lacera 484
Inocybe patouillardi 484
Iochroma 559
Ipomea rubrocaerulea 43,2
Ipomea sidaefolia 433, 450
Ipomea tuberosa 433
Ipomea violaceae 432, 434, 439, 443, 446

J

Javanische Coca 1408, 1487, 1493 f.
Jochblattgewächse s. Zygophyllaceae
Johanniskraut 2164 FN 47
Jurema Branca 710
Jurema Prêta 710

K

Kaffee-Staude/-Strauch 723, 1409, 1735, (Coffein)
Kahlkopf s. Psilocybe
Kakao-Baum/-Bohne 167 FN 143, 698, 1709 FN 2, (Coffein/Tryptophan)
Kaktusgewächse s. Cactaceae
Kalmus 616 FN 43
Kampfer-Baum 641, 1803, 2519
Kanadisches Blutkraut 1062 FN 133
Kanarischer Ginster 781 f.
Kantharide 538, 538 FN 90
Kartoffel 490, 503, 1453
Kath-Blatt 1735, 1738-1746, 1758 f.
Kath-Strauch 1733-1736, 1759
Kawa-Kawa-Baum/-Wurzel 1368 f., 1372, 1377, 1383-1385, 1395, 1398 f.
Klatschmohn 961
Klee (Oxalsäure)
Kleines Immergrün 777
Kletterpflanzen 432, 436, 592 FN 20
Knollenblätterpilze s. Amanita
Koka-Blatt s. Coca-Blatt
Koka-Strauch s. Coca-Strauch

C.2 Botanische und zoologische Bezeichnungen

Kokos-Milch 1375
Kola-Baum s. Cola-Baum
Kolumbianische Coca 1404, 1439
Korbblütler s. Compositae
Korkholzbaum 560
Kreuzblütengewächse s. Brassaceae
Kröten 689, 689 FN 126, 713, (Steroide)
Kyphosus fuscus 689

L

Lamellenpilze s. Agaricaceae
Lärchenporling 480
Latua 559
Latua publiflora 559
Leguminosae/Schmetterlingsblütengewächse (LEG) 573 FN 4, 692, 698, 709, 712, 779 f., 788, 788 FN 204
Lianen 718, 721, 723, 1764, (Coffein)
Liliaceae/Liliengewächse (LIL) 1601
Lobelia (Agonisten)
Lophophora 574, 574 FN 5
Lophophora diffusa 574
Lophophora williamsii 574, 627
Lorbeer-Blatt 479 FN 21
Lotus-Rinde 741
Lupinen 779, (Chinolizidin)
Lythraceae/Weiderichgewächse (LYT) 779 FN 199
Lytta vesicatoria 538 FN 90

M

Madagaskar-Immergrün 776
Magenwurz 616 FN 43
Mais 550, 556, 1409
Malphigiaceae/Malphigiengewächse 718, 741
Malvaceae/Malvengewächse 1712 FN 4
Mammarilla 627
Mammarilla heyderii 627
Mandragora/Alraune 491, 501 f., 533-536, 533 FN 85, 538, 541
Mandragora officinarum 501 f., 534
Maquira sclerophylla 693 FN 128
Maulbeerbaumgewächse s. Moraceae
Meereskröte 689
Meerträubchen/-träubel s. Ephedra

Meerträubelgewächse s. Ephedraceae
Meskal-Bohne 789-792
Mexikanische Trichter-/Zauberwinde 430
Mimosa 690, 692, 710, 871
Mimosa hostilis 710 f.
Mimosa pudica 710 f.
Mimosa verrucosa 710
Mistkahlkopf 659
Mitragyna speciosa 751
Mitragyna stipulosa 751
Mohnpflanzen s. Papaveraceae
Mohnstroh/ -konzentrat 945, 959, 1087
Moraceae/Maulbeerbaumgewächse (MOR) 20, 20 FN 1, 693 FN 128
Morgenpreis 432, 438
Morning Glory 432, 438, 452
Muskatnuss 90, 629-633, 636-640, 832, 1778
Muskatnussbaumgewächse s. Myristicaceae
Mutterkorn 269, 272-285, 300, 304, 372, 438, 441, 454, 1703 FN 396, (L-Dopa/Sympatholytica)
Mycophyta s. Pilze
Myristicaceae/Muskatnussbaumgewächse 629-632, 630 FN 53, 695, 832, 837 f.
Myristica fatua 631
Myristica fragans 630 f.

N

Nachtschatten s. Solanum
Nachtschattengewächse s. Solanaceae
Nachtschmetterlinge 498
Nesselgewächse s. Urticaceae
Nicotiana tabacum 530 f.
Nucaria gambir 1767
Nutzhanf s. Faserhanf
Nymphaeceae/Teichrosengewächse (NYM) 538, 573 FN 4, 2251
Nymphaea alba 538
Nymphaea ampla 2251

O

Oco-Yaje 719
Opiummohn s. Papaver somniferum
Oregano-Blätter 189

P

Pachycerus pecten aboriginum 623
Palm-Blatt 1737
Panaeolus/Düngerling 479, 642, 657, 657 FN 82
Panaeolus ater 657
Panaeolus campanulatus 657
Panaeolus cyanescens 657
Panaeolus papilionaceus 479 FN 21, 657
Panaeolus sphinctrinus 657
Panaeolus subbalteatus 657
Pantherpilz.460 f., 465, 465 FN 11, 472, 475 f., 482
Papaver 944
Papaveraceae/Mohnpflanzen (PAP) 573 FN 4, 946, 1062 FN 133
Papaver bracteatum 960 f., 1087, 2273
Papaver glaucum 948
Papaver orientale 961, 1087
Papaver rhoeas 961
Papaver somniferum/setigerum 64, 945-953, 968-972, 998-1002, 1008, 1009 FN 66, 1019, 1024, 1031, 1039, 1042, 1071, 1087 f., 1088 FN 172, 1452, 1458
Paprika 189, 490
Passiflora 741
Passifloraceae (PAS) 741
Passiflora incarnata 741
Passionsblume 741
Paullinia cupana (Coffein)
Pausinystalia yohimbe 750
Peganum 735, 2049 FN 3, (Chinazolin)
Peganum harmala 479 FN 23, 735 f., 738 f.
Peruanische Stechapfelbäume 553
Petersilie 190 FN 166, 632 FN 55, 637, 822, 832 f., 875, 904, 904 FN 163
Petunia 490
Peyote-Kaktus 574-579, 591-598, 605, 618, 621, 626 f.
Pfeffergewächse s. Piperaceae
Pfefferminze 822, 904,
Pfriemenginster 781
Pilze 268, 271 f., 274, 277, 438, 455 f., 458-489, 573 FN 3, 642-687, 1482, 1812
Pilzmycelien 272 f., 312, 687

Piperaceae/Pfeffergewächse (PIP) 1368, 1374, 1767
Piper betle 1767
Piper methysticum 1368
Piptadenia peregrina 692, 694
Polygonaceae/Knöterichgewächse (POL) (Oxalsäure)
Polynesischer Rauschpfeffer 90, 1367-1399, (Pyron)
Psilocybe/Kahlköpfe 642, 654, 659 FN 84
Psilocybe azurenscens 649
Psilocybe caerulescens 659
Psilocybe caerulips,659
Psilocybe coprophilia 659
Psilocybe cubensis 655, 668, 671
Psilocybe cyanescens 654 FN 78, 659, 671
Psilocybe mexicana 658, 660-663
Psilocybe semilanceata 659, 668
Psychotria viridis 723
Purpurwinde 432

R

Ranunculaceae/Hahnenfußgewächse (RAN) 538, 538 FN 89, 573 FN 4
Rauschpfeffer 90, 1367-1399, (Pyron)
Rauwolfia 746, 748, 760, 2142
Rhizoma Piperis Methystici 1372
Rhizopus 274
Rhynchodia 788 FN 204
Riedgräser 194
Risspilze s. Inocybe
Rivea corymbosa 430
Röhrlinge s. Boletus
Rötegewächse s. Rubiaceae
Roggenähren 271 f., 277, 282
Rubiaceae/Rötegewächse (RUB) 750, (Coffein/Inhaltsstoffe)
Rumex acetosa (Oxalsäure)
Russula/Täublinge 485

S

Saguaro-Kaktus 622
Samenhanf s. Hanfsamen
Samthäubchen s. Conocybe
Sanguinaria canadensis 1062 FN 133
San-Pedro-Kaktus 616-621

Sassafras-Staude 641, 832
Sauerampfer (Oxalsäure)
Säulenkakteen 620, 622-624
Schierling 538, 538 FN 88, (Piperidin)
Schlafmohn 64, 541, 946-953, 968-972, 998-1002, 1008, 1009 FN 66, 1019, 1024, 1031, 1039, 1042, 1071, 1087 f., 1088 FN 172, 1452, 1458
Schlauchpilze 271
Schließmohn 947, 951
Schlingpflanzen 20, 430, 432, 435, 719, 1767
Schmetterlingsblütler s. Leguminosae
Schöllkraut 1062 FN 133
Schüttmohn 947
Schwarze Jurema 710
Schwarzer Nachtschatten 500, 538
Schwarzer Düngerling 657
Schwarzes Bilsenkraut 51, 534, 540
Schwarze Tollkirsche 495 f., 520 FN 65
Schwefelköpfe s. Hyphaloma
Scopolia/Tollkraut 491
Secale cereale 271
Secale cornutum 272, 315
Sida 1712 FN 4
Soja 193
Solanaceae/Nachtschattengewächse (SOL) 33 FN 8, 490-569, 933, 973 f., 1489, 1978, (Nicotin/Parasympatholytica)
Solandra 557 f.
Solandra guerrensis 557
Solanum/Nachtschatten 491, 538
Solanum dulcamara 500, 538
Solanum nigrum 500, 538
Sophora secundiflora 787 f., 788 FN 204
Spanische Fliege 538, 538 FN 90
Spanischer Ginster 781
Spartium junceum 781
Spindelbaumgewächse s. Celastraceae
Spitzhütiger weißer Knollenblätterpilz 460
Spitzkegeliger Kahlkopf 659, 668
Stechapfel s. Datura
Steppenraute 479 FN 23, 735 f., 738 f.
Stropharia/Täuschlinge 458, 642, 654
Stropharia cubensis 479 FN 23, 655, 668, 671
Strychnaceae (STR) 15, 2120
Strychnos nux vomica 15, (Alkaloide)

Strychnos toxifera 2120
Symplocaceae (SYM) 741
Symplocos 741
Symplocos racemosa 741
Syrische Steppenraute 479 FN 23, 735 f., 738 f.

T

Tabak-Blatt 29, 36, 54, 183, 194, 258 f., 490, 530 f., 637, 875, 904, 977, 1336 FN 497, 1416, 1585, 1614, 1629, 1741, 1765, 1767, (Alkaloide/Arzneistoffabhängigkeit/Nicotin)
Tabernanthe iboga 763
Täublinge s. Russula
Täuschlinge s. Stropharia
Tee-Strauch 1408, (Alkaloide/Coffein)
Teichrosengewächse s. Nymphaeceae
Theobroma cacao s. Kakao-Baum
Tollkirsche s. Atropa
Tollkorn s. Mutterkorn
Tollkraut s. Scopolia
Tomate 490, 503
Trichocerus 573, 619
Trichocerus pachanoi 616-621
Trichocerus terscheckii 619
Trichterlinge s. Clitocybe
Trichterwinden 432 f.
Turbina corymbosa 430 f., 434, 439, 445, 451
Turnera aphrodisiaca 145 FN 117
Turnera diffusa 145 FN 117
Türkenmohn 961

U

Umbelliferae/Doldengewächse/-blütler (UMB) 538, (Piperidin)
Urticaceae/Nesselgewächse 20

V

Vilca 694
Vinca/Immergrün 748, 775-778, (Alkaloide)
Vinca major 776

Vinca minor 777
Vinca rosea 776
Virola 696, 702, 742, 871
Virola calophylla 695
Virola calophylloidea 695
Virola theidora 695

W

Waldmeister (Inhaltsstoffe)
Warzenkakteen s. Coryphanta
Weiderichgewächse s. Lythraceae
Weiße Jurema 710
Weißer Stechapfel 498 f., 534, 545,549
Weiße Seerose 538
Wildgräser,271, 279, 441
Wildmohn 960
Windengewächse s. Convolvulaceae
Wolfs-Eisenhut 538, 538 FN 89
Wolfsmilchgewächse s. Euphorbiaceae

Y

Yagé-Liane 556, 715 f., 718, 721, 735, 742
Yohimbe-Baum 750, 758, 769
Yopo-Baum 690-692, 709, 742

Z

Zaunwinden 437
Zerbrechliches Meerträubel 1711
Ziegelroter Risspilz 484
Zygophyllaceae/Jochblattgewächse (ZYG) 736, 741, 2049 FN 3
Zygophyllum fabago 737

C.3 Medizinische Bezeichnungen, Eigennamen und umgangssprachliche Ausdrücke

Die Zahlen verweisen auf die entsprechenden Randnummern zum Text; in Klammern gesetzte Bezeichnungen nach den Zahlen verweisen auf das entsprechende Stichwort im Anhang A.

A

A 1902
Abbau s. Metabolisierung.
Abbauprodukte s. Metaboliten
Abbauzeit s. Halbwertszeit
Abbott Laboratories 930, 2125, 2249, (Nicotin)
Abführmittel 437, 1392
Abgeschirmheit s. Reizabschirmung
Abhängigkeit/-spotential (Abhängigkeitspotential/Arzneistoffabhängigkeit/Intoxikation)
- von Anabolika 1805 FN 40
- von Alkohol 135, 733, 1110 FN 193, 1164, 1289, 1332, 1355,,1393, 1397, 1440, 1449, 1609, 1684 f., 1792, 1905, 1950, 1967, 1972, 1979, 2008, 2024-2026, 2032, 2072, 2106, 2151 f., 2152 FN 34, 2155, 2161 f., 2248, 2292, 2346, 2431, 2511, 2544, (Ethanol/Missbrauch/Psychose)
- vom Amfetamin-Typ 857, 1685, 1728, 1796, 1799, 1816, 1819, 1830 f., 1835 f., 1840, 1842, 1845, 1879, 1918, 1920, 1927, 1932, 1939-1949, 1958, 2014, 2130, 2157
- von Cannabinoiden 56, 61, 75, 208, 231-238, 243 f., 255, 1685, 1940
- vom Cocain-Typ 251, 1289, 1440, 1443, 1445 FN 37, 1449, 1462, 1511, 1531-1534, 1544, 1557, 1568 f., 1598, 1610, 1614 f., 1621, 1631-1635, 1637, 1650, 1659 f., 1659 FN 321, 1662 f., 1681-1694, 1699-1704, 1905, 1927, 193.9-1942, 1948, 2162, 2346
- vom Halluzinogen-Typ 352, 419, 422 f., 530 f., 613, 685 f., 728, 757, 825, 857, 890, 1685
- vom Lösungsmittel-Typ 2511, 2515, 2524, 2527, 2544
- vom Opioid-Typ/Morphin-/Opiat-Typ 57, 67, 98, 235, 243 f., 251 f., 350, 952, 981, 981 FN 29, 985 f., 988-990, 989 FN 42, 1003, 1010, 1013, 1025-1028, 1043 f., 1049, 1053, 1068, 1077, 1101, 1106-1111, 1117, 1119, 1128-1130, 1139 FN 242, 1153, 1157, 1160, 1160 FN 269, 1163 f., 1166 f., 1170, 1182, 1210-1217, 1221, 1224, 1227-1229, 1277-1282, 1284-1366, 1393 f., 1440, 1483, 1530-1532, 1593, 1630, 1636 f., 1659, 1678, 1684 f., 1690 f., 1701-1703, 1755, 1792, 1904 f., 1940, 1948, 1959, 1963-1966, 2018 f., 2013, 2037, 2043, 2060, 2071, 2161 f., 2218, 2222, 2224-2227, 2244, 2248, 2254 FN 15, 2262 f., 2269-2271, 2276, 2285-2292, 2296, 2300, 2307, 2311, 2316, 2328, 2345 f., 2352, 2358 FN 116, 2365, 2368-2370, 2379, 2390-2392, 2406 f., 2411, 2420, 2423, 2425-2428, 2430, 2432, 2436, 2442, 2453, 2459, 2476, 2511, 2524, (Toleranz)

- vom Opiatantagonisten-Typ 1108 f., 1331, 1348, 2270, 2335, 2345, 2347, 2368-2370, 2372, 2374, 2390-2392
- vom Qāt-Typ 1750 f.
- vom Sedativa/Hypnotica-Typ 732, 938, 1339, 1355, 1685, 1979 f., 1982, 1987, 1971, 2008, 2012-2014, 2024-2037, 2043, 2048, 2071, 2088, 2096, 2102-2107, 2152, 2161 f., 2204, 2212-2218, 2226, 2243, 2346
- von sonstigen psychotropen Substanzen und Coffein 1393, 1779, 1805 FN 40, 2147, 2152, 2169, 2193, 2210, 2224, (Coffein/Terpene)
- von Tabak 530 f., (Nicotin)
- von Tranquilizern s. vom Sedativa/Hypnotica-Typ

abkicken 1359, 1660
Abklingphase s. Erholungsphase
Ablenkbarkeit 120 FN 67, 133
ablöffeln 1599
Abmagerung 1298, 1393, 1682, 1944, s. auch Kachexie
Abmagerungsmittel s. anorexigene Mittel
abnorme Fokussierung s. Fokussierung der Aufmerksamkeit
abnormer Rausch s. atypische Rauschverläufe/psychotische Zustände
abortative Mittel 616 FN 43, 704, 729, 1668
Absatzschlaflosigkeit s. Rebound-Insomnie
absetzen s. Abstinenz
Absinth (Arzneistoffabhängigkeit/Terpene)
Absinthismus (Terpene)
Absorption s. hier enterale/parenterale/inhalative/intravenöse/orale Aufnahme
Abstinenz 157, 390, 683, 853, 1355, 1569, 1660, 1702
Abstinenzmittel s. Rückfallprophylaxe
Abstinenzsyndrom s. Entzugssyndrom
Abstinenztherapie 81, 1018, 1051, 1106, 1110 f., 1110 FN 193, 1163, 1313 FN 452, 1317, 1320, 1326 FN 477, 1327, 1329, 1331 f., 1334, 1338, 1344, 1354, 1359, 1361-1365, 1699-1702, 1958, 1972
Abstraktionsvermögen 608

Absud 621, 625, 721, 723, 752, 782, 791, 1585
Abszendierung 1300
abzweigen 927, 959, 1183, 1838, 1848, 1961, 1963, 2479, (Racemate)
Acapulco-Gold 29
Accra 1031
Acetylcholin-Rezeptor (Acetylcholin/Parasympathomimetica)
Acetyl-LSD 310
Achäne 26, 45, 48, 106, 431, 497 f., 947, (Achäne)
acid 292, 396, 405, 841
acid head 292
acid rock 292
acid trip 333, 879
ack-ack 1226
Adam 835
adaptive Prozesse 12, 120, 517, 523 FN 70, 842, 1161 f., 1167, 1170, (Adaption/Akkommodation/Hippocampus/limbisches System/Toleranz)
addiktives Potential s. Abhängigkeitspotential
Additionseffekte 863, 887, 914, 1085, 1130, 1280, 1285, 1321, 1397, 1523, 1565, 1601, 1676, 1728, 2002, 2005, 2015, 2020, 2025, 2063, 2144, 2165, 2222, 2226, 2344, 2434, 2541, 2561, (Synergismus)
Aden 1739
adenosinerge Rezeptoren (Coffein)
ADHD 1834 f., 1834 FN 83, 1892
Adrenalin-Ersatz 1791, 1791 FN 12
adrenerge Rezeptoren 364, 367, 915, 1892,f., (Adrenalin/adrenerg/Neurotransmitter/Noradrenalin/Sympathicus/Sympatholytica/ Sympathomimetica)
adrenerge Wirkungen/System 362, 367, 517, 755, 1548, 1716, 1892 f., 2169, (Adrenalin/Dopamin/Hypoglykämie/Noradrenalin)
adulterants 1197
Ägypten 45, 541, 637, 738, 968 f., 1734
Äitsch 1196
Äquatorialafrika 763
Aerosole 2502
Äthertrinken 2507

Äthiopien 1733, 1735 f., 1739, 1741
äußerst gefährliche Einzeldosis 414, 418,
    1242, 1244, 1275, 1653 f., 1671, 2434
Affektivität/Affektkontrolle/-steigerung
    152, 163, 239-241, 243, 267, 297, 336,
    341 f., 344, 346, 355, 373, 843, 843
    FN 65, 848, 850, 867, 1136, 1149,
    1381, 1548, 2135, 2172, 2200, 1212,
    2539 f., (Affekt/Depression/Dopamin/
    Droge/limbisches System/Rausch/
    REM-Schlaf/retikuläres System/Schi-
    zophrenie)
Affektlabilität s, Labilität, psychische
affenschieben 1316
Afferenz 346, 377, 651, 1136, 1139, 2000,
    (Afferenz/Dendrite/Effektoren/Tha-
    lamus)
Affinität s. Rezeptoraffinität
Afghan 707 1042
Afghani-Fladen 175
Afghanistan/afghanisch 36, 42, 74, 91, 544,
    997, 1009, 1020 f., 1024, 1032, 1034,
    1172, 1194 FN 305, 1712
Afghanistan-Krieg 1020, 1172
Afrika/afrikanisch 20, 31, 49 f., 145, 542,
    547, 630, 736, 750 f., 763, 768 f., 771,
    1013, 1047, 1465, 1709, 1733, 1736,
    1764, 2051, 2124
afterimage s. Nachbilder
Afterschleimhäute 1611
Afyun(-karahisar) 976 FN 26, 1008
Afyun 976
Agent Orange 1455
Aggression/aggressiv 51, 122, 145 f., 261,
    820, 884, 904, 912, 916, 1149, 1151
    FN 260, 1387, 1527, 1538, 1609,
    1630, 1635, 1689, 1696, 1748, 1800
    FN 27, 1805 FN 40, 1877, 1879, 1917,
    1945, 1956 f., 2019, 2162, 2163 FN
    45, 2214, 2538, (Ethanol/ Hypophyse)
aging (Dopamin)
Agitiertheit s. motorische Unruhe
Agonie 1149, 1156
Agonisten 16, 1138, 1166, 1351, 1746,
    1753, 2250, 2342, 2439, (Ago-
    nisten/Rezeptoren)
Agua rica 1416 FN 6

Aids-Infektion 99, 101, 1190, 1301-1303,
    1301 FN 443, 1317, 1320, 1321 FN
    469, 1325, 1328, 1335, 1636, 1678
airdrop 1462
Akha 1002
Akinese 167, 1289, 1569
Akne 846, 846 FN 73, 2102
Akkommodationsstörungen 463, 527, 520,
    1865, (Akkommodation)
Akoasma (Halluzinationen)
Aktionspotential 5, 10 f., 1566, (Synapse)
Aktivitätssteigerung s. Antriebssteigerung
Aktivitätsverlust s. Antriebsverlust
Akupunktur 1151
akustische Halluzinationen 129 FN 96, 261,
    328, 337, 607, 636, 677, 779 FN 199,
    850 f., 855, 926, 1538, 1696, 1729,
    1780, 1878, 1880, 1951, 2523, 2527,
    2539, (Halluzinationen/Ethanol/Schi-
    zophrenie)
akute Drogenintoxikation 1269 FN 378,
    (Intoxikation)
akute Toxizität s. Toxizität
Akzeptanz, soziale 50, 227 f., 242, 255,
    292, 339, 1332, 1637, 1817, 1942,
    1966, 1973, 2012, 2207, 2209
Albernheit 606
ALD-Trip 310
Alkaloide 90 f., 104, 269-277, 300-306,
    306 FN 37, 315, 360, 367, 369, 371 f.,
    435, 438-444, 447, 449, 451, 454, 461,
    485, 492, 496 f., 499, 502, 504-531,
    538 FN 87-89, 555, 559, 565, 568 f.,
    573 FN 4, 576 f., 581, 602, 616, 616
    FN 43, 622 f., 625 f., 629, 645, 649,
    649 FN 71, 651, 666, 672, 688, 699,
    711, 714-717, 723 f., 739 f., 746, 760-
    763, 767, 773, 775-779, 779 FN 199,
    781, 787, 794, 871, 929, 944 f., 948,
    953, 961 FN 11, 974, 1061-1071,
    1079-1081, 1094 f., 1114 f., 1172,
    1236, 1238, 1261, 1286, 1372, 1401,
    1403, 1411, 1413, 1418, 1434, 1439,
    1486-1489, 1493 f., 1551-1553, 1583,
    1601, 1648, 1672 FN 342, 1709 f.,
    1742-1746, 1771, 1773 f., 2049, 2049
    FN 3, 2120, 2142, 2240, 2311, 2519,
    (Agonisten/Alkaloide/Chinazolin/Chi-

nolin/Chinolizidin/Coffein/Heterocyclus/Inhaltsstoffe/Mutagene/Nicotin/Parasympatholytica/Parasympathomimetica/Phenanthren/Phenyl/Piperidin/Pyrrol/Sympatholytica/Terpene/Tetrahydroisochinolin/Tryptophan)
Alkohol-Delir 1309, 1696, 1950, 2511, (Delirium/Psychose)
Alkohol-Ersatz 2505
Alkohol-Halluzinose (Ethanol)
Alkohol-Intoxikation 1105, 1546, 1846, 2020, 2072
Alkohol-Kombinationen 120, 168, 265, 305 FN 35, 424, 547, 595, 599, 679, 734, 853, 855, 863 f., 905, 927, 937 f., 1052, 1130, 1321, 1349 FN 532, 1609, 1609 FN 234, 1663, 1674, 1721, 1741, 1805 FN 40, 1811, 1910, 1912, 1950, 1956 f., 1971, 1975 f., 2002, 2005, 2015, 2020, 2023-2025, 2063, 2068, 2070, 2086 FN 34, 2089, 2105, 2153, 2165, 2181, 2194, 2212 f., 2222-2224, 2229-2231, 2233, 2279, 2287, 2336 FN 88, 2345, 2431, 2435, 2460, 2500, 2507, 2545, (Nicotin)
Alkohol-Konsum/Alkoholismus 50, 80, 120 FN 82, 168, 194, 228, 235, 238, 242, 246, 253 f., 260, 265, 267, 316, 317 FN 45, 350 f., 446, 479, 481, 524, 531, 547, 595, 599, 733 f., 864, 982, 1052, 1105 FN 183, 1110 FN 193, 1130, 1149 FN 255, 1164, 1201, 1229, 1280, 1285, 1289, 1321, 1326, 1332, 1349 FN 532, 1355, 1360, 1370, 1393, 1397, 1440, 1449, 1546, 1609, 1663, 1674, 1721, 1741, 1749, 1792, 1804, 1811, 1846-1869, 1905, 1912 f., 1950, 1956 f., 1967, 1967 FN 11, 1971-1973, 1975 f., 1979, 2002, 2005, 2008, 2015, 2020, 2023-2026, 2032, 2063, 2068, 2070-2072, 2089, 2105 f., 2144, 2151 f., 2152 FN 34, 2155, 2161, 2165, 2194, 2207, 2212 f., 2222-2224, 2229-2231, 2233, 2248, 2279, 2292, 2344, 2346, 2431, 2499 f., 2505, 2507, 2509-2511, (Delirium/Depression/Ethanol/Nystagmus)

Alkohol-Psychose 1950, (Ethanol/Halluzinose/Psychose/Rausch)
Alkohol-Rausch 119 f., 122, 122 FN 86, 124, 127, 141, 227, 267, 937, 1105 FN 183, 1387, 1869, 1950, 2233, 2539, (Ethanol/Rausch)
allergische Reaktionen (hyperkinetisches Syndrom)
Allmachtsgefühle s. Omnipotenzphantasien
Aloeddin 51
α_2-Agonisten 1351
α-Rezeptoren 367, 372, 842, 1716, 1892, (Adrenalin/Sympatholytica)
α-Rezeptorenblocker s. α-Sympatholytica
α-Sympatholytica 302, 304, 367, 372-374, 377, 745, 755, 842, 2466 FN 223, (Sympatholytica)
α-Sympathomimetica 1351, 1716, 1716 FN 12, (Sympathomimetica)
Alraune 501 f., 535 f., 538
Alteration s. Persönlichkeitsveränderungen
Alte vom Berg, der 51
Altfixer s. Überalterung
Alveolen s. hier Lungenbläschen
Alzheimer-Krankheit (Halluzination)
Amanita-Alkaloide 461, 485 f., 487
Amanita-Rausch 464, 468, 470, 472 f., 478, 485
Amazonas 552, 556, 563, 693 FN 128, 694, 696, 696 FN 132, 710, 718, 721, 742, 1407
Ambrosia 479
ambulante Behandlung 1349, 1354, 1363, 1365
ambulante Substitutionsbehandlung 1328-1330
Ameisen unter der Haut 1694, 2549
Ameisenverkehr 1015
Amenorrhö 533, (Amenorrhö)
Amerikanische Krankheit 990
Amfetamin-Abhängigkeit 857, 1685, 1816, 1879, 1918, 1920, 1927, 1932, 1939-1949, 1958, 2014
amfetamin-ähnliche Wirkungen 582, 830, 849, 1600, 1717, 1756, 1793, 1807, 1813, 1834, 1836, 1920, 2112, 2130, 2134
Amfetamin-Entzug 1958

Amfetamin-Ersatz (Coffein)
Amfetamin-Injektion 1789, 1798, 1832, 1870, 1898, 1912 f., 1933, 1939-1942, 1948, 1950, 1956
Amfetamin-Intoxikation 810, 1052, 1878, 1909 FN 187, 1917, 1933-1938, 1950-1957, 2143
Amfetamin-Kombinationen 171, 190, 265, 863 f., 1530, 1607, 1811 f., 1832, 1835, 1881, 1906 FN 180, 1909-1912, 1947 FN 257, 1956 f., 2194, 2485
Amfetamin-Küche/-Lab 862, 1809, 1815
Amfetamin-Psychose s. Weckmittel-Psychose
Amfetamin-Rauchen 1630 FN 273, 1910, 1914, 1917, 1826, 1939 f., 1948, 1956
Amfetamin-Rausch 914, 849, 1697, 1867-1882, 1917, 1956
Amfetamin-Schnupfen 1944
aminerg 842, 1885, (Adrenalin/Dopamin/ Noradrenalin/Serotonin/Synapse)
Ammonshorn s. Hippocampus
Amnesie/amnestisches Syndrom 267, 387, 527, 556, 926, 933, 937, 1540, 2540, (Amnesie/Delirium/Ethanol/Rausch)
amotivationales Syndrom 236, (Hippocampus)
Amphetamin- s. Amfetamin
Ampullenform 404, 511, 901, 1081, 1084, 1183, 1827, 2317, 2361, 2465
Amsterdam 864 FN 110, 1005, 1045, 1204, 1336 f., 1465
Amygdala s. Mandelkern
Amylnitrit-Rausch 2558 f., (Hypoxie)
Anabolika 1725 FN 27, 1805, 1805 FN 40 und 41
Anämisierung/Anämie 1500, 1505, 2548, (Anämie/aromatische Kohlenwasserstoffe)
Anästhesie 1105, 2191, 2465, 2470, (Narkotica)
Anästhetica/anästhesierende Eigenschaften 536, 546, 893, 897, 910, 924, 1105, 1377, 1436 f., 1499, 1501 f., 1517, 1546, 1573-1577, 1588, 1599, 1639, 1985 FN 12, 1992, 1998, 2203, 2402, 2465, (Parästhesien)
anästhetische Form 1599

anale Applikation 1463, 1611
Analeptica 101, 233, 285, 840, 861 FN 97, 1386, 1396 f., 1400, 1428, 1708, 1709 FN 3, 1710, 1712 FN 4, 1717, 1763, 1776, 1785, 1790, 1803, 1827, 1833, 1839, 1867, 1874, 1877, 1907 FN 181, 1968, 2014, 2116-2134, 2136, 2156, 2364, (Analepticum/Coffein/ Monoaminoxydasen)
Analeptica/analgetische Eigenschaften 49, 97-99, 101, 167, 169 f., 309 FN 38, 354, 499, 510, 538 FN 89, 540, 545, 729 f., 910, 912, 924, 936, 942, 968, 974 f., 988, 1062 FN 133, 1066, 1068, 1077-1081, 1100, 1105, 1108 f., 1115 f., 1120, 1139-1141, 1144, 1149-1151, 1158 f., 1171, 1198 FN 315, 1252 FN 386, 1298, 1328, 1333, 1348, 1392, 1517, 1522, 1574, 1804, 1846, 1910, 1970, 1970 FN 15, 1974, 1992 f., 2005, 2016, 2023, 2061, 2114, 2136, 2144, 2155, 2232, 2239-2495, 2507 FN 10, 2514, 2516, 2522, 2557 f., 2562 FN 64, (Analgesie/Analgeticum/ Arzneistoffabhängigkeit/Coffein/ Miosis/Narkotica/Neurotransmitter/Nicotin/Opioide/Placebo/Serotonin)
Analgeticanephropathie 2243
Analoga 89, 109, 58,2 FN 13, 835, 924, 1824, 1831
Anatolien 949, 1008
Anden 553, 556, 559, 617, 718, 1406, 1431, 1447, 1467
Anergie s. Antriebsarmut
Anfallsprophylaxe 1702, 2162
anfixen 1291
angel's dust 903
Angespanntheit s. Spannungszustände
Angina pectoris 1297, 2557, 2560
Angstneurosen 665, 2187 f.
Angstzustände/angstbesetzte Reaktionen 117, 121, 138, 146, 172, 261, 32.8, 342, 347, 349, 352, 355, 387, 422, 426, 609, 611, 665, 680, 682, 758, 805 f., 855, 888, 916, 938, 1119, 1151 FN 260, 1287, 1309, 1396 f., 1533, 1536, 1542, 1545, 1548, 1632, 1665, 1691 f., 1696, 1703, 1729, 1835 FN 87, 1839,

1878, 1913 FN 195, 1945, 1951, 1968, 1974, 2012, 2027, 2034, 2057, 2069, 2072, 2118, 2166, 2172, 2181-2183, 2187 f., 2194, 2200, 2206, 2214, 2217, 2259, 2261, 2287, 2364, 2466 FN 223, 2477, 2542, 2549, (Adrenalin/biogene Amine/Coffein/Depression/Ethanol/ Hippocampus/Hypothalamus/Hypoxie/ limbisches System/Mydriasis/ Noradrenalin/Rausch)

animistisch 769, 771

Anorexie 99, 101, 373, 856, 1151, 1151 FN 260, 1153, 1310, 1568, 1632, 1635, 1748, 1835, 1866, 1879, 1917, 2547, (Depression/ Serotonin)

anorexigene Mittel/Anorektica 830, 1447, 1515, 1517, 1723, 1748, 1753-1761, 1775, 1792, 1829-1833, 1841-1845, 1847, 1862, 1866, 1931 f., 2131

Anregungsmittel s. Analeptica

ANS s. vegetatives (autonomes) Nervensystem

Anspannung s. Spannungszustände

Ansprechbarkeit 448, 911

Antagonisten/antagonistische Wirkungen 16, 161, 166, 372-379, 393, 515, 517 f., 717, 842, 915, 1100-1114, 1141, 1160, 1162 FN 272, 1166, 1319, 1331, 1347-1350, 1703, 1792, 1884, 1999 f., 2142 f., 2203, 2229 FN 114, 2250, 2269, 2342, 2356 f., 2411, 2471, 2477, 2541, (Acetylcholin/Adrenalin/Dopamin/Agonisten/Parasympathicus/ Wechselwirkungen)

antagonistisch-analgetische Eigenschaften 1100, 1103, 1109, 1141, 2342, 2356

antesten 401, 922, 1482, 2403, 2480

Antiallergica 1714 FN 9

Anticholinergica/anticholinerge Wirkungen 392, 511, 513, 515-518, 730 FN 164, 896 FN 157, 914, 932, 934, 934 FN 210, 1521, 1547, 1775 FN 75, 1937, 2051, 2424 FN 178, (Parasympatholytica)

Anti-craving-Medikamente 1332, 1350, 1703 FN 393, 2152 FN 33, 2436

Antidementiva 304

Antidepressiva/antidepressive Wirkungen 98, 844, 887, 936, 975, 989, 1352, 1396, 1438, 1677, 1804, 1827, 1827 FN 73, 1830, 1832 f., 1839, 1892 FN 157, 2114, 2125, 2138, 2146,2155-2171, 2174, 2183, 2187, 2201, 2208, 2210 FN 88, (Depression/MAO/Nicotin/Tryptophan/Tyrosin)

Antidiarrhoica/antidiarrhoische Wirkungen 1080, 1115, 2399

Antidopaminergica 1571,. 1677, 1703, 1954, 2143

Antidot 15 FN 3, 283, 463, 463 FN 9, 484, 511, 518, 938 FN 226, 972, 1107, 1110, 1937, 2143, 2194, 2250, 2344, 2452, 2542, (Antidot)

Anti-Drogen-Kampagnen/-Konferenzen 64, 81, 980, 1441

Antiemetica 101, 510, 1084 FN 166, 2389

Antiepileptica 57, 96 f., 1677, 1702 f., 1792, 1989, 1992, 2037, 2162, 2173, 2217, 2346

Antihistaminica/antihistamine Wirkungen 2051 FN 4, 2054, 2367

Antihypertonica 745, 758, 1351, 2142

Antihypotonica 15 FN 2, 1601, 1718, 1791 FN 12, 2119, (Adrenalin/ Dopamin/ Noradrenalin)

Antike, europäische 46, 278-280, 477, 479, 479 FN 21, 499, 538 FN 89, 540, 543,632 FN 55, 637, 738, 961 FN 11, 969, 972, 974, 1601, 1711, 2251

Antikonvulsiva/antikonvulsive Wirkungen 57, 96 f., 1702, 1989, 1992, 2054, 2151, 2162, 2182, 2205, (antikonvulsiv) s. auch Antiepileptica/Antiparkinsonmittel

Antiparkinsonmittel 511, 731, 1697 FN 378, 1703, 1792, 2162

antipsychotische Wirksamkeit 1698, 2136, 2140 f., 2146, 2155, 2172 FN 52, 2174

antipyretische Analgetica 170, 1198 FN 315, 1970 FN 15, 2243

antispasmotische Wirksamkeit s. Spasmolytica

Antisympathicotonica 1899, 2142

Antitussiva/antitussive Wirkungen 57, 411, 499, 968, 975, 987-989, 991, 1068,

1070, 1083, 1137, 1228, 1438, 1716-1719, 1995, 1995 FN 32, 2054, 2245, 2247, 2253, 2274-2313, 2326-2330, 2417, 2440 f., 2449, (antitussiv)
antivitaminotische Zustände 1298
Antriebsarmut/-störungen 67, 128, 143, 236 f., 246 f., 263 f., 426, 599, 676, 1118, 1121, 1129, 1162, 1397, 1544, 1691, 1723 FN 21, 1834, 1837, 1839, 2123, 2133, 2135, 2243, (Dopamin)
Antriebssteigerung 233, 473, 478, 671, 677, 770, 848, 850, 909, 1397, 1514, 1527, 1532, 1725, 1747, 1834, 1837, 1839, 1867, 1870 f., 1878, 1946, 2117, 2133, 2155, 2157, 2166, 2169, 2536, (Manie)
Anxiolytica/anxiolytische Wirkungen 16, 609, 732, 758, 844, 925, 1119, 1395-1397, 1703, 1839, 2172, 2181-2193, 2197, 2211, 2233, 2259, 2261, 2287
AP s. Abhängigkeitspotential
Apathie/apathisch 122, 236, 449, 550, 613, 912, 1129, 1296, 1449, 1526 FN 123, 1633, 1668, 1751, 2197, 2515, (Apathie/Coffein)
Aphrodisiaca/erotisierende Eigenschaften 33 FN 8, 45, 145, 145 FN 117, 329, 435 f., 445, 475, 485, 527, 533, 536, 538, 538 FN 90, 541, 547, 549 f., 552, 556, 560, 571, 592 FN 20, 598, 609, 616 FN 43, 621, 625, 637, 678, 706, 710, 722, 728 f., 733, 738, 745, 749, 754 f., 758, 770, 776, 783, 792, 879, 937, 1062 FN 133, 1119, 1176, 1388, 1394, 139.8,1518, 1527, 1611, 1630, 1697 FN 378, 1712, 1734, 1823, 1865, 1871, 2051, 2061, 2249, 2251, 2328, 2523, 2559, (Hypoxie)
Aphrodisien 534
Aphrodite 533
Apollo 545
Apoplexie 855, 1297, 1634, 1667, 1680, 1720, 1747, 1935, 1938, (Halluzination)
Apotheke 82, 1305, 1600, 1905, 1963 f., 2366
Appetit(-anreger) 99, 101, 125, 1386, 1548
Appetitlosigkeit s. Anorexie
appetitregulierendes Zentrum 1753

Appetitzügler s. anorexigene Mittel
Araber/Arabien/arabisch 32, 189, 637, 976 f., 1013, 1736, 1741, 1818
Arbeitsfähigkeit s. Leistungsfähigkeit
Arcanum 974
Archetypen 566, 665
Arecolin-Rausch 1775-1777
Arekanuss-Alkaloide 461
Argentinien 693 f.
Arier 479
Arizona 622, 689 FN 126
Arme-Leute-Heroin 2316
Armvenen 1219-1221, 1296, 1608.
Arterien 116, 305 FN 35, 1221
Arthritis 96
Arthrose 1084
Arzneimittel s. Medikamenten-Missbrauch
Arzneistoffabhängigkeit s. Abhängigkeit
Asche 693, 1583,
Asien/asiatisch 45, 435, 630, 949, 1061, 172, 1293, 1413
Assoziation/assoziativ 123, 128, 140, 336, 1871, 2251
Assoziationscortex (Halluzination)
ASS-Rausch 1198 FN 314
Assyrien 45
Asthma(-mittel) 57, 98, 258, 496, 499, 738, 975, 1299, 1711, 1719, 1725 FN 27, 1728, 1792, 1995
Asthmazigaretten 513
Ataraktika 2172, 2179, (Ataraxie)
Ataraxie 1387, 1390, (Ataraxie)
Ataxie/ataktische Störungen 120, 601, 674, 806, 846, 913, 1387, 2030, 2162, 2229, (Ataxie/Serotonin)
Atemdepression/-insuffizienz 230, 421, 483, 523, 601, 673, 730, 925, 938, 988, 1085, 1102, 1105, 1107, 1137, 1171, 1198, 1221, 1270, 1272 f., 1272 FN 399, 1282 f., 1284, 1303, 1521, 1545, 1666, 1672, 1676, 1688, 2022, 2068, 2152, 2226, 2229, 2245, 2254, 2260, 2295, 2295 FN 58, 2307, 2323, 2328, 2344, 2363, 2411, 2422, 2434, 2452, 2460, 2471 f., 2474, 2477, 2494 FN 250, 2508, 2520, 2542, (Epiphyse/Hypothalamus/Nicotin)

Atemfrequenzanstieg/-stimulation 578, 601, 1309, 1516, 1521, 1578, 1666, 1717, 1747, 1846, 1865, 1917, 2118, (REM-Schlaf)
Atemlähmung/-stillstand 523, 528, 538 FN 89, 585, 638, 772, 786, 808, 919, 926, 938, 1105, 1225, 1270 f., 1270 FN 381, 1281, 1634, 1672, 1936, 2020, 2068, 2152, 2229, 2295, 2434, 2482, 2487, 2511, 2516, 2558, (aromatische Kohlenwasserstoffe)
Atemregulationszentrum 1137, 1270, 1272 f., 1666, 1717, 2020, 2260, 2494 FN 250, 2511, 2520, (Atemregulationszentrum/Hirnstamm/Hypothalamus/retikuläres System/vegetatives Nervensystem)
Atemübungen 566
Atemwegserkrankungen 258, 989, 1392, 2298
Atrophie s. hier zerebrale Atrophie
atropin-artige Wirkungen 125, 125 FN 92, 471, 1521, 1547, 1665, 2393, 2424 FN 178, (Parasympatholytica)
Atropos 510 FN 48
attention-deficit-hyperactivity-disorder (ADHD) s. hier Verhaltensstörungen
atypische Rauschverläufe
- bei Amanita-Wirkstoffen 475
- bei Amfetaminen 1878, 1917, 1956 f.
- bei Cannabis 117, 124, 145 f., 172, 191, 261 f.
- bei Codein 2280 FN 41
- bei DET/DPT 888
- bei DMT 884
- bei DOB 820, 824
- bei DOM 805, 808
- bei Harmala-Wirkstoffen 743
- bei LSD-25 288, 335, 341-348, 352, 428, 2146
- bei Mescalin 611 f.
- bei PCP 912
- bei Psilocybin 380 f., 686, 2146
auditive Halluzinationen s. akustische Halluzinationen
Auferstehung 279, 540, 970
Aufmerksamkeit s. Bewusstseinshelligkeit

Aufmerksamkeitsdefizit-Syndrom (ADS) s. hier Verhaltensstörungen
Aufnahme s. Absorption
Aufputschmitel s. Stimulantia
Aufweckwirkung s. Analeptica
Augenbindehautentzündung 97, 126, 1393
Augeninnendruck 97, 1500
Augenlied 2030
Augenrötung 126
Augenschleimhäute 1377, 1436, 1500, 1665 FN 327
Aurawahrnehmungen 330, 1630, (Halluzination)
Ausdauersport 1442, 1795, 1873, 1890
Ausdrucksmotorik 130, 909, 2135
Ausfallerscheinungen 17, 2067, 2152, 2258, (Überaddition)
ausflippen 347, 1956
Ausfuhrkontrolle 1097 f., 1727
Ausgangsstoffe s. Grundstoffe
Ausgeglichenheit 123, 850
ausklinken 263 f., 728, 1750, 1969
Ausscheidung s. hier Metabolisierung
ausschleichendes Verfahren 1316, 1320
Ausschüttung s. Exocytose
Aussteiger s. abkicken
Australien 560, 1043
Austrocknung s. Wasserhaushalt
Ausweichmittel 194, 637, 1050 FN 114, 1052, 1058 FN 127, 1100, 1227 f., 1282, 1288, 1321, 1351, 1482, 1484, 1530, 1754 f., 1838, 1841, 1904 f., 1959-2495, 2500, (Toleranz)
Auszehrung s. Kachexie
Auszug s. Dekokt
Autismus 1668, (Schizophrenie)
autoaggressive Tendenzen 79, 912, 916, 1806, 1917, 2163 FN 45
autoerotische Handlungen 2523, (Hypoxie)
autonomes Nervensystem s. vegetatives Nervensystem
Autorennsport 1725
Autorezeptoren (Neurotransmitter/Rezeptoren)
Autosuggestion 344, 346, 533, 538
Ava 1368
Awa-Moh 1368

Axon 3 f., 7, 1573-1577, (Axon/GABA/ Neuron/Serotonin/Sympathomimetica/Synapse)
Axoplasma 7
Ayashuasca 721
Aymara 1446, 1582
Azteken/aztekisch 445 f., 549, 551, 574, 597, 658, 661, 788 FN 204

B

Baal 477 FN 20
Babystrich 1305
Badewannenlabors 962
badoh negro 446
bad trip's s. atypische Rauschverläufe
Bahamas 1462
BAK s. Blutalkoholkonzentration
Bali 649 FN 71
ball 1913
Ballons 2515 f.
Balkanroute 1015, 1022, 1024, 1048
Balken (limbisches System)
Bangkok 1003, 1035, 1038, 1042
Barbies/barbs 2019
Barbiturat-Abhängigkeit 1980, 1982, 1987, 2008, 2012-2014, 2024-2037, 2043, 2048, 2071, 2161, 2212, 2217, 2243, (Halluzination)
barbiturat-ähnliche Wirkungen 2026 f., 2373
Barbiturat-Injektion 2016 f., 2018
Barbiturat-Intoxikation 1827, 2020-2023, 2034, 2067 f.
Barbiturat-Kombinationen 855, 1663 f., 1674, 1993-1995, 2002, 2005, 2015, 2018, 2020, 2023, 2063, 2222, 2243
Barbiturat-Narkose 96, 171, 1380, 1985 FN 12, 1987, 1992
Barbiturat-Rausch 2016-2019, 2058
Barschel, Uwe 2187
Basalganglien 167, 882, 2402, (Dopamin/ Ganglien)
baseball 1619
Basel 285, 663, 2494
basen/basing 1623, 1629
Base-Pfeifen/base-pipe 1619, 1622, 1629
Basischemikalien s. Grundstoffe

Basisnarkotica 510
Basuco/Basuca/Bazooka 1615
Bauchkrämpfe 807, 2436
Baudelaire, Charles 55
Bayer-Leverkusen, Fa. 989, 991, 1980
Beatmung 421, 1283, 2173
beatniks 1797
Bedrücktheit s. Depression
Beeinträchtigungsgefühle/-wahn s. hier Verfolgungswahn
Beelzebub 477 FN 20
Befindlichkeitsstörungen 247, 2138, 2175, 2187
Begleitalkaloide s. Nebenalkaloide
Begleitkriminalität s. Beschaffungskriminalität
Beigebrauch 171 FN 120, 190, 233, 864, 1227-1229, 1248, 1280, 1321 f., 1325, 1330 f., 1334, 1338, 1349 FN 532, 1482, 1530 FN 132, 1909, 1911, 1358, 1947 FN 257, 1959, 2114, 2194, 2226, 2430 f., 2439, 2460
Beimittel s. Zusatzmittel
Bekaa-Ebene 77, 1009 FN 66
Belastbarkeit s. Leistungsfähigkeit
Belgien 2471
Belohnungssystem 162, 162 FN 133, 530 FN 83, 1149 FN 255, 1160, 1287, 1568, (Dopamin/Ethanol/limbisches System/Nicotin/Noradrenalin/ Tryptophan)
bendsch 29, 541
Beni 1461
Benn, Gottfried 1528
Benommenheit 119, 556, 1537, 2013, 2061, 2178, 2258, (Bewusstseinsstörung)
Benzies 1797
Benzin-Schnüffeln/-Rausch 2527
Benzodiazepin-Abhängigkeit 1339, 2162, 2204, 2210, 2212-2218, 2226, 2346
Benzodiazepin-Kombinationen 924 FN 199, 937, 1338, 1349 FN 532, 1910, 2020, 2194, 2197, 2212 f., 2222-2226, 2229 f., 2232 f., 2430, 2434 f.
Benzodiazepin-Missbrauch 253, 1338, 2020, 2188, 2194, 2197, 2209-2234
Benzodiazepin-Rezeptoren 732, 2202-2205

Benzophenanthridin-Alkaloide 1062 FN 133
Benzylisochinolin-Alkaloide 538 FN 87, 89, 573 FN 4, 616 FN 43, 1062 f., 1069, (Tetrahydroisochinnolin)
Beredsamkeit s. Gesprächigkeit
Bergsteiger 1825
Berlin 97, 860, 1443, 1796, 2550
Berliner Tinktur 1187
Berserkerwut 478
Berufskraftfahrer 1725, 1756, 1802, 1848, 1866 FN 119, 1874, 1931
Beruhigungsmittel s. Sedativa
Beschaffungsfahrten 298, 1046
Beschaffungskriminalität 183, 1228, 1304-1306, 1327, 1329, 1336, 1338, 1600, 1963, 2366
Beschaffungsprostitution 1302, 1305, 1329
Besessenheitstrance 597
Besinnungslosigkeit s. Bewusstlosigkeit
betäubende Eigenschaften s. narkotisierende Wirkung
Betäubungsmittel 510, 940, 1960 f., 2498, (Betäubungsmittel/Droge/Narkotica/Suchtstoffe)
β-Endorphine s. Endorphine
β-Rezeptoren 16, 367, 1568, 1716, 1892, (Adrenalin/Sympatholytica)
β-Rezeptorenblocker 16, 367, 1703, 1938, (Adrenalin/Rebound-Phänomen/Sympatholytica)
β-Sympathomimetica 1716, 1725 FN 27, 1791 FN 12, (spasmolytisch/ Sympathomimetica)
Betel 1369, 1763-1782
Betel-Abhängigkeit 1779
Betel-Alkaloide 1771, 1773, 1781
Betel-Bissen/-Priem 1764-1771, 1774, 1778, 1781
Betel-Hunger 1779
Betel-Psychose 1780
Betel-Rausch 1763, 1775 f.
Betel-Schere 1766
Bewegungsarmut s. Akinese
Bewegungsstörungen s. extrapyramidalmotorisches System/motorische Störungen

Bewusstlosigkeit 476, 523, 541, 555, 638, 925, 927, 933, 938, 1284, 1846, 1936, 2022, 2086 FN 34, 2260, 2509, 2516, 2522, 2541, 2558, (Epilepsie/Ethanol/Koma)
Bewusstseinseinschränkungen/-störungen 119, 143, 159, 267 FN 1, 282, 339, 351, 354, 365, 449, 523, 556, 610, 636, 676, 679, 850, 910, 933, 1121 f., 1130, 1139, 1269, 1523, 1537 f., 1540, 1868, 2012, 2023, 2030, 2086 FN 34, 2135, 2162, 2175, 2197, 2239, 2258 f., 2283, 2322, 2328, 2336 FN 88, 2498, 2510, 2536, 2538, 2558, (Amnesie/Bewusstseinsstörungen/Delirium/Denkstörungen/Epilepsie/Intoxikation/Halluzinose/Narkotica/retikuläres System)
Bewusstseinserweiterung 19, 136, 140-143, 290, 336, 423, 567, 679, 811, 983, (Hippocampus)
Bewusstseinshelligkeit/-klarheit 119 f., 124, 267, 338, 351, 526, 606, 608, 665, 677, 679, 727, 811, 819, 844, 848, 915, 1118 f., 1122, 1128, 1135, 1297, 1387, 1528, 1630, 1681, 1748, 1776, 1796, 1798 f., 1834, 1867, 1871-1874, 1892, 1951, 2061, 2119, 2175, 2239, (Acetylcholin/Adrenalin/Cortex/Homöostase/Hypothalamus/Noradrenalin/Thalamus)
Bewusstseinspaltung s. Schizophrenie
Bewusstseinsveränderungen 19, 119, 121, 136, 138-143, 165, 336, 671, 679, 1122, 136, 1139, 1151, 2516
Beziehungswahn s. hier Verfolgungswahn
bhang 29
B-Hepatitis 1300
Bildchen 397
Bindungsfähigkeit s. Rezeptoraffinität
Bindungslosigkeit 237, 241
Bindungsstellen s. Rezeptoren
Binokularsehen 1541
biogene Amine 163, (Adrenalin/Alkaloide/biogene Amine/Catecholamin-O-Methyltransferase/Melatonin/Neurotransmitter/Serotonin/ Terpene/Tryptamin)
biogene Drogen 63, 90, 194, 268, 451, 456, 482, 513, 513 FN 54, 564, 571 FN 2,

667, 667 FN 93, 863, 795, 795 FN 1, 831, 864 FN 109, 1492, 1785, 2114, (Arzneimittel/Drogen)
Biosynthese 362, 717, 775, 795, 1071, 1743, 2273, (Catecholamine/Glutaminsäure/Tryptophan)
Biotransformation s. Metabolisierung
Bioverfügbarkeit 2421
Birma s. Myanmar
Bisalkaloide 775, (Alkaloide)
black beauty 1818
Blasenerkrankungen 1392
Blattdrogen 1401, 1445, 1472, 1492, 1495, 1509, 1515-1521, 1551-1557, 1582-1585, 1735, 1738-1741, 1759, 1764
blauer Kern s. Nucleus coeruleus
Blindheit 523 FN 70, (Halluzination/Methanol)
Blockade s. hemmende Wirkung
Blocksberg 538
blow 1477, 1594
blowen/blowing 1226, 1226 FN 349, 1586
blue heavens 2019
blue velvet 1181 FN 292
Blutalkoholkonzentration 120, 847, 1257, 1643, 1869, 2023
Blutdruckerhöhung 125, 194, 753, 756 f., 855, 881, 913, 925, 1111, 1309 f., 1521, 1565, 1635, 1666 f., 1672, 1718, 1720, 1725, 1747, 1792, 1835, 1865, 1877, 1935, 2169, 2542, (Adrenalin/ Nicotin/Noradrenalin/Rebound-Phänomene/Serotonin)
Blutdruckmittel s. Antihypertonica
Blutdruckregulation (Hirnstamm/Homöostase/Hypophyse/Hypothalamus)
Blutdruckschwankungen 1944, (Hypophyse/Monoaminoxydase/Neurotransmitter/Thalamus)
Blutdrucksenkung 16, 194, 321, 673, 758, 1156, 1272, 1296, 1351, 1666, 1935, 2030, 2152, 2169, 2218, 2248 f., 2323, 2452, 2557-2559, (Acetylcholin/Hypothalamus/Hypotonie/Serotonin)
Blutgefäßkrämpfe 1668
Blutgifte 2548, (aromatische Kohlenwasserstoffe/Drogen/Gifte)

Blut-Hirn-Schranke 116, 381, 588, 650, 907, 1132, 1153, 1554, 1717, 1897, 2165, 2199, (Blut-Hirn-Schranke/Catecholamine/L-Dopa/ Membran)
Blutleere s. Anämisierung
Blutplasma 150, 221, 357, 907,1558-1560, 1586, 1658, 1704, 1716, 2039, 2075, 2438 s. auch Plasmakonzentration/ Halbwertszeit/ Hypoglykämie
Blutspiegel(-werte) (Applikation/Halbwertszeit/parenteral)
- bei Cannabis 113, 116, 120, 151, 154
- bei Cocain 1558-1560
- bei Heroin 1126, 1129, 1134, 1270
- bei LSD-25 324, 357
- bei Methadon 1319, 1322
- bei Tranquilizern 2199
Blutungen 303, 365 FN 91
Blutzuckerspiegel 1521, 1804, (Hypoglykämie/Nebennieren)
Bodybuilder 1725, 1805
Bodypackersyndrom 1637, 1672
bodypacking/bodystuffing 1047, 1463, 1637
Bogotá 1476
Bogotá-Connection 1461, 1467
Bohème/Bohèmien 55, 1443, (Terpene)
Bolivien 617, 694, 1406, 1417, 1445 f., 1453, 1457-1461, 1468 f., 1495, 1498, 1509, 1582, 1613
bolivian rock 1423
Bombay 1029
Bömbchen 1013, 1626, 1637, 1672
bombs 2019
bonanza 1462
Bong 125,183
Booster 862
Bordelldroge 1527
boy-girl 1606
Bradykardie s. Herzschlagverlangsamung
Brandseuche 282
Brasilien 29, 65, 562, 693 FN 128, 696, 698, 710, 712, 718, 720, 725, 1406, 1421, 1446, 1464, 1469, (Coffein)
Bundesrepublik s. Deutschland
Brechmittel s. Emetica
Brechreiz 126, 321, 452, 705, 727 f., 781, 855, 1777, 1935

Brechzentrum 510, 2245, 2247
Brennprobe 1231
Briefchen 1197, 1202, 1215, 1477, 1590, 1655, 1906, 1930, 1930 FN 226
bring down 347
Britannien/britisch s. England
British East Indian Company 978 f.
Broca-Zentrum (Halluzination)
Brockmühl 2419
broken-home-Situation 243
Brom-Akne 2102
Brom-Alkohol-Wirkungssynergismus 2105
Bromismus 2096, 2102-2107
Brom-Psychose 2107
Brom-STP 816
Bronchial(-mittel) 98, 521, 961 FN 11, 1711, 1716-1719, 1725 FN 27, 1836 FN 88, 2307, (Adrenalin/Coffein/Noradrenalin/Parasympatholytica/spasmolytisch)
Bronchialschleimhaut 111 f., 111 FN 60, 1616, 1630, 1693, 1718
Bronchien 112, 521, 1716. 1719, (Noradrenalin)
Bronchitis 258, 1282, 1632, 1719, 2289, 2298, 2307
Bronchospasmen 2477, (Propan)
Brote 954, 956
brown sugar 1192
Bubbles 1047
Bufotenin-Rausch 689, 703-708
Bulbus terminalis s. Synapse
Bulgarien 1015, 1048
bum trip s. atypische Rauschverläufe
bunkern 1463
Buprenorphin-Abhängigkeit 2345-2347
Buprenorphin-Substitutionsbehandlung 1352 FN 538, 2346
Burma s. Myanmar
burn out 917
buttons s. Peyote button
Bwitikult 769
BZ 929, 929 FN 204

C

C 1594
Caapi 721
Cachunde 616 FN 43
Cadillac 835
Calí, Kartell von 1467 FN 58
Calluhnaya 694
Campesinos 1446 f.
Campinggas 2533
Cannabinoide s. Cannabis
Cannabinoid-Rezeptoren CB l/CB 2 97, 125, 141 FN 110, 166 f.
cannabis-ähnliche Wirkungen 811
Cannabis-Anbau s. Hanfanbau
Cannabis-Ersatz 194, 562, 637, 712, 1712 FN 4
Cannabis-Extrakt 37, 43, 49, 57, 76, 97, 110
Cannabis-Harz 24, 26-29, 32-43, 83, 87, 106, 110, 145, 175-191, 199, 207, 212, 217, 219, s. auch Haschisch
Cannabis-Injektion 185, 188, 230
Cannabis-Intoxikation 122 f., 229 f., 263
Cannabis-Kombinationen 33 FN 8, 171, 183 FN 160, 188 FN 133, 190-193, 208, 228, 233, 250, 265, 424, 499, 595, 723, 822, 847, 864, 875, 973, 1321, 1338, 1741, 1811, 1911, 1917, 2063, 2197, 2233
Cannabis(-Konsum/-Produkte) 20-265, 294, 306 FN 37, 337, 344, 382, 389, 393, 414 f., 418, 423-425, 499, 527, 541 f., 601, 763, 847, 864, 865 FN 118, 973, 1055, 1229, 1338, 1458, 1484, 1534, 1540, 1562, 1650, 1685, 1741, 1804, 1811, 1911, 1926, 1928, 1940, 1952, 1973, 2009, 2061, 2063, 2197, 2233, (Applikation/Arzneistoffabhängigkeit/Gewinnung/Nicotin/Terpene)
Cannabis-Konzentrat 28, 43, 72 FN 38, 110, 187 f., 209 FN 152
Cannabis-Kraut 28-32, 37, 43, 106, 179-181, 199 f., s. auch Marihuana
Cannabis-Metaboliten 153-156, 160 f., 166, 222-224, 1556
Cannabismus 123, 234
Cannabis-Öl s. Cannabis-Extrakt
Cannabis-Plantage 25, 30, 64 f., 76 f., 168, 181, 195, 1009 FN 66

Cannabis-Psychose 51, 131 FN 81, 264, 264 FN 189, 1697, 1952
Cannabis-Rauchen 59, 85, 98, 111-118, 183, 188, 212 f., 230, 258-261, 2061, 2063
Cannabis-Rausch 43 f., 50 f., 55 f., 98 FN 61, 104, 113, 115, 117-148, 152, 156, 159, 172, 180, 191, 227, 247, 261 f., 264, 317, 337, 349, 450, 527, 679, 811, 1540, 1697
Cannabis-Report 56
Cannabis-Rezeptoren s. Cannabinoid-Rezeptoren
Cannabis-Tinktur 32, 57
Cannabis-Samen s. Hanfsamen
Cannabis-Zigaretten 57, s. auch joints
Cappies 1903, 1957
Carbolin-Alkaloide 371, 701 f., 714-717, 724, 739-744, 746, 761, 773, 776
Carboxylierung (Carboxylasen)
Carrier (Blut-Hirn-Schranke/Diffusion)
cat 1196
Catecholamin-Hypothese 2115
Catecholamin-Mangel 2163
Catecholamin-Stoffwechsel 125 FN 74, 165 FN 114, 362, 373, 379, 1564, 1822, 2115, 2163, 2201, (Catecholamine/Synapse)
Cerebellum s. Kleinhirn
cerebral s. zerebral
Cerebrum s. Großhirn
Cetobemidon-Abhängigkeit 2406 f.
Chacrona 723
Chalkolithikum 477 FN 19, 480
Champagnerdroge 1443
Chandoo/Chandu 1172-1176
Chanka 1172
Chaparé 1458 FN 51
charas 38
charley 1594
chasing the dragon 1222
chemische Folter s. Wahrheitsdrogen
chemische Zwangsjacke 510 FN 49
Chemotherapie 99, 485 FN 36, 777
C-Hepatitis 1300, 1302
Chicha 556
Chihuahua 550, 1462
Chile 556, 559

chill out 864
China/chinesisch 45, 48, 544, 546, 949, 968, 977-981, 1002 f., 1002 FN 57, 1005, 1011, 1038, 1175, 1711, 1764, 1816, 1916
Chinateken 446, 657
china white 2482 f.
Chinazolin-Alkaloide 2049 FN 3
Chin Chan-Syndikate 981, 994, 1002
chinesen 1222
Chinolin-Alkaloide 622, 2049 FN 3
Chinolizidin-Alkaloide 779, 779 FN 199, 787
chira 36
chirurgische Eingriffe s. Operationen
Chlor-Akne 846 FN 73
Chloroformisten 2523
Chloroform-Rausch 2522-2525, 2537, (Hypoxie)
Cholera 1080
cholinerges Nervensystem 462, 517, 915, 2169, (Acetylcholin/cholinerg/Neurotransmitter/Parasympathicus/Synapse/Vesikel)
Cholinergica s. direkte Parasympathomimetica
Cholinesterase-Blocker s. indirekte Parasympathomimetica
Chorea (Huntington) 282, (Hyperkinese)
Christentum/christlich 77, 477, 537, 598 f., 617, 655 FN 80, 661, 771
Christian Peyote Church 599
Christus 598
chromaffine Zellen (Adrenalin/chromaffines Gewebe)
chromosomale Schädigungen 260, 420, 1601 FN 221, 2548, (Mutation)
chronischer Konsum/Missbrauch s. habitueller Konsum
chronotrop (Sympatholytica)
CIA 289, 994
Ciba-Geigy, Fa. 2494
cimora 621
Cleanphase 1364
Club des Haschischins 55, 983
CNS Depressants 942
CNS Stimulants 1400
Cobra 1042

Coca-Alkaloide 508, 1401, 1411, 1413, 1418, 1434, 1439, 1486-1489, 1493 f., 1551-1553, 1583
Coca-Anbau 999, 1406-1412, 1431 f., 1452-1460, 1468 f., 1582
Coca bruta 1419
Coca-Cola 1439
Coca del Dia 1415
Cocain-Abhängigkeit 1289, 1440, 1443, 1445 FN 37, 1449, 1462, 1531-1533, 1544, 1557, 1568 f., 1589, 1598, 1610, 1614 f., 1621, 1631-1635, 1637, 1650, 1659 f., 1659 FN 321, 1662 f., 1681-1694, 1699-1704, 1905, 1927, 1939-1942, 1948, 1958, 2162
Cocain-Akne 1635
cocain-artige Wirkungen 903, 937, 1600, 1835
Cocain-Besteck 1477, 1590
Cocain-Scene 1402
Cocain-Delirium 1665, 1689, 1692
Cocain-Entzug 1699-1704, 1958
Cocain-Gewinnung 1412-1429, 1434 f., 1460 f., 1486, 1510, 1601
Cocain-Imitate 904, 927, 1600, 1639
Cocain-Inhalation 1338, 1584, 1610, 1616, 1622
Cocain-Injektion 1443, 1522, 1526, 1544, 1558-1560, 1579, 1595, 1597, 1603-1608, 1620, 1651, 1654, 1662, 1665 FN 327, 1671, 1673 f., 1686, 1692 f., 1912 f., 2430
Cocain-Intoxikation 919, 1052, 1539, 1563, 1571, 1607, 1619, 1634, 1637, 1664-1677, 1681, 1933, 1937, 2143, 2542
Cocainismus s. Cocain-Abhängigkeit
Cocain-Käfer s. Cocain-Tierchen
Cocain-Kater 937, 1545
Cocain-Kombinationen 667, 673, 756, 863, 904 f., 1322, 1331, 1338, 1349 FN 532, 1482, 1523, 1530, 1593, 1606-1609, 1609 FN 234, 1630, 1663 f., 1667, 1674, 1690, 1812, 1905, 1910, 2194, 2324, 2430, 2485
Cocain-Kristalle 1539, 1694, 1952
Cocain-Mühle 1477, 1590
Cocain-Paralyse 1666, 1688

Cocain-Psychose 264 FN 189, 1539, 1542, 1545, 1631, 1635, 1635 FN 282, 1694-1698, 1952
Cocain-Rauchen 1338, 1443, 1526, 1557, 1560, 1603, 1612-1638, 1654, 1669, 1679, 1686, 1693, 1915, 1917 f.
Cocain-Rausch 936, 1518, 1525-1546, 1557, 1561, 1596, 1609, 1618, 1620, 1630, 1654, 1674, 1690, 1697, 1870, 1872, (Tyrosin)
Cocain-Schmuggel 64, 1462-1466, 1480, 1610 FN 237, 1643 FN 302
Cocain-Schnupfen/-Sniffen 1223, 1443, 1521, 1526, 1557-1559, 1586-1590, 1603, 1614, 1617, 1625, 1630, 1632, 1651, 1654 f., 1658-1660, 1671, 1673, 1680 f., 1686-1691, 1702, 1944
Cocain-Schock 1672
Cocain-Substitution 1703 f.
Cocain-Tierchen 1539, 1694, 1952, (Halluzination)
Cocain-Trip 1531, 1544
Cocain-Welle 1438 f., 1443 f., 1470, 1478
Cocain-Zigaretten 1338, s. auch Cocain-Rauchen
Cocaismus 1417, 1445-1449, 1445 FN 37, 1459, 1509, 1514-1521, 1550-1557, 1582-1585, 1738
Cocaleros 1416 FN 6, 1447, 1458 FN 51
Coca-Kauen s. Cocaismus
Cocamate s. Maté de Coca
Coca-Paste 1419 f., 1425, 1465, 1613-1615
Coca picada 1416
Cochabamba 1458 FN 51
cocktail 1606, 1630
cocktail explosiv 2213
Cocteau, Jean 1528
Codein-Abhängigkeit 1331, 1349, 2285, 2288 f., 2296, 2300
Codein-Injektion 2280
Codein-Intoxikation 2295
Codeinismus s. Codein-Abhängigkeit
Codein-Kombinationen 1718, 1910, 1995, 2222, 2277, 2279, 2287
Codein-Rausch 2279-2281, 2287
Codein-Substitutionsbehandlung 1053, 1317, 1325, 2288, 2290-2293, 2292 FN 55 und 56, 2302-2304

Coenzyme (Acetylcholin/Alkaloide/biogene Amine/Enzyme)
coffein-ähnliche Wirkungen 1709 FN 2
Coffee-Shop 79
Coffeinismus 1939, (Coffein)
Coffein-Kombinationen 363 FN 88, 861, 864, 1198 FN 315, 1720, 1724, 1732, 1822 FN 67, 2121, 2287, 2289
Cohoba 691, 693.
coke binges 1544
coketail 1610
cold turkey 1311
colorines 788 FN 204, 791 f.
Columbian sniff 1462
Columbian spirit crystals 1414
come down 190, 864, 877, 1690, 1911
Comic-Trips 397
Conquista 53, 57, 661, 1432
Containerverkehr 1463
controlled substances analogues 797
Cook, James 1370
Coqueros 1447-1449, 1459, 1459 FN 54
Coral beans 791
Corpus amygdaloideum s. Mandelkern
Corpus striatum 167, 1149, (Dopamin)
Cortex cerebri s. Großhirnrinde
CO-Vergiftung 1827, 1846
Crack 1028, 1302 FN 431, 1336 FN 500, 1339, 1342, 1462, 1472, 1475 f., 1485, 1557, 1560, 1606, 1615, 1621, 1624-1638, 1641, 1649, 1654, 1668, 1693, 1704, 1910, 1914 f., 1917 f.
Crack-Kombinationen 904, 1628, 1630, 1910
crank 1796, 1913
crash down 936, 1620, 1631, 1879, 1917
craving s. drug craving
CRH-Rezeptor (Hypophyse)
crossmodal transfer (limbisches System)
Crush-Syndrom 1298
crystal(-speed) 902, 1816, 1913, 1913 FN 195, 1917 f., 1929, 1940
curare-ähnliche Wirkungen 521, 788 FN 204
Curare-Alkaloide 788 FN 204
Curare-Lähmung 15, 2120
cutting 1599, s. auch Streckmittel
CSTC (Thalamus)

Cyclazocin-Rausch 2372 f.
Cytisin-Rausch 784 f.
Cytostatica s. Zytostatica

D

Dämmerschlaf 510 FN 49
Dämmerzustand s. Bewusstseinseinschränkung
dämpfende Wirkung s. zentral-dämpfende Wirkung
Dänemark 1302 FN 431
Dagga 31
Dama de Noite 562
Danziger Heroin 952
Darm s. Magen-Darm-Trakt
Darmbewegung s. Obstipation
Dauerkonsumenten s. habituelle Konsumenten
DD s. designer drugs
DDR 513, 960, 1055
dealer s. Straßenhandel
death drug 810
Decarboxylierung 85, 114, 212, 465, (Decarboxylierung/Dopamin/Melatonin)
degenerative Erscheinungen 1678, 2402, 2547
Dehalogenierung 2104
Dehydratation 855, 855 FN 82, 1635
Dehydrierung (Aldehyd/Desaminierung/Sympatomimetica)
Dekokt 469, 710, (Dekokt)
delirante Zustände 527, 637, 785, 926, 1198 FN 314, 1280, 1309, 1315, 1349, 1665, 1689, 1692, 1696, 1950, 2030, 2034 f., 2072, 2166, 2184 FN 61, 2217, 2263, 2511, 2524, 2540, 2542, (Bewusstseinsstörungen/Coffein/Delirium/Halluzination/Psychose)
Delirium tremens 524, 1979, 2030 f., 2151, (Delirium/Ethanol)
Delphi 479 FN 21, 545
Delta-Rezeptoren 1110, 1158
Demand Reduction Program 81, 1106
Demenz 550, 1683, 2030, (Dementia)
Demethylierung 842, 883, 1092, 1138, 1254, 1563, 2196, 2282, 2386, 2429
Dendriten 8, (Axon/Dendriten/Neuron/Synapse)

Denkablaufbeschleunigung 141, 1528, 1548, 1867, 1871 (retikuläres System)
Denk(ablauf)störungen 120, 131-134, 141, 239, 263 f., 336, 340, 449, 608, 855, 1871, 2030, (Dementia/Denkstörungen/Manie/Schizophrenie)
Deodorantien 2502
Depersonalisierungserscheinungen 130, 138, 264, 327, 335, 608, 856, 911, 1946, 1951, 2217, (Depersonalisierung)
Depolarisierung 4 f., 1160, (Synapse)
Depotwirkung 231, 916, 2402, s. auch Kumulation
Depravation 1288, 1297, 1338, 1683, 1879, 2036, 2511, (Depravation)
Depression/depressive Verstimmung/depressives Stadium 121, 261, 345, 349, 351, 425 f., 612 f., 680, 757, 855 f., 909, 911, 916, 1080, 1162, 1176, 1287, 1297, 1309, 1351, 1438, 1527, 1531, 1543 f., 1561, 1569, 1631 f., 1635, 1661, 1690, 1830, 1832, 1839, 1877, 1881, 1917, 1945, 1948, 2030, 2072, 2106, 2155, 2157, 2159 FN 39, 2162 f., 2163 FN 45, 2164 FN 47, 2166, 2174, 2187, 2217, 2549, (Acetylcholin/Beziehungswahn/biogene Amine/Coffein/Denkstörungen/ Depression/Dopamin/Glutaminsäure/Melatonin/Noradrenalin/Serotonin)
Dermatozoenwahn 1694, (Halluzination)
Desalkylierung 1842
Desaminierung 588, 842, 883, 1715, 1842, (Desaminierung/Noradrenalin)
Designer-Amfetamine 831
Designer Drugs 81, 185, 293, 297, 513 FN 54, 581-584, 591, 596, 600, 603, 605, 641, 648, 663, 666, 670, 675, 730, 794-939, 958, 1057-1060, 1072, 1124, 1286, 1427 f., 1434, 1485, 1509, 1638, 1728, 1753, 1783 f., 1786, 1790, 1794, 1809 f., 1813, 1820, 1848, 1881, 1903, 1961, 1979, 1981, 2065, 2241, 2479, 2492, (Arzneimittel/Designer Drogen/Drogen)
desinfizierende Mittel 1395, 2110 FN 56
Desinteresse 128, 1668, 2243

Desorientierung 387, 473, 523, 805, 884, 916, 2034, 2069, (Delirium)
Destillation 43, 632, 641.
Desulfierung 2004
Detoxikation 463 FN 9, 917, 1110 f., 1278, 1280, 1313, 1316, 1324, 1331, 1346-1354, 1361, 1699, 1702, 2162, 2194, 2217, 2341, 2346, (Intoxikation)
Deutschland 32, 49, 60, 68, 72 f., 77, 82, 97, 180, 182, 186, 193, 248, 288, 294-298, 400, 453, 482, 494, 500, 513, 531, 536, 583, 616 FN 43, 639, 663, 666 f., 669 f., 768, 809, 821, 831, 855, 858, 860, 862, 886, 897, 903, 905, 930, 936, 975, 984, 986, 989-991, 993, 995, 1004, 1009-1015, 1018, 1022, 1025, 1028, 1030, 1032, 1040, 1045-1057, 1086, 1096-1099, 1102, 1110, 1182, 1184, 1192, 1195, 1229, 1251, 1325, 1337 FN 501, 1339, 1362, 1426, 1430, 1442 f., 1444, 1478-1485, 1591, 1593 f., 1606, 1618, 1626, 1636 f., 1699, 1703, 1721, 1724 f., 1758, 1781, 1785, 1796-1799, 1806-1818, 1832, 1848, 1852 f., 1905, 1915, 1934, 1967, 1974, 2019, 2048, 2050 f., 2064, 2090, 2099, 2125, 2187, 2216, 2236,. 2242, 2291, 2341, 2354, 2360, 2365, 2373, 2397, 2420, 2424, 2432, 2439 f., 2465, 2471, 2478, 2480, 2501, 2543, 2550, 2254, 2560, (Nicotin/ Tryptophan)
Dextropropoxyphen-Intoxikation 2458-2460
DHC-Abhängigkeit 2300
DHC-Substitutionsbehandlung 2290-2293, 2292 FN 55 und 56, 2302-2304, 2431
Diät 1754
Dicodid-Abhängigkeit 2328
Diencephalon s. Zwischenhirn
Diffusion 3, (Blut-Hirn-Schranke/Diffusion/Lipide/Membran/Osmose/Resorption/ Synapse)
diözisch 25
diluents 1197
Dionysische Mysterien/Dionysien 46, 479, 534
Dioskurides 1711
Direkteinsteiger 252

direkte Parasympathomimetica 489, 1707, 1771, (Miosis/Parasympathomimetica)
direkte Sympatholytica (Sympatholytica)
direkte Sympathomimetica (Sympathomimetica)
Diskodrogen 190, 228, 668, 677 FN 107, 831, 835 FN 51, 860 f., 863, 937, 1028, 1477, 1482, 1592, 1637, 1724 f., 1812, 2516, 2561, (Coffein)
Dispersionsmittel (Emulgieren)
Disposition s. Suchtdisposition
Dissozialität 1306
Distanzlosigkeit 1527 f., 1873
Distraneurin-Abhängigkeit 2152
Distraneurin-Rausch 2152
Diterpen-Alkaloide 538 FN 89
DMT-Rausch 710, 875-880
DOB-Rausch 819 f., 824
Doc-Tour 1330, 1963, 2291
Dösigkeit s. Bewusstseinseinschränkung
Dolantin-Sucht 2390-2393
DOM-Rausch 803-808, 824
Dopamin-Agonisten (L-Dopa)
Dopamin-Antagonisten 1571, 1677, 1703, 1954, 2142 f., 2250, (Acetylcholin/Schizophrenie)
dopaminerges System/Wirkungen 167, 842, 915, 936, 1885, 1892 f., 1954, 2248, 2402, (Dopamin/dopaminerg/limbisches System/Neurotransmitter/Schizophrenie)
Dopamin-Mangel 1161-1163, 1162 FN 272, 1544, 1569, 1682, 1892, 1954, 2143, 2402, (Dopamin)
Dopamin-Rezeptoren 302 FN 31, 1161, 1168, 1567, 1703, 1892 f., 1954, 2143, (Dopamin/Schizophrenie)
Dopamin-Überschuss 162, 167, 1160, 1163, 1567 f., 1704, 1885, 1892, (Dopamin/ limbisches System/Nicotin/hyperkinetisches Syndrom)
dope 292, 1269, 1289
Doping/-mittel/-wirkstoffe 110, 1091, 1442, 1473, 1508, 1513, 1725 f., 1725 FN 27, 1756 f., 1795, 1800-1806, 1824 f., 1828, 1838, 1864, 1866 FN 119, 1874 f., 1890, 1921, 2113, 2121, 2128, 2305, 2313, 2339, 2349, 2378, 2398,

2446, 2462, 2478 FN 235, 2482 FN 241, (Coffein/Doping/GABA)
Doppeltsehen 463, 523 FN 70, 1865
Dosis letalis s. Letaldosis
Dosissteigerung s. Toleranzausbildung
Dosis-Wirkungs-Verhältnis s. Pharmakodynamik
Dow Chemical Co. 802
downer high 937, 2016, 2058, 2061, 2103, 2219, 2261, 2364, 2510, 2516, 2536 f.
downers/downs 864 FN 116, 1705, 1881, 2220, (Intoxikation)
Downphase s. crash down
down trip 145
Drageeform 1839, 1845
Draufgängertum 904
Dreifaltige Göttin 279
dreinfixen 1321
Dreser, Heinrich 989
Dritte Welt 996
dröhnen 1975, 2500
Drogen s. Rauschdrogen
Drogenabhängigkeit s. Abhängigkeit
Drogenakne 846, 1635, 2102
Drogenbarone 1002, 1002 FN 57, 1020, 1467 FN 58, 1816
Drogendreieck 1475
Drogenerfahrung 144, 147, 606, 678, 1277
Drogenfreiheit s. Abstinenztherapie
Drogenhandel s. Drogenmarkt
Drogenhunger s. drug craving
Drogenkarriere 251, 1025, 1358, 1365
Drogenkartelle 1455 f., 1459 f., 1467 FN 58
Drogenkonsumräume 1053, 1337, 1337 FN 500
Drogenkrieg s. war on drugs
Drogenmarkt 70, 70 FN 35, 79, 81 f., 187, 195, 197 f., 299, 313, 313,400 f., 404 f., 596, 670, 743, 803, 810, 860, 864, 886, 902, 905, 922, 930, 996, 998, 1000, 1004, 1009, 1011, 1015, 1017, 1019, 1022-1024, 1026, 1030-1032, 1043, 1045 f., 1049, 1056, 1179, 1182-1184, 1187, 1190, 1196, 1201, 1202-1207, 1228, 1321, 1330, 1336, 1340, 1343, 1351, 1415, 1451, 1592, 1606, 162,4, 1626, 1636 f., 1640 f., 1785,

1808 f., 1815, 1817, 1820 f., 1838, 1844, 1903, 1905 f., 1913, 1916, 1962-1964, 1966, 2044, 2053, 2063 f., 2124, 2220 f., 2276, 2291, 2328, 2432, 2437, 2479-2482, 2485, 2492 f., (Racemate)
Drogenmündigkeit 82, 1334
Drogenpsychose 131 FN 80, 426, 1694 f., 1729, 1950, (Psychose)
Drogenscene s. Drogenmarkt
Drogenscreening s. Schnelltestverfahren
Drogensensibilität 144-147, 1365, s. auch Resensibilisierung
Drogentherapie s. Therapie
Drogentote 1050-1054, 1107, 1201, 1205 f., 1278, 1282, 1307, 1338, 1340, 1359, 2020, 2226, 2346, 2432, 2543
drop out 236, 292, 423, 1529
Dross 1174
Druckgefühl 601
Druckräume s. Drogenkonsumräume
drücken 1219, 1292
Drüsenhaare 26, 83, 202
Drüsenköpfe 27, 35 f., 202
Drüsensekretion 517, 521, 689, 689 FN 126, 713, (Acetylcholin/endokrin/Hormone/motorisches Neuron/Parasympatholytica/vegetatives Nervensystem), s. auch endokrine Funktionen
drug craving 985, 1163, 1288, 1313 f., 1321, 1569, 1630, 1690, 1701-1703, 1947, 2430, (Arzneistoffabhängigkeit/Dopamin)
drug dependence s. Abhängigkeit
drug design 1790 FN 11, 1820, 1981, s. auch designer drugs
dualistisch-analgetische Wirkung 1100, 1102, s. auch Partialagonisten
Dünndarm 1551, (enterale Aufnahme)
Duftkissen 687
Dumas, Alexandre 55
Dunkelbrauner Pakistani 42, 173
durchblutungsfördernde Mittel 304 FN 34, 609, 754, 777, 792
Durchblutungsstörungen 304 FN 34, 777, 1666, 1668, 2011
Durchfall 728, 968, 975, 1309, 1692, 1944, 2442
Durchhaltevermögen 1866

Durchschlafmittel 1979, 1988, 1990, 2048, 2053 f., 2086, 2183, 2190
Durchseuchung s. Seuchen
Durstgefühl 125, 855 FN 82, 1515
dust 902
dysphorische Wirkung/Verstimmung 117, 122, 145, 172, 332, 335, 355, 609, 612, 678, 680, 855, 879, 909, 911, 926, 1108, 1117, 1136, 1157, 1313 FN 452, 1350, 1397, 1536, 1544, 1868, 2013, 2147, 2168, 2173, 2206, 2211 f., (Dysphorie/Hypothalamus/ Rausch)
Dystonie (Dystonie)

E

E 835
Echo 337
Echo-Effekt s. flash back's
echte Halluzinogene 19, 126, 129 FN 97, 148 f., 250, 265 ff, 392, 448, 863, 1122, 1482, 1534, 1542, 1685, (Halluzination)
Ecgonin-Alkaloide 1403, 1413, 1418
ecstasy 211, 362, 363 FN 88, 667, 796, 810, 835, 835 FN 51, 847, 855, 859 f., 861 FN 97, 864 f., 868 f., 936, 1667, 1812, 1822 FN 67, 1906, 1906 FN 180, 1913, 1924, 1931, (Serotonin/Terpene)
ecstasy-Kombinationen 120, 513, 667, 673, 831, 847, 853, 855, 861, 863-865, 864 FN 109, 1667, 1822 FN 67, 2023, 2561
ecstasy-Rausch 845-855, 937
Ecuador 559, 617, 721, 1406, 1446, 1459
Edelano 1790
EEG-Werte 165, 260
Effektorsystem 367, 462 FN 8, 1167, (Effektoren/Neuron/Rezeptoren)
Eigenbezüglichkeit s. Ichbezogenheit
Eigeninitiative s. Antriebssteigerung
Eigenkonsum 82, 180, 196, 208, 298, 1046,1207-1229, 1246, 1806
Eigenmotivation 1330, 1354
Einleitungsnarkose 924
Einsatzfreudigkeit s. Antriebssteigerung

Einschlafmittel 1988 FN 14, 1991, 2048, 2051 FN 4, 2053 f., 2066, 2084, 2098, 2183, 2190-2192, (Tryptophan)
Einsichtsfähigkeit s. hier Bewusstseinshelligkeit
Einstiegsalter 1049, 1054
Einstiegsdroge 253 f., 1973, s. auch Umsteige-Effekt
Einwegspritze 1218, 1300, 1302, 1302 FN 444
einwerfen s. werfen
Eiweißstoffe 306 FN 37, 383, (Aminosäuren/Antigen/Eiweißstoffe/Enzyme/Indol/Peptide)
Einzeldosis 117, 208, 210, 234, 512, 810, 845, 875, 1505, 1521, 1544, 1596, 1653 f., 1665, 1671, 1870, 1898, 1919, 1934, 2487
Ekstasy s. ecstasy
ekstatische Zustände 45, 51, 123, 136, 282, 340, 353, 473, 480 FN 25, 534, 540, 597, 599, 725, 861, 1151, 1618
elementare Halluzinationen 330, 677, 707, 727, 879, 1541, (Halluzinationen)
elephant tranquilizer 896
Eleusische Mysterien 278 f., 479
Elevationsgefühle 127, 473, 527, 538, 608, 636, 676, 727, 861, 909, 937
Eliminationshalbwertszeit s. Halbwertszeit
Embolie 1270
Emetica 727, 738, 773., 791, 1672 FN 342, 2247 f., 2254 FN 15, (Emetica/Vomitiva)
emotionales Zentrum 355, 1135 f., 1548, (limbisches System/Hippocampus)
Emotionalität s. Affektivität
Emphatogene 843
empfindungslos s. narkotisierende Wirkung
emulgieren 1375, 1383, (Emulgieren)
Enantiomere (Isomere)
Encephalitis lethargica 730, 1792
Encephalon s. Gehirn-/Hirn-
endoanästhetischer Effekt 1377, 1573 f.
endoforme Psychosen 263, (Psychose)
endogene Depressionen (Depression)
endogene Psychosen 19, 132, 263, 389, 425, 686, 1535, 1953, 2107, (endogen/Psychose/Schizophrenie)

Endokarditis 1270, 1300, 1320
endokrine Funktionen/Schäden 239, 259, 521, 1142, (endokrin/Hormone/Hypophyse/Hypothalamus/retikuläres System)
endorphinerges System 1147, 1159, 1314, (Nicotin/Placebo)
Endothelzellen (Blut-Hirn-Schranke)
Engelsstaub 903
England/englisch 56, 58, 831, 936, 978-980, 982, 991, 1027 FN 86, 1318, 1336, 1637, 1758, 1991, 1809, 2214 f., (Doping/Terpene)
Enschede 79
Entactogene 843, 843 FN 65, 867, 937
enterale Aufnahme 111, 113, 184, 208 FN 184, 726, 1551, 1669, 2257, (enterale Aufnahme), s. auch orale Aufnahme
enterohepatischer Kreislauf 153-155, 383, 1138, 2342, (Rückresorption)
Entferungsschätzen 120 FN 82
Entfremdungsgefühle 261, 909, 1951
Entgiftung s. Detoxikation
enthemmende Wirkung s. Hemmungsabbau
Entkernung der Persönlichkeit 1297, (Depravation)
Entkriminalisierung s. Legalisierung
Entlaubungsmittel 1455
Entrücktsein s. mystische Erlebnisinhalte/ekstatische Zustände
entspannende Wirkung 118, 121, 145, 424, 676, 783, 841, 850, 1119, 1386 f., 1396 f., 1749, 1776, 2012, 2060, 2172, 2183-2188, 2200, 2207, 2261, 2287, 2539, (Epiphyse/Ethanol)
Entwicklungsdefizite 243-247, 1287, 1342, 1358, (hyperkinetisches Syndrom)
Entwöhnungstherapien s. Abstinenztherapien
Entzündungen 1223, 1300, 1438, 2073, (Analgeticum)
entzündungshemmende Mittel 1395, 1438
Entzugsbehandlung 991, 1018, 1110 f., 1110 FN 193, 1163, 1278, 1311, 1314, 1316, 1320 f., 1323, 1327 f., 1331, 1346-1354, 1361, 144.0, 1958, 1972, 2031, 2034 FN 88, 2036, 2152, 2152 FN 33, 2161 f., 2194, 2217, 2346,

2372, 2420, 2423 f., 2436, (Arzneistoffabhängigkeit/Nicotin)
Entzugsdelirien s. delirante Zustände
Entzugskopfschmerzen 305, (Coffein)
Entzugsmittel 989, 1107, 1110, 1110 FN 193, 1316, 1346-1353, 1397, 1440, 1530, 1677, 1792, 1965, 2145, 2152, 2152 FN 33, 2155, 2161 f., 2194, 2217, 2248, 2262 f., 2346, 2372, 2420, 2423 f., 2459, (Antidot)
Entzugssyndrom 1269 FN 391, 1315 FN 454, (Arzneistoffabhängigkeit/Halluzination/Intoxikation/Psychose/Toleranz)
- bei Alkohol 1397, 1972, 2032, 2072, 2151, 2152 FN 33, 2161 f., 2346, (Ethanol/Psychose)
- bei Arecolin/Arecaidin 1779
- bei Amfetaminen 1948 f.
- bei anabolen Steroiden 1805 FN 40
- bei Arsenik (Droge)
- bei Baclofen (GABA)
- bei Barbituraten 1968, 1972, 2024 f., 2029, 2032-2036, 2035 FN 90, 2161, 2217
- bei Benzodiazepinen 2162, 2346
- bei Benzomorphanen 2369
- bei Bromcarbamiden 2106
- bei Buprenorphin 2345
- bei Cannabis 232 f.
- bei Cetobemidon 2406
- bei Chloroform 2524
- bei Cocain 1632, 1677, 1688, 1691-1693, 1701, 1905, 2162, 2346
- bei Codein 1349, 2288
- bei Coffein (Coffein)
- bei Dextromoramid 2453
- bei Dihydroergotamin 305
- bei Distraneurin 2152
- bei Ephedrin 1728
- bei Ether 2511
- bei Fentanyl 2476
- bei GHB 938
- bei Heroin und verwandten Verbindungen 98, 1050 FN 114, 1109 f., 1122, 1155, 1160 FN 269, 1162 f., 1170, 1176, 1227, 1278, 1284, 1288, 1295, 1303, 1308-1316, 1319, 1323, 1328, 1333, 1346-1353, 1440, 1530,

1905, 1965, 2145, 2161 f., 2194, 2262 f., 2269, 2286-2289, 2335, 2362, 2365, 2368 f., 2372, 2420, 2423 f., 2436
- bei Hypnotica 1968 f.
- bei Kath-Wirkstoffen 1750 f.
- bei Levorphanol 2335
- bei LSD-25 419
- bei MDA und verwandten Verbindungen 857
- bei Methadon 1323, 1349, 2345, 2436, 2442
- bei Methaqualon 2057, 2072
- bei Nicotin 17, 531, (Nicotin)
- bei Normethadon 2442
- bei Opioiden 1110, 1155
- bei Oxycodon 2316
- bei Pentazocin 2369
- bei Pethidin 2392
- bei Piritramid 2411
- bei Tilidin 2263
- bei Tranquilizern 1958, 2215-2218
Enzephalopathien s. Hirnschädigungen
Enzym-Blockierung 15, 377
Enzyme/enzymatischer Abbau 13, 15, 96, 153, 167, 346, 377, 383, 385, 724, 842 FN 63, 856 FN 85, 873, 1132, 1146, 1153, 1168 f., 1171 FN 282, 1551, 1563, 1656 f., 1743, 1892, 1897, 2004, Adrenalin/Aldehyd/Alkaloide/Aminosäuren/Blut-Hirn-Schranke/ Carboxylasen/Catecholamin-O-Methyltransferase/Decarboxylierung/L-Dopa/Eiweißstoffe/Enzyme/Esterasen/Hormone/Metabolisierung/Monoaminoxydase/Noradrenalin/Rezeptoren/Serotonin/Synapse/Vesikel/Wirkstoffe)
Enzyminduktion (Enzyminduktion/Toleranz)
- bei Barbituraten 1992, 2007
- bei Cannabis 153 f., 160
- bei Heroin und verwandten Verbindungen 1132, 1171, 1171 FN 282
- bei LSD-25 383
Enzymmangel 1563
Enzym-Rezeptor-Besetzung 377
Epadu 1407
Epéna 696, 698, 704

Ephedrin-Kombinationen 861, 864, 1720 f., 1724 f., 1728, 1732, 2277, 2317, (Coffein)
Ephedrin-Missbrauch/-Rausch 1720-1732
Epidauros 971
Epidemien/Epidemiologie 281, 1449, 1317 FN 459
episodenhafter Konsum s. Gelegenheitskonsum
Epilepsie/epileptoforme Anfälle 57, 96 f., 282, 757, 772, 938, 1297, 1524, 1549, 1635, 1666, 1677, 1688, 1792, 1992, 2033, 2072, 2173, 2217, 2511, (Amnesie/Epilepsie/GABA/Glutaminsäure/Halluzination/Rausch)
Epiphyse 717, (Blut-Hirn-Schranke/Epiphyse/Hypophyse/Melatonin/REM-Schlaf)
Erblindung s. Blindheit
Erbrechen 99, 101, 282, 476, 602, 727 f., 753, 373, 791, 913, 919, 938, 975, 1084 FN 166, 1309 f., 1347, 1389, 1543, 1672 FN 342, 1692, 1917, 2023, 2217, 2336 FN 88, 2344, 2541, 2422, 2436, 2508, 1511, 2534, (Methanol)
Erektion 706, 758, 2249
Eremiten 138
Erfolgsorgane s. Effektorsystem
Erfolgsquote 1358, 1364, 1364 FN 550, 1972
Ergolin-/Ergotamin-Alkaloide s. Mutterkorn-Alkaloide
Ergotismus 282 f., 305
Erhaltungssubstitution s. hier Substitutionsbehandlung/-programme
Erhardt 2419
Erholungsphase 349, 911, 1531, 2003
Erinnerungslücke s. Amnesie
Erinnerungsverlust s. Gedächtnisverlust
Erkenntniserweiterung s. Bewusstseinserweiterung
Erlebnisveränderungen 19, 120, 142, 159, 358, 389, 678, 1536, 1872, 1935, (Rausch/Schizophrenie)
Erleuchtungserlebnisse s. Offenbarungserfahrungen
Ermüdbarkeit 770, 1832, 1847, 1866, 1874, 1907 FN 181, (Glutaminsäure)

Ernährungsgewohnheiten/-mängel 1298, 1635, 1879, (Arzneistoffabhängigkeit)
Ernüchterung 1869
Erntevernichtung 64,999, 1018, 1455
erotisierende Wirkung s. Aphrodisiaca
erregende Wirkung s. stimulierende Wirkung
Erregungsmuster 12, 359
Erregungsweiterleitung 2-16, 165, 359, 367 f., 515, 517, 1139, 1154, 1378, 1437, 1504, 1566, 1574-1577, 1894, 2000, 2057, (Acetylcholin/Analgesie/Analgeticum/Axon/biogene Amine/Dendriten/Ethanol/Glia/Hormone/Hypothalamus/Neuron/Neurotransmitter/Noradrenalin/Parasympatholytica/Rezeptoren/Synapse/ZNS)
Erregungszustände, zentrale 282, 349, 448, 468, 473, 475, 510 FN 49, 523-525, 556, 613, 706, 710, 725, 730, 739, 754 f., 757, 772, 807, 909, 1080, 1309, 1677, 1729, 1734, 1748, 1754, 1835 FN 87, 1845, 1878 f., 1902, 1970 FN 15, 1979, 1992, 2016 FN 58, 2032 f., 2035 FN 90, 2069, 2118, 2135 f., 2151, 2181, 2183, 2321 FN 79, 2477, 2510, 2536-2538, 2542, (Adrenalin/biogene Amine/Coffein/Halluzination/Hippocampus/Katatonie/Mydriasis/Rausch)
Ersatzdrogen s. Substitutionsbehandlung
Ersatztransmitter 17
Erschöpfungszustände/-schlaf 613, 707, 728, 743, 758, 848, 852, 854, 1515 f., 1543 f., 1631, 1635, 1688, 1723, 1802, 1823, 1827 FN 73, 1830, 1866, 1879, 1944 f., 1948, 2068, 2123, 2133, (Glutaminsäure)
Erstickungstod 1303, 2118, 2509, 2541-2543
Erstkonsumenten/-konsum 117 f., 146 f., 154, 158, 858, 1051, 1054 f., 1054 FN 121, 1210, 1274, 1277, 1338, 1342, 1344, 1483, 1533, 1596, 1671, 1813, 2060, 2130
Erwartungsangst 2012
Erwartungshaltung s. set

essentielle Aminosäuren 306 FN 36, (Aminosäuren/Blut-Hirn-Schranke/Indol/Tryptophan/Tyrosin)
Essbedürfnis s. Hunger
Essstörungen s. Ernährungsgewohnheiten
establishment 66
Ether-Intoxikation 2511
Ether-Narkose 1380, 2507
Ether-Rausch 2505, 2507, 2509 f.,12523, 2525, 2527, 2537, (Hypoxie)
Ether-Waschmethode 1618 f., 1624
EU 49, 69 FN 33, 1039, 1316 FN 478, 2439
Euphorica 941
Euphorisierung 1151, 1269 FN 391, (Dopamin/euphorisierend/Hypothalamus/Intoxikation/Manie/psychedelisch/Rausch/Serotonin)
- bei Alkohol 1110 FN 193, (Ethanol)
- bei Amanita-Wirkstoffen 473 f.
- bei Amfetaminen 1831, 1867 f., 1870, 1877, 1879, 1898, 1912, 1917, 1920, 1941, 1945, 1947
- bei Anabolika 1805 FN 40
- bei Antidepressiva 2166
- bei Apomorphin 2249
- bei Arecolin 1776
- bei Baclofen (GABA)
- bei Barbituraten 2016
- bei Benzin 2527
- bei Bromcarbamiden 2103
- bei Buprenorphin 2344
- bei Cannabis 19, 118, 121-123, 140, 145 f., 162, 541, 2563
- bei Chloroform 2523
- bei Cocain 1511, 1525, 1527, 1532 f., 1535 f., 1542, 1544, 1554, 1559, 1561, 1568 f., 1605, 1609 FN 234, 1630 f., 1677
- bei Codein 2275, 2283, 2285, 2287
- bei Coffein (Coffein)
- bei Cytisin 773, 792
- bei Dicodid 2328
- bei Dihydrocodein 2301
- bei Distickstoffmonoxid 2515
- bei DMT 877, 879
- bei DOET 811
- bei DOM 805
- bei Endorphinen 1153
- bei Ephedrin 1724
- bei Ether 2510
- bei Ethylen 545 FN 96
- bei Ethylmorphin 2311
- bei Etryptamin 887
- bei Fentanyl und verwandten Verbindungen 2477, 2479, 2482
- bei GHB 937, (GABA)
- bei Heroin und verwandten Verbindungen 162, 941, 989 FN 42, 1077 FN 154, 1117-1119, 1126, 1135 f., 1140, 1149, 1151, 1153, 1160, 1171, 1286, 1294 f., 1319, 1321, 2293, 2352, 2563
- bei Hydrocodon 2328
- bei Kath-Wirkstoffen 1735, 1748
- bei Kawa-Wirkstoffen 1380-1382, 1386 f.
- bei Ketamin 926
- bei LAAM 2439
- bei Levorphanol 2335
- bei Lösungsmitteln 2538
- bei Lokalanästhetica 1511
- bei LSD-25 332, 335, 344, 355
- bei MDA und verwandten Verbindungen 848, 850
- bei Mescalin 606
- bei Methaqualon 2058, 2060, 2070
- bei Naltrexon 1331 f.
- bei Nicotin (Nicotin)
- bei Normethadon 2442
- bei Opiatantagonisten 1108 f.
- bei Oxycodon 2416
- bei PCP 909
- bei Pentazocin 1348, 2364
- bei Pethidin 2390
- bei Phenacetin 1970 FN 15
- bei Phenethylamin 363, 1822 FN 67
- bei Piritramid 2411
- bei Propylhexedrin 1830
- bei Psilocybin 677
- bei Ritalin 1835
- bei Steroiden 1805 FN 40
- bei Strychnin 2118
- bei Tilidin 2261, 2263
- bei Tramadol 2254 FN 15
- bei Tranquilizern 2181, 2192, 2219
- bei Tryptaminen 194

- bei Windengewächsen 435
- bei Xenon 2562 FN 64
- bei Yohimbin 749

Eurasien 20, 571

Europa/Europäer 32, 49 f., 54 f., 59, 66, 72 f., 72 FN 38, 75, 78-80, 109, 178, 250, 271, 281, 351, 400, 481, 485, 491, 494, 501, 513, 532, 537, 543, 558, 565, 596, 603, 630, 637, 656 f., 666, 720, 736, 771, 936, 974 f., 979, 995 f., 1005, 1011, 1016, 1020, 1024-1029, 1032, 1038, 1042-1044, 1047, 1056, 1065 FN 138, 1179, 1192, 1301, 1302 FN 444, 1336, 1398, 1433, 1443, 1450, 1463, 1465, 1467 FN 58, 1469, 1475, 1478-1480, 1586, 1606, 1636 f., 1687, 1758, 1797, 1809, 1903, 1957, 1962, 2011, 2121, 2124 f., 2251, 2479, 2500

eve 836

Evidenzerlebnisse s. Offenbarungserfahrungen

Exaltiertheit 1528

Excitantia/excitatorisch 11, 1160, 1400

Excitationsstadium 122, 122 FN 86, 147, 321, 448, 473, 523, 556, 1527-1529, 1748, 2260, 2307, 2510, 2516, 2536-2538, (Intoxikation/Rausch)

excitatorisch s. erregend/stimulierend

Exkorporation 1672 FN 342, 2248

Exocytose 8, 366, 651, 842, 870, 915, 936, 1151, 1151 FN 260, 1160, 1162 f., 1350, 1564-1567, 1569, 1891, (Acetylcholin/Nicotin/ REM-Schlaf/Synapse)

exogene Depressionen (Depression)

exogene Psychosen 261-263, 1542, 1729, 1954, (Psychose/Rausch)

experimental compound 802

experimentelle Psychosen 19, 132, 287, 317 FN 45

Extraktion/Extrakt 33, 37, 39, 43, 87, 110, 217, 270, 406, 479, 505, 513, 520, 546, 594, 670, 758, 764, 768 f., 1172, 1395, 1412, 1418, 1438 f., 1624, 1740, 1752, 1767, 2074, 2120, 2164 FN 47

extrapyramidal-motorisches System 167, 282, 321, 328 FN 54, 570, 706, 730 f., 739, 754, 770, 807, 855, 881 f., 909, 1297, 1387, 1522, 2030, 2062, 2402, (Coffein/Dopamin/Epilepsie/Enthanol/ extrapyramidale Symptomenkomplexe/extrapyramidales System/Hyperkinese/Hypotonie/Intoxikation), s. auch motorische Störungen

ex-user 1313, 1327

F

Fäulniserscheinungen 480 FN 25, 1924

Fahrigkeit 1945, 2217

Fahrkarte 396

Fahrsicherheit 120, 120 FN 67, 255, 323 FN 50, 428, 514, 847, 937, 1050 FN 114, 1051, 1129, 1248, 1253, 1260 FN 386, 1325, 1522 f., 1876, 1994, 2030, 2153, 2197, 2233, 2435, 2539, (Miosis)

Fahrtüchtigkeit s. Fahrsicherheit

Falsche Neurotransmitter 16, 372, 1159, 1166, 1894, 1899

Falsche Peyote 573, 573 FN 3, 574 FN 5, 626 f.

Farbverdünner 2528, 2552

Farbvisionen 129, 330 f., 424, 473, 607, 677, 727, 819, 851, 879, 2539, (Halluzination/Synästhesie)

Fassbinder, Rainer Werner 1664

Fasten(-euphorie) 566, 1151, 1151 FN 260

fast-food-Droge 1624

Feedback s. Rückkoppelung

Feinmotorik 2030

Fentanyl-Abhängigkeit 2476

Fentanyl-Kombinationen 2485

Fentanyl-Rausch 2477-2479, 2482, 2485

Fermente s. Enzyme

Fermentierung 29, 175, 447, 693, 779 FN 199, 1173, 1177, 1384, 1416, (Racemate)

Fertigarzneimittel s. Medikamenten-Missbrauch

Fettgewebe s. Lipide

Fettleibigkeit s. anorexigene Mittel

Fettlöslichkeit s. Lipophilie

Fetus 1303, 1563, 1668, 2436

Feuerzeuggas 2533

Fidschi 1371

Fieber s. Körpertemperaturerhöhung
Fieberdelir (Halluzination)
fiebersenkende Mittel 170, 540, 975, 1198 FN 315, 1970 FN 15, 2243, (Chinolin)
Filmriss s. Gedankenriss
Filterfunktion (Thalamus)
finnisch-ugrusch 469
Fitnessstudios 1806
Fixer/fixen 1026, 1046, 1189, 1205, 1211, 1224, 1226, 1277, 1291 f., 1294 f., 1301 f., 1302 FN 444, 1317, 1325, 1337, 1337 FN 500, 1341, 1364, 1637, 1662, s. auch drücken
Fixerbesteck 1302
Fixerhepatitis/-gelbsucht s. Spritzenhepatitis
Fixerlöffel 1192
Fixerstuben s. Drogenkonsumräume
Flagellanten 540
flakes 1423, 1498
Flammenhuschen 707, 727, (Halluzination)
flash 877, 1126, 1220, 1224, 1319 FN 464, 1870, 2430, 2516
flash back's 152, 159, 386-388, 428, 613, 857, 912, 916, 926, (Psychose)
Fleckentferner 2502
Fliegenpilz-Rausch s. Amanita-Rausch
Floppy-infant-Syndrom 2218
flow (euphorisierend)
Flower-Power-Bewegung 62, 292
flower top 29
Florida 1462, 1464
Fluchtreaktionen 1151 FN 260
Flunis 2222
flüssiges ecstasy 845 f., 845 FN 69, 936 f., 1805, (GABA)
flüssiges Cocain 1610
flüssiges PCP 901 f., 904
Flugsalben 538
Fluktuationen (L-Dopa)
Fötus s. Fetus
Fokussierung der Aufmerksamkeit 14, 134, 141, 143, 339, 346, 676, 819, 1122
Folgeschäden s. Langzeitschäden
Folter 1151
Formatio reticularis s. retikuläres System

Frankfurt/Main 975, 1047, 1291, 1336, 1337 FN 500, 1339, 1485, 1591, 1594, 1637, 1721, 1758
Frankreich/französisch 49, 768, 982, 986, 995, 1027 FN 86, 1442 f., 1852, 2346
Frauenkrankheiten 540
freak 292
freebased speed 1915
free basing 1485, 1618 f., 1623, 1693
Freie Basen 1616-1638, 1915
Freigabe s. Legalisierung
Freisetzung s. Exocytose
Freizeit-Drogen 255, 860, 1659, 1724, 1931
Freizeit-Sniffer 1659
Freizeit-Sport 1805
Fremdgefährdung s. Aggressivität
Fremdstoff 14, 16, 138, 162 FN 133, 360, (Fremdstoff/Rezeptoren)
French connection 995, 1029
Freud, Siegmund 1440
Frigidität 1823
Frisco speed 1606
Frontalhirn/-cortex 1142, 1892
Frontdealer s. Kleindealer
Fruchtbarer Halbmod 1009
Fruchtbarkeitskulte 532 f., 537
Fruchtwasser 1668
Frühgeburt 1668
Frühstörungen 130, 1287
Frustrationstoleranz 240, 1701, (hyperkinetisches Syndrom)
Fußball 1725, 1802

G

GABA-Rezeptoren 936 FN 211, 1141 FN 247, 1999, (GABA/Synapse)
Gabun 769
gähnen 1176
Gänsehaut 1311, 1524
Galgenmännlein 536
Galle 155, 325, 357, 496, 1082, 1137 FN 237, 1138, 2477
Gambia 1013
Gambir 1767
gandscha s. ganjah

Ganglien 167, 521, 882, 1573, 2402, (Ganglien/Parasympathicus/Sympathicus)
Ganglienblocker 521, (Nicotin)
Gangrän 1669
Gangstörungen 125, 321, 601, 909, 1522, 1548, 2030, 2106, 2258, 2516, 2534, 2547, (Dopamin/extrapyramidales System/Intoxikation)
ganjah 33, 547
Garnecke 1434
Gasform 220, 545 FN 96, 901, 1222, 1337, 1612, 1625, 2497, 2499 FN 3, 2513-2516, 2533, 2544, 2555, 2562, 2562 FN 64, (Amine/Drogen/ Kohlenwasserstoffe/Propan)
Gasschnüffeln 2499 FN 3, 2526, 2533, 2541, 2544
gastrointestinal s. Magen-Darm-Passage
Gates 1072
Gaumentest 1639
Geburtshilfe 277, 284, 303, 510, 540, 1392, 2361, 2385
Gedankenflucht 128, 131, 608, 1871, 2030, (Denkstörungen/Ideenflucht)
Gedankenfluss 1119, 1528
Gedankenriss 131, 527, 1540, (Denkstörungen)
Gedächtnissteigerung 2125 f., (Acetylcholin/Noradrenalin)
Gedächtnisstörungen 133, 141, 263, 336, 338, 613, 856, 926, 1396, 1682, 2030, 2106, 2123, 2192, 2406, 2214, (Dementia/Halluzination/Hippocampus/ limbisches System), s. auch Amnesie
Gedächtnisverlust 917, 1874, (Ethanol/limbisches System)
gedrehter Inder 175
Gefährlichkeit s. Toxizität
gefäßerweiternde Wirkung 304, 462, 754, 758, 1273, 1800 FN 26, 2557, 2561, (Adrenalin/Parasympatholytica/spasmolytisch)
Gefäßnervenzentrum 1717
gefäßverengende Wirkung 150, 305 FN 35, 365, 1500, 1505, 1517, 1521, 1558, 1579, 1604, 1630, 1634, 1666-1669, 1680, 1712, 1714, 1718, 1865, (Adrenalin/Dopamin/Noradrenalin/Tonus/ vasokonstriktorisch)
Gefäßschädigungen 1300, 1609 FN 234
Gefühle s. Affektivität
Gefühllosigkeit 705
Gegengift s. Antidot
gegenregulative Symptome 17 FN 12, 938, 1162, 1309, 1569, 1948 f., 1968, 2029, 2032 f., 2035, 2035 FN 90, 1122 FN 207, 2212, 2217, 2511, (Arzneistoffabhängigkeit/Ethanol/Halluzination/ Hypoglykämie/Schizophrenie)
Gehirnblutungen s. Hirngefäßrupturen
Gehirnhautentzündung 1792
Gehirnkrämpfe s. zerebrale Krämpfe
Gehirnschädigungen s. Hirnschädigungen/ Demenz/zerebrale Atrophie
Geißlerprozession 540
Geisterbilder s. Nachbilder
Geisterliane 721
Geistesklarheit s. Bewusstseinshelligkeit
Geisteskrankheit 56, 365, 510 FN 49, 528, 802, 1152, 2317 FN 77, (Serotonin)
Gelassenheit s. entspannende Wirkung/ kontemplative Stimmung
Gelber Marokk 42
Geldwaschen 1017, 1040
Gelegenheitskonsum 69, 69 FN 33, 82, 118, 129, 215, 248 f., 252, 255, 261, 391, 863, 1055 FN 121, 1207, 1210, 1269, 1472, 1659, 1663, 1671, 1810, 1867, 1870, 1877, 1919, 1934
Gelenkschmerzen 2442
generic definition 799
genetische Disposition s. Vererbung
Genfer Abkommen 990, 1444
Genitalien 571, 609, 754, 792
Genitalschleimhäute 1611, 1913
Genussmittel (Droge(Missbrauch/Nicotin)
Geräuschempfindlichkeit s. Hyperakusis
Geräuschbestimmung 120 FN 82, 129
Geräuschhalluzinationen s. akustische Halluzinationen
Gereiztheit s. Reizbarkeit
Geriatrica 304 FN 34, 1395 f., 2123, 2125, 2133
geringe Menge 82, 198, 214-216, 417, 865, 1246 f., 1655, 1930

Geruchshalluzinationen 328, 607, 1878, (Halluzination/ofaktorisch)
Geschlechtskrankheiten 445, 1297
Geschmackshalluzinationen 328, 607, (Halluzination)
Geschmacksnerven 1546
Gesichtsakne s. Drogen-Akne
Gesichtsmuskulatur s. Mimik
Gesichtsrötung 1273, 1747
Gesprächigkeit 523, 819, 848, 1528, 1681, 1748, 1871, (Logorrhoe)
Gestik 130, (extrapyramidales System)
Gestimmtheit s. set
gesundheitliche Beeinträchtigung s. Toxizität
Gewalttätigkeit s. Aggressivität
Gewebshormone (Hormone)
Gewichtsverlust 1298, 1635, 1682, 1917, 1932, 1944
Gewinnabschöpfung 1040
Gewichtszunahme s. Appetitanreger
Gewöhnungseffekte 152, 251, 316, 391, 511 FN 51, 1111, 1198 FN 314, 1210 f., 1282, 1286, 1596, 1651, 1671, 1779, 1898 f., 1920, 1928, 1930-1932, 1971, 2007, 2012, 2029, 2208 f., 2211, 2244, 2311, 2345, 2391, 2436, 2531, (Gewöhnung/Toleranz)
Gewürzmittel 29, 630, 640, 952, 973, 1767
Ghana 31, 72, 1013, 1031
GHB-Abhängigkeit 938
GHB-crash 937
GHB-Kombinationen 937 f.
GHB-Rausch 937
Glass 1915
Glaukomtherapie 97, 489, (Parasympathomimetica)
Gleichgewichtsstörungen 167, 464, 473, 678, 938, 1548, (Ethanol/extrapyramidales System/Halluzination) s. auch Schwindelgefühle
Gleichgültigkeit 1118, 1127, 1129, 1298, 2060, 2430
Gliahülle (Axon/Glia)
Gliederschmerzen 1310
Gliederschwere s. Schweregefühl
Glücksgefühl s. Euphorisierung
Glückspilz 474

Glücksspielsucht s. Spielsucht
glue sniffing 2526, 2537
Glutamat-Rezeptoren 2152 FN 34, (Ethanol)
Göttliche Pflanzen/Speisen s. Heilige Pflanzen/Drogen
Göttliches Blatt 1518
Golden Eagle 835
Goldener Halbmond 1009, 1020, 1053
Goldener Schuss 1206, 1307
Goldenes Dreieck 1000-1003, 1009, 1034, 1039, 2482 FN 242
gorilla pills 2019
Gottesfleisch 658
Granula s. Vesikel
Granulatform 1191, 1423
grass 173, 188, 188 FN 133, 904
grateful death 397
graue Substitution 2290
green 902
Griechenland/griechisch 46, 59, 356, 477, 477 FN 19, 479, 479 FN 21, 533, 540, 545, 632 FN 55, 961 FN 11, 969 f., 1016, 1048
grimassieren 706, 856, 881, s. auch Mimik
Größenwahn s. Omnipotenzphantasien
Grof, Stanislav 350
Großbritannien s. England
Großdealer 1011 f., 1022, 1029, 1038, 1040, 1046, 1056, 1195, 1203, 1212, 1234, 1426, 1455 f., 1460-1469, 1626, 1641
Große Göttin 533
Großhirn/-rinde 165, 167, 356, 377, 739, 914, 1135, 1139, 1142, 1548, 1884, 1935, 1998, 2057, 2101, 2203, 2259 f., 2508, 2510, (Cortex/cortikal/Dopamin/hyperkinetisches Syndrom/limbisches System/retikuläres System/Serotonin/Synästhesie/Thalamus/vegetatives Nervensystem/ZNS)
Grundstoffe 103, 298, 301, 313 f., 582, 641, 835, 838, 869, 899 f., 923, 1041, 10,96-1099, 1417-1422, 1464, 1510, 1727, 1731, 1762, 1786 f., 1787 FN 7, 1852 f., 2080, 2093, 2130, 2400, 2491 FN 249, 2512, 2556, (Amine/Essigsäure)

Grüner Star 97
Grüner Türke 42, 173
Grünes Gold 1411
Guaica 691
Guangxi 1003
Guaraná 835 FN 51, (Coffein)
Guatemala 432, 788 FN 204, 1031, 2552
Guayana 20 FN 1
Guerilla s. Narko-Guerilla
Guerrero 557
GUS-Staaten 959, 1024
gypsy 191

H

H 1196
Haager Abkommen 990
Haarsprays 2502
habituation s. Gewöhnung
habitueller Konsum/Missbrauch 70, 117, 126, 129, 136, 145, 147, 151, 153, 155, 171, 215, 231-237, 249, 251, 255-258, 260, 263, 317 FN 45, 384 f., 403, 419, 550, 613 f., 757, 842, 856 f., 886, 907, 916, 1050 FN 114, 1053, 1119, 1170, 1176, 1223, 1269, 1277-1366, 1393 f., 1472, 1541, 1549, 1562, 1569 f., 1589, 1631, 1661 f., 1679-1681, 1691, 1693, 1696, 1728, 1746, 1750 f., 1776, 1810, 1867, 1879, 1892, 1899 f., 1928, 1931 f., 1939, 1945, 1949, 1954, 1958, 1968, 1979, 1992, 2007, 2009, 2012,.2016, 2024, 2048, 2069, 2088, 2102, 2197, 2208, 2211-2213, 2216, 2242, 2249, 2285, 2345, 2368, 2436, 2442, 2511, 2518, 2544, 2546, 2550, (Arzneistoffabhängigkeit)
Hades 279, 540
Hämatome 1296
Halbschlaf 448, 473
Halbwertszeit (Elimination/Enzyminduktion/Halbwertszeit)
- bei Acetylmethadol 2439
- bei Amfetaminen 1887
- bei Apomorphin 1347
- bei Barbituraten 1986 FN 12, 1988, 1994, 2006-2008
- bei Bromcarbamiden 2104-2106
- bei Cannabis 151-153, 155, 160, 172
- bei Clomethiazol 2191
- bei Cocain 1521,. 1559, 1562, 1578
- bei Endoopioiden 1157
- bei Ephedrin 1716
- bei Heroin und Morphin 1138
- bei MDA und verwandten Verbindungen 842
- bei Methadon 1321, 2429, 2439
- bei Naloxon 2270
- bei Naltrexon 1111
- bei PCP 907
- bei Tilidin 2270
- bei Tranquilizern 2178, 2195-2198, 2234

Halbsynthetica 268 f., 310, 313, 400, 635, 794 f., 832, 944, 1114, 1425, 1428, 1638, 2273, 2311, 2341, (Drogen)
Halluzinationen 1315 FN 454, (Delirium/Halluzination/Illusion/Psychose/Rausch/Schizophrenie/Serotonin)
- bei Absinth (Terpene)
- bei Adrenochrom 365
- bei Amanita-Wirkstoffen 460, 464, 468, 472 f., 485
- bei Amfetaminen 1706, 1784, 1878, 1880, 1917, 1935, 1951 f.
- bei Antidepressiva 2166
- bei Apomorphin 2251
- bei Arecolin 1780
- bei Aufputschmitteln 1706
- bei Barbituraten 2034 f., 2035 FN 90.
- bei Benzin 2527
- bei Bromcarbamiden 2106
- bei Bufotenin 704, 707 f.
- bei Buprenorphin 2344
- bei Cannabis 19, 117, 122, 124, 129, 129 FN 96, 148, 261 f.
- bei Carbamazepin 2162
- bei Chloroform 2523 f.
- bei Clonidin 1351
- bei Cocain 1538-1542, 1546, 1605, 1630, 1635, 1635 FN 282, 1665, 1694, 1696
- bei Cytisin 779 FN 199, 782, 785, 788 FN 204, 790
- bei DMA 810
- bei Dextromethorphan 2336 FN 88

- bei DMT 710, 879
- bei DOB 368, 819 f.
- bei DOM 368, 801, 807
- bei Droperidol 2466 FN 223
- bei Ephedrin 1729
- bei Ethanol 2106, (Ethanol)
- bei Ether 2511
- bei Etryptamin 887
- bei Fentanyl 2477
- bei Harmala-Wirkstoffen 720, 722 f., 727 f., 738 f.
- bei Heroin und Morphin 1122
- bei Iboga-Wirkstoffen 771-773, 776
- bei JB 318/JB 336 933
- bei Kath-Wirkstoffen 1754
- bei Kawa-Wirkstoffen 1387
- bei Ketamin 925 f.
- bei Lösungsmitteln 2538 f., 2542, 2549
- bei LSD-25 286, 309, 328-331, 337 f., 358, 368, 374, 376, 424, 426 f.
- bei Lysergsäureamiden 278
- bei Macromerin 625
- bei Mangan (Droge)
- bei MDA und verwandten Verbindungen 840, 850 f., 855 f., 867
- bei Mescalin 587, 607, 616 FN 43, 621, 623
- bei Methaqualon 2072
- bei Muskatnuss-Wirkstoffen 629, 635 f.
- bei Nalorphin 1101, 2356
- bei PCP 894, 896, 910, 912, 916
- bei Pentazocin 2364
- bei PMA 810
- bei Psilocybin 479 FN 21, 649 FN 71, 654, 671, 677 f.
- bei Salicylsäure 1198 FN 314
- bei Solanaceen-Wirkstoffen 499, 523, 527, 534, 538, 540, 544, 549 f., 556
- bei Strychnin 2118
- bei Windengewächs-Wirkstoffen 431, 437, 449 f..
- bei Yohimbin 753

Halluzinogene 19, 126, 129 FN 97, 136, 148 f., 250, 265-939, 1122, 1482, 1534, 1571, 1685, 1706, 1784, 1812, 1937, 2251, (Arzneistoffabhängigkeit/Halluzination)

Halluzinosen 267, 1694, 2137. (Halluzinose/Ethanol)

Halsbrennen 125 FN 92
Halstabletten 1512
Halstrockenheit 125, 526, 1944
Halsvenen 1221
Haltequote 1326, 1361
Hamburg 1336, 1336 FN 500, 1339, 1637, 2290
Hamsterbacken 1740
Handvenen 1221, 1296
Handzittern s. Tremor
Hanfanbau 35 f., 41 f., 45, 54, 61, 106, 108, 178, 180, 195 f., 1020, 1458
Hanföl 49, 59, 106
Hanfsamen 24-26, 30, 45, 48, 59, 106, 180, 196
Hanfstaub s. Harzstaub
Hanftaler 36
Hanftee 29, 87 FN 48
hang over 115, 120, 531, 1691, 2006, 2013, 2069, 2178, 2197, 2233 FN 119
happy dust 1594
happy pills 835
hard-drug-user 237, 1215
hard stuff s. harte Drogen
Harmala-Alkaloide 703, 715-717, 724, 737
Harmala-Rausch 727-729
Harmoniedroge 850
harm reduction 1317
Harn s. Urin
Harnblase 1137, 2388, 2477
Harndrang 855, 1137
harntreibende Mittel 738, 781
Harnwege 383, 496
Harrison Act 1441
Harry 1196
harte Drogen 68, 79, 107, 107 FN 72, 198, 237, 246, 249, 251, 864, 1025, 1054, 1054 FN 121, 1215, 1228, 1306, 1342, 1344, 1362, 1806, 1959, 1973, 1993, 2018, 2219, 2240, 2261, 2373, 2500
Harvard 291
Harzstaub 36
Haschaschinen 51

Haschisch 32-40, 50 f., 56, 59, 66, 72 FN 38, 76-78, 89, 106 f., 114 f., 117, 125, 129, 146 f., 173-178, 182-185, 187-201, 209 f., 216, 219, 230, 248, 251 f., 254 f., 257, 259, 261, 317, 401, 541, 547, 589, 637, 822, 1004, 1360,. 1481, 1811, 2223, 2563
Haschisch-Katalepsie 125, (Katalepsie)
Haschisch-Öl 43, 76, 110, 187 f., 209 FN 185
Haschisch-Platte 39-42, 176, 182 f., 200
Haschisch-Rausch s. Cannabis-Rausch
Hashas 32 FN 7
Hauptflash 877
Hautausschläge/-krankheiten 1300, 1297
Hautdrüsen 689, 689 FN 126, 713
Hautjucken 1635, 1694
Hautkribbeln 435, 1539, 1952, 2060, (Parästhesien)
Hautrötung 462, 521, 1273
Hauttrockenheit 521, 526, 1944
Hautveränderungsgefühle s. taktile Halluzinationen
Hawaii 435, 1368, 1370, 1914
Head-Shop 196, 292, 668, 1477
Heffter 576
Heilige Pflanzen/Drogen 136 f., 291, 477, 479, 479 FN 23, 533 f., 540, 545, 547, 551, 564, 570 f., 597, 658, 661, 689, 704, 720, 725, 782, 790, 1431
Heiliger Antonius 598
Heiliger Kaktus 597, 661
Heiliger Pilz 477, 658, 661
Heilschlaf 971
Heilungsquote 1359, 1364, 1972
Heiterkeit s. Euphorisierung
Hells Angels 1811
hemmende Wirkung 15, 165, 167, 170, 359, 379, 463, 515, 517, 521, 651, 755, 765, 777, 842, 874, 914 f., 937 FN 224, 1120, 1137, 1139, 1139 FN 241, 1154-1162, 1165, 1169, 1270, 1298, 1319, 1321, 1349, 1381, 1437, 1504, 1548, 1564-1567, 1569 f., 1574 f., 1604, 1677, 1695, 1704, 1746, 1866, 1892, 1954, 1997, 1999 f., 2005, 2030, 2057, 2109, 2202, 2205, 2259 f., 2274, 2430, 2439, 2510, (Adrenalin/Agonisten/Dopamin/GABA/Hypophyse/Neurotransmitter/Parasympatholytica/retikuläres System/Serotonin/Sympatholytica/Sympathomimetica/Thalamus)
Hemmungsabbau 82, 110, 136, 329, 537, 606, 609, 704, 850, 860, 909, 937, 1289, 1523, 1527, 1630, 1805 FN 40, 1811, 1871-1873, 1942, 1945, 2061, 2166, 2197, 2213, 2233, 2260, 2516, 2540, (Ethanol/Hypoglykämie/Manie)
Hendrix, Jimi 292
Henkel, Fa. 2553 FN 57
Henna 189, 201
Hepatitis 1180, 1300, 1302, 1320, 1396, 1678, (Hepatitis)
Herauswachsen aus der Sucht s. spontane Genesung
herbal ecstasy 835 FN 51, (Coffein)
Herbizide 64, 999, 1455
Herodot 47
Heroin-Abgabeprogramme 1334-1339, 1344
Heroin-Abhängigkeit 67, 98, 251, 221, 350, 952, 989 FN 42, 990, 994, 1003, 1010, 1013, 1025-1028, 1043 f., 1049, 1053, 1077, 1101, 1106-1111, 1128-1130, 1160, 1160 FN 269, 1163 f., 1166 f., 1170, 1210-1270, 1221, 1224, 1227-1229, 1269, 1277-1366, 1483, 1485, 1530 f., 1593, 1630, 1636 f., 1659, 1678, 1684-1686, 1690-1692, 1701-1703, 1755, 1792, 1816, 1904 f., 1940 f., 1948, 1958, 1963-1966, 2018 f., 2023, 2037, 2043, 2060, 2161 f., 2194, 2218, 2222, 2224-2227, 2316, 2336 FN 88, 2346, 2352, 2365, 2372, 2420, 2423, 2425 f., 2428, 2430-2432, 2436, 2439, 2459 f., 2524, (Arzneistoffabhängigkeit/Toleranz)
heroin-artige Wirkungen 1058, 1110, 2287, 2316, 2367, 2401, 2430, 2482, 2485
Heroin-Bömbchen 1013
Heroin-Entgiftung s. Detoxikation
Heroin-Entzug s. Entzugssyndrom bei Heroin
Heroingestützte Behandlung Opiatabhängiger 1339

Heroin-Herstellung 944, 953-967, 989, 992, 996 f., 1060, 1073, 1096, 1097 FN 176, 1188 f., 1191, 1193 f., 1212, 1230, 1264, 1816
Heroin-Hunger s. drug craving
Heroin-Inhalation 1222, 1224, 1337
Heroin-Injektion 952, 989 FN 42, 1106, 1126, 1134, 189 f., 1192, 1205, 1207, 1210, 1212, 1218-1225, 1242, 1251, 1270f., 1270 FN 394, 1276, 1290-1295, 1300-1302, 1307, 1310, 1319, 1321, 1335-1339, 1606, 1608, 1636, 1651, 1686, 1692, 1912, 2023, 2225, 2280
Heroin-Intoxikation 904, 1050-1054, 1107, 1110, 1122, 1124, 1126, 1137, 1200 f., 1205-1207, 1210 f., 1220 f., 1225, 1242, 1269-1286, 1294, 1297, 1307, 1315, 1338, 1675, 2020, 2022, 2067, 2295, 2432 FN 190
Heroinismus s. Heroin-Abhängigkeit
Heroin-Kombinationen 424, 1052, 1201, 1222, 1229, 1280, 1321, 1530, 1593, 1606, 1608, 1630, 1674, 1690, 1905, 1956, 2018, 2020, 2023, 2063, 2194, 2225 f., 2289
Heroin-Metaboliten 1076, 1132 f.
Heroin Nr. 1 962, 1185 f.
Heroin Nr. 2 964, 1188-1190
Heroin Nr. 3 1004, 1191-1193
Heroin Nr. 4 965, 1007, 1010, 1019, 1032, 1035, 1037 f., 1046 f., 1194-1207, 1218, 1639
Heroin-Rauchen 1189, 1192 f., 1208, 1226, 1299, 1335 f., 1336 FN 497
Heroin-Rausch 162, 341, 1118-1130, 1269, 1269 FN 391, 1532, 2286, 2430 f., 2563
Heroin-Scene 1054, 1205, 1300, 1336, 1338, 1364, 2019
Heroin-Schmuggel 197, 1003, 1005 f., 1012, 1015 f., 1020-1024, 1031 1035, 1047 f., 1465
Heroin-Schnupfen 1223-1225, 1292
Heroin-Strich 1302, 1305
Heroin-Substitution s. Methadon-Substitutionsbehandlung
Heroin-Tote s. Drogentote

Heroin-Verknappung 72, 1018, 1028, 1030, 1045, 1049, 1057, 1201, 1227 f., 1962, 2020, 2365
Heroin-Welle 79, 1010, 1025, 1056, 1291 FN 417, 1478
Heroin-Zigaretten s. Heroin-Rauchen
Herr der Fliegen 477 FN 20
herunterreden s. talk down
Herzinfarkt 855, 1666, 1680, 1720, 1747, 2343, 2388, (Coffein)
Herz-(Kreislauf-)Schäden/-Störungen 163, 168, 258 f., 521, 855, 1282, 1300, 1521, 1601, 1634, 1666, 1672, 1680, 1792, 1829, 1842, 1936, 2030, 2511, 2520, 2547 f., 2559
Herz-(Kreislauf-)Versagen 538 FN 89, 1270 f., 1272, 1280-1282, 1284, 1312, 1545, 1672, 1936, 1938, 2022, 2032, 2068, 2543, (Delirium/Nicotin)
Herz-Kreislauf-Zentrum 1270, (Hirnstamm)
Herzmittel 1718, 1995, (Dopamin/Steroide)
Herzmuskel 1672, 1680, 2543, (Adrenalin)
Herzrasen 638, 673, 846, 932 FN 207, 1632, 1917, (Adrenalin/Coffein)
Herzrhythmusstörungen 810 FN 23, 855, 1521, 1666, 1672, 1720, 1747, 1751, 1917, 2169, (REM-Schlaf)
Herzschlagbeschleunigung 98, 125, 157, 321, 448, 463, 476, 483, 517, 521, 526, 601, 638, 756, 846, 855, 913, 925, 938, 1111, 1352 FN 537, 1521, 1547, 1565, 1578, 1634, 1666, 1688, 1692, 1709 FN 2, 1712, 1718, 1720, 1747, 1835, 1837, 1842, 1845 f., 1865, 1877, 1935, 2068, 2217, 2542, (Adrenalin/Coffein/Delirium/Hypoxie/Nicotin/Parasympatholytica/Rebound-Phänomen/REM-Schaf/retikuläres System/Serotonin/vegetatives Nervensystem)
Herzschlagverlangsamung 15, 321, 601, 1084 FN 166, 1351, 1521, 2249, 2323, 2249, 2452, 2477, 2536, (Sympatholytica/vegetatives Nervensystem)
Herzschmerzen 2452
Herzschwäche s. Herz-Kreislauf-Schäden
Herzstillstand 1270, 1274, 1936, 1938, 2260, 2520, 2542, (Hypoxie)

Heufieber 2367
Hexenkulte 533, 537
Hexensalben/-tränke 523, 538, 540
high 66, 123, 157, 317, 902, 1127, 1163, 1518, 1608, 1674, 1690, 2430, 2563
high trips 887
Hillbilly Heroin 2316
Himalaya 25, 35, 45, 479 FN 23, 501
Hindu 479
Hindukusch 1009
Hinterhauptlappen (Halluzination)
hippies 145, 292, 482, 600, 663, 667
Hippocampus 163, 167, 650, 842, 856, 1149, 1884, (Dopamin/Hippocampus/limbisches System)
Hippokrates 971
Hirnanhang s. Hypophyse
Hirnatrophie s. zerebrale Atrophie
Hirnblutungen s. Hirngefäßrupturen
Hirndurchblutungsstörungen s. zerebrale Durchblutung
Hirngefäßrupturen s. Apoplexie
Hirninfarkt s. Apoplexie
Hirnödeme 1271, 1283, 1297, (Ödeme)
Hirnrinde s. Großhirnrinde
Hirnschädigungen 260, 465 FN 12, 856, 1297, 1617, 1667, 1680, 1683, 1816, 1934 f., 2402, 2547, (Amnesie/Dementia/Ethanol/Halluzination/Psychose/Rausch)
Hirnstamm s. Stammhirn
Hirschjagd, rituelle 593
Hisbollah 1009 FN 66
Hispanola 691
Histamin-1-Rezeptor 842
hit 1053, 1126, 1205, 1215, 1217, 1247
Hitzegefühl s. Hyperthermie
HIV-Positive s. Aidsinfektion
HKS s. hyperkinetische Verhaltensstörungen
Hoama 479 FN 23
Hoasca 721
Hochdosierung
- bei Amfetaminen 1835, 1865, 1878, 1898, 1900, 1913 FN 195, 1928, 1931, 1933 f., 1939, (Serotonin)
- bei Anabolika 1805 FN 40
- bei Antidepressiva 2166 f.
- bei Apomorphin 2249
- bei Arecolin 1776, 1780
- bei Barbituraten 1937, 2007-2009, 2016, 2030, 2037 f.
- bei Bromureiden 2102 f.
- bei Bufotenin 706
- bei Buprenorphin 1703, 2344-2346
- bei Cannabis 117, 123-126, 129 f., 136, 147, 172, 191, 232, 234
- bei Cathinon 1746 f.
- bei Clonidin 1351
- bei Cocain 1524, 1542, 1544, 1549, 1557, 1618, 1653 f., 1665, 1671 f., 1689
- bei Codein 2279, 2275, 2289, 2295 f.
- bei Cytisin 784 f.
- bei Dextromoramid 2452, 2459
- bei Distickstoffmonoxid 2516
- bei Distraneurin 2152
- bei DOB 823
- bei DOM 807
- bei Ephedrin 1720
- bei Ether 2511
- bei Etryptamin 887
- bei Fentanyl 2478, 2480, 2482, 2487
- bei GHB 937 f.
- bei Heroin und Morphin 1050 FN 114, 1122, 1137 FN 234, 1139, 1201, 1205 f., 1209-1211, 1210 FN 335, 1242, 1242 FN 372, 1272-1279, 1288, 1294 f., 1303, 1307, 2346
- bei Ibogain 771
- bei JB 318 933
- bei Kath-Wirkstoffen 1746, 1751 f.
- bei Kavain 1379, 1387
- bei Ketamin 926
- bei Lösungsmitteln 2540-2543
- bei LSD-25 285, 317 f., 330, 342, 353, 389, 402, 421
- bei MDA und verwandten Verbindungen 840, 845, 854 f.
- bei Meprobamat 2181
- bei Mescalin 585
- bei Methadon 1319, 1321, 2431, 2433 f.
- bei Methaqualon 2058 f., 2067, 2070 f.
- bei Midazolam 1349

- bei Morphin 1083
- bei Nicotin 17 FN 11, (Nicotin)
- bei Paracetamol 1108 FN 315
- bei Pentazocin 2359, 2364, 2368
- bei Pethidin 2391
- bei PCP 912
- bei PMA 810
- bei Psilocybin 671, 674, 678 f.
- bei Ritalin 1835
- bei Salicylsäure 1198 FN 314
- bei Solanaceen-Wirkstoffen 511 FN 51, 521, 525, 527 f., 550, 560
- bei Thebacon 2307
- bei Thebain 1068
- bei Tilidin 2258-2260, 2269
- bei Tranquilizern 2176, 2187, 2197, 2203, 2211, 2216, 2219, 2229, 2234
- bei Windensamen 447, 451
- bei Yohimbin 757

Hochdosis-Abhängigkeit 994, 1027, 1139, 1210, 1216, 1288, 1294-1356, 2216
Hochstimmung s. Euphorisierung
Hodenatrophie 1805 FN 40, (Atrophie)
Hoechst, Fa. 2419, 2426
Höhenkrankheit 1517
Hörrinde (Halluzination)
Hörstörungen 855
Hoffmann, E.T.A. 983
Hoffmann, Felix 975, 989
Hofmann, Albert 285, 438, 663
Hofmann La Roche, Fa. 2182
hog 902
Holland s. Niederlande
Hollywood 1477
Homer 969
Homöostase 138 FN 108, 846, (Homöostase/limbisches System/Hypothalamus/Neurotransmitter/Rezeptoren/vegetatives Nervensystem)
Homologe 87, 89, 103, 645-645, 666, 810 f., 888, (Piperidin)
Homosexuelle 1811, 1913, 2559
honey oil 43
Hong Kong 979, 1005, 1029, 1096, 1914
Hong-Kong-Rocks 1004, 1192
Hongo de San Isidro 655
hookah 183

Hormone 717, 1145, 1149, 1151, 1805 f., 1805 FN 40 und 41, 1895, 1998, (ACTH/Eiweißstoffe/Hormone/Hypophyse/Hypothalamus/Melatonin/Nebennieren/Neurotransmitter/Rezeptoren/ Steroide/Tyrosin/Wirkstoffe)
Horrortrip s. atypische Rauschverläufe
Horrorvisionen 261, 342, 680 f.
House-Partys 862 FN 102
HT s. Hypothalamus
Huallaga-Tal 1458 FN 50
Huichol 593, 599
Huilca 694
Humboldt, Alexander von 691
Hungergefühle 125, 163, 601, 846, 1151, 1151 FN 260, 1153, 1447, 1515, 1517, 1748, 1775, 1866, 1948, 2392
Hungerzentrum 1753, 1866 FN 118, (Hypothalamus)
Hustenanfälle 1083, 1309, 1632, 1634, 2327
Hustenmittel s. Antitussiva
Hustenzentrum 1137, 2274
Huxley, Aldous 600
HVL s. Hypophyse(-nvorderlappen)
Hydrolyse 519, 674, 908, 1132, 1157, 1551 f., 1563, 1648, 2074, 2386, (Acetylcholin/Desaminierung/Ester/Esterasen/Hydrolasen/Hydrolyse/Metabolisierung)
Hydrophilie 83, 155, 201, 1490, 1554, 1668, 1897, (Alkaloide/Coffein/hydrophil/Lipide/Membran/Metabolisierung/Narkotica)
Hydrophobie 15, 83, 185, 649, 1491, 2000, 2055, 2203, (Ester/hydrophob/Lipide/Membran)
Hydroxylasen (Hydroxylasen)
Hydroxylierung 154, 383, 1063 FN 136, 1887, 2004 f., 2196, (Hydroxylierung/Metabolisierung/Tyrosin)
Hyperaktivität 321, 486, 756, 772, 846, 912, 1287, 1303, 1521, 1559, 1630, 1696, 1720, 1722, 1834, 1834 FN 83, 1892, 2032 f., 2536, (hyperkinetisches Syndrom/Rausch/Serotonin)
Hyperakusis 331, 1524, 1635, (Hyperakusis)

Hyperglykämie 1310
Hyperkinese s. motorische Unruhe
hyperkinetische Verhaltensstörungen/Syndrom (HKS) s. Verhaltensstörungen
Hyperpolarisation (Serotonin)
Hyperreflexie s. Reflexsteigerung
Hypersensitivität s. Überempfindlichkeitserscheinungen
hyper speed 1915
Hyperthermie 321, 483, 521, 602, 673, 846, 855, 855 FN 82, 1667, 1935, 2344, (Serotonin)
Hypertonie s. Blutdruckerhöhung
Hypnoanalgetica s. starkwirksame Analgetica
Hypnose (Synästhesie)
Hypnotica 20 FN 2, 57, 171, 449, 524, 527, 894, 936, 971, 975, 984, 1085, 1175 f., 1297, 1349 f., 1355, 1367, 1690, 1967 f., 1967 FN 13, 1970 FN 15, 1974, 1977-2114, 2137, 2141, 2151, 2175, 2177 f., 2181-2192, 2200, 2203, 2205, 2222, 2238, 2307, 2435, (Arzneistoffabhängigkeit/Hypnotica/hypnotisch/Melatonin/Tryptophan)
hypnotischer Schlaf 448
Hypoglykämie 125, 601 FN 27, (Hypoglykämie)
Hypophyse(-nhormone) 1145, 1147, 1149, 1805 FN 41, (ACTH/Blut-Hirn-Schranke/Depression/Hormone/Hypophyse/ Hypothalamus)
Hypothalamus 355, 846, 1135, 1149, 1517, 1548, 1568, 1753, 1866 FN 118, 1998, (Epiphyse/Depression/Hypophyse/Hypothalamus/limbisches System/Melatonin/Noradrenalin/REM-Schlaf/Serotonin/Thalamus)
Hypotonie s. Blutdrucksenkung
Hypoxie s. Sauerstoffmangel
Hysterie 971

I

iatrogene Abhängigkeit 1329, 1968, 2288, (Arzneistoffabhängigkeit)
Ibiza 1465
Iboga-Alkaloide 724, 761, 767, 775, 778
Iboga-Rausch 768-773, 876
Ice/ICE 1630 FN 273, 1914-1918, 1940, 2129
Ichbewusstsein 150, (Homöostase)
Ichbezogenheit 147, 246, 297, 318, 334, 340, 351, 389, 610, 665, 843, 1538, (Beziehungswahn)
Ichidentität(s)/-bedrohung/-kontrollverlust/-störung 121, 130, 246, 264, 334 f., 339, 352, 378, 609, 665, 850, 2219, (Depersonalisierung)
Ichschwäche 665, 680
Ideenflucht s. Gedankenflucht
Ignis sacer 281 f.
Illusionäre Verkennnungen 261, 1529, 1.536, 1951, 2034, 2523, 2538, (Delirium/Illusion)
Imhausen, Fa. 862
Imitate 189, 201, 861 FN 97, 904 f., 1.199, 1230, 1600, 1641
Immunschwächekrankheit s. Aidsinfektion
Immunsystem 96, 167, 260, 1149, 1279, 1301 f., 1944, (Antigen)
Impotenz 758, 1176, 1297, 1635, 1751, 1805 FN 40, 2406
imprinting s. Prägung
impulse control disorders (Arzneistoffabhängigkeit)
Impulsivität 122, 1834, 1892, (hyperkinetisches Syndrom)
Impulsweiterleitung s. Erregungsweiterleitung
indian brown 2485
Indianer 431, 446, 481, 546, 549 f., 556, 573, 573 FN 3, 574 FN 5, 593 f., 599 f., 604, 611, 614, 616 FN 43, 623, 626, 689, 691, 693 f., 693 FN 128, 696, 703, 710, 721, 729, 782, 788 FN 204, 791, 1151, 2120
Indian Hemp Drugs Commission Report 56
Indien/indisch 22, 29, 33, 38, 42, 45, 45 FN 14, 56, 74, 76, 193, 479, 479 FN 23, 547, 616 FN 43, 637, 949, 956, 976, 978, 1029, 1031-1033, 1035, 1043, 1049, 1408, 1712, 1764 f.
Indios 661, 1445, 1447, 1495, 1515, 1518, 1582
indirekte Beschaffungskriminalität 1305 f.

indirekte Parasympathomimetica 15, 1937,
    1937 FN 244, 2109, (Parasympatho-
    mimetica)
indirekte Sympatholytica (Sympatholytica)
indirekte Sympathomimetica 1565, 1565
    FN 172, 1707, 1716, 1833, 1889,
    1899, (Sympathomimetica)
Indochina 980
Indol-Alkaloide 369, 374, 643-653, 666,
    672, 714, 746, 766, 775 f., 871, 1064,
    (Alkaloide/Tryptamin/Tryptophan)
Indoor-Anlagen 30, 180 f., 668
Industrialisierung 247, 1981, 2206
Inebriantia 2496
Infantilität 237, 247
Infektanfälligkeit 260, 1180, 1190, 1226,
    1279, 1298-1303, 1317, 1320, 1449,
    1634, 1678, 1682, (Antigen/Noradre-
    nalin)
Infiltrationsanästhetica 1502
Infusion 1283, 1601, 1677
Ingestion s. orale Aufnahme
Inhalants 2497
Inhalationsanästhetica 2514, (Narkotica)
Inhalationsnarkotica 2473, 2498, 2507 f.,
    2514, 2517 f., 2522, 2530 FN 31
inhalative Aufnahme 29, 33, 47, 59, 111-
    118, 120, 147, 183, 188, 194, 208 FN
    184, 212 f., 230, 258 f., 261, 463 FN 9,
    535, 547, 549, 552, 555, 560, 595, 632
    FN 55, 637, 689, 776, 782, 822, 864,
    875, 901, 903, 906, 909, 928, 977,
    1126 FN 218, 1173-1175, 1177, 1189,
    1192 f., 1208, 1222-1226, 1299, 1335,
    1337, 1360, 1443, 1584, 1603, 1610-
    1638, 1654, 1669, 1671, 1679, 1686,
    1693, 1741, 1816, 1826, 1910, 1914 f.,
    1917, 1939 f., 1948, 1956, 2061, 2402,
    2487, 2498 f., 2499 FN 3, 2509, 2515,
    2522, 2626, 2531, 2534 f., 2539, 2552,
    2557, (Applikation/parenteral)
Inhaltsstoffe 167 FN 116, 457, (Inhaltsstof-
    fe/Terpene)
inhibitorische Wirkung s. hemmende
    Wirkung
Initiationsriten 548, 571, 729, 771, 1151
Injektion/-slösung 185, 188, 230, 320, 323
    f., 347, 514, 517, 521, 531, 539, 584,
    673, 722, 875, 901, 906, 910, 924, 927,
    936, 952, 985, 989 FN 42, 1081, 1084,
    1106, 1116-1118, 1126, 1134, 1153,
    1180, 1187, 1189 f., 1192, 1205, 1207,
    1210, 1212, 1218-1225, 1242, 1251,
    1270 f., 1274, 1283, 1290-1296, 1300,
    1302, 1307, 1310, 1319, 1321, 1335 f.,
    1347, 1443, 1501, 1504, 1522, 1526,
    1544, 1558, 1560, 1579, 1595, 1597,
    1603-1608, 1620, 1636 f., 1651, 1654,
    1662, 1665 FN 327, 1671-1673,
    1677 f., 1686, 1692, 1789, 1794, 1798,
    1932, 1970, 1898, 1912 f., 1933, 1939,
    1948, 1950, 1956, 1991 f., 2016-2018,
    2023, 2225 f., 2248, 2262, 2280, 2316,
    2322, 2327, 2343, 2358, 2384, 2387,
    2391, 2402, 2406, 2410, 2424, 2430,
    2432-2434, 2487, (Applikation/Narko-
    tica/parenteral/Tryptophan)
Injektionsnekrose 1296
Injektionsspritze/-nadel 539, 985, 1190,
    1218, 1271, 1300, 1302, 1302 FN 444,
    1678
Inka 1431
Inkorporation 1047, 1463, 1637, 1672,
    2248
in sein 1477
Insektenaphrodisiaca 538 FN 90
Insektizide 2502
Intellektuelle 982
Intelligenzminderung 260, 1297, 1683,
    2030, 2135, 2197, 2233, 2328, 2547,
    (Dementia/Paranoia)
Intensivmedizin 1349, 2173, 2191, 2465
Intereseneinengung 1289, 2443
Interesselosigkeit s. Desinteresse
Internationale Opiumabkommen 60, 990,
    1444
Internet 180, 1809
Interneurone (Neuron)
Interneuronenblocker 15, 2179, 2205
Intoxikation s. Toxizität
Intoxikationspsychosen 132, 261-263, 282
    f., 426 f., 453, 523, 527, 611 f., 679-
    681, 1539, 1694, 1729, 1950-1955,
    2034, 2107 (Psychose)

intramuskuläre Injektion 584, 808, 875, 906, 927, 1082, 1283, 1558, 2248, 2322, 2358, 2410
intranasal s. nasale Aufnahme
intraokularer Druck 97, 1500
intravenöse Injektion 230, 320, 323 f., 365, 514, 521, 531, 708, 720, 875, 893, 901, 906, 910, 924, 927, 936, 1082 f., 1126, 1219-1225, 1251, 1270 f., 1274, 1283, 1321, 1335 f., 1522, 1526, 1558, 1560, 1579, 1597, 1603 f., 1607, 1620 ,1654, 1665 FN 327, 1671-1673, 1677, 1686, 1692, 1789, 1832, 1870, 1898, 1909 FN 187, 1912, 1933, 1939-1942, 1948, 1950, 1956, 1985 FN 12, 1992, 2016 f., 2018, 2023, 2226, 2384, 2410, 2430, 2432-2434, 2463, 2465 f., 2470, (Applikation)
intravital 1924
intrazelluläre Signaltransduktionskaskade 1167
intrinsic activity (Agonisten/Rezeptoren)
introversives Wirkungsbild 340
Introvertiertheit s. Ichbezogenheit
Intubation 1139 FN 241, 1283
Ionenkanäle 4, 10 f., 15, 164, 167, 1378, 1575-1577
Ionenpumpe 3 f., 11
Ionentheorie der Erregungsweiterleitung 2-5, (Ionen)
Ionentrennung 13
Irak 45, 52
Iran/iranisch 45, 51 f., 479 FN 23, 533 FN 85, 960, 976 f., 997, 1009, 1019-1021, 1179
Iri 2526
Irritabilität 1696
Islam/islamisch 50, 535, 1020
Ismaeliten 51
Isochinolin-Alkaloide 573 FN 4, 577, 622 f., 788 FN 204, 1062, 1062 FN 133, 1070, (Alkaloide/Chinolin/Tetrahydroisochinolin)
Isolation 138, 917, (Halluzination)
Isomere 84, 114, 212, 309, 409, 746, 767, 925, 1066, 1066 FN 141, 1074, 1264, 1427 f., 1492, 1714, 1743, 1923, 2354, 2418, 2485, (Aminosäuren/Isomere)

Israelis 1013
Italien 936, 949, 997, 1016, 1027 FN 86, 1048, 1050 FN 115

J

Janssen, Fa. 2463
Japan/japanisch 1796, 1817, 1852, 1914, 1916
Java 1408, 1487, 1493 f.
Jeff 1756
jelly fish 2060
Jemen/jeminitisch 637, 1735 f., 1739 f.
joint 29, 97, 112, 114, 120, 150, 183, 183 FN 160, 875, 878, 909, 1614, 1629, 1917, 2061
joints for sex 145
Jo-Jo-Effekt (L-Dopa)
Juárez-Kartell 1462
Jugoslawien/jugoslawisch 1013, 1015, 1048
Jung, Carl Gustav 566, 665
junk 1196
junkie 1215, 1231, 1278, 1339, 1530
junk food 1298
Jurema branca 710
Jurema prêta 710

K

Kachexie 99, 1298, 1682, 1944, (Kachexie)
Kältegefühl 125, 321, 602, 855, 1521, 1539, 1914 FN 198, 2436, (Kachexie)
Kältezittern s. Schüttelfrost
Kaffee/-Trinken 75, 172, 399, 1741, 1913, 2014, (Alkaloide/Coffein)
Kakao 167 FN 143, 1709 FN 2, (Coffein/Tryptophan)
Kalifornien 25, 30, 575, 803, 1811, 2482
Kaliumionenkanal s. Ionenkanäle
kalter Entzug 1308, 1316, 1849, 2346
Kalter Krieg 63
Kambodscha 655, 1003, 1816
Kamerun 1709
Kamikaze-Flieger 1796
Kammerflimmern 1666, 2520
Kamtschadalen 469, 481
Kampfgeist 1725

Kampf-oder-Flucht-Reaktion (Adrenalin)
Kanada 30 FN 6, 599, 616 FN 43, 1720
Kannibalismus 480 FN 25
Kapillargifte (Droge/Gifte)
Kapillarwände (Blut-Hirn-Schranke/Serotonin)
Kappa-Rezeptoren 1110, 1137 FN 234, 1158, 2342
Kapselform 862, 864, 887, 901, 1084, 1139 FN 242, 1397 f., 1626, 2262, 2279, 2298, 2361, 2457, 2559
Kapselfrucht s. Achäne
Karatschi 1029
kardiovaskuläres System 259, 1672
kardiozirkulatorische Insuffizienz s. Herz-(Kreislauf-)Störungen
Karen 1002
Karibik 431, 692
Kartell von Calí 1467 FN 58, 1469
karzinogene Wirkungen 259, 259 FN 220, 2531, 2548, 2555, (karzinogen/Nicotin)
Kasachstan 1024
Kaschmir 35, 42
Kaschmirrolle 175
Kaspisches Meer 47
Katalepsie 125, 913, 925, (Katalepsie)
Katarrhe 1438
katathymes Bilderleben 350, 350 FN 73
Katatonie 913, (Katatonie)
Katecholamine s. Catecholamin-Stoffwechsel
Katergefühle 603, 1389, 1545, 2013, 2069, 2178, (Terpene), s. auch hang over
Kath 1733-1761
Kath-Abhängigkeit 1750 f.
Kath-Alkaloide 1742-1746
Kath-Rausch 1735, 1746-1749
Katki 1198 FN 315, 1234
Kaukasus/-Staaten 960, 1024
Kaumazerat 1383 f., 1583
Kawa/Kawa-Kawa 1367-1399
Kawa-Rausch 1380, 1382, 1386-1391
Kawa-Zeremonie 1384
Kehle 321
Kehlkopfkrämpfe 2542
Keimdrüsenhormone s. Sexualhormone
Ketama 76

Kenia 1733
Keuchhusten 2298
Khala-Kif 145
Khat s. Kath
Khif/Kif 33, 196
Kht 1734
Khun San 1002 FN 57
Khyber-Pass 1021, 1712
kick 1226 f., 1321, 1603, 1616, 1630, 1917, 2286
kiffen 111, 230
kinästhetische Halluzinationen 328, 328 FN 54, (Halluzination)
Kinderlosigkeit 533
Kindlichkeit s. Regression
Kiowa 599
Kirgisien 1024
klarer Rausch 119 f., 338, 527, 606, 677, 679, 848, 910 FN 174, 1122, 1537
Klebstoffe 2528, 2530, 2552-2554
Kleindealer 401, 1013 f., 1202, 1214 f., 1288, 1305 f., 1336 FN 486, 1338, 1637, 2248, s. auch Straßenhandel
Kleinhirn 163, 167, 1548, (extrapyramidales System/Noradrenalin/ ZNS)
Knaster 54
Knochenabszendierung 1300
Knochenmark 2547
Knospen 594
Kochhaschisch 38, 182
Koenzyme s. Coenzyme
Körperbewegung s. extrapyramidal-motorisches System
körperliche Abhängigkeit s. physische Abhängigkeit
körperlicher Verfall s. Verfall, körperlicher
körperliche Wirkungen s. hier vegetative Nebenwirkungen
Körperschemastörungen/-veränderungsgefühle 9, 117, 130, 328 FN 54, 330 f., 333, 335, 435, 538, 607, 609, 678, 910, 1539, (Halluzination)
Körperschmuggel 1047, 1463, 2248
Körpertemperatur/-erhöhung 138, 282, 321, 521, 540, 846, 975, 1146 FN 251, 1309 f., 1521, 1548, 1666 f., 1672, 1747, 1917, 1944, (Delirium/Serotonin/Thalamus), s. auch Hyperthermie

Körpertemperatursenkung 125, 1273, 2385
Körperwasser s. Wasserhaushalt
Koffeinismus (Coffein)
kognitive Fähigkeiten s. hier Denkablaufstörungen
Kokain 1401, s. auch Cocain
Kokainist s. Cocain-Abhängigkeit
Kokainwanzen 1694
Koka-Wein 1438
Koknar 959
Kokolores reden 1681
Koks 1586, 1592, 1594
Kokser 1474 FN 67, 1586, 1690
koksen 1473, 1586
Koksnase 1589
Koks-Rauchen 1621
Koliken 1081 f., 1309, 2361
Kollapszustände 938, 1792, 1936, 2248
kollektives Unbewusstes 566
Kolonien/Kolonisation 53, 56, 768, 979
Kolumbien/kolumbianisch 42, 64, 72, 556, 559, 692, 696, 698, 703, 718, 721, 729, 950, 998, 1031, 1404, 1406 f., 1421, 1431, 1456-1463, 1466 f., 1467 FN 58, 1469, 1509, 1613, 1613 FN 242, 1615, 2065
Koma 15, 476, 523, 757, 772, 913, 919, 938, 1273, 1283, 1672, 1936, 2295, (aromatische Kohlenwasserstoffe/Bewusstseinsstörung/Koma)
Kombinationspräparate 304 FN 33, 1106 FN 184, 1198 FN 314, 1395 FN 26, 1703, 1718, 1755, 1932, 1842, 1968, 1970 FN 15, 1979, 1990, 1993-1995, 1993 FN 28, 2023, 2038, 2051 f., 2058, 2099, 2183, 2212, 2243, 2268, 2277, 2317, 2321, 2321 FN 79, 2360, 2389, 2424, 2441, 2467, 2514, (Coffein)
Kommi-Dealer 1215
Kommissionsbasis 1215
Kommunisten 981, 1001 f.
kompensatorische Prozesse/Wirkungen 453, 463 FN 9, 484, 518, 1170, 1968, 1993, s. auch Detoxikation
kompetitive Antagonisten 372, 515, 517, 915, 1103, 1109, 2203, 2357, (Agonisten/Coffein/Parasympatholytica/Sympatholytica)
komplexe Halluzinationen 328-333, 607, 727, (Halluzination)
Kompott 952
Kondensation 103, 111, 1984
Konditionierung 1313, (Placebo)
Konformationsänderungen (Rezeptor)
konfuses Verhalten 912
Kongo 769
Konjugation (Metabolisierung)
Konjunkivitis s. Augenbindehautentzündung
Konsumeinheit (KE) 117, 120, 208-211, 216, 414-417, 804, 807, 813, 823, 827, 845, 854, 859, 865, 865 FN 118, 1207-1210, 1242, 1244, 1485, 1596 f., 1650 f., 1654, 1925, 1928 f., 2296, 2433, 2487, (Konsumeinheit)
Kontaktarmut 423, 1287, 1365, 1542, 1701
Kontaktfreudigkeit 1527, 1542
kontemplative Stimmung 121 f., 140, 322, 610, 676, 783, 1287, 1749
Kontinuitätsverlust s. Zeiterlebnis-/Raumerlebnisstörungen
kontrollierte Abgabe 82, 1338 FN 507, 1339
kontrollierter Konsum 1659, 1313 FN 452
Kontrollverlust 1163, 1387, 1529, (Arzneistoffabhängigkeit)
Konzentrationserhöhung 841, 1834, 1867, 1974, 2125, (Glutaminsäure)
Konzentrationsstörungen/-verlust 131, 133, 141, 246 f., 263, 336, 339, 608, 676, 796, 856, 910, 926, 1129, 1396 f., 1523, 1682, 1722, 1725, 1871, 1946, 1974, 2030, 2106, 2123, 2137, 2406, (Dementia/hyperkinetisches Syndrom/Nicotin)
Konvulsionen 706, 881, 1524, 1672, 2072
Koordinationsstörungen 97, 167, 473, 528, 1297, 1299, 1379, 1387, 1725, 2030, 2062, 2152, 2402, 2477, (Coffein)
Kopenhagen 1302 FN 444
Kopfarterie 1221
Kopfschmerz/-mittel 305, 638, 682, 753, 846, 856, 1524, 1543, 1877, 1970 FN 15, 2243, 2515, 2534, 2561, (Coffein)

Koran 50
Kordilleren 1458 FN 51
Korea 1916
Koronarsklerose 521
Korruption 980, 1022, 1040
k.o.-Tropfen 927, 937, 2086 FN 34, 2231
Kräfteverfall 1827, 1827 FN 73
Krampfanfälle 15, 57, 96 f., 483, 533, 585,
    638, 674, 706, 757, 772, 786, 807 f.,
    846, 855 f., 864 FN 110, 881, 887,
    913, 919, 937 f., 977, 1171, 1280,
    1297, 1303, 1309-1311, 1379, 1524,
    1549, 1635, 1666-1668, 1672, 1677,
    1682, 1702, 1719 f., 1846, 1901, 1917,
    1935, 2030, 2032 f., 2063, 2072, 2118,
    2162, 2194, 2205, 2217, 2369, 2393,
    2402, 2436, 2452, 2536, 2542, (anti-
    konvulsiv/Epilepsie/Methanol/spas-
    tisch)
Krampfhusten 499, 1719, 2441
krampflösende Mittel s. Spasmolytica
Krampfschwelle 1549, 1835, 1935
Kraut 54
Kreativität 141, 1525, 1873
Krebs s. Tumor
kreislauffördernde Mittel 1198, 1601, 1718,
    1792, 1827, 1830, 1846, 1865, (Dopa-
    min)
Kreislaufstörungen 120, 168, 521, 855,
    1273, 1674, 1936, 2030, (Hirnstamm)
Kreislaufversagen 538 FN 89, 919, 938,
    1270 f., 1280-1282, 1284, 1312, 1351,
    1545, 1634, 1666, 1672, 1792, 1936,
    2022, 2032, 2068, 2494 FN 250, 2558,
    (Delirium)
Kreuzabhängigkeit 1166, (Arzneistoffab-
    hängigkeit)
Kreuzreaktion 1253, 2167
Kreuzsubstitutionswirkung (Toleranz)
Kreuztoleranzen (Toleranz)
-   bei Alkohol 2010, 2153
-   bei Barbituraten 2010, 2025
-   bei Cannabis 149, 168, 589, 684
-   bei Clomethiazol 2153
-   bei Cocain 1581
-   bei Codein 2282
-   bei DMT 149, 885

-   bei Heroin und verwandten Verbin-
    dungen 1166, 1288
-   bei LSD-25 392-394, 589, 684, 885
-   bei Mescalin 149, 589, 684, 885
-   bei Psilocybin 589, 684, 885
Kri 616 FN 43
kribbelndes Gefühl s. Hautkribbeln
Kriebel-Krankheit 282
Kriminalität 70, 72, 79, 980 f., 992-1103,
    1005, 1011-1017, 1022, 1040, 1046,
    1056, 1195, 1202-1204, 1215-1217,
    1234, 1288, 1304-1306, 1327, 1329,
    1336, 1338, 1340, 1343, 1455-1469,
    1592,-1626, 1637, 1916, 1963
Kritikfähigkeit/-schwäche 129, 135, 141,
    246, 608, 1288, 1528 f., 1871. 1873,
    1945, 2212, (Depravation)
Kuala Lumpur 1003, 1029
Küchenlaboratorien s. Labs
Künstliche Beatmung s. Sauerstoffbeat-
    mung
Kuma 486
Kumulation (Kumulation)
-   bei Barbituraten 1988, 2009
-   bei Bromcarbamiden 2104
-   bei Cannabis 157-160
-   bei Levacetylmethadol 2439 FN 203
-   bei LSD-25 384 f.
-   bei Tranquilizern 2197
Kuomintang-Armee 981, 1002 FN 57
Kurzatmigkeit 1634
Kurznarkose 465 FN 10, 893, 924, 1349 f.,
    1985 FN 11, 1992
kurzwirkende Tryptamine 870, 877, 880,
    886
Kurzzeitgedächtnis 133, 336, 537, 856,
    (Hippocampus)

L

Lab 270, 298, 400, 957, 962, 995-997,
    1003, 1020 f., 1038, 1041, 1059 f.,
    1192, 1421, 1424, 1464, 1637, 1809,
    1815, 1905, 1914, 2401, 2437,
    (Racemate)
Labilität, psychische 165, 240, 246, 341,
    345, 423, 609, 909, 911, 1117, 1291,

1296, 1527, 2208, s. auch Stimmungsschwankungen
Lachanfälle 677 FN 107, 2516
Lachgas-Rausch 2515 f.
Lähmungen/lähmende Wirkungen 17 FN 11, 282, 538 FN 89, 540, 784, 925, 1270, 1273, 1379, 1666, 11580, 1688, 2119 f., 2260, 2402, 2508, 2511, 2535, 2547, (Akkommodation/Mydriasis/Paralyse/Terpene)
La-Guardia-Bericht 61
Lagos 1031
Lambarene 768
Langzeitabhängigkeit 1025, 1129, 1210, 1229, 1269, 1278-1282, 1291, 1294-1366, 1701
Langzeitgedächtnis 133
Langzeitkonsum s. habitueller Konsum
Langzeitschäden 256-260, 263-265, 613 f., 728, 757, 842, 856, 890, 907, 912, 916 f., 938, 1050 FN 114, 1053, 1123, 1129, 1223, 1269, 1281 f., 1296-1303, 1314, 1621, 1634 f., 1678-1683, 1728, 1879, 1892, 1917, 1945 f., 1954 f., 1958, 2012, 2030, 2036, 2138, 2243, 2546-2549, (Arzneistoffabhängigkeit)
Langzeittherapie 1354, 1361-1365, 1701 f.
Laos 1001 f., 1029, 1035 f., 2482
La Paz 1458 FN 51
Lateinamerika s. Mittel-/Südamerkia
latente Psychosen 263-265, 264 FN 189, 347, 425, 680, 686, 728, 918, 1696, 1953, (latent)
Latex 946, 953 f., 961 FN 11, 969, 971, 1062 FN 133, 1063, 1087, 1463
Laudanum 974, 983
Laxantien s. Abführmittel
Leary, Thimothy 291, 663
Lebende Felsen 574 FN 5
Lebenserwartung 1278, 1291
Lebensgefahr 138
Lebergifte 465 FN 12, 856, 1396, 2520
Leber/-passage 150, 153 f., 160, 169 f., 325, 357, 381, 383, 587, 908, 1131, 1171 FN 282, 1551, 1563, 1665, 1674, 1883, 1887, 1996, 2004, 2008, 2196, 2271, 2359, (Aldehyde/Desaminierung/enterale Aufnahme/Membran/Metabolisierung)
Leberschäden/-versagen 258, 465 FN 12, 585, 638, 856, 1282, 1297, 1300, 1396 f., 1678, 1805 FN 40, 2511, 1547, (Ethanol/Hepatitis)
legales Design 798, 922, 1821
Legalisierung 79-82, 195-198, 864 FN 110, 1201, 1336 FN 499, 1340-1345, 1454, 1704
Leidensdruck 235 f.
Leistungsfähigkeit/-steigerung 141, 241, 246, 297, 768, 770, 860, 1119, 1128, 1289, 1382, 1386, 1400, 1432, 1449, 1514-1517, 1527 FN 127, 1529, 1548, 1565, 1661, 1722, 1725, 1748, 1800 FN 27, 1802, 1805, 1817, 1827 FN 73, 1838, 1866 f., 1869, 1872-1875, 1877, 1890, 1970 FN 15, 1974 f., 2213, 2307, (Doping/Droge/Glutaminsäure/Nebennieren/retikuläres System/Sympathicus)
Leistungsminderung/-grenze 120, 133, 141, 228, 246, 1449, 1682, 1875 f., 2013, 2105, 2122 f., 2133, 2213, 2230, 2232 f., 2243, (hyperkinetisches Syndrom)
Leistungssport 1805, 1874 f., s. auch Doping
Leitungsanästhesie 1437, 1501 f.
Leitungswiderstand 1574
Leeregefühl 235
Lernfähigkeit/-störungen 133, 1682, 1722, 1874, (Acetylcholin/Hippocampus/hyperkinetisches Syndrom/Glia)
Letaldosis (LD) 208, 210, 230, 319, 414, 418, 465 FN 12, 476, 495, 538 FN 90, 585, 672, 757, 786, 823, 855, 919 FN 190, 938, 1198 FN 314 und 315, 1210 f., 1242 FN 372, 1278, 1671 f., 1720, 1752, 1898, 1934, 2021, 2068, 2070, 2120, 2295, 2391, (Coffein/Droge/LD_{50}/Nicotin/Oxalsäure/therapeutische Breite/Toxizität)
Lethargie 128, 1323, 1881
Leuchtender Pfad 1458 FN 50
Leukämie 777, 2548
Leukozytose 1310

Levomethadon-Substitutionstherapie 1317-1332, 1334 f., 2424 f., 2428-2432, 2439
Levorphanol-Abhängigkeit 2335
Lewin, Louis 578, 715, 730, 941, 986, 1370, 1400, 2496, 2498
Libanon 36, 52, 72, 77, 1009, 1009 FN 66, 1818
Liberalisierung/Liberalität 63, 79, 81, 145, 228, 1338 FN 494
Liberia 1733
Libidominderung 863, 1176, 1394, 1635, 1682, 2406
Libidosteigerung s. Aphrodisiaca
Lichtblitze 330, 1541, 1630, (Halluzination)
Lichtempfindlichkeit 126, 323, 520
Liebesäpfel 535
Liebesdroge 833
Liebig, Justus von 1979, 2518
Ligand s. hier Rezeptor
limbisches System 141 FN 110, 163, 165, 167, 355, 531 FN 83, 842, 1135, 1142, 1149, 1160, 1381, 1544, 1549, 1567 f., 1885, 1998, 2200, 2203, (Dopamin/Hippocampus/Hypothalamus/limbisches System/Nicotin/Serotonin/Synästhesie)
Limitation Convention 990
lines 1587
linken 1234, 1289
Lipide 150, 650, 1996, 2000, 2199, (Lipide/Tryptophan)
Lipidmembran s. Membranlipide
Lipophilie 16, 87, 150, 150 FN 100, 185, 650, 907, 1131 f., 1375, 1490, 1576, 1612, 1883, 1897, 1985, 1996, 2000 f., 2055, 2199, 2535, (Alkaloide/Blut-Hirn-Schranke/Diffusion/Lipide/lipophil/Membran/Metabolisierung/Narkotica)
Lipophobie 1554, (Blut-Hirn-Schranke)
Lippen 1436, 1770
Liquid Ecstasy s. flüssiges ecstasy
Liquid-Haschisch/-Marihuana 188
loads 1910
Lösungsmittel, organische 43, 87, 267 FN 1, 406 f., 670, 901, 936 FN 211, 966, 1067, 1097 f., 1198, 1239, 1412-1414, 1418 f., 1422, 1434, 1465, 1496 f., 1510, 1610, 2005, 2499-2503, 2506, 2511, 2519, 2525-2556, (Amine/aromatische Kohlenwasserstoffe/Benzol/Epoxid/Lipide/Methanol/Piperidin)
Lösungsmittel-Abhängigkeit 2511, 2515, 2524, 2527, 2544, (Arzneistoffabhängigkeit)
Lösungsmittel-Intoxikation 2541-2545
Lösungsmittel-Rausch 2536-2540
Lösungsmittel-Schnüffeln 2499, 2501-2503, 2534 f.
Logorrhoe s. hier Gesprächigkeit
Lokalanästhetica/lokalanästhetische Wirkungen 15, 522, 756, 767, 1375, 1377 f., 1430, 1436 f., 1443, 1489-1491, 1499-1507, 1511-1513, 1546, 1573-1577, 1599-1601, 1611, 1619, 1639, 2507, (Anästhesie/Noradrenalin)
look-alikes 2065
Loser-Droge 1028
louding out 2058
Love-Parade 860
love pills 833, 887
Lowe-dose-Abhängigkeit s. Niedrigdosis-Abhängigkeit
LSD-ähnliche Wirkungen 365, 582 FN 13, 616 FN 43, 805, 894, 909
LSD-Ersatz/-Imitate 405, 809, 822, 905
LSD-Metaboliten 166, 325, 382-385, 1556
LSD-Mischkonsum 321 FN 47, 403, 424, 514, 863, 1606, 1906 FN 180 2561
LSD-Psychosen 386-389, 425-427, 516, 1697, 1952
LSD-Psychotherapie 287 f., 290, 350-353, 404, 664, 844
LSD-Rausch 316-395, 414, 424, 472, 516, 527, 606, 613, 616 FN 43, 665, 676 f., 680, 682, 808, 824, 879, 1697, (Halluzination)
LSD-Rezeptoren 358, 358 FN 79, 818
LSD-trip 285, 295 f., 298, 318, 337, 340, 343-345, 396-399, 402 f., 413, 424, 613, 670, 805, 822, 879
Lumbalanästhesie 1501
Lunge 111, 113, 150, 260, 698, 1173, 1584, 1612, 1616, 1693

Lungenbläschen 111 f., 1634
Lungenemphysem 1621, 1679
Lungeninfektion/-entzündung 260, 1634
Lungenkarzinom 259 FN 220, 2307
Lungenödeme 483, 1270 f., 1283, 1747, 1944, 2452, (Ödem)
Lungenschädigungen 112, 259 f., 1300, 1621, 1634, 1669, 1679, 1816
Lupinen-Alkaloide 779
Lustgefühle s. euphorisierende Wirkung
Luxusdroge 1441
Lynchjustiz 1336, 1336 FN 499

M

MA s. Morphinantagonisten
Maconha 29
Madagaskar 1733, 1764
Mafia 993, 1016, 1916
Magen-Darm-Passage 111, 151, 230, 325,. 462, 496, 511, 521, 693, 703, 726, 1047, 1069, 1079 f., 1126, 1142, 1463, 1551, 1669, 1739 FN 40, 1883, 1996, 2055, 2384, 2388, 2399, 2421, (Acetylcholin/Parasympatholytica/parenteral/spasmolytisch)
Magen-Darm-Schleimhaut 111, 230, 1551, 1583, (enterale Aufnahme/Resorption)
Magenentzündung 1751
Magenkrämpfe/-schmerzen 638, 674, 728, 807, 971
Maghreb 33
magic mushrooms 667 f.
magische Rituale s. Heilige Pflanzen/Drogen
Ma Huang 1711
major tranquilizer 2135, 2172 FN 52
Makropsie 473, 608, (Makropsie)
Malaria-Mittel 49, (Chinolin)
Malaysia 1003, 1035, 1042 f.
Mandelkern 1149, 1151 FN 260, (Hippocampus/Hypothalamus/limbisches System)
Mandragoritis 533
Mandschurei 736
Mangelernährung s. Ernährungsmängel

manisch(-depressive) Zustände 1080, 1690, 1696, 2151, 2160, 2162, (Depression/Manie/Psychose)
Mannbarkeitsriten s. Initiationsriten
MAO-Hemmer 635, 703, 724, 724 FN 155, 757, 765, 876, 887, 1572, 1892, 1892 FN 157, 2158, 2158 FN 36, 2362, (Blut-Hirn-Schranke/ L-Dopa/Monoaminoxydase)
MAO-Inhibitoren (MAOI) s. MAO-Hemmer
Maoismus 1458 FN 50
Marathon-Räusche 1544, 1620, 1631, 1879
Maria 29, 598
Marihuana 29-32, 37, 43, 56, 61 f., 64-66, 70, 72, 72 FN 38, 78, 81, 97, 106 f., 117, 120, 125, 145, 173 f., 179-181, 183 FN 160, 186, 189, 192, 199, 209 FN 185, 216, 219, 250, 542, 562, 595, 713, 875, 904, 1462, 1470, 1614, 1629, 1685, 1712 FN 4, 1917, 2061
marimberos 1467
Mariri 723
Marokko 36, 72, 76, 196, 1013, 1465
Marseille 995, 997
Mashco 694
Masochismus 1151
Masyaf 51
Maté de Coca 1495, 1585
Maté-Tee 189
Material 1015
maturing out 1357
Maulesel 1463
Maya 689, 2251
Mazateken 431, 446, 657
Mazerat s. hier Kaumazerat
MDA-Rausch s. ecstasy-Rausch
Meconium 974
Medellín-Kartell 1467 FN 58
Medikamenten-Abhängigkeit 351, 1965-1969, 1971 f., 2012 f., 2024-2036, 2147, 2151 f., 2169, 2216, 2224
Medikamenten-Missbrauch 82, 242, 246, 253 f., 896, 1052, 1182 f., 1198 FN 314, 1280, 1286, 1326, 1338, 1664, 1721-1725, 17541757, 1807, 1817, 1832, 1838, 1848, 1903-1905, 1931 f., 1957, 1959, 1962-1976, 1979, 1981 f.,

2012-2048, 2051-2080, 2088-2093, 2095 f., 2102-2107, 2112-2114, 2121-2134, 2147, 2150, 2157, 2168 f., 2191, 2194, 2208-2233, 2242 f., 2249, 2254 FN 15, 2261-2264, 2270 f., 2276-2280, 2285-2289, 2291, 2301, 2312, 2316, 2324, 2328, 2335, 2336 FN 88, 2345 f., 2365 f., 2368, 2373, 2390-2393, 2411, 2430-2437, 2442, 2459 f., 2472, 2478-2487, 2504 f., 2507, 2509-2511, 2513, 2515 f., 2518, 2522-2525, (Applikation/Arzneimittel/Doping/ GABA/Halluzination/Missbrauch)
medikamentöser Schlaf 1977
Meditation(-sdroge) 127, 610, 1391, (Halluzination)
Medulla oblongata 1270, 2274, (Atemregulationszentrum/retikuläres System/ ZNS)
Medulla spinalis s. Rückenmark
Mehrfachabhängigkeit s. Polytoxikomanie
Mehrfachentzieher 1317, 1325, 1364
Mehrfachentzug 1349, 1349 FN 519
Mehrfachkonsum 250, 265, 667, 795, 831, 861, 863 f., 864 FN 111, 1052, 1055 FN 121, 1129 f., 1201, 1227-1229, 1321, 1332, 1482, 1593, 1606-1609, 1637, 1663 f., 1690, 1810-1812, 1881, 1909-1912, 1947, 1959, 1965, 1975, 2232, 2430 f., 2561
Mehrfachsubstitution 1330, 2432
Melanesien 1371, 1764
Membran s. Zellmembran
Membranlipide 1491, 2000, (Blut-Hirn-Schranke/Diffusion/Lipide/ Membran)
Membranpermeabilität 116, 164, 359, 1565, 1575 f., 2000, 2203, (Acetylcholin/Blut-Hirn-Schranke/Catecholamine/Diffusion/Hormone/Membran/Noradrenalin/Osmose/Resorption/Rezeptor/Synapse)
Membranpflaster 2465
Membranpotential 3 f., 11, (Epilepsie)
Menopause (Melatonin)
menstruationsfördernde Mittel 48, 632 FN 55, 637
Meo 994, 1002

Merck, Fa. 201, 583, 830, 984, 1041, 1435, 1510, 1641
Merkfähigkeit s. Gedächtnisstörungen/-verlust
mescal 599, 792
mescal beans 592 FN 21, 787-791
mescal button 576, 592, 789
mescalero 599
mescalin-ähnliche Wirkungen 479 FN 21, 616 FN 43, 810, 830, 839, 845
Mescalin-Injektion 584
Mescalin-Rausch 587, 603, 605-612, 621, 678, 848
Mesencephalon s. Mittelhirn
mesolimbisch s. limbisches System
Mesopotamien 533
Metabolisierung/Metaboliten (Applikation/ Blut-Hirn-Schranke/Catecholamin-O-Methyltransferase/Desaminierung/Enzyme/Enzyminduktion/Halbwertszeit/ Metabolisierung/Neurotransmitter/ Noradrenalin/Toleranz/Toxine)
- bei Acetylcholin (Acetylcholin/Parasympathomimetica)
- bei Amfetaminen 1842, 1887 f., 1892, 1894, 1897, 1899, 1924, (Desaminierung)
- bei Amanita-Wirkstoffen 470 f.
- bei Arecolin 1777
- bei Barbituraten 2004-2008, 2037 f.
- bei Bromcarbamiden 2104 f.
- bei Bufotenin 703, 724
- bei Cannabis 118, 126, 151-162, 166, 169 f., 221-224, 256
- bei Cocain 1253 FN 381, 1509, 1518, 1551-1556, 1563, 1578, 1598, 1648 f., 1656-1658, 1665, 1675
- bei Codein 1075, 1253 f., 2282
- bei Dihydrocodein 2300
- bei DMT 724, 883
- bei Ephedrin 1715, 1888
- bei Ethanol (Aldehyd)
- bei GBH 936, 938
- bei GBL 936 FN 211
- bei Heroin und verwandten Verbindungen 1074-1076, 1129 FN 222, 1132 f., 1138, 1152, 1161, 1237, 1248-1290, 1253, 1259, 1266

- bei Kath-Wirkstoffen 1746
- bei Levacetylmethadol 2439
- bei Levomethadon 2429
- bei Lösungsmitteln 2535
- bei LSD-25 166, 325 f., 377, 381-387, 410 f., 588
- bei Mescalin 587 f.
- bei Methadon 2429
- bei Methyprylon 2087
- bei MDA und verwandten Verbindungen 842
- bei Muskatnuss-Wirkstoffen 635
- bei Naloxon 2271
- bei Naltrexon 1111
- bei Nicotin (Nicotin)
- bei Norpseudoephedrin 1888
- bei PCP 908
- bei Pentazocin 2359
- bei Pethidin 2386
- bei Phenacetin 1970 FN 15
- bei Piperidindionen 2087
- bei Psilocybin 649 f.
- bei Serotonin 377, 2005
- bei Solanaceen-Wirkstoffen 519
- bei Tilidin 2262
- bei Tranquilizern 2178 f., 2186, 2187 FN 63, 2195 f., 2228

Meth 1913
Methadon-Abhängigkeit 1186, 1323, 1331, 1349, 2345, 2420, 2436, 2442
Methadon-Falle 1323
Methadon-Injektion 1321, 1321 FN 469, 1337, 2430, 2432-2434
Methadon-Intoxikation 1321, 2431 f., 2434 f., 2437
Methadon-Kombinationen 1321 f., 1630, 2222, 2226, 2430, 2434 f.
Methadon-(Maintenance-)Programme 1318, 1321, 1325-1327, 1330-1332, 1334, 1337 FN 500, 1338 f., 1361, 2290, 2432
Methadon-Rausch 1319, 2430 f.
Methadon-Substitutionsbehandlung 1051, 1053, 1248, 1317-1332, 1334 f., 1349 FN 532, 1530 FN 132, 1703, 2290, 2292, 2292 FN 55 und 56, 2346, 2432, 2425-2428, 2432, 2435, 2439
Methaqualon-Abhängigkeit 2060, 2071

Methaqualon-Intoxikation 2067 f.
Methaqualon-Kombinationen 2051, 2058, 2063, 2068, 2070
Methaqualon-Rauchen 2063
Methaqualon-Rausch 2058-2063
Mexiko/mexikanisch 20, 29 f., 64, 145 FN 117, 430-432, 446, 549-551, 557, 573-576, 574 FN 5, 592 FN 20, 596, 599, 614, 622 f., 625-627, 655 f., 660, 663, 712, 718, 779 FN 199, 782, 788, 788 FN 204, 790, 792, 950, 998 f., 1031, 1421, 1462, 1712 FN 4, 2065, 2251, 2552
Miami 64
microdots 398, 822
microtrips 398
Migräne(-mittel) 49, 136 FN 104, 304 f., 305 FN 35, 350, 379, 538 FN 89, 1524, 1703 FN 396, 1993 FN 29, (L-Dopa/Halluzination/Serotonin)
Mikrohalluzinationen 1539, 1635, 1635 FN 282, 1694, 1729, 1952, 2539, 2549
Mikronesien 1371, 1764
Milchsaft s. Latex
Milz 150
Mimik 130, 706, 909, (extrapyramidales System)
minoisch 969
Minortranquilizer 2172
Miosis 120, 125, 462, 483, 489, 913, 913, 1106, 1129, 1137, 1137 FN 234, 1171, 1273, 1296, 2245, 2295, 2344, 2363, 2373, 2384, 2393, 2422, 2477, (Miosis)
Miotica 489, (Miosis)
Mischintoxikation 855, 1052, 1201, 1293, 1280, 1664, 1665 FN 327, 2226, 2229, 2432, 2432 FN 190, 2434 f., 2439
Mischkonsum s. Mehrfachkonsum
Missbildungen 1303, 1668, 2090, (teratogen)
Missbrauch (Missbrauch), s. Medikamenten-Missbrauch
Missmut s. Dystonie
Misstrauen 261
Mitochondrien (Catecholamine)
Mitose 99, 777, 1601 FN 221, (Zytostatica)

Mittelalter 53, 481, 533, 536 f., 540, 545, 566, 616 FN 43, 637, 974, 977
Mittelamerika 30, 53, 432, 481, 548, 571, 597, 655 f., 690, 1464
Mittelasien s. Zentralasien
Mitteleuropa 41, 53, 57, 80, 494, 538 FN 89, 545, 654, 659, 667, 961, 968, 982, 1000, 1024
Mittelhirn 882, 914, 1139, 1142, 1149, 2402, (Dopamin/Parasympathicus/ retikuläres System)
Mittelmeerländer 501, 616 FN 43, 736, 781, 949, 1008, 1465, 1711
Mittlerer Osten 1007, 1032, 1198
Mixteken 431
Modedrogen 1438, 1443, 1723
Modellpsychosen s. experimentelle Psychosen
Mohnkapseln 947, 953-955, 959, 969, 1038, 1088, 1180
Mohnkuchen 951
Mohnsamen 953, 968, 975, 1087
Mohnstroh 945, 959, 1008
Mohnstroh-Extrakt/-Konzentrat 945, 959, 1087 f.
Mohnstrohsuppe 959
Mohntee 1088, 1180
Moiren 510 FN 48
Molukken 630
Moly 738
money laundering 1017, 1040
Mongolei 736
monkey tranquilizer 896
Monoamintheorie der Schlafsteuerung (Serotonin)
Monointoxikation 1665 FN 327, 2229
Monopräparate 2278, 2298, 2360
Monotonie 861, 1866, 1874
Monotoxikomanie 1321, 1349, (Arzneistoffabhängigkeit)
Mormonentee 1712
Morpheus 969
morphin-ähnliche Eigenschaften/Wirkungen 1085, 1108, 1145 f., 1155, 1158 f., 1286, 1333, 2144, 2193, 2249 f., 2254 FN 15, 2261 f., 2287, 2295, 2307, 2335, 2346, 2363, 2373, 2379, 2382, 2390, 2401, 2414, 2469 f., 2473 f.,

2476, 2478, 2483-2485, 2494, (Arzneistoffabhängigkeit/Nicotin)
Morphin-Alkaloide s. Opium-Alkaloide
Morphin-Antagonisten (MA) s. Opiatantagonisten
Morphin-Entzug s. Entzugssyndrom bei Heroin und Morphin
Morphin-Ersatz 2401, 2419
Morphin-Injektion 985, 1082 f., 1116-1118, 1187, 1209, 1274-1276, 1290, 1337
Morphinismus 985 f., 988-990, 1106, 1117, 1119, 1160, 1160 FN 269, 1163 f., 1166 f., 1170, 1182, 1286-1295, 1393, 1440, 1530, 1684 f., 2285, 2392, 2436, 2453, 2511, 2524, (Droge)
Morphin-Metaboliten 1076, 1132 f., 1138
Morphin-Obstipation 1080, 1115, 1137, 2328
Morphin-Rausch 1116-1122
Morphin-Rezeptoren 1069 FN 145, 1105, 1109 f., 1109 FN 191, 1138, 1141-1144, 1149 f., 1154-1159, 1165, 1167-1170, 1319, 1349, 1999, 2248, 2342, 2428, 2439, 2456, 2472, 2477, 2399, (Analgeticum/Dopamin)
Morphio-Cocainismus 1440
Morphium 57, 969, 984-986, 988, 990, 1979, 2210
Mortalität 1335, 1338, 1365, 1635, 1958, 2022, 2213, (Mortalität)
Moskau 2473
moslemisch 50, 977
Motivation/-sphase 1128, 1354, 1361, (Hippocampus)
motorische Endplatten 7, 2205, (Acetylcholin/motorische Endplatten)
motorisches Neuron/Motoneuron 1573 f., 2118 (motorisches Neuron/Neuron/ Spinalnerven/vegetatives Nervensystem)
motorische Unruhe 321, 342, 427, 473, 523, 682, 677, 728, 739, 756, 846, 850, 937, 1287, 1303, 1309, 1352, 1521, 1681, 1689, 1834, 1878, 1892, 2034, 2166, 2194, 2260, 2,335, 2466 FN 223, 2508, 2510, 2536, (Delirium/Hyperkinese/hyperkinetisches Syndrom)

motorische Störungen 167, 282, 321, 601, 706, 881 f., 913, 1130, 1297, 1299, 1387, 1522, 1548, 1871, 2023, 2030, 2062, 2106, 2118, 2138, 2197, 2217, 2233, 2258, 2335, 2402, 2516, 2534, 2547, (Dopamin/extrapyramidale Symptomenkomplexe/Hyperkinese/ Katalepsie/Paralyse)
motorischer Cortex 526, 739, 1548
motorisches System 517, 526, 730, 770, 1142, 1573 f., 2260, (Acetylcholin/Dopamin/Epilepsie/peripheres Nervensystem/Reafferenz/ Thalamus)
M-Tinke 1187
Muang Thai Army 1002 FN 57
Mudjaheddin 1020
Müdigkeit s. Schlafbedürfnis
München 1591, 1594
Multiple Sklerose 97
Mundraum 1298, 1637
Mundschleimhäute 526, 1517, 1583, 1665 FN 327, 1865, 1944
Mundtrockenheit 521, 526, 846, 932 FN 207, 1865, 1877, 1944, 2169
Muntermacher s. Analeptica
muriate 1414
muscarin-artige Wirkungen 483 f., 515, 730 FN 163, 1775, 1775 FN 75, (Parasympatholytica)
muscarinerg s. Muscarin-Rezeptoren
Muscarin-Rezeptoren 462 FN 8, 842, 1775, (Acetylcholin/Parasympatholytica)
Musculus dilator pupillae (Mydriasis)
Musculus sphincter pupillae 520, (Adaptation/Akkommodation/Miosis/Mydriasis)
Muskatnuss-Rausch 636, 638
Muskelatrophien 2547, (Atrophie)
Muskelkoordination s. Koordinationsstörungen
Muskelkrämpfe 96, 706, 807, 855, 938, 1062, 1069, 1303, 1309 f., 1379, 1719, 2120, 2169, 2205, 2393, 2402, 2436, (antikonvulsiv/Tonus) s. auch Krampfanfälle
Muskellähmungen 463, 520 f., 1273, 2120, 2508, 2547
Muskelrelaxantien 521, 526, 610, 732, 788 FN 204, 1062, 1069, 1273, 1379 f.,

1386, 1716, 2119 f., 2135, 2179, 2182, 2193, 2197, 2205, 2218, 2229, 2260, 2508, 2559, (Adrenalin/GABA/Hypotonie/Sympatholytica)
Muskelschädigungen 2120, 2367, 2547
Muskelschmerzen 1310, 1350, 1632, 2263, 2442
Muskelstarre s. Rigor
Muskeltonus s. Tonussteigerung
Muskelzelle 7 f., (Synapse)
Muskelzittern s. Tremor
Muskelzuwachs 1725, 1805, 1805 FN 40
Muskulaturreduzierung 1298
muskulotrop 1069, 1379
Mutagene 420, 1601, 2548, (Mutagene)
Mutterkorn-Alkaloide 273-277, 300-306, 315, 367, 372, 435, 438-444, 447, 449, 451, 454, (Sympatholytica)
Mutterkorn-Vergiftung 281 f.
Myanmar 981, 1001-1003, 1029, 1035 f., 1043, 1816, 2482
Mydriasis 125, 323, 428, 463, 476, 517, 520, 523, 604, 674, 705, 846 f., 1106, 1310, 1387, 1500, 1522, 1545, 1547, 1565, 1630, 1666, 1747, 1865, 1876, 1935, 2393, (Adrenalin/Mydriasis/ Noradrenalin)
Mydriatica 511, (Parasympatholytica)
Myelinhülle (Axon)
Mykotoxine 273, 461, 484, 487, 654 FN 78
µ-Rezeptorantagonisten s. Opiatantagonisten
µ-Rezeptoren s. Morphin-Rezeptoren
mystische Erlebnisinhalte/Mysterien 46, 51, 67, 136, 278, 338, 340, 344, 473, 477, 479, 534, 566, 571, 606, 677, 725, 1735, s. auch Offenbarungserfahrungen

N

Nachbetreuung 1365, 1701
Nachbilder/afterimage 330, 450, (Halluzination)
Nachfragereduzierung s. Demand Reduction Program
Nachgeburtsblutungen/-beschwerden 48, 284, 303

Nach(-hall)-rausch s. flash back's
Nachhallzustände s. flash back's
Nagellackentferner 1510 FN 108, 2502
Naher Osten 176, 736, 1007, 1029, 1032 f., 1198
Nahrungsentzug s. Fasten
Nanacatl 658
Narco-Dollars 1017, 1040
Narco-Guerillas 1458, 1458 FN 50
Narcos/Narcotraficantes 1467
Narcotics Analgesics 942
Narkoanalgetica 1146, 1317, 1804, 2240, 2299, 2317, 2321, 2360, 2378, 2398, 2407, 2409, 2411, 2414, 2448, 2463, 2471-2473, 2477, (Analgeticum)
Narkolepsie 1792, 1823, 1827, 1827 FN 73, 1834, 1837, 1839, 1847, 2134, (Halluzination)
Narkose 96, 465, 511, 541, 924, 1349 f., 1380, 1785, 1992, 2173, 2191, 2317, 2322, 2388, 2463-2472, 2514, (Anästhesie/Narkotica)
narkose-ähnliche Zustände 1083, 2023, 2328
Narkosehemmer 1785, 1792
Narkosepotenzierung 96, 171, 465, 465 FN 10
Narkotica/narkotische Wirkungen 96, 148, 267 FN 1, 510, 536, 540 f., 543, 545, 545 FN 96, 551, 623, 738, 795, 797, 893 f., 914, 924 f., 936 f., 940-1367, 1380, 1382-1384, 1517, 1546, 1573, 1588, 1792, 1805, 1846, 1985 FN 12, 1987, 1992, 1998, 2098, 2135, 2151, 2175, 2239, 2251, 2259, 2275, 2328, 2465-2472, 2498, 2504 f., 2507 f., 2510, 2513 f., 2517 f., 2520, 2522, 2530, 2535, 2561, 2562 FN 64, (Doping/Miosis/Narkotica/Opioide/Propan/Rausch/retikuläres System)
narzisstische Tendenzen s. Ichbezogenheit
nasale Aufnahme 638, 653, 693, 693 FN 128, 694, 696-698, 704-706, 722, 755, 845, 901, 927, 1223-1225, 1292, 1443, 1500, 1521 f., 1526, 1546, 1558 f., 1579, 1586-1590, 1596, 1598, 1603, 1614, 1617, 1625, 1630, 1632, 1651, 1654, 1658-1660, 1671, 1673, 1680 f.,
1686-1691, 1702, 1913, 1944, 2316, 2367, 2402, 2487, 2499 FN 3, (Applikation)
Nasenbluten 1913
Nasenscheidewand 1589, 1944
Nasenschleimhaut 1223, 1500, 1505, 1526, 1558, 1586, 1588 f., 1617, 1630, 1671, 1718, 1865, 1913
Naselaufen 1176, 1309, 1589
Native American Church 599
Natriumionenkanal s. Ionenkanäle
natürliche Drogen/Naturdrogen s. biogene Drogen
natürlicher Schlaf 1977
natürliches Amfetamin 1746 FN 45
Nazi-Crank 1796
N-Desalkylierung 1715, 1887, 2004
Neapel 1016
Nebenalkaloide 91, 104, 442, 444, 493, 496, 499, 502, 529, 581, 602, 618, 645, 767, 793, 800, 1079, 1161, 1172, 1238, 1414, 1419, 1424, 1486, 1493 f., 1553, 1648, 1745, 1773
Nebenkonsum s. Beigebrauch
Nebennieren/-hormone/-mark/-rinde 580, 757, 1895, (ACTH/Adrenalin/Depression/Hypophyse/Nebennieren/Noradrenalin/Sympathicus/Tyrosin)
Nebenwirkungen s. hier vegetative Nebenwirkungen
Nederwiet 30 FN 6
needle-sharing 1302
Nektar 479
Neocortex 650, (limbisches System)
neonatales Abstinenzsyndrom 1303
Neo-Schamanismus 564-567, 667
Neostriatum (Dopamin)
Nepal/nepalesisch 35, 89, 178
nephrotoxisch s. Nierenschädigungen
Nervenendigungen 515, 856, 1500, 1546, 1891 f., (Nozizeption/Serotonin/Sympatholytica/Sympathomimetica/Vesikel)
Nervenentzündungen s. Neuritis
Nervenfasern s. Axon
Nervenfortsatz s. Dendriten
Nervengifte s. neurotoxische Schäden
Nervenimpulse s. Erregungsweiterleitung

Nervenkampfstoffe 15 FN 6, 289, 933, 2473
Nervenknoten s. Ganglion
Nervenleiden/-schädigungen s. neurotoxische Schäden
Nervenschmerzen s. neuralgische Schmerzen
Nervensystem 2, 14, 462, 515, 517, 1546, (Neuron/peripheres Nervensystem/Zentralnervensystem)
Nervenzellen s. Neuronen
Nervosität 232, 1751, 1823. 1842, 1900, 2206, 2213, (Glutaminsäure)
Netzhautzirkus 879
Neugeborenes 1303, 1668, 2090, 2218
Neuguinea 486, 1371
neuralgische Schmerzen 49, 538 FN 89, 1084, 2548
Neuritis 2073, 2090, 2423, 2452, 2548
neuroadaptive Prozesse s. adaptive Prozesse
neurogener Schock 2022
Neurogenese (Hippocampus/limbisches System)
Neuroglia s. Gliahülle
Neurohormone s. Neurotransmitter
Neurolepsie 806, 2135, 2140
Neuroleptanalgesie 2465 f., 2470
Neuroleptanalgetica 2465-2470
Neuroleptica 347, 427, 681, 686, 808, 918, 1084 FN 166, 1347, 1351, 1698, 1937, 1954, 2114, 2135-2149, 2151, 2160, 2174, 2194, 2201, 2208, 2210 FN 88, 2232, 2250, 2389, 2466, 2466 FN 223, (Schizophrenie)
neuroleptische Therapie s. Neurolepsie
Neuronen 3-7, 11-13, 16, 17 FN 8, 166, 239, 256, 359, 366, 369, 377, 784, 1120, 1139 FN 241, 1141, 1154, 1159, 1168-1170, 1378, 1437, 1573-1577, 1892 f., 1899, 1999 f., 2203, 2508, (Afferenz/Analgeticum/Atrophie/Axon/Dendriten/Dopamin/Epilepsie/Ganglion/Neuron/Neurotransmitter/Serotonin/Spinalnerven/Synapsen)
Neuropathien s. neurotoxische Schäden
Neuropeptide 162, 1145-1159, (Adrenalin/Hypophyse/Neurotransmitter)

Neuroplastizität s. hier adaptive Prozesse
Neurorezeptoren s. Rezeptoren
Neurosignale s. Erregungsweiterleitung
neurotische Störungen 288, 317 FN 45, 351, 389, 665, 844, 1792, 1942, 2011, 2173, 2187 f.
neurotoxische Schäden 99, 256, 260, 465, 538 FN 89, 856, 856 FN 85, 1149 FN 255, 1667, 1680, 1682, 1892, 1944, 2048, 2073, 2090, 2402, 2547 f., (Gifte/Drogen/neurotoxisch/Serotonin/Terpene/Tetrahydroisochinoline)
Neurotransmitter/-hormone/-stoffwechsel 1, 7-17, 162, 166, 358-380, 461, 517, 580, 612 FN 39, 622 FN 49, 633, 651, 800, 856, 915, 1139 FN 241, 1140-1170, 1287, 1564-1571, 1715 f., 1746, 1885, 1891-1899, 2115, 2143, 2163 f., 2163 FN 44, 2201-2203, (Acetylcholin/Adrenalin/Agonisten/Aminosäuren/Analgeticum/biogene Amine/Blut-Hirn-Schranke/Catecholamine/L-Dopa/Dopamin/Enzyme/Ethanol/GABA/Glutaminsäure/Halluzination/Hormone/limbisches System/Membran/Monoamine/motorische Endplatten/Neurotransmitter/Noradrenalin/Rezeptoren/Serotonin/Sympathicus/Synapse/Vesikel/Zentralnervensystem)
neurovegetative Dystonie 758, 2183, (Dystonie/Tonus)
Neuss, Wolfgang 1799
Neustreifenkörper s. Neostriatum
new age 291 FN 18, 566
New Economy 1484
New Ecstasy 927
New York 61, 1038, 1464, 1476, 1624
nicht geringe Menge 207-213, 216 f., 413-416, 813, 827, 865, 865 FN 118 und 120, 1240-1245, 1642, 1650-1654, 1925-1929, 2296, 2433
nichtkompetitive Antagonisten 1999, (Agonisten)
nichtstoffgebundene Abhängigkeit 1151, (Arzneistoffabhängigkeit)
nicotin-artige Wirkungen 521, 784, 1775, 1775 FN 75, 1777, (Agonisten/Nicotin)

Nicotin-Rezeptoren 17, (Acetylcholin/Nicotin)
Nicotin-Kater 531
Niedergeschlagenheit 145, 1543
Niederlande 30 FN 6, 31, 49, 79, 98, 180 f., 196, 298, 668 f., 831, 862, 1005, 1027 FN 68, 1046-1048, 1318, 1465, 1593, 1607, 1809, 1815, 2432
Niedrigdosis-Abhängigkeit 1968, 2215, (Arzneistoffabhängigkeit)
niedrigschwellige Therapieangebote 1320, 1350, 1361
Niemann, Albert 1434
Niere/Nierengängigkeit 357, 381, 384, 519, 587, 649, 908, 936, 1131, 1138, 1552, 1163, 1887, 1996, (Desaminierung)
Nierenentzündung 2243
Nierenerkrankungen 1279, 1392
Nierenschmerzen/-schädigungen 588 FN 90, 638, 856, 1082, 1309, 1805 FN 40, 1816, 1944, 1970 FN 15, 2547
Nierenversagen 810 FN 23, 855, 1917
Nigeria 31, 50, 72, 76, 1031, 1709, 2124
Nil 1734
Niope 693
Nitroverdünner 2552, 2552 FN 54
Nizari 51
Nixon, Richard 998, 1318
Nociceptoren 1139 FN 241, (Nozizeption)
Nootropica 304 FN 34, 1723 FN 21
Noradrenalin-Wiederaufnahmehemmer 2164
noradrenerge Nervenenden/Systeme 366, 379, 915, 1870, 1899, 1111, 2163 f., (Acetylcholin/Depression/Manie/Noradrenalin/noradrenerg/Serotonin)
Nordafrika 33, 42, 74, 501, 538 FN 90, 1733, 1736
Nordamerika 29 f., 64 f., 78, 289, 482, 513, 546, 548, 565, 573, 599 f., 638, 659, 782, 788, 995 f., 998, 1016, 1028, 1042 f., 1060, 1151, 1179, 1398, 1424, 1519, 1586, 1712, 1957, 2066, 2501
Nordindien 42, 949, 1712
Nordjemen 1739 f.
Nordmexiko 575, 625-627, 782, 788 FN 204, 790
Nordroute 1048

Nordthailand 949, 994, 1001
Nordwestpakistan 42, 1021
Normethadon-Rausch 2442
Notfallmedizin 924, 1051, 1084, 1283 f., 2254 FN 15, 2465, 2542
Notunterstellung 798
Novalis 983
Nucleus (Nucleus)
Nucleus accumbens 1151 FN 260, 1160
Nucleus coeruleus (Noradrenalin)
Nüchternheitshilfe s. Rückfallprophylaxe
number one 188
Nystagmus 705, (Nystagmus)

O

Oaxaca 431, 655
Oberflächenanästhesie 1436, 1500, 1502-1507, 1512, 1546
Oberflächlichkeit 1946
Obduktion 1271
Obstipation 1080, 1115, 1137, 1323, 1866, 2249, 2283, 2328, 2348, (Adrenalin)
Ocamo 691
Oco-Yaje 719
O-Desalkylierung 588
Ödeme 483, 1270 f., 1297, 1944, (Ödem)
Österreich 1048, 1065 FN 138
Offenbarungserfahrungen 19, 51, 136, 340, 473, 480, 571, 606, 658, 677, 725, (Hippocampus), s. auch mystische Erlebnisinhalte
offene Rauschgiftszene 1045, 1051, 1215
Offenheit 843, 848
Offshore-Zentren 1017
Ohrensausen 321
olfaktorische Halluzinationen s. Geruchshalluzinationen
Olmeken 689
Ololiuqui 445 f., 449, 551
Omnipotenzphantasien 820, 904, 1527, 1912, 1946, 2537
Operation 48, 536, 541, 1084, 1436, 1500 f., 1505, 2119, 2173, 2184, 2317, 2334, 2343, 2361, 2385, 2388, 2419, 2423, 2452, 2471, 2514

Opiatabhängigkeit s. Abhängigkeit vom Opioid-Typ/Heroin-Abhängigkeit/ Morphinismus
Opiatantagonisten 943, 1076, 1100-1113, 1166, 1170, 1331 f., 1347-1350, 1703, 2250, 2269, 2323, 2331 FN 84, 2342, 2344, 2411, 2448, 2452, 2460, 2471-2473, 2477, (Arzneistoffabhängigkeit)
Opiate 19, 120 FN 68, 139, 146, 225, 249, 341, 392 f., 523, 938, 1058, 1141-1143, 1146, 1148 f., 1153, 1155, 1158-1162, 1169 f., 1176, 1195, 1232, 1253, 1273, 1285-1288, 1298, 1303, 1305, 1308, 1314 f., 1331, 1357, 1377, 1606, 1685, 2020, 2210, 2240, 2285, 2287, 2362, 2438, (Analgeticum/Arzneistoffabhängigkeit/Miosis)
Opiatentgiftung s. Detoxikation
Opiaterhaltungstherapie 1329
Opiatersatz 2210
Opiathunger s. drug craving
Opiatkombinationen 523, (Monoaminoxydase)
Opiatrezeptoren s. Morphin-Rezeptoren
Opioide 167, 1058 FN 128, 1107, 1109 FN 191, 1110, 1124, 1139 FN 242, 1141, 1146, 1158-1162, 1165, 1243, 1266, 1284, 1286, 1288, 1320-1330, 1531 f., 1656, 1687, 1704 f., 1992, 2010, 2028, 2203, 2222, 2226, 2254 FN 15, 2358 FN 116, 2411, 2434, 2436, 2439, 2472, (Analgeticum/Arzneistoffabhängigkeit/Dopamin/Ethanol/Opioide)
Opioidantagonisten s. Opiatantagonisten
Opioidrezeptoren s. Morphin-Rezeptoren
Opioidsubstitutionstherapie s. Substitutionsbehandlung
Opiophagie 111, 977, 1177 f.
Opium 32 FN 7 und 8, 51, 111, 191 f., 523, 536, 538, 943-1367, 1978, (Doping/Gewinnung)
Opium-Abkommen 60, 990
Opium-Alkaloide 306 FN 36, 573 FN 4, 944 f., 948, 953, 956, 961, 987, 1061-1071, 1079-1081, 1094 f., 1114 f., 1172, 1236, 1238, 1261, 1286, 2241, 2273, 2311, (Phenanthren/Tetrahydroisochinolin)

Opium-Barone 981, 1002, 1020
Opium-Base s. Rohopium
Opium-Bauern 953, 1038
Opium-Essen s. Opiophagie
Opium-Extrakt 1080, 1090
Opium-Gesetz 60, 293 FN 21, 990, 1444
Opium-Höhlen 980
Opium-Hunger 985, 1288
Opium-Injektion 1180, 1293
Opium-Kombinationen 191, 523, 536, 538, 973 f.
Opium-Kriege 978
Opium-Messer 954
Opium-Mohn 945
Opium-Nirwana 1532
Opium-Produktion 953-957, 981, 994, 998-1003, 1008 f., 1019-1021, 1024, 1029, 1031, 1034-1038, 1042, 1212, 1816
Opium-Rauchen 977, 1019, 1173-1178, 1293, 1449
Opium-Rausch 972, 1116, 1175 f.
Opium-Sucht 981, 985, 1176, 1292
Opium-Tee 1180
Opium-Tinktur 192, 974 f., 1080, 1090, 1180 f.
optics 330, 607, 677
optische Halluzinationen s. visuelle Halluzinationen
Orakel 545, 790
orale Aufnahme 111-113, 115, 117, 184, 184 FN 130, 230, 261, 278, 285, 316 f., 320, 323 f., 328, 351, 396, 399, 470, 517, 538 FN 89, 539, 549, 555, 560, 584 f., 594 f., 602, 625, 637 f., 653, 673, 675, 689, 703, 722, 724-728, 753, 755, 782, 808, 813, 844-846, 857, 876, 901, 906, 909 f., 937, 977, 985, 989 FN 42, 1082, 1139 FN 242, 1177, 1251, 1276, 1320 f., 1331, 1335, 1383 f., 1386, 1447 f., 1515, 1517 f., 1521, 1550 f., 1582 f., 1602, 1610, 1671, 1715 f., 1738-1741, 1746, 1752, 1763, 1866, 1870, 1883, 1898, 1912, 1919, 1929, 1934, 1940, 1948, 1990 f., 1996, 2023, 2055, 2120, 2151, 2199, 2226, 2262, 2269, 2295 f., 2384, 2391, 2421, 2428 f., 2433, 2439, (Applikation/enteral/per os)

Oregon 30
organisierte Kriminalität 79, 980, 992-994, 1002, 1005, 1013, 1016 f., 1022, 1040, 1046, 1056, 1340, 1343, 1455-1458, 1460-1469, 1626, 1641, 1916, 1990 f.
Orgasmus 1611, 2559, (Dopamin)
orgiastisch 537, 725, 1126, 1912
Orient 22, 29, 33 FN 8, 50-52, 533, 541, 630, 738, 973, 1765
Orientierungsfähigkeit/-losigkeit 119 f., 120 FN 67, 449, 608, 678, 910, 2106, 2135, 2514, (Dementia/extrapyramidales System)
Orinoco 691-693, 718, 2120
Orphische Mysterien 479
Osmose (Blut-Hirn-Schranke/Lipide/Osmose)
Ostafrika 1764
Ostasien 976
Ostkordilleren 1458 FN 51
Osteomyelitis 1300
Osteuropa 862 FN 102, 1027, 1056, 1465, 1809, 1815, 1552
Ostindische Inseln 630
Ostjacken 469
Ostsibirien 469
O-Tee 1180
O-Tinke 1180
Ötztaler Alpen 480
oxytozische Mittel s. wehenerregende Mittel
Ozeanien 1367
Oxidationsprodukte/-prozesse 153, 170, 177, 365, 588, 635, 648 f., 872, 908, 953 f., 1713 FN 6, 1715, 1887, 2004 f., 2164, 2315, Desaminierung/Metabolisierung)
Oxy 2316
Oxycodon-Abhängigkeit 2316

P

packs 1038, 1215, 2221
Päckchen 1217
Pakistan 36, 42, 72, 544, 997, 1009, 1020 f., 1024, 1031-1034, 1043, 1049, 1206
Pakistani-Fladen 175
Palermo 997

Pamir 45
Pan 537
Pancaru 710
Panikerlebnisse/-reaktionen 172, 261, 342, 347, 427, 611, 680, 888, 1951, 2155, (Halluzination)
Panzerschokolade 1796 FN 23
Pappen 396
Paracelsus 974
Paradoxer Schlaf 2003, (REM-Schlaf)
paradoxe Wirkungen s. Umkehreffekte
Parästhesien 321, 674, (Parästhesien)
Paraldehyd-Missbrauch 1979
Paralyse 1666, 1688, 2260, (Paralyse)
Paralysis agitans s. Parkinson'sche Krankheit
paranoide Reaktionen/Phasen 146, 261-263, 425 f., 686, 1533, 1538, 1542, 1545, 1635, 1696, 1751, 1754, 1805 FN 40, 1880, 1917, 1952, 2137, 2477, 2524, (Ethanol/Paranoia)
Parasitenbefall 1297, 1635
Parasympathicus 125, 462 f., 473, 515, 517, 521, 525, 765, 784, 2249, (Acetylcholin/Adrenalin/Akkommodation/Miosis/Parasympathicus/Parasympatholytica/peripheres Nervensystem/Sympathicus/vegetatives Nervensystem)
parasympathische Nervenendigungen 515
Parasympatholytica 125, 462 FN 8, 515-521, 525, 765, (Mydriasis/Parasympatholytica/spasmolytisch)
Parasympathomimetica 361, 380, 462, 462 FN 8, 473, 489, 515, 518, 730 FN 163, 1707, 1771, 1937 FN 244, (Miosis/Parasympathomimetica)
parent drug (Metabolisierung)
parenterale Aufnahme 111-113, 115-118, 183, 439, 584, 673, 676, 693, 710, 877, 927, 1082, 1276, 1558, 2257, 2269, 2358, 2466, (enteral/Hepatitis/parenteral/Tryptophan)
Pariana 693 FN 128
Paris 55 f., 983, 1443, (Terpene)
Parkinsonmittel s. Antiparkinsonmittel
Parkinson'sche Krankheit/Symptome 731, 856, 881, 913, 1682, 1697 FN 378,

1792, 2138, 2402 f., (L-Dopa/Dopamin/Methanol/Paralyse/Rigor)
Partialagonisten s. partielle Opiatantagonisten
partielle Opiatantagonisten 2342, 2356, 2362, 2370, (Agonisten)
Partydrogen s. Diskodrogen
Paschtunistan 1021
passagere Drogenabhängigkeit 1357
Passivität s. Antriebsarmut
pasta básica 1419, 1461, 1464, 1613-1615
pasta levada 1420
Patentmedizin 1981
Pathanen 1020 f.
pathologischer Rausch s. psychotische Reaktionen
Pattex-Verdünner 2529, 2534, 2551, 2553 f., 2553 FN 57
Pavlovna 663
Pazifik 718, 1369, 1371
pazifische Inseln 1369
PCP-Kombinationen 904 f., 922
PCP-Psychose 911, 916
PCP-Rausch 848, 904, 909-912
peace pills 902
pearls 2559
Peking Ente 1003
Penis 706, 758, 1611
Pentazocin-Abhängigkeit 1348, 2345, 2368-2370, 2372
Pentazocin-Rausch 2364
pep pills 1725, 1902
peraquaeductales Grau 1147
Perineurium (Neuron)
periphere Blutgefäße 1516, 1521
periphere Nebenwirkungen s. vegetative Nebenwirkungen
peripheres Nervensystem (PNS) 1143, 1546, 1717, 1746, 2073, 2135, 2547, (Anästhesie/Analgesie/Analgeticum/ Axon/Neuron/peripheres Nervensystem/retikuläres System/Serotonin/Synapsen/vegetatives Nervensystem/ ZNS)
Perforation 1589, 1944
Permeabilität 4, 11, 164, 359, 1575-1577, 2000, (Blut-Hirn-Schranke/Catecholamine/Diffusion/Hormone/Lipide/

Membran/Noradrenalin/ Osmose/Rezeptoren/Synapse), s. auch Membranpermeabilität
Pernambuco 65, 70
perorale Aufnahme s. orale Aufnahme
Persephone 279
Persian white 2485
Persien s. Iran
Persönlichkeitsveränderungen/-spaltung 130, 236, 240, 246 f., 344, 353, 570, 678, 911, 1289, 1297, 1393, 1635, 1701, 1805 FN 40, 1946, 2213, 2226, 2540, 2549, (Dementia/Depravation/ Paranoia/Psychose/Rausch/Schizophrenie)
Persönlichkeitsverfall s. Depravation
Peru 556, 617, 694, 696, 718, 725, 1406, 1431 f., 1434 f., 1445 f., 1457-1460, 1458 FN 50, 1498, 1509, 1613
Peruvian flakes 1423, 1498
Peruvian powder 1423
Pervitin-Abhängigkeit 1796, 1799
Pervitin-Psychose 1951
Pethidin-Abhängigkeit 2390-2392
Pethidin-Intoxikation 2393
Pethidin-Rausch 2390
Peyote-Alkaloide 576-582, 588, 602, 616, 618, 622, 625-627
Peyote button 592, 594, 596, 602
Peyote cimarron 573
Peyote-Kult 574, 597-599, 661 f., 789, 791
Peyote-Rausch s. Mescalin-Rausch
Peyotl 574, 592 FN 20, 597, 621
Pfeilgifte 538 FN 89, 788 FN 204, 2120
Pferderennsport 2349 FN 107, 2478 FN 235, 2482 FN 242
pflanzliche Drogen s. biogene Drogen
Pfortaderkreislauf s. enterale Aufnahme
Phantasma (Halluzination)
Phantastica 266
Phantomschmerzen 1084
Pharmakodynamik 120, 161, 162 FN 110, 346 FN 69, 1158, 1200 FN 323, 1277, 1321, 2233, (Pharmakodynamik)
pharmakogene Folgewirkungen 2138
Pharmakokinetik 2233, 2348, (Pharmakodynamik)

Pharmakon-Rezeptor-Komplex (Rezeptoren)
Phasenprophylaktica 2160, 2162
Phasensynchronisation (Hippocampus)
Phase-I-/Phase-II-Reaktionen 2429, (Metabolisierung/Noradrenalin)
Phenacetin-Niere 1970 FN 15
Philippinen 751, 1371, 1817, 1914
Phnom Penh 1003
Photopsien 330, 607, 677, 879, 1541, 1630, (Halluzination)
Physiologie der Religion 137
physiologischer Schlaf 1977
physiologische Wirkungsweisen
- bei Amanita-Wirkstoffen 461-468, 470-472
- bei Amfetaminen 1565, 1785, 1882-1900
- bei Apomorphin 2248, 2250
- bei Arecolin 1771-1773, 1775
- bei Antidepressiva 2163-2165
- bei Barbituraten 1996-2010
- bei Benzomorphanen 2357-2359, 2363
- bei Bromureiden 2101, 2104
- bei Bufotenin 703
- bei Buprenorphin 2342
- bei Cannabis 116, 150-171, 208 FN 151, 2563
- bei Cocain 1437, 1514-1518, 1520, 1530, 1546-1577, 1612, 1616, 1630
- bei Codein 2274, 2282
- bei Cytisin 784
- bei Dextropropoxyphen 2456
- bei Dihydrocodein 2300
- bei Distickstoffmonoxid 2516
- bei DMT 872, 874, 882
- bei DOB 818
- bei DOM 800, 807, 882
- bei Ephedrin 1715-1717, 1888, 1897
- bei Ether 2508, 2510
- bei Fentanyl 2476, 2472, 2474
- bei GHB 936
- bei Harmala-Wirkstoffen 717, 724, 726, 732
- bei Heroin und verwandten Verbindungen 162, 167, 1131-1171, 1883, 2563
- bei Iboga-Wirkstoffen 724, 765-767
- bei Kath-Wirkstoffen 1743-1746
- bei Kawa-Wirkstoffen 1377-1381
- bei Levacetylmethadol 2439
- bei Lösungsmitteln 2531, 2535
- bei LSD-25 320-326, 355-385, 395, 842
- bei Mescalin 586-589
- bei MDA und verwandten Verbindungen 842
- bei Methadon 1319, 2421, 2429
- bei Methaqualon 2055-2057
- bei Muskatnuss-Wirkstoffen 635
- bei Naloxon 1105, 2270 f.
- bei Naltrexon 1109-1111
- bei Nicotin 531 FN 83, (Nicotin)
- bei Neuroleptica 2143
- bei Norpseudoephedrin 1888, 1897
- bei PCP 906-908, 914 f.
- bei Pentazocin 2357, 2363
- bei Pethidin 2381, 2386
- bei Psilocybin 647, 649-653
- bei Solanaceen-Wirkstoffen 515-522, 525 f.
- bei Strychnin 2118
- bei Tilidin 2259 f., 2262
- bei Tranquilizern 2195-2205
- bei Xenon 2562, 2562 FN 62
physische Abhängigkeit 231, 419, 531, 613, 685, 938, 1286-1303, 1393, 1632, 1660, 1687, 1691-1693, 1728, 1918, 1948 f., 2028-2031, 2036, 2071, 2102, 2106, 2212, 2254 FN 15, 2285, 2288, 2368, 2476, 2544, (Arzneistoffabhängigkeit)
Piloten 1796
Pilsen 540
Pilzbefall 1300
Pilzgifte s. Mykotoxine
Pilz-Verrücktheit 468, 473, 477 f., 486
Pilz-Zeremonien 657 f., 662 f.
Pinealorgan (Melatonin)
pink football 1818
Piperidin-Alkaloide 504, 538 FN 88, 929, 2094, (Agonisten/Nicotin/Piperidin)
Piritramid-Abhängigkeit 2411
Pituri 560
Piule 446
Placebo 1150, (Placebo)

Plazenta 1668
Plasmahalbwertszeit s. Halbwertszeit
Plasmakonzentration/-nachweisbarkeit 113, 150 f., 154, 357, 907, 1111, 1558-1560, 1883, 2055, 2199
Plasmamembran s. Membranpermeabilität
Plastiktüten 2509, 2535, 2541, 2541 FN 42
Plinius 536
Pneumonie 1299
PNS s. peripheres Nervensystem
Po 2437
Poe, Edgar Allen 983
Polamidonisten 2420
Polen/polnisch 862, 952, 997 FN 50, 1024, 1027, 1048, 1809
Pollinieren 36
Polnische Suppe 952
Polskikompott 952, 1133
Polynesien 1371, 1392
Polyneuropathien 1297, 2547
polysynaptische Reflexe 2205
Polytoxikomanie 424, 863, 1052, 1130, 1229, 1280, 1303, 1315, 1321, 1323 f., 1328, 1332, 1338 f., 1341 f., 1349 FN 532 1352 FN 538, 1440, 1662, 1673, 1700, 1881, 1947, 1950, 1965, 1972, 2014, 2071, 2194, 2226, 2262, 2287, 2346, 2431, (Arzneistoffabhängigkeit/Polytoxikomanie)
polyvalenter Missbrauch s. hier Mehrfachkonsum
Popmusik 292
Poppers 2559, 2561
poppy heads 953
poppy strow 959
positive Gefühle s. Euphorisierung
positive Verstärkung 1163
Positivliste 798 f., (Designer Drogen)
post coke blues 1545, 2158
Postentzugssyndrom 1349 f.
postnarkotisch 896, 926
postoperative Zustände 1081, 1105, 2191, 2256, 2343, 2388, 2419, 2452, 2471
postsynaptischer Angriffspunkt 359, 367, 377, 462, 515, 586, 1168-1170, 1570, 1892 f., 2000, (Acetylcholin/Dopamin/Neurotransmitter/Noradrenalin/Para-sympatholytica/Rezeptoren/Sympathomimetica/Synapse)
pot 173
potenzfördernde Mittel s. Aphrodisiaca
Potenzholz 750
Potenzierung 120, 171, 465, 1397, 2002, 2005, 2153, 2230 f., 2068, 2541, (Überaddition/Synergismus)
Potenzminderung/-verlust s. Impotenz
powder cocaine s. Pulvercocain
power 1811
Prädisposition s. hier Suchtdisposition
präfrontaler Cortex 239, 842, 1135, 1885, 1892, (Dopamin/Halluzination/Hippocampus/hyperkinetisches Syndrom/Noradrenalin/Psychose/ REM-Schlaf/Schizophrenie/Serotonin)
Prägung 328, 1313 FN 452
prähellenisch 279
Prämedikation 511, 1349 f., 2173, 2184, 2191, 2385
pränatal 239, s. auch Fetus
präoperativ 511, 1081, 2385, 2423
Prärie-Indianer 599, 616 FN 43, 791
präsynaptischer Angriffspunkt 366, 842, 856 FN 85, 1154, 1565, 1567, 1570, 1892, 2164, (GABA/Noradrenalin/Rezeptoren/Serotonin/Sympathomimetica)
präsynaptisches Endknöpfchen 856 FN 85, 1892, (Synapse)
Prävention s. hier Suchtprävention
precursor chemicals s. Grundstoffe
pre-precursor 869
primärer visueller Cortex (Halluzination)
Privatarmeen 981, 1002, 1002 FN 57
Probierstadium 82, 82 FN 45, 215, 248, 252, 1055, s. auch Gelegenheitskonsum
Problemverdrängung 236, 246, 352 FN 75, 1055 FN 121, 1354, 1358, 2016, 2208, 2539
Prohibition 1053 FN 120, 1443, 2505
Prohibitionstote 1053 FN 120
Proselytentum 1532, 1610
Prostitution 792, 861, 1302, 1329, 1637, 1592, 1904, 2086 FN 34, 2229

Proteine 3 f., 9, 45, 587, 1454, 1491, 1999 f., (Aminosäuren/Diffusion/Eiweißstoffe/Membran/Rezeptoren)
Prüfungsvorbereitungen 1795, 1874
Pseudohalluzinationen 124, 129, 338, 607, 677, 1540, (Halluzination)
Pseudokatalepsie 125, (Katalepsie)
psilocybin-ähnliche Wirkungen 845
Psilocybin-Kombinationen 667, 673, 679, 863, 1482, 1812
Psilocybin-Konzentrat 670
Psilocybin-Rausch 449, 649 FN 71, 658, 667, 675-682, 686, 808
Psilocybin-Therapie 663-666
Psilos 667
psychedelic after-glow 123, 261
Psychedelica/psychedelisch 19, 62, 137 f., 385, 419, 436, 552, 566, 667, 694, 749, 765, 820, 909, 1382, 1450, 2126, (MAO/psychedelisch)
Psychedelische Bewegung 62, 137, 290, 293, 451 f., 2501
psychedelische Drogen/Effekte 19, 318, 327, 419, 451, 566, 1382, 1450, 2126, (Thalamus)
psychedelische Musik 138, 292
psychedelische Therapie 353
Psychiatrie 510 FN 49, 1361, 1364, 2162, 2173
psychische Abhängigkeit 234 f., 352, 422 f., 613, 685, 825, 857, 1286, 1288, 1533, 1632, 1686, 1691 f., 1701, 1728, 1932, 1942, 1958, 2012, 2027 f., 2071, 2102, 2212, 2288, 2368, 2544, (Arzneistoffabhängigkeit)
psychische Wirkungen
- bei Absinth (Terpene)
- bei Adrenochrom 365
- bei Amanita-Wirkstoffen 464 f., 468, 470, 472 f., 477 f.
- bei Amfetaminen 1831, 1867-1882, 1917, 1956
- bei Anabolika 1805 FN 40
- bei Antidepressiva 2155 f., 2160-2162
- bei Apomorphin 2249
- bei Arecolin 1763, 1775 f.
- bei Baclofen (GABA)
- bei Barbituraten 1999, 2016-2019

- bei Benzin 2527
- bei Bromureiden 2103
- bei Bufotenin 689, 894, 703 f.
- bei Buprenorphin 2344
- bei Cannabis 117-149, 163, 165, 234, 255, 261-265
- bei Chloroform 2522 f.
- bei Clomethiazol 2151 f.
- bei Cocain 1518 f., 1525-1545, 1570, 1630
- bei Codein 2275, 2279-2281, 2287
- bei Coffein (Coffein)
- bei Cyclazocin 2372 f.
- bei Cytisin 782 f., 785, 790
- bei Dextropropoxyphen 2459
- bei Distickstoffmonoxid 2515 f.
- bei DMA 810
- bei DMT 710, 875-880
- bei DOB 819 f., 824
- bei DOET 811 f.
- bei DOM 803-808
- bei Ephedrin 1712, 1724
- bei Ethanol (Ethanol/Rausch)
- bei Ether 2505, 2510
- bei Fentanyl und verwandten Verbindungen 2477, 2479, 2482, 2485
- bei GHB 936, (GABA)
- bei Harmala-Wirkstoffen 722 f., 724-729, 738 f.
- bei Heroin und verwandten Verbindungen 1116-1130, 1139 f., 1149, 1176, 1297
- bei Hydrocodon 2328
- bei Iboga-Wirkstoffen 770-773
- bei Kath-Wirkstoffen 1735, 1746-1749
- bei Kawa-Wirkstoffen 1380-1382, 1386-1391
- bei Levomethadon 2430 f.,
- bei Levorphanol 2335
- bei Lösungsmitteln 2536-2540
- bei LSD-25 318, 322, 327-354, 358, 387, 395
- bei MDA und verwandten Verbindungen 840 f., 845-855
- bei Mescalin 597, 603, 605-613
- bei Methadon 2430 f.
- bei Methaqualon 2058-2063

- bei Muskatnuss-Wirkstoffen 636, 638
- bei Neuroleptica 2135-2137, 2147
- bei Nicotin (Nicotin)
- bei Normethadon 2442
- bei Opiatantagonisten 1101, 1108 f.
- bei Opium 1116, 1175 f.
- bei PCP 904, 909-912
- bei PEA 363, 1822 FN 67
- bei PMA 810
- bei Pentazocin 2364
- bei Pethidin 2390
- bei Piritramid 2411
- bei Propylhexedrin 1830
- bei Psilocybin 449, 649 FN 71, 667, 675-682
- bei Solanaceen-Wirkstoffen 523 f., 527 f., 538, 540 f., 550-552, 556 f., 560
- bei Tilidin 2261
- bei Tranquilizern 2172-2175, 2219
- bei Windengewächs-Wirkstoffen 435-437, 448-451
- bei Yohimbin 752 f.

psychoaktiv 44, 82, 85, 87, 89, 96, 177, 317, 429, 442, 492, 560, 596, 642, 745, 888, 1712, 1743, 2433, (psychoaktiv)

Psychoanaleptica s. Analeptica

Psychoanalyse 288, 350, 352, 566

Psychodysleptica 19, 307, 395, 636, 801, 1315, 2114, 2146, (Enzyminduktion)

Psychoenergetica s. Analeptica

psychogene Depression (Depression)

Psychokampfstoffe 289, 933, 2473

Psychologie 291, 1110

psycholytische Therapie/Psycholyse 288-290, 293, 317 FN 45, 350-353, 566, 663-666, 733, 774, 812, 844, 867

psychomotorische Dämpfung 322, 2137, 2141, 2161, 2321 FN 79, (psychomotorisch)

psychomotorische Stimulation 864 FN 110, 1516, 1754, 1783, 1827, 1945, 2116 f., 2157, 2194, (psychomotorisch) s. auch Stimulantia

psychomotorische Störungen 120, 125, 130, 856, (Hyperkinese/psychomotorisch)

Psychopharmaka 242, 352, 1339, 1346, 1395-1397, 1708, 1783, 1967, 1977, 1981, 2005, 2011, 2114-2238, (Benzodiazepine)

Psychosen 19, 131 FN 99, 132, 261-265, 267, 287, 317 FN 45, 347, 350 f., 365, 386-388, 425-427, 523, 611, 613, 665, 680, 686, 728, 805, 855, 911 f., 916, 918, 1080, 1315, 1535, 1539, 1542, 1545, 1631, 1633 FN 282, 1694-1698, 1729, 1750, 1754, 1780, 1805 FN 40, 1835, 1877 f., 1880, 1950-1957, 2036, 2088, 2107, 2136 f., 2143, 2160, 2174, 2187, 2191, 2219, 2336 FN 88, 2511, 2524, (Amnesie/Delirium/Denkstörungen/Dopamin/Ethanol/Halluzination/Halluzinose/Illusion/Manie/Melatonin/Paranoia/Psychosen/Schizophrenie/Terpene)

psychosomatisch 232, 350, 533, 1150, 1845, (hyperkinetisches Syndrom/Schizophrenie/Serotonin)

psychosozial(e) (Rehabilitation) 145, 1320, 1328-1330, 1338 f., 1354, 1365, 1702, 1947, 2290, (Arzneistoffabhängigkeit)

Psychostimulantia s. Stimulantia

Psychotherapie 287-290, 293, 317 FN 45, 350, 350 FN 73, 404, 566, 570, 663-666, 733, 774, 812, 844, 867, 1110, 1320, 1792, 1834, 1947, 2159 FN 39

Psychotiker s. Psychosen

psychotische Reaktionen (Psychose/Rausch)
- bei Absinth (Terpene)
- bei Amanita-Wirkstoffen 468, 473, 477 f.
- bei Amfetaminen 264 FN 189, 1697, 1835, 1877 f., 1880, 1917, 1946 f., 1950-1957
- bei Anabolika 1805 FN 40
- bei Arecolin 1780
- bei Barbituraten 2034-2036
- bei Bromcarbamiden 2107
- bei Cannabis 117, 124, 132, 145-147, 168, 172, 191, 261-265, 1697
- bei Chloroform 2524
- bei Clonidin 1351
- bei Cocain 264 FN 189, 1538-1542, 1545, 1631, 1635, 1694-1698
- bei Dextromethorphan 2336 FN 88

- bei DOB 820, 824
- bei DOM 805, 808
- bei DPT 888
- bei Ephedrin 1720
- bei Ethanol (Ethanol/Halluzinose)
- bei Ether 2511
- bei Fentanyl und verwandten Verbindungen 2477
- bei Heroin und verwandten Verbindungen 1297, 1315, 1697 FN 382
- bei Iboga-Wirkstoffen 772
- bei Kath-Wirkstoffen 1750, 1754
- bei Lösungsmitteln 2540 f., 2549
- bei LSD-25 347 f., 352, 386-388, 425-427, 680, 1697
- bei MDA und verwandten Verbindungen 855
- bei Mescalin 611-613
- bei PCP 896, 911 f., 916, 918
- bei Piperidindionen 2088
- bei Psilocybin 665, 680, 686
- bei Solanaceen-Wirkstoffen 523, 527, 556
- bei Tranquilizern 2219
- bei Windengewächs-Wirkstoffen 453

Psychotomimetica/psychotomimetische Eigenschaften 19, 147, 288, 365, 461, 664, 819, 896, 2364, 2372, (psychotomimetisch)
Psychotonica 1397, 1708, 1723 FN 21, 2116
psychotrop 20 FN 2, 23 f., 27, 85 f., 89 f., 93 f., 102, 114, 126, 138, 144, 154, 168, 194, 212, 278 f., 285, 289, 309, 316, 326 f., 382, 387, 456, 465, 467, 471, 483, 488, 491, 496, 516, 527, 558, 568, 573, 606, 610, 622, 631 f., 645, 649, 663, 676, 680, 693, 699, 709, 751, 754, 763, 767, 775, 783, 797, 812, 835 FN 51, 872, 880, 941, 1133, 1352, 1428, 1492, 1556, 1585, 1739, 1743, 1838, 2114, 2134, 2205, 2223, 2439, (Droge/psychotroper Stoff)
psychotropic drugs s. Psychopharmaka
Pubertät 239, 246 f., 548, 571, (Melatonin)
pulque 447, 792
Pulsbeschleunigung 526, 601, 913, 1310, 1521, 1547, 1865
Pulsverlangsamung 462, 602, 730, 1296, (Epiphyse)
Pulvercocain 1423, 1485, 1496, 1586, 1590, 1612, 1654
Pulverform 308, 594, 638, 669, 689, 693, 697 f., 706, 769, 845, 901 f., 904, 927, 937, 989, 1073, 1080, 1185, 1188, 1194, 1199, 1383, 1398, 1412, 1443, 1496-1498, 1584, 1586, 1590, 1619, 1639, 1741, 1809, 1906, 1913, 2063, 2065, 2402, 2482, (Coffein)
Pumpe 1218
Pupillenerweiterung s. Mydriasis
Pupillenreaktion 125, 1129, 1876, 1994, 2197, 2233, 2534 FN 35
Pupillenverengung s. Miosis
purple hearts 1902
pusher 1013, 1215, 1224
pyramidales System (extrapyramidales System)
Pyridin-Alkaloide 1771
Pyrrolidin-Alkaloide 1372, 1493, (Nicotin/Pyrrol)
Pythia 479 FN 21, 545, 545 FN 96

Q

Qāt 1735, 1740 f., (Arzneistoffabhängigkeit)
Quaaludes 2065-2067
quarter 1217
Quechua 1446, 1582
Querschnittslähmung s. Rückenmarksschädigung
Qunnubum 34

R

Racemate 505, 529, 813, 827, 1318, 1825, 1849, 1929, 2332, 2421, 2427, 2433, 2449, (Racemate)
Rachen/-schleimhaut 125, 1588, 1944, 2547
Radrennfahrer 1442, 1725, 1875
Raketenbrennstoff 903
Rallyefahrer 1802
Rangung 1002
Ranvier'sche Schnürringe (Axon)

Rapé 693, 693 FN 128
Rapha-Kern (Serotonin)
Raserei s. Tobsuchtsanfälle
Rationalität 136
rauchen s. inhalative Aufnahme
Raucherkarriere (Nicotin)
Rauchhanf 24
Rauchopium 977, 1172-1178
Rauchpiece 183
Rauchräume 1336 FN 500
Raumerlebnisstörungen/Verlust des Raum-Zeit-Kontinuums 120, 120 FN 67, 129, 267, 328, 331, 333, 528, 636, 678, 727, 779 FN 199, 819, 850 f., 910, 2539, (extrapyramidales System)
Rauschdosis s. Konsumeinheit
Rauschdrogen 19, (Betäubungsmittel/Droge/Rausch/Stoff/Suchtstoff/Wirkstoffe)
Rauschgift (Droge)
Rauschmittel 82, (Droge/Rausch)
Rauschpfeffer-Harz 90, 1372
Rauschpilze 656
Rautenhirn (vegetatives Nervensystem)
raver 860, (Terpene)
Reabsorption 155
Reaktionsvermögen 120, 1129, 1397, 1536, 1543, 1994, 2135, 2161, 2197, 2233, 2243, (Ethanol)
Realitätsbezogenheit/-verlust 129, 235, 246, 267, 346, 423, 427 f., 473, 613, 665, 678, 910, 916, 926, 1269 FN 391, 1635 FN 282, 1681, 1876, 2012, 2259, (Denkstörungen/Halluzination/Illusion/Intoxikation/Rausch/Schizophrenie)
Rebound-Effekte/-Syndrom 16, 1162, 1170, 1309, 1350 f., 2003, 2029, 2032 f., 2035, 2057, 2217, (Rebound-Phänomen)
Rebound-Insomnie 842, 938, 2029, 2112, 2032, 2217
Recht auf Rausch 82
Rechtsextremismus 228
recreational drugs s. Freizeitdrogen
red chicken 1193
Rededrang s. Gesprächigkeit
Reduktionsdiät s. anorexigene Mittel
Reflexanomalien 1297, 2118

Reflexe (extrapyramidales System)
Reflexionsvermögen s. Bewusstseinshelligkeit
Reflexlosigkeit 1273
Reflexsteigerung 674, 1303, 1524, 1666, 2068, 2118, 2120, 2218, (Hyperreflexie)
Regression 237, 247, 340 f., 423, 844
Rehabilitation s. psychosoziale Rehabilitation
Reifungsdefizite 246 f., 256, 1287
Reinigungsmittel 2530, 2535, 2550
Reinigungsrituale 47, 791
Reintegration 1320, 1325, 1701
Reisekrankheit 510
Reizabschirmung/-entzug 138, 910, 1121, 1127, 1298, 1526 FN 123, 2000, 2016, 2060, 2135, 2430, (Halluzination)
Reizbarkeit 122, 705, 757, 910, 1297, 1527, 1631, 1635, 1696, 1775, 1868, 2030, 2072, 2538, (Coffein/Ethanol)
Reizhusten 125 FN 92, 2274, 2278, 2298, 2441
Reizoffenheit 133, 339
Reizüberflutung 138, 378, 861, (Halluzination/hyperkinetisches Syndrom/retikuläres System/Thalamus)
Reizübermittlung s. Erregungsweiterleitung
rektale Applikation 1463, 1611
Release-Zentren 1362
Releasing-Faktoren (Hypothalamus)
Religion/religiös 45, 67, 139 f., 291, 334, 340, 473, 480, 564, 570 f., 598, 611, 667, 704, 720, 1151, 1391, 1448, 1734 f. (limbisches System)
Rembetika 59
REM-Phase 339 FN 64, 1297, 1688, 2003, 2035, 2057, (Acetylcholin/ REM-Schlaf/Serotonin/Tryptophan)
REM-Schlaf-Rebound 2003, 2035, 2057, (Halluzination/REM-Schlaf)
Renaissance 520 FN 65
Rennpferde 2482 FN 241
Repolarisation 4 f.
Repression 82
Resensibilisierung 158, 390, 853
Resignation 247
Resorption (Resorption)

- bei Amanita-Wirkstoffen 470
- bei Amfetaminen 1883, 1912
- bei Amylnitrit 2558
- bei Arecolin 1763, 1776
- bei Barbituraten 1996
- bei Bufotenin 693 f.,
- bei Cannabis 111-117, 150
- bei Clomethiazol 2151
- bei Cocain 1500, 1526, 1546, 1551-1553, 1557-1560, 1583, 1586, 1610-1612, 1616-1618, 1630, 1671
- bei Codein 2279
- bei Ephedrin 1716
- bei Ethanol (Ethanol)
- bei GHB 937
- bei Harmala-Wirkstoffen 721-724
- bei Heroin und verwandten Verbindungen 989 FN 42, 1082, 1126, 1134, 1218-1226
- bei Kath-Wirkstoffen 1738-1741, 1746
- bei Kawa-Wirkstoffen 1375, 1384
- bei Lösungsmitteln 2534 f.
- bei LSD-25 320, 324, 346
- bei MDA und verwandten Verbindungen 845
- bei Mescalin 583 f., 594, 602
- bei Methadon 2421
- bei Methaqualon 2055
- bei Muskatnuss-Wirkstoffen 637
- bei Naltrexon 1111
- bei PCP 906
- bei Pentazocin 2358
- bei Pethidin 2384
- bei Psilocybin 653, 669 f.
- bei Solanaceen-Wirkstoffen 517, 539, 545, 547, 522, 556
- bei Tilidin 2257
- bei Tranquilizern 2179, 2199, 2222, 2226
- bei Yohimbin 755

Resorptionsgeschwindigkeit 1126, 1221, 1229 FN 356, 1526, 1980, 2222, 2279, (Applikation)

respiratorische Insuffizienz s. Atemdepression und -stillstand

respiratorische Rezeptoren 1272

Restwirkung s. hang over

retikuläres System 163, 355, 766, 1379 FN 11, 1548, 1695, 1884, 1998, 2057, 2101, (Atemregulationszentrum/limbisches System/ Noradrenalin/retikuläres System)

reuptake-Hemmung 15, 15 FN 4, 651, 842, 915, 1151 FN 260, 1564, 1566 f., 1569, 1704, 1716, 1746, 1892, 2164, (Neurotransmitter/Sympathomimetica/Synapse) s. auch Serotonin-Wiederaufnahmehemmer

reward system s. Belohnungssystem

Rezeptoraffinität 364, 370, 372, 377, 732, 1105, 1110, 1349, 1612, 2118, 2342, 2472 FN 225, 2474, 2477, (Isomere/Rezeptoren)

Rezeptor/-besetzung 9-17, 17 FN 12, 359, 364, 395, (Agonisten/Dopamin/Effektoren/GABA/Glia/Hormone/Membran/Neurotransmitter/Noradrenalin/Parasympatholytica/Parasympathomimetica/Rezeptoren/Schizophrenie/Serotonin/Spasmolytica/Sympatholytica/Synapse)

- bei Acomprosat 2152 FN 34
- bei Acetylcholin (Acetylcholin/Parasympatholytica)
- bei Adrenalin 364, (Adrenalin)
- bei Amanita-Wirkstoffen 462
- bei Amfetaminen 363 f., 366 f., 1892 f.
- bei Apomorphin 2248
- bei Arecolin 1775
- bei Barbituraten 1999 f.
- bei Benzodiazepinen 732
- bei Benzomorphanen 2357
- bei Bufotenin 370 f.
- bei Buprenorphin 2342
- bei Cannabis 97, 141 FN 91, 166 f.
- bei Cocain 1564-1567, 1577, 1612, 1704
- bei Coffein (Coffein)
- bei Cyclazocin 2357
- bei Dextropropoxyphen 2456
- bei Diphenoxylat 2399
- bei DMT 370 f., 874
- bei DOB 363 f., 818
- bei DOM 362-364

- bei Droperidol 2466 FN 223
- bei Ephedrin 1716
- bei Fentanyl und verwandten Verbindungen 1109 FN 191, 2472, 2474, 2477
- bei Harmala-Wirkstoffen 370 f., 717, 732
- bei Heroin und verwandten Verbindungen 1103, 1105, 1109 f., 1137 FN 234, 1138, 1141-1144, 1149 f., 1154-1160, 1165-1170, 1272, 1319, 1704
- bei Iboga-Wirkstoffen 765
- bei Kawa-Wirkstoffen 1377
- bei Levacetylmethadol 2439
- bei Lisurid 1703
- bei LSD-25 358-360, 366-380, 395, 818
- bei Mescalin 362-364, 586
- bei Methadon 2428
- bei MDA und verwandten Verbindungen 842
- bei Naltrexon 1109 f., 1349
- bei Neuroleptica 1571, 1954
- bei Nicotin (Nicotin)
- bei Opiatantagonisten 1103, 1105, 1109 f., 1109 FN 191
- bei PCP 915
- bei Pethidin 2381
- bei Psilocybin 370 f., 651
- bei Solanaceen-Wirkstoffen 515, 517
- bei Strychnin 2118
- bei TMA 363 f.
- bei Tranquilizern 732, 2202-2205
- bei Yohimbin 745, 754

Rg-Veda 479
Rhein-Main-Gebiet 2019
Rheuma 96, 1084
Rhizom 501 f., 616 FN 43, 1368, 1372, 1377, 1383-1385, (Rhizom)
Riechhirn (Hippocampus)
Riechstoffe 1852
Rif-Gebirge 76, 196
Rigor 730 f., 1162 FN 272, 1289, 2068, 2120, 2402, (Dopamin/Rigor)
Rio Grande 575, 790
Rio Negro 696
Risikobereitschaft 110, 135, 850, 1442, 1523, 1527, 1796, 1871, 1876, 2197, 2233
rock(s) 1590, 1624
Rockcocain 1423, 1498, 1590
Rocker 1811, 1874, 1915, 1957
Rohcocain 1412, 1419, 1460 f.
Rohmorphin 1185
Rohpis 2222
Rohopium 946-957, 977, 997, 1003, 1020, 1029, 1034-1038, 1058, 1061, 1065 FN 138, 1081 FN 161, 1172-1174, 1177, 1180, 1185, 1343
Rohypnol-Missbrauch/-Abhängigkeit 1052, 1339, 2191, 2221 f., 2226 f., 2346, 2430, 2434
Rom 540, 972
Romantik 983
Rondônia 1469
Rote Bohnen 792
Roter Libanese 42
Rotes Öl 43
Rotterdeam 1336
Rückenmark 97, 587, 1139, 1139 FN 241, 1149, 1270, 1501, 2118, 2260, (Analgetica/Hirnstamm/Neuron/Neurotransmitter/Parasympathicus/peripheres Nervensystem/retikuläres Nervensystem/Spinalnerven/Sympathicus/ZNS)
Rückenmarkhinterhorn 1142
Rückenmarksschädigungen 97, 1297
Rückenschmerzen 1084
Rückfall/-gefahr 1107, 1163, 1325, 1332, 1350, 1354, 1361, 1364 f., 1702, 1947, 1958, 1972, 2511, (Nicotin)
Rückfallprophylaxe 1107, 1110, 1331 f.,1350, 1353, 1703 FN 393, 2152 FN 34, 2436
Rückkoppelung 355, 1160, 1567, (Hormone/Thalamus)
Rückresorption 15 FN 4, 155, 383, 1138, 1564-1567, 1704, 1746, 1892, (Resorption)
Rückprägung 1313 FN 452
Rücktransporthemmung s. reuptake-Hemmung
Ruhelosigkeit s. motorische Unruhe/Unruhe, innere

Ruhepotential 3 f.
Ruhezittern s. Tremor
Ruhigstellung s. sedierende Wirkung
Ruhr 968
Rumänien 1048, 2552
run 1620, 1631, 1879, 1951
runner high 1151
rush 1604, 1620, 1912, 2430, 2559, 2561
Russland/russisch 736, 862 FN 102, 959, 1023 f., 1027, 1172, 1724, 1756, 1809, 1913 FN 195, 2473

S

Säugling s. Neugeborenes
Säuglingsschlappheit 2218
Saigon 1000
sakrale Drogen s. Heilige Pflanzen/Drogen
Sakralmark 754
Salben 538 f., 985 FN 34
Salicylrausch 1198 FN 314
Samenhanf s. Hanfsamen
Samoa 1371
Samojeden 469
Sana 1739
Sandoz, Fa. 285, 287, 663
sanfte Halluzinogene 830, 848
Sanskrit 167 FN 142, 544
Santa Cruz 1461
São Paulo 1469
Sartre, Jean Paul 477 FN 20
Satan 537 f.
Sauerstoffbeatmung/-mangel 1272 f., 1282 f., 1297, 1303, 1668, 1677, 2514, 2542, 2558 f., (Hypoxie/Rausch/Zyanose)
scene s. Drogenmarkt
Schah 1019
Schamanen/schamanistisch 137 f., 291 FN 18, 480 f., 556, 564, 566, 570, 598, 655, 657, 661, 725, 1584
Schickeria 1593
Schieber 1463
Schießleiste 1221
Schiiten 51 f., 77
Schimmelafghan 29, 175
Schilddrüsenhormone (Tyrosin)
Schilddrüsenüberfunktion 1547

Schizophrenie/schizophreniforme Zustandsbilder 19, 131, 131 FN 99, 261, 264, 287, 339, 351, 426, 516, 523, 566, 678, 830, 890, 896, 911, 916, 918, 1152, 1315, 1635, 1696 f., 1729, 1917, 1950, 1953, 2107, 2115, 2136, 2187, (Beziehungswahn/Depersonalisierung/Depression/Dopamin/Halluzination/Katatonie/Paranoia/Psychose/Rausch/Schizophrenie)
Schlafbedürfnis 98, 349, 373, 936, 1515, 1521, 1543, 1688, 1775, 1832, 1847, 1866 f., 1871, 1873 f., 1877, 1881, 1948, 2014, 2060, 2062, 2106, 2197, 2229, 2249, 2283, 2392, (Depersonalisierung/Glutaminsäure/Intoxikation)
Schlafentzug(s)/-psychose 138, 339, 861, 1879 f., (Depression/Halluzination)
Schlafhemmer 1748, 1785, 1792, 1795 f., 1799, 1832, 1866 f., 1871, 1873 f., 1900, 1907 FN 181, 1931, 2307, (Coffein), s. auch Narkolepsie
schlafinduzierende Wirkung 448, 510 FN 49, 523, 673, 682, 707, 728, 753, 912, 937, 971, 984, 1176, 1387 f., 1968, 1970 FN 15, 1977 f., 1986-1993, 1997, 1999, 2012, 2070, 2141, 2151, 2177, 2181 f., 2200, 2205, 2322, 2336 FN 88, 2539, (Epiphyse/GABA/Hypothalamus/Melatonin/Rausch/Serotonin)
Schlafmittel s. Hypnotica
Schlafmohnanbau s. Opium-Produktion
Schlafphasen 1900, 1977, 2003, 2177, (REM-Schlaf)
Schlafstörungen /-losigkeit 138, 171, 232, 677 FN 107, 842, 856, 938, 1297, 1309 f., 1350 f., 1515, 1521, 1543, 1548, 1565, 1632, 1635, 1688, 1693, 1728, 1748, 1751, 1775, 1792, 1795 f., 1835, 1837, 1842, 1871, 1877, 1879, 1881, 1900, 1917, 1944 f., 1968, 2029 f., 2066, 2072, 2137, 2166, 2177, 2187-2189, 2191 f., 2194, 2206, 2217, 2219, 2392, 2511, (Depression/Melatonin/Noradrenalin/Serotonin/Tryptophan)
Schlafsucht 1792

Schlaf-Wach-Rhythmus (Epiphyse/Hypophyse/Hypothalamus/Melatonin/REM-Schlaf)
Schlafzentrum 1998, (Epiphyse/REM-Schlaf)
Schlaganfall s. Apoplexie
Schlankheitskapseln 1842, (Arzneimittel)
Schleimhäute 111 f., 111 FN 75, 526, 1300, 1377, 1499 f., 1517, 1526, 1546, 1558, 1579, 1583, 1586, 1588 f., 1611, 1616 f., 1630, 1665 FN 327, 1671, 1693, 1718, 1739 FN 40, 1865, 1913, 1944, 2535, (Adrenalin/Ethanol/parenteral/Resorption/Zyanose)
Schleimhautabschwellung 1718
Schleimhautanästhesie 1377, 1500, 1546
schleimlösende Mittel 411, 961 FN 11, 1711
Schließmuskelrelaxantien 2559
Schlucker 1047, 1463
Schluckstörungen 521
Schmerzempfinden s. analgesierende Wirkung
Schmerzmittel s. Analgetica
Schmerzübertragung 1139, 1139 FN 241, 1142, 1147, 1149, 1154, 1156, 1574, 2061, 2239, 2476, 2508, (Neurotransmitter/Nozizeption)
Schmerz/-zentren 354, 1135, 1272, 2239, 2476, 2508, (Depression/ Mydriasis), s. auch Analgetica
Schnappatmung 1273
Schnee 1423 f., 1443, 1497, 1591 f., 1594 f., 1603, 1617, 1624-1626, 1636
Schneeballsystem 1214
Schnee-Effekt 1541
Schnellentzugstherapie s. Turbo-Entzug
Schnellmacher 1705, 1785
Schnelltestverfahren 201, 487, 938, 1232-1234, 1232 FN 359, 1251-1260, 1260 FN 386, 1600, 1641, 1656, 2234, 2438, 2460, (Nicotin)
schnüffeln 2499-2502, 2499 FN 3, 2526-2561, s. auch inhalative Aufnahme
Schnüffelstoffe 267 FN 1, 2496-2563, (Arzneistoffabhängigkeit)
Schnüffeltote 2543
schnupfen s. nasale Aufnahme/sniffen

Schnupfpulver 693 f., 693 FN 128, 698, 706, 721, 1443, 1586 f.
Schocktherapie (Dopamin)
Schockzustand 483, 585, 729, 757, 1156, 1284, 1310, 2022, 2229, (Adrenalin/Noradrenalin)
Schokolade (Tryptophan)
Schore 1197
Schrittmacherfunktion s. Umsteige-Effekt
Schrumpfleber 1300
Schüler/Schule 216, 243, 796, 863, 1338 FN 507, 1418, 1709 FN 3, 1721-1723, 1722 FN 18, 1732, 1755, 1974-1976, 2223, 2501
Schüttelfrost 483, 1524, 2385
Schüttellähmung s. Parkinson'sche Krankheit
Schuldfähigkeit 120, 1128, 1289, 2039
Schuldgefühle 121, 1297, 1543, (Depression)
Schuss 1042, 1106, 1207, 1210, 1212, 1215, 1217, 1294, 1597, 2476
schwachwirksame Analgetica 1062 FN 133, 1198, 1595, 1970, 1970 FN 15, 2240, 2242 f., (Analgeticum)
Schwächegefühl 321, 1212
schwangerschaftsunterbrechende Mittel s. abortative Mittel
Schwarze Jurema 710
Schwarze Magie 537
Schwarze Messen 537
Schwarzer Afghan 42, 219
Schwarzes Meer 1024
Schwarze Substanz s. Substantia nigra
schweben s. Elevationsgefühle
Schweden/schwedisch 936, 1370, 1807, 2501, (GABA)
Schweißabnahme 521, (Parasympatholytica)
Schweißausbruch 321, 483, 602, 846, 887, 938, 1273, 1310, 1323, 1524, 1666, 1711, 1747, 1777, 2030, 2217, 2442, (Adrenalin/Coffein/ Delirium)
Schweiz 97, 288, 566, 774, 844, 1027 FN 86, 1050 FN 115, 1212, 1318, 1336-1339, 1338 FN 507, 2182
Schwellenangst 1342
Schwellenpotential 4

Schwellungen 1944
Schweregefühl 127
Schwerelosigkeit s. Elevationsgefühle
Schwerstabhängigkeit s. Hochdosis-Abhängigkeit
Schwester von Ololiuqui 551
Schwindelgefühle 98, 101, 126, 194, 448, 602, 638, 674, 705, 727, 753, 913, 937 f., 1309, 1524, 1777, 1837, 1842, 2069, 2229, 2258, 2344, 2534, (Coffein)
screening tests s. Schnelltestverfahren
Sebil 694
Secale-Alkaloide s. Mutterkorn-Alkaloide
Sedativa/sedierende Wirkungen 16, 20 FN 1, 67, 98, 101, 110, 114, 147 f., 171, 194, 347, 349, 449, 510 FN 49, 524 f., 616 FN 43, 732, 741, 783, 824, 864, 940, 961 FN 11, 989, 1080, 1085, 1120, 1139 FN 242, 1140, 1149, 1325, 1351, 1355, 1375, 1382, 1387, 1392, 1395, 1804 f., 1834, 1892, 1911, 1932, 1947 FN 257, 1967, 1974, 1979, 1987, 1990, 2008, 2016, 2026, 2038, 2054 f., 2063, 2084, 2098, 2100, 2110, 2114, 2135, 2137, 2140 f., 2151, 2161, 2172-2238, 2245, 2248, 2261, 2274, 2287, 2317 FN 77, 2385, 2422, 2435, 2449, 2477, 2516, 2539, (Adrenalin/Arzneistoffabhängigkeit/Koma/Nicotin/retikuläres System/Sedativum)
sedativ-ataraktische Wirkungen 1390
Sedativa/Hypnotica-Abhängigkeit 1355, 2026-2036
sedativ-hypnotische Wirkungen 2016, 2054
Sedativa-Kombinationen 1881, 1911, 1932, 1947 FN 257, 2435
sedativ-narkotische Wirkungen 1120, 1140, 2385
Seekrankheit 1823
Sehhügel s. Thalamus
Sehrinde s. primärer visueller Cortex
Sehstörungen/-schäden 120, 126, 129, 462 f., 476, 483, 517, 520, 523 FN 70, 526, 528, 847, 855, 932 FN 207, 1129, 1297, 1393, 1396, 1522, 1541, 1635, 1680, 1865, 1876, 2030, 2328, 2393,

(Akkommodation/Makropsie/Miosis/Mydriasis/Nystagmus)
Seidengespinst 574
Seidenroute 1024
Sekretion/Sekrete s. Drüsensekretion
Sekundärabhängigkeit 2152
Sekundärkrankheiten 1282, 1299-1302, 1320, 1335 f., 1678, 2286, 2289, (Substitution)
Sekundärmissbrauch 2223
Selbstbeobachtung s. hier Ichbezogenheit
Selbsteinschätzung s. hier Selbstwertgefühl
Selbstentzug 1320, 1320 FN 453, 1355
Selbstgefährdung s. autoaggressive Tendenzen
Selbstheilung s. spontane Genesung
Selbstmedikamentation 1931, 1956, 1971, 1994, 2009, 2023, 2211
Selbstmord s. Suizidgefahr
Selbstkontrolle 1834, 1892, (hyperkinetisches Syndrom)
Selbstvertrauen/-überschätzung 120 FN 82, 428, 884, 1119, 1523, 1630, 1800 FN 27, 1867, 1871, 1873, 1876, 2537, (Manie)
Selbstverwirklichung 235
Selbstwertgefühl 110, 121, 135, 141, 246, 850, 1527, 1630, 1867, 1871, 1873, (hyperkinetisches Syndrom)
Selektionseffekt 1326, 1344
self injekting abusers 1942
Senegalesen 1013
Sendero Luminoso 1458 FN 50
Senilität 2125, 2133
Sensibilisierung s. Überempfindlichkeitserscheinungen
sensibles Neuron 1573-1577, (Neuron/sensibles Neuron/Spinalnerven)
sensomotorische Wirkungen 1524, (sensorisch)
sensorische Halluzinationen 538, 607, (sensorisch) s. auch taktile Halluzinationen
sensorischer Cortex 914, (sensorisch/Thalamus)
Sepsis 1300
Serbien/serbisch 1013
serenity, tranquility, peace 803
Sertürner, Friedrich Wilhelm 984

seröse Entzündungen 1438
Serotonin-Abbau 305 FN 35, 377, 1566, 2005, 2164
Serotonin-Antagonisten 132, 162 f., 166, 302 FN 31, 372-380, 393, 472, 717, 842, 874, 1160, (Tryptamin)
Serotonin-Hypothese 2115, (Serotonin)
Serotonin-Mangel 305 FN 35, 1162, 1892, 2160, 2163, 2163 FN 45, (Depression/Manie/Schizophrenie/Serotonin)
Serotonin-Rezeptoren 2165, (Halluzination/Neurotransmitter)
Serotonin-Syndrom/-Effekt 846, (Serotonin)
Serotonin-Verminderung 842, 856, 1570, 2163 FN 45, (Serotonin)
Serotonin-Wiederaufnahmehemmer 842, 1151 FN 260, 1566 f., 2164, (Depression)
set 142, 145, 147, 344 f., 538, 606, 611, 678, 843, 848, 1534
setting 146, 341, 344, 606, 677, 848, 1534, 2061
Seuchen 975, 1042, 1300, 1301 FN 443
sexstasy 863
Sexualhormone 1805, (Hypothalamus/Nebennieren/Steroide)
sexuelle Steigerung s. Aphrodisiaca
sexuelle Veränderungen/Störungen 45, 163, 259, 329, 350, 537, 863, 1119, 1151 FN 260, 1176, 1394, 1527, 1635, 1682, 1751, 1805 FN 40, 1865, 1871, 2406
Shabu 1817, 1914
Shan 1002, 1816
Shanghai 980 f.
shit 173
Sibirien 23, 469, 481
Sicilian connection 1016, 1029
Sierra madre 660
Signalübertragung s. Erregungsweiterleitung
Silbenstottern 1871
Simili-Drogen 795
Simpson 2518
Sinan ibn Salman 51
Singapur/-gruppe 1005, 1005 FN 61, 1029
singen 728

Sinicuichi 779 FN 199
Sinnestäuschungen s. Wahrnehmungsveränderungen/Halluzinationen
Sinnverlust 134, 141, 910, 1946
Sinsemilla 30 f., 181
Sirih 1767
situation user 1661, 1663
Situationsverkennung s. Realitätsverlust
Sizilien 997, 1016, 1456
Skandinavien/skandinavisch 478, 1797, 1809, 1832, 1844, 1852, 1913, 2460
Skelettmuskulatur 1516, 1805, 1805 FN 40, (Acetylcholin/Adrenalin/ peripheres Nervensystem)
Sklerotien 272 f.
Skythen 47
Slowakei 1048, 1465
Slum-Droge 902
Smart Shops 668
snapper 2559
sniffen/Sniffer 845, 1223-1225, 1292, 1579, 1586-1590, 1596, 1603, 1614, 1617, 1620, 1625, 1632, 1651, 1655, 1659 f., 1680, 1686-1691, 1702, 2402, 2487, 2499 FN 3, 2534, s. auch nasale Aufnahme
snow 1196, 1424, s. auch Schnee
snow-lights 1541
snow-seals 1477
snow-toke 1619
soap 936
social high 147, 227
social recreational user 1659, s. auch Freizeit-Drogen
Solanaceen-Alkaloide 492, 496 f., 499, 502, 504-515, 517-531, 552, 555, 557, 559, 565, 568 f., 765, 929, 932 f., 974, 1489, 2094, (Nicotin/Parasympatholytica/Piperidin)
Solanaceen-Rausch 523, 527 f., 538, 540 f., 547, 549-552, 556 f., 560
Soma 45 FN 14, 479, 479 FN 23
Somalia/Somalis 1733, 1758
somatische Halluzinationen s. Körperveränderungsgefühle/taktile Halluzinationen
somatogene Depression (Depression)
Somnolenz s. Bewusstseinseinschränkung
Sonnenbrille für die Seele 2210

Sonnengeflecht (Sympathicus)
Sonora 622
Sophora-Bohnen s. mescal beans
Sopor 2065 f.
Sorglosigkeit (euphorisierend)
Soroche 1517
Sowjetunion/sowjetisch 47, 1020, 1024, 1027, 1052
sozialadäquates Verhalten s. Akzeptanz, soziale
Sozialisationsdefizite 237 f., 243-247, 1287
space base 904, 1910
space cakes 184
Special-K 927
Spätaussiedler 1052
Spätdyskinesien 2138
Spätschäden s. Langzeitschäden
Spaeth 576
Spanien/spanisch 29 f., 75, 80, 445, 597, 698, 691, 949, 1027 FN 86, 1050 FN 115, 1336 FN 499, 1432, 1465, 1467 FN 58, 1460
Spanische Fliege 538, 538 FN 90
Spannungsverminderung s. entspannende Wirkung
Spannungszustände 145, 332, 349, 521, 682, 1119, 1396 f., 1776, 2181, 2183, 2188, 2200, 2206, 2211, 2261, 2287, (Tonus)
Spasmen/spasmogen 97, 511, 578, 881, 1068 f., 1079, 1081, 1137 FN 234, 2275, 2322, 2388, 2423, 2436, 2477, 2547, (Propan/Rigor/ spasmogen/spastisch/Tonus)
Spasmolytica/spasmolytische Wirkungen 96 f., 101, 171, 496 f., 499, 511, 514, 533, 540, 971, 1062, 1062 FN 133, 1068 f., 1079, 1081, 1115, 1379, 1677, 1719, 1725 FN 27, 1836 FN 88, 2054, 2205, 2379, 2388, 2406, 2424 FN 178, 2557, (Parasympatholytica/spasmolytisch)
spastische Lähmungen s. Spasmen
speed 197, 403, 667, 796, 803, 831, 841, 853, 864, 864 FN 111, 1600, 1606 f., 1785, 1794, 1798, 1809 f., 1812, 1818, 1840, 1903, 1906-1908, 1910, 1913, 1915, 1957

speed-ball 1606
Speedie 1879
speed-Injektion 1794, 1798
speed-Kombinationen 403, 667, 796, 831, 853, 863 f., 864 FN 111
speed-run 1879, 1951
speed-scars 1944
speed-trip 796
Speichelsekretion 517, 521, 1770, 1775 FN 76, 1779, (Parasympatholytica)
Speichergranula s. Vesikel
Speise der Götter 477
Spezialmittel für den businessman 880
Spielrausch 1151
Spielsucht 1151, 1151 FN 260, 1967, (Arzneistoffabhängigkeit/Dopamin/limbisches System/Opioide)
spinale Opiatanalgesie 1139 FN 241
spinal-motorisches System (extrapyramidales System)
Spinalreflexe 674, 754, (Spinalnerven)
Spontanbewegung 2135
spontane Genesung 1320, 1320 FN 466, 1357-1360, 1965
Spontaneität 128, 141, 1871
Spontanentladung (Epilepsie)
Sport 110, 1091, 1151, 1473, 1508, 1513, 1725, 1756 f., 1795, 1800-1806, 1825, 1864, 1874 f., 1921, 2113, 2120, 2128, 2305, 2313, 2339, 2349, 2378, 2398, 2446, 2462, (Coffein/ Doping)
Sprachrinde (Halluzination)
Sprachstörungen/-verwirrtheit 282, 322, 521, 686, 926, 937, 1130, 1299, 1871, 1917, 1979, 2030, 2062, 2106, 2152, 2229, 2258, 2477, 2540, (Intoxikation)
Sprays 2502, 2555
spree abusers 1942
Spritze s. Injektionsspritze
Spritzenhepatitis 1180, 1300, 1678, (Hepatitis)
Spritzenschock 1270, 1672
Staatsdope 1339
Stammganglien 167, 882, (Dopamin/Ganglien)
Stammhirn 163, 355, 807, 842, 1137, 1147, 1272, 2000, 2260, 2508, (Dopamin/Hirnstamm/limbisches Sys-

tem/Noradrenalin/Parasympathicus/
  REM-Schlaf/retikuläres System/Sero-
  tonin)
Stangenafghan 175
St. Antonius 598
St. Antonius-Feuer 281 f.
starkwirksame Analgetica 267, 943, 1058,
  1068, 1077 f., 1081, 1084, 1103, 1105,
  1158 f., 1328, 1348, 1846, 2239-2495,
  (Analgeticum/Nicotin/Opioide)
Stechapfel-Extrakt 513, 546
Stechapfel-Samen 456, 499, 514, 545, 547,
  550, 556
Steiermark (Droge)
Stein/Steinchen 1423, 1590, 1625 f.
Sterbehilfe 354, 991, 2021
Stereo-Cocktail 1606
Stereoisomere 101, 309, 409, 746, 1066,
  1066 FN 141, 1165, 1428, 1492, 1714,
  1923, (Isomere)
Stereoschuss/-druck 1220, 1608
stereotype Verhaltensstörungen 1524, 1878,
  1946, 1955, 2138, (Epilepsie)
Sternbach, Leo 2182
stickers 396
Stickoxydul-Sucht 2515
sticks 174
Stiller Ozean s. Pazifik
Stimmenhören 607, 1538, 1696
Stimmungsaufhellung 1603, 1724, 1871,
  1892, 1970 FN 15, (Coffein/euphori-
  sierend)
Stimmungsschwankungen 121 f., 145, 165,
  247, 332 f., 341, 609, 677, 1527, 2138,
  2429
Stimmungsveränderungen 119, 145, 152,
  163, 267, 332 f., 609, 675 f., 682,
  1118, 1142, 1381, 1527, 1529, 1871,
  2155, 2162, 2164 FN 46, 2165, 2168
  f., 2429, 2516, (Coffein/Droge/GABA/
  Manie/Noradrenalin), s. auch Affektivität
Stimulantia/stimulierende Wirkungen 15,
  17 FN 11, 19, 48, 125, 138, 147 f.,
  165, 171, 190, 233, 297, 302 FN 31,
  448, 473, 485, 423 f., 523-525, 616 FN
  43, 636, 694, 706, 725, 728-730, 739,
  751, 754, 765, 770, 784, 792, 795 f.,
  803, 807, 816, 840, 847, 860, 864 FN
  111, 867, 887, 894, 904, 910, 914, 919,
  937, 1062 FN 133, 1080, 1120, 1140,
  1151, 1162, 1171, 1176, 1198, 1309,
  1382, 1386, 1400-1958, 2016, 2030,
  2058, 2112, 2116-2134, 2143, 2156,
  2485, 2497, 2510, 2516, 2557, (Arz-
  neistoffabhängigkeit/Coffein/Doping/
  Halluzination/Logorrhoe/MAO/My-
  driasis/Nicotin/Parasympatholytica/
  Sympathomimetica/Toleranz)
Stirnhirn s. präfrontaler Cortex
Stoff 138, 220, 797 f., (Stoff)
Stoff 1196, 1230, 1690, 1692
Stoffhunger s. drug craving
Stoffwechsel s. Metabolisierung
Stoffwechselprodukte s. Metaboliten
stoned 123
STP 803, 803 FN 11
Strahlenerscheinungen 330
Strangulation 2541, (Hypoxie)
Straße(n) s. lines
Straßengrämmer 1217
Straßenhandel 862, 1013, 1038, 1051,
  1053, 1197, 1202-1205, 1207, 1212,
  1214-1217, 1305, 1336, 1336 FN 499,
  1338, 1402, 1592, 1619, 1624, 1626,
  1626 FN 265, 1637, 1640, 1665, 2221,
  2403, 2487
Straßenjunies s. Junkies
Straßenkinder 1613, 2500, 2552
Straßenverkehr s. Fahrtüchtigkeit
Streckmittel
- bei Amfetaminen 1907
- bei Cannabis 39, 189, 218
- bei Cocain 756, 1476, 1527 FN 126,
   1599-1601, 1619, 1639 f., 1672, 1756
- bei Fentanyl und verwandten Verbindungen 2482, 2485
- bei Heroin 514, 1053 FN 120, 1193 f.,
   1196-1201, 1230 f., 1234, 1241, 1243,
   1262, 1265, 1271, 1300, 2120
- bei LSD-25 403, 416, 514
- bei MDA und verwandten Verbindungen 864
Streifenkörper s. Corpus striatum

Stress 1144, 1149, 1151 FN 260, 1156, 1162, 1287, 1974, 2066, (Delirium/Depression)
Stresshormone 16, 1151 FN 260, (ACTH/ Adrenalin/Hypophyse/Nebennieren)
Struktur-Wirkungs-Beziehungen 132, 162 FN 133, 166, 360-376, 392, 395, 461 f., 472, 522, 582, 586, 616 FN 43, 629, 634, 795, 800 f., 816, 838 f., 841, 868, 872-874, 915, 932, 1078, 1103, 1109, 1149 FN 255, 1159, 1490 f., 1697, 1713, 1715, 1771 f., 1775, 1893, 1895-1897, 2159 f., 2179, 2200, 2244, 2246, 2246 FN 6, 2254, 2381, 2464, 2562 f., (Acetylcholin/Noradrenalin/ Rezeptor/ Toleranz)
strychnin-ähnliche Wirkungen 578, 602, 730, 846, 864 FN 110
Strychnin-Alkaloide 2120
Strychninismus 2118
Strychnin-Krämpfe 15, 1379, 2118
Sunde des Qāt 1740
stuporöser Zustand 638, 913, 1387, 1544, 2511, (Katatonie)
Suaheli 547
subcortical (Thalamus)
subjektiver Normalzustand 1127
Subkultur 292
subkutane Injektion 365, 517, 521, 673, 1082, 1221, 1283, 1558, 1603 f., 2248, 2322
sublingual 2346
Substantia nigra 2402, (Dopamin/retikuläres System)
Substitutionsbehandlung/-therapie 1051, 1053, 1107, 1248, 1316-1335, 1703 f., 2152, 2226 f., 2254 FN 15, 2290-2293, 2302-2304, 2346, 2420, 2423, 2425-2428, 2432, 2436, 2439, 2459, (Substitution/Toleranz)
Substitutionsprogramme 1018, 1039, 1343, 1326, 1326 FN 478, 1454, 1454 FN 45, 1458 FN 51, 1468
Suchtbegleiterkrankungen s. hier Sekundärkrankheiten
Suchtdisposition 245, 251, 1286 f., 1291, 1313 f., 1342, 1349, 1356, 1361, 1365, 1701 f., 1834 FN 83, 2208, 2217,
2436, (Arzneistoffabhängigkeit/Dopamin)
Suchtdruck 1288
Suchtgedächtnis 1313, 1313 FN 442
Suchtgefahr s. Abhängigkeitspotential
Suchtprävention 82, 1018
Suchtraucher 531, 1338 FN 507, (Nicotin)
Suchtstoffe (Betäubungsmittel/Suchtstoffe)
Suchtsymptome s. physische Abhängigkeit
Südafrika 1465, 1733
Südamerika 20, 29, 53, 65, 75, 137, 189, 432, 548, 552 f., 571, 617, 655 f., 659, 689 f., 709, 718, 720, 741, 754, 871, 950, 1031, 1409, 1445, 1447 f., 1457, 1464-1466, 1468, 1510, 1582, 1613, 2500, 2552, (Coffein)
Südeuropa 538 FN 90, 655
Südjemen 1739
Südkorea 1914, 1916
Südmexiko 432, 446, 660
Südroute 1048
Südrussland 736
Südostasien/südostasiatisch 655, 981, 1002 FN 57 und 58, 1003, 1006 f., 1031 f., 1038, 1042 f., 1046 f., 1056, 1178, 1192, 1195, 1222, 1763, 1916
Südtirol (Droge)
Südvietnam 994
Südwestasien 956, 1017
süßes Vitriol 2505
Sufismus 1735
Suggestibilität 339, 533, 538, (Synästhesie)
Suizid/-gefahr 52, 261-263, 425, 612 f., 680, 916, 1050 FN 114, 1307, 1545, 1631, 1683, 1696, 1917, 1948, 2021, 2163 FN 45, 2166, (Depression/Manie/ Schizophrenie/Serotonin)
Sumatra 1408
Sumerien 968
Summierungseffekte s. Additionseffekte
sunshine 405
supercoke 1624
Super-LSD 299, 803, 822, 905
Superman 2537
Suppositorien 1084, 2322, 2361
suprachiasmatischer Nucleus (REM-Schlaf)
supraspinal-motorisches System (extrapyramidales System)

Surinamesen 1623
Swann-Zellen (Axon)
Sympathicus 372, 517, 784, 1500, 1522, 1565, 1716, 1865, 1890 f., 1894, 1938, (Acetylcholin/Adrenalin/Mydriasis/ Noradrenalin/peripheres Nervensystem/Sympathicus/vegetatives Nervensystem)
Sympathicusstimulation 784, 925, 1522, 1565, 1890, 1716, 1889 f.
sympatho-adrenales System 362, 517, 1890 f., 1894, (Parasympathicus/Sympathicus/Sympatholythica/Sympathomimetica)
Sympatholytica 302, 304, 366 f., 372-374, 377, 745, 755, 842, 1938, 2466 FN 223, (Sympatholytica/Sympathomimetica)
Sympathomimetica 366, 586, 846, 855, 913, 925, 1351, 1520, 1565, 1565 FN 172, 1707, 1710, 1716, 1725, 1725 FN 27, 1746, 1756, 1771, 1785, 1791 FN 12, 1825, 1830, 1833, 1842, 1845, 1865, 1889 f., 1894, 1899 f., 2122, (Adrenalin/chromaffines Gewebe/Dopamin/ Mydriasis/Noradrenalin/spasmolytisch/Sympathomimetica)
symptomatische Psychose s. exogene Psychose
Synästhesien 142, 331, 607, 850, 1540, (Halluzination/Synästhesie)
Synanon-Gruppe 1362
Synapsen 7 f., 11 f., 13, 359, 856 FN 85, 915, 1154, 1564, 1570, 1892, 1894, 2118, 2205, 2508, (Axon/Catecholamin-O-Methyltransferase/Enzyme/ GABA/Glia/Glutaminsäure/Hippocampus/motorische Endplatten/Neuron/Synapse/Vesikel)
synaptische Bläschen s. Vesikel
synaptischer Spalt 8, 1564, 1716, 1892, (biogene Amine/Neurotransmitter/ Sympathomimetica/Synapse)
syndrugs 795
synergistische Effekte 120, 120 FN 68, 169, 853, 864, 904, 937, 1114, 1200, 1243, 1280, 1321, 1601, 1607, 1619, 1956, 1971, 2002, 2015, 2020, 2068, 2105,
2545, (Überaddition/Synergismus/ Wechselwirkungen)
synthetische Drogen s. Designer Drugs
Syntheserückstände 869, 919, 1195, 1809, 1907, 2402, 2484, (Designer Drogen/ Racemate)
synthetisches Cocain 927
synthetisches Heroin 2401, 2482, (Designer Drogen)
synthetisches THC 97, 100-104, 185, 193
Syrien 51, 477 FN 20, 1009 FN 66
systemisch 12, 855, (systemisch)
systolisch 2520

T

Tabak-Ersatz 54
Tabak-Rauchen 29, 150, 183, 194, 159 FN 185, 258 f., 530 f., 637, 875, 904, 977, 1614, 1629, 1741, 1765, (Missbrauch)
Tablettenform 188, 254, 398, 404, 670, 675, 758, 796, 803, 822, 835 FN 51, 845 f., 860 FN 96, 862, 864 f., 869, 901, 989, 1084, 1110, 1139 FN 242, 1183, 1228, 1331, 1337, 1351, 1625, 1789, 1816, 1818, 1827, 1837, 1845, 1902 f., 1906, 1908, 1912, 1965, 2023, 2063 f., 2221 f., 2231, 2276, 2299, 2301, 2316 f., 2327, 2343, 2346, 2360, 2451
Tabuisierung 477, 1028
Tachykardie s. Herzschlagbeschleunigung
Tachyphylaxie s. Toleranzausbildung
TAD s. tricyclische Antidepressiva
Tadschikistan 1020, 1024
Tages-Sedativa 2084
Tages-Tranquilizer 2186
tagtraumartige Episoden 123, 346, 605, 926, 1525, (Halluzination/ REM-Schlaf)
Tahiti 1368, 1371
Take-home-Dosen 1330, 1339, 2292, 2432, 2439
Takini 20 FN 1
taktile Halluzinationen 328 f., 538, 571, 607, 678, 850, 855, 910, 926, 1539, 1546, 1635, 1635 FN 282, 1694, 1729,

1878, 1952, 2549, (Ethanol/Halluzination/taktil)
Taliban 1020
talk down 146
Tangoschritt 2030
Tansania 1736
tanzen/Tanzdrogen 473, 728, 790, 855, 861, 937, 1521
Tarahumara 550, 573 FN 3, 574 FN 5, 599, 623, 626, 788 FN 204
Taubheitsgefühle s. anästhetisierende Eigenschaften
Techno-Party/-Szene 513, 667, 861, 937, 1482, 1724, 1812, (Coffein/Terpene)
Teilnahmslosigkeit s. Apathie
Temmler-Werke, Fa. 1796
Temperaturanstieg s. Körpertemperatur
Temperaturregulation 1546, (Hypothalamus)
Temperatursinn 607, 1574
temporale Desintegration 131, 261
Teonanácatl 658
Tepache 447
teratogene Eigenschaften s. Missbildungen
tesquino 550
Tetanusinfektion 180
Tetra 2530
Texas 574 FN 5, 575 f., 625, 790, 1462
Thailand 655, 751, 949, 994, 1001-1003, 1029, 1035 f., 1042 f., 1815, 2482
Thaisticks 192
Thalamus 355, 377, 650 f., 914, 1135, 1149, 1884, 1998, (Blut-Hirn-Schranke/L-Dopa/Hypothalamus/Serotonin/Thalamus)
Thanatos 969
THC-ähnliche Wirkungen 167
Thebacon-Abhängigkeit 2307
Thebaicum 974
Theben 46
therapeutische Breite 98, 403, 421, 451, 512, 539, 560, 855, 933, 1201, 1274, 1335, 1672, 1720, 2021, 2070, 2176, 2229, 2344, 2458, (therapeutische Breite)
therapeutische Wohngemeinschaften 1363
Therapie s. Abstinenz-/Psychotherapie, Entzugs-/Substitutionsbehandlung

Therapieabbrüche 1317, 1325, 1339, 1361, 1364
Therapieplätze 1362
Therapieresistenz 1325, 1337, 1358, 1364
Theriak 972
Thrombosen 1320
Thymeretica 2158, 2166
Thymoanaleptica 2155, 2158, 2369
Tibet 736, 1764
Tiefenpsychologie 350
Tiefschlaf 937, 2003, 2336 FN 88, (REM-Schlaf)
Tilidin-Abhängigkeit 2262 f.
Tilidin-Rausch 2261
tingling sensation 435, 846, 1539, 2060, (Parästhesien), s. auch Hautkribbeln
Tipis 599
Tlilitzin 446
TMA-Rausch 849, 851
Tobsuchtsanfälle 468, 478, 486, 523, 805, 820, 824, 912, 2248
Todesangst 138, 451, 1545
Todesfälle s. Toxizität
Toleranzausbildung (Arzneistoffabhängigkeit/Kumulation/Toleranz)
- bei Amfetaminen 854, 1898 f., 1920, 1925, 1942
- bei Arsenik (Droge)
- bei Barbituraten 1968, 2007-2009, 2016, 2024
- bei Benzomorphanen 2368
- bei Bromcarbamiden 2102 f.
- bei Buprenorphin 2345
- bei Cannabis 61, 98, 127, 147, 153, 157, 171, 231, 235, 385
- bei Chloroform 2522
- bei Cocain 1544, 1562, 1578-1580, 1598, 1614, 1631, 1651, 1671, 1693
- bei Codein 2279, 2285
- bei Coffein (Coffein)
- bei DMT 885
- bei Endoopioiden 1153
- bei Ephedrin 1728
- bei Ether 2511
- bei Fentanyl und verwandten Verbindungen 2476
- bei GHB 938

- bei Heroin und verwandten Verbindungen 1129, 1153, 1160 FN 269, 1162, 1166 f., 1170 f., 1170 FN 282, 1210 f., 1277 f., 1282, 1290, 1294, 1341, 1598
- bei Kath-Wirkstoffen 1750
- bei Ketamin 926
- bei Lösungsmitteln 2544, 2551
- bei LSD-25 385, 389-391, 394
- bei MDA und verwandten Verbindungen 842, 853 f., 864
- bei Mescalin 615
- bei Methaqualon 2070
- bei Methylaminorex 2130
- bei Naltrexon 1109, 1111
- bei Pentazocin 2368
- bei Pethidin 2391 f.
- bei Piritramid 2411
- bei Psylocybin 683
- bei Tranquilizern 2197

Toleranzverlust 1278 f.
Tollkirschen-Blätter 463 FN 9, 514 FN 58, 569
Tollkirschen-Extrakt 403, 520
Toloache 549
Tonga 1371
Tongá-Trank 556
Tonica/tonische Wirkungen 20 FN 2, 48, 145 FN 117, 435, 462, 521, 694, 730 f., 881, 1137, 1303, 1309 f., 1382, 1516, 1518, 1565, 1712, 1716, 1865, 1890, 2068, 2118, 2477, (Acetylcholin/Epilepsie/extrapyramidales System/Dopamin/Dystonie/Hypotonie/Rigor/spastisch/Tonicum/Tonus)
Tonusherabsetzung 521, 1379, 1938, 2249, (Hypotonie/Parasympathomimetica/spasmolytisch)
Tonussteigerung s. Tonica
toothing 1586
Totalanalgesie 1522
Totalfreigabe 79-82, 197 f., 1340-1345
Totalimitat s. Imitate
Totalsynthetica s. Designer Drugs
Totenfeiern/-kulte 47, 279, 477, 540, 556, 969 f., 632 FN 55, 725, 771, 1734
Tour de France 1442
Toxikomanie s. Monotoxikomanie

Toxizität (Amnesie/Atrophie/Bewusstseinsstörung/Dementia/Denkstörungen/Depersonalisierung/Dysphorie/Epoxid/Gifte/Intoxikation/Isomere/Koma/neurotoxisch/parenteral/therapeutische Breite/ Toxizität)
- bei Alkohol 1105, 1609, 1609 FN 234, 1827, 1846, 1967 FN 12, 2020, (Nicotin)
- bei Amanita-Wirkstoffen 455 f., 460 f., 463 FN 9, 465, 465 FN 12, 468, 476 f., 480 FN 25, 482-484, 486, 672
- bei Amfetaminen 865, 1052, 1607, 1752, 1809, 1818, 1846, 1875, 1878, 1892, 1898, 1901, 1907, 1933-1938, 1954 f., 2143
- bei Aminorex 2131
- bei Arecolin 1773, 1777
- bei Arsenik (Droge)
- bei Barbituraten 1827, 1846, 1987, 2020-2023, 2032, 2034, 2048, 2067 f., (Agonisten)
- bei Benzodiazepinen 2020
- bei Benzol 2548, (aromatische Kohlenwasserstoffe)
- bei Benzylisochinolinen 538 FN 87 und 89
- bei Bromcarbamiden 2104-2106
- bei Bufotenin 689
- bei Buprenorphin 2344
- bei Butangas 2533
- bei Cannabis 61, 82, 96, 208, 210 f., 227, 229 f., 256-260, 865 FN 118
- bei Cantharidin 538 FN 90
- bei Chloroform 2520
- bei Clomethiazol 2152 f.
- bei Cocain 756, 919, 1052, 1501, 1563, 1568, 1571 f., 1601, 1607, 1609, 1612, 1615, 1619, 1621, 1634 f., 1637, 1653 f., 1662-1677, 1681, 1686, 1688, 1933, 1937, 2143
- bei Codein 2295
- bei Coffein (Coffein)
- bei Colchicin 1601
- bei Cytisin 779, 786
- bei Dextropropoxyphen 2458-2460
- bei Distickstoffmonoxid 2514, 2516
- bei Diterpenen 538 FN 89

- bei DOB 807, 823
- bei DOM 807
- bei Ephedrin 1720
- bei Ether 2511
- bei Etonitazen 2494 FN 250
- bei Etryptamin 887
- bei Fentanyl und verwandten Verbindungen 2480, 2482 f., 2487
- bei GBL 936 FN 211
- bei GHB 938
- bei Harmala-Wirkstoffen 722, 724 FN 155, 734
- bei Heroin und verwandten Verbindungen 904, 952, 989, 1050-1054, 1079, 1107, 1122, 1124, 1177, 1200 f., 1205-1207, 1210 f., 1220 f., 1225, 1242 f., 1242 FN 359, 1269-1286, 1294, 1297, 1307, 1309,1315, 1321, 1359, 1606 f., 1654, 1675, 2067, 1338, 2393, 2432 FN 190, 2434
- bei Iboga-Wirkstoffen 772
- bei JB 318/JB 336 933
- bei Kath-Wirkstoffen 1752, 1754
- bei Levacetylmethadol 2439
- bei Lösungsmitteln 2530 f., 2540-2543, 2547 f., (Epoxid)
- bei LSD-25 285, 318, 403, 418, 420 f., 451, 585, 865 FN 118, 1607, 2194
- bei MDA und verwandten Verbindungen 855 f., 865, 865 FN 118
- bei Mescalin 585
- bei Methadon 1321, 2431 f., 2432 FN 190, 2434 f., 2437
- bei Methanol (Methanol)
- bei Methaqualon 2067 f., 2070, 2077
- bei Muskatnuss-Wirkstoffen 636, 638 f., 904 FN 163
- bei Neuroleptica 2147
- bei Nicotin 1777, (Nicotin)
- bei Oxalsäure (Oxalsäure)
- bei Oxycodon 2316
- bei Paracetamol 1198 FN 315
- bei PCP 904, 911, 913, 919
- bei Pentazocin 2363
- bei Pethidin 2393
- bei Piperidin-Alkaloiden 538 FN 88, (Piperidin)
- bei Piperidindionen 2083, 2089 f.
- bei PMA 810
- bei Psilocybin 456, 672 f.
- bei Solanaceen-Wirkstoffen 495, 497, 500, 510 f., 521, 523, 525, 528 f., 539, 560, (Nicotin)
- bei Strychnin 1276 FN 402, 2118, 2120
- bei Tranquilizern 2176, 2226, 2229
- bei Trichlorethylen 2530
- bei Urethanen 2109
- bei Windengewächs-Wirkstoffen 447, 451
- bei Yohimbin 757

Trägergas 2514
Trägermaterial 183 FN 160, 188, 193, 396, 632 FN 55, 822, 875, 903 f., 1620, 1629, 1917, 2063
Tramadol-Abhängigkeit 2254 FN 15
Tränenfluss 125
trance 861, 862 FN 102
Trancezustände 123, 138, 527, 545 FN 96, 566, 597, 689, 785, 861, 937, 1151, 2251, (psychedelisch)
Tranquilizer/tranquilisierende Wirkungen 148, 172, 347, 352, 681, 918, 942, 1085, 1321, 1379, 1874, 1881, 1911, 1969, 1947 FN 257, 1974, 2010 f., 2026, 2114, 2147, 2160, 2172-2238, 2430, (Ataraxie/Benzodiazepine)
Tranquilizer-Abhängigkeit 2026, 2193, 2212-2218
Tranquilizer-Intoxikation 2176
Tranquilizer-Kombinationen 1321, 1338, 1881, 2222-2226
Tranquilizer-Rausch 2219
Tranquillantia 2172
Transaminierung 635
Transmitter s. Neurotransmitter
Transpiration s. Schweißausbruch
Trauer 355, (Hypothalamus)
trauminduzierende Wirkung 123, 721, 728, 926, 1176, 1388, 1735, (Noradrenalin)
Traumschlaf 346, 728, 1388, 2035, (Halluzination/REM-Schlaf)
Treibgaspatronen 2515
Tremor 97, 125, 585, 706, 856, 887, 938, 1162 FN 272, 1176, 1297, 1309 f., 1393, 1524, 1632, 1682, 1688, 1720,

1728, 1751, 1835, 1845, 1935, 1944,
2030, 2106, 2169, 2217 f., 2393, 2477,
(Delirium/ Dopamin/Tremor)
Tri 2530
Triaden 1005, 1046, 1916
Trichomen 202
tricyclische Antidepressiva (TAD)/Thymoanaleptica 2158 f., 2162
Triebbefriedigung s. hier sexuelle Veränderungen
Trigeminus-Entzündungen 538 FN 89, 2548
Trigger s. hier ausklinken/latente Psychosen
trip 285, 295, 299, 310, 318, 333, 337, 343, 396-399, 402 f., 413, 424, 612, 669, 677, 796, 805, 822, 877, 880, 905, 1531, 1544, 1615, 2220, 2516
trip werfen 399, 403, s. auch werfen
trocknen von Drogen 468-470, 482, 552, 576, 592, 616 FN 43, 625, 632, 648 f., 669, 689, 697, 721, 769, 776, 782, 961 FN 11, 1372, 1383, 1412, 1415 f., 1741
trommeln 138
Tropen-Alkaloide/Tropane s. Solanaceen-Alkaloide
Tropen 20, 436, 630, 696, 709, 736, 1369
trucker 1756
Truncus encephali s. Stammhirn
Trunkenheitsgefühl 448, 1869
tryptaminerg 358, (Tryptamin)
T's and Blues 2367
Tschechien 1048
Tschetschenien 1024
Tschudi 1072
Tschuktschen 481
Tuberkulose 2307
Tukanoau 729
Tumor/-bekämpfung 98 f., 101, 259, 259 FN 220, 354, 777, 991, 1081, 1084, 1139 FN 242, 2307, 2316 f., 2343, 2361, 2423, 2452, 2465, 2471, (Nicotin)
Tungusen 469
Türkei/türkisch 32 FN 7, 36, 42, 59, 178, 949, 956, 959, 961, 976 FN 26, 977,

995, 998, 1007 f., 1011-1015, 1029, 1032 f., 1021 f., 1046-1049, 1195 f.
Türken-Heroin 1011-1015, 1029-1033, 1046-1049, 1195 f., 1198 f., 1206, 2436
Turbo-Entzug 1331, 1349
Turbo-Karrieren 1052
turkey 1316
Turkmenistan 1024
turn on 292
Tüte bauen 183
Typhus 1080
Tzompanquahuitl 788 FN 204

U

ubiquitäre Einwirkung 1141, 1999, (Ethanol/ubiquitär)
Übelkeit 99, 117, 321, 473, 476, 602, 638, 674, 786, 807, 846, 937 f., 975, 1084 FN 166, 1309 f., 1389, 1672, 1823, 1877, 1917, 2283, 2369, 2508, 2515, 2547
überadditive Wirkungen 2002, 2005, 2068, 2541, (Synergismus/Überaddition)
Überaktivität s. Hyperaktivität
Überalterung 1049-1051, 1054, 1205, 1291, 1307, 1336, 1358, 1364
Überbrückungsbehandlung s. hier Entzugsbehandlung
Überdosierung s. hier Hochdosierung
Überdrehtheit s. Erregungszustände
Überempfindlichkeitserscheinungen 16, 145, 158, 1270, 1524, 1549, 1580, 1901, 1933, (Acetylcholin/Toleranz)
Übererregung s. Erregungszustände
Überstimulierung 613, 1549, 2032
Übertragung 351
Überwachheit 349, 1945, 2032
UdSSR s. Sowjetunion
Uhu 2526
Ukraine 862, 1048
Ultrakurz-Narkotica 893
Umgebungsfaktoren s. setting
umgekehrte Toleranz s. Überempfindlichkeitserscheinungen
Umkehreffekte 16, 145, 1130, 1162, 1523, 1542, 1834, 1877, 1892, 1899, 1901,

1945, 2016, 2058, 2061, 2103, 2219, 2228, 2307, 2364, 2466 FN 223, 2485, 2497, 2510, 2516, (hyperkinetisches Syndrom)
umkonstruierte Drogen 797
Umsteige-Effekte 249, 251, 253, 424, 2499
UN 70 FN 36, 82, 795 FN 1, 1018
unangenehm s. dysphorisch
Unbewusstes 350 f., 566
underground 298, 451, 1060
unechte Halluzinationen s. Pseudohalluzinationen
Unfälle 2196 f.
Unfallschmerzen 1144, 2452
Ungarn 1048
Ungeborenes s. Fetus
união do Vegetal 720
unio mystica s. mystische Erlebnisinhalte
Unkrautmittel 15, 616 FN 43, s. auch Herbizide
Unlustgefühle s. dysphorische Wirkungen
Unruhe, innere 122, 235, 261, 342, 422, 855, 887, 909 f., 1350, 1631, 1681, 1728, 1754, 1776, 1837, 1868, 1932, 1945, 1951, 1968, 2027, 2072, 2103, 2141, 2162, 2166, 2187 f., 2194, 2217, 2219, 2335, 2392, 2442, 2536, 2542, (Adrenalin/Coffein/hyperkinetisches Syndrom/Hypoxie)
Unterleibskrämpfe 1309
Untertemperatur s. Körpertemperatursenkung
Unterwelt s. Hades
unwillkürliches Nervensystem s. vegetatives Nervensystem
Unwohlsein s. Übelkeit
uppers/ups 1705, 1722 FN 18, 1785, 1881, 1947, 1957
Urin 151, 221, 224 f., 325, 410 f., 470, 588, 650, 920, 936 f., 1237, 1248 f., 1251, 1254-1256, 1259, 1656, 1658, 1887, 1924, 2037, 2039, 2056, 2087, 2163, 2198, 2234, 2271, 2438, 2460, (Metabolisierung)
Urod-Therapie 1350
Urologica 2119
USA 20, 30, 30 FN 6, 61 f., 64-66, 70 f., 81, 97, 101, 137, 145 FN 117, 181,

277, 287, 289 f., 293, 353, 405, 410, 432, 452, 499, 549, 593, 595, 599, 628, 663, 737, 741, 749, 755, 774, 788 FN 2041 795, 802 f., 809, 821, 831, 836, 858, 880, 886, 893, 896, 900, 939, 902, 904, 936, 980, 990, 993-999, 1002, 1008, 1016, 1020, 1026, 1028 f., 1029 FN 90, 1031, 1040, 1050 FN 115, 1056 FN 123, 1060, 1109, 1110 FN 193, 1318, 1321, 1332 f., 1362, 1398, 1441, 1443, 1450, 1455 f., 1458, 1462, 1464 f., 1468-1479, 1484 f., 1591, 1606, 1615, 1618, 1624-1626, 1628, 1633, 1654, 1659 f., 1677, 1686, 1703 f., 1725, 1756, 1781, 1795, 1797, 1806, 1811, 1818, 1852, 1902 f., 1910, 1914, 1962, 1990, 2019, 2065-2067, 2125, 2316, 2360, 2367, 2377, 2401, 2420, 2439, 2457 214, 2460, 2465, 2479-2485, 2543, 2559, (Nicotin/Tryptophan)
Usbekistan 1020, 1024
user 463 FN 9, 909, 1529, 1947, 2060
US-Soldaten 186, 994 f., 1000, 1359, 1637, 1796
Uterus 1303, (vegetatives Nervensystem)
Uteruskontraktionen 284, 303, 729

V

vaginale Applikation 1463, 1611
Valium-trips 2220
Vandalismus 1956 f.
Vasokonstriktion s. gefäßverengende Wirkung
vegetative Dystonie s. neurovegetative Dystonie
vegetative Nebenwirkungen (Delirium/REM-Schlaf)
- bei Alkohol 1546
- bei Amanita-Wirkstoffen 455, 462-464, 476
- bei Amfetaminen 846, 1791, 1793, 1835, 1837, 1842, 1865, 1877, 1890-1892, 1896 f., 1900, 1917, 1935, (Serotonin)
- bei Antidepressiva 2169
- bei Apomorphin 1347, 2248

- bei Arecolin 1777
- bei Bufotenin 704-706, 881
- bei Buprenorphin 2344, 2346
- bei Cannabis 98, 125 f., 165 FN 114, 167, 232
- bei Chlorpromazin 2140
- bei Cocain 1515-1522, 1524, 1546 f., 1578
- bei Codein 2283, 2295
- bei Cyclopropan (Propan)
- bei Cytisin 784, 786, 791
- bei Dextromoramid 2452
- bei DMT 881 f.
- bei DOM 806 f.
- bei Doxepin 1352 FN 537
- bei Ephedrin 1717, 1746
- bei Ether 2508
- bei Etryptamin 887
- bei Fentanyl und verwandten Verbindungen 2477
- bei GHB 938
- bei Harmala-Wirkstoffen 727 f.
- bei Heroin und verwandten Verbindungen 1137, 1142, 1285, 1309, 1335, 2328
- bei Hydrocodon 2328
- bei Iboga-Wirkstoffen 772 f.
- bei Kath-Wirkstoffen 1746 f.
- bei Kawa-Wirkstoffen 1389
- bei Levorphanol 2335
- bei Lösungsmitteln 2534
- bei LSD-25 321, 328, 421, 881
- bei MDA und verwandten Verbindungen 846, 855
- bei Mescalin 601-604
- bei Methadon 1323 f., 1335, 1337, 2292 FN 55, 2346, 2422
- bei Methaqualon 2062
- bei Muskatnuss-Wirkstoffen 638
- bei Normethadon 2442
- bei PCP 913
- bei Pentazocin 2363
- bei Pethidin 2384
- bei Psilocybin 673 f., 680
- bei Salicylsäure 1198 FN 314
- bei Solanaceen-Wirkstoffen 511 FN 51, 513-521, 526, 565
- bei Tilidin 2258, 2260
- bei Tranquilizern 2176, 2201, 2218
- bei Windengewächs-Wirkstoffen 448, 452
- bei Yohimbin 753, 757

vegetatives Nervensystem 462, 462 FN 8, 515, 517, 565, 784, 882, 1143, 1890, 2032, 2260, (Adaptation/Adrenalin/ Axon/biogene Amine/Dystonie/Epilepsie/extrapyramidales System/Hypothalamus/limbisches System/Neurotransmitter/Parasympathicus/peripheres Nervensystem/ retikuläres System/ Sympathicus/Thalamus/vegetatives Nervensystem)

vegetative Zentren 2260, (retikuläres System)

Veitstanz 282, (GABA)

Venen/venös 1219-1221, 1270 FN 394, 1271, 1296, 1608, 1678

Venezuela 691 f., 696, 698, 1460

ventrale Haube (VTA) (Dopamin)

Verätzungen 2547

Veranlagung s. Disposition

Verantwortlichkeit 1128

Verantwortungsbewusstsein 850, 1129, (Depravation)

Verblödung s. Demenz

Verdauung(s)/-störungen 517, 638, 1775, (REM-Schlaf)

Verdrängung 288, 342, 351 f., 352 FN 75, 844, 1527

Verdünner 2528 f., 2534, 2551 f.

Vereinsamung 1287, 2243

Verelendung 1339, 1635, 1637, 2552, s. auch Depravation

Vererbung 346, 1287, (hyperkinetisches Syndrom/Synästhesie)

Verfall der Persönlichkeit s. Depravation

Verfall, körperlicher 1176, 1297-1299, 1337 f., 1569, 1612, 1615, 1635, 1679, 1682, 2030, 2036, 1917

Verfolgungsgefühle/-wahn 263, 426, 911, 1538, 1635, 1665, 1696, 1780, 1816, 1917, 1951, (Beziehungswahn/Paranoia)

Vergesslichkeit 2212

Vergewaltigung 927

Vergiftung s. Toxizität

Verhaltensauffälligkeiten/-störungen 245 f., 856, 1287, 1298, 1303, 1722, 1722 FN 19, 1833-1835, 1837, 1847, 1892, 1955, 1974, 2123, 2137, 2181, 2192, (Hyperkinese/hyperkinetisches Syndrom/Loggorrhoe)
Verhaltenstherapie 1834
Verkehrstauglichkeit/-unfälle s. Fahrsicherheit
verlängertes Rückenmark s. Medulla oblongata
Vermittler 1216, 1288
Vermögensstrafe 1040
Vernichtungsängste 352
Versailler Vertrag 990
Verschnittstoffe s Streckmittel
Verstärkerwirkung 1548, 1695, (retikuläres System)
Verstärkung s. Additionseffekte
Verstimmungszustände s. Depression
Versunkenheit s. kontemplative Stimmung
Verwahrlosung 243, 1330, 1337, 1635, 2243, 2500, 2552, (Depravation)
Verwirrtheitszustände 261, 387, 426, 453, 468, 473, 523, 686, 805, 845, 855, 911, 916, 926, 1351, 1631, 1877, 1951, 2036, 2106, 2136, 2151, 2162, 2196, 2336 FN 88, 2540, 2542, (Bewusstseinsstörung/Coffein/Delirium/Hypoxie/Terpene)
Verzückungszustände s. ekstatische Zustände
Vesikel 7 f., 15, 366, 377, 856 FN 85, 1567, 1569, 1716, 1891, 1894, 1899, 2164, (Noradrenalin/Rezeptor/Vesikel)
Veterinärmedizin 896
Vietnam 994, 1000, 1043
Vietnam-Krieg 292, 994, 1000, 1251, 1359
Vigilanz s. Schlaflosigkeit
Vilca 694
Vilca-Alkaloide 775-778, (Alkaloide)
Vin Mariani 1438
virale Infektion 1300 f.
Visionen/visionäre Zustände 136, 138, 261, 330 f., 358, 473, 566, 600, 658, 710, 727, 733, 772, 879, 1119, 1151, 1878, 1880, 2251, 2523, 2527, 2539

visuelle Halluzinationen 129, 129 FN 96, 136, 142, 328, 330 f., 337, 424, 473, 527, 549, 607, 621, 623, 627, 677 f., 707, 727, 773, 850 f., 855, 910, 925, 1540 f., 1694, 1951, 2364, (Delirium/Ethanol/Halluzination/Halluzinose)
Vitamine 1454, 1495
Vitamin A 1811
Vitamin C 1198, 1495, 1742, (Enzyme)
Vitamin K 927
Vitamin PP 1198 FN 317
Vitamin Q 2066
Völkerbund 990
Vollnarkose 1350, 2514
Vomitiva s. Emetica
Vorderer Orient 50-52
Vorderhirn s. präfrontaler Cortex
Vorläuferstoffe s. Grundstoffe
Vorlaufdroge 254
Vortest s. Schnelltestverfahren
VTA s. ventrale Haube
Vulva 1611

W

Wachhalten s. Schlafhemmer
Wachheit/-bewusstsein s. Bewusstseinshelligkeit/-veränderungen
Wachphasen s. Schlafentzug
Wachslöser 2502
Wachstumshormone 1805 f., 1805 FN 41, (Hypophyse/Hypothalamus/Melatonin)
Wachstumsphase 239
Wachzentrum 1998, 2003
Wärmegefühl 194, 1126, 1220 FN 332, 1273, 2436
Wärmehaushalt 1447, 1517
Wärmeregulationszentrum 846, 1517
Wärmestau s. Hyperthermie
Wahnideen/-vorstellungen 138, 261-263, 477, 566 f., 680, 772, 1297, 1545, 1750, 1805 FN 40, 1917, 2136, 2155, 2217, 2219, (Beziehungswahn/Delirium/Denkstörungen/Paranoia)
Wahnsinnsdroge 903
Wahrheitssera/-drogen 527, 1985 FN 12
Wahrnehmungseinschränkungen s. hier Bewusstseinseinschränkungen

Wahrnehmungsveränderungen 19, 117, 121, 124, 128 f., 129 FN 77, 134, 136, 138, 141, 159, 266 f., 327 f., 335, 337 f., 344, 365, 378, 387, 450, 550, 571, 607, 636, 675, 753, 783, 848, 851, 937, 1119-1122, 1136, 1139, 1141, 1538, 1935, 1951, 2030, 2118, 2261, 2328, 2538 f., 2547, 2558, (Dementia/Droge/ Halluzination/Illusion/Narkotica/psychedelisch/retikuläres System/Synästhesien)
Waika 696
Ware 1216
Warmer Entzug 1316, 1324, 2346
warlords 1024, s. auch Drogenbarone
war on drugs 64, 1431 f., 1434, 1455 f., 1458
waschen s. Geldwäsche
Wasserhaushalt 465 FN 12, 855, 855 FN 82, (Hypophyse/Hypothalamus/Nebennieren/vegetatives Nervensystem)
Wasserlöslichkeit s. Hydrophylie
Wasserpfeifen 125, 183, 1619, 1622, 1629, 1741
Wasserverlust s. Wasserhaushalt/Dehydratation
Wasson 663
Watts, Alan 291, 600
Wechselwirkungen 161, 169, (Wechselwirkungen) s. hier Wirkungsüberschneidungen/Synergismus/Potenzierung
Weckamine/-mittel 19, 171, 233, 265, 297, 299, 393, 841, 854, 858 f., 1442, 1482, 1571, 1602, 1607, 1685, 1746, 1783-1958, 2000 FN 42, 2014, (Agonisten/ Coffein)
Weckamin-Kombinationen s. Amfetamin-Kombinationen
Wecker, Konstantin 1632
Weckmittel-Psychosen 264 FN 189, 426, 1697, 1729, 1750, 1780, 1835, 1877 f., 1880, 1917, 1935, 1946, 1950-1955, (Schizophrenie)
weed 173
Wehen 2471
wehenerregende Mittel 285, (Hypophyse)
weiche Drogen 79-82, 107, 107 FN 72, 1055, 1940

Weihrauch 200, (Terpene)
Wei Hueh-kang 1002 FN 57, 1816
Wein von Jurema 710
Weintrinken 51, 479, 499, 523, 540, 1438
weißes Heroin 1194, 1238 FN 367, 1639
weiße Jurema 710
weiße Magie 537
weiße Riesen 1805 FN 40
weißes Gold 1460
1. Weltkrieg 1442 f.
2. Weltkrieg 242, 571 FN 2, 638, 993, 1785, 1796 f., 1817, 2242, 2419 f.
werfen 810, 860, 2023, 2043, 2301, s. auch trip werfen
Wermut (Terpene)
Wesensveränderungen s. Persönlichkeitsveränderungen
Westafrika 750, 754, 763, 769, 1709, 2124
Westasien 501
Westeuropa 1027 f., 1450
Westindische Inseln 432, 691, 693, 718, 741
white stuff 1594
white tornado 1619
Whiskey 595
WHO 74, 76, 236, 1819
Widerstandskraft 1517, 1682
Wiederaufnahmehemmung s. reuptake-Hemmung
Wiederholungen s. stereotype Verhaltensstörungen
Wilde Peyote 573
Willensfreiheit/-losigkeit 449, 527, 1128
willkür-motorisches Nervensystem 212 f., 216 f., 1137, (extrapyramidales System/vegetatives Nervensystem)
Willstätter, Richard 1434
Windensamen 270, 431, 434-436, 438, 445-447, 450, 452 f.
Wint 1913 FN 195
Wirbelbrüche 2118
Wirklichkeitsverlust s. Realitätsbezogenheit
Wirkorte s. Rezeptoren
Wirkstoffabbau/-auscheidung s. Metabolisierung
Wirkstoffe 27, 83, 90, 104, 106, 111 f., 116 f., 144, 150 f., 164, 194, 208, (Droge/ Wirkstoffe)

Wirkungsdauer s. Metabolisierung
Wirkungsmechanismus s. physiologische Wirkungsweise
Wirkungsschwankungen 1321, s. auch Dosis-Wirkungs-Verhältnis
Wirkungssteigerung s. Additionseffekte
Wirkungssynergismus s. Synergismus
Wirkungsüberschneidungen 19, 120, 168 f., (Wechselwirkungen)
Wirkungsumkehr s. Umkehreffekte
Wodka 481
Wohlbefindlichkeitssystem s. Belohnungssystem
Wohlstandsdrogen 860
Wohngemeinschaften 1363
Wolga 47
Wood Rose 433
world's finest heroin 2485
Wright, C.R. 988
Wund(e)/-behandlung 1499, 1546, 1770, 1944
Wundstarrkrampf 2423
Wurzelstock s. Rhizom
Wut 355, 1548, 2200, (Hypothalamus/limbisches System)

X

XTC 835, s. auch ecstasy

Y

Yaba 1815 f., 1914
Yagé 556, 696 FN 132, 703, 721, 725 f., 724 FN 155, 729, 735, 876
Yagé-Rausch 725-729, 734
Yakee 696, 703
Yakuza 1916
Yangona 1368
Yao 1002
Yaqui 782
Ying-Yang 397
Yoga 566
Yohimban-Alkaloide 746, 2142
Yohimban-Rausch 753 f.
Yopo 691, 693, 698, 704
Yünnan 1003

Z

Zahnfleisch/-schmelz 1611, 1665 FN 327, 1770
Zahnverfall 1298, 1635
Zapoteken 431, 446
Zauberkaktus 574
Zaubertrank 540
Zauberwinde 430
Zeiterlebnisstörungen 120, 120 FN 68, 127, 129, 131, 267, 328, 331, 528, 608, 636, 678, 772, 805, 850, 877, 910
Zeitsteuerung (Epiphyse)
Zellabnahme s. hier zerebrale Atrophie
Zellgifte 99, 1297, 1601 FN 221, (Droge/ Ethanol/Gifte/Hypoxie/Zytostatica)
Zellkern 7
Zellkulturen 312, 454, 687, 713
Zellmembran 3 f., 8, 10 f., 13, 116, 164, 167, 359, 515, 1141, 1168, 1491, 1565, 1575 f., 1892, 2000, 2203, 2402 2508, (Hormone/ Membran/Rezeptoren), s. auch Membranpermeabilität
Zellteilung s. Mitose
Zentralamerika 20
Zentralasien 45
zentrale Lähmungen s. Lähmungen
zentral-erregend s. stimulierend
zentral-dämpfende/-depressive Substanzen/Wirkungen 19, 138 FN 108, 165, 510, 517, 525, 527, 795, 1.120-1122, 1122 FN 207, 1141, 1160, 1171, 1285, 1298, 1315 FN 454, 1322, 1349, 1381, 1449, 1790 FN 11, 1810, 1846, 1866 FN 118, 1949, 1976 f., 2016, 2028, 2101, 2112, 2135, 2137, 2144, 2147, 2161, 2165, 2169, 2200, 2203, 2222, 2229 FN 113, 2231 f., 2344, 2358 FN 116, 2364, 2434, 2539, (Arzneistoffabhängigkeit/Halluzination/Hypnotica/Miosis/Sedativa/Toleranz)
Zentralmexiko 637, 788 FN 204
Zentralnervensystem/zentralnervös 1-17, 48, 158, 239, 242, 282, 523, 525, 586, 739, 856, 914, 925, 1062, 1106 FN 184, 1120, 1135, 1137, 1142 f., 1171, 1271-1273, 1377, 1379-1381, 1554,

1571, 1586, 1612, 1666, 1675, 1775, 1977, 1996 f., 2002, 2032 f., 2104, 2114, 2163, 2203-2205, 2239, 2245, 2248, 2261, 2295 FN 58, 2358 FN 116, 2363, 2440, 2458, 2476, 2497, 2535, (Afferenz/Agonisten/Anästhesie/ Analgesie/biogene Amine/Blut-Hirn-Schranke/ Droge/GABA/Ganglien/ Glia/Neuron/Neurotransmitter/Nicotin/ Noradrenalin/peripheres Nervensystem/Reafferenz/Serotonin/Synapse/ systemisch/ Zentralnervensystem)
zentral-stimulierend s. stimulierend
zerebrale Atrophie 260, 856, 1297, 1680, 2402, 2547, (Atrophie/Ethanol)
zerebrale Durchblutung 304 FN 34, 777, 1666, 1668, 2011, (zerebral)
zerebrale Dysfunktion s. Hirnschädigungen
zerebrale Krampfanfälle 304, 856, 1280, 1297, 1311, 1667, 1672, 1702, 1846, 1935, 1992, 2032, 2162, 2194, 2217
Zerstörungswut s. Vandalismus
Ziellosigkeit 1946
Zigaretten/-konsum 57, 82, 112, 183 FN 160, 188, 227, 259, 259 FN 220, 531, 901, 1177, 1226, 1335, 1336 FN 497, 1337, 1338 FN 507, 1629, 1765, 1917, (Nicotin), s. auch Tabak-Rauchen
Zigeuner 545
Zirbeldrüse s. Epiphyse
Zirrhose 1300, 1396
Zit-el-harmel 738

Zitronentee 1198
Zittern s. Tremor
Zürich 1336 f., 1336 FN 500
Zuhälter 2231
zu machen/zu sein 1269, 1975
Zumacher 1705
Zungentest 1436, 1546, 1438, 2494 FN 252
Zusatzmittel 1227, 1321 f., 1330, 2114, 2390, 2430, 2460, s. auch Beigebrauch
Zwangsneurosen/-symptomatik 1701, 1952, 1954 f., 2027, 2155, 2173, 2187
zweite Messenger 1168-1170, (Noradrenalin/Synapse)
Zwergwüchsigkeit 1805 FN 41
Zwischenhirn 163, 355, 882, 1147, 1517, 1630, 2260, (Epiphyse/Hypophyse/Hypothalamus/limbisches System/retikuläres System/Thalamus/vegetatives Nervensystem)
Zyanose 282, 1273, 2542, 2558, (Hypoxie/Zyanose)
Zyklophrenie/Zyklothymie s. manisch-depressive Zustände
Zypern 533, 971
Zystolith 202
Zytoplasma 15, 164, 1575
Zytostatica 99, 101, 777, (Zytostatica)
zytotoxische Substanzen s. Zellgifte
zytotoxische Hypoxie (Hypoxie)

Anhang D: Allgemeine Literaturhinweise

Amendt G (1984) Sucht Profit Sucht. Verlag Zweitausendeins, Frankfurt am Main

Ammon HPT (1991) Arzneimittelneben- und Wechselwirkungen. Wissenschaftliche Verlagsgesellschaft, Stuttgart.

Ariens EJ (1966 a) Molecular pharmacology, a basis for drug design. Fortschr Arzneimittelforsch 10:429-436

Ariens EJ (1966 b) Receptor theory and structure-action relationships. Adv Drug Res 3:235-249

Ariens EJ (1971-1973) Drug design (medical chemistry). Academic Press, New York London (Series of monographs, 11/I-IV)

Arnold W (1984) Modern trends of the chemical analysis in the drug scene. In: Maes RAA (ed) Topics in forensic and analytical toxicology. Elsevier Science, Amsterdam New York, pp 36-53

Arnold W (1985) Moderne Methoden in der klinisch- und forensisch-toxikologischen Analytik. Fresenius Z Anal Chem 320:680-682

Arnold W (1989) Rückfall in die Sucht. ? Kontrolle bei Drogen- und Tablettensüchtigen. Kriminalistik 7:394-396

Arnold W, Püschel K (1980) Besondere: Aspekte radioimmunologischer Untersuchungsbefunde bei Rauschgifttodesfällen. Zbl Ges Rechtsmed 20:13-15

Arnold W, Püschel K (1981) Experimental studies on hair as an indicator of past or present drug use. J Forensic Sci Soc 21:82-84

Arnold W, Püschel K (1984) Haare als wichtiges Untersuchungsmaterial in der Rechtsmedizin. Ann Univ Sarav Med [Suppl] 4:33-35

Arnold W, Poser W, Möller M (Hrsg.)(1988) Suchtkrankheiten, Diagnose, Therapie und analytischer Nachweis. Springer, Berlin Heidelberg New York

Auterhoff H, Kovar K-A (1985) Identifizierung von Arzneistoffen. Wissenschaftliche Verlagsgesellschaft, Stuttgart

Azzi A, Brodbeck U, Zähler R (eds)(1984) Enzymes, receptors, and carriers of biological membranes. Springer, Berlin, Heidelberg New York Tokyo

Balick MJ, Cox PA (1997) Drogen, Kräuer und Kulturen. Spektrum, Heidelberg

Barondes SH (1995) Moleküle und Psychosen. Der biologische Ansatz in der Psychiatrie. Spektrum Akademischer Verlag, Heidelberg

Barrantes FJ (1998) The Nicotinic Acetylcholine Receptor. Springer, Berlin Heidelberg New York Tokyo

Baselt RC, Cravey RH (1989) Disposition of Toxic Drugs and Chemicals. In: Man. Year Book. Medical Publishers, Chicago London

Baselt RC (1994) Urine drug screening by immunoassay: Interpretation of results. In: Baselt RC (ed) Advances in analytical toxicology, Vol. 1, Biomedical Publications, pp 81-123

Battersby AR (1961) Alkaloid biogenesis. Q Rev 15:259-265

Baudelaire C (1972) Die künstlichen Paradiese. Hegner, Köln

Bauer G (1972) Rauschgift - Ein Handbuch. Schmidt-Römhild, Lübeck

Baumann H (1982) Die griechische Pflanzenwelt in Mythos, Kunst und Literatur. Hirmer, München

Baumgarten HG, Göthert M (1997) Seretoninergic Neurons and 5-HT Receptors in the CNS. Springer, Berlin Heidelberg New York Tokyo

Baumgartner AM, Jones PJ, Baumgartner WA, Black CT (1979) Radioimmuoassy of hair for determining opiate-abuse histories. J Nucl Med 20:748-752

Baumgartner WA (1987) Hair analysis for drugs of abuse: Solving the problems of urinanalysis. Testimony Janus Foundation, pp 1-12

Behr H-H (1980) Weltmacht Droge. Econ, Wien Düsseldorf

Benesch H (1977) Der Ursprung des Geistes. Deutsche Verlags-Anstalt, Stuttgart

Beng T Ho (1972) Monoamine oxidase inhibitors. J Pharm Sci 61:821-837

Benkert O, Hipppius H (1980) Psychiatrische Pharmakotherapie. Springer, Berlin Heidelberg New York

Bernauer K (1959) Alkaloide aus Calebassenarten und südamerikanischen Strychnosarten. Fortschr Chem Organ Naturst 17:183-189

Bernauer K, Schneider F (1973) Alkaloide. In: Ullmanns Enzyklopädie der technischen Chemie. Verlag Chemie, Weinheim

Biener K (1972) Sozial- und präventivmedizinische Studien zum Drogenproblem der Jugend. Suchtgefahren 3:14-17

Biermann K (1966) Mass spectrometry of selected natural products. Fortschr Chem Organ Naturst 24:1-12

Biniek E (1978) Drogenabhängigkeit, Therapie und Rehabilitation. Wissenschaftliche Buchgesellschaft, Darmstadt

Birke SA, Edelmann RJ, Davis PE (1990) An analysis of the abstinence violation effect in a sample of illicit drug users. Brit J Addict 85:1299-1307

Birkholz M, Kropp S, Bleich S, Demichem M (1996) Beeinträchtigung von Kfz-Führern durch Betäubungsmittel. Kriminalistik 4:289-290

Blaschek W, Hänsel R et al. (Hrsg.)(1998) Drogen A-K, Drogen L-Z (Hagers Handbuch der Pharmazeutischen Praxis, Folgeband 2 und 3). Springer, Berlin Heidelberg New York Tokyo

Bode HJ (1998) Neue Regelungen für Fahren unter Alkohol und Drogen im deutschen Ordnungswidrigkeitenrecht. Blutalkohol 35:220-238

Böger P (Hrsg.)(1985) Wirkstoffe im Zellgeschehen. Universitätsverlag, Konstanz

Bogusz MJ, Maier RD, Krüger KH, Kohls U (1998) Determination of common drugs of abuse in body fluids using one isolation procedure and liquid chromatography-atmospheric pressure chemical mass spectrometry. J Anal Toxicol 22:549-558

Bose AK (1981) Aphrodisiacs - a psychosocial perspective. Indian J Hist Sci 16:100-103

Brauchle P, Weinmann W, Pollak S (1997) Drogen- und Medikamentenbeeinflussung von Verkehrsteilnehmern im Raum Südbaden am Beispiel des Jahres 1995. Blutalkohol 34/6:385-395

Bron B (1982) Drogenabhängigkeit und Psychose. Springen, Berlin Heidelberg New York

Bron B (1987) Drogeninduzierte Intoxikation und Psychosen. Fortschr Med 105:73-76, 93-96, 111-112

Bron B, Fröscher W, Gehlen W (1976) Differentialdiagnostische und syndromgenetische Probleme und Aspekte drogeninduzierter Psychosen bei Jugendlichen. Fortschr Neurol Psychiatr 44:673-680

Bron B, Fröscher W, Gehlen W (1977) Analyse chronischer psychotischer Zustandsbilder bei jugendlichen Drogenkonsumenten. Fortschr Neurol Psychiatr 45:53-75

Bschor F (1977) Die Entwicklung der Drogenszene bis heute. Z Allgemeinmed 53:1251-1262

Buchan BJ, Walsh JM, Leaverton PE (1998) Evaluation of the accuracy of on-site multianalyte trug testing devices in the determination of the prevalence of illicit drugs in drivers. J Forensic Sci 43/2:395-399

Buffum J (1982) Pharmacosexology: The effects of drugs an sexual function. A review. J Psychedelic Drugs 14/1-2:5-44

Bundeskriminalamt (Hrsg.)(1981) Polizeiliche Drogenbekämpfung. BKA, Wiesbaden

Bundeskriminalamt (Hrsg.)(2001) Polizeiliche Kriminalstatistik Bundesrepublik Deutschland, Berichtsjahr 2000. BKA, Wiesbaden

Bundesverband der Pharmazeutischen Industrie (Hrsg.)(1984-2002) Rote Liste 1984-2002 (Verzeichnis von Fertigarzneimitteln der Mitglieder des Bundesverbandes). Editio Cantor, Aulendorf

Bush PJ (1980) Drugs, alcohol and sex. Marek, New York

Cassardt G (1995) Zur Feststellung der nicht geringen Menge im Betäubungsmittelstrafrecht. NStZ 6:257-262

Cerletti (1971) Experimentelle Möglichkeiten der Abschätzung des Drogenabhängigkeitspotentials. Bull Schweiz Akad Wiss 27:31-38

Cohen S (1971) The psychotomimetic agents. Fortschr Arzneimittelforsch 15:68-77

Coper H (1972) Pharmakokinetik moderner Rauschgifte. Beitr Gerichtl Med 29:144-151

Crick F (1997) Was die Seele wirklich ist. Die wissenschaftliche Erforschung des Bewusstseins. Rowolth, Reinbeck

Cromwell BT (1955) The alkaloids. In: Peach K, Tracey MV (Hrsg.) Moderne Methoden der Pflanzenanalyse Bd 4. Springer, Berlin, S. 367-375

Cronholm B et al. (Hrsg.)(1971) Rauschmittel. Urban & Schwarzenberg, München Berlin Wien

Crossland J (1967) Psychotropic drugs and neurohumoral substances in the central nervous system. Prog Med Chem 5:251-261

Daldrup T, Mußhoff F (1995) Forensische Analytik Drogen und Arzneimittel. Analytiker Taschenbuch S. 183-233. Springer, Berlin Heidelberg New York Tokyo

Damasio AR (2000) Ich fühle, also bin ich: die Entschlüsselung des Bewusstseins. List, München

D. Allgemeine Literaturhinweise

D'Arcy PF, McElnay J (1996) Mechanisms of Drug Interactions. Springer, Berlin Heidelberg New York Tokyo

Daunderer M (1981) Akute Intoxikationen. Hausärztliche und klinische Therapie. Urban & Schwarzenberg, München Wien Baltimore

Daunderer M (1990) "Drogenbuch" für Klinik und Praxis. Ecomed-Verlagsgesellschaft, Landsberg am Lech

Daunderer M, Wegner N (1978) Vergiftungen, Erste-Hilfe-Maßnahmen des behandelnden Arztes. Springer, Berlin Heidelberg New York

Davison K (1976) Schizophrenieähnliche Symptome durch Drogen ? Med Trib 4:14-19

Degkwitz R et al. (1972) Zum Drogenkonsum Jugendlicher. Lambertus, Freiburg im Breisgau

DeJong R, Bühringer G (Hrsg.)(1978) Ein verhaltenstherapeutisches Jugendprogramm zur stationären Behandlung von Drogenabhängigen. Röttger, München

Delay J, Pichot P (1973) Medizinische Psychologie. Georg Thieme, Stuttgart

Deutsche Hauptstelle gegen die Suchtgefahren (Hrsg.)(1972) Drogen und Rauschmittelmissbrauch. Hoheneck, Hamm

Deutsche Hauptstelle gegen die Suchtgefahren (Hrsg.)(1983) Sucht und Delinquenz, Rechtsfragen und therapeutische Möglichkeiten (Probleme der Suchtgefahren, Bd 25). Hoheneck, Hamm

Deutsche Hauptstelle gegen die Suchtgefahren (Hrsg.)(1984) Zahlen zur Gefährdung durch Alkohol, Tabak, Rauschmittel und Medikamente im Jahre 1983 (DHS-Informationsdienst 37, Nr. 1/2). Neuland, Hamburg

Deutsche Hauptstelle gegen die Suchtgefahren (Hrsg.)(1989) Jahrbuch 1989 zur Frage der Suchtgefahren. Neuland, Hamburg

Deutsche Hauptstelle gegen die Suchtgefahren (Hrsg.)(1997) Jahrbuch Sucht '97. Neuland, Geesthacht

Dilling H (Hrsg.)(1993) World Health Organisation, Internationale Klassifikation psychischer Störungen: ICD-10, Kapitel V (F); Klinisch-diagnostische Leitlinien. Hans Huber, Bern Göttingen Toronto Seattle

Dölling D (1996) Drogenprävention und Polizei. BKA-Forschungsreihe Bd 34, Wiesbaden

Dudel J, Menzel R, Schmidt RF (1996) Neurowissenschaft. Vom Molekül zur Kognition. Springer, Berlin Heidelberg New York Tokyo

Duerr H-P (1978) Traumzeit: Über die Grenze zwischen Wildnis und Zivilisation. Syndikat, Frankfurt am Main

Dukes MNG (ed)(1980) Meyler's sode effects of drugs. Excerpta Medica, Amsterdam Oxford Princeton

Eccles JC, Zeier H (1980) Gehirn und Geist (Biologische Erkenntnisse über Vorgeschichte, Wesen und Zukunft der Menschen). Kindler, München

Egg R (Hrsg.)(1988) Drogentherapie und Strafe. Schriftenreihe der Kriminolog Zentralstelle, Bd 3, Wiesbaden

Egg R, Kunze M (1989) Drogentherapie in staatlich anerkannten Einrichtungen. Eigenverlag Kriminolog Zentralstelle, Wiesbaden

Eglen RM (1998) 5-HT_4 Receptors in the Brain and Periphery. Springer, Berlin Heidelberg New York Tokyo

Erhardt G, Ruschig H (1972) Arzneimittel: Entwicklung, Wirkung, Darstellung. Verlag Chemie, Weinheim

Evans-Pritchard EE (1965) Theories of primitive religion. Oxford Univ Press, Oxford

Fernandes M (1972) Klinische Pharmakologie der Rauschmittel. Hippokrates 43:157-159, 464-483

Feuerlein W, Bühringer G, Wille R (Hrsg.)(1989) Therapieverläufe bei Drogenabhängigen. Springer, Berlin Heidelberg New York

Fleck U (1943) Intoxikationspsychosen. Fortschr Neurol Psychiatr 15: 27-36

Forth W, Henschler D, Hummel W (Hrsg.)(1996) Allgemeine und spezielle Pharmakologie und Toxikologie. Spektrum, Heidelberg

Fuster JM (1989) The prefrontal cortex. Raven, New York

Gabriel E (1974) Die Süchtigkeit. Psychopathologie der Suchten. Neuland, Hamburg

Gastpar M, Mann K, Rommelspacher H (1999) Lehrbuch der Suchterkrankungen. Thieme, Stuttgart New York

Geldmacher-von Mallinckrodt M (1976) Einfache Untersuchungen auf Gifte im klinisch-chemischen Laboratorium. Thieme, Stuttgart

Gerlach G (1977) Die Untersuchung von Rauschmittelkonsumenten. Dtsch Ärztebl 34:2075-2078

Gerchow J (1979) Zur Schuldfähigkeit Drogenabhängiger. Blutalkohol 16: 97-107

Glatzel J (1996) Zur Beurteilung der Schuldfähigkeit bei Rauschmittelkonsumenten. Kriminalistik 12:799-804

Gölz J (Hrsg.)(1998) Moderne Suchtmedizin. Thieme, Stuttgart

Gormann ALF, Hermann A, Thomas MV (1981) Intracellular calcium and the control of neuronal pacemaker activity. Fed Proc 40:2233-2239

Gostomzyk JG, Parade P, Gewecke H (1973) Rauschmittelgenuss und Leistungsfähigkeit. Rechtsmed 73:131-136

Gross G, Huber G (1972) Aktuelle Aspekte des Drogenmissbrauchs Jugendlicher. Dtsch Med Wochenschr 97:33-42

Gross W (1990) Sucht ohne Drogen. Fischer, Frankfurt am Main

Guntrip H (1968) Schizoid phenomena, objekt relations and the self. Int Univ Press, New York

Häfner H (1973) Zur Epidemiologie von Alkohol- und Drogenabhängigkeit. Bericht über eine Tagung der WHO. Fortschr Med 91:617-621

Haenicke G (1951) Verordnung und Abgabe von Betäubungsmitteln. Uhlending, Hervest-Dorsten

Hagiwara S, Byerly L (1983) Calcium channel. Ann Rev Neurosci 4:69-125

Harfst G, Katzung W, Sahihi A (1991) In Sachen: Drogen. RauschgiftSzene-Jargon von A-Z. Alles über Rausch und Gift, über Drogen-Szene und Szene-Jargon. Holger Harfst, Würzburg.

Harrison P, Harrison M (1979) Aphrodisiacs: From A to Z. Jupiter, London

Heckmann W, Püschel K, Schmoldt et al. (1993) Drogennot- und -todesfälle. Eine differentielle Studie zur Prävalenz und Ätiologie der Drogenmortalität. Schriftenreihe des Bundesministeriums für Gesundheit Bd 28. Nomos, Baden Baden

Hegnauer R (1962-1969) Chemotaxonomie der Pflanzen. Eine Übersicht über die Verbreitung und die systematische Bedeutung der Pflanzenstoffe Bd 1-5. Birkhäuser, Basel

Hell D, Baumann U, Angst J (1971) Drogenkonsum und Persönlichkeit. Dtsch Med J 22:511-514

Hentschel P (1998) Neuerungen bei Alkohol und Rauschmittel im Straßenverkehr. NJW 33:2385-2390

Herbord M, Schmitt G (1998) Qualitätsansprüche an die quantitative MS-Untersuchung. Toxichem Krimtedh 65:87-96

Herbst K (1992) Verlaufsanalyse bei Drogenabhängigen nach stationärer Behandlung. Sucht 38:147-154

Hermann A, Gormann ALF (1981) Effects of 4-aminopyridine an potassium currents in a molluscan neuron. J Gen Physiol 78:63-86

Hermann A, Hartung K (1983) Ca^{2+} activated K^+ conductance in molluscan neurones. Cell Calcium 4:387-405

Herz A (1984) Biochemische und pharmakologische Aspekte der Drogensucht. In: Spektrum der Wissenschaft (Hrsg.) Gehirn und Nervensystem. Spektrum der Wissenschaft, Heidelberg, S. 195-205

Herz A (1995) Neurobiologische Grundlagen des Suchtgeschehens. Nervenarzt 66:3-14

Hesse E (1971) Rausch-, Schlaf- und Genussgifte. Enke, Stuttgart

Hesse M (1978) Alkaloidchemie (Thieme Taschenbuch der organischen Chemie B, Spezielle Gebiete Bd 9). Thieme, Stuttgart

Hesse M, Bernhard HO (1975) Progress in mass spectrometry, Vol. 3: Alkaloide. Verlag Chemie, Weinheim

Hippel E v.(1999) Zur Bekämpfung des Alkoholmissbrauchs. ZRP 4:132-135

Holland W (1973) Die Nomenklatur in der organischen Chemie. Deutsch, Zürich Frankfurt am Main

Hollister LE (1975) Drugs and sexual behavior in man. Psychopharmacol Bull 11:44

Houbé A (1995) Freigabe von Drogen: Blick über die Grenze - Das Beispiel Schweiz. Sucht 41/3 (Sonderdruck)

Hovnanian L (1994) The four stages of drug addiction (based on clinical experience with 5000 addicts). Bull Acad Nat Med 178/6: 1029-1042

Hubel DH (1989) Auge und Gehirn. Neurobiologie des Sehens. Spektrum Akademischer Verlag, Heidelberg

Iffland R, Käferstein H, Sticht G (1985) Multifaktorielle Auswertung von polizeilich sichergestellten Urinproben. Beitr Gerichtl Med 63:193-203

International Narcotics Control Board (ed)(1989) Report of the International Narcotics Control Board for 1989. United Nations Publications, New York

Issekutz B (1971) Die Geschichte der Arzneimittelforschung. Akadémia Kiadó, Budapest

Iten PX (1994) Fahren unter Drogen- oder Medikamenteneinfluss. Institut für Rechtsmedizin der Universität, Zürich

Joachimski J (1982) Betäubungsmittelrecht (Kommentar zum BtMG 1972). Boorberg, Stuttgart München Hannover

Joachimski J, Hammer C (2002) Betäubungsmittelgesetz (Kommentar zum BtMG 1994). Boorberg, Stuttgart München Hannover

Job S (1995) Nachweis von Drogen und Medikamenten bei verkehrsauffälligen Kraftfahrern. Blutalkohol 32:84-91

Jünger E (1980) Annäherungen: Drogen und Rausch. Ullstein, Frankfurt am Main

Julien RM (Hrsg.)(1997) Drogen und Psychopharmaka. Spektrum, Heidelberg

Käferstein H, Staak M (1982) Nachweis von Betäubungsmitteln aus Harnproben. Kriminalistik 11:565-567

Kasten E et al. (1998) Chronische visuelle Halluzinationen und Illusionen nach Hirnschädigung. Fortschr Neurol Psychiatr 66:49-56

Katholnigg O (1990) Ist die Entkriminalisierung von Betäubungsmittelkonsumenten mit scharfen Maßnahmen zur Eindämmung der Betäubungsmittelnachfrage vereinbar? GA 137:193-200

Katz B (1971) Nerv, Muskel und Synapse. Einführung in die Elektrophysiologie. Thieme, Stuttgart

Katzung W (1994) Drogen in Stichworten. Daten, Begriffe, Substanzen. ecomed, Landsberg

Kauert G (2000) Zur drogen- oder medikamentenbedingten Fahruntüchtigkeit aus medizinisch-toxikologischer Sicht. DAR 10:438-442

Keller T, Binz R, Regenscheit P, Bernhard W, Dirnhofer R (1996) Ionenmobilitätsspektrometrie. Kriminalistik 1:67-70, 137-141

Keller T, Jaspers J, Lopianecki P et al. (1998) Drogendetektion vor Ort. Kriminalistik 4:279-282

Kellermann B, Meyer G (1989) Glücksspielsucht als Krankheit. Dtsch Ärztebl 86:127-129

Keup W (Hrsg.)(1975) Missbrauch chemischer Substanzen. Deutsche Hauptstelle gegen die Suchtgefahren, Hamm

Keup W (1980) Folgen der Sucht. Thieme, Stuttgart New York

Keup W (Hrsg.)(1981) Behandlung der Sucht und des Missbrauchs chemischer Stoffe. Thieme, Stuttgart New York

Keup W (Hrsg.)(1985) Biologie der Sucht. Springer, Berlin Heidelberg New York Tokyo

Keup W (1985) Missbrauchssubstanzen. Suchtgefahren 31:174-198

Keup W (1989) Neue Suchtformen. Med Sachverst 3:100-103 (Sonderdruck)

Kielholz P, Hauser O, Ladewig D, Balmer R, Hobi V, Weidmann M (1976) Therapie, Katamnese und Prognose der Drogenabhängigkeit. Dtsch Med Wochenschr 101:521-526

Kisker KP, Lauter H, Meyer J-E, Müller C, Strömgren E (Hrsg.)(1987) Psychiatrie der Gegenwart 3: Abhängigkeit und Sucht. Springer, Berlin Heidelberg New York Tokyo

Kleiner D (Hrsg.)(1986) Langzeitverläufe bei Suchtkranken. Ber. 5. Wiss. Tag. Dtsch. Ges. f. Suchtforsch. u. Suchtther. Bln 1984. Springer, Berlin Heidelberg New York Tokyo

Klug E (1971) Zur Kenntnis des Rauschmittelnachweises. Z Rechtsmed 68:171-179

Knapp R (Hrsg.)(1989) Vorbeugung gegenüber Suchtgefahren. Aufgabe einer Gesundheitserziehung im Kindes- und Jugendalter. Decker & Müller, Heidelberg

König W, Kreuzer A (1998) Rauschgifttodesfälle. Kriminologische Untersuchung polizeilicher Mortalitätsstatistiken. Forum Verlag Godesberg, Mönchengladbach

Körner HH (1988) Der Schmuggel und der Handel mit Betäubungsmitteln in Körperöffnungen und im Körper. Strafverteidiger 10:448-450

Körner HH (1998) Leitfaden Grundstoffüberwachungsgesetz GÜG. Boorberg, Stuttgart München Hannover

Körner HH (2001) Kommentar zum Betäubungsmittel- und Arzneimittelgesetz. Beck, München

Kösten M, Pennhaupt G (1980) Drogenabhängigkeit bei Jugendlichen. Zur Genese und Behandlung. Österr Ärztez 35:690-697

Koriath G (1992) Das programmierte Versagen. Auf Fehlersuche in der deutschen Drogenpolitik. Kriminalistik 7:418-430

Kotschenreuther H (1976) Das Reich der Drogen und Gifte. Safari, Berlin.

Kreuzer A (1974) Straßenverkehrsdelinquenz im Zusammenhang mit Drogenmissbrauch. Blutalkohol 11:329-337

Kreuzer A (1975) Drogen und Delinquenz. Akademische Verlagsgesellschaft, Wiesbaden

D. Allgemeine Literaturhinweise

Kreuzer A (1980) Jugend - Rauschdrogen - Kriminalität. Akademische Verlagsgesellschaft, Wiesbaden

Kreuzer A (1982) Zur forensischen Begutachtung "gefährlicher" Drogen. NJW 24:1310-1314

Kreuzer A (1993) Drogen und Sicherheit im Straßenverkehr. NStZ 5: 209-216

Kreuzer A (1998) Drogenkontrolle zwischen Repression und Therapie. NStZ 5:217-222

Kreuzer A (Hrsg.)(1998) Handbuch des Betäubungsmittelstrafrechts. Beck, München

Kreuzer A, Römer-Klees R, Schneider H (1991) Beschaffungskriminalität Drogenabhängiger. BKA-Forschungsreihe Bd 24, Wiesbaden

Krüger HP, Kohnen R, Schöch H (Hrsg.)(1995) Medikamente im Straßenverkehr. Gustav Fischer, Stuttgart Jena New York

Kryspin-Exner K (1971) Drogen. Psychotrope Stoffe als Sucht- und Heilmittel. Jugend u. Volk, Wien München

Kuschinsky K, Lüllmann H (1987) Kurzes Lehrbuch der Pharmakologie und Toxikologie. Thieme, Stuttgart

Laitha A (ed)(1985) Handbook of neurochemistry. Plenum, New York London

Langbein K, Martin HP, Sichrovsky P, Weiss H (1993) Bittere Pille (Nutzen und Risiken der Arzneimittel). Kiepenheuer & Witsch, Köln

Laubenthal F (Hrsg.)(1975) Sucht und Missbrauch. Thieme, Stuttgart

Lawson IR, Winstead DK (1978) Toward a theory of drug use. Brit J Addict 73:20-34

Leete E (1966) Alkaloid biogenesis. In: Biogenesis of natural compounds. Pergamon, Oxford

Lehninger AL (1975) Biochemie. Verlag Chemie, Weinheim

Leucht E (1973) Rauschgifte und ihre Identifikation. Diagnostik 6: 101-105

Lewin L (1920) Die Gifte in der Weltgeschichte. Springer, Berlin

Liebowitz MR (1983) The chemistry of love. Little Brown, Boston Toronto

Lippert H (1972) Einführung in die Pharmakopsychologie. Kindler, München

Lowinson JH, Ruiz P (eds)(1981) Substance abuse - clinical problems and perspectives. Williams & Wilkins, Baltimore London

Lundberg GD, White JM, Hoffmann KI (1979) Drugs (other than or in addition to ethylalcohol) and driving behavior: A collaborative study of the California Association of Toxicologists. J Forensic Sci 24:207-215

Maas K (Hrsg.)(1975) Themen zur Chemie, Toxikologie und Analytik der Rauschgifte. Hüthig, Heidelberg

Markowitsch HJ (1992) Neuropsychologie des Gedächtnisses. Hogrefe, Göttingen

Markowitsch HJ et al. (1993) Searching for the Anatomical Basis of Retrograde Amnesia. J Clin Exp Neuropsychol 15:1349-1352

Markowitsch HJ (1996) Gedächtnisstörungen. In: Markowitsch HJ (Hrsg.) Enzyklopädie der Psychologie, Themenbereich C, Serie I Bd 2: Klinische Neuropsychologie. Hogrefe, Göttingen, S. 495-739

Manske RHF (1950-1975) The alkaloids-chemistry and physiology. Academic Press, New York

Martin WR (Hrsg.)(1977) Drug addiction. (Handbook of experimental pharmacology, Vol. 45/1). Springer, Berlin Heidelberg New York

Maurer H-J (2000) Drogenerkennung im Straßenverkehr. Blutalkohol 37: 70-75

McCracken TO (Hrsg.)(2000) Der 3D Anatomie Atlas. Weltbild Verlag, Augsburg

Mechler A (1974) Die Beurteilung der Zurechnungsfähigkeit bei Drogenabhängigen. MedWelt 25:65-69

Meech RW (1978) Calcium-dependent potassium activation in nervous tissues. Ann Rev Biophsy Bioeng 7:1-18

Meggendorfer F (1928) Intoxikationspsychosen. In: Bunke O (Hrsg.) Handbuch der Geisteskrankheiten Bd VII, TI, III. Springer, Berlin, S. 151-400

Megges G, Wasilewski J (1984) Stellungnahme der Toxikologen der LKÄ und des BKA zur Präzisierung des Begriffs "nicht geringe Menge" i.S. §§ 29, 30 Betäubungsmittelgesetz. 6. Symposium "Toxikologie" am 21./22.5.1984, Berlin

Megges G, Steinke W, Wasilewski J (1985) Die Präzisierung des Begriffs "nicht geringe Menge" im Sinne des Betäubungsmittelgesetzes. NStZ 4:163-164

Mergern A (1990) Beschaffungskriminalität. Interdependenz von Sucht, Spiel und Vermögensdelikten. Kriminalistik Verlag, Heidelberg

Metter D (1989) Die Hypoglykämie als Ursache von Verkehrsunfällen. Blutalkohol 26:312-314

D. Allgemeine Literaturhinweise

Meyer G, Bachmann M (2000) Spielsucht. Ursachen und Therapie. Springer, Berlin Heidelberg New York Tokyo

Mischkowitz R, Möller MR, Hartung M (1998) Rauschgift und Kriminalität. Kriminalistik 52:628-633

Mittermeyer H-J (1986) Drogen und Straßenverkehr. Dtsch Apoth Z 126: 521-525

Möller MR (1994) Drogen- und Medikamentennachweis bei verkehrsauffälligen Kraftfahrern. Verlag f. neue Wirzschaft, Bremerhaven

Möller MR, Hartung M, Wilske J (1999) Prävalenz von Drogen und Medikamenten bei verkehrsauffälligen Kraftfahrern. Blutalkohol 36: 25-38

Moeschlin S (1972) Klinik und Therapie der Vergiftungen. Thieme, Stuttgart

Mohr K (1983) Schon die RG-Produktion erschweren... Gegen das illegale Abzweigen chemischer Basisstoffe. Kriminalistik 3:122-124

Mothes K, Schütte HR (1969) Biosynthese der Alkaloide. VEB Deutscher Verlag d. Wissenschaften, Berlin

Müller-Ebeling C, Rätsch C (1986) Isoldens Liebestrank - Aphrodisiaka in Geschichte und Gegenwart. Kindler, München

Munzinger M (1978) Vergiftungen durch Rauschmittel. Opiate, Halluzinogene, Weckamine. Notfallmed 4:650-657

Mutschler E (1991) Arzneimittelwirkungen. Wissenschaftliche Verlagsgesellschaft, Stuttgart

Nass (Hrsg.)(1980) Rauschgiftsucht. Ges. f. vorbeugende Verbrechensbekämpfung, Kassel

Nathan KI, Musselmann DL, Schatzberg AF, Nemeroff CB (1995) Biology of Mood Disorders. APA Press, Washington

Nationaler Rauschgiftbekämpfungsplan (1990) Maßnahmen der Rauschgiftbekämpfung und der Hilfe für Gefährdete und Abhängige (Hrsg. v. Bundesminister für Jugend, Familie, Frau und Gesundheit und Bundesminister des Inneren)

Nemeroff CB (1996) The Corticotropin-Releasing Factor (CRF) Hypothesis of Depression. Molec Psychiatry 1/4:336-342

Neuteboom W, Zweipfennig PGM (1984) Driving and the combined use of drugs and alcohol in the Nederlands. Forensic Sci Int 25:93-104

Niesink RJM, Jaspers RMA, Kornet LMW, Ree JM van (eds.)(1999) Drugs of Abuse and Addiction: Neurobehavioral Toxicology. Springer, Berlin Heidelberg New York Tokyo

Nobel H (1985) Rauschmittelschnelltests. Hess Pol Rundschau 9:27-31

Ochsendorf FR, Runne U, Schöfer H, Schmidt K, Raudonat HW (1988) Sequentielle Chloroquin-Bestimmung im menschlichen Haar bei toxikologischer/therapeutischer Dosierung, Korrelation zur Dosis und Therapiedauer. Zbl Ges Rechtsmed 31:866-867

O'Connor J, Saunders B (1992) Drug Education: An Appraisal of a Popular Preventive. Int J Addict 27:165-185

Olbrich (Hrsg.)(1987) Halluzination und Wahn. Springer, Berlin Heidelberg New York Tokyo

Oreland L, Callingham BA (eds)(1987) Monoamine oxidase enzymes: Review and overview. Springer, Berlin Heidelberg New York Tokyo

Owens MJ, Nemeroff CB (1994) The Role of Serotonin in the Pathophysiology of Depression. Focus on the Serotonin Transporter. Clin Chem 40/2:288-295

Pachmann C (1985) Gigantisches illegales und internationales Finanznetz. Die Notwendigkeit der Suche und Beschlagnahme von Gewinn aus dem illegalen Drogenhandel. Kriminalistik 4:182-189

Pelletier SW (1970) Chemistry of alkaloids. Van Nostrand, New York

Penrose R (1995) Schatten des Geistes. Wege zu einer neuen Physik des Bewusstseins. Spektrum Akademischer Verlag, Heidelberg

Perkonigg A, Beloch A, Garzynski E et al. (1997) Prävalenz von Drogenmissbrauch und -abhängigkeit bei Jugendlichen und jungen Erwachsenen: Gebrauch, Diagnosen und Auftreten erster Missbrauchs- und Abhängigkeitsmerkmale. Z Klin Psychol 26:247-257

Petry J (1996) Psychopathology der Glücksspielsucht. Beltz Psychologie, Weinheim

Pfleger K, Maurer HH, Weber A (1992) Mass Spectral and GC Data of Drugs, Poisons, Pesticides, Pollutants and their Metabolites. Part 1-3. VHC Verlagsgesellschaft, Weinheim

Phillipson RV (ed)(1979) Modern trends in drug dependence and alcoholism. Butterworhs, London

Pietrzik W (1980) Der international organisierte Rauschgifthandel. Kriminalistik 10:315-325

Pletscher A, Gey KF, Zeller P (1960) Monoaminooxydase-Hemmer. Fortschr Arzneimittelforsch 2:417-430

Portoghese PS (1970) Relationships between stereostructure and pharmacological activities. Ann Rev Pharmacol 10:51-56

Radó S (1975) Die psychischen Wirkungen der Rauschgifte. Psyche 29/14 360-376

Raffauf RF (1970) A handbook of alkaloids and alkaloid-containing plants. Wiley Interscience, New York

Rathmayer W (1979) Gifte und Nervenforschung. Neue Erkenntnisse durch den gezielten Einsatz von Neurotoxinen. In: Sund H, Timmermann M (Hrsg.) Auf den Weg gebracht. Universitätsverlag, Konstanz, S. 185-196

Richter G et al. (1990) Drogen: Informationen in Übersichten. Begriffsbestimmung und Klassifikation. Med aktuell 16/7:318-319

Reuband K-H (1976) Rauschmittelkonsum. Akademische Verlagsgesellschaft., Wiesbaden

Reuter H (1983) Calcium channel modulation by neurotransmitters, enzymes and drugs. Nature 301:569-574

Röhrich J, Schmidt K, Kauert G (1997) Drogennachweis im Speichel mit dem Immunoassay Triage. Blutalkohol 34:102-115

Rommey AK, D'Andrade RC (1964) Transcultural studies in cognition. Am Anthropol Spec Pub 66:78-86

Roth G (1994) Das Gehirn und seine Wirklichkeit. Kognitive Neurobiologie und ihre philosophische Konsequenzen. Suhrkamp, Franfurt am Main.

Roth G, Prinz W (1996) Kopf-Arbeit. Gehirnfunktionen und kognitive Leistungen. Spektrum Akademischer Verlag, Heidelberg

Rubin E, Lieber CS (1971) Alcohol, alcoholism and drugs. Science 172: 112-130

Rübsamen K (1991) Analytische und forensische Aspekte der kriminaltechnischen Untersuchung von Betäubungsmitteln. NStZ 7:310-315

Sachs H, Möller M (1992) Haaruntersuchungen auf Betäubungsmittel in Straf- und Verwaltungsgerichtsverfahren. Zbl Ges Rechtsmed 38: 177-185

Sakmann B, Neher E (1984) Single-channel recording. Plenum, New York London

Samyn N, Verstraete A (2000) On-site testing for drugs of abuse in urine, saliva and sweet. Blutalkohol 37:58-69

Sandermann H (1983) Membranbiochemie. Eine Einführung. Springer, Berlin Heidelberg New York Tokyo

Schäfer H (1972) Rauschgiftmissbrauch, Rauschgiftkriminalität. (Grundlagen der Kriminalistik Bd 9). Steintor, Hamburg

Schäfer H (1982) Die Rauschgiftkriminalität als epochaltypisches Phänomen. Blutalkohol 19:497-516

Schadewaldt H (1971) Medizinhistorische Betrachtungen zum Rauschgiftproblem. Ärzte Praxis 3:3591-2602, 3635-3639

Schedlowski M, Tewes U (1996) Psychoneuroimmunologie. Spektrum Akademischer Verlag, Heidelberg

Schmidbauer W, Scheidt J von (1993) Handbuch der Rauschdrogen. Fischer, Frankfurt am Main

Schmidt P, Musshoff F, Becker J, Madea B (2001) Morpheus und Dionysos: Biochemische und morphologische Aspekte. Blutalkohol 38:59-67

Schramm J, Kröber H-J (1994) Probleme der Schuldfähigkeitsbeurteilung bei Drogenabhängigen - Angst vor dem Entzug und Dissozialität. D Med Sachverst 6:205-210 (Sonderdruck)

Schrappe O (1968) Gewöhnung und Süchte. Nervenarzt 39:337-350

Schrappe O (Hrsg.)(1983) Methoden der Behandlung von Alkohol, Drogen- und Medikamentenabhängigkeit (Gemeinsamkeiten und Unterschiede). Schattauer, Stuttgart New York

Schreiber LH (1992) Drogenabhängigkeit und Spielsucht im Vergleich. Kriminalistik Verlag, Heidelberg

Schreiber LH (1994) Pathologisches Glücksspielverhalten unter dem Aspekt neurochemischer Erkenntnisse. Sucht 7:359-361

Schreiber LH (1997) Beeinträchtigung der Sehfähigkeit durch Drogen. Kriminalistik 11:737-739

Schreiber LH (1999) Der Beschluss des BGH zur Frage der Fahruntüchtigkeit unter dem Einfluss von Drogenstoffen. NJW 24:1770-1772

Schriever K (1968-1970) Lexikon der chemischen Kurzbezeichnungen von Arzneistoffen (nationale und internationale Kurznamen). Govi, Frankfurt am Main

Schröder D (1955) Zur Struktur des Schamanismus. Anthropos 90:848-881

Schröder E, Rufer C, Schmiechen R (1976) Arzneimittelchemie Bd I; Grundlagen, Nerven, Muskeln und Gewebe, Bd 6. Thieme, Stuttgart

Schütz H, Kaatsch HJ, Thomson H (1991) Medizinrecht - Psychopathologie – Rechtsmedizin. Springer, Berlin Heidelberg Ne York Tokyo

Schütz H (1999 a) Screening von Drogen und Arzneimitteln mit Immunoassays. Abbott, Wiesbaden

Schütz H (1999 b) Abbotts Drogenleitfaden - Tips für die Praxis. Abbott, Wiesbaden

Schütz H, Weiler G (1999 a) Risiken nichtbestätigter Drogenanalysen. Strafverteidiger 7:452-454

Schütz H, Weiler G (1999 b) Untersuchungen zum Drogennachweis. Kriminalistik 11:755-759

Schulz E, Remschmidt H (1999) Substanzmissbrauch und Drogenabhängigkeit im Kindes- und Jugendalter. Dtsch Ärztebl 96:A-414

Schulz EO, Wasilewski J (1979) Betäubungsmittelgesetz: "Nicht geringe Menge" das Vielfache einer Konsumeinheit. Kriminalistik 1:11-15

Seiler N, Demisch L, Schneider H (1971) Biochemie und Funktion der biogenen Amine im Zentralnervensystem. Angew Chem 83:53-69

Siegel RK (1998) Halluzinationen - Expedition in eine andere Wirklichkeit. Rowolth, Reinbeck

Singer W (1994) Gehirn und Bewusstsein. Spektrum der Wissenschaft, Heidelberg

Skopp G, Pötsch L, Zimmer G, Mattern R: (1997) Zur Interpretation von Drogenbefunden auf der Haut. Blutalkohol 34/6:427-434

Snyder SH (1988) Chemie der Psyche, Drogenwirkungen im Gehirn. Spektrum des Wissenschaft, Heidelberg

Solbach G (1987) Körperliche Untersuchungen bei Verdacht intrakorporalen Drogenschmuggels. MedR 2

Springer SP, Deutsch G (1995) Linkes rechtes Hirn. Spektrum Akademischer Verlag, Heidelberg

Staak M (1988) Betäubungsmittelmissbrauch. Springer, Berlin Heidelberg New York Tokyo

Stark R (1984) Aphrodisiaka und ihre Wirkungen. Heyne, München

Steinbrecher W, Solms H (Hrsg.)(1975) Sucht und Missbrauch, körperliche und psychische Gewöhnung sowie Abhängigkeit von Drogen, Medikamenten und Alkohol. Thieme, Stuttgart

Steinmeyer S, Ohr H, Maurer HJ, Möller MR (2001) Praktischer Nutzwert von Drogenschnelltests bei polizeilichen Verkehrskontrollen im Ordnungswidrigkeitenbereich (§ 24 a StVG). Blutalkohol 38:52-58

Sternbach H (1991) The serotonin syndrome. Am Psychiat 148:705-713

Sternberg EM (1997) Emotions and Disease: From Balance of Humors to Balance of Moleculs. Nat Med 3/3:,264-267

Stübing G (1984) Drogenmissbrauch und Drogenabhängigkeit. Deutscher Ärzteverlag, Köln

Szaz TS (1980) Das Ritual der Drogen. Fischer, Frankfurt am Main

Täschner K-L (1980 a) Zur Symptomatik und Differentialdiagnose von Psychosen bei Drogenkonsumenten. Suchtgefahren 26:195-199

Täschner K-L (1980 b) Rausch und Psychose. Psychopathologische Untersuchungen an Drogenkonsumenten.. Kohlhammer, Stuttgart

Täschner K-L (1987) Zur Beurteilung der Wahrnehmungsfähigkeit und Aussagetüchtigkeit bei Drogenabhängigen. NJW 46:2911-2914

Täschner K-L (1988) Therapie bei Abhängigkeit von Rauschdrogen. Dtsch Ärztebl 23:34-37

Täschner K-L (1993) Kriterien der Schuldfähigkeit Drogenabhängiger bei unterschiedlichen Deliktformen. Blutalkohol 30/6:313-320

Täschner K-L (1994 a) Drogen und Straßenverkehr. Dtsch Apoth Z 35: 3299-3305

Täschner K-L (1994 b) Drogen, Rausch und Sucht. Ein Aufklärungsbuch. Kohlhammer, Stuttgart

Täschner K-L (1996) Are there new methods in therapy of drug dependency ? Z Ärztl Fortb 90/4:315-320

Täschner K-L, Wanke K (1973) Beschaffungskriminalität und Zurechnungsfähigkeit bei Drogenabhängigen. Nervenarzt 44:85-88

Täschner K-L, Wanke K (1974) Zurechungsfähigkeit bei Drogenkonsumenten. Mschr Krim 57:151-158

Taylor EH, Oertli EH, Wolfgang JW, Mueller E (1999) Accuracy of five on-site immunoassay drugs-of-abuse testing devices. J Anal Toxicol 23/2:119-124

Thamm BG (1989) Drogenfreigabe - Kapitulation oder Ausweg ? Deutsche Polizeiliteratur, Hilden

Thompson H, Aldrich RW (1980) Membrane potassium channels. In: Cotman CW, Poste G, Nicolson GL (eds) The cell surface and neuronal function. Elsevier/North-Holland Biomedical Press, Amsterdam, pp 49-85

Tresz RL (1988) Leitfaden für Instrukteure und Ermittlungsbeamte auf dem Gebiet der Rauschgiftbekämpfung. (BKA-Schriftenreihe Bd 56). Bundeskriminalamt, Wiesbaden

Vogel HG, Vogel WH (eds)(1997) Drug Discovery and Evaluation. Pharmacological Assays. Springer, Berlin Heidelberg New York Tokyo

Vollrath M, Krüger H-P (2002) Auftreten und Risikopotential von Drogen im Straßenverkehr. Blutalkohol 39 (Suppl. 1):32-39

Wagner H, Blacht S (1996) Plant Drug Analysis. Springer, Berlin Heidelberg New York Tokyo

Wanke K (1989) Drogen und Alkohol - ihre Bedeutung für die psychische Entwicklung bei Jugendlichen. Z Allgemeinmed 93:103-105

Wanke K, Täschner K-L (1979) Straftaten unter dem Einfluss von Drogen. Z Rechtsmed 83:209-220

Wanke K, Täschner K-L (1985) Rauschmittel: Drogen - Medikamente - Alkohol. Enke, Stuttgart

Wasilewski J (1980) Rauschmittel-Schnelltest in der polizeilichen Praxis. In: Tagungsband "Symposium Psychopharmaka und Suchtstoffe", Mosbach, S. 184-189

Watzl H, Cohen R (Hrsg.)(1989) Rückfall und Rückfallprophylaxe. Springer, Berlin Heidelberg New York Tokyo

Watzl H, Rockstroh B (Hrsg.)(1997) Abhängigkeit und Missbrauch von Alkohol und Drogen. Hogrefe, Göttingen Bern Toronto

Weinmann W, Renz M, Pelz C et al. (1998) Mikromethode zur simultanen Quantifizierung von Benzoylecgonin, Amphetamin, Codein und Morphin in Blutserum mit GC/MS. Blutalkohol 35:195-203

Zerdick J (Hrsg.)(1999) Entwicklungen in der Suchtmedizin. Schriftenreihe der DGDS e.V. Bd 2. Verl. f. Wiss. u. Bildung, Berlin

Zimmermann A, Padilla GM, Cameron IL (eds)(1973) Drugs and the cell cycle. Academic Press, New York

Zimmermann P (1995) Drogenschmuggel im Körper. Kriminalistik 8-9: 556-559

Zimmermann R, Hilpert R (1995) Wischtest zur Drogendetektion. Kriminalistik 8-9:567-568

Zittlau D (1987) Doping – Drogenmissbrauch im Sport. Suchtreport 1/3: 2-11

Druck: Strauss Offsetdruck, Mörlenbach
Verarbeitung: Schäffer, Grünstadt